上海市级专志

中国电信上海公司志

上海市地方志编纂委员会 编

上海社会科学院出版社

中国电信上海公司总部大楼（上海市浦东新区世纪大道 211 号）

2000 年 7 月 1 日，中国电信集团上海市电信公司举行成立大会

上海电信在成立大会上明确提出，将坚持技术创新、机制创新、管理创新，建设具有国际综合竞争力的企业

2001 年 3 月 6 日，中国电信集团上海市电信公司第一届职工代表大会第一次会议召开

2001 年 10 月 17 日，中国电信集团公司总经理周德强（左一）调研 APEC 通信保障与会议服务热线话房

2002 年 11 月 18 日，上海市电信有限公司作为中国电信股份有限公司的全资子公司挂牌成立

2006 年 9 月 27 日，中国电信集团公司与上海市人民政府签约成为上海世博会通信合作伙伴。右一为中国电信集团公司董事长王晓初

2007 年 6 月 26 日，中国共产党上海市电信有限公司第一次代表大会召开

2010 年 3 月 31 日，中国电信集团公司党组书记尚冰（中）调研世博园区建设情况

2001 年 4 月，上海市电信公司荣获
全国五一劳动奖状

2003 年 12 月，上海电信公司荣获
爱国拥军模范单位称号

2004 年 6 月，国务院国有资产监督管理委员会党委
授予上海市电信公司党委先进基层党组织称号

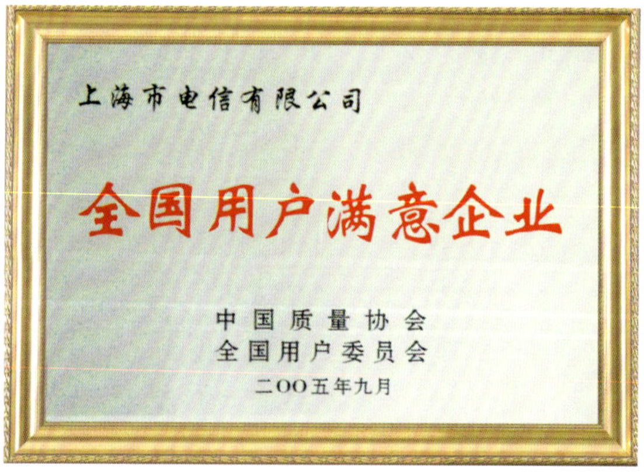

2005 年 9 月，上海市电信有限公司
获评全国用户满意企业

2005 年 10 月，上海电信首次荣获
全国文明单位称号

2005 年 10 月，上海电信荣获
全国创建和谐劳动关系模范企业称号

2010 年 12 月，上海市电信公司荣获中共中央、
国务院授予的上海世博会先进集体称号

2000—2010 年，上海电信本部及下属单位
共 124 次获得上海市文明单位称号

武胜路电信大楼（上海市黄浦区武胜路 333 号）

漕溪北路通信大楼（上海市徐汇区漕溪北路 915 号，摄于 2020 年）

横滨综合通信楼（上海市虹口区四川北路 1761 号，摄于 2020 年）

中国电信上海信息园区（上海市浦东新区杨高南路 5678 号）

敷设国际通信光缆的海上作业

海光缆敷设的船上作业

敷设城市光网主干光缆

推进光纤入居民楼

陆家嘴地区建设“小灵通”基站

地铁站内开展室内移动网络优化

CDMA 移动基站建设

莘庄国际卫星地球站

联谊大厦顶部架设的微波天线

标准化的公用电话亭

改变沟通方式的信息电话

PHS 无线市话俗称小灵通，上海电信于 2003 年 5 月 17 日试点开放该业务

2000 年 12 月，上海电信全面推出宽带业务

2007 年，无线宽带业务实现长三角漫游

2009 年 6 月 3 日，上海电信举行“城市光网”行动计划发布会

2008 年 9 月 30 日，上海电信与上海联通交接 CDMA 资产和业务

2008 年 12 月 18 日，上海电信推出天翼“189”移动通信业务

"互联星空"和"商务领航"

"我的 e 家"精彩嘉年华活动

号码百事通——中国电信的综合信息服务平台

移动号百——中国电信的首批移动应用

2006 年 8 月，上海电信举行 IPTV 电视新看法推广宣传活动

由上海电信研发并运营的“全球眼”平台，在平安城市建设中发挥了重要作用

由第四代移动通信技术（LTE）承载的电信新业务：互动游戏业务

基于物联网等信息技术的电信新业务展示

2000 年上海市电信公司挂牌成立，在外滩举行咨询服务活动

上海电信践行“用户至上、用心服务”的服务理念

上海电信规范化的营业厅服务（图为上海市浦东新区张杨路旗舰营业厅）

关心一线员工，服务广大用户

中国电信上海 10000 号客户服务热线话房

上海电信的网络维护操作中心监控现场

标准化的装维服务，为用户安装入户光纤

规范化的操作演示，确保用户的网络体验

2001年，上海市电信公司首次荣获上海市科学技术进步奖一等奖

2006年12月27日，首届上海市电信有限公司科学技术大会召开

2000 年公司化运行后，上海电信全力为上海信息化建设服务

2006 年 10 月 23 日，上海市电信有限公司与上海市信息化委员会签署《共同推进上海信息化建设合作协议》

2005年8月8日，中国电信在北京召开中国中小企业信息化联盟新闻发布会，图为上海分会场

上海电信推动无线数字医疗建设

2008 年，上海电信参与上海市“千村万户”农村信息化培训普及工程

农村通信线路维护

为农村政务网、医保网提供宽带传输

2007 年 7 月，中国电信在上海启动长三角信息化联动工程

2008 年，中国电信在长三角加强区域信息化合作

2007 年 6 月 7 日，上海市电信有限公司与中国移动通信集团上海有限公司签署资源合作备忘录

2009 年 3 月 19 日，在市通信管理局的推动下，上海电信与上海联通签署第一批共享移动基站协议

2001 年，上海电信为亚太经济合作组织（APEC）会议提供通信保障

上海电信的应急通信车在国际会议中心广场保障上海合作组织峰会通信

2007 年，上海电信为上海世界特殊奥林匹克运动会提供通信保障，图为上海电信应急调度指挥中心

上海电信为世界一级方程式锦标赛（F1）上海站赛事提供通信保障

2008 年，上海电信与渔政部门联合开展“迎奥运、护光缆、保畅通”行动

离上海世博会园区最近的上海电信周家渡靠前指挥中心

上海电信员工冒着风雪天气对设备逐个进行维护、排障，确保春节期间的通信畅通

2008 年 5 月 15 日，上海电信救援人员开赴四川阿坝地震灾区

2002 年，中国电信集团上海市电信公司援建安徽省砀山县魏庙希望小学

2002 年，上海市电信公司向江西上海邮电小学捐赠教学物资

2003 年，为抗击“非典”，奉献爱心，上海市电信有限公司捐赠价值 101 万元的通信设备和通信服务

2008 年，中国电信上海公司为汶川地震灾区举行抗震救灾募捐活动

上海电信共产党员志愿者活动日

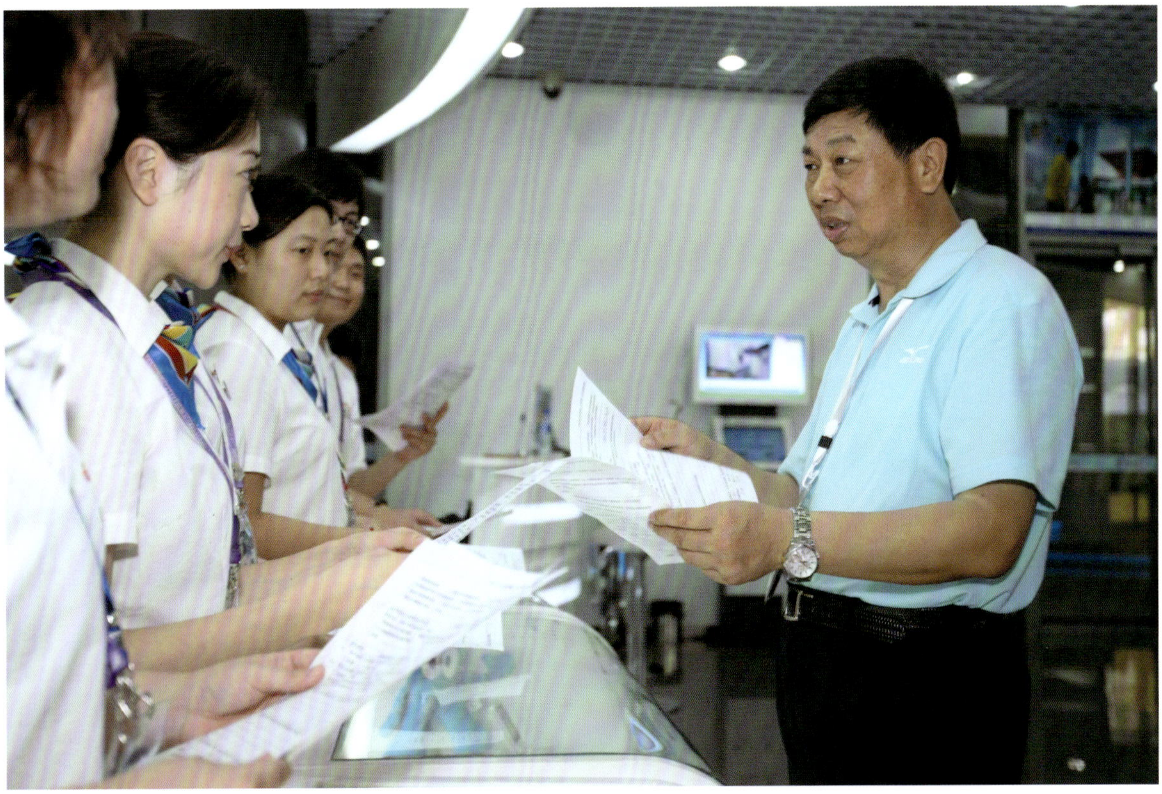

中国电信上海公司志愿者参与《新民晚报》“夏令热线，走近世博园区”活动

上海电信博物馆（上海市黄浦区延安东路 34 号）

上海电信信息生活体验馆（上海市浦东新区世纪大道 211 号上海信息大楼 2MF）

上海电信员工开展文艺活动

上海电信员工开展体育活动

上海电信员工开展摄影活动

2010 年 5 月，上海电信员工与联合国合唱团开展交流活动

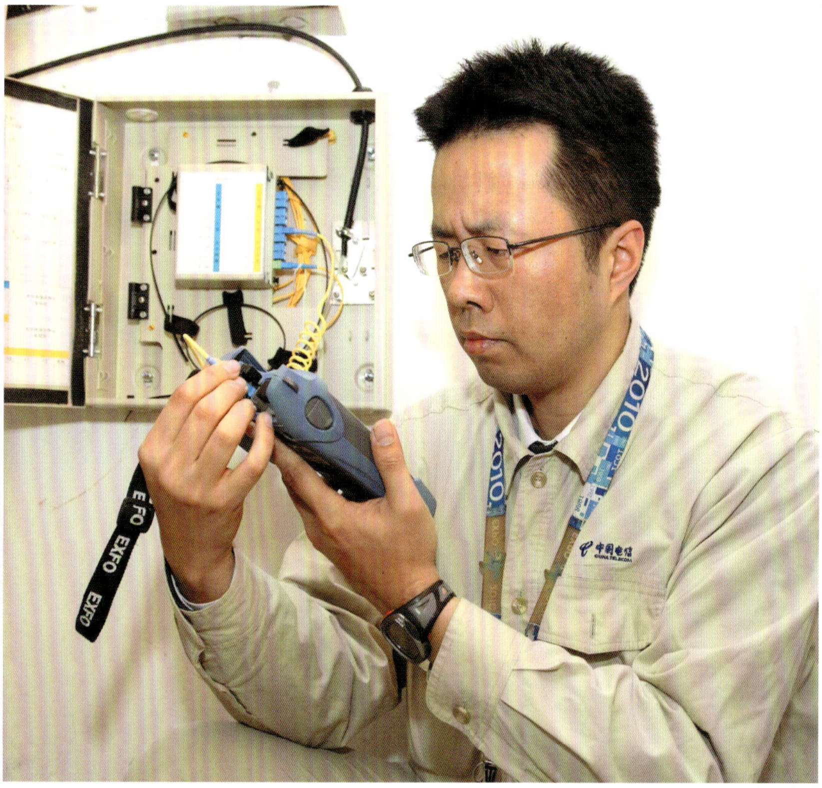

徐珺：2005 年全国劳动模范、中国电信股份有限公司西区电信局线务员

徐倩雯：2010 年全国劳动模范、中国电信股份有限公司上海号百信息服务分公司客服经理

上海市地方志编纂委员会

上海市地方志编纂委员会

（2007 年 8 月—2018 年 6 月）

《上海市级专志·中国电信上海公司志》
编纂委员会

主　任　马益民

副主任　雷　宇　马　明　周益平　常朝晖　陈志宏　王海建

委　员　（以姓氏笔画为序）

马永平　毛小玲　卞轶群　朱　青　刘英勇　刘越峰　许友国
杨文恺　杨炳丰　李　娜　李　进　李以宁　吴晓丽　吴越霆
何震渊　余　靖　汪慰斌　沙光华　张　雨　张　慷　张杰俊
张鸿钧　陆　晔　陆奕奕　陆晋军　陈　芳　陈晓勤　范　峥
季宏锋　金　浩　金　巍　金小铭　金春林　金剑锋　周春雨
封家俭　赵永民　赵明剑　施红华　祝建平　顾　侃　钱名海
徐　伟　徐震宇　郭　刚　涂靖睿　黄　彪　黄建华　黄建勇
龚　豪　程永红　傅志仁　储中杰　鲁　嵘　富　杰　赖　真
窦莉萍　潘文慧

顾　问　（以姓氏笔画为序）

王　玮　王思伟　王福生　刘文祥　纪卫国　杨中涛　花锐强
张之霞　张林德　张战国　张维华　陈永心　陈鸿生　陈曼其
易楚芬　郑奇宝　赵申祥　赵永康　胡旭东　柯蝶娟　施　恩
顾国忠　郭建华　程其麟　程锡元　童　羚

《上海市级专志·中国电信上海公司志》
编纂委员会办公室

主　　任　花锐强（2011年11月—2015年12月）
常朝晖（2015年12月—）

常务副主任　周　瑾

副 主 任　（以姓氏笔画为序）

李建平　邱美娟　陈　嵩　潘晞晨

成　　员　（以姓氏笔画为序）

王　勇　王　淳　田　强　司仲毅　朱其骏　仲星华　李　珉
李家玻　沈继达　范伯圉　周　琴　郑建平　凌志强

《上海市级专志·中国电信上海公司志》编纂人员

主　　编　马益民

副 主 编　常朝晖

总　　纂　周　瑾

分　　纂　（以姓氏笔画为序）

李建平　朱其骏　李家玻　范伯围

责任编辑　王　淳

撰 稿 人　（以姓氏笔画为序）

丁　玲　丁梦兰　于风华　卫　英　卫晨昇　马丽妮　马佩云

马蓓莉　王　奇　王　波　王　勇　王　骁　王　晔　王　晨

王　琪　王　磊　王之星　王孝明　王佳清　王姣姣　王琰妍

王蓓华　毛飞磊　方黎达　邓　捷　甘慧婷　代武成　包兴骏

乐颖磊　皮炳珍　司仲毅　曲　乐　朱　琳　朱　雯　朱　赟

朱世英　朱立洁　朱永洁　朱皆一　仲星华　任　华　华伟清

邬晓芳　刘　春　刘　萍　刘春鸣　刘雪徽　刘寒梅　刘楚涵

刘影帆　刘瑾芳　庄伟荣　庄丽菊　闫　军　汤良亮　许　函

阮文欣　孙小敏　孙国庆　孙金成　孙佳滢　杜敏芳　杜毅成

杨　峥　杨　莉　杨　震　杨锡高　杨福强　苏　琳　李　青

李　昕　李　琪　李志宏　李林凯　李昌玮　李征波　李翊翔

李霄飞　严　瑛　严小敏　严佳佳　严琦玲　吴　飞　吴以奋

吴同海　何月英　邱　玮　邱　嫣　邱晓军　邹以方　邹璟菽

应闻达　羌力平　沙文伟　沈　欢　沈　钢　沈　钧　沈　斌

宋安鸣　宋丽蕾　张　军　张　君　张　玮　张　英　张　奇

张　柯　张　婷　张　磊　张文捷　张以斌　张正敏　张冰晶

张志浩　张明之　张宙光　张届新　张郑擎　张绘虹　张姝瑛

张家欣　张智宏　张琳姝　陆　平　陆　怡　陆　炜　陆　茹

陆　敏　陆　飚　陆丰明　陆玉兰　陆晓嵘　陈　怡　陈　征

陈　炳　陈　洁　陈　辉　陈之赞　陈玉婷　陈正文　陈乐贤

陈玥冬　陈思佳　陈思彦　陈剑明　陈晓晨　陈高喜　陈萌萌

	陈蓓蓉	陈擎峰	邵文燕	邵碧舞	范奕俊	林　伟	林铭雯
	罗　泓	季　方	竺丽雯	金　典	金　晶	金嘉亮	周　洲
	周　琪	周　翔	周国强	周洁颖	周逸雯	周蓓蓓	郑　鎏
	郑威华	郑鸿飞	赵　强	赵　蕾	赵玉玲	赵印霏	赵永康
	赵伟峰	赵利俊	赵喆华	胡　朋	胡　蘋	胡晔梁	荣晓莉
	段静静	须晓佾	俞　婷	俞一中	施志铭	施郁芳	姚　炯
	姚　洁	钮萦祯	秦　斌	耿　辉	莫紫宏	桂　华	贾立鼎
	夏　渊	夏逸飞	顾　晋	顾承慎	钱　波	钱　蓓	钱晓燕
	倪昊亮	徐　恺	徐　敏	徐永红	徐亚沁	徐自雄	徐红晖
	徐治平	徐倩玉	徐燕青	殷　茵	奚吟珠	翁　颐	翁琼英
	翁斌松	栾家阳	高正旎	高维萍	郭　晶	郭建荣	郭奕瑶
	唐　聪	凌　云	陶　彦	桑洁丽	黄　凌	黄　磊	黄　赢
	黄利敏	黄颂尧	黄海潮	黄敏骞	曹　艳	曹　捷	曹小波
	曹佩芬	曹晓瑜	龚　菁	龚天懿	符青勇	屠一帆	蒋少卿
	蒋婵琳	程　纲	程　晖	傅奇卉	谢铿杰	靳　斌	裘纲年
	裘桂凤	虞曙光	潘双双	潘奇超	潘保青	潘轶婷	潘盛桦
	薛文涛	薛慧琼	戴　美	魏晓燕	魏家麟	糜雨辰	糜瑞年
	瞿冠元						
外文翻译	徐坚刚						
图片提供	胡宝平	费　峰	杨清钰				
志稿校对	李　珉	周　琴	周　燕	缪　莉	杨仁慧	傅　茗	叶萌华
	瞿　斌	李红洁	徐　浩	邬露露			

《上海市级专志·中国电信上海公司志》评议专家

组长 孙万毅

组员 （以姓氏笔画为序）

王天广　王　林　王蓓怡　张俊扬　范伯阖　林　晶　郑仁良　胡永龙　胡远杰　胡炎生

《上海市级专志·中国电信上海公司志》审定专家

组长 陈皆重

组员 （以姓氏笔画为序）

朱洁士　安　平　祁　超　孙如琪　孙　洁　李祖棣　张永林　周文起

《上海市级专志·中国电信上海公司志》验收单位和人员

验收单位 上海市地方志办公室

验收人员 洪民荣　姜复生　王继杰　过文瀚　黄晓明

业务编辑 肖春燕　赵明明

序　言

2000—2010 年，是上海电信开始公司化运营和转型发展的第一个 10 年。在中国电信业体制改革的大背景下，在中国电信集团转型战略引领下，上海电信实施企业转型，改革运营体系，提升网络能级，创新产品供给，有力支撑了上海城市信息化的飞速发展。2020 年，正值上海电信公司化转制 20 周年。修志为用，梳理和回顾转型之初的历史，将提醒我们不忘初心，鼓舞我们奋勇前行。因此，《上海市级专志·中国电信上海公司志》的付梓，意义非凡，可喜可贺。

“盛世修志”正逢时。习近平总书记指出，修志是一项很有意义的工作。其意义，说通俗一点，就是使我们做一个明白人。只有加深对历史的掌握和理解，才能“以古为鉴，鉴古知今”。在庆祝中国共产党成立 100 周年大会上，习近平总书记回顾了我们党百年奋斗的光辉历程，提出以史为鉴、开创未来。通过党史学习教育，我们做到学史明理、学史增信、学史崇德、学史力行，从中不断汲取推动企业高质量发展的智慧和力量，激励我们坚定信念、锐意进取、担当尽责，以昂扬姿态踏上全面建设社会主义现代化国家的新征程。

本志的编纂，既是对上海电信经营发展中方法论和实践论的总结，也是传承通信历史和落实企业责任的重要载体。在 21 世纪的第一个 10 年里，上海电信实现了“两个转变”。转变之一，是实现了固网运营向全业务运营的模式转变。宽带发展步步领先，从 2000 年启动全国首个城域规模的 ADSL 宽带接入业务，到 2009 年在国内率先打造“城市光网”，为上海地区的宽带发展水平始终领跑全国打下坚实基础；率先开展商用 IPTV 业务，形成被称为三网融合的“上海模式”；2008 年获得移动业务牌照，从此形成固移融合、两翼齐飞的发展格局，3G 商用更开启了移动互联网的发展篇章。转变之二，是由传统基础网络运营商向综合信息服务提供商的角色转变。在此期间，上海电信不遗余力践行集团转型战略，全面服务于上海“信息化领先”的发展战略，与上海信息化工作“基础先行、重点突破、全面发展”的步调协调一致，积极投身政府信息化、企业信息化、农村信息化、社会公共领域信息化、家庭信息化的发展浪潮之中。到2010年，上海电信非话音收入占比、转型业务收入占比均位居集团前列，有竞争力的综合信息服务提供商地位基本奠定。《上海市级专志·中国电信上海公司志》以翔实的资料和清晰的脉络结构，展示了实现“两个转变”过程中的点点滴滴。

从2013年发布“宽带中国”战略，到“网络强国”战略，再到“数字中国”战略，充分展现了国家积极推进新型基础设施建设和加快数字化发展的决心。不久之前，上海定下“十四五”发展的新目标、新愿景。我相信，以第五代移动通信、工业互联网、人工智能、云、大数据等为代表的新一代信息通信技术和新应用，将继续为上海的经济高质量发展、人民高品质生活、超大城市治理、城市数字化转型发挥更加积极的作用。在进入新发展阶段、贯彻新发展理念、构建新发展格局的时代要求下，在中国电信实现高质量发展的远景目标中，《上海市级专志·中国电信上海公司志》的读者一定能感受到，中国电信的转型之路是可行而高效的；以客户为中心，将助力上海城市发展的服务意识贯穿于上海电信转型发展的进程中，是必须坚持的；顺应时代、勇担责任、追求卓越、变革创新，是上海电信宝贵的精神传承，将带领我们在助力上海全面深化“五个中心”建设、加快建设具有世界影响力的社会主义现代化国际大都市的进程中更创辉煌。

《上海市级专志·中国电信上海公司志》的编纂和出版，得到了上海市地方志办公室的悉心指导，以及上海电信老领导、老同志的无私帮助。公司编纂工作组的同志，付出了长期、巨大的努力。在此一并致以诚挚的谢意！

马益民

2021年7月

凡　　例

一、本志以马克思列宁主义、毛泽东思想、邓小平理论、“三个代表”重要思想、科学发展观、习近平新时代中国特色社会主义思想为指导，坚持辩证唯物主义和历史唯物主义的立场、观点和方法，坚持实事求是、存真求实的原则，力求全面、系统、准确、翔实记载中国电信上海公司通信生产、经营发展、改革重组、转型创新等各方面的发展历程及特点。

二、本志采用述、记、志、录、图、表等体裁记述，文字力求准确、朴实、严谨、简明、流畅。

三、本志由图照、序言、凡例、目录、总述、大事记、正文、专记、特记、附录、索引、编后记组成，正文共13篇，篇下设章、节、目。图照为卷首照和随文照两种；表随文编列，部分置卷尾。

四、本志记述的主要内容始于2000年上海市电信公司成立，下限至2010年年末。正文中部分重要事件、业务发展、网络建设等内容适当作上溯或下延。大事记下延至2018年，以编年体为主，辅以记事本末体。另设特记一篇，记录上海电信2011—2018年的简要情况。

五、公司内设机构记述始于2000年7月，止于2010年年末，体制改革和职能演变置于其中。机构排列的顺序以2013年上海电信相关文件为准。

六、特定名称、专业术语第一次出现时用全称或中英文对照，其后一般用简称。

七、上海电信公司化运营后，历经上市、体制调整等变革，具有上海市电信公司、上海市电信有限公司、中国电信股份有限公司上海分公司多种形态，以及中国电信上海公司、中国电信上海分公司等俗称，为方便叙述，一般只在企业名称第一次出现或有必要时列出企业全称，其余皆简称为“上海电信”。其上级公司简称为“中国电信”。

八、本志引用的投资金额、经营收入、利润等统计数据采用现行价格(当年价)。

九、本志行文规范参照《〈上海市志(1978—2010)〉编纂行文规范》执行。

十、本志资料大多来自上海电信档案馆的馆藏档案、《上海电信史》、《上海电信》报、公司年鉴等,引用数据以公司年报和职能部门提供的有关统计数据为主。

目　录

CONTENTS

总 述

信息通信业是构建国家信息基础设施，全面支撑经济社会发展的战略性、基础性和先导性行业。

改革开放以后，中国的信息通信业持续高速发展。进入20世纪90年代后，以平均每年44%的速度增长，成为带动国民经济增长的支柱，实现历史性跨越式发展。1998年起，在中共中央和国务院的决策下，在信息产业部、工业和信息化部的推动与指导下，全国的通信体制历经邮电分营、专业运营、政企分开、电信重组等重大改革，走出一条“在发展中改革，在改革中发展”的道路。随着信息技术的快速发展，信息通信业的内涵不断丰富，从传统电信服务、互联网服务拓展至包含综合信息服务等新业态，成为21世纪发展快、具有创新活力的领域之一。

电信运营商作为信息通信业的主体之一，其本职工作就是充分利用先进的数据技术、存储技术、信息技术和通信技术，通过网络建设和运营、产品和应用创新、客户服务和生态圈打造，让客户在使用信息服务的过程中创造价值，同时实现电信企业价值和员工价值的提升。电信运营商提供产品、业务、网络支持的过程，无一不是服务的过程，服务即产品，服务即业务，服务即网络。

中国电信上海公司是中国电信在上海的业务经营机构。2000年起，上海电信乘着改革开放的春风，实施公司化体制机制改革，推进建立现代企业制度，打造产权清晰、管理科学、技术先进、可持续发展的现代电信企业。至2010年，历经主附(辅)分离、电信重组、海外上市、法人体制调整、全业务经营等重大改革，全面实施从传统基础网络运营商向综合信息服务提供商的战略转型，总体收入实现持续增长，业务结构得到优化，企业效益保持稳步提升。

作为上海地区的主导通信运营商，上海电信紧紧围绕上海全面推进城市信息化的发展战略，截至2010年，建成全国最大的城市电话网、先进的网际互连协议城域网(IP城域网)，形成国际国内光缆通信、移动通信、微波通信、卫星通信、应急通信等四通八达的立体通信网络，并以此为基础，聚焦“百姓关心、政府关切、企业关注”等领域，创新发展各类信息化应用。在此过程中，企业也实现了经营管理、网络能级、技术应用、业务开发、客户服务的跨越式发展，保持信息通信行业的同城领先地位。2010年年末，上海电信本地交换机容量1 255.58万门，国际交换机7万余路端，全部实现软交换；有固话用户866.78万户，移动用户524万户，其中第三代移动通信业务(3G)用户65万户；宽带用户445万户，交互式网络电视(IPTV)用户130万户。经营收入203.8亿元。员工10 779人。全员劳动生产率大幅增长。

在追求企业价值和运营利润的同时，上海电信不忘“人民邮电为人民”的事业初心，牢记中央企业的历史使命，积极承担社会责任，多次受到各级党政机关表彰，以及社会各界褒奖。2001年荣获全国五一劳动奖状，2002年获评全国质量管理先进企业，2003年获评全国爱国拥军模范单位，2004年获评中央企业先进基层党组织，2007年荣获上海市五一劳动奖状，2010年获评上海世博会先进集体；2次获评全国用户满意企业，2次获评全国文明单位，4次获评上海市文明单位。

(一)

2000年7月1日，上海市电信公司挂牌成立，标志着上海电信从长期以来政企合一的体制向规范的公司化运作迈出实质性的一步。同时，为加快建立现代企业制度，改进经营管理模式，提高企业的运行质量与效率，上海电信在体制、机制和管理等方面开展一系列改革。

一是构建与产权结构相适应的公司体制。上海电信公司化运营后，根据中国电信“深化改革，主附、主辅分离，推进多元化经营”的工作要求，清理整顿各类非主营企业和多种经营企业，推动附业、辅业体制改革，组建上海电信实业（集团）有限公司，形成双轮驱动、互动发展的新格局。2001年，为深化电信体制改革，适应加入世贸组织的要求，应对21世纪信息技术飞速发展带来的全新挑战，国务院将中国电信南北分拆，要求建立电信行业现代企业制度，并推动和支持中国电信上市融资。2002年5月16日，新的中国电信集团公司成立。9月10日，中国电信股份有限公司（简称“股份公司”）成立，并于11月15日（美国当地时间11月14日）在美国和中国香港上市。上海市电信有限公司作为股份公司的全资子公司，于11月18日挂牌成立。2008年1月，为适应企业战略转型和集约管理的需要，中国电信将原母、子公司两级法人体制调整为总、分公司一级法人体制，即合并旗下的20家省级电信有限公司，设立20家相应的省级分公司。上海电信作为中国电信下属分公司，不再作为独立法人存在。中国电信实行一级法人体制，有利于提高经营效益与管理效益，为推进战略转型和开展全业务经营做好准备。

二是完善公司内部组织结构和运行机制，构建以市场为导向、客户为中心、效益为目标的企业运作模式。上海电信成立后，按照横向归并职能部门、纵向压缩管理层次的原则，形成总部和区县局两级扁平式管理架构，并通过事业部和准事业部的组建，在总体上形成专业化管理和区域化管理相结合的通信运行体制，提高组织的整体运作效率。2002年11月，根据中国电信的部署，上海电信作为特大型本地网公司开展流程重组工作，先后完成商业客户流程、新产品开发流程等流程重组，建立并优化内部服务水平协议机制，按前端部门和后端部门形成“两级矩阵式架构”，将职能管理和对产品、客户群、区域的管理相结合形成“四维管理”模式，并通过“专业泵”，将产品部的产品专业化优势直接用于支持区域的营销、销售和服务。2005年5月，上海电信制定《BPR长效机制管理制度（试行）》，对企业流程进行持续优化，确保以市场为导向、客户为中心、效益为目标的新型企业运行机制得到落实。2007年，上海电信对管理体制进行纵向管控的调整优化，为即将到来的全业务运营做好准备。

三是建立和完善现代电信运营公司的管理制度。上海电信的成立，并不是改革的终结，而是不断深化内部改革的起点。人事制度方面，2000年年初，筹建中的上海电信开展劳动、人事、分配三项制度的改革试点，2001年4月进入全面推行阶段，并于年底基本完成改革。通过明确岗位编制、规范岗位职责；开展岗位培训和持证上岗，提高生产技能；实施内部退养；调整前后端岗位配置；竞聘上岗；以岗定薪，以绩定酬，建立市场化的分配机制；设立管理人员和专业人员双向流动通道；引进成熟人才；建立职、权、利相一致的激励约束机制；制订《员工全面发展白皮书》等，建立起配置科学、技能成熟、有较强执行力的员工队伍。财务制度方面，从资金管理入手，建设财务共享中心，实行财务集中管理；实行全面预算和责任预算，确保发展战略、经营计划和年度预算有机统一。审计监督方面，对所属企业领导人员进行离任经济责任审计，对所属企业经营活动开展财务审计和重大经营活动专项审计，确保依法依规开展经营活动。在海外和中国香港上市后，为应对资本市场对上市公司的监管要求，上海电信根据中国电信内部控制手册，编写实施细则和权限列表，其间数度修订，扩大内控范围，据此进行内控审计，以及时发现、消除内控缺陷，确保财务报告的可靠性以及法律法规保障的适用性。质量管理方面，2003年1月，上海电信通过ISO9000：2000国际质量管理体系认证，是中国电信中首家整体通过质量认证的省级公司。2004年12月，上海电信获得TL9000认证证书。

四是明确发展战略，推动企业发展与转型。上海电信公司化运营之初，定下三年发展目标。2001年，在中国电信“建设成为世界级的现代电信企业集团”的战略目标指引下，上海电信提出“力争用3年时间，把上海市电信公司率先建成能够体现中国电信实力、具有综合国际竞争力的企业”的发展目标，并制定市场策略、质量策略、竞争和合作策略、人才策略等。2005年2月，上海电信以企业白皮书形式，发布企业发展方向、发展动力、发展平台、发展基础，阐明上海电信科学发展的含义、企业愿景和使命。2006年8月，按照中国电信“要从传统基础网络运营商向现代综合信息服务提供商转型”要求，上海电信制定战略转型实施纲要。10月，上海电信浦东电信局成为中国电信集团公司转型综合试点单位，后推广至全公司。通过浦东电信局的转型综合试点，形成细分前向客户、拉动后向应用合作的前后向联动的商业模式，为中国电信战略转型提供经验。创新的全息视图管理法是浦东电信局转型中的一大亮点。随着全业务经营和转型的深入，上海电信对管理体制进行优化，对前后端部门的机构进行调整，建立起高效、灵活的纵向管控体系，强化前后端协调联动，生产管理流程向以客户为中心的服务流程转变。后端部门及从事传统业务的员工转向市场营销岗位和新兴业务领域。同时，后端维护人员向网际互连协议化(IP化)、综合维护、综合值守、综合监控方向转型，从而为企业转型夯实科学管理的基础。

五是坚持需求驱动和技术驱动的科技创新道路。作为信息通信企业，上海电信处在21世纪信息通信技术发展的前沿，深刻感受到必须紧跟技术发展浪潮，不断提升通信能级，以实现从语音通信为主向信息通信为主的提升。为此，首先是引进吸收消化新技术。上海电信在浦东地区试点建设IP网和宽带网，为全网发展积累经验。以全业务经营为契机，对基础网络和业务网络进行智能化改造，建设有线、无线有机结合，宽带无处不在，IP化、智能化、融合化、扁平化的下一代综合信息服务网络。其次是充分运用现代信息技术。上海电信在全国创立微型网络服务提供点(MiniPOP点)技术和建设模式，最大限度上满足非对称数字用户线路(ADSL)用户对宽带的要求，而后大规模开展以光纤到户(FTTH)为主、光纤到楼(FTTB)、光纤到办公室(FTTO)等多种模式并存的城市光网建设。2010年上半年，上海电信率先建成物联网公共统一接入管理平台。再次是建立现代电信企业的技术管理体系，提升自主创新能力，在网络规划、工程建设、设备运营、业务开发和企业管理等方面形成一系列应用技术标准。2010年上海世博会期间，上海电信发布八大世博科技亮点及18项世博新业务，演绎“信息世博、触手可及”的主题。2002—2010年，上海电信在科技研发上累计投入约16亿元，获得国家级科技进步奖1项、上海市科技进步奖17项、中国通信学会科技进步奖12项、中国电信科技进步奖39项；专利受理354项、专利授权75项，70%以上的科技成果在现网得到应用。

(二)

上海电信的信息通信网络主要由交换网、接入网、传输网、数据网和业务网络平台组成，是一个特大型本地通信网。同时，上海电信也是中国电信三大国际出口局及国内八大中心局之一，担负着大量的国际、国内通信任务。2001—2010年，上海电信共投入约457亿元用于通信网络建设，建成国内最大的城市电话网、先进的IP城域网、城市异步传输模式(ATM)宽带骨干网，与国际、国内海光缆通信和微波通信、卫星通信、应急通信等，构成四通八达的立体通信网络，将上海建设成为中国的“宽带第一城”“IPTV第一城”和“光网第一城”。

一是打造特大型本地通信网。接入网方面，上海电信打造以光缆接入为主、铜缆及无线接入为辅的宽带接入网络。其中，有线接入呈现光进铜退的发展脉络，先后采用综合业务数字网（ISDN）、数字用户线路（DSL）、光纤到楼＋局域网（FTTB＋LAN）、基于无源光纤网络（PON）的FTTH等技术。无线接入则同时采用多种系统，主要包括无线市话系统、无线局域网（WLAN）、码分多址（CDMA）、数字集群和室内分布系统。截至2010年年末，接入网光缆长度从2000年年末的3 805皮长公里提升到69 663皮长公里，网络速率从2000年的56 kbps升至2010年的10 Mbps以上；拥有1个可提供第三代移动通信技术服务的CDMA网络、1个无线市话系统和2个数字集群网络。传输网方面，网络架构逐步由区域层与骨干层组成的两层结构，调整为由骨干层、区域转接层、子区域层组成的三层结构，并建有时分复用（TDM）、分组传送（PTN）、波分复用（WDM）、数字同步网等传输系统。同时，为满足世博会、洋山深水港、崇明三岛、虹桥交通枢纽建设等需求，以及配合路桥、隧道、轨道交通、人口导入区等重大市政工程，上海电信主要针对区域转接层和接入层陆续新建、改建多项中继光缆配套工程，并调整中继传输网络，形成“8＋2＋1”的骨干网络结构。至2010年年末，上海电信本地中继光缆21 177皮长公里，2 537 175芯公里。数据网方面，上海电信在本地异步传输模式网、数字数据网（DDN）和分组交换网（X. 25）等数据网的基础上，重点打造IP城域网。2000年，上海电信启动IP城域网建设，于2002年完成一期建设。2006年，上海电信启动IP城域网B平面建设，形成国内第一张超大型双平面城域网。截至2010年年末，IP城域网的出口层端口能力达1 600 Gbps，汇聚层带宽达1 680 Gbps。交换网方面，上海电信运营的本地电话网是一个覆盖全市，以光纤为媒介、数字传输为框架、程控电话交换机为主体，以七号信令网为支撑的特大型本地智能网。2000年，上海电信本地电话交换机总容量685.4万门。2005年年末，上海电信全面完成本地电话网详单计费工程。随着交换技术由数字程控发展到软交换制式，经过试商用期、商用发展期、目标网络期三个阶段，截至2010年，上海电信所有程控交换汇接局均由软交换设备替代，成为国内最大的本地软交换网络。同时，上海电信将移动用户割接至新的移动目标网，原移动核心网TDM设备退网。截至2010年年末，上海本地电话交换机总容量为1 255.58万线，与2000年相比容量增加近一倍。

二是强化国际、国内通信枢纽地位。传输网方面，上海电信是中国电信主要国际出口局，也是中国互联网的重要骨干节点，截至2010年年底，上海电信共有4套海缆系统计7条海底光缆。上海电信亦是国内长途交换中心。通过一级省际干线、二级省内干线与华东各省和其他交换中心保持交换连通。截至2010年年底，上海电信运营管理长途干线光缆共35根，1 406皮长公里，77 933芯公里。另有长长中继光缆70条，1 055.601皮长公里；有长市中继光缆9条，74.409皮长公里。随着光缆技术在长途传输中的运用，在20世纪曾被大量应用的微波通信系统逐渐退网停用。卫星通信系统仅作国内备用站，或用于政企客户、媒体客户临时视频转播，或作应急通信交互主站。数据网方面，上海电信是中国电信基础数据长途骨干网的重要节点，包括分组网、数字数据网、异步传输模式骨干网等。2008年8月，中国电信启动移动核心网建设工程。上海电信CDMA分组域作为省层面网络，一方面承接电信发展的CDMA新用户；一方面通过网络割接，承接原联通CDMA用户。交换网方面，2000年，上海电信国际长途交换机容量为3万路端，国际电路通达240多个国家和地区；国内长途交换机容量为12.6万路端。截至2010年年末，上海电信已建有7万多路端的国际程控/软交换机，同时和中国电信海外分公司（美洲、欧洲）、中国电信香港分公司开通众多高带宽互联电路，并为中国联通、中国移动等公司提供国际通道。

三是保证网络畅通和提高网络的综合运营能力、业务开通能力、面向客户的服务能力，这是电信运营商的根基。上海电信公司化运营后，对运维体制进行系列改革，实现扁平化管理。2001年，上海电信开始实施分层管理、分级操作的模式，按专业集中监控和维护。2003年12月，上海电信实行“二级监控、三级维护”架构。2004 年年末，运维模式逐步向“二级监控、二级维护”转变，以全专业网络监控为中心，各专业技术支持为支撑，现场综合维护为基础，开展综合化集中维护。2007 年，上海电信再次调整运维体制，组建网络操作维护中心（简称 NOC）、客户响应中心、线路局和网络实物管理中心等，实现网络运行维护“三个面向”（面向网络、面向产品、面向客户），支撑转型业务和差异化服务，达到中国电信本地网综合化集中维护 AAA 标准。2008 年承接 C 网后，上海电信在网络维护、资源管理、运维分析等方面加入移动业务的相关内容，形成全业务运营维护体系。2010 年，上海电信将运维体系调整为“一级监控、一级维护”的管理模式，实现后端管理扁平化。在扁平化管理基础上，上海电信对网络运行实行专业化管理。11 年间，先后建立交换网、传输网、IP 城域网、CDMA 移动网的专业综合网络管理体系，以及线路集中监测系统、动力环境监控管理系统、客户服务保障系统、政企客户服务支撑系统，建立各类网络的资源管理系统，并将资源管理的范畴扩大至实物资源的管理。为更好地实现网络对业务的支撑，上海电信对标国际电信企业网络质量标准，在全公司实现 ISO9001：2000 质量管理体系认证的基础上，开展 TL9000 电信业质量管理体系认证。认证范围涵盖语音、数据、宽带、无线等四大类产品和设计、安装、维护、客户支持四大类服务，实现前端、后端和管理支撑的全覆盖。2004 年 12 月，上海电信通过中国香港品质保证局 TL9000 质量管理体系认证。此后，又根据业务发展，将认证范围扩大至互联网数据中心（IDC）和 CDMA 网络。

应急通信是现代通信网的重要组成部分。上海应急通信保障队伍的建立可上溯至 20 世纪 60 年代邮电管理局时期。1993 年，机动通信局成立，以“平时服务，急时应急，战时应战”为方针，加强队伍和保障能力建设。上海电信公司化运营后，在各类应急保障设备方面进行较大规模的投资建设，应急通信保障能力得到进一步提升，形成多手段、全业务、多通路通信保障系列，能满足语音、数据、图像、视频、多媒体等各种应急通信需要。经过几十年的不懈努力，机动通信局成为中国电信应急综合保障枢纽基地，上海电信成为华东地区应急中心、全国卫星应急通信保障中心，战备应急通信、重要通信保障和服务支撑大网三项职能协调发展。

（三）

2000—2010 年，上海电信经历从固网运营商演变为全业务运营商的重要转型。在此期间，上海电信全面实施业务创新，持续优化业务和产品服务体系，实现业务可持续发展，收入可持续增长。

从上海电信的业务产品经营范围来看，可分为固网经营、全业务运营两个阶段。2000 年 7 月—2008 年 9 月为固网经营阶段，主要经营以固定电话为代表的传统业务，包含本地电话、长途电话、无线市话、增值业务、电信卡等业务；以互联网、数据业务为代表的成长性业务，包含互联网接入、IDC、数据通信、网元出租等；以互联网应用、综合信息服务、信息与通信技术（ICT）为代表的新兴战略业务，包含网络教育、邮箱业务、即时通信、视讯业务、号百业务、信息技术服务等。2008 年 10 月，上海电信的业务范围开始扩展到移动业务运营领域，具体包括移动通信、移动短信/彩信业务、移动流量业务、移动增值业务等，成为全业务运营商。此后，上海电信将固网业务和移动业务相融合，形成固移融合的差异化发展策略。与此同时，政府信息化、企业信息化、农村信息化、社会公共领域信息化、家庭信息化以及基于下一代网络的新业务得到全面开发应用。2000—2010 年，上海电信非话音业务的收入占比由 2000 年的 10.87%提高至 2010 年的 64.8%，在业务结构上已摆脱传统固网运营商的形态。上海电信收入规模也从 2000 年的 89.2 亿元增长至 2010 年的 203.8 亿元，年收入复合增长率超过8.5%,收入市场份额达到45.9%。收入规模在中国电信各省级分公司中处于前列,在本地运营商中始终保持市场份额领先地位。

上海电信以客户为中心,以提升效益为目标,构建符合现代企业特征的营销服务体系。2002年,公司根据上海都市型市场的特点,建立大客户经理制、商客经理制、社区经理制、1000号客服中心制四大主渠道。之后根据公众客户、商业客户、大客户的客户群分类推行差异化营销。对大客户群提供个性化服务营销,对商业客户提供专业化服务营销,对公众客户提供标准化服务营销,并逐步确立由品牌统领营销工作。2005年,中国电信将品牌体系确立为3个层次、4种形式。截至2010年,上海电信的品牌体系主要为以"商务领航""我的e家"为代表的客户品牌,以天翼、号码百事通等为代表的业务品牌,同时在固定通信领域、互联网业务等领域也相继形成小灵通、IPTV、上海热线、互联星空等地方特色业务品牌。

电信企业的服务贯穿于信息传递的发起与结束全过程,其生产过程与用户的消费过程紧密相连。上海电信公司化运营伊始,公开向社会承诺实施"五大服务工程"。2001年,上海电信开始将中国电信"用户至上,用心服务"的服务理念贯穿于市场、网络、客户服务等企业经营管理的全过程。2002年起,随着业务流程重组的开展,上海电信根据客户的实际需求,逐步推行差异化服务。2005年,上海电信正式推出"双用"服务体系,将客户价值视作客户需求、客户权益、客户满意三者有机联系的整体,提出"服务集成、服务标准、服务评估"三位一体的服务提供系统模式。2007年,上海电信在中国电信各省级公司中率先成立客服质监部,赋予其对客户服务全过程的知情权、参与权、协调权和考评权,保证"用户至上、用心服务"的客户服务理念。2008年,随着战略转型的深入,上海电信提出"三个转移"的服务战略,即"向高价值客户转移、向高感知服务转移和向融合及数据业务转移",以提供差异化服务为手段,将大力提升品牌客户的满意度作为突破点,实现以客户服务拉动业务发展和客户价值的"双"增长。2009年,上海电信以全业务经营和世博会为契机,开始构建全业务融合服务体系,重点突出基础服务、前置服务和主动服务。

2000—2010年,上海电信几乎每年都推出新的服务举措,兑现服务承诺,先后推出装维预约、"免填单"、一台清、自然月开账、本地网详单查询等重大服务项目。在服务方式方面,变过往的被动服务为主动服务,并通过自助服务机、网上营业厅、短信营业厅等方式实现用户自助服务。在服务渠道方面,于线上推出10000综合服务热线、网上营业厅、掌上营业厅、全球客户服务热线、国际漫游服务热线,于线下建设自营营业厅、合作营业厅、专营店、大卖场等实体网点,形成立体的客服网络。在服务内容方面,由传统的通信产品提供商转变为信息内容的提供者,并根据客户群体的不同提供差异化、个性化的服务。在服务监督方面,根据信息产业部、工业和信息化部、中国电信的要求落实服务标准,处理用户投诉,建立内外结合的监督检查体系。围绕建章立制、内部稽查、投诉处理等开展企业内部的服务质量管理。同时每年进行用户满意度测评,广泛接受来自社会各界的监督。2010年,在上海市场用户满意度测评中,上海电信总分在三家主要运营商中排名第一,其中,固话业务和宽带业务得分排名第一,移动业务得分排名第二。在世博城市文明指数8次测评中,6次获得生活服务类窗口行业服务文明满意度第一,7次获得通信行业服务文明满意度第一。

(四)

上海是全国推进信息化较为积极的城市之一。1999年,上海信息产业总产值达850亿元,2000

年突破1 000亿元，占国内生产总值(GDP)的比重为7.4%。2000年，上海制定国民经济和社会发展“十五”计划纲要，将信息产业作为城市新一轮经济发展的支柱产业，上海的信息化建设由此进入重点突破和全面发展的关键时期。上海电信公司化运营后，承接邮电管理局提出的“212工程”建设，全面推进企业信息化工程和社会信息化工程，既运营基础网络，又做好信息化服务，实现从传统基础网络运营商向综合信息服务提供商的转变。

20世纪末，邮电管理局建有“九七”营业系统、本地计费账务系统、客服系统、“112”故障处理系统、办公自动化系统、财务管理系统、经营分析系统等，但存在条块分割，信息数据难以共享的情况。2002年，上海电信通过建立信息化建设领导小组、成立企业信息化部等提供保障措施，对原有的条块信息化系统进行整合改造，加快企业信息化建设。大客户管理系统、新经营分析系统、数据专线售后服务支撑系统、合同管理系统等先后投入试运行，网络资源管理系统、人力资源管理信息系统、计划项目管理系统得到部分应用。为使企业信息化有序发展，2003年，上海电信编制信息系统整合规划，确定信息系统目标架构，同时采用IP宽带网络技术，建设企业信息化网络基础平台，承载各业务系统，并与中国电信的信息系统互联。是年，上海电信建立客户、产品/服务、计费账务、资源、财务、人力、库存等7个领域统一的企业数据模型，从根本上解决“信息孤岛”的数据管理难题。根据中国电信要求，上海电信成功进行管理支撑系统项目试点。2005年8月，上海电信MBOSS信息系统整合项目工程通过验收。是月，上海电信被国家信息化测评中心评为“企业信息化标杆企业”。上海电信企业信息化的另一个特点是通过信息系统建设，提升服务满意度。其间，先后完成基于客户关系管理(CRM)系统的10000号平台改造，电子渠道系统、统一充值平台、网上客服中心系统建设，本地详单计费和新增功能开发等信息系统建设，使用户服务流程更为顺畅，用户响应速度更为快捷，以此满足用户需求。2008年10月，上海电信为实现CDMA业务的平滑过渡，对以客户关系管理、综合业务处理为代表的生产系统和管理支撑系统进行全面适配移动业务的改造和功能扩建。截至2010年，在MBOSS架构下，企业信息化网络基础平台和企业数据中心初具规模，以客户管理系统、新计费账务系统、运营数据仓库、企业资源计划等为代表的核心生产系统和管理支撑系统日趋完善，上海电信企业信息化走向规范化和专业化。

在大力推动企业信息化的同时，上海电信还致力于推动社会信息化，重点投入政务、行业、民生、农业四大领域信息化，服务上海经济建设，加强综合信息服务。2000—2010年11年间，上海电信累计实施项目超过600个，在助力上海市政务提升、经济发展、社会治理和公共服务完善方面发挥作用。

政务信息化方面，上海电信积极参与政府的信息化建设。截至2007年4月，全市19个区县均与上海电信签订信息化建设合作协议。上海电信发挥信息技术优势，运用异步传输网、虚拟专网、数字数据专网、信息安全等新技术手段，帮助政府部门建设电子政务基础网络、电子政务平台和门户网站；通过承建“校校通”工程，助力政府建设统一的教育信息网；建设诸如“82001”APEC服务热线、“962010”世博服务热线、“114”政务服务热线(2013年并入“12345”市民服务热线)、上海中小企业“114”服务热线，为政府部门与市民的沟通提供快捷通道。

行业信息化方面，2003年年底，上海电信为国内有需求企业提供具有国际标准的服务水平协议(SLA)服务、“全球眼”视频监控服务和车载信息服务(Telematics)综合解决方案，助力客户提升市场竞争能力。中国共产党第十七次全国代表大会提出“大力推进信息化与工业化融合”战略后，上海电信与宝钢集团、商飞公司合作，积极提供无线通信技术、新兴物联网技术，助力企业信息网络升级改造。对中小企业提供“企业一站式ICT服务”。对一些有信息化建设需求但资金比较困难的企业，推出基于互联网技术的公共应用服务平台，帮助中小企业在进、销、存，财务、分销、零售和第三方物流等方面实现信息化管理。2009 年 2 月，上海电信免费为全市 1 万家特色中小企业提供为期一年的“自助建站”服务。2000—2010 年，上海电信共布局 25 个 IDC 物理点，建设 IDC 机房面积 40 000 余平方米，业务机柜 8 998 个，为中小企业提供服务器托管服务，帮助企业降低运营成本。2009 年 4 月，上海电信启动“数字园区”建设，帮助园区内企业开展虚拟化运营、协同化办公、一体化物流，降低园区中小企业的通信成本。

民生信息化方面，上海电信利用自身优势，免费为符合条件的市民提供上网卡和培训，以此推动和普及家庭宽带上网。为“扶老上网”工程基地和有上网需求的残疾人提供优惠上网资费。其间，完成 50 家养老院的数字化建设。通过与各大高校合作，实现校园中基于互联网协议第 6 版(IPv6)设备及网络的升级，Wi-Fi 覆盖超过 300 个点位，宿舍光网端口改造总量超 1 万个。上海电信还依托 IPTV 平台，积极参与全市党员干部现代远程教育项目，承担党建频道的建设。截至 2008 年年底，上海电信先后以 IPTV 方式开通 5 500 个农村党员干部现代远程教育站点。

农村信息化方面，2002 年，上海电信为金山杨家村信息化建设提供技术服务和一定幅度的宽带接入资费优惠，使其成为上海远郊第一个信息化村。2006 年 9 月，上海电信按照市委关于推进新郊区新农村建设要求，与郊区各区县政府签订有关加快新郊区新农村信息化建设协议，全面提升上海郊区信息化基础设施能级。至 2008 年，上海市所有涉农区县均实现宽带“村村通”。2010 年，上海电信累计完成郊区 73 万人次的信息化普及培训，助力 150 个行政村建设农家乐或村务公开网站。

（五）

2000—2010 年，中共上海电信党委以邓小平理论、“三个代表”重要思想和科学发展观为指导，紧紧围绕企业中心工作，充分发挥党组织的政治核心、战斗堡垒作用和党员先锋模范作用，圆满完成企业改革发展的任务，先后荣获全国文明单位、全国五一劳动奖状、中央企业先进基层党组织、全国用户满意企业、全国民主管理先进企业等称号。

上海电信党委从思想、组织、作风和制度上全面加强党的建设。在公司化运作的新形势下，紧紧把握企业改革发展的方向，保证并监督党和国家方针政策在企业得到贯彻执行。在公司体制改革机构调整中，各级党组织机构与行政机构同步设置，党务干部与行政干部同步配置。坚持并健全党组织参与企业重大问题决策的工作机制，党委会、党政联席会议等按程序对“三重一大”问题进行民主决策。坚持“党管干部、党管人才”的方针，建立多渠道选拔、岗位交流、绩效考核等制度。深入开展创建“四好”领导班子活动，提升破解难题、谋划发展的能力；深入开展党支部“达标创先”等活动，不断激发基层党支部的活力，党支部书记“公推直选”取得成功经验。全面推进“三讲”学习教育、党员先进性教育、学习实践科学发展观、党员“创先争优”等主题教育活动，发挥“党员示范岗”及先进典型的引路作用，使党员的先进性得到充分体现。2007 年 6 月，中国共产党上海市电信有限公司第一次代表大会召开，提出“在中国电信集团内率先实现转型，建成与上海国际大都市地位相适应的亚太信息通信枢纽，构建和衷共济、激情创造的和谐企业”的五年发展目标。稳步推进党内民主建设，党代表常任制、党务公开及“公推直选”制等，形成公司党委、直属党组织、基层党支部三级联动的党内民主工作机制，充分保障党员的知情权、参与权和监督权。在企业转型发展的历史条件下，积极拓展党建工作领域，制订《思想政治工作责任制》规章，加强思想政治工作研究、创新和考核，确保企业体制机制改革的顺利进行。落实统战、保密、武装等工作，落实老干部政治、生活“两项”待遇并做好各项服务工作。

上海电信形成“党委统一领导，党政齐抓共管，纪委组织协调，部门各负其责，群众积极参与”的党风廉政建设领导机制。通过党风廉政建设大会、党风廉政专题教育会议等，对党员干部进行党性、党风、党纪教育，警示教育和经常性的谈话提醒教育，倡导“清廉、务实、诚信、守法”的廉洁文化，做到教育常抓，警钟长鸣。以《党风廉政建设责任制》规章为抓手，构建纵向到底、横向到边的责任网络，责任签约率达100%。在集团公司内，上海电信率先启动效能监察工作，抓住企业生产经营的重点、改革发展的难点及员工关心的热点进行选题立项；积极配合国家审计，严肃查处违法违纪案件，认真实施责任追究；以制约、规范权力为重点，建立、修订、完善一系列加强源头防范的基本制度，推动各项制度有效执行；积极推进教育、制度、监督并重的惩治和预防腐败体系建设，进一步健全制度、严密流程、强化内控、防患于未然；抓好“小金库”清理及治理商业贿赂等工作，严肃查处各类违法违纪行为，党风廉政建设和反腐败斗争取得成效。

上海电信全面加强精神文明建设工作，确立“内抓管理强素质，外塑形象拓市场；深化改革促发展，优化服务上水平”的工作方针，构筑企业文化、客户服务、社会责任和思想道德建设“四位一体”的文明创建体系，积极开展文明单位、文明窗口创建活动。通过开展“五大服务工程”，把优化服务作为创建工作的重中之重；把讲诚信及建立诚信体系作为创文明单位的重要内容，倡导“诚信办公、服务基层、创造价值”的理念，提高办事效率，争创文明机关；开展“创文明窗口、树服务品牌、当服务明星”竞赛等活动，树立“用户至上、用心服务”的理念，提高窗口服务水平。上海电信大力加强社会主义核心价值体系建设，弘扬先进典型，弘扬志愿者精神，开展精神文明好事的评选活动；建立履行社会责任的工作机制，广泛开展“知荣辱、讲文明、迎世博”和“文明在我脚下”活动，组织千人签名、百人宣誓、全员交通法规考试、党员志愿者活动等，进一步提高企业的文明程度和员工素养。上海电信总部于2005年、2009年，长途通信事业部于2005年获全国文明单位荣誉称号；崇明电信局于2005年、2009年，金山电信局于2009年获全国精神文明建设工作先进单位称号。2000—2010年，上海电信所属90%以上的单位累计有135次获上海市文明单位称号。

上海电信把培育先进的企业文化作为实现公司发展战略目标的重要途径，从文化观念、文化战略、文化机制、文化创新等方面推进企业文化建设。根据中国电信企业文化纲要，上海电信先后两次进行对接，既承接集团公司的文化纲要内容，也保留具有上海电信特色的文化。在企业文化建设中，上海电信确立价值观塑造、形象塑造和氛围营造的工作思路，集中宣传先进典型，统一企业形象识别(CI)、视觉识别(VI)标识，集中力量做好企业文化的宣传、贯彻、渗透和引领工作；坚持“虚实结合，以实为主，重在建设”的方针，每年设立企业文化实事项目，建立一报(企业报)、一站(企业网站)、一台(广播台)、一论坛(员工论坛)等文化载体，其与《企业文化案例集》等文化读物、《员工全面发展白皮书》、“双用”服务体系等构成丰富的系列文化产品，员工“文化日、读书日、健身日”以及员工艺术节、运动会等极大地丰富员工的文化生活。上海电信企业文化做到全员覆盖，深度渗透，广泛认同，积极实践，为企业转型发展营造良好的文化舆论环境，荣获全国企业文化先进单位称号。

上海电信的工会和共青团组织在公司党委、市总工会和共青团市委的领导下，依据各自的章程独立自主地开展工作。公司各级工会组织贯彻落实工会“两法一条例”，认真履行维护员工合法权益的基本职责，建立和完善工会会员代表大会、职工代表大会、平等协商、“厂务公开”等企业民主管理制度；紧紧围绕企业经营发展，组织员工开展形式多样的劳动竞赛、技术创新等活动，帮助员工提高素质，调动工作积极性；在员工维权、帮困救助、缓解心理压力、关心员工生活等方面发挥重要作用。上海电信先后获上海市厂务公开民主管理工作先进单位、上海市平等协商集体合同工作示范单位、上海市首批职工最满意企业等称号。上海电信建立和完善党建带团建的工作机制，持续开展“党团同行一程路”主题活动，积极发挥青年群体在企业改革发展中的生力军作用。各级共青团组织围绕企业急、难、险、重、新任务，不断深化青年突击队，开展争创“共青团号”、争创青年岗位能手、青年工程立功竞赛等活动，在经营、管理、服务、科研等方面涌现出全国、上海市的先进青年典型。至 2010 年年末，上海电信共获得全国“青年文明号”17 个，上海电信团委获得全国企业青年创新创效活动先进单位、中央企业五四红旗团委创建单位、上海市五四红旗团组织等称号。

“长风破浪会有时，直挂云帆济沧海。”在习近平新时代中国特色社会主义思想指引下，上海的信息化建设正面临着前所未有的发展机遇。面对第四次工业革命的发展趋势，上海电信将坚持改革创新，继续加快信息化建设步伐，把握数字化、网络化、智能化发展机遇，探索新技术、新业态、新模式，探寻新的增长动能和发展路径，推动上海经济社会高质量发展，努力为网络强国建设做出新的贡献。

大事记

2000 年

1 月 12 日　上海市邮电管理局(简称“管理局”)和上海市教育委员会共同建成上海市中小学教育信息网络,上海市副市长周慕尧出席开通仪式。

2 月 26 日　程锡元任上海市邮电管理局党委书记。

3 月 15 日　管理局与上海市信息化办公室签订建设上海宽带通信网以及相关网络扩容的协议。

4 月 12 日　中共中央政治局委员、中央军委副主席、国务委员兼国防部部长迟浩田在上海市市长徐匡迪、副市长冯国勤和南京军区、上海警备区领导陪同下,视察上海机动通信局。

6 月 28 日　管理局在邮电俱乐部召开“庆祝中国共产党成立 79 周年暨上海电信体制重组动员大会”。

7 月 1 日　中国电信集团上海市电信公司挂牌成立,程锡元任上海市电信公司党委书记、总经理,刘文祥任上海市电信公司党委副书记兼纪委书记,张维华、张战国、张林德任上海市电信公司副总经理,易楚芬任上海市电信公司工会代主席。

是日　上海电信开放国内虚拟专用网 VPN 业务。

7 月 10 日　上海电信启用 1000 综合服务热线,承担业务受理、业务咨询和账务处理等业务。

8 月 17 日　上海电信印发《上海电信企业职工内部退养暂行办法》。

9 月 1 日　上海电信开放“163”高速接入服务。

9 月 11 日　上海电信启动千人营销培训工程。

10 月 28 日　上海电信实业(集团)有限公司(简称实业集团)召开成立大会。上海电信委派程锡元兼任上海电信实业(集团)有限公司董事长;委派张战国、张维华、张林德、易楚芬兼任上海电信实业(集团)有限公司董事。委派刘文祥兼任上海电信实业(集团)有限公司监事长。

11 月 27 日　上海电信启用“112”自动集中受理中心。

12 月 15 日　童羚任上海市电信公司副总经理。

12 月 26 日　上海电信召开新闻通气会,宣布全面推出宽带业务。

2001 年

1 月 1 日　上海电信网站(www. shanghaitelecom. com. cn)全新改版,新版网站由上海电信概况、电信新闻和热点业务、电信资费和企业可以公开的数据资料、应用服务等四大板块内容组成。

1 月 5 日　上海电信将每年 1 月 5 日定为“献爱心日”,开展“献爱心、送温暖、捐一点”活动。是日,全公司共募集捐款 57 万元。

1月18日　上海电信实业(集团)有限公司正式挂牌成立。

1月29—30日　中国电信总经理周德强先后赴金山电信局、长途通信事业部南京东路营业厅、中区电信局江西路营业室调研。

1月　上海电信推出非对称数字用户线路(ADSL)接入资费优惠价，上网安装设备费由3 000元降为1 200元。

2月　陈鸿生当选上海市电信公司工会主席。

3月6日　上海电信召开第一届职工代表大会第一次会议。6—7日，会议表决通过《上海市电信公司劳动合同管理实施办法》《上海市电信公司员工下岗有关待遇的若干规定》《上海市电信公司员工大病互助医疗保障办法》《上海市电信公司集体合同》；原则同意《上海市电信公司员工奖惩管理办法》。

3月15日　上海电信开通“总经理投诉热线电话”，号码为63062105。

4月11日　根据中共上海市委的文件精神，上海电信党组织由中共上海市交通工作委员会划归中共上海市信息化办公室委员会领导。

4月19日　上海市人民政府聘任全国人大代表、上海电信执行总监、副总工程师郭建华为市政府参事室参事。

4月23日　上海电信和实业集团举行业务契约签约仪式，双方授权代表分别在工程建设、物资采购、房屋租赁、出版培训、物业管理等业务的3个框架协议、11个分协议上签字。

4月下旬　上海电信与深圳发展银行上海分行联合推出“发展卡电信IP电话功能业务”，这是上海地区首次推出通过银行卡拨打上海电信网际互连协议(IP)电话的业务。

是月　上海市电信公司荣获全国五一劳动奖状。

5月15日　上海电信召开职工代表组长扩大会议，投票通过《上海电信员工奖惩管理办法(暂行)》《上海电信岗位(职位)绩效工资制改革方案》。

5月17日　上海电信与中国银行、华夏证券有限公司分别签订《关于建立中国银行华东数据中心通信线路建设的合作协议》和《关于合作发展宽带业务及网上交易的协议书》。

5月18日　上海电信承建和运营的“82001”亚太经济合作组织(APEC)会议服务热线对外开通，上海市副市长周慕尧拨通热线的第一个电话。

5月24日　全国人大常委会副委员长邹家华在上海市副市长周慕尧陪同下，视察新建的智能化住宅小区“名人花园”。邹家华还应被访居民之请题词“社会主义建设好，美满生活节节高”。

7月1日　上海电信取消固定电话初装费。

是日　上海电信举行上海信息大楼落成仪式，上海市副市长周禹鹏出席仪式。

8月9日　上海电信与虹口区人民政府签订《推进虹口区信息化的合作框架协议》。

9月1日　上海电信电话交换机容量突破700万门。

9月15日　中共中央政治局委员、上海市委书记黄菊，中共上海市委副书记、市委组织部部长罗世谦，中共上海市委常委、市委秘书长宋仪侨，上海市副市长冯国勤视察长途通信事业部崇明国际海缆登陆局。

9月19日　上海电信与上海市教委在上海大学宝山新校区举行向全市大学新生赠送201电话卡仪式，赠送范围遍及全市31所高校。

9月21日　上海电信荣获“上海市质量金奖”称号。

9月26日　上海电信首次向社会招聘市场营销、计算机网络、电信技术研发、数据通信等人才。

是日　上海电信与市民政局合作，为上海各区、县社会福利院免费赠送并安装32套综合业务数字网(ISDN)可视电话系统。

9月　上海电信建成2.5 Gbps光同步传输网(SDH)并投入运行。

10月15—21日　上海电信为亚太经济合作组织(APEC)会议提供通信保障。

10月17日　中国电信总经理周德强调研APEC通信保障与会议服务热线话房。

10月19日　信息产业部部长吴基传在参加APEC会议期间，考察上海电信APEC保障指挥中心、“82001”APEC会议服务热线。

11月2日　上海电信与静安区人民政府签订《静安区人民政府与上海市电信公司推进信息化合作框架协议》。

11月21日　上海电信印发《上海市电信公司推行厂务公开，加强民主管理意见(试行)》。

12月1日　上海电信开展电话磁卡换取IC电话卡或200电话卡工作，专设18个网点，整个换卡期至2002年3月31日。

是日　上海电信和上海市卫生局联手推出以宣传防治艾滋病为主题的公益电信卡，这是上海市第一套公益电信卡。

12月27日　上海电信首次荣获上海市科学技术进步奖一等奖。

2002年

1月6日　上海电信帐务中心完成上海热线注册、专线上网、DDN专线、帧中继、分组交换、163注册、存储转发、电报业务、直通车、200、300、800、国际800、6399、IP电话A类卡、600、交互式会议电话等业务的开账工作，实现“账务集中工程”的第一期目标。

1月18日　上海电信在市区所有营业窗口开办“天翼通”无线漫游业务——家庭用户宽带无线上网业务。

是日　上海电信推出“家家e”固网短信息业务。

2月4日　浦东发展银行“东方卡”拨打上海电信IP电话和“163”上网功能开通。

2月11日　《上海电信新闻》在上海电信综合办公服务系统(OA)平台首播。

2月21日　会议一呼通业务正式对外开放。

3月27日　上海电信推出“信天游”电话储值业务。

3月31日　上海电信磁卡更换工作结束，是日的磁卡换入量达到1 274万元，累计换入总量近1亿元。

4月20日　上海电信与韩国SIGNET正式签订《卫星地球站服务协议》，这是上海电信应急通信首次赴海外参与商业运作。

4月中旬　上海电信推出“景视通”ISDN可视业务。

5月2日　上海市副市长严隽琪、市信息化办公室党委副书记林爱娟等一行赴长途通信事业部崇明国际海缆登陆局调研。

5月15日　上海电信与上海移动通信责任有限公司签订电话网间互联及结算协议。

5月16日　上海电信向上海市慈善基金会捐赠价值300万元的“爱心信天游”储金卡和电话安装费，为第一批20户困难家庭安装电话。

5月17日　上海电信与上海证券交易所签订通信服务保障协议，双方使用国际通用的服务水平协议(SLA)方式保障上海证券交易所通信网络的安全。上海证券交易所是上海电信第一家 SLA 客户,也是中国电信首家 SLA 客户。

5 月 21 日　上海电信推出“天翼通”无线局域网业务,在复旦大学管理学院开通校园无线局域网。

6 月上旬　上海电信首个以上海市劳模个人命名的“徐惠娣工作室”在长途通信事业部南京东路营业厅成立。

6 月 28 日　上海电信推出“易付卡”电话缴费业务,用户通过拨打电话即可缴纳上海电信帐务中心开列的各类电信费用。

7 月 17 日　北京宜通电话卡业务平台及计费中心顺利割至上海,割接后的业务平台具有处理 400 万张卡的能力。该平台的运行及维护由上海电信承担。

7 月 22 日　陈鸿生任中国电信集团上海市电信公司党委副书记、纪委书记。

8 月 20 日　上海电信召开质量管理体系运行启动暨文件发布大会。按照 ISO9001∶2000 国际标准建立起文件化的质量管理体系,进入试运行阶段。

8 月 28 日　上海电信推出“新视通”多媒体视频会议业务。

9 月 17 日　上海电信与青浦区政府签署公务网建设协议。

9 月 19 日　上海电信与思科系统(中国)网络技术有限公司共同建设的上海电信—思科概念实验室正式运行。

9 月 20 日　中国电信在上海与美国洛杉矶两地共同举办“月圆神州情满人间——中国电信中美新视通试验业务”开通仪式,业务由中国电信(美国)公司与上海电信联合受理。

10 月 10 日　在上海市质量工作会议上,上海电信获“全国质量管理先进企业”称号。

11 月 12 日　上海电信成立“信之缘”大客户俱乐部,推出“首席客户经理”制。

11 月 15 日　中国电信股份有限公司分别在香港联合交易所和纽约证券交易所挂牌交易,共发行 75.6 亿股 H 股并以存托证券(ADR)的方式在美国发行。18 日,上海市电信有限公司作为中国电信股份有限公司的全资子公司挂牌成立。程锡元任党委书记、董事长、总经理;陈鸿生任党委副书记、董事、纪委书记、工会主席;张战国、张林德、童羚任董事、副总经理。

12 月 3 日　上海电信发行第一套申博成功纪念电话卡。

2003 年

1 月 13 日　上海电信获得上海市质量体系审核中心颁发的 ISO9001∶2000 国际质量管理体系认证证书,成为中国电信内第一个整体通过质量认证的省级公司。

2 月 12 日　1000 号新业务平台正式启动。

2 月 18 日　中国电信与中国台湾的中华电信股份有限公司合作开发的“新视通”业务在上海、台北两地同时开通。

2 月 19 日　在上海市政协十届一次会议上,上海电信总经理程锡元当选市政协常委。

是日　1000 客户服务热线浦东中心开通。

2 月 26 日　上海电信率先实现与中国网通上海分公司的网间互联互通。

3 月 15 日　上海电信推出“通用个人通信”700 号码。

4 月 23 日　上海电信召开企业流程重组实施启动会。10 月,企业流程重组通过中国电信验收。

5 月 16 日　为支持“非典”防治工作，上海电信向上海市卫生局捐赠价值 101 万元人民币的通信设备和通信服务。

5 月 17 日　上海电信推出个人手持式电话系统(PHS)无线市话业务(简称“小灵通”)，率先在松江和奉贤两地试验性放号。

是日　上海电信“家家 e”率先实现与上海联通短信互通的商用试验。

6 月 6 日　上海电信将每年 6 月 6 日定为“上海电信全民健身日”。

7 月 5 日　上海电信“8888”和“163”上网用户统一改用新接入号码“16300”，树立窄带接入业务的新品牌。

7 月 25 日　上海电信党委印发《上海市电信有限公司领导人员任前公示实施意见》，对任前公示的要求、程序及处理等做出规定。

8 月 16 日　上海电信“1000”客户服务热线与上海市消费者协会“12315”投诉热线正式联网，消协处理用户电信投诉的时限从原来的 20 天缩短至 15 天。

9 月 1 日　上海电信客户服务热线号码由“1000”升位为“10000”。

9 月 15 日　上海电信设立对外投资管理部。

9 月 30 日　上海电信第一届职工代表大会第四次会议通过《上海电信员工全面发展白皮书》《员工奖惩管理暂行办法》《员工绩效管理实施办法》《公司商业秘密保护暂行规定》《员工住房费用补贴暂行办法》。

12 月 17 日　共青团上海市电信有限公司第一次代表大会召开，选举产生新一届公司团委。

12 月 18 日　中国通信史上第一艘海底电缆施工维护船——“邮电一号”轮退役。

2004 年

2 月 9 日　中国电信任命王玮、马明为上海市电信公司副总经理，推荐王玮、马明任上海市电信有限公司副总经理。

3 月 11 日　《上海邮电报》更名为《IT 时报》。

3 月 22 日　上海电信召开“规范劳动用工、理顺劳动关系工作”启动大会，将与员工协商更换劳动合同文本、变更劳动合同主体、签发相应的岗位聘任书等。

3 月 31 日　金山电信局管理支撑系统(MSS)试点项目上线，成为中国电信 MSS 试点项目的首个上线单位。

4 月 22 日　男性话务员首次现身 114 查号中心国立台，打破上海电信无男性话务员的纪录。

5 月　全新格式的电信账单(包括现金账单、卡转付账单和预存款收据账单)开始启用。新增超长账单，即费用明细超过 22 条的账单。

5 月 16 日　上海电信宽带用户突破 100 万户，上海成为中国大陆第一个宽带用户突破 100 万的城市。

5 月 18 日　小灵通在上海市区放号。

5 月 20 日　上海电信与中国外汇交易中心正式签署《中国外汇交易中心信息通信系统建设框架协议》。

6 月 14 日　上海电信将原上海卫星通信公司改制为上海电信卫星通信分公司。

是日　上海电信大客户部与万事达卡国际组织上海代表处签署《电信业务合作框架协议》及

《电路租用及外包服务协议》,实现大客户外包服务零的突破。

6月中旬　上海电信召开"深化五项机制创新,完善岗位与工资体系"工作启动会,标志着中国电信的完善岗位工资体系试点工作在上海开始。

7月1日　《上海电信全面发展白皮书》(初版)颁布。

7月6日　上海电信召开"上海市电信有限公司TL9000启动大会",正式启动TL9000国际通信行业质量管理体系贯标工作。

7月中旬　上海电信电子支付平台建成,该平台可完成用户、商家和银行之间多点对多点的支付业务。

9月28日　由上海电信与上海市人力资源有限公司联合组建的劳务中介机构——上海安迪人力资源有限公司成立工会,首批700余名电信劳务工正式加入工会。

10月18日　上海市人大常委会副主任、市总工会主席、市厂务公开工作领导小组副组长陈豪率上海市厂务公开工作调研检查组赴上海电信检查厂务公开工作。

是日　小灵通短信、"家加e"短信和上海移动手机短信在上海、江苏、吉林、河北四省市互通,当天小灵通和移动手机互发短信5万余条。

10月20日　中国电信任命王玮为上海市电信公司总经理、党委副书记,上海市电信有限公司党委副书记,推荐其担任上海市电信有限公司总经理。

11月1日　上海电信与上海联通实现短信互联试运行。上海、江苏、河北、吉林等四省市固网小灵通和"家加e"用户可以与联通手机用户之间互发短信。

11月上旬　松江区方松街道建成上海市首个"宽带街道",宽带安装率达60.1%。

11月20日　中国电信总经理王晓初考察10000综合服务热线。

11月25日　上海电信推出《电信业务服务与使用规则》,这在国内电信运营商中尚属首家。

12月15日　易付卡更名为"上海电信卡"。该卡具有打电话、上网、为固话充值缴费等功能。

12月22日　上海电信获得香港品质保证局TL9000国际通信行业认证证书,成为全国首家在语音、数据和宽带业务领域通过TL9000认证的电信运营商。

12月31日　24时,上海电信的无线市话大灵通网络停运。大灵通网络于1996年12月投入运行,用于缓解市区固定电话缺线缺号矛盾。

2005年

2月1日　上海电信用户账单实行自然月开账。

4月1日　上海电信专用电信局剥离,划归上海市通信管理局。

5月17日　小灵通"机卡分离"业务上线运行。

8月1日　原隶属于宝山电信局的长兴、横沙两岛的电信业务,因行政区划调整转由崇明电信局管理。

9月1日　上海电信对小灵通用户实行实名登记制度。

9月6日　中国电信总经理王晓初赴上海理想信息产业(集团)有限公司和上海信息产业(集团)有限公司调研,听取上海中小企业信息化的发展汇报和交互式网络电视(IPTV)的发展汇报。

9月15日　中共上海市委常委、副市长周禹鹏一行调研上海电信保持共产党员先进性教育活动情况。

是日　由上海电信组织实施，上海移动、上海网通、上海联通、上海有线网络联手建造的临港新城通信中心局房开通。这是中国通信史上首次由运营商共同建造通信局房。

10月18日　上海电信首个光纤到户(FTTH)业务在浦东联洋社区的第九城市小区开通。

11月10日　上海市政协主席蒋以任，中共上海市委常委、市政协副主席、市委统战部部长沈红光，上海市政协副主席左焕琛、黄关从赴上海电信调研电信业与现代服务业发展情况。

是日　市场部印发《上海市电信有限公司本地通话详单对外查询服务管理办法(试行)》。

11月14日　上海电信建立新的财务集中管理体系，实行财务一级核算体制，财务部负责全公司财务管理和核算工作。

11月28日　上海电信和上海文广新闻传媒集团联合推出交互式网络电视业务。

是日　付费通申付卡电话缴费热线“962233”开通，市民可通过缴费热线，支付上海市水、电、煤、通信等账单。

12月9日　中国电信任命张维华为上海市电信公司党委书记，上海市电信有限公司党委书记、董事长。

2006年

2月13日　上海电信第一家合作制营业厅“电信世界”齐河路店开张。合作营业厅由上海电信和社会合作伙伴共同经营，统一悬挂“中国电信”和“电信世界”标志，受理电信业务和销售电信相关产品。

2月16日　上海电信与上海交通大学签署共建上海市网络化制造与企业信息化重点实验室协议。上海市副市长严隽琪出席签约仪式。

3月2日　上海电信印发《中高层管理人员管理暂行办法》。

3月14日　上海电信推出114号码百事通业务。

3月30日　中共上海市委副书记、市长韩正赴建设中的中国电信信息园区以及百事应通信公司调研。

5月17日　上海电信与上海世界特殊奥林匹克运动会执委会签约，成为2007年特奥会信息通信合作伙伴。

5月17—21日　上海电信分别举行面向个人和家庭用户的“数字家庭，绿色生活”大型新产品体验活动和面向政企用户的“商务领航，安全在握”大型客户沟通主题活动。

6月16日　上海合作组织峰会暨成员国元首会议落下帷幕。其间，上海电信为峰会18个场馆提供各类电信业务，圆满完成通信保障任务。张维华和峰会筹办工作人员受到国家主席胡锦涛接见。

7月1日　上海电信网上客服中心(sh.ct10000.com)上线运行。

是日　上海电信印发《进一步落实优秀人才管理责任的实施意见(暂行)的通知》。

8月22日　上海电信印发《上海市电信有限公司战略转型实施纲要(试行)》。

9月1日　IPTV正式商用放号。

9月13日　上海电信首家A类营业厅——金山卫零路营业厅开张。

9月16日　由上海电信承建和运营的上海世界特殊奥林匹克运动会热线——962007开通，这是特殊奥运会历史上首次采用专业呼叫中心提供统一的热线服务。

9月27日　中国电信与上海世博会事务协调局签署《中国2010年上海世博会合作伙伴协议》，成为中国2010年上海世博会(简称“世博会”)全球合作伙伴。上海市常务副市长杨雄、中国电信集团公司董事长王晓初、上海世博会执委会专职副主任钟燕群等领导出席签约仪式。

是日　“中国电信集团公司转型综合试点单位”在浦东局揭牌，中国电信浦东转型综合试点启动。

10月23日　上海电信与上海市信息化委员会签署《共同推进上海信息化建设的合作协议》。

10月24日　上海电信运营管理的首家无线宽带校园网在上海理工大学开通。

10月31日　上海电信向全市50岁以上老人赠送1万部老人专用小灵通。

11月6日　申付卡和付费通卡平台对接上线，申付卡与付费通卡实现品牌、服务和业务的进一步融合。

11月22日　上海电信召开以“心系上海、诚信服务、真情回报”为主题的服务提升信息发布会，向社会推出五项服务新举措。

11月28日　“上海电信通信技能实训基地”揭牌，加快培养技术技能型、复合技能型和知识技能型人才。

12月11日　上海电信成立新产品开发委员会。

12月15日　上海电信决定将每年的12月28日定为“企业文化日”。首届“企业文化日”的主题为“心系上海、回馈客户”。

12月27日　首届上海市电信有限公司科学技术大会召开。

12月29日　上海电信与上海市教委签署《关于进一步推进教育信息化的合作协议》。

12月30日　上海电信与徐汇区人民政府签订《关于推进徐汇区信息化建设战略合作框架协议》。至此，上海电信于年内已与松江区、金山区、青浦区、嘉定区、崇明县、南汇区、奉贤区、浦东新区、闵行区和宝山区人民政府签订合作协议。

是日　由上海电信承建的2006年市政府十大实事项目之一“上海市800 MHz数字集群政务共网”开通。

2007年

1月6日　“我的e家”——浦东家园家庭综合信息服务示范区信息发布会在汤臣高尔夫小区举行，中国电信“我的e家”品牌在上海全面启用。

1月12日　上海电信获得国际知名认证机构BSI的《上海电信IDC业务ISO27001信息安全体系认证证书》，成为中国电信首个建立信息安全体系标准的省级公司。

2月7日　上海电信与上海市农委签订《推进上海农业信息化建设合作框架协议》。

3月9日　上海电信总部迁址上海信息大楼，位于浦东世纪大道211号。

3月30日　上海电信与上海机场(集团)有限公司签订《浦东国际机场二期通信战略合作协议》。

4月11日　上海电信与银联上海卡友信息服务公司签署推进固网支付业务合作协议，固网支付业务于7月28日在东方路营业厅和云莲路营业厅向公众推出。

4月25日　上海电信与长宁区人民政府签订信息化建设合作协议。至此，与19个区县政府全部签署信息化合作协议。

4 月 28 日　上海电信成立客服质监部，是中国电信首个设立客户服务质量监督部门的省级公司。

5 月 16 日　由上海电信建设并运营的世博官方热线“962010”开通。

是日　在中国电信信息园区，上海电信网络操作维护中心正式启用 115 平方米的大型监控屏幕，可同步显示交换、传输、数据等网络的实时运行情况。在国内同行中，该屏幕面积最大、显示精度最高。

5 月 19 日　上海电信、上海文广新闻传媒集团与永乐家电三方共同合作推广 IPTV，永乐家电作为上海地区独家代理渠道商，在其旗下所有连锁门店开设业务受理点。

5 月 24 日　上海市召开第九次党代会，上海电信的张维华、徐倩雯作为正式代表出席会议。

6 月 7 日　上海电信与上海移动签署资源合作备忘录。

6 月 26—27 日　中国共产党上海市电信有限公司第一次代表大会召开。

7 月 2 日　位于上海信息大楼的上海电信信息生活体验馆落成启用。中共上海市委常委、副市长杨雄，上海电信董事长张维华共同启动体验馆开馆装置。

7 月 11 日　中国电信任命张维华为上海市电信公司总经理，推荐张维华任上海市电信有限公司总经理。

7 月 24 日　信息产业部部长王旭东一行考察上海电信，参观信息生活体验馆。

8 月 15—17 日　中国电信总经理王晓初等领导赴上海电信调研，听取浦东电信局的转型工作汇报，参观信息生活体验馆。

8 月 16 日　“114”上海政务服务热线开通，市民拨打 114 即可查询全市各级政府的信访、投诉、咨询等政务公开电话。

9 月 20 日　中国电信上海公司、江苏公司和浙江公司率先开展长三角区域无线宽带省际漫游业务，可在三地无线宽带覆盖区域享受互联网接入服务。

9 月 28 日　114 号码百事通开通长三角三地联动信息查询业务，用户可拨打 114 查询长三角旅游以及购物信息。

10 月 2—11 日　2007 年世界特殊奥运会在上海举行，上海电信作为特奥会信息通信合作伙伴，圆满完成各项通信保障任务。

10 月 19 日　上海电信西区电信局携手长宁区信息委完成仙霞街道逸仙第二敬老院的信息化设施改造，建成沪上第一家数字敬老院。

11 月 21 日　上海电信与中国电信浙江公司签订《关于洋山港通信业务收入合作分成的协议》。

11 月 23 日　中共上海市委组织部、市信息委、上海电信举行“上海市基层党建信息化工程”建设合作协议签约仪式。

12 月 11 日　中国电信任命吴冬立为上海市电信公司副总经理，推荐吴冬立任上海市电信有限公司副总经理。

12 月 18 日　上海电信职工代表组长表决通过《上海市电信公司劳动合同管理办法》《上海市电信有限公司员工岗位聘任管理办法》《上海市电信有限公司员工工资支付管理办法》和《上海市电信有限公司员工培训管理办法》(服务期规定部分)4 个文件。

12 月 25 日　上海电信宽带用户达到 300 万户，IPTV 用户突破 22 万，上海成为中国内地 IPTV 用户规模最大和发展速度最快的城市。

12 月 31 日　上海电信于零时起取消固定电话区间通话费。

2008 年

1月17—19日　中国电信江浙沪三地经营工作交流暨2008年合作研讨会在上海召开，江浙沪三地电信公司签订2008年度《共同推进长三角区域经济社会联动发展的合作协议》。

1月28日　根据中国电信有关法人体制调整的要求，上海电信完成中国电信股份有限公司上海分公司的工商设立登记手续和下属近200家机构的工商税务变更。3月1日起，以“中国电信股份有限公司上海分公司”名义开展经营活动。

2月29日　上海电信固网支付用户突破1万户。

3月5日　上海市信息化委员会和上海电信举行2008年信息化建设合作协议签约暨信息生活体验之旅启动仪式。

3月18日　中国电信(欧洲)公司网络管理中心在长途无线部启用。

3月28日　上海电信成立移动业务领导小组和移动通信办公室。

4月2日　上海电信召开政企客户纵向一体化营销服务团队建设试点启动大会，首批16位首席客户经理上岗。

5月17日　10000号客户服务热线开通英文台座席，提供英文服务。

5月26日　上海电信党员自愿交纳“特殊党费”支援汶川抗震救灾，累计达220.47万元，其中，交纳1 000元以上的达到804人。

6月13日　上海电信和市信息委签订《关于2008年度共同推进“千村万户”新农村信息化培训普及工程的合作协议》。

6月20日　长三角信息通信发展论坛在上海国际会议中心举行。中国电信在江浙沪三地加强区域信息化合作。

7月4日　上海电信与申通地铁公司就800 MHz政务网和轨道交通800 MHz的互联互通事宜签订合作协议。

7月7日　上海电信与嘉定区政府签署《中国电信上海公司助力嘉定区信息化建设暨支持嘉定无线城市发展合作协议》。至此，上海电信于年内已与杨浦区、闵行区、崇明县、普陀区、青浦区、宝山区、长宁区、南汇区、奉贤区和虹口区政府签订无线城市发展合作协议。

8月　上海电信全力做好奥运会上海赛区的各项通信保障工作。同时，派出多辆卫星车奔赴北京，为国内外媒体提供长达14 335分钟的卫星转播服务。

9月26日　根据中国电信与中国联通签订的《人力安排协议》，上海联通150名员工随CDMA业务划转入上海电信。

10月1日　原由中国联通经营的CDMA网络正式转由中国电信经营。上海160万CDMA用户全部转入上海电信。

11月7日　王福生任中国电信集团上海市电信公司副总经理、中国电信股份有限公司上海分公司副总经理。

12月17日　在“上海市迎世博600天文明指数”第一个百日测评活动中，上海电信位列生活服务类窗口及通信行业服务文明满意度第一。

12月18日　上海电信天翼“189”移动通信业务首发仪式在信息大楼举行，标志着上海电信“189”号段正式开通，同时推出具有互联网手机概念的天翼品牌。上海市政协主席冯国勤出席。

12月28日　上海电信召开改革开放30周年纪念大会。

2009年

1月1日　中国国内与南极两个科考站之间的通信全面开通，这是上海电信开通的最远端电路。

2月初　上海市文明办发布2008年度上海市37个“窗口”行业社会公众满意度调查结果，上海电信总体满意度为83.215分，成为通信行业内的第一名。营业厅“免填单”服务被评为最受公众欢迎的十大举措之一。

2月27日　8位员工获聘上海电信首席员工，首席员工每2年评选1次。

3月15日　上海电信举行“共享3G、同翼未来”第三代移动通信(3G)业务试商用启动仪式，推出天翼3G无线宽带业务。

3月19日　上海电信与上海联通签署第一批共享基站交换使用协议书，确认首批117个共享基站的对等交换，范围包含基站设施涉及的铁塔、机房、机架位、电源等资源。

3月31日　中国电信深入学习实践科学发展观活动第一指导检查组赴上海电信调研。

4月21日　中国电信召开欢迎卫通转职员工电视电话会议，上海卫通的28名员工转入上海电信。

4月28日　中国电信与上海市政府签署协议，进一步深化在信息化领域的战略合作。根据协议，中国电信两年内将在上海投入260亿元并将全国视讯中心和全球客服中心落户上海。

4月30日　上海邮电俱乐部成立50周年纪念暨改建启用仪式举行，上海市总工会副主席汪兰洁向上海电信授予上海市五星级“上海工会职工文化活动基地”铜牌，这是上海市第一块为企业职工文体活动基地颁发的五星级奖牌。

5月1日　上海电信第一家天翼体验馆在徐家汇美罗城3楼开业。

5月26日　上海电信推出天翼3G移动支付业务。

是日　上海电信与交通银行上海分行签订战略合作协议，双方将在通信信息服务、金融服务、资源利用等领域建立紧密的战略合作伙伴关系。

6月3日　上海电信“城市光网”行动计划正式启动，规划于2012年在上海实现“百兆到户、千兆进楼、T级(百万兆)出口”的网络覆盖。

6月18日　上海电信与上海市商务委签订合作备忘录，推进上海市电子商务的应用和发展，加快上海国际贸易中心建设。

6月23日　中共中央政治局委员、上海市委书记俞正声视察中国电信信息园区、上海电信NOC(电信世博通信保障指挥中心)、信息生活体验馆，听取上海电信工作汇报。

7月1日　上海电信与临港集团签订《共同推进上海临港产业区信息化建设合作协议》。

8月26日　上海电信中标2010年世博会“PTT数字集群通信”项目。这是中国电信天翼对讲PTT行业应用解决方案通过社会招标方式赢得政府项目的第一单。

9月24日　上海电信与上海期货交易所签订CDMA合作协议，双方将开展天翼移动语音、总机服务和综合办公等业务合作。

是日　上海电信举行“上海电信60年辉煌路”大型图片展·第三届员工文化艺术节“理想”杯“祖国颂”摄影作品展开幕式暨《电信的记忆——上海电信138年》图志首发式。

10月1日　上海电信开始对“我的e家”、商务领航和天翼商旅套餐的用户实行全国接听免费的政策。

10月25日　上海电信与上海市老年基金会举行《依托现代信息技术，服务上海老龄群体合作协议》签约仪式。

10月27日　上海电信与上海资信有限公司签订征信业务合作协议。上海电信用户的不良信用信息将被记入征信系统。

11月19日　上海电信与徐汇区政府签署《徐汇区信息化战略合作协议》。至此，上海电信已与闵行区、宝山区签订新一轮信息化战略合作协议。

11月25日　上海电信与上海绿地集团签署战略合作框架协议。

12月8日　上海电信分别与申银万国证券公司、德邦证券公司签订3G手机证券合作协议。

12月16日　上海电信IPTV用户突破100万户。上海成为国内"IPTV第一城"。

12月23日　"百年梦圆"世博主题电话卡正式发行。该套电话卡发行量1万套，采用纯银制造，在中国电信制卡史上尚属首次。

2010年

1月21日　上海电信与上海联通举行年度共建共享合作签约仪式，标志着两家运营商在沪的3G无线网络资源率先实现共建共享。

是日　上海电信召开世博保障动员会议，宣布成立上海电信世博保障领导小组，总经理张维华任组长。

2月5日　上海电信在南京路步行街率先推出"翼支付·手机刷卡"业务，50余家商户成为"翼支付"的首批特约商户。

2月6日　上海电信与上海国美签订战略合作协议，中国电信明星手机、"魔屏"业务在上海国美首发。这是上海电信与专业卖场渠道在全业务时代的首度联手。

2月22日　中国电信总经理王晓初等领导来沪调研上海世博会通信保障准备情况，考察上海电信驻世博园区通信保障前沿指挥部、中国馆、世博主新闻中心、信息通信馆。

3月2日　上海电信与崇明县政府就推进新一轮信息化建设战略签订合作框架协议。

是日　上海电信移动业务产业链合作大会召开，与通信连锁零售商乐语和联想集团签订战略合作协议。

3月5日　上海电信在所有245个营业厅正式提供中英文双语服务，厅内指示牌全部更换为双语标识。

3月17日　上海电信与上海市电力公司签署合作协议。双方将利用各自网络资源，开展电力线、通信复合电缆的集约化共建试点。

3月31日　中国电信党组书记尚冰调研上海世博会周家渡现场指挥部。

是日　上海电信完成世博园区无线覆盖建设任务，标志着中国电信世博信息通信工程建设基本结束。

4月8日　上海电信召开"城市光网"业务发布会，携手土豆网、PPLive等，发起成立"城市光网应用联盟"。

4月19日　上海世博会唯一官方服务热线"962010"多语种服务正式开通。

5月6日　由上海世博会志愿者部指导，上海电信主办的"天下一家、志愿世博"——2010年上海世博志愿者专场演出隆重举行。上海电信总经理张维华代表中国电信，向上海市老年基金会赠送了IPTV、电脑和全球眼数字监控系统，协助建设50家“数字敬老院”。

5月18日　中共上海市委宣传部、上海市企业文化促进会正式授予上海电信为“首批企业文化建设示范基地”。

6月8日　上海电信与上海市经济和信息化委员会签署2010年度服务合作协议，确保实现家庭宽带2 Mbps及以上用户占比超过90%，基本实现全市3G网络全覆盖，为近10万中小企业提供外包信息服务。

6月15日　中共中央政治局常委李长春在中共上海市委副书记殷一璀和中共上海市委常委、宣传部部长杨振武的陪同下参观信息生活体验馆。

6月17日　唐珂任中国电信集团上海市电信公司总会计师、中国电信股份有限公司上海分公司财务总监。

6月23日　上海电信博物馆开馆，全国人大常委会委员长吴邦国题写馆名。

7月3日　由上海市相关领导及资深学者、专家组成的上海电信战略发展咨询委员会成立。上海市政协主席冯国勤担任委员会主任，市人大常委会副主任胡炜、市政协副主席朱晓明、复旦大学校长杨玉良担任委员会副主任。成立大会上，上海电信发布《上海电信推进城市信息化发展战略纲要》。

7月27日　工业和信息化部副部长奚国华来沪调研三网融合情况，高度评价上海电信IPTV的发展成绩，认为上海电信和上海文广合作经营IPTV的“上海模式”已逐渐成熟，值得推广。

8月17日　“上海市云计算产业基地”正式揭牌落户市北高新技术服务园区。上海电信与市北高新园区签署战略合作框架协议，共同打造上海市云计算产业基地。

9月26日　中共中央政治局常委、书记处书记、国家副主席习近平在中国馆接见世博保障各有关部门领导和代表。上海电信世博保障总指挥张维华作为信息通信行业的代表参加接见。

10月26日　“上海市云计算创新基地”正式启动。在揭牌仪式上，上海电信公布“凌云计划”，构建上海电信云计算中心。

10月31日　世博会胜利闭园。中国电信1 200多位员工在世博现场参加A级通信保障，坚守至闭馆的最后一刻。中国电信圆满完成服务、保障世博的光荣任务，践行“信息世博、触手可及”的主题，兑现了对世博的庄严承诺。

12月8日　上海电信的两家营业厅——漕溪北路营业厅和张杨路营业厅双双荣获中国质量协会颁发的“五星级营业厅”称号。

2011年

1月1日　上海电信以“二免一赠一极速”为主题，实施第一次宽带大提速，部分宽带用户获免费提速、公共场点无线通信技术（Wi-Fi）接入的免费服务，光网用户获“百兆到户”，获赠e云存储空间。

1月19日　上海东方城市花园成为上海电信第1 000个城市光网示范小区。

1月27日　中共上海市委副书记、市长韩正等领导到上海电信调研上海城市光网建设情况。

1月28日　上海电信和长宁区政府召开“数字惠民——城市光网进社区”动员部署会，启动城市光网进社区实事项目。

3月30日　上海电信客服中心首批100个云计算座席上线试运行。

是日　上海电信南区电信局漕溪北路营业厅获国资委“文明服务央企先行 · 文明服务示范窗口”荣誉称号，成为中国电信唯一获得此项荣誉的服务窗口。

5月6日　国务院三网融合工作协调小组办公室联合调研组到上海电信调研。

6月10日　上海电信正式启用180号段，作为3G专属号段。

7月31日　上海电信城市光网覆盖能力超过300万户，城市光网用户突破80万户，上海成为国内光纤到户发展最快的城市。

9月27日　上海电信举行“安居工程”首批房源启用入住仪式，7名优秀人才、13名新入职员工率先入住人才公寓和青年员工宿舍。

10月1日　上海电信以“光网家庭再提速、免费体验大签约、中小企业新回馈”为主题，实施宽带第二次大提速。

10月12日　上海电信光网覆盖用户逾450万户，城市光网用户突破100万户，10 Mbps及以上宽带用户达150万，上海成为国内光网第一城。

10月28日　上海电信与上海市中小企业发展服务中心、用友畅捷通签署《中小企业信息化应用普及推广三方合作协议》。

11月1日　工业和信息化部部长苗圩到上海电信考察三网融合及智慧城市建设情况，参观信息生活体验馆。

11月28日　顾国忠任上海市电信公司党委副书记、纪委书记、工会代主席，中国电信股份有限公司上海分公司党委副书记、纪委书记、工会代主席；何剑鸣任上海市电信公司副总经理、中国电信股份有限公司上海分公司副总经理。

11月30日　全国国有及国有控股企业党委负责人研修班在上海电信开展现场教学，上海电信全面介绍在企业转型中开展思想政治工作的做法与经验。

12月26日　上海电信与黄浦区政府签署《“十二五”期间智慧城市建设战略合作协议》。至此，上海电信当年分别与卢湾区、浦东新区、崇明县、虹口区、杨浦区、徐汇区、闸北区、青浦区、松江区政府签署有关信息化合作协议。

2012年

1月10日　上海电信智慧城市门户网站（www. sh-icity. com）上线。该网站通过统一的品牌形象、平台入口和用户认证，打造面向智慧城市、提供丰富应用、方便市民和服务民生的综合性门户平台。

1月18日　由上海电信牵头，联合盛大网络、同济大学等15家企事业单位、科研院校和研究机构共同组成的上海城市交通信息服务产业技术创新战略联盟成立。

1月　上海电信建成全市最大的Wi-Fi无线宽带接入网络，Wi-Fi热点超过7 300个，接入速率达到54 Mbps。

2月1日　上海电信第一家24小时营业厅——南区电信局漕溪北路24小时营业厅对外营业。

3月7日　上海电信与上海联通签署2012年共建共享合作协议，两家运营商将共同建设30座新基站，共享200座已有基站。

3月8日　上海电信举行中国电信版iPhone4S手机首发仪式。3月9日电信版iPhone4S手机正式销售，这是中国电信首次发售iPhone手机。

3月13日　中国质量万里行促进会召开“3·15”新闻发布会，上海电信被授予2011年全国“产品售后（公众公共）服务质量先进企业”称号。

3月　顾国忠当选上海市电信公司、中国电信股份有限公司上海分公司工会主席。

4月1日　上海电信实施第三次宽带大提速，主要针对特定公众用户和企业。

是日　上海电信对新的预付费产品取消话费余额有效期。

4月18日　2012年上海市精神文明建设工作会议在上海展览中心举行。上海电信获颁2010—2011年度“上海市规范服务达标先进行业”奖牌。

5月15日　上海电信推出信息生活体验馆、电信博物馆等“电信新八景”，作为上海市“城市新印象”宣传教育活动在信息化领域的延伸。

是日　上海电信博物馆被中共上海市委宣传部命名为“爱国主义教育基地”。

5月16日　上海电信在浦东城市化地区实现光网新装用户48小时即要即装。

6月1日　上海电信对已激活CDMA预付费（含预付费融合套餐）并存在有效期的客户，取消话费账户余额有效期。

6月4日　上海电信“安居工程”奠基仪式举行，“安居工程”提供短期租赁和过渡周转房，以多渠道解决单位职工、引进人才和来沪务工人员等临时的过渡居住需求。

6月28日　中国电信发布“天翼领航”品牌，满足中小企业多样化信息需求。

6月30日　由中国电信和其他12家电信运营商共同投资建设的新亚太海缆系统（APG）项目正式启动。该项目连接中国大陆、中国香港地区、中国台湾地区，以及韩国、日本、越南、新加坡和马来西亚，全长96 000公里。中国电信将其海缆登陆点设在崇明海缆登陆站。

7月　上海电信召开上海无线城市建设启动会，会上宣布将承担i-Shanghai的建设与运维任务。

8月7日　中国电信与上海市政府签署《共同建设上海“智慧城市”2012—2013年战略合作协议》。中国电信两年内将投资140亿元，围绕智慧政府、智慧民生、智慧产业等3个领域，建设上海智慧城市。中共上海市委副书记、市长韩正和中国电信董事长王晓初等领导出席签约仪式。

是日　韩正和王晓初为落户上海的“中国电信车联网服务上海基地”揭牌。上海电信成立“车联网”项目组。

8月29日　上海电信与长宁区政府就共建长宁“智慧高地”签署框架协议。至此，上海电信是年已与闸北区、宝山区签订新一轮信息化建设战略合作协议。

9月1日　上海电信实施“铜线用户大迁移、智慧家庭新体验、全面走进光时代”第四次宽带大提速。

9月　上海电信被授予“中央企业思想政治工作先进单位”称号。

10月8日　由上海电信承建并运营的12345市民服务热线（简称“12345热线”）正式开通，中共上海市委副书记、市长韩正，常务副市长杨雄前往12345热线呼叫中心调研，考察首日运行情况。2013年1月7日，该热线开始实施7×24小时服务。

11月8—14日　上海电信圆满完成中国共产党第十八次全国代表大会的通信保障工作。

2013年

2月28日　上海电信与中国电信美洲公司合作推出一卡双号海外应用项目，在一张UIM卡上开通中国与美洲两个数字移动电话号码。

3月1日　上海电信实施第五次宽带大提速并在宽带资费上给予家庭和企业用户更多优惠。

3月13日　洋山深水港800 MHz集群基站新建项目完工，满足洋山港区域集群用户的通信需求。

3月18日　上海电信天猫旗舰店开业，重点发展以终端引领的融合套餐。

3月21日　上海电信印发《上海公司与市、区政府无线城市WIFI(Wi-Fi)合作业务指导意见》。

4月15日　上海市副市长周波一行考察信息园区，参观上海电信网络操作维护中心、10000号呼叫中心。

5月16日　由上海电信编纂的《上海电信史》在沪首发。

5月20日　上海电信被上海市政府授予"2011—2012年度(第7届)上海市文明行业"称号，这是上海电信首次获得该荣誉称号。

5月21日　上海电信与浦东新区政府签订智慧社区战略合作协议。

5月27日　中国电信任命马益民为上海市电信公司总经理、中国电信股份有限公司上海分公司总经理；任命常朝晖为中国电信股份有限公司上海分公司党委副书记、纪委书记；任命雷宇为上海市电信公司副总经理、中国电信股份有限公司上海分公司副总经理。

6月25日　工业和信息化部副部长尚冰来到上海电信，调研上海智慧社区建设情况，参观上海电信正在建设的智慧社区——闵行古美街道欧风花都，以及位于嘉定的城市光网光分配网工程施工实训基地。

9月1日　上海电信实施第六次宽带大提速，实施百兆到户"宽带卓越计划"。

9月3—13日　应急通信局派出卫星转播团队，圆满完成国家主席习近平对土库曼斯坦、哈萨克斯坦、乌兹别克斯坦和吉尔吉斯斯坦国事访问的相关直播任务。

9月16日　上海电信统一总部部门、区(县)电信局、产品部、直属单位、集团委托管理单位等五类单位的规范命名。

10月18日　中国电信客服运营支撑中心在上海成立，中国电信董事长王晓初为支撑中心揭牌。

10月22日　中国电信上海自由贸易试验区信贸营业厅正式挂牌。营业厅位于自贸区基隆路国际信贸大厦，是通信运营商在自贸区内开设的首家营业厅，授权上海电信代管。

11月7日　上海市人大常委会副主任、市总工会主席洪浩调研上海电信网络操作维护中心和10000号话务中心。

11月29日　上海电信移动互联网学院正式成立。

12月30日　中国电信股份有限公司决定成立上海自贸试验区分公司，授权上海电信负责筹建工作。上海自贸试验区分公司加挂"上海公司政企客户部自贸区销售服务中心"牌子。

12月31日　上海电信优化调整新产品开发委员会的职能，增加产品管理与合作管理的职责。调整后，新产品开发委员会更名为产品与合作管理委员会。

2014年

1月1日　中国电信在南极科考中山站试验开通天翼3G网络，成为国内首家在南极开通移动通信服务的运营商。上海电信参与此次开通工作。

2月14日　上海电信推出第四代移动通信技术(4G)业务，成为中国电信首批提供4G服务的省级公司。

2月24日　中国电信上海自贸试验区分公司成立，成为第一家在自贸区成立分公司的电信运营商。

2月　常朝晖任中国电信股份有限公司上海分公司工会代主席。

是月　上海电信荣获上海市“五星级诚信创建企业”称号，是上海市通信行业内唯一获得该荣誉的企业。

3月19日　马益民任中国电信股份有限公司上海分公司党委书记。

3月20日　上海电信召开党的群众路线教育实践活动情况通报暨民主评议会，马益民作党的群众路线教育实践活动情况通报。

3月　常朝晖当选中国电信股份有限公司上海分公司工会主席。

4月15日　上海电信召开承包经营工作启动会，成立公司承包经营工作组，承包经营工作聚焦“划清责任田、选好责任人、明确责任制”三大重点内容。

4月17日　中国电信总经理杨杰等领导先后到上海热线、东方路营业厅、理想公司等调研，听取上海电信发展和改革的情况汇报。

4月25日　上海电信印发《中国电信上海公司对外合作运营体系工作总纲》。

5月20—21日　上海电信启动A级通信保障，为第四次亚信峰会20多个重点场馆提供通信服务。

5月21日　上海电信成立全面深化改革领导小组，马益民任组长，马明、吴冬立、常朝晖、何剑鸣、雷宇任副组长，领导小组下设全面深化改革办公室。

5月　上海电信宽带用户达到500万户。

6月1日　上海电信实施电信业营业税改增值税试点，实行两档税率：提供基础电信服务，税率为11%；提供增值电信服务，税率为6%。

6月4日　马益民当选为上海市通信行业协会第五届会长。

6月9日　中国电信上海网厅微信公众号实现微信支付功能，用户登录微厅可进行电信账单支付、账户充值、订单支付、为他人账户充值等，上海电信成为全国首家将微信支付方式接入账务体系的运营商。

6月26日　中国电信与上海市政府签署战略合作协议。中共上海市委副书记、市长杨雄与中国电信董事长王晓初共同为“中国电信医疗行业信息化应用(上海)基地”揭牌。

是日　王晓初到上海电信调研，听取天翼视讯业务发展情况汇报，了解西区电信局镇坪分局和电渠中心承包经营的试点情况。

7月1日　上海电信在浦东电信局启动标准化维护模块运行试点，标志着“面向客户、面向产品、面向网络”的后端集约化、综合化改革启动。

7月14日　全国首个电信家庭宽带客户俱乐部——中国电信上海宽带客户俱乐部成立。

7月22日　天翼4G套餐线下首发，上海市450家电信营业厅同时受理。

8月8日　上海电信第一家手机城——麦风数码手机城在崇明县开业。

8月28日　上海电信与长宁区政府签订“智慧高地”的建设框架协议。至此，上海电信于年内已与闸北区、虹口区、静安区政府签订共建“智慧高地”协议。

9月28日　杨杰一行调研上海自贸区综合服务大厅、洋山深水港展示区和码头以及南汇信息大楼手机城，要求上海电信勇于尝试，不断创新，规模复制成功经验，打造经营新格局。

是日　上海电信三届四次职代会第一次联席会议通过《中国电信上海公司承包经营实施方案》和《中国电信上海公司承包经营单元用工机制创新实施方案》。

10月15日　中国电信上海网厅英文版(http://sh.189.cn/en/)正式上线，是全国电信运营商中首个英文版网厅。

10月29日—11月6日　上海举行"上海智慧城市体验周"活动，由市经信委主办、上海电信承办开幕式。

11月17日　中国电信任命常朝晖为上海市电信公司副总经理、中国电信股份有限公司上海分公司副总经理。

11月28日　上海电信最后一台时分复用(TDM)长途交换机TSH2退网，标志着程控交换机彻底退出上海电信长途交换网。

12月31日　中国电信任命吴冬立为中国电信股份有限公司上海分公司纪委书记。

2015年

1月31日　上海电信成立志愿服务总队。

2月11日　上海电信推出4G翼支付手机交通卡业务。

3月18日　上海电信实施主题为"百万用户享百兆、高清电视再升级、网龄计划真回馈"的第七次宽带大提速。

3月19日　工业和信息化部副部长尚冰一行到上海电信调研，听取上海电信关于自贸区发展和第七次宽带大提速情况的汇报，称赞上海电信积极响应国家宽带发展号召，走在全国前列，希望上海在高宽带应用上继续探索，做好大数据分析应用。

3月24日　上海市副市长周波一行到上海电信调研，希望上海电信充分利用信息基础设施和信息数据，为上海"智慧城市"建设，包括城市安全运行、智慧交通等提供服务和支撑。

5月11日　中国电信集中MSS项目在上海电信割接成功，系统正式上线。

5月17日　上海电信建成全国首个基于对称型10 Gbps-PON技术的光网千兆宽带示范点，成为首家提供千兆宽带接入的基础运营商。该技术属于国际领先、国内首创。

是日　上海电信发布"社区一点通"手机应用(App)。

6月11日　全球第一部中文电报电码书《电报书籍》原本，由丹麦北欧亚洲研究所转赠上海电信博物馆。

6月12日　上海电信与微软(中国)有限公司发布"中国电信Windows Azure云应用商店"业务，这是首家在华运营的大规模微软云应用商店。

6月30日　中共上海市委副书记、市长杨雄点击开通由上海电信开发的12345市民服务热线网页和手机App受理平台。

7月14日　中国电信总经理杨杰到上海电信调研，并检查巡视整改工作。

7月16日　微信公众号"中国电信上海客服"订阅量突破100万。

8月3日　上海电信举行"天翼4G+"媒体品鉴会，宣布上海为中国电信"天翼4G+"首批试点城市，于8月5日推出该项业务。

9月1日　上海电信成立党建工作领导小组。

是日　上海电信党委印发《中国电信上海公司党委会制度》。

是日　国际人工话务台(95113/95115)退市。

10 月 23 日　在“阿拉创新在行动——2015 年度上海企业创新文化品牌展评发布会”上，上海电信“变革担当”文化创新成果获“上海企业创新文化十佳品牌”。

10 月 25 日　上海电信重塑和强化技术体系，建立技术委员会，优化总工程师室职责，建立公司一点接应式技术支撑体系。

11 月 3 日　由上海电信发起的“上海‘互联网＋’创新发展联盟”正式成立。

11 月 23 日　上海电信成立中国电信上海公司未来网络开放实验室。

12 月 23 日　上海电信与徐汇区政府签署《关于继续全面合作共建智慧城区新一轮战略合作协议》。至此，上海电信于年内已与崇明县、静安区、浦东新区、松江区签署新一轮共建协议。

2016 年

1 月　上海电信博物馆被中共上海市委宣传部评为“2014—2015 年度上海市爱国主义教育基地先进单位”。

2 月 17 日　上海市人大常委会副主任、市总工会主席洪浩一行到上海电信工会进行调研，参观信息生活体验馆。

3 月 9 日　上海市通信管理局公布 2015 年上海市电信行业服务质量用户满意度测评结果，在 4 项业务测评中，上海电信固定电话、住宅宽带、手机上网 3 项业务位列第一。

3 月 31 日　上海电信成立采购决策委员会。

4 月 20 日　上海电信启动 10 Gbps EPON 规模化建设，向用户提供千兆宽带。

5 月 17 日　上海电信开放服务平台(Open. shtel. com. cn)上线。

是日　上海电信与上海苏宁签订战略合作协议，启动上海苏宁“4K 电视＋电信宽带免费升速活动”。

6 月 16 日　“2016 上海市企业社会责任报告发布会”召开，上海电信获“推进企业社会责任建设优秀组织奖”。

7 月 1 日　上海电信召开二届五次党代会暨庆祝建党 95 周年大会。

7 月 7 日　上海市副市长陈寅一行调研 12345 市民服务热线运营中心。

7 月 8 日　上海电信党委中心组召开以“讲政治、有信念”为主题的“两学一做”专题研讨，赴李白烈士故居和中共四大纪念馆参观学习。

7 月 18 日　上海电信举行上海宽带客户俱乐部成立两周年庆典活动，宽带客户俱乐部会员突破 100 万。

8 月 30 日　上海电信举行 IPTV 10 周年庆典，宣布将上海打造成“智慧家庭第一城”，与百视通公司签署《关于新媒体业务战略框架协议》。

9 月 9 日　自贸区分公司与上海跨境电子商务公共服务有限公司签署《关于共同推进上海跨境电子商务信息化建设的合作协议》。

10 月 20 日　中国电信与上海市政府签署“互联网＋”战略合作协议，致力于将上海打造成亚太领先的“互联网＋”标杆城市。上海市市长杨雄、副市长周波和中国电信董事长杨杰、总经理杨小伟出席签约仪式。

10月21日　上海电信举行“百变魔都新网速、千兆宽带第一城”新闻发布会，上海电信总经理马益民宣布正式启动千兆宽带规模化发展，三年内实现宽带产品“百兆起步、千兆主流”目标。

11月25日　青浦电信局最后一台程控交换机下电，成为上海市第一家全部实现光电话应用的电信局。

12月7日　上海电信与宝山区共同打造的中国电信制造行业信息化应用基地宝山园揭牌，签署《“魅力滨江、智慧宝山”建设信息化战略合作协议》。

12月16日　亚太直达海底光缆系统正式上线，运行17年的中美间第一条直通海底光缆——中美海底光缆随之退服。

2017年

1月1日　“中国电信上海客服”微信公众号用户数达到857万。

1月10日　覆盖全市的430家电信营业网点率先成为《上海市民“新七不”规范》公益宣传窗口。

1月20日　中国电信集团公司上海分公司注册成立。

1月22日　上海市监察局、市政府督查室和市民服务热线管理办公室联合通报2016年12345市民服务热线绩效考核情况，上海电信得分89.27分，在通信行业内位列第一，成为三大运营商中唯一考核为优秀的单位，上海电信已连续三年获得行业第一。

2月8日　上海首家翼支付会员超市“翼盟”在西区局万航渡路营业厅正式开业。

3月29日　上海电信与上海市气象局签署智慧气象战略合作协议。

4月25日　中共上海市委宣传部、上海市总工会、上海市经信委联合举办“2017年美丽上海追梦人”市重大先进典型专题发布会，上海电信员工徐珺成为首批“劳模新模样・匠人匠心”宣传典型。

5月11日　中国电信工会主席柯瑞文调研10000号园区台，为获得2017年“全国工人先锋号”荣誉的10000号客服热线授牌。

5月12日　崇明电信局销售组织与现场管理员邱莉娜当选党的十九大代表，这是上海电信公司化运行以来产生的第一位全国党代表。

5月16日　上海电信首家“智慧家庭”旗舰厅开业，位于江苏路营业厅。

是日　上海电信发布“乐享安居”智慧家庭全新应用产品，包括智饮水、智能钢琴、扫地机器人、天翼高清4K和智能组网。

5月17日　上海电信在三家运营商中率先推出本地不限流量套餐。

5月20日　上海电信第五届员工文化艺术节开幕，以“活力之韵”为主题，举行三大风采展示、七大才艺比拼、十大艺术赏学，组织上百项活动。11月25日，艺术节闭幕。其间吸引上万名员工参与，创下活动覆盖范围最广、员工参与人数最多、内容组织形式最新的纪录。

5月25日　上海电信和上海联通联合举办“落实提速降费，推广六模全网通终端行动发布会暨全网通终端‘众筹’会”，共同发布提速降费举措及推广六模全网通终端联合行动计划。

6月13日　上海电信与复旦大学附属儿科医院签署“智慧医院”信息化合作框架协议。

6月30日　上海电信召开庆祝建党96周年大会。

7月4日　上海电信与中国长江航运(集团)总公司签订“互联网+航运”全面战略合作框架

协议。

7月5日　上海电信与金山区政府签订推进智慧城市战略合作框架协议。至此，公司是年已分别与青浦区、长宁区、黄浦区、闵行区、普陀区政府签订“智慧城市”战略合作协议。

7月17日　中国致公党上海电信支部成立大会在信息大楼举行。上海市政协副主席、致公党上海市委主委张恩迪，上海市经信委党委书记陆晓春，上海电信党委书记、总经理马益民等领导出席。

8月8日　上海电信与中国石化上海石油签署战略合作框架协议。

8月25日　上海电信响应国家“提速降费”号召，推出全家享“十全十美”套餐，宽带、流量全家共享不限流量。

8月31日　东方医院医疗影像云上线，这是上海电信无源光网络（PON）＋边缘云服务节点（CLSN）云连接开通的第一单，也是CLSN与中国电信云存储对接的第一单。

9月1日　上海电信印发《战略转型“十三五”行动计划》。

9月19日　上海电信党委开展“喜迎十九大，四百支部大巡礼”活动，组织公司409个在职党支部互访、互学、互评、互巡。

10月18日　上海电信成立党的十九大网络和信息安全保障领导小组。

11月1日　上海电信党委中心组召开党的十九大精神专题学习会，党的十九大代表邱莉娜传达会议精神。

11月3日　上海电信与上海儿童医学中心签署《互联网＋医疗战略合作协议》。

11月14日　中国电信任命雷宇为中国电信股份有限公司上海分公司党委副书记；任命马明为中国电信股份有限公司上海分公司纪委书记。

11月18日　上海电信首个第五代移动通信技术（5G）试验站点在虹桥地区开通。

11月28日　上海电信举行“天翼云·企业上云”发布会，正式发布天翼云产品，携手5家合作伙伴成立“天翼云合作联盟”，与8家企业签署“天翼云”合作协议。

12月3日　中共中央政治局常委、中央书记处书记王沪宁在中国电信董事长杨杰陪同下，参观乌镇互联网之光博览会中国电信展台，与上海电信代表通过量子保密通信技术进行视频对话。

12月19日，以“物联未来、G不可失”为主题的全球物联网峰会在沪举行。上海电信总经理马益民出席峰会，并作《5G，开启物联网新时代》的主旨演讲。会上，上海电信荣获“物联之星”大奖，成为唯一获奖的电信运营企业。

12月21日　随着中国电信最后一个TDM程控交换端局——浦东沈家宅TDM程控交换机下电退网，中国电信成为全球最大的全光网络、全IP组网的运营商。

12月27日　中国电信集团公司上海分公司更名为中国电信集团有限公司上海分公司。

2018年

1月15日　上海电信结合物联网、云计算、大数据、大视频等平台，在虹口区中虹花园建成全国第一个物联网小区，

1月16日　上海电信与国家会展中心（上海）公司签署“智慧国展”战略合作协议，共同把国家会展中心打造成“设施智能化、运营智慧化、服务智敏化”的国际一流会展综合体。

是日　由上海电信承建并运营的中国国际进口博览会“968888”呼叫中心上线运营。“968888”

服务热线面向全球，使用中、英、俄、法、西班牙语等6种语言，为用户提供电话、在线客服、电子邮件、短信、App等一体化综合信息服务。

2月11日　中国电信党组书记、董事长杨杰一行调研上海电信，慰问公司劳模和先进员工代表。

2月12日　“市政府实事项目——2018年首批户外职工爱心接力站”揭牌启用仪式在上海电信南区局漕溪北路营业厅举行。上海市人大常委会副主任、市总工会党组书记、市总工会主席莫负春为爱心接力站站长代表授牌。是年共有108个爱心接力站。

3月22日　位于信息园区的数据中心获得Uptime Institute的M&O认证，上海电信成为中国境内首家获得该认证的运营商。

4月9日　上海电信与虹桥商务区管委会签署“打造5G示范商务区”战略合作框架协议。5月17日，全国首个“5G示范商务区”工程正式启动，发布首批基于5G的创新应用：“5G＋虚拟现实(VR)”“5G＋无人机”“5G＋8K分辨率”。

4月26日　上海电信与上海苏宁签署战略合作备忘录，共同启动智慧零售大开发项目，打造以潮品酷玩为主、业务受理为辅的一站式体验店苏宁星空广场店，共同探索新零售模式。

5月2日　SDN网关正式放号。

5月6日　由中国电信、中国联通、中国移动联合其他国家和地区企业共同出资建设的新跨太平洋国际海底光缆(NCP)在上海崇明登陆。NCP海底光缆是中国直达美洲主要国家的大容量传输网络通道，其崇明段登陆长度达5 163米，由上海电信承建。

是日　上海电信党委开展“四百支部大巡礼2.0——千名(党团)书记大巡礼”活动，组织党团书记走访上海党性教育基地、优秀党支部、老党员等，深化理想信念教育。

5月17日　由上海电信与上海文广集团打造的全国首个基于5G试验网络的8K视频应用平台“5G＋8K”试验网正式搭建完成。

是日　上海电信向上海盲童学校送上200套“会说话、能上网”人工智能(AI)语音手表和通信专享大礼包。在全市推出优惠的“关爱盲童”AI通信专享礼包。

5月22日　上海电信启动年度架空线入地工程，武康大楼是该工程的首个挑战。是年，共完成93条道路，计100.112公里的架空线整治。

5月23日　上海电信与中国建设银行上海市分行联手推出基于IPTV平台的电视银行——“龙e居家银行”。

6月9—10日　上海电信出动4辆卫星应急通信车、1辆CDMA应急通信车、20套视频光端机，赴青岛保障上海合作组织青岛峰会。

6月19日　上海电信与上海华为签署战略合作备忘录，在跨界运营、渠道融合、智能家庭生态圈构建、泛智能设备推广等领域，建立更紧密的合作关系。

6月27—29日　2018世界移动大会(MWCS)在上海召开。中国电信以“数聚万物、智胜未来”为主题参展，打造“5G”“物联网”“天翼大数据”“智能连接”“智慧家庭”“互联网金融”“新兴ICT”七大板块63个展项。上海电信在会上首次展示“5G＋VR直播”“5G＋云游戏”“5G＋8K分辨率”等一系列5G创新业务。

7月22日　中国电信任命陈志宏为中国电信集团有限公司上海分公司副总经理、中国电信股份有限公司上海分公司副总经理；任命王海建为中国电信集团有限公司上海分公司总会计师、中国电信股份有限公司上海分公司财务总监。

7月27日　在上海市工会代表会议暨市总工会十四届二次全委(扩大)会议上，常朝晖当选全国总工会十七大代表，于10月22—26日，参加中国工会第十七次全国代表大会。

8月23日　上海电信成立扶贫领导小组，开展对口四川木里县的扶贫工作，制订产业和智慧扶贫工作计划。12月20日，中国电信市场部、终端公司、上海电信与木里县领导在上海信息大楼共商扶贫工作。

9月13日　中国电信党组第一巡视组进驻上海电信开展巡视工作。

9月17日　中国电信任命周益平为中国电信集团有限公司上海分公司副总经理、中国电信股份有限公司上海分公司副总经理。

10月24日　上海电信宣布上海建成“千兆第一城”，千兆宽带已接入上海近2万个小区、覆盖1 000万户家庭，全面实现“万兆到楼、千兆到户”。上海成为全球第一个实现千兆覆盖的城市。

11月5—10日　上海电信为首届中国国际进口博览会提供通信保障，千兆光网直达每个媒体桌面、每个展商展台，4G网络确保30万人同时上网，5G率先亮相进博会。

11月9日　上海电信员工吴文巍、华静被授予“上海工匠”荣誉称号。

11月29日　中国电信长期演进语音承载（VoLTE）开始正式试商用，网络能力达1 100万户。

12月5日　上海市总工会召开“首届中国国际进口博览会立功竞赛活动组织工作座谈会”，上海电信获“首届中国国际进口博览会立功竞赛活动”优秀组织奖，青浦局和移动互联网部获得“上海市五一劳动奖状”称号。

12月7日　中共中央政治局委员、上海市委书记李强专题调研上海信息基础设施建设情况，考察理想公司的中国电信天翼云工业互联网平台。

12月9—10日　上海电信召开持续深入学习贯彻习近平新时代中国特色社会主义思想和党的十九大精神暨以高质量党建引领高质量发展专题研讨会。

12月19日　中国电信总经理柯瑞文调研上海电信。

12月29日　上海电信张杨路营业厅通过升级改造，实现智能识客、智慧体验、精准营销、快捷办理、线上线下融合等功能，成为公司首个智慧营业厅。

第一篇

机构

概　　述

20世纪80年代，中共中央和国家各级党政机构加大经济体制改革力度。1988年，国务院批准邮电部“三定方案”，明确邮电体制和机构改革按“政企分开”“分业经营”“引入竞争”的原则，分步实施。按此要求，1994年7月，国务院批准组建中国联合通信有限公司，引入竞争机制，打破行业垄断。1998年3月，信息产业部成立。是年年底，信息产业部部署通信行业实行邮政、电信分营。1999年起，电信行业分别组建中国电信集团公司、中国移动通信集团公司、中国寻呼通信集团、中国卫星通信集团公司，按专业经营；同时组建各省区市通信管理局，实行通信行业的政府监管。

上海市邮电管理局按照信息产业部部署，先后实施邮电分营、移动分离、政企分开，完成上海地区邮电体制改革，为组建上海市电信公司打下基础。

上海市电信公司是从上海市邮政电信局转制而来，组织架构基本属于“政企合一”，不利于市场化运作。2000年7月—2001年5月，上海电信抓住组建时机，纵向压缩管理层次，横向归并职能部门，对管理体制进行一系列改革。一是对本地电话网实行扁平化管理，撤销上海市电话局建制，组建9个市公司直辖区域电信局，由三级管理变为二级管理。二是按产品或区域组建事业部。三是在总部职能方面，将原邮电管理局28个职能处室整合为14个运营管理部门，在市场部、网运部、工程部试行准事业部制。四是主辅主附分离，将原上海邮电所属辅业、附业单位组建为上海电信实业(集团)有限公司。

在基本理顺企业架构后，上海电信根据市场和业务发展需要，对经营管理架构持续优化，力求管理架构对客户需求能快速响应，对业务发展有切实支撑，对公司运作有科学管理。

上海电信作为中国电信下属公司，法人治理结构随母公司而变。2002年11月，上海电信主要资产被中国电信股份有限公司收购，组建上海市电信有限公司，成为中国电信股份有限公司子公司。上海市电信公司持剩余资产，以存续公司属性留存于中国电信集团公司。2008年1月，中国电信将原母、子公司两级法人体制调整为总、分公司一级法人体制，上海市电信有限公司作为中国电信下属分公司，不再作为独立法人存在。

经过多次改革与调整，上海电信已变为贴近市场、机制较灵活、有较强竞争力的地区电信运营商。

第一章 追 溯

第一节 邮电分营

上海地区邮电分营工作在信息产业部的统一领导和部署下开展。1997年12月，按照国家工商总局和邮电部联合通知要求，上海市邮电管理局以“上海市邮政电信局”名义变更工商登记，但对外仍以“上海市邮电管理局”名义进行经营管理。1998年4月，上海市邮电管理局成立了以局长、党委书记为正、副组长的邮电分营工作领导小组。领导小组下设分营办公室(体改办)，牵头负责分营工作的日常事务。邮电分营工作分为3个阶段：郊县(区)邮电局分营；附属非通信企事业单位及相关单位的邮电划分；市邮电管理局机关的人、财、物划分，邮政、电信管理机构重组，分业运作。

上海市邮电管理局在邮电分营之前，已在上海市区范围(含浦东新区、宝山区、闵行区)内实施邮电分设经营，并于1997年10月撤销郊县区域邮电主管部门——上海市郊区邮电局。仅金山区、崇明县、南汇县、奉贤县、青浦县、嘉定区、松江县仍为邮电合一经营。1998年5月6日，上海市邮电管理局召开郊区7县(区)局长会议，部署郊县(区)邮电分营工作。5月22日，上海市邮电管理局印发《上海市邮电管理局郊县(区)邮电分营工作指导意见》，并决定松江邮电局为郊县(区)邮电分营工作试点局。8月1日，松江邮电局完成邮电分营，松江邮政局和松江电信局挂牌运营。8月底，其余6县(区)邮电局完成分营，9月1日分别挂牌运营。分营后，7县(区)邮政企业职工2 328人，占44%；电信企业职工2 953人，占55%。7县(区)邮政企业总资产37 600万元，占11.6%；负债3 166万元，占5.2%；所有者权益34 434万元，占13.1%；资产负债率8.42%。电信企业总资产286 612万元，占88.4%；负债57 727万元，占94.8%；所有者权益228 885万元，占86.9%；资产负债率20.14%。

1998年10月16日，上海市邮电管理局召开体制改革领导小组和党政联席会议，审议通过《非通信企事业单位邮电划分具体方案》，对涉及的21个附属非通信企事业单位确定划分原则和依据。12月11日，上海市邮电管理局向信息产业部报送邮电分营和机构调整实施方案，21日获批。是日，上海市邮电管理局审定局本部资产、负债、所有者权益划分具体方案。28日，上海市邮电管理局召开党委会和党政联席会议，审定局机关干部、机关离退休干部、机关生产人员及资产、机关退休工人及资产、局工会资产、局团委资产划分方案。

1999年1月1日，邮电分营后新组建的上海市邮政局挂牌运营。作为国家邮政局在上海的分支机构，负责上海地区邮政网的建设、运营。上海市邮电管理局保留原称谓，继续履行政府对通信行业的监管职能，同时作为中国电信在上海的分支机构，负责上海地区电信网的建设、运营。划入上海电信行业的单位有上海市电话局、上海市长途电信局、上海信息产业有限公司、上海机动通信局、上海卫星通信公司、嘉定区电信局、金山区电信局、松江县电信局、青浦县电信局、南汇县电信局、奉贤县电信局、崇明县电信局。

1999年1月12日，上海市邮电管理局根据信息产业部对上海邮电分营与机构调整方案的批复，正式实施21个附属非通信企事业单位及相关单位的邮电划分。划分原则以信息产业部有关文件精神和业务归属为基础，适度向邮政倾斜。其中，电信技术研究所、海缆建设公司、电话号簿公司、杂志社、器材工业公司、邮电职工大学划归电信；邮电大厦、邮电学校划归邮政（其中，邮电学校电信专业教师划归电信）；邮电设计院划归电信（其中，邮政室整建制划归邮政）；邮电医院实行邮、电联办；住宅办公室邮政部分职能移交邮政。邮电管理局下属多种经营企业（含对外投资）的划分，也参照上述原则。

上海地区邮电分营后，邮政职工 18 126 人，占 44.2%；电信职工 22 882 人，占 55.8%。邮政总资产 510 000 万元，占 14.1%；负债 100 000 万元，占 9.1%；所有者权益 410 000 万元，占 16.3%；资产负债率 19.61%。电信总资产 3 090 000 万元，占 85.9%；负债 1 010 000 万元，占 90.9%；所有者权益 2 080 000 万元，占 83.7%；资产负债率为 32.62%。

第二节　寻呼剥离

1998 年 2 月 10 日，邮电部成立全国无线寻呼改制工作领导小组，在全国开展无线寻呼业务的股份制改造，以电信总局投资和各省、自治区、直辖市邮电管理局剥离出的无线寻呼资产注入其中，组建成全国性的无线寻呼集团公司。上海市邮电管理局纳入主业管理的寻呼业务主要由上海国脉实业股份有限公司（简称“国脉公司”）负责经营管理。国脉公司是全国邮电行业和上海交通邮电系统首家上市股份制公司，于 1993 年 4 月 7 日在上海证券交易所上市。至 1998 年，邮电管理局在该公司的股权为 58.88%。

1998 年 3 月 15 日，上海市邮电管理局成立改制工作领导小组和工作小组。4 月 28 日，启动无线改制相关工作。10 月 11 日，信息产业部通知上海市邮电管理局，决定将局方持有的 58.88%股权上划至信息产业部。上海市邮电管理局随后根据要求执行相关划转手续。

第三节　固移分营

1999 年 2 月 14 日，国务院批准《中国电信重组方案》，将原中国电信的固定网络与业务重组为中国电信集团公司；将原中国电信的移动通信、无线寻呼和卫星通信业务分离出去，分别组建中国移动通信集团公司、中国寻呼通信集团公司和中国卫星通信集团公司。

根据该方案，4 月 23 日，信息产业部下达组建中国移动通信集团公司的指导意见，明确开展固移分营，中国邮电电信总局移动业务与固定业务分离，组建中国移动通信集团公司，将各省（区、市）移动通信局从邮电管理局分离出来，组建省（区、市）移动通信公司，隶属中国移动通信集团公司管理。意见还明确人、财、物、业务关系、通信资源、附属企事业单位和社团组织划分原则，并要求全部分离工作原则上在 1999 年 6 月 30 日前完成。同时，信息产业部授权省（区、市）邮电管理局，在地方信息产业领导体制明确以前，继续负责辖区内电信行业管理。

根据信息产业部的指导原则，上海市邮电管理局确定：全局 17%的人员划归移动，原长途电信局（简称“长信局”）下属移动局按属性成建制划归移动；资产属性明确的，按属性划分，其余依照上海地区实际情况，按两个比例划分，即对于长信局综合性资产，按长信局内固定、移动等业务收入比例划分；对邮电管理局的其余资产，则按全局的比例划分。1999 年 5 月 18 日，邮电管理局召开干部大会，部署上海移动通信公司组建工作。1999 年 8 月 1 日，上海移动通信公司揭牌成立，主要经营上海地区的移动电话业务、移动数据业务，与上述业务相关的信息服务、技术开发、技术服务、设备销售以及国家批准或委托的其他业务。固移分营后，上海电信员工 16 218 人，占 82.97%；上海移动员工 3 327 人，占 17%。电信总资产 2 364 800 万元，占 76.24%，负债 725 200 万元，负债率 30.67%。移动总资产 737 300 万元，占 23.76%，负债 294 000 万元，负债率为 39.88%。

第四节 政 企 分 开

2000 年 3 月 23 日，信息产业部下达通知，要求各省（区、市）邮电（电信）管理局，依照国家电信体制改革的总体部署和国务院批准的中国电信集团公司组建方案，实施政企分开。上海市邮电管理局于 4 月 14 日向信息产业部报送政企分开实施方案，4 月 27 日获批。6 月 22 日，中国电信批复同意上海市邮电管理局上报的《中国电信集团上海市电信公司组建方案》和《中国电信集团上海市电信公司章程》。7 月 1 日，上海市电信公司挂牌成立。11 月 13 日，上海市通信管理局挂牌成立，行使上海地区电信行业政府监管职能。

第二章　公司沿革

第一节　中国电信集团上海市电信公司

2000年5月，中国电信集团公司成立。6月22日，中国电信批复同意《中国电信集团上海市电信公司组建方案》和《中国电信集团上海市电信公司章程》，组建中国电信集团上海市电信公司(China Telecom Group Shanghai Corporation)，中文简称上海市电信公司，注册资金为人民币638 568万元，是中国电信集团所属的独立法人子公司，具有法人资格，法定住所为上海市四川北路61号。上海市电信公司实行总经理负责制，公司总经理为法定代表人。局长办公会议、党委会、党政联席会议、职工代表大会是公司重大问题决策机构。上海市电信公司的经营范围是国内、国际各类固定电信网络与设施(含本地无线环路)服务；语音、数据、图像及多媒体通信与信息服务；同通信与信息业务相关的系统集成、技术开发、技术服务、信息咨询、通信设备销售、设计施工等业务；集团公司授权经营的其他业务。7月1日，上海市电信公司揭牌。

上海市电信公司成立后，按照减少管理层次，快速适应用户的需要和市场的变化，有利于公司机构的精简、统一和权责一致，提高组织的整体效率的要求，纵向压缩管理层次，横向归并职能部门，建立精简的扁平式管理架构。撤销上海市电话局建制，将原上海市电话局职能管理层和原邮电管理局中的企业职能部门合并，组成新的公司管理机构，设综合管理部(总经理办公室)、企业策划部、人力资源部、计划发展部、财务部、工程管理部、监督部、实业部、电信市场部、运行维护部、党委工作部、工会、团委、公司总部内设机关党委；成立16个直属电信局，加快市场响应速度。另组建长途通信事业部、数据通信事业部、无线通信事业部(筹)、上海机动通信局、上海卫星通信公司、上海信息产业有限公司、上海市电话号簿公司、上海电信帐务中心等单位。

2001年11月21日，国务院印发《电信体制改革方案》，将中国电信划分为南、北两个部分，南方21个省(自治区、直辖市)的电信公司归属中国电信南方部分，保留"中国电信集团公司"名称，继续拥有"中国电信"的商誉和无形资产。2002年5月16日，新的中国电信集团公司挂牌成立并启用新的企业标识。11月，上海市电信有限公司成立后，上海市电信公司作为存续公司，继续保有党政专用通信网、机动通信、一级干线光缆、国际出口局等存续资产。

2003年5月，上海市电信公司变更注册资金并将经营范围变更为特殊通信(党政通信、应急通信)和集团公司授权经营的其他业务。

2005年4月1日，上海市电信公司的党政专用通信网划归上海市通信管理局。8月，上海市电信公司的经营范围变更为通信业务、IT时报出版社及广告发布，以及集团公司授权经营的其他业务。

2008年，上海市电信公司的法定住所变更为上海市世纪大道211号21楼。

表 1-2-1　2000—2010 年上海市电信公司总经理、副总经理、总会计师、执行总监情况表

职　务	姓　名	任　期
总经理	程锡元	2000 年 5 月—2004 年 10 月
	王　玮	2004 年 10 月—2007 年 7 月
	张维华	2007 年 7 月—
副总经理	张维华	2000 年 5 月—2004 年 7 月
	张林德	2000 年 5 月—2010 年 3 月
	张战国	2000 年 5 月—2005 年 12 月
	童　羚	2000 年 12 月—2007 年 12 月
	王　玮	2004 年 2 月—2004 年 10 月
	马　明	2004 年 2 月—
	吴冬立	2007 年 12 月—
	王福生	2008 年 10 月—2009 年 12 月
总会计师	唐　珂	2010 年 6 月—
执行总监	陈鸿生	2000 年 7 月—2001 年 2 月
	陈曼其	2000 年 7 月—2001 年 3 月
	童　羚	2000 年 7 月—2001 年 2 月
	劳建华	2000 年 7 月—2002 年 6 月
	郑奇宝	2000 年 7 月—2005 年 5 月
	林球尼	2000 年 7 月—2001 年 9 月
	林勤华	2000 年 7 月—2001 年 11 月
	郭建华	2000 年 7 月—2003 年 2 月
	程其麟	2000 年 7 月—2003 年 2 月

第二节　上海市电信有限公司

2002 年 9 月 10 日，国家经济贸易委员会批准成立中国电信股份有限公司。是月，中国电信股份有限公司完成上海、江苏、浙江、广东四省（市）电信业务资产的收购工作。11 月 15 日，中国电信分别在中国香港和美国纽约上市，共发行 75.6 亿股 H 股，并以存托证券（ADR）的方式在美国发行。11 月 18 日，上海市电信有限公司（Shanghai Telecom Company Limited）挂牌成立，注册资金为人民币 1 598 354.76 万元，是中国电信股份有限公司的全资子公司，法定住所为上海市四川北路 61 号。上海市电信有限公司的法定代表人为公司董事长。上海市电信有限公司的经营范围为被授权经营的国内固定电信网络与设施（含本地无线环路）业务，基于固定电信网络的话音、数据、图像及多媒体通信与信息服务，按国家规定进行国际电信业务对外结算，开拓国际通信市场，运营通信设备，在通信、信息技术、系统集成领域内开展技术开发、技术转让、技术咨询、技术服务，电信账

单及本系统相关业务广告发布。上海市电信有限公司设有董事会、监事会，不设股东会，其职责由中国电信股份有限公司依法行使。

2003年10月8日，上海市电信有限公司印发总部机构职责配置及人员编制规定，明确总部部门包括综合管理部、总工程师室、企业发展部、人力资源部、计划财务部、企业信息化部、监督部、审计部、对外投资管理部、市场部、大客户部、互联互通部、客户响应与流程监控中心、网络运行部、网络发展部、工程建设部、企业文化部17个部门，按照管理流程行使战略决策权、资源配置权、运营调控权、绩效考核权。

2008年1月，中国电信股份有限公司将母、子公司两级法人体制调整为总、分公司一级法人体制。2月底，上海市电信有限公司完成注销登记。

表1-2-2　2002—2008年上海市电信有限公司董事长、董事、总经理、副总经理、资深专家、资深经理情况表

职　务	姓　名	任　期
董事长	程锡元	2002年9月—2005年12月
	张维华	2005年12月—2008年3月
董事	程锡元	2002年9月—2005年12月
	陈鸿生	2002年9月—2008年3月
	张林德	2002年9月—2008年3月
	张战国	2002年9月—2006年1月
	童　羚	2002年9月—2007年12月
	王　玮	2004年2月—2007年7月
	马　明	2004年2月—2008年3月
	张维华	2005年12月—2008年3月
	吴冬立	2007年12月—2008年3月
总经理	程锡元	2002年9月—2004年10月
	王　玮	2004年10月—2007年7月
	张维华	2007年7月—2008年3月
副总经理	张林德	2002年9月—2008年3月
	张战国	2002年9月—2006年1月
	童　羚	2002年9月—2007年12月
	王　玮	2004年2月—2004年10月
	马　明	2004年2月—2008年3月
	吴冬立	2007年12月—2008年3月
资深专家	郭建华	2003年2月—2007年2月
	程其麟	2003年2月—2007年2月

〔续表〕

职　务	姓　名	任　期
资深经理	陶凤皋	2003 年 7 月—2003 年 10 月
	张承鹤	2004 年 1 月—2006 年 6 月
	顾国忠	2004 年 1 月—2008 年 3 月
	王思伟	2006 年 8 月—2008 年 3 月
	花锐强	2007 年 2 月—2008 年 3 月

第三节　中国电信股份有限公司上海分公司

2008 年 1 月，中国电信股份有限公司将母、子公司两级法人体制调整为总、分公司一级法人体制。1 月 28 日，上海电信完成“中国电信股份有限公司上海分公司”的工商登记，营业场所为上海市世纪大道 211 号 38 层。2 月底完成“上海市电信有限公司”的注销登记。3 月 1 日起，以“中国电信股份有限公司上海分公司(China Telecom Corporation Limited Shanghai Branch)”名义开展经营活动，简称“中国电信上海公司”。公司经营范围为与通信及信息业务相关的系统集成、技术开发、技术服务、技术培训、技术咨询、信息咨询、设备及计算机软硬件生产、销售、安装和设计与施工；房屋租赁；通信设施租赁；安全技术防范系统的设计、施工和维修；广告业务；并在上海经营固定网本地电话业务(含本地无线环路业务)、固定网国内长途电话业务、固定网国际长途电话业务、IP 电话业务(限于 Phone to Phone)、卫星国际专线业务、因特网数据传送业务、国际数据通信业务、公众电报和用户电报业务、26 GHz 无线接入业务、国内通信设施服务业务。

2008 年 10 月 1 日，中国电信承接 CDMA 网络运营，经营范围增加 800 MHz CDMA 第二代数字蜂窝移动通信(2G)业务；2009 年 1 月 7 日，工业和信息化部宣布向中国电信发放第三代数字蜂窝移动通信(3G)牌照，电信的经营范围增加 CDMA2000 业务。上海电信进入全业务经营时代。

表 1-2-3　2008—2010 年中国电信股份有限公司上海分公司总经理、副总经理、财务总监、资深经理情况表

职　务	姓　名	任　期
总经理	张维华	2008 年 3 月—
副总经理	张林德	2008 年 3 月—2010 年 3 月
	马　明	2008 年 3 月—
	吴冬立	2008 年 3 月—
	王福生	2008 年 10 月—2009 年 12 月
财务总监	唐　珂	2010 年 6 月—
资深经理	顾国忠	2008 年 3 月—
	王思伟	2008 年 3 月—

〔续表〕

职　务	姓　名	任　期
资深经理	花锐强	2008 年 3 月—
	郭　刚	2009 年 3 月—
	杨中涛	2009 年 6 月—

第四节　中国电信集团上海网络资产分公司

2008 年 8 月，根据中国电信建设全业务经营组织体制、设立网络资产分公司的要求，上海电信完成“中国电信集团公司上海网络资产分公司”工商登记。网络资产分公司主要经营范围是受集团公司委托，在行政区划内经营由国家投资形成的通信网络与设施，为经营移动业务做准备。网络资产分公司负责人由中国电信上海公司负责人兼任。上海网络资产分公司不设内部机构，没有人员编制，由上海电信的相关部门和单位按照职责承接相关事务，代管各项业务。

第三章　公 司 架 构

为探寻更适合业务发展的管理模式，上海电信不断设置和调整专业管理部门（单位）。截至2010年年底，上海电信设有综合管理部、党委工作部/企业文化部、企业发展部/法律事务部、总工程师室、人力资源部、财务部、市场部、政企客户部、公众客户部、网络运行部、企业信息化部、网络发展部、采购管理部、客服质监部、审计部、监督部（纪委办公室）、工会、团委、机关党委（机关管理处）、对外投资管理部和重大项目办公室等21个总部部门，中区电信局等14个区县电信局，长途无线部等4个产品部，应急通信局等5个直属单位，上海电信实业（集团）有限公司等3个全资子公司和上海研究院等4个集团委托管理单位。此外，还先后组建过电信卡事业部（2001年3月—2008年9月）、大客户部（2003年5月—2007年6月）、互联互通部（2003年10月—2007年11月）、客户响应与流程监控中心（2003年11月—2006年9月）、互联网增值业务部（2007年11月—2008年9月）、家庭客户部（2008年5月—2009年12月）、个人客户部（2008年7月—2009年12月）。

第一节　公司总部部门

一、综合管理部

综合管理部主要负责上海电信整体工作的综合协调、督促检查，负责公司重大问题调研、重要文稿拟定、重要事项督办、重要会议和重大活动的组织与协调，负责信息收集整理报送、信访接待、机要保密、文史档案管理、对外宣传、对外联络、外事管理、车辆管理、后勤保障以及做好公司领导交办的工作。

2000年9月6日，综合管理部内设机构为：秘书处、督查室、保卫处、行政处、总值班室、车辆管理处；挂靠单位（部门）为：212办公室、驻京办事处、信访办、档案馆、史志办、办公自动化管理中心、企业形象工作室。12月23日，为利于总部机构建设，上海电信对综合管理部内设机构和挂靠部门进行调整。调整后内设机构为：秘书处、督查室/信访办、行政处、保卫处、车管处；挂靠部门为：OA/212办公室、总值班室、档案馆/史志办、企业形象工作室、驻京办。

2001年6月27日，上海电信成立总部行政事务中心，挂靠公司综合管理部，负责公司行政、后勤、物业管理等各项工作的具体操作。

2003年10月8日，根据公司流程重组（BPR）方案，上海电信对总部各部门的职责和内设机构进行调整，调整后内设机构为：秘书处、督查室/信访办、行政处、保卫处、车管处；挂靠部门为：总值班室、档案馆/史志办、企业形象工作室、驻京办。

2006年11月6日，上海电信正式组建上海电信博物馆，挂靠公司综合管理部，主要参与博物馆的建设，保管电信文物、史料及其他有关资料，组织馆藏资料的日常展示和专题展览。

2007年9月26日，企业发展部的公共关系处、外事办公室划转综合管理部。公共关系处负责公司对外公共关系的协调管理，进行企业形象宣传的总体策划和实施；外事办公室负责公司外事接待、出国出境管理和日常外事工作。其后，综合管理部内设机构为：秘书处、督查室/信访办、保卫处、行政处、车辆管理处、公共关系处、外事办公室；部管单位为：总值班室、驻京办、机关行政事务中心、企业形象工作室、档案馆/史志办、上海电信博物馆、信息生活体验馆、汽车俱乐部、人民邮电报上海记者站。

2008年6月27日，为实现总部机关“机构、人员精简”的要求，调整综合管理部的内设机构，合并保卫处和车辆管理处，成立安保处；合并公共关系处、外事办公室、企业形象工作室管理功能部分，成立新的公共关系处；合并机关行政事务中心和汽车俱乐部，成立行政支撑中心；档案馆/史志办、博物馆、信息生活体验馆合署办公，更名为文史中心；总值班室、驻京办、企业形象室执行部分、人民邮电报上海记者站合署办公，更名为企业形象中心。机构精简后，综合管理部内设机构为：秘书处、督察室/信访办、行政处、安保处、公共关系处；部管单位为：企业形象中心、行政支撑中心、文史中心。

2009年12月1日，上海电信决定，将企业发展部的原调研职能划转综合管理部；综合管理部增设综合调研室，作为内设机构，负责企业发展中重大问题的调查研究，重大决策的先行研究论证，重要会议和领导交办的文稿拟定。

二、党委工作部/企业文化部

党委工作部主要负责企业党组织建设和思想政治工作的日常事务，推动企业文化建设，为公司发展创造良好的组织和思想文化氛围。

2000年9月6日，党委工作部内设机构为：秘书处（统战办）、保密办、宣传处（文建办）、组织处、老干部处、武装部；挂靠单位为：思想政治工作研究会、老干部活动室。11月1日，党委工作部对内设处（部）职责进行修订，明确上海电信公司党委保密委员会办公室、统战办公室挂靠党委秘书处，合署办公；公司精神文明建设委员会办公室、公司职工思想政治工作研究会秘书处挂靠宣传处；老干部活动室挂靠老干部处；公司以劳养武办公室挂靠武装部。12月23日，为有利于总部机构建设，上海电信对党委工作部内设机构和挂靠部门进行调整，内设机构为：秘书处/统战办/保密办、宣传处/文建办、组织处、老干部处、武装部；挂靠部门为：老干部管理中心、以劳养武办、录像室、政研会。

2001年5月8日，上海电信成立老干部管理中心，作为专为上海电信离休干部服务的部门，挂靠党委工作部，内设综合科、离休干部一科、离休干部二科、离休干部三科及老干部活动室。

2003年7月10日，上海电信根据流程重组方案，成立企业文化部，与党委工作部合署办公。

2005年1月18日，《上海电信》编辑部与录像室合并，组建上海电信新闻编辑中心。

2008年6月27日，为实现总部机关“机构、人员精简”的工作要求，调整党委工作部/企业文化部机构设置，老干部处与部管单位老干部管理中心合署办公，更名为老干部处/老干部管理中心，挂靠党委工作部；撤销以劳养武办。机构精简后，党委工作部/企业文化部内设机构为：秘书处、组织处、宣传处、武装部；部管单位为：老干部处/老干部管理中心、新闻编辑中心。

三、企业发展部

企业发展部（公司成立时为企业策划部）主要负责研究经营环境变化，掌握最新政策法规与发展管理信息，比较研究国内外行业发展动向，以此研订和修改公司总体发展战略；组织研究和推动公司决策体系的建立与完善，组织修订公司各类规章制度，统一管理公司的法律事务，对外争取良好的公司经营和监管环境；为公司重大经营管理决策提供可选方案和依据。

2000 年 9 月 6 日，企业策划部内设机构为：战略研究室、企业管理和考核处、政策法律事务处、公共事务处、办公室、外事办公室；挂靠单位（部门）为：决策咨询部、经济研究会/企协秘书处。12 月 23 日，为利于总部机构建设，上海电信对企业策划部内设机构进行调整。调整后的企业策划部内设机构为：企业管理与考核处、政策法律事务处、公共事务处/外事办公室、战略研究处；挂靠部门为：决策咨询室、法律事务室、经济研究会/企协秘书处。

2003 年 10 月 8 日，根据公司流程重组方案，企业发展部下属战略研究处改为战略管理处，企业管理与考核处改为绩效与质量管理处，政策法律事务处改为法律处，公共事务处改为公共关系处。挂靠部门不变。

2004 年 3 月 10 日，在贯标办的基础上成立 TL9000 贯标办公室。

2007 年 9 月 26 日，为进一步理顺工作关系，整合部门间职责重叠的机构设置，上海电信再次对企业发展部机构设置进行调整：公共关系处/外事办公室成建制划转综合管理部；撤销部管单位决策咨询室，成立部管单位综合规划中心，负责公司综合规划制订及滚动修订，负责组织各专业规划的制订；增设部管单位调研室，负责公司重大决策的前期调研工作。

2009 年 10 月 13 日，为提升总部全业务运营能力和工作效率，上海电信精简总部机构。企业发展部绩效与质量管理处更名为企业管理处，绩效管理职能划转战略管理处；综合规划中心与法律事务室、贯标办公室、调研室合并，成立新的综合规划中心，对外保留法律事务室名称。机构精简后，企业发展部内设机构为：企业管理处、法律处、战略管理处；部管单位为：综合规划中心。12 月 1 日，为进一步完善调查研究工作，将公司重大问题调研工作、公司重要会议和领导交办的文稿拟定工作职责，从企业发展部划转综合管理部，企业发展部内设机构不变。

四、总工程师室

总工程师室是上海电信相关生产运营技术的管理部门，也是为公司管理层提供技术决策依据的参谋部门，通过对技术战略、通信网络、重大通信工程、科研开发、技术改造以及通信生产/服务的技术管理工作，不断提高公司通信技术水平和服务质量。

2000 年 12 月 23 日，上海电信根据总部机关管理职能与实际操作部门分开的原则，设立“总工程师（办公）室”，内设副总工程师及总工程师助理职位。

2003 年 2 月 21 日，上海电信明确总工程师办公室为公司技术管理职能部门，内设机构为：综合处、新业务开发处；挂靠单位为：新业务拓展中心。10 月 8 日，根据公司流程重组方案，上海电信对总部各部门的职责进行调整，总工程师室综合处改为技术管理处。

2006 年 9 月 16 日，为加快企业增长方式转变，上海电信建立以市场驱动的新产品（业务）开发工作体系，总工程师室下属新业务开发拓展中心成建制划转市场部。

2007 年 1 月 23 日，为落实《企业战略转型实施纲要》，推动新型网络建设工程的实施，上海电信建立面向市场、业务、网络的新型技术管理体系。明确总工程师室为公司技术管理工作的牵头部门，负责指导公司各项技术开发工作的实施，负责牵头建立跨部门的技术创新团队，优化技术创新流程，指导产品部和区局做好技术开发、现场试验等的配合工作。4 月 11 日，上海电信成立技术支撑中心，挂靠总工程师室，该中心的主要职能为新技术的跟踪研究、现网的试验测试、重大网络方案的制订、浦东转型试验基地的技术管理、新一代网络安全性评估等。

2009 年 10 月 14 日，为提升总部全业务运营能力和工作效率，上海电信精简总部编制。定编后的总工程师室内设机构为：技术管理处、新业务开发处；部管单位为：技术支撑中心。

五、人力资源部

人力资源部主要负责制定并组织实施同企业发展战略相匹配的人才发展战略和规划，及时为公司提供有竞争力的各层次人力资源，负责全公司薪酬福利、教育培训、人事调配、考核任免、退休/养员工管理、人事统计、劳动保护（安全生产）等人事管理工作。

2000 年 9 月 6 日，人力资源部内设机构为：考核任免处、薪酬福利处（安全生产室）、人力资源配置处、培训发展处、退休人员管理处、综合处、社会保险办公室；挂靠单位（部门）为：人力资源中心、电话培训中心、职业技能鉴定中心、老年活动中心、电话退管会所属银华通信股份有限公司和长青经营部。12 月 23 日，为利于总部机构建设，上海电信对人力资源部内设机构和挂靠部门进行调整，内设机构为：考核任免处、薪酬福利处/安全生产室/社保办、人力资源配置处、培训发展处、综合处；挂靠部门为：人力资源中心、职业技能鉴定站、退休人员管理中心。

2001 年 1 月 23 日，根据国家政企分开、企业机关“精简、高效”的优化原则，上海电信将原电话局等名下的 3 个职业技能鉴定站归并，成立上海市电信公司职业技能鉴定站，主要负责上海市电信公司内从事电信通信职业（工种）的劳动者的职业技能鉴定、职业资格证书发放，挂靠公司人力资源部。3 月 3 日，成立“上海市电信公司退休人员管理中心”，挂靠公司人力资源部，是上海电信退休人员管理委员会的日常办事机构。

2003 年 10 月 8 日，根据公司流程重组方案，上海电信对总部各部门职责进行调整，调整后的人力资源部内设机构为：综合处、高级经理管理处、人力资源配置处、薪酬福利处/社会保险办公室/安全生产办公室、培训发展处；挂靠部门为：人力资源中心、职业技能鉴定中心、退休退养人员管理中心。

2008 年 6 月 26 日，为实现总部机关“机构、人员精简”的要求，上海电信对人力资源部的内设机构进行调整：撤销综合处，原综合处相关职能划转人力资源部其他处室；安全生产办公室与薪酬福利处/社会保险办公室合署办公，更名为薪酬处/社保办/安全生产办公室；技能鉴定中心与人力资源中心合署办公，更名为人力资源中心/职业技能鉴定站。机构精简后，人力资源部内设机构为：高级经理管理处、配置处、薪酬处/社保办/安全生产办公室、培训发展处；部管单位为：人力资源中心/职业技能鉴定站、退休退养人员管理中心。

六、财务部

财务部（原为计划财务部，2004 年 6 月 7 日，为对应集团公司部门名称规范要求，更名为财务部）主要依据国家有关财务会计管理的法规和集团公司的有关规定，负责上海电信预算管理、会计核算、财务管理、投融资管理等工作，制定并持续完善全公司财务、会计、税收、资金、资费和核算等财务管理制度和工作流程，并组织工作实施和督促检查。

2000 年 9 月 6 日，财务部内设机构为：预算管理处、会计核算处、资产资金管理处、综合财务处；挂靠单位（部门）为：机关财务室、代理记帐中心。

2005 年 11 月 16 日，为促进上海电信财务管理转型，建立财务一级核算体系，各单位和部门的财务核算职能划转财务部。财务部内增设工程财务处、财务主任处，下挂会计核算中心，撤销原机关财务室、代理记帐中心。调整后，财务部内设机构为：资产资金管理处、预算管理处、会计管理处、综合财务处、工程财务处、财务主任处；挂靠部门为：会计核算中心。

2006 年 5 月 25 日，根据集团公司关于加强统计工作的要求，上海电信明确统计职能归口部门为财务部，由财务部统筹会计、统计数据管理和统计信息披露工作。9 月 16 日，上海电信建立新产品新业务开发工作体系，由财务部负责对产品开发预算的使用控制进行考核并组织相关部门对新产品开发预算使用效果进行评估。

2008 年 2 月 2 日，为提高业务收入数据准确性，明确财务部作为收入财账稽核的责任部门，负责业财联动规则的制定，稽核账务系统数据、财务系统数据的匹配性与准确性。

2009 年 10 月 13 日，为实现总部机关“机构、人员精简”的要求，撤销财务部财务主任处。机构精简后，财务部内部机构为：会计管理处、预算管理处、资金资产管理处、综合财务处、工程财务处；部管单位为：会计核算中心。

七、市场部

市场部(公司成立时为电信市场部)是管理前端营销、销售工作的职能部门，负责市场发展规划、经营预算管理、产品线管理、产品开发管理、客户群管理、品牌管理、渠道管理、资费管理和服务管理，负责跨客户群和跨产品的协调，承担公司业务和服务发展总体指标。

2000 年 9 月 6 日，电信市场部内设机构为：办公室、电话业务处、长途业务处、数据业务处、资费和营销策划处、经营分析处、服务管理处、互联互通办公室、新业务处；挂靠单位(部门)为：电话号簿公司、电信帐务中心、大客户服务中心、营业数据管理中心、查号中心、系统集成部。9 月 18 日，公司成立上海电信卡类业务拓展中心，挂靠市场部。

2001 年 3 月 12 日，为加快市场反应速度，上海电信明确市场部为准事业部，具有公司总部部室的管理职能，并对其下属单位行使直接管理职能。其内设机构为：综合办公室、互联互通办公室(运营商服务处)、营销与新业务处、服务管理处、数据业务处、长途业务处、本地业务处；部管单位为：大客户服务中心、营业数据管理中心、查号中心、服务质量投诉受理中心、系统集成部、业务拓展一部、业务拓展二部(智能网中心)、业务拓展三部。6 月 13 日，为集聚通信技术力量，更有效地搞好大客户服务中心的技术支撑工作，市场部下属“系统集成部”成建制划入“大客户服务中心”。11 月 19 日，为强化市场经营分析工作，原营销与新业务处分拆为营销与新业务处、经营分析处。

2002 年 1 月 11 日，为配合电信新业务的营销宣传，上海电信将邮电俱乐部下属绿波艺术团从专职文艺团队改制为业余文艺团队，并改名为业务宣传服务中心，挂靠市场部。1 月 20 日，上海电信按照深化“三项制度改革”的要求，调整市场部内设机构、部管单位设置。调整后的市场部内设机构为：综合办公室、互联互通办公室、综合业务处、本地业务处、业务拓展处、经营分析处和服务管理处；部管单位为：综合业务数据中心、大客户服务中心、客户服务中心、查号中心、业务宣传服务中心。

2003 年 4 月 24 日，上海电信将原互联互通办公室从市场部划出，成立互联互通部；将大客户服务中心从市场部划出，成立大客户部。5 月 26 日，根据 BPR 组织架构调整总体原则，上海电信在市场部内成立商业客户处、公众客户处，负责对细分客户群的销售、营销、渠道管理；调整业务拓展处的职责，将智能网中心划归业务拓展处；成立市场研究中心，定期为后端提供网络和平台能力需求预测数据。调整后，市场部内设机构为：综合处、商业客户处、公众客户处、业务拓展处、经营分析处、服务管理处；所属单位为：客户服务中心、综合业务数据中心、114查号中心、业务宣传中心。9月14日，上海电信批复同意市场部调整内设机构。调整后的内设机构为：商业客户处、公众客户处、产品管理处、经营分析处、渠道与服务管理处、综合管理处；所属单位为：综合业务数据中心、客户服务中心（客户服务中心、查号中心）、市场研究中心、业务宣传中心。

2004年2月25日，上海电信为加快信息系统建设步伐，将市场部下属综合业务数据中心的账务计费数据管理、智能网计费数据管理、互联互通等计费数据的稽核与管理职能划归帐务中心；综合业务计算机管理系统及各类平台的系统维护、应用软件设计开发、数据库维护与管理、计算硬件设备安装迁移调度管理等职能，划归公司企业信息化部。7月1日，集团公司在上海设立中国电信全球客户服务中心，业务管理归口中国电信股份有限公司国际部，行政管理隶属上海市电信有限公司市场部。

2005年2月4日，为有效整合上海电信内部语音增值服务资源，发挥规模优势，将由市场部管理的查号中心调整至信息产业（集团）有限公司管理。

2006年9月16日，上海电信成立新产品开发委员会，下设新产品开发办公室，由市场部负责新产品开发办公室的日常工作，总工程师室下属新业务开发拓展中心成建制划转市场部，更名为新业务拓展中心。9月29日，上海电信根据国际业务发展和转型要求，明确市场部不再管理中国电信全球客户服务中心，改由长途通信部管理。10月9日，为提升公司的产品融合和营销策划、品牌传播等整合营销策划能力，在市场部成立营销策划中心，负责客户需求收集分析、营销方案制订、组合产品策划、品牌传播。

2007年1月20日，上海电信根据企业转型要求，再度对市场部机构设置进行调整。市场部下属营业数据管理中心、智能网中心的网络资源操作人员划归网络运行部，业务宣传服务中心（绿波艺术团）整建制划归上海电信员工活动中心（上海邮电俱乐部）。监督部下属服务质量监督处、稽查大队的职能划入市场部。6月26日，为更好地顺应集团政企客户战略分群，建立与之相适应的销售服务体系，原商业客户处更名为客户管理处，行使客户群销售管理职能。11月23日，为强化重点领域专业化管理，上海电信对前端部门机构设置进行调整。原互联互通部管理职责和岗位编制划转市场部，市场部增设监管事务处，承接原互联互通部相关职责。原市场部政企客户管理、社会信息化管理职责、社会信息化办公室职责划转政企客户部，市场部客户管理处随机构调整全部划转政企客户部；市场部公众客户处更名为营销管理处。市场部产品管理处的互联网增值业务管理、新产品开发管理职责及市场部新业务拓展中心的职责和岗位编制全部划至互联网与增值业务部；信息与通信技术（ICT）业务、数据专线和上网专线管理职责划转政企客户部。

2008年6月2日，根据公司前端体制调整的总体要求，上海电信调整市场部体制，内设机构为：市场经营处、产品管理处、渠道规划处、品牌推广处、监管事务处、综合管理处、企业文化处；挂靠单位为：综合支持中心。市场部不再负责具体的营销工作、渠道运营管理工作，撤销市场部原渠道拓展中心；撤销市场部原产品支撑中心，成立综合支撑中心，承担市场部非职能管理性的业务支撑工作。原产品支撑中心负责的17909业务操作职责划转长途无线部。市场部渠道管理处、营销管理处整建制划转家庭客户部，产品支撑中心的管理职责划转家庭客户部；销售支撑中心的营销策划职责和人员划转家庭客户部，IT支撑职责和人员并入市场部的综合支撑中心。9月27日，为适应全业务经营发展的需要，市场部增设新业务推进处和增值业务合作管理处。新业务推进处负责移动增值产品的统筹推进；增值业务合作管理处负责内容提供商(CP)/服务提供商(SP)合作管理，负责IPTV业务管理，组织IPTV增值业务开发，承担IPTV增值业务的相关考核指标。

2009年1月25日，上海电信对市场部职能和机构设置再作相应优化和调整。调整后市场部的内设机构为：市场经营处、产品管理处、转型业务管理处、监管事务处、营销渠道处、品牌推广处、综合管理处、企业文化处；挂靠中心为：产品支撑中心、营销支撑中心。11月25日，上海电信对市场部重点业务推广体制进行优化，明确市场部承接集团重大产品专项工作。在市场部内增设产品推广处，负责重点产品的推广工作，包括集团重点产品专项工作、上海电信新产品开发委员会定义的重点产品推广。12月29日，为解决个人客户、家庭客户之间的渠道资源交叉管理问题，上海电信撤销家庭客户部和个人客户部。原家庭客户部产品管理处、个人客户部移动产品处的相应职责全部划转市场部产品支撑中心。市场部统筹公司客户维系工作。

2010年3月9日，上海电信明确市场部作为不良信息处理的归口管理部门，在公司整治互联网和手机媒体淫秽色情及低俗信息专项行动领导小组的领导下，负责对不良信息相关处理工作开展检查与考核。4月27日，为促进移动业务发展，解决业务发展过程中CDMA制式移动终端的供求矛盾，上海电信明确市场部统筹其终端成本，审核营销活动中的终端补贴等相关工作。

八、政企客户部

政企客户部是上海电信管理面向政企客户市场的营销、销售事务的职能部门，直接承担行业信息化推进、政企客户ICT解决方案定制与售前支持、重大商机管控、销售服务指导责任，直接负责公司集中管理的高价值政企客户的销售服务。

2007年6月26日，上海电信优化政企客户管理体制，将公司大客户部更名为政企客户部，内设11个机构。客户群销售板块为：金融客户部、制造业客户部、党政军客户部、服务业客户部、跨国客户部。营销支持板块为：ICT业务拓展部、行业营销策划部、业务营运部。管理支撑板块为：销售服务管理部、综合办公室、人力资源处。

2007年11月23日，原市场部客户管理处整体划转政企客户部，与政企客户部下属销售服务管理部合并，成立政企客户处；原市场部承担的社会信息化推进办公室职责整体划转政企客户部。政企客户部设置数据和ICT业务拓展处(社会信息化办公室)，负责政企客户特征明显的相关产品的管理，牵头ICT整体解决方案的制订、社会信息化项目管理。原政企客户部综合办公室与人力资源处合并为综合管理处，增加经营分析、成本控制等管理职能。上海市电信公司电子数据交换分公司(简称“EDI公司”)软件开发和项目集成等ICT业务和人员划转政企客户部，合并到政企客户部ICT业务拓展部。调整后的政企客户部内设机构为：政企客户处、数据和IDC业务拓展处、综合管理处；部管单位为：金融客户部、商业客户部、IDC业务拓展部、业务运营部、党政军客户部、跨国客户部。

2008年3月7日，为促进ICT业务快速发展，上海电信明确EDI公司管理关系划转政企客户部，作为政企客户部部管单位管理，对外名称沿用“中国电信股份有限公司上海电子数据交换分公司”。

2009年9月1日，为更好地满足区局对社会信息化、世博会、ICT及3G业务融合的新型行业应用的支撑需求，上海电信同意政企客户部成立销售支撑中心。调整后，政企客户部内设机构为：

政企客户处、数据和ICT业务拓展处、综合管理处；部管单位为：金融客户部、商业客户部、ICT业务拓展部、业务营运部、党政军客户部、跨国客户部、销售支撑中心、EDI公司。

九、公众客户部

公众客户部是上海电信管理前端客户群的职能部门，负责面向家庭、个人等公众客户群的营销、销售管理和客户服务，负责公司电子渠道/实体渠道/社会渠道管理、渠道销售支撑，负责移动终端和卡类业务管理。

2009年12月29日，为解决个人客户和家庭客户规模运营中面临的渠道资源使用交叉问题，上海电信对前端体制进行调整，撤销家庭客户部和个人客户部，成立公众客户部。原家庭客户部的营销管理处、渠道管理处、销售支撑中心、渠道运营中心的职责和人员，原个人客户部的移动营销处、个人渠道处、电信卡中心的职责和人员，一并划转公众客户部。公众客户部内设机构为：公众客户管理处、营销管理处、渠道拓展处；挂靠单位为：销售支撑中心、渠道运营中心、电信卡中心、移动终端管理中心。

十、网络运行部

网络运行部是上海电信各类通信网络和业务平台运行管理的职能部门。承担以网络维护管理为基础，服务客户、保障产品服务的职能，负责建立、健全网络运行维护相关的各类规章和管理制度，负责网络安全管理和相关产品管理职责；承担一级网络的直接维护管理责任。

网络运行部的前身为电信运行维护部。2000年9月4日，内设机构为：办公室、长途通信处、本地通信处、数据通信处、综合通信处、应急通信办公室、战备办公室；挂靠单位（部门）为：网管中心、交换维护中心、传输维护中心、线路检修中心、电源空调维护中心、通信设备测试中心。2001年3月3日，更名为网络部。

2001年6月23日，挂靠单位网管中心与交换维护中心合并，成立电信网管中心。

2002年1月20日，根据公司“三项制度改革”的要求，对内设机构和部管单位作调整。其内设机构为：综合办公室、本地通信处、数据通信处、长途通信处、综合通信处、技术支撑处；部管单位为：电信网管中心、传输维护中心、电源空调中心、线路检修中心、网络资源中心。2003年，根据流程重组实施方案的要求，更名为网络运行部。

2003年11月10日，上海电信明确公用电话网管系统划回主业，由网络运行部主管。

2004年2月19日，上海电信设立网络监控中心、网络维护中心，网络运行部经理和专管经理分别兼任中心主任。网络监控中心负责7×24小时网络/设备故障维修申请的受理。网络维护中心负责一、二级维护的技术支撑。

2006年4月27日，为进一步提高配合市政动迁工作效率，上海电信市政动迁工程管理职责及配合市政动迁工程的重大工程办公室，随职能调整划归网络运行部线路检修中心。9月24日，上海电信对客户响应与流程监控管理模式进行调整，客户响应与流程监控中心职能并入网络运行部，网络运行部技术支撑处调整职责并更名为客户响应处。客户响应处行使公司客户响应的职能管理和操作协调职责，负责建立公司客户响应管理制度和操作流程，直接负责公司层面的客户响应，并指导各二级单位开展客户响应工作。

2007年1月26日，上海电信为提升客户响应速度，支撑转型业务和差异化服务，组建客户响应中心，挂靠网运部；原网络运行部资源调度中心成建制并入客户响应中心。

2007年4月10日，为实施固网集中维护，原长途无线部国际光缆处、长途线务局、计量室划归网络运行部，与网络运行部内设机构进行功能整合，网络运行部机构设置进行相应调整。调整后，网络运行部内设机构为：客户响应处、基础网维护处、交换网维护处、无线通信处、国际通信处、客户网络处、综合通信处、综合办公室、企业文化处；挂靠单位为：客户响应中心、电源空调中心、线路局、网络事物管理中心。

2009年9月28日，为进一步加强互联网安全管理，上海电信成立互联网安全管理中心，作为公司互联网安全管理和操作实施单位，与网络运行部基础网维护处合署办公。网络运行部加挂“中国电信上海公司互联网安全管理中心”牌子。

2010年2月21日，为适应公司维护集中管理的需要，强化对客户的全面响应服务，上海电信对网络运行部机构设置进行调整。调整后，网络运行部内设机构为：客户服务响应处、传输和接入处、交换网络处、无线网络处、数据和新产品处、综合通信处、综合办公室、党群工作办公室/企业文化处；部管单位为：客户服务调度中心、政企客户支撑中心、电源空调中心、传输线路维护中心。

十一、企业信息化部

企业信息化部是上海电信实施企业信息化规划、建设、管理的职能部门，负责制订公司信息系统总体架构和发展计划，负责制定信息系统技术标准和操作程序，负责公司信息系统基础设施建设和应用系统的开发和维护。

2002年8月14日，上海电信以原“212办公室”和企业信息化项目组为基础组建企业信息化部，内设机构为：规划和标准处、应用推进处、系统管理处；挂靠单位为：信息中心。

2005年11月29日，根据专业化管理的要求，企业信息化部新设信息数据管理处，主要负责制订公司数据资源规划、数据信息架构，编制和管理公司统一的数据模型和数据标准，承担全公司信息统计管理工作。

2008年7月23日，为顺应中国电信全业务经营，上海电信在企业信息化部内设立移动业务支撑中心，负责对移动业务的信息化支撑。

2009年10月13日，为提升总部运营能力和工作效率，上海电信精简总部机构，企业信息化部的规划和标准处、应用推进处合并，成立规划应用处。机构精简后，企业信息化部内设机构为：规划应用处、系统管理处、信息数据管理处；部管单位为：信息中心、移动业务支撑中心。

十二、网络发展部

网络发展部（原为计划发展部）是上海电信网络规划建设的主管职能部门，主要负责编制中长期发展规划和年度实施计划，负责公司全程全网性的基本建设，编制技术改造、技术引进项目的可行性研究报告，管理公司网络建设的年度预算，负责建设项目的审批和效益评估。

2000年9月4日，计划发展部内设机构为：工程计划处、规划室、新业务开发室、综合计划室；挂靠单位（部门）为：进出口业务处、统计信息中心、电话研究所、市场和科技情报中心。12月23日，为利于总部机构建设，上海电信对计划发展部内设机构和挂靠部门进行调整，调整后内设机构为：工程计划处、新业务开发处、综合计划室(2001年5月13日更名为综合计划处)；挂靠部门为：进出口业务处、规划处、统计信息中心、新业务开发拓展中心。

2003年10月8日，根据上海电信流程重组实施方案，计划发展部更名为网络发展部，内设综合统计处、网络规划处、商务管理处、项目管理处。

2004年12月20日，为发挥物资集中采购优势，原工程建设部下属物资筹供处成建制转入网络发展部，与网络发展部下属商务管理处合并，成立物资采购中心。

2005年11月29日，根据公司专业化集中管理要求，网络发展部增设投资计划处；撤销网络发展部综合统计处，职能划转企业信息化部，网络发展部不再承担统计管理职能。

2007年9月26日，上海电信合并网络发展部、工程建设部，成立新的网络发展部(简称“网发部”)，进一步提高公司网络发展和工程建设协同效率，建立符合网络转型工作特征的网络建设管理模式。新的网发部是公司网络发展、设备和物资采购及工程建设的归口管理部门，负责公司的网络规划工作，负责公司资本性支出预算管理与实施，负责公司通信工程建设管理及公司全网性、重大通信工程项目的实施，负责公司主要通信设备及物资的采购和供应链管理，负责对公司各二级单位的相关网络发展、工程建设与采购管理工作进行指导和考评。网发部内设6个处室，原网发部投资计划处、网络规划处、商务管理处、物资筹供处经部门整合后名称和基本职能不变，原网发部项目管理处与原工程部通信工程管理职能合并为新的工程管理处；下设1个挂靠单位为：工程建设中心。

2008年8月1日，根据集团公司全业务经营体制调整的总体部署，上海电信将长途无线部的网发处、工程建设中心的部分职能(长途网、无线核心和业务平台建设)及骨干人员(含部分无线侧建设管理人员)划转网络发展部下属工程建设中心。

2009年10月13日，上海电信精简总部机构和编制，将网络发展部物资筹供处和商务管理处合并，成立物资采购处。精简后，网络发展部内设机构为投资计划处、物资采购处、工程管理处、网络规划处、综合业务处；部管单位为：工程建设中心。

2010年7月7日，上海电信对工程建设和采购管理体制进行调整，合并网络发展部、移动建设部，组建新的网络发展部，以适应移动建设常态化管理和采购集中管理趋势。原移动建设部下属移动建设处与网络发展部下属工程管理处合并，成立核心网工程处；移动建设部下属无线工程处整建制划转网络发展部，改名为接入网工程处；移动建设部下属移动建设中心与网络发展部工程建设中心合并，成立新的工程建设中心；网络发展部下属物资采购处整建制划转采购管理部。调整后，网络发展部内设机构为：网络规划处、投资计划处、综合业务处、核心网工程处、接入网工程处；挂靠单位为：工程建设中心。

十三、采购管理部

采购管理部是公司物资采购的职能管理和操作部门，负责公司通信设备、通信类和零固类物资的采购，包括通信维保和综合类物资的采购管理；负责制定采购、配送、库存管理制度和流程；负责制定公司集中采购目录和采购招投标的组织。

2010年7月7日，上海电信调整采购管理体制，成立采购管理部，比照公司总部部门管理，以实现采购集中管理。网络发展部物资采购处整建制划转采购管理部。采购管理部不设内设机构；挂靠单位为采购中心，主要负责公司集中采购项目的具体操作，包括库存管理、招标组织、合同执行等工作。

十四、客服质监部

客服质监部是上海电信负责客户服务质量监督和跨部门服务管理的职能部门，负责承接并监督实施集团公司的服务考核要求和服务改进要求，负责提升上海电信的社会服务评估，负责持续提高跨前后端（含外包领域）的服务质量管理水平，推进公司服务工作转型。

2007 年 4 月 29 日，上海电信成立客服质监部，进一步贯彻公司服务转型战略，提升上海电信客户服务满意度。客服质监部内设机构为：服务发展处、服务管理处；挂靠机构为：客户服务中心、营业管理中心。原市场部服务督查处、客户服务中心成建制划转客服质监部；原市场部渠道管理处和渠道拓展中心的相关岗位也划转客服质监部。

2008 年 3 月 26 日，根据集团公司电子渠道规划要求，客服质监部新设客服支撑中心，负责公司电子渠道规划、建设和日常运营管理。

2008 年 8 月 21 日，为应对全业务经营，理顺服务外包管理职责，上海电信调整客服质监部职能和机构设置，客服质监部在财务上比照独立利润中心管理；增加电子渠道的营销指标（重点包括客户挽留、移动业务和增值业务销售）；新设移动客服中心。客服支撑中心职责调整为渠道技术支撑、网上营业厅和掌上营业厅运营管理。调整后，客服质监部内设机构为：服务发展处、服务管理处、营业管理中心、客户服务中心、客服支撑中心和移动客服中心。

2009 年 5 月 11 日，为推进建设服务监管和服务实施适当分离的新型运作体系，提升全业务经营环境下的客户服务能力，剥离客服质监部直接承担的 10000 号、电子渠道的运营职能，成立客户服务中心，客服质监部原客户服务中心、移动客服中心和客服支撑中心相关职能划转新成立的客户服务中心。调整后，客服质监部内设机构为：服务发展处、服务管理处；挂靠单位为：营业中心（投诉中心）。

2009 年 10 月 14 日，为进一步提升上海电信全业务运营能力和工作效率，客服质监部在原职能基础上增加重大服务问题改进、客户满意和产品质量管理工作。对下属营业中心（投诉中心），增加内部跨部门/单位的投诉和外部越级投诉的查证、审核、协调和处理，以及服务质量抽查、客户感知调研、渠道服务标准抽查等职责。

十五、审计部

审计部是上海电信审计管理职能部门，负责根据国家、集团公司有关审计法律法规要求，制定上海电信的内部审计规章制度及实施办法，指导监督下属单位内部审计人员开展工作。审计部也是公司内部审计机构，负责对公司各类经营项目进行内部审计，负责组织社会审计机构对公司各类经营项目进行外部审计。

2002 年 11 月 22 日，上海电信为加强公司内部审计监督力度，维护国家、公司、股民利益，提升公司经营管理水平，在原公司审计处、审计室和监事会办公室等机构的基础上，组建审计部。审计部作为公司内部审计机构，又是公司审计工作职能部门，接受国家和上级审计机关的委托和授权，协调配合国家审计机关、上级审计部门对公司及所属单位进行专项审计和审计调查。

2005 年 4 月 25 日，为提高公司建设工程审价的质量和工作效率，降低审价成本，上海电信成立建设工程审价中心，挂靠审计部。审价中心的主要职责是负责公司建设项目（包括新建、改建、扩建、装修及大修等)的工程预算、结算的审核管理,保证建设资金合理使用。

十六、监督部(纪委办公室)

监督部(纪委办公室)主要在党委领导下推进党风廉政建设,承担党规党纪执行情况的监督检查;履行效能监察;负责涉及纪检监察对象的信访受理与纪律审查,落实违纪问责;开展党员干部、关键岗位人员党纪法规教育。

2000 年 9 月 4 日,监督部内设机构为:纪委办公室、监察处、审计处、服务质量监督处(纠风办);挂靠单位为:服务质量投诉中心、电话咨询投诉中心。12 月 23 日,为利于总部机构建设,上海电信对监督部内设机构和挂靠部门进行调整,内设机构为:纪委办/监察处、审计处、服务质量监督处/纠风办、监事会办公室;挂靠部门为:稽查大队、审计室。

2004 年 11 月 10 日,为理顺公司纪检监察和行政监察职责,提高工作效率,增设案件监察室/效能监察处,调整后的监督部内设机构为:纪委办公室/综合处、案件监察室/效能监察处;挂靠单位为:稽查大队。

2007 年 8 月 13 日,根据集团公司案件检查和效能监察工作要求,剥离案件监察室/效能监察处案件检查职责,单独成立案件监察室。调整后的监督部内设机构为:纪委办公室/综合处、案件监察室、效能监察处。

十七、工会

工会是职工自愿结合的工人阶级的群众组织。工会组织代表职工利益,依法维护职工的合法权益。上海电信工会在公司党委和上级工会领导下,围绕企业中心工作,服务企业改革发展,服务员工全面成长,维护员工合法权益,构建和谐劳动关系,团结动员广大员工为公司持续健康和谐发展作出贡献。

2000 年 9 月 4 日,工会内设机构为:工会办公室、权益维护部、经济工作部、组织宣传部;挂靠单位为:职工疗休养办公室、帮困基金会办公室、体协秘书处、文化协会秘书处、文体活动中心、广播台、技协办公室、工会企业办公室。

2009 年 10 月 19 日,上海电信精简工会内设机构,以提升总部全业务运营能力和工作效率,优化总部机关职能,将原文、体协会秘书处挂靠组织宣传部,对外名称为“中国电信上海公司文化体育协会”;原帮困救助会办公室职能并入权益维护部;原工会企业办公室职能并入经济工作部;原职工疗休养办公室、技协办公室撤销。机构精简后,工会内部机构为:办公室、组织宣传部/文体协会秘书处、权益维护部、经济工作部;部管单位为:员工文体活动中心(邮电俱乐部)。

十八、团委

上海电信团委主要职能是调动发挥团员青年在企业中的积极性、创造性,为企业培养输送新生力量和工作骨干。团委负责全公司团组织建设,不断提高团员青年思想道德素养和科学文化素质,发挥青年员工在企业发展中的生力军作用。

2000 年,上海电信团委挂靠单位为电话青年科技协会、惠华电话技贸公司。

2009 年 10 月 19 日，上海电信决定优化总部机关职能，提升总部全业务运营能力和工作效率，将原挂靠团委的电话青年科技协会撤销。

十九、机关党委/机关管理处

2000 年 7 月 2 日，根据体制改革方案，上海电信党委决定设立机关党委，有下属综合管理部党总支等 12 个党组织，挂靠电信工程公司党委等 7 个党组织。为加强机关日常行政管理，2001 年第一季度，上海电信对机关党委授予机关管理处职能，负责检查督促公司总部机关各部门落实工作规范、员工规范情况，协助机关党委开展创文明活动的组织、检查和评比活动，协助公司的考核部门对总部机关各部门员工进行绩效考核等。

二十、对外投资管理部

对外投资管理部是负责上海电信对外投资管理的职能部门，承担对外投资总体资产的保值增值责任，承担对外投资企业资产效益的日常管理和基础管理。

2003 年 9 月 15 日，为完善对外投资管理体制，提高对外投资资产整体运行质量，上海电信在原对外投资董事局办公室的基础上，成立对外投资管理部，集中管理公司对外投资资产。对外投资管理部内设机构为：综合管理处、投资合作处、合资企业管理处。原挂靠综合管理部的实业集团董事会办公室和海外拓展部，划转对外投资管理部，海外拓展部更名为海外拓展处。

2009 年 10 月 14 日，根据上海电信精简总部机构和编制的要求，撤销海外拓展处。

二十一、重大项目办公室

2010 年 12 月 2 日，为强化承接市级重大项目的工作力度，优化公司参与市级重大项目管理体制，提升部门间协同效率，上海电信设立重大项目办公室。作为公司承接上海市重大项目的常设协调机构，主要负责上海迪士尼项目、大虹桥商务区开发、上海世博会后续开发和临港新城等市级重大项目通信配套需求，协调公司相关部门对接市级重大项目的建设、交付、运营。

第二节　区(县)电信局

区(县)电信局是上海电信服务区域市场的基础单元和业务发展、运维保障、通信能力集聚的综合平台，主要经营国内国际各类固定电信网络与设施(含本地无线环路)服务，话音、数据、图像及多媒体通信与信息服务，同通信与信息业务相关的系统集成，技术开发、技术服务，信息咨询，通信设备销售，设计施工等业务。2008 年 10 月 1 日起，区(县)电信局开始经营移动通信业务。

上海市电信公司成立后，设立 16 个直属电信局，统一使用“上海市电信公司××电信局”的称谓，包括 15 个区(县)电信局和 1 个专用电信局。上海电信将原专业单位面向用户的服务功能划归区(县)电信局负责，并在区(县)电信局成立新业务部门，专司区域范围内专业工作的实施，为区域内的公众、政企客户提供各类服务。2002 年 11 月，上海市电信公司部分资产被中国电信股份有限公司收购上市。11 月 18 日，上海市电信有限公司挂牌成立后，各区(县)电信局统一更名为“上海市电信有限公司××电信局”。2005 年 4 月 1 日，专用电信局划出上海市电信公司。2008 年 1 月，中国电信股份有限公司将法人体制调整为总、分公司一级法人体制。3 月 1 日起，上海电信以“中国电信股份有限公司上海分公司”名义开展经营活动，各区(县)局随之更名为中国电信股份有限公司上海××电信局。2010 年 2 月，南汇电信局与浦东电信局合并设立新的浦东电信局。至 2010 年年末，上海电信有区(县)电信局 14 个。

一、中区电信局

上海市电信公司成立后，中区电信局(简称“中区局”)内设综合办公室、营销服务处、运行维护处、人力资源处、计划财务处等管理机构，下设云南分局、中华分局、福建分局、斜土分局、营业处、维护中心等 6 个基层单位，有在职员工 409 人，其中，本科及以上学历 31 人，大专学历 134 人，高中及以下学历 244 人。中区局的服务区域东起黄浦江畔，西至瑞金路，北达苏州河南岸，南抵黄浦江南端，总服务面积为 17.4 平方公里。2000 年，中区局完成经营收入 41 330.06 万元。

2003 年 6 月，根据上海市电信有限公司业务流程重组统一组织架构的要求，中区局机构调整为综合办公室、网络运行处、市场拓展处、人力资源处、计划财务处、维护中心、大客户中心、商业客户中心、云南分局、福建分局、中华分局、斜土分局。8 月，设立党群工作办公室，又称企业文化处。

2005 年 11 月，中区局根据公司建立财务集中管理模式的要求，撤销计划财务处。2006 年，撤销斜土分局，整合为云南、福建和中华 3 个分局。10 月，正式合并大客户中心与商业客户中心，设立政企客户服务中心。2007—2008 年，先后设立客户响应建设中心、销售支撑中心和计划财务处，撤销产品管理处。2009 年，云南分局更名为豫园新天地分局，福建分局更名为黄浦外滩分局，中华分局更名为中华世博分局。9 月，设立行政保卫处，与综合办公室合署办公。

2010 年，中区局撤销网络运行处，合并原网络运行处的维护职能和原维护中心，设立新的维护中心；合并原网络运行处的建设职能和原客户响应建设中心，设立客户响应支撑中心。11 月，市场拓展处更名为市场服务处，并在合并市场拓展处所属营业室、投诉中心的基础上设立客户服务保障中心。年末，中区局有在职员工 370 人，其中，本科及以上学历 109 人，大专学历 127 人，高中及以下学历 134 人。是年，中区局设有营业网点 5 个，完成经营收入 94 724.38 万元，较 2000 年增长 129%。

中区局在企业转型过程中，为加强营销管控，提升市场销售能力，从 2007 年开始积极推行网格化营销，跟踪区域市场的发展动态，减少服务盲点，为优化资源配置提供保障。中区局还积极推进上海城市信息化建设，2009 年，通过与黄浦区和卢湾区区政府签订信息化建设合作协议，在外滩源、滨水区、田子坊、淮海中路沿线和世博周边地区进行信息管线接入、公共区域的无线覆盖和 3G 应用，为观光、旅游和商务人士提供便捷的通信服务，助力两区营造良好的商业环境。2010 年上海世博会浦西展区位于中区局服务区域，占地面积 1.96 平方公里。为此，中区局建立服务团队，在动员宣传、制订预案、前期保障、应急措施等方面做足工作，为世博会的通信保障做出重要贡献。2000—2010 年，中区局先后获得多项荣誉：2003—2010 年，连续 8 年获得“安康杯”劳动保护竞赛(全国赛区)“优胜企业”；2009 年，获得上海市五一劳动奖状；2010 年，获得上海市迎世博优质服务贡献奖。

表 1-3-1 2000—2010 年中区电信局通信能力情况表

年 份	交换机容量（万门）	电缆总线对（万对）	宽带端口数（万线）	固话实装数（万户）	宽带实装数（万户）
2000	44.06	68.02	0.8	33.05	0.6
2001	46.27	69.38	1.1	37.02	0.8
2002	48.59	70.77	2.05	42.28	1.54
2003	50.97	72.19	5.39	43.32	4.32
2004	53.75	73.63	8.19	44.57	7.18
2005	55.6	75.1	10.75	45.72	8.6
2006	57.8	76.6	13.04	46.77	12.38
2007	63.66	78.13	14.14	47.72	13.03
2008	64.44	78.91	15.59	42	14.81
2009	64.57	79.7	16.26	41.26	15.83
2010	65.41	81.29	18.26	40.74	16.83

表 1-3-2 2010 年中区电信局营业厅情况表

序 号	营 业 厅	地 址
1	江西中路营业厅	江西中路 232 号
2	河南南路营业厅	河南南路 748 号
3	斜土路营业厅	斜土路 760 号
4	西藏南路营业厅	西藏南路 1225 号
5	柳林路营业厅	柳林路 158 号

二、南区电信局

上海市电信公司成立后，南区电信局（简称“南区局”）内设综合办公室、人力资源处、经营服务处、运行维护处、计划财务处等管理机构，下设汾阳分局、漕溪分局、肇嘉浜分局、桂林分局 4 个分局，有在职员工 366 人，其中本科及以上学历 34 人，大专学历 156 人，高中及以下学历 176 人。南区局的服务区域东迄瑞金一路，南到港口，西起虹桥路、虹梅路，北至巨鹿路、华山路，总服务面积约 55 平方公里。2000 年，南区局完成经营收入 39 674 万元。

2003 年 6 月，根据上海市电信有限公司业务流程重组统一组织架构的要求，南区局设立大客户中心、商业客户中心、公众客户中心，另有综合办公室、人力资源处、计划财务处、网络运行处、维护中心、测量中心、南区理想信息网络公司、市场拓展处、汾阳分局、漕溪分局、肇嘉浜分局、桂林分局等机构。

2004 年 4 月，南区局设立党群工作办公室，又称企业文化处，实行合署办公。2005 年 12 月，根据公司建立财务集中管理模式的要求，撤销计划财务处。2006 年 7 月，设立政企客户中心；8 月，在关闭上海理想信息产业(集团)南区有限公司后,设立线路中心。2007 年 7 月,设立销售支撑中心;8 月,撤销测量中心,原测量中心测量设备维护和 112 派修职能划转维护中心;原测量中心用户端安装外协队伍管理职能划转公客中心;维护中心原部分外线维护职能划转线路中心统一承担,公客中心原个人手持式电话系统(PHS)基站维护职能划转线路中心,线路中心原工程建设职能划转客户响应建设中心;网运处原客户响应职能划转客户响应建设中心,线路工程验收职能划转线路中心。2008 年 1 月,设立计划财务处。9 月,设立徐家汇分局、漕河泾分局和汾阳分局,撤销公众客户中心、线路中心;此外,还于年内完成电信恒联公司全部资产的回购。2009 年 11 月,设立行政保卫处,与综合办公室合署办公;是年,调整完善分局体制,平稳完成政企中心所有 197 幢楼宇经营工作的分局划转和 33 位楼宇经理隶属关系的调整工作。

2010 年 2 月,南区局撤销网络运行处,合并原网络运行处的维护职能和原维护中心,设立新的维护中心;合并原网络运行处的建设职能和原客户响应建设中心,设立客户响应支撑中心。11 月,市场拓展处更名为市场服务处,设立客户服务保障中心。南区局调整后的机构设置为:市场服务处、政企客户中心、销售支撑中心、客户服务保障中心、维护中心、客户响应支撑中心、综合办公室/行政保卫处、党群工作办公室/企业文化处、人力资源处、计划财务处、徐家汇分局、漕河泾分局、汾阳分局。年末,南区局有在职员工 415 人,其中,本科及以上学历 143 人,大专学历 150 人,高中及以下学历 122 人。是年,南区局设有营业网点 13 个,完成经营收入 121 347 万元,较 2000 年增长 206%。

南区局在推进世博信息化工程及重大项目、建设“无线徐汇,无限精彩”宽带无线覆盖工程、扶持社会弱势群体等方面与徐汇区政府达成 13 项合作内容,全面建立起互相融合的合作模式。同时,南区局对标发展目标,着力业务模式调整和渠道攻坚、网络能力建设和客户感知提升、精确管理和体制机制改革、人力资源建设和企业文化创新,并于 2009—2010 年度首次获评市级文明单位。同时,南区局漕溪北路营业厅先后获得上海市用户满意服务明星班组、上海市电信行业文明服务示范点等称号。

表 1-3-3　2000—2010 年南区电信局通信能力情况表

年　份	交换机容量(万门)	电缆总线对(万对)	宽带端口数(万线)	固话实装数(万户)	宽带实装数(万户)
2000	63	112.8	10	45.3	6.4
2001	63.5	112.8	12	48.1	7.5
2002	63.9	111.2	15	50.7	8.9
2003	64.9	111.1	16	52.1	9.9
2004	66.4	110.1	18	54	11
2005	66.5	110.1	19	54.8	12
2006	67.1	109.8	20	54.9	14
2007	66.9	109.8	22	54.7	16
2008	67.8	109.1	24	54.6	18
2009	67.3	109.1	26	53.5	19
2010	67	108.8	28	50.1	20

表 1-3-4 2010 年南区电信局营业厅情况表

序号	营业厅	地址
1	漕溪北路营业厅	漕溪北路 915 号
2	宛平南路营业厅	宛平南路 963 号
3	百花街营业厅	百花街 52 号
4	衡山路营业厅	衡山路 60 号
5	钦州南路营业厅	钦州南路 618 号
6	漕宝路营业厅	苍梧路 2 号-9 临
7	罗城路营业厅	罗城路 413 号
8	田东路营业厅	田东路 387 号
9	斜土路营业厅	斜土路 1423 号
10	桂林路营业厅	桂林路 507 号
11	天钥桥路商务厅	天钥桥路 980 号

三、西区电信局

上海市电信公司成立后，西区电信局（简称“西区局”）内设综合办公室、人力资源处、营销服务处、运行维护处、计划财务处等管理机构，下设营业室、维护中心、112 受理中心、泰兴分局、天山分局、曹杨分局、镇坪分局、江苏分局，有在职员工 680 人（包括内退员工 99 人），其中，大专及以上学历 109 人，高中及以下学历 472 人。西区局的服务区域包含静安区和长宁区的全部地区，普陀区的绝大部分地区，闸北区和嘉定区的小部分地区，总服务面积为 79.5 平方公里。2000 年，西区局完成经营收入 60 352 万元。

2003 年 1 月，设立上海电信实业西区有限公司。6 月，设立大客户中心。7 月，设立客户响应中心。8 月，撤销工程管理中心；运行维护处更名为网络运行处；营销服务处更名为市场拓展处。9 月，撤销上海沪西电话经营服务部。10 月，设立商业客户中心。

2004 年 1 月，镇坪、江苏、天山、泰兴、曹杨 5 个分局归并为长宁、静安、普陀等 3 个分局；3 月，设立党群工作办公室（企业文化处）；6 月，上海理想西区信息网络设备维护有限公司更名为上海理想信息产业（集团）西区有限公司。

2005 年，随着专用电信局划出上海市电信公司管辖范围，西区局的服务区域调整为东至西藏路、蒙古路，西至古羊路、延安西路，南至华山路，北至桃浦路（铁路以南地区）。服务区域包含静安区的全部，长宁区、普陀区和闸北区的部分地区，总面积仍为 79.5 平方公里。11 月，撤销计划财务处。

2006 年 2 月，设立重要客户中心、网络运行处、客户响应中心。10 月，大客户中心、商业客户中心合署，设立政企客户服务中心；上海理想信息产业（集团）西区有限公司关闭清算。2007 年 7 月，设立销售支撑中心、客户响应建设中心。2008 年 1 月，设立计划财务处。2009 年 9 月，设立虹桥分局。2010 年 2 月，撤销网络运行处，合并原网络运行处的维护职能和原维护中心，设立新的维护中心;合并原网络运行处的建设职能和原客户响应建设中心,设立客户响应支撑中心。11 月,市场拓展处更名为市场服务处;设立客户服务保障中心。年末,西区局机构设置为市场服务处、政企客户中心、销售支撑中心、客户服务保障中心、维护中心、客户响应支撑中心、综合办公室/行政保卫处、党群工作办公室/企业文化处、人力资源处、计划财务处、静安分局、长宁分局、普陀分局、虹桥分局/重要客户中心,有在职员工 694 人(包括内退员工 2 人),其中,本科及以上学历 242 人,大专学历 241 人,高中及以下学历 209 人。是年,西区局设有营业网点 14 个,完成经营收入 215 892 万元,较 2000 年增长 258%。

西区局积极履行社会责任,出色完成亚太经济合作组织(APEC)会议、上海“两会”、CDMA 3G 试商用等多项重要通信保障,助力服务区域信息化建设;积极发扬工匠精神,培育劳模品牌。员工徐珺先后获得上海市“十大工人发明家”、上海市劳动模范、全国劳动模范等多项荣誉称号;劳模班组“徐珺班”先后获得上海市劳动模范集体、全国“工人先锋号”等荣誉称号。西区局还获得上海市文明单位、上海市精神文明建设先进单位、全国“安康杯”竞赛(上海赛区)优胜单位等荣誉。

表 1-3-5 2000—2010 年西区电信局通信能力情况表

年份	交换机容量(万门)	电缆总线对(万对)	宽带端口数(万线)	固话实装数(万户)	宽带实装数(万户)
2000	94.4	99.4	8.782	70.026 7	0.5
2001	95.8	105.9	10.534	72.5	3.0
2002	97.6	112.7	12.355	75.0	7.3
2003	99.2	120.0	14.662	78.433	10.192 4
2004	127.3	127.9	23.414 8	92.570 3	14.961 9
2005	130.9	136.2	30.605 6	100.265 9	21.019 2
2006	132.6	145.0	40.352 7	102.591 4	27.803 3
2007	144.8	154.5	51.402	105.957 8	34.267 1
2008	148.0	164.5	59.753 4	106.580 9	36.911 4
2009	151.3	175.2	65.956 9	103.035 1	39.229 9
2010	150.0	186.6	66.922	102.546	42.686 2

表 1-3-6 2010 年西区电信局营业厅情况表

序号	营业厅	地址
1	江苏路营业厅	江苏路 500 号 2 楼
2	武宁南路营业厅	武宁南路 457 号
3	金珠路营业厅	金珠路 70 号
4	泰兴路营业厅	泰兴路 218 号
5	共和路营业厅	共和路 155 号
6	天山路营业厅	天山路 169 号

〔续表〕

序 号	营 业 厅	地 址
7	安顺路营业厅	安顺路 108 号
8	天山西路营业厅	天山西路 88 号
9	仙霞路营业厅	仙霞路 1396 号
10	海防路营业厅	海防路 196 号
11	铜川路营业厅	铜川路 2023 号
12	梅川路营业厅	梅川路 904 号
13	兰溪路营业厅	兰溪路 3 号
14	中山北路营业厅	中山北路 1939 号
15	古北家乐福营业厅	水城南路 268 号古北家乐福 5 楼
16	中山公园营业厅	长宁路 1307 号

四、北区电信局

上海市电信公司成立后，北区电信局（简称“北区局”）内设综合办公室、人力资源处、计划财务处、营销服务处、运行维护处等管理机构，下设和田、平顺、甘泉、海宁、四川等 5 个分局，有在职员工 424 人（含从事非通信主业工作人员 120 人），其中，本科及以上学历 25 人，大专学历 56 人，高中及以下学历 343 人。北区局的服务区域南至北苏州路，北到蕰藻浜路，东起临平北路，西抵桃浦新村，总服务面积为 125 平方公里，主要为闸北区的大部分及虹口区、普陀区、宝山区的部分客户提供通信服务。2000 年，北区局完成经营收入 43 382.34 万元。

2003 年 6 月，按照公司业务流程重组统一组织架构的要求，北区局设立市场拓展处、大客户服务中心、网络运行处、维护中心、综合办公室、人力资源处、计划财务处。2005 年 11 月，北区局撤销计划财务处。2006 年 10 月，设立政企客户服务中心。2007 年 12 月，合并原四川分局和海宁分局，设立海川分局；另设立客户响应建设中心。2008 年 1 月，设立计划财务处。2009 年 8 月，设立销售支撑中心。12 月，设立行政保卫处，与综合办公室合署办公。2010 年 2 月，北区局撤销网络运行处，合并原网络运行处的维护职能和原维护中心，设立新的维护中心；合并原网络运行处的建设职能和原客户响应建设中心，设立客户响应支撑中心。调整后，北区局机构设市场拓展处、政企客户中心、销售支撑中心、维护中心、客户响应支撑中心、综合办公室/行政保卫处、党群工作办公室/企业文化处、人力资源处、计划财务处、平顺分局、和田分局、海川分局、甘泉分局。年末，北区局有在职员工 447 人，其中，本科及以上学历 118 人，大专学历 168 人，高中及以下学历 161 人。是年，北区局设有营业网点 25 个，完成经营收入 131 035.72 万元，较 2000 年增长 202%。

北区局重视日常质量管理活动的开展，将质量管理工作常态化铺开执行，通过全方位多渠道深化开展质量管理小组活动，促进企业改进服务质量、提升效益。同时提高员工综合素质和工作积极性，实现员工与企业共同进步、共同成长。紧紧围绕“突出一个中心，抓好三个重点，建设三项工程”开展服务工作，通过全过程的闭环管理，全方位地为用户提供优质服务，最大程度上满足用户对装、移、修电话的需求。北区局还获得全国“安康杯”竞赛（上海赛区）优胜单位、上海市“工人先锋号”等荣誉称号。

表 1-3-7 2000—2010 年北区电信局通信能力情况表

年份	交换机容量（万门）	电缆总线对（万对）	宽带端口数（万线）	固话实装数（万户）	宽带实装数（万户）
2000	65.56	86.79	0.52	58.12	0.26
2001	72.68	96.22	1.36	62.54	0.73
2002	79.8	105.64	2.74	66.96	1.67
2003	86.92	115.07	8.81	71.38	6.26
2004	88.38	126.1	13.17	73.81	10.27
2005	89.69	129.26	18.62	75.22	14.93
2006	89.69	132.23	23.65	75.6	19.61
2007	91.4	132.71	31.96	76.71	25.56
2008	93.42	133.85	36.35	76.46	29.58
2009	92.8	134.27	40.08	74.11	32.27
2010	104.19	135.96	42.66	75.63	34.26

表 1-3-8 2010 年北区电信局营业厅情况表

序号	营业厅	地址
1	四川北路营业厅	四川北路 1761 号
2	真华路营业厅	真华路 232 号
3	新村路营业厅	新村路 629 号
4	保德路营业厅	保德路 332 号
5	老沪太路营业厅	老沪太路 245 号
6	大华三路店	大华三路 409 号
7	江西北路营业厅	江西北路 333 号
8	延长路营业厅	延长路 160 号
9	四川路桥营业厅	四川北路 65 号
10	西藏北路营业厅	西藏北路 1198 号
11	三泉路营业厅	三泉路 726 号
12	共康营业厅	共和新路 4733 号

五、东区电信局

上海市电信公司成立后，东区电信局（简称“东区局”）内设综合办公室、人力资源处、计划财务处、营销服务处、运行维护处等管理机构，下设长阳、平凉、逸仙、翔殷、控江等 5 个分局，有在职员工 447 人。东区局的服务区域主要包括杨浦区全域、虹口区部分区域和少部分的宝山区域，总服务面积约70.5125平方公里。2000年,东区局完成经营收入45849万元。

2003年6月,按照公司业务流程重组统一组织架构的要求,东区局设立市场拓展处、大客户服务中心、网络运行处、维护中心、逸仙112受理中心、综合办公室、人力资源处和计划财务处。8月,设立党群工作办公室,又称企业文化处,实行合署办公。

2004年年末,东区局的管理机构设置为四处二室,分别为:综合办公室、计划财务处、人力资源处、市场拓展处(营业室、客户服务中心挂靠)、网络运行处、党群工作办公室(企业文化室)。基层单位9个,分别为:长阳分局、平凉分局、翔殷分局、逸仙分局、控江分局、交换维护中心、逸仙112受理中心、大客户中心、商业客户中心。

2005年11月,东区局撤销计划财务处。2006年9月,归并大客户服务中心和商业客户中心为政企客户服务中心。2007年8月,撤销产品管理处,设立销售支撑中心;增设客户响应建设中心;将长阳分局和平凉分局合并设立北外滩分局。11月,翔殷分局更名为五角场分局。2008年1月,设立计划财务处。2009年8月,设立销售支撑中心。9月,设立行政保卫处,与综合办公室合署办公。2010年2月,撤销网络运行处机构设置,合并原网络运行处的维护职能和原维护中心,设立新的维护中心;合并原网络运行处的建设职能和原客户响应建设中心,设立客户响应支撑中心。12月,市场拓展处更名为市场服务处,新设立客户服务保障中心。调整后,东区局的机构设置为:综合办公室/行政保卫处、党群工作办公室/企业文化处、人力资源处、计划财务处、市场服务处、政企客户中心、销售支撑中心、客户服务保障中心、维护中心、客户响应支撑中心;下设北外滩分局、控江分局、逸仙分局、五角场分局。年末,东区局有在职员工465人,其中,本科及以上学历96人,大专学历141人,高中及以下学历228人。是年,东区局设有营业网点32个,完成经营收入121748万元,较2000年增长166%。

东区局于2003年率先进行"信息天使"社区客户代表制度的试点工作,扩大营销范围,使员工更贴近市场,从而大大提高员工的工作积极性,为公司推进社区客户代表工作提供重要参考。在全面质量管理工作中,东区局以加强全面质量管理为手段,开展全员参与的质量控制(QC)小组活动,破解业务发展难题。同时,东区局坚持以"凝聚力工程"为抓手,围绕区局中心工作,开展"活力东区"活动,创造良好的人文环境和企业氛围,2005—2010年连续3次获得上海市文明单位称号。

表1-3-9　2000—2010年东区电信局通信能力情况表

年　份	交换机容量(万门)	电缆总线对(万对)	宽带端口数(万线)	固话实装数(万户)	宽带实装数(万户)
2000	71.6	104.4	2.32	61.6	1.98
2001	79.4	114	4.3	67.3	2.84
2002	82.3	120.8	7.3	71.3	4.82
2003	89.2	125.9	15	74.3	9.97
2004	93.6	128.8	22.2	76.02	15.1
2005	97.8	129.8	33.9	76.6	20.52
2006	99.96	133.2	35.8	78.6	26.83
2007	99.14	134.6	41.9	78.3	32.32

〔续表〕

年　份	交换机容量（万门）	电缆总线对（万对）	宽带端口数（万线）	固话实装数（万户）	宽带实装数（万户）
2008	97.95	138.1	46.3	78.43	35.68
2009	98.62	139	48.5	77	39
2010	97.2	142.3	51.4	76.2	39.6

表 1-3-10　2010 年东区电信局营业厅情况表

序　　号	营　业　厅	地　　址
1	打虎山路营业厅	打虎山 101 号
2	济宁路营业厅	济宁路 355 号
3	政通路营业厅	政通路 93 号
4	周家嘴路营业厅	周家嘴路 625 号
5	逸仙路营业厅	逸仙路 38 号
6	广灵四路营业厅	广灵四路 62 号甲
7	国和路营业厅	国和路 952 号
8	延吉东路营业厅	延吉东路 162 号
9	延吉中路营业厅	延吉中路 331 号
10	奎照路营业厅	奎照路 782 号
11	控江路营业厅	控江路 1000 号
12	平凉路营业厅	平凉路 1893 号
13	政立路营业厅	政立路 809 号
14	赤峰路营业厅	赤峰路 606 号

六、莘闵电信局

上海市电信公司成立后，莘闵电信局（简称“莘闵局”）内设综合办公室、营销服务处、运行维护处、人力资源处、计划财务处等管理机构，下设新镇分局、梅陇分局、莘建分局、闵行分局、杜行分局，有在职员工 471 人，其中，本科及以上学历 4 人，大专及以下学历 467 人。莘闵局的服务区域东与徐汇区、浦东新区相接，南隔黄浦江与奉贤区相望，西与松江区、青浦区接壤，北与长宁区、嘉定区毗邻，虹桥国际机场位于区境边沿，总服务面积为 400 平方公里，服务人口约 245 万。2000 年，莘闵局完成经营收入 30 682.22 万元。

2003 年 7 月，莘闵局调整组织机构，营销分中心设市场拓展处、大客户中心；网络分中心设网络运行处、维护中心；管理支撑部门设综合办公室、计划财务处、人力资源处；党群部门设党群办公室；分局保持不变。

图 1－3－1　莘闵电信局信息大楼

2004 年年末，莘闵局的机构设置为综合办公室、计划财务处、人力资源处、党群办公室、营销分中心（设市场拓展处、大客户中心）、网络分中心（设网络运行处、维护中心）、新镇分局、梅陇分局、莘建分局、闵行分局、杜行分局。2005 年 11 月，撤销计划财务处。2006 年 9 月，设立政企客户服务中心；杜行分局改名为浦江分局。2007 年 5 月，新镇分局改名为七宝分局。2008 年 1 月，设立计划财务处。12 月，设立客户响应建设中心。2009 年 9 月，设立销售支撑中心、行政保卫处（与综合办公室合署办公）。2010 年 2 月，设立新的维护中心和客户响应支撑中心。12 月，市场拓展处更名为市场服务处，设立客户服务保障中心。调整后，莘闵局机构设置为综合办公室/行政保卫处、党群工作办公室/企业文化处、人力资源处、计划财务处、市场服务处、政企客户中心、销售支撑中心、客户服务保障中心、维护中心、客户响应支撑中心、莘建分局、梅陇分局、七宝分局、闵行分局、浦江分局。年末，莘闵局有在职员工 485 人，其中，本科及以上学历 137 人，大专及以下学历 348 人。是年，莘闵局设有营业网点 19 个，完成经营收入 151 670.96 万元，较 2000 年增长 394%。

莘闵局首创上海“无线城市”试点，实现区政府行政大院、紫竹科学园区、地铁莘庄站南广场的无线覆盖；车载移动监控、无线视频监控及太阳能供电等新应用取得成功；成功打造全国首家“无线数字医院”，实现无线医嘱、无线查询、远程心电图传送、病人危机值管控、药品配送等多项应用，为电信在医疗领域推广信息化应用树立了标杆。莘闵局紧紧围绕企业转型，加快管理创新，积极抢占市场，促进业务发展，深化精神文明建设，2001—2010 年获得上海市文明单位等荣誉。

表 1－3－11　2000—2010 年莘闵电信局通信能力情况表

年　份	交换机容量（万门）	电缆总线对（万对）	宽带端口数（万线）	固话实装数（万户）	宽带实装数（万户）
2000	48.4	63.810 2	0.627 5	41.1	0.045
2001	61	79.762 7	1.255 1	49.84	0.472
2002	73.3	93.838 5	2.789	58.39	2.16
2003	80.9	104.265	8.845 9	65.3	6.85
2004	84.58	120.051	15.745 9	70.86	13.08
2005	83.87	129.261	23.008 7	75.21	18.68
2006	87.5	135.265 8	28.046 3	78.9	24.9
2007	92.64	144.243 8	34.987 9	79.2	30.8

〔续表〕

年　份	交换机容量（万门）	电缆总线对（万对）	宽带端口数（万线）	固话实装数（万户）	宽带实装数（万户）
2008	101	150.660 8	42.583 3	80.02	36.31
2009	106.2	153.260 8	47.934 8	79.93	37.18
2010	108.32	155.032 4	59.918 5	79.29	40.73

表 1－3－12　2010 年莘闵电信局营业厅情况表

序　号	营　业　厅	地　址
1	莘东路营业厅	莘东路 199 号
2	航新路营业厅	航新路 218 号
3	三鲁路营业厅	三鲁路 2401 号
4	沪闵路营业厅	沪闵路 232 号
5	剑川路营业厅	剑川路 180 弄 20 号
6	七莘路营业厅	七莘路 2321 号
7	腾冲路营业厅	腾冲路 55 号
8	北翟路营业厅	北翟路 5136 号
9	梅陇路营业厅	梅陇路 296 号
10	水清路营业厅	水清路 178 号
11	莲花南路营业厅	莲花南路 1098 号
12	龙茗路营业厅	龙茗路 1 300 弄 62 号

七、宝山电信局

上海市电信公司成立后，宝山电信局（简称“宝山局”）内设综合办公室、营销服务处、运行维护处、人力资源处、计划财务处等管理机构，下设维护中心、营业室，吴淞、友谊、长江、月浦、顾村、罗店等 6 个分局，长兴、横沙 2 个支局，有在职员工 388 人，其中，大专及以上学历 122 人，高中及以下学历 266 人。宝山局的服务区域分成陆地和岛屿两部分，陆上部分东北濒长江，东临黄浦江，南与杨浦、虹口、闸北、普陀 4 区毗邻，西与嘉定区交界，西北隅与江苏省太仓市为邻；岛上部分为长兴、横沙两岛自西至东，横卧于长江口南支水道，全境东西长 56.15 公里，南北宽约 23.08 公里，总服务面积为 424.56 平方公里。2000 年，宝山局完成经营收入 20 801 万元。

2003 年 10 月，宝山局设立商业客户中心。2004 年 6 月，设立党群工作办公室（企业文化处）。2005 年 8 月，随着横沙岛和长兴岛行政隶属关系从宝山区整建制划转崇明县，为长兴、横沙提供电信服务的长兴分局整建制划入崇明电信局，横沙岛和长兴岛的电信业务、资产和人员从宝山局整体划转崇明局。11 月，撤销计划财务处。

2006年8月，宝山局撤销大客户中心、商业客户中心，设立政企客户中心。同时，上海理想信息产业(集团)宝山有限公司全面停止一切对外经营活动。2007年9月，设立客户响应建设中心。2008年1月，设立计划财务处。2009年9月，设立销售支撑中心；10月，设立行政保卫处。2010年2月，撤销网络运行处，合并原网络运行处的维护职能和原维护中心，设立新的维护中心；合并原网络运行处的建设职能和原客户响应建设中心，设立客户响应支撑中心。年末，宝山局有在职员工330人，其中，大专及以上学历212人，高中及以下学历118人。是年，宝山局设有营业网点7个，完成经营收入73 009万元，较2000年增长251%。

宝山局在推进新郊区新农村信息化建设方面迈开新的步伐，"无线城区"的基础设施建设形成规模，为2010年上海世博会提供成熟的无线应用服务和有力的通信保障。宝山局还获得全国"安康杯"竞赛(上海赛区)优胜单位、上海市文明单位等荣誉称号。

表1-3-13　2000—2010年宝山电信局通信能力情况表

年　份	交换机容量(万门)	电缆总线对(万对)	宽带端口数(万线)	固话实装数(万户)	宽带实装数(万户)
2000	34	57.55	0.05	27.55	0.02
2001	36.1	58.75	0.6	34.5	0.3
2002	40.31	61.15	2.36	35.26	0.98
2003	43.45	61.75	4.58	37.63	2.77
2004	44.15	62.5	8.23	38.16	4.48
2005	45.86	64.75	13.5	39.25	8.37
2006	47.5	66.25	14.91	39.44	11.56
2007	48.45	68.25	19.97	40.89	15.33
2008	49.64	69.45	23.88	42.1	18.54
2009	53.24	70.29	23.87	42.54	19.88
2010	59.9	71.49	21.36	43.03	21.17

表1-3-14　2010年宝山电信局营业厅情况表

序　　号	营　业　厅	地　　址
1	聚丰园路营业厅	聚丰园路329号
2	顾新路营业厅	顾新路2号
3	长江西路营业厅	长江西路1828号
4	同泰北路营业厅	同泰北路183号
5	龙镇路营业厅	龙镇路142号
6	电信世界市一路营业厅	市一路151号
7	牡丹江路营业厅	牡丹江路1780号

八、嘉定电信局

上海市电信公司成立后，嘉定电信局（简称“嘉定局”）设综合办公室、计划财务处、运行维护处、经营服务处、数据中心、维护中心、营销中心、客户服务中心、机线工程室等机构，下设张马路、新城、马陆、南翔、真新、江桥、封浜、安亭、黄渡、外岗、徐行、娄塘等分局，有在职员工 341 人，其中，本科及以上学历 34 人，大专学历 28 人，高中及以下学历 279 人。嘉定局主要在嘉定区境内从事电信业务经营和服务，总服务面积 463.55 平方公里。2000 年，嘉定局完成经营收入 22 400 万元。

2001 年 12 月，嘉定局撤销封浜分局，由江桥分局负责江桥、封浜地区的通信服务；马陆分局负责马陆、戬浜地区的通信服务，真新分局负责真新地区（原丰庄地区）的通信服务，新成分局负责新成地区的通信服务。2002 年 4 月，原嘉定区丰庄街道改名为嘉定区真新街道，丰庄分局随之更名为真新分局。2003 年 11 月，设立党群工作办公室（企业文化处）。2004 年 1 月，黄渡分局、外冈分局和安亭分局合并，成立安亭中心分局；真新分局和江桥分局合并，成立江桥中心分局；娄塘分局和徐行分局合并，成立徐行中心分局。2006 年 9 月，设立政企客户服务中心。2008 年 1 月，设立计划财务处。2009 年 8 月，设立销售支撑中心；9 月，设立行政保卫处，与区局综合办公室合署办公；11 月，设立客户响应建设中心。

2010 年 2 月，嘉定局撤销网络运行处机构设置，合并原网络运行处的维护职能和原维护中心，设立新的维护中心；合并原网络运行处的建设职能和原客户响应建设中心，设立客户响应支撑中心。11 月，市场拓展处更名为市场服务处，由市场服务处承担服务管理的牵头职责。调整后，嘉定局机构设置为市场拓展处、政企客户中心、销售支撑中心、维护中心、客户响应支撑中心、综合办公室/行政保卫处、党群工作办公室/企业文化处、计划财务处、张马路分局、南翔分局、安亭分局、马陆分局、江桥分局、徐行分局。年末，嘉定局有在职员工 306 人，其中，本科及以上学历 73 人，大专学历 75 人，高中及以下学历 158 人。是年，嘉定局设有营业网点 20 个，完成经营收入 73 915 万元，较 2000 年增长 230%。

图 1-3-2　嘉定电信局信息大楼

嘉定局党委坚持抓基层党支部建设，注重发挥党员的先锋模范作用，2003 年 10 月，在娄塘分局建成第一个党员示范岗，总结和推广“五个一”特色服务，实现“党员示范岗服务让您称心满意”的服务格言。先后在全局范围内建立 15 个党员示范岗争创班组或岗位，党员示范岗从娄塘支部的特色工作演变为全局性的活动。2007 年，在上海市的“平安城市”建设中，嘉定局创新思路，采用“电信建设，政府租用”的方法，较好解决政府在“平安城市”建设中遇到的建设资金、工程质量和设备维护等难题，先后在嘉定区内建成“全球眼”点位 7 000 余个，既为平安城市建设做出重要贡献，也为企业带来稳定的经济收益。嘉定局在积极发展电信业务的同时，重视加强基础管理和精神文明建设，2003—2008 年连续 3 次获得上海市文明单位荣誉称号。

表 1-3-15 2000—2010 年嘉定电信局通信能力情况表

年 份	交换机容量（万门）	电缆总线对（万对）	宽带端口数（万线）	固话实装数（万户）	宽带实装数（万户）
2000	25.150 4	45.07	3.265 8	19.74	0.783 1
2001	27.907 2	45.32	4.586 2	22.426 9	0.870 4
2002	31.6	45.68	6.365 4	27.604 6	1.741 6
2003	32.325 3	45.86	7.284 9	28.527 3	3.694 1
2004	36.864 3	46.85	9.423 6	28.865	6.137 3
2005	36.101 3	58.15	12.405 5	28.865	8.163 6
2006	39.716 5	65.82	15.726 1	36.401 9	10.558 5
2007	48.794	79.46	21.283 2	37.520 4	14.269 5
2008	49.251 9	94.85	26.343 4	38.194 4	16.636 3
2009	49.576 3	99.53	30.836 4	38.869	18.924 2
2010	56.099 2	145.13	36.126 4	40.329	20.851 7

表 1-3-16 2010 年嘉定电信局营业厅情况表

序 号	营 业 厅	地 址
1	张马路营业厅	嘉定区嘉定镇张马路 44 号
2	新成营业厅	嘉定区新成街道仓场路 410 号
3	马陆营业厅	嘉定区马陆集镇宝安公路 3339 号
4	戬浜营业厅	嘉定区马陆镇大治西路 604 号
5	南翔营业厅	嘉定区南翔镇解放街 28 号
6	真新营业厅	嘉定区真新街道新侯路 733 号
7	江桥营业厅	嘉定区江桥镇华江路 45 号
8	封浜营业厅	嘉定区封浜镇翔封路 38 号
9	安边路营业厅	嘉定区真新街道安边路 37 号
10	安亭营业厅	嘉定区安亭镇墨玉路 83 号
11	黄渡营业厅	嘉定区黄渡镇新黄路 38 号
12	外冈营业厅	嘉定区外岗镇北街 32 号
13	方泰营业厅	嘉定区安亭镇方中路 108 号
14	望新营业厅	嘉定区外岗镇外钱公路 858 号
15	徐行营业厅	嘉定区徐行镇澄浏公路 535 号

〔续表〕

序　号	营业厅	地　址
16	娄塘营业厅	嘉定区娄塘镇南新路 249 号
17	唐行营业厅	嘉定区华亭镇嘉行公路 3208 号
18	华亭营业厅	嘉定区华亭镇高石公路 928 号
19	曹王营业厅	嘉定区徐行镇施曹公路 550 号
20	朱桥营业厅	嘉定工业区汇华路 5 号

九、浦东电信局

上海市电信公司成立后，浦东电信局(简称“浦东局”)内设办公室、通信处、经营服务处、计划财务处、人事教育处等管理机构，下设维护中心、112 受理中心、线路中心、客户服务中心、营销中心、营业室、东昌分局、周家渡分局、北蔡分局、川沙分局、高桥分局、机场分局，有在职人员 830 人，其中，本科及以上学历 21 人，大专学历 106 人，高中及以下学历 703 人。服务区域为黄浦江以东到长江口之间的三角形区域，南面与南汇区、闵行区接壤，总服务面积为 532 平方公里。2000 年，浦东局完成经营收入 56 284 万元。

2003 年 8 月，浦东局机构调整为市场拓展处(下设综合营业室、服务质量中心)、网络运行处(下设工程室、设计室)、人力资源处、计划财务处、综合办公室(下设质量管理室、车辆管理室、总值班室)、党群工作办公室(企业文化处)、大客户中心、商业客户中心、维护中心、112 受理中心、上海理想信息产业(集团)浦东有限公司、东昌分局、周家渡分局、北蔡分局、高桥分局、川沙分局、机场分局。2004 年 4 月，浦东局设立产品管理处。2005 年 11 月，浦东局撤销计划财务处，保留计划、预算、合同管理和出纳职能。2006 年 1 月，浦东局将大客户中心和商业客户中心合并，设立政企客户服务部；2 月，东昌分局划分为陆家嘴分局和金桥分局，周家渡分局更名为三林世博分局，北蔡分局更名为张江分局，高桥分局更名为外高桥分局，保留川沙分局和机场分局；8 月，关闭上海理想信息产业(集团)浦东有限公司后，设立线路中心。2007 年 1 月，浦东局将政企客户服务部更名为政企客户服务中心，撤销产品管理处，设立销售支撑中心，设立客户响应建设中心并将线路中心划转客户响应建设中心。同时，在分局层面合并外高桥分局和金桥分局，设立外高桥金桥分局；合并张江分局、川沙分局及机场分局，设立张江川沙分局。7 月，设立计划财务处。2009 年 8 月，浦东局设立销售支撑中心。

2010 年 2 月，根据公司转型和发展的要求及上海市行政区划调整，上海电信在合并原浦东局和南汇局的基础上设立新的浦东电信局，机构设置为：市场拓展处、政企客户中心、销售支撑中心、客户服务保障中心、南汇营销中心、网络运行处、维护中心、客户响应建设中心、112 受理中心、综合办公室、党群办公室/企业文化处、人力资源处、计划财务处；分局为：三林世博分局、陆家嘴分局、外高桥金桥分局、张江川沙分局、惠南分局、周浦分局、康桥分局、书院分局、祝桥分局、工业园区分局、航头分局、港城分局。

新浦东局服务区域南北距离最长 100 公里，东西最宽 37 公里，西南与奉贤、闵行接壤，西北与徐汇、黄浦、虹口、杨浦、宝山五区隔江相望，北与崇明县隔江为邻，总面积达 1 420 平方公里，拥有

12 个街道、24 个镇，常住人口达 505 万。年末，浦东局有在职员工 1 186 人，其中，本科及以上学历 358 人，大专学历 449 人，高中及以下学历 379 人。是年，浦东局设有营业网点 49 个，完成经营收入 353 092 万元（含南汇局），较 2000 年增长 527%。

浦东局在企业转型过程中，积极探索新业务发展模式，2006 年，建立“汤臣高尔夫”家庭综合信息服务示范区；2007 年，探索建立全息视图营销管理法，建立以客户为中心的组织架构，形成按区域、行业细分责任单元的客户维系体系，市场与客户信息收集责任体系，商机驱动的运营体系，客户需求驱动的家庭业务运营体系，市场驱动的资源配置和规划预算体系。全息视图营销管理法在公司内得到全面认可和推广，并荣获中国电信集团 2007 年度管理创新评比一等奖。2010 年，浦东局制定覆盖策略和商铺、农村片的光纤到户覆盖规范，采取低速率区域优先改造、成熟小区规模推进等措施，在城市光网建设方面取得突破，全年覆盖 47.8 万用户，为市场规模发展提供保障。浦东局作为上海电信世博通信保障的重要力量，2004—2010 年，历时 7 年，承担了世博园区通信建设、服务、保障的艰巨任务，先后获得上海市文明单位、全国信息产业系统先进集体、上海世博工作优秀集体等多项荣誉。

表 1－3－17 2000—2010 年浦东电信局通信能力情况表

年 份	交换机容量（万门）	电缆总线对（万对）	宽带端口数（万线）	固话实装数（万户）	宽带实装数（万户）
2000	109.58	163.82	—	76.57	—
2001	122.12	193.19	14.024 1	88.95	0.893 5
2002	126.97	202.40	16.832 9	99.08	3.330 7
2003	149.07	237.45	19.519 3	106.33	10.71
2004	149.77	245.28	28.588 9	113.34	19.17
2005	150.97	254.91	39.072 1	116.98	28.12
2006	158.28	273.36	49.144 9	120.14	36.9
2007	156.95	277.62	57.496 9	125.99	46
2008	153.98	279.89	66.486 5	125.61	54.72
2009	159.06	276.26	89.455 6	127.93	59.62
2010	216.8	272.15	118.887 9	160.11	80.63

表 1－3－18 2010 年浦东电信局营业厅情况表

序 号	营 业 厅	地 址
1	张杨路营业厅	张杨路 1551 号
2	东方路营业厅	东方路 908 号
3	东昌路营业厅	东昌路 599 号
4	昌里东路营业厅	昌里东路 501 号
5	永泰路营业厅	永泰路 1535 号

〔续表〕

序　号	营 业 厅	地　址
6	东三里桥营业厅	东三里桥路 441 号
7	成山路营业厅	成山路 2184 号
8	齐河路营业厅	齐河路 295 号
9	杨思路营业厅	杨思路 841 号
10	上南永泰路营业厅	永泰路 520 号
11	长岛路营业厅	长岛路 1325 号
12	清溪路营业厅	清溪路 233 号(高桥镇)
13	居家桥营业厅	浦东大道 2559 号
14	龚华路营业厅	龚路镇龚华路 295 号
15	五莲路营业厅	五莲路 632 号
16	德平路营业厅	德平路 205 号
17	妙境路营业厅	妙境路 1128 号
18	机场(工作区)营业厅	速航路 33 号(机场工作区)
19	广厦路营业厅	广厦路 123 号(川沙镇)
20	沪南公路营业厅	沪南公路 1053 号(北蔡)
21	梅花路营业厅	梅花路 359 号
22	春晓路营业厅	春晓路 470 号
23	张江路营业厅	张江路 755 号
24	周浦营业厅	周浦镇康沈路 1735 号 3 楼
25	周东合作营业厅	周浦镇周东路 408 号
26	瓦屑合作营业厅	周浦镇瓦屑振兴路 68 号
27	康桥合作营业厅	康桥镇康沈路 236 号
28	横沔合作营业厅	康桥镇川周公路 2918 号
29	航头合作营业厅	航头镇航兴北路 121 号
30	下沙合作营业厅	航头镇下沙新街 94 号
31	新场合作营业厅	新场镇新奉公路 206 号
32	坦直合作营业厅	新场镇坦直古恩路 78 号
33	北门营业厅	惠南镇北门大街 23 号
34	人民东路合作营业厅	惠南镇人民东路 2711 号
35	黄路合作营业厅	惠南镇黄路振兴路 147 号乙
36	宣桥合作营业厅	宣桥镇南宣公路 18 号
37	三灶合作营业厅	宣桥镇三灶南六公路 499 号
38	大团合作营业厅	大团镇永春东路 11 号

〔续表〕

序　号	营 业 厅	地　址
39	三墩合作营业厅	大团镇三宣公路 326 号
40	新港合作营业厅	新港镇新欣西路 5 号
41	中港合作营业厅	中港镇建东路 6 号
42	书院合作营业厅	书院镇书塘路 36 号
43	万祥合作营业厅	万祥镇振万路 1 号
44	泥城合作营业厅	泥城镇泥城路 26 号
45	果园合作营业厅	芦潮港社区港辉路 503 号
46	彭镇合作营业厅	泥城镇彭镇彭平路 1 号
47	祝桥合作营业厅	祝桥镇周祝公路 3477 号
48	六灶合作营业厅	六灶镇六灶路 184 号
49	盐仓合作营业厅	祝桥镇川南奉公路 5684 号

十、金山电信局

上海市电信公司成立后，金山电信局（简称“金山局”）内设综合办公室、人力资源处、计划财务科、营销服务处、运行维护处等管理机构，下设基建工程室、业务开发室、业务推广室、业务处理室、网络维护中心、客户支撑中心、朱泾分局、枫泾分局、兴塔分局、新农分局、松隐分局、亭林分局、朱行分局、漕泾分局、山阳分局、卫零路分局、卫三路分局、金卫分局、张堰分局、钱圩分局、廊下分局、吕巷分局、干巷分局，有在职员工 308 人，其中本科及以上学历 32 人，大专学历 43 人，高中、中专、技校学历 179 人，初中及以下学历 54 人。金山局主要在金山区境内从事电信业务经营和服务，位于上海市西南远郊，区境东西长 44 公里，南北宽 26 公里，总服务面积 586.05 平方公里。2000 年，金山局完成经营收入 14 218 万元。

2004 年 1 月，撤销钱圩分局；2 月，成立党群工作办公室，又称企业文化处。2005 年 11 月，根据公司建立财务集中管理模式的要求，撤销计划财务处。2006 年，调整分局，形成朱泾、枫泾、亭林、工业区、漕泾、山阳、金山卫、张堰、廊下、吕巷、石化、新城区等 12 个分局；归并大客户中心和商业客户中心，设立政企客户服务中心。2007 年 8 月，合并新城区分局和石化分局，设立新的石化分局。同时，设立客户响应建设中心。2008 年 1 月，设立计划财务处。2009 年 8 月，设立销售支撑中心；12 月，设立行政保卫处，与综合办公室合署办公。

2010 年 2 月，撤销网络运行处，合并原网络运行处的维护职能和原维护中心，设立新的维护中心；合并原网络运行处的建设职能和原客户响应建设中心，设立客户响应支撑中心。调整后，金山局前端为：市场拓展处、政企客户中心、销售支撑中心；后端为：维护中心、客户响应支撑中心；管理支撑部门为：综合办公室/行政保卫处、党群工作办公室/企业文化处、人力资源处、计划财务处；分局部门为：朱泾分局、枫泾分局、亭林分局、工业区分局、漕泾分局、山阳分局、金山卫分局、张堰分局、廊下分局、吕巷分局、石化分局。12 月，服务体制调整，市场拓展处更名为市场服务处，设立客

图1-3-3 金山电信局信息大楼

户服务保障中心。年末，金山局有在职员工299人，设有营业网点21个，完成经营收入30 052万元，较2000年增长111%。

金山局于1999年6月30日，开通IP宽带多媒体信息网。7月23日，IP宽带网向社会开放第一个端口，即金山工商局—金山招商服务中心实现联网。IP宽带多媒体信息网建成后，面对激烈的市场竞争，金山局分批分片进行接入网工程建设，采用光缆到楼，网线进户(FTTB+LAN)模式，每个用户可独享双向均衡的带宽10 M。2000年2月，金山区第一个“FTTB+LAN”自费住宅用户在石化辰凯新村诞生。2001年4月，一个覆盖金山区所有街道、镇区的“IP”宽带式媒体通信网全部建成，形成“千兆到社区、百兆到楼宇、十兆到用户”的网络体系，实现“城镇光纤楼楼通”。是年，FTTB+LAN高速专线上网用户达到13 299户。其中，私人用户13 004户，在石化地区的市场占有率为90%。

在大力发展专线上网用户的同时，金山局发展联网业务为各企事业单位提供“内联网(Intranet)+外联网(Extranet)+互联网(Internet)”的一体化解决方案。2000年年末，全区有80多个单位内部网接入金山电信IP宽带网，共开放180个端口，实现包括金山区政府、各镇政府、学校、银行、法院、邮政、保险、工商、区招商项目审批中心等众多单位的内部联网或互联上网。工商局、农业银行及其下属共十几个单位通过金山电信IP宽带网实现远程联网，16个邮政支局全部通过本宽带网接入金山邮政计算中心。同时，金山局还完成区政府实事项目之一的“八大信息应用系统”建设，包括区、镇二级政府机关信息网、区税务信息系统、区中小学教育信息系统、区房地产市场信息系统、区社保信息系统、区财政信息系统、区卫生信息系统、区规划信息系统等实现互联上网。2001年，金山电信局开展信息化社区(智能化社区)建设，在枫泾镇进行创建“上海市民上网示范基地”试点。年末，枫泾镇11%的城镇居户使用FTTB高速专线上网。2002—2010年，金山局连续4次获得上海市文明单位称号；2009年，获得第四届全国精神文明建设工作先进单位称号。

表1-3-19 2000—2010年金山电信局通信能力情况表

年份	交换机容量(万门)	电缆总线对(万对)	宽带端口数(万线)	固话实装数(万户)	宽带实装数(万户)
2000	18.77	25.33	1.18	15.65	0.42
2001	20.64	27.25	2.38	17.76	1.33
2002	21.82	27.13	3.73	18.68	2.26
2003	22.94	28.57	4.74	19.52	3.20

〔续表〕

年　份	交换机容量（万门）	电缆总线对（万对）	宽带端口数（万线）	固话实装数（万户）	宽带实装数（万户）
2004	22.69	29.46	6.64	19.98	3.99
2005	22.68	31.27	7.90	20.37	4.84
2006	24.13	32.19	8.85	20.72	6.36
2007	24.96	33.87	8.85	20.85	7.94
2008	25.05	37.32	12.76	20.78	9.97
2009	26.00	39.14	15.34	20.31	11.21
2010	30.01	43.42	17.22	20.51	12.21

表 1-3-20　2010 年金山电信局营业厅情况表

序　号	营　业　厅	地　　址
1	板桥西路营业厅	金山卫镇板桥西路 1455 号
2	恒顺路营业厅	工业区恒顺路 145 号
3	花贤路营业厅	张堰镇花贤路 28 号
4	华亭路营业厅	亭林镇华亭路 125 号
5	璜溪东街营业厅	吕巷镇璜溪东街 27 号
6	金张公路营业厅	吕巷镇金张公路 2555 号
7	廊漕公路营业厅	廊下镇漕廊公路 8032 号
8	临仓街营业厅	朱泾镇临仓街 450 号
9	罗星路营业厅	朱泾镇万安街 510 号
10	浦银路营业厅	朱泾镇新农浦银路 429 号
11	钱商街营业厅	金山卫镇钱圩钱商街 406 号
12	山新路营业厅	山阳镇山新路 169 号
13	卫零路营业厅	金山石化卫零路 465 号
14	海创路营业厅	漕泾镇海创路 459 号
15	小康路营业厅	亭林镇小康路 81 号
16	新枫路营业厅	枫泾镇新枫路 111 号
17	新金山路营业厅	枫泾镇兴塔新金山路 356 号

十一、松江电信局

上海市电信公司成立后，松江电信局（简称“松江局”）内设综合办公室、人力资源处、计划财务

图 1-3-4　松江电信局信息大楼

处、营销服务处、运行维护处、实业发展处等管理机构，下设客户中心、网络支撑中心、城厢分局、泗泾分局、佘山分局、石湖荡分局、新浜分局、泖港分局、新桥分局、九亭分局、小昆山分局、叶榭分局，有在职员工 327 人，其中，大专及以上学历者占 22.63%。松江局主要在松江区境内从事电信业务经营和服务，区境南北长约 24 公里，东西宽约 25 公里，东与闵行区、奉贤区为邻，南、西南与金山区交界，西、北与青浦区接壤，总服务面积 605.64 平方公里，共涉及 11 个镇(泗泾镇、佘山镇、车墩镇、新桥镇、洞泾镇、九亭镇、泖港镇、石湖荡镇、新浜镇、叶榭镇、小昆山镇)、4 个街道(岳阳街道、永丰街道、方松街道、中山街道)。2000 年，松江局完成经营收入 19 893.71 万元。

2003 年 6 月，松江局在营销分中心设立市场拓展处和大客户中心，在网络分中心设立网络运行处和维护中心，另设立综合办公室、人力资源处和计划财务处作为管理支撑；7 月，设立党群工作办公室，又称企业文化处；9 月，设立商业客户中心。2005 年 11 月，根据公司建立财务集中管理模式的要求，松江局撤销计划财务处，保留计划、预算、合同管理和出纳职能，纳入综合办公室管理。2006 年 9 月，合并大客户中心和商客中心，设立政企客户服务中心。2007 年 4 月，将城厢分局拆分为新的城厢分局和新城分局，合并泗泾分局和九亭分局为新的泗泾分局。调整后，松江局下设的 8 个分局为：新城分局、城厢分局、泗泾分局、新桥分局、佘山分局、小昆山分局、泖港分局、叶榭分局。6 月，作为公司财务集中优化试点单位，松江局设立计划财务处。9 月，撤销维护中心，设立客户响应建设中心。2009 年 9 月，设立销售支撑中心，将行政保卫处与综合办公室合署办公。

2010 年 2 月，撤销网络运行处，合并原网络运行处的维护职能和原维护中心，设立新的维护中心；合并原网络运行处的建设职能和原客户响应建设中心，设立客户响应支撑中心。12 月，服务体制调整，市场拓展处更名为市场服务处，设立客户服务保障中心。年末，松江局有在职员工 325 人，其中，大专及以上学历者占比 57.23%。是年，松江局设有营业网点 24 个，完成经营收入 70 358.61 万元，较 2000 年增长 254%。

松江局于 2000 年建成全国首个“家家通 ISDN”电脑村——松江新桥镇春申村、全国首个可视电话镇——九亭镇；2001 年，建成松江区第一个信息化住宅小区——民乐“FTTB+LAN”宽带小区；2002 年，建成松江首个街道电子政务网——方松街道电子政务网，承建松江区教育宽带专网。2001—2006 年，松江局加快大学城通信建设，先后完成上海外国语大学、上海对外贸易学院、上海立信会计金融学院、松江大学城学生公寓一期、松江大学城学生公寓四期、东华大学、工程技术大学等大学城项目共计 8 处机房接入点通信设备、线路开通工作。松江局先后获上海市文明单位、上海市服务诚信先进单位、全国诚信经营示范企业等荣誉。

表 1-3-21 2000—2010 年松江电信局通信能力情况表

年 份	交换机容量（万门）	电缆总线对（万对）	宽带端口数（万线）	固话实装数（万户）	宽带实装数（万户）
2000	20.81	28.63	0.2	17.37	—
2001	24.41	31.49	1.68	19.26	0.479
2002	27.11	34.64	3.14	21.97	1.208
2003	29.86	36.26	6.45	25.2	2.91
2004	32.07	69.23	8.57	28.5	5.04
2005	34.63	76.68	10.5	31.33	7.07
2006	39.05	87.96	14.44	34.48	10.52
2007	41.12	96.76	21.4	36.52	13.86
2008	43.82	106.43	26.17	39.03	17.59
2009	49.04	117.08	28.23	40.54	20.79
2010	59.36	128.78	28.23	43.1	24.17

表 1-3-22 2010 年松江电信局营业厅情况表

序 号	营 业 厅	地 址
1	人民南路营业厅	人民南路 65 号
2	荣乐东路营业厅	荣乐东路 95 号
3	文翔路营业厅	文翔路 2699 号
4	乐都路营业厅	乐都路 339 号裙楼 1 楼
5	亭知路营业厅	亭知路 216 号
6	九亭大街营业厅	九亭大街 890 号
7	长兴路营业厅	长兴路 292 号
8	鼓浪路营业厅	鼓浪路 502 号
9	秦安街营业厅	秦安街 50—52 号
10	学府路营业厅	学府路 160 号
11	塔卫街营业厅	塔卫街 41—43 号
12	松昆公路营业厅	松昆路 168 号
13	影视路营业厅	影视路 28 弄 2 号-3
14	新北街营业厅	新北街 335 号
15	叶政路营业厅	叶政路 461 号
16	辕门路营业厅	辕门路 7 号
17	邮电路营业厅	邮电路 149 号

〔续表〕

序　号	营　业　厅	地　　址
18	新宾路营业厅	新宾路137号
19	天新路营业厅	天新路23号
20	桃源路营业厅	桃源路106号
21	新家园路营业厅	泗泾镇新家园路212号

十二、青浦电信局

上海市电信公司成立后，青浦电信局（简称“青浦局”）内设综合办公室、计划财务处、经营服务处、运行维护处等管理机构，下设客户服务中心、网络支撑中心、新业务开发中心，以及练塘分局、华新分局、凤溪分局、赵屯分局、徐泾分局、朱家角分局、商榻分局、西岑分局、赵巷分局、城厢分局，有在职员工310人，其中，本科及以上学历43人，大专学历44人，高中及以下学历223人。青浦局主要在青浦区境内从事电信业务经营和服务，总服务面积675.10平方公里（含青东农场）。2000年，青浦局完成经营收入16 939万元。

2001年3月，凤溪分局更名为重固分局，分局辖区不变。2003年6月，青浦局在营销分中心设立市场拓展处和大客户中心，在网络分中心设立网络运行处和维护中心，另设综合办公室、人力资源处和计划财务处作为管理支撑。2005年11月，设立商业客户中心，同时设立党群办公室（企业文化处），与综合办公室合署办公。2006年2月，撤销计划财务处；9月，归并大客户中心和商业客户中心，设立政企客户服务中心。2007年8月，在网络运行处下增设挂靠机构客户响应建设中心。2008年1月，设立计划财务处。2009年8月，设立销售支撑中心；9月，设立行政保卫处，与综合办公室合署办公。

图1-3-5　青浦电信局信息大楼

2010年1月，撤销网络运行处，合并原网络运行处的维护职能和原维护中心，设立新的维护中心；合并原网络运行处的建设职能和原客户响应建设中心，设立客户响应支撑中心。10月，设立工会办公室，与党群工作办公室（企业文化处）合署办公。12月，调整服务体制，将市场拓展处更名为市场服务处，设立客户服务保障中心。年末，青浦局主业从业人员291人，本科及以上学历100人，大专学历102人，高中及以下学历89人。是年，青浦局设有营业网点23个，完成经营收入45 054万元，较2000年增长166%。

青浦局积极拓展区域信息化建设,2002 年 9 月,与青浦区政府签订《上海市青浦区政府电子政务系统宽带联网协议》,为青浦区内各级政府和所有委、办、局共计 88 个单位提供宽带联网接入端口,实现远程联网。2006 年 9 月,青浦局与青浦区政府签订《推进青浦区新郊区新农村信息化建设战略合作框架协议》,2008 年 5 月与青浦区信息化委员会签订《上海市青浦区村村通光缆协议》。2009 年 5 月,全区 256 个村、居委会开通光缆网络,共开通 256 个基础点和 128 个延伸点。青浦局重视企业文化理念的培育,将家庭美德、职业道德、社会公德和个人品德观念深入企业管理中,2003—2010 年连续 4 次获得上海市文明单位称号。

表 1-3-23 2000—2010 年青浦电信局通信能力情况表

年 份	交换机容量（万门）	电缆总线对（万对）	宽带端口数（万线）	固话实装数（万户）	宽带实装数（万户）
2000	17.21	28.94	—	15.1	—
2001	16.99	31.58	2.16	16.8	0.49
2002	17.49	34.45	3.16	17.89	1.27
2003	22.84	37	3.85	19.01	2.36
2004	22.89	41.39	6.05	20.15	3.84
2005	23.83	46.05	7.96	21.4	5.42
2006	26.7	52.43	10.31	22.91	7.03
2007	28.39	58.06	12.8	23.81	8.84
2008	29.26	60.73	14.99	24.6	10.52
2009	28.44	62.28	16.19	24.99	11.4
2010	28.7	62.6	16.49	25.68	12.44

表 1-3-24 2010 年青浦电信局营业厅情况表

序 号	营 业 厅	地 址
1	振泾路营业厅	徐泾镇振泾路 118 号
2	徐泾中路营业厅	徐泾中路 1166 号
3	赵兴路营业厅	赵巷镇赵兴路 56 号
4	福泉路营业厅	重固镇福泉路 472 号
5	水厂路营业厅	香花镇水厂路 315 号
6	华新街营业厅	华新镇华新街 628 号
7	三星街营业厅	凤溪镇三星街 209 号
8	纪鹤路营业厅	白鹤镇纪鹤路 6718 号
9	外青松公路营业厅	外青松公路 2885 弄
10	赵江路营业厅	赵屯镇赵江路 168 号

〔续表〕

序　　号	营　业　厅	地　　址
11	襄丞路营业厅	大盈镇襄丞路 25 号
12	漕平路营业厅	朱家角镇漕平路 8 号
13	沈砖路营业厅	沈巷镇沈砖路 514 号
14	练北路营业厅	练塘镇练北路 80 号
15	贞溪南路营业厅	小蒸镇贞溪南路 25 号
16	蒸兴路营业厅	蒸淀镇蒸兴路 109 号
17	商蔡路营业厅	商榻镇商蔡路 6 号
18	金中路营业厅	金泽镇金中路 1 号
19	西虹街营业厅	西岑镇西虹街 375 号
20	莲河路营业厅	莲盛镇莲河路 30 弄 1 号
21	公园东路营业厅	青浦镇公园东路 1818 号
22	城中东路营业厅	青浦镇城中东路 353 号
23	胜利路营业厅	青浦镇胜利路 246 号

十三、南汇电信局

上海市电信公司成立后，南汇电信局（简称“南汇局”）内设综合办公室、人力资源处、计划财务处、营销服务处、运营维护处等管理机构，下设数据中心、支撑中心、客户服务中心及 11 个分局，有在职员工 146 人，其中，本科及以上学历 30 人，大专学历 36 人，高中及以下学历 80 人。南汇局主要在南汇区从事电信业务经营和服务，总服务面积为 860.1 平方公里。2000 年，南汇局完成经营收入 16 474 万元。

2002 年 9 月，南汇局将康桥、横沔 2 个电话站从周浦分局划出，设立康桥分局，下设横沔电话站；同时撤销瓦屑分局，其所属坦直电话站划归新场分局管理，并新设瓦屑电话站，划归周康分局管理；原下沙分局更名为航头分局。

2003 年 7 月，新设市场拓展处、网络运行处、大客户服务中心、宣桥分局和书院分局。是月，撤销市场处、运营维护处、数据中心、客户服务中心、盐仓分局、万祥分局和中港分局；技术支撑中心更名为维护中心。8 月，设立党群工作办公室（企业文化处），实行合署办公。10 月，设立商业客户中心。2005 年 11 月，设立工业园区分局，撤销宣桥分局。新设立的工业园区分局服务范围为扩大行政区域后的南汇工业园区和宣桥镇。同时，为配合临港和洋山深水港建设发展，将泥城分局更名为港城分局。是月，撤销计划财务处。2006 年 9 月，合并大客户中心和商业客户中心，设立政企客户服务中心。

2007 年 11 月，合并航头分局和新场分局，设立新的航头分局；合并工业园区分局和大团分局，设立新的工业园区分局。另设客户响应建设中心。调整后，南汇局机构设置为：市场拓展处、政企客户服务中心、网络运行处、维护中心、客户响应建设中心、综合办公室、人力资源处、党群工作办公室(企业文化处)、惠南分局、周浦分局、康桥分局、港城分局、祝桥分局、书院分局、航头分局、工业园区分局。2008年1月,设立计划财务处。

2009年年末,南汇局有在职人员307人,其中,本科及以上学历86人,大专学历101人,高中及以下学历120人。是年,南汇局设有营业网点26个,完成经营收入45 142万元,较2000年增长170%。

2010年2月,根据公司转型和发展的要求及上海市行政区划调整,南汇局与浦东局合并设立新的浦东电信局。

2002年11月,南汇局与中港镇成日村携手建成上海市第一个“来电显示”村,全村来电显示普及率达到99.54%。2006年,为解决南汇区2万动迁农民通信难问题,南汇局开展“小灵通、助动迁、送温暖”活动,先后为共计12 000名动迁农民免费提供小灵通手机。2007年年末,为康桥镇政府建成办公自动化系统、全球眼监控中心等。2008年3月,完成南汇区电子政务网络的建设(包括公务网83个单位、政务外网116个单位);5月,与南汇区政府签订“无线城市”建设和党员干部远程教育协议,进一步提升各级政府部门的公共服务职能,改善区域信息化基础设施,实现现代化城区管理。1999—2008年,南汇局连续5次获得上海市文明单位称号;2001—2009年,连续9次获全国“安康杯”竞赛(上海赛区)优胜企业称号。

图1-3-6　南汇电信局信息大楼

表1-3-25　2000—2009年南汇电信局通信能力情况表

年　份	交换机容量(万门)	电缆总线对(万对)	宽带端口数(万线)	固话实装数(万户)	宽带实装数(万户)
2000	26.133 2	39.07	—	20.402 5	—
2001	27.625 8	43.54	3	23.691	0.559 2
2002	30.109 6	47.67	3.548 3	25.186 4	1.31
2003	30.696 2	50.35	4.584 4	27.893 5	2.575 2
2004	30.458 7	50.14	5.628 4	28.010 2	3.360 5
2005	31.951	52.80	6.099 4	29.336 3	5.053 1
2006	34.960 5	61.62	11.875 6	30.541 4	6.988 3
2007	36.511 8	65.62	14.144 4	31.117 7	10.497
2008	37.682 3	73.83	22.782 7	32.228 3	13.264 3
2009	45.297 2	88.71	27.473 5	33.099 6	14.557 7

表 1-3-26　2009 年南汇电信局营业厅情况表

序　号	营　业　厅	地　　址
1	北门营业厅	惠南镇北门大街 23 号
2	周浦营业厅	周浦镇康沈路 1735 号 3 楼
3	黄路合作营业厅	惠南镇黄路振兴路 147 号乙
4	周东合作营业厅	周浦镇周东路 408 号
5	瓦屑合作营业厅	周浦镇瓦屑振兴路 66 号
6	康桥合作营业厅	康桥镇康沈路 236 号
7	横沔合作营业厅	康桥镇川周公路 2918 号
8	航头合作营业厅	航头镇航兴北路 121 号
9	下沙合作营业厅	航头镇下沙新街 82 号
10	新场合作营业厅	新场镇新奉公路 206 号
11	坦直合作营业厅	新场镇坦直古丹路 78 号
12	宣桥合作营业厅	宣桥南宣公路 18 号
13	三灶合作营业厅	宣桥镇南六公路 499 号
14	祝桥合作营业厅	祝桥镇周祝公路 3477 号
15	六灶合作营业厅	六灶镇六灶路 184 号
16	盐仓合作营业厅	祝桥镇川南奉公路 5684 号
17	大团合作营业厅	大团镇永春东路 11 号
18	三墩合作营业厅	大团镇三宣路 326 号
19	新港合作营业厅	书院镇新欣西路 5 号
20	中港合作营业厅	老港镇建东路 6 号

十四、奉贤电信局

上海市电信公司成立后，奉贤电信局（简称“奉贤局”）内设综合办公室、经营服务处、运行维护处、计划财务处、实业处等管理机构，下设南桥分局、四团分局、奉城分局、星火分局、金汇分局、西渡分局、柘林分局，有在职人员 250 人，其中，硕士学历 2 人，大学本科学历 33 人，大专学历 42 人，中专、技校及以下学历 173 人。奉贤局主要在奉贤区从事电信业务经营和服务，服务区域地处上海市南部，与闵行区隔江相望，东与浦东新区接壤，西与金山区、松江区相邻，总服务面积为 687.39 平方公里，后增加至 720.44 平方公里。2000 年，奉贤局完成经营收入 15 958 万元。

2003 年 6 月，奉贤局在营销分中心设立市场拓展处和大客户中心，在网络分中心设立网络运行处和维护中心，管理支撑部门设立综合办公室、人力资源处和计划财务处；7 月，设立上海理想信息产业（集团）奉贤有限公司；8 月，设立党群工作办公室。2005 年 1 月，设立商客中心；2 月，关闭上海慧迪电信发展有限公司；11 月，根据公司建立财务集中管理模式的要求，撤销计划财务处，保留计划、预算、合同管理和出纳职能，纳入综合办公室管理。2006 年 9 月，合并大客户中心和商业客户中心，设立政企客户服务中心；10 月，设立海湾分局。2007 年 4 月，归并综合办公室和人力资源处机构职能，设立新的综合办公室，同时撤销人力资源处；12 月，设立客户响应建设中心，接受网络运行处业务指导。2008 年 1 月，设立计划财务处。2009 年 2 月，将南桥分局拆分为新城分局和新的南桥分局，合并海湾分局和青村分局，设立新的青村分局；11 月，设立行政保卫处，负责区局治安保卫工作，与综合办公室合署办公；12 月，设立销售支撑中心。

图 1－3－7 奉贤电信局信息大楼

2010 年 2 月，撤销网络运行处，合并原网络运行处的维护职能和原维护中心，设立新的维护中心；合并原网络运行处的建设职能和原客户响应建设中心，设立客户响应支撑中心。7 月，奉贤局机构设置为：市场拓展处、政企客户服务中心、销售支撑中心、维护中心、客户响应支撑中心、综合办公室、计划财务处、南桥分局、新城分局、奉城分局、柘林分局、青村分局、庄行分局、四团分局、金汇分局。11 月，市场拓展处更名为市场服务处，新设立客户服务保障中心。年末，奉贤局有在职人员 253 人，其中，本科及以上学历 86 人，大专学历 73 人，高中及以下学历 94 人。是年，奉贤局设有营业网点 24 个，完成经营收入 41 960 万元，较 2000 年增长 163%。

奉贤局于 2007 年 5 月在奉贤区南桥镇江海村开通上海首个镇、村事务信息管理平台，使其成为上海首个电子政务村，为新农村信息化建设注入全新内涵。是年，奉贤局还为南桥镇、庄行镇、海湾镇铺设主干光缆至各行政村和居委会，开通镇、村事务管理网，为实现镇、村事务的自动化管理和各类资源的共享提供网络基础。根据规划，2008 年，奉贤区所有行政村接入政务网，实现宽带网络接入“村村通”，全区 2/3 的家庭用上宽带。2001—2010 年，奉贤局连续 5 次获得上海市文明单位称号；2008 年，获上海市拥军优属模范单位称号。

表 1－3－27 2000—2010 年奉贤电信局通信能力情况表

年 份	交换机容量（万门）	电缆总线对（万对）	宽带端口数（万线）	固话实装数（万户）	宽带实装数（万户）
2000	18.5	40.4	—	16.57	—
2001	21.29	33.4	0.6	18.18	0.4
2002	22.22	35	2.6	19.46	1.3
2003	24.16	40.2	3.5	21.28	2.1

〔续表〕

年　份	交换机容量（万门）	电缆总线对（万对）	宽带端口数（万线）	固话实装数（万户）	宽带实装数（万户）
2004	27.95	43.35	4.8	24.44	2.8
2005	29.77	46.6	5.4	26.18	4.3
2006	26.89	49.23	7.4	23.74	6.2
2007	28.76	53.4	9.4	24.44	8.3
2008	29.3	53.6	15	25.3	10.94
2009	29.73	56.56	15	25.24	12.4
2010	31.85	60.6	16	24.84	12.8

表 1-3-28　2010 年奉贤电信局营业厅情况表

序　号	营　业　厅	地　址
1	南桥营业厅	南桥镇南桥路 203 号
2	解放东路营业厅	南桥镇解放东路 919 号
3	西渡营业厅	南桥镇西渡社区西闸公路 1268 号
4	肖塘营业厅	南桥镇肖塘社区南虹路 28 号
5	星火营业厅	青村镇星火开发区民乐路 101 号
6	钱桥营业厅	青村镇钱桥社区长丰路 1 号
7	光明营业厅	青村镇光明社区光明东路 52 号
8	青村营业厅	青村镇南奉公路 538 号
9	庄行营业厅	庄行镇一新街 35 号
10	邬桥营业厅	庄行镇邬桥社区安中中路 205 号
11	奉城营业厅	奉城镇城大路 30 号
12	洪庙营业厅	奉城镇洪庙社区洪运路 10 号
13	头桥营业厅	奉城镇头桥社区大庆西路 41 号
14	塘外营业厅	奉城镇塘外社区人民路 133 号
15	金汇营业厅	金汇镇中街 112 号
16	齐贤营业厅	金汇镇齐贤社区金齐公路 1836 号
17	泰日营业厅	金汇镇泰日社区泰青路 108 号
18	四团营业厅	四团镇四新路 15 号
19	平安营业厅	四团镇平安社区平福东路 52 号
20	五四营业厅	四团镇五四农场内
21	新寺营业厅	柘林镇新寺社区新北路 20 号

〔续表〕

序号	营业厅	地址
22	柘林营业厅	柘林镇新柘中路 18 号
23	胡桥营业厅	柘林镇胡桥社区新街 260 号
24	奉新营业厅	柘林镇奉新社区奉炮公路 193 号

十五、崇明电信局

上海市电信公司成立后，崇明电信局（简称“崇明局”）内设综合办公室、经营服务处、运行维护处、计划财务处、人力资源处等管理机构，下设陈家镇分局、向化分局、堡镇分局、新河分局、侯家镇分局、南门分局、盘滧分局、庙镇分局、草棚分局，有在职员工 415 人，其中，本科及以上学历 23 人，大专学历 31 人，高中及以下学历 361 人。崇明局主要在崇明县境内从事电信业务经营和服务，即崇明岛上除隶属江苏省启东市启隆乡和海门市海永乡以外的所有区域。2000 年，崇明局完成经营收入 13 196.18 万元。

2001 年 2 月，对原 9 个分局的服务区域作调整，新设新海分局、竖新分局和港沿分局。2003 年 6 月，将经营服务处更名为市场拓展处，运行维护处更名为网络运行处，对线路维护中心、数据支撑中心、咨询服务中心、技术支撑中心、客户中心合并调整，新设立大客户中心和维护中心；11 月，设立商客中心。2004 年 6 月，设立党群办公室（企业文化处）。2005 年，横沙岛和长兴岛行政隶属关系从宝山区整建制划转崇明县，崇明局的服务区域扩展为崇明岛、长兴岛、横沙岛；8 月 1 日，为长兴、横沙提供电信服务的长兴分局整建制从宝山局划入崇明局；11 月，根据公司建立财务集中管理模式的要求，撤销计划财务处，保留计划、预算、合同管理和出纳职能，纳入综合办公室管理。2006 年 9 月，合并大客户中心和商业客户中心，设立政企客户服务中心；12 月，长兴分局拆分为长兴分局和横沙分局，对口服务长兴岛和横沙岛。2007 年 8 月，设立客户响应建设中心，合并港沿分局和竖新分局，合并后保留港沿分局名称。2008 年 2 月，根据公司财务集中优化方案的有关要求，设立计划财务处。2009 年 10 月，设立行政保卫处，与综合办公室合署办公。11 月，设立销售支撑中心。

图 1-3-8 崇明电信局信息大楼

2010 年 2 月，撤销网络运行处，合并原网络运行处的维护职能和原维护中心，设立新的维护中心；合并原网络运行处的建设职能和原客户响应建设中心，设立客户响应支撑中心。12 月，市场拓展处更名为市场服务处，新设立客户服务保障中心。调整后，崇明局的机构设置为：综合办公室/行政保卫处、党群办公室/企业文化处、市场服务处、计划财务处、人力资源处，销售支撑中心、客户响应支撑中心、政企客户服务中心、维护中心、陈家镇分局、向化分局、堡镇分局、港沿分局、新河分局、建设分局、南门分局、盘滧分局、庙镇分局、草棚分局、长兴分局、横沙分局。年末，崇明局有在职人员318人，其中，本科及以上学历76人，大专学历109人，高中及以下学历133人。是年，崇明局设有营业网点21个，完成经营收入20 656.41万元，较2000年增长56.5%。

崇明局积极推动区域信息化建设，尝试由乡镇代理发展电信业务，制定并实施“电信政策活络一点、资费优惠一点、乡镇补贴一点”的来电显示发展策略，将华西村打造成为崇明地区首个“来电显示村”。针对崇明农村地区尚未普及有线电视，崇明局把“IPTV村村通”作为新农村信息化建设的主要载体，通过建设网络服务提供点，对具备条件的村“成熟一个，发展一个”，开创“农村包围城镇”的崇明地区IPTV发展新模式。2003—2006年，崇明局连续2次荣获上海市文明单位称号；2005年，荣获全国精神文明建设工作先进单位称号；2009年，荣获第四届全国精神文明建设工作先进单位称号。

表1-3-29　2000—2010年崇明电信局通信能力情况表

年　份	交换机容量（万门）	电缆总线对（万对）	宽带端口数（万线）	固话实装数（万户）	宽带实装数（万户）
2000	24.33	28.62	—	15.2	—
2001	27.69	28.78	0.42	18.43	0.1
2002	24.36	31.12	1.72	19.41	0.5
2003	24.34	33.33	1.97	22.13	1.09
2004	37.66	37.96	2.24	25.79	1.55
2005	47.87	39.15	3.02	29.11	1.99
2006	29.05	41.06	3.54	23.07	2.43
2007	29.05	42.33	5.26	22.94	3.2
2008	29.05	44.56	7.01	23	4.11
2009	35.27	44.58	8.41	23.18	4.59
2010	34.21	45.91	10.94	22.34	5.23

表1-3-30　2010年崇明电信局营业厅情况表

序　号	营　业　厅	地　址
1	堡镇营业厅	堡镇镇工农路241号
2	新海营业厅	新海镇兴谷路39号
3	草棚营业厅	宏海公路4207号
4	庙镇营业厅	庙镇万安桥路2号
5	合作营业厅	庙镇和富路36号
6	江口营业厅	江口镇宏海公路180号

〔续表〕

序 号	营 业 厅	地 址
7	盘滧营业厅	三双公路 1581 弄 3 号
8	南门营业厅	城桥镇庙弄 7 号
9	建设营业厅	建设镇镇南路 15 号
10	侯镇营业厅	侯家镇长侯路 67 号
11	新河营业厅	新河镇新中路 615 号
12	长江营业厅	长江农场长江大街(北)
13	竖新营业厅	大新镇响椿路 76 - 2 号
14	竖河营业厅	团城公路 2029 号
15	港沿营业厅	港沿镇港沿中路 526 号
16	向化营业厅	向化镇向贸路 32 弄 8 号
17	中兴镇营业厅	陈彷公路 2820 号
18	陈镇营业厅	陈彷公路 18 号
19	长兴营业厅	长兴镇凤凰公路 358 号
20	横沙营业厅	横沙岛民东路 1612 号
21	清水苑营业厅	长兴镇合作路 831 号

表 1 - 3 - 31 2000—2010 年上海电信各区(县)局经营收入情况表 单位：万元

年份 各电信局	2000	2001	2002	2003	2004	2005	2006	2007	2008	2009	2010
中区电信局	41 330	46 106	49 690	51 878	61 263	54 283	55 162	84 389	87 764	91 411	94 724
南区电信局	39 674	48 920	57 198	60 465	71 336	73 596	75 492	101 174	105 808	121 489	121 347
西区电信局	60 352	75 144	87 795	93 922	111 792	117 164	115 446	183 050	190 897	206 802	215 892
北区电信局	43 382	52 960	61 272	66 232	74 413	68 620	71 899	104 524	109 553	122 685	131 036
东区电信局	45 849	55 189	63 168	64 225	52 517	64 650	65 295	98 541	104 394	118 667	121 748
莘闵电信局	30 682	41 867	51 226	58 687	75 152	73 593	74 736	118 461	123 502	139 446	151 671
宝山电信局	20 801	25 747	28 554	30 237	35 956	34 793	35 996	54 997	58 164	67 467	73 009
嘉定电信局	22 400	25 191	28 399	34 433	37 361	47 150	48 966	55 541	57 537	62 802	73 915
浦东电信局	56 284	73 063	89 984	100 792	127 591	141 806	146 938	215 183	243 805	298 766	353 092
金山电信局	14 218	15 853	17 049	18 998	21 409	23 305	23 845	27 094	27 681	28 488	30 052
松江电信局	19 894	19 474	22 285	27 520	31 507	40 283	43 850	50 136	54 349	63 019	70 359
青浦电信局	16 939	18 571	19 594	23 255	25 385	32 135	33 865	37 222	39 773	43 145	45 054
南汇电信局	16 474	18 881	20 693	22 821	25 852	31 718	37 157	39 907	39 873	45 142	—
奉贤电信局	15 958	16 114	17 562	20 529	24 317	28 682	30 791	34 971	34 829	36 809	41 961
崇明电信局	13 196	13 124	12 194	13 458	13 957	17 830	18 860	19 094	19 260	19 017	20 656

说明：2010 年，南汇电信局与浦东电信局合并收入报表。

第三节　产　品　部

上海电信公司化运营之初，在专业化程度较高、市场竞争激烈的业务领域引入事业部管理模式。2000 年 9 月 16 日，成立长途通信事业部和数据通信事业部。2001 年 5 月 18 日，成立无线通信事业部和电信卡事业部。2002 年上海电信启动流程重组后，将事业部管理模式调整为产品部管理模式，由产品部承担“产品策划、网络实现、质量保障和收入控制”的职能，管理非成熟产品。4 个事业部的名称也作相应更改：长途通信事业部更名为长途通信部，数据通信事业部更名为信息网络部，无线通信事业部更名为无线通信部，电信卡事业部更名为电信卡部。2007 年 2 月，上海电信在长途通信部和无线通信部的基础上，组建长途无线部；10 月，中国电信上海公司号百信息服务分公司成立。2008 年 9 月，撤销电信卡部，成立互联网部。2010 年年末，上海电信共有产品部 4 个。

一、长途无线部

上海市电信公司成立后，为减少管理层次，缩短流程，快速适应市场的变化和用户需求，将上海市长途电信局、中国海底电缆建设公司、光缆建设处、海缆办公室等单位(部门)成建制组建为上海市电信公司长途通信事业部，负责国际国内长途电话(含 IP 电话)、卡类业务、长途专线、互联网数据中心(IDC)、应用业务集成、国际国内电视传送、电视电话会议、电报业务及其各类增值业务，以及受托经营的 163、8163 等业务的经营管理；负责国际国内电话长途专线等网络资源的出租服务；负责各类长途通信设备的维护和运营管理；负责事业部内有关通信建设更新改造、扩容发展和国际海光缆建设的组织管理及具体实施；负责该事业部技术与业务的开发和应用。2000 年 9 月 16 日，长途通信事业部正式成立，内设综合办公室、党委办公室、计划发展处、财务处、行政保卫处、人力资源处、运行维护处、营销服务处、国际光缆处(与海缆公司为“一套班子，两块牌子”)等 9 个管理部门，下设 28 个基层单位，有在职员工 2 159 人，设有营业网点 10 个。是年，长途通信事业部完成经营收入 338 777 万元。

2002 年 11 月，上海市电信公司部分资产被中国电信股份有限公司收购上市。11 月 18 日，上海市电信有限公司挂牌成立。12 月，长途通信事业部启用“上海市电信有限公司长途通信事业部”的名称。

2003 年，上海市电信有限公司将事业部管理模式调整为产品部管理模式。6 月，长途通信事业部更名为长途通信部，管理机构设市场拓展处、产品策划处、网络运行处、网络发展处、客户响应与流程监控中心、国际光缆处、综合办公室、技术管理处(总工程师室)、人力资源处、计划财务处、监察处(监督处)和行政保卫处等 12 个管理部门，下设 26 个基层单位，成为以非成熟产品的开发、策划和销售为主的产品部，为公司大客户及商业客户、公众客户的销售提供支撑，确保网络实现和通信质量。在公司市场部授权下，长途通信部负责制定归口产品营销政策，向“产品策划、网络实现、质量保障、收入控制”的产品部转变。长途通信部的主要职责为长途传输设备、交换机设备、中继光(电)缆及海光缆的维护和运营管理；长途电话，包括 IP 电话及专线的统一经营管理；IDC、企业上网、视讯业务及其他数据增值业务的开发、营销策划和销售；长途电路开发及通信网络资源的出租服务。长途通信部承担的主要业务为国际、国内长途电话业务(包括 IP 等各类电话卡业务)，数字数据网等各类国际、国内专线业务，卫星电视、电报及短波通信业务、视讯业务、企业上网、IDC、ASP、电子商务、系统集成及其他数据增值业务等。年末，长途通信部有在职员工 1 458 人，其中本科及以上学历 426 人，大专学历 361 人，高中及以下学历 671 人。是年，长途通信部完成经营收入 304 227 万元。

2005 年 3 月，根据中国电信调整备品备件服务范围的要求，上海电信在长途通信部增设中国电信集团上海备品备件中心，面向全国长途国内国际传输、交换、数据、机要通信等设备开展备品备件服务和管理工作。11 月，根据公司建立财务集中管理模式的要求，撤销计划财务处，保留计划、预算、合同管理和出纳职能。

2007 年 2 月 12 日，上海电信为适应战略转型的需要，在长途通信部和无线通信部的基础上，组建上海市电信有限公司长途无线部，负责公司无线业务（包括 PHS、数字集群、天翼通和卫星通信等）的归口管理工作，负责无线网络、长途网络（包括国内国际交换、国内国际传输、国际海光缆、国际国内卫星、IP 电话和会议电视等）的维护工作，并根据公司战略负责相关战略性业务的筹备和开展。长途无线部组建后，根据先平移、后调整、再优化的原则，逐步优化部门机构，最终形成综合办公室、行政保卫处、人力资源处、技术管理处、党群办公室（企业文化处）、工会（办公室）等 6 个管理支撑部门；市场拓展处、产品策划处、新业务中心、客户服务中心/中国电信全球客户服务中心、营帐数据中心、销售支撑中心、视讯业务营销中心、增值业务中心等 8 个前端部门；网络运行处、网络发展处、卫星通信地球站、信息中心、基站维护中心、传输维护中心、交换维护中心、动力维护中心、浦东维护中心、工程建设中心、崇明海缆登陆局、国际海光缆监控中心、无线网络中心、无线网管中心等 14 个后端部门；另有数字集群中心、EDI 公司、中国海底电缆建设公司。7 月，长途无线部根据公司要求设立财务处。

图 1-3-9　2007 年，上海电信举行长途无线部、网络操作维护中心、客户响应中心成立大会

2008 年 1 月，中国电信股份有限公司将法人体制调整为总、分公司一级法人体制。3 月 1 日，上海电信开始以“中国电信股份有限公司上海分公司”名义开展经营活动，长途无线部随之更名为中国电信股份有限公司上海长途无线部。7 月，上海电信成立无线网络优化中心，作为无线网络优化建设的运营单位，委托长途无线部负责日常管理，业务管理归口网络运行部。8 月，为适应全业务经营发展的需要，长途无线部将综合办公室与行政保卫处合并为综合管理处，将党群办公室（企业文化处）、纪委办公室、工会（办公室）合署办公，撤销产品策划处、网络发展处、交换维护中心、无线网管中心、工程建设中心、营帐数据中心、信息中心、客户服务中心/中国电信全球客户服务中心、新业务中心和数字集群中心，新设核心网维护中心、业务平台维护中心、客户响应建设中心、移动业务销售中心和政企客户中心，并将电报中心更名为报话中心，形成5个管理支撑部门、7个前端部门和12个后端部门的架构。10月1日，长途无线部开始经营移动通信业务。

2009年1月，上海电信在长途无线部增设无线网络管理处，与无线网络优化中心实现"一套班子，两块牌子"。10月，设立行政保卫处，与综合管理处合署办公。12月，上海电信优化调整长途无线部的职责和机构设置，其经营范围及主要职责调整为移动产品的专业工作，负责移动增值业务的推广；负责移动预付费业务的集中发展；负责国际海光缆、一级干线、国际和国内交换、传输的维护等工作；负责公司的综合支撑工作。长途无线部根据上海电信的要求合并传输维护中心和浦东维护中心，成立综合维护中心；合并移动业务销售中心和销售支撑中心，成立新的移动业务销售中心；新成立业务支撑中心；整合市场拓展处与技术管理处，成立新的市场拓展处和增值业务处；撤销技术管理处、动力维护中心、卫星通信地球站、传输维护中心、浦东维护中心、移动业务销售支撑中心、视讯业务中心，形成4个管理支撑部门、6个前端部门和10个后端部门的架构。

2010年年末，长途无线部有在职员工859人，其中本科及以上学历498人，大专学历183人，高中及以下学历178人。是年，长途无线部设有营业网点1个，完成经营收入25 634万元。2000—2010年，长途无线部先后获得1999—2000年度上海市文明单位、2001—2002年度上海市文明单位、2005年全国文明单位、2007—2008年度上海市文明单位、2010年全国"安康杯"竞赛（上海赛区）优胜单位等荣誉称号，以及2009年和2010年上海市五一劳动奖状。

表1-3-32　2000—2006年长途电路情况表

年份 通信能力	2000	2001	2002	2003	2004	2005 (2 Mbps)	2006 (2 Mbps)
长话业务电路	90 806	99 807	92 592	114 930	239 145	3 429.2	3 691.6
党政专网	60	65	270	270	450	15	15
数据电路	133 521	320 194	419 910	1 098 634	1 035 594	843.3	869
DDN	22 939	10 560	12 930	12 994	25 980	610	635
分组交换	390	394	390	390	780	13	13
多媒体	32 670	59 160	96 960	134 760	284 640	—	—
INTERNET	74 190	219 720	268 440	833 760	1 444 500	—	—
帧中继	1 682	1 080	1 200	1 200	2 400	—	—

表1-3-33　2000—2006年长途通信设备情况表

年　份	国　　际		合　　计	
	容　　量	实　　占	容　　量	实　　占
2000	3万	12 860	15.6万	78 663
2001	3万	15 060	15.6万	80 780
2002	3万	15 446	15.6万	81 356

〔续表〕

年份	国际		合计	
	容量	实占	容量	实占
2003	3 万	23 699	15.6 万	98 268
2004	3 万	25 572	15.7 万	107 150
2005	3 万	28 279	16 万	111 726
2006	3 万	31 055	16 万	118 104

表 1-3-34 2000—2006 年长途无线部通信能力(长途通信线路)情况表

年份	长途光缆线路长度(公里)	长途光缆长度(皮长公里)	长途光缆纤芯长度(芯公里)	中继光缆长度(皮长公里)	国际光缆线路长度(公里)	国际海缆长度(公里)	微波线路长度(公里)	微波线路中 PDH 长度(公里)	微波通信线路(波道公里)	微波通信线路中 PDH 长度(波道公里)
2000	1 643.27	1 643.27	36 937.8	5.07	—	—	45.6	26	403.2	364
2001	1 875.9	1 875.9	56 460.8	5.07	—	—	74	74	320	320
2002	1 889.2	1 889.2	58 005.2	5.07	—	—	123	80	876	360
2003	2 194	2 194	73 982	—	1 240	628	123	80	876	360
2004	2 128	2 180	75 028	—	1 227	628	123	80	876	360
2005	2 213	2 213	78 932	—	1 312	628	123	80	876	360
2006	603	607	28 550	—	1 346	628	123	80	876	360

表 1-3-35 2000—2010 年营业窗口情况表

序号	营业窗口	地址	备注
1	延安东路营业处	延安东路 1122 号	—
2	锦江饭店邮电服务处	茂名南路 59 号	2000 年 3 月关闭
3	四川北路营业处	四川北路 1761 号 4 楼	2000 年 6 月关闭
4	瑞金宾馆邮电服务处	瑞金二路 118 号	2000 年 11 月 1 日关闭
5	上海宾馆邮电服务处	乌鲁木齐北路 505 号	2000 年 11 月 1 日关闭
6	兴国宾馆邮电服务处	兴国宾馆	2000 年 11 月 1 日关闭
7	金桥营业处	浦东新金桥路 828 号	2000 年 12 月 20 日关闭
8	江苏路营业处	江苏路 500 号	2003 年 11 月 20 日关闭
9	浦东国际机场电信服务处	国际国内候机厅内	2005 年 8 月 1 日划归浦东局
10	漕溪北路营业处	漕溪北路 915 号	2006 年 5 月 1 日划归南区局
11	虹桥国际机场电信服务处	国际候机厅内	2007 年 12 月 30 日关闭
12	南京东路营业处	南京东路 30 号	2009 年 1 月 20 日关闭

二、信息网络部

上海市电信公司成立后，2000 年 9 月，原上海信息产业有限公司在业务上实施互联网服务提供商（ISP）和互联网内容提供商（ICP）分离，由上海信息产业有限公司（部分）、信息网络公司和上海信息世界有限公司（部分）归并组建成立上海市电信公司数据通信事业部，主要负责相关数据网络与互联网网关设备的维护与运行管理；各类数据业务和互联网接入服务的统一经营管理；数据新业务的开发和数据网络资源（除长途专线外）的出租服务；部分业务委托相关单位经营、维护。具体经营加拿大北方电讯公司（简称“北电”）宽带网络测试平台，上海热线Ⅰ、Ⅱ接入平台（L4 以下的应用层）和业务管理平台（包括计费、认证、用户管理、公共 E－mail），远程教育传输平台（不含教室及相关设施），以及 DDN、分组交换网、帧中继网、互联网接入、本地宽带传输与接入网、无线移动数据网（CDPD）、互联网数据中心、DC 产品、全球眼、各类因特网与上海热线的接入业务（包括注册与非注册用户上网及主叫用户上网）、卡类上网业务、数据通信网络资源的出租服务等业务。管理机构设综合办公室、党委办公室、人力资源处、营销服务处、计划财务处、运行维护处；下属单位设上海热线数据中心（上海电信数据中心）、帐务中心、市场营销中心、技术支撑中心、数据网络中心、多媒体网络中心、宽带网络中心（对外称上海市信息网络有限公司）、申告受理中心、上海邮电移动数据公司、上海威迪图像数据通信工程公司。年末，上海市电信公司数据通信事业部有在职员工 437 人，大专及以上学历占比 55%，专业技术人员占比 71%。是年，上海市电信公司数据通信事业部完成经营收入 31 959 万元。

2001 年 4 月，帐务中心并入市场营销中心；9 月，撤销申告处理中心；是日，帐务中心从市场营销中心剥离；12 月，上海邮电移动数据公司划归无线通信事业部，上海威迪图像数据通信工程公司划归上海电信实业集团公司。

2002 年 11 月，上海市电信公司部分资产被中国电信股份有限公司收购上市。11 月 18 日，上海市电信有限公司挂牌成立。12 月，上海市电信公司数据通信事业部更名为上海市电信有限公司数据通信事业部。

2003 年 6 月，上海市电信有限公司将事业部管理模式调整为产品部管理模式，数据通信事业部随之更名为上海市电信有限公司信息网络部。8 月，组织机构进行调整，撤销营销服务处，设立市场拓展处和产品策划处；撤销运行维护处，设立网络运行处、技术支撑处；撤销市场营销中心和上海电信数据中心，细分为数据营销中心、新业务拓展中心和营帐计费中心；新设客户响应与流程监控中心。

2004 年 1 月，设立党群工作办公室（企业文化处），负责原党委办、工会、团委的职责，实施党委、纪委、工会、团委工作整合。2005 年 11 月，根据公司建立财务集中管理模式的要求，撤销计划财务处，保留计划、预算、合同管理和出纳职能。2006 年 12 月，客户响应与流程监控中心与网络运行处技术支撑室整合，技术支撑室调整职责并更名为客户响应室。2007 年 4 月，原长途无线部专线业务营销中心、数据业务营销中心、短波台划归信息网络部。6 月，撤销产品策划处、数据业务营销中心、专线业务营销中心、应用与新业务拓展中心；新设互联网增值业务营销中心、新业务拓展支撑中心、IDC 维护中心。7 月，设立计划财务处。2008 年 1 月，中国电信股份有限公司将法人体制调整为总、分公司一级法人体制。3 月 1 日，上海电信开始以中国电信股份有限公司上海分公司名义开展经营活动，信息网络部随之更名为中国电信股份有限公司上海信息网络部。12 月，撤销互联网增值业务营销中心，设立销售支撑中心。2010 年 2 月，根据上海电信后端维护体制调整的统一部署，网络运行处和技术支撑处合并组建新的技术支撑处；多媒体网络中心和与技术支撑处合署办公的技术支撑中心合并，组建业务系统支撑中心；撤销营帐计费中心；新组建增值业务营运中心、信息安全操作中心。年末，中国电信股份有限公司上海信息网络部有在职员工 388 人，大专及以上学历占比 87%，专业技术人员占比 77%。是年，信息网络部完成经营收入 170 925 万元。

2000—2010 年，信息网络部在通信保障和业务拓展方面取得成功。2001 年，参与 APEC 会议通信保障。2004 年，配合嘉定电信局完成世界一级方程式锦标赛(F1)上海站赛场通信保障工作。2008 年，参与并圆满完成北京奥运会通信保障任务。2010 年，上海世博会成功举办，高清全球眼、DDoS 实时监控和防护以及 IDC 等业务全程参与通信保障。2007—2008 年，为统一管理 IDC 业务的运行维护和经营发展，上海电信决定归并 IDC 业务，归口信息网络部。2009 年，IDC 业务收入同比增长 24.6%。2010 年，IDC 业务收入突破 7 亿元。其间，信息网络部获得上海市文明单位、上海市先进基层党组织、上海市新长征突击队等荣誉称号。

表 1 - 3 - 36　2000—2010 年信息网络部主要通信能力情况表

年份	数据数字网(DDN)		分组交换		互联网 IDC 数据网络能力	
	节点数(个)	用户数(户)	节点数(个)	用户数(户)	数据中心(个)	服务器总数(台)
2000	699	9 020	208	1 255	—	—
2001	777	11 603	208	1 285	3	950
2002	921	12 493	212	1 192	3	3 144
2003	208	12 935	212	1 162	3	3 184
2004	257	12 083	212	868	3	3 265
2005	976	17 947	209	—	—	3 600
2006	1 141	17 615	—	—	—	—
2007	1 195	16 578	108	114	12	—
2008	1 226	15 918	108	94	19	36 231
2009	1 244	14 912	108	75	22	46 458
2010	1 258	13 679	108	50	24	63 303

三、互联网部

2008 年 9 月，中国电信股份有限公司上海互联网部成立(简称"互联网部")。互联网部作为上海电信互联网增值业务和互联网基础服务的运营部门，按照产品部模式进行管理。管理机构设综合管理处、计划财务处、人力资源处、投资管理处、企业文化处、市场拓展处、网络维护处；下设 IPTV 中心、互联网中心、教育中心。互联网部主要在上海经营基础电信业务、增值电信业务和一般经营项目。基础电信业务包括 800 MHz CDMA 第二代数字蜂窝移动通信业务、CDMA2000 第三代数字蜂窝移动通信业务、固定网本地电话业务(含本地无线环路业务)、固定网国内长途电话业务、固定网国际长途电话业务、IP 电话业务(限于 Phone-to-Phone)、卫星国际专线业务、因特网数据传送业务、国际数据通信业务、公众电报和用户电报业务、26 GHz 无线接入业务、国内通信设施服务业务;增值电信业务包括经营第二类基础电信业务中的国内甚小口径终端地球站(VSAT)通信业务、固定网国内数据传送业务、无线数据传送业务、用户驻地网业务、网络托管业务;第一类增值电信业务中的在线数据处理与交易处理业务、国内因特网虚拟专用网业务、因特网数据中心业务;第二类增值电信业务中的存储转发类业务、呼叫中心业务、因特网接入服务业务和信息服务业务;一般经营项目包括经营与通信及信息业务相关的系统集成、技术开发、技术服务、技术培训、技术咨询、信息咨询、设备及计算机软硬件等的销售、安装和设计与施工;自有通信设施租赁;安全技术防范系统的设计、施工和维修;广告业务。年末,互联网部有在职员工 209 人,其中,本科及以上学历 158 人,大专学历 38 人,高中及以下学历 13 人。是年,互联网部完成经营收入 702 704 万元。

2008 年 9 月,上海信息产业集团公司委托互联网部管理。原上海信息产业集团公司总部机构、互联网经营中心、IPTV 中心、教育中心、新业务开发中心调整优化后,归入互联网部;北京分公司关闭。在线电子商务公司业务剥离后划归上海号百信息服务分公司管理(与信息集团股权关系保持不变,主要负责经营网上商城等业务,拓展电子商务);电子商务公司 IDC 业务自用部分划入上海热线公司、其余划归信息网络部,电子商务公司商务领航业务划入互联网部互联网中心;广告公司整建制划归上海号百信息服务分公司管理(与信息集团股权关系保持不变,人员和业务划转)。上海热线公司主要负责门户网站经营、互联网业务合作、互联网增值服务,同时为 IPTV 和移动提供网站应用。上海百事应信息有限公司负责社会呼叫中心业务的拓展。

2009 年 1 月,设立营帐中心;5 月,注销上海在线电子商务有限公司;8 月,设立上海互联网部呼叫中心。上海互联网部呼叫中心与百事应信息有限公司实行"一套班子,两块牌子"模式运作。

2010 年 2 月,网络维护处/维护中心更名为技术支撑处;IPTV 平台集中监控职责集中至上海 NOC。调整后,互联网部机构设综合管理处、党群工作办公室/企业文化处、人力资源处、计划财务处、投资管理处、市场拓展处、技术支撑处、IPTV 中心、互联网中心、教育中心。是月,原网络维护处下设的新业务中心划转市场拓展处;原网络维护处下设的工程中心划转投资管理处;网络维护处原有新业务开发、投资规划、通信工程实施、通信物资采购等职责分别划转市场拓展处和投资管理处。年末,互联网部有在职员工 209 人,其中,本科及以上学历 162 人,大专学历 36 人,高中及以下学历 11 人。是年,互联网部完成经营收入 503 212 万元。

互联网部主要经营的 IPTV 业务在用户界面创新、互动功能服务、发展高清内容等方面走在全国前列。上海的 IPTV,内容上集聚了电影大片、热门电视剧、游戏娱乐、时尚生活、财经体育、人文地理等海量节目,在增值服务上可提供点播、时移、回看、轮播等多种互动功能,满足城市用户互动化、个性化、多样化的电视收看需求。2009 年 12 月 16 日,上海 IPTV 总用户数达到 100 万,上海成为全国最大且唯一的 IPTV 本地网和用户规模过百万的城市。其间,互联网部获得上海市工人先锋号、全国青年文明号等荣誉称号。

表 1-3-37 2009—2010 年互联网部机房 IP 地址利用率情况表

年 份	机房名称	IP 数量(C)	使 用 率
2009	张江机房	20.75	89%
	海量机房	26.625	88%
	真北机房	12	86%
	宽带机房	11.5	94%

（续表）

年 份	机房名称	IP 数量(C)	使 用 率
2009	汾阳机房	2.5	83%
	IPTV 机房	55.5	83%
2010	张江机房	20.75	87%
	海量机房	26.625	88%
	真北机房	12	86%
	宽带机房	13.5	80%
	汾阳机房	2.5	83%
	IPTV 机房	65.5	88%
	C 网	—	75%

说明：1 个“C”为 256 个地址。

表 1-3-38 2009—2010 年互联网部端口资源情况表

年 份	可用端口(百兆)	可用端口(千兆)	剩余端口(百兆)	剩余端口(千兆)
2009	4 767	11 305	2 677	5 529
2010	4 597	16 267	2 870	8 159

四、上海号百信息服务分公司

2007 年 10 月，中国电信上海公司号百信息服务分公司成立(简称“号百分公司”)。号百分公司负责号百业务运营，按照上海市电信有限公司分公司进行工商登记，日常运营委托信息集团管理。号百分公司主要经营多媒体通信与信息服务，设计、制作、发布、代理国内外广告业务、经营与通信及信息业务相关的号码百事通及声讯业务，主要承担上海号百信息服务业务的归口收入、实物量、业务量和服务的考核指标，具体包括号码百事通、声讯和综合传媒业务等三大类信息服务业务。号百分公司设有综合管理部、114 查号中心、声讯服务中心。

2008 年 1 月，中国电信股份有限公司将法人体制调整为总分公司一级法人体制。3 月 1 日，上海电信开始以“中国电信股份有限公司上海分公司”名义开展经营活动，号百分公司随之更名为中国电信股份有限公司上海号百信息服务分公司(简称“上海号百”)；5 月，不再委托上海信息产业集团公司管理，作为上海电信二级单位，业务对口中国电信集团号百公司。上海号百机构设综合管理处、计划财务处、市场拓展处、技术支撑中心/销售支撑中心、呼叫中心、声讯营销部、商旅营销部和传媒营销部。原信息集团互联星空广告(流量经营)整体划转上海号百，原帐务中心账单夹寄广告业务划转上海号百，企信通产品划转上海号百，信息集团原广告公司自有媒体和联网广告业务划转上海号百。直接运营的业务包括号码百事通业务、声讯业务、综合传媒业务。8 月，增设积分管理中心，原电信卡部承担的客户关怀卡(百事通卡)、固网支付和卡面广告经营职责划转上海号百。是年，上海号百在岗人员 106 人，完成经营收入 23 900 万元。2009 年 9 月，上海号百设立电子商务中心。

2010年2月,号百平台及网络的集中监控职责集中到上海网络操作维护中心。机构设综合管理处、计划财务处、市场拓展处、技术支撑中心/销售支撑中心、呼叫中心、声讯营销部、商旅营销部、传媒营销部、积分管理中心、电子商务中心。是年,上海号百在岗人数为126人,完成经营收入27 300万元。

表1-3-39 2008—2010年114呼叫量情况表

单位:万次

项　目	2008年	2009年	2010年
114呼入量	11 375	11 329	11 971
114应答量	11 054	11 059	11 569

第四节　直属单位

一、应急通信局

1993年5月17日,上海机动通信局成立。11月18日,上海机动通信局正式揭牌。上海机动通信局主要承担:战时,配合现有通信网为党政军领导机关实施指挥、调度提供重要通信保障;急时,为各类抢险救灾、突发事件、重大国事活动、大型赛事、展览会等提供紧急的临时应急通信保障;平时,为社会经济建设及政府机构、重要企事业单位提供专业的通信服务,也作为特殊的通信机构为企业公众基础通信网的改造、延伸、优化等提供临时的应急支撑服务。此外,作为中国电信七大机动局之一,承担华东大区的应急通信保障工作。2000年7月,上海市电信公司成立后,上海机动通信局管理机构设综合办公室、人力资源处、运行维护处、经营服务处、计划财务处;下设以基地中心站及VSAT通信为主的一分局,以车载通信、无线接入为主的二分局,以移动卫星通信为主的三分局,另设集团公司备品备件管理为主的维护中心和车队。上海机动通信局主要经营固定网本地电话业务(含本地无线环路业务)、固定网国内长途电话业务、固定网国际长途电话业务、IP电话业务(限于Phone-to-Phone)、卫星国际专线业务、因特网数据传送业务、国际数据通信业务、公众电报和用户电报业务、26 GHz无线接入业务、国内通信设施服务业务、增值电信业务、网络托管业务、一般经营项目等业务。年末,上海机动通信局有在职员工105人,其中,本科及以上学历25人,大专学历28人,高中及以下学历52人。是年,上海机动通信局完成经营收入330.79万元。

2002年11月,上海市电信公司部分资产被中国电信股份有限公司收购上市。11月18日,上海市电信有限公司挂牌成立。上海机动通信局(上市部分)更名为上海市电信有限公司应急通信局,上海市电信有限公司应急通信局与上海机动通信局作为“一套班子,两块牌子”同步使用,简称“应急通信局/机动通信局”。

2007年,原长途无线部刘行VSAT卫星站业务、资产和相关岗位划归应急通信局/机动通信局。刘行VSAT卫星站与应急通信局一分局进行机构优化整合。

2008年1月,中国电信股份有限公司将法人体制调整为总、分公司一级法人体制。3月1日,上海电信开始以“中国电信股份有限公司上海分公司”名义开展经营活动,应急通信局随之更名为中国电信股份有限公司上海应急通信局。

2009年2月,设立应急物资储备中心。2010年1月,原长途无线部卫星通信地球站职责、原卫星通信地球站卫星天线相关设备(天线、高功效、上下变频器等)、卫星站内电源和空调及维护职责、长途无线部原电视视频传送业务经营等职责划转应急通信局/机动通信局;政企客户部负责电视视频传送业务的管理,应急通信局/机动通信局负责具体经营,承担经营指标任务;视讯业务中心主体人员划转政企客户部,部分人员划转应急通信局/机动通信局。年末,应急通信局/机动通信局有在职员工122人,其中,本科及以上学历67人,大专学历32人,高中及以下学历33人。是年,应急通信局/机动通信局上市部分完成经营收入1 947.49万元,存续部分完成经营收入578.81万元。

应急通信局/机动通信局积极参与社会各类重大应急通信保障。2002年5月,上海电信派遣4辆卫星通信车和8名电信技术人员抵达韩国,先后辗转汉城、釜山、仁川、大邱、大田等9个城市,共转播32场韩日世界杯足球赛。2008年年初,应急通信局/机动通信局在肆虐中国南方的雨雪冰冻灾害中,出动机动发电设备,确保骨干通信网络正常运行不受阻断;四川发生特大地震后,先后派出5批12名工技人员和27套通信设备直接参与灾区抗震救灾,深入映秀、黑水、青川、卧龙、平武、汶川等重灾区,开通天地星、VSAT等移动卫星站,为灾区人民架起信息生命通道,完成抗震救灾指挥部应急通信保障任务;2010年,完成世博会通信保障任务,承担园区5.28平方公里及上海市范围内CDMA移动通信网、公安调度用800 MHz集群通信网支撑保障;世博园区新闻中心及各单边点的新华社、中央电视台、上海文广新闻传媒集团等媒体184天的新闻视讯传送业务保障;上海市世博运行指挥中心现场应急指挥调度;同时还承担应对世博园区及周边地区突发事件处置的应急通信保障工作等四大任务。应急通信局/机动通信局67%的员工直接参与世博会一线保障工作,圆满完成世博会通信保障任务。

应急通信局坚持应急通信立足之本,从服务大局、服务社会、服务公众出发,确保完成各项应急通信任务,2004年,荣获国家交通战备正规化建设先进单位称号;2008年,获全国工人先锋号、上海市工人先锋号、上海市五一劳动奖状等多项荣誉称号;2010年,获上海市文明单位称号。

二、帐务中心

1997年3月10日,上海电信帐务中心成立(简称“帐务中心”),实行非独立法人企业的单独核算。上海市电信公司成立时,将帐务中心的行政关系划入市场部管理,列为部管单位。帐务中心管理机构设综合办公室、业务管理科、计划财务科、行政科、资金回收部、客户服务部、单据制作部、经营拓展部、技术支撑部。帐务中心主要负责电信通信经营业务收入的出账、收费、查询等业务,包括市内电话、长途电话、移动通信、数据业务、信息服务等的账务管理,有在职员工194人,本科及以上学历32人,大专学历37人,高中及以下学历125人。是年,帐务中心完成经营收入6 287万元。

2001年3月,上海电信将帐务中心单列为公司直属单位。

2004年8月,帐务中心撤销行政科,并入综合办公室,综合办公室采取党、政、工、团合署办公;计划财务科、业务管理科分别更名为计划财务处、市场拓展处;新设综合结算部,将资金回收部有关回收渠道管理、资金核销职责归并该部;客户服务部、资金回收部责任归并,设立商业客户服务部(含大客户服务)、公众客户服务部。调整后,帐务中心管理机构设综合办公室、计划财务处、市场拓展处、综合结算部、技术支撑部、商业客户服务部、公众客户服务部、单据制作部、经营服务部。

2005年11月，撤销计划财务处，保留计划、预算、合同管理和出纳职能，纳入综合办公室管理，由公司财务部向帐务中心派出财务主任和报账会计。

2008年1月，中国电信股份有限公司将法人体制调整为总、分公司一级法人体制。2月，帐务中心设立稽核室。3月1日，上海电信开始以“中国电信股份有限公司上海分公司”名义开展经营活动，帐务中心随之更名为中国电信股份有限公司上海电信帐务中心。9月，帐务中心的欠费催缴工作落地至各区(县)电信局和政企客户部，账单广告夹寄业务划转号百公司；撤销商业客户服务部、公众客户服务部、综合结算部，设立客户服务部、资金回收部，将商业客户服务部、公众客户服务部和综合结算部相关职责划转客户服务部和资金回收部。调整后，管理机构为综合办公室、市场拓展处、经营服务部、技术支撑部、单据制作部、客户服务部、资金回收部、稽核室。2010年，帐务中心有在职员工126人，其中，本科及以上学历75人，大专学历29人，高中及以下学历22人，完成经营收入6 507.54万元。

帐务中心不断提升服务水平和账务数据准确性。2000年，加强服务品牌建设，推动实施并深化账务放心工程，主要包含账务数据准确、高效优质服务、大客户专项服务、走访客户服务、缴费放心服务和社会客户监督6项内容。2002年，在实施账务放心工程的基础上，确立“服务年”主题，开展以“用户至上、用心服务”为中心的丰富多彩的活动以提升服务水平。2003年，按照公司构建“海尔”式服务体系、变服务为竞争性产品的要求，提出构建“海尔”式零缺陷的上海电信账务服务体系。帐务中心为不断提升账务数据准确性，在保证质量管理体系运行的同时，积极通过六西格玛、QC小组活动推动质量改进。2006年，帐务中心通过实施六西格玛管理，经界定、测量、分析、改进、控制5个阶段，及时发现产生用户计费异议的主要问题，针对性地改进关键流程和管理方法，计费管理体系流程和评估标准逐步标准化和量化。2004年9月，帐务中心获上海市用户满意服务单位、全国用户满意服务单位称号；2005—2006年，获上海市文明单位称号；2009年，获上海市工人先锋号称号。

表1-3-40　2000—2010年帐务中心账单打印能力情况表

年　份	打印机数量(台)	打印产能(份/小时)	实际打印数(万张)	套封机数量(台)	套封产能(份/小时)	实际套封数(万份)
2000	8	168 000	8 269	8	126 000	8 147
2001	8	168 000	9 824	8	126 000	9 133
2002	8	168 000	10 395	8	126 000	9 423
2003	8	168 000	11 929	8	126 000	10 512
2004	8	168 000	13 732	9	138 000	11 932
2005	8	168 000	15 600	9	138 000	13 600
2006	8	168 000	14 000	9	138 000	13 600
2007	8	188 000	21 000	8	142 000	21 000
2008	8	188 000	22 000	7	124 000	22 000
2009	8	188 000	17 000	7	124 000	17 000
2010	7	164 880	16 000	9	168 000	16 000

三、信息园区开发建设部

2002 年 12 月 10 日，上海市南汇区政府、中国电信股份有限公司、上海市电信有限公司共同签订《中国电信信息园区项目土地出让协议》，正式启动中国电信信息园区的开发建设。园区坐落于上海市市级工业区康桥工业区内，东至杨高南路，西至南汇区区界，南至南汇区区界，北至外环线 500 米林带南侧，总面积约 220 000 平方米，实际建成后总面积占地约 170 000 平方米。

2003 年 3 月，上海市电信有限公司设立中国电信信息园区开发建设办公室，负责园区内所有项目的建设和管理。9 月，设立中国电信信息园区开发建设部(简称“信息园区开发建设部”)，内设综合办公室、计划财务处、项目管理处，有在职员工人 25 人，是上海市电信有限公司的直属单位。上海市电信有限公司经中国电信股份有限公司授权，负责股份公司部分园区规划、建设、合同签订、工程结算等具体操作工作。

2004 年 3 月，中国电信股份有限公司设立信息园区开发建设部，是股份公司的分支机构，在上海市办理非法人分支机构工商登记和营业登记，开立股份公司银行账号，单独设立会计账簿，负责信息园区开发建设中属于股份公司部分的规划、建设、合同签订、款项支付和工程结算等具体工作。中国电信股份有限公司开发建设部与上海市电信有限公司信息园区开发建设部合署办公，实行“一套班子，两块牌子”的管理体制，人员编制、薪酬待遇和其他行政事务由上海市电信有限公司负责管理。

2005 年 2 月，设立经营服务处；4 月，公司调整上海电信置业管理中心管理关系，将其成建制从公司综合管理部划转中国电信信息园区开发建设部；5 月，根据相关工商登记管理要求，园区开发建设办公室经工商核定后名称为“中国电信信息园区开发建设部”。为保持公司管理的延续性，依照国家法规要求，上海电信发文明确园区开发建设办公室对外使用“中国电信信息园区开发建设部”的名称，公司内部管理继续保留园区开发建设办公室的名称。

2007 年 9 月，设立安全保卫处。安全保卫处与园区综合办公室合署办公。调整后，管理机构设综合办公室(安全保卫处)、项目管理处、经营服务处。

2008 年 9 月，设立物业管理处。调整后，管理机构设综合办公室(安全保卫处)、项目管理处、经营发展处、物业管理处。

2009 年 7 月，设立安全保卫处。调整后，管理机构设综合办公室、项目管理处、经营发展处、物业管理处、安全保卫处。截至 2010 年，信息园区开发建设部有在职员工 40 人，大专及以上学历 34 人，中高级专业技术职称 20 人。

信息园区开发建设部以创“双优”为抓手，为信息园区建设保驾护航。为确保国有资产安全，加强园区的党风廉政建设和工程建设的监督管理，增强干部廉洁自律的自觉性，营造勤政廉政、遵纪守法的工作氛围，信息园区开发建设部和上海市南汇区人民检察院签订《中国电信信息园区工程建设开展争创“工程优质、干部优秀”活动协议书》，约定通过履行各自的责任和开展行之有效的工作，教育并督促园区开发建设部全体管理人员。在整个工程建设过程中，认真落实争创“双优”的各项任务，严格执行国家有关工程质量规定和干部廉洁自律规定，将信息园区工程建成为优质、高效、文明、安全的样板工程、形象工程。2008 年，中国电信信息园区上海电信网管中心楼房获得 2007 年度上海市建设工程“白玉兰”奖；2009 年，上海电信测试中心机房楼、中国电信干部培训中心行政教学楼获得 2008 年度上海市建设工程“白玉兰”奖。

2010年年末，中国电信学院、中国电信IT及数据中心、中国电信网管维护中心等集团公司单位及部门，上海电信网络操作维护中心、上海电信后勤保障中心、上海电信10000号客服中心等单位及部门进驻园区。

表1-3-41 2007—2010年信息园区投入使用的机房及办公楼情况表

年份	地块	入驻单位	建筑面积/服务能力
2007	B1	上海电信网络操作维护中心、传输中心、数据中心(NOC)	2.58万平方米
	B6	上海电信后勤保障中心	1.01万平方米
2008	B2	上海电信测试中心	2.08万平方米
	C3	上海电信10000号客服中心	1.26万平方米
	B16	中国电信学院	2万平方米
	B7	上海电信客户化解决方案研究中心	0.93万平方米
2009	B12	中国电信IT及数据传输中心、中国电信网管备份及计费中心	4.18万平方米
	B13	中国电信网管维护中心、中国电信IT维护及黄页中心	
	B26	停车场、运动场	250个停车位
2010	B3/B4	总部行政管理中心	4.285万平方米

四、网络操作维护中心

2006年12月，上海电信网络操作维护中心(简称“网络操作维护中心”)成立，主要承担软交换网、数据网、光传输网等新型网络和业务平台的集中监控、集中操作和网络实时指挥调度工作；对传统的交换网、数据网、传输网等实时监控、集中管控和应急调度；实时反映上海市25万个网元的工作情况，及时疏通流量，确保通信畅通。

2007年5月，上海电信网络操作维护中心正式挂牌运行，管理机构设网络管理部、综合办公室、人力资源处、企业文化处、客户网络操作中心、网络监控维护部、交换维护中心、传输维护中心、数据维护中心，有在职员工259人，大专及以上学历占88.2%。

2008年1月，设立数据维护中心。是月，中国电信股份有限公司将法人体制调整为总、分公司一级法人体制。3月1日，上海电信开始以“中国电信股份有限公司上海分公司”名义开展经营活动，网络操作维护中心随之更名为中国电信股份有限公司上海网络操作维护中心。10月，根据公司全业务经营体制调整的总体部署，设立网络平台维护中心。

2010年2月，设立中国电信上海公司互联网安全操作中心(SOC)。年末，有在职员工366人，大专及以上学历占92.3%，专业技术人员占83.9%。其中，集团维护骨干5人，高级网络工程师3人，获CCIE证书5人，获CCNP证书36人，获CCNA证书69人。

2007—2010年，网络操作维护中心开展政企客户服务支撑体系建设工作，从专注于面向客户服务的角度，将运维部门的人才优势和资源优势转化为产品和业务服务能力，充分发挥运维部门专业优势，贴近客户需求。客户维护工程师通过不断摸索、不断开拓，在客户服务上逐步形成个性化亮点服务，客户数量从82家扩展到120家。客户维护工程师共完成各类客户访问1 779次，巡检553次，制订梳理应急预案 103 个，实施网络优化 220 个。2010 年，网络操作维护中心获评上海市工人先锋号荣誉称号。

五、客户服务中心

2001 年 8 月，上海市电信公司客户服务中心（简称“客户服务中心”）成立，隶属公司市场部。管理机构设综合办公室、客户服务部、业务拓展部、技术支撑部，人员编制定为 60 人。客户服务中心作为上海电信对外服务窗口之一，主要负责开展公司各类电信业务的宣传和推广，拓展公司电信业务营销渠道；分类收集客户需求信息，协助建立和健全客户数据库，加强数据库的动态管理，收集并掌握市场需求信息等。

2002 年 11 月，上海市电信公司部分资产被中国电信股份有限公司收购上市。11 月 18 日，上海市电信有限公司挂牌成立。上海市电信公司客户服务中心更名为上海市电信有限公司客户服务中心。2005 年 10 月，设立客户关系管理部、销售与监控部。2007 年 4 月，客户服务中心挂靠客服质监部。

2008 年 1 月，中国电信股份有限公司将法人体制调整为总、分公司一级法人体制。3 月 1 日，上海电信开始以“中国电信股份有限公司上海分公司”名义开展经营活动，上海市电信有限公司客户服务中心随之更名为中国电信股份有限公司上海分公司客户服务中心，为三级部门。

2009 年 7 月，设立客户服务中心，为直属单位，比照公司二级单位管理，是运营电子渠道的独立部门，主要负责 10000 号呼入、电话外呼、网上营业厅、掌上营业厅和短信等电子渠道日常运营；局外呼延伸平台的日常业务流程和业务规范的监控和任务加载；全业务 VIP 俱乐部（含移动金钻卡、“我的 e 家”VIP 客户）的日常运营管理，相应 VIP 及银卡用户的维系发展等；电子渠道相关的应用层面功能优化、开发、维护和支撑等；电子渠道运营团队建设和能力提升等。管理机构设综合管理处、市场拓展处、服务管理处、电话服务中心、电话营销中心、电子渠道中心、VIP 俱乐部。年末，有 10000 号人工座席共计 1 123 个。

2010 年，为确保在上海世博会期间为用户提供优质服务，客户服务中心对 10000 号、VIP 俱乐部的服务制订详细的世博保障方案；962010 世博热线做好平台灾备和人员冗余备份，进行多次世博热线平台灾备的演练；开设世博英文支撑专席，为营业厅提供英语助手；搭建网厅世博专区，为客户提供便捷服务通道；在网厅上建立迎世博专区，客户服务中心承担专区规划、开发、维护、更新内容等具体工作。为体现上海电信特色、客户服务中心统一世博标识并确保世博信息提供的及时性、准确性。年末，客户服务中心有在职员工 57 人，其中，大专以上学历 53 人，占总人数的 93%；中高级以上职称 11 人，占总人数的 19.3%。

客户服务中心以提升客户满意度及内部运营效率、促进渠道价值提升为目标，以强有力的措施助推精神文明建设，2006—2010 年，10000 号呼叫中心连续获得中国最佳呼叫中心奖；2007 年，10000 号客户服务热线获得“中国呼叫中心十年成就奖”；2010 年，获得上海市文明单位称号。

表 1－3－42 2010 年 10000 号公商客话务量情况表

单位：次

月 份	呼 入 量	接 通 量
1	2 393 686	2 114 067
2	1 491 786	1 376 225
3	2 109 674	1 933 900

〔续表〕

月　份	呼 入 量	接 通 量
4	2 009 631	1 859 914
5	2 011 062	1 880 560
6	2 017 622	1 894 549
7	2 196 219	2 023 192
8	2 093 535	1 974 877
9	1 964 780	1 854 455
10	1 890 080	1 780 141
11	1 976 395	1 849 719
12	2 175 523	2 024 837
总　计	24 329 993	22 566 436

第五节　全资子公司

一、上海电信实业(集团)有限公司

上海电信实业是指在上海电信中除经营通信网络核心业务并且列归通信主营业务收入以外的企事业单位和其他经济组织。上海市电信公司成立时，上海电信实业板块的企事业单位共有258家(不含合资企业)，从业人员接近12 000人，总资产达到80亿元，1999年营业收入约36亿元。

根据中国电信"主附、主辅分离"的意见，2000年10月28日，上海电信实业(集团)有限公司挂

图1-3-10　主业与实业分离，上海电信实业(集团)有限公司成立

牌成立，在原上海市邮电管理局实业开发部和上海邮电实业有限公司基础上，通过吸收合并上海电信各类非主营企业和各类多种经营企业组建而成。12 月 30 日，上海邮电实业有限公司完成工商变更手续，正式增资更名为上海电信实业(集团)有限公司(简称“实业集团”)，企业类型为有限责任公司，注册资本为 19 亿元，由中国电信集团公司和上海市电信公司共同出资设立，其中，中国电信集团公司出资 1.9 亿元，占 10%；上海市电信公司出资 17.1 亿元，占 90%，公司法定地址是上海市江苏路 500 号。实业集团主要经营范围是国家允许的电信开放业务，委托代办业务，通信器材及计算机系统研制、销售、租赁、维修，通信工程，建筑工程，信息工程，物业管理，房地产开发经营，设计、制作、代理国内广告，承办本系统公用电话广告发布，办公用品租赁，汽车租赁，通信线路及附属设备，会务服务等。

图 1-3-11　2000 年 10 月 28 日，上海电信实业(集团)有限公司成立大会

实业集团成立后，上海市电信公司分两批将相关单位投入实业集团。第一批主要为原上海市邮电管理局直属单位(部门)所属的附属单位、辅助部门及各类多种经营企业，原上海市电话局所属单位的附属单位、辅助部门及各类多种经营企业，上海市电话局所属的部门(须经调整与改制)，上海市电信公司对外投资的合资、合作公司等。第二批主要为专用电信局以外的 15 个区(县)电信局所属的单位，长途通信事业部所属的单位，数据通信事业部所属的单位，上海市电话号簿公司所属的单位，原上海市邮电管理局退管会、老干部处和原上海市电话局退管会所属的单位。

2001 年 6 月，实业集团印发《本部机构设置及岗位人员编制的通知》，明确管理机构设总经理办公室、企业策划部、人力资源部、财务部、投资开发部、审计部、市场业务部、通信业务部、纪检监察部、党委工作部、工会、团委，逐步建立依托主业面向社会的工作体系。是年，实业集团注册资本增加至 21.33 亿元。其中，中国电信集团公司的出资额为 1.9 亿元，占 8.91%，上海市电信公司的出资额为 19.43 亿元，占 91.09%。

表 1-3-43　2001 年第一批进入实业集团的公司情况表

上海市邮电管理局直属单位(部门)	上海市电话局所属单位	上海市电话局所属部门	其他单位	上海市电信公司对外投资的合资、合作公司
上海邮电设计院、上海邮电器材工业公司、上海市邮电管理局住宅建设办公室、上海市邮电管理局杂志社(报社)、上海南馨园酒店、上海和欣苑休养所、上海云杉苑休养所、上海邮电实业有限公司、上海邮电职工大学、上海邮电物业有限公司、上海邮电发展总公司、上海市邮电管理局实业开发部等单位(部门)所属的附属单位、辅助部门及各类多种经营企业	上海电信工程公司、上海市电话局通信设备厂、上海市电话发展总公司、上海德律风物业有限公司、上海市电话局线路器材总厂、上海迅捷公用电话公司、上海市话房地产有限公司等单位所属的附属单位、辅助部门及各类多种经营企业	上海市电话局供应处、上海市电话局规划设计所、上海电信车辆服务公司、电话局基建科等部门(须调整与改制)	上海长途电信局培训中心、上海市电话培训中心	上海邮电医院、上海东方通信贸易有限公司、通贸大酒店、上海邮电俱乐部、上海信贸房地产有限公司、上海新球通信有限公司、上海长宁通信建设有限公司、上海朗讯科技光纤有限公司、上海科学亚特兰大有限公司、上海休斯网络系统有限公司、亚洲通信技术有限公司、阿尔卡特网络支援系统有限公司、上海陆海空交通发展有限公司、上海大唐电信有限公司、上海电子商务安全证书管理中心有限公司、海南天鸿旅业有限公司、上海经贸国际商务资讯有限公司、上海世贸通信息网络有限公司、上海世纪新元信息产业有限公司、上海电子数据交换网络服务公司、星通信息技术有限公司、上海海洋服务总公司通信服务公司、上海共享数据网络有限公司、上海共享商业增值网络服务有限公司

2002 年 4 月，实业集团根据中国电信关于实业健康发展的“二十四字”方针，启动重组整合，截至 2003 年年底，共关闭企业 121 家，清退内部股 47 家、改制 9 家、股权转让和缩短投资链 94 家、新设公司 16 家。通过重组整合，实业集团共有企业 113 家，其中母公司 1 家，二级公司 22 家，三级公司 90 家。

2004 年，实业集团根据中国电信的要求启动新一轮整合工作。2005 年 3 月，实业集团共有企业 89 家，其中母公司 1 家，二级公司 23 家，三级公司 65 家。年末，实业集团深化重组整合工作，保留二级公司 13 家，关闭企业 48 家，退出企业 28 家。

2006 年 8 月，中国电信集团公司组建中国通信服务股份有限公司(简称“中国通服公司”)，由中国电信集团公司控股，中国移动通信集团公司和中国联合网络通信集团公司参股投资。9 月 6 日，上海市信产通信服务有限公司(简称“中国通服上海公司”)正式成立，由中国通服公司全资控股，注册资本 19 528.4 万元，年内增资至 97 642 万元，法定地址为上海市江苏路 500 号，与实业集团实行“一套班子，两块牌子”。主要经营范围是实业投资(除专项规定)；通信工程设计咨询、施工、监理；通信网络工程、通信技术领域内的科技咨询、技术开发、技术转让、技术服务；计算机软硬件开发；销售、租赁通信设备及计算机软硬件；物业管理，房屋租赁；系统内员工业务培训及教育信息咨询服务；销售、仓储、货物运输代理；通信终端设备维修；货物与技术的进出口业务等。中国通服上海公司业务范围涵盖全球 10 多个国家和地区。12 月 8 日，中国通服公司在中国香港联交所主板成功上市，是内地通信行业企业中第一家在中国香港上市的生产性服务类企业。

中国通服上海公司成立后，实业集团作为存续部分，按照投资关系负责存续资产的运营，并根据中国电信的要求开展实业非上市部分有序退出工作。2006 年 12 月 29 日，中国电信集团公司同意上海市电信公司关于实业集团的减资方案，将注册资本减至 11.57 亿元，其中，中国电信集团公司减资 0.87 亿元，上海市电信公司减资 8.9 亿元。2007 年，中国电信集团公司决定将其持有的

表 1-3-44　2001 年第二批进入实业集团的公司情况表

专用电信局以外的区(县)电信局所属单位	长途通信事业部所属单位	数据通信事业部所属单位	上海市电话号簿公司所属单位	原上海市邮电管理局退管会、老干部处和原上海市电话局退管会所属单位
上海电话发展宝山有限公司、上海宝山电话物业管理有限公司、上海宝话通信设备服务部、上海莘闵电话通信服务中心、上海电话发展莘闵有限公司、上海闵行电话物业管理有限公司、上海电话发展东区有限公司、上海东区通信经营部、上海电话发展南区有限公司、上海南区电话通信技术服务中心、上海电话发展西区电信局、上海沪西电话经营服务部、上海电话发展北区有限公司、上海北区电话通信技术服务中心、上海电话市北电讯经营部、上海市电话局华铃电讯器材经营部、上海电话发展中区有限公司、上海电话发展浦东新区有限公司、上海浦东电话绿绿实业公司、上海嘉定通信发展合作公司、上海佳研高科技发展有限公司、上海晨信物业管理有限公司、上海市奉贤县邮电经营服务部、上海奉贤电信维修服务部、上海奉贤通信开发总公司、上海奉贤邮电工程劳动服务公司、上海雷恩丝信息系统集成有限公司、上海信缘物业管理合作公司、上海信缘公用电话管理有限公司、上海信缘绿化种植养护有限公司、上海信缘综合维修有限公司、上海三港通信设备合作公司、南汇县通信实业有限公司、上海瀛信劳动服务有限公司、上海崇明县邮乐修旧利废工场、上海明联电信发展有限公司、上海市崇明县通信发展总公司、上海鸿讯贸易有限公司、上海金脉通信实业有限公司、上海青浦通信工程合作公司、上海青友电信发展有限公司、上海青电物业管理有限公司、青浦通信设备维修安装有限公司、松江红岩通讯器材经营部、松江县讯通实业开发部	上海长途电信科技发展公司、上海长途电信综合开发公司、上海长信广告有限公司、上海长宏通信器材有限公司、上海长途电信物业有限公司、上海长信信息服务有限公司、上海长建通信技术服务公司、上海科普通信技术有限公司、上海科森实业有限公司、上海海欣电信工程队、上海邮电海缆实业公司	上海邮电数据通信发展公司、上海威迪图像数据通信器材公司、上海威迪工程服务公司	上海邮电书店	上海邮电迅捷通信设备维修培训中心、上海市长宁区三乐邮电经营部、上海邮电九联经营服务部、上海南山邮电技术服务、上海邮乐昌乐通信商行、上海邮电佳良经营部、上海邮电金雁集藏信息服务中心、上海赤峰邮电服务处、上海邮电三乐电信工程公司、上海电通电子设备公司、上海邮电四乐电讯工程服务部、上海乐雁通信器材经营部、上海维康电信技术服务中心、上海长途电信红波服务中心、上海市电话局长青通信器材经营部、上海市电话局长青通信安装工程队、上海银话通信工程有限公司、上海银友通信服务有限公司

上海电信实业公司的股权无偿划转上海市电信公司，实业集团由此成为上海市电信公司的全资子公司。

实业集团在发展业务的同时，关注慈善事业，承担社会责任。1995—2010 年，累计在云南省援建希望小学 25 所，捐款总额 618 万元；在其他省份援建希望小学 15 所，捐款总额 331 万元。中国通服上海公司成立后，提出以“乙方文化”为主线，建设企业文化，以服务文化为特色，体现诚信、和谐、创新等 3 个维度，形成公司主流文化和各基层单位特色文化共同发展态势。

实业集团先后获得上海市科技型中小企业 100 强、上海市文明单位、合同信用等级为 AAA 级等荣誉。中国通服上海公司先后获评诚信综合等级为 AAA、上海市文明单位、上海市守合同重信用企业等荣誉。

表 1-3-45　2001—2010 年实业集团经营收入和净利润情况表　单位：万元

年　份	经营收入	净利润
2001	164 989.72	5 029.10
2002	313 390.93	6 794.84
2003	499 917.80	5 526.12
2004	629 715.65	8 176.21
2005	548 150.64	8 880.22
2006	256 538.53	14 096.61
2007	166 374.61	7 730.84
2008	90 141.08	1 386.01
2009	33 570.73	−6 105.52
2010	27 823.46	−6 263.49

表 1-3-46　2006—2010 年中国通信服务上海公司经营收入和净利润情况表　单位：万元

年　份	经营收入	净利润
2006	299 183.51	16 163.18
2007	342 246.92	17 169.88
2008	391 105.99	20 532.89
2009	516 855.90	22 652.32
2010	593 760.52	27 126.69

表 1-3-47　2010 年年末中国通信服务上海公司人员数量及结构情况表　单位：人

单　位	总　数	学　历				
		高职及以下	大　专	本　科	研究生	博士及以上
上市公司	9 109	5 781	2 122	1 137	60	9
存续公司	700	596	89	14	1	0
托管企业	517	380	102	35	0	0

二、上海信息产业(集团)有限公司

上海信息产业有限公司是由上海市邮电管理局投资的全资子公司，创立于 1995 年 1 月，是上海市高新技术企业，注册资金为 2.97 亿元人民币。2000 年 9 月，上海市电信公司成立新的上海信息产业有限公司，由原上海信息产业有限公司(部分)、上海信息世界有限公司(部分)为主组建而成，实行独立经济核算，隶属上海市电信公司并具有独立法人资格，主要提供语音、图文、多媒体、信息主内容服务及与信息内容、应用服务有关的各类信息新业务的开发和系统集成信息资源服务，上海热线Ⅰ、Ⅱ(L4以上)的信息应用平台及信息主增值业务、160人工咨询服务、166语音信箱服务、168自动声讯服务、商用呼叫中心、应用业务集成、电子商务、远程教育业务、多媒体制作中心、网上广告、远程教育的多点控制单元及其教室等相关业务。主要经营范围是：数据图像等的通信业务及各类信息业务，与信息产业有关的通信工程设计及各类系统终端的开发及服务，相关的技术咨询及培训业务，计算机软件的销售，系统集成领域内的技术开发、技术咨询、技术服务、技术转让，设计、制作各类广告，利用自有媒体发布广告，国内贸易(除专项规定)。管理机构设总经理办公室、人力资源部、计划财务部、企业策划部、经营业务部、技术支撑部。其中，总经理办公室下设行政部；党群工作机构为党总支办公室；专项管理机构为信息大楼筹建办公室。下属分(子)公司为上海在线信息网络有限公司、上海在线电子商务有限公司、上海声讯信息有限公司。对外投资的合作经营公司为：上海中鸿讯信息技术有限公司、上海上外网络教育发展有限公司、上海信源信息网络有限公司、上海美宁计算机软件有限公司、上海美亚在线宽频网络有限公司、上海全通计算机信息有限公司、上海东方经理人网络信息有限公司等。上海信息产业有限公司有在职员工101人，本科及以上学历48人，大专学历38人，高中及以下学历15人。2001年，完成经营收入1 168.4万元。

2002年1月，撤销企业策划部，其法律管理职能划归总经理办公室；经营业务部更名为市场经营部；技术支撑部更名为运行管理部；设立维护中心、工程技术中心、多媒体制作中心。多媒体制作中心与上海信息广告公司实行“一套班子，两块牌子”。8月，设立上海热线游戏中心。12月，设立上海互联星空应用中心。

2003年8月，党委办公室更名为企业文化部(党群工作部)；9月，上海信息产业有限公司以参股10%的形式与上海电信实业(集团)有限公司合资成立上海国信文化传播有限公司。

2004年2月，为发挥上海电信内语音增值业务的网络资源、平台资源、信息资源、市场资源及管理资源的优势，成立上海电信百事应信息有限公司。3月，上海信息产业有限公司改制为上海信息产业(集团)有限公司。5月，经上海市电信有限公司董事会决策并经中国电信集团公司批准，成立上海信息产业集团(简称“信产集团”)，集团母公司为上海信息产业(集团)有限公司。上海信息产业(集团)有限公司由原上海信息产业有限公司根据《公司法》及相关规定变更成立，继承原上海信息产业有限公司所有权利义务关系。9月，原互联星空宽带中心、互联网营销中心和金融理财中心合并，设立上海信息产业(集团)有限公司互联网经营中心。10月，在北京设立信产集团分公司；是月，对组织架构作相应调整，明确上海信息产业(集团)有限公司是上海市电信有限公司的投资控股公司，是上海电信信息内容服务的归口管理和主要业务经营单位，对内定位为上海电信互联网业务的产品部，对口中国电信集团相关产品部；对外通过集团运作，有效聚合社会信息服务资源，完善信息服务价值链和赢利模式。上海信息产业集团分母公司和子公司两个层面。母公司主要定位战略调控、资源配置、财务管理、业务整合以及新业务培育等职能，实现资源、产品、平台的统一运作。母公司管理机构设综合管理部、计划财务部、企业发展部、人力资源部、市场拓展部、运行维护部、互联网经营中心、增值应用业务中心。集团成员分为核心层控股子公司、紧密层参股子公司和协作层公司。

2005年2月，由上海电信市场部管理的上海电信查号中心调整为委托上海信息产业(集团)有限公司管理。上海电信查号中心和上海电信百事应信息有限公司实现管理融合和增值业务融合。3月，设立渠道中心，挂靠市场拓展部。4月，设立总工程师室，撤销技术中心与运行维护部的挂靠关系，改为挂靠总师室。5月，设立客户服务中心。6月，调整IDC机房运维的管理关系，信息大楼、

图 1－3－12　2004 年 5 月 18 日，上海信息产业（集团）有限公司成立揭牌

真北机房由网络中心承担运维工作；张江、外高桥、智慧机房由电子商务公司承担运维工作。运行维护部承担 IDC 机房维护的指导、督查和考核职能，实施对机房环境、机房资源使用的监控，凡涉及设备、线路扩容工程，应在运行维护部指导下进行。设立电子商务公司 IDC 机房维护中心，承担张江、外高桥、智慧机房的 IDC 日常维护工作，中心人员根据关系管理的调整成建制从网络中心划拨。7 月，调整上海电信远程教育中心管理关系，从上海电信实业（集团）有限公司电信培训中心划转上海信息产业（集团）有限公司。8 月，设立 IPTV 运营中心。9 月，设立技术管理部，集团各子公司原则上不再设立研发部门和技术管理部门。12 月，调整上海电信查号中心管理关系：2006 年 1 月 1 日起，114 电信基础查号业务以委托服务的方式，委托上海信息产业（集团）有限公司提供服务，信产集团在此基础上做好号码信息资源的增值服务；查号中心机构及岗位从公司市场部成建制划入信产集团；上海信息产业（集团）有限公司成立号码增值分公司与查号中心合署办公，对外经营号码信息资源的增值服务。

2006 年 2 月，设立 IPTV 运营中心，专职负责 IPTV 业务的运营。运行维护部更名为技术运行部，承担运行维护、工程管理和技术管理职责。

2008 年 1 月，号码百事通（114 查号）、声讯和综合传媒等业务划转上海号百信息服务分公司。9 月，上海电信成立互联网部，上海信息产业集团公司委托互联网部管理。年末，上海信息产业（集团）有限公司有在职员工 209 人，本科及以上学历 158 人，大专学历 38 人，高中及以下学历 13 人。是年，上海信息产业（集团）有限公司完成经营收入 34 692 万元。

信产集团下属上海电信百事应信息有限公司（简称“百事应公司”）的呼叫业务是继 IDC 业务以后一项重要的业务。百事应公司与浦东、南区、东区等区局进行合作，参与商务领航通信版、信息版、个人彩铃、“我的 e 家”等营销活动的主动电话营销，平均电话端成功率达到 20%左右；承接浦东、南区、东区局的全年区局层面的满度调查工作，从原来单一的外呼调查，逐步发展成从问卷设计到最终的数据分析等相结合的一揽子服务；利用电信呼叫中心的品牌吸引客户，通过社会客户第三方进行座席及设备资源的投资，建立连锁呼叫中心，缓解呼叫中心座席资源相对匮乏的情况。互联星空业务是信产集团的主要收入和利润来源，也是上海电信在互联网增值业务上的主要经营单元。互联网经营中心在合作、激活率、产品创新等方面都有新的进步，为信产集团的经营业务指标完成做出较大的贡献。

2000—2010 年，信产集团先后获得全国用户满意服务奖等荣誉，旗下各项业务单位也先后荣获上海市工人先锋号、全国青年文明号、世博工作优秀团体等荣誉称号。

表 1－3－48　2008 年上海信息产业(集团)有限公司通信能力(机架)情况表　　单位：个

IDC 机架总数	用户实际使用机架数	电力机架数	配线架数	信产 IDC 设备机架数	有工单的预留机架数	空闲机架数	商用可用机架数	商用可用机架使用率(不包括预留)
379	280.5	17	1	48.5	3.5	28.5	312.5	89.76%
—	252.5	37	13	19	15	34.5	339	85.40%

表 1－3－49　2008 年上海信息产业(集团)有限公司 ICP 机房核心网络设备端口情况表

机房名称	核心网络设备名称/型号	设备台账编号	用　途	槽位总数	已用槽位数	空闲槽位数	端口总数	已用端口数	空闲端口数
真北机房	ZB－XC－6509－1	ZXB－WL－030105	分布，核心层	9	6	3	90	32	58
真北机房	ZB－XC－6509－2	ZXB－WL－060011	分布，核心层	9	5	4	82	25	57
上海热线宽带机房	Cisco Catalyst 6509	KD－WL－030024	核心层交换机	—	—	—	98	59	39
上海热线宽带机房	Cisco Catalyst 6509	KD－WL－030024	核心层交换机	—	—	—	98	55	43
上海热线宽带机房	Cisco Catalyst 6509	KD－WL－030024	核心层交换机	—	—	—	170	146	24
汾阳	CISCO6506	FY－WL－030016	连接对端同普 GSR 接口	—	—	—	62	26	42
汾阳	CISCO6509	FY－WL－030011	连接对端同普 GSR 接口	—	—	—	68	21	47
IPTV 核心机房	T160G	IPTV－WL－060024	网络汇聚	8	7	1	88	31	57
IPTV 核心机房	T160G	IPTV－WL－060018	网络汇聚	8	7	1	88	29	59

三、上海理想信息产业(集团)有限公司

2001 年年末，上海电信技术研究所所属的上海理想信息产业有限责任公司成建制划出进行重

组，管理机构设综合管理部、人力资源部、计划财务部、项目管理部、市场部、客户服务部、系统集成事业部、软件系统事业部、通信产品事业部；主要经营通信信息产品的研制、销售、修理及维护，通信信息咨询、策划、工程及系统集成(凭资质)，计算机设备及原辅料、机电产品、五金交电的销售。至2002年年末，有在职员工274人，其中，本科及以上学历207人，大专学历42人，高中及以下学历25人。年末，完成经营收入13 229万元。

2003年，上海理想信息产业集团成立，母公司为上海理想信息产业(集团)有限公司，由上海理想信息产业有限责任公司变更而来，拥有17家控股子公司。经营范围于2008年扩增为通信信息产品的研制、销售、修理及维护，通信信息咨询、策划、工程及系统集成(凭资质)，计算机设备及原辅料、机电产品、五金交电的销售，公共安全技术防范工程设计、施工、维修及相关产品的销售，自有设备的租赁，设计、制作、代理各类广告业务，利用自有媒体发布广告，建筑安装等。

上海理想信息产业(集团)有限公司(简称"理想公司")成立时，设有综合管理部、人力资源部、计划财务部、企业发展部、市场部、技术部等职能部门，以及集成业务部、通信系统部、企业管理软件部、电信支撑软件部、电信增值应用软件部、产品代理部等业务部门。2004年，通信系统部并入系统集成业务部。2005年，设立党群工作办公室(企业文化处)、理想商务业务部和业务拓展部。2006年，系统集成事业部更名为集成业务部，理想商务业务部更名为商务领航业务部；清算关闭15家控股子公司。2007年，设立商务管理采购部和研发中心。2008年3月，技术部更名为技术质量管理部；原NETCARE专项组成立部门，定名为网管专家服务业务部。2010年，网管专家服务业务部与商务领航业务部合并，成为新的商务领航业务部；增设数字医疗专项组，无线应用项目组转入系统集成业务部。年末，上海理想信息产业(集团)有限公司有在职员工498人，本科及以上学历428人，大专学历58人，高中及以下学历12人。是年，完成经营收入8亿7 452万元。

图1-3-13　2003年12月28日，上海理想信息产业(集团)有限公司等3家公司同时成立揭牌

理想公司在2000年确定以开发、研制、生产、销售高科技通信产品为中心，为上海电信网提供技术支撑和服务。2002年，确定咨询顾问、信息网络、应用软件、增值应用业务4条产品线，主要为企业提供业务集成方案咨询；为通信网络系统和信息化系统建设提供专业的系统集成和企业应用集成服务；为企业提供信息化应用解决方案和应用软件开发；为通信网络以及主体业务平台的增值业务提供业务代理；为网络通信产品和计算机信息产品提供产品代理和增值服务。2003 年，完成多项具有社会影响和规模的项目，进一步在上海信息化行业内树立“理想”品牌；加强系统集成产品的创新工作，形成建筑智能化、呼叫中心系统集成及校园网与多媒体教学等新业务方向；策划推出上海电信中小企业信息化产品“理想商务”。2004 年，开通系统集成信息服务平台，全面面向上海电信所属区（县）局及大客户服务中心，为其提供系统集成业务信息服务，以及业务支撑、综合查询的专业化业务信息系统。2005 年，围绕理想商务、电子书包、呼叫中心、网管专家服务（NETCARE）等进行相应的产品宣传推广活动，树立“理想让生活更精彩”的企业形象。2006 年，聚焦 7 项重点产品，培育 3 项新产品。7 项重点转型产品包括：商务领航、电子政务、呼叫中心、测试产品、NETCARE、IT 外包、信息安全。3 项新产品包括：数字家庭、3G 支撑、IDC 灾备。2007 年，在上海率先获得建设号码百事通平台项目许可，由此获得各省号百平台及集团商旅平台建设许可，建设项目覆盖 14 个省电信，承担 15 个平台建设。2008 年，理想公司重点业务为：商务领航、NETCARE、区（县）电子政务、企业 ICE、号百业务平台、非电信行业呼叫中心、IT 外包及其他业务；在融合通信、网管及 IT 外包服务、射频识别（RFID）产品等 3 个方向开展自主研发。2009 年，推出电脑医生重点业务。2010 年，理想公司重点业务为：电子商务融合支付平台、政务及监管执法信息化应用、数字医疗信息化应用、交通物流等行业“e 通”产品。

理想公司在积极拓展市场的同时，先后获得中国软件业收入前百家企业、中国软件企业自主创新最具实力奖等荣誉。

第六节 集团委托管理单位

上海电信受中国电信委托管理单位主要分为共管单位与代管单位两种形式。截至 2010 年，共管单位为中国电信股份有限公司上海研究院；代管单位为中国电信上海网络操作维护中心、天翼电信终端有限公司上海分公司和中国电信视讯运营中心。

一、委托共管单位

中国电信股份有限公司上海研究院的前身是上海电信技术研究所（简称“上海研究所”）。1994 年 4 月 8 日，上海市邮电管理局成立上海电信技术研究所，是负责电信技术、设备的研究、开发和推广服务的专业单位。管理机构设办公室、总工程师办公室、计划科、财务科、人事科、总务供应科和企业文化科等 7 个部门；科研生产机构设支撑中心、管理信息中心、技术发展研究室、网络规划研究室、情报资料室、交换技术室、宽带传输室、用户服务系统室、计算机应用室和综合项目室等 10 个部门。2000 年，上海研究所有在职员工 376 人，其中，博士生 11 人，硕士研究生 120 人。

2000 年 10 月，中国电信集团公司决定在上海电信技术研究所加挂中国电信集团上海研究与开发中心的牌子，实行集团公司与上海电信两级管理、以上海电信为主的管理体制。

2001 年 4 月，设立中国电信集团交换机软件管理中心，作为中国电信集团上海研究与开发中心的一部分，负责协助集团公司网络建设运行部对全国电话网上交换机的软件版本进行管理和提供技术支撑。

2002 年 2 月，上海电信技术研究所进行组织机构调整，管理机构设综合办公室、人力资源处、计划财务处和科技管理处;下设交换软件部、网络智能部、数据通信部、无线移动通信部、通信产品部、信息系统部和软科学研究部等专业部门。7月,上海电信技术研究所更名为上海电信技术研究院(简称"上海研究院")。

2004年1月,中国电信为推进综合化集中维护工作,完善4级维护保障体系,决定设立网络运行维护技术支撑中心。其中,将设在上海研究院的中国电信集团交换机软件版本管理中心更名为中国电信交换网运行维护技术支撑中心。

2005年5月,上海研究院加挂中国电信产品开发中心牌子,归口管理部门为技术部,产品开发工作接受市场部、互联网与增值业务事业部的指导。6月,中国电信集团公司决定注销中国电信集团上海研究与开发中心。11月,上海电信决定成立上海市电信有限公司研究院。

2008年3月1日,上海电信开始以"中国电信股份有限公司上海分公司"名义开展经营活动,上海市电信有限公司研究院随之更名为中国电信股份有限公司上海研究院。9月,新设个人客户产品开发部;企业与综合产品开发部更名为政企客户产品开发部;个人与家庭产品开发部更名为家庭客户产品开发部;产品支撑与推广部更名为客户市场研究部。调整后,机构设综合管理部、党群工作办公室(企业文化处)、人力资源部、计财部、科技管理部、工会、团委、产品开发管理部(对外称中国电信产品开发中心办公室)、政企客户产品开发部、家庭客户产品开发部、个人客户产品开发部、客户市场研究部、交换网络部、宽带互联网部、移动通信部、信息集成部、网络技术部、中国电信管理支撑系统支撑中心。年末,有在职员工356人,其中,博士生24人,硕士研究生142人。

中国电信股份有限公司上海研究院围绕产品开发进行研发转型,坚持以市场为导向、以客户为中心、以效益为目标的研发思路,深入研究客户市场,配合集团战略转型,在中国电信新业务新产品的研究开发和市场推广方面不断做出贡献,拥有中国电信新业务新应用开发实验室、中国电信交换网运行维护技术支撑中心实验室、中国电信IPTV实验室、中国电信物联网技术重点实验室、中国电信企业信息化验证实验室、中国电信3G业务网络实验室和客户体验实验室等,主要在交换支撑、业务网络、接入网、IPTV、家庭网关、全球眼、物联网等方面进行技术研究与产品开发;重视专利创造、运用、保护与管理,在集团范围内率先成立专利专家组,不断推进专利工作的规范化、系统化、专业化。2006—2010年,上海研究院先后获得1次国家科学技术进步奖二等奖、1次中国通信学会科技进步奖一等奖、2次上海市科技进步奖一等奖、11次中国电信集团科技进步奖。

二、委托代管单位

2005年8月,中国电信在上海设立中国电信上海网络操作维护中心(简称"上海NOC"),作为中国电信的全网实时操作维护中心,负责对所辖网络进行实时监控和集中操作维护,同时作为中国电信北京网络操作维护中心的备份。上海NOC业务归口管理部门为中国电信网络运行维护事业部,其日常运作和管理由中国电信委托上海电信负责。

2008年11月,中国电信决定在原联通华盛公司股权收购完成后,将公司名称变更为天翼电信终端有限公司(简称"天翼终端公司"),同时作为中国电信移动终端管理中心。天翼终端公司在各省(自治区、直辖市)设立分公司,实行属地化管理。上海电信根据中国电信的要求,在成建制接收上海华盛后,组建天翼电信终端有限公司上海分公司(简称"天翼上海公司"),加挂中国电信上海公司移动终端管理中心牌子。天翼上海公司是上海电信移动终端的采购与销售、对外合作的具体操作平台,业务上接受公司个人客户部指导,不以营利为目的,其预算管理、财务管理、人力资源管理、考核管理等纳入上海电信统一管控。

2009 年 9 月，中国电信在上海设立中国电信视讯运营中心（简称“视讯中心”），作为股份公司非法人分支机构，统一运营 IPTV、手机视讯、互联网视讯的业务。视讯中心由中国电信家庭客户事业部会同个人客户事业部归口管理，其产品开发工作纳入股份公司统一安排。其日常运作管理由中国电信委托上海电信负责，可根据需要选聘相关管理和技术人员，聘用服务人员，并负责人力资源等其他各项非经营性行政事务的管理和考核。

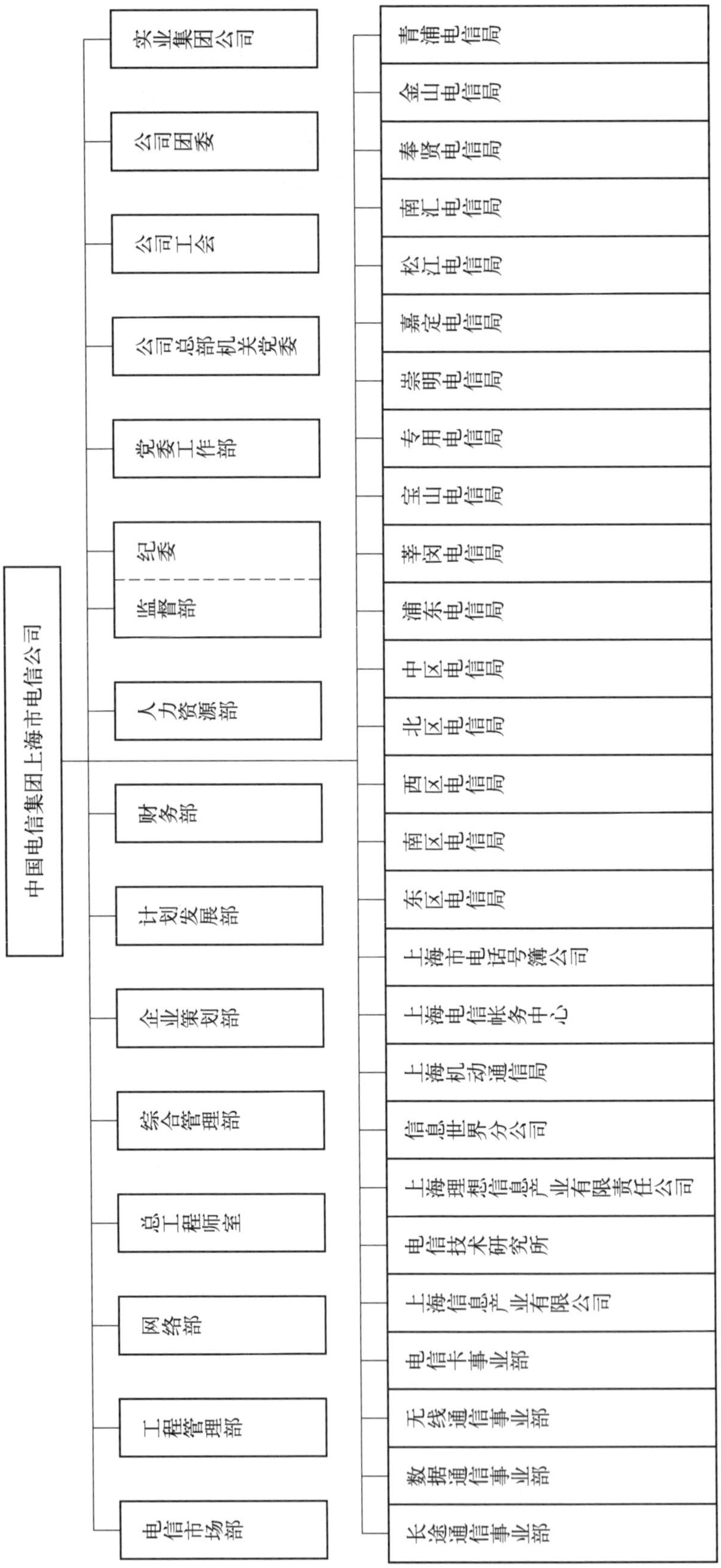

图 1－3－14　2001 年中国电信集团上海市电信公司组织机构图

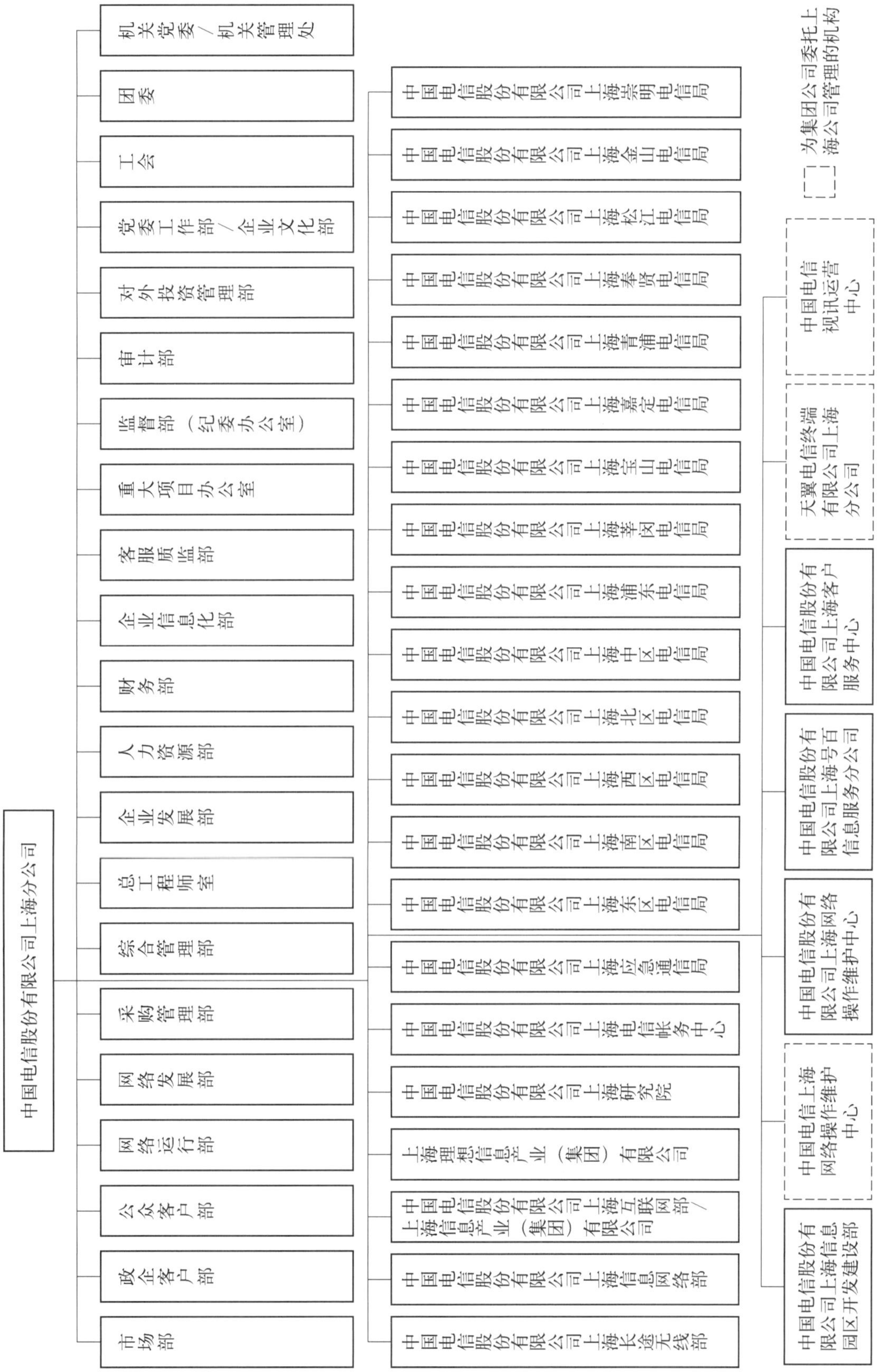

图1-3-15 2010年中国电信股份有限公司上海分公司组织机构图

第二篇

网络发展

概　述

信息通信网络是国家的基础设施，全面支撑经济社会发展，具有先导性和战略性价值。20 世纪 90 年代，在中央政策和地方政府的支持下，信息通信网络以超越国民经济发展的速度快速发展。进入 21 世纪后，通信技术打破摩尔定律，经历从语音到数据、窄带到宽带、固定到移动的演进和跨越，各种业务网络不断涌现，通信网络的概念也不断拓展和延伸。2001—2010 年，上海电信聚焦世界通信技术发展前沿，共投入约 457 亿元人民币建设通信网络。

电话交换网逐步实现单纯的话音业务向多种智能新业务的转变。2000 年，上海电信的电话智能网建成运营，为拓展电话通信业务打下网络基础。是年，始于 1998 年的电话交换机缩点并网工作也基本完成，为电话交换网技术和交换网演进提供前期网络铺垫准备。2003 年，电话交换网的网络智能化改造为话音智能业务提升、业务与交换网络分离带来质的飞跃。2004 年，上海电信实施 100%详单计费工程，并建成本地电话交换网信令监控系统。2005 年，启动软交换的商用试运行。2007 年，实施 112 自动集中受理系统升级增能项目。截至 2010 年，上海电信的本地电话交换机容量从 685 万门增加到 1 256 万门，并建成全国最大的本地软交换网络。

有线接入网实现从铜缆到光缆的历史性突破，通过全铜缆网、用户环路、用户光网等不同组网技术，先后开展“光进铜退”工程和“城市光网”建设，数字用户线路端口数从 1.3 万端增长到 452 万端，建成网络服务提供点约 4 300 个、以太网无源光网络终端数字端口 5.67 万个。用户上网速率从 56 kbps 提升至 10 Mbps 以上，满足用户在各个阶段的通信需求。

中继光缆网的网络规模不断扩大，结构日趋完善，冗余度逐渐提高。纯光缆网、波分复用光网技术的发展与入网应用，为提高网络安全，减少通路时延，满足用户新业务部署的需求带来可能性。网络容量从 23.6 万纤芯/公里发展到 253.7 万纤芯/公里，扩大 10 余倍；网络结构由二层结构改为三层结构，骨干层节点随城市发展，由市中心向外扩展。传输设备速率也从 155 Mbps、2.5 Gbps 升至 10 Gbps、40 Gbps，城域波分系统和数字同步网的使用，进一步提升中继光网的利用率和稳定性。

数据网实现网络的互联网协议（IP）化，可按需建立带宽。上海电信在公司化运营初期，已拥有全国最大的本地异步传输网和数字数据网。为应对互联网技术发展带来的数据网 IP 化趋势，上海电信于 2000 年新建 IP 城域网，连续不断地进行大规模扩容，还新建 IP 城域网 B 平面，形成全国第一张超大型双平面城域网。截至 2010 年年末，IP 城域网的出口带宽从 10 Gbps 增长到 1 600 Gbps，与中国公用计算机互联网上海、北京、广州、武汉、成都、广西、湖南、云南节点形成八挂的出口互联结构。

移动网络实现从无到有，快速发展。2008 年承接 CDMA 网络时，上海电信拥有室外基站 1 106 个，室内分布系统 2 003 个，核心侧交换容量为 280 万门。2009 年，移动网络经过大规模扩容和升级建设后，推出第三代移动网络服务。2010 年年末，CDMA 网络共有 2 074 个宏站、4 015 套室内分布系统，移动软交换容量 535 万门。

在建设基础通信网络的同时，上海电信还积极建设各类业务网络，包括声讯 168 信息中心平台、软交换业务平台、CDMA 短信业务短信中心、外包呼叫中心等语音和消息平台；内容分发网平台、新视通视讯商务平台、交互式网络电视平台、“全球眼”平台等视频类平台；WAP 门户、WEB 门户等浏览及下载类平台；短信网关、综合业务接入网关等网关类平台；教育、游戏、互联星空等行业应用类平台；统一支付、统一充值等支付类平台；商务领航、移动网络增值业务平台等管理平台，实现提供业务域层面统一账号的统一认证服务。

第一章　规划与投资

第一节　网络规划

一、规划原则

1996 年，上海市邮电管理局以国家五年发展计划为参照，制定《上海邮电通信"九五"发展计划及 2010 年远景目标》，从上海邮电通信发展战略目标、精神文明建设、邮电经营服务、邮电通信网络发展、专项建设和经济分析等方面进行规划展望，并以规划指导计划，计划指导投资，推进网络和业务的发展。

2000 年 7 月公司化运营后，上海电信在发展战略指导下，于 2001 年 6 月印发《上海电信"十五"发展规划》，从国内外环境、指导原则、管理运行体制和网络业务等方面系统阐述上海电信未来五年的发展目标、策略和措施。

2001 年，中国电信为适应公司化运作要求，全面启动通信网络的"滚动规划"编制工作。规划期为三年，以"近细远粗、与时俱进"为原则，每年滚动一次。编制工作分三个层面进行，中国电信负责编制集团骨干网络滚动规划，各省级公司负责编制省骨干网络滚动规划，有条件的省级公司指导地市公司编制本地网滚动规划。上海电信作为特大型本地网运行公司，先后编制各年的滚动规划。

2003 年，上海电信开始建立公司二级规划体系，由网络发展部负责编制总体网络发展规划，每年下发和修订《上海公司本地网网络发展指导意见》，指导二级单位编制本单位的网络发展规划；区县局和产品部根据《上海公司本地网网络发展指导意见》分别进行二级规划编制，其中区（县）局负责编制区（县）范围内的驻地网、接入网发展规划，产品部负责编制专业网络发展规划，并指导区县局编制专业网络的接入部分的规划。

2007 年，上海电信开始根据中国电信的要求，每年将本地网滚动规划的编制分为基础网络规划和业务网络规划两部分。

此外，上海电信还不定期根据上级部门和重要政企用户的要求，编制各种专项规划。

二、编制重点

2003 年，中国电信印发《中国电信集团网络发展指导意见（2003 版）》（简称《中国电信网络发展指导意见》），提出本地交换网络发展的总体策略是坚持"大容量、少局所、多模块、广覆盖"原则，通过网络结构的优化、设备机型的整合、新技术的适时引入等多种手段，逐步增强网络对各种新业务的支持能力和响应速度。上海电信坚决贯彻集团公司的精神，在本地交换网规划中，采用远端模块的方式将小容量交换局合并到大容量交换母局，执行"缩点并网"的策略。

2004 年，上海电信在滚动规划编制的同时，启动"企业信息化规划"的专项编制，以保持企业信息化与企业发展同步，并适度超前，全面覆盖规划期内企业信息化的需求，使上海电信的企业信息化水平大幅提升。

2005 年,上海电信为提升企业的新业务提供能力,网络滚动规划重点为固网智能化的实施、软交换的引入、宽带城域网的改造、下一代传输网的发展以及自动交换光网络引入等内容,有计划、有步骤地将软交换网络转入商用阶段。在试商用的基础上,以软交换长途骨干网工程长途层面和大客户/业务层面引入软交换为突破口,部署软交换网络,同时注重宽带城域网网络结构的优化和改造,对传输网方面引入自动交换光网络技术进行规划部署。

2006 年,上海电信在《中国电信网络发展指导意见》指导下,在年度滚动规划中重点突出固网智能化、IP 城域网优化改造、宽带接入网和铜缆网发展的规划部署,开展软交换引入和用户数据集中;开展中国电信下一代承载网与城域网的对接,推进承载网络的 IP 化;在有条件的地区实施“光进铜退”,推进接入网的宽带化。

2007 年,鉴于《中国电信网络发展指导意见》在编制思路、整体框架、内容重点等方面都有较大的变化,上海电信在年度滚动规划中,重点突出宽带接入等基础网络能力的建设;推进业务网络的建设整合和重点转型业务平台的完善,实施业务网络的四个统一;继续推进“光进铜退”和 IP 城域网优化、软交换网络扁平化;同时积极做好重点业务和网络技术储备,适时推广基于 IP 的语音传输、对等网络、光纤接入、全球微波接入互操作性等重点试验项目,储备固定与移动融合、统一通信、统一视讯等融合网络技术方案,积极试验。

2008 年,上海电信对标《中国电信网络发展指导意见》,下发《FTTx 宽带接入发展建设指导意见》,在当年滚动规划中,进一步推进光纤接入和以太网无源光网络(EPON)的建设,把光网络延伸到户或到楼,提高接入速率,支撑高带宽业务的推广,并开展千兆位功能的无源光网络(GPON)的测试和试商用。其间,随着中国电信获得移动牌照运营 CDMA 网络,上海电信根据中国电信要求对《2009—2011 年网络发展滚动规划》内容进行补充,增加移动网络相关内容,形成较完整的全业务网络发展滚动规划。

2009 年,上海电信根据中国电信部署移动通信技术+无线通信技术(CDMA+Wi-Fi,简称“C+W”)统一认证工作的要求,在滚动规划中增加无线接入网建设方面的内容,进一步明确 C+W 的重要意义以及在各种场景下无线覆盖的策略;增加移动分组域的建设原则和移动软交换的承载思路;提出时分复用(TDM)技术在网络扩展中的限制要求。是年,为加快城市光网建设,上海电信印发《加快推进城市光网建设和业务开发指导意见》,在滚动规划中明确“城市光网”的核心是实施光纤化战略,采用 EPON 技术接入,加大光纤到户/室(FTTH/O)覆盖率,实现百兆到户、千兆到楼,满足综合业务承载需求。

2010 年,上海电信根据当年中国电信网络发展指导意见,在滚动规划中提出围绕三网融合和全业务发展的要求,加速推进以 FTTH 为主的光进铜退策略实施,实现网络宽带化、IP 化、扁平化架构;在注重效益的基础上,深入开展 CDMA 网络优化以及第三代移动通信技术(3G)与 Wi-Fi 的协同部署;在规划中贯穿节能减排发展思路,制定相关网络、设备与技术的节能减排应用规划;加快交换网向多媒体业务子系统网络演进,实施 TDM 交换设备退网的规划部署。在业务网络发展方面,提出持续打造聚合、高效、开放的横向业务网络目标架构。

三、专项规划

2003 年,根据信息产业部《关于启动 2003 年综合滚动规划和传输网滚动规划编制工作的通知》的要求,上海电信制定了传输网滚动规划,报经上级部门批准后得以实施,对传输网的发展起到推动作用。

2004年,上海电信对标国外先进运营商,规划新的信息化基础设施,委托制订《中国电信信息园控制性详细规划》,并经上海市南汇区人民政府批复同意。园区规划范围东至杨高南路,西依南汇区区界,南靠南汇区区界,北傍外环线林带,规划总用地155.7公顷。总地块控制建筑容积率不大于0.4公顷,建筑密度不大于20%,绿地率不小于35%,其中,集中绿地不小于10%。

2005年4月,上海电信应上海环球金融中心要求编制配套通信规划。规划根据上海环球金融中心超高层特性采用双汇聚节点布局,在地下室和楼层中部各设置汇聚节点1个,其他楼层设置接入节点,各接入节点设置IP楼道交换机,减少传输衰耗。根据入驻用户特性,采用双路由保障方式,将新建的3 000门电话交换设备以不同路由接入东昌局;同时将数据通信业务的出口上联至东昌局的数据交换机,接入IP城域网。上海环球金融中心双节点、双路由的通信规划成为超高层建筑的标准。

2006年,根据中国民航总局和上海市相关规划要求,上海电信编制《上海浦东国际机场二期工程通信发展建设规划》,推进浦东机场二期通信基础设施建设和通信服务保障。专项规划范围为浦东国际机场二期工程开发用地,同时兼顾浦东机场一期的通信建设情况及今后的预留发展区域,按照"覆盖全区、资源共享、合理布局、统筹规划、突出重点、分步实施、技术先进、适度超前、面向未来、安全可靠、经济适用"的原则进行通信发展建设规划。规划敷设管道382.3孔公里,敷设用户主干光缆1 310.40芯公里,敷设2 400线对用户电缆8条。规划建设A、B、C远端模块,新装多路选择器(MUX)接入设备、IP接入设备各1套,完成语音、数据通信覆盖。在模块局A内新增异步传输模式(ATM)接入设备,新增2个622 Mb/s通道倒换自愈环,实现与大网的连接。根据移动用户多的特性,新增4处移动通信室外宏基站,与一期所建6处室外宏基站共同为机场工作区域提供移动通信信号覆盖,同时在T2航站楼等重要楼宇内部署室内综合覆盖系统。

是年,为了更好地支撑中国电信增值业务的发展,提高全集团业务网络的整体能力,根据中国电信要求,上海电信开展业务网络专项规划,初步确立业务网络总体目标架构和业务网络的整合、演进思路,落实未来三年业务网络的建设项目。

2007年,上海电信编制《上海电信世博园区通信发展规划》,从基础设施、基础网络、应用层面统一规划上海电信的世博园区通信建设,制订分阶段实施计划。规划建设信息管道约215孔公里;新增通信机房9处,使用面积约965平方米;建设45 800门电话交换设备;提供"千兆到场馆、百兆到桌面"的宽带接入;无线局域网(WLAN)覆盖区域达56万平方米;新建移动宏基站13座,数字集群宏基站2座;建设多系统合路技术室内覆盖系统160个;建设2个10 Gbps二纤双向复用段共享保护环和50端155 Mbps的多业务传送平台(MSTP)、上联大网。

是年,上海电信根据中国电信总体发展战略和思路,编制《2008—2010年IDC专项规划》,配合亚洲信息枢纽的建设,打造本地信息汇聚中心;编制《IP城域网长市整合规划》,通过对网络结构的调整、设备的升级、带宽的扩容等,实现IP城域网和中国公用计算机互联网(ChinaNet)骨干网的扁平化。

2010年4月,受上海中心大厦建设发展有限公司的委托,上海电信主导编制《上海中心大厦信息通信建设规划》。以遵循信息技术前瞻性、通信保障安全性、以用户需求为导向、集约化共建共享的主要原则为前提,对大厦内的信息基础设施进行合理规划和布局。通过打造"集约高效、安全可靠、灵活先进、环境友好"的信息基础设施,为入驻用户提供先进、安全和便利的工作、生活、商业和休闲环境。

是年，上海电信采用网格化管理方法制定 FTTH 专项规划，完成“城市光网”覆盖规划，为 FTTH 规模化建设奠定基础。

第二节　投 资 管 理

一、投资预算

2001 年 2 月 13 日，上海电信印发《上海市电信公司准事业部投资计划切块管理暂行办法》，给予市场部和运行维护部每年的计划切块额度，用于在各自建设项目内的投资，进一步增强对市场的快速反应能力和对通信保障的快速处理能力。同时，规定项目建设单位需根据项目金额的不同编写申请立项报告或可行性研究报告。6 月 4 日，为加强固定资产投资预算管理，提高投资收益，上海电信印发《上海市电信公司固定资产投资预算管理暂行办法》，明确投资预算管理必须遵循近期和远期利益兼顾、效益第一的原则，实行统一预算。公司每年 12 月下达下一年度投资预算计划(包括优先建设的大中型项目和投资预算额度分配计划)，下属单位(区局和县局、事业部、准事业部及其他直属单位等)按下达的目标预算执行。7 月 31 日，上海电信印发《上海市电信公司大修预算管理暂行办法》，规定大修项目实行统一预算、分级管理制度。其中，公司大修年度预算，由大修预算审核小组审核确定，经公司预算管理委员会审定后，每年 12 月下达。列入年度大修预算的中小型项目，按照不同立项额度分级进行审批，核发项目编号。是日，上海电信还印发《上海市电信公司投资项目经理责任制暂行办法》，试行投资项目经理责任制，对项目经理的职责、公司职能部门和建设单位的职责、项目经理的任职条件和任免程序、考核与奖惩进行详细规定。10 月 24 日，上海电信印发《上海市电信公司新业务开发管理暂行办法》，规定新业务开发费用按预算管理办法执行。

2003 年，上海电信停止沿用邮电管理局时期集中下达批次计划的模式，全面转向项目预算管理方式，改由各单位上报项目需求，公司组织评审批复。是年，在东区局、浦东局和嘉定局进行授权立项试点，主要授权范围为有线接入网项目。2004 年，在 14 个区(县)局进行推广。2005 年，范围扩展至所有部门、单位。此外，上海电信还于 2003 年开始对建设项目中的可行性研究报告批复、设计文件审查和组织竣工验收三个关键节点进行跟踪管理。

2005 年，中国电信开始统一编制预算模型。上海电信根据中国电信的要求，要求所属各单位根据模型进行预算编报。

2006 年，投资预算管理工作开始侧重优化投资结构，尝试以专业结构作为参考，向各区(县)局下达全年专业结构预算和管控专业结构预算；预算执行开始实行均衡性管理。

2006 年 3 月 7 日，根据中国电信的要求，上海电信制定《上海电信有限公司与财务报告相关的内部控制管理办法》并根据中国电信和上海本地管理要求定期修订。同时，上海电信开始对各区局的投资预算执行提出季度均衡性要求，加大进度监控力度，要求各区局承建项目的预算应在该年第一、第二、第三季度末分别完成 20%、45%、75%以上，确保年底完成，以提高预算执行的均衡性。公司每月按照单位和专业维度进行投资预算列支跟踪，根据需要以季度或者半年为期，召开投资预算执行分析会议，通报各单位在预算执行过程中需要优化的工作，提出建议措施，及时纠偏。

2007 年，为进一步优化预算执行均衡性，上海电信开始试行在每年年末预下达第二年建设项目，以提高预算执行的均衡性，增强市场应对能力。预算的配置和执行采取硬性原则，每年年初根据全面预算编制要求和公司内部审核流程，核定各单位年度预算并下发，各单位按下发的目标预算执行，公司根据实际业务发展需求、建设进度等情况，以半年度和第四季度为节点，统一调整各单位年度预算；对于客户响应类的投资需求，需求单位也可向公司申请专项预算。

2008年，中国电信上海网络资产分公司成立，负责对上海地区的移动网络进行投资建设，投资预算按公司预算管理办法执行。

2009年，上海电信调整投资结构，优化资源配置，投资重心向移动、宽带等转型业务倾斜。投资原则主要为：大幅压缩传统固网投资；宽带、业务网络及综合信息服务（含移动）投资占全业务总投资比重达到约35%；持续推进“光进铜退”；传统固网语音业务投资较上年下降约50%；严格控制局房、管道等基础设施投资；PHS无线市话不再安排投资。

2010年，上海电信继续优化投资结构，确保投资重心向重点业务（宽带网络、移动网络和增值业务及综合信息服务）和有效益的地区、单位或部门倾斜。重点投资城市光网和无线覆盖两个方面，对世博、市场支撑、行业应用、安全消防和节能减排采取配置专项预算模式。严控铜缆、接入网关（AG）和非对称数字用户线路（ADSL）相关投资，严控固网语音、管道和局房项目投资，严控非生产性投资。加强季度预算执行均衡性控制，从源头上控制资本支出。

表2-1-1　2000—2010年上海电信固定资产投资额情况表　　单位：万元

年　份	固定资产投资
2000	402 205
2001	422 745
2002	423 622
2003	407 007
2004	476 481
2005	433 800
2006	392 905
2007	383 394
2008	534 932
2009	587 312
2010	508 602

二、项目评估

项目评估是指在直接投资活动中，在投资项目可行性研究的基础上，从企业整体角度对投资建设项目的计划、设计、实施方案和经济效益进行全面的技术经济论证和评估。

2001年12月25日，为提高投资决策科学化和项目实施管理水平，加强对项目的监督和改进，促进项目运营状态正常化，上海电信制定《上海市电信公司投资建设项目评估管理暂行办法》，将1 000万元及以上的大型投资建设项目纳入评估管理的投资项目范围。投资建设项目评估管理按照投资建设项目实施、运行阶段分为前评估、中评估、终评估和后评估等4项，原则上对于传统业务项目偏重于前评估和终评估，对于新业务项目更偏重于中评估和终评估。后评估项目的选择比较审慎，由预算管理委员会选择决定，基本原则是选择首次实施的新业务项目、有争议性项目和大型项目群中的第一个单项项目等。投资项目评估管理实行统一制度、分段负责的管理体制。公司投资项目管理制度由网络发展部负责统一制定，各评估管理部门分别对前评估、中评估、终评估和后评估等工作进行管理。

2005 年 3 月 17 日，上海电信要求审计部根据网络发展部提出的对大客户应急项目进行项目效益评估的需求，牵头会同资产使用部门、公司相关管理部门及有评估资质的单位对该应急项目进行投资效益评估，为以后应急项目投资建设提供经验和依据。9 月 30 日，中国电信印发《中国电信股份有限公司与财务报告相关的内部控制管理暂行办法》，为上海电信进一步健全和规范公司与财务报告相关的内部控制，促进制度的有效落实和持续改进提供标准。

2006 年 9 月 26 日，上海电信对 2003 年新视讯平台工程项目进行投资效益审计。审计组对项目的项目效果、经济效益和社会效益进行综合评估，总结 4 条项目经验，针对发现的问题提出审计建议。

2007 年 6 月，上海电信组建项目审计工作团队，对互联网数据中心（IDC）业务进行投资效益审计，下达《关于中国电信上海公司 IDC 业务投资效益的审计意见》。审计内容包括 IDC 投资建设情况、投资效益分析、项目建设经验和业务经营中存在的问题等。9 月，对紫金山大酒店交换机工程投资效益进行审计。评估结果显示，工程运行情况整体良好，用户后期服务评估度较高，各项经济指标与可研预测值符合，符合通信建设项目经济指标的标准。

2008 年，上海电信对《中国电信上海公司电话亭联网广告（一期）项目》《中国电信上海公司小交换机项目》《中国电信上海公司嘉定局方泰东开发等六个数据 POP 点项目》《嘉定区菊园等五地区全球眼平安城市项目》4 个项目进行投资效益后评估，对《中国电信上海公司社会信息化项目》进行投资效益预评估。

2009 年，上海电信对《中国电信上海公司 CDMA 网络室内覆盖项目》进行专题分析，对《上海号百一、二期平台投资效益》进行后评估。

2010 年 1 月，上海电信制定《中国电信上海公司投资效益管控体系管理办法》，明确效益评估和管控对象主要为信息与通信技术（Information and Communications Technology，ICT）类项目（如全球眼、呼叫中心）和竞争类项目（如用户小交换机），明确项目投资回收期、财务内部收益率等基准效益指标要求。是年，上海电信对《中国电信上海公司全球眼项目》的运营和效益状况进行后评估，评估重点为 2007—2009 年年底建设的项目，并对呼叫中心项目的运营和效益状况进行后评估。

2010 年 6 月 9 日，上海电信印发《中国电信上海公司网络建设立项过程管理程序（E 版）》，对《中国电信上海公司网络建设立项过程管理程序（B 版）》进行修改和完善，以满足 ISO9001：2000 质量管理体系和 TL9000 5.0 版质量管理体系论证新要求。

第二章　基 础 设 施

第一节　通 信 局 所

通信局所依据其在网络中的作用和专属性质可分为核心机楼、一般机楼、专用机楼、综合性大楼和园区机楼群。

1999 年年底，上海邮电共建有通信机楼 329 处，分布在上海全市各个区域，其中长途机楼 11 个，市话机楼 163 个（其中 2 个长市合一），郊县机楼 157 个，总建筑面积约 763 601 平方米。

2000—2010 年，为适应上海城市化发展，上海电信共建设通信机楼 55 处，使网络布局更趋合理。

一、核心机楼

核心机楼是指设有长途出口设备的通信楼（枢纽楼）和本地网中设有汇接设备的重要机楼，装有光缆和传输网中的骨干节点，交换网中的汇接局、关口局和 IP 城域网核心路由器等重要设备。

2000 年公司化运行初期，上海电信有核心机楼 16 处，总建筑面积 169 664 平方米。其中枢纽楼 3 处，分别为武胜大楼、横浜大楼以及漕溪大楼；长途站点 7 处，分别为南汇登陆站、崇明环球海光缆登陆站、七宝国内卫星通信地球站、莘庄国际卫星通信地球站、松江佘山京沪微波中继站局房、刘行站和真如站；本地网电话汇接局 8 处，根据区域归属分别为东北区的和田、控江局，中区的武胜、云南局，西南区的江苏、漕溪局，浦东区的东昌、庆宁寺局，其中，武胜大楼与漕溪大楼既是长途枢纽楼，又是设有本地网电话汇接局的重要机楼。

2002 年，本着优化网络、增强传播、满足业务需求的传输组网原则，上海电信在既有汇接局的基础上，新增 8 处骨干汇接点，分别是东北区的大华、控江局，中区的柳林、斜土局，西南区的江苏、康健局，浦东区的金扬、云莲局（其中，控江局和江苏局仍设置在原大楼）。中继光缆网络围绕上述 8 处节点开展建设，本地网逐步形成 14 个骨干接点的格局。

2003 年 4 月，根据中国电信集团公司与中国网通集团公司有关协议精神，上海电信划出南汇海缆登陆站归网通公司管理。

2005 年 3 月，中国电信下一代承载网上海节点工程通过设计会审，上海 2 个节点的设备分别安装于民生大楼和横浜大楼，位于浦东的民生大楼成为新的长途枢纽楼。

2006 年 12 月，中国电信信息园区 B1 大楼竣工投产，该大楼集网络操作维护中心、传输中心、数据中心三大功能于一体，成为新的枢纽楼。

2007 年，浦江之声停播以后，真如站降级为一般机楼。

2010 年，上海电信对传输网络进行调整，将浦东北部区域的高行局和浦东南部的华夏局升格为传输网的骨干节点，将高行局和华夏局升格为核心机楼，以适应南汇与浦东新区合并后浦东地区网络发展的需求。

截至 2010 年年底，上海电信核心机楼共有 24 处，总建筑面积达 220 256 平方米，其中枢纽楼 5

处，分别为武胜、横浜、漕溪、民生以及南汇信息园区 B1 机楼；重要机楼 20 处，其中武胜、漕溪、南汇信息园区 B1 机楼既作为枢纽楼，又作为本地网重要机楼使用。

二、一般机楼

一般机楼是指设置有交换端局、数据业务汇聚节点(BRAS/SR)以及本地传输网汇聚节点设备的电信机楼。

2000 年公司化运行初期，上海电信有一般机楼 310 处，总建筑面积为 553 447 平方米，其中，市话机楼 154 处，建筑面积 395 114 平方米，郊县机楼 156 处，建筑面积 158 333 平方米。

2000—2010 年，为适应通信的发展，上海电信先后在南区电信局新建港口、科技绿洲、瑞和宜山 3 个机楼，将康健局升格为核心机楼；在西区电信局新建长宁、伊犁、临虹等 3 个机楼；在北区电信局新建万里机楼，将大华局升格为核心机楼、新桃浦局改为 IDC 机房；在中区电信局新建新西凌、宁安 2 个机楼；在浦东电信局新建富都、北姚湾、海港、金海 4 个机楼；在莘闵电信局新建华泾机楼；将宝山电信局的长兴局和横沙局划至崇明电信局；在嘉定电信局新建安亭贸易区局机楼；在松江电信局新建新城局机楼；在金山电信局新建石化分局、金卫分局通信综合楼；在奉贤电信局新建化工区机务楼；将南汇电信局和浦东电信局合并。截至 2010 年年底，上海电信共有一般机楼 319 处，总建筑面积达到 553 175 平方米。

表 2-2-1　1999—2010 年上海电信一般机楼情况表

	1999 年		2010 年	
	局(站)数	总建筑面积(平方米)	局(站)数	总建筑面积(平方米)
东区	11	11 300	11	11 300
南区	10	25 253	12	26 681
西区	24	57 351	26	61 468
北区	12	10 232	11	8 465
中区	8	33 286	8	26 502
浦东	48	152 512	75	178 116
莘闵	23	61 271	24	61 971
宝山	18	43 905	16	41 665
嘉定	20	26 200	21	30 200
青浦	21	24 831	21	24 831
松江	19	23 511	20	24 423
金山	17	19 006	19	19 707
奉贤	27	19 306	28	20 606
南汇	27	30 479	—	—
崇明	25	15 000	27	17 240
合计	310	553 443	319	553 175

三、专用机楼

专用机楼是指专为互联网数据中心、呼叫中心等提供业务服务的机楼。

【互联网数据中心(IDC)专用机楼】

2000—2003 年，为支撑 IDC 业务发展，上海电信将同普、新桃浦以及真如 1 号机楼更改为 IDC 专用机楼，总建筑面积 5 946 平方米。

2005 年，真如 2 号楼 IDC 机楼竣工投产，总建筑面积 2 837 平方米。

2006 年，张东 IDC 机楼竣工投产，总建筑面积 4 974 平方米。

2007 年 1 月，信息园区 B7 IDC 机楼竣工投产，总建筑面积 13 394 平方米。

2008 年 1 月，信息园区 B2 IDC 机楼竣工投产，总建筑面积 13 197 平方米。5 月，北艾 IDC 大楼与华京 IDC 机楼竣工投产，建筑面积分别为 6 970 平方米、5 530 平方米。

2009 年 11 月，美兰湖 IDC 大楼竣工投产，总建筑面积 3 470 平方米。

2010 年 4 月，浦川 IDC 大楼竣工投产，总建筑面积 5 435 平方米。

【呼叫中心专用机楼】

2008 年 12 月，信息园区 C3 地块呼叫中心竣工投产，总建筑面积 14 971. 8 平方米。

【帐务中心专用机楼】

2006 年 7 月，上海电信购置裕德路 126 号院内原色织七厂房屋 3 887 平方米，同既有房屋一起共 7 636. 41 平方米作为帐务中心用房。

【营业厅专用楼】

2006 年和 2007 年，上海电信分两次购置张杨路陆家嘴国际华城 1539—1545 号门面房共 1 247 平方米，作为浦东电信营业厅专用楼。

四、综合性大楼

综合性大楼是指兼顾各类通信信息用房和业务管理办公用房于一体的大楼。

20 世纪 90 年代，为适应上海信息通信快速发展的需要，上海邮电先后在浦东陆家嘴金融贸易区和各郊区(县)建立信息大楼。

2000 年公司化运行初期，上海电信建有的综合性大楼为上海市四川北路 61 号总部办公楼、奉贤信息大楼、松江信息大楼、南汇信息大楼、崇明信息大楼和长春路线路站。10 月，青浦信息大楼建成。2000 年年底，综合性大楼总建筑面积达 162 588 平方米。

2001 年 9 月 4 日，坐落于浦东陆家嘴金融贸易区中心地带的上海信息大楼竣工验收，该楼于 1996 年 7 月 26 日开工建设，是集通信、信息和高智能化办公于一体的标志性建筑，是上海信息港重点项目、上海市重大工程项目之一。上海信息大楼总高度 288 米，地下 4 层、地上 41 层，建筑面积 101 889 平方米。

2002 年，上海电信购买天钥桥路 980 号徐汇苑小区副楼，该楼共 6 层，建筑面积 5 808 平方米，作为南区电信局业务管理办公用房。

2003 年 11 月 12 日，上海电话通信大楼（简称“北泰大楼”）竣工验收，大楼桩基采用钻孔灌桩结构形式的框架结构，地下 2 层，地上 22 层，建筑面积 25 410 平方米。

2004 年，上海电信购买张江大厦（浦东张江高科技园区春晓路 289 号）B 座 9—13 层，建筑面积 4 861.79 平方米。浦东电信局本部在此办公。

2006 年 12 月，位于金山新城卫零路、龙胜路的金山信息大楼竣工验收，该大楼占地面积 11 990 平方米，总建筑面积 19 792 平方米。

2007 年 6 月 21 日，莘闵信息大楼（莘东路 155 号）竣工验收，占地面积 3 403 平方米，总建筑面积约 17 984 平方米。

2010 年 8 月，临港新城信息大楼开工建设。

截至 2010 年年底，上海电信拥有综合性大楼 14 处，建筑面积共 333 681 平方米。

图 2-2-1　上海电话通信大楼

五、中国电信上海信息园区

2002 年 12 月 10 日，中国电信集团公司、中国电信上海公司与上海南汇区政府签署土地出让协议，建设中国电信上海信息园区（简称“上海信息园区”），项目总投资规模约 60 亿元，由中国电信集团公司、中国电信上海公司共同投资建设。园区位于杨高南路 5678 号，占地面积约 160 000 平方米，建筑面积 50 多万平方米。园区的建设定位是信息新技术的研发基地、信息新产品的试验基地、信息通信的保障基地、信息人才的培训基地、社区信息化的示范基地，规划建成亚太信息枢纽核心基地，形成以品牌为特色，涵盖信息通信、信息服务、信息加工、信息存储、信息终端等产业的信息产业集聚区。园区分为通信保障区（B 区）和信息产业区（C 区）。

截至 2010 年年底，上海信息园区建设初具规模。通信保障区（B 区）规划建设 26 个建筑单体，建成 17 个，主要有：中国电信网管中心、传输中心和数据中心、黄页信息中心、上海号百信息服务分公司，中国电信学院、中国电信停车场及配套设施；上海电信行政管理中心、网管中心、数据中心、传输中心、后勤保障中心、测试中心、客户化方案解决研究中心等。信息产业区（C 区）建成上海电信呼叫中心等。B 区在建项目主要有：IDC 业务用房、综合服务中心、运营管理中心、通信业务展示中心、IDC 业务用房、35 千伏（kV）用户变电站。入驻单位有：中国电信股份有限公司 IT 部、中国电信集团号百信息服务有限公司、中国电信网络操作维护中心、上海电信网络操作维护中心、上海电信互联网部、上海理想信息产业（集团）有限公司、上海百事应信息有限公司、中国电信上海研究院等部门。

表 2-2-2　2005—2009 年中国电信信息园区开发建设情况表

地块编号	建筑面积(平方米)	开工时间	竣工时间	功　能
B6	11 580	2005 年 12 月	2006 年 10 月	后勤保障中心
B1a	38 326	2005 年 6 月	2006 年 12 月	上海电信数据中心
B1b		2005 年 6 月	2006 年 12 月	上海电信传输中心
B1c		2005 年 6 月	2006 年 12 月	上海电信网管中心
B12a	25 768	2005 年 8 月	2007 年 9 月	中国电信网管中心/传输中心/数据中心
B12b	25 768	2005 年 8 月	2007 年 9 月	中国电信网管中心/传输中心/数据中心
B13a	28 547	2005 年 8 月	2007 年 9 月	中国电信股份有限公司上海号百信息服务分公司
B13b		2005 年 8 月	2007 年 9 月	
B16a	27 492	2006 年 8 月	2008 年 1 月	中国电信学院
B16b		2006 年 8 月	2008 年 1 月	
B2a	12 417	2006 年 12 月	2008 年 6 月	上海电信测试中心
C3	14 480	2006 年 6 月	2008 年 11 月	上海电信呼叫中心
B7	13 136	2006 年 12 月	2008 年 12 月	客户化方案解决研究中心
B26	500	2008 年 8 月	2009 年 2 月	中国电信停车及配套设施
B3	21 278	2006 年 12 月	2009 年 7 月	上海电信行政管理中心
B4	21 574	2006 年 12 月	2009 年 7 月	

截至 2010 年年末，上海电信共建有通信机楼(不含接入点)384 处，其中，核心机楼 24 个，一般机楼 319 个，综合性大楼 14 个，专用机楼 14 个，信息园区楼宇 17 个(含 1 个核心/枢纽楼和 3 个专业机楼)，总建筑面积约 1 366 906 平方米。

第二节　通 信 管 道

通信管道是承载通信线缆的基础，通常用于穿放中继线路及接入线路。2000 年公司化运行初期，上海电信建有本地网通信管道 3 532 沟公里，经过多年的建设，截至 2010 年年末，上海电信的通信管道达 11 499.31 沟公里，组成的通信管网基本满足居住小区、商业办公大楼、各功能开发小区等的发展需求。

一、管道敷设

2000 年 7 月公司化运行初期，上海市区的通信管道多为配合市政道路建设同步建设，大多位于中心城区。9 月，上海市信息管线有限公司(简称“信息管线公司”)成立，外环线以内的管道大多由信息管线公司投资建设，上海电信若需要建设管道，需向信息管线公司提出申请，由其集中建设，再向其购买使用。涉及旧管道整修和迁移的工作仍由上海电信照常进行。是年，随着上海城市道路中环线和轨道交通等重大工程的相继开工，上海电信配合市政道路建设进行大量管道建设和管线搬迁工作。年底，上海电信本地网通信管道达 3 532 沟公里，合计 48 097 孔公里。

2001 年，随着上海市政道路向郊区延伸，上海电信加大郊区管道建设，投资建设重点为工业园区、大学校区、经济园区等。10 月，立项建设松江新城通信管道，范围涵盖住宅区、大学城、工业区，以及松江信息大楼至新建的松江新城分局，共计建设 258 孔公里，满足中继光缆和主干光缆的敷设。

2002 年 7 月，上海电信开始建设洋山深水港至市区的管道，其中，惠南镇往东至果园全线 22 公里建设 6 孔管道，六灶沿南六公路至外环线全程 5 公里建设 12 孔管道，构成上海市区至芦潮港的第二路由，进一步提升网络安全性。

2002 年，由于光缆逐步推广使用，管道的利用率得到提高，管道建设容量开始下降，市政道路通信管道的建设由 18 孔—24 孔逐步调整为 6 孔—12 孔。

2003 年，上海电信相继建设“嘉定国际赛车场配套通信管道工程”“青浦 318 国道徐泾段通信管道扩建工程”等。

2004 年，上海电信的通信管网已基本覆盖市区范围；郊县的通信管道主要随市政项目的建设而开展，主要有顾村基地通信管道工程、华东师范大学闵行校区管道建设工程、虹桥临空经济园区管道工程、浦东机场电信管道工程等。是年，上海电信对万里站进行出局管道配套建设，建设管道 0.945 公里，合计 16.38 孔公里，实现新建局房与既有管网的沟通。随着电信市场开放和竞争的加剧，上海电信开始对住宅小区管道进行投资。

2005 年，根据上海市政府的要求，上海电信在一些开发建设项目中推行“共同沟”模式，采用“同沟同井”和“同沟不同井”等多种方式共建。通信管道共建方式的推行，能有效利用地下空间，降低工程总体造价，节省投资。是年，闵行区浦江镇的 2 条市政道路通信管道采用“共建”模式，由上海电信牵头，负责总体协调通信管道建设，包括设计委托、施工委托、设计方案评审等。同时，上海电信还为中国电信信息园区实施配套管道建设工程，新敷设进、出局通信管道 191 孔公里。

2006—2007 年，上海电信配合市政建设及大型区域性项目建设，分别在长兴岛造船基地、浦江镇世博会园区动迁基地、松江新城、嘉定新城、南汇新城的建设，以及外滩源改造、北外滩开发和江湾新城建设中，对通信管道进行相应的建设。2007 年，上海郊区的管道开始逐步由信息管线公司统一建设。

2008 年，上海电信如期完成上中路隧道项目、沪崇苏隧桥陆上段、五洲大道世博园区等一系列重大项目的相应管道建设。

2009 年，上海电信配合虹桥综合交通枢纽站工程建设通信管道，涉及道路 19 条。同时，为解决莘闵电信局的华翔局和西区电信局的华漕局的接入问题，上海电信向信息管线公司提出管道容量需求并通过购置的方式获得管道。

2010 年，上海电信管道建设重点逐渐转向郊区，由原来主要以地块、重要市政道路(城市主干道或国道)建设为主，转向以满足 FTTH 接入需求为主。建设方式也不仅限于开挖方式，而是根据光缆敷设需要，在部分道路采用非开挖方式建设通信管道。“共建”管道模式在管道建设中所占比重提高。是年，上海电信受上海市经信委的委托，牵头并参与建设东方体育中心通信管道配套项目等。

截至 2010 年年末，上海电信本地网通信管道约 11 499 沟公里。

表 2-2-3　2000—2010 年上海电信管道数据情况表　　单位：沟公里

年　份	管道长度
2000	3 532
2001	—
2002	—
2003	6 643
2004	7 518
2005	8 279
2006	8 820
2007	9 488
2008	10 239
2009	10 932
2010	11 499

二、管道材质

2000 年公司化运行初期，上海电信的管道材质多为水泥管，管孔容量较大，以 18 孔—24 孔为主。其后，中心城区的管道材质逐渐由水泥管向双壁波纹管、无缝钢管等材料过渡。

2006 年，上海电信在市政道路通信管道建设中开始使用栅格管(主要为 9 孔栅格管，以聚氯乙烯为主要原料，一大孔中分隔为 3×3 小孔，每小孔可穿放一根线缆，不必另行穿放子管)。是年，上海电信还开始试用纺织子管(柔软的带状子管，由纺织布料纺织而成，在大孔中穿放光缆时使用，对线缆起到防护隔离作用)。

2007 年，上海电信在主干道路管道建设中使用的管孔容量降至 6 孔或 6 孔以下。新建的市政通信管道基本以“3+1”或“2+1”(+1 为栅格管)为主，小区内管道以 3 孔为主。

2010 年，随着 FTTH 大规模发展，上海电信修正通信管道的建设规格，市政道路通信管道建设规格原则上不超过“3+1”，小区内通信管道以“9 孔栅格管”为主。

第三节　电源和空调

电源与空调系统是确保通信网络提供持续服务的基础，主要包括：交流高低压变配电设备、直流电源设备(含直流配电设备)、不间断电源(Uninterruptible Power Supply，UPS)、蓄电池、备用发电机组、生产用空调、动力监控设备、防雷接地设备等。

一、电源

2000 年公司化运行初期，上海电信通信机楼电源一般由两路市电馈电，采用固定式柴油发电机组作为后备电源。局内的传输、交换等重要设备基本采用－48 伏(V)直流系统，由交流配电部分、整流模块、监控模块、蓄电池组、直流配电部分、监控单元等组成，分为一体化组合式系统和分立式系统。该系统内多个整流模块构成并联冗余系统，任一模块发生故障自动退出系统，由其他整流模块承担供电任务。独特的冗余并机及蓄电池直接对设备供电使系统无单点故障，确保电源的最高可用性。所有的模块可以实现热拔插，可以在线更换、维修，是安全性较高的供电系统。2001年，上海电信开始将系统中的相控整流器改造为高频开关电源设备。

随着数据业务的发展，使用220伏或380伏交流供电的通信设备逐渐增加，上海电信开始大量使用在线式UPS系统保障供电，并根据通信设备所需的不同安全等级，采用2N或N+X冗余配置保障。

设备体量的增大，对供电容量及后备发电机组的容量提出更大的要求，上海电信在通信行业内率先引入单机发电容量更大的机型——燃气轮机发电机组。2001年，中国电信首台国产大型车载式燃气轮机发电机组在上海电信启用，该车载式发电机组最大输出功率为1 100千瓦；2002年，中国电信首台1 600千瓦固定式燃气轮机发电机组在控江局投入使用。

2006年，上海电信在横浜大楼安装3 000千瓦燃气轮机发电机组及其直埋式储油罐、消音降噪等配套设施，作为通信枢纽楼的后备电源。

2008年，上海电信的后备蓄电池全部由富液式防酸隔爆蓄电池替换为阀控式密封铅酸电池。

图2-2-2　信息园区电源机房

2010年，中国电信印发《通信用240 V直流供电系统节能试点技术指导意见(暂行)》，推广使用240伏直流供电系统，由交流配电部分、高频开关整流模块、监控模块、蓄电池组、直流配电部分、监控单元以及绝缘监察装置等组成。在保持－48伏直流电源系统优点的同时，提高输出电压等级，降低供电电流，减小输出开关与输出电缆的载流量要求，减少线路损耗，更节能、更高效。是年，上海电信最后一套相控整流设备(中区局武胜大楼传监系统)退出运行。

二、空调

2000年公司化运行初期，上海电信的通信机房(除少数通信枢纽楼)主要采用风冷型机房恒温恒湿精密空调设备进行温控。

2001—2006年，上海电信与上海东宇通讯设备有限公司合作，研发“通信机房专用空调自适应控制恒温恒湿节能监控技术”并获得专利。该技术作为通信节能技术的重要内容，具有广泛的应用前景和良好的节能效果。采用此项节能技术，可以使机房内的温湿度差值减小，控制在目标值范围内(23℃±2℃，40%—70%)，节电率达到年平均20%左右。采用该技术的节能设备安装简便，使用安全可靠，投资回报周期一般约两年。六年间，上海电信在180多个通信机房内对1 160多台专用空调安装了自适应节能控制系统，累计节电740万度，节约电费667万元。

2008年9月，为贯彻国家节能减排工作要求，创建资源节约型和环境友好型企业，上海电信在南汇信息园区IDC机房首次使用大容量水冷空调系统，降低IDC机房空调系统的整体能耗。

2009年，上海电信在通信机房及数据中心应用智能型节能新风系统，通过冷空气的送入及热空气的排出，使机房内维持符合设备运行要求的相对平衡的恒温恒湿状态，且新风节能机组全年节电达23%以上；在供电系统上采用模块化UPS系统代替传统工频UPS系统；开始应用空调室外机雾化喷淋系统，通过雾化功能降低室外机翅片温度，降低空调压缩机负载，达到减少用电量、提高空调制冷效能的效果。

2010年，上海电信在武胜和横浜大楼开始试点应用中央空调系统节能改造(板换)技术。

第三章　接　入　网

接入网由业务节点接口和用户网络接口之间的线路设备和传输设施等传送实体组成，可分为有线接入网和无线接入网两大类。

第一节　有 线 接 入 网

有线接入网按实现技术可分为：基于铜缆（双绞线）的数字用户线路（Digital Subscriber Line，DSL）技术、基于混合光纤同轴电缆（Hybrid Fiber Coaxial，HFC）网的电缆调制解调器（Cable Modem）技术、基于光纤接入＋局域网的FTTx＋LAN技术和基于全光纤的FTTH技术。2000—2010年，上海电信根据自身特点及发展需要，选择基于铜缆（双绞线）的DSL技术、基于光纤＋局域网的FTTB＋LAN技术和基于全光纤的EPON技术进行大规模的有线接入网建设。

一、接入网线路

【铜缆】

2000年公司化运行初期，上海电信的接入网主要以铜缆接入为主，分为主干电缆和配线电缆两部分。主干电缆从电话局沿主干道路延伸至用户驻地，配线电缆从用户驻地延伸至用户终端。用户装电话一般要占用一对主干电缆和一对配线电缆。2000年，上海电信拥有铜缆70 509皮长公里。

2006年，上海电信积极推进“光进铜退”战略，大力发展网络服务提供点（POP点）的建设。根据用户区域的不同，控制新建铜缆的长度：在密集城区控制新建铜缆距离在1公里内，在郊区用户比较分散的地区，控制在2公里以内。同时，对原有铜缆网进行全面整治，将超过2公里以上的铜缆先割接入POP点。

2007年，上海电信在POP点建设中严格控制铜缆的覆盖距离，使新建主干铜缆规模大幅下降。同时，对POP点下移后腾空的主干铜缆进行翻新再利用，压缩铜缆网络的投资。

2008年，根据中国电信“光进铜退”战略要求，上海电信基本停止主干铜缆建设，在新建小区及商务楼通过各种模式的无源光网络（PON）进行覆盖，使光纤到楼/点（FTTB/N）改造区域铜缆端到端距离小于500米，使新建无五类线施工条件地区铜缆端到端距离小于300米。同时，首先在农村及郊区城镇开展铜缆退网试点工作，后逐步扩展至城市地区。采用PON＋DSL和PON＋LAN两种改造方式，前者主要进行主干电缆的割接退网，后者进行全程电缆的割接退网。

2009—2010年，上海电信加快FTTH网络建设，将用户的语音业务与宽带业务一并平移至FTTH网络中，加快用户铜缆退网速度。

截至2010年年底，上海电信拥有主干铜缆17 113 801对，配线铜缆19 399 149对。

图 2-3-1 铜缆敷设施工

表 2-3-1 2004—2010 年上海电信主干铜缆及配线铜缆容量情况表 单位：万对

年　份	主干铜缆容量	配线铜缆容量
2004	1 289.15	899.43
2005	1 380.79	1 007.01
2006	1 384.59	1 486.63
2007	1 576.75	1 820.36
2008	1 653.22	1 850.30
2009	1 691.96	1 905.59
2010	1 711.38	1 939.91

【光缆】

1997 年，上海邮电开始在接入网建设中引入光缆。2000 年公司化运行后，上海电信逐步加大光缆建设力度。2001 年 11 月，上海电信制定光缆系统命名法，对包括光缆、分支设备（熔接盒或接续箱）、交接设备、分纤设备等执行统一的光缆系统命名规则。年末，上海电信接入网光缆长度为 4 755 皮长公里，236 095 芯公里，网络结构大量为总线型结构。

2003 年，上海电信启动总线型光缆结构向环型光缆结构的改造，用户点通过交接箱接入网环光缆，增加接入网环容量，并将用户到局端的光缆转接次数控制在 3 次以内，重点覆盖各个商务大楼，适度超前覆盖用户小区，确保快速响应市场需求。1 月，上海电信制定《首批 53 家重要用户的保障管理办法》，对 53 家重要用户实施光缆双路由保障工程。

2004 年 2 月，上海电信印发《本地网光缆线路工程验收暂行规定（试行）》，作为本地网光缆工程

图 2-3-2　光纤电缆敷设施工

施工质量检验、随工检验、工程监理和竣工验收的依据，并适用于各种新建、扩建和改造的光缆线路工程。

2006 年，上海电信根据“光进铜退”战略要求，打造以光缆接入为主、铜缆及无线接入为辅的宽带接入网络。主干光缆主要采用环型与总线型拓扑结构，少数采用星型结构，光缆芯数结合业务发展、管道资源情况及交接箱个数确定，一般不少于 96 芯。用户配线光缆以交接制为主，采用多级交接的方式，最大不超过三级。POP 点建设上联主干光缆拓扑采用环型，每 5—6 个节点敷设一条 216 芯光缆，每个节点两个方向各出 24 芯或 48 芯，下联配光缆拓扑结构主要采用星型或链型，以 12 芯为主敷设至最终用户。对于安全性要求较高的重要大客户，提供光缆双路由的保护。11 月，上海电信制定《上海市电信有限公司无源光网络(PON)线路建设规范(试行)》，统一上海电信光纤到户(FTTH)、光纤到办公室(FTTO)、光纤到桌面等采用 PON 技术的光缆线路的新建、扩建、改建工程的技术标准。

2009 年，上海电信开始大力推进 FTTH 建设，光交接设备大量向小区推进，主要采取环型拓扑结构的建设模式，探索和研究树型结构的用户光缆网建设模式的可行性，并将用户主干光缆的芯数由 216 芯提高至 400 芯左右，加大一级光缆交接点的配纤能力，提高单位区域内的光纤覆盖密度。用户光缆网中的交接、配纤等设备，以及 PON 网络中的光分路器等设备，全部采用无跳纤结构，以降低成本，提高网络质量。

2010 年，上海电信根据全业务经营的需求，开始规模化建设 FTTH，以同时满足公众客户和政企客户的高速大容量接入需求。上海电信制定新建主干光缆拓扑结构的原则为：政企客户区域原则上采用环型、总线型拓扑结构，以环型为主；公众客户区域原则上采用树型拓扑结构，特殊需求可考虑采用环型拓扑结构。构成 PON 系统的光链路长度不超过 5 公里(含主干、配缆、入户线)。截至 2010 年年底，上海电信接入网光缆长度为 69 663 皮长公里，2 638 731 芯公里。

图 2-3-3　光缆铺进小区，构建起 IP 城域网的末端

表 2-3-2　2000—2010 年上海电信接入网光缆和光纤长度情况表

年　份	光缆长度(皮长公里)	光纤长度(芯公里)
2000	3 805	215 667
2001	4 755	236 095
2002	5 823	264 171
2003	7 944	294 927
2004	10 564	356 363
2005	14 327	476 006
2006	21 683	682 539
2007	26 972	907 028
2008	35 622	1 297 511
2009	48 643	1 777 829
2010	69 663	2 638 731

二、接入网技术

上海电信在接入网方面主要采用综合业务数字网(ISDN)技术、非对称数字用户线路(ADSL)技术、FTTB+LAN 技术、POP 点技术、基于 PON 的 FTTH 技术进行宽带接入网建设。

【综合业务数字网(ISDN)】

综合业务数字网(Integrated Services Digital Network，ISDN)是以电话综合数字网为基础发展而成、叠加在本地电话网上的网络，能提供端到端的数字连接，可承载话音和非话音业务，用户能够通过“多用途用户至网络接口”接入网络。ISDN 采用数字传输和数字交换技术，将电话、传真、数据、图像等多种业务综合在一个统一的数字网络中进行传输和处理，向用户提供基本速率(2B+D，144 kbps)和基群速率(30B+D，2 Mbps)两种接口。基本速率接口包括两个能独立工作的 B 信道(64 kbps)和一个 D 信道(16 kbps)。其中 B 信道一般用来传输话音、数据和图像，D 信道用来传输信令或分组信息。

1995 年，上海邮电开始引入 ISDN 技术。2001 年，上海电信基本完成全网 ISDN 能力覆盖，容量达到 197 342 门。2003 年，上海电信终止对 ISDN 进行扩容。

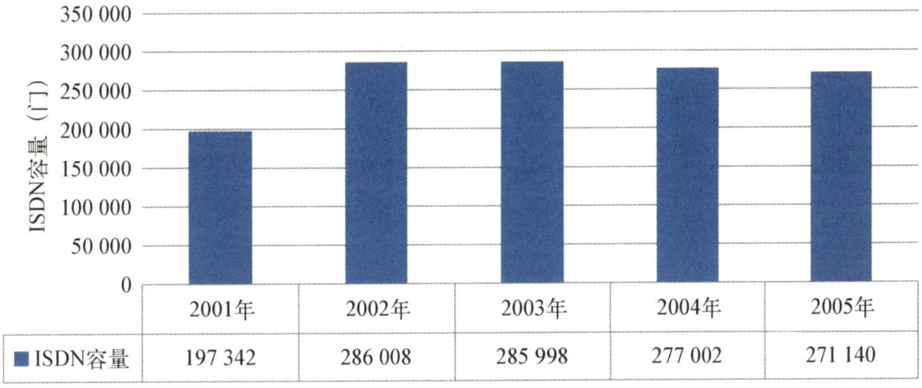

图 2-3-4　2001—2005 年上海电信 ISDN 容量情况图

【数字用户线路(DSL)】

1999 年，上海邮电开始引入非对称数字用户线路(Asymmetric Digital Subscriber Line，ADSL)技术，采用频分复用技术，把普通的电话线分成电话上行、下行和话音等 3 种相对独立的信道，充分利用铜线资源，在一对双绞线上提供上行 640 kbps(理论上行 1 Mbps)、下行 8 Mbps 的带宽。截至 2000 年，上海电信已建成全国规模最大的 ADSL 宽带接入网，端局达 166 个，覆盖上海 400 万用户，总容量达到 1.3 万端口。

2001—2002 年，上海电信共开展四期 ADSL 网络扩容工程，新增设备端口容量 41.9 万个。

2003 年，上海电信少量开展甚/超高速数字用户线路(Very-high-bit-rate Digital Subscriber Loop，VDSL)设备的建设。VDSL 是一种基于以太网的高速 DSL 技术，作为 ADSL 和 FTTB+LAN 两种主流宽带技术的补充，主要在商务楼、园区、学校、宾馆等区域进行建设。

2004 年，上海电信全面引入 IP 数字用户线路接入复用器(DSLAM)，将 ADSL 的内核由 ATM 方式转为 IP 方式，通过 IP 接口直接与 IP 城域网连接。

随着 ADSL2 和 ADSL2+标准的提出，以往 ADSL 无法解决的超长距离传输问题和进一步提高带宽的问题有了解决手段。2005 年 9 月 30 日，中国电信印发《ADSL/ADSL2+相关技术应用指导意见》，开始推广建设 ADSL2+宽带接入网设备。上海电信将宽带接入网建设的总体原则调整为以 ADSL2+为主打技术，VDSL 接入、LAN 接入为补充，缩短用户距离，合理发展接入节点，并对 FTTH 进行跟踪试验。

图 2-3-5　改进 ADSL 接入设备，提高宽带速度

2006 年，上海电信针对铜缆距离过长影响宽带提速的问题，启动 POP 点建设，将局端的 ADSL 设备下移至 POP 点内，以缩短 ADSL 至用户间的铜缆距离。是年，上海电信先后发布《上海市电信有限公司 ADSL 宽带接入设备验收测试细则》《上海市电信有限公司 DSLAM 工程验收规范》《上海市电信有限公司室外有源通信机柜技术及建设规范》《上海市电信有限公司活动通信机房技术规范》《上海市电信有限公司 POP 点建设技术规范》等规范标准。

2007 年，上海电信继续加强 POP 点建设，开始探索基于 POP 点的 FTTx+DSL 的宽带建设模式。同时，逐步清退已经在网的型号较老、能力严重不足的设备。对部分支持新业务能力较差，但引进时间较短的 ADSL 设备，通过改造来满足业务需求。

2008 年，上海电信在新建地区积极推进 FTTx 建设，采用 PON 技术统一承载宽窄带业务。对于性能存在缺陷或已不能满足新业务需求的 ADSL 设备逐步进行基于 PON 的 FTTx+ADSL 模

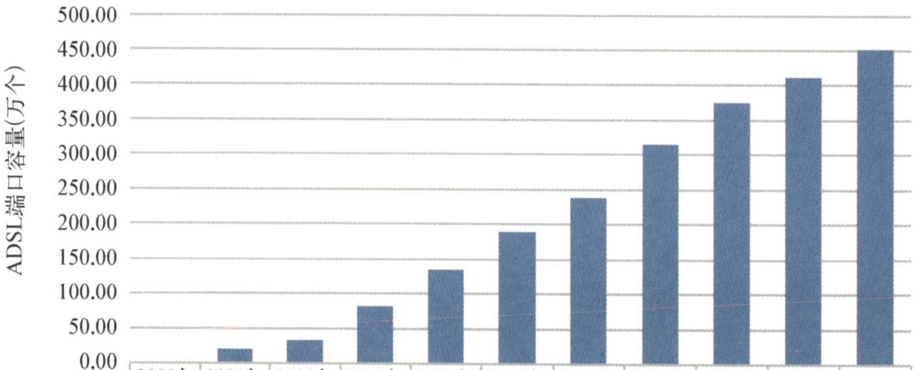

	2000年	2001年	2002年	2003年	2004年	2005年	2006年	2007年	2008年	2009年	2010年
■ADSL端口容量	1.30	19.60	32.06	81.05	135.47	190.07	238.28	316.04	376.10	412.47	452.39

图 2-3-6　2000—2010 年上海电信 ADSL 端口容量情况图

式的退网或改造，并逐步减少局端 ADSL 的建设规模，提高 POP 点内设备的实装率。

2009 年，上海电信开始规模化 PON 建设，对旧小区采用 PON+DSLAM 方式进行改造，对新建地区以 FTTB 方式进行 PON+LAN/DSL 建设。同时，逐步减少新建 POP 点的数量。6 月，上海电信启动“城市光网”行动计划，主推 FTTH/O 的接入方式，采用光纤到户模式，综合承载用户宽窄带各类业务，不再建设端局侧和传统 POP 点内 DSLAM 设备，只允许少数存在用户缺口的区域进行扩容。

2010 年年末，上海电信各类 ADSL 设备容量达到 4 523 944 端口。

【光纤到楼+局域网(FTTB+LAN)】

光纤到楼+局域网(FTTB+LAN)主要是将光信号接入办公大楼或公寓大厦的总配线箱内部，实现光纤信号的接入，而在办公室大楼或公寓大厦的内部，则仍然利用同轴电缆、双绞线或光纤实现信号的分拨输入，以实现高速数据的应用。FTTB+LAN 实现“光纤到楼，网线到户”的架构，用户能独享上下行 10 Mbps 的接入速率。

2000 年，上海电信在金山区试验建设 FTTB+LAN 宽带网络。

2001 年，上海电信成立“上海电信数码通宽带网络有限公司”和“上海电信住宅宽频网络有限公司”两家合资公司，进行 FTTB+LAN 方式的宽带接入网建设，与 ADSL 宽带接入网一并为用户提供宽带接入服务。

2003 年，上海电信重新定位 FTTB+LAN 网络，将其定为 ADSL 接入方式的补充。

2007 年，上海电信开始严格控制新建 LAN 网络。

2008 年，随着 PON 技术的引入和新业务的推出，上海电信加快对老旧 LAN 设备的退网和改造工作，改造以 FTTB(PON)+LAN 模式为主。

2009 年，上海电信发布《基于 EPON 的 FTTB 宽带接入网配套楼道机箱技术规范》，用于基于 EPON 的 FTTB 宽带接入网的新建、扩建和改造工程。

2010 年，上海电信根据当年“城市光网”建设总体规划，在新建住宅小区优先采用 FTTH 接入方式，开发商建有入户五类线的可采用 FTTB+LAN+普通电话业务(POTS)接入方式。已建住宅小区，有条件实施 FTTH 改造的，优先采用 FTTH 方式进行宽带提速改造，已建有入户五类线的住宅小区，亦采用 FTTB 接入方式进行改造。

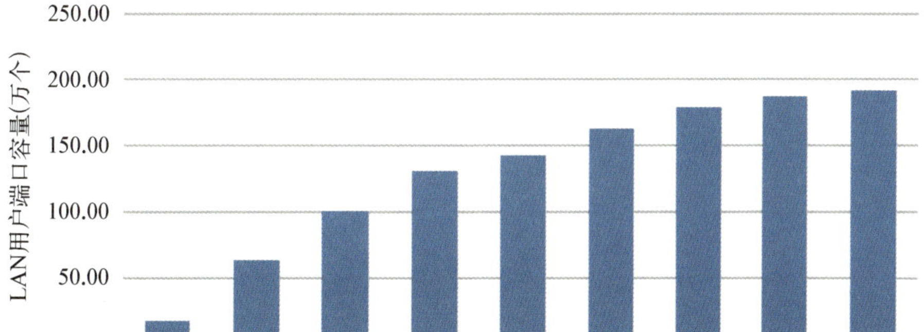

	2001年	2002年	2003年	2004年	2005年	2006年	2007年	2008年	2009年
■ LAN用户端口容量	18.09	63.69	100.86	131.54	142.72	162.63	179.37	187.40	192.31

图 2-3-7　2001—2009 年上海电信 LAN 用户端口容量情况图

【以太网无源光网络(EPON)】

无源光纤网络(Passive Optical Network，PON)是一种基于点对多点(P2MP)拓扑的网络，由局侧的光线路终端(Optical Line Terminal，OLT)、用户侧的光网络单元(Optical Network Unit，ONU)和光配线网络(Optical Distribution Network，ODN)组成。主流的 PON 技术有 EPON 和 GPON 两种。

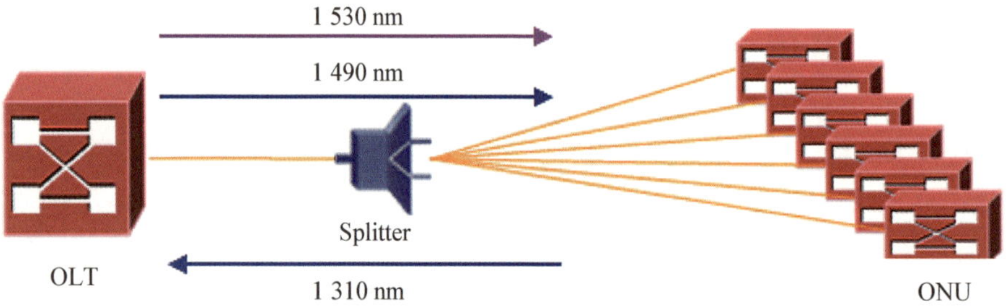

图 2-3-8　无源光纤网络(PON)结构图

2006 年，上海电信在松江佘山高尔夫别墅区进行第一例 FTTH 试点建设，以 EPON 技术组网，采用树型拓扑结构，设备能力配置满足 230 户用户需求。

2007 年，上海电信又相继在莘闵浦江镇天祥华侨城、崇明新城绿岛阳光小区、松江佘山世茂等小区、浦东汤臣新艺别墅小区(汤臣九期)南块、莘闵绿城玫瑰园别墅小区等 11 个小区进行 FTTH 扩大试点建设，全部采用基于 EPON 的 FTTH 建设模式。10 月，中国电信发布《中国电信光纤到户(FTTH)工程设计规范(暂行)》和《中国电信光纤到户(FTTH)工程施工及验收规范(暂行)》。截至 2008 年，上海电信大规模新建和扩容建设 EPON OLT 设备，采用基于 PON 的 FTTN+DSL 和 FTTB+LAN 两种方式对既有宽带网络进行提速改造。

2008 年 2 月，中国电信发布《中国电信光进铜退实施工作指导意见》，推进建设光纤宽带网络。

2009 年，上海电信开始大力推进 FTTH 建设。8 月，上海电信发布《加快推进城市光网建设和业务开发指导意见》，明确“城市光网”(Metro Optical Network，MONet)是以 FTTH、FTTB 光纤接入技术为基础，以高性能路由集群、互联网协议第 6 版(IPv6)等关键技术为导向，以 IP 全业务支撑系统为依托，构建“百兆进户、千兆进楼、T 级出口”的网络能力，打造以 IP 化、扁平化、宽带化、融

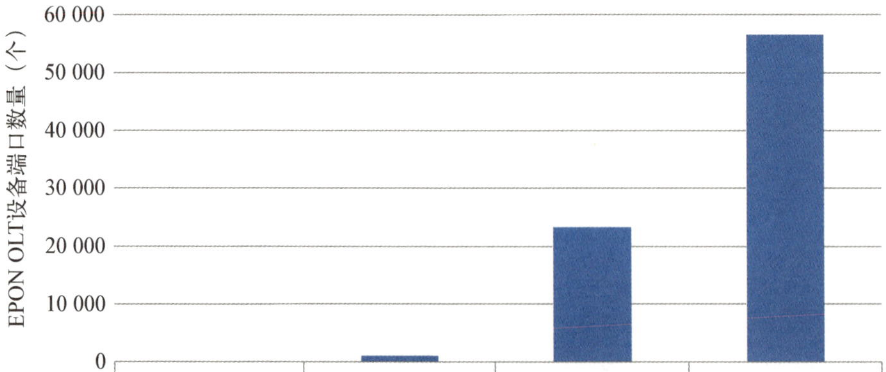

	2007年	2008年	2009年	2010年
■ EPON OLT设备端口数量	80	1 080	23 298	56 608

图 2-3-9　2007—2010 年上海电信 EPON OLT 设备端口数量情况图

合化为核心特征的可管可控的绿色高性能光网络。

2010 年年末，上海电信的 EPON OLT 设备端口数量达 56 608 个。

第二节　无线接入网

上海电信的无线接入网主要包括无线市话系统、无线局域网、码分多址(CDMA)、数字集群和室内分布系统。

一、无线市话

【CDMA 无线本地环路】

1996 年，上海邮电为解决部分老城区、棚户区、城乡接合区和郊县边远地区的通信线路基础较差，用户线缺乏问题，开始建设 CDMA 无线本地环路(CDMA Wireless Local Loop，CDMA WLL)，俗称大灵通试验系统。系统工作频段为 1 900 MHz，主要覆盖上海内环线以内地区、内环线外部分“缺线缺号”地区，以及青浦城区、松江城区、南汇的芦潮港地区，建成包括一个交换机(MSC)、3 个基站控制器(BSC)和 15 个基站(BTS)的 CDMA 无线本地环路。全系统总话务量达到 2 100 爱尔兰(Erl)，无线部分容量为 30 000 用户，交换机容量 50 000 用户。该系统采用 CDMA (IS-95)1900 技术，工作于 1 895—1 900 MHz/1 975—1 980 MHz 频段。

2004 年 12 月 31 日 24 时，上海电信的 CDMA 无线本地环路正式停止运营。

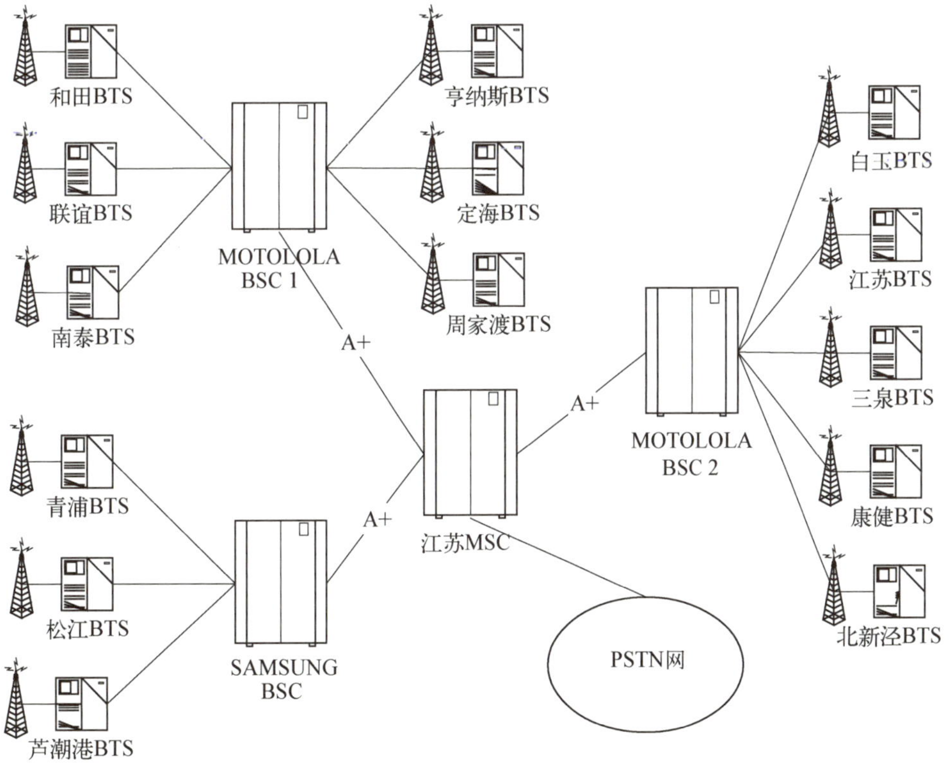

图 2-3-10　CDMA WLL 系统结构图

【个人手持式电话系统】

个人手持式电话系统(Personal Handy-phone System，PHS)采用微蜂窝技术，将手持电话以无线方式接入固定通信网，作为固定电话的延伸，提高了电信网络资源的利用率。PHS最早于1997年年底出现在浙江省余杭市，命名为"小灵通"，又称"无线市话"。1999年，中国电信开始有计划地在南方各地推广无线市话业务。

2000年7月，信息产业部发布《关于规范PHS无线市话建设与经营的通知》，将PHS定位于小范围低速移动无线接入，是市话系统的补充和延伸，并对电信企业开展PHS业务实行电信业务经营许可证管理。8月，中国电信制定《PHS无线市话发展的指导意见》。

2003年年初，上海电信在金山石化、枫泾镇、松江大学城等地区进行PHS运营试验。随后正式启动郊县无线市话一期的7个工程，全年共设立1C15T基站219个、1C7T基站2 171个、1C3T室内型基站241个，提供全网19 205个无线容量。

2004年1月16日，上海电信启动PHS二期扩容工程，包括8个项目建设，分别是郊县7局(奉贤、嘉定、南汇、金山、松江、青浦和崇明局)和康健核心机房工程，新建基站(CS)2 790个，新增话务量10 114 Erl，能提供近27万户的无线容量。4月20日，上海市无线电管理局批复同意上海电信使用1 900 MHz—1 915 MHz频段开展PHS业务，PHS正式纳入政府规范管理渠道。5月17日，上海电信第一辆PHS移动基站通信车投入使用，车上载有4个基站，信号覆盖范围半径最大为800米，可服务800到900位PHS用户。7月28日，上海电信启动无线接入系统三期工程项目，建设1C3T基站60个、1C4T基站83个、1C7T基站2 036个、1C15T基站2个、集成基站控制器(ICSC)模块220套、CS－M模块61套，提供7 850 Erl的话务量和19.6万户的无线容量。三期建成后，上海电信的无线接入网能提供话务量28 623 Erl，满足71.6万户的需求。10月，上海电信启动无线接入系统四期工程，包括北区局、东区局、金山局、南汇局、南区局、浦东局、莘闵局、西区局、中区局共计35个子项目建设，共建设室外基站1C7T基站10 643个、1C15T基站766个、1C4T基站79个，基站控制器144处，基站控制器(CSC)模块752个。11月，上海电信启动无线接入系统五期工程，

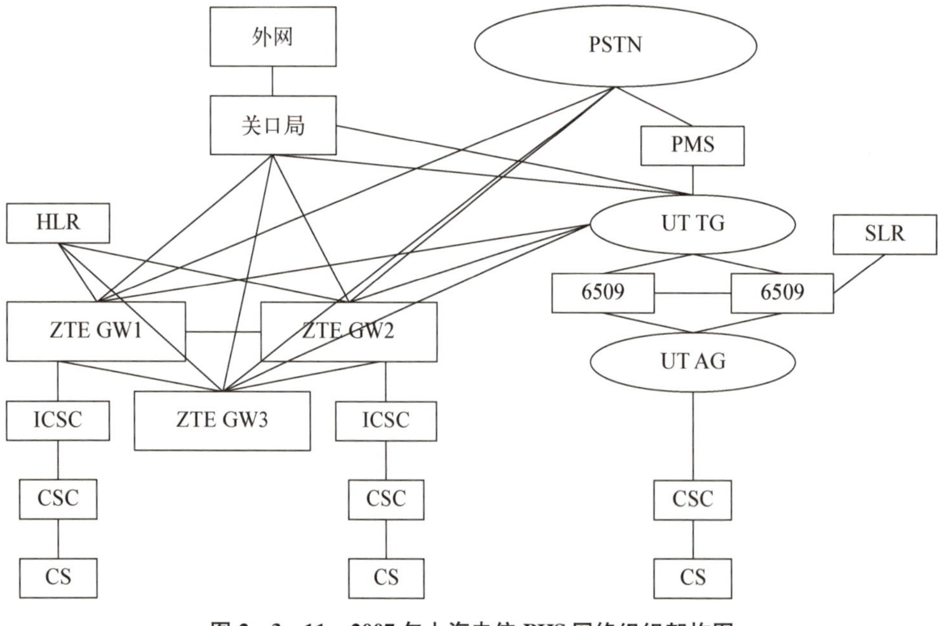

图2－3－11　2007年上海电信PHS网络组织架构图

主要包括崇明局、宝山局、嘉定局、青浦局、松江局共计 10 个子项目工程，建设室外 1C7T 基站 3 277 个、CSC 模块 447 个、ICSC 模块 6 个，为郊区 PHS 进一步发展打下基础。

2005 年 1 月，上海电信启动 13 个无线接入系统网络优化工程。

至 2007 年 7 月，上海电信开通无线基站 31 800 多个、约 22 万多个无线信道。其中，室外基站 28 800 多个，室内基站 3 000 多个，覆盖楼宇 1 000 多栋。上海市区及郊县各主要城镇、行政村、主要道路实现 PHS 基本覆盖。

2008 年 3 月 11 日，上海电信启动优化覆盖项目，新增 CSC 33 个及配套 CSC 机架 23 个、小功率基站 376 个及配套接口板若干、2 信道直放站 1 000 个。10 月 1 日上海电信承接 C 网后，不再对 PHS 进行扩容投资，仅作优化调整工作。

二、无线局域网络(WLAN)

无线局域网络(Wireless Local Area Networks, WLAN)是利用射频(Radio Frequency, RF)的技术，使用电磁波取代双绞铜线(Coaxial)所构成的局域网络。

2001 年 11 月 5 日，上海市无线电管理委员会批复同意上海电信建立无线局域网，规定该类设备设置使用的有效辐射功率不得大于 10 毫瓦。12 月 3 日，上海电信印发《关于无线局域网使用 2.4 G 频段的通知》，明确 WLAN 的组网频段为 2.4 GHz—2.483 GHz，工作频道 12 个。

2002 年，上海电信开始全面推广 WLAN，并将此业务取名为天翼通。5 月，在复旦大学管理学院开通校园无线局域网。10 月，在浦东机场、新锦江大酒店、国际饭店、通贸大厦、锦江饭店、贵都大酒店、明城花苑、锦沧文华等 10 余个 APEC 指定场所敷设无线局域网。是年，在新国际博览中心、世贸商城、星巴克咖啡连锁店、波特曼酒店、建国宾馆、虹口足球场等公共场所提供无线局域网服务。

2003 年 6 月，上海本地 WLAN 运营热点达 118 个。8 月，上海电信为商务楼、港口、机场等 98 个公共网点提供无线上网服务。9 月，新建 155 个无线热点。11 月，新建 44 个无线热点。12 月，新建 60 个无线热点。

2004—2005 年，上海电信共开展三期无线局域网建设工程。第一期完成覆盖面积 105 万平方米，第二期完成覆盖面积 180 万平方米，第三期完成覆盖和改造面积 275 万平方米。其间，在 20 家酒店实施天翼通覆盖。

2006 年，上海电信在市区 128 个电话亭安装 WLAN 设备，形成 Wi-Fi 热点覆盖区域，并在 20 家肯德基、10 家星巴克新门店进行天翼通网络覆盖。

2007 年，上海电信开展三批天翼通放装热点工程，第一批工程共安装热点 621 个，第二批工程共安装热点 624 个，第三批工程共安装热点 655 个，并对 22 家上海星巴克连锁新店实施天翼通网络覆盖。6 月，上海电信制定《天翼通放装热点建设管理办法》。9 月，上海电信启动无线宽带融合工程项目，对已建的天翼通网络进行优化，实现认证统一、门户统一，为进一步发展打下基础。

2008 年，上海电信结合无线城市建设，全年新增无线热点覆盖 2 995 个。是年，对上海政法学院、上海理工大学、南京东路、五角场、东亚体育文化中心、浦东新区人民政府、世纪皇冠假日酒店等区域实施 WLAN 无线覆盖。

2009 年，上海电信对世博园区世博轴和世博中心进行 WLAN 无线室内覆盖，优化无线宽带认证平台；新建一套 WLAN 网管系统。12 月，中国电信印发《利用 PHS 基站资源开展 WLAN 热点

图 2-3-12 全国 WLAN 网络建设和业务发展经验交流现场会

覆盖建设方案指南》。

2010 年，上海电信重点覆盖虹桥交通枢纽、漕河泾园区、松江工程技术大学、汉庭酒店、闵行区内的社区卫生服务中心、美欣大厦、华山花园、锦江向阳大厦、北泰大楼、创业大酒店、南浦大厦、海通证券大厦、美丽园公寓、世纪巴士大厦、罗斯福大楼等，全年新增无线热点覆盖 3 807 个。

三、码分多址(CDMA)

码分多址(CDMA)是一种扩频多址数字式通信技术，通过独特的代码序列建立信道，多路信号只占用一条信道，极大提高带宽使用率，应用于 800 MHz 和 1.9 GHz 的特高频移动电话系统。

2004 年年初，中国电信上海研发中心 3G 业务网络实验室工程开始建设，同时根据信息产业部的统一安排，对阿尔卡特公司的 WCDMA 系统、西门子公司的 WCDMA 系统、三星公司的 CDMA2000 系统和中兴公司的 TD-SCDMA 系统进行测试。

2008 年 4 月，中国电信组织开展 CDMA 无线网络的摸底测试和评估分析工作，为后续的网络承接、优化和质量提升提供依据。5 月，中国电信在上海、福建、江苏搭建 CDMA 端到端测试环境，包括网络、业务、IT 系统在内，并拟定 CDMA 网络的迁移割接方案。同时建设与各地互联的集团业务体验环境，在上海研究院进行业务网络设备的相关验证工作。10 月 1 日起，中国电信上海公司正式运营 CDMA 移动网络。是年，上海电信在全市建设 CDMA2000 无线网，新增 1x 室外宏蜂窝站点 192 个，扩载频基站 578 个，扩容基站 366 个；新建室内分布系统 190 套，室内信元 170 个。1x 增强系统方面，建设室外宏蜂窝站点 854 个，室内站点 800 个；新增无线网络控制器 4 个，扩容升级基站控制器 1 个。年末，CDMA 全网室外宏基站达 1 226 个，室内分布系统达 1 953 个(包括集约化和地铁项目)，上海全市 CDMA 网络配置话音容量为 63 487 Erl，配置数据吞吐量达到 870 Mbps。

2009 年，上海电信开展二期 CDMA 工程建设。竣工后，全网共设 1 个独立基站控制器，7 个独立无线网络控制器，全网 1x 基站均升级为支持 EVDO 的基站，实现 EVDO 单载波全市区域覆盖，两载波市区区域覆盖。网络总体规模为：1 805 个室外 1x 宏蜂窝站点，3 038 套室内分布系统（其中，BTS 信源 2 732 个），可提供 1x 话音容量 172 880 Erl，1x 数据吞吐量 1 373 Mbps，DO 数据吞吐量 16.52 Gbps。11 月，上海电信启动世博 LTE 试验网无线网配套建设项目，建设 38 个宏基站、7 套室内覆盖系统，进行相应的传输配套建设和改造。是年，还启动 C 网基站 IP 化承载试点项目。

2010 年，上海电信继续推动 CDMA 工程建设，新建室外宏站 275 个，扩容 477 个；新建室内分布系统 387 套，改造/升级 11 套，新增信号源 416 个，扩容信号源 200 个；扩容基站控制器 8 个。年末，全网共有 2 074 个室外宏蜂窝站，4 015 套室内分布系统（其中，BTS 信源 3 092 个），可提供话音容量 225 381.49 Erl，1x 数据吞吐量 1 659.95 Mbps，EVDO 数据吞吐量达 21.7 Gbps。

四、数字集群

数字集群系统是 20 世纪 90 年代后期研制开发的专业移动通信系统，除提供个人移动通信服务外，还能实现个人与群体间的任意通信，可进行自主编控，是集对讲机、GSM、CDMA 和图像传输于一体的智能化通信网络，具有频谱利用率高、保密性强、通信质量好、功能更完善、便于建立共用网等优点。一般可分为专网集群和公众网集群。2001 年，为强化应对突发事件的应急处理能力，上海市政府委托上海市信息委与上海市无线电管理局酝酿建设上海市数字集群政务共网。

2001 年，国家无线电管理局对专网集群和公众网集群系统的使用频率做出明确规定，800 MHz 频段统一分配给公网集群系统使用。上海市无线电管理委员会根据要求，于 7 月回收发放给专网使用的 800 MHz 频率，准备重点建设三个集群网络，包括两个公众网和一个政务网。

2002 年年初，上海市政府将建设 800 MHz 数字集群应急联动指挥调度通信网络项目列为 2002 年上海市城市信息化建设的八大重点工程之一。1 月 18 日，上海电信向上海市无线电管理委员会呈交《关于启动数字集群系统使用频率的请示》，积极筹划建设上海市数字集群指挥调度通信共网。规划建设诺基亚 TETRA 系统，上行频段为 806 MHz—821 MHz、下行频段为 851 MHz—866 MHz，网络覆盖上海市全境约 6 300 平方公里的面积，目标用户容量为 10 万户，目标客户主要为政府部门、大中型国有企业、中小型企业和部分外资企业。

2003 年 1 月 10 日，上海电信向上海市无线电管理委员会呈交《关于申请建设数字集群指挥调度通信共网使用频率的请示》，申请 800 MHz 频率的使用权。4 月，信息产业部、中国电信先后批复同意上海电信开展数字集群通信业务试商用，要求上海电信加紧做好试商用的有关工作，并按要求及时向中国电信报送试验期间的业务资费标准、每季度试验情况及试验总结报告等。

2006 年 1 月 24 日，上海市政府以公开招标的形式确定上海电信为政府数字集群政务共网的建设单位，将全市已有的 11 个由市政府办公厅、市公安局、中卫国脉、上海轨道交通等政府部门、企业独立运营的集群网络，纳入 800 MHz 数字集群政府共网运营。800 MHz 数字集群共网采用 TETRA 制式，在本地建设 2 个异地的交换中心（单个容量约 5 万），基站总数 152 个。其中，室外基站 130 个，室内覆盖基站 10 个，预留 10 个基站作为网络优化备用，配备 2 辆机动通信车，规划使用的频点总数约 90 对—120 对。采用插花和重点基站双路由的方式建网，两个交换机所连接的基站相互交错，并对重点基站进行链路备份，保证网络的安全运行。12 月，数字集群网络工程建设项目完工。

2009 年 2 月,上海电信承接中国卫通上海公司划转的数字集群通信业务。11 月 20 日,上海电信启动世博区域数字集群优化项目,新建 5 个 4 载频基站,新增天馈系统 5 套。建设完成后,整个世博园区能满足 9 700 个用户的需求。

图 2-3-13 上海市 800 MHz 数字集群政务共网

2010 年年底,上海电信有两个 800 MHz 集群网络,其中 TETRA 集群网络共有宏基站 216 个、室内分布基站 65 个、直放站 127 个;iDEN 集群网络共有基站 109 个、基站控制器 2 个,在网运行载波总数为 478 个。

五、室内分布系统

室内分布系统是针对室内用户群、用于改善建筑内移动通信环境的一种方案,利用室内天线分布系统将基站的信号均匀分布在室内每个角落,从而保证室内区域拥有理想的信号覆盖。上海电信公司化运营前期,室内分布系统主要用于 PHS、WLAN 的覆盖。

2004 年,上海电信在全市进行室内无线综合分布系统建设,包括基站项目、WLAN 项目和传输项目,共完成 1 831 万平方米建筑的室内无线综合分布系统建设。

2005 年 11 月 23 日,中国电信印发《中国电信室内无线综合分布系统设计规范(暂行)》和《中国电信室内无线综合分布系统施工验收规范(暂行)》,要求各省公司自 2005 年 12 月 1 日起执行。是年,上海电信先后完成 6 批无线综合覆盖工程项目建设,覆盖 299 个楼宇。

2006 年,上海电信实施的 PHS、3G、WLAN 共用室内无线综合分布系统建设,开始要求同时满足 TETRA、GSM 900 MHz /1 800 MHz、CDMA 800 MHz 网络的室内接入要求,即适用 PHS 无线市话系统、工作于核心频段的 3 G 系统、工作于 2. 4 GHz 频段的 WLAN 系统、工作于 800 MHz 频段的 TETRA 系统，工作于 900 MHz/1 800 MHz 频段的 GSM 系统和工作于 800 MHz 频段的 CDMA 系统等。全年共完成 51 批无线室内综合覆盖项目，累计投资约 2. 7 亿元。其中，重点项目为上海铁路南站综合无线室内覆盖系统，上海地铁 1 号线、2 号线 22 个地铁站点的室内覆盖等。

2007 年，上海电信共完成 6 批无线室内综合覆盖工程建设，完成无线室内综合楼宇 49 幢，覆盖总面积 125. 35 万平方米。

2008 年 9 月 16 日，上海电信修订室内分布系统技术要求，规定 CDMA2000、1x、WLAN、PHS、数字集群等系统的设计、施工、验收要求；修订室内无线综合分布系统的系统指标要求、设备和器件指标要求（包括室内无线综合分布系统结构、系统指标、有源设备、无源器件以及信号源的技术要求）。是年，上海电信下达虹桥枢纽交通中心集约化基站建设项目任务。

2009 年，上海电信完成 4 批无线网集约化室内覆盖，新建信源 140 套、集约化分布系统 49 套、隧道分布系统 2 套、小功率直放站 50 套，干放改造 130 套。11 月，启动世博 LTE 试验网无线配套建设项目，其中含 7 套室内覆盖系统。

2010 年，上海电信新建室内覆盖 629 套，主要有世博会“一轴四馆”的室内分布系统，轨道交通 2 号线、7 号线、9 号线、10 号线、11 号线、13 号线的 93 个站点的无线信号覆盖，西藏路隧道、人民路隧道、新建路隧道、打浦路隧道及其复线、外滩东西通道、龙耀路隧道、电力隧道，以及虹桥枢纽西航站楼、东交通中心、西交通中心、虹桥站的室内无线覆盖。

第四章 传输网

第一节 长途传输网

上海电信是中国电信三大国际出口局及八大中心局之一，担负着大量的国际、国内通信任务，是中国电信网络的重要节点之一。上海电信的长途传输网主要由海底光缆、卫星地面站、微波、干线光缆和传输系统组成。

一、海底光缆

2000年公司化运营初期，上海电信有5套海底光(电)缆系统，分别位于南汇登陆局和崇明国际海缆登陆局。其中，南汇登陆局登陆的海光(电)缆系统有中日海底电缆、中日海底光缆(China-Japan Fiber Optic Submarine Cable System, C-J)、环球光缆系统(Fiber-Optic Link Around the Globe, FLAG)；崇明国际海缆登陆局登陆的海光缆系统有欧亚3号海底光缆系统(South-East Asia-Middle East-West Europe 3, SMW3)和中美海底光缆系统(China-US Cable Network, CUCN)。

2001年，东亚—城市间海底光缆系统(East Asia Crossing-City to City Cable System, EAC-C2C)在南汇登陆开通；亚太2号海底光缆系统(Asia Pacific Cable Network 2, APCN2)在崇明登陆开通。

2003年4月15日，根据中国电信集团公司与中国网通集团公司有关协议精神，上海电信长途

图2-4-1 崇明国际海缆登陆局

事业部南汇海缆登陆局与海缆公司南汇雷达观测站划归中国网通管理，并由中国网通浙江分公司代管，登陆南汇的海光缆随南汇登陆局划归中国网通。

2008 年，跨太平洋直达海底光缆系统(Trans-Pacific Express，TPE)在崇明国际海缆登陆局登陆开通。

截至 2010 年年底，上海电信共有 4 套海缆系统计 7 条海光缆。

二、卫星地球站

【国际卫星地球站】

上海电信的国际卫星地球站始建于 1973 年 8 月，位于上海市莘庄地区，简称"莘庄地球站"，主要承担国际卫星 IDR 网的传输、各类国际电视传送，以及南极科考站——南极中山站、长城站的通信卫星专线电路、建华公司远程教育平台的传输任务。2000 年，上海电信公司化运行初期，莘庄国际卫星通信地球站有口径为 30 米的 C 波段天线(SHG－1A)1 副，收发国际卫星组织太平洋 174 度卫星信号，电路数量为 1 735 路；口径为 20 米的 C 波段天线(SHG－3A、7A)2 副，分别收发国际卫星组织印度洋 62 度卫星信号和太平洋 177 度卫星信号，电路数量为 1 180 路和 431 路；口径为 9 米的 Ku 波段天线，用于电视临时转播；口径为 4.6 米的 Ku 波段天线，用作电视业务单收站；口径为 3.4 米的 Ku 波段天线，收发泛美 2 号卫星信号，作为单收站使用；口径为 2.4 米的 Ku 波段天线，作为单收站使用。另有口径为 20 米的 C 波段天线(SHG－4)1 副和小口径 Ku 波段天线(SHG－2F2)1 副，分别用于海光缆支撑和电视电路备用。

2001 年，上海电信对莘庄地球站进行设备扩容建设，新建 12 米卫星天线(SHG－15B)和行政数字电视设备，还配置数字电视编码设备和高功放及配套设备。

2003 年，随着国际海光缆逐步取代卫星成为国际通信的主要传输方式，卫星传送业务量呈逐年下降趋势。是年，莘庄地球站测试开通国内备用载频 6 个，行政电路测试载频 1 个，完成国内卫星网数字电路倍增设备的割接。

图 2－4－2　国际卫星地球站控制室

2006 年，莘庄地球站开通上海至刚果和尼泊尔的电路。

截至 2010 年，莘庄地球站配置直径大于 12 米的大口径 C 波段天线 6 副，小于 12 米的小口径 3 副；配置直径 9 米的 Ku 波段天线 1 副，直径 5.36 米的 Ku 波段天线 1 副，直径小于 4 米的小口径 Ku 波段天线 8 副。为满足国内外政企和媒体客户临时视频转播的需要，配有 C 波段卫星通信车：带有 7.2 米天线的 2 辆，4.5 米天线 1 辆，3.9 米天线 2 辆；带 2.4 米天线的 Ku 波段卫星通信车 2 辆；带 4.5 米天线 C/Ku 双波段卫星车 1 辆；便携式卫星设备 4 套。

【国内卫星地球站】

上海电信的国内卫星地球站始建于 1991 年 9 月，位于上海市七宝地区，简称“七宝地球站”，主要承担国内卫星中等数据速率（IDR）网的传输（以拉萨和乌鲁木齐为主）和各类电视业务的传输。

2001 年，上海电信对七宝地球站进行设备扩容建设。年末，七宝国内卫星地球站有 C 波段天线（SHG－5Z）1 副，收发中星 6 号卫星信号，电路数量为 2 220 路；C 波段天线（SHG－6Z）1 副，收发中卫 1 号卫星信号，电路数量为 180 路；Ku 波段天线 4.5 米，作为单收站使用。

图 2－4－3　七宝国内卫星通信地球站

2003 年，随着国内长途干线光缆大量投入使用，光纤通信逐步取代卫星成为主要传输方式，卫星传送业务量呈逐年下降趋势。

2010 年，七宝地球站有卫星天线 4 套，主要作为备用站，无主用电路。

【甚小口径卫星地球站（VSAT）】

刘行卫星地球站位于上海市刘行地区，简称“刘行地球站”，为原上海电信直属的上海卫星通信公司 VSAT 业务卫星主站。2007 年，随上海电信体制变革划归应急通信局，是工业和信息化部及中国电信应急通信宽带 VSAT 卫星系统主控站，中国电信 CDMA 应急基站卫星落地传输转接枢纽，政府及集团客户应急卫星专网（专线）通信的交互主站，应急卫星专线通信新业务开发与拓展的孵化基地、业务演示中心。

上海刘行 VSAT 卫星通信主站，拥有 12 米 C 波段天线 2 副、6 米 Ku 波段天线 1 副。2000 年年初，租有“亚太一号”卫星C波段转发器29.5 MHz，“中卫一号”Ku波段转发器3 MHz。VSAT卫星通信系统设备已涉及国际专线、无线寻呼卫星联网、大企业管理专网、金融信息广播服务、远程医疗及远程教育等业务领域。卫星VSAT小站遍及全国20多个省市、地区。

截至2010年，刘行卫星通信主站建有2副12米C波段卫星天线，对准亚太5号卫星，互为主备用，均具有双工四端口的通信能力，可进行自动跟踪；建有1副Ku波段6米卫星天线，备有自动跟踪系统。每副天线的发射端口均备有1∶1冗余配置的高功放及低噪声放大器，并配备8∶1的冗余上/下变频器配置。

三、微波

2000年，上海电信长途微波系统主要有2套，分别为京沪211模拟微波系统和京沪214数字微波系统。京沪211模拟微波系统容量为960路×3套，主要用于广电电视节目的传送；京沪214数字微波系统容量为140 Mbps×6套，主要承载长途电话交换业务。随着数字通信技术的发展，特别是长途光缆和大容量传输系统的建成，长途微波系统逐步关闭和退网。

2002年1月10日，中国电信关闭用于承载传输广播节目的模拟微波、载波及配套设备系统，京沪211模拟微波系统随之关闭。

2006年3月24日，中国电信印发《关于组织一级干线微波设备退网的通知》，决定将全国一级干线的微波设备统一退网，包括京沪214数字微波140 Mbps系统。上海电信根据中国电信要求，完成电路的调出和设备停用。上海地区的一级干线微波设备全部退网。

图2-4-4　电信大楼顶部架设的微波天线群

四、干线光缆

干线光缆是指长途骨干光缆，其中，一级干线是省际干线，二级干线是省内干线。

【一级、二级干线光缆】

上海电信作为中国电信的主要国际出入口局、国内主要汇接局和大区中心，形成以电信大楼、横浜大楼、漕溪大楼为主的长途传输多局制格局，以及以嘉定、崇明为北向出口，以松江、金山为南向出口的网络。1999 年，上海邮电的长途中继光缆长度为 1 744 皮长公里，长途光缆纤芯长度为 39 017 芯公里。

2000 年 10 月，上海电信启动浦东长途枢纽大楼重要节点工程，主要用于一级干线枢纽节点的建设。在嘉定、青浦、松江、奉贤等 4 个中继站间敷设迂回长途光缆一条。是年，上海电信运营管理的长途中继光缆长度为 1 643 皮长公里，长途光缆纤芯长度为 36 938 芯公里。

2001 年 8 月，以上海为起点，连接浙江、福建的沪杭福惠光缆建成投入试运行，年内通过中国电信验收。12 月 13 日，中国电信下达一级干线设备、线路搬迁改造计划的任务。其中，涉及上海地区迁改的光缆有南沿海、北沿江、北沿海等部分路段光缆。

2002 年 9 月 23 日，上海电信完成嘉定电信局长途光缆及设备的搬迁工程，将京沪(沪宁)光缆、北沿江北沿海光缆、沪苏架空光缆及相关光中继设备和数字微波等所有长途通信搬迁到新的通信大楼并割接入网。12 月，沪宁杭光缆上海段建成，自浦东民生大楼经横浜大楼至安亭，全长 52.96 公里，全程管道敷设情况为：浦东大楼至横浜大楼段全长 13.03 公里，采用 96 芯光缆；横浜大楼至安亭段全长 39.93 公里，采用 64 芯光缆。上海段均采用 G655 高速光缆。年末，中美 3 号光缆陆上部分建成投入使用。上海电信还对电信大楼—横浜大楼—漕溪大楼—电信大楼的长长中继 24 芯光缆进行改造，部分光缆改造为 96 芯光缆。

2003 年 11 月 20 日，南沿海光缆上海段完成光缆割接。从电信大楼经松江中继站至枫泾镇与嘉兴连接，全长 78 公里，光缆衰减性能提高 6 dB—7 dB。是年，随着浦东民生大楼的建成，上海电信形成以武胜电信大楼、浦东移动大楼、横浜大楼、漕溪大楼为主的“3+1”的长途传输平台格局，主要担负南北方向的长途业务传输任务，南向主要有沪闽光缆、沪穗光缆、沪金南穗长途、沪杭光缆一级、二级干线，北向主要有北沿江、沪苏架空、沪宁光缆长途一级、二级干线。

2004 年 8 月，上海电信完成陆上中日 1 号光缆改建工程，各项指标均达到信息产业部的标准，使上海国际出口电路的传输质量得到提高。另外，新增一条浦东民生大楼至电信大楼迂回光缆路由。

表 2-4-1　2003 年长途干线光缆情况表

出口方向	干线等级	光纤名	型号	出口
北向长途光缆	一级干线	北沿江北沿海 64 芯	G652	嘉定
	一级干线	沪宁光缆 22 芯	G652	嘉定
	二级干线	沪苏架空 26 芯	G652	嘉定
南向长途光缆	一级干线	沪闽光缆 24 芯	G652	松江
	一级干线	沪穗光缆 96 芯	G655	松江
	一级干线	沪金南穗 48 芯	G652	奉贤
	二级干线	沪杭应急光缆 48 芯	G652	青浦

2008 年 1 月 23 日，上海电信将松江电信局的一级干线传输设备搬迁至新建的松江信息大楼机

房;新建通信电源系统 1 套及机房装修、走线架、电源列柜、空调、监控消防等配套设施;割接长途光缆 6 条共计 12.5 公里,搬迁长途干线 6 条共计传输中继设备 7 套等。

截至 2010 年年底,上海电信运营管理的长途干线光缆共计 35 根,长度为 1 406 皮长公里,纤芯长度为 77 933 芯公里。

表 2-4-2　1999—2010 年长途干线光缆情况表

年　份	干线光缆(皮长公里)	干线光缆(纤长公里)
1999	1 744	39 017
2000	1 643	36 938
2001	1 871	56 339
2002	1 890	58 005
2003	2 194	73 982
2004	2 128	75 028
2005	2 213	78 932
2006	607	28 550
2007	526	27 777
2008	1 778	69 495
2009	1 797	72 937
2010	1 406	77 933

说明:2006 年统计数据按集团要求不统计本地干线,仅对集团一级干线进行统计,故 2006 年数据发生较大变化。

【长长、长市光缆】

长长光缆是指上海电信长途枢纽楼、站点之间的连接光缆。长市光缆是指长途枢纽至本地网之间的连接光缆。

2001 年,上海电信敷设浦东民生大楼长途枢纽机房至武胜大楼、横浜大楼的长长中继光缆 4 条;敷设浦东民生大楼至云莲、金杨本地网长市中继光缆 2 条;敷设浦东民生大楼至华信大楼和罗山路的长市光缆 2 条;增建武胜大楼至莘庄、七宝 2 个卫星地面站间的长长中继环网线路 1 条;增建武胜大楼、横浜大楼、漕溪大楼之间长长中继环网线路 1 条。

2002 年,上海电信再建武胜大楼至莘庄、七宝 2 个卫星地面站间的第三环中继环网线路,增加运能。

2003 年,上海电信新建武胜大楼至横浜大楼长长中继光缆 2 条;新建武胜大楼至柳林本地局、武胜大楼至斜土本地局长市光缆 2 条;新建浦东民生大楼至信息大楼不同路由的直达光缆线路 2 条。是年,上海电信共有长长中继传输网光缆 22 条,4 个传输枢纽楼之间基本实现长长中继网状全覆盖,卫星地球站和海光缆登陆站至相关业务枢纽楼之间也建成双路由中继。

2005 年,上海电信新建武胜大楼、横浜大楼和浦东大楼长长中继光缆环线;新建武胜大楼—横浜大楼之间的长长中继光缆;新建武胜大楼—真如 IDC 机房、横浜大楼—真如 IDC 机房 2 条长长中继光缆。

2006年，上海电信建成武胜大楼、横滨大楼4条长市中继光缆，建成张东IDC机房至横浜大楼、浦东民生大楼长长中继光缆2条，张东IDC机房至金杨局长市中继光缆1条。建成浦东民生大楼—奉贤中继站长长中继光缆迂回线。

2007年10月，上海电信建成浦东民生、武胜大楼及横浜大楼之间的长长中继光缆3条。

2010年年末，上海电信有长长中继光缆70条，线路长度为1 055.601皮长公里；有长市中继光缆9条，线路长度为74.409皮长公里。

五、传输系统

2000年公司化运行初期，上海电信已拥有相当规模的长途干线传输设备和系统，主要有密集型波分复用(Dense Wavelength Division Multiplexing, DWDM)、同步数字体系(Synchronous Digital Hierarchy, SDH)、准同步数字体系(Plesiochronous Digital Hierarchy, PDH)和2套数字微波系统。是年，开通中国电信第一条2.5 Gbps波分复用电路。

表2-4-3　2000年波分复用(DWDM)系统能力情况表

传输光缆干线		DWDM系统	
名　称	芯　数	名　称	能　力
沪宁	22	京津沪DWDM 20Gbps	8 W×2.5 Gbps
沪闽	24	沪宁DWDM 40Gbps	4 W×10 Gbps
北沿海、北沿江	64	北沿江(沪宁段)DWDM 20Gbps	8 W×2.5 Gbps
沪金南穗	48	南沿海DWDM 20Gbps	8 W×2.5 Gbps
沪杭应急	48	北沿海[沪连(沈)DWDM20Gbps]	8 W×2.5 Gbps
沪杭架空	26	—	—

表2-4-4　2000年年末光传输系统容量和使用电路数情况表

	SDH传输容量155 Mbps(套)	PDH传输容量140 Mbps(套)	使用电路数(64 kbps)
电信大楼	293	6	201 730
横浜大楼	352	5	8 850
漕溪大楼	36	—	16 756
合计	681	11	227 336

2001年11月，上海电信根据中国电信要求，在上海—杭州间开展10 Gbps IP over DWDM实验，采用思科32×10 Gbps波分复用设备，搭建上海—杭州10 Gbps IP over DWDM实验传输平台，进行相关的测试验证工作。该线路是国内第一条能够提供10 Gbps数据带宽通路的系统，装机容

量为 2×10 Gbps。

2002 年 3 月 15 日，中国电信高速传输环网南环工程投入试运行，该系统采用 DWDM 和 SDH 设备，装机容量为 33×10 Gbps。10 月 24 日，该工程上海段通过验收，投入运行。

2003 年 12 月北京—上海 SDH(1+1)系统正式运行，装机容量 2×10 Gbps。

2006 年 10 月，中国电信高品质传输网络上海节点正式交付使用，配置阿尔卡特的数字交叉连接设备 DXC4/4、DXC4/1，装机容量 6×2.5 Gbps。

2007 年 1 月，中国电信 2006 年 SDH 传输系统及自动交换光网络试验网上海节点工程完工，正式投入运行。该工程配置：2×京沪 SDH10Gbps(1+1)、沪宁 SDH10Gbps(1+1)、沪汉 SDH10Gbps(1+1)、沪杭 SDH10Gbps(1+1)、穗沪 SDH10Gbps(1+1)直达系统，采用阿尔卡特 1678NCC 设备，装机容量 12×10 Gbps，同时配置 1+1 保护系统。

2009 年 2 月，上海—无锡 40 Gbps WDM 传输系统工程投入试运行，为国内数据业务互联提供 40 Gbps 传输通道，数据装机容量 2×40 Gbps+20×10 Gbps。

图 2-4-5　光缆传输终端设备

第二节　本地传输网

上海电信的本地传输网主要由中继光缆网和传输系统组成。2000 年，本地传输网分为区域层与骨干层。区域层由东北区、西南区、中区和浦东等 4 个区域组成，每个区域设置主副 2 个转接点，其中，8 个局为骨干层节点。郊区以区县为单位各自组网，并有中继与市区和邻县相连。此后，本地传输网逐步由两层结构调整为由骨干层、区域转接层、子区域层组成的三层结构。其中，在骨干层新建 8 个骨干节点，组成网状网结构；区域转接层网络结构由双树和环叠加方式构成，每个区域由 3—12 个业务节点组成，其中，2 个业务节点为区域转接点，负责本区域对外业务的转接，区域转接点与本区的 2 个骨干转接点个个相连，不同区域的区域转接点可按业务需求就近相连；子区域层由距中心城区较远且业务量较小的业务节点组成，每个子区域由 3—6 个业务节点组成，其中，2 个业务节点为子区域转接点。

一、中继光缆

2000 年，上海电信先后启动三批中继光缆扩容工程，共新建中继光缆 104 条。年末，上海本地网中继光缆总长度约 5 473 皮长公里，合计 235 523 芯公里。

2001 年 11 月，上海电信制定光缆系统命名法，含光缆、分支设备(熔接盒或接续箱)、交接设备、分纤设备等实体。

2002年，上海电信确定三层网络结构，开始以骨干层、区域层、接入层结构建设中继光缆，按照浦东、东北、西南和中区4个大区组网，建设从骨干层开始，新建骨干层8个传输转节点。是年，在骨干层和区域层新建三批中继光缆，共计111条。

2003年，上海电信启动两批中继光缆扩容工程，新建中继光缆73条，长度为387.1皮长公里，合计59 119.2芯公里。

2004年，上海电信中继光缆网骨干层已基本形成网状网结构，区域转接层、区域层、子区域层中继光缆网也按需向目标架构逐步演进，区域转接层以上开始采用144芯以上大容量光缆。是年，上海电信新建96/216芯中继光缆15条，长度为79.8皮长公里，合计11 493.6芯公里。

2005年，上海电信主要针对中继光缆网络的区域转接层和子区域层进行集中建设，将市郊(县)中继光缆的建设纳入公司总体规划和建设流程。是年，上海电信新建144/216芯中继光缆45条，长度为260.53皮长公里，合计46 139芯公里。年末，启动2006年的中继光缆一期扩容工程。

2006年3月，上海电信为缓解崇明—上海市区传输资源单一、容量有限的局面，新建48芯过江光缆、陆上光缆和管道光缆共64.5皮长公里，合计3 096芯公里。10月，上海电信开建中继光缆二期扩容工程，建设144/288芯中继光缆33条，总长度为212.5皮长公里，合计44 360芯公里。是年，为缓解管孔资源的紧张状况，上海电信在西区电信局进行中继光缆优化试点工作，拆除12/24芯中继光缆23条，新建216芯中继光缆9条，长度为23.9皮长公里，合计5 163芯公里。

2007年4月，为解决POP点业务上连的需求，上海电信开展中继光缆一期扩容工程，新建216芯中继光缆40条，长度为266.3皮长公里，合计57 520芯公里。

2008年3月，为配合崇明三岛联动开发建设，上海电信新建48芯长兴—横沙过江光缆2条，将崇明、长兴、横沙三岛构成中继光缆环，长度为3皮长公里，合计144芯公里。8月，上海电信开展移动通信C网搬迁中继光缆配套工程建设，新建216芯中继光缆1条，96芯中继光缆5条，长度为25.8皮长公里，计3 629芯公里，替代联通C网中继光缆。是年，上海电信市区—郊区(县)、郊区(县)与郊区(县)中继光缆网络逐步完善，有芯数8芯—216芯的中继光缆33根。

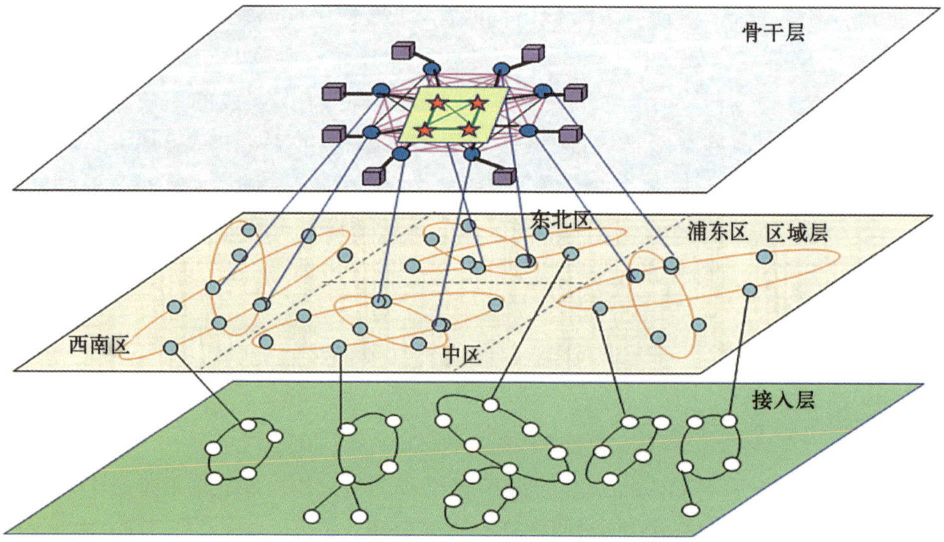

图2-4-6 2010年中继光缆网络结构模型图

2009年，上海电信配合市政重大工程，在沪崇苏隧桥、人民路隧道、打浦路隧道及复线、新建路隧道、上中路隧道等工程中预埋中继光缆，重点完善世博园区、虹桥枢纽等区域的中继光缆的网络布局，利用市政重大工程新建道路增加大量物理迂回路由，为世博会提供充分的通信传输保障。是年，上海电信启动郊县中继光缆建设，其中，崇明县扩建16条，长度为174.65皮长公里，合计32 135芯公里；扩容和新建市区与郊区（县）、郊区（县）与郊区（县）中继光缆16条，长度为369.9皮长公里，合计106 124芯公里。

2010年，为适应南汇区与浦东新区合并后的业务需求，上海电信对中继传输网络进行适当调整，将浦东地区的高行、华夏局升格为骨干层节点，将南汇信息园区升格为骨干网补充节点，初步形成“8+2+1”的骨干网络结构。

截至2010年年底，上海电信本地中继光缆长度为21 177皮长公里，纤芯长度2 537 175芯公里，已用纤芯长度1 053 028芯公里，中继光缆利用率为41.50%。

表2-4-5　2000—2010年上海电信本地传输网中继光缆长度情况表

年　份	皮长公里	纤芯公里
2000	5 473	235 523
2001	5 997	288 559
2002	7 379	472 184
2003	8 684	692 521
2004	9 648	673 034
2005	10 091	734 950
2006	11 488	924 651
2007	14 255	1 250 746
2008	16 399	1 584 789
2009	18 844	1 984 795
2010	21 177	2 537 175

二、传输系统

【时分复用（TDM）】

上海电信在20世纪80年代引入程控交换技术时，同步引入PDH技术，1986年开始大规模建设。此后，上海电信的TDM传输系统的主流技术历经PDH、SDH、多业务传送平台（MSTP）、多业务接入平台（MSAP）、自动交换光网络（ASON）等不同阶段。

2000年，上海电信骨干层传输系统已主要采用SDH设备，8个骨干节点都设有DXC4/1（等效容量为64个STM-1）和622 Mbps四纤双向环，提供2 Mbps应用；另在8个骨干节点间有5个2.5 Gbps SDH环，提供155 Mbps应用。接入层则以PDH为主。9月，上海电信启动新江湾城等12个远端模块局站交换设备工程，结合上海大学模块站ISDN设备扩容的传输需求，开展传输配套建设，采用PDH光端机设备。是年，在上海市经济委员会批准的高新项目中，上海电信引进10 G

速率的SDH传输设备,主要有北电10 Gbps环、朗讯10 Gbps环等。

2001年,上海电信规划新建八大传输骨干节点,开始大规模建设SDH网络,在骨干层选用10 Gbps分插复用器(ADM)组环;在区域层采用2.5 Gbps ADM设备组成的二纤双向复用段倒换环,以双归方式建设36个SDH环;在八大传输骨干节点上,新建8套DXC 4/1设备,作为电路调度的中心;对罗泾等7个业务需求较小的局站,以155 Mbps传输速率就近接入2.5 Gbps环。

2002年,上海电信开展市郊(县)部分SDH传输系统区域层扩容工程,新增38端SDH设备,最高速率为2.5 Gbps,建成后全网新增2 Mbps端口4 914个,155 Mbps电口32个,155 Mbps光口68个。

2003年,上海电信开展SDH传输系统区域层扩容工程,新增33端2.5 Gbps ADM设备、5端155 Mbps终端复用器(TM)以构建SDH环,增加STM-1端口300个,2 Mbps端口7 371个。

2004年7月,上海电信开展传输系统骨干层扩容工程,主要对柳林、斜土局的DXC4/4/1设备进行155 Mbps端口扩容,对骨干转接点的北电10 Gbps SDH设备进行端口扩容。11月,开展传输系统区域层扩容工程,通过新建或利旧设备的方式对华为区域环、日本电气(NEC)区域环、富士通(FJT)区域环、朗讯区域环进行2.5 Gbps环、155 Mbps环的新建或扩容建设。

2005年3月,上海电信在嘉定电信局建设MSTP商用试验网,在嘉定电信局的城域核心层组建1个2×2.5 Gbps环网,在5个核心节点上各自配置1套Metro Wave@ 8100+设备,每套均配置STM-16接口单元,这是上海电信首次采用MSTP技术进行组网改造,为推进MSTP技术的广泛应用打下良好基础。6月,上海电信开展中继传输网扩容工程,利用MSTP技术在骨干层对柳林、斜土等8个骨干节点DXC 4/4/1设备各扩建32个STM-1电接口和32个STM-1光接口;在控江、柳林和斜土的北电10 Gbps SDH设备上各配置32个STM-1接口;在区域层对部分区域环骨干节点进行STM-1电口扩容,对部分局站进行STM-1电口扩容,将部分局站ADM16/1设备原交叉能力H064/L016更换成H064/L032的交叉连接单元,在长市环武胜、漕溪和民生节点分别下挂2 Mbps端口504、126、126个。

2006年2月,上海电信启动中继传输网扩容工程,首次在8个传输骨干节点引入ASON技术,新建的骨干传输层采用全网状网结构,使每个骨干节点间都有直达的传输链路,从而提升系统的网络容量、系统安全性、调度灵活性和运维可靠性。在区域层扩容中,采用10 Gbps区域层传输技术,每个区域环上4个区域层节点以双归方式接入所属区域的骨干层传输节点。共新增2 Mbps端口6 059个,STM-1光口612个。4月,启动上海电信与上海移动互联互通传输系统建设工程,在大华、金杨、康健等3个局利用OSN3500设备扩容接口盘以组建互联互通环,斜土局新装1端OSN3500设备。4个局各配置8×STM-1光接口和63个2 Mbps电接口,可提供2 Mbps端口252个,STM-1端口32个。5月,启动综合传输接入设备建设工程,首次在接入层引入MSAP传输设备。

2008年,中国电信运营CDMA业务后,相关传输网络一并划归。为满足CDMA基站拓展的承载需求,上海电信充分发挥MSAP和ASON网络技术优势,加大SDH/ASON传输网络的建设力度。

2009年2月,上海电信启动浦东片区、中区区域、西南片区的移动中继传输扩容工程,工程在华为ASON平台上和阿尔卡特传输平台上扩容,以解决区域层155 Mbps端口紧缺和基站上联的传输需求。6月,在全市42个端局和长途民生节点内新建和扩容华为传输设备,在45个端局内扩容阿尔卡特传输设备,在13个端局内新建MSAP局端设备,在27个局扩装格林威尔设备板卡,77个端局扩装正有公司设备板卡，解决区域层155 Mbps端口和基站上联MSAP局端的传输需求。同时，在部分A类基站中新装阿尔卡特1642EMC设备，采用MSP+1+1或子网连接保护的方式，通过双路由上联至区域层的1或2个节点设备。

2010年2月，上海电信开展移动中继传输网络扩容工程，在骨干层扩容8套传输设备；在金杨、嘉定叶城、陈家弄等23个局各扩容1套传输设备。在金桥、金海等33个局各新增1套传输设备。3月，上海电信开展世博A类基站传输网络扩容工程，在世博A类宏站内安装华为Metro 1000或OSN 1500传输设备。12月，开展移动基站IP化中继传输网配套工程，在江苏、康健局9500设备扩容10 Gbps板卡；信息园区新增和扩容终端复用器3500设备；横浜东机房新增终端复用器3500设备2套，漕溪新增1套和扩容2套终端复用器3500设备，原有7500设备扩容10 Gbps，新建4个10 Gbps 3500设备；在王港、军工、西凌、杨行各新增一套终端复用器1500设备。

【分组传送(PTN)】

为满足中国电信开展优质二层专线业务的需求，并作为DDN和ATM业务迁移的目标网络，上海电信尝试PTN网络的建设。

2010年8月19日，上海电信对《分组传送网(PTN)建设工程》一阶段方案进行了会审，批准采用华为PTN 3900和PTN 1900设备，在金杨等8个传输局各新建1套华为PTN 3900设备，在东区等八大区局的48个汇聚/接入节点各新建1套华为PTN 1900设备，合计新建8台PTN骨干层设备，48台PTN汇聚/接入层设备组成分组传送网(PTN)，作为中国电信上海公司提供的二层专线业务的优质网络，为DDN、ATM、CE网络等其他二层平台用户升速迁移打好建设基础。

【波分复用(WDM)】

2002年，上海电信在城域范围内引入DWDM波分技术，初期主要为缓解崇明—市区传输距离过长，且过江光缆容易中断、安全性差等问题。1月，上海电信开始建设从电信大楼至崇明全长46公里、6波的DWDM系统，并租借联通上海漕河泾机房安装光放中继设备。

2003年6月，上海电信开展SDH传输系统区域层崇明过江DWDM系统扩容工程，新购2端DWDM设备、利旧2端DWDM设备，建设2套32×2.5 Gbps点对点DWDM系统，提高崇明过江业务的可靠性。

2005年，上海电信的城域DWDM网络拥有3个32波的光分插复用器(OADM)环和1个点到点的DWDM透明复用器系统，覆盖骨干层的8个节点，网络采用光通道层或光复用段层保护方式。网络业务相对比较固定，主要任务是为IP城域网提供传输通道。

2007年5月，上海电信开始在城域范围内大规模建设DWDM波分系统，主要用于市区、区(县)转接点与8个骨干节点连接，组建郊县环，满足郊县大容量、高速上联市区的需要。郊县环与目标业务节点的连接采用现有波分系统+新建波分骨干环来实现，以满足城域网通道(IPMAN A平面)和优化通道(IPMAN B平面)骨干节点间的业务需求。

2008年2月，上海电信开展城域波分系统扩容工程，扩容2.5 Gbps业务通道6个，安装OSN 6800设备子架5架，安装4路STM-16/OC48/OTU1支路业务处理板TQS 23块和4×ODU1汇聚到OTU2光线路板NS2 68块。3月，上海电信开展城域波分系统扩容工程，扩容城域波分系统10 Gbps波道16波、利旧2.5 Gbps通道12个，安装OSN 6800设备子架3架，安装4路STM-16/

OC48/OTU1 支路业务处理板 TQS 18 块，安装 4×ODU1 汇聚到 OTU2 光线路板 NS2 50 块，安装 10 Gbps 波长转换板 LSX 20 块，安装 8 通道光谱分析板 2 块，以满足数据业务持续增长对传输带宽的需求。

2009 年 1 月，上海电信首次在城域范围内引入 40 Gbps DWDM 波分技术，其中武胜、民生、斜土、云莲 4 个局新建城域波分系统 40 Gbps 波道 16 波，以满足该年城域网第一批扩容中核心出口层节点互联及上联 ChinaNet 上海骨干节点的 40 Gbps 业务需求。10 月，上海电信实施配合 IP 城域网第三批扩容城域波分扩容项目，涉及市区 10 个、郊区 14 个节点，满足次年 IP 城域网核心层互连及郊县扩容上联带宽的需求。

【数字同步网】

20 世纪 90 年代，电信总局建设全国数字同步网，分为全国骨干网、省内同步网、本地同步网 3 个层次，采用主从同步方式。上海的本地数字同步网建于 1995 年。

2001 年，上海电信对同步网进行扩容，在 19 个交换局内建设数字同步设备，各节点所需的 2 路基准时钟信号均通过 PDH 2 048 kbps 专线分别从 3 个长途枢纽楼电信、横浜、漕溪大楼的通信楼综合定时系统取得。

2003 年，上海电信启动数字同步网一期工程，采用三层网络结构，即由 1 级基准时钟、2 级节点时钟、3 级节点时钟组成。网内采用等级主从同步方式，同步链路利用 SDH 传输，与新建的网管系统同步。工程新增 3 级节点时钟设备 27 套，同时升级原有节点时钟设备使其具备同步状态信息功能并根据需求扩容部分设备输出端口。

2005 年 8 月，上海电信启动时钟同步网扩容工程，以电信大楼的主参考时钟为 1 级基准时钟，将横浜大楼原 2 级节点时钟设备升级至区域基准时钟，金杨局等 8 个汇接局局内设备作为 2 级节点时钟，其余端局局内设备作为 3 级节点时钟。2 级节点时钟设备和 3 级节点时钟设备数字同步链路均利用 SDH 传输。本次工程扩容原有时钟同步设备 3 套，新增 3 级节点时钟设备 73 套，输出模块配置按不小于 20 路 2 048 kbps 和不小于 10 路 2 048 kHz 接口配置，同时扩容原有时钟同步网管系统。

2007 年 4 月，上海电信启动目标网配套时钟扩容工程，在武宁、仙霞、西藏、黄兴、金生局和南汇信息园区节点各建设 2 级节点时钟 1 端，同时配置相应的网络管理系统。

2009 年 6 月，上海电信启动时钟同步网改造工程，在金杨、云莲、大华、控江、柳林、斜土、江苏 2、康健等八大核心节点新建 2 级节点时钟，替换已使用 13 年的 TSG3800 同步时钟设备。7 月，上海电信启动横浜和漕溪时钟网扩容项目，配合移动网建设，在横浜和漕溪各新增 1 套时钟设备，其中，横浜可提供 120 路 2 048 kbps 或 2 048 kHz 的同步时钟信号，漕溪可提供 100 路 2 048 kbps 或 2 048 kHz 的同步时钟信号。11 月，上海电信更新东昌、庆宁寺等 10 个局内的 3 级时钟设备；更新大华 2 局内的 2 级时钟设备；在南泰传输中心扩建大唐时钟设备网管系统。

第五章 数 据 网

第一节 基 础 数 据 网

一、长途骨干网

中国电信的基础数据网络，包括分组网(X.25)、数字数据网(DDN)、异步传输模式(ATM)骨干网等。

【分组网(X.25)】

1993年，上海市邮电管理局建成以加拿大北方电讯公司(简称“北电”)生产的DPN-100交换机为主机的分组交换数据网，与全国各省会局、直辖市的分组交换设备一起组成全国公用分组骨干网(CHINAPAC)。该交换机初装有2个资源模块(RM)和2个用户接口模块(AM)，共有同步和异步端口548个。

1996—1997年，上海电信完成全国公用分组交换数据骨干网上海节点一期和二期扩容工程，增加拨号入网端口10个和AM接入模块1个。1998年，上海节点的中继电路通达除拉萨和乌鲁木齐以外的全国省会城市。

1999年，上海本地分组交换网节点达到200个，分组端口能力达到7 004个，覆盖市区所有电

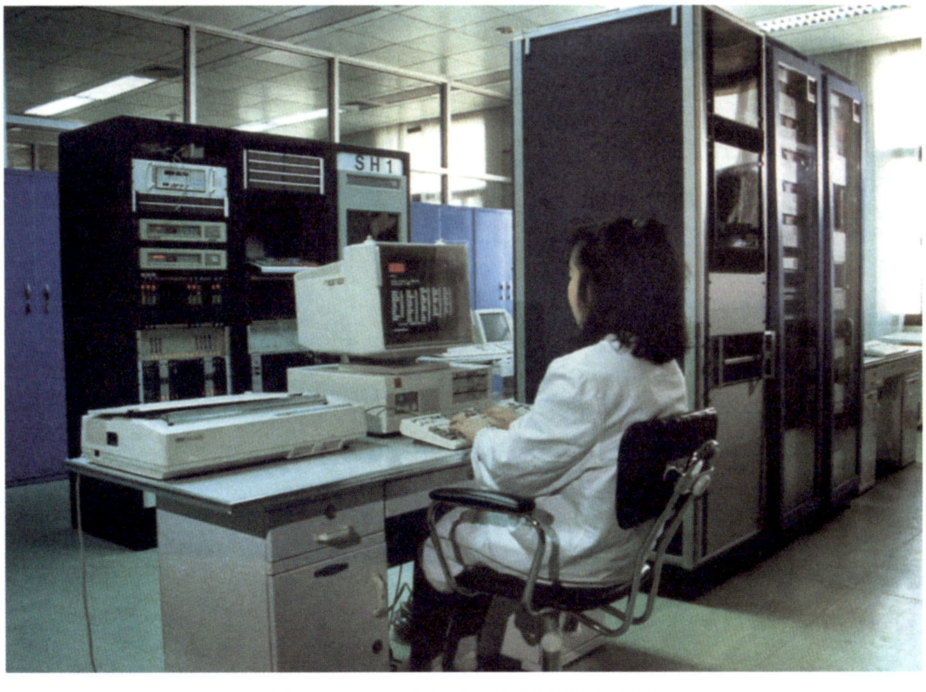

图2-5-1 分组交换骨干网系统设备

话局及郊区大部分局站，具有虚拟专用网、广播业务、异步、中继线带宽的动态分配等功能。

2001 年，上海电信分组交换网节点网络核心设备损坏且无法修复，使交换机处于单控制模块状态，分组网络存在安全隐患，影响业务发展。上海电信引进北电新一代的交换机“Passport 7480”，引进的 1 块控制卡板与原控制卡板组成冗余结构，另配置 8 口 V.35 卡板 4 块、4 口 V.35 卡板 6 块、4 口 E1 卡板 4 块，新设备相关模块与在用系统软件版本兼容，割接在 9 月 17 日凌晨进行，共割接中继电路 16 条及相关用户。是年，上海本地分组交换网节点达到 208 部，端口能力达到 7 076 个。

2002 年，上海本地分组交换网节点达到 212 部，端口能力达到 7 132 个。

随着数据通信技术的飞速发展，通信方式越来越多，上海电信分组交换网的发展呈停滞不前和端口能力逐年下降的趋势，2009 年，上海本地分组交换网端口能力为 5 506 个。

表 2－5－1　2000—2009 年上海本地分组交换网端口能力情况表

年　份	端口能力(个)
2000	7 016
2001	7 076
2002	7 132
2003	7 126
2004	7 126
2005	7 148
2006	6 166
2007	5 490
2008	5 490
2009	5 506

【数字数据网(DDN)】

20 世纪 80 年代末，北京、上海、广州 3 个国际出口局之间建立全数字的通道，以三点构成的数字链路在沿线各大城市之间形成数字干线，为建立 DDN 网提供条件。1990 年，邮电部在京沪建立 IBS 专网，利用国际卫星与美国 AT&T 和日本 KDD 相连，利用数字微波在京沪各设置 5 个节点，分别开通至美国和日本的用户专线。1993 年 4 月，邮电部在北京、上海、天津、深圳等 4 个城市，利用长途数字传输电路建立了全国的长途 DDN 实验网，网站设在北京。1994 年 7 月，在试验网的基础上，邮电部在上海新装了国际出入口节点机。是年，对试验网进行扩容，建立全国 DDN 长途网。在北京、上海、广州、沈阳、武汉、南京、西安、成都等 8 个城市安装了“DACS II”数字交叉连接设备，组成全国 DDN 网核心节点机，上海节点建有一套“DACS II”设备。1996 年，上海国内数字数据网节点增加了帧中继功能。

随着国内长途 DDN 用户数量剧增，上海的“DACS II”设备多次扩容后，2001 年年底，拥有 2 Mbps 端口 854 个，开通使用的端口达到 770 余个，其中开放长途干线 370 余条，与全国 31 个省会城市建立了快速传输路由，对沿海经济发达城市建立了 DDN 数据直达电路，端口趋向饱和，设备利用率已经达到 90%以上。“DACS II”设备上连接着 DDN 专线近 4 000 用户。

2001 年 8 月 22 日，中国电信印发《关于开放 ATM 网承载长途 DDN 业务有关事项的通知》，决定首先在北京、上海、广东、天津、湖北等五省（市）间开放 ATM 网承载长途 DDN 业务，即采用 ATM 网承载省际长途 DDN 骨干网段电路。上海的长途 DDN 业务逐步转向 ATM 长途网，DDN 骨干网不再扩容，原网络维持现状。

【异步传输模式/帧中继（ATM/FR）】

全国公用帧中继宽带业务骨干网始（CHINAFRN）建于 1997 年，采用帧中继（FR）及异步传输方式，依照设备能力分为 ATM 核心层和多业务用户接入层。核心层由 ATM 交换机“CBX－500”组成，多业务用户接入层由帧中继交换机“B－STOX9000”组成。建网初期，采用不完全网状结构，其中，北京、上海、沈阳、武汉、成都、西安、广州、南京等 8 个节点为骨干枢纽节点，北京、上海为国际出入口局，广州为港澳地区出入口局，其余省中心节点为骨干节点。1998 年，全国公用帧中继骨干网进行扩容，在一期工程建成的 21 个节点的基础上扩建 5 个节点，上海国际节点安装“CBX－500ATM”交换机和“B－STDX9000”帧中继交换机各 1 部，共配置各类端口 60 个，可提供局域网互联、CAD/DAM 文件传送等高速数据用户接入，提供分组交换数据网、计算机互联网、传真存储转发网、电子数据交换网（EDI）等数据网的高速中继传输，还可以开放多媒体通信、远程医疗诊断、远程教学等宽带 ATM 新业务。

2002 年，中国电信启动全国公用帧中继骨干网二期扩容工程（上海节点）项目，分别在武胜大楼（上海 1 节点）和横浜大楼（上海 2 节点）安装北电公司的多业务交换机 Passport 15000（PP15K）和 Passport 7480（PP7480）。经过两期扩容后，CHINAFRN 骨干网上海节点可提供 155 Mbps 中继电路和 2.5 Gbps 中继电路，节点上承载着 ATM、帧中继、电路仿真、VPN 等多种业务电路。

2006 年 3 月 15 日，中国电信对 ATM 骨干网进行扩容，分别在北京西单局和上海武胜局增设第三节点，采用“Passport 15000”设备，与同机房的北京 1 节点、上海 1 节点的“Passport 15000”设备互联；同时对全网 23 个省的 34 个节点进行扩容。

2008 年年初，全国 ATM 骨干网拥有省际用户电路 9 700 余条，其中，超过半数承载在上海超级核心节点上，2 台超级核心节点“Passport 15000”的设备 155 Mbps 端口平均利用率均超过 81%。10 月 15 日，中国电信再次扩容 ATM 骨干网，在上海超级核心节点新增 1 台“Passport 15000”设备，形成 4 台核心/接入设备，分为核心和接入两个层面。核心层面用于节点的互连，接入层面用于发展业务。是年，对上海的设备互连进行带宽提升，全网实现 2.5 Gbps 互连；对上海、广州国际局进行板卡扩容，增加骨干网部分长途中继。

2010 年年末，上海电信作为全国公用帧中继宽带业务骨干网的超级核心节点，有 4 套“Passport 15000”设备，其中 2 套为超级核心互联节点，与另外 2 个节点的共 6 套设备形成两个转发平面。平面内采用 STM－16 电路互联，平面间通过 622 Mbps 电路互联，与骨干网汇接层以 155 Mbps 互联，同时向其他一般节点提供接入。上海国际局由 4 套设备组成，其中，3 套为“Passport VSS”，1 套为“Passport 7480”。

二、本地网

【数字数据网（DDN）】

上海电信的数字数据网始建于 1993 年，建网初期，核心层采用新桥“3645”设备（简称“3645”），接入层采用“3600”设备(简称“3600”)。随着数据专线业务的迅速增长,网络规模也随之不断扩大。1998年,在网络的核心层引进新桥“36170”设备(简称“36170”,后为ALCATEL7470),1999年,数字数据网形成以4个“36170”和9个“3645”共同构成的核心层,以及500多个“3600”和“3630”构成用户接入层节点的网络。2000年,DDN网进一步扩容,形成以6个“36170”和9个“3645”共同构成的核心层。

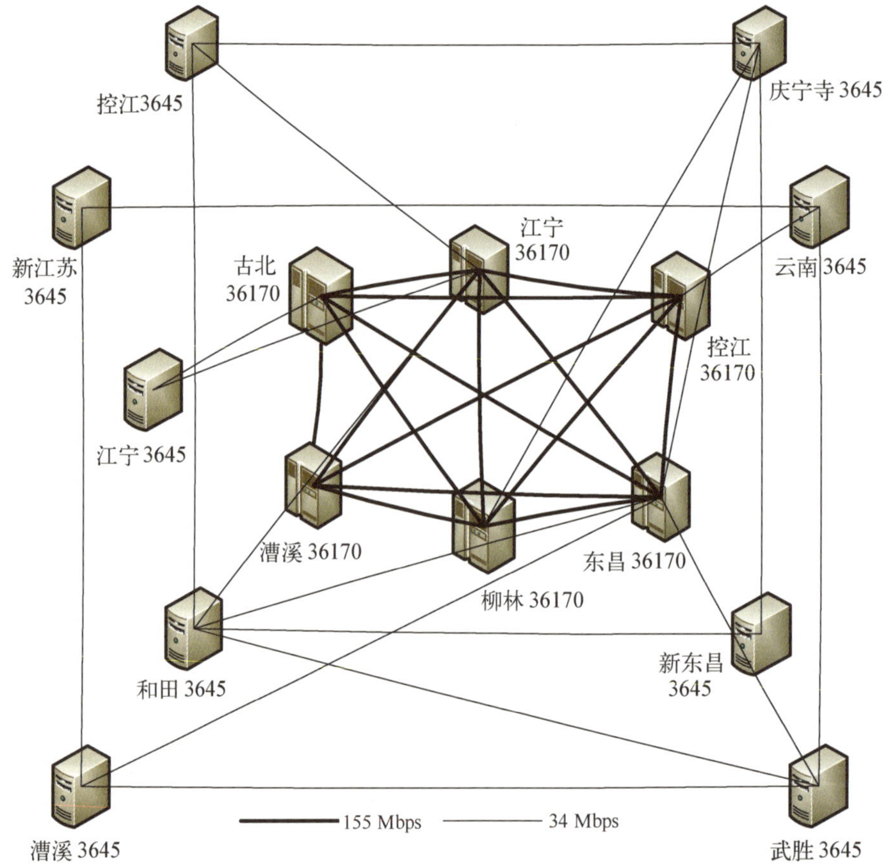

图2-5-2　2000年DDN核心层网络拓扑图

2001年,上海电信本地DDN网络经扩容后,网络规模达760个节点。其中,核心层由6台“36170”设备组成,接入层由10台“3645”、500台“3600”、120台“3630”和60台MUX设备组成。“36170”间以155 Mbps全网状互连;“3645”间以34 Mbps互连;“3645”和“36170”以34 Mbps互连;“3600”和“3630”以2 Mbps同“36170”互连,部分仍保持同“3645”的连接;MUX设备以2 Mbps同“36170”互连。

2002年,上海电信进一步扩大DDN网络规模,拥有节点1 035个。其中,核心层由7台阿尔卡特“36170”设备组成,接入层由11台“3645”、763台“3600”、124台“3630”和部分MUX设备组成。

2005年,上海电信的DDN网拥有1 400多台节点机,用户电路16 000多条,平均每条电路带宽约360 kbps。

2010年,上海本地DDN网络核心层由15台“7470”设备组成,接入层由“7670”设备、“3600”设备、“3630”设备、MUX设备等组成。

【异步传输模式(ATM)】

1999 年,上海市信息网络有限公司成立(简称"上海信息网络公司",上海市邮电管理局控股),负责 ATM 网络的建设、运营和维护。是年,ATM 网络一期工程建设完成,包括 8 台核心节点和 41 台边缘节点。

2000 年,上海信息网络公司对 ATM 宽带网络进行扩容,8 个核心节点机容量从 10 Gbps 升级至 40 Gbps,边缘 ATM 交换机增加至 90 台,可向上海市大部分地区提供宽带数据业务。年末,ATM 网络电路总数 1 497 条,其中,ATM 电路实占网络端口带宽 85 870 Mbps,FR 电路实占网络端口带宽 946 Mbps。

2001 年,ATM 网络能力由"8+90"增至"2×8+105"。其中,8 个汇接局中的每个节点上有 2 台"PP15K",构成网络的核心层节点;边缘节点 105 台,分别以 155 Mbps 中继与核心层相连,构成网络的边缘层。是年,增设用户复用设备 124 套。年末,ATM 网络上电路总数 3 512 条。其中,ATM 电路实占网络端口带宽 154. 9 Gbps,FR 电路实占网络端口带宽 1 716 Mbps。

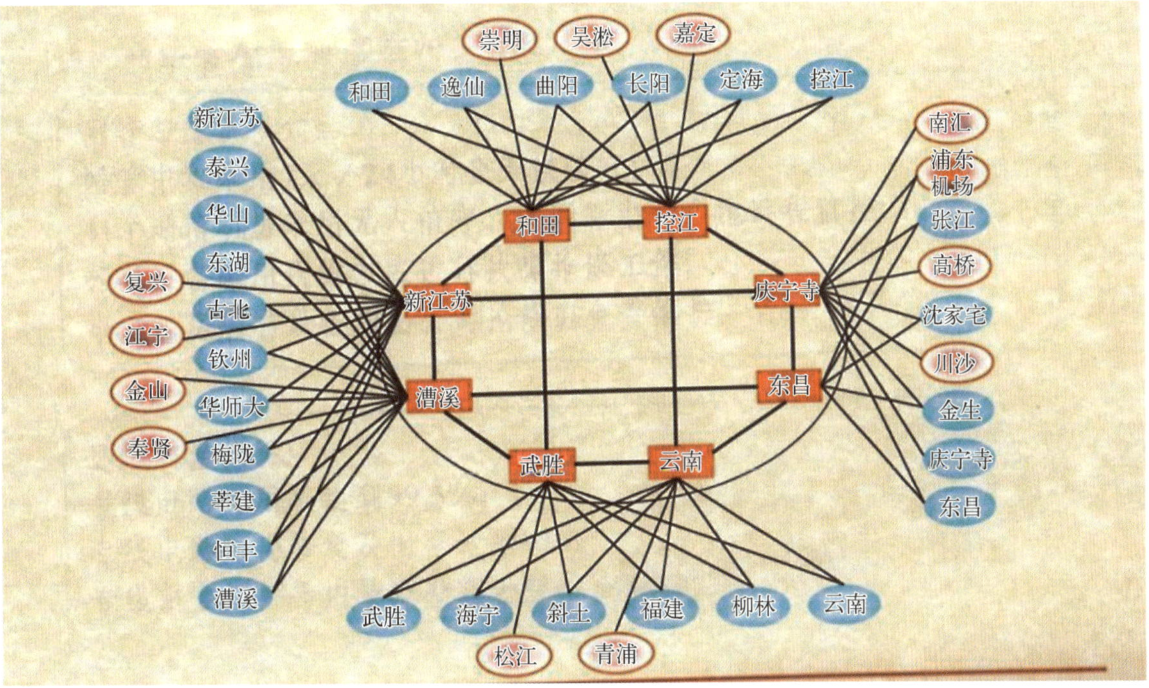

图 2-5-3　1999 年 ATM"8+41"网络拓扑图

2002 年,上海本地 ATM 网共有 18 台"PP15K"设备,110 台"PP7480"设备。其中 8 个汇接局中,每个点上有 2 台"PP15K",构成网络的核心层;另 2 台"PP15K"以 622 Mbps 中继与核心层相连,110 台"PP7480"分别以 155 Mbps 中继与核心层相连,构成网络的边缘层。年末,ATM 网络上电路总数有 5 534 条,其中,ATM 电路实占网络端口带宽 233 Gbps,FR 电路实占网络端口带宽 2 022 Gbps。

2003 年,ATM 边缘节点增加至 114 台,接入节点近 300 台。同时,推出 EDSL 业务、IP-TLS 业务。年末,ATM 网络上电路总数 7 766 条。其中,ATM 电路实占网络端口带宽 283 Gbps,FR 电路实占网络端口带宽 3 028 Gbps。

2004 年,ATM 网络边缘节点增加至 119 台,接入节点调整为 207 台。年末,ATM 网络上电路总数有 10 586 条。其中,ATM 电路总数达 6 439 条,ATM 业务用户占用带宽 83.8 Gbps;FR 电路总数为 3 709 条,FR 业务用户占用带宽 1.84 Gbps;IP－TLS 电路总数 438 条,IP－TLS 业务用户占用带宽 623 Mbps。

2005 年,上海电信 ATM 网络的核心节点增加至 24 台,形成(2×8+1×8)的双核结构;边缘节点增加至 116 台,网络可用中继总带宽为 66 Gbps。年末,ATM 网络上电路总数有 12 831 条。其中,ATM 电路总数达 6 665 条,FR 电路总数为 4 759 条,IP－TLS 电路总数 826 条,EDSL 电路总数 581 条。

2006 年,ATM 网络的核心层经过扩容、升级、优化后,安全性、稳定性不断提高,全网共有核心节点 8 台,边缘节点 138 台(25+113),网络可用中继总带宽为 123.3 Gbps。年末,ATM 网络电路总数 17 322 条。其中,ATM 电路总数达 11 486 条,FR 电路总数为 3 971 条,ELAN 光纤电路总数 994 条,ELAN 铜线电路总数 871 条。

2007 年,ATM 的边缘节点扩容至 143 台(30＋113)。年末,ATM 网络上电路总数有 22 809 条。

随着以 IP 城域网(IPMAN)为代表的以太网承载技术逐渐成为主流,上海电信不再扩容 ATM 网络。2010 年,上海电信 ATM 网络核心层有 8 台“PP15K”,分布在八大交换汇接局,互联中继有 16 根,全部为 2.5 Gbps。边缘层共有 30 台“PP15K”,以 622 Mbps 和 2.5 Gbps 中继和核心层相连;113 台“PP7480”,以 155 Mbps 中继和核心相连。边缘层节点分布在 105 个电话局所。接入层共有 2 Mbps 接入机框 230 余个,155 Mbps 上连的 MUX 机框 196 个,分布在近 200 个电话局所。IPOA 设备 147 台,分布在约 90 个电话局所。

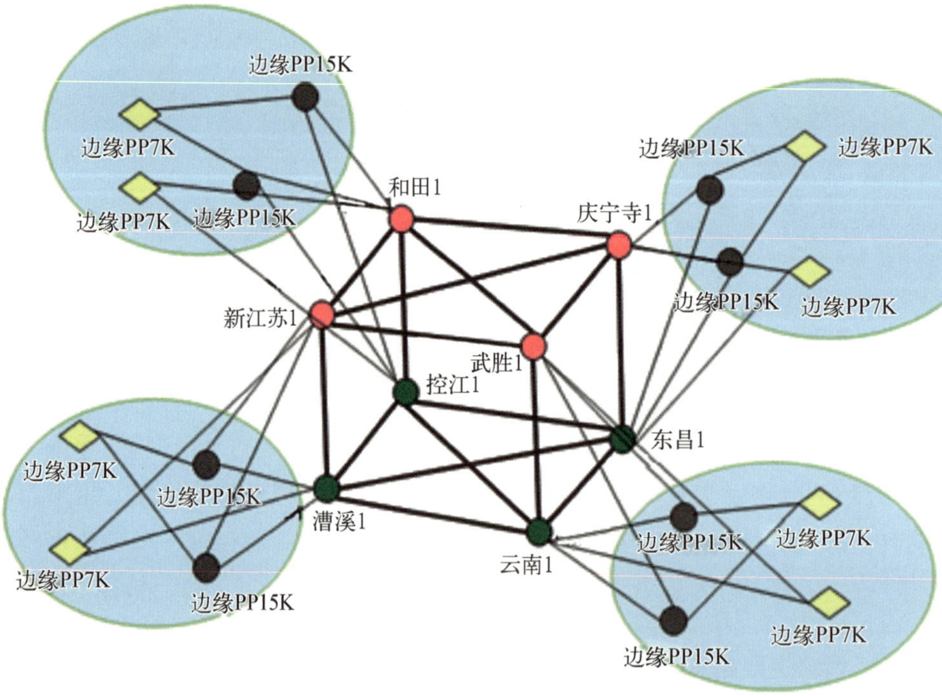

图 2－5－4　2010 年 ATM 网络拓扑示意图

表 2-5-2　1999—2010 年 ATM 网交换机和电路数情况表

年　份	ATM 交换机总数(台)	ATM 网电路数量(条)
1999	49	0
2000	98	1 497
2001	121	3 512
2002	128	5 534
2003	130	7 766
2004	135	10 586
2005	140	12 831
2006	146	17 322
2007	151	22 809
2008	151	22 946
2009	151	23 038
2010	151	23 112

第二节　互联网协议网(IP 网)

一、长途骨干网

【中国公用计算机互联网(ChinaNet)】

1995 年,中国公用计算机互联网(ChinaNet)一期工程建成北京、上海 2 个节点,分别通过 256 kbps、64 kpbs 专线经美国 Sprint 公司的 SprintLink 与国际因特网互联。2000 年,ChinaNet 规模遍及全国 31 个省区市。上海节点既是骨干网的三个国际出口节点之一,也是全国八大核心节点之一,其国际出口带宽为 690 Mbps,还为联通公司、网通公司、吉通公司、移动公司提供国际互联网中继。

2000 年公司化运行初期,ChinaNet 上海节点可以提供核心路由、互联互通和国际出口的功能。

2001 年,上海电信启动 ChinaNet 上海节点三期扩容工程,在武胜大楼配置思科(Cisco)公司的 GSR 路由器 4 台,横浜大楼配置 GSR 1 台。是年,国际出口带宽扩展到 1.9 Gbps。

2002 年,上海电信启动 ChinaNet 上海节点四期扩容工程,在横浜大楼新增 Cisco “GSR12416”路由器 1 台用于国际出口。随后在横浜大楼新建“Cisco 7513”路由器,用于国际转接业务,促成亚太互联网交换中心(Asia Pacific Internet Exchange, APIX)正式落户上海。是年,上海电信国际出口带宽扩展至 2.876 Gbps。

2004 年,上海电信启动 ChinaNet 上海节点五期扩容工程,将核心层 4 台路由器升级至“Cisco 12416”,扩充 10 Gbps 接口板 16 块,4×2.5 Gbps 接口板 8 块;扩充互联互通路由器 10 Gbps 接口板 2 块,更换国际出口路由器 2.5 Gbps 接口板 2 块、冗余处理板一块。是年,互联网带宽净增 5.566 Gbps。

2005年，上海电信启动ChinaNet上海节点六期扩容工程，将核心层4台路由器升级至“GSR12816”，增加10 Gbps POS接口板，先后开通到西安、合肥、成都、广州、无锡、北京、南昌方向10 Gbps电路，开通到天津方向2.5 Gbps电路。在横浜大楼新增一台国际路由器“GSR12416”；对APIX交换路由器进行扩容。是年，互联网带宽净增21.242 Gbps，APIX合作节点带宽国际段扩容至997 Mbps。

2006年，上海电信启动ChinaNet上海节点七期扩容工程，在核心层C1、C2路由器各新增10 Gbps POS板卡1块，C3路由器更换10 Gbps和2.5 Gbps板卡各1块；互联互通层将E3路由器升级为“GSR12816”、E2路由器新增2.5 Gbps POS板卡2块。是年，国际节点带宽净增324 Mbps，APIX业务带宽新增7 937 Mbps。

2007年，ChinaNet九期扩容后上海节点核心层由4台路由器构成，其中武胜机房的C1、C2为Cisco“GSR12816”路由器，民生机房的C3、C4为Cisco“CRS-1”路由器。上海核心层连接北京、广州、天津、南京、杭州、成都、武汉、西安8个核心节点和济南、南昌、无锡、合肥的省网汇聚层，同时也是上海、重庆的城域网的出口节点之一。互联互通层由2台武胜机房的Cisco“GSR12816”路由器构成，每台设备以10 Gbps四挂连接到上海ChinaNet核心层C1、C2、C3、C4路由器。国际层由4台路由器构成，武胜机房和信息园区各2台Cisco“GSR12816”，每台设备以2.5 Gbps四挂连接到上海ChinaNet核心层路由器，并与横浜APIX节点X1、X2路由器互联。年末，上海节点带宽总能力达到520 Gbps。

2010年，ChinaNet上海超级节点核心层由武胜和民生机房路由器组成，两机房各设有GRS集群(2+2)两套；国际层由武胜和南汇信息园机房路由器组成，两机房各设有Cisco“GSR12816”路由器2台；国际交换层由横浜机房4台Cisco“GSR12416”路由器构成；互联互通层由武胜的2台Cisco“CRS”单机框S设备构成。上海超级节点连接北京、广州超级节点，连接成都、杭州、天津、武汉、西安核心节点，连接合肥、芜湖、厦门、福州、无锡、南昌、青岛、济南汇接节点。年末，上海节点连接国内各省核心的国内数据通道物理总带宽达到1 247 Gbps；至上海国际出入口带宽达228.29 Gbps；至互联互通带宽为480 Gbps。

【中国电信下一代承载网(CN2)】

2005年，中国电信开始下一代承载网(ChinaNet Next Carrying Network, CN2)建设。CN2国内网络分为核心层、汇接层、边缘层和业务层，有专门的国际出口。CN2网络定位于承载有网络服务质量(Quality of Service, QoS)要求的业务和中国电信自身关键赢利的业务。

2006年，在上海民生、横浜设置2个核心CN2节点。民生节点为上海CN2的A节点，配置3台CN2核心路由器Juniper“T640”，1台路由反射器Juniper“M120”以及1台VPN路由反射器Cisco“GSR12404”。横浜节点为上海CN2的B节点，配置3台CN2核心路由器Juniper“T640”，1台路由反射器Juniper“M120”以及1台VPN路由反射器Cisco“GSR12404”，横浜和民生两个节点共配置12根10 Gbps链路，国内出口带宽为120 Gbps，国际出口为25 Gbps，至上海城域网带宽为40 Gbps。

随着CN2国际网络的覆盖完成，海外业务逐渐增多，2006年中国电信启动CN2国际网络(国内段)工程，对CN2国际网络的中继带宽、业务接入板卡进行扩容，扩容国际出口路由器与国际交换路由器之间2条2.5 Gbps链路，国际业务路由器之间增加1条千兆以太网链路(GE链路)。

2009年，CN2至上海城域网带宽达到60 Gbps。

二、城域网

城域网是在一个城市范围内所建立的计算机通信网，一般采用具有有源交换元件的局域网技术，传输时延小。主要用于城市骨干网，将位于不同地点的主机、数据库和LAN等互相连接。

2000年公司化运行初期，上海电信建有一个ATM城域网。10月，经上海市经济委员会同意，上海电信启动IP城域网建设。

2002年年初，IP城域网一期工程建成，网络分为核心层和边缘层，核心层由8个核心节点组成，采用Cisco“GSR 12416”骨干路由器；边缘层由40个边缘节点组成，其中，16个节点采用Cisco“GSR 12012”骨干路由器，24个节点采用“CAT 6509”系列路由交换机。IP城域网通过上海热线骨干网连接ChinaNet和因特网，共有4根2.5 Gbps出口链路，带宽为10 Gbps。

2002年，上海电信启动IP城域网二期扩容工程，城域网的结构由两层调整为核心出口层（8个节点）、汇聚层（23个节点）、接入层（N个节点）三层结构，在核心出口层新增2台核心路由器作为出口层设备；在汇聚层新增7个节点设备；在接入层对设备进行升级，增加16个新接入节点，增强各类小区、商业用户等多种接入方式，扩大覆盖面，提供IP-VPN接入，实现全网VPN业务。

2003年，上海电信启动IP城域网三期扩容工程，包括核心出口层、汇聚层、接入层等3个项目。扩容IP城域网核心出口层内以及出口链路带宽；扩容部分区局汇聚层骨干路由器板卡；增加接入层网络规模，大规模建设IP-VPN接入交换机，提高冗余性，扩大覆盖面，为用户提供多种灵活的接入手段。是年，核心出口层链路扩展到8×2.5 Gbps，出口带宽扩容至20 Gbps。

2004年，上海电信启动IP城域网四期扩容工程，调整核心出口层路由结构，将核心与出口分离，设置专门出口的子层和ChinaNet互联；在汇聚层增加网络内部带宽，扩容设备能力，增加2台IDC汇聚层设备。是年，将核心出口层出口链路带宽扩展到80 Gbps。

2005年4月，上海电信启动IP城域网扩容工程，在核心出口层增加相应的10 Gbps和2.5 Gbps的板卡，将核心子层内12条互联中继带宽扩至5 Gbps；在汇聚层新增7台“GSR 12016”路由器，优化调整4台“GSR 12016”路由器；在接入层新增4台三层交换机和160台二层交换机。是年，核心出口层出口链路带宽扩展到120 Gbps，另有直达路由至其他省公司链路带宽80 Gbps，至CN2上联链路40 Gbps，上海电信IP城域网出口链路总带宽为240 Gbps。

2006年3月，上海电信启动城域网汇聚层扩容工程，在东区和北区新增4个汇聚层节点，并升级8台汇聚层设备、汇聚层新增24根2.5 Gbps上联核心层链路，郊区汇聚层“GSR 12012”路由器新增2.5 Gbps板卡/GE板卡及光放设备，新增郊区汇聚层GSR的互连及下连链路、新增20块4口GE板卡，新增用于ADSL专线接入的Cisco Engine 3 ATM板卡，新增与DDN的互连链路3条、与ATM的互连链路26条。是月，在接入层启动网络应用系统安全工程，更换公司邮件系统的设备，新增防攻击设备，通过制定相应的防DDoS和防病毒攻击策略，保护应用系统。

2006年6月，上海电信为满足IPTV业务和高品质业务承载，缓解A平面承载压力，启动IP城域网B平面建设。B平面分为核心层、业务终结层、接入层等3个层次。核心层包括2个节点，业务终结层包括16个节点，接入层有若干接入节点。B平面建成后，形成全国第一张超大型双平面城域网。

2006年7月，上海电信启动IP城域网出口层扩容工程，在武胜局新增两台Juniper“T640”设备，在民生局新增2台Cisco CRS设备，替换原武胜局出口层6台“GSR 12416”设备和民生2台

Juniper"M320"设备，新增上联出口及下联带宽共 270 Gbps。

2007 年，上海电信对 IP 城域网 A 平面核心出口层进行扁平化调整，将核心和出口两个子层融合，形成浦东（民生、云莲）2 套 CRS 集群路由器和浦西（武胜、斜土）2 套 TX 集群的四核心结构，原核心层下连链路全部割接至新的四核心。同时对 A 平面汇聚层进行 GSR 设备升级，将金山、青浦、奉贤、南汇的汇聚层节点分别从 2 个增至 4 个；接入层用"CX600"替换港湾商务楼接入交换机。B 平面实现与软交换平台的连通，提供软交换的承载，扩容与 IPTV 平台间的带宽以及网络内部带宽。

2008 年，上海电信继续对 A 平面汇聚层 GSR 设备升级，使全部市区汇聚层节点都配置为"GSR12416"，扩容宽带接入服务器（BAS）、接入交换机等设备。B 平面增加全业务路由器（SR）、汇聚交换机节点，IPTV 业务子网总体带宽能力达 295 Gbps。结合中国电信 ChinaNet 十期扩容，上海城域网节点上联北京、上海、广州、成都、武汉 5 个核心节点，其出口链路总带宽为 740 G，至 CN2 的带宽保持 60 Gbps。

2009 年，上海电信启动三批城域网扩容工程，对 A 平面核心层武胜局和斜土局的 Juniper 集群设备分别进行升级替换，新增 1 个 SFC 交换矩阵机框、4 个"T1600"机框，扩容板卡；汇聚层将莘闵 2 台 GSR 替换为 CRS，郊区 GSR 升级为"GSR 12416"；扩容 BAS、接入交换机等设备。对 B 平面核心层控江节点进行集群扩框，业务层 IPTV SR 增加节点，调整为按区局划分，将 Redback 平台割接至 B 平面，将 VPN Cisco、Redback、"7750"等 3 个平台进行整合；接入层部署用于 OLT 上连的汇聚交换机。在年末开展的城域网扩容工程中，将 A 平面核心层武胜、斜土 2 套 TX 集群路由器替换为 TXP 集群路由器，将民生、云莲 2 台 CRS2+2 集群路由器扩容为"CRS2+4"集群路由器；将汇聚层 8 台 GSR 替换为 CRS；接入层 BAS、接入交换机等设备进行扩容。对 B 平面核心层端口、业务层 SR 进行扩容，将关键业务子网的"7750"平台延伸至郊区；接入层大量建设汇聚交换机。

2010 年 6 月，上海电信配合城市光网建设，启动城域网扩容工程，对各市区局的汇聚层、接入层全面扩容，汇聚层新增 16 台汇聚交换机，接入层新增 10 台 Cisco"7609"设备及相应板卡，扩容 BAS 设备 15 套"E320"板卡。年末，上海 IP 城域网核心出口层由武胜、民生、斜土、云莲 4 个节点构成，每个节点都已实现 MULTI－CHASSIC 多机框功能，单节点交换能力超过 1Tbps。与 ChinaNet 形成八挂的出口互联结构，端口能力达到 1 600 Gbps（其中上海节点为 16×40 Gbps、北京节点 16×10 Gbps、广州节点 8×40 Gbps、武汉节点 16×10 Gbps、成都节点 16×10 Gbps、广西节点 4×10 Gbps、湖南节点 8×10 Gbps、云南节点的 4×10 Gbps），实际开通 1 120 Gbps；连接 CN2 的出口物理带宽 120 Gbps；汇聚上海本地 8 个区局、7 个郊县的中继带宽达到 1 680 Gbps；各 IDC 机房上联至城域网骨干节点总带宽达到 562 Gbps。

第三节　移动分组域核心网

在上海电信承建 CDMA 网络之前，移动分组域核心网忙时并发连接数为 6.8 万，吞吐量 750 Mbps。主要设备包括拜访地代理控制节点（FACN）、分组数据服务节点（PDSN）、认证、授权、计费服务器（AAA 服务器）、域名解析服务器（DNS 服务器）、网络时间协议服务器（NTP 服务器）和交换机、路由器等网络设备，上联 165、联通城域网和企业专网，同时也作为业务网络的承载网，直接上连至各类业务平台，如：WAP 网关、彩 E 服务器、BREW 平台等，对外提供 CDMA 移动终端的公网和虚拟专用拨号网（VPDN 业务）等业务。

2008年8月，中国电信启动移动核心网建设工程。采用两级架构新建CDMA分组域核心网，在骨干层面和省层面支持简单IP和移动IP功能。上海电信CDMA分组域作为省层面网络，以双节点方式部署在横浜大楼和信息园区，主要网元包括PDSN(FA)、AAA和接入网认证/授权、计费服务器(AN－AAA)。其中，PDSN(FA)负责分组业务接入控制和拜访功能(移动IP情况下)；AAA负责CDMA2000数据用户的业务鉴权及认证、计费信息生成等；AN－AAA负责1x数据增强用户的接入鉴权等。网络可满足290万CDMA用户的业务需求，其中，PDSN支持忙时并发数为9.19万，AAA容量支持301.5万用户，AN－AAA容量支持18.75万3G用户的接入认证需求。网络建成后，一方面承接电信发展的CDMA新用户；另一方面通过网络割接，承接原联通CDMA用户。

2009年4月，中国电信启动上海CDMA一期核心网分组域建设，将PDSN的支持忙时并发数扩容至24.5万，AAA容量扩容至780万门，AN－AAA的动态用户容量扩容至120万门、静态用户容量扩容至624万门，可满足520万CDMA用户的业务需求。5月，上海电信启动面向移动网分组流量监控及门户推送系统建设，通过在PDSN和出口路由器间串接流量监控设备，对CDMA分组网数据进行流量分析及管控，支持双向满速率20 Gbps流量的监测及2 000条/秒门户推送能力，同时通过应用软件开发及服务器平台建设，增强流量分析和统计功能、用户导航和信息推送功能、用户行为分析功能；新增漫游用户分析功能、业务流量管控功能、DDoS攻击监测功能、A10流量/A11信令过滤和镜像功能。同时，上海电信启动C＋W统一认证项目，在南汇信息园区新增2台接入网关设备，以双机负荷分担的方式实现C＋W的统一认证，可提供130万总用户(并发5万)系统容量的能力。7月，上海电信启动C网NTP服务器组网建设，通过VPN组网，在横浜、漕溪、信息园区新建交换机、服务器等时间同步设备，确保计费和网管时间的准确性和同步性。

2010年1月，上海电信启动C网分组域信息园节点上网加速系统建设，包括负载均衡设备、刀片服务器，利用数据压缩、协议优化和缓存技术，降低无线数据负荷，提高C网数据网络容量和使用效率，节省无线网络资源，提升数据业务的上网速度和连接稳定性。

第六章　电 话 交 换 网

第一节　程 控 交 换

一、长途交换

【国际长途交换机】

上海电信是中国电信国际通信出入口局之一，负责汇接中国电信网络内华东、中南、西南各省的国际通信业务。2000 年，国际长途交换设备主要以数字程控交换机为主体构成。国际长途程控交换机容量为 3 万路端，由安装在武胜大楼的 2 万路端 AXE－10 交换机（ISC1）及安装在漕溪大楼的 1 万路端 S－1240 交换机（ISC2）构成。其中 AXE－10 国际交换机附加 16 席国际话务员半自动座席台。年末，上海电信国际电路的通达范围已扩大到 240 多个国家和地区。

2001 年 7 月，为满足用户对智能网业务日益增长的需求，上海电信对 ISC2 国际长途交换机软件版本进行升级，由 S1240 EC7. 2 版升至 EC7. 4 版。

2004 年 11 月，上海电信完成 ISC2 国际交换机扩容 1 000 路端工程，上海电信国际长途交换机总容量达到 3. 1 万路端。

2005 年 8 月，中国电信启动上海、广州国际交换局 ISC2 紧急扩容工程。10 月，上海电信 ISC2 交换机紧急扩容工程初验完成进入试运行，新增中继 270 个。

2006 年 4 月，根据中国电信的要求，上海电信将 ISC2 国际交换机软件版本升至 B2 版；升级国际交换网管系统的硬件设备和应用软件，项目于 2007 年投入试运行。

2008 年，为满足移动用户的国际长途话务需求，中国电信扩容上海 ISC2 国际交换机中继线路 84 条 E1（相当于 30 条 64 kbps 中继电路），其中，国内侧中继 46 条 E1，国际侧中继 38 条 E1；扩容上海 ISC3 国际交换机中继线路 124 条，其中，国内侧中继 68 条 E1，国际侧中继 56 条 E1。

2009 年 6 月，根据中国电信的要求，上海电信对 ISC2 国际交换机中继线路和 ISTP 计费模块进行扩容，扩容中继线路 221 条，其中，国内侧中继 105 条 E1，国际侧中继 116 条 E1；扩容计费模块 2 对。

【国内长途交换机】

上海电信是中国电信国内长途电信网的重要枢纽节点，负责汇接福建、江西、浙江的长途电信业务。

2000 年，上海电信国内长途交换设备主要以数字程控交换机为主，建有 S－1240 国内程控交换机 12. 6 万路端，其中，在武胜电信大楼分别装有 1 套 3 万路端（TSH2）和 1 套 2. 6 万路端（TSH3）的长途交换机，在漕溪综合大楼（TSH1）装有 1 套 3 万路端的长途交换机，在横浜大楼装有 1 套 4 万路端的长途交换机，均具备业务交换点（SSP）功能。

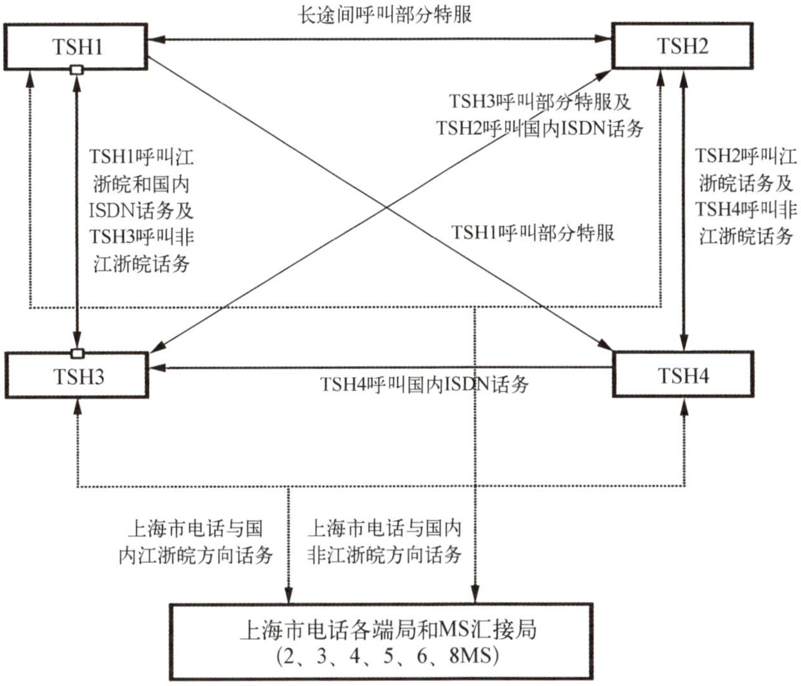

图 2－6－1　国内长途机结构及路由示意图

2006 年 12 月，上海电信启动 TSH3 长途交换机 DSN 网络更新改造工程。

二、本地交换

上海电信运营的本地电话网是一个覆盖全市，以光纤为媒介、数字传输为框架、程控电话交换机为主体，以七号信令网为支撑的特大型本地智能网。

2000 年，上海电信本地电话交换机总容量 685.4 万门。

2001 年，上海电信对云南(3MS3)、武胜(3MS4)、和田(6MS2)、控江(5MS2)、漕溪(4MS2)、江苏(2MS2)、东昌(8MS2)、庆宁寺(8MS4)8 个纯汇接系统 S1240 交换机进行升级和调整，软件版本由 EC72 升至 EC74，电话接续路由实行话务分担并完成大用户双路由调整。

2002 年，上海电信为满足市场需求，扩容本地电话网 60 万门，同时对控江(5MS1)、和田(6MS1)、江苏(2MS1)、漕溪(4MS1)F150 交换机软件进行升级，版本由 SC10 升级至 SC11。

2004 年 8 月，上海电信启动东区、南区、西区、北区、中区、浦东等 6 个区局 55 个 S－1240 交换机 100%详单计费改造工程；11 月，启动东区、西区、南区、北区、中区、浦东、莘闵区局及专用局的 37 个 F－150 交换机 100%详单计费扩容改造工程；12 月，启动东区、南区、北区、中区、嘉定、松江、奉贤、青浦、南汇、金山、崇明 11 个区县局 90 个 S－1240 交换机 100%详单计费改造工程。

2005 年 4 月，上海电信启动南汇、嘉定、松江、青浦等区局的 4 个中兴 ZXJ10 交换机及西区华为 C&C08 交换机的详单计费改造工程。12 月 5 日，浦东机场局“6883”局号的交换机完成详细话单改造。至此，上海电信全面完成本地电话网 100%详单计费改造工程。

2008 年 11 月，上海电信启动特服汇接交换机(TMS)优化改造工程，扩容 264 条信令链路，并将 TMS1/2 软件由 S－1240 74 版本升级为 B12 版本，满足程控交换汇接局(MS)下挂用户平台迁移至 TMS 的需求。12 月底，上海电信完成软交换目标网网络侧路由割接，将汇接路由全部调整到软交换汇接局，本地网基本实现呼叫全触发，为业务发展提供良好条件。

2010 年 10 月，上海电信启动 MS 局交换汇接设备退网拆除工程，腾出机房面积和配套的传输、电源和空调设备，满足城市光网、物联网、云计算等新型通信网络技术对核心机房资源的需求，是年，所有 TDM 汇接局话务割接至软交换目标网，TDM 汇接局交换机退网。12 月，上海电信启动特服汇接模块(TMS)扩容项目。

截至 2010 年年末，上海电信本地电话交换机总容量为 1 255.58 万线。

表 2－6－1　2000—2010 年上海电信本地交换网容量情况表　　单位：万线

年　　份	电话交换机容量
2000	685.4
2001	741.65
2002	801.69
2003	855.7
2004	888.7
2005	908.24
2006	937.01
2007	979.61
2008	976.18
2009	1 019.45
2010	1 255.58

三、移动交换

2008 年，上海电信承接 CDMA 网络后，核心侧交换容量为 280 万门，共有 8 个移动交换中心(MSC)，各 MSC 间以网状互联。其中 MSC1、MSC2、MSC4－8 为阿朗设备，MSC9 采用华为设备，汇接网络采用二级网架构，设有 1 对一级、二级合设的汇接移动交换中心 TMSC1/TMSC2，采用上海贝尔设备，TMSC 向下与上海 C 网所有 MSC 相连，向上与全国其余 9 对 TMSC1 相连，以负荷分担方式疏通长途话务。独立设置的关口局(GWC)、移动网网关局(GMSC)，负责 CDMA 网络与其他运营商网络进行互联互通。1 对 GMSC 关口局采用贝尔设备，作为上海 C 网和上海移动、上海联通本地话务互通的关口局。1 对关口局 GWC 采用华为设备，作为上海 C 网与上海移动、上海联通、上海网通、上海铁通、上海卫通等其他运营商本地、长途、业务台话务互通的关口局。

2009 年 6 月，上海电信启动移动核心网电路域工程(软交换)，在核心侧新建 8 套软交换和 2 套长途软交换设备，容量达到 535 万门，形成新的移动目标网络架构。

2010 年，上海电信将移动用户割接至新的移动目标网，原移动核心网 TDM 设备退网。

图 2-6-2　CDMA 移动交换设备

四、关口局

关口局是电信运营商之间进行语音业务互联互通的接口设备。1994 年，上海联通成立后，上海市邮电管理局于 1995 年开展临时接口局工程。1997 年，上海市邮电管理局开通第一个正式接口局——金生接口局，承担上海邮电网与联通公司 GSM 移动通信网的互联互通。1999 年，与联通互联的第二个接口局——斜土接口局建成开通。

2001 年，上海电信立项新建关口局项目工程，采用上海贝尔阿尔卡特公司的 P3S 交换设备，在斜土(GWA1)、金杨(GWA2)、大华(GWB1)、康健(GWB2)4 局新建关口局。每个关口局配置 897 个 E1 和 16 个 STM-1 的中继能力，采用负荷分担方式连接移动、联通、网通、铁通等运营商的网络。

2002 年，随着 4 个互联互通关口局具备割接运行条件，10 月 21 日起，上海电信逐步将其他本地运营商的互联互通业务割接至关口局。

2004 年 4 月，上海电信启动关口局交换设备扩容工程，在 4 个关口局中新增 SSP 功能，各扩建中继 869 条 E1。每个关口局达到 1 136 个 E1 和 26 个 STM-1 的中继能力和 10 个每秒建立呼叫数量(Call Attempts Per Second，CAPS)的 SSP 业务能力。

2005 年 12 月，上海电信启动关口局交换设备扩容工程，对 4 个关口局再次进行扩容。各关口局分别配置 1 300 个 E1 模块和 32 个 STM-1 光口。同时将窄带网络版本升为 EC74B1203，宽带升为 EC74B2.4.3 版本。4 个关口局采用负荷平摊方式与中国移动、中国联通、中国网通、中国铁通等运营商网络相连接。

2008 年 7 月，上海电信启动配合移动新建关口局工程，在斜土(GWC1)和信息园区(GWC2)新建 1 对关口局，采用移动软交换设备，新建设备容量共计 5 580 个 E1，内嵌 SSP 能力各 234 个 CAPS。10 月承接联通 C 网后，联通的六里(GMSC1)、西安路(GMSC2)关口局划归上海电信。2 对关口局与上海电

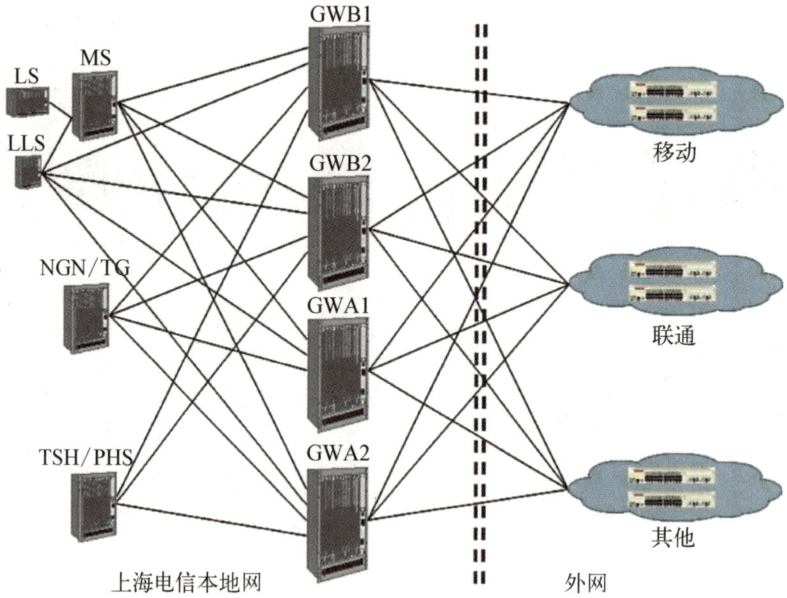

图2-6-3 2005年上海电信关口局网络拓扑图

信内外各中继网关(TG)、TSH、省级交换中心(DC1)中继网关、TMS等设立直达中继,与其他通信网的关口局也设立直达中继,分担CDMA网络与其他运营商互联互通的关口话务量。

2009年2月,上海电信启动斜土与信息园区关口局扩容工程,各扩容2 400个E1、16条2 Mbps高速信令链路,以及相应的配套工程,工程竣工后2个关口局的中继能力均达5 200个E1。

第二节 软交换

软交换(SS)是基于分组网利用程控软件提供呼叫控制功能和媒体处理相分离的设备和系统。软交换技术是下一代网络(NGN)的核心技术。

一、长途交换

2005年11月,中国电信启动长途软交换试商用网工程,在北京、郑州、上海、广州、南京、武汉、成都、西安等8个大区中心各设置2套软交换机、1套软交换计费采集服务器;在全国31个省、市、自治区的省会城市均设置1套中继网关(TG)设备,TG设备分大区双重归属于所属大区中心的2套软交换机。工程竣工后,实现软交换设备在长途层面的引入和长途话务分流,具备基本的网络管理和计费功能。上海电信采用中兴ZXSS10b设备,分别部署在上海横浜大楼和浦东民生大楼;采用中兴MSG9000设备作为中继网关和信令网关(SG),部署在浦东民生大楼。

2007年,中国电信开展DC1软交换网管系统升级工程,在上海NOC建设DC1长途软交换网管的备份系统,新增软交换信令的监测分析和IP承载网QoS的监测分析模块,设置1套全网防病毒服务器。

2008年,中国电信开展移动软交换DC1扩容工程,其中,上海大区DC1-SS忙时试呼(BHCA)处理能力增加105万,DC1-TG增加208个E1,满足中国电信移动网络建设(一期)的国内长途话务需求。

2009年6月，中国电信开展DC1软交换扩容工程，将上海大区DC1－SS忙时试呼(BHCA)处理能力增加292.12万，升级SSP功能，使其具备触发省级智能业务的能力，DC1－TG增加512个E1，该工程于2010年3月投入试运行。

2009年12月，中国电信启动DC1软交换网络新建TG工程，在各省新建1套TG设备，同原来的TG共同疏通移动用户的省际、国际长途话务，同时，对8个大区DC1软交换处理能力进行扩容，其中，上海大区DC1－SS处理能力扩容198.49万BHCA，在横浜电信大楼机房新建DC1－TC2，建设规模为864个E1，2010年9月投入试运行。

二、本地交换

2005年5月，上海电信制订了软交换发展的规划，分三期实施，分别为试商用期、商用发展期、目标网络期。试商用期采用叠加网方式，依托CN2和IP城域网，以VPN的方式建设，向部分电话用户提供服务；商用发展期将软交换网络直接接入公共电话交换网(PSTN)汇接层，对退网的交换设备通过接入网关(AG)接入软交换；目标网络期以软交换网络为核心，汇接层面由软交换网络替换，端局设备的新增和更新全部采用AG。

【试商用网络】

2004年1月，中国电信依照“南方与北方有别、大客户与普通客户有别、长途汇接和本地端局有别”的原则开展软交换试商用，在广东、上海、浙江等省市开展汇接层面及接入层面的试商用，为软交换系统的大规模应用和网络的技术转型做准备。中国电信采用阿尔卡特、西门子、北电等3家公司的设备，在上海开展下一代网络(NGN)试验工程。试验完成后，中国电信将阿尔卡特的软交换控制器、中继网关等主要网源移交给上海电信，上海电信将其主要部署在接入网关、网管和各种操作维护终端，在东昌局构成一个子网。

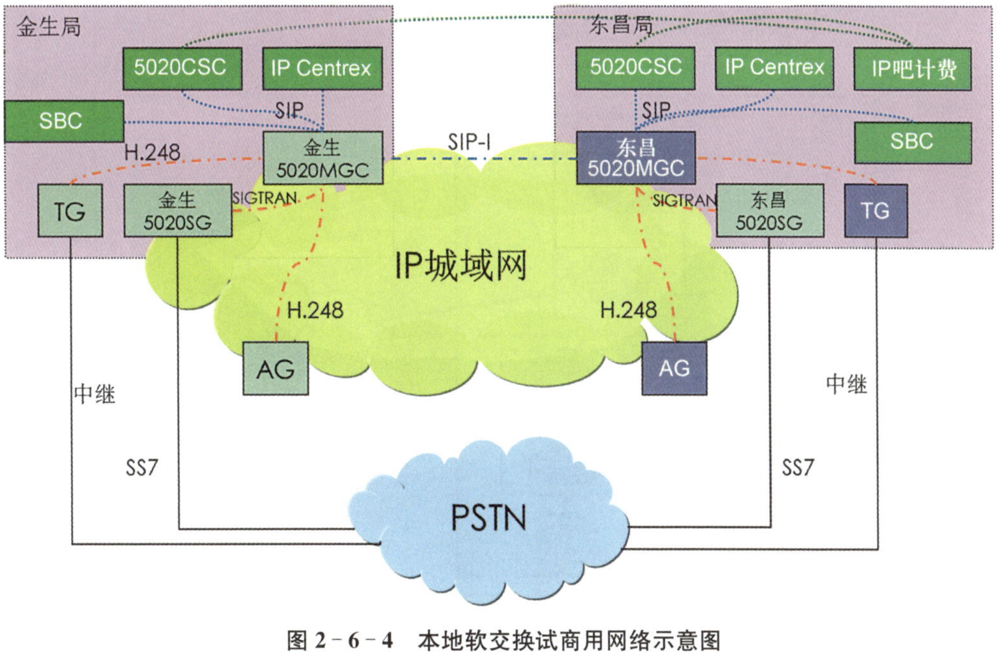

图2－6－4　本地软交换试商用网络示意图

2005 年 6 月 23 日，上海电信启动软交换试商用工程，以试验工程移交的网络为基础进行设备升级，将软交换试商用网络东昌节点扩容至 5 万门（宽窄带电话接入各 2.5 万门，可提供 5 000 线 IP Centrex），新建东昌、金生等 10 个接入点，可提供基本语音业务、IP Centrex、IP 电话超市、宽带上网等业务。8 月 30 日，上海电信启动软交换核心设备东昌节点扩容和北蔡、共富、海上海接入点工程，将东昌局节点软交换扩容 5 万门，达到宽窄带电话用户 10 万门，同时新建北蔡、共富、海上海 3 个接入点。10 月 14 日，上海电信启动软交换核心设备金生节点建设工程，在金生局新建一个容量为 10 万门的软交换节点，形成与东昌节点互为备份的网络结构。

2006 年 9 月 6 日，上海电信再次启动东昌及金生软交换核心设备扩容工程，将东昌及金生核心节点的容量各自扩容 20 万门。

【固网智能化及汇接局改造】

固网智能化解决方案的核心是在现有固定电话网中引入智能归属位置寄存器(SHLR)，交换机通过扩展 ISDN 用户部分(ISUP)、扩展移动应用部分(MAP)等协议与 SHLR 进行信息交互，实现用户数据查询和属性触发，为用户提供多样化的增值服务。2003 年，中国电信在泉州等地开展固网智能化试验。

2005 年 5 月 16 日，中国电信明确在上海、江苏、福建、广东等 4 个省级公司进行固网智能化试点工作。上海电信于 6 月成立固网智能化试点及推广领导小组和工作小组。8 月 7 日，中国电信印发《固网智能化改造工作的指导意见》，并成立推广专家组。

2006 年 3 月 23 日，上海电信启动软交换核心试验网工程，在东区局控江分局、北区局和田分局分别安装中兴软交换 NGN 核心设备 1 套，在北泰大楼安装网管设备，并开发 NGN 的相关支撑系统，为固网智能化构建一个软交换平台。4 月 5 日，上海电信启动软交换固网智能化试验网工程，利用软交换、SHLR、UP10 和端局业务筛选结合的技术方案对上海电信的网络智能化进行改造，在武胜

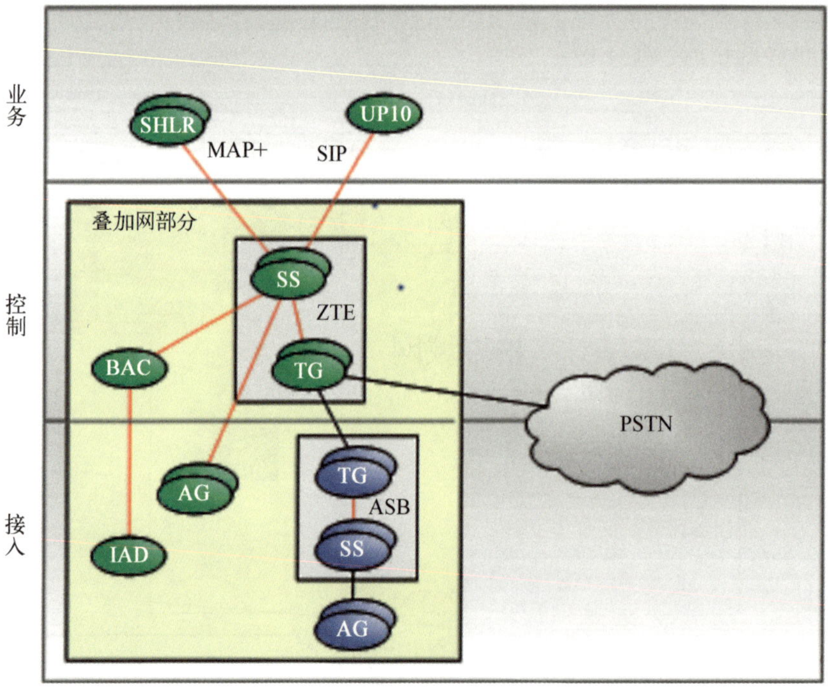

图 2-6-5 软交换固网智能化实验网示意图

大楼、民生大楼各设 1 对 SHLR，在和田机房设置 1 套智能业务平台 UP10，通过城域网接入软交换核心网。其中，SHLR 按支持 1 000 万用户的查询要求进行配置，并保留平滑扩容能力。

2006 年 11 月，上海电信在东区局、北区局、南区局、西区局和浦东局启动软交换——网络智能化工程，对固网汇接层进行改造，形成软交换“双平面”的目标网络架构；采用软交换(SS)＋中继网关(TG)替代原有汇接局；采用 SS＋用户网关(AG)方式解决 PSTN 新增、扩容以及退网端局的改造；通过集中用户数据库(SHLR)，实现全网用户数据的统一查询和业务触发。

2009 年 9 月 10 日，上海电信启动软交换汇接局扩容工程，增加目标网软交换容量 81 万门，以满足新增 PON 用户以及割接退网迁移用户需求，新增 1 000 个 PRA 模块用于满足 PRA 接入需求，增加 SPC 链接功能、海量节点功能，扩容部分 ESPC 板提升软交换网络安全，将阿朗软交换叠加网的 40.6 万 AG 割接至软交换目标网。

2010 年 11 月 18 日，上海电信启动目标网软交换扩容工程，新增目标网软交换容量 52 万门，PRA 模块 1 500 个。

三、移动交换

2008 年，根据中国电信加快电路交换设备退网的要求，上海电信新建 8 个移动软交换局。其中，7 套为阿朗的软交换设备，1 套为华为的软交换设备，设备总容量为 535 万门；设置 3 套备用移动软交换中心(MSCe)，其中 2 套为阿朗备用 MSCe，1 套为华为备用 MSCe，容量分别为 96 万门、80 万门和 30

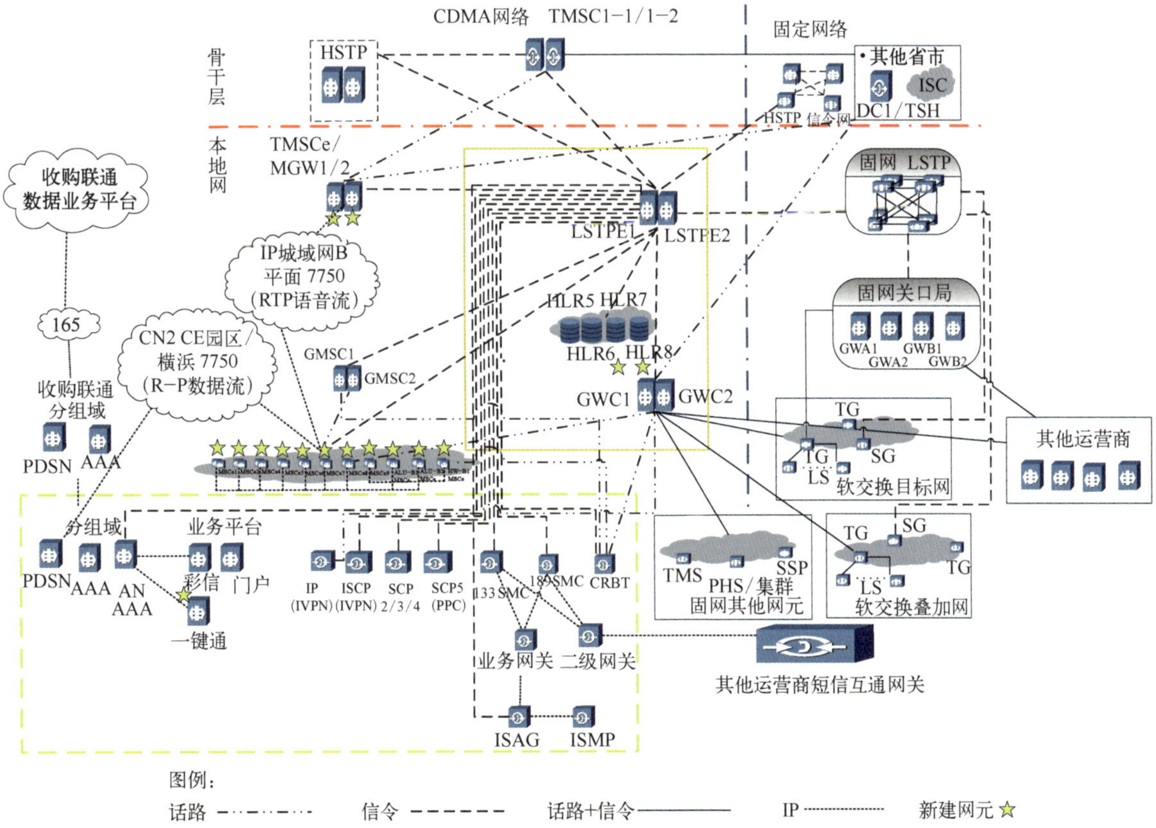

图 2-6-6　上海电信软交换 CDMA 网络结构图

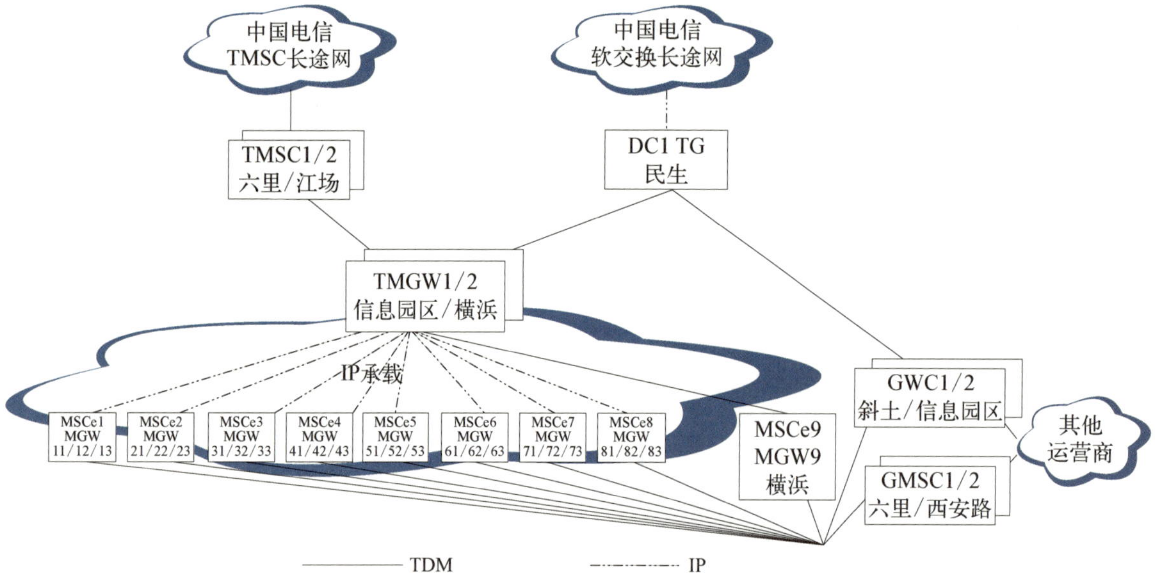

图 2-6-7 上海电信软交换 CDMA 网络话务承载示意图

万门,采用 N+1 备份方式工作。是年,设置独立的移动汇接软交换机(TMSCe)及移动汇接网关(TMGW)设备,与移动交换机(MSCe)/移动网关(MGW)互通,负责疏通上海 C 网至上海 DC1 软交换省际长途话务。CDMA 网络与上海电信固网之间的话务互通由 1 对 GWC 设备承担。

第三节 多媒体业务子系统(IMS)

多媒体业务子系统(IMS)是电信运营商 IP 网络环境下实现对固定、移动网络的统一控制,提供跨网络的融合业务的平台。

2006 年 12 月,中国电信印发《中国电信近期 IMS 发展若干意见》,统一组织 IMS 测试和现场试验,为进一步推动网络技术和业务的转型,以及未来的全业务经营做好准备。

2009 年 10 月 16 日,中国电信召开 IMS 试点工作专题会议,根据统筹安排、统一规范、分省实施、各有侧重的原则,选择上海等 7 个省市开展试点,验证基于 IMS 的网络演进和新业务提供能力。

2009 年 12 月 30 日,上海电信启动 IMS 试点工作上海配套工程,采用华为和阿朗两家厂商提供的设备和 IMS 端到端解决方案,实现与上海 CDMA 网络和固网软交换的互通和域内跨厂家互通,以及网络能力及业务提供能力的验证。在此基础上,进行升级多域互通的建设,开展中国电信组织下的跨域组大网以及跨域业务试验。

2010 年,根据中国电信的要求,上海电信准备建设上海 IMS 试商用网络,新建 1 套 IMS 核心设备,以及满足 58.7 万户用户接入能力和相应需求的 IMS 边缘接入设备;业务能力引擎包含:C 网锚定业务接入能力 0.8 万户,融合视频会议并发数 500 户。2011 年 1 月 12 日,中国电信同意上海电信开展工程建设。

第四节 信 令 网

在网络传输中,专门用来控制电路的信号称为信令,在程控交换机和软交换的网络中,通常采用七号信令，信令的传输需要通过信令网完成。

中国电信七号信令网由高级信令转接点（High Signal Transfer Point，HSTP）、低级信令转接点（Low Signal Transfer Point，LSTP）和信令点（Signal Point，SP）三级网络组成。其中，HSTP 负责省际信令消息的转接，以及省内各 LSTP 间的信令消息转接；LSTP 负责本地网的信令消息转接。HSTP 两个平面通常以负荷分担方式承担国内长途网络的信令转接，LSTP 至 A、B 平面两个 HSTP 的信令链路组间也采用负荷分担方式工作。

一、高级信令转接点

2000 年，上海电信设置有 1 对高级信令转接点（HSTP），其中 HSTPA 设置在武胜大楼，HSTPB 设置在漕溪大楼。上海各长途交换机均以负载分担的方式与 HSTP 之间建立准直联链路，1 对 HSTP 与本地 4 对 LSTP 之间不设置直联信令链路。截至 2008 年，上海 HSTPA 和 HSTPB 有 224 条 64 kbps 信令链路和 112 个 E1 端口，全球寻址（GT 寻址）能力均为每秒 1 120 条。

2008 年 7 月，中国电信启动移动网络 HSTP 扩容工程，对固网信令网（HSTP）23 个节点进行改造扩容。扩容后，上海新 C 网 HSTPA/B 节点各有 64 kbps 链路 272 条，2 Mbps 链路 8 条，2 Mbps 端口 144 个，GT 翻译能力为每秒 2 240 条。10 月，承接联通 CDMA 后，原 C 网 HSTP 有 64 kbps 链路 492 条，2 Mbps 链路 62 条，2 Mbps 端口 152 个，GT 翻译能力为每秒 5 600 条。新 C 网 HSTP 与原 C 网 HSTP 共同承担 C 网省际信令转接。

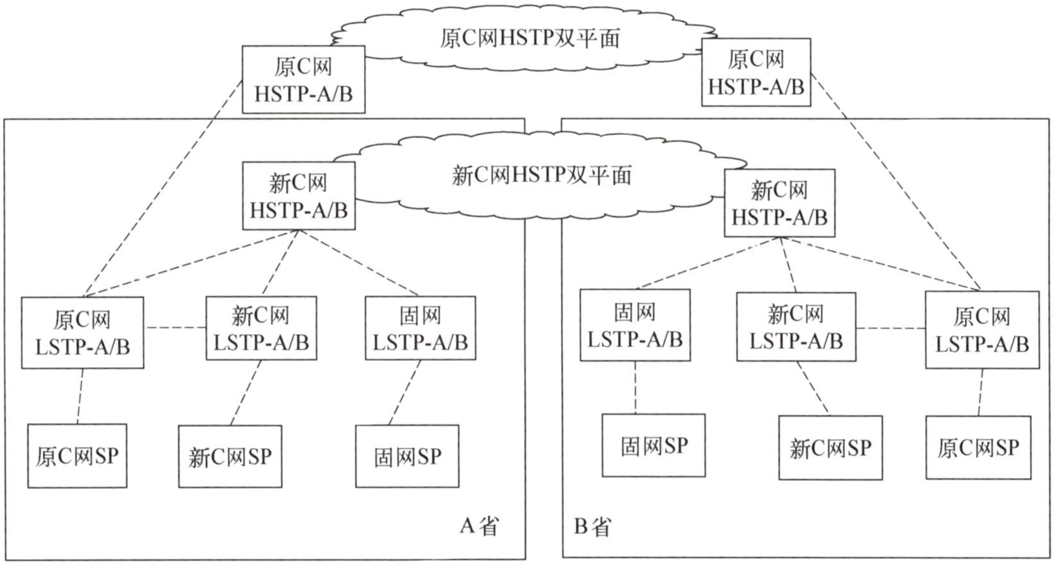

图 2-6-8　中国电信国内七号信令网结构示意图

2009 年 7 月，中国电信启动 HSTP 扩容改造工程，对上海等 9 个省市 HSTP 节点进行改造扩容，其中，上海 HSTP 采用替换新建方案，使用贝尔阿尔卡特 5020 信令网关设备，分别设置在武胜大楼及漕溪大楼，分别具有 64 kbps 链路 268 条，2 Mbps 链路 90 条，2 Mbps 端口 232 个，GT 翻译能力每秒 10 122 条。

2010 年，上海电信移动用户割接至新的移动目标网后，固网和 C 网的全部省际信令消息由上海新建的 HSTP 承载。

二、本地信令转接点

2000 年公司化运行初期，上海电信的本地七号信令网采用二级网络结构，由 4 对低级信令转接点(LSTP)和若干信令点(SP)组成，形成以准直联为主的二级信令网。每对 LSTP 负责本汇接区的信令消息的转接，相关 SP 与 1 对 LSTP 设置 A 链路，信令链路组间采用负荷分担方式工作，同时各网元间保留部分直连链路。

表 2-6-2　2000 年上海电信低级信令转接点情况表

	设备名称	安装地点	设备厂商	机　型	版　本	64 K 信令配置数
西区	LSTPA1	江苏	北电	DMS - STP	STP04. 2	432
南区	LSTPA2	漕溪	北电	DMS - STP	STP04. 2	432
东区	LSTPB1	控江	北电	DMS - STP	STP04. 1	252
北区	LSTPB2	和田	北电	DMS - STP	STP04. 1	252
浦东	LSTPC1	东昌	北电	DMS - STP	STP04. 1	252
浦东	LSTPC2	庆宁	北电	DMS - STP	STP04. 1	252
中区	LSTPD1	柳林	北电	DMS - STP	STP04. 1	252
中区	LSTPD2	斜土	北电	DMS - STP	STP04. 1	252

2008 年 10 月上海电信承接联通 C 网后，上海联通的 C 网本地信令网转由上海电信运营。该信令网承担联通 133/153 用户的信令链接，采用二级网络结构，由 1 对 HSTP/LSTP 和若干 SP 组成。1 对 HSTP/LSTP 分别设在六里和江场的机房。SP 与 1 对 HSTP/LSTP 之间设置 A 链路，信令链路组间采用负荷分担方式工作，各 SP 间依据实际情况设置直连链路。

2008 年 7 月，上海电信启动移动网络 LSTP 新建工程，建设 1 对独立的 LSTPE，分别设置在

表 2-6-3　2008 年原上海联通信令网配置情况表

网　元	厂商	信令链路配置情况							
		信令链路	配置数	占用链路类型					
				H		L			
				B - link	C - link	D - link	A - link	B - link	C - link
H/LSTP1	贝尔	64 kbps	496	8	—	64	121	—	—
		E1 数	232	18	2	10	91	8	—
		2 Mbps 高速	62	16	2	—	35	8	—
H/LSTP2	华为	64 kbps	492	8	—	64	120	—	—
		E1 数	236	18	2	10	86	8	—
		2 Mbps 高速	62	16	2	—	35	8	—

斜土和仙霞机房,负责新建网络侧信令链路的转接,每个新建的 LSTPE 有 64 kbps 信令链路数为 1 120 条,2 Mbps 链路为 34 条,2 Mbps 端口为 130 个。新建的 C 网 LSTPE 与 SP 之间设置 A 链路,以疏通新 C 网的信令消息;与联通 C 网 LSTP 设置 B 链路,以疏通新 C 网和原 C 网间的信令消息;各 SP 间依据实际情况设置直达链路。

2009 年 3 月,上海电信配合新建 C 网网元的需求,启动 LSTPE 扩容工程,将 64 kbps 信令链路扩容至 4 016 条,2 Mbps 链路扩容至 112 条,2 Mbps 端口扩容至 330 个。

2010 年,上海电信移动用户割接至新的移动目标网后,C 网本地信令消息全部由新建的 LSTPE 承担。

三、监测系统

【关口局信令监测】

2002 年,上海电信建成关口局七号信令监测系统,建有 4 个采集点,信令链路总计 200 条,由网内部分和关口局间部分组成,由交换机将这些链路收敛到一个测试点进行集中处理。采集的数据分别送至通信管理局和监测系统。

2003 年 10 月,上海电信对监测系统进行扩容和调整。

2005 年 11 月,上海电信启动关口局七号信令监测系统扩容工程,将信令链路增加至 400 条。

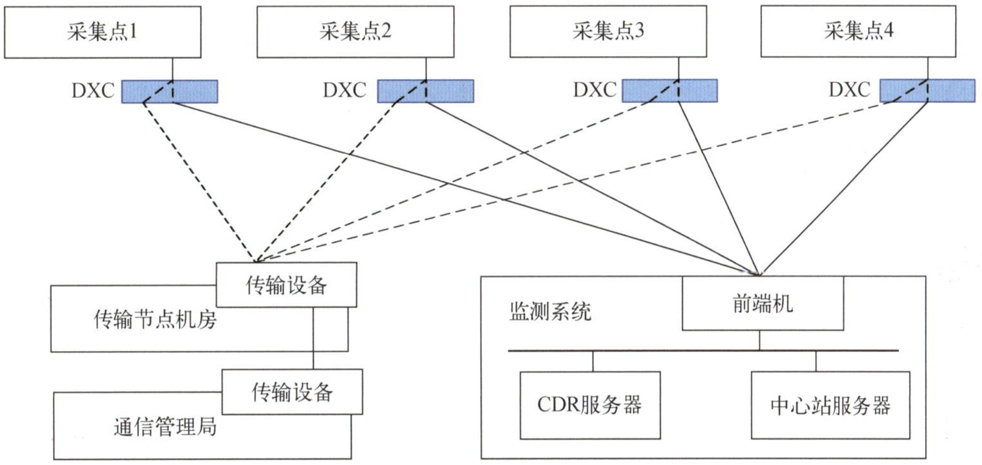

图 2-6-9　关口局信令监测系统总体架构图

【程控网信令监测】

2004 年年底,上海电信建成七号信令监测系统,对 2 对 LSTP 810 条准直联链路进行监测。

2005 年,上海电信对本地七号信令网的集中监测扩大至剩余的 352 根准直联链路和 340 条直联链路(智能网 91 条、重要平台 48 条、重要局间 86 条、大客户 115 条)。

2006 年年初,本地网七号信令集中检测系统监测对本地网的 4 对信令转接点共 1 262 条准直联链路和智能网、重要平台、重要局间以及大客户共 334 条直联链路进行监测。该系统位于上海电信北泰局监测中心机房,具有告警管理功能、信令网监测功能、电话网监测功能和系统自维护功能。

2006 年 5 月,上海电信启动七号信令监测系统改造项目,对本地七号信令和关口局信令集中监测系统的呼叫详细记录进行整合及进一步分析，实现全程全网的呼叫路由查询，以及对电信业务发展趋势及用户电信行为的分析。

2007年，上海电信对软交换SG至LSTP的未纳入七号信令集中监控系统的446条A链路、104条F链路实施监控，扩容新增550条监控信令链路。

2008年9月，上海电信启动七号信令监测系统改造及检索能力扩容工程，在现有的七号信令集中监测系统上增加多信令点编码的监控和分析，将系统的应用范围延伸至各区局。

2008年12月，上海电信启动移动网络信令监测系统承接及扩容工程，对原有的七号信令监测系统进行扩容，将新建的斜土、信息园区关口局和承接的漕河泾、六里关口局对外的84条链路，以及新建的LSTPE至原有3对LSTP间新增的48条链路纳入监测范围。组网方案仍采用集中采集、集中处理方式。覆盖新建关口局和原移动网网关局，对外链路包括移动、联通、网通、铁通、卫通等5个方向，总计链路数为84条。另一方面，对在用的4个关口局原有收敛设备以及二级收敛DXC进行替换，增加相关DXC设备，替换原有的DXC，实现通管局和本地七号监测系统两路数据的分发。合计监测64 kbps链路数为128根。

2009年12月，上海电信启动移动大客户七号信令监测扩容工程，实现对本地网重要客户七号信令F链路监控，共计256条链路。

【软交换信令监测】

由于交换机的结构和实现的原理不同，原用于程控交换机的七号信令监测系统不适用于软交

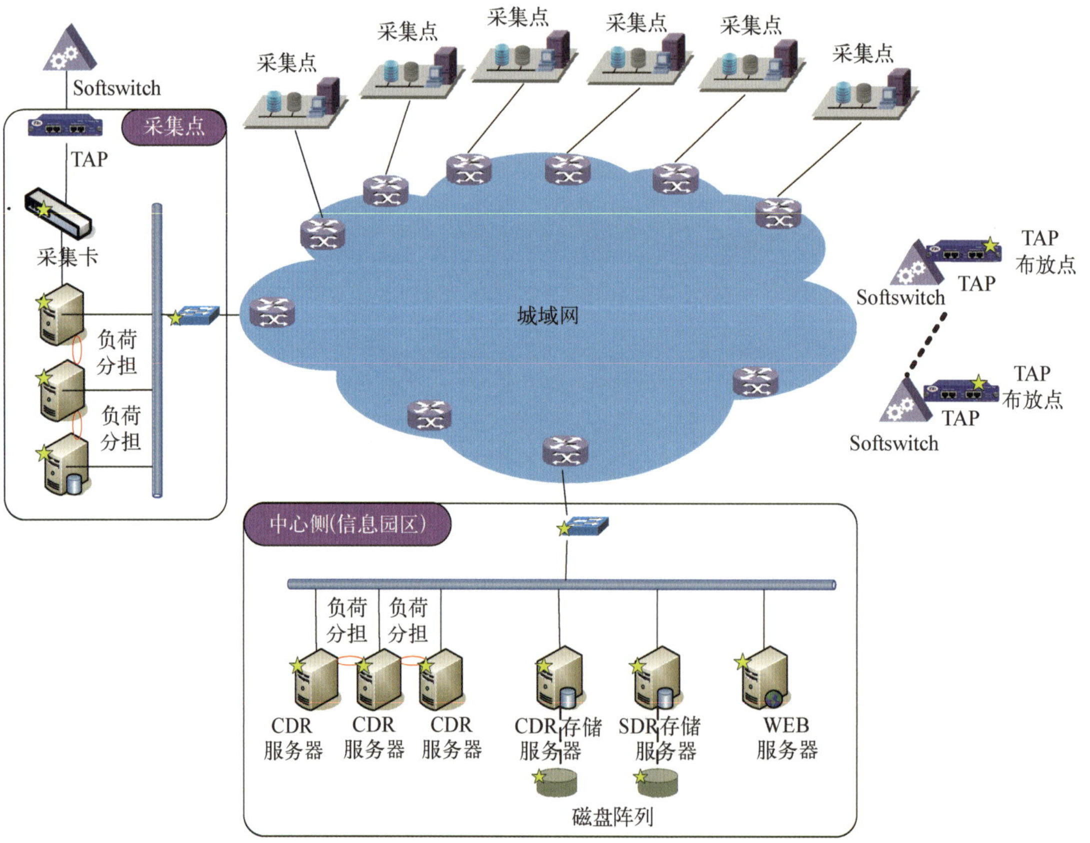

图2-6-10　软交换信令监测系统架构图

换网络，需要重新建立新的实时信令监测系统。为此，上海电信于2007年年初进行软交换叠加网上信令监测分析系统的研究，为后续软交换系统信令监测打好基础。

2008年4月，上海电信启动软交换信令监测系统建设工程，建成系统控制中心，在软交换目标网12个核心节点布放信令采集测试接入端口(TAP)，在7个核心节点部署信令监测系统。

2009年4月，上海电信启动软交换信令监测系统二期工程，完成武宁分局、云南分局、漕溪分局、控江分局、和田分局5个中兴软交换目标网软交换核心节点的信令采集设备的部署，监测系统后台处理系统的硬件扩容，叠加网UP10监测设备的部署，叠加网信令监测系统的融合以及系统软件升级。

【C网信令监测】

2008年12月，上海电信启动移动网络信令监测系统承接及扩容工程，建设C网信令监测系统，覆盖新建的LSTPE，负责承载新建网元与其他网元间的信令链路。采用全集中式组网方式，将两个信令转接点机房以及原有漫游欢迎远端机房里的所有链路通过DXC收敛，通过2 Mbps传输送到中心机房信息园进行处理，C网监测链路合计高速2 Mbps链路184根，64 kbps链路64根。漫游系统合计高速2 Mbps链路8根，64 kbps链路774根。

2009年，上海电信启动移动核心网侧软交换的替换工程，重新部署相应的监测链路。7月，上海电信启动移动网用户漫游通知系统信令链路监测工程，采用分散采集的组网方式，通过IP传输模式，对漫游欢迎平台的80根高速2 Mbps链路进行监测，为漫游欢迎系统提供必需的数据，保证该系统的正常运行。

2009年12月，上海电信启动移动网信令监测三期工程，对MSCe相关的40根64 kbps链路、280条2 Mbps链路进行采集监测，工程实施后可对C网所有信令链路进行监测，可完整获取C网上各类呼叫以及呼叫所涉及的电话用户部分(TUP)、ISUP、MAP信令，可合成业务详细记录、呼叫详细记录等等，进行相关的各类统计。

第七章　业 务 平 台

第一节　语音及消息类

一、声讯

声讯电话也叫“信息台”，向公众提供衣、食、住、行、养生等信息。

1993 年 6 月 18 日，上海邮电管理局引进美国环球声讯服务公司 7 台 32 线 VX 系列话音信息系统，结合上海市话网特点，组建当时国内容量最大的“168”电话自动声讯系统。

1996 年 3 月，完成 9 个声讯台的联网工作，中心数据库设在沈家宅，负责 168 动态信息的管理工作。在统一编码、统一信息源的基础上，8 月 18 日开通了上海、北京、沈阳、武汉、西安、广州、南京、成都、南昌等 9 个城市的 168 联网，采用全国统一编码，信息共计 6 000 余条，方便用户的异地查询。11 月 8 日，160 人工声讯信息台试开台。

1997 年，上海邮电管理局有 9 个 168 自动声讯信息服务平台，中继总容量达 1 740 线，覆盖上海市区、郊县所有地区。1998 年，168 台全年拨打次数为 2 430.3 万次，拨打时长为 6 345.41 万分钟。160 分台总数达到 75 家，全年拨打次数为 87.57 万次，拨打时长为 520.27 万分钟。

2001 年，上海电信启动上海声讯 168 信息中心平台建设工程，提升原有声讯平台功能，拓展渠道和多种新形式索取信息的手段，拓展声讯信息业务的范围。该工程于 2002 年 3 月 29 日竣工。

2004 年 2 月 18 日，上海电信组建上海电信百事应信息有限公司，经营语音类增值业务。12 月，上海电信启动百事应 160 系统搬迁工程，将 160 平台整体割接到百事应公司南汇园区，同时对系统进行优化升级，开发和完善 168 平台的接口，满足 160、168 平台间的语音、数据共享、计费、业务功能融合等要求，实现业务集中统一管理。

2009 年 9 月，上海电信批准建设上海号百移动互动式语音应答(Interactive Voice Response，IVR)平台业务系统，在中兴 IVR 平台上新开发 1 套 IVR 支撑系统，新增各种服务器共 12 台和存储器 1 台，实现移动 IVR 平台与客户关系管理系统接口、帐务中心接口、准实时计费系统接口、在线计费系统接口、短信网关接口、服务提供商管理系统接口等的对接。将用户量较大、具有行政公益背景的节目分阶段逐步迁移到新建的移动 IVR 平台上，关闭无合同、几乎无业务量的声讯号码。平台建成后，由中兴 IVR 平台和 160 平台一期承接全网声讯业务。2010 年年底，原有 168 声讯业务、160 自动业务全部迁移至移动 IVR 平台。

二、短信及彩信

上海电信的短信经历固网、无线市话和移动等 3 个阶段的发展。

2001 年，根据中国电信要求，上海电信建设固定短信业务平台。2003 年，上海电信建设第二套固网短信平台。

2004 年 5 月，上海电信兴建 UT 公司和中兴(ZTE)的 PHS 短信中心。其中，UT 公司的 PHS 短信中心的单向处理短消息能力为 700 条/秒；ZTE PHS 短信中心的单向处理短消息能力为 350 条/秒。

2004 年 10 月，上海电信启动综合短信服务平台工程，对百事应公司短信平台和在线网络短信平台系统进行整合，升级、扩容，提升其技术层次，增强其业务功能，建成支持多种格式、多种平台、多种业务的短信息服务平台。

2007 年年底，上海电信建成 NGN 短信中心，由接入模块、核心处理模块、计费模块组成，主要为固网软交换提供短信业务能力支撑。短信中心一期建设时设计容量为 20 万用户、处理能力 100 条/秒。

2008 年 8 月，上海电信建设移动网络短信中心，处理能力为 1 379 条/秒。10 月，上海电信在南汇信息园区建立彩信中心，采用中兴公司系统，包括业务处理机、数据库服务器、计费服务器等设备，处理能力为 79 TPS，负责网内、网间点对点彩信、网内 SP 彩信及彩信与彩 e 之间的信息传送。

2009 年 2 月，上海电信启动移动 133/153 短信中心改造搬迁工程，对原有 2 套 133 短信中心进行改造升级，重组为 1 套短信中心，接管 133/153 用户的短信业务。改造后的短信中心处理能力为 2 700 条/秒。4 月，上海电信启动省级智能短信平台建设工程，新增 14 台 PC 服务器、1 套磁盘阵列、数据库软件等，扩容原有 2 台小型机，实现移动短信保管、短信转移、主叫短信回执、短信过滤、短信签名、短信自动回复、短信群发、定时短信等智能业务服务，系统平台处理能力达 447 条/秒。6 月，上海电信对原有 C 网短信中心的信令网关和交换机进行升级和扩容，工程完成后处理能力达 2 659 条/秒。同时，上海电信对彩信中心的磁盘阵列扩容，升级和扩容应用软件，完成后彩信处理能力为 59 条/秒。

三、彩铃

2004 年 11 月，上海电信启动本地智能网扩容工程，工程完工后智能网可承担 1 万用户彩铃业务。

2005 年 6 月，建成 PHS 七彩铃音平台，开始试商用。

2006 年 7 月，上海电信启动软交换固网智能化试验网建设，其中，增加彩铃平台建设工程，软件许可为 30 万用户。11 月，上海电信对彩铃平台进行扩容，新增 30 万彩铃用户许可，购置集团彩铃、音乐盒、大礼包、IVR 铃声复制、IVR 铃声 ID 定制等软件包。扩容后，彩铃平台的硬件容量为 80 万户，软件许可容量为 60 万户。

2007 年 1 月，上海电信再次对彩铃平台进行扩容。6 月，对彩铃平台进行应急扩容，新增 60 万彩铃用户的容量。12 月，开始启动 2008 年固网彩铃扩容工程，新增内容提供商(CP)服务器 1 台、网页(WEB)服务器 2 台、语音服务器 6 套等设备，配置 50 万彩铃用户许可。年末，上海电信 PHS 彩铃设备容量达 110 万户。

2008 年 10 月，上海电信承接 C 网业务，同时承接彩铃平台。2009 年 4 月，上海电信对已有的三套(固网、PHS 和 C 网)彩铃平台进行融合，对硬件平台、系统接口、前端展现、铃音资源进行整合。6 月，上海电信对中兴彩铃平台进行扩容和优化，新增广告彩铃模块。

2010 年 5 月，根据中国电信的统一改造要求，上海电信对彩铃系统版本进行升级，实施接口和门户改造工作。

2010年7月31日，上海电信固网、PHS和C网彩铃平台整合为一套彩铃系统，软件许可容量为468万户，实际占用数409万用户(其中，固网和PHS为277万户，C网为132万户)。

四、智能网业务平台

【智能网】

2000年，上海本地网智能网采用叠加网方式构建，有3个独立的业务交换点(SSP)，2个业务控制点(SCP)，1个业务管理点(SMP)和业务生成环境(SCE)，另有1个独立的智能外设用于语音辅导服务。经过一期、二期建设，开放10多种业务，包括电话投票(VOT)、大众竞猜(MAS)、广告电话(AD)和广告电话卡、上网呼叫等待(ICW)、被叫付费(FPH)、通用接入码(UAN)、个人通信(UPT)、亲子800、股票时时听等。

2001年，上海电信将业务数据点(SDP)从SCP中独立出来，以利于业务数据库的统一建设和共享，分担SCP的承担业务，使系统更可靠安全。

2004年10月，上海电信对康健局中兴智能网系统进行扩容，新增20万预付费用户和35万"一号通"用户的接入能力。11月，上海电信启动本地智能网扩容工程，新建一个IP2，升级扩容后的智能网除开通彩铃业务外，还可承担10万指定电话付费用户和100万分钟/天的电话聊天业务的处理。

2007年7月，上海电信开展本地智能网络整治工程，增加2台Cisco"3560"交换机作为核心交换机，新增2台Cisco"2950"交换机替换原Cisco 2900交换机，并将所有交换机分别连至Cisco"3560"核心交换机上组成星型连接方式，优化系统平台。

2009年，上海电信将本地智能网SCP2平面的被叫付费、个人通信、广域集中用户交换机及AD广告电话等4个业务迁移到SCP3平面。

【卡类平台】

上海电信的卡类平台是主要用于提供"17908"业务、"17909"业务、"200"业务、"201"业务、"300"业务、宜通卡和A类智能公话的本地智能平台。2003年8月，上海电信为满足"17909"业务发展，紧急建设1个独立的SCP系统，以满足350万的业务容量以及20万受端入网的号码翻译能力。12月，上海电信对"17909"平台进行改造，将平台改建为智能网结构；在鉴权平台上增加1套SXP/SMP智能平台，新增1个信令接入单元(SAU)作为信令接入点，为IP电话业务发展提供保障。

2004年8月，上海电信实施的卡类平台整合工程竣工，完成"201"和"17908"两个平台的整合、"200"平台整合、宽窄带智能网互通三部分工程，为电信卡部构建文件接口平台并提供各种管理功能。

2005年3月，上海电信建设智能卡类平台SDP系统冗灾工程，采用双机互备、负荷分担的方式对系统进行数据备份和冗灾，避免智能卡类平台SDP数据丢失。2007年7月，上海电信再次对"17909"平台进行扩容改造，新增2套双机服务器分别承担SCU和SDP的功能，原有的双机改为SMP，组成标准智能网结构，使系统能满足中等到超大规模容量智能网的需求。

2009年10月，上海电信对"17909"鉴权平台升级扩容，以满足鉴权平台峰值压力；通过升版实现HLR表容量由20万提升至1 00万，以满足引入新号段的需求。是月，上海电信实施智能卡平台 SDP 容灾工程，通过虚拟存储的业务和数据容灾方案，解决智能卡平台容灾问题。

截至 2010 年，上海电信智能卡平台网有 2 个独立的 SSP，各有 1 576 根 E1 智能中继。整个智能卡平台由 4 套 SCP、2 套独立 SDP、1 套 SMP、2 套 SAU 网元设备组成。2 个 SSP 实现业务的平均负荷分担。

【综合 VPN】

综合 VPN 业务平台主要用于承载固移融合类的综合虚拟专网业务，主要负责提供综合 VPN 业务、超级无绳（天翼版）业务以及 Onstar 业务。

2008 年 7 月，上海电信根据中国电信综合 VPN 业务省级平台建设工程的要求，启动“上海节点工程”，新建综合 VPN 业务平台和独立 IP 设备 1 套，为跨固网（PSTN、软交换网络）与移动网（CDMA 网络）的省内客户提供以短号互拨、资费优惠等为特征的虚拟专网融合类业务。12 月，上海电信启动综合 VPN 前置机项目，提供 113 个 E1 中继、9.7 万个用户号码使用需求，为非标的自动用户小交换机（PABX）用户接入综合 VPN 提供条件。

2010 年 1 月，上海电信启动综合 VPN 平台扩容工程，扩容后容量为 620 CAPS，实现综合 VPN 语音业务的容灾备份，具备超级无绳业务功能，能满足 70 万 C 网综合 VPN 用户、60 万固网综合 VPN 用户、33 万超级无绳用户、6 万 Onstar 用户的业务需求。

五、软交换业务平台

上海电信建有两个软交换业务平台，分别为中兴公司统一业务平台 UP10 和上海贝尔阿尔卡特网络支援公司增值业务网关 VSG。

【中兴公司平台（UP10）】

2006 年 8 月，上海电信启动 UP10 联机采集工程，在控江、和田软交换核心节点及和田 UP10 业务平台侧分别建设话单采集点，实现话单采集、话单筛选等功能。采集点硬件建设包括服务器双机加磁盘阵列和采集控制终端建设，其间完成相应的软件开发工作。UP10 平台以 Parlay 网关为核心，包括媒体服务器、应用服务器、综合接口机、操作维护台等多种设备。2007 年 10 月，工程竣工验收。

2010 年，UP10 平台建成，通过上海电信本地网软交换机向全网用户提供居间业务能力 6.4 万、同振/顺呼业务能力 33.6 万、彩铃业务能力 120 万、一号双机业务能力 10 万，同时 UP10 设备兼作媒体服务器，具备 960 个语音通道能力。

【贝尔阿尔卡特平台（VSG）】

2008 年 3 月，上海电信启动软交换业务平台虚拟业务网关建设项目，建设主设备项目和电源建筑配套项目，新建 VSG 平台及电源配套，满足是年彩铃业务、专家在线客服服务以及 IP－Centrex 等业务需求。项目建成后，VSG 业务平台具备提供 100 万固网彩铃用户、2 万专家在线客服用户、7.5 万同号业务和 8 万 IP－Centrex 用户的能力。

2010 年 2 月，上海电信启动 VSG 系统二期扩容，将 VSG 划分为语音业务平台 VSG1 和新业务平台 VSG2。年末，VSG 平台通过本地网软交换向全网用户提供固网彩铃、同号等业务，VSG1 设计处理能力 460 CAPS，VSG2 设计处理能力 50 CAPS，具备 4 200 路语音通道。

六、呼叫中心

呼叫中心(Call Center)是集客户服务、电话电子商务于一身,以电话、传真、因特网等现代通信方式为手段的多元化、人性化的服务中心。

2000 年 5 月,上海邮电管理局建成长途呼叫中心并推出相关服务。

2006 年,上海电信开展 ICD 呼叫中心扩容升级工程,在横浜大楼呼叫中心机房安装网络机柜 1 架、数据库及应用服务器 5 台、网络交换机 2 台、磁盘阵列 2 台、路由器 2 台、远端模块 1 架、座席终端 21 台、告警终端 1 台;布放交流电源 2 路。工程于 6 月通过初步验收。

2008 年 10 月,上海电信启动外包呼叫中心系统平台建设工程,建成座席接入能力 1 000 个,IVR 资源 500 路,平台处理能力为 7.5 CAPS,其中,呼入 1.5 CAPS,呼出 6 CAPS。

2009 年 1 月 15 日,上海电信在新建的外包呼叫中心平台上新增多语言综合信息服务应用示范功能,新增基于 NGCC 架构的多语言综合信息服务应用示范系统,建设规模为 40 个座席。建成后提供中、英、日、法 4 种语言服务,实现 4 种语言语音设备功能、合成功能和搜索功能。

2009 年 3 月 23 日,上海电信启动基于下一代呼叫中心(NGCC)架构的虚拟呼叫中心平台,新增 IVR、CTI 设备,建设规模为 250 座席,IVR 资源 250 路,为企业/政府客户和社会公众提供服务业务。6 月 8 日,上海电信启动外包呼叫中心系统平台建设,座席接入能力为 1 000 个,IVR 资源 500 路,平台呼叫处理能力为 7.5 CAPS。8 月 3 日,上海电信启动号百系统北方九省电信业务接入扩容工程,对复兴、万里平台 SoftACD 各扩容 5 CAPS 处理能力、350 座席连接能力,实现北方九省号百座席虚拟接入。9 月 21 日,上海电信启动外包呼叫中心座席及平台扩容工程,新增 401 个本地座席,新增独立的预测式外拨系统,新增话务统计管理系统,实现外呼平台 1 000 座席平台侧话务统计管理功能,新增整体知识数据库统一管理查询功能。

2010 年 1 月 18 日,上海电信启动号百公司虚拟外包呼叫中心 IVR 扩容工程,扩容 IVR 连接许可、IVR 资源及端口许可和自动外拨端口许可、软件许可。3 月 18 日,上海电信启动 2010 年号百虚拟呼叫中心(Contact Center On Demand, CCOD)系统座席接入能力扩容工程,从 250 线扩容至 750 线,增加相应 IVR 容量、TTS 容量和传真容量。其间,新增服务器和网络设备,实现服务器的集群化和网络侧的冗余热备用结构。4 月 27 日,上海电信启动东航外包呼叫中心天华话房扩容建设应急工程,将座席从 120 个扩容至 520 个,通过与东航呼叫中心平台的光纤互联,实现远端座席接入。10 月 9 日,上海电信启动号百交行 CCOD 接入平台建设工程,为交通银行建设独立虚拟呼叫中心平台,满足 700 个远端座席使用需求。

截至 2010 年,上海电信外包呼叫中心语音中继能力为 1 500 线,IVR 能力规模为 500 线。支持座席采用本地部署、异地远端部署两种模式,规模为 1 000 座席。业务系统规模为 1 000 座席,录音系统规模为 1 000 线录音、100 线录屏。

七、交互式会议电话

2000 年 1 月 6 日,上海市邮电管理局根据中国邮电电信总局要求,下发《关于试开放交互式会议电话业务的通知》,批准长途电信局开放交互式会议电话业务。

2003 年 8 月,上海电信启动交互式会议电话系统扩容工程,新增 SSP 设备。

2004 年 11 月，上海电信启动交互式会议电话三期扩容工程，开放"全球会易通"业务、增加预约会议功能、加强密码功能等相关业务功能并为此升级业务平台系统，改善业务功能，加强业务的灵活管理。

第二节　视 频 类

一、内容分发网(CDN)

上海电信的内容分发网络(CDN)平台是提供一整套包含资源控制管理、用户调度、内容分发的流媒体分发解决方案的平台，能提供用户就近访问策略及全网均衡负载策略，提高用户响应速度，保证用户服务质量的平台。

2001 年 10 月，上海电信开始建设 CDN 平台，系统以上海热线Ⅱ和互联星空流媒体点播业务为主，2002 年 5 月正式投入运行。CDN 网络总体结构由 1 个中心和 4 个分中心点组成。中心的作用是提供视频内容的集中存储、流媒体服务、负载均衡、认证计费、网管等服务；4 个分中心点主要采用缓存服务器向用户就近提供服务，以提高系统的整体服务性能。单台 CACHE 点用户并发量为 1 000 个 700 kbps 速率，全网 5 个节点可支持 5 000 个 700 kbps 速率的并发点播。

2005 年 10 月，上海电信启动 CDN 平台二期工程将大华、康健、平凉、云莲的 4 个发布点扩大至上海各区县局的 15 个节点。同时建立一套监控系统，对 CDN 系统运行状况、服务质量进行全面、集中、实时监测。

2006 年 6 月，上海电信对 CDN 存储平台中的 MAS 部分进行扩容，增加 14 TB 的物理存储空间。

2010 年，CDN 平台能够支持 wmv、flv、rmvb 等主流流媒体文件的分发、点播和直播；支持 5 000 左右并发用户访问流媒体信息，500 kbps/流，总带宽为 16 Gbps。

二、新视通

新视通多媒体视频会议业务是基于 IP 网和专线来实现的多媒体视频会议，是利用可视终端和通信网络召开会议的一种通信手段。

2002 年，上海电信开始建设新视通视讯商务平台工程，2003 年 5 月工程完工，视讯能力达到 28 个 E1，拥有 128 个 IP 端口、30 个 ISDN 端口，平台处理能力为 176 个端口，个人网守(GK)服务器的注册能力为用户数 6 000，最大支持呼叫用户数 1 500，商务 GK 服务器的用户注册能力为 400，最大支持呼叫用户数为 1 000，多画面资源共有 12 路，可支持 128 kbps—2 Mbps 不同速率接入。

2004 年年初，上海电信采用新视通技术对会议电视网络系统进行扩容，扩容完成后可同时播送同步会议 4 个，满足在网上收看的用户数为 500。

2005 年 11 月，上海电信启动新视通平台能力扩容工程，增开消息通知推送、MCU 方式频道直播、门户 Portal 信息浏览、流媒体点播等增值业务。

2006 年 7 月，上海电信对新视讯系统硬件资源进行扩容，提升系统的增值业务功能。10 月，上海电信启动新视通网管系统工程，能满足 30 个网元设备管理。11 月，上海电信启动特奥会新视通应急工程，建立专用视频会议服务系统，为特奥会提供指挥调度系统。

2008 年 4 月，上海电信更新新视通系统设备，更换视频三层交换机设备，增加光端口数，更新数据库，实现双机备份，增加原6506交换机的网络地址转换（NAT）板卡以及超长距光模块，进行功能完善。11月，上海电信按中国人寿财险公司要求，启动全国视频工程，采用MSTP方式接入，在路由器中增加4个光口、16个电口。

2010年8月，随着新的视频编解码技术的发展，更高清晰度、更加流畅的视频会议成为各行各业的迫切需求。上海电信组织多家视讯设备厂家进行测试，择优选定华为技术有限公司“ViewPoint新一代高清视讯系统”，部署“新视通”高清视讯会议系统平台建设。

2010年年末，新视通系统能力达到多点视讯会议接入用户480方（IP×400，ISDN×50，E1×30）。可提供的业务有：点对点视频通信，多点视频通信，IP电话、会议电话、数据会议、流媒体等。用户接入方式较为灵活，有：IP（如ADSL、FTTB+LAN、ATM、FR等）、ISDN（1个终端最多可捆绑3根ISDN）、专线（如E1、DDN等），接入带宽可从128 kbps—2 Mbps动态调整。系统6台MCU共配置400路768 kbps IP会话、50个ISDN端口、30个E1端口；2台GK共支持31 000个注册用户、8 000个并发呼叫；4台华为8520媒体网关可处理私网呼叫能力为600终端。

三、全球眼

全球眼网络视频监控业务是中国电信利用宽带网络与视频监控平台（包括视频图像存储、广播、管理、计费及维护服务器）及服务进行综合打包捆绑，满足行业客户网络化视频监控应用的需求，实现对监控目标的监视、控制、安全防范及智能管理的宽带增值应用类新业务。

2004年，上海电信建成第一套“全球眼”网络视频监控平台，采用互信互通公司设备，有服务器3台，具有50 Mbps MPLS VPN线路和50 Mbps共享因特网出口，支持200路并发视频信号。

2005年，上海电信建成第二套“全球眼”网络视频监控平台，采用优网通公司设备，试运行后，能提供700路视频信号的并发访问的能力。同时，对第一套视频监控平台进行扩容，视频并发处理能力扩容到400路，平台存储扩大到4 T，增加防火墙和交换机以及相应的网络接入设备和视频接入设备。在业务功能方面，开发车牌识别、E-mail/短信报警等增值业务。

2007年4月，上海电信对全球眼平台进行应急扩容，新增2台远程多计算机切换器（KVM）、22台服务器、1套20 TB磁盘阵列和1套40 TB的带库，以及相应的网络设备等。5月，对全球眼前端设备进行应急扩容，新增1 050台视频接入设备、210套网络接入设备（包括三层交换机和光电转换器），以及105套外围设备；新增2 200套远程视频监控系统软件许可。

2007年7月，在中国电信的统一安排下，上海电信开始建设第三套“全球眼”网络视频监控平台，采用中兴公司的系统，可满足4 000个监控点的容量需求，以及大容量、可扩展、可运营、可互通等要求，是全新的电信级全球眼平台。8月，上海电信启动全球眼用户端建设工程，新增2 000个摄像头、2 000台视频接入设备，400套网络接入设备（包括三层交换机和光电转换器），以及200套外围设备。是月，上海电信启动世博会事务协调局全球眼应急项目，为世博轴、世博中心、世博村、样板组团4个场馆提供视频服务器、摄像头、视频光端机、UPS等设备，满足全球眼接入需求。2008年3月，全球眼中兴平台建设完成，系统支持并发接入能力达1 800路。

2008年6月，建设中兴平台边缘节点，系统整体并发能力达到4 000路。8月，根据中国电信要求，上海电信在已有的全球眼平台上进行无线视频监控业务开发和系统部署。

截至2010年，上海电信有3套“全球眼”平台。其中，中兴全球眼系统，定位行业用户，系统整体并发能力4 000路；互信互通全球眼系统定位中小企业平台，可容纳3 000路视频信号的并发访问能力;优网通系统有 6 800 路视频信号的接入能力,仅维系老用户的使用,不再扩容。

四、交互式网络电视

交互式网络电视(IPTV)是以宽带网络为传输通道,以电视机为终端,集互联网、多媒体、通信等多种技术于一体,向用户提供多种交互式服务的业务。IPTV 的内容由上海文化广播影视集团提供,上海电信主要负责本地网络建设和维护。

2005 年 11 月,上海电信启动 IPTV 试商用平台建设,在浦东局和莘闵局各自安装容量为 5 000 户的设备,分别采用西门子和 UT 斯达康公司(简称"UT 公司")的系统。两套系统均采用 1+1 的方式组网,即由 1 个核心节点和 1 个边缘分发节点组成。西门子的系统采用 H. 264 方式编码,UT 公司的系统采用 MPEG4 方式编码。共包括 50 个频道的直播电视、1 500 个小时的视频点播(VOD)和 500 小时时移电视业务(含回播和录放)。

2006 年 5 月,上海电信启动 IPTV 商用平台的建设,在总体结构上分为四层:内容运营、业务运营、承载网络和家庭网络。商用平台系统建在上海信息大楼,采用 UT 公司和中兴的设备,平台能力共为 10 万户。两套系统均采用 1+N 的方式组网,即由 1 个核心节点和 N 个(其中,中兴 7 个,UT 8 个)边缘分发节点组成。两套系统编码方式均为 1. 6 Mbps 的 H. 264 编码,质量达到标清。平台拥有 100 个频道的直播电视,具备 5 000 个小时的 VOD 点播能力,可为 100 个频道提供 30 分钟的即时时移,为 50 个频道提供 48 小时的菜单时移。

2007 年,上海电信启动 IPTV 商用平台二期项目建设,平台能力从 10 万户扩容至 30 万户。对时移电视业务能力进行提升,能够提供 100 个频道 60 分钟即时时移和 58 个频道 72 小时菜单时移业务。

2008 年,上海电信启动 IPTV 商用平台三期项目建设,采用 IPTV 技术规范 2. 0 版,新建核心+区域+边缘的三级架构系统平台,在高生局新建核心层设备;新建东北片区、浦东片区、西南片区、中区区域的区域节点及若干边缘节点,平台能力为 30 万户,提升直播录制能力和点播服务能力,可提供 200 个频道的标清直播电视和 5 个频道的高清直播电视、15 000 个小时的 VOD 点播、200 个频道 60 分钟即时时移,以及 100 个标清和 5 个高清频道 72 小时菜单时移业务。将标清节目码率 1. 6 Mbps 提升为 2. 5 Mbps,编码方式不变。保留原两级架构系统平台,改为混合组网。总平台能力为 60 万。

2009 年,上海电信启动 IPTV 商用平台四期项目建设,继续沿用"核心+区域+边缘"的三级内容分发架构,对东部区 7 个区局和西部区 8 个区局的 UT 公司、中兴和华为平台能力进行扩容,平台能力扩容至 90 万户。

2010 年,上海电信启动 IPTV 商用平台五期项目建设,对 UT 公司、中兴和华为 2. 0 平台各扩容 100 路直播频道能力。平台总能力从 90 万户扩容至 140 万户。在该项目中,要求对直播录制能力进行提升,从原来的 200 个频道提升为 300 个频道的标清直播电视。

第三节 浏览及下载类

一、上海热线

1996 年,上海热线正式上线运行。经过四期工程的建设,上海热线形成具有 4+8 节点的 IP 高速骨干网络。计费系统支持60万的拨号用户，支持169、8888、81000、ADSL和专线的接入，包含普通拨号、超级会员卡、网络消费卡、169上网、主叫计费、普通专线、专线数据库、托管服务器等业务，实现了统一的用户管理、计费、账务和查询系统，提供网上支付的功能。电子邮件系统为InterMail MX4.1。电子邮件系统框架为单数据中心的分布式处理系统，后台处理系统作为冗余备份，支持70万用户。

2000年10月，上海电信启动上海热线五期工程，新增武胜节点作为第五个核心节点，并对计费系统和邮件系统进行扩容改造。项目建成后，上海热线网络容量可支持150万用户上网，建有统一业务平台(UBP)和统一接入平台(UAP)。计费系统和电子邮件系统可支持160万用户，其中，计费系统具有统一的用户管理、计费、账务、客户服务和支付能力。邮件系统采用双数据中心分布式结构，可实现邮件托管(Mail Hosting)、邮件列表(Mailing List)等功能，具备WAP Email、VoiceMail、Email to GSM等增值业务能力。

2001年，上海电信建设上海热线统一短信中心，可满足移动手机短信服务及配合提供固网电话短信服务的需求。是年，上海电信建设上海热线企业版项目和上海热线房产栏目平台。

2003年，上海电信启动上海热线广告系统CPA应用工程项目建设，新增服务器作为CPA联盟管理；实施上海热线频道商务应用系统扩容项目；对房产频道应用系统、硬件和二手市场应用系统、在线旅游/交友中心应用系统、上海热线信息发布系统等频道的商务应用进行扩容。

2004年8月，上海电信启动上海热线无线增值应用扩容项目与上海热线都市应用建设项目，完善上海热线网站的生活资讯自助发布平台及BBS系统。11月，启动上海热线网络广告投放检测扩容工程；启动上海热线企业邮局建设项目，用户容量由5万用户升级至30万用户，邮箱总容量达到1 811 GB，加强杀病毒能力及反垃圾邮件能力和收费业务管理能力。还对上海热线主WEB系统进行扩容，提高主页网站的访问速度。

2006年3月，上海电信启动上海热线统一认证工程，可支持500万用户容量和1 000户并发用户。11月，实施上海热线应用平台安全提升项目。12月，启动上海热线服务器扩容改造项目，可支持200万注册用户，6 000户并发用户，满足上海热线首页每日250万次的浏览量，响应速度控制在10秒以内，保证各频道应用专题页面保存2年以上的存储空间。对吸铁石邮件系统进行优化扩容，可满足350万用户的注册容量，保证日收发邮件数300万封的处理能力，增加反垃圾邮件网关对外发邮件的过滤功能。

2009年6月，上海电信启动面向移动上海热线短信彩信SP增值业务平台建设，实现电信、移动、联通三大运营商的短信彩信SP通道接入。7月，启动网站功能扩容工程，建设博客平台、评论系统、投票调查系统、WIKI系统、通用地表系统。9月，启动房产频道系统建设项目，新增信息检索、数据采集等功能；启动上海热线增值业务运营平台建设，新建上海热线增值业务运营平台，包括客户管理、产品管理、合作商管理、统一认证SSO、统一支付接口、应用产品在线销售等业务功能。

二、上海热线Ⅱ

上海热线Ⅱ是上海市邮电管理局为适应高速上网的趋势，规划建设的大型宽带多媒体通信网络，能够提供普遍的宽带接入和互联的网络业务以及各种多媒体信息业务服务，是集语音、数据、动态图像、多媒体信息于一体的宽带综合信息平台，于2000年年初建成。

2002年，上海热线Ⅱ宽带综合信息平台有沈家宅和漕溪两个多媒体服务中心，两者相对独立。

系统设备的服务能力为每处并发 60 个 MPEG2 点播用户，服务存储容量为 250 小时，临时存储容量 30 小时。按 4 Mbps 计算，每小时需要 2 GB 的存储空间。是年，上海电信建成流媒体的主服务应用系统，为上海热线Ⅱ的宽带平台上的教育点播(EOD)、卡拉 OK 点播(KOD)、VOD 业务提供基本流技术服务，对信源供货商或流媒体需求者提供上海本地的 VIDEO HOSTING 功能、广告插播等功能。流媒体在线内容容量宽带(4 Mbps 流)为 5 TB(2 500 小时×2 GB)，中速率(500 kbps 流)内容为 0.75 TB(2 500 小时×300 MB)。

2004 年 11 月，为贯彻中国电信整体发展战略，上海电信开展“上海热线Ⅱ”归并整合的工作：上海热线Ⅱ所有内容整体归并到上海热线；“www.online2.sh.cn”的域名指向修改到“互联星空——上海”的域名指向。

三、WAP 门户/WEB 门户

无线应用协议(WAP)门户为用户提供统一的增值业务展现界面，主要用于展现业务、推广业务、用户自服务功能。用户可以通过 WAP 门户浏览业务、定购业务、使用业务以及完成自服务，具有访问量大、内容更新率高等特点，具有良好的灵活性、可扩展性和稳定性。

2008 年，上海电信新建 1 套商用省级 WAP 门户，为全市用户提供服务。系统支持的 WAP 用户数为 115 万，页面访问处理能力为 290 条/秒。

2009 年 6 月，上海电信启动移动网络 WAP 门户建设工程，对原有 WAP 门户系统进行扩容，系统支持的 WAP 用户数扩容至 286 万，支持同时在线用户数达 0.58 万，系统页面访问处理能力扩容至 572 条/秒。建成后有 WAP 服务器 4 台，数据库服务器 3 台，网管、备份、日志管理服务器各 1 台，网管终端 4 台；网络设备包括三层交换机 2 台、防火墙 2 台、负载均衡设备 2 台以及 FC 交换机 2 台；应用软件 1 套(包括数据库软件、系统软件、功能软件、接口软件、性能软件及防病毒软件等)。

第四节　网 关 类

一、短信网关

中国电信短信网关分为一级网关和二级网关。一级网关是中国电信的省际网关；二级网关是省内网关。上海电信短信网关分为二级网关和业务网关两种。其中，二级网关负责本地短信(PHS、NGN、CDMA 之间)、异地短信、异网短信及 SP 短信的互发；业务网关分别与 CDMA 短信中心、综合业务接入网关、综合业务管理平台、其他各省的业务网关、全国行业网关、本地行业网关、部分免鉴权 SP 相连，负责本地 CDMA 的 SP 短信收发，异地 CDMA 的全国 SP 短信收发。

【二级网关】

2001 年 11 月，中国电信在上海建设一级短信网关和固定网短信业务平台。

2004 年 3 月，上海电信启动固网短信二级网关扩容工程。新增网管服务器、磁盘阵列、CISCO 路由器及相关 License、功能模块支持软件等，使短信转发能力达到 2 044 条/秒。

2009 年 12 月，上海电信启动短信互通网关备份项目。新增业务处理机主机、业务处理机磁阵、扩容日志统计硬盘、防火墙及交换机设备。新增短信 license 软件、自动切换功能软件、日志数据库软件和日志入库及扩展短信实体主叫鉴权、统计功能软件，建成 1 套短信互通网关，处理能力 3 000 条/秒，与现有互通网关负荷分担和容灾备份。

截至 2010 年，上海短信二级网关的处理能力为 6 104 条/秒，忙时处理能力达到 1 700 条/秒。

【业务网关】

2008 年 8 月，根据中国电信的安排，上海电信启动移动网络省级短信业务网关建设工程，新建 1 套处理能力为 419 条/秒、127 万用户容量的短信业务网关。

2009 年 6 月，上海电信对移动业务网关进行升级和扩容，完成后处理能力为 1 686 条/秒。

2010 年 8 月，上海电信对短信业务网关再次扩容。增加业务处理板卡和 300G 硬盘存储，扩容后处理能力为 4 800 条/秒，可满足 520 万移动用户短信需求。

二、综合业务接入网关

中国电信的综合业务接入网关（ISAG）是移动业务网络中实现业务统一接入与服务质量监控的关键网元，能屏蔽底层网络的复杂性，把各种业务能力封装成统一接口，开放给 CP/SP，实现业务统一接入和组合业务逻辑控制，提供数据类、语音类增值业务，提供跨多个网络及具有多种业务特征的融合业务。综合业务接入网关（ISAG）支持的业务引擎包括：短信、彩信、定位、WAPPUSH。

2005 年，中国电信在上海开展 3G 网络试验，进行综合业务管理平台（ISMP）和综合业务接入网关（ISAG）的开发。

2006 年 1 月，中国电信在上海启动移动业务管理平台现场试验。10 月，根据中国电信的安排，上海电信将综合接入网关从实验室转移到生产现场进行试商用，将 ISAG 与 ISMP 集成，形成横向架构的业务网络，实现统一管理、统一鉴权、统一计费、统一接入、统一门户。其中，ISAG 主要实现统一接入功能，ISAG 和 ISAG 路由器组成的网络支持 CP/SP 一点接入开展全网业务。

2007 年，上海电信将 ISAG 软件版本升级为 2.0 版并进行相关测试和实验。2008 年，经中国电信统一招标后，上海电信将软件版本升级为 RC1.0.0 并将 ISAG 搬迁至南汇信息园区商用机房。

2009 年，上海电信将 ISAG 平台软件版本升至 RC1.1.0 版本，新增 2 台小型机、2 台 PC 服务器、负载均衡交换机，扩容 1 套磁盘阵列，并将应用软件版本升级和能力扩容。

2010 年 10 月，中国电信启动 ISAG 上海扩容工程，新增 3 台小型机、2 台 PC 服务器，扩容 1 套磁盘阵列，对应用软件版本升级和能力扩容。年末，上海电信的 ISAG 平台的处理能力为：短信 1 118 TPS、彩信 73 TPS、WAP 126 TPS、定位 50 TPS、语音 50 TPS；忙时处理能力为：短信 913 TPS、彩信 22 TPS、WAPPUSH 5 TPS。ISAG 接入的全国 SP 341 个，本地 SP 273 个。

三、WAP 网关

WAP 网关位于移动承载网络与因特网应用服务器之间，主要功能是多媒体信息的发送、接收、通知等，包括如下功能模块：浏览类业务代理、推选类业务代理、WAP 支持服务器、内容过滤、网管设备等。

2008 年，中国电信启动省级 WAP 网关建设工程，上海 WAP 网关建成后，处理能力为 99

条/秒。

2009 年，上海电信对 WAP 网关进行扩容，新增 2 台 PC 服务器，扩容 1 套磁盘阵列，应用软件版本升级和能力扩容，处理能力增加至 490 条/秒。

2010 年 6 月，上海电信开始建设 WAP 网关内容过滤系统，新增 4 台 PC 服务器、1 台流量采集服务器、4 台分光器、1 台磁盘阵列扩展柜（容量 2.72TB）、1 套数据库软件、1 套应用软件。9 月，中国电信启动 WAP 网关上海扩容工程，新增 3 台 PC 服务器，对应用软件版本升级，处理能力仍为 490 条/秒。

第五节　行 业 应 用 类

一、教育

上海电信所属上海信息产业（集团）有限公司教育中心运营的两个平台分别是：上海公众远程教育网、中国电信在线培训平台。上海公众远程教育网主要面向具有资质的教学、培训机构，提供组网建设、远程教室服务、招生服课程组合系统、选课点播、互动等功能；中国电信在线培训平台主要面向企事业单位，提供整体服务实施、租用服务，提供学习管理系统、虚拟教室、直播服务等功能。

【上海公众远程教育网】

上海公众远程教育网覆盖上海部分重点高校（包含上海交通大学、复旦大学、同济大学、上海电视大学等）的用户，以上海电信基于专网的远程教室和基于互联网的宽带教育平台为基础，面向全社会公众、企业和学校等提供各种网络教育和网络教育系统平台运营服务。

1999 年 5 月，上海市邮电管理局与上海市教育委员会签订框架协议，本着共同建设、利益共享、风险共担的原则成立远程教育联合体，充分发挥上海各类学校教育信息资源、宽带 ATM 网络基础设施资源和公众多媒体信息网平台资源优势，共同建设上海公众远程教育网。上海公众远程教育网的建设规模为 1 个网管控制中心，11 个主教室和 35 个分教室。9 月 27 日，上海远程教育网正式投入使用。一期开通上海交通大学、复旦大学、上海医科大学、上海邮电培训中心（主、分教室）、上海信息世界培训中心、电话局培训中心、长信局培训中心、金山局培训中心和上海电视大学的 22 个教学点，并于是年开设 MBA 考前辅导课程、计算机网络专升本和广播电视大学课程等培训项目。

2000 年 4 月，上海市邮电管理局开展上海公众远程教育网二期工程，对网络进行优化。上海电信成立后，于 2000 年 11 月与 2001 年 7 月分别开展上海公众远程教育网三期和四期扩容项目，共新增 7 个主教室、16 个分教室。2002 年，上海公众远程教育网形成 1 个网管中心、13 个远程主教室、18 个远程分教室、2 个外地教学点（北京和宁波）及 25 个电大教学点的教学能力。

2004 年 9 月，为满足教学需求，上海电信新辟江苏路 500 号教学点，有 10 个主教室和 1 个控制室。10 月，实施上海公众远程教育网商专和浦三路教学点工程。在商专新建 7 个分教室、1 个控制室和 1 个教师休息室，在浦三路新建 2 个分教室。

2006 年 8 月，上海电信启动远程教育到家庭项目，对远程教育到家庭项目硬件平台进行扩容。是月，实施同济大学及天宝路电信培训中心教学点扩容项目，新建 4 个远程主教室、改建 1 个分教室为主教室、新建 1 个控制机房；同时在同济大学新建 1 个远程主教室，1 个控制机房；建设覆盖所有远程主教室的短信教学平台、远程教室智能排课系统。

2006年12月，上海电信与上海市教委签订《关于进一步推进教育信息化的合作协议》，共同完善基础网络设施的建设和服务，建设高可用、采用现代化管理的新一代上海教育城域网，推进教育信息化应用平台的建设和服务。

2007年3月，为满足扩大招收学生人数的需要，增开新的专业，上海电信开展上海远程教育网综合改造及扩容项目，该工程新增7个远程主教室。11月，建设金山党员远程教育项目。

2008年6月，上海电信实施上海信息产业集团远程教育网改扩建项目，该项目新增同济沪西教学点，包括新建控制室1间，远程交互主教室2间以及远程直播主教室2间；将江苏路培训中心教学点共计1间主教室，3间分教室和2间控制室搬迁至镇坪路电信局，新建1套可定制功能能模块的即时通信软件。11月，由于远程教育业务发展需要，实施港汇901教室建设项目。项目新建主教室1间(座位数共约46个)，休息室1间(座位数约为10个)。新增1整套直播和录制功能、投影显示系统和现场扩声系统，以及视频会议交互系统。

2009年2月，为满足交大网络学院扩招需求和浦三路教学点拆除后多出的学生资源需求，上海电信建设远程教育华盛、隆宇教学点。在华盛大厦新建2个主教室、1个控制室和招生接待室。在隆宇大厦新建5个主教室、1个控制室和招生接待室。6月，实施远程教育交大新上院搬迁工程，该工程在上海交通大学徐家汇校区新建1个教学点，包括7间主教室，2间控制室，1间监控室；在交大法华镇校区内新建一个教学点，包括2间主教室，1间控制室。

【中国电信在线培训平台】

2007年，中国电信建设“在线培训”平台，由中心平台、省级分节点部分和客户接入部分构成。中心平台部署在上海，分为核心数据层和应用服务层。核心数据层由内容服务器、数据库服务器和管理服务器构成。数据库服务器用来记录用户数据(如学员学习相关数据)和教学资源。内容服务器对学习内容进行统一管理。管理服务器对整个中心平台进行监控。应用服务层由WEB服务器、流媒体服务器和应用服务器群构成，提供登录认证、课件管理和流媒体播放等服务。2008年投入运营。

2008年3月，上海电信启动在线培训——虚拟教室系统项目，新增在线培训虚拟系统平台，支持2 000个注册用户，可满足1 000个用户同时在线培训。6月，上海电信启动“在线培训”业务管理平台项目建设，通过整合各能力平台，统一管理用户，实时监测系统资源情况，提供文件资源保护，对接中国电信CRM系统，提供学习管理、虚拟教室、直播培训等支持。平台建成后支持注册用户数12万，用户并发访问数4 000，每天页面浏览量100万。11月，上海电信启动“在线培训”虚拟教室全国部署工程，在北京、广州、成都、西安、上海、沈阳6个城市建设虚拟教室分节点，每个分节点安装1台路由器(兼防火墙)。同时新增1套商用虚拟机产品，1套手机课件制作、编辑、播放工具，1套直播教室交互系统软件。

2009年7月，上海电信启动“在线培训平台”扩容项目，增加虚拟机OS；建设学习管理平台，包括学员学习模块、课程及课件管理模块、企业及用户管理模块、报表及统计模块；新增浦东干部学院网络学院管理硬件平台；新增手机短信考试抽查功能；改造上海干部学习城数据库备份系统，新增数据库备份服务器。

2010年7月，上海电信启动远程教育在线培训二期扩容建设，升级基础教育模块，优化企业学习社区模块，建设干部培训模块。

二、游戏

【上海热线游戏中心】

2000 年年底,“上海热线”游戏中心开通,网络游戏业务主要包括棋牌休闲类游戏和游戏信息咨询服务。

2001 年,上海电信启动游戏中心二期扩容工程,推出收费类大型游戏。

2003 年,游戏中心推出上游棋牌游戏平台。

2005 年,上海电信基本建成全国棋牌娱乐平台,提供 9 款休闲类游戏(斗地主、升级、拱猪、麻将、四国军棋、中国象棋、俄罗斯方块、泡泡龙、桌球)和 2 款地方类游戏(南京斗地主和南京麻将)。

2007 年,上游棋牌有游戏服务器 20 台,其中 2 台作为登录服务器和管理服务器,实际游戏应用服务器 18 台,平均每台服务器稳定支撑 2 000 个用户访问,系统最高用户容量为 36 000 人。

2008 年 3 月,上海电信启动上游棋牌系统扩容工程,通过服务器等扩容,使上游棋牌系统最高稳定支撑用户容量达 5 万人左右。

【游戏综合服务平台】

2006 年 6 月,上海电信启动游戏综合服务平台建设,作为专营游戏产品的电子商务平台,同时也是中、小游戏产品的孵化平台,提供游戏厂商和游戏最终用户之间的 B2C 电子商务交易、游戏产品代理商之间的 B2B 电子商务交易。上海电信游戏综合服务平台面向的最终用户是中国电信的网络接入游戏用户群,业务类型包括游戏点卡购买、游戏点卡充值、游戏服务提供、游戏点卡兑换等。

三、翼机通

2010 年 3 月,中国电信启动融合支付社区平台(翼机通平台)建设。5 月,中国电信印发翼机通行业应用接收端的机具技术要求,对翼机通消费、认证、充值等类型机具的基本功能和接口进行规范。7—8 月,上海电信在同济大学、上海电机学院建设翼机通系统。10 月,在静安区房地局、上海天净管业有限公司、北区电信局 3G 媒体产业园、上海信息技术学校建设翼机通系统。11 月,在金山工业区社区卫生服务中心、山阳社区卫生服务中心建设翼机通系统。12 月,在金山漕泾社区卫生服务中心、朱泾社区卫生服务中心、复旦大学附属金山医院、加利派包装制品公司、京清蓉服饰公司、九源汽车公司、闵行区中心医院、上海聚金理财公司建设翼机通系统。

四、邮箱系统

1999 年,上海市邮电管理局开展电子邮箱业务,分别建有 Citiz、Online 和 Sh163 3 套邮箱系统。2008 年,上海电信开始对 3 套邮箱系统进行整合。截至 2010 年,先期完成 Citiz 和 Sh163 系统的整合。

2009 年 6 月,上海电信实施面向移动互联星空 189 邮箱账单投递项目,建设 1 套 189 邮箱投递系统,新增 2 台服务器,采用双机备份模式,运行环境应用服务为 Jboss4. 2 和 Tomcat5. 5。邮箱系统主要包括 189 账单自服务区,实现用户添加、变更、删除账单功能,账单 E－mail 批量投递功能,可向上海实名制用户按月投递各项公用事业账单，附带链接进入增值业务平台。

五、互联星空

2002年11月，中国电信印发《ChinaVnet互联星空技术体制（试行）》，规定中国电信ChinaVnet互联星空业务支撑平台的系统结构、用户业务类型、系统构成、认证授权、计费、结算、系统管理、系统安全、系统接口等方面的技术标准和规范。

2005年10月，上海电信建设上海互联星空企业平台，为互联网企业用户提供多种内容和信息应用服务。11月，实施互联星空认证系统扩容工程，将凉城机房作为互联星空认证的核心节点，沈家宅作为备用节点，以提高认证系统的安全冗余，提高数据库主机的磁盘读写能力，提高系统稳定性，降低系统的窜号率。12月，实施互联星空WEB系统扩容项目，对互联星空的主WEB系统进行优化。

2007年8月，上海电信实施互联星空认证系统紧急扩容，扩容数据库主机服务器，替换凉城机房的应用服务器。12月，上海电信实施互联星空流量汇聚平台扩容优化项目，新增前台服务器、后台数据卡服务器、四层交换机、二层交换机等设备。

2008年3月，上海电信实施互联星空个性化动态门户改造项目，建立个性化的动态网站系统，包含管理模块为：内容管理模块、产品管理模块、数据库系统以及统计功能等。

2009年8月，上海电信实施配合移动互联星空游戏代收费项目，增加189手机用户游戏代收费功能，新增WEB、应用、接口服务器，实现冗余备份。

2010年11月，上海电信实施互联星空迅雷高级会员增值服务项目，为迅雷提供离线下载和加速通道服务，新增服务器、三层交换机设备，新增相关配套设备。

2010年年末，上海电信的互联星空平台系统包括主WEB和宽带Portal子系统、V-net计费认证子系统、Query本地套餐用户自助服务子系统、SP和用户管理子系统、ADSL认证接口机和账务子系统，以及和业务营销相关的互联星空积分、星空极速等周边支撑子系统。WEB门户可满足5 000至7 500个HTTP连接数，支持并发用户数2 000人；数据库服务器支持超过146 G×3的数据容量，支持千万级数据记录表维护，支持每秒并发30个事务数的并发数；V-net认证、计费可处理ADSL用户认证并发能力20个/秒；本地宽带套餐用户自服务平台可支撑上海400万宽带套餐用户的自服务。

第六节 支付与充值

一、统一支付

统一支付是上海电信在各类电子支付的基础上进行的整合归类，实现支付手段的集中管理。

2002年12月，上海电信为提高收费的实时性，改善收费服务水平，整合各类预付费卡，启动电子支付平台项目建设。通过建成一个通用支付平台，为用户提供电子账单支付、实时扣款等服务。

2006年3月，上海电信下属信产集团开始建设电子商务支付平台，通过整合收费渠道，担负信产公司公共的计费、营账、结算、经营分析、稽核、清算等管理职能。

2006年12月，上海电信启动固网支付平台建设。该平台兼容固网支付终端和互联网支付终端，是聚合银联支付、付费通支付以及电信卡支付等多个平台的支付平台。

2007年，上海电信已有3个电子支付平台。10月，上海电信启动“统一支付业务平台试点工程”，整合已有的电子支付平台，实现用户的固网接入、互联网接入、IVR接入等功能，融合多种商户及用户接入，为用户提供统一的支付账号和途径。

2008年6月，上海电信启动固网支付二期升级扩容工程，新建固网支付建设银行接入的子系统、接入管理系统、业务处理系统、运营支撑系统，融合卡友接入模式和建设银行接入模式的自服务系统和统一订单接口；为固网支付增加监控和告警功能，新增业务生成子系统；新增FSK语音交换机、管理服务器、接口服务器、接入管理服务器和数据库服务器、新业务生成子系统；新增存储等设备。项目完成后可满足固网支付50万终端用户的处理能力要求。

2009年11月，上海电信启动统一支付系统新增移动业务功能扩容工程，为C网用户及固网用户提供缴费、充值的通道。

2010年1月，上海电信启动统一支付平台系统能力及网络安全提升项目，解决系统的架构、性能、链路、设备标签、线缆布放等问题。5月，开始建设融合支付系统上海侧配套改造项目，在统一支付平台基础上，建设基于电信杉德联名钱包的翼机通和基于集团账户翼支付的上海融合支付平台；新增服务器、双机软件、融合支付省级平台软件、密钥管理系统软件并对卡管理系统软件进行升级。11月，启动融合支付本地化需求新增功能项目，在融合支付平台上新增电子数据交换(EDI)支付及对账功能、网游支付及对账功能、付费通支付及对账功能、网厅一次性费用缴付功能、融合支付向ODS系统同步数据功能、支付宝支付及对账功能、融合支付平台业务管理系统优化功能、短信路由功能、支付报表优化功能、商户语音支付功能、条形码支付功能，对一声通充值及电信卡支付系统进行改造，新增服务器和双机软件。

截至2010年年末，统一支付平台并发交易数100笔，平台商户接入数100家，系统在线保存交易信息最长时间为36个月，账户信息最长时间为60个月，平台月交易量最大值为1 150万笔。

二、统一充值

统一充值是指在中国电信范围内实现的用户跨本地网、跨省和跨业务的充值缴费方式。

2007年10月，上海电信开始建设统一充值平台一期工程，完成固话、PHS、宽带后付费缴费(账单缴费)、预存，以及预付费充值。

2008年10月，上海电信在承接C网业务后，对统一充值平台进行整体升级改造，新增C网充值业务，满足C网用户的充值、查询业务需求。升级改造后，统一充值平台的日最大充值处理能力达到15万笔；系统日最大查询处理能力达到35万笔。系统最大交易在线并发数为60个。

2009年，上海电信启动配合移动充值支付新增功能项目，新增支付宝直充业务，对统一充值平台的核心、外围的相关设备和在线计费系统上线相关功能进行改造。

第七节　管　理　平　台

一、综合业务管理平台-移动/宽带(ISMP－M/W)

2006年5月，上海电信启动综合业务管理平台(Integrated Service Management Platfrom，ISMP)试验工程，新建1套ISMP试商用平台，实现与SP相关的各类增值业务的统一管理、统一鉴权和统一计费。是年,系统建设完成,分为管理部分、业务控制部分以及和其他系统接口部分。管理部分主要包括CP/SP管理、业务类管理、用户管理、内容管理、终端管理、统一配置、信息通知中心、统计分析等业务网络信息的管理功能;业务控制部分主要包括认证、鉴权及业务定购管理等功能;接口部分主要包括与用户门户、业务系统、预付费系统、运营支撑系统的接口。

2008年8月,中国电信启动移动网络ISMP(上海、广东)建设工程,在上海新建1套ISMP平台。12月,上海电信启动移动网络ISMP综合业务管理平台硬件扩容工程,新增ISMP增值业务管理平台硬件设备1套(包括服务器、存储设备以及网络设备),以及ISMP增值业务管理平台应用软件1套。项目完成后可提供300万激活用户(主要面向3G)增值业务的管理功能;实现ISMP与3G/PHS/固网业务平台、IT系统的业务开通系统、CRM、预付费平台、计费账务等系统的互联。

2009年5月,中国电信启动移动网络ISMP(上海等九省市)建设工程,将上海省级ISMP平台软件版本升级至RC1.1.0版本,新增服务器、磁带库,对应用软件进行版本升级和能力扩容,工程完成后增加平台处理能力1 074条/秒。

2010年3月,中国电信启动ISMP上海建设工程,对ISMP平台进行软硬件扩容。将软件版本由1020版本统一升级到1230版本,结合上海本地需求进行部分功能的定制开发;硬件方面对Oceanstor磁阵进行扩容,新增ATAE单板作为独立的日志服务器。

2010年8月,上海ISMP平台处理能力为1 774 TPS,CP/SP有825家;增值业务产品8 700个,包括SMS、MMS、WAP、MSP、BREW、KJAVA等增值业务,同时管理189邮箱、PIM等增值产品。

二、综合业务管理平台-商务领航(ISMP-B)

2004年10月,上海电信为满足中小企业信息化需求,启动ASP商用平台建设工程,推出19项应用,满足约3 000家企业用户的需求。该平台结合了各种信息化应用,提供必要的网络支持、相关的运维保证和运营计费手段。

2005年9月,上海电信启动ASP商用平台二期工程,新增15个全新的应用,以专业复杂应用为主导,提升应用接入的规范标准。该项目可满足1万家企业用户、5万最终用户的接入能力,在硬件配置和体系结构上支持10万用户的扩充空间。

2007年7月,上海电信启动商务领航(互联网应用)平台建设,以理想公司ASP商用平台为基础,聚合各产品部的应用产品和服务,提供新的业务模式和AP合作方式,实现实时计费、统一客服流程管理、统一统计分析,支持CSP业务管理流程,支持区局和市场部通过商务领航平台获取完整的商务领航业务信息;配合新计费系统的上线工作,通过统一的PAI(Platform Application Integration)接口系统,完成对商务领航平台的根子产品模式配置和统一客户标识符的支持;在统一平台框架的基础上,完成信产平台的融合工作,实现用户统一登录、产品统一展示、产品统一订购和计费账务统一处理;扩充平台的PC服务器、网络备份设备、运维监控和系统备份License。8月,上海电信启动商务领航平台升级项目,在ASP商用平台一期、二期以及商务领航(互联网应用)统一平台的基础上,根据中国电信的《商务领航之企业综合信息应用平台业务规范2.0版本》对商企平台进行升级,主要为信息支撑系统、用户安全门户系统、客户业务支撑系统、合作伙伴管理支撑系统和系统管理系统等。

2009年6月19日,上海电信启动商企平台系统安全改造项目,对商务领航平台的结构实施优化改造，新增挂马检测、安全评估服务，增强系统的网络安全；新增 KVM 设备，提供对平台的远程维护手段；增加系统监控软件，实现对平台主机、网络以及业务的整体监控。

2009 年 12 月 17 日，根据中国电信《领航平台业务规范 3.0 版》的要求，上海电信启动领航平台业务集成商(Service Integrator，SI)频道及报表系统改造项目。通过平台升级实现对 SI 的引入、考核、结算、退出等流程进行规范管理，增强数据运营分析功能，从产品、客户、销售渠道等维度对领航业务的发展情况进行全面统计分析；实现对用户访问等数据来源采集，完善相关数据的采集接口和采集流程，确保数据统计的准确性和完整性。截至 2010 年 7 月，上海电信领航平台整个系统的容量规模可支撑 10 万企业客户、50 万用户，平台注册客户超过 19 万家。

2010 年 10 月，上海电信启动省级领航平台新建工程，在花木机房新增服务器、磁盘阵列，根据《领航平台业务规范 3.0 版》以及上海本地需求开发应用软件 1 套。新的领航平台采用中国电信领航平台和省领航平台两级体系架构，实现应用统筹、能力开放、SI 合作管理、一站式服务，提升客户感知。新建的领航平台主要面向政企客户提供基于固网、互联网和移动网的通信、信息和行业等应用。领航平台共包括 5 个部分，分别是频道接入、业务管理、能力管理、能力接入和外部接口。

三、统一认证平台(UDB 平台)

统一认证平台(UDB 平台)作为一种基础支撑能力系统，为各类互联网应用平台及客户端、宽带接入系统等提供统一账号的认证服务。

2006 年 3 月，上海电信启动上海热线统一认证平台工程，平台由统一认证用户自服务、统一商务信息发布平台、即时通信、用户信息记录与分析、邮件群发等子系统组成。

2009 年 9 月，上海电信启动配合移动统一认证 UDB 周边系统改造工程，对上海 UDB 的周边系统进行改造，包括接入 UDB 的省互联星空和智能短信平台，以及无线宽带接入系统 WLAN AAA 服务器，配合 UDB 网元软硬件的同步建设，实现业务域层面统一账号的认证服务。10 月，上海电信启动中国电信 UDB 上海预商用试点工程，新建 1 套应用层统一认证 UDB 系统，实现业务平台的集中认证，减少认证节点和认证系统重复建设。纳入 UDB 的业务平台为互联星空 Vnet、短信助手 MSP。统一认证业务平台(UDB)硬件处理能力达到 400 次认证/秒，软件处理能力达到 156 次认证/秒，可满足上海电信 400 万统一账号激活用户的认证需求。

2010 年 12 月，中国电信启动应用层统一认证系统上海扩容工程，将上海省级 UDB 平台版本升至 V2.0 版，优化系统部署，扩大自营业务系统的接入范围，实现向第三方认证的能力开放。系统平台软硬件增加配置及处理能力，新购支持虚拟化技术的计算设备。

第三篇

运行维护

概　　述

上海电信不仅运行维护特大型本地通信网，本身又是中国电信的主要国际出入口局、国内主要汇接局和大区中心。保证网络畅通和提高网络的综合运营能力、业务开通能力、面向客户的服务能力是上海电信运维工作的重点。

2000—2010年，上海电信的网络维护从“分区域、分网络维护”的管理模式转为综合化集中维护模式，从“二级监控、三级维护”升级至“二级监控、二级维护”，再升级至“一级监控、一级维护”，同时组建网络操作维护中心，形成网络运行维护的支撑层，达到中国电信本地网综合化集中维护AAA标准。

随着网络的发展，网络运维也从固定电话向数据、移动、视频等信息业务扩展。上海电信先后建立线路集中监测系统、动力环境监控管理系统、CDMA移动网管系统和交换网、传输网、IP城域网专业的综合网管，有力支撑综合化集中维护工作的实现。

资源管理方面，上海电信建立各类网络的资源管理系统，将资源管理的范畴扩大至实物资源的管理。质量管理方面，上海电信通过ISO9001质量贯标，取得中国香港品质保证局颁发的TL9000认证证书。

客户支撑方面，上海电信在客户报障系统的基础上新建客户服务保障系统，支撑公众用户实现“一次受理、一次测试、一支队伍、一次上门”的管理目标；建立大客户网管系统并在政企客户嵌入式服务的基础上建立政企客户服务支撑体系，对政企客户提供售前技术支撑、售中项目管理、售后服务的全方位、全过程服务。

上海电信建立专职保障队伍，为战备应急通信、抢险救灾、突发事件、重大国事活动、大型运动会、展览会等提供应急通信保障，为经济建设及社会各界提供应急通信服务。

第一章 网络管理

第一节 运维体制

20 世纪 90 年代，上海市邮电管理局的通信网络按照"分区域、分网络维护"的模式管理，各现业局负责各自网络的运维管理。其中，长途电信局负责国际长途，国内一级、二级干线，长途通信设备的维护管理；上海市电话局、郊区各电信局负责所辖范围内的交换、传输、数据、动力设备的维护管理。1996 年，邮电部提出"网络集中管理、集中监控、集中维护"的指导意见。

2000 年公司化运行后，上海电信对运维体制进行系列改革，实现扁平化管理。其中，电信运行维护部承担整体网络的运维职能，长途通信事业部负责长途通信网络的维护管理，16 个区(县)局负责本地通信网络的维护管理，信息网络部负责数据通信网络的维护管理，根据专业分别进行通信网络设备维护，为用户提供装、移机服务等。2001 年，无线通信事业部成立后，主要负责无线网络的运行维护。

2001 年，中国电信印发《本地网集中维护管理实施办法》，对本地网集中维护管理组织机构、运行维护职责划分、运行维护管理、质量管理和本地集中监控系统结构进行规范。上海电信根据管理办法，开始实施分层管理、分级操作的模式，基本实现按专业集中监控和维护。

2003 年 7 月，中国电信印发《本地网综合化集中维护工作原则指导意见》，要求以本地网为单位，实施本地网络的集中管理、集中监控、集中维护，依据完成程度，确定 A、AA、AAA 级三个达标等级。其中，A 级要实现多专业监控整合到网络监控中心、故障一点受理与闭环管理、流程修订与执行标准的达标；AA 级要实现组织结构调整、各专业监控集中到一个物理平面、建成电子工单系统；AAA 级要实现网络数据集中制作、增强网络监控中心的监控能力。是月，上海电信正式启动本地网的综合化集中维护工作，成立工作小组，拟定上海电信本地网综合化集中维护工作实施方案，实行"二级监控、三级维护"架构。12 月，中国电信批复同意后加以实施。

2004 年 11 月，上海电信建成网络监控中心和网络维护中心，将多专业监控(包括交换、传输、数据、动力、PHS 等)整合到网络监控中心，实现故障一点受理和闭环管理；完成 5 个大类 10 种业务的故障处理流程的修订完善；建成电子化的维护修复系统，实现交换专业、传输 SDH、DDN 专线的网管系统告警并与大客户信息关联，达到中国电信 AA 级本地网综合化集中维护的标准。

2004 年 12 月，上海电信取消生产现场维护部门，将维护工作向区(县)电信局和事业部集中。运维模式逐步由"二级监控、三级维护"向"二级监控、二级维护"模式转变，以全专业网络监控为中心，各专业技术支持为支撑，现场综合维护为基础，开展综合化集中维护。

2006 年 5 月，中国电信印发《本地网综合化集中维护工作指导意见》，提出在本地网层面建立面向网络、面向客户、面向产品的维护体系。使综合化集中维护范围从本地网逐步扩大为省际、省内长途网络，能承接新型网络和转型业务的现场维护工作。6 月，上海电信制定《综合化集中维护工作 AAA 实施方案》，由网络监控中心承担网络型业务平台 7×24 小时集中监测和客户网络 7×24 小时的实时监控及客户网络售后服务保障职责，调整完善业务开通流程、故障处理流程、响应支撑流程、资源管理流程。

图 3-1-1　2004 年，网络监控中心成立

2007 年，根据中国电信关于本地网综合化集中维护的要求，上海电信再次调整运维体制，组建网络操作维护中心(NOC)、客户响应中心、线路局和网络实物管理中心。其中，NOC 作为网络监控的核心，为网络运行第一责任人，集聚公司的核心维护骨干，负责核心网络和转型业务网络数据的集中编制，形成网络运行维护的支撑层，达到中国电信 AAA 级集中维护标准。

2008 年承接 CDMA 网络后，上海电信在网络维护、资源管理、运维分析等方面加入移动业务的相关内容，形成全业务运营维护体系。

2009 年 1 月，中国电信印发《本地网综合化集中维护指导手册及验收办法》，提出本地网综合化集中维护的组织架构，对组织架构、关键流程、支撑系统、人才队伍建设、基本质量指标进行规范。

2010 年，根据中国电信要求，上海电信将运维体系调整为“一级监控、一级维护”的管理模式，由上海 NOC 主要承担交换、传输和数据专业的一级监控工作，由网运部电源中心和线路局承接动力和光缆线路的一级监控工作，实现后端管理扁平化。

第二节　资　源　管　理

上海电信的资源管理主要指网络资源和实物资源的管理。其中，网络资源是通信过程中产生的通信能力；实物资源是通信设备等固定资产。

一、网络资源

2000 年公司化运行时，上海电信已建有“九七”营业电子化系统，实现语音业务(包括普通语音、用户交换机、Centrex、ISDN、公用电话等)、宽带业务(ADSL、FTTB、HOMENET)的订单受理、工单调度、号线资源调度、订单竣工和号线资源管理功能。其中，号线资源管理涉及地址、号码、缆线、交换设备、宽带设备、宽带账号等管理,同时实现号线资源的派配、维护、割接、查询、统计功能。

2001 年 4 月,根据中国电信企业信息化总体规划,上海电信成立网络资源集中管理领导小组,正式启动网络资源电子化管理系统的优化完善工作。

2002 年 1 月,为整合网络资源信息管理,构建网络资源信息平台,上海电信在网络部内设“网络资源中心”,逐步形成本地网管道、光纤、交换、传输统一调度功能。8 月,上海电信根据中国电信本地网网络资源清查工作的要求,印发《管线清点实施方案》,明确管线设施清查的对象与内容、前期准备工作、管线设施测量方案的选择、组织形式,以及管理方法、工作流程、清查方法、动态维护要求。同时,根据本地管线资源构成状况,上海电信将管线网络资源分为管线、电缆、光缆、杆路资源四大类,实行统一命名,为网络资源管理系统工程一期建成打下基础。该次清点所涉及的资源对象的名称和编码规则,成为上海电信管线资源的唯一标识。

2003 年 5 月和 2004 年 11 月,中国电信分别印发《本地网网络资源命名规范(交换、数据、接入网、动力分册)》和《长途网络资源命名规范 V2004 - 11(公共部分、管线与传输网、数据网、交换网)》,重点解决涉及省际长途、省内长途、本地网三个网络层面共用的站点,在命名上保持一致;涉及传输、数据、交换等多个专业共用的站点,在命名上保持一致,以实现网络资源的科学化、规范化、集中化管理。12 月,中国电信印发《资产重估管理暂行办法》,上海电信根据要求定期开展资产重估。

2005 年 1 月,中国电信印发《长途网与本地网共用资源数据管理办法(试行)》,通过管理办法、管理流程等配套措施来保证共用资源在长途资源管理系统与本地资源管理系统中的一致性,减少重复录入,避免统计中的重复或遗漏等现象。9 月,中国电信印发《网络资源数据保密管理办法(暂行)》,加强网络资源数据的保密管理。

2006 年 2 月,中国电信印发《本地网网络资源数据维护规程(试行)》,确保本地网网络资源数据持续准确、完整、规范、有效。8 月,中国电信启动小灵通网络资源入库工作,上海电信作为首批试点公司,于 11 月 1 日正式上线小灵通资源动态数据。

2007 年,上海电信根据中国电信对于运维工作“三个面向”的要求,成立客户响应中心,负责各类网络资源的集中管理、优化和调度;负责快速响应前端需求,制定集团大客户和公司大客户的一揽子技术解决方案,支撑区局提供政企客户一揽子技术解决方案。3 月,中国电信印发《一级干线光纤、波道及 SDH 系统端口资源管理规定》,修改补充一级干线资源占用上报流程及资源占用情况变化后的操作流程等相关要求。4 月,中国电信印发《提高网络资源利用率工作的指导意见》。

2008 年 1 月,中国电信印发《本地网网络资源利用率标准(试行)》,对交换、无线、数据、传输、铜缆、光缆等 6 个专业的资源利用率提出试行标准。其中,交换端局的合理利用率区间为 79.3%—82.9%,接入点为 77.2%—80.6%;PHS 的全网无线资源合理利用率区间为 20%—55%;ADSL 端口利用率试行标准为 51.3%—81.2%;ChinaNet 出口利用率的试行标准控制区间为 50%—70%;IP 城域网出口带宽利用率控制区间为 50%—70%;基础数据网用户端口利用率控制范围为 40%—55%;长途/中继 SDH 端口合理利用率范围为 40%—61%;接入 SDH 端口合理利用率范围为 35%—63%;波分端口合理利用率范围为 64%—87%;主干铜缆合理利用率区间为 49.4%—64.9%,配线为 37.4%—49.2%,光缆为 34%—57%。10 月,中国电信印发《近期 C 网网络资源管理工作要求》,加强承接 C 网后,及时实现对 C 网实物接收、资源清查、数据管理等方面的网络资源管理工作,达到支撑 C 网业务开通和 C 网业务的售后维护服务的目的。

2009 年 10 月和 2010 年 12 月,中国电信分别印发《国际网络资源命名规范 V2009 - 09》《本地网网络资源命名规范 V2010 - 11》与《长途网络资源命名规范 V2010 - 11》,上海电信据此对本地网的 PON 网络资源、长途网的数据网部分进行完善与修订。

截至 2010 年年末，网络资源管理系统有应用功能点 3 172 个，网络资源数据总量达 139 GB，其中，连接设备端子 3 000 余万个、电缆线对 8 000 余万条、交换路由 2 700 余万条、数据逻辑端口 100 余万个。可提供跨专业的网络资源数据查询和统计分析。

二、实物资源

2004 年，中国电信开始对实物资源管理提出系列要求，不断更新电信技术装备，修订固定资产目录。上海电信根据中国电信要求，强化固定资产中的资产实物管理、实物使用管理、固定资产评估和减值的价值管理，盘活固定资产。

2007 年 4 月，中国电信发布《固定资产管理办法》。针对盘活闲置网络资产、提高网络资源利用率的工作提出指导意见。是月，为提高网络实物资产利用率，上海电信在网运部成立网络实物管理中心，负责全网络资源的调度和实物管理。11 月，为加强和规范通信类固定资产管理，正确反映公司通信类固定资产的实际现状，确保信息的完整和准确，从而充分发挥通信类固定资产的效能，上海电信制定通信类固定资产实物管理办法，明确各单位/部门在通信类资产实物管理工作中的职责，规范通信类固定资产实物的调拨、报废等日常操作、信息变更流程。

2008 年 5 月，为进一步推进“光进铜退”工作的实施，有效盘活闲置铜缆资产，规范中国电信各单位处置拆旧铜缆等工作，理顺账务处理流程，发挥和提升存量资源价值，减轻企业资金压力，中国电信制定《中国电信铜缆处置管理办法(暂行)》。该办法对铜缆处置的定义、操作原则、处置方式、处置小组组成形式等进行规定。

2008 年 6 月，为进一步规范客户端资产管理，理顺资产管理流程和职责，支撑客户价值管理和精确化营销，中国电信制定《中国电信集团客户端资产管理办法(暂行)》。该办法对属性为中国电信的客户端资产定义进行明确，同时明确由财务、网运、市场(销售)、工程建设、物资管理等部门共同承担本单位的客户端资产管理工作，网运、市场(销售)部门应配备专职或兼职客户端资产管理人员。是月，中国电信还提出闲置固定资产判定标准。

表 3-1-1　2008 年中国电信闲置固定资产判定标准情况表

资源类别		合理利用率区间	在网闲置利用率标准
交换资源	端局	79.3—82.9	＜15.86
	接入点	77.2—80.6	＜15.44
PHS 资源	密集区域	47—56	＜9.4
	普通区域	33—38	＜6.6
	稀疏区域	18—21	＜3.6
数据资源	ADSL	65—80	＜13
	ChinaNet	50—70	＜10
	IP 城域网	50—70	＜10
	基础数据网	40—55	＜8

〔续表〕

资源类别		合理利用率区间	在网闲置利用率标准
传输资源	长途 SDH(2 Mbps/155 Mbps)	40—61	<8
	中继 SDH(2 Mbps/155 Mbps)	40—61	<8
	接入 SDH(2 Mbps/155 Mbps)	35—63	<7
	省内长途波分	64—87	<12.8
	省际长途波分	64—87	<12.8
铜缆资源	主干铜缆	49.4—64.9	<9.88
	配线铜缆	37.4—49.2	<7.48
光缆资源	中继光缆	40—50	<8
	接入光缆	35—45	<7

说明：上表列示之外的网络类资产，以利用率10%为界，低于10%的为闲置固定资产。

2008年7月，为进一步盘活存量资产，提高资产收益率，指导各级企业积极开展资产盘活工作，在企业调研及分析研究的基础上，中国电信印发《中国电信闲置固定资产盘活分类指引》。该指引明确指出，闲置资产盘活应关注以下几个关键环节：资产闲置原因分析、资产属性归类、闲置资产评估、选择闲置资产盘活手段等。

2008年10月，为真实反映C网资产状况，更好地发挥C网资产的使用效益，上海电信对承接运行的CDMA资产进行清产核资。

2010年2月，根据《中国电信集团固定资产管理办法》及闲置网络资产跨省调拨操作管理流程，中国电信依托安全公务平台(www.chntel.com)组织开发"网络资产调拨电子审批模块"。上海电信先后调拨多批闲置设备，用于中国西部地区的通信开发建设。

第三节　质量与安全

一、质量管理

【质量指标】

通信质量指标是网络运行维护状况的直观反映，是通信质量管理考核的重要组成部分。网络运行维护绩效考核指标一般由中国电信制定并进行考核。随着通信技术和业务的发展，中国电信对网络运行维护绩效考核的指标要求，不同年份有所侧重与增减。

2003年和2004年，主要考核指标为光缆传输干线电路可用率、互联网网络时延、互联网丢包达标率、端到端电路开通及时率、端到端故障恢复及时率、端到端电路故障申告率、市场及新业务的支撑业务完成率、网络资源管控达标率、网络维护修理费控制率、本地网综合化集中维护、长途网络接通率、PHS接通率。

2005年，新增全网性业务开放完成及时率和宽带用户故障处理及时率两项考核内容，指标要求分别为98%和95%。2006年，新增网络维护成本管理、网络资源数据质量合格率的考核。上海电信均达标。

表 3－1－2　2003—2004 年上海电信公司运维部网络运行维护绩效考核指标值情况表

序　号	指　标　名　称	指标值(%)	完　　成	
			2003 年	2004 年
1	光缆传输干线电路可用率(每月)	>99.90	100	100
2	互联网网络时延(每月)	>96	97.59	96.899
3	互联网丢包达标率(每月)	<0.75	0.13	0.074
4	端到端电路开通及时率(每月)	>90	100	100
5	端到端故障恢复及时率(每月)	>95	100	100
6	端到端电路故障申告率(每月)	<5	1.83	1.51
7	市场及新业务的支撑业务完成率	—	100	99.3
8	网络资源管控达标率	100	100	100
9	网络维护修理费控制率(季度)	<100	91.41	41.23
10	本地网综合化集中维护(季度)	>55	—	—
11	长途网络接通率	>95	96.86	96.25
12	PHS 接通率	>46	—	—

2007 年，中国电信增加政企客户带宽型业务恢复及时率、重点业务服务质量满意度(宽带业务质量满意度测评、小灵通业务 DT/CQT 测评)、新网络运行质量(DC1 长途软交换网络目的码应答试占比、IP 城域网网络质量)、扣分指标(重大通信及服务保障事故、网络运行质量明显下滑、省公司数据上报不及时)。是年，上海电信组织无线方面专业人员成立虚拟团队，重点解决小灵通网络考核指标中的关键点，使得 UT 公司系统的小灵通网络呼叫质量测试(CQT)的接入时长从优化前的 5.5 秒减至优化后的 3.7 秒，路测(DT)的接入时长则从 5.9 秒减至 4.6 秒，用户打电话平均等待时间缩短 32%，提升用户感知度。在全网共进行近 3 000 公里里程的 DT 测试以及 CQT 场点拨测，顺利通过集团第三方 DT/CQT 测试。

表 3－1－3　2007 年后端绩效考核指标值情况表

<table>
<tr><th>序　号</th><th colspan="2">指　标　名　称</th><th>目　标　值</th><th>完　　成</th></tr>
<tr><td>1</td><td colspan="2">政企客户带宽型业务恢复及时率</td><td>≥95%</td><td>99.14%</td></tr>
<tr><td rowspan="2">2</td><td rowspan="2">重点业务服务质量满意度</td><td>宽带业务质量满意度测评</td><td>达标</td><td>达标</td></tr>
<tr><td>小灵通业务 DT/CQT 测评</td><td>达标</td><td>达标</td></tr>
<tr><td>3</td><td colspan="2">全网性业务开放及时率</td><td>≥98%</td><td>100%</td></tr>
<tr><td rowspan="3">4</td><td rowspan="3">新网络运行质量</td><td>DC1 长途软交换网络目的码应答试占比</td><td>≥48%</td><td>60.49%</td></tr>
<tr><td rowspan="2">IP 城域网网络质量</td><td>时延≥96%</td><td>99.47%</td></tr>
<tr><td>丢包≤0.2%</td><td>0.08%</td></tr>
</table>

〔续表〕

序 号	指 标 名 称		目 标 值	完 成
5	网络资源数据质量合格率(当月扣分值)		本地	达标
			长途	达标
6	修理费预算完成率		100%±5%	100%
7	扣分指标	重大通信及服务保障事故	—	无
		网络运行质量明显下滑	—	无
		省公司数据上报不及时	—	无

2008 年,考核指标改为政企客户业务保障(商务领航/ICT 业务服务质量集中管控、政企客户业务提供及时率、政企客户业务保障及时率)、家庭客户业务保障("我的 e 家"重复申告用户率、"我的 e 家"用户装移机履约准时率)、网络资源数据质量达标率。中国电信集团从是年 7 月起开始考核无线访问接入点(AP)可用率指标,上海的 AP 数量为全国第一,7 月、8 月、9 月可用率指标分别为 97.36%、98.16%、98.38%,超过集团的平均指标(94.75%、95.37%、96.17%)。

表 3-1-4 2008 年后端绩效考核指标值情况表

序 号	指 标 名 称		目 标 值	全 年
1	政企客户业务保障	商务领航/ICT 业务服务质量集中管控	达标	达标
		政企客户业务提供及时率	≥90%	99.810%
		政企客户业务保障及时率(集团一站)	≥95%	99.450%
		政企客户业务保障及时率(各省上传数据)	≥95%	97.960%
2	家庭客户业务保障	"我的 e 家"重复申告用户率	e6(≤8%)	4.600%
			e8-1(≤8%)	4.740%
			e8-2(≤6%)	6.000%
		"我的 e 家"用户装移机履约准时率	≥90%	98.700%
		宽带用户感知质量测评	达标	达标
3	新网络运行质量	DC1 长途软交换网络接通率	≥94%	97.430%
		WLAN 网络接入侧(AP)设备可用率	≥88%	98.310%
4	网络资源数据质量达标率		达标	99.970%
5	网络维护成本管理	平均百元固定资产维修费预算计划达标率	达标	达标
		平均百元固定资产维修费预算分配达标率	达标	达标
		网络维护成本支出均衡性和预算完成率	达标	达标

2009 年,考核指标调整为政企客户服务及业务保障、家庭客户服务及业务保障、个人客户服务及业务保障、网络运行质量、C 网资源数据达标率,上海电信后端绩效考核指标全部完成。

2010 年，考核指标增加 C 网掉话率、无线宽带用户点对点协议(PPP)拨号成功率、EVDO 无线网络连接成功率、城市光网安装及宽带提速、FTTH 安装、其他光网接入安装、宽带提速完成率。

表 3－1－5　2010 年后端绩效考核指标值情况表

序号	指标名称		目标值	完　成
1	政企客户服务及业务保障	政企客户省际业务开通履约率	85%	98.64%
		政企客户投诉率	8 次/百万用户	0 次
		政企客户跨域协同工单完成及时率	90%	100.00%
2	家庭客户服务及业务保障	宽带用户重复申告率	VIP≤5%	3.11%
			普通≤7%	3.23%
		宽带用户装移机履约准时率	VIP≥95%	99.91%
			普通≥92%	99.91%
		宽带用户障碍修复及时率	VIP≥95%	97.77%
			普通≥92%	98.30%
		移动客户业务保障履约率	90%	97.12%
3	C 网掉话率		0.55%	0.49%
4	EVDO 连接成功率＝无线宽带用户 PPP 拨号成功率×EVDO 无线网络连接成功率	无线宽带用户 PPP 拨号成功率	90%	95.97%
		EVDO 无线网络连接成功率		99.02%
5	短消息首次下发成功率		92%	96.31%
6	基站断站率		1.2%	0.46%
7	一级干线光缆障碍率		0.35 次/百公里·年	0.0777
8	城市光网安装及宽带提速			1—12 月完成
9	FTTH 安装		20 万户	22.67 万户
10	其他光网接入安装		10 万户	21.231 户
11	宽带提速完成率(申请 62098 端口完成 60094)		90%	96.77%

【质量检查】

2000 年公司化运行时，上海电信按季度实行运维管理质量检查，检查重点是本地网的交换、传输、电缆/用户设备、电源等，检查范围覆盖 16 个区(县)局。

2001 年，质量抽查周期固定为上、下半年各一次，检查范围从 16 个电信局扩大至交换维护中心、传输维护中心、线路维护中心。检查项目新增测量专业，将原电缆/用户设备一项更新为线路专业。

2004 年，新增平台维护、仪器仪表及备品备件等检查项目。

2005 年，上海电信将无线通信纳入公司质量检查范围，新增资源管理、运维品质管理以及 PHS 等检查项目。是年，由于专用电信局划归上海市通信管理局，不再检查专用电信网。

2006 年，上海电信将长途通信、信息通信、信息产业的内容平台纳入公司质量检查范围，新增长途传输（国内/国际）和长途交换、数据专业等检查内容，无线侧的检查内容涵盖监控平台系统运行维护情况、无线维护管理工作、维护修复（WX）系统使用、实施改进等 4 个大项，主要包括网管终端设备运行状态、系统资源记录准确率、故障处理情况、持续改进、纠正措施的实施情况等 18 个项目。

2007 年，新增网络实物管理和重要业务平台等检查内容，其中重要业务平台主要为号百平台、10000 号平台、商务领航平台、IPTV 平台。

2008 年，为配合全息视图工作推广，上海电信将管线资源电缆部分、人井管道部分纳入资源管理工作的检查对象。

2009 年，上海电信将 CDMA 无线专业和客户响应纳入检查项目，重点加强各电信局的外包管理、安装维护管理、电缆交接箱维护管理、电缆“坏线对”修理情况的检查，同时还检查光缆、管道维护管理资料及抢修记录的统计情况、C 网划归电信的光缆、管道核查入库工作完成情况等。

2010 年，上海电信将接入网、接入终端、POP 点质量安全以及终端综合管理系统网管平台通信质量等内容纳入质量检查范围。是年，结合世博双百服务承诺，对装维工作、政企客户支撑工作进行服务质量检查，规范客户端安装、故障维修等工作。

【质量认证体系】

2002 年，上海电信全面启动贯标工作，其中，运维条线是质量贯标的重点。公司对所有运行维护规章制度进行清理，对一些网上运行的设备建立基础台账资料，对一些测量监视装置、仪器仪表统一进行计量检测，初步形成以过程控制为主的网络维护管理方式，加强对网络运行中各薄弱点的监控，完善和健全各项基础管理。是年，运维条线开始根据 ISO 标准规范开展日常的运维工作。

2004 年 7 月，中国电信在上海电信试点 TL9000 认证。TL9000 是电信业质量体系要求与质量体系法则的指南，包含 ISO9001 的所有要求，以及硬件、软件、服务方面电信行业的特别要求。上海电信在网络运维条线实施 TL9000，共编制各类作业文件 80 余个，新建 TL9000 测量目标 39 个，总共涉及近 1 万多个原子指标数据的收集和汇总。初步理顺六大类产品和服务的业务流程，建立以用户要求提出为起点到用户要求得到满足为终点的端到端服务新流程，实现端到端流程化的管理模式。12 月 22 日，上海电信网络运维条线取得中国香港品质保证局颁发的 TL9000 认证证书。

2005 年 3 月，上海电信开始根据 TL9000 贯标工作要求，修改和新增运维作业文件近 100 个，包括《数字出租业务维修实施细则》《话务统计管理办法》《客户关系发展》《TL9000 - VPDN 用户故障修复管理办法》等，对流程进行优化和规范。初步建立无线类产品的端到端流程，形成《PHS 业务安装实施细则》《PHS 业务维修实施细则》《无线产品测量数据采集办法》。7 月，上海电信印发《网络运维 TL9000 测量数据采集实施总则》，明确网络运维条线 TL9000 测量目标值，规范认证范围内的六大产品（安装、维护、客户支持、话音、数据、宽带）指标，主要指标为问题报告数量（NPR）、问题报告解决响应时间（FRT）、延迟问题报告解决响应（OFR）、准时交付（OTD）、系统中断（SO）、工程或安装引起的中断（EIO）、服务质量（SQ），在中国香港品质保证局的审查中，5 组测量指标基本达到国际最优水平。此外，上海电信还于是年建立 WX 框架下的 TL9000 支撑系统，建立检查考核和数据分析制度，设立质量控制点，实现对端到端服务过程的质量控制机制。

图 3－1－2　2005 年 2 月 2 日,上海市电信有限公司向获得 TL9000 质量管理体系认证的单位颁证

2006 年,上海电信全面推广周期工作子系统,各单位定期开展周期工作、测量数据采集与质量分析,按照一定的格式上报。

2007 年 8 月,上海电信印发新版《网络运维 TL9000 测量数据采集实施总则》,产品指标新增无线小灵通产品,形成安装、维护、客户支持、话音、无线小灵通、数据、宽带七大产品,并通过中国香港品质保证局的升版外审。

2010 年,上海电信启动 TL9000/ISO9001 升版工作。8 月,印发新版《网络运维 TL9000 测量数据采集实施总则》,将无线小灵通产品改为无线 CDMA 产品,通过第三方审核。

二、安全管理

【网络安全】

2001 年 4 月 25 日,上海市国民经济和社会信息化领导小组发布《关于加强上海市信息安全工作的若干意见》的通知,明确指出信息安全工作是上海城市信息化建设的重要组成部分,其基本内容主要包括维护网络安全、防范计算机病毒、防止信息失泄密、堵截和阻止反动及黄色等不良信息的传播以及保障重要信息系统的正常运行。上海电信遵照上级的要求,对网络的安全情况进行检查和评估,结合公司网络发展的现状和特点,于 9 月 25 日印发《上海电信信息安全应急处理预案》,明确网络安全组织体系架构采取公司网络安全管理办公室、各级网络安全小组和网络安全管理员的三级管理方式,对访问控制、信息收集、定期审计以及网络信息安全工作提出要求。

2001 年 10 月,上海电信根据《中国电信 IP 网网络安全管理办法(试行)》,编印《上海电信 IP 网络安全管理实施细则(试行)》,主要内容包括主机系统和网络服务安全管理、网络设备安全管理、数据安全管理、计算机病毒防治管理、防止信息失泄密、堵截和阻止反动黄色等不良信息的传播以及保障重要信息系统的正常运行,适用于上海电信所辖的 IP 网及其承载的网络服务系统(如:163、上海热线、城域网、IDC、郊县各城域网和应用系统等)。

2001年11月21日，中国电信印发《关于在新建IP网络工程及IP新业务项目中加强网络安全工作的通知》，要求各单位在IP网络建设及新业务开展初期及时考虑网络安全问题，做到防患于未然；要求各级安全管理机构在参与IP网络相关的新工程建设和新业务开展的方案论证时需按照集团公司《IP网网络安全管理办法（试行）第一、二、三、四分册》的要求考虑安全技术方案，涵盖网拓扑结构、主机系统、网络服务、网络设备、网络安全设备等方面；各级电信公司在IP网络相关的新工程建设和新业务开展项目验收时，应重视网络安全方面的测试工作，以便发现系统中存在的各种网络安全漏洞并及时进行修补；在安全测试时，要求各级安全机构提出具体的网络安全测试建议；各级建设部门在项目验收时，应同时提交网络安全测试及系统漏洞修补结果。上海电信根据中国电信的要求，于是年12月开始开展相关的网络检查，查找网络安全上的问题和隐患。

2003年5月，上海电信组建互联网安全管理中心，加强相关单位的协调和各兄弟省市的横向联系，加快投诉处理反应速度。上海电信通过建立邮件系统的SMTP发信认证和对邮件系统进行升级，在原有防病毒邮件系统中增加专门的防病毒模块，每天更新病毒库，对特征代码进行扫描，实时查、杀病毒或删除邮件，减少用户收到病毒邮件的概率。

2004年，为加强网络运行维护管理，保证生产安全及通信，使故障得到及时处理，上海电信根据TL9000测试数据统计和维护修复（WX）系统故障单自动化管理的需要，制定《上海市电信有限公司各专业设备故障分级及处理实施细则》。将故障分级为重大故障、关键故障、严重故障和一般故障等四个等级，规定各级处理时限分别为：3小时、6小时、24小时和72小时。该细则还对交换、传输、DDN、ATM、IP和电源等不同专业的电信设备的四级故障内容进行定义。

2005年6月，上海电信正式启用“垃圾邮件投诉快速处理平台”，对上海的“垃圾邮件”进行集中查处，全年累计解封C类地址100多个。

2006年6月，上海电信印发《上海电信安全策略框架》，包含顶层、功能子策略、安全指南和安全措施流程、安全标准和安全基线，呈层次性框架结构。《上海电信安全策略框架》由一系列安全策略文档组成，涵盖安全策略、安全组织、资产分类及控制、人员安全、物理和环境安全通信和操作系统管理、系统访问控制、系统开发与维护、业务联系性规划、符合性等方面内容。9月，印发《上海电信信息安全最高方针》，包括业务安全目标、信息安全策略的目的、适用范围、信息安全的管理意图、支持目标和指导原则，是上海电信信息安全实践的根本性和指导性的策略。是年，上海电信还对35个业务平台开展安全调研和评估，涉及电话增值业务、互联网应用业务、管理支撑业务等三大类。同时，建立安全评估的数学模型和多维度的评估体系，从设备层、网络层和业务层等不同的角度对各业务平台进行全面审视。

2007年7月31日，根据中国电信的要求，上海电信成立信息及网络安全保障领导小组及工作组，加强安全保障体系建设，建立信息、网络安全管理长效机制。

2010年3月，根据中国电信的要求，上海电信成立通信网络单元安全防护定级备案调整工作领导小组和工作小组。9月，上海电信印发《互联网安全操作管理办法》，规范网络运行部、互联网安全操作中心和各维护部门的管理职责，对城域网核心层、汇聚层重要设备以及其他受控范围内的互联网络制定安全操作管理办法。12月，中国电信印发《互联网可信IP地址段安全管理办法（试行）》，要求各省公司开展可信IP地址段安全自查整治工作。

【割接管理】

网络割接又叫网络迁移，是指运行网络物理或者逻辑上的更改。割接一般都是对正在使用的线路、设备进行操作，会直接影响网上承载的业务。因此，如何制订周到的割接方案，遵从完美的割接顺序和规避割接中的风险，减少乃至消除对业务的影响，都是割接管理中的关键。上海电信一般选在周末凌晨话务量低谷时间进行割接。

2000 年 12 月，中国电信印发《传输干线割接管理暂行规定》，严格规定割接的组织管理原则、割接的申报审批程序、割接工作的时间安排及要求、割接流程等方面内容，要求各省公司结合本地的实际情况制定相关的实施细则。

2001 年 7 月，为加强工程期间的监护和管理，确保本地网网络安全，上海电信印发《关于加强现网扩容、升版工程和割接工程安全管理工作的通知》，重申和明确施工单位必须经过维护单位批准后，方能在通信机房开展带电操作。

2002 年 8 月，中国电信印发《一级干线光缆线路不中断业务割接实施办法(暂行)》，要求逐步在一级干线维护中实施和推行光缆不中断业务割接。该办法还明确割接调度人员、割接现场指挥、调度指挥、割接点技术人员、线路测试人员、机务人员的职责，规定光缆线路割接的实施流程。

2003 年 5 月，上海电信编印《在用设备割接管理办法》，包含 34 个子办法，涉及全网本地、长途、数据等各类重要通信设备的割接，明确规定相关设计、建设、施工、维护和经营单位在设备割接中的职责以及相应的工作程序、操作细则等，以加强在用设备割接的管理，确保在用设备的安全、可靠和畅通。是年，上海电信完成与其他通信运营商 12 批(次)的关口局割接，完成近 40 个局站的三线改造和 600 余次的光缆割接任务。

2004 年 4 月，根据中国电信的要求，上海电信开始进一步加强管理一级干线传输设备和光缆线路的割接工作，严格控制割接次数，有计划地进行光缆线路割接；认真执行申报审批手续，按规定做好每次割接工作。是年，上海电信对老彭浦电信局 7 万门交换设备割接进行专门研究，编写割接方案，制定详细割接步骤，对割接过程中局数据的修改、路由的调整等提出具体的方法。割接分 3 次进行，用了 20 天时间，圆满完成。

2005 年，上海电信印发《国际电路割接管理办法》等 20 部割接管理办法，以及《本地网交换机改号割接实施细则》等 5 部割接实施细则，确保在用设备割接前后用户的稳定和正常通信。

2006 年 8 月 19 日，上海电信顺利完成软交换网络智能化割接，割接后网络运行平稳。

2007 年年初，上海电信启动《网络智能化目标网割接方案》《新型网络数据设置规范》《目标网割接应急预案》3 个课题研究，为软交换目标网割接作准备。6 月底，《网络智能化目标网割接方案》通过集团专家组的评审。割接前，上海电信为每个直接拨号(DID)客户编制个性化的割接方案；网运条线在实施工程现场组织成立 12 支现场工作小组，实时进行随工验收和小网测试。2008 年，《软交换目标网割接方案》获集团公司批准。4 月 25 日，上海电信开始分批次割接。由于方案缜密、措施保障有力、局数据梳理和批命令编制准备充分和准确、测试人员安排充足，各个批次割接顺利进行，割接后申告及投诉渠道情况正常，没有普遍性的用户层面的申告情况发生。12 月中旬，完成网络侧所有的割接工作，上海本地网所有端局实现业务全触发，为智能业务的发展打下基础。

2008 年，上海电信进行 IP 网络扁平化整合割接工作。根据割接方案，割接分为用户路由改造和网络扁平化、区局上联调整等阶段进行，割接工作平稳有序。割接后提高了网络稳定性和健壮性，为企业节约大量光纤和设备，解决各区局业务出口在网内拥塞的瓶颈问题。是年，上海电信还印发《在用网络割接管理办法》，明确割接工作的流程，制定割接前准备、割接审定、割接工作前、割接中、割接后各个单位的工作事项，规定各个专业的割接时间。

2009 年，根据中国电信统一部署，上海电信组织完成 C 网至异地长途，包括固网、PHS、C 网、联通、移动的话务割接；完成上海业务网关、上海短信业务网关和上海 ISAG 的扩容工程，对 53 家行业进行 SP 短信路由调整割接和全网级 SP 的割接。上海电信还根据集团公司承接卫通公司的总体要求，组织实施中卫国脉 2511 集群电话网网间互联互通电路调整，以及中卫国脉 2511 集群电话网的割接工作。9 月，上海电信印发新版《在用网络割接管理办法》，对网络运行部、经营单位、建设单位、维护单位、设计单位、企业信息化部和施工单位的管理职责做出规定。

2010 年，上海电信印发《国内长途电路割接管理办法》《运维计算机支撑系统割接/升版管理办法》《长途传输设备割接管理办法》《电缆工程割接管理办法》《测量室配线架(MDF)割接管理办法》《长途干线光缆割接实施办法》《本地网传输在用电路割接工程实施细则》《本地网在用光缆割接实施细则》等一系列办法规定。同时，为解决骨干七号信令网 HSTP 双网四平面结构复杂且占用联通一级干线传输电路的问题，根据中国电信部署，在 HSTP 新建工程的基础上，完成 H－LSTP 上的链路割接工作。为解决 ISC1 老设备故障多、风险大的问题，经中国电信同意启动 ISC1 的退网工作，完成老挝 ETL、印度 BHARTI、印尼 INDOSAT、美国 VERIZON、菲律宾、阿根廷、澳大利亚的电路割接工作。

第四节　管理支撑系统

一、运维管理系统

电信企业在生产服务过程中产生大量的管理数据，过去主要依靠人工采集和统计分析。2004 年，上海电信启动 TL9000 质量标准的认证工作后，对标国际先进电信运营商，在维护与修复系统三期工程中，新建运维管理模块，由指标分解和汇总、问题反馈和改进、TL9000 专题网站等 3 个子模块组成。通过系统支撑，变人工采集为自动采集、人工计算为自动计算，深化系统应用，提供故障辅助分析、跨专业分析等高级应用，为快速解决故障提供强有力的支持，提供面向大客户的专题质量报告。

2006 年 8 月，上海电信扩容运维管理模块的数据库服务器，完善 TL9000 事务管理、网站功能，实现指标校验、账号申请管理功能，深化系统应用，提供故障辅助分析、跨专业分析等高级应用，为快速解决故障提供强有力的支持。

2008 年承接 C 网后，上海电信改造运维管理系统，建立符合移动网络特性的业务运维管理支撑系统，新增移动网作业计划、移动网络软件版本管理、移动网络网元设备管理、移动网络备品备件管理、测试终端和测试卡管理、针对移动的定制报表和系统接口等面向移动的业务运维管理域功能。

二、综合告警系统

通信企业在网络的运维中，一般都建有各类告警设备，但设备分散且多人值守，不利于综合化集中维护。为推进本地网综合化集中维护工作，中国电信在宁波、无锡、厦门、惠州等地试点本地网的集中告警系统，于 2004 年 9 月印发《本地网集中告警系统功能需求规范 V1.0》。2005 年 4 月，中国电信在前期试点的基础上印发《本地网集中告警系统功能需求规范 V1.10》，从功能和系统性能等方面对集中告警系统建设提出规范要求，并提供系统采集的告警和性能事件列表、相关接口方式、系统测试方案等，指导各省公司建设省级集中告警系统。

2005 年 11 月，上海电信开始建设网络综合集中告警系统，可实现传输、数据、交换、PHS、光缆监测等主要网络告警的收集、告警呈现、告警处理、告警影响分析、告警查询与统计、故障单生成、配置管理和系统自身管理等功能。

2007年8月，上海电信启动综合告警系统二期工程，将接入范围扩展至中兴NGN统一网管平台、中兴NGN SHLR、中兴NGN UP10接口、Alcatel NGN、七号信令监测网管、ATM网络。经过两期建设，全网的统一告警监视平台基本建成，已完成接入的网络可实施跨域关联分析，包括IP、DDN非NB电路告警对业务影响的关联和分析，交换信令和DDN跨专业告警关联分析，IP与光缆跨专业告警关联分析，传输与ATM跨专业告警关联分析。

2008年年末，上海电信开展综合告警系统三期工程，将郊县告警信息以及NGN AG侧告警信息集中纳入告警系统，同时实现告警信息的个性化展现和告警的跨域关联分析，新增NGN网与传输、交换、数据网的告警关联分析，NGN与交换的业务关联分析，郊县告警跨专业、跨区域关联分析和故障模拟分析。同时，建设综合化集中告警系统移动网融合项目，增加对移动网络以及动力网的告警监控，从光缆与BTS关联、移动网交换与BTS关联、移动网交换与IP关联的移动网特定角度，完善固移融合。

2010年，上海电信进一步扩大综合化集中告警系统覆盖范围，接入C网ALU、GWC、LSTPE，EPON，华为AG。满足NOC一级监控的业务需求；深度挖掘资源及告警的跨域关联，从两两关联到多域关联，符合集团运营支撑系统能力提升的要求。

综合告警系统建成后，实现跨专业网管告警自动关联、网管告警和客户及业务自动关联、告警信息自动传递到故障单等功能，从而提高集中监控的效率，为实现面向业务开通、业务保障的综合化应用奠定良好基础。

三、维护修复系统

2003年11月27日，上海电信启动维护和修复系统一期建设，主要包括故障处理流程综合监控平台、网内故障综合接口平台，以及区局故障处理子系统、电信网管中心故障处理子系统，覆盖五大类10种业务的故障处理，具有故障分类、故障处理及时率等统计分析功能，设有与其他电子化工单系统互联的开放接口。

2004年11月1日，上海电信启动维护与修复系统二期建设，新建管线故障处理子系统，扩充故障处理流程节点，加强故障流程监控，细分故障类别，建设日常维护管理平台，增加和其他系统的外部接口等功能。

2005年3月，上海电信正式启动维护与修复系统三期建设，扩容运维管理、周期工作、备品备件、工程验收的各类应用、数据库、接口、测试及联调服务器、存储设备、各类终端机等，购置应用服务、数据库和操作系统等系统软件，进行相应的软件开发、集成测试和工程配套。经过三期建设后，整个维护修复系统由五大模块组成：故障修复模块、运维管理模块、周期工作模块、备品备件模块、工程验收模块。11月，系统建设完毕。

2006年8月3日，上海电信启动维护修复系统四期建设，完善故障统计分析、故障流程管理功能；完善值班记录管理，实现指令工作功能；完善TL9000事务管理等。

2008年9月，上海电信启动面向移动业务维护修复系统的新增功能项目，在基于维护修复系统故障处理平台模块的基础上进行扩展，对移动业务提供后端的故障受理和处理功能，支持相应的管控，实现移动网络业务网内故障和由用户申告的网内故障的处理；实现移动网络业务故障受理、处理和统计分析，提供申告的相关报表等，将维护修复范围扩展到移动网络。

2008 年 11 月 17 日，上海电信启动维护修复和长途系统整合工程，由维护修复系统替代长途 MIS 信息系统中的故障流转模块功能（包括国内长途传输模块、国际海光缆监控模块、长途交换模块），并将 MIS 的故障处理个性化功能整合至维护修复系统之中，使两个系统的业务功能相对统一，避免同一功能的重复开发。

2010 年 12 月 1 日，上海电信启动维护修复系统新增功能建设，新增大客户预警功能，新增与网厅系统和网优平台的接口，改进与客户关系管理系统和客保系统的接口，改进短信管理功能，改进故障操作提示，改进故障管控交接，新增故障处理定期反馈功能和故障查询统计等功能。

四、网络资源管理系统

2001 年，上海电信开始研究建立网络资源管理系统，以实现网络资源集中调度和资源数据集中管理。网络资源管理系统分为综合管理平台和生产系统两个层次，包括交换资源管理子系统、郊县传输资源管理子系统、国际长途资源管理子系统，与已有的系统相结合，初步形成网络资源管理的整体框架。2003 年 6 月，一期工程建设完成。

2003 年 7 月，上海电信启动网络资源系统二期工程，优化完善各专业子系统，新建无线资源子系统（主要包括天翼通和小灵通两个部分），完善郊县传输子系统的管理功能，增加其他制式传输系统的管理和调度功能，提供郊区（县）电信局日常调度需要的割接、开环等功能。2004 年 3 月，二期工程建设完成。

2004 年 4 月，上海电信启动网络资源系统三期工程，重点实施各专业资源数据的跨专业整合和应用，包括管线和传输、无线和交换、交换和九七号线等；优化交换专业的电子化流程和资源分析，建立与数据子系统四期的接口，还实现接入方案查询、定制报表、能力指标等用户定制功能。2005 年 10 月，三期工程建设完成。

2005 年，网络资源系统项目荣获上海市科学技术进步奖。

2006 年，根据中国电信《关于加快本地网资源管理系统建设和应用的指导意见》的要求，上海电信开展网络资源系统四期建设，新增用于扩充系统管理能力的设备；优化系统在能力指标、PHS 网优功能、资源调动流程、服务监测、数据准确率、外部接口等方面的应用；推广网络资源管理平台的图形化应用。通过四期建设，建成面向网元、面向网络的资源管理系统，基本实现资源的生命周期管理、资源调度和资源分析功能。

2007 年 11 月，上海电信建成面向产品的资源分析呈现系统，作为网络资源管理的子模块，将 30B+D、数字电路、DID 等转型重点业务的资源展现方式由基于专业的资源展现，改造为基于产品的资源打包呈现。

2008 年 7 月，上海电信启动面向产品的资源调度系统项目建设，将资源的管理方式由立足于网络，转变为立足于前端、立足于产品，提高面向客户的资源管理及支撑手段。系统建成后，30B+D 和 DID 等业务可以采用以产品为单位的一点式响应调度。

2009 年，上海电信开展面向移动网络资源管理域的新增功能项目建设，新建移动网核心侧资源管理模块、移动网络资源调度模块（包括移动网核心侧中继链路调度、基站资源调度，以及移动网核心交换机扩容、局数据修改资源调度等），改造网络资源管理平台和能力指标系统接口等，将移动网的网络资源纳入公司资源管理体系中。

第二章 网 络 维 护

第一节 电 话 交 换 网

一、运行维护

电话交换网络的运行维护是上海电信维护工作的重点之一，包括对在线的设备和网络进行监控、管理和优化，确保平稳运行；对准备入网的设备进行测试和验收，达标后才能入网；对需替换的在线设备组织割接方案的制订和实施，确保网络不间断等。

2000年，上海电信在线运行的长途交换机总容量为15.6万路端，其中，国际长途交换机容量达3万路端，国内长途交换机容量12.6万路端，长途电路总数达25.9万条。本地电话网交换装机总容量为685万门，实装电话用户549万户，实装率为80.15%。

【程控交换】

2000年公司化运行初期，上海电信的电话交换机为程控制式，主要为S－1240、F－150机型，维护管理基本沿用上海市邮电管理局的一些制度。

图3－2－1 程控交换网控制机房

2002年7月，为了提高电话交换网的全网接通率和防止网络全阻，上海电信启动交换端局到汇接局的话务分担不分流的路由调整工作，采用双汇接路由的方法提高中继线的利用率，提升全网的通信服务质量。

2002年8月，上海电信印发《交换设备障碍划分及处理流程》《局数据管理制度》《交换设备障碍统计及管理办法》等，明确各维护单位管理职责、维护界面、维护作业要求，以及故障等级划分和处理流程等。还印发《交换机软件版本、补丁及 DUR 操作维护管理规定》，明确软件版本的重要性，规范软件补丁等实施的操作流程、测试要求和各维护单位的职责，以解决在网运行的交换机版本不一的问题。11 月，上海电信印发《关口局维护管理办法》，明确关口局的维护职责、界面划分、业务和故障处理流程等。

2003 年 3 月，为确保 S－1240 交换机稳定性，上海电信在模拟机房验证的基础上，选择莘闵水清局、浦东沈家宅局进行 S－1240 交换机"EC74－204"软件版本的现网验证测试，验证基本功能和技术指标。测试通过后又选择青浦 C4 局进行最终版本测试。4 月，形成 S－1240 交换机"EC74－204"版本验收测试条款，正式在全网推广使用"EC74—204"版本。

中国电信提出"大容量、少局所、多模块、广覆盖"的交换网络结构的指导意见后，上海电信启动扩容工程的改造。2003 年 6 月，上海电信率先在嘉定电信局交换网络优化工程中落实该意见。根据缩点并网的规划原则，在嘉定局设置 10 个目标局，每个目标局终局容量定为 8 万—10 万线用户。此举大幅度减少端局数量，使网络结构更加合理。2004 年 12 月，浦东施湾、王桥缩点并网和藤田局搬迁网络优化工程启动。2005 年 1 月，莘闵华漕、纪王缩点并网网络优化工程启动。是年，上海电信还开展 F－150 交换机的软件版本统一工作，将交换机版本统一升级为"SC11－L02"版。

2005 年 12 月，上海电信开展本地信令网优化工程，拆除市区局间和郊区局中有 A 链路的端局至汇接局的 F 链路，保留重要端局的 F 链路作为应急预案的备用链路，形成以 A 链路为主的信令结构。2006 年 5 月，上海电信开展七号信令链路优化调整工作，对信令话务连续 5 个观察日 ISUP 大于 0.2 Erl、智能网应用部分(INAP)大于 0.4 Erl 的信令进行疏忙。

2006 年 9 月，上海电信印发《本地网固话交换机联机计费采集系统运行维护管理办法(暂行)》，明确采用联机计费采集系统后，相关单位的管理职责、维护段落、操作流程等，保证联机计费采集系统的运行质量。

2010 年 1 月，上海电信印发《混合放号业务号码管理办法》，混合放号是指将交换机的设备号和用户的电话号分离，根据需求任意搭配。采用混合放号后，用户可以将电话号码在上海本地网中迁移，不受交换机局号限制。

【软交换】

2006 年 11 月，软交换项目正式上线试商用后，上海电信印发软交换维护管理办法，明确各维护单位的职责、维护界面、维护要求、操作流程、故障等级划分和故障处理流程等，以保证软交换的运行维护工作。

2007 年 10 月，中国电信印发《国际软交换网(境内部分)维护管理规定》，对网络维护体系及维护职责、网络监测及维护作业管理、局数据配置管理、故障处理、国际业务故障申告管理、软件版本及补丁管理、权限管理和运行分析要求进行规范。上海电信根据相关要求负责国际软交换网络上海节点的维护管理，确保国际软交换网安全、高效运行。

2007 年 4 月，上海电信根据软交换目标网建设进展，组织目标网割接的准备工作，编写割接方案。2008 年 4 月 25 日，首次将 6254 局系统所有出话务(包括本局、他局、国内/国际、PHS、特服、其他运营商、智能网、AS 旁路上网等)，调整为经软交换汇接，取得预期效果。上海电信共开展割接工作 15 个批次，随着 12 月 5 日金茂 5047 局、张杨 5835 局、华厦 5837 局等 21 个系统调整为经软交换汇接，软交换目标网的割接工作宣告完成，程控交换汇接局退出历史舞台。

【移动交换】

2008年8月，为保障中国电信移动网安全、可靠、高效运行，规范中国电信移动网话路路由组织，中国电信印发《移动通信网络话路路由组织暂行规定》。9月，印发《移动通信网络信令路由组织、短信业务路由组织暂行规定》等相关技术规范。上海电信制订《C网预付费平台应急预案》《上海电信CDMA 1X应急预案》《上海电信CDMA交换网络应急预案》等一系列应急预案和《中国电信上海公司C网过渡期网间结算管理办法》等规定。10月，上海电信承接C网以后，根据集团公司CDMA网络核心网设备整治要求，对CDMA核心网进行清网排障。根据集团维护规程和实际状况，组织相关维护单位重新梳理已制定的《中国电信上海公司CDMA核心网电路域运行维护实施细则》《C网炫铃业务故障处理流程》《C网点对点短信业务故障处理流程》等12个维护办法，明确相关部门的维护职责、维护界面、基本维护管理制度等内容。

2008年12月9日，上海电信印发《C网传输资源申请、调度流程》，根据C网建设、优化工作的要求，结合固网的调度流程，规范C网传输资源申请、调度流程。是月，印发《CDMA MSC工程验收测试规范要求》，明确C网的移动交换(中心)机验收测试条款，为移动网络建设奠定基础。

2009年7月，上海电信实施C网S12 HLR至USDS用户数据割接迁移工作，将原在HLR1/2/3/4下的用户搬迁到新建的CDMA网络的USDS(HLR7/8)下，扩大用户数据库，为移动业务发展奠定基础。10月，中国电信印发《移动网络建设(二〇〇九年一期)核心网工程验收规范》，进一步规范移动工程的验收工作；同时印发《CDMA移动通信网络运行维护规程(试行)》。上海电信结合实际情况，印发《上海公司CDMA核心网(电路域)运行维护实施细则》，进一步明确各部门职责、维护界面和故障处理流程。

2010年3月，为验证MSC容灾功能的有效性，确认在发生网络突发事故时的紧急容灾机制，提高上海电信维护人员水平，掌握倒换步骤，上海电信选择阿朗端局MSCe5进行现网容灾演练。

图3-2-2　移动软交换割接指挥部

从凌晨零时开始，全部业务在30分钟内倒换到容灾局，现场基站下测试及路测均为正常，在计费系统确认话单正常后，实施MSCe5的容灾倒回操作，演练达到预期的效果。

二、维护系统

【交换专业综合网管】

20世纪90年代末期，上海邮电电话交换网管理模式为：长途电信局负责国内长途和国际长途交换机的集中监控管理；上海市电话局负责所辖区域的交换机集中监控管理，由其下属交换维护中心和区域中心分级实施；郊区由各区(县)局通过NSC方式进行集中监控管理。邮电管理局的网管中心分别采集国际和国内长途交换局及市话汇接局的话务数据进行话务流量管控管理。

2001年7月17日，上海电信成立新的网管中心，负责长途和本地电话交换网络的集中监控，按公司、区(县)局及事业部实行两级集中监控体系。

2002年，随着关口局入网运行，关口局交换系统的网管纳入交换中心的监控系统。

2005年，根据中国电信的统一部署，上海电信成立网络操作维护中心，负责国际电话交换网、骨干智能网、软交换核心网等交换专业网络以及七号信令骨干网的实时监控和集中操作维护，主要包括上述网络的实时生产调度、故障处理、运行分析等生产任务，用户数据、局数据的集中制作、配置和维护，业务开放和网络调整等工作。

2006年，上海电信对本地电话交换网管系统进行综合整治改造，将郊区各交换系统纳入统一网管系统。

2007年，上海电信建成软交换目标网的网管系统，该系统具有集中监控软交换网所有SS、TG、SG、UP10、SHLR网元和数据设备，以及各区局的AG设备(包括告警管理、性能管理、安全管理、系统管理、策略管理、日志管理、配置管理和人机命令)功能。

2008年，上海电信接收联通C网后，采取反牵终端的改造方式对C网交换机进行远程操作和监控。

2010年2月，上海电信启动综合话务采集和统计系统更新改造工程，在采集侧建设C网关口局GWC1/2和LSTPE1/2上话务性能数据采集处理分析传送系统，将数据采集到综合话务统计中心平台中统一呈现；在10个区(县)局(8个市区局以及嘉定和崇明)建设话务性能数据分析采集系统，替换原采集系统，将稳定的性能数据上传到中心平台；新增C网话务统计模块，完善NGN/PSTN话务统计模块，以统一的界面对C网、NGN网、PSTN网话务性能数据进行集中展示。

2010年3月，上海电信调整后端维护体制，将交换、传输和数据专业调整为一级监控、一级维护体制，各区局不再安排维护人员进行7×24小时值守。

2010年9月，根据中国电信关于交换综合网管的规范要求，上海电信启动交换综合网管建设项目，主要增加9台服务器设备、1台存储磁阵等网络设备及相关配套建设，可提供固网软交换(中兴和贝尔)、程控交换(GWA/B、S1240、F150)，移动网(GWC、LSTPE)的话务数据采集、设备性能管理，以及告警、安全、拓扑等管理功能。

【本地交换资源管理系统】

2000年，上海电信建有一个本地网交换资源调度系统，对交换单元信息、各类模块信息和中继群信息等进行管理。

2001年6月，上海电信启动网络资源管理系统一期项目建设，本地交换资源管理系统作为一个子项目在其中实施。系统分为逻辑层（话务调度子系统）和物理层（装备库子系统）。其中，话务调度子系统将各个节点交换机内的逻辑信息进行关联，包括端局、汇接局等网络节点层次、全程路由设定等，管理内容包括交换节点的中继模块、信令模块、中继群及中继路由、信令链路及信令路由等，实现逻辑资源管理、路由管理和电子工单管理；装备库子系统针对各个交换机的物理资源部分，包括各类制式的交换机的机架、机框、板子等，实现物理设备管理。本地交换资源管理系统建成后可实现对区域的基本信息（区局、分局、局站、机房等）、交换节点设备的基本信息（各类交换单元及其远端模块、接入网设备、各类平台、信令转接点等）、各类局号信息（一般局号、长途局号、短号码、互联互通局号等）、中继信息（中继模块及时隙、中继链路、中继群、中继路由）、信令信息（信令点、信令链路、信令路由）、远端接入信息、V5接入信息、30B+D接入信息、STM-1光模块信息和用于告警、112、动力监控的SPC信息进行管理。2003年6月，一期项目建成投产。

2003年7月，上海电信启动网络资源管理系统二期项目建设。在本地交换资源管理系统方面，主要完成交换专业生产过程的内部管理，实现交换资源调度流程，预留与前台的接口。2004年3月，项目建成投产。

2004年4月，上海电信启动网络资源管理系统三期项目建设，在本地交换资源管理系统方面，重点是在前期建成的各专业零级模型的基础上实现各专业资源数据的跨专业整合和应用。经过对交换专业资源数据和专业间业务逻辑分析，实现交换信令链路和DDN信令链路数据整合；交换与传输中继链路整合（含交换引示号和传输客户终端设备、交换中继模块和传输客户终端设备端口、交换中继链路和传输链路整合）；交换与97设备交换单元整合（含交换引示号与97设备局号整合）并在应用层展现和表达。2005年3月工程建成投产。

网络资源管理系统三期项目建成后，本地交换资源管理系统收录大量本地交换网资源数据，有交换机单元约3 700个、局号约5 200个、机架约15 000个、机框约86 000个、中继群约28 000个、链

图3-2-3 交换网络的集中监控管理

路约 48 000 条、路由约 27 000 000 个，共约 43 377 000 个数据信息。

2006 年 7 月，上海电信启动网络资源管理系统四期项目的建设。在交换管理子系统方面，主要是扩充系统管理能力，优化网络资源管理系统在能力指标、PHS 网优功能、资源调动流程、服务监测、数据准确率、外部接口等方面的应用；推广网络资源管理平台的图形化应用。

2007 年 3 月，上海电信启动面向产品的资源分析呈现系统的建设。在交换资源管理系统方面，围绕 30B+D、DID 转型重点业务，将基于专业的资源展现，改造为基于产品的资源打包呈现，减少不必要的反复确认环节，缩短客户响应时间。11 月，项目建成。

2008 年 10 月，上海电信承接联通 CDMA 网络后，启动面向移动网络资源管理域新增功能项目的建设。在交换资源管理系统方面，新建移动网核心侧资源管理模块和移动网络资源调度模块，包括移动网核心侧中继链路调度，基站资源调度，以及移动网核心交换机扩容、局数据修改资源调度等。2009 年 6 月，项目建成。

截至 2010 年，本地交换资源管理系统已成为上海电信交换资源管理不可或缺的重要工具。

第二节　传 输 网

一、管线维护

【海底光缆】

2000 年公司化运行时，上海电信拥有 5 套海底光缆系统，分别为中日海底电缆、中日海底光缆、环球光缆（FLAG）、中美海底光缆系统和亚欧三号海底光缆系统。由中国海底电缆建设公司承担国际海光缆维护（包括国际、国内海光缆安全宣传和路由巡视），建有佘山、嵊山、东旺沙等 3 个雷达站组成国际海缆雷达监控维护中心，对在上海登陆的国际海缆路由区域内的船舶动态情况进行全程监控和管理。有 1 300 吨级（邮电 1 号）和 4 000 吨级海缆船（邮电 2 号）各一艘负责巡查。

上海电信海光缆的维护得到政府部门的大力支持，2000 年 11 月，上海市政府办公厅印发《关于加强保护本市国际海光缆安全的意见》，要求全市各级政府部门及有关单位要加强国际海光缆的安全保护，切实保障上海信息港建设的顺利进行。

2002 年 4 月 10 日，上海市政府召开会议，专题研究全市海光缆保护工作，要求上海市通信管理局、上海市信息办、上海市公安局、国家海洋局东海分局、农业部东海区渔业局、上海海事局、上海市电信公司、网通公司、上海渔政处等部门和单位密切配合，形成合力；标本兼治，双管齐下；明确职责，分工明确，切实加强海光缆保护工作。

2004 年 6 月，针对国际海缆维护工作，中国电信印发《关于明确国际光缆工程及维护工作职责的通知》，根据《国际海缆维护管理办法》《国际海底光缆故障处理流程》，对中国电信国际海底光缆维护工作小组各岗位的职责和分工进行明确。上海电信负责中美光缆 N1 段、W1 段，SMW3 的 S1 上海分支，APCN2 的 S3 横滨维护内段落、S4A 的维护。根据中国电信授权，上海电信设立维护联络官（MLO）、修理协调员（RC）、电缆存储协调员（DC）、海缆站传输维护负责人（TSR）及供电安全员（TPSO），承担海光缆维护协调工作。

2008 年 7 月，中国电信转发国家海洋局和工业和信息化部《关于加强 2008 北京奥运会期间海底光缆保护的通知》，要求上海电信切实做好责任区奥运期间海底光缆的保护工作，联合各界做好海底光缆保护工作，形成良好的外部环境制订应急恢复预案。

2009年8月，受中国台湾地震和台风“莫拉克”影响，SMW3、APCN2、FLAG、CUCN和FLAG北亚光缆环系统(FNAL)等多条海底光缆分别遭到不同程度的破坏。中国电信至中国台湾地区、美国、新加坡等方向通信线路大量中断，到美国方向的互联网访问质量受到严重影响。故障发生后，上海电信在集团公司和其他省电信公司协助下，在联通公司的配合下，迅速疏通受阻业务，竭力保障国际及中国港澳台地区通信，配合国内外电信运营商进行故障抢修。

2010年3月，中国电信转发国家海洋局、工业和信息化部联合印发的《关于加强2010年上海世博会期间海底光缆保护的通知》，要求上海电信进一步强化海光缆维护，制订方案，提出建议，主动与相关部门沟通，联系通信管理局、海洋与渔业厅、国家海洋局和海监部门，依靠政府力量，切实做好世博会期间海底光缆的通信保障工作，及时制订、完善海光缆障碍应急恢复、处置等预案。

图3-2-4　对海光缆敷设区域的违规捕鱼船进行海上定位确认并要求驶离，确保海底光缆的安全

【干线光缆】

2000年2月，中国邮电电信总局印发《全国长途一级光缆干线2000年线路维护考核指标及办法的通知》，明确提出长途光缆全阻率全年低于0.18次/百公里。5月，为保证国家长途光缆通信干线安全畅通、高质量地运行，减少光缆阻断，经公安部治安管理局和中国邮电电信总局协商，双方共同签订《警民联合护线协议》。

2000年10月，中国电信印发《关于2001年一级干线设备维护费用使用管理有关问题的通知》，明确一级干线设备搬迁、线路改造、迁改等要求，由集团公司运维部门归口管理，财务部门配合审批，费用纳入省公司年度财务收支预算管理；印发《关于进行一级干线设备质量及维护管理工作检查的通知》，对光缆线路等7个专业进行全方位检查，集团公司运维部组织对光缆线路专业进行抽查。

2001年4月4日，中国电信印发《2001年全国长途光缆线路维护考核指标及办法的通知》，明确直埋光缆全阻率考核指标平均为 0.18 次/百公里，架空光缆全阻率考核指标为 0.3 次/百公里。5 月，中国电信结合世界电信日，开展大规模的护线宣传月活动。上海电信通过"5·17"联谊会、座谈会、图片展览、护线电影专场等多种形式加强同政府、市政规划部门、电力、水利、公路、城建等单位的联系，为光缆维护创造良好的外部环境。

2002 年 5 月，中国电信要求对一级干线光纤可用率指标进行统计。9 月，中国电信印发《中国电信一级干线光缆线路不中断业务割接实施办法(暂行)》，办法对割接调度人员安排及职责、光缆线路割接前的准备、割接的调度方案的制订和割接方案的实施过程进行规定，对可全部调出和不能全部调出在用业务的割接流程制定不同的配合流程。

2004 年 2 月，中国电信印发《中国电信长途光缆自动监测系统使用管理办法》，发挥光缆监测系统在通信运行维护中的作用，规范光缆自动监测工作和光缆监测系统的使用和管理，上海电信遵照执行。3 月，为提高集团公司网络运行维护部门协调处理重大故障的能力，迅速应对紧急突发事件，中国电信决定建立网络运行维护重大事件上报和通告制度，要求各级网络运行维护部门加强通信值班管理，遇有重大事件发生要及时通过电话和运行维护指挥网站上报集团公司总值班室统计。

2005 年 8 月，上海电信印发《长途干线光缆割接实施办法》，加强长途干线光缆运行维护的管理，规范干线光缆的割接工作，保障光缆线路的安全运行，提高干线传输电路可用率，适用范围为在用的长途一级、二级干线光缆和长长中继光缆。12 月，上海电信启动长途光缆对地绝缘监测系统项目，在崇明中美 1 号、2 号光缆，中日 1 号、2 号光缆上安装对地绝缘监测系统，根据金属护层对地绝缘电阻值的变化，对光缆进行自动检测，提高长途光缆的维护检修工作。

2007 年 4 月，上海电信对网络运行部机构设置进行调整，合并原线路中心和长途无线部线务局，组建线路局，负责本地网、长途网光缆及设备的日常维护工作，确保光缆及设备通信良好运行。

2009 年，中国电信进一步加强干线光缆考核力度，考核内容从全阻扩大为传输系统中断，考核的范围也扩大到承载一级干线传输系统的省内光缆和租用光缆。

2010 年世博会期间，上海电信承担世博重要通信保障任务，负责 13 条一级干线以及承载世博重要电路保障。7 月，上海电信印发《中国电信上海公司长途干线光缆割接实施办法》，进一步规范长途干线光缆的割接工作。年末，在中国电信长途光缆线路维护工作检查中，上海电信获得 88 分。

【本地中继光缆】

2000 年公司化运行初期，上海电信根据中国邮电电信总局 1998 年颁布的《本地网线路维护规程》，开展本地网线路的维护和管理工作。

2001 年 11 月，针对中继光缆的大量使用，上海电信制定光缆系统命名法，对光缆、分支设备(熔接盒或接续箱)、交接设备、分纤设备等实体进行命名，提高管理水平，为日常的设计、施工、运行维护带来便利。

2003 年 4 月，针对上海地区各类市政、迁移、更新改造、设备大修等线路工程中涉及在用光缆的割接，上海电信印发《用户割接管理办法》《在用光缆割接管理办法》，涵盖光缆设备割接前、割接时、割接后全过程的控制和监督，使割接工作更趋规范化和制度化，确保在用设备的安全、可靠和通信畅通。5 月，上海电信印发《光路跳(拆)纤暂行管理办法》，加强对光纤跳(拆)纤的管理力度，确保光纤资源的数据库和现场实物相符。8 月，上海电信启用光缆验收系统及其操作流程。

2004 年 4 月，上海电信印发《本地网光缆线路工程验收暂行规定(试行)》，作为本地网光缆工程施工质量检验、随工检验、工程监理和竣工验收的依据。8 月，根据 TL9000 文件体系要求，上海电信制定

《光纤割接、抢修中用户中断的统计办法》。11月，针对因热缩套管脱落导致光缆金属加强芯生锈断裂，光纤受拉力损坏而造成的重大通信事故，上海电信印发《光缆接头盒保护支架技术要求》。

2005年1月，中国电信印发《本地网局向光纤和光路定义与命名》《本地网局向光纤和光路数据操作说明》《局向光纤和光路数据采集表V1.0》，加强本地光纤资源调度的工作。11月，上海电信印发《传输资源数据核查核拆操作流程》，以提高传输资源数据准确率，缩短传输业务开通时间，提高传输设备、电路、光路的维护质量和传输基础网络的管理水平。12月，中国电信印发《本地网光缆维护质量标准(试行)》，加强本地网光缆线路的维护和管理工作。

2006年5月，中国电信印发《光缆线路专业化维护工作指导意见》，改变长途和本地光缆分散维护的模式，实现光缆线路的专业化集中维护，光缆线路开通、维护、抢修的统一管控；建立端到端光缆线路维护质量管理体系；建立维护支撑服务体系。6月，上海电信印发《本地网光缆线路工程施工验收暂行规定V1.0》，增加光缆单盘衰减测试指标要求及测试方法，修改光缆接续及全程衰减测试指标要求，增加测试方法和光缆线路工程施工验收表格。

2007年3月，中国电信印发《本地网电缆线路维护规程(2007版)》。12月，上海电信印发《后端业务外包管理办法》，将部分由内部人员负责的维修、安装等具有劳动密集型特点的日常工作外包给业务外包商。

2008年5月，上海电信印发《本地网在用光缆割接实施细则》，适用于各类市政、迁移、更新改造、设备大修等线路工程中涉及的在用光缆的割接，对公司各部门的管理职责、割接流程和工作顺序进行详细规定。8月，上海电信印发《基于PON接入的FTTX维护管理办法》，规范上海电信PON接入网络维护流程，保障话音、宽带、有线业务运行维护工作的顺利进行。11月，上海电信印发《网格红线内外关键人井资源管理补充要求》，对网格红线内外关键人井资源实施有效管控，掌握违规利用管控资源的信息，建立和完善全息视图生产运营管理体系。

2009年2月，上海电信印发《线路局线路设备外包(巡查)管理办法》，对实施线路设备日常巡查工作外包后产生的一系列管理问题，明确职责和操作方式，以达到高效和全程管控，提高本地网线路维护管理水平。5月，上海电信印发《基于EPON的FTTX宽带接入网组网规范V1.0》《基于EPON的FTTX宽带接入网资源及业务配置规范V1.0》《基于EPON的FTTX宽带接入网工程设计规范V1.0》《基于EPON的FTTX宽带接入网工程施工验收规范V1.0》《基于EPON的FTTB宽带接入网配套楼道机箱技术规范V1.0》《基于EPON的FTTN宽带接入网配套户外机柜技术和建设规范V1.0》《PON设备命名规范V1.0》等7个规范，作为公司在开展基于EPON的FTTx宽带接入网建设、运维过程中，制订网络规划、网络建设方案，设备选型和采购，工程设计，施工验收和监理，资源命名和派配，业务流程制定和开通的依据。

2010年9月13日，上海电信印发《配合市政建设电信管线迁移项目相关流程管控办法》，对网络运行部、重大办、政企客户支撑中心和各区(县)电信局的管理职责进行规范，制定管线迁移工程的管控流程，加大对市政迁移工程的配合力度。

二、设备运维

【长途传输设备】

中国电信成立后，就长途传输设备的维护管理下达系列文件，规范一级干线的管理，同时指导二级干线的维护，将上海电信定为京津沪光缆干线维护的业务领导局，综合负责高速干线南环的日常维护管理，负责华东区的合作协调。规定在日常维护工作中，因割接影响或可能影响正常电信服务的，在72小时前告知用户；对于一级干线155 Mbps（含）以上速率电路故障、中国电信集团大客户和重要通信电路中断10分钟以上的故障，以及2 Mbps以上卫星电路故障执行2小时内上报制度；加强维护人员对波分复用系统新技术维护知识更新和测试工具配备。

2003年，根据中国电信对骨干传输网故障上报范围、时限要求、上报方式、相关考核的规定，上海电信明确上报联络人并加强骨干传输网的维护管理、传输无源设备的故障处理，减少由无源设备和端口引发的故障。

2004年6月，根据中国电信一级干线光缆波道及SDH端口资源管理条例，上海电信进一步加强一级干线光纤、波道及SDH系统端口的管理，确保故障处理时资源临时调度的可靠管控，避免管理缺失造成对业务的影响。

2008年7月，根据中国电信国际和国内骨干网应急恢复预案，上海电信修订一级干线应急预案，增加CN2、软交换的应急恢复内容，将预案覆盖范围从国内骨干网扩展到国际网。

2009年5月，上海电信在基于SDH平台实现TDM、ATM和以太网等业务的接入、处理和传送的多业务节点的MSTP应用后，根据中国电信规范MSTP省际业务电路的组织管理要求，开展网络维护工作，确保省际MSTP业务顺利开展。

【本地传输设备】

上海电信公司化运营初期，本地传输网的组网以四次群PDH系统为主，为电话交换网、DDN等提供中继，也为光纤接入网提供2 Mbps承载通道；同时，已引入部分SDH光传输设备，提供2 Mbps、155 Mbps、622 Mbps传输通道。随后，上海电信开始规模化建设本地SDH传输网。2001年年底，上海本地网上运行传输系统有：140 Mbps PDH系统1 200个、34 Mbps PDH系统466个、10 Gbps SDH环12个、2.5 Gbps SDH环86个、622 Mbps SDH环88个。

软件版本管理　2003年3月，上海电信执行中国电信传输系统软件版本管理办法，规范化管理传输系统的软件版本，开始逐步建立和完善传输软件版本管理工作。

2005年8月，上海电信印发《本地网传输系统软件版本管理办法》，以加强对本地网传输系统软件版本升级前、升级时、升级后全过程的控制和监督，使升级工作更趋规范化和制度化，以确保在用设备的安全、可靠和通信畅通。

2005年12月，上海电信执行中国电信传输系统软件版本V2.0相关管理办法，开始在长途干线、本地网传输设备的引进谈判中，提早开展有关传输系统软件版本管理工作。

2006年2月，中国电信在上海、广东、湖北、湖南、江苏等省（市）电信公司进行本地网传输软件版本管理试点。11月，上海电信完成试点工作并通过集团公司组织的验收。

2007年5月，中国电信印发《传输系统软件版本管理办法V3.0》，进一步加强全网传输系统软件版本管理。是年，在中国电信组织的检查中，上海电信的本地网传输版本管理工作达到集团公司的各项要求。

2008年3月，为完善TL9000/ISO9001质量管理体系，上海电信在《本地网传输系统软件版本管理办法》的基础上，制定《本地网传输软件版本管理实施办法》，明确版本管理的工作程序，包括软件需求的管理、软件升级的管理、新版软件的入网管理、资料的管理以及检查考核办法，对厂商的义务也提出明确要求。是年年底，传输设备软件管理已作为常态化的管理纳入传输维护管理中。

维护管理办法　2005年8月，上海电信印发《本地网SDH在用环增删节点工程实施细则》，加强对本地网 SDH 在用环增删节点操作前、操作时、操作后全过程的控制和监督。同时,为加强对在用电路割接工程割接前、割接时、割接后全过程的控制和监督,上海电信印发《本地网传输在用电路割接工程实施细则》;为满足客户对数字出租业务的需求,上海电信印发《数字出租业务安装实施细则》。9 月,为规范数字出租业务故障处理、加快故障响应速度,上海电信印发《数字出租业务维修细则》。

2007 年 1 月,为了对传输设备和网管验收工作的实施进行控制,保证各种传输网络的全程全网通信畅通,规范周期维护工作,指导周期维护工作的开展,上海电信印发《传输设备及网管验收实施细则》和《传输设备周期工作实施细则》。

图 3-2-5　对本地通信设备进行测试与维护

2008 年 5 月,上海电信制定《各专业设备故障分级及处理实施细则》,以适应本地网交换、传输、数据、电源、无线、监控平台及转型业务平台等的网络设备故障处理。

C 网传输　2008 年 10 月,上海电信接收上海联通划转的 C 网传输设备,共有 PDH 网元设备 196 个,SDH 网元设备 958 个,传输环网 31 个。

2009 年 1 月,上海电信印发《CDMA 传输网故障处理管理办法》,对公司相关部门的职责、故障处理的流程和工作顺序、故障分类和业务恢复时限做出规定。

2009 年 4 月起,为解决租用联通电路问题、提高 C 网传输质量,上海电信开展 C 网传输优化调整项目,共调整 447 个 2 Mbps 长途电路,核心侧 1 219 个 2 Mbps 电路、无线侧 2 609 个 2 Mbps 电路。截至 10 月,将仍运行于联通网内的电路全部调整至上海电信。

三、维护系统

【光缆集中监测系统】

上海电信的光缆线路监测系统是一个集光缆故障探测、分析、报警、相关光缆资料处理于一体的高度自动化的计算机应用系统，是光缆线路维护部门提升维护手段，提高维护效率，做好通信维护保障工作的重要工具。

2000 年 3 月，中国邮电电信总局印发《本地网光缆线路监测系统技术要求》，统一本地网光缆线路监测系统的组成及功能、技术要求、通信协议、试验方法、检验规则等，以实现实时监测光缆线路传输性能，及时发现本地网内的光缆障碍和隐患，压缩光缆障碍历时，保证本地网的正常运行并提供良好的服务。

2002 年，上海电信启动光缆线路监测系统一期工程建设，首期在泰兴、东昌建 2 个光缆监测站(MS)，在金杨建光功率监测模块(OPM)站，在天钥建立监测管理中心(LMC)。监测对象为 96 芯以上中继光缆、主干光缆和部分重要用户(金卡、SLA)。2003 年 3 月，工程建设完成并通过验收。

2003 年，上海电信开展光缆线路监测系统二期工程，在中区局、浦东局、南区局各设立 1 个 MS 监测站，扩大监测面布点；在天钥 LMC 监测管理中心站配置数据库快速备份设备；配备相应远端监测模块的软硬件设备接入 LMC 监测管理中心站，形成完整的光缆监测系统。

2004 年 2 月，中国电信印发《长途光缆自动监测系统使用管理办法》，规范光缆自动监测工作和光缆监测系统的使用和管理。

2004 年 3 月，上海电信启动光缆线路监测系统三期工程，新增以中继光缆监测为主的监测光路，适当调整和优化Ⅰ期和Ⅱ期的被监测光路由；在东区和莘闵局各设立 1 个 MS 监测站，在浦东新增 1 个 MS 监测站，在二期建成的中区局、浦东局(高行)、南区局各设立 1 个 MS 监测站。三期工程结束后，覆盖地域达到 8 个区局 9 个监测站(MS)、6 个光功率站(GS)，受监测光缆总数约 448 条，光缆段总数达到 600 余段，总受监测光缆长度超过约 6 500 千米，监测光缆走经传输机房 159 个，录入监测光缆走经人井 17 308 个。

2005 年 4 月，上海电信启动光缆线路监测系统四期工程，将泰兴、漕溪、斜土和东昌局从 16 路光缆监测站(MS)升级为 32 路光缆监测站(MS)，将天山局的光功率监测模块(OPM)升级为 16 路光缆监测站(MS)；在逸仙、钦州和金杨局的光功率监测模块(OPM)上各增加 16 路光开关模块，使其借助于所属的光缆监测站(MS)的测试功能增加 16 路监测能力。此外，还升级了监测中心的光缆线路集中监测管理系统，监测对象重点为接入网光缆和新建的中继光缆。8 月，上海电信印发《本地网光缆监测系统维护管理办法》，以提高本地网光缆线路监测系统业务运转的可靠性和规范性，保证对工作流程进行控制，确保电信光缆网络的安全和畅通。

2006 年，上海电信开展光缆线路监测系统五期工程，10 月完工。工程完工后，形成 9 个 32 路光缆监测站(MS)、4 个 16 路光缆监测站(MS)、8 个光开关站和 1 个光功率站的系统规模，基本实现对 96 芯以上(含 96 芯)光缆的监测；对 48 芯光缆选取部分品质好、资源多的进行监测，对 24 芯、12 芯的光缆选择有特殊需求的进行监测，对局内联贯光缆基本不予监测；对环型接入网主干和总线型接入网主干进行监测，对每根主干的 X、Y 局向均保证监测 1 芯以上，监测走向由局端传输机房至交接箱为止；继续对途径中继光缆骨干网的骨干节点汇接局、已建成的单路由(无迂回)模块局和关口局等的重要光缆实施监测，市区中继光缆和接入网主干光缆的被监测率达到 51.1%和 78.2%。

2008 年，上海电信开展光缆线路监测系统六期工程，把前期无法纳入监测范围的 96 芯以上(含 96 芯)中继、接入骨干光缆全部纳入监测范围，基本完成全覆盖；开始建设郊区电信局的光缆监测系统。是年，建成松江局光缆线路集中监测管理系统，建成 16 路光缆监测站(MS)2 个、新建 16 路光开关站 1 个、安装光波复用器 49 只、安装光滤波器 47 只、建成松江监测中心。6 月，印发新版《光缆线路监测系统维护管理办法》。

2010年，上海电信开展光缆线路监测系统七期工程，在地方级监测中心的基础上增加省级监测中心(GMC)，使系统的宏观管理更加方便，拾遗补阙前期工程的不足，在浦东和莘闵建立监测站点。6月，印发新版《光缆线路监测系统维护管理办法》。年末，光缆线路监测系统共建有GMC监测中心1个、LMC监测中心1个、监测站点28个，监测的光纤光缆总长度近6万公里，总光缆段达6 200多段，其中重要光缆900多条，长途光缆和96芯以上(含96芯)凡是具备监测条件的中继光缆，基本上实现监测全覆盖，主干光缆(主要指接入网光缆)的监测覆盖率近80%。

【电缆气压监测系统】

1992年，上海市市内电话局南区分局从美国引进气压传感器，在部分塑料电缆上进行电缆气压监测试点。

1996年1月22日，邮电部颁布《电信线路气压监测系统》作为行业标准，7月1日开始实施。

2002年，为加强电缆的气压监控管理，确保电缆的在用和气压监控同步进行，上海电信开始要求在配线工程项目中编制关于传感器及其安装、测试、开通等内容的设计本且根据工程的大小有不同的规定，规定电缆传感器信号线在直列配架上占用主干电缆末尾2对，实行配线编号。将地下电缆最低告警气压(气压下限的允许值，20℃)由40 kpa调整为30 kpa。

2003年，上海电信开展本地网电缆气压监测系统三期改造工程，采用B/S构架的新系统，数据库实行双机热备份机制，采集模式由3级采集层次缩短为2级，采集周期缩短为1小时以内，在应用软件中增加考核指标的统计和告警的实时通知功能。首次将松江局的采集数据合并入系统，方便维护和管理。

2004年，上海电信开展郊区(县)局电缆气压监测系统建网工程，新建或升级青浦、嘉定、南汇、奉贤、金山、崇明六局的电缆气压监测平台。完成后，7个郊区(县)局监测数据合并入市区的监测中心，实现数据的统一管理、维护和统计，覆盖郊区(县)局近20%的电缆。

2005年8月，上海电信印发《本地网电缆气压监控系统管理办法》，明确在用电缆保气率、漏气电缆修复及时率等指标，以及各类障碍的派修流程。

2006年，上海电信开展郊区(县)局电缆气压监测二期工程，主要对采集监测设备及传感器等硬件设备进行扩容，将更多的电缆纳入监测范围，消除监测盲点。工程完工后，各郊区(县)局90%的电缆实现单点监测(每根电缆安装一个气压传感器)。

2007年，上海电信启动郊区(县)电信局电缆气压监控网(三期)工程，新建单端口采集器36套、传感器1 088套，升级电缆气压监控平台，对单点受控的电缆再增加一个传感器，实现2点监测。项目建成后，郊区(县)局电缆气压监测网覆盖超过90%的电缆，被监测电缆纳入监测平台统一管理，以60分钟为周期进行定时采集和监测，提高监测的实时性。

2008年，针对市区部分采集设备老化和部分新建局站电缆无法监测的问题，上海电信开展电缆气压监测网优化工程，在市区各区局安装和更新气压采集器37台，提高气压监测网的运行效率。

2010年年初，上海电信开始将充气机设备监控信号纳入电缆气压监测平台实施一级集中监控，将电缆气压监测和充气机监测合二为一，市区局与松江局大部分的充气机告警监控于年内融入电缆气压监测系统平台。7月14日，上海电信印发新版《本地网电缆气压一级监控系统管理办法》，根据本地网线路维护规程要求，结合系统平台电子化工作流程需要，对网络运行部传输线路维护中心、各电信局、厂商、电缆工程施工单位的职责进行规范，确保充气电缆网络、气压监控网络的维护质量与相关考核工作的规范操作。

【管线调度管理系统】

1998 年,上海邮电开始建设“AM/FM/GIS 管线设施资源管理系统”。2000 年公司化运行之后,上海电信根据中国电信对管线资源管理的要求,在该系统的基础上,建设管线调度管理系统,作为网络资源管理系统的子系统,向管理层面的系统提供完备的接口,完全和网络资源管理平台互连互通。

2002 年 10 月,上海电信正式开始管线调度管理系统的研发。

2003 年 5 月 29 日,上海电信启动管线调度管理系统建设,在已有的 GIS 平台基础上,通过系统升级和开发满足新的功能和操作要求。该系统覆盖上海本地网 15 个区(县)局和 1 个专用局,可实现资源的集中储存,包括 10 万张地形图、7 万个人井、100 多万只电缆交接箱等管线设施信息,具有管线网管理、光缆网管理、电缆网管理、查询等基本功能。根据上海电信的实际情况,系统还提供 GPS 数据导入、线路设计、网格数据处理等扩展功能。

2004 年,上海电信开展管线调度管理系统二期建设,在硬件方面,引进数据库服务器系统 1 套、热备份机系统 1 套、存储系统 1 套、磁带机系统 1 台、WEB 服务器集群系统 4 台、DDC 服务器 2 台。在软件方面,开发自动/半自动管孔调度、管孔占用信息表、基础地形图更新维护、专业 CAD 转图和批量打图等相关功能;利用自身的管线设施数据,扩展光缆命名和箱号自动派发、档案管理等功能,使数据管理的方式从集中式录入转移到日常动态更新。该项目荣获 2004 年度上海市科技进步奖三等奖。

2005 年 11 月 25 日,上海电信启动管线调度管理系统三期开发和建设,完善和加强管孔调度、管孔占用信息表、基础地形图更新维护、CAD 转图和批量打印等相关功能。将管孔调度等动态资源管理手段融入设计、施工、验收等管线工程建设过程中。将应用范围扩展到线路中心,降低差错,提高工作效率。

2006 年 3 月,上海电信启动管线调度管理系统四期建设,新增基于 WEBGIS 平台的企业级资源分析应用功能、数据展现专题图和辅助资源配置功能;增加和 97 系统的数据接口,对管线设施进行统一展现,最大限度提高数据质量、服务资源分析能力,提升管线系统的应用价值。

2007 年 5 月,上海电信启动管线调度管理系统五期建设,新增管线调度管理系统与管理支撑系统实物管理模块(PM)之间的数据接口,实现资源实体准实时同步到 PM 模块,处理预转固、转固之后的固定资产编号回填;新增楼宇覆盖支撑模块,解决楼宇内管线资源密集状况下垂直分布管理无法有效表述等问题;允许将各个大类管线资源设施放置在建筑物的详图上进行管理,为建筑楼宇增加详图管理功能;扩展 WEBGIS 的企业级资源分析应用功能。

管线调度管理系统经过五期建设,形成管线管理、WEB、流程管理和外部接口等 4 个子系统,划分为 AM/FM/GIS 平台、空间资源管理、管线资源维护/设计/分析/调度、固定资产卡片管理、工程建设流程管理、资源调度流程、流程接口、数据上载接口、系统管理、工程概/预算、营业配线、预测规划、线路巡检和 EAI 接口等 14 个功能集。

【传输综合网络管理系统】

上海电信的本地传输综合网管是一个跨厂商,支持全网各种传输设备和业务相关联,能采集多厂商网管性能、告警数据,实现全网统一管理的综合网络管理系统。

2000 年公司化运行初期,上海电信的传输设备网管主要以各厂商自己的网管为主,呈现多厂商、多制式设备并存的情况,所有传输资源的调度、开通、监控都由传输中心完成。

2001 年 10 月，上海电信启动本地传输网综合网管系统项目的首期建设，定位于对本地传输网络的集中监控和管理，通过和厂商网管系统的互连互通，实时获取传输网络中的告警信息和性能信息，包括综合网管数据库管理系统(NetMaster)和 SDH 多厂商网管系统(NetGuard)。其中，NetMaster 负责资源更新、业务调度，NetGuard 负责网络告警的电路影响分析，既可实现 PDH 和 SDH 集中故障管理、PDH 和 SDH 集中性能管理等与实时有关的功能，也可作为全网的资源数据库，将传输网中的传输设施包括光缆网、光纤网、PDH 网、SDH 网、各类局内局外终端设备、备件备品等作为统一的资源信息库进行管理，建立网络层端到端的业务调度。

2002 年，上海电信开展传输集中监控系统二期建设。

2004 年，上海电信开展传输集中监控系统三期建设。经过三期网管系统的建设，NetGuard 将本地传输网 SDH 和 DWDM 系统纳入管理，包括 NEC、富士通、华为、朗讯、北电厂家的网络系统，实现电信管理网规范中的故障管理、配置管理、性能管理、拓扑管理及系统管理等功能。此外，NetGuard 还可提供资源查询、告警收集、告警定位关联、重要业务电路监控等功能。

2005 年，上海电信开展本地传输网综合网管系统 NetGuard 四期项目建设，主要目的是将近 5 000 套的 PDH 系统(主要为格林威 PDH 系统)纳入 NetGuard 进行集中管理，实现对本地传输网 SDH、PDH 系统集中监控和管理，进一步完善传输网管的应用范围和系统功能。传输综合网络管理系统为故障处理、网络发展、业务发展提供保障，主要体现在：缩短故障定位时间、提供预警和预判手段等。2006 年 11 月，上海电信传输综合网络管理系统获上海市科技进步奖三等奖。

2008 年，上海电信启动时钟同步网集中监控项目建设，将大唐时钟同步网纳入传输综合网络管理系统。

2009 年 4 月 3 日，上海电信开始实施“NetMaster 及 NetGuard 服务分离”项目。根据中国电信集团的 CTG－MBOSS 系统规划，将 NetMaster 和 NetGuard 进行拆分。此后传输综合网管就只有 NetGuard，负责网络设备的告警和性能等管理，资源管理不纳入传输综合网管。是年，上海电信还启动“NetGuard 联通 C 网传输监控及新增功能改造”项目，实现对划归电信的 C 网传输资源的集中监控。新增 A 类基站故障的快速综合分析功能，新增对 ALCATEL 设备的集中监控，增强系统的告警服务处理能力和告警事件响应能力。

2010 年 2 月，上海电信启动“NetGuard 服务器升级”项目，对服务器硬件进行升级。年末，上海电信所有的传输网元都已实现集中监控，集中管理 9 个厂商的 13 个网管设备，监控的网元数量达到 9 000 个左右。

【传输资源管理系统】

1999 年 6 月 17 日，上海市邮电管理局开始建设上海本地传输综合管理系统，以集中监控、集中维护、集中管理为目标，形成传输领域的企业级应用。系统管理对象覆盖传输网络中所有设备种类、技术和业务，如光缆/光纤/光交/光分，PDH/SPDH/SDH/MSTP/DWDM/时钟等设备、网络，光纤配线架/数字配线架等连接设备。从管理深度涵盖传输网络的物理层、逻辑层、业务层。通过对多厂商网管接口的开发采集各类实时告警、性能信息，实现对传输网络的横向、纵向的集中统一管理的目标。2001 年 11 月，本地传输综合管理系统上线。

2002—2005 年，传输综合管理系统经过两期建设，有功能点 1 200 项，包括多厂商接口/告警/性能管理功能集、网络拓扑管理功能集、传输物理/逻辑/业务管理功能集、光缆物理/逻辑/业务管理功能集、业务调度/流程管理功能集、大客户保障管理功能集、网络分析/优化/预警管理功能集、安全/权限管理功能集、故障单管理功能集。与朗讯、富士通、NEC、华为、正有、格林威尔、大唐7个厂商的网管系统建有接口，支持TIM、ONI、TL1、N100、Corba等5种接口类型，共计15个接口。系统支撑70个并发用户操作，管理10 000个当前告警，以及100 000条告警记录，各种日志文件能保存6个月的事件，平均操作响应时间小于等于3—6秒。上海本地传输综合管理系统于2006年获得上海市科技进步奖三等奖。同时，被中国电信选作资源管理方面的模板，在国内运营商的十余家省公司进行推广，也被新加坡电信、泰国电信、文莱电信、马来西亚电信纳入网管选型范围。

2007年1月23日，上海电信启动NetMaster新增功能优化项目工程，将数据网资源与传输链路进行绑定，及时向数据网系统提供链路变更信息。

2008年3月，上海电信启动市郊传输资源整合工程，整合市区和郊县的传输资源，实现同一个系统内的全局视图，管理市区和郊县的物理设备、连接设备、光缆光纤、逻辑资源、电路和光路等。8月，上海电信启动面向移动传输资源管理系统新增工程，增加对于ASON网络、无跳接连接设备等新网络、新设备的资源管理能力，以适应CDMA网络建设中对传输资源管理的要求。10月，上海电信在浦东局试点面向产品调度系统。12月，上海电信启动光纤调度管道双路由辅助分析开发项目，通过获取GIS系统中传输光缆管道信息，查看双路由光路物理走向。

2009年，上海电信将联通移交的传输设备、连接设备、光路资源、电路资源等传输资源信息，共计18个环网、1 000多套传输设备纳入传输资源管理系统中进行统一管理。

第三节 数 据 网

一、运行维护

【基础数据网】

2001年12月，上海电信下发关于长途通信事业部对DDN长途故障处理的通知，明确长途通信事业部和数据事业部的职责，提高DDN长途故障处理的效率。

2003年5月，上海电信印发《本地DDN专线业务管理制度》，对应急过渡方案流程、应急工程建设流程、维护流程、预处理流程、开通流程、应急解决方案流程等进行职责明确和标准制定；明确数据业务安装和维护界面，以配线架(MDF)为界，MDF以上由信网部操作，MDF(含)以下由区(县)局操作，由信网部将端口与MDF一次性绑定；区(县)局对调换端口有请求权和操作权，对DDN跳接场有检测权。

2003年9月，中国电信印发《国际基础数据网络管理办法(试行)》，要求各省公司对国际基础数据网络及国内延伸电路实施7×24小时网管监控，条件具备情况下对用户端到端电路实施网管监控。国际基础数据网络及国际节点设备进行割接、维护或测试需中断业务时，应提前5个工作日通知相关运营商及受影响的客户并报集团公司国际部备案。

2005年8月，上海电信加强在用基础数据网络割接管理，将割接分为A类和B类，对管理内容和工作程序做出明确规定，提高维护质量。是月，上海电信实施DDN/FR/ATM基础数据业务安装和维修细则，提出交付标准：A级本地客户开通时限为15个工作日，A级国内客户本地段完工时限为15个工作日，A级国际客户本地段完工时限为15个工作日；AAA级客户单条数据专线电路故障修复时间为3.5小时；AA级客户单条数据专线电路故障修复时间为4小时；A级客户单条数据专线电路故障修复时间为8小时。

2008年5月，上海电信实施“962112”基础数据数字出租业务申告维修细则，明确AAA级电路业务恢复时间为60分钟，端到端电路可用率不低于99.99%；AA级电路业务恢复时间为90分钟，端到端电路可用率不低于99.95%；A级电路业务恢复时间为180分钟，端到端电路可用率不低于99.9%。Ⅰ级—Ⅲ级电路业务恢复时间均为240分钟，普通级电路业务恢复时间为480分钟。是月，上海电信还实施DDN基础数据业务开通和维修细则，本地线路标准级客户开通时限为15个工作日，VIP－SL2级客户开通时限为7个工作日，VIP－SL1级本地客户开通时限为5个工作日；长途线路标准级客户开通时限为20个工作日，VIP－SL2级客户开通时限为12个工作日，VIP－SL1级本地客户开通时限为7个工作日；AAA级客户故障全程修复时间为60分钟，AA级客户90分钟，A级客户180分钟；Ⅰ级—Ⅲ级客户4小时，普通级客户8小时。10月，上海电信对NOC、信息网络部、长途无线部、各电信局、网络运行部等相关单位的专线电路的故障处理做出规定，进一步缩短故障处理时限。

2009年10月，中国电信印发《省际及集团发起的基础数据业务开通管理规定(暂行)》，上海电信根据文件精神开展资源调度、开通测试和竣工交付等工作。

【IP城域网】

城域骨干网 2001年10月，根据中国电信的IP网网络安全管理办法，上海电信印发《IP网网络安全管理实施细则》，按照统一组织、三级管理的方式构建IP网网络安全组织体系，在公司设立网络安全管理办公室，在相关部门设立网络安全小组，对各单位的IP网络安全管理职责和IP网络安全问题处理流程进行详细规定。11月，上海电信印发《IP城域网维护管理(试行)办法》，明确数据通信事业部为整个IP城域网各节点设备的维护主体，传输中心、区电信局负责维护IP城域网中的传输设备，郊区电信局负责对本区范围内的汇聚节点设备CISCO 12012的代理维护。各维护单位建立7×24小时的故障受理、处理制度，建立故障处理、数据配置、网络监控、备品备件、故障报告等管理制度。对故障处理时限进行规定，市区全程故障历时4小时，郊区全程故障历时6小时；对主要通信质量指标进行规定，点到点的包时延≤50毫秒，点到点的丢包率≤2%，网络重大阻断发生次数0次，服务中断发生次数0次，中继电路可用率≥99.9%，中继电路带宽峰值月平均利用率≤70%等。

2005年8月，上海电信印发《在用IP网络设备割接管理办法》。该规定涉及单位职责和IP网络割接相关流程，包括割接实施前的具体准备工作和分工，割接实施阶段的相关工作、职责和流程，割接结果的分析和资料更新等。根据网络的重要程度，分别规定A类割接流程和B类割接流程，其中，A类割接是指对用户使用影响较大的系统割接工作，除A类以外的割接统一定义为B类割接。是月，上海电信修订《IP城域网维护管理办法》，明确信息网络部为IP城域网维护主体并建立网络监控管理、数据配置管理规范，规定设备资源的动态管理的内部流程。建立设备周期轮询制度，按期对重要数据通信质量指标进行检测。设立专职安全管理员，对网络各设备制定和实行安全管理制度，保障网络的安全运行，按规定流程进行安全补丁的安装，建立有效的攻击防范措施。为加强网络质量，点到点的包时延从≤50毫秒调整为≤20毫秒；点到点的丢包率从≤2%调整为≤0.5%。

2007年1月，上海电信印发《IP数据设备软件版本管理办法》，IP数据设备软件版本管理实行二级管理体系，分别为版本管理部门和版本实施部门；规定IP数据设备软件版本管理流程、IP数据设备软件版本应急流程和IP数据设备软件版本管理厂商流程。

2008年2月，上海电信印发《IP地址管理办法》，进一步明确IP地址申请、分配、注册、使用、更改、回收等环节的职责和流程，提高IP地址申请、分配的效率，规范对IP地址的系统化、日常化、动态化管理，规定IP地址资源调度流程和各相关部门职责。5月，中国电信印发《IP网络设备软件版本管理办法(2008年版)》，加强IP网络设备软件版本管理，规范相关工作流程，实现预防设备故障、支撑业务发展。

2009年10月，中国电信印发《IP网络及C网分组域设备软件版本管理办法(2009年版)》，主要增加C网分组域设备软件版本管理的相关要求，对IP网络设备软件版本管理流程进行优化，适应中国电信IP网络及C网分组域技术、业务发展和网络安全运行的需要。

城域接入网 2000年12月，上海电信印发《ADSL维护管理办法(试行)》，对ADSL网络采取两级维护方式：一级维护由数据事业部负责，包括ADSL网管中心、宽带接入服务器、认证计费系统等；二级维护由各电信局负责，包括ADSL DSLAM设备、用户端设备和用户线路。

2002年7月4日，上海电信印发《小区宽带接入FTTB+LAN和HOMEPNA的运行维护管理办法》，规定小区接入用户故障处理历时为24小时(暂定)，小区接入传输故障历时为4小时，小区中设备的端口完好率≥99.9%，接入服务器认证成功率≥99.9%，本地用户接入认证平均响应时间≤10秒，时延(小区接入设备至骨干路由器)≤10毫秒、丢包率≤1%，故障修改及时率≥96%。

2003年5月，上海电信印发《ADSL故障8小时修复管理办法(试行)》，在市区范围内试行。该办法详细规定ADSL故障8小时修复流程，ADSL换端口流程和ADSL网管中心(二级网管)故障处理流程等；详细规定112受理中心、区局测量室、派修中心、区局维护中心、区局一级网管等相关部门职责。

2005年8月，上海电信印发《市区局ADSL用户故障修复实施细则》和《郊区局ADSL用户故障修复实施细则》，规范市区局和郊区局ADSL障碍的处理程序，明确各相关部门职责，确保ADSL障碍得到及时、有效的处理。市区局制定ADSL用户端故障8小时修复流程、局端故障处理流程、换端口流程、二级网管故障处理流程和天翼通用户故障处理流程，规定每个部门的故障判断时限。郊区局线路故障、用户端故障或需分局综合机务员配合更换端口的故障，要求在8个工作小时内帮助用户修复故障。如系光纤故障，要求在12小时内修复光纤故障。印发《市区局ADSL业务安装实施细则》《郊区局ADSL业务安装实施细则》，规范市区局和郊区局ADSL安装的处理程序，明确各相关部门职责，确保ADSL安装能得到及时、准确处理。规定市区局ADSL从受理到外线报完工时限为37小时。规定郊区局ADSL安装开通过程划分为5个步骤，即系统派单、端口账号开放及数据调通、配架跳线、用户终端调通和回单。

2008年3月，上海电信更新《市区局ADSL业务安装实施细则》《郊区局ADSL业务安装实施细则》《市区局ADSL用户故障修复实施细则》，将原信息网络部的职责划归到NOC。

IPTV 2005年10月，中国电信组织上海研究院和广州研究院制定IPTV系统测试方案，包括《直播业务分册》《点播和时移电视分册》《增值业务分册》《性能测试分册》《机顶盒及机顶盒与平台接口分册》《业务管理分册》《运维支撑分册》共7个分册。

2006年8月，上海电信印发《IPTV局端故障修复实施细则(试行)》，规定局端故障修复时限，其中，全阻故障恢复时限分别为2小时(有备份)和4小时(无备份)；详细规定具体负责IPTV用户端、局端设备日常运行维护的相关单位职责和相关工作故障修复流程。制定《IPTV用户端故障修复实施细则(试行)》，将用户报障处理过程划分为故障受理、故障定位派修、故障修复、结障4个阶段，规定用户故障处理时限、IPTV故障修复时限为5个自然日，机顶盒故障修复原则上不超过72小时。

2006年9月，上海电信将莘闵和浦东两个区局老平台IPTV用户割接至新平台。为保证IPTV业务正式商用，规范业务放号及用户维修服务，上海电信印发《IPTV用户端安装维修手册(中兴1.0)》《IPTV用户端安装维修手册(中兴2.0)》《IPTV用户端安装维修手册(UT)》。

2006年11月，为加强IPTV网络监控力度，上海电信在监控中心与IPTV网管系统间建立安全的网络通道，在监控中心安装监控终端，将IPTV各网管终端延伸到监控中心进行集中监测，由网络监控中心对IPTV业务实施全网告警、节目源和POP点的实时监测。

2010年11月，上海电信印发《IPTV业务端到端质量指标(暂行稿)》，以用户对IPTV业务质量主观体验的需求为基础，规定IPTV端到端各环节的质量指标，包括用户的主观感受指标、节目源输出质量指标、平台输出质量指标和承载网络指标。在直播业务中，要求业务请求成功率和返回成功率大于99%，异常中断率小于1%。

二、维护系统

【IP城域网综合网管】

上海电信的IP城域网综合业务网管由统一的故障管理模块、性能监测与分析模块、流量监测与分析模块、安全管理模块、接口模块、路由监测与分析模块、配置管理模块、统计分析模块、系统管理模块组成，管理范围包括用户接入点设备、以太汇聚设备、业务接入控制点设备、城域网核心路由器等设备组成，是专业的IP网络管理系统。

2002年IP城域网建成初期，上海电信通过各个专业设备自身的网管系统进行网络管理。2004年，上海电信开始规划IP城域网综合业务网管系统。

2006年10月，上海电信开始建设IP网络精细化运营支撑系统，即网管系统。系统由IP网络综合业务管理平台、IP网络流量综合分析平台、IP网络综合分析展现平台和IP网络统一策略/控制平台组成，在整合优化原有分散的各个专业网管系统基础上，以分布式、组件式及松耦合的原则，形成采集层、管理层、应用层、展现层等结构，实现统一的数据采集、一体化的数据处理，以及统一的管理员界面，具有监测、操作、查询及报表4项功能。

2007年5月，中国电信印发《IP城域网网管系统建设总体方案》，明确城域网网管系统定位、系统功能要求、总体建设原则、系统组成，以及具体建设方案等。印发《IP城域网网管系统与骨干网网管系统VPN管理接口规范》，要求以省为单位统一建设IP城域网网管系统，逐步集中管理城域骨干网和宽带接入网的各种设备，实现省级NOC对城域骨干网的集中监控、集中操作，实现对宽带接入网的分权管理。是年，上海电信整合IP城域网通道(俗称A平面)和优化通道(俗称B平面)，将B平面纳入IP城域网综合网管系统，实现B平面业务端到端QoS管理、MPLS VPN管理、质量管理、故障管理和对NGN/IPTV业务的承载管理。

2008年3月，上海电信启动NOC数据中心带外网管建设项目，在武胜中心节点设置1台SSL－VPN接入网关，提供因特网上的SSL－VPN客户端接入；在武胜、横浜、民生、云莲和斜土机房内各部署1台ACS控制台服务器，同时通过接入层交换机将ACS控制台服务器汇聚出的百兆链路汇聚到汇聚节点进行统一管理。

2008年5月，为适应IP城域网的操作、维护、管理统一集中要求，上海电信开展城域网网管优化整合工程，将核心出口层的网管系统(管理约100台路由器及交换机)纳入IP城域网综合网管系统(管理A/B平面约1 000台路由器及交换机)，形成统一的故障管理模块、性能监测与分析模块、流量监测与分析模块、安全管理模块、接口模块、路由监测与分析模块、配置管理模块、统计分析模块、系统管理模块，建立两级 OBJECT－SERVER 的告警采集架构，覆盖整个 IP 城域网核心层、汇聚层和包括部分宽带远程接入服务器、专线路由器在内的接入层。

截至 2010 年，上海电信 IP 综合网管系统可监控城域网所有的相关网元设备，包括出口层、城域网通道和城域网优化通道等部分。

【数据资源管理系统】

2001 年 9 月，上海电信启动数据资源管理系统一期建设，完全通过计算机对 DDN 数据资源进行系统管理，包括网元资源、设备配套资源、网络资料图纸、网络拓扑结构等，能及时统计资料，修改查询电路信息、资源情况，实时监控管理工单流程。随后，上海电信开展数据资源管理系统二期建设，将 MUX、HDSL、IP 城域网、上海热线纳入资源管理系统。

2003 年 9 月，上海电信启动数据资源管理系统三期工程，补充完善系统的整体结构，包括物理管理、空间管理、逻辑管理、报表统计、备品备件、流程管理及接口等；新增 IP 城域网（IPMAN）部分物理、逻辑资源的自动分配，实现上海热线专线上网的资源自动分配，用户信息自动入库等；增加对 BAS、NAS、服务器、工作站、防火墙、光电转换器、用户终端设备等的物理和逻辑管理。系统建成后，业务范围覆盖 DDN、FR、IP 城域网、UAP 平台等全公司的数据业务。

2009 年，上海电信开展配合移动数据资源管理系统新增功能工程，新增 CDMA 网络分组域资源管理、ChinaNet 骨干网设备资源管理、CN2 骨干网设备资源管理、IP 城域网设备资源管理、ChinaFRN 骨干网设备资源管理功能，将国内长途数据资源的专业设备、电路资料纳入管理范围；

截至 2010 年年末，数据资源管理系统管理范围扩展至上海全市所有数据网资源，包括 DDN、ATM、ONLINE、UAP、IPMAN 等资源，具备丰富的管理统计功能和 4 种类型接口，可对应外部的 10 个系统。

第四节　无 线 网

一、运行维护

【无线市话（PHS）】

2003 年 6 月，中国电信印发《无线市话（PHS）维护规程（试行稿）》，加强 PHS 系统设备的维护管理。8 月，中国电信印发《加强 PHS 维护工作的若干意见》，明确 PHS 主要网络运行质量指标的统计方法和统计要求等内容。

2004 年 2 月，上海电信印发《PHS 设备的命名规则》。4 月，对该规则进行调整，取消原命名规则中 ICSC、CSC 和 CS 的关联关系。5 月，中国电信印发《PHS 网络质量预警系统技术规范（试行稿）》。是月，上海电信参照《中国电信集团公司无线市话（PHS）维护规程》相关要求，结合本地网实际情况，印发《上海电信 PHS 维护管理办法（试行稿）》，主要包括维护组织与维护界面划分、PHS 核心机房维护工作基本制度、软件版本、补丁和数据管理、PHS 核心侧设备维护、PHS 无线侧设备维护、网管系统的设备维护、故障处理、网络优化、质量管理等内容。7 月，上海电信成立 PHS 网络优化办公室，将网络优化作为长期的、例行的维护工作。8 月，上海电信决定对 PHS 基站天线设备的维护实施外包，印发《PHS 网络优化工作实施细则（试行）》，以提高无线市话网络运行质量，增强

图 3-2-6　2004 年 4 月 20 日,上海电信召开 PHS 无线通信系统管理工作会议

网络覆盖效果,提升 PHS 用户满意度。

2005 年 3 月,上海电信印发《小灵通高架基站维修管理办法》,加强无线市话网络高架基站的运行管理和设备维护。4 月,中国电信印发《本地网综合化集中维护标准——小灵通综合化集中维护工作要求》,上海电信结合本地情况,按集中维护工作的统一安排予以落实。5 月,中国电信印发《小灵通质量评估系统数据采集管理办法》,要求各省公司每月上传小灵通质量评估系统的数据,保证上传数据的及时性、准确性和完整性。6 月,中国电信印发《小灵通 DT/CQT 网络质量评估测试方法指导意见》,将路测(Driving Test, DT)工作纳入本地网小灵通网络日常维护工作中,在用户数 30 万以上的本地网建立拨打测试(Call Quality Test, CQT)评估工作体系。11 月,上海电信印发《PHS 业务安装实施细则(试行)》。

2006 年 1 月,上海电信印发《PHS 基站验收规范(暂行)》,主要针对 PHS 基站工程所涉及的相应设备,作为基站建设的施工质量检查、随工检验和交工验收的技术依据。3 月,中国电信印发《关于优化小灵通网络资源配置的指导意见》。上海电信依靠网络优化手段,实时调整资源分布、挖掘资源潜力,提升单位资源业务负荷能力和整体资源利用水平。5 月,上海电信印发《PHS 网络资源命名规范》,对原有 PHS 网络资源命名规范做出归并。8 月,中国电信启动小灵通资源数据入库工作,上海电信通过向资源系统管线模块导入小灵通基站资源信息,实现对网络能力指标的统计。10 月,中国电信启动全网小灵通网络分等分级维护工作,上海电信将小灵通维护工作分类划归成初级、中级、高级模块,分等分级落实。

2008 年 6 月,中国电信印发《关于继续做好小灵通网络维护保障服务质量的通知》,要求各省运维部门继续做好小灵通网络的维护、服务和质量保障工作。上海电信采取一系列措施,确保小灵通网络的运行和服务质量;确保网络掉话率低于 1.8%,来话接通率高于 50%。

2009 年,为在较短时间内提高 CDMA 网络室内覆盖率,中国电信要求各省公司改造 PHS 室内分布系统,兼做 CDMA 室内分布系统,加快改造进度。上海电信根据集团要求,对 2005 年前后建设的 PHS 室分系统，采取不同的改造方案，同时兼顾 PHS/WLAN/CDMA 以及 3G 室内分布系统的综合利用。

【无线局域网(WLAN)】

2002 年 5 月，上海电信印发《"天翼通"商用试验网维护管理办法》，明确无线通信事业部、数据业务部及区局等各单位的维护、管理职责和内容，制定维护界面和用户申告处理流程等。

2007 年 11 月，中国电信印发《WLAN 热点接入设备技术规范 V1.0(暂行)》，规定 WLAN 热点接入设备的形态、接口、功能、性能、安全、管理维护等方面的要求。原则上所有与运营相关的信息配置和查询都必须同时支持电信维护人员本地管理和远程管理两种方式。其中，主要规定桥接型和路由型 WLAN 热点接入设备由电信维护人员对设备进行本地管理和维护，由网元管理系统对设备进行远程管理和维护，从而保证 WLAN 热点部署和全国漫游顺利开展。

2008 年 4 月，上海电信先后发布《无线宽带(公共场点)资源调度、安装实施细则(暂行)》《无线宽带(公共场点)故障修复实施细则(暂行)》等。7 月，上海电信印发《无线宽带(公共场点)拆除流程》，确保无线宽带公共场点拆除后相关网络资源能够及时释放，固定资产能够及时收回。

2010 年 6 月，为满足 WLAN 维护及优化的需要，中国电信印发《WLAN 维护及优化测试仪表技术规范 V1.0》。

【CDMA】

2008 年 10 月 10 日，中国电信对各省公司的 C 网网络资源管理工作提出要求，通过 C 网实物接收、资源清查、数据管理等方面的管理，支撑 C 网业务开通和 C 网业务的售后维护服务。

2008 年 10 月 13 日，中国电信印发《CDMA 移动网络运行维护考核办法(试行)》，主要将网络运行质量指标分为网络运行质量、客户服务能力、扣分指标等方面，除 DT、CQT 数据由第三方提供外，其他指标数据均通过网管系统提取，以本地网数据为依据，如 C 网系统接通率(交换、无线、核心网)、C 网基站可用率、业务开通及时率、数据准确性等。

2008 年 10 月 17 日，中国电信印发《CDMA 网络设备整治工作实施方案》，决定对 CDMA 移动通信网按不同标准等级、分步组织实施网络设备整治工作。整治目标分为基础目标和高级目标，其中，基础目标是完善 CDMA 网维护组织架构、组建维护队伍、制定工作制度、理顺工作流程，建立正常的移动运维工作秩序，基本实现 CDMA 移动网络用户申告处理的无缝衔接，将 CDMA 移动网络维护无缝嵌套在现有的维护体系之中等；高级目标是使关键 DT/CQT 质量指标与中国移动可比并完成无线网络设备网管基础数据核对和验证工作，能在省和总部移动网管上呈现等。

2008 年 10 月 23 日，上海电信印发《CDMA 无线网络运行维护管理办法》，加强 CDMA 无线接入网的运行管理和设备维护，保障系统稳定可靠运行。

2008 年 11 月 3 日，上海电信印发《CDMA 无线网络优化管理办法》，对网络运行部、无线网优中心、长途无线部的管理职责进行划分，将无线网络优化分为日常优化、阶段性优化和专题优化，以提升无线网络性能和资源效益，不断提高无线网络优化工作的管理水平和技术水平。

2008 年 12 月 17 日，中国电信印发维护规程、指标体系、网络优化管理办法等 CDMA 移动通信网络维护规范，在原联通的移动网运行维护规程(2005 年修订版)基础上，删除与中国电信现行维护体制不相适应的内容，补充本地网综合化集中维护、NOC 体系建设、资源管理、网络运行分析等内容。

图3-2-7　研究CDMA网络优化措施

2008年12月，上海电信印发《CDMA VPDN运行维护管理办法》，加强CDMA VPDN运行管理和设备维护，保障系统稳定可靠运行。

2009年2月，中国电信启动3G网络EVDO宽带接入能力测试工作。

2009年5月12日，上海电信印发《CDMA无线网络资源管理办法》和《CDMA无线参数管理办法》，加强无线网络的资源管理和参数分级管理，保证全网无线参数的规范性、统一性和正确性，确保全网无线参数维护的及时、准确和高效。是年，制定《CDMA无线网络资源数据管理流程》，适用于公司范围内CDMA无线侧网络资源库变更工作的实施和管理。

2009年6月25日，上海电信印发《CDMA无线接入网运行维护管理办法》，加强CDMA无线接入网的运行管理和设备维护，保障系统稳定可靠运行。

2009年7月20日，上海电信印发《CDMA无线设备软件版本、补丁操作维护实施细则》，规范CDMA无线设备软件版本、补丁的操作维护管理。

2009年8月14日，上海电信印发《CDMA网络资源命名规范》，规定CDMA网络资源管理对象的命名规则，作为网络资源数据普查、数据标准化录入及核对、日常维护管理统一标记等工作的参考标准。

2010年1月5日，为加强对代维队伍的管理，规范和提升CDMA基站的代维工作水平与维护质量，上海电信印发《CDMA基站代维管理办法》，对代维单位的工作、招标、合同等提出具体的要求，同时明确基站代维的工作制度、管理办法及考核手段等。

2010年2月23日，上海电信印发《CDMA无线接入网基站搬拆迁实施办法》，规范CDMA基站的搬拆迁工作，保障CDMA无线网络的稳定可靠运行。

2010年11月15日，中国电信印发《CDMA20001x无线网络资源调整指导手册》，上海电信根据要求在确保网络安全运行和稳定服务质量的前提下，以均衡网络资源、合理调整网络资源为目的，拆闲补忙，盘活 CE、载频、基站等资源，提高基站运营效能，加强网络质量监控，详细分析无线网络资源变化情况。

二、CDMA 网管系统

CDMA 网管系统分为网元网管、专业网管和综合网管等 3 个层次，其中，网元网管是设备自带的网管，可实现设备的统计、告警收集等功能，提供北向接口给上级网管；专业网管是集中型的设备综合监控系统，用于告警收敛、过滤、监控；综合网管是用于集团指标和告警采集的网管。

2008 年 10 月，上海电信承接 C 网时同时接收联通公司的朗讯 NFM 和华为 M2000 专业网管设备。由于老用户依然通过原联通的业务系统和支撑系统完成业务的受理和使用，上海电信在横浜、信息园区、武胜建设网管专用 DCN 网络，通过专用网络连接至原联通 C 网各网元的汇聚点，满足过渡期原有联通用户的运维管理需求。其间，上海电信根据集团公司统一部署，对中国联通上海公司 CDMA 移动综合网管系统实施整体搬迁，对系统软硬件进行扩容，建设与新增网元网管、综合告警系统、面向移动的资源管理系统和集团总部 CDMA 综合网管的接口，实现对移动网元的监控管理的要求。

2008 年 11 月，中国电信开展 CDMA 网络网管数据专项整治工作，对可能影响质量指标统计的网络设备参数，以及 Cause 值的归类展开研究并制定相关规范，取消相关的预处理。上海电信根据集团公司的要求，分析整治前后各项统计指标变化情况。

2008 年 12 月，上海电信启动 CDMA 室内分布系统和直放站网管系统工程，对原 CDMA 直放站、室内分布系统在网网元设备共约 2 000 台实现集中监控，预留新增直放站设备的接入和系统扩容功能。提供网元和网络两个层次的管理服务：网元管理侧重于网元的实时监视、故障处理和集中管理，实现网元的 7×24 小时无人值守；网络管理侧重于对影响网络性能和网络质量的因素的管理。提供网元的配置数据、性能数据的采集、分析和呈现，提供重大告警的及时呈现，为资源分配、网络规划与网络优化提供操作平台。

2009 年 3 月，中国电信印发《关于加强 CDMA 室内分布网管系统建设的通知》，要求各省公司尽快建设 CDMA 室内分布系统网管。上海电信遵照此要求执行，建设与电子运维系统、资源管理系统等维护平台的接口，达到室内分布系统维护自动化的目标。

2009 年 9 月，上海电信新建 C 网电路域软交换局，替代原有的交换机。新设备中均配置网元服务器，实现对移动网交换机(MSCe)、位置寄存器(HLR)硬件设备的网管。同时，上海电信部署开发 C 网 ALU 集中网管系统，统一监控阿朗公司的软交换设备(包括主用 MSCe 7 套、备用 MSCe 2 套、MGW 20 套和所有基站设备)。11 月，上海电信启动移动基站 7750 网管系统新建工程，对 C 网 22 台 7750 及 6 台 7710 设备新建网络管理系统，具备各种网络监控及管理功能。搬迁原联通的华为公司 M2000 网管设备，管理华为公司的所有核心侧和无线侧设备。是年，新建自带网管系统的分组域系统，实现对 PDSN 设备、AAA 服务器硬件设备、AN－AAA 服务器硬件设备及网络设备的统一网管。

2010 年 1 月，上海电信启动配合移动 C 网设备综合监控系统工程，新建 1 套综合监控系统实现 CDMA 网络设备的告警集中监控，将 CDMA 软交换核心网电路域、分组域、智能网、CDMA 监控网和阿朗平台网管共 112 台纳入监控范围，监控功能包括服务器性能和告警监控、网络设备的告警监控和统一登录账号与图形界面的实现。

2010 年 3 月，中国电信印发《省级移动网管系统功能规范》，将 CDMA 移动网络中核心分组域的管理纳入数据网管系统，业务平台的管理纳入业务平台集中监控及管理系统，信令网和智能网由专门的管理系统进行管理，主要包括移动网络核心电路域、无线网两部分。上海电信遵照此要求执行。

第五节　业务平台

20 世纪 90 年代，上海市邮电管理局已开通“200”“300”、宜通卡、IP 电话卡等各类业务平台。2000 年公司化运行后，上海电信的通信网络向规模化、智能化方向发展，各类业务平台越来越多。2009 年 11 月，上海电信发布业务平台维护管理办法，加强各类业务平台运行管理和设备维护能力，明确各部门职责，确定故障类型及故障处理流程，划分业务平台与大网的维护界面，定义维护工作基本制度，规范并指导业务平台维护工作。

一、固网业务平台

2000 年 3 月，中国电信开始组织欣方智能系统有限公司、华为技术有限公司和中兴通讯有限公司开展智能网设备的有效性测试，测试内容包括智能网业务控制点（SCP）、业务管理点（SMP）、业务生成环境点（SCE），以及业务交换点（SSP）的功能及性能。测试结果显示达到集团要求，批准进网。

2002 年 9 月，中国电信发布智能网维护规程，明确智能网设备维护组织机构与组织形式，交接班与作业维护计划等维护工作基本制度，设备管理、软件版本更新与故障处理流程，SMP、SCP、SDP 设备技术要求和指标等内容，同时也对质量统计分析工作报表格式进行规范。

2003 年 9 月，上海电信启动网络智能化项目的研究工作。2004 年 8 月，上海电信搭建网络智能化试验网，形成网络智能化现网实施方案。

2004 年 8 月，上海电信卡类业务平台整合工程竣工。

2005 年 3 月，上海电信印发《电信卡平台、智能卡类平台、鉴权平台维护管理办法》，明确各部门职责，卡平台软硬件管理、质量管理、周期作业计划主要内容，进一步规范电信卡、智能卡、鉴权卡平台的设备维护工作。

2006 年 9 月 19 日，上海电信印发《网络智能化维护管理办法》，对智能网网络结构、各部门职责、故障处理流程、维护体系与维护界面、值班与交接班制度、故障汇报制度进行规范；明确上海电信智能网络的运行维护管理和 SHLR、UP10、CRBT 等设备日常维护操作要求。

2008 年 4 月，上海电信建成基于开放式架构的 VSG、IVPN 等固网业务平台，通过测试纳入现网运行。是月，上海电信印发《NGCC10000 号维护管理办法》，规范故障处理流程及相应的维护管理制度，满足客服中心质检需求、外呼延伸需求，支撑客服中心、区局等各级部门对 10000 号平台的功能需求。5 月，上海电信印发《168、160 声讯平台维护管理办法》，以加强和规范 168、160 声讯平台维护管理，保证声讯平台通信畅通。

2009 年 8 月，上海电信发布《IVPN 平台应急恢复预案》《本地智能网应急预案》，规范故障等级及故障应急处理流程，保障系统稳定可靠运行。

二、移动业务平台

2004 年 12 月 29 日，中国电信印发《PHS 短消息网络维护管理办法》，主要包括 PHS 短消息网络的维护组织机构及职责、PHS 短消息网络故障处理、PHS 短消息网络质量分析报告制度、PHS 短消息网络设备软件管理、PHS 短消息网络维护管理、PHS 短消息网络障碍处理流程图、PHS 短消息网络性能指标及要求等内容。上海电信根据相关要求加强 PHS 短消息网络的维护管理。

2008 年 5 月，中国电信决定收购中国联通 CDMA 网后，原属联通的各类 CDMA 增值业务平台逐步迁移至电信，同时开始建设新的 CDMA 增值业务平台。8 月，中国电信发布关于启动中国电信南方 21 省 ISMP 和 ISAG 升级的通知。是年，上海电信新建综合类语音平台（IVPN），满足 C 网和固网用户群短号互拨等综合虚拟网业务。

2009 年 1 月，中国电信组织 31 省分公司启动原 C 网 7 大区老 WAP 网关/平台、31 省本地 WAP 平台的迁移割接工作。3 月，全部完成。

2009 年 2 月，中国电信印发《综合业务管理及接入平台（NMSC、ISMP、ISAG）维护管理办法》，明确维护范围、维护组织构架、故障处理流程，以及局数据配置方面的内容，同时给出维护指标和维护作业计划，用以指导各级维护单位顺利开展综合业务管理及接入平台的维护工作。

第六节　机房与动力

一、机房管理

1999 年年底，上海邮电有通信机楼（不含接入点）共 329 处，机楼内一般设有交换机房、传输机房、测量机房、数据机房、动力机房等，机房多为有人值守。2000 年公司化运行初期，上海电信基本沿用邮电管理局时期的机房管理规章制度。

2000 年，上海电信印发《关于进一步加强通信机房现场管理的通知》，要求充分重视包括通信机房的防尘制度、机房出入制度、安全生产制度和交接班制度在内的现场管理制度，杜绝通信事故隐患，保证通信质量。

2002 年 6 月，上海电信印发《通信机房建设防火安全管理规定》，对交换、传输、电力、测量、话房，以及与通信网络有关的工作生产场所的新建、改建、扩建和装修做出规定，要求贯彻“预防为主、防消结合”“谁主管、谁负责”“预防在先、确保安全”的工作方针和原则。11 月，中国电信印发《通信机房火灾隐患整治实施意见》，彻底消除通信机房的火灾隐患，减少火灾的发生，上海电信严格执行集团公司要求。

2003 年 5 月，上海电信印发《通信机房防火设计技术规定（暂行）》，明确通信机房在新建、扩建、改建和整治中的防火设计要求。

2003 年 12 月，随着本地网综合化集中维护工作的开展，少人及无人值守机房逐渐增多，为保障通信网络畅通和机房的安全，中国电信印发《少人无人值守机房管理要求（试行）》，明确少人值守机房是指机房所在局站设人 24 小时综合值守，实施机、电、测、环境现场综合维护，能配合维护和监控中心完成障碍处理工作的机房；无人值守机房是指通信机房无人值守，机房环境、设备等由监控中心集中监控，实行定期巡检的机房。将机房范围限定在通信网的传输、交换、数据、动力、测量等机房。根据通信机房内的通信设备在网络中所处的地位、网元设备的重要性，以及通信设备所服务用户的不同性质，将机房分为A、B、C、D四类。

表3-2-1 通信机房分类情况表

A类机房	包括DC1、DC2长途交换机，骨干/省内低级信令转接点，骨干/省内智能网SCP，一级、二级干线传输枢纽，骨干/省内骨干数据设备的通信机房及动力机房
B类机房	包括设置汇接局、关口局、本地智能网SCP、本地传输网骨干节点、本地数据骨干节点（含城域网核心层设备）、IDC机房、拨号服务器的通信机房，5万门以上市话通信机房及测量室，服务重要用户（要害部门）的交换设备、传输设备、数据通信设备机房，无线市话核心网络设备机房及所属的动力机房，长途干线上下话路站
C类机房	包括设置5万门以下市话通信机房、城域网汇接层数据机房及所属的动力机房、长途传输中继站
D类机房	包括设置模块局、用户接入网、城域网接入层设备（小区路由器、交换机）、DSLAM设备的通信机房

2004年，根据中国电信的要求，上海电信先期在嘉定局的马陆和包桥局站，以及东区局的平凉机房进行少人、无人值守试点，之后在全公司范围内推广。

2006年5月，中国电信印发机房管理要求，对电信局站机房安全管理要求、机房作业与用电管理、机房环境管理要求和消防管理要求做出详细规定。上海电信根据集团公司《开展电信机房管理达标工作的指导意见》，开展机房管理达标工作，先期在浦东电信局杨思局站进行试点，之后在全公司进行推广。以各类通信机房（交换机房、传输机房、动力机房、MDF测量机房）和通信局站为基本单位，按照维护现场标准和管理标准，落实现场维护管理，主要措施包括：保持机房三线整治的成效，严格按照要求进行工程施工，杜绝出现新的三线交叉现象；统一制作通信机房标识、维护责任状等标牌和机房钥匙箱、防毒面具安放箱，在通信机房内设置警示标志；建立长效机制，将无人值守机房的现场管理纳入周期工作范畴；建立通信机房达标计算机管理子系统，纳入电子运维系统中，实行定期系统申报制度，实时收集各基层维护单位的机房达标工作的进展情况，实行动态管理。

2007年，上海电信将本地智能网SCP、本地传输网骨干节点、本地数据骨干节点的通信机房从A类机房调整至B类机房，要求凡符合无人值守条件的B类（含）以下机房应实行无人值守。2007年年末，上海电信机房达标率为70.8%。至2008年5月，上海电信共有机房2 455个，管理达标率为84.97%。

2008年7月，上海电信印发《关于进一步推进和加强通信机房管理达标工作的通知》，要求各单位加强日常检查和自查，巩固已达标机房的成果，强化机房的安全、保卫、消防、环境等基础管理工作，促进机房现场管理标准化、规范化，推进机房管理达标工作。

二、电源空调运维

通信电源空调设备主要分为三大类：通信电源供电系统设备、通信用空调设备，以及动力监控软、硬件设备。通信电源供电系统设备包括：高压输配电柜、变压器、低压配电设备、防雷设备检测、柴油发电机组、直流供电系统、不间断交流供电系统（UPS）、蓄电池组、二级和三级交直流配电单元。通信用空调设备包括：机房用恒温恒湿专用空调机组、机房用普通分体式空调机组。动力监控设备包括：前端采集及控制系统、监控平台软硬件管理系统、通信设备辅助监控系统。

2000年公司化运行初期，上海电信的电源空调设备由不同部门分别监控。其中，城市中心监控平台负责东区局、南区局、西区局、北区局、中区局、浦东局、莘闵局、宝山局的动力监控，长途通信和郊区(县)局的电源空调设备由各单位自行监控。

2001 年 7 月 20 日，中国电信印发《关于开展“三线”交越保护专项治理工作的通知》，对由通信线、电力线、广播电视线(以下简称“三线”)交越所造成的火灾、人员伤亡、通信阻断等隐患实施专项整治。根据中国电信的要求，上海电信开始在全公司范围内开展“三线”专项整治工作，同时对电源设备进行改造，将相控整流器改造为高频开关电源设备。

2001 年 8 月，上海电信印发《小型局站电源空调设备技术要求》，作为设计、施工依据和验收标准。

2002 年，上海电信实现全市各电信局动力监控系统的统一集中。同时，结合 ISO9000 标准，制定一系列管理办法及维护表格。

2004 年，上海电信开始在变配电系统低压侧及电力室配电系统侧采用自动切换开关(ATS)进行市电与油机电及两路市电间的自动切换，以保证无人值守机房的供电连续性，降低对后级电源系统蓄电池放电时间的要求。

2005 年 8 月，上海电信印发《在用通信电源设备工程割接管理办法》，适用于新建、改扩建、大中修等电源工程，涉及系统割接且局站容量在 1 万门以上或者含重要用户的工程项目，加强对在用通信电源设备工程割接的管理，预防因通信工程割接而导致通信障碍。

2009 年 7 月，上海电信印发《通信电源、空调设备及动力监控系统周期维护工作实施细则》，加强通信电源、机房空调及动力集中监控系统等设备和防雷接地系统的维护管理。8 月，中国电信启动通信电源安全供电隐患专项整治工作。是年，动力监控系统管辖范围扩大到武胜、横浜、漕溪、民生等 4 个一级长途干线枢纽楼的动力设备。

2010 年，上海电信改革后端运维体制，其中，将全网电源空调设备(包括长途无线部和各区局)由二级监控值守调整为一级监控值守，对电源空调集中监控城市中心监控平台系统进行相应的改造。将部分通信电源供电系统(柴油发电机组、防雷检测、直流供电系统、不间断交流供电系统、蓄电池组、三级交直流配电单元)、通信用空调设备(机房用恒温恒湿专用空调机组、机房用普通分体式空调机组)、动力监控设备(动力监控系统及平台、通信设备辅助监控系统)纳入维保和代维范围。

三、动力环境监控管理系统

动力环境监控管理系统是对机房中的动力设备及环境变量进行集中监控的系统，采用逐级汇接的基本结构，一般由监控中心、区域监控中心、监控单元和监控模块构成。

1993 年，根据上海市邮电管理局对市话局维护改革方案会审会的精神，上海市市内电话局拟订《电源空调监控管理系统方案》。随后，上海市电话局在市区范围内建设电源空调集中监控系统。截至 1999 年，建成东区局、南区局、西区局、北区局、中区局、浦东局、莘闵局、宝山局 8 个区局的电源空调集中监控系统，电源空调集中监控城市中心的建设也进入安装调试阶段，监控平台设在横浜综合通信楼 3 楼。平台建成后，收敛汇聚 8 个区局动力监控平台(电源空调集中监控系统)的 165 个端局的 6 000 多个监控点的监控数据和设备告警信号，可对全网的动力设备进行监测、调整和控制。

2001 年 1 月，上海电信印发《通信电源空调集中监控系统维护管理办法》，明确电源空调集中监控系统平台分为城市中心、区域中心、端局采集层等 3 个层次，并进一步明确通信电源空调集中监控系统维护管理的职责界面和周期工作要求。5 月，中国电信转发信息产业部关于《通信用开关电源系统监控技术要求和试验方法》等 5 项通信行业标准，上海电信遵照执行。

2001 年 8 月，上海电信启动郊区（县）局电源空调集中监控系统远程接入项目，对万门以上模块局及重要接入网电源空调设备进行集中监控。截至 2003 年，在版本统一和升级改造的基础上，完成嘉定局、青浦局、松江局、奉贤局、崇明局、金山局、南汇局的升级改造和动力监控系统覆盖。各电信局的动力监控系统统一集中至城市中心动力监控平台。

2003 年，上海电信在模块局安装监控主机和监控传感器，并接入各个区域动力监控平台和城市中心监控平台，截至 2004 年，共完成 122 个模块局的动力监控设备的安装调试工作。

2005 年 8 月，上海电信印发新版《通信电源空调集中监控系统维护管理办法》。

2006 年 5 月，中国电信印发《通信电源、空调及环境集中监控系统应用技术规范》，从系统结构、网络拓扑、采集硬件、软件平台、软件功能、监控对象、施工验收、运行维护和技术文件等方面，规范通信电源及机房环境监控系统的建设、维护、监控功能和监控对象内容等关键要素，是各省建设、运维通信电源及机房环境监控系统的规范性文件。

2007 年起，为保证 POP 点内动力设备的安全稳定运行，上海电信将 POP 点纳入动力监控系统监测范围，截至 2008 年年底，覆盖综合数据 POP 点 231 个、MiniPOP 点 585 个。

2009 年 7 月，上海电信印发《通信电源、空调设备及动力监控系统周期维护工作实施细则》，以加强通信电源、机房空调及动力集中监控系统等设备和防雷接地系统的维护管理，做好通信网络基础设备的维护管理工作，有效落实设备周期维护工作，确保通信网络安全运行。年末，随着长途无线部动力中心划入网络运行部电源空调中心，城市中心监控平台的管辖范围扩大到武胜、横浜、漕溪、民生等 4 个一级长途干线枢纽楼的动力监控系统，直接承担枢纽楼动力设备一级监控职责。

2010 年，全网电源空调设备开始实行一级监控值守，城市中心监控平台 7×24 小时承担全网动力专业告警处理、故障派单、故障跟踪和管控以及专业维护指挥调度等职责。2010 年年末，监控平台覆盖全市所有电信局，包括 4 个核心枢纽楼、404 个端局、657 个模块局、2 821 个 POP 接入点，接入动力设备 44 603 套，各类监控通道 32 万余条。

图 3－2－8　信息园区通信电源集中监控管理中心

第三章 支撑与保障

第一节 客户服务支撑

2003年1月,中国电信印发《大客户带宽型业务一站服务业务处理管理办法(试行)》,在全国启用大客户端到端一站服务业务处理系统,采用扁平化方式处理带宽型业务的受理、调度、处理、调测及开通。2004年8月,根据数字电路、数据电路、MPLS-VPN、智能网电话、新视通等业务特点修订一站服务业务处理流程。

2003年3月,上海电信开始对53家重要用户实施无缝隙保障,保证重要用户汇聚点故障在0小时、分支点故障在2小时之内修复。9月,上海电信制定首批53家重要用户的保障管理办法,加强对大客户的支撑力度,缩短大客户的故障处理时限,提高大客户服务质量。

2004年2月,上海电信正式成立网络监控中心,启用"962112"网络/设备故障一点受理电话,7×24小时统一受理集团大客户、兄弟省市电信、互联互通、DDN专线、本地大客户和网间互联互通的故障以及10000号疑难故障申告。6月,根据中国电信集团级大客户带宽型业务差异化服务管理办法,上海电信对数字专线、DDN专线、ATM/FR专线、IP-VPN等带宽型出租业务实施差异化服务,将客户服务等级分为VIP-SL1、VIP-SL2、VIP-SL3三级,电路维护等级分为A、B、C三级。8月,上海电信印发《962112基础数据数字出租业务申告维修实施细则》,由网络监控中心统一受理用户申报,录入维护修复平台,根据设备所属部门和故障派发流程向相关单位派发故障单。11月,上海电信印发《962112客户支撑实施细则》,明确规定人工受理接听时限为15秒;维护部门对大客

图3-3-1 测量室员工在分析政企用户专网工单数据

户的需求须通力协作，缩短处理时间，各网络监控中心对受理的故障申告须实施全程监控。

2005年4月，上海电信印发《区局大客户一站服务业务处理管理办法(修订)》，作为实施区局一站服务业务管理和业务处理的依据。

2006年4月，为贯彻落实集团公司面向客户的差异化服务指导思想，执行中国电信规范带宽型差异化电路网络组织及售后服务要求，上海电信印发《客户维护工程师管理办法(试行)》，对带宽型差异化跨省电路的网络组织及部分操作环节进行规范，在差异化电路的售中、售后各环节中按统一标准操作。10月，上海电信印发《小光端机放装实施细则(试行)》，通过对小光端机放装流程的分解、细化，明确各部门的职责、工作步骤，操作要求。12月，上海电信印发《带宽型业务差异化服务管理办法(试行)》，以实现各种运营资源对客户差异化需求的主动精确配置。是年，上海电信开始实行大客户故障一点受理，网络监控中心不仅受理障碍、派发障碍，还对障碍进行全面管控，确保集团一站式障碍修复及时率，缩短一般障碍的处理时限，减少重复障碍，有力解决疑难障碍。是年1—10月，“962112”共受理故障派单33 989个，用户申告平均处理历时106.6分钟，修复及时率98%；其中，集团一站式故障1 075个，故障处理平均历时94.8分钟，受理数和处理质量都比2005年有大幅度提高。

2007年7月，上海电信下达《上海电信客户响应流程支撑系统项目建设方案》，将各类资源的调度职能统一集中到网运部客户响应中心。针对浦东转型试点，客户响应中心需要对业务进行“一点接应”，以客户响应流程支撑系统为统一管控的龙头，与其他系统实现对接，提高建设方案反馈速度和调度效率，缩短客户响应时间。

2008年1月，上海电信印发《客户维护工程师管理办法》，进一步明确工作职责、服务规范。4月，上海电信印发《关于开展面向政企客户的嵌入式服务的通知》，将网运部门的人才优势和资源优势转化为服务和产品创新能力，强化前后端的协同和联动，更加准确、及时地获知客户的需求信息，提升服务的满意度，完善面向政企客户的服务支撑体系。9月10日，10000号开始统一受理商务领航/ICT业务客户故障申告，录入WX系统进行故障流转，由上海电信网络操作维护中心集中管控故障处理过程，作为集团公司考核及客户运维服务质量分析的依据。10月，上海电信印发《商务领航/ICT业务服务维护质量集中管控管理办法(试行)》，整合商务领航/ICT业务售后体系，实行统一管理，即统一故障受理、统一故障处理流程、统一派单、一点管控，保障政企客户商务领航/ICT业务服务质量，提升客户的服务感知度。是月，上海电信印发《客户保障系统售中管理办法》，进一步明确各部门在售中业务开通阶段各环节的职责，实现“一次受理、一次测试、一支队伍、一次上门”的管理目标。同时，印发《客户保障系统管理办法》和《客户保障系统终端管理办法》，以确保公司客户保障系统安全稳定运行。12月，上海电信在客户响应中心基础上成立“政企客户服务支撑中心”，作为公司政企服务支撑工作的牵头单位，与NOC客户网络操作中心(VIP保障中心)协同，建立统一的支撑体系、工作机制和支撑流程，共同负责落实面向政企客户的售前技术支撑、售中项目管理、售后服务提供等职责，重点强化对政企客户ICT业务的服务支撑能力，进一步加强后端部门跨域协调和对转型业务的支撑力度。

2009年3月6日，中国电信印发《全业务客户服务标准》，对原固网服务标准和C网承接过渡期服务标准进行融合修订。是月，上海电信对客户总部在上海的23家集团级VIP客户开展核心节点风险排查，发现接入局至用户端用户网络设备间未完全实现双物理路由接入，用户端电信设备未完全实现热备、冷备、负荷分担等实现方式。根据风险排查结果，上海电信对23家重点客户本地接入进行优化，避免客户核心节点发生业务全阻故障；避免单物理路由故障对客户业务的影响；减少传输设备故障对客户业务的影响，缩短因设备故障而进行客户业务调通的时间。

2010年，上海电信实施重要大客户网络优化工作。对重要政企客户网络，实施端到端客户网络优化，排除客户网络隐患，提高客户服务质量，提升客户感知度。根据世博会期间重要客户网络保障要求，以金融、公安、交通、社保、医保等“涉博”行业为优化目标群，在世博会开始前，分两批进行网络评估和优化工作。3月，上海电信成立客户服务调度中心，负责全网业务的故障一点受理和全客户全业务开通管控，统一客户界面。7月，上海电信印发《客户服务调度中心客户支撑实施细则》，以提高客户售中、售后工单的完成效率和质量，规范售中工单及时安装及售后故障的及时受理、修复工作，提升电信服务水平。

第二节　支撑系统

一、客户报障系统

上海电信客户报障系统（即“112”报障系统）主要受理公众用户和接入型政企业务的障碍报修并进行预处理，判定障碍是局内机械故障还是局外线缆故障，就近派修。

1997年，上海市邮电管理局在浦东沈家宅局建立“112”集中受理系统，改变过去只能以电话端局为范围、采用人工方式、不能跨局受理的弊端。新系统开通后，可在浦东区范围内同时受理120位用户报修，提高了电话修复及时率，受到用户欢迎。1999年，郊区（县）各电信局已各自建成“112”集中受理中心，采用3个不同厂商的技术解决方案。

进入21世纪后，上海电信数据用户群日益庞大。为改善数据用户的服务质量，2000年9月19日，上海电信成立“上海电信数据用户障碍申告受理中心”，受理数据用户障碍申告，进一步统一和规范数据用户服务。

2000年11月27日，上海电信在浦西地区建立新华局和逸仙局2个“112”受理中心，和浦东中心联网，形成市区统一的“112”全天候集中受理系统，可以同时接受720位电话用户报修。其中，主设备放置在新华局受理中心，沈家宅局、逸仙局受理中心的远端座席通过网络接入新华局受理中心。市区112系统另有8个派修中心，负责市区8个区电信局的故障指派和管理。是年，全市共有3个市区受理中心和7个郊区受理中心，8个112派修系统。市区用户不受局区限制，在上海市区任何地方拨打“112”，系统都会统一受理，自动测试系统能在30秒内将测试结果告知用户。郊区仍不变。

2002年12月，上海电信启动112平台升级工程，增加电缆出修单的电子工单和受理中心与派修中心之间修理信息双向传递，改善派修的操作界面，完善报表统计功能。在新华局、沈家宅、逸仙局等3个受理中心建立数字录音监听系统，以完善服务监督手段。

2003年5月，上海电信启动市、郊112系统整合工程，将市区和郊区的112系统进行合并，使其成为统一的、完整的112系统，实现全市范围内112业务的集中受理、网关测试、分区派修等功能。整合后，新华局、沈家宅局、逸仙局为全市受理中心，郊区112系统转变为派修系统。

2004年12月，上海电信启动PHS故障派修系统建设，将PHS派修流程分为接入、112受理和派修等3个部分，PHS故障可通过10000号平台转接进入112平台。

2005年9月，上海电信在沈家宅局112受理中心新建宽带112系统。该系统具有宽带故障定位、辅助障碍申告预处理、网络质量分析和开通预评估功能，可实现宽窄带一体测试。

2006年9月，为缓解“112”受理中心预处理座席数不足，上海电信启动112预处理座席扩展项目，在新华局、沈家宅局、逸仙局等3个112中心各新增20个外呼座席位、1套PABX系统和1套录音系统。10月，上海电信启动宽带112测试系统推广工程，选择浦东3 000线以上的所有端局/模块局进行宽带112测试系统的推广，而后扩展至其他区(县)局。

二、客户服务保障系统

上海电信的客户保障系统是利用公司的人力、设备及信息资源，对信息进行最优化整合，对人力资源、设备资源进行有效调度，对用户业务开通及障碍进行统一管控，对公司人员、车辆、器械进行实时定位的保障系统。客户保障系统包含大客户和公众客户(E8-2)两部分。

2008年4月，上海电信提出建设客户保障系统(简称“客保系统”)，对客户实行差异化服务，实现“一次受理、一次测试、一支队伍、一次上门”的总体目标。首先建设客保系统的公众模块(公众客户保障系统)，在浦东区局进行试点，再推广至其他区局，实现E8-2业务的售中及售后的统一调度及管控。该系统具有系统管理、流程管理、调度管理、统计分析等功能，与“九七”系统、客户关系管理系统、112系统、维护/修复系统、全息视图系统、短信平台、PHS定位服务平台等建有接口。随后，启动客保系统政企模块建设，主要实现对政企客户支持，定位于大客户保障，于9月16日投入使用。具有综合业务管控、施工调度管控、大客户视图、支撑管理、系统管理等功能，与客户关系管理系统、运营数据仓库、全息视图系统、“九七”系统、综合业务处理系统、信息化平台、网资平台、长途资源管理系统、数据网(IPMAN)资源管理系统、ATM业务管理系统、新业务支撑平台、综合资源调度平台、订单管理系统、大客户网管系统、固网综合短信中心、定位服务平台、营销实物管理系统、公众客户模块、传输资源平台、维护修复系统、客户响应平台建有接口。

2009年6月，上海电信开展配合移动客户保障系统(政企)二期工程，将客保系统的定位由大客户保障提升到与人、车辆(特种车辆和参与重点保障车辆)相关的施工调度和保障调度。系统配合IBP建设进行同步改造，新增报表服务器、IVR智能语音处理设备及远程交互控制中心设备，客户范围和业务范围进一步扩大，系统功能进一步增强。随着C网融合进一步深入开展，客户保障系统还承担部分C网的施工调度和管控任务。

三、大客户网管系统

2000—2007年，上海电信主要依托各专业的网管对大客户进行维护保障。为提升大客户的售后服务质量，规范客户网管类系统的建设，中国电信要求各省分公司适时启动大客户网络管理系统的建设。

2007年3月，上海电信启动大客户网络管理系统的建设，主要依托综合告警系统获取大客户相关的告警数据以及资源信息。从客户关系管理系统获取客户数据、空间资源数据、网络资源数据承载关系，实现告警定位到资源、告警关联到业务，根据资源承载关系进行告警相关性分析；依托维护与修复系统，监测客户故障处理流程；依托故障处理知识库，记录故障处理经验，提高故障处理效率。9月，一期项目开发完成并通过验收，实现对500家大客户带宽型业务的综合监控。系统主要功能包括客户基本信息管理、客户业务资源管理、大客户多业务告警管理、大客户网络拓扑与告警呈现、大客户业务SLA展现、客户服务质量分析、网络服务质量分析、大客户信息发布平台、系统安全管理和系统日志管理等，为大客户业务保障提供综合管理平台。大客户网络管理系统从综合告警系统获取大客户告警信息，提供大客户数据信息整合，针对大客户网络拓扑定制，提供数据更新提醒，提供全面的大客户告警监视，提供 SLA 指标、预警，提供差异化的统计报表，以及与 WX 系统双向接口，实现故障单派发、故障处理过程管理等功能，从大客户的业务视角进行专门的大客户一对一故障维护。

2009 年 7 月，上海电信启动配合移动大客户网管系统新增功能项目，系统监控范围扩大至 VPDN 业务和大客户郊县传输业务。功能上增加报障计算和性能统计及分析，优化文本路由展示、告警过滤界面、详细业务告警展示界面、大客户重要通信管理等功能模块。

2010 年 11 月，根据中国电信 2009 年颁布的运营支撑系统 2.5 的规范，上海电信将大客户网络管理系统更名为业务质量管理系统，总体架构保持不变，新增与新客保系统、ATM 专业网管、能力开放平台的接口。实现重要通信保障的业务运行情况分析、割接事件管理、统一监测视图、SLA 电路动态管控、大客户相关业务质量指标管理等功能。

第三节　通 信 保 障

上海电信设有专业的通信保障队伍，以国家通信网为基础，以各种便携、移动通信装备为手段，在特殊情况下为党政机关实施应急指挥提供战备通信保障，为抢险救灾、突发事件提供应急通信手段，为重大国事活动、大型运动会、展览会等提供全方位通信保障，为经济建设及社会各界提供应急通信服务。

一、人员和能力

2000 年公司化运行后，上海电信设立机动通信局负责通信保障任务。10 月 9 日，根据上海市交通战备办公室《关于交通战备专业保障队伍整组的通知》精神，上海电信组建机动通信大队与固定通信大队，其中，机动通信大队有 118 人，由机动通信局、卫星公司有关人员组成；固定通信大队 224 人，由各直属电信局、长途通信事业部、数据通信事业部有关人员组成。

2000 年，根据中国电信“2000 年东南沿海地区应急通信工程建设项目研讨会”精神，上海电信启动应急通信建设项目，增加配备多种先进的无线通信设备和卫星通信设备，有综合应急通信车 1 辆、新型扩频微波设备 2 套和四次群微波设备 1 套。

2001 年，上海电信应急通信设备主要有 VSAT 主站、应急通信网、450 MHz/900 MHz 集群、短波自适应电台、海事卫星站、卫星通信车、便携式小卫星、会议电视设备、车载程控交换机、光端机、一点多址设备、便携式微波、900 MHz 车载 GSM 移动电话系统、扩频设备、数字特高频、无线环路设备、VSAT 移动站、数字环路 LCS－9 等。

2002 年 11 月，机动通信局(上市部分)更名为应急通信局。

2003 年 5 月，上海电信开发端局应急通信系统，进行车载模式、切换系统等应急系统的联调测试。系统能在端局发生重大故障时使 2%—3%的重要用户在 15 分钟内恢复通信。

2005 年，根据上海市应急管理办公室、上海市通信管理局《关于填报应急通信保障队伍现状和应急物资储备管理情况及调查表的通知》精神，上海电信将应急通信局作为专职保障队伍，共有各类专业人员 100 人，各类通信设备 106 台(套)。

2007年5月，应急通信局新增高清电视编、解码器，满足大型活动、赛事的卫星直播需求。6月，应急通信局新置2辆应急通信车，配置10部800 MHz数字集群手持终端及2部车载终端，均提供国内长途直拨功能。7月，配置50台800 MHz数字集群电话，用于应急通信保障和大网临时指挥调度。是年，还新建企业卫星应急通信专线(网)。

2008年3月，应急通信局新增1辆C波段/Ku波段双波段高清卫星转播车，高清卫星转播车增至2辆。5月，在第二辆800 MHz集群基站车上加装卫星设备。8月，中国电信华东区应急呼叫平台在上海试运行，用于华东六省市的应急通信保障。

2009年，上海电信开展CDMA网车载应急通信系统工程，新增1辆大型车、2辆小型车，配置基站5个、"静中通"车载卫星设备3套、天线塔升降系统3套、传输系统6套、车载电源系统3套及相应配套设备、卫星地面站用变频设备1套、调制解调器9台等。同时，颁布CDMA应急通信调度管理办法。

2010年年末，上海电信专职通信保障队伍有人员122人，通信设备共179台/套。

二、战备通信保障

2000年，上海电信开始根据信息产业部、上海市政府和中国电信的要求，组织编制战备应急通信保障的预案，参与战备应急通信的相关演练。2004年，上海电信根据市通信管理局的要求，修订战备应急通信保障预案。2009年11月，参加"神盾2009"核事故应急演练。

三、应急通信保障

2000—2010年，上海电信为上海APEC会议、上海合作组织峰会暨成员国元首会议、上海特奥

图3-3-2 上海电信的应急通信车奔赴APEC通信保障主会场

会、北京奥运会、上海世博会、国内外领导人来访、出访等重大活动提供通信保障，为韩日世界杯、韩国亚运会、F1上海大奖赛等重要赛事活动提供视频转播，为2003年轨道交通4号线施工事故、2005年“麦莎”台风灾害、2008年江西抗冰雪灾害、2008年汶川地震、2010年玉树地震等抢险救灾提供通信保障。此外，上海电信还编制各类应急预案，开展保障演练：如2004年4月，参加中国电信的全国应急通信演练；2006年4月，参加中国电信的跨区域应急通信演练、“VIP客户网络应急通信保障体验之旅”应急通信演练等。

第四篇

电信业务

概　　述

2000—2010年，是上海电信从固网运营商演变成为全业务运营商的重要时期。在此期间，上海电信全面实施业务创新，持续优化业务和产品服务体系，实现收入和业务可持续增长。从业务产品经营范围看，可分为两个阶段：2000—2008年9月是固网运营阶段；2008年10月进入全业务运营阶段。

在固网运营阶段，上海电信主要经营业务范围包括以固定电话为代表的传统业务，以互联网、数据业务为代表的成长性业务，以宽带、综合信息服务为代表的新兴战略业务。其中，固定电话包含本地电话、长途电话、无线市话、增值业务、电信卡等业务；数据业务包含互联网接入、IDC、数据通信、网元出租等；互联网应用业务包含网络教育、邮箱业务、即时通信等业务；综合信息业务包含视讯业务、号百业务、信息技术服务等。2006年，根据中国电信的转型战略，上海电信开始注重发展ICT业务。

2008年10月，随着中国电信承接联通CDMA移动业务，上海电信的业务范围开始扩展至移动业务运营领域，具体包括移动通信、移动短信/彩信业务、移动流量业务、移动增值业务等。上海电信积极将固网业务和移动业务相结合，形成固移融合的业务服务的差异化优势，显著提升了公司产品业务的综合竞争力。

截至2010年年末，上海电信有固话用户866.78万户，移动用户524万户，其中，3G用户65万户，宽带用户445万户，IPTV用户130万户，积极深入上海的政府信息化、企业信息化、农村信息化、社会公共领域信息化、家庭信息化建设，基于下一代网络的新业务得到全面开发和应用。

第一章　固定通信业务

第一节　本 地 电 话

一、普通电话

20 世纪 80 年代，上海的固定电话开始大发展。1995 年，全市电话实现程控化。1999 年年末，上海本地电话网总容量达 645 万门，本地用户总数达 483.07 万户，主线普及率达到 36.9 对/百人。其中，住宅电话用户总数为 362.86 万户，占电话用户总数的 74.9%。至 2000 年公司化运营前，上海电信的电话交换机容量为 649 万门，电话用户数达 502 万户，是全国电话用户最多的城市。上海电信可提供呼出加锁、闹钟服务、免扰服务、三方通话、会议电话、热线服务、转移呼叫、遇忙回叫、缩位拨号、呼叫等待等程控服务。

2000 年 6 月 29 日，中国电信印发通知，要求开放固定电话拨打移动 IP 电话业务。8 月 1 日，上海电信对新装家庭电话（含综合业务数字网）开放国际长途直拨功能。9 月 19 日，中国电信下发《关于印发固定电话业务登记单和服务协议的通知》，在全国范围统一启用业务登记单和服务协议。业务登记单分为新装登记单和变更登记单。

表 4－1－1　2000 年普通电话资费情况表

项　　目		计费单位	资费标准(元)	备　　注
区内通话	住宅用户	每次 3 分钟	0.16	区内通话指电话营业区内间的通话，区间通话指营业区间用户之间的通话
	单位用户		0.22	
区间通话	住宅用户	每次 1 分钟	0.25	
	单位用户		0.35	

2001 年 3 月 21 日，上海电信调整固定本地网电话资费，新装用户的初装费从 1 000 元/号线降为 700 元/号线；农村化地区家庭电话装移机工料费由 245 元/号线调整为 130 元/号线。办公电话（含中继线）装移机工料费统一为 300 元/号线。6 月 26 日，上海电信调整疏忙用户与用户交换机分机改直线电话以及公用电话的初装费，调整为 350 元/门。7 月 1 日，根据《关于取消市话初装费和邮电附加费等政府性基金项目的通知》的要求，取消电话初装费。对已装电话、中继线、模拟专线业务等用户要求拆机的，按照原邮电部《关于收取市话初装费有关问题的通知》和《关于电话拆机退还初装基金问题的补充通知》的要求，按照申报拆机时的市话初装基金的缴纳标准和已装时间计算应退费用；初装费分期付款的用户按原签订的协议执行。8 月，上海电信本地电话交换机容量突破 700 万门，达 715.4 万门；电话用户总数达 597 万户。

表 4-1-2　2001 年 3 月普通电话资费情况表

<table>
<tr><th colspan="4">月　租　费</th></tr>
<tr><td></td><td>家庭住宅电话</td><td>崇明县家庭电话</td><td>办公电话</td></tr>
<tr><td>调整前</td><td>24 元</td><td>24 元</td><td>37 元</td></tr>
<tr><td>调整后</td><td>25 元</td><td>18 元</td><td>35 元</td></tr>
<tr><th colspan="4">通　话　费
计费单位：由按 3 分钟一次计费，改为按首次 3 分钟，以后每分钟计费一次。简称："3+1"方式</th></tr>
<tr><td></td><td>家庭电话</td><td>办公电话</td><td rowspan="3">原家庭电话月租费内包含的 50 次区内免费通话，调整为按当月电信账单实际应支付的区内通话费相抵扣，超过 6 元抵扣 6 元，不足 6 元免收区内通话费</td></tr>
<tr><td>调整前</td><td>每次 3 分钟 0.16 元</td><td>每次 3 分钟 0.22 元</td></tr>
<tr><td>调整后</td><td>首次 3 分钟 0.20 元，之后每分钟 0.10 元</td><td>首次 3 分钟 0.22 元，之后每分钟 0.11 元</td></tr>
<tr><th colspan="4">拨号上网通信费
由按区内通话费减半收费：由每 3 分钟 0.08 元，统一调整为每分钟 0.02 元</th></tr>
</table>

2002 年 3 月 4 日，上海电信对新装电话实施预约装机服务。安装期限为自用户缴付手续费与工料费的 3 个月内(含节假日)，完成安装开通；逾期按日补偿用户手续费与工料费总额的 1%。6 月 6 日，北区电信局宣布在全区范围内实行电话"即要即装"服务。这不仅是上海电信首次推出此项服务，在全国各大城市中也属首次。是年，上海电信正式取消普通电话选号费，增加电话改号费，还推出基于固定电话业务的电话 QQ、来电显示、"家家 e""伴我行"等诸多固网新业务。

2004 年 4 月 1 日，上海电信面向私人电话用户和小灵通用户推出聊聊乐业务。这是由主叫控制的、实现多方语音通信的增值业务，适用于亲朋好友间的聚会聊天，通话费用计在主叫用户发话的终端上。是年，上海电信电话用户突破 700 万户。

2005 年 5 月 17 日，改号通知业务投入商用，仅限于 S-1240 型交换机用户。改号通知是指用户申请移机或电话号码改动后，如有人拨打原来的电话号码，主叫用户将听到改号的通知语音并可将来电接到用户新的号码上，最长服务时限为 3 个月。9 月 19 日起，改号通知业务免收开户手续费。

2007 年 7 月 5 日，上海电信对固网及小灵通的后付费用户试开放"遇忙提醒"功能，业务平台将未接来电信息记录下来，在合适的时候主动提醒被叫用户，告知其刚才通话过程中错过的呼叫号码并提供回拨电话的功能。

2010 年年末，上海电信的固定电话用户约为 761 万户。

表 4-1-3　2000—2010 年上海电信固定电话用户情况表　　单位：户

年　份	普通电话用户	住宅用户	政企用户
2000	5 302 617	—	—
2001	5 952 102	—	—
2002	6 471 320	4 983 293	1 487 348

〔续表〕

年　份	普通电话用户	住宅用户	政企用户
2003	6 884 245	5 243 437	1 640 808
2004	7 198 911	5 396 969	1 801 942
2005	7 419 594	5 501 562	1 918 032
2006	7 570 380	5 497 284	2 073 096
2007	7 618 775	5 474 361	2 144 414
2008	7 638 485	5 436 065	2 202 420
2009	7 581 991	5 349 175	2 232 816
2010	7 610 893	5 339 260	2 271 633

二、综合业务数字网

综合业务数字网(Integrated Service Digital Network，ISDN)是以数字电话网为基础发展演变而成的通信网，能够提供端到端的数字连接，用以支持包括语音和非话在内的多种电信业务。用户接入 ISDN 的方式主要为基本接入(2B+D)方式和基群接入(30B+D)方式。上海电信为用户提供本地、国内长途、国际电话、数据通信、会议电视等多种通信方式的综合服务。

1995 年 12 月 10 日，上海启动综合业务数字网商用化试验。

1996 年 2 月 4 日，上海市电话局开通新华、云南、沈家宅、东昌等 4 个局及上海证券交易所远端模块的 N－ISDN 试验网。上海交通大学是试验网开通后的第一家用户。7 月 9 日，上海市邮电管理局印发《国内窄带综合业务数字网(N－ISDN)业务资费标准(试行)》，明确业务资费包括设备接入费、申请手续费、月使用费和通信费。是年，免费试用 N－ISDN 用户为 41 户。

表 4－1－4　1996 年 ISDN 业务资费标准情况表

<table>
<tr><th colspan="3">项　目</th><th>费　用</th></tr>
<tr><td colspan="3">设备接入费</td><td>6 000 元/号</td></tr>
<tr><td colspan="3">申请手续费</td><td>10 元/端</td></tr>
<tr><td colspan="3">月使用费</td><td>100 元/端</td></tr>
<tr><td rowspan="4">通信费</td><td rowspan="2">电路交换方式</td><td>本地通信</td><td>按本地电话计费方式计收，每 3 分钟为 1 次。1 B：0.25 元/次；2 B：0.50 元/次</td></tr>
<tr><td>长途通信</td><td>按国内长途电话计费方式计收。1 B：1.5×国内长途电话基本价目；2 B：3.0×国内长途基本价目</td></tr>
<tr><td rowspan="2">分组交换方式</td><td>计量费</td><td>按分组交换业务的计量费标准执行</td></tr>
<tr><td>信息传送费</td><td>在 B 通道传送分组信息时，按电路交换方式本地通信费标准计收计时费；在 D 通道传送分组信息不单独计费</td></tr>
</table>

1997年5月1日起，上海市邮电管理局向社会试开放ISDN基本接入业务，包括本地业务和中国香港、中国澳门方向的中国港澳台地区业务，以及日本KDD方向的国际业务。9月，上海本地网ISDN业务已可提供基本接入业务和集群接入业务，实现与上海热线和国际互联网的互联。9月3日，上海开通至中国香港、中国台湾、中国澳门方向的ISDN业务，以及日本方向的跨境ISDN业务，提供主叫号码显示、主叫号码显示限制、子地址等补充业务。11月1日，集群接入业务开始执行试行资费标准。费用包括设备接入费、基本月租费、申请手续费、工料费、通信费和过渡阶段资费。是年，上海的N－ISDN网络布及全市61个局区，受理基本接入用户3 888户，集群接入用户5户。

表4－1－5　1997年30B＋D资费标准情况表

项　　目	费　　用
设备接入费	3 000元/端/次
基本月租费	1 000元/端
申请手续费、工料费、通信费	按“2B＋D”标准收取
过渡阶段资费	2 000元/月/端

1998年1月7日，邮电部电信总局印发《窄带综合业务数字网(N－ISDN)业务管理办法(试行)》。4月，上海已开通与北京、广州、南京、香港、澳门、台湾等地的ISDN网络互联，以及与日本、新加坡、英国(BT)、美国(MCI)等国的ISDN网络互联。12月17日，上海市邮电管理局根据邮电部电信总局的要求，调整ISDN业务的试行资费。资费包括设备接入费、安装调测费、基本月租费、通信费、补充业务功能费和临时租用费。

表4－1－6　1998年ISDN业务试行资费情况表

<table>
<tr><th colspan="2">项　　目</th><th>费　　用</th></tr>
<tr><td rowspan="3">设备接入费</td><td>2B＋D</td><td>2 000元/端</td></tr>
<tr><td>住宅同名同址增装</td><td>1 000元/端</td></tr>
<tr><td>将原普通市内电话(模拟)改装为2B＋D(BRI)端口</td><td>差价</td></tr>
<tr><td colspan="2">安装调测费</td><td>按上海目前的标准执行</td></tr>
<tr><td colspan="2">基本月租费</td><td>按上海普通电话基本月租费标准收取，但不含免费通话次数</td></tr>
<tr><td rowspan="2">通信费</td><td>电路交换方式不区分话音、音频和频率不受限情况</td><td>每B通道统一按现行国内公众电话网资费标准收取</td></tr>
<tr><td>分组交换方式</td><td>计量费按分组交换业务的计量费标准收取，B通道的计时费按电路交换方式本地网区内通信费标准计收</td></tr>
<tr><td colspan="2">补充业务功能费</td><td>除多用户号码收取月租费10元外，其余各项在1999年内实行优惠免收月租费</td></tr>
<tr><td colspan="2">临时租用费</td><td>300元/天</td></tr>
</table>

1999 年，ISDN 基本接入用户净增约 5 万户。

2001 年 1 月 1 日起，ISDN 集群接入业务执行新资费标准，基本月租费为 3 000 元，其中，用于互联网的基本月租费为 2 000 元。3 月 21 日，开始按计次制收取通话费，首次 3 分钟 0.22 元，以后每增 1 分钟 0.11 元，上网每分钟 0.02 元。是月，ISDN 已可提供“可视电话”“四类传真”（高速传真）“呼叫转移”“多重号码”等多种补充业务。

2002 年 1 月 1 日，上海电信推出基于 ISDN 技术的“公众电视会议”业务，印发资费标准。2 月 8 日，上海电信印发《关于加快 N－ISDN（2B＋D）业务发展的通知》，取消新装“一线通”业务的接入费，按用户性质收取工料费和手续费。并继续实行“一线通”业务五大用户终端配置优惠套餐。4 月 25 日，中国电信开通至泰国的 ISDN 业务，经上海国际局出口。5 月 17 日，上海电信向基本接入用户推出 ISDN 可视电话业务——景视通。

2004 年，随着宽带业务的发展，ISDN 业务日趋衰退。6 月 1 日，上海电信决定取消 ISDN 基本接入业务优惠套餐办法，除基本接入中的 NT－I 终端设备仍由上海电信免费提供外，其他用户端设备均按上海电信的指导价格收取费用。

2009 年，根据“光进铜退”战略部署，伴随业务转型、技术更新以及终端换代的需要，上海电信决定自 11 月 5 日停止新装 ISDN 基本接入业务的前端受理，移机业务按照原有的规定执行。

表 4－1－7　2000—2008 年 ISDN 用户数情况表　　单位：户

年　份	ISDN（2B＋D）	ISDN（30B＋D）
2000	178 051	891
2001	192 675	1 289
2002	197 426	1 476
2003	191 593	1 759
2004	179 668	2 107
2005	161 597	2 494
2006	151 173	2 959
2007	119 289	3 982
2008	105 633	4 820

表 4－1－8　2001—2007 年本地网内 ISDN 区内与区间通话量情况表　　单位：万次

年　份	ISDN 区内通话量	ISDN 区间通话量
2001	300 393	2 114
2002	171 585	743
2003	178 603	672
2004	180 259	1 492
2005	171 375	1 695
2006	150 646	1 128
2007	69 344	546

三、公用电话

公用电话服务是上海电信的特色服务。改革开放以来，上海的公用电话得到巨大发展。截至1999年年底，上海本地电话网公用电话总数达5.7万多部，形成以集成电路卡(IC卡)电话为主的卡式电话、磁卡电话、投币电话和普通公用电话的多种终端、多种制式的公用电话系列。服务方式分为有人值守和无人值守。

2000年1月17日，中国电信印发《关于私话转公用电话有关问题的通知》，要求立即停止发展私话转办公用电话业务，对私话转办公用电话的代办户进行清理整顿。上海市邮电管理局根据要求，对无证经营公用电话的"私话公用"者进行集中查处，追缴"私话公用"的违章经营收入，净化公用电话市场，遏制乱收费等违规行为。

2000年公司化运营后，上海电信重点发展街头卡类公用电话、投币电话，逐步取代传呼公用电话。年末，上海电信公用电话总数达62 752部，百人普及率达到0.478‰。其中，普通公用电话为36 518部，磁卡公用电话为734部，投币式公用电话为14 720部，IC卡公用电话为10 780部。

2001年1月18日，中国电信印发《关于公用电话资费标准等有关问题的通知》，调整业务资费标准。3月21日，上海电信经市政府有关部门的批准，调整公用电话的计费单元和资费标准，明确用户在公用电话站内使用有人值守电话接听对方来话或在原站接听回电可免费通话5分钟，超过部分收取接听回电费每分钟0.20元，除传呼费外，不再加收任何公用电话服务费。4月1日，上海电信开始用3个月的时间，为25 000余部公用电话更换计费器。6月26日，上海电信将公用电话的初装费调整为350元/门。10月25日，上海电信根据中国电信的要求，将IC卡公用电话的国内长途资费由0.80元/分钟调整为0.70元/分钟，于每日零时至7时执行国内长途电话分时段优惠办法，以0.40元/分钟计费。明确不得加收任何公用电话服务费。是年，上海电信还引进多媒体、智能型公用电话，开拓公话数据业务，陆续拆除传呼电话站1 000余家，超过总量的2/3。

表4-1-9 2001年公用电话资费标准情况表

单位：元

项目	计费单位	标准资费	优惠资费
营业区内通话	首次3分钟	0.50	无优惠
	以后每增1分钟	0.20	无优惠
营业区间通话	每次1分钟	0.50	无优惠
国内长途电话	每次1分钟	0.80	每日00:00至7:00(不分工作日和节假日)，半价优惠，跨越优惠时段的通话分钟，按前时段费率计费
国际电话	每次1分钟	8.20	无优惠
港澳台地区电话	每次1分钟	2.20	无优惠

2002年9月9日，上海电信正式向社会推出基于智能网的智能公用电话业务，业务种类包括有人值守的后付费智能公话(A类)承办户、有人值守的预付费充值智能公话(B类)承办户、无人值守的预付费卡类智能公话(C类)用户和充值卡，由智能网计费平台对用户的卡号进行实时计费扣款。是年，发展智能公话2 700部。10月，上海电信在江西路营业室大厅内设置多媒体公用电话，具有

图 4-1-1　有人值守公用电话房

语音通信、上网浏览、查询等多种功能，供用户现场演示试用。12 月 31 日 24 时，全国各地停止磁卡电话业务，上海地区的磁卡公用电话正式退出历史舞台。年末，上海市公用电话总数约 5 万部，百人普及率达到 5‰，其中，由上海电信建设和运营的公用电话占 99%以上。

2003 年年初，上海的部分闹市街头已设有上海电信的信息公话亭，用户不仅可以打电话，还可以查阅信息。6 月，上海电信推出 201 卡简易公话，资费与 201 校园卡的优惠资费相同。7 月 21 日，上海市通信管理局同意核配短号码 96013，用于上海电信的本地智能网公话业务。下半年，上海电信正式推出公用电话服务站，又称话吧、公话超市，年内共建立公话超市 800 多家，终端超过 1 万部。年末，上海电信公用电话终端数约为 56 000 部，其中，IC 卡公用电话和投币公用电话终端有 30 400 部，其余为计价器方式的有人值守普通公话终端。

2004 年 2 月，上海电信正式启动智能公话站业务，配置醒目的广告灯箱，每次通话结束实时显示外播通话时长和费用。是年，上海电信推出有人值守 201 智能公话业务，具有通话质量高、通话声音清晰的优点，支持计费信息同步下载，提供市话详细清单的功能。每次通话结束，还可播放通话时间和通话费用语音提示。

2005 年 8 月 3 日，上海电信调整部分 201 智能公话的长话收入分成比例，传呼类的 201 智能公话号线由 2∶8(承办户 20%，电信 80%)调整为 3∶7，其他类型为企事业、商业、学校、邮电、医院、环卫、娱乐、街头等的 201 智能公话号线比例仍为 2∶8。9 月 1 日，正式执行。2006 年 4 月 1 日，均调整为 3∶7。

2006 年 5 月 17 日，上海电信正式推出全新包装的 IC 卡信息公话。8 月，小灵通无线公话业务投入正式运行，发展用户近 2 000 户。是年，公话亭上陆续投放多媒体视频业务宣传广告，视频内容通过宽带传送至电话亭，加以实时管理和更新。

2007 年，上海电信在公用电话上开通呼叫海事卫星电话业务。

2008 年 11 月 1 日，上海电信将 IC 卡公话优惠促销资费变更为正式标准资费。

表 4-1-10　2008 年 IC 卡公用电话资费标准情况表

单位：元

项　　目	计费单位	标准资费
本地电话	每次 1 分钟	0.1
国内长途电话	每次 1 分钟	0.1
中国台湾、中国香港、中国澳门地区 美国、加拿大、新加坡	每次 1 分钟	1
其他国家和地区	每次 1 分钟	8

2009 年 5 月 27 日，上海市通信管理局印发《关于进一步加强公用电话经营管理有关问题的通知》，要求作为主导基础电信运营企业的上海电信应按照城市发展规划的要求在公共场所提供公用电话服务，切实承担应尽的普遍服务义务和社会责任，不论盈利与否。非主导基础电信运营企业只能设置有人值守公用电话或投币电话。

2010 年 5 月 1 日，上海电信调整有人值守公用电话本地通话费标准，拨打本地电话的通话费调整为首次 3 分钟 0.40 元，以后每 1 分钟 0.20 元；长途优惠促销资费转为标准资费。年末，上海电信有各类公用电话话机 81 791 部，通话量为 6 208 万次。

表 4-1-11　2000—2010 年上海公用电话话机数情况表

单位：部

年份	普通公用电话	磁卡公用电话	投币公用电话	IC 卡公用电话	公话超市	智能网公用电话	PHS 公用电话	合　计
2000	36 518	734	14 720	10 780	—	—	—	62 752
2001	28 130	393	13 060	15 366	—	—	—	56 949
2002	26 146	302	12 146	17 982	—	234	—	56 810
2003	28 054	—	10 338	18 797	7 352	3 120	—	67 661
2004	22 016	—	8 715	19 524	34 239	1 510	—	86 004
2005	21 478	—	7 744	18 768	35 356	1 511	—	84 857
2006	8 759	—	10 240	18 275	42 309	32 051	1 842	113 476
2007	9 360	—	9 299	18 946	35 489	16 858	1 819	91 771
2008	8 725	—	8 789	18 160	26 283	27 447	1 798	91 202
2009	8 367	—	7 129	18 195	21 744	30 324	1 789	87 548
2010	7 803	—	5 759	17 352	17 837	31 538	1 502	81 791

表 4-1-12　2001—2010 年上海公用电话通话量情况表

单位：万次

年　　份	公用电话区内通话量	公用电话区间通话量
2001	41 293	1 139
2002	41 407	242
2003	28 868	154
2004	28 467	120

〔续表〕

年　份	公用电话区内通话量	公用电话区间通话量
2005	25 354	81
2006	14 038	118
2007	12 723	20
2008	12 756	—
2009	10 889	—
2010	6 208	—

附：公用电话亭发展概览

2002 年，上海市有街头公用电话亭 8 000 余个，其中 99%由上海电信设置，但式样与材质并不统一。11 月 7 日，上海市副市长严隽琪主持召开公用电话专题会议，研究公用电话的建设和发展工作。上海电信作为主要的公用电话经营企业参加会议。会议认为，公用电话的设置必须遵循“统一管理、统一规划、统一标准”的原则进行规范建设和管理，要求向社会公开征求公用电话亭的式样、材质、色彩，由市技术监督局制订公用电话亭的设置标准。

2003 年年初，上海市新款公用电话亭一期设计方案正式揭晓，最终选定的话亭为中西理念相融合的红色亭。10 月，上海电信启动公用电话亭更新工程，采用上海立安公司设计的“红亭子”系列新型公话亭，根据内环以内、内环线与外环线之间和外环线以外的顺序对话亭进行更新。其中，内环线内近 800 个公话亭安装多媒体公用电话。

2006 年，上海电信在公话亭推出多媒体视频广告业务，将视频内容通过宽带传送至电话亭，加

图 4-1-2 “红亭子”系列新型公话亭

以实时管理和更新。

2010 年 6 月,上海电信在上海市区和宝山、莘闵地区共有公用电话亭 9 154 个,其中,敞开式单亭 5 809 个,敞开式双亭 264 个,封闭式单亭 1 350 个,封闭式双亭 663 个,老式公话亭 1 068 个。上海世博会期间,上海电信将公用电话亭与信息服务相结合,推出世博信息服务亭。

图 4-1-3　遍布世博园区的中国电信上海公司信息服务亭

四、用户交换机业务

用户交换机业务(Private Branch Exchange Services, PBX)是商业电话系统业务,通过中继线与市话网连接,供用户单位内部或与外界通话。用户交换机包括用户单位装设的电话交换机(PBX)、集团电话(KTS)、互通机及其分机,也称“小交换机”。

1981 年 4 月 15 日,上海第一台程控用户交换机于上海远洋运输公司开通使用,该交换机由日本电气公司(NEC)生产,最大容量可达 1 300 门左右,实装容量为分机 300 门、中继线 50 条、话务台 2 席、机柜 4 只(其中 2 只为电源柜)。1983 年 11 月,宝山钢铁厂安装日本电气公司(NEC)的 ND20 型 4 500 门/1 000 门外线直接拨入分机(DID)程控用户交换机工程竣工投产,1990 年 2 月,上海商城安装北电的 MSL-1 型 4 000 门 DID 程控用户交换机接入市话网使用。1997 年,集中式用户交换机(Centrex)业务正式开放。7 月 26 日,复旦大学容量为 2 000 门的 Centrex 入网运行,是上海市第一家集中式用户交换机用户。

2000 年公司化运行初期,上海电信的用户交换机业务主要由用户小交换机、直接拨入用户交换机、集中式用户交换机、模拟中继线和数字中继线组成。

2001 年 3 月 12 日,上海电信接上海市通信管理局和上海市物价局发文要求,调整用户中继线装移机工料费为 300 元/号线。6 月 26 日,上海电信调整市内用户数字中继线的基本月租费标准,用于经营电信业务的数字中继线 3 000 元/月,用于互联网服务的用户中继线 2 000 元/月。7 月 3

日，根据中国电信的要求，上海电信取消模拟中继线和数字中继线的初装费。年末，上海电信用户交换机容量达1 056 302门，接入用户交换机的话机达1 064 681部。

2002年2月，上海首个广域集中用户交换机（Wide Area Centrex，WAC）业务在上海财经大学投入使用，将位于国定路和中山北一路的两个分离校区组成统一的通信网络。3月15日，上海电信认为WAC业务已具备对外开放条件，开放智能网WAC和非智能网WAC两种组网方式，印发《WAC（广域Centrex）业务处理的暂行规定》。其中，智能网WAC适用于异种交换机型组成的WAC和3个或3个以上Centrex分布点组成的WAC；非智能网WAC适用于同种交换机型组成的WAC和2个Centrex分布点组成的WAC，也可根据用户对功能的需求程度选择组网方式。业务接入码前三位为600。资费方面包括基本月租费、手续费和工料费、功能使用费、通话费。

表4-1-13　2002年WAC业务资费情况表

项　目		费　用
基本月租费		20元/月
手续费		Centrex号线改WAC号线，手续费每号10元；新装WAC号线按普通电话标准收取手续费
工料费		新装WAC号线按普通电话标准收取工料费
功能使用费	话务员座席设置、话务员登录或撤销功能	5元/月/座席/项
	可选网内呼叫限制	20元/月/项/每部话机（注：每部话机是指具有这些功能的话机）
	功能开户费	10元/次，免收功能使用费的项目，开户费免收
通话费	Centrex群内通话	不计费
	“网内群间”通话	0.06元/分钟
	网外通话	按本地网营业区内、区间及长途的通话费标准收取

2004年11月23日，上海市通信管理局同意核配“96019”作为上海电信WAC智能网业务接入号码，替代原接入号码“6002”，位长11位。

2005年7月，上海电信提出以Centrex业务为核心，与长话业务、增值业务、小灵通、宽带等业务进行捆绑销售，开展差异化营销，进一步拓展企业固话。

2006年，上海电信将Centrex业务与百事通产品的业务包组合营销。

表4-1-14　2000—2010年用户交换机容量、Centrex业务和用户中继线用户数情况表

年　份	用户交换机容量(门)	Centrex用户(门)	用户中继线(线)
2000	1 117 240	42 694	—
2001	1 056 302	61 551	—
2002	1 068 405	79 082	228 105
2003	1 190 136	101 470	255 418

〔续表〕

年　份	用户交换机容量(门)	Centrex 用户(门)	用户中继线(线)
2004	1 174 777	127 752	359 854
2005	1 173 445	165 803	408 386
2006	1 006 283	246 755	486 280
2007	179 141	349 405	568 082
2008	190 266	396 484	—
2009	195 345	—	—
2010	—	—	—

第二节　长途电话

一、国内长途(不含中国港澳台地区长途)

上海的国内长途(不含中国港澳台地区长途,下同)电话在1979年已通达全国。20世纪90年代以来,国内长途电话呈现自动化程度不断提高、人工电话业务量不断萎缩的态势。1994年,上海向市内电话用户开放国内长途直拨功能。1996年2月,上海至全国长途自动直拨已通达的城市,原则上不再受理挂发国内人工长途电话,全部由用户使用长途直拨功能直接拨打。1999年6月25日,随着国内人工电话服务割接至国际OPAX系统,国内长途人工电话转入半自动接续。1999年年末,上海市邮电管理局的国内长途通话量为58 147万次,其中,固定国内长途话量为53 443万次,互联互通国内长途话量为4 704万次。

2000年1月,上海市邮电管理局转发电信总局关于《规范国内长话节假日优惠时间的通知》,对国内长话节假日优惠的具体时间进行规范,将国内长话节假日优惠的具体时间固定为:节日(1月1日,5月1—3日,10月1—3日,农历正月初一、初二、初三)和假日(星期六和星期日)的7时至24时。9月,中国电信印发《关于规范国内、国际及港澳台电话节假日优惠时间的通知》,明确国内长途电话节假日优惠和分时段优惠办法,适用于普通电话、各种公用电话和各类卡式电话。

2001年2月21日,上海电信根据中国电信的要求调整国内长途电话资费标准,空间直线距离在800公里及以内的,从调整前的0.80元/分钟调整为0.07元/6秒;空间直线距离在800公里以上的,从调整前的1.00元/分钟调整为0.07元/6秒。5月21日,中国电信印发《国内人工长话业务改革的若干意见》,要求简化业务种类、调整业务服务范围,取消代号电话业务、紧急调度电话业务种类和政务电话种类。国内人工长话业务调整后,只保留普通人工长话业务种类,原则上只受理自动电路接续不畅的电话。7月5日,中国电信对《国内人工长话业务改革的若干意见》做补充通知,由党政专网体系承担的国内长途电话仍按原有规定执行;人工长话业务继续保留政务电话业务种类,与此相关的政务电话专线继续保留。上海电信于8月3日通知相关业务部门。10月26日,上海电信印发《关于国内人工长话业务改革的通知》,明确从发文日起至12月31日,113国内人工台可以不受理打往省会城市的普通电话。

2002年1月1日,上海电信113国内人工台不再受理自动电路已经通达地区的长途电话业务,取消紧急调度电话、保留政务电话和普通电话。年末，国内直拨长途有权用户数达464.9万户。

2003年年末，上海电信的国内人工长途挂号业务接入码由“113”调整为“95113”，关闭“116”国内长途查询台，其查询业务由“95113”台承接。12月24日起，“95113”承担国内长途人工查询业务工作，在“113”“116”上播放号码更改录音通知，录音通知播放时间为一个月。

2005年10月1日，上海电信推出亲情长话营销活动，可在每个固定设备号上最多申请2个国内被叫号码作为亲情号码，通过上海电信的长途直拨电话拨打亲情号码，可享受国内长途0.18元/分钟的优惠资费。

2006年5月，亲情长话推出升级版营销活动，加入小灵通后付费用户，亲情号码增加至5个。7月，上海电信推出亲情长话超级版营销活动，国内长途资费调整为0.15元/分钟。

2007年7月1日起，亲情长话从营销活动转为长途电话业务的销售品。

表4-1-15 2000—2010年国内长途电话业务量情况表

年 份	次数(万次)	分钟数(万分钟)
2000	53 837	—
2001	48 988	—
2002	47 564	—
2003	50 843	162 624
2004	95 231	365 020
2005	102 638	407 390
2006	105 211	425 561
2007	110 465	429 591
2008	115 721	443 846
2009	110 211	367 947
2010	—	391 162

二、国际长途

20世纪90年代以后，上海的国际长途电话业务不断发展。1991年，上海与21个国家和地区建有1 599路直达电路，通达地点达202个国家和地区。截至1995年，上海与25个国家和地区建有7 043路直达电路。上海及上海汇接区的用户经上海直达电路，国际直拨电话可通达世界224个国家和地区。1999年3月2日，随着国际人工台OPAX系统调试完成，国际台搬迁至横浜桥话房，开始新系统的试运行，国际人工电话服务转入半自动接续。年末，上海的国际长途和中国港澳台地区长途电话电路为11 025路，国际电话通话量为2 813万次。

2000年8月1日，上海电信开始对新装私人电话用户(含ISDN)，除明确提出不需要国际直拨长途电话功能外，均予以开放国际直拨长途电话有权。9月，中国电信印发通知，规范中国国内(不含中国港澳台地区)、中国港澳台地区及国际长途电话的节假日优惠时间，决定将国际电话节假日优惠的具体时间做相对固定，不再随各地政府的调整而调整，适用于普通电话、IC卡公用电话和各类卡式电话。10月1日，上海电信开始对国际人工电话叫人电话业务统一征收叫人附加费，收费标准为至受话国的1分钟基本话费。

2001年2月21日，上海电信根据中国电信的要求，将国际长途电话资费统一调整为0.80元/6秒。

2002年年末，国际长途直拨有权用户数约为18.7万户。

2003年1月1日，“106”查号业务开始对上海市私人国际长途直拨有权用户和持有国际人工账号的用户开放国际查号业务，查号费根据所查的方向每号按1分钟国际人工话费收取。年末，上海电信的国际人工长途挂号和查询业务接入码由“115”调整为“95115”。

2004年10月，上海电信推出长途电话“节假日短号码优惠方案”，用户可使用固定电话通过短号码118310拨打国际长途电话，享受优惠资费。

2005年10月1日，上海电信推出亲情长话营销活动，可在每个固定设备号上申请2个被叫号码作为亲情号码，覆盖15个国家，通过上海电信的长途直拨电话拨打亲情号码，美国和加拿大为0.80元/分钟，英国、法国、意大利、德国、新加坡、韩国、日本、澳大利亚、新西兰、马来西亚、印度尼西亚、菲律宾、泰国为1.00元/分钟。

2006年5月，亲情长话推出升级版营销活动，加入小灵通后付费用户，亲情号码增加至5个。7月，上海电信推出亲情长话超级版营销活动，美国、加拿大资费调整为0.60元/分钟，其他13个国家亲情长话资费不变。

2007年7月1日，亲情长话正式从营销活动转为长途电话的销售品，美国、加拿大、新加坡的资费调整为0.40元/分钟，其他12个国家资费不变。

表4-1-16　2000—2010年国际长途电话业务量情况表

年　份	通话次数(万次)	通话分钟数(万分钟)
2000	2 381	—
2001	2 310	—
2002	2 227	—
2003	1 899	7 405
2004	3 745	15 859
2005	3 980	17 866
2006	4 262	20 881
2007	4 626	24 578
2008	4 076	24 164
2009	2 933	14 947
2010	—	19 331

三、中国港澳台地区长途

1999年年末，上海的中国港澳台地区电话通话量为2 407万次。

2000 年 9 月，中国电信印发通知，决定将中国港澳台地区电话节假日优惠的具体时间做相对固定，不再随各地政府的调整而调整，适用于普通电话、IC 卡公用电话和各类卡式电话。

2001 年 2 月 21 日，上海电信根据中国电信的要求，将中国港澳台地区长途电话资费统一调整为 0.20 元/6 秒。

2002 年 10 月，上海电信停止受理中国香港、中国澳门的“106”查号业务，改由用户自行拨打中国香港查号台 008521808 或中国澳门查号台 00853181。

2004 年 10 月，上海电信推出长途电话“节假日短号码优惠方案”，用户可使用固定电话通过短号码 118310 拨打中国港澳台地区长途电话，享受优惠资费。

2005 年 10 月 1 日，上海电信推出亲情长话营销活动，可在每个固定设备号上申请 2 个被叫号码作为亲情号码，覆盖中国港澳台地区，通过上海电信的长途直拨电话拨打亲情号码，资费为 0.80 元/分钟。

2006 年 5 月，亲情长话推出升级版营销活动，加入小灵通后付费用户，亲情号码增加到 5 个。7 月，上海电信推出亲情长话超级版营销活动，中国港澳台地区资费调整为 0.60 元/分钟。

2007 年 7 月 1 日，亲情长话正式从营销活动转为长途电话的销售品，中国香港地区的资费调整为 0.40 元/分钟，中国台湾和澳门地区资费不变。

表 4-1-17　2000—2010 年中国港澳台地区长途电话业务量情况表

年　份	通话次数(万次)	通话分钟数(万分钟)
2000	1 751	—
2001	1 678	—
2002	1 625	—
2003	1 317	4 325
2004	2 601	8 938
2005	2 497	8 879
2006	2 447	9 093
2007	2 372	9 561
2008	2 092	9 891
2009	1 770	6 506
2010	—	9 985

四、宜通电话

宜通电话是利用国际专用电路实现话音传输的国际电话业务，是中国电信国际直拨电话业务的第二品牌。1999 年，中国电信在上海、北京、广州等三地试开通宜通电话，以宜通电话卡的方式向用户提供服务，用户可在京、沪、穗及所有开通 108 业务地区的任何一部普通双音频电话上使用该项业务，包括投币电话、磁卡电话和 IC 卡电话，移动电话暂不开放。业务开展初期，仅开通至美国、加拿大、日本、韩国、澳大利亚、英国、法国、德国等国家，以及至中国香港、澳门、台湾等地区的宜通电话业务。计费原则上按既有的国际直拨电话计费原则处理，免收市话接入费。暂不提供传真业务。

2000年2月1日，中国电信在全国开放宜通电话业务，中文名称统一为“宜通电话”，英语名称为“E-CALL”，开通国家(地区)扩大至马来西亚、新加坡、泰国、新西兰和瑞士等地。11月1日，宜通电话正式开放海外漫游功能，包括全球漫游业务和海外卡业务。全球漫游业务方面，“80010886800”作为中国电信宜通电话卡在全球漫游的统一接入码，只能从中国内地之外的地区拨打回中国内地。初期开通美国、加拿大、澳大利亚、新西兰、日本、韩国、新加坡、法国、德国、比利时、挪威、荷兰、瑞典等国家，以及中国香港、中国澳门和中国台湾等地区。海外卡业务方面，在不同地区使用不同的接入码，可以拨打至任意国家和地区(包括中国)。开通国家为美国、加拿大、澳大利亚，中国地区包含中国香港地区。

2001年2月21日，宜通电话执行新资费标准，由中国内地拨往国外和中国港澳台地区的资费实行与中国电信IP电话同价，但不收取本地网通话费。漫游业务方面，自中国港澳台地区拨打至中国内地的资费调整为2.00元/分钟，自中国港澳台地区以外的其他地区拨打至中国内地的资费调整为3.50元/分钟。自中国内地以外的国家和地区拨打至其他国家和地区的资费调整为5.50元/分钟，在开通海外业务的国家和地区拨打当地的资费调整为3.00元/分钟。3月21日，中国电信调整宜通电话国际和中国港澳台地区去话业务资费。4月1日，中国电信开放与中国台湾地区的宜通电话业务，上海电信承担相关的局数据工作。12月20日，中国电信增开宜通电话国内长途电话功能，资费参照既有的国内长途电话资费标准收取费用。

2002年，中国电信决定用思科VoIP产品构建新的宜通卡网络平台，由上海电信负责宜通卡新平台的网络整体维护职责。7月17日，北京宜通电话卡业务平台及计费中心割接至上海，割接后的业务平台具有处理400万张卡的能力。

截至2003年7月底，宜通电话卡的国内开放范围为南方21省(区、市)；国际长途直拨方面，宜通电话卡可通达17个国家和地区；国际漫游方面，宜通电话卡可在境外26个国家或地区使用。

2006年3月30日，中国电信正式发行17900全能打IP电话卡，宜通电话卡不再发行，已发行的可继续使用。

五、IP长途电话

IP电话是基于网际互连协议(Internet Protocol，IP)技术的语音传送业务。根据中国电信的业务规定，上海电信提供电话到电话的IP电话业务，根据主叫类型可分为主叫IP电话业务和记账卡IP电话业务。其中，主叫IP电话业务允许用户在任何一部已申请该业务的电话机上进行电话呼叫并根据主叫号码进行计费，业务接入码分别为全国接入码17901和省内接入码17909；记账卡IP电话业务按照持卡用户的付费方式和使用方式，分为按月付费用户(A类)、预先付费用户(B类)和一次付费用户(C类)，业务接入码分别为全国接入码17900和省内接入码17908。

1999年4月22日，信息产业部印发《关于同意进行IP电话业务试验的批复》，同意中国邮电电信总局、中国联通、吉通通信在北京等城市通过各自的公众计算机互联网络进行IP电话业务试验，明确试验期间各运营者之间暂不进行结算，但可与外国公司直接进行结算价谈判，结算价的标准原则上应一致。中国邮电电信总局在北京、上海等25个城市的本地电话网和中国电信公用计算机互联网络之间设立网关，进行电话机到电话机方式的 IP 电话业务试验，结束时间为是年 12 月底。

1999 年 4 月 27 日，信息产业部正式同意中国邮电电信总局采用记账卡方式，进行 IP 电话业务试验，核配接入号码为 17900。4 月 28 日，中国邮电电信总局在北京、上海、天津、沈阳、南京、杭州、福州、济南、武汉、长沙、广州、重庆、成都、西安等 14 个城市率先开通 IP 电话业务试验网，上海市长途电信局推出 17900IP 电话卡（中国电信 IP 卡）。

1999 年 5 月 6 日，中国邮电电信总局印发《关于中国电信 IP 电话业务试验安排的通知》，明确试验期间，IP 电话业务只提供国际、国内 IP 电话及传真业务，不提供本地 IP 电话业务。只对具有 IP 网关的本地网提供国内、国际长途业务，即主叫只能在具有 IP 网关的本地网发起呼叫，并且只能呼叫具有 IP 网关的本地网电话。IP 国际电话开放的国家为美国、加拿大、德国、法国、俄罗斯、瑞士、荷兰、意大利、以色列、智利、沙特阿拉伯、叙利亚、日本，开放的国内地区有中国香港、中国澳门、中国台湾地区。

1999 年 11 月 14 日，上海市长途电信局首次推出 IP 电话 C 类试验卡，具备开放 A、B 类卡功能和主叫方式功能，接入码为 81820，首先开通国内长途呼叫，又称上海电信 IP 电话卡。12 月 6 日，上海市邮电管理局印发《关于试开放本地 IP 电话业务的通知》，决定在上海市区和郊区（县）试开放本地 IP 电话业务，采用电话卡方式，要求各局于 12 月 10 日前开通业务。通话费同中国电信 IP 电话卡的通话费标准。12 月 25 日，本地 IP 电话卡开通国际和中国港澳台地区长途呼叫。

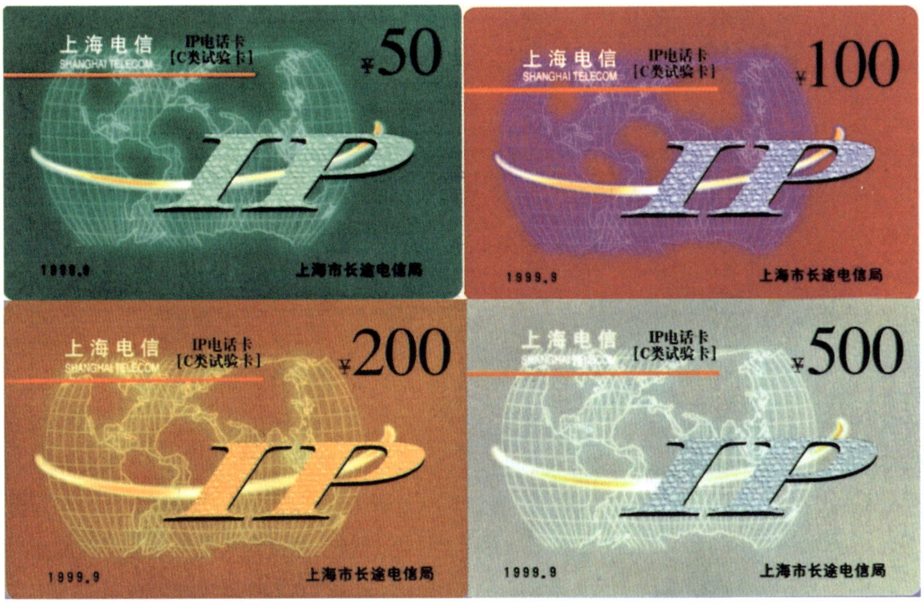

图 4-1-4　1999 年发行的上海电信 IP 试验卡

2000 年 3 月 24 日，信息产业部印发《关于开放我国 IP 电话业务的通告》，明确中国的 IP 电话业务于 4 月 1 日起正式开放，实行经营许可证制度，中国电信、中国联通、吉通公司、中国网通和中国移动（筹）等 5 个经营性互联网骨干网络经营单位为 IP 电话经营单位。4 月 1 日，中国电信正式运营 IP 电话，实行全国统一的电话资费标准，提供记账卡 IP 电话业务和主叫 IP 电话业务。

2000 年 5 月，上海市邮电管理局启用 17909 作为本地 IP 主叫直拨业务的接入号码，要求原接入码 81820 逐步过渡至 17908，同时推出 A 类卡业务和开放 17908IP 电话卡的上网功能，后于是年下半年在郊区（县）局开放 A 类卡业务。

表 4-1-18　2000 年 5 月 IP 电话资费标准情况表

方　　向	资　　费	备　　注
国内(不含中国港澳台地区)	0.30 元/分钟	—
中国港澳台地区	2.50 元/分钟	深圳至中国香港地区,中山、珠海至中国澳门地区：1.50 元/分钟
国际	4.80 元/分钟	—

说明：用户使用 IP 电话业务产生的本地电话接入费按本地网营业区内通话费标准收取。

2000 年 6 月,上海市邮电管理局推出 17909 主叫 IP 电话业务,正式推出 17908IP 电话卡,可在上海的任一双音频话机上拨打国际(不包括海事卫星)和国内长途电话,还具有余额查询、修改密码、缩位拨号、余额转移、固定及移动电话绑定等功能。同时,根据中国电信的要求,17909 主叫 IP 电话业务和 17908、17900IP 电话卡均增加固定用户拨打移动用户功能。

2001 年 3 月 21 日,中国电信 IP 电话开始执行新资费标准。4 月 3 日,上海电信转发《关于调整 IP 电话、宜通电话业务资费标准的通知》,要求 17908、17909 业务参照 17900 业务的资费标准执行。

表 4-1-19　2001 年 3 月 IP 电话标准资费情况表

方　　向	资　　费
国内(不含中国港澳台地区)	0.30 元/分钟
中国港澳台地区	1.50 元/分钟
美国、加拿大(含阿拉斯加和夏威夷,不含其他代码为"1"的国家和地区)	2.40 元/分钟
英国、法国、意大利、德国、新加坡、韩国、日本、澳大利亚、新西兰、马来西亚、印度尼西亚、菲律宾、泰国	3.60 元/分钟
其他国家 4.60 元/分钟	4.60 元/分钟

说明：用户使用 IP 电话业务产生的本地电话接入费按现行本地网营业区内通话费标准收取。

2001 年 6 月 23 日,中国电信 IP 电话业务通达范围增加至 50 个国家。

2002 年 3 月,上海电信推出 A 类卡和 C 类卡的主叫绑定功能。9 月,推出异网手机用户拨打 17908IP 电话的功能。

2002 年 11 月 1 日,上海电信向手机用户试推出 17909 主叫直拨 IP 电话业务,以注册的方式受理用户申请,采用固定电话捆绑移动电话开放 190、17909 业务,即业务发生的话费记在上海电信固定电话网上,随固定电话号码出账,一个固定电话主叫号码可捆绑多个移动电话主叫号码。

2002 年 11 月 20 日,中国电信正式推出 17901 主叫直拨 IP 电话业务,是针对移动电话用户开发的具备漫游使用功能的主叫直拨 IP 电话业务,客户群体主要为非中国电信的各类移动电话用户,包括 GSM、CDMA 后付费用户和神州行、如意通等预付费用户,通话范围包括国内(不含中国港澳台地区)电话、中国港澳台地区长途电话,以及国际长途电话,其中,国际长途电话的通达地点与 17900IP 电话业务相同。12 月 1 日,上海电信开放"17901 全能打"主叫直拨 IP 电话业务,采用预付费的方式,发生的话费从预付费余额中实时扣除。

2004年4月29日，上海电信印发《17901主叫直拨IP电话后付费业务管理办法(试行)》，决定对上海地区的移动通信用户全面开放17901主叫直拨IP电话后付费业务，预付费用户可与后付费用户互转，通话范围包括国内(不含中国港澳台地区)、中国港澳台地区，以及国际电话，被叫用户为固定电话、PHS无线市话和移动电话。

2005年1月21日，针对部分IP电话业务经营者在经营IP电话业务时，发行只在其他电信业务经营者网络的电话终端上使用的IP电话卡，或是只在其他电信业务经营者的电话网上开通IP电话直拨业务，信息产业部印发《关于规范IP电话业务开通及运营等有关问题的通知》，要求IP电话业务经营者停止发行和销售只能在他网电话终端上使用而不能在同一本地网的本网电话终端上使用的IP电话卡。5月15日，17901IP电话业务的开放范围调整为可在固定电话终端上注册捆绑使用，暂停发行普通全国充值卡。

2006年3月30日，中国电信推出17900全能打IP电话产品，正式发行17900全能打IP电话卡，固定电话、手机和小灵通均可使用，采用充值预付费卡的方式，集通话和充值等功能于一体，既可作为电话卡使用，也可作为充值卡使用，还具有余额转移和主叫绑定等功能，可在境外漫游使用，通达195个国家和地区，可漫游63个国家和地区。17900电话卡发行后，不再发行190300卡、宜通卡和17901卡，暂时保留17901业务充值接入码11818，取消021－63111818接入码。

2007年2月10日，上海电信调整17900全能打IP电话业务中国港澳台地区，以及国际和境外漫游通话费标准。9月1日，为防止不法分子非法套取结算费用的问题，上海电信根据中国电信的要求，调整部分方向的国际IP电话资费。

表4－1－20　2007年2月17900全能打中国港澳台地区和国际长途通话费标准情况表

拨　打　方　向	计费单位	标准资费
国内(不含中国港澳台地区)长途、中国香港地区	元/分钟	0.3
中国澳门、中国台湾地区	元/分钟	1.2
美国、加拿大、新加坡	元/分钟	0.3
韩国、泰国、俄罗斯、马来西亚	元/分钟	0.9
英国、法国、德国、芬兰、日本、越南、澳大利亚、印度尼西亚、匈牙利	元/分钟	3
阿富汗、佛得角、厄立特里亚、斐济、海地、洪都拉斯、莱索托、利比里亚、毛里塔尼亚、缅甸、尼泊尔、新喀里多尼亚、卡塔尔、圣基斯和尼维斯、阿拉伯联合酋长国	元/分钟	4.5
其他国家和地区	元/分钟	3.5

说明：以上资费不含IP电话本地接入费，本地接入费按现行本地区通话费标准收取。

表4－1－21　2007年2月17900全能打境外漫游通话费标准情况表

拨　打　方　向	计费单位	标准资费
自美国、加拿大拨打中国内地	元/分钟	1
自中国香港地区，自马来西亚、新加坡、英国、澳大利亚、法国、德国、芬兰、匈牙利拨打中国内地	元/分钟	1.5

〔续表〕

拨打方向	计费单位	标准资费
自中国台湾地区，自比利时、丹麦、希腊、以色列、韩国、卢森堡、摩纳哥、新西兰、波多黎各、瑞士、维尔京群岛(美)等拨打中国香港地区和中国内地	元/分钟	2.5
自印度尼西亚、泰国、俄罗斯、日本，自中国澳门地区拨打中国内地	元/分钟	4
自阿根廷、奥地利、巴西、智利、哥伦比亚、哥斯达黎加、塞浦路斯、捷克、多米尼加、多米尼加共和国、斐济、格林纳达、冰岛、印度、意大利、牙买加、拉脱维亚、墨西哥、荷兰、挪威、巴拿马、秘鲁、菲律宾、波兰、葡萄牙、圣基斯和尼维斯、圣卢西亚、南非、西班牙、瑞典、特立尼达和多巴哥、乌拉圭、委内瑞拉、巴哈马群岛、百慕大群岛等拨打中国香港地区和中国内地	元/分钟	4.5
在以上国家或地区拨打当地(不含中国香港地区)及第三国	元/分钟	7

表 4-1-22　2000—2010 年国内(不含中国港澳台地区)、中国港澳台地区、国际 IP 话务量情况表

年份	国内(不含中国港澳台地区)		中国港澳台地区		国际	
	次数(万次)	分钟数(万分钟)	次数(万次)	分钟数(万分钟)	次数(万次)	分钟数(万分钟)
2000	—	—	—	—	—	—
2001	25 262	—	799	—	980	—
2002	28 758	—	1 217	—	1 396	—
2003	36 851	140 094	1 569	5 441	1 902	7 620
2004	51 312	221 811	1 484	5 363	2 023	8 711
2005	58 276	259 783	1 495	5 550	2 464	10 916
2006	55 504	234 679	1 592	5 867	2 896	13 431
2007	51 182	206 432	1 493	6 035	3 335	16 869
2008	50 761	212 915	1 309	6 116	2 879	16 056
2009	41 566	150 739	1 058	4 317	2 388	12 594
2010	—	—	—	—	—	—

六、分时计费长途电话

2005 年下半年，中国电信长途电话业务下滑明显，特别是中国港澳台地区和国际话务量流失严重。为提高长话业务市场份额，中国电信决定在 2006 年春节期间开展全国长话促销活动。

2006 年 1 月 28 日，上海电信面向后付费小灵通用户和具有长途直拨功能的固定电话用户开展长话促销活动，用户拨打国内(不含中国港澳台地区)、中国港澳台地区和指定 10 个国家的长途电话可获得单次通话话费封顶的资费优惠。促销活动采用全国统一的 11808 作为接入码，按市话“3+1”资费标准收取市话接入费。促销期内，通过 11808 拨打其他国家和地区的电话以及非活动对象通过 11808 拨打长途电话，按 IP 电话标准收费。4 月 27 日，上海电信印发《关于做好 11808 长话优惠活动工作的通知》，明确自 5 月 1 日起，每逢元旦、五一、中秋、十一和春节期间执行优惠资费；平日的每日 22 时至次日 8 时也执行优惠资费。9 月 1 日起，11808 长途电话的平日优惠时间调整为每日 19 时至次日 8 时。

表 4－1－23　2006 年 1 月 11808 长话促销资费标准情况表

单次拨打国内（不含中国港澳台地区）长途		单次拨打中国港澳台地区长途		单次拨打国际长途	
6 分钟以内（含）通话	0.3 元/分钟	1 分钟以内（含）通话	1.5 元/分钟	1 分钟以内（含）通话	美国、加拿大按 IP 标准资费收，其他优惠国际方向按 2.99 元/分钟收取（优惠范围详见说明）
超过 6 分钟的通话	45 分钟内（含）收 1.99 元，超出部分按 IP 标准资费 0.3 元/分钟收取	超过 1 分钟的通话	中国港台地区 10 分钟（澳门地区 5 分钟）内（含）收 1.99 元，超出部分按 IP 标准资费 1.5 元/分钟收取	超过 1 分钟的通话	10 分钟内（含）收 2.99 元，超出部分按拨打各国 IP 标准资费收取

说明：10 个国家为美国、加拿大、新加坡的固话和移动电话，以及英国、法国、德国、意大利、澳大利亚、日本、韩国的固定电话。

2007 年 9 月 26 日，中国电信调整 11808 的业务方案，将其定位为普惠型的长话产品，不再作为促销产品，不再收取接入费。

2008 年 2 月 1 日，11808 长话优惠由营销活动改为长话产品，上海电信将其命名为 11808 分时计费长话，实行新的资费标准，明确平日的闲时时段为每日 22 时至次日 8 时，忙时时段为每日 8 时至 22 时。

表 4－1－24　2008 年 2 月 11808 分时计费长途电话资费标准情况表

通达方向		11808 分时计费长话资费
国内（不含中国港澳台地区）	闲时	单次通话时长在 30 分钟（含）以内收取 3.60 元
		20 分钟内（含）通话按照 0.18 元/分钟收取
		超过 30 分钟部分按照 0.12 元/分钟收取
	忙时	单次通话时长在 30 分钟（含）以内收取 3.60 元
		10 分钟内（含）通话按照 0.36 元/分钟收取
		超过 30 分钟部分按照 0.12 元/分钟收取
中国台港地区		单次通话 10 分钟以内（含），3.60 元
		超过 10 分钟部分，0.40 元/分钟

说明：使用 11808 分时计费长话业务不收取市话接入费。

2009 年 1 月 23 日起，上海电信开通 CDMA 移动用户使用 11808 长途电话业务，调整业务资费。国内长途电话方面：闲时单次通话时长 15 分钟（含）以内按 0.18 元/分钟收费，15 分钟以上部分按 0.09 元/分钟收费；忙时单次通话时长 15 分钟（含）以内按 0.36 元/分钟收费，15 分钟以上部分按 0.18 元/分钟收费。国际电话方面：美国、加拿大、新加坡方向单次通话时长在 10 分钟（含）以内按 0.40 元/分钟收费，10 分钟以上部分按 0.30 元/分钟收费；韩国、马来西亚、泰国、日本、澳大利亚、英国、法国、德国、意大利方向单次通话时长在 10 分钟(含)以内按 0.80 元/分钟收费，10 分钟以上部分按 0.50 元/分钟收费。中国港澳台地区电话方面，中国香港地区方向单次通话时长在 10 分钟(含)以内按 0.40 元/分钟收费，10 分钟以上部分按 0.30 元/分钟收费；中国台湾地区、中国澳门方向单次通话时长在 10 分钟(含)以内按 0.80 元/分钟收费，10 分钟以上部分按 0.50 元/分钟收费。

表 4-1-25　2008—2010 年 11808 长话业务通话次数情况表　　单位：次

指 标 名 称	完 成 实 绩		
	2008 年	2009 年	2010 年
11808 国内(不含中国港澳台地区)长途通话次数	18 408 847	20 450 768	—
11808 中国港澳台地区长途通话次数	307 790	495 993	—
11808 国际长途通话次数	437 298	742 334	—

表 4-1-26　2008—2010 年 11808 长话业务通话时长情况表　　单位：分钟

指 标 名 称	完 成 实 绩		
	2008 年	2009 年	2010 年
11808 国内(不含中国港澳台地区)长途通话分钟	131 228 841	126 558 897	—
11808 中国港澳台地区长途通话分钟	1 950 515	2 690 424	4 341 331
11808 国际长途通话分钟	3 155 002	4 803 112	88 087 161

第三节　无 线 市 话

一、PHS 无线市话

PHS 无线市话业务源自日本个人手持式电话系统(Personal Handy-phone System，PHS)。日本的 NTT DoCoMo、DDIPocket、ASTEL 三家公司于 1995 年相继开通 PHS 业务，采用微蜂窝技术，将手持电话以无线方式接入固定通信网，作为固定电话的延伸，提高电信网络资源的利用率。中国最早的 PHS 无线市话业务于 1997 年年底出现在浙江省余杭市，俗称“小灵通”。至 1999 年，小灵通已在 196 个城市得以应用，用户达 55 万。

2003 年 5 月 17 日，上海电信在松江、奉贤地区向社会试点开放小灵通业务。7 月 1 日，上海电信在嘉定、崇明、金山、青浦、南汇地区和宝山部分地区开放小灵通业务。是年，开放本地电话、国内(不含中国港澳台地区)电话、中国港澳台地区电话、国际电话、17909IP 电话、转移呼叫、呼出及呼入限制、来电显示、Centrex、PHS 一号通(双振铃业务)、短信等业务，用户受理及业务开放采用即买即开的方式。年末，小灵通用户数近 12 万户。

图 4-1-5　2003 年小灵通业务标志(上海版)

表 4-1-27　2003 年小灵通资费标准情况表

收费项目	资费标准
调测费	100 元/号/次
开户手续费	10 元/号
月租费	30 元/号(不含 6 元通话费抵扣)
本地通话费	前 3 分钟 0.22 元;其后 0.11 元/分钟
长途通信费	同普通电话标准
基本补充业务	呼叫等待、遇忙转移、无条件前转、无应答转移、呼出限制、三方通话、呼入限制

2004 年年初,上海电信开通小灵通拨号上网业务和短信方式的盲区呼业务。3 月 1 日,上海电信推出小灵通预付费业务,无基本月租费,通话费按实计收,本地通话费为前 3 分钟 0.30 元,每增加 1 分钟,加收 0.15 元,长途通话费和 17909IP 主叫直拨通话费同上海电信固话和 IP 电话资费标准。4 月 20 日,上海电信 PHS 无线市话系统获上海市无线电管理局发的电台执照,纳入政府规范管理渠道。5 月 18 日,小灵通正式在上海市区放号,放号地区为浦东地区的 6 个区域、莘闵地区的 7 个区域、浦西地区的 23 个区域以及 6 所大学本部或校区,首日用户突破 3 200 户。7 月 1 日,上海电信开放小灵通不可及转移业务。年末,小灵通用户数达 105 万户。

表 4-1-28　2004 年小灵通预付费资费标准情况表

资费项目	资费标准
月租费	—
通话费	前 3 分钟 0.30 元;其后 0.15 元/分钟
长途通话费	同普通电话标准

2005 年 5 月 17 日,上海电信的机卡分离小灵通进入试商用阶段,10 月 1 日正式商用。机卡分离是指用户数据存储在小灵通 SIM 卡内,通过网络鉴权实现用户身份鉴权和用户数据加密,从而实现小灵通终端与用户数据的分离。机卡分离后,用户可以自行更换小灵通终端和办理新的 SIM 卡,灵活换机和换号,上海电信还提供基于 SIM 卡的增值业务。7 月 1 日,上海电信取消小灵通业务一次性安装调测费。9 月 1 日,根据上海市通信管理局的要求,上海电信对购买小灵通的用户实行实名制度,用户须凭本人有效身份证件购买小灵通 SIM 卡或机卡合一小灵通。12 月,上海电信开通灵通邮箱业务,用户可通过小灵通收发电子邮件,还能收到新邮件到达的短信通知。年末,小灵通用户数达 188 万户。

2006 年 4 月,上海电信推出灵通秘书业务,当该业务用户的小灵通关机、不在服务区、通话中或者无人接听时,其来电会自动转接到"灵通秘书台",以免费短信的方式通知用户来电的时间和号码,以及是否有留言。8 月 11 日,中国电信印发《关于全国开展小灵通 SIM 卡 STK 增值业务商用工作的通知》,决定在全国开展小灵通 SIM 卡 STK 增值业务的商用工作,要求各省公司于 9 月 15 日前正式对用户开放业务。小灵通 SIM 卡 STK 增值业务包括信息服务、聊天交友、电子商务等服务应用。年末,小灵通用户数达到 260 万户。

2007年，上海电信推出小灵通定位服务，为用户提供子女、老人的位置情况。年末，小灵通用户总数较2006年减少100万户。

2008年4月，上海电信调整小灵通业务资费标准。后付费业务月租费下调为9元/月，本地通话费下调为前3分钟0.20元，其后每分钟加收0.10元；预付费业务租费不变，本地通话费下调为0.10元/月。5月15日，小灵通业务实现与浙江杭州、安徽合肥小灵通跨域使用，10月下旬，与江苏南京、苏州实现漫游。是年，小灵通用户较2007年减少9.45万户。

2009年年初，工业和信息化部印发《关于1 900—1 920 MHz频段无线接入系统相关事宜的通知》，明确将于2011年年底前收回该频段，要求相关运营商做好清频退网工作，“小灵通”进入退市倒计时。根据集团公司要求，上海电信于2010年7月1日停止发展新入网小灵通用户。2010年年末，上海电信的小灵通用户数下降至66.7万户，本地区内区间通话全年累计次数下降至2.5亿次，同比下降65.4%。

表4-1-29　2003—2010年小灵通年末用户数情况表　　单位：户

年　份	小灵通用户数
2003	119 173
2004	1 053 262
2005	1 883 471
2006	2 608 277
2007	1 647 975
2008	1 553 519
2009	768 880
2010	666 749

二、CDMA无线市话

CDMA无线市话又名大灵通，采用CDMA WLL通信系统，工作于1 895 MHz—1 900 MHz/1 975 MHz—1 980 MHz频段。上海的大灵通网络于1996年12月投入运营，其目的是为了解决电话大放号过程中，上海市区部分旧城区缺线缺号的问题。基站主要设置在上海市郊边缘区域、老城厢棚户地域、部分新建小区等机线设备困难地区。

2000年公司化运行后，上海电信于2001年6月印发《关于实施CDMA无线接入解决电话装移机业务的通知》，决定采用CDMA无线接入终端，解决本地网部分缺线、缺号地区用户电话装、移机的需求。该业务开放本地网通话和国内直拨功能，可开放转移呼叫、主叫号码显示等附加业务。2002年，为充分利用网络存量资源，上海电信开始发展部分包月制便携终端用户。

随着信息产业部在上海正式开展3G外场试验，由于CDMA WLL无线系统的下行频段与3G频率存在冲突，上海电信根据通信管理局的要求，开始实施CDMA WLL无线接入退网工作，以确保上海3G外场试验的顺利进行。2004年12月31日24时，上海电信的CDMA WLL无线市话网络正式停止运营，无线市话用户可选择转为PHS小灵通用户或退网，用户号段为22885XXX－22899XXX，23885XXX－23889XXX，24885XX－24889XXX，2588XXXX，26885XXX－26885XXX及26895XXX－26899XXX。

第四节　增 值 业 务

一、固网短信

2001 年，中国电信正式开始固网短消息业务的开发工作，将业务品牌命名为“家家 e”。

2002 年 1 月 18 日，上海电信推出固网短消息业务，人工接入码是 11868，自动接入码是 11866，可提供短消息互发（每条短消息小于 70 个汉字）、短消息订阅、短消息点播等功能。3 月 9 日，信息产业部同意固定电信网短信息业务商用试验方案，上海是试验区域之一。

表 4-1-30　2002 年 1 月固网短信业务资费标准情况表

资费项目	资费标准
接入费	11868：按市话标准计费；11866：免费
开户费	8 元
月租费	8 元（已有来电显示功能用户，若开通固网短信功能，不再另收来电显示费用）
通信费	0.08 元/条

2003 年 5 月 17 日，上海电信的“家家 e”业务和上海联通的手机实现短信互通。同时，随着小灵通业务的开放，推出小灵通短信业务。9 月，中国电信将固网短信名称由“家家 e”变更为“家加 e”。11 月，中国电信将“家加 e”短信、小灵通短信及语音短信统一包装为中国电信固网短信业务，业务接入码为 118600，实现小灵通、“家加 e”之间文字短信的收发，资费标准为 0.08 元/条，且不另收通话费。

图 4-1-6　中国电信和中国网通实现灵通短信互发新闻发布会

2004年上半年,"家加e"用户与移动手机用户实现互相发送短信的功能,小灵通用户实现向移动用户发送短信的功能。9月4日,上海电信推出小灵通"短信卡"业务。用户通过短信卡,可以在小灵通网站免费向小灵通用户发送短消息。9月27日,中国电信与中国网通联合启动"灵通中国行"活动,小灵通用户实现全国短信互发。10月18日,小灵通短信、"家加e"短信和上海移动手机在上海、江苏、吉林、河北四省市实现互通;11月1日,上海电信和上海联通实现短信互联互通,至2005年,上海的小灵通用户已经能和全国的移动、联通用户互发短信。是年,上海电信在扩充小灵通短信平台和网络能力的同时,还与服务提供商合作开发信息定制、文字聊天、信息查询等短信增值业务,短信业务量由2004年年初的每日4万条左右增加到年末的每日80多万条。

2005年8月30日,上海电信核配1108作为小灵通预付费用户查询余额的短信代码。9月9日,中国电信开通小灵通与中国香港地区的短信互通业务。是月,小灵通短信实现通过发送字母(如KTYLZK)到10000号,实现相关业务开通申请的功能(包括"家加e")。

表4-1-31　2005年2月上海电信小灵通短信资费标准情况表

资费项目	资费标准
网内短信	0.08元/条
网间短信	0.10元/条
国际短信	0.80元/条
短信接收	免费

2006年2月,上海电信根据中国电信要求,开展短信业务资费自查自纠工作,重点规范SP短信业务。9月1日,中国联通与中国电信网间短信业务取消"106"前缀,联通移动用户可以通过输入被叫号码"0+国内长途区号+固定本地电话号码"的方式发送短信给中国电信的固定电话用户。12月1日,小灵通SP短信开通短信查询退订功能,编辑"0000"和"00000"发送短信至10000,即可查询和退订所有订制的SP业务。

2007年3月1日,上海电信为小灵通用户提供短信方式查询SP短信服务费用金额的功能,可查询截至查询日前一个月的月消费金额,但不提供短信方式的详单查询。是年,小灵通点对点短信发送量达2.9亿条。

2008年农历除夕当日,上海电信小灵通用户祝福短信发送量突破百万大关。5月12日汶川大地震发生后,中国电信参与红十字救援行动,配合中国红十字总会开展短信募捐,于5月13日零时开通小灵通短信捐款通道。5月30日24时,中国电信向社会提供"5·12汶川地震寻亲服务",开通寻亲短信和报平安短信。

表4-1-32　2003—2010年固网短信发送量情况表　　单位:条

年份	家加e	小灵通
2003	3 393 128	—
2004	6 794 332	—
2005	1 736 064	634 029 223

〔续表〕

年　　份	家　加　e	小　灵　通
2006	2 770 522	806 440 132
2007	1 390 815	866 200 536
2008	460 105	341 031 593
2009	—	56 496 049
2010	—	5 215 972

二、来电显示

来电显示业务由上海市电话局于 1998 年 7 月 20 日推出，可以显示来电号码、来电时间、来电日期并实现多个来电号码的储存，是年有用户 5 031 户。2000 年 2 月 1 日，来电显示业务试行新资费标准，月租费 6 元。12 月 4 日，根据中共中央办公厅的要求，党政专用电信网内不启用主叫号码来电显示功能，省内党政专用电信网是否启用来电显示功能需报省委办公厅批准。上海电信遵照执行。2001 年 6 月 1 日，根据中国电信要求，来电显示业务正式执行新资费标准，登记费 8 元，月租费 6 元。2002 年年末，来电显示用户突破 100 万。截至 2010 年年末，来电显示用户达到 773 万。

表 4 - 1 - 33　2001—2010 年来电显示用户数情况表　　单位：户

年　　份	来电显示用户数
2001	463 514
2002	1 237 034
2003	1 743 710
2004	3 230 604
2005	4 414 463
2006	5 394 348
2007	4 827 423
2008	6 510 680
2009	6 280 701
2010	7 734 052

三、固网智能化业务

【号码携带】

号码携带业务由上海市电话局于 1998 年开通，满足用户移机时保留原号码的要求，初期仅开通于 S - 1240 型程控交换机，后适用于固定电话、ISDN、Centrex 引示号、WAC 引示号用户。截至

2002 年 8 月，号码携带用户达 6 220 户。

2004 年 2 月 1 日，号码携带月租费由每号每月 100 元调整为每号每月 10 元。

2005 年，上海电信试开放基于固网智能网的号码携带业务。截至 2006 年，号码携带业务用户达到 3 万户。

2008 年 3 月 1 日，私人住宅电话号码携带标准月租费正式调整为每月 6 元/号。

2009 年 12 月 1 日，号码携带业务执行新资费标准，新增一次性收费方式，办公用户为 600 元/号，私人住宅为 200 元/号，不再按月收费；同时将办公电话月功能使用费调整为每月 35 元/号。

2010 年 6 月 18 日，上海电信再次调整号码携带业务资费标准，取消按月支付收费模式，公众客户为每号线 30 元/次，政企客户为每号线 100 元/次（含交换机中继线）。

表 4－1－34　2001—2010 年上海电信号码携带业务用户情况表　　单位：户

年　份	用　户　数
2001	5 656
2002	7 965
2003	10 397
2004	12 453
2005	15 433
2006	29 951
2007	50 301
2008	85 580
2009	225 105
2010	275 657

【同振/顺呼】

2003 年上半年，中国电信安排部分省（市）电信公司进行同时振铃业务的开发和推广试点工作，接入码为 118106，使用小灵通为主号码，联系人拨打用户主号码时，其关联的多部电话都能同时振铃，用户可选择任一终端接听电话。2005 年 5 月 17 日，同振/顺呼业务（简称“同振业务”）投入商用。6 月 27 日，上海电信在南汇电信局和浦东电信局试行同振/顺呼业务，不包括浦东机场局，不能与七彩铃音同时开通，月功能使用费为每月 6 元/号。2006 年 1 月，上海电信开展新一轮同振业务推广宣传活动，用户可免费使用同振业务至 6 月底。2 月，上海电信解决同振/顺呼和七彩铃音的互斥问题。7 月 1 日，上海电信开始对新申请用户按资费标准收取月功能费。年末，同振/顺呼用户超过 10 万户。

【一号通】

2004 年 8 月 9 日，上海电信向社会开放一号通业务，又称个人通用号码，业务接入码为 96016。用户可申请 8 位虚拟号码或小灵通手机号作为一号通号码，依次将来电转移到自己设定的最多不超过三个通信号码中的一个上，范围涵盖上海本地或国内固定电话或小灵通、移动电话、自动寻呼机、可直接拨入的语音信箱等。一号通资费由月功能费(每月6元/号)、开户费和呼叫转移费构成。

2005年4月,上海电信要求在201平台开放一号通业务直拨功能,即“201”用户摘机可直接拨打96016接入码。5月,上海移动的手机可以拨打上海电信的一号通业务。

表4-1-35　2005年4月一号通业务资费标准情况表

资费项目	资费标准
开户费	10元
月使用费	6元
呼叫转移费	上海市范围内:免收;国内长途:0.30元/分钟

【固网七彩铃音】

2005年5月17日,七彩铃音业务投入商用,用户可以通过WEB页面、短信、互动式语音应答、营业厅、10000号或人工定制(如160)等多种方式对电话用户开通和取消七彩铃音业务,其中,“118100.cn”是全国门户网站,118100是铃音定制的短信代码。七彩铃音即个性化回铃音,以用户事先设置的个性化音乐或音效代替传统的回铃音。资费主要由月使用费、铃音定制费和通信费构成。6月1日,上海电信推出小灵通七彩铃音业务,用户可以通过营业厅、10000号人工、10000号语音自助、短信、网上营业厅进行业务申请。资费同固网七彩铃音。11月1日,开放商务七彩铃音业务。

表4-1-36　2005年固网七彩铃音业务资费标准情况表

项目	资费
月使用费	5元/月
铃音定制费	0—5元/条,按条计费
通信费	用户通过电话或短信申请和取消业务产生的通信费按现行资费标准收取

2008年1月18日,上海电信面向政企用户的各类套餐新增商务彩铃的资费标准,单独申请商务彩铃的用户免收开户费。同时,随着中国电信数字音乐主打品牌“爱音乐”正式上线,固网七彩铃音业务作为“爱音乐”品牌的产品和功能之一,向固定电话用户提供个性化回铃音功能服务。截至2010年,七彩铃音的定制渠道已包括WEB门户、WAP门户、自助语音门户、短信门户、网上营业厅和爱音乐客户端等。12月20日,上海电信再次调整商务七彩铃音业务资费标准。年末,上海电信固网七彩铃音收入达11 214万元。

表4-1-37　2008年商务彩铃资费情况表

项目	资费
群内子号线≤20线	(5元+2元)/月/线
群内子号线>20线	(5元+1元)/月/线
铃音制作费	300元/首,免首次铃音制作费

表 4-1-38　2010 年商务彩铃资费情况表

项　　目	资　　费
功能费	每月 5 元/号
铃音制作费	每次 300 元/首

四、智能网业务

【400 主被叫分摊付费电话】

2002 年,中国电信利用全国骨干智能网资源,组织开发主被叫分摊付费业务,业务编号方式为 4008+N1N2+ABCD,又称 400 主被叫分摊电话,品牌名为"一码通——商务热线"。业务资费包括开户费、功能使用费和通话费。11 月 20 日,中国电信举办商务热线业务启动仪式,向来自证券业、银行业、保险业等行业的客户介绍和演示商务热线的业务产品、组网应用解决方案和服务,并与国泰君安、银河证券等 8 家券商现场签订合作意向书。12 月 30 日,上海市通信管理局同意上海电信启用 400 业务,核配数据库标识码为 800—899 的码号使用权。

2003 年 4 月,中国电信在南方 21 省推广主被叫分摊付费业务。6 月 25 日,上海电信在四季酒店举办中国电信"一码通"商务热线行业推介会。截至 6 月底,"一码通"签约和预订用户超过 15 家,中国银河证券有限责任公司上海总部是上海电信首家"一码通"业务客户,热线号码为 4008888888。7 月,上海电信推出 4008 主被叫分摊付费业务。7 月 15 日,中国移动通信集团公司在其移动电话网内为中国电信集团公司开放 4008 主被叫分摊付费业务。8 月,上海电信与百胜咨询(上海)有限公司签订合作协议,百胜咨询是上海电信在商业服务领域的首家"一码通"客户。10 月 1 日,主被叫分摊付费电话开始开放部分国家的国际来话呼叫。

2004 年 2 月 27 日,中国电信印发《关于启用 4008 业务部分号码段的通知》,启用 40081ABCDE 号段,作为全国"一码通——商务热线"业务接入码;下发《中国电信省内"一码通——商务热线"业务实现建议方案》,要求各省公司参照全国"一码通——商务热线"业务功能,利用省内智能网资源,为业务客户提供全省统一接入号码,启用 400896ABCD、400899ABCD,作为各省省内"一码通——商务热线"业务的接入码,仅限于省内使用。3 月 3 日,美国驻上海总领事馆正式启用中国签证信息话务中心电话 4008-872-333。是年,上海电信共发展 4008 客户 10 家,主要分布于保险业、证券业和商务服务等领域。

2005 年 10 月,中国电信新开通 40082、40083 号段,作为原有 800 号码的补充,解决移动电话拨打 800 电话的问题。

2006 年 4 月 26 日,中国电信组织开发"一码通——商务热线"的国际和中国港澳台地区来话、客户呼叫中心在国际及中国港澳台地区的呼叫接入、通话详单查询、话务量统计、手机用户拨打区分本地和长途计费等新功能。年末,上海电信的"一码通——商务热线"用户数突破千户,达到 1 178 户。

截至 2010 年年底,4008 业务用户数为 10 045 户。

【800 被叫集中付费电话】

被叫集中付费业务包括国内被叫集中付费业务(简称"国内 800"),国际被叫集中付费业务

(International Freephone Service, IFS,简称“国际 800”)和全球被叫集中付费业务(Universal International Freephone Number, UIFN,简称“全球 800”)。

国内 800 业务　国内 800 业务是利用电话网的汇接功能和智能网的号码翻译、路由选择功能,为业务客户提供的全国智能网业务。具有全国统一接入号码、智能来话接续、受话人支付话费等特点。

上海于 1995 年 11 月试开放长途 800 业务,业务编号是 800820ABCD。1996 年 3 月,上海开放本地 800 业务,业务编号是 800620ABCD。1996 年 5 月 17 日,800 电话被叫付费业务正式向社会开放,上海公兴搬场公司是该业务的第一个用户,号码为 8006201987。是年,共发展 800 业务用户 30 户。1998 年 9 月 1 日,中国邮电电信总局在全国范围内正式开放国内 800 业务。截至 1999 年年底,上海共有国内 800 用户 713 户。

2000 年 3 月 1 日,卡式公用电话和学校校园学生宿舍电话取消拨打 800 业务的功能。4 月,国内 800 业务试收选号费用。

2001 年,上海电信推出“亲子 800”和临时长途 800 业务。其中,临时长途 800 业务,是指由电信公司临时提供长途 800 号码(编码:800820 * * * *)给用户的业务,由用户指定开通、关闭的时间,主要满足用户出差、旅游到外省市期间和上海指定电话的通信需求,适用于各类私人用户和企事业单位用户。

2006 年,中国电信核配 800988 新号段供上海电信发展国内 800 业务使用。4 月 21 日,上海市通信管理局同意上海电信启用 800988 号段作为发展全国被叫集中付费智能业务的接入码。

截至 2010 年年末,上海电信国内 800 业务用户数为 7 201 户。

表 4-1-39　2001—2010 年国内 800 业务用户数情况表　　单位:户

年　份	800 业务用户		
	本地用户	长途用户	合　计
2001	—	—	1 405
2002	354	1 495	1 849
2003	353	1 996	2 349
2004	354	2 787	3 141
2005	—	3 713	3 717
2006	—	4 158	4 158
2007	—	5 703	5 703
2008	—	—	6 076
2009	—	—	5 951
2010	—	—	7 201

表 4-1-40　800 被叫集中付费电话标准资费情况表

项　目	计 费 单 位	资 费 (元)
开户费	每次	100
基本业务费	每月	50

〔续表〕

项　目		计 费 单 位	资 费 (元)
通话费	本地	每分钟	0.15
	国内、国际	与国内、国际长话资费标准相同	
		实行分时段计费	
功能费	呼叫阻截	每项每月	20
	密码接入	每项每月	20
	呼叫次数限制	每项每月	20
优惠： 1. 上海本地通话费 0.08 元/分钟； 2. 当月国内通话达到一定费用，可享受分级累进优惠。 说明：国内长话资费：0.07 元/6 秒(每天 0:00—7:00，每 6 秒钟通话费 0.04 元，新疆、西藏的长途电话优惠执行时间向后顺延 2 小时)；中国港澳台地区长话资费：0.20 元/6 秒；国际长话资费：0.80 元/6 秒(每天 0:00—7:00，日本、美国、新加坡、澳大利亚、新西兰、法国、英国、意大利、泰国、马来西亚、德国、加拿大、菲律宾、印度尼西亚、韩国等 15 个国家实行 6 折优惠，即每 6 秒钟通话费 0.48 元)			

国际 800 业务　国际 800 业务是涉及国际公众电话网和国际智能网的国际智能业务，根据接入码方式不同，分为国际被叫集中付费业务和全球被叫集中付费业务。国际被叫集中付费业务的业务接入码由发话所在国或地区电信部门指定，多以 800 开头，故简称“国际 800 业务”。全球被叫集中付费业务的业务接入码由国际电联指定，接入码全球统一，故简称“全球 800 业务”。

中国邮电电信总局于 1999 年 10 月 1 日在全国范围正式开放国际 800 业务，包括国际被叫集中付费业务和全球被叫集中付费业务。截至是年年末，开通意大利、韩国、日本、澳大利亚、加拿大、德国、比利时、英国、法国、以色列、芬兰、新西兰、泰国、菲律宾、波兰、瑞士、丹麦等国家，以及中国澳门地区的“国际 800 业务”。

2000 年 1 月 17 日，中国邮电电信总局开通与美国 Sprint 公司的全球 800 业务。5 月 8 日，开通与德国电信的国际 800 来话业务。5 月 10 日，开通与美国 MCI WorldCom 公司的双边全球 800 业务和美国 MCI WorldCom 公司至中国的国际 800 来话业务。5 月 22 日，开通中国澳门地区至内地的全球 800 来话业务。6 月 12 日，开通与匈牙利 MATAV 公司的双边全球 800 业务和匈牙利至中国的双边国际 800 业务。6 月 14 日，开通与泰国 CAT 公司的双边国际 800 业务。7 月 21 日，开通与中国香港电讯的全球 800 来话业务。7 月 27 日，开通中国至巴林的双边国际 800 业务。

2001 年 1 月，国际 800 业务正式向上海的企事业单位开放，具有唯一号码、呼叫阻截、呼叫转移、密码接入、呼叫分配等功能。5 月 21 日，中国电信与美国 AT&T 公司开通全球 800 业务。截至 2002 年年底，上海电信的国际 800 业务用户数为 44 户。

2003 年 5 月 21 日，中国电信集团公司和中国台湾“中华电信”达成协议，开通中国大陆至中国台湾地区的全球 800 业务。11 月，中国电信与中国网通完成国际 800 业务用户和业务平台的拆分工作。上海电信受中国电信集团公司的委托，在上海设立国际智能网业务管理中心。

2007 年 4 月 8 日，中国电信开放中国大陆至中国台湾地区的主叫付费 800 业务。

2010 年 10 月 1 日，上海电信对 CDMA 移动用户开放全球 800、国际 800 业务，CDMA 移动用户在国内(不含中国港澳台地区)主叫使用全球 800 和国际 800 免收接入费。

表 4-1-41　国际 800 业务标准资费情况表

项　目			计费单位	资　费（元）
国际被叫集中付费	开户费		每号	200
	基本服务费		每月	100
通话费			与 IDD 资费标准相同,实行分时段计费	
功能费	呼叫阻截、密码接入、呼叫该 800 号次数限制	月使用费	每项	20
说明:中国港澳台地区长话资费:0.20 元/6 秒;国际长话资费:0.80 元/6 秒(每天 0:00—7:00,日本、美国、新加坡、澳大利亚、新西兰、法国、英国、意大利、泰国、马来西亚、德国、加拿大、菲律宾、印度尼西亚、韩国等 15 个国家实行 6 折优惠,即每 6 秒钟通话费 0.48 元)				

表 4-1-42　全球 800 业务标准资费情况表

项　目			计费单位	资费(元)
国际被叫集中付费	开户费		每号	1 500
	基本服务费		每月	100
通话费			与 IDD 资费标准相同,实行分时段计费	
功能费	呼叫阻截、密码接入、呼叫该 800 号次数限制	月使用费	每项	20
说明:中国港澳台地区长话资费:0.20 元/6 秒;国际长话资费:0.80 元/6 秒(每天 0:00—7:00,日本、美国、新加坡、澳大利亚、新西兰、法国、英国、意大利、泰国、马来西亚、德国、加拿大、菲律宾、印度尼西亚、韩国等 15 个国家实行 6 折优惠,即每 6 秒钟通话费 0.48 元)				

【储值电话】

2001 年 11 月,上海电信试运行储值电话业务,是基于智能网实现的固定电话预付费业务,仅在普通直线电话上开放,不开具账单,电话接入码为 85111,提供电话拨打、充值、查询余额和修改密码等功能,充值金额不设使用期限,可抵扣月租费、通话费等。用户可在储值的范围内拨打本地电话、国际和国内直拨长途。当储值余额为零或负值时,不能拨打计费电话。每月 1 日,智能网系统自动扣除储值电话用户当月的月租费。储值电话同时开放来电显示、呼出加锁等程控服务项目,但不开放号码携带、ADSL 宽带接入、先装后拆业务和上网呼叫等待、800 等其他智能网业务,不能拨打声讯服务号码。

表 4-1-43　2001 年储值电话资费标准情况表　　单价:元

收费类别	住宅用户	办公用户
月租费	25	35
本地通话费抵扣	6	无抵扣
本地计费方式“3+1”	0.20+0.10	0.22+0.11

图 4-1-7 上海电信发行的储值电话专用卡

2002 年 3 月 21 日，上海电信印发《普通直线电话与储值电话互改的业务处理规定》，明确在不改变号码、不改变装机地址、不改变用户类型的前提下，不再以“拆、装”方式解决普通直线电话与储值电话的互改。互改手续费为 10 元。此外，非沪籍预付费储值电话用户改为后付费普通固话时，需由本地人士提供担保或缴付 600 元押金。3 月 27 日，推出“信天游”电话储值业务。4 月 1 日，住宅储值电话新增资费品种，基本月租费 20 元，无区内通话抵扣费。

2003 年 5 月 12 日起，储值电话可直接拨打对方号码，开放宽带接入、IP 卡类电话业务，以及除“会议电话”“三方通话”之外的其他各种程控服务项目。同时，启用“96011999”作为用户充值、查询卡内余额及修改密码等服务的接入码，取消原接入码 85111。是年，储值电话业务净增用户 9 372 户，达到 15 701 户。

2004 年，储值电话用户达到 28 331 户。

2005 年，随着上海电信卡实现为储值电话充值的功能，上海电信决定不再发行储值电话专用充值卡。4 月，上海电信启动储值电话开放 17909 主叫直拨 IP 电话业务的开发工作。截至 5 月，储值电话已开放 17909 主叫直拨 IP 电话业务，来电显示、呼出加锁、热线服务、缩位拨号、闹铃服务、呼叫等待、免干扰服务等程控服务项目，IP 电话卡类和 ADSL 宽带业务。是年，储值电话用户数达到 37 320 户。

2006 年，储值电话用户数达到 42 185 户。

2007 年 6 月，储值电话新增拨打海事卫星电话通信功能。9 月 1 日，上海电信调整储值电话拨打部分目的地的国际 IP 电话资费；在储值电话上开通证券声讯服务类号码 1189989X(X=0—9)。

【600 虚拟专用网电话】

虚拟专用网业务(俗称“600 业务”)是中国电信集团智能网业务，通过电信智能平台，采用路径指向的方式，从逻辑上将不同地域、不同号码的话机组成专用网络，实现价格低廉、安全可靠的跨地域通信。其在网络内具有小交换机(内部交换)功能，可向网外发起呼叫或从外部登录。主要功能有网内呼叫、网外呼叫、远端接入、呼叫转移、缩位拨号、鉴权码、闭合用户群等。上海于 1996 年启用 600 虚拟专用网局号。2000 年 7 月 2 日，上海电信正式开放国内虚拟专用网 VPN 业务。是年，共有 60 余家公司使用 600 业务，中国东方航空股份有限公司是国内最大的 VPN 用户。此后，600 业务还广泛应用于沪上各高校间，有助于提高通信系统的管理和电话的利用率。截至 2001 年，上海电信有 600 业务用户 142 户。

2002 年，中国电信 600 业务平台部分划归中国网通。年末，上海电信 600 业务用户数为 106 户。

2003 年，信息产业部核配中国电信 6008 和 7008 号码，分别作为语音类国内虚拟专用网智能业务(VPN)和语音类通用个人通信智能业务(UPT)的接入码。年末，上海电信 600 业务用户数为 126 户。

2004 年 1 月 9 日，上海市通信管理局同意上海电信启用 6008 作为语音类国内虚拟专用网的接入码。年末，上海电信 600 业务用户数为 128 户。

2005 年，中国电信停止在网通网内开放 600 业务。

截至 2009 年年底，600 虚拟专用网用户数为 33 家。

2000—2010 年，600 业务呈明显衰退迹象，设备老化、故障多、用户少且大多为沉默用户，上海电信经上级相关部门批复同意后，开展 600 业务在网用户的退网工作。

表 4-1-44　国内虚拟专用网(6008)业务标准资费情况表

项　目				计费单位	资　费（元）
接入费	普通电话			每端点每次	500
	用户交换机			每端点每次	1 000
可选资费一	基本月租费			每个 VPN 集团每月	100
	通话费	网内呼叫	长途	每 6 秒	按 DDD 电话资费的 95%计收
			本地	每分钟	按 0.15 元的 95%计收
		网外呼叫、远端接入	长途	每 6 秒	按 DDD 电话资费计收
			本地	每分钟	0.15
可选资费二	基本月租费			每个 VPN 集团每月	1 000
	通话费	网内呼叫	长途	每 6 秒	按 DDD 电话资费的 80%
			本地	每分钟	按 0.15 元的 80%计收
		网外呼叫、远端接入	长途	每 6 秒	按 DDD 电话资费计收
			本地	每分钟	0.15

表 4-1-45　国际虚拟专用网(6009)业务标准资费情况表

项　目		计费单位	资　费（元）
合同费		每个合同每次	600
开户费		每个号码每次	300
基本费		每个合同每次	1 500
通信费	网内呼叫(ON—NET)	每分钟	按 IDD 资费 80%计收
	网外呼叫(OFF—NET)	每分钟	按 IDD 资费计收
	虚拟网外呼叫(VON—NET)	每分钟	按 IDD 资费计收
64 kbps 数字电路交换业务	网内呼叫(ON—NET)	每分钟	按 ISDN 资费 80%计收
	网外呼叫(OFF—NET)	每分钟	按 ISDN 资费 94%计收
	虚拟网外呼叫(VON—NET)	每分钟	按 ISDN 资费 94%计收

【700 通用个人通信业务】

通用个人通信业务（Universal Personal Telecommunication，UPT）是一种移动性的服务，

UPT使用者使用唯一的个人通信号码(PTN),可以接入任何一个网络并能跨越多个网络发起和接受任意类型的呼叫,因接入码前三位为700,故又称700业务。

2000年,上海本地智能网开放通用个人通信(UPT)业务。

2002年12月20日,700业务新增20元的包月与200元的包年收费。

2003年3月15日,上海电信推出"通用个人通信"700号码。

2006年6月29日,根据信息产业部《关于发布电信网编号计划(2003版)的通告》和《关于中国电信国内虚拟专用网等三种智能网业务号码的批复》等的规定,本地"700"业务的原字冠号码"7002"调整为"7008"的新字冠号码。2006年8月15日,上海电信启用7008号码,原12位的"7002XXXXXXXX"号码调整为13位的"70082XXXXXXXX"号码。10月,700号码升位完成。

表4-1-46 2000年个人通信业务资费标准情况表

开户费	每次10元
基本月租费	每月10元
通话费	UPT来话按主、被叫双向方式收费。从主叫用户到计费参考点(SSP)的收费标准按现行本地(营业区内)、国内、国际、移动业务的收费标准向用户收取,从计费参考点(SSP)到UPT用户应答该次呼叫的所在地的话费由被叫用户(即UPT用户)按现行本地(营业区内)、国内、国际、移动业务的收费标准支付
功能费	功能开户费:每次10元,免收月使用费的同时免收开户费
	功能月使用费:按时间表转移、来话呼叫筛选、呼叫限额等3项功能,每项每月5元。临时转移、临时转移号码的遇忙前转、临时辖移号码的无应答前转、黑名单处理和来话密码等5项功能免收月使用费

【95/96短号码业务】

2000年公司化运行前,上海电信的95/96短号码业务已有一定发展,如中国旅游热线95000、中国人民保险公司保险服务专线电话专用电话号码95518等,是利用电话网的汇接功能和智能网的号码翻译技术实现的电话业务。2001年1月,中国电信将95/96专线包装为"一码通—95专线"业务,由用户向电信主管部门申请95XXX或96XXX短号码,采取一点或多点方式接入电话网。短号码业务具有号码唯一的特点,可提供呼叫接续服务和呼叫分析服务,具有主被叫用户分别支付通话费、主叫支付本地通话费、被叫(业务用户)支付长途通话费等3种方式。11月,中国电信推出"一码通—95/96专线"业务,简称"95/96专线"。

截至2010年年底,上海电信共有95/96专线用户184户。

表4-1-47 2001年"一码通—95专线"业务资费标准情况表(试行)

内 容	收 费 标 准
本地通话费	按现行本地通话费标准向主叫用户收取
长途通话费	按0.06元/6秒向被叫用户收取
省际通话费	暂不进行结算

【通用记账卡业务】

2006 年，上海电信推出 VIP 通用记账卡业务，依托中国电信智能网平台，主要满足大客户人员外出时使用任意电话拨打公务电话的通信需求，具有自主管理、后付费和统一记账等功能，业务资费由开户费、通话费和功能使用费构成。VIP 通用记账卡可在中国电信及与中国电信实现互联互通的国内(不含中国港澳台地区)、中国港澳台地区和国际运营商网内的任意固定、小灵通、移动电话终端上使用，可通达国内(不含中国港澳台地区)、中国港澳台地区和国际的固定电话、小灵通和移动电话。在中国港澳台地区，以及国际范围使用 VIP 通用记账卡业务时，需拨打当地接入码。2007 年 4 月，中国电信与中国网通达成协议，在中国网通全国范围内开放 VIP 通用记账卡业务。截至 2010 年年底，VIP 通用记账卡用户数为 5 个。

【11800 指定电话付费业务】

指定电话付费业务是中国电信提供的、能够在全国范围内漫游使用的后付费电话业务，发生的所有通话费用计入付费用户预先登记的付费电话账单，业务接入码为 11800。2003 年，中国电信统一推广指定电话付费业务。2004 年，上海电信推出指定电话付费业务，可在全国范围内任意中国电信终端话机上使用，包括小灵通、公用电话和校园电话等，但在上海地区不包括储值电话、有人值守公用电话和投币电话，不能与电话卡类业务及“17909”主叫 IP 业务互相套拨，但可在中国网通的固定电话(公用电话和专用终端除外)上使用。除预付费用户外，所有后付费的住宅、单位电话用户均可登记使用该业务。业务通达范围为本地、国内、中国港澳台地区、国际长途，以及与中国电信互联互通运营商的固定电话和移动电话。资费方面，由开户费(10 元/次)、基本服务费(2 元/月)和通话费组成。2005 年 4 月，上海电信要求在 201 平台开放 11800 指定电话付费业务直拨功能，即“201”用户摘机可直接拨打 11800 接入码。

【寰球畅听】

2003 年 12 月 15 日，中国电信要求上海电信组织进行国际呼叫转移业务的商业试验。国际呼叫转移业务是指用户在境外期间能以远低于移动电话国际漫游的资费享受家庭电话、办公室电话、移动电话(包括小灵通)国际漫游的服务，包括密码保护、灵活设置目的地号码、防止恶意转移、亲情号码、选择性接听、拨打国内国际电话等功能，业务名称为“寰球畅听”，商业试验期暂定 6 个月。上海获配号码为 11801＋1XXXX(预付费)，11808＋6XXXX(后付费)。

表 4－1－48　2003 年 12 月国际呼叫转移业务资费标准情况表

	后付费业务	预付费业务	备　注
基本服务费	10 元/月	无基本服务费	—
通话费			
在境外接听打至原住地号码的电话	0.80 元/6 秒	0.80 元/6 秒	无分时段优惠
在中国港澳台地区接听打至原住地号码的电话	0.20 元/6 秒	0.20 元/6 秒	无分时段优惠
从境外打至境内和中国港澳台地区	0.80 元/6 秒	0.80 元/6 秒	无分时段优惠
从境外打至境外	1.28 元/6 秒	1.28 元/6 秒	无分时段优惠

〔续表〕

	后付费业务	预付费业务	备　注
从中国港澳台地区打至境内及中国港澳台地区	0.20元/6秒	0.20元/6秒	无分时段优惠
从中国港澳台地区打至境外	0.80元/6秒	0.80元/6秒	无分时段优惠
从境内打至境内	0.07元/6秒	0.07元/6秒	0:00—7:00 6折优惠，具体费率为0.04元/6秒，不分工作日和节假日。新疆、西藏优惠执行时间向后顺延2小时
从境内打至中国港澳台地区	0.20元/6秒	0.20元/6秒	无分时段优惠
从境内打至境外	0.80元/6秒	0.80元/6秒	0:00—7:00 6折优惠，不分工作日和节假日。新疆、西藏优惠执行时间向后顺延2小时

2004年10月，上海电信正式开放"寰球畅听"业务，采用预付费的方式，用户既可以在境外接听拨打至境内固定电话或移动话机上的电话，也可在境内外通过"寰球畅听"业务平台拨打国内(不含中国港澳台地区)、中国港澳台地区和国际的电话，通话费记在"寰球畅听"专用账号上。2005年1月25日，上海电信以后付费的方式推出国际呼叫转移业务。2009年年末，寰球畅听业务用户数5个。

表4-1-49　2009年寰球畅听接入号情况表

区　域	接　入　号
中国内地	800 820 1801(免费)118 010 0000(收费)
中国香港	800 96 0386(免费)
美国	1866 666 7469(免费)

【大众呼叫、电话投票、广告电话】

1998年，上海市电话局推出大众呼叫、电话投票和广告电话三项智能网业务。大众呼叫(MAS)是可以接受大话务量呼叫的热线电话服务，电话投票是基于公众电话网提供征询意见或民意测验的服务，两者的接入码均为181，可以根据业务申请者的要求，设置为主叫免费或主叫计费。广告电话又称AD业务，通过为普通消费者提供免费电话的方式吸引使用者收听广告，接入码为801。

表4-1-50　2000年大众呼叫业务资费标准情况表

功能费	企业和个人申请大众呼叫业务，在业务投入使用的初期暂按天计费，标准如下：7天以内(含第7天)每天500元，第8天每天450元
语音制作费	每次200元

〔续表〕

叫免费情况	如业务申请用户要求设立主叫免费业务，则按照 VOT 业务的主叫免费业务收费标准向用户收费
备注	普通电话用户拨打大众呼叫业务号码，按普通电话的本地网市话营业区区内标准收费；非投币公用电话（包括普通公用电话和磁卡、IC 电话）拨打大众呼叫业务号码，按非投币公用电话的本地网市话营业区区内收费办法计次、计费；投币公用电话拨打大众呼叫业务号码，按投币公用电话的本地网市话营业区区内收费办法统计次、计费

表 4-1-51　1999 年电话投票业务资费标准情况表

功能费	企业和个人申请电话投票业务，7 天以内（含第 7 天）每天 300 元，第 8 天每天 170 元
语音制作费	每次 200 元
通信费	按照用户申请需求，可设立主叫免费业务一项，即拨打 VOT 号码进行投票购买用户电话为免费拨打。该业务的通信费用按以下的标准收费，10 000 次及以内每次呼叫（3 分钟标准）0.15 元；10 001—30 000 次 0.12 元；30 000 次以上每次 0.10 元
备注	普通电话用户拨打大众呼叫业务号码，按普通电话的本地网市话营业区区内标准收费；非投币公用电话（包括普通公用电话和磁卡、IC 电话）拨打大众呼叫业务号码，按非投币公用电话的本地网市话营业区区内收费办法计次、计费；投币公用电话拨打大众呼叫业务号码，按投币公用电话的本地网市话营业区区内收费办法统计次、计费

表 4-1-52　2000 年广告电话业务资费标准情况表

初始申请费用情况	企业和个人申请使用广告电话业务，需一次性缴纳基本广告服务费，广告的总时长由用户选择，起始价为 1 000 元（2 000 分钟），超过 2 000 分钟的每分钟按 0.45 元计
超出申请收费情况	企业和个人申请使用电话业务，可自行选择提供免费通话的总时长，起限为 4 000 分钟。该费用在达到总时间使用限度时，由电信部门向广告用户收取。收费标准以分计次，暂定为每分钟 0.05 元
备注	普通用户拨打电话广告业务号码，可免费占用电话线路若干分钟。每次供普通用户自选本地电话号码通话的时长均由业务申请方自定，但提供免费通话的时长不得少于 2 分钟

2001 年 5 月 1 日，上海电信推出广告电话卡。年末，广告电话卡收入达 740 多万元。

2002 年 3 月 18 日，上海电信调整"广告电话卡"资费标准。

表 4-1-53　2002 年广告电话资费标准情况表

原用户收费标准	对 2002 年 4 月 1 日前已受理签约的用户，仍按原资费标准执行，即广告播放费每分钟 0.08 元，本地通话费每分钟 0.06 元，国内长途通话费每 6 秒 0.07 元，每次通话时长不限，直至卡内金额用完
新用户收费标准	从 2002 年 4 月 1 日起受理签约的用户，广告电话卡（AD 卡）业务的资费标准调整为：本地通话费每分钟 0.08 元，并且每次拨打限 10 分钟的通话时长。广告播放费、国内长途通话费等其他资费标准不变

2004 年，上海电信将大众呼叫和电话投票业务的接入码调整为 96081。

表 4-1-54　2001—2006 年大众呼叫、电话投票和广告电话用户数情况表　　单位：户

年　份	大众呼叫用户数	电话投票业务用户数	广告电话业务用户数
2001	2	4	31
2002	2	4	64
2003	2	4	106
2004	2	4	27
2005	3	3	27
2006	4	3	—

五、固移融合业务

【灵通无绳】

2005 年 5 月 1 日，上海电信开始开展小灵通无绳电话的试商用推广活动。小灵通无绳电话具有专用终端，包括小灵通无绳电话座机和子机，当子机在座机无线信号覆盖范围之内时，除可利用座机电话号码当作普通无绳电话使用外，还可以利用子机的小灵通电话号码，通过座机连接的固定电话线路进行通信；当子机处在座机无线信号覆盖范围之外或座机固定电话线路忙时，则作为普通小灵通手机，通过小灵通网络进行通信。年末，发展用户 12 万户。

表 4-1-55　2005—2010 年灵通无绳用户数情况表　　单位：户

	2005	2006	2007	2008	2009	2010
用户数	131 615	340 325	279 388	—	—	—

【超级无绳】

2006 年，中国电信推出超级无绳产品，作为一号双/多机、同振/顺振等统一的产品名称。上海电信于年末启动相关功能产品的开发工作，业务名称定为一号双机，即固定电话和小灵通共同使用一个固定电话号码。

2007 年 3 月 1 日，上海电信开放一号双机功能，将固定电话号码作为统一的业务主号码，其对应的固定电话终端为主终端，小灵通终端为附属终端。一号双机业务免收开户费，月功能费为每月 10 元/号。

上海电信运营 CDMA 移动业务后，启动“移动网络 C+固超级无绳业务”的建设工作。2009 年，上海电信根据中国电信的要求，开发天翼超级无绳产品，向拥有上海电信天翼手机和固网电话的客户提供 C 网域固网融合业务，主要功能为天翼手机与固定电话的被叫同振、主叫同号，以及短信转移、灵活设置主叫同号显示号码等。6 月，上海电信推出天翼超级无绳产品，7 月 1 日开始试商用，月功能费为 6 元，免收开户费。截至 2010 年年末，上海电信超级无绳用户数为 100 960 户。

表 4-1-56　2007—2010 年超级无绳年末用户数情况表　　单位：户

年　　份	用　户　数
2007	123 018
2008	120 575
2009	103 228
2010	100 960

【综合虚拟网】

2008 年，中国电信提出利用固网用户资源推出一系列固网和移动网融合业务。综合 VPN 业务（简称“iVPN”）作为固网移动融合业务，是中国电信提供差异化服务的重要业务之一。其可以将分布在不同区域的中国电信的固网（PSTN、软交换）、C 网用户，组成一个逻辑专网。网内用户之间可以使用短号或真实号码联系。iVPN 集团成员网内和网外呼叫可以享受灵活的资费策略。8 月 31 日，上海启动综合 VPN 业务平台建设工程，于业务平台侧新建 iVPN 平台。10 月 30 日，平台建设完工，可满足 50 万用户的业务需求，其中，固网用户数 20 万，C 网用户数 30 万。此项业务在是年 11 月工业博览会期间得到应用。

2009 年 1 月 23 日，上海电信印发《综合 VPN 业务管理办法（暂行）》，明确业务初期适用范围仅限于中国电信的 C 网和固网后付费用户，用户可拨打本地、国内、国际范围内中国电信及与中国电信互联互通运营商的通信终端。

表 4-1-57　2008 年综合 VPN 业务资费情况表

项　　目	资　　费
一、一次性费用	
（一）固网资费	
Centrex 分机入群手续费	10 元
Centrex 分机出群手续费	10 元
Centrex 分机装机工料费	300 元
Centrex 分机装机手续费	10 元
Centrex 分机移机手续费	10 元
Centrex 分机移机工料费	270 元
Centrex 分机宅内变更手续费	10 元
Centrex 分机宅内变更工料费	65 元
（二）C 网资费	CDMA 暂时只有卡制作费作为一次性费用，根据规定为 10 元
二、周期性费用	
IVPN 月功能使用费	每月 5 元/终端

〔续表〕

项　　目	资　　费
三、使用费(通信费)	
群内通信费	免费
网内呼叫基本通话费	0.06 元/分钟
网内呼叫长途通话费	分别按固网和 C 网标准资费
网内呼叫漫游费	按标准资费
网外呼叫基本通话费	分别按固网和 C 网标准资费
网外呼叫长途通话费	分别按固网和 C 网标准资费
网外呼叫漫游费	按标准资费

表 4-1-58　2008 年网外号码组和虚拟亲友团资费情况表

	固　　网	C 网后付费用户
本地通信费	前 3 分钟 0.19 元,以后 0.09 元/分钟	主叫 0.36 元/分钟,接听 0.36 元/分钟
国内长途	0.06 元/6 秒 0.27 元/分钟+本地主叫通话费(IP)	0.06 元/6 秒+本地主叫通话费 0.27 元/分钟+本地主叫通话费(IP)
中国港澳台地区	0.18 元/6 秒	本地拨打:0.18 元/6 秒+本地主叫通话费
	1.35 元/分钟+本地主叫通话费(IP)	国内漫游拨打:0.18 元/6 秒+国内漫游主叫通话费 本地拨打:1.35 元/分钟+本地主叫通话费(IP) 国内漫游拨打:1.35 元/分钟+国内漫游主叫通话费(IP)

第五节　电信卡业务

一、电话卡

【电话磁卡】

电话磁卡是依靠磁“读”“写”技术开发的电话卡。

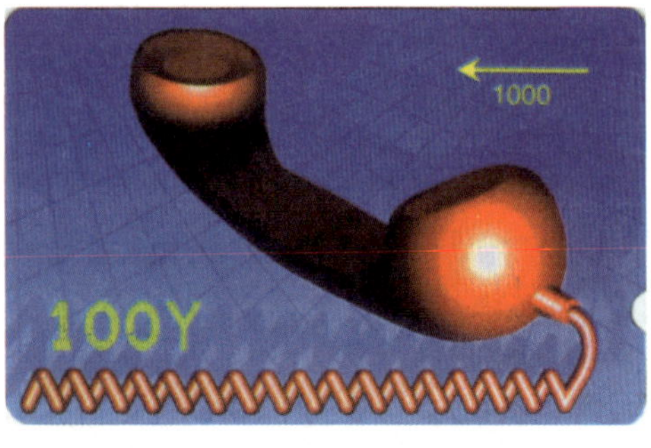

图 4-1-8　上海发行的第一套电话磁卡

1987 年 11 月 5 日,上海市邮电管理局同意将中国香港地区大东电报局的磁卡电话及英国普莱赛磁卡列入新业务开发项目,向上海长途电信局下达开办磁卡电话业务的任务。1988 年 2 月,上海发行第一套电话磁卡。截至 1995 年共发行电话磁卡 52 套 143 枚,总面值 6 095 元,其中,无编号磁卡 7 套 19 枚,面值 1 135 元。1996 年 1 月 1 日,上海市邮电管理局根据邮电部的规定,不再制作、发行地方性电话磁卡。

在集成电路电话卡(简称“IC 电话卡”)出现后,电话磁卡逐步被淘汰。

2001年12月1日，中国电信集团公司开始在全国实施用IC电话卡更换电话磁卡的工作，换卡工作为期4个月。上海电信在上海全市设立18个换卡网点和1个换卡大户室，进行电话磁卡换卡工作。截至2002年3月31日，电话磁卡更换工作结束，累计换入电话磁卡218万张，面值总金额近1亿元，换出IC电话卡和200电话卡261万张，金额9 360万元。

2002年12月31日，磁卡电话机全网停止使用，电话磁卡同时停止使用。

表4-1-59　1988—1995年上海电信磁卡情况表

编　号	磁卡主题内容	总数(枚)	面　值　(元)
—	红电话听筒	3	25 60 100
—	黑白卡	3	25 60 100
—	兰黄卡	3	25 60 100
—	电信设施	3	25 60 100
—	上海风光	3	25 60 100
—	可口可乐饮料广告	2	25 25
—	虹桥建设与外滩	2	60 100
J92-01	九凤朝阳(浦东开通卡)	1	50
J92-01	上海磁卡公用电话开通纪念	4	10 20 50 100
J92-02	上海电话容量突破一百万门	1	20
J93-01	东亚运动会广告	5	10 20 50 100 200
J93-02	东亚运动会	14	10×3 20×5 50×4 100×2
J93-03	中日光缆、信函自动分拣机开通纪念	2	10 20
P93-01	10810电信业务	2	20 50
T93-01	癸酉年	2	20 100
T93-02	毛泽东诞辰一百周年	1	50
J94-02	上海市电话号簿公司成立十周年纪念	2	10 20
J94-04	周信芳诞辰一百周年	2	10 20
P94-04	陆家嘴金融贸易区	2	10 20
P94-05	张江高科技园	1	20
T94-01	群仙祝寿图	7	20×2 50×3 200×2
—	群仙祝寿图(加字)	—	—
CNT-5	加字卡	4	10 20 50 100
CNT-7	加字卡	5	20×2 50×2 100
T94-02	甲戌年	2	20 100
J95-01	上海市花、市标	2	20 50

〔续表〕

编　号	磁卡主题内容	总数(枚)	面　值　(元)
J95－02	红楼梦(Ⅰ)	6	10 20×2 50×2 100
J95－03	红楼梦(Ⅱ)	6	10 20 50 100×3
J95－04	浦东建设	4	20×2 50 100
J95－05	APEC 会议	1	20
J95－06	上海电话升八位	2	20 50
J95－07	上海地铁	2	20 50
J95－08	上海磁卡公司成立一周年	1	50
J96－09	仕女图	8	10×3 20×2 50×2 100
P95－01	交行浦东分行建行五周年	2	20 50
P95－02	全国电信工作会议	2	50 100
P95－03	大众汽车	4	10 20 50 100
P95－04	豫园旅游商场	2	20 50
P95－05	邮政储蓄卡	2	10 20
P95－06	庆祝第 26 届世界邮政日	2	10 20
P95－07	1995 上海科技节	1	50
P95－08	上海煤气事业诞辰 130 周年	4	10 20×2 50
P95－09	南北高架建成通车	2	20 50
P95－10	国脉成立三周年	3	10 20×2
P95－11	第二届上海国际电影节	1	50
P95－12	第三届亚洲蒲公英之花音乐节	2	20 50
P95－13	上海集邮公司成立四十周年	2	10 20
P95－14	纪念上海电话号簿诞生 95 周年	2	10 20
P95－15	新世界城	1	50
P95－16	张江高科技园区	1	50
P95－17	通信器材广告	2	20 50
P95－18	上海长途电信局成立十周年	3	10 20 100
P95－19	上海浦东发展银行	2	20 50
P95－20	祝贺广播节目主持人“金话筒”奖	3	20×2 50
T95－01	乙亥年	1	100
P96－1	车船卡	3	15 30 50

【集成电路电话卡】

集成电路卡又称 IC 卡。1983 年，斯伦贝谢跨国公司在法国里昂安装了世界上第一台 IC 卡公用电话机。中国邮电电信总局于1995年12月发行第一套IC卡，总共4枚，面值200元，卡面以黄河为图案。上海邮电是全国IC卡电话机、IC卡、IC卡芯片定点生产厂商之一。

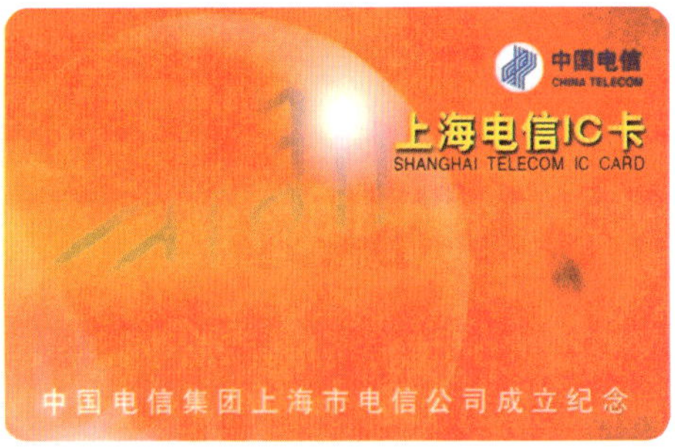

图4-1-9　上海电信发行的IC电话卡

2001年10月25日，上海电信根据集团公司要求，调整IC卡电话国内长途通话费，从0.80元/分钟调整为0.70元/分钟。每天00:00至07:00采取优惠资费，0.40元/分钟。

2002年12月31日磁卡电话机全网停止使用后，IC电话卡彻底取代电话磁卡，在上海市面使用和流通。2003—2010年，上海电信根据市场需求制作和发行IC电话卡并适时开展相关促销活动。

表4-1-60　2000—2010年IC电话卡销售面值情况表　　单位：万元

年　　份	销　售　面　值
2000	19 553
2001	10 303
2002	18 281
2003	2 848
2004	4 037
2005	3 297
2006	3 510
2007	4 503
2008	2 372
2009	2 393
2010	2 749

【200电话卡】

200电话卡是长途电话通信的账号预付费卡，以200为入网特服号，利用卡号和密码直接拨打国际、国内电话，话费在200卡的账目上自动扣除。200电话卡具有主叫绑定及解绑、余额转移、余额及有效期查询、修改密码、拨打长途、连续呼叫、异网使用的功能。

图4-1-10　1998年10月14日，上海电信发行的首套200储金电话卡，主题为"'98世界中学生运动会"

1995年11月，邮电部电信总局在北京、上海、广州、武汉、沈阳、郑州、济南、哈尔滨等8个城市开展平台联网，进行200业务联网试运行工作。1996年10月18日，邮电部电信总局在北京、上海、广州、武汉、沈阳、郑州、济南、哈尔滨、长春等22个城市开展200业务平台联网，进行200业务运行测试(含A、B和C类卡)。1996年12月,上海开始发行200电话卡。

2001年12月1日,上海电信开始对200电话卡本地拨打方式进行变更,上海本地用户拨打本地电话不再加拨021区号,相应资费调整。

2002年1月1日,200业务各联网城市取消异地漫游通话功能。

2005年,上海电信推出200长途随心卡。

2006年,上海电信针对不同客户群推出200随心白天卡、200随心分钟卡、200随心国际卡等产品。年末,200卡销售面值首次突破1亿元。2007年,200卡销售面值突破2亿元。

表4-1-61　200电话卡资费标准情况表

拨打方向	计费单位	标准资费
本地电话	元/分钟	前3分钟0.4元;其后每分钟0.2元
国内(不含中国港澳台地区)长途	元/分钟	0.7
中国港澳台地区	元/分钟	1.5
美国(含阿拉斯加和夏威夷,不含其他代码为“1”的国家和地区)、加拿大	元/分钟	2.4
英国、法国、意大利、德国、新加坡、韩国、日本、澳大利亚、马来西亚、新西兰、印度尼西亚、菲律宾、泰国、冰岛、巴拿马、马里亚纳群岛、百慕大群岛、马拉维、玻利维亚、哥斯达黎加、巴林、科威特、文莱、塞浦路斯、老挝	元/分钟	3.6
其他国家和地区	元/分钟	4.6

表4-1-62　2000—2010年200电话卡销售面值情况表　　单位:万元

年份	销售面值
2000	1 549
2001	1 895
2002	273
2003	49
2004	0
2005	2 321
2006	14 242
2007	21 148
2008	23 616
2009	17 652
2010	19 712

【201电话卡】

201卡电话是利用计算机平台开发的智能电话业务,具有拨打国内、国际长途电话、修改密码、余额查询等功能。1998 年元旦，上海邮电在华东师范大学发行第一套 201 电话卡，开通 201 卡电话 187 部。

图 4－1－11　上海电信发行的第一套 201 电话卡

2001 年，201 卡销售面值首次突破 1 亿元。

2002 年 1 月 29 日，201 卡开通余额转存功能。2 月，201 电话卡开通拨打声讯电话功能，用户可以拨打 168 声讯电话进行考试查分、信息咨询、点歌，参与电台、电视台的活动等。3 月，开放 8163 主叫上网业务。

2003 年，上海电信推出免拨卡号密码的 201 插插卡，在普通 201 卡上增加芯片，既支持免拨卡号、密码的插卡直拨方式，又支持传统的拨卡号、密码的通话方式。除通话功能外，还具备充值、余额转移、修改密码、上网、声讯 QQ 等功能。

2006 年 12 月，201 电话卡平台开放 96550 窄带上网业务。

2010 年，201 电话卡销售面值为 14 300 万元。

表 4－1－63　2000—2010 年 201 卡销售面值情况表　　单位：万元

年　份	销 售 面 值
2000	7 990
2001	10 183
2002	5 056
2003	7 999
2004	6 579
2005	9 202
2006	19 232
2007	12 167
2008	16 708
2009	14 762
2010	14 300

【300 电话卡】

1997 年 5 月 1 日，中国邮电电信总局向社会试开 300 中国电话卡的 B、C 类卡业务。2000 年 11 月 1 日，中国电信集团公司开通国际 300 电话卡业务，持卡用户可通过任意双音频话机，以密码记账方式拨打本地、国内、国际长途电话。300 电话卡具有连续呼叫功能、查询余额功能、密码设置功能、主叫鉴权功能（免拨卡号）等功能。2003 年 11 月，300 卡增加国内上网功能。2007 年，300 卡停止销售。

表 4-1-64　2000—2006 年 300 卡销售面值情况表　　单位：万元

年　　份	销　售　面　值
2000	5 715
2001	1 247
2002	1 121
2003	970
2004	202
2005	1 271
2006	245

二、缴费卡

2002 年 6 月 28 日，上海电信推出缴费卡业务，在原 8111 工商银行活期存折自动转付电信费功能的基础上，开通易付卡电话缴费功能。用户通过拨打 8111 电话即可缴纳上海电信帐务中心开列的各类电信费用，郊区（县）电信局未同时开通。易付卡的面值有 100 元、200 元和 500 元三种，卡内的余额可以转入帐务中心的账户作为预存款。年末，实现销售 382 万元，平台消费量达 100 万元。

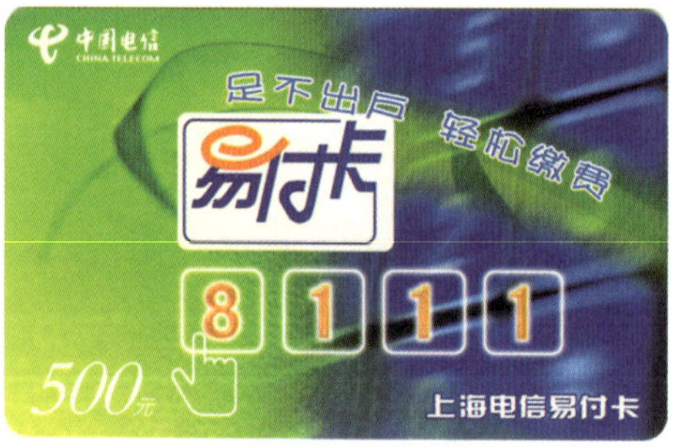

图 4-1-12　具有电话缴费功能的上海电信易付卡

2003 年 6 月 30 日，易付卡业务的接入码由“8111”改为“96088”。年末，易付卡销售 5 253 万元；消费 3 678 万元，其中，付费金额 2 727 万元，充值金额 951 万元。同时，易付卡实现在上海全市范围内支付上海电信账单，拓展联华快客、华联、可的、梅林正广和、喜士多等作为代理销售网点，业务品牌知晓率经第三方专业咨询公司评估已达 53.1%。易付卡业务还实现了为小灵通预付费业务充值、网上付费、“家加 e”平台付费等新功能。

2004 年，易付卡销售额超 3 亿元。12 月 15 日，易付卡正式更名为“上海电信卡”。

2005 年 6 月 1 日，上海电信卡开通拨打电话和上网功能，通过拨接入码 201，输入卡号、密码，即可拨打国内（不含中国港澳台地区）、中国港澳台地区和国际电话，成为随身的电信“一卡通”。

2006 年，上海电信卡销售额突破 10 亿元。

2007 年 10 月，中国电信将电信缴费卡统一命名为中国电信充值付费卡（简称“充值付费卡”），可对中国电信预付费业务、后付费业务及支付业务充值付费。充值付费卡业务接入以语音和网页为主，同时提供短信和 WAP 等多种接入手段。语音接入统一使用 11888 号码作为接入码。

2008 年 11 月 28 日，上海电信正式对外销售 11888 充值付费卡。

2010 年第一季度，上海电信推出预付费专用充值卡。8 月，充值付费卡增加为翼支付账户充值的功能。12 月，中国电信开通充值付费卡为第三方业务充值的功能，进一步拓展充值付费卡的使用范围和充值对象。

表 4-1-65　2002—2010 年上海电信缴费卡销售量情况表　　单位：万元

年　份	销　售　量
2002	383
2003	5 253
2004	30 497
2005	85 001
2006	119 066
2007	133 083
2008	153 655
2009	189 147
2010	219 366

三、纪特卡

纪特卡主要分为纪念卡、特种卡、委制卡和特种功能卡等卡类，是电信卡的特殊形式，除具有话音、上网、缴费等基本功能外，还兼具收藏功能。1992 年，为纪念上海开通磁卡公用电话，上海邮电分别发行“上海磁卡公用电话开通纪念”和“九凤朝阳”两款纪念卡，编号均为 J92-01。

2000 年公司化运行后，上海电信设立电信卡事业部，按照“小批量、多品种、个性化”的经营思路，在完善电信卡使用功能的前提下，逐渐形成内容丰富、形式多样的纪特卡品类。

2001 年 5 月 8 日，上海电信推出全市第一张婚典卡；9 月，以青浦水乡风光为主题，发行中国电信首套异形电话卡。是年，还发行电话卡和普通台历相结合的电信台历 200 卡（全套 12 枚，另有主题卡 1 枚，作为台历卡的封面）、将普通电话卡与贺卡合二为一的电话贺卡（2 套）、上海第一套漫画电话卡，逐步形成庆典卡、名片卡、婚典卡、生日卡、诞生卡、校园卡、作品卡、贺卡、台历卡、军营卡等 10 个系列特种卡产品。全年共发行纪特卡 28 套，接受用户委托制作特种卡逾 130 余万张，累计销售额达 1 019 万元。

2002 年 8 月上海动画漫画展览会期间，上海电信与上海美术电影制片厂合作推出动漫展卡式门票，将电话卡与门票相结合。是年还分别推出生肖卡和海报卡两个系列卡，系列首套卡分别是“开元十二生肖——活力马”201 电话卡和蜘蛛侠电影海报 201 卡。全年共发行纪特卡 29 套，在全国范围内率先推出“一张起做”的个人委制卡。

2003 年，上海电信推出金箔卡、三维（3D）卡和光碟卡等新的卡品种，其中，“金箔羊年生肖”201 电话卡是上海第一张金箔卡，此后逐年发行。是年，推出个人委制卡 DIY 业务。

2004 年，上海电信发行文化系列的世界文化遗产卡、王小慧摄影作品卡、2046 电影海报套卡、时尚系列的徽章动漫卡、城市景观系列的 F1 赛场卡、重大事件系列的雅典奥运、上海解放五十五周年、邓小平诞辰一百周年等多种题材的纪特卡，全年共计 26 套

2005 年，上海电信发行首枚演唱会海报卡——“周李二人传”。

2006 年，上海电信开始发行美术馆展览卡。

2007 年，上海电信制作发行全国首张盲文卡。

图 4-1-13　上海电信发行的祝贺中国电信成为世博会全球通信合作伙伴纪念卡

2008年，纪特卡开发注重突出产品特色，制作发行涵盖传统文化、时尚文化、海派文化、社会公益和重大事件五大系列共31套卡，其中“桃花扇”“鲁迅”等主题的卡品种较受市场关注。

2009年3月，上海电信启动世博主题卡发行计划。是年共发行世博主题卡10套，题材涵盖世博展馆、历年办博城市、世博吉祥物海报、倒计时纪念、特殊材质卡等内容。

截至2010年，上海电信的纪特卡在卡面内容上已形成生肖、海报、动漫、传统文化、海派文化、公益题材、名家名作等系列；从卡的形式上，分为普通卡和光盘、纸质、热敏、圆形、巨形等异质异形卡。上海电信的纪特卡累计获专利5项。同时，上海电信还以申奥、申博、中共十七大召开等重大时政事件为题材，发行相关的主题卡。作为2010年世博会的合作伙伴，上海电信除先后发行申博纪念卡、申博一周年纪念卡、倒计时300天纪念卡、倒计时100天纪念卡等卡类外，还于2010年发行世博开幕卡、世博卡——共赴盛会、世博卡——中华一家、世博卡——示范家园和全球盛典——世博场馆大全套等世博主题卡。

表 4-1-66　2001—2010年上海电信纪特卡发行情况表

年　份	套　卡　名　称	业 务 种 类	面值(元)/套
2001	上海电信卡事业部成立	200、201、17908	110
2001	“5·17”世界电信日	200	50
2001	六·一	201	120
2001	建党80周年	201	80
2001	电信公司成立1周年	200、8888上网卡	100
2001	申奥纪念卡	200	60
2001	珍禽	200	110
2001	APEC纪念卡	200	120
2001	中国入世纪念	201	50
2001	磁卡调换纪念	200	210
2001	“12·1”艾滋病纪念	201	20
2001	曾雅芳、男孩系列	201	40
2001	丁东、女孩系列	201	20
2001	娜娜、运动系列	201	20
2001	朱一绮、童话系列	201	20

〔续表〕

年 份	套 卡 名 称	业务种类	面值(元)/套
2001	201 赠卡	201	10
2001	中远全家福	201	50
2001	中远球星卡	201	230
2001	郑辛遥漫画卡	201	80
2001	名车系列	201	120
2001	电信卡台历	200	120
2001	电信卡台历精品卡	200	10
2001	201 宽带上网	201	150
2001	中远六张	201	180
2001	电话贺卡	201	20
2001	电话贺卡	201	10
2001	中艺美术	200	20
2001	卡通系列 2	201	60
2002	APEC 电信和信息部长会议	17900IP、8888 上网卡、300、201	200
2002	亚行年会	200	80
2002	售卡机销售卡	200	20
2002	世界电信日(第 34 届)	200	20
2002	上海市第八次党代会	200	80
2002	喜鹊报春	200	50
2002	垃圾分类(售卡机专用)	200	80
2002	上海绿地	201	120
2002	祝贺上影集团公司成立纪念	201	100
2002	世界球星电话订报卡一：中国球星	201	30
2002	世界球星电话订报卡二：国际球星	201	90
2002	人民解放军建军 75 周年纪念	201	80
2002	中国共产党第 16 次代表大会纪念电话卡(一)——三代集体领导核心语录	201	60
2002	中国共产党第 16 次代表大会纪念电话卡(二)——银幕党员群英谱	201	140
2002	祝贺中国成功申办 2010 年上海世博会纪念电话卡	201	70
2002	马	201	30
2002	情人节祝贺卡	201	10
2002	元号(新面值)	201	100

〔续表〕

年　份	套 卡 名 称	业 务 种 类	面值(元)/套
2002	201 赠卡	201	5
2002	2002 动漫展卡式门票	201	10
2002	卡丁车	201	80
2002	网络符号(哭和笑)	201	50
2002	网络表情	201	50
2002	卡丁车	201	80
2002	2002 动漫电话卡(立体卡)	201	45
2002	老玩法(连锁专卖)	201	60
2002	2002 动漫电话卡(二)	201	30
2002	2002 动漫电话卡(三)	201	30
2002	上海旅游节	201	100
2003	“南京路上好八连”命名 40 周年纪念	300	180
2003	都市新建设(一)——磁悬浮列车	201	50
2003	都市新建设(二)——卢浦大桥	201	60
2003	老电影艺术家	201	300
2003	中国首次载人航天纪念	201	40
2003	庆祝申博成功一周年	201	70
2003	麦当劳拼图卡	201	60
2003	拜年金卡	201	50
2003	开园十二生肖——羊	201	30
2003	新片大片系列(一)——哈利波特与密室	201	10
2003	情人节卡	201	30
2003	新片大片系列(二)——《邓小平》	201	10
2003	世界文化遗产(一)——泰山、黄山、庐山、武夷山	201	60
2003	珍稀动物之一	201	40
2003	新片大片系列(三)——《谍海计中计》	201	10
2003	英超球星卡(一)	201	120
2003	英超球星卡(二)	201	120
2003	三十六计	201	460
2003	南汇——石头文化	201	40
2003	世界文化遗产(二)	201	60
2003	预防非典、人人有责	201	120
2003	新片大片系列(四)——指环王 2 双塔奇兵	201	10

〔续表〕

年　份	套　卡　名　称	业务种类	面值(元)/套
2003	新片大片系列(五)——超胆侠	201	10
2003	世界文化遗产(三)	201	60
2003	新片大片系列(六)——黑客帝国 2	201	10
2003	'03 年度中远球星(一)	201	40
2003	'03 年度中远球星全家福	201	50
2003	新片大片系列(七)——紫蝴蝶	201	10
2003	新片大片系列(八)——海底总动员	201	10
2003	2003 新生入学赠卡	201	5
2003	松江大学城	201	120
2003	黄玉郎	201	60
2003	东方绿舟(一)——雕塑	201	40
2003	中远球星卡(二)	201	40
2003	樱桃小丸子	201	40
2003	世界文化遗产(四)	201	60
2003	新片大片系列(九)——天地英雄	201	10
2003	世界名著插图(一)——悲惨世界、巴黎圣母院	201	120
2003	名著人物——金庸武侠人物	201	160
2003	新片大片系列——加勒比海盗	201	10
2003	名人故居	201	80
2003	中远球星卡(三)	201	40
2003	诗与画	201	80
2003	新片大片系列——手机	201	10
2003	新片大片系列——地下铁	201	10
2003	名家书画	201	40
2004	开元十二生肖——猴	201	30
2004	诗与画(二)	201	40
2004	金箍猴	201	50
2004	世界文化遗产(五)	201	60
2004	梁山伯与祝英台	201	10
2004	世界文化遗产(六)	201	120
2004	王小慧摄影作品	201	60
2004	蒙娜丽莎的微笑	201	10
2004	指环王 2	201	10

〔续表〕

年 份	套 卡 名 称	业 务 种 类	面值(元)/套
2004	老电影海报之三四十年代	201	60
2004	冷山	201	10
2004	上海解放55周年纪念	201	120
2004	儿女一箩筐	201	10
2004	后天	201	10
2004	十面埋伏	201	10
2004	2004雅典奥运	201	30
2004	蜘蛛侠2	201	10
2004	林夕作品选	201	40
2004	许培育作品选	201	20
2004	名家书画(二)	201	40
2004	2046	201	10
2004	F1	201	60
2004	亚瑟王	201	10
2004	暗流2	201	10
2004	圣诞老人拼版卡	201	30
2004	加菲猫	201	10
2004	纪念第36届世界电信日	201	10
2004	迪士尼100周年奇幻冰上汇演纪念	201	80
2004	纪念上海联和院线和上海电信联合发行201电影海报卡二周年	201	60
2004	怪物史瑞克2	201	10
2004	纪念邓小平同志诞辰100周年	201	60
2004	2004上海双年展	201	10
2004	2010上海世博会纪念卡	201	30
2005	开元十二生肖鸡	201	30
2005	金箔生肖鸡	201	50
2005	贺又直老上海行当	201	750
2005	美术馆馆藏油画(一、二)	201	20
2005	电影海报卡33——超人总动员	201	10
2005	世界文化遗产(七)	201	200
2005	水墨动漫作品	201	20
2005	电影海报卡34——韩城攻略	201	10

〔续表〕

年　份	套　卡　名　称	业务种类	面值(元)/套
2005	美术馆馆藏油画(三、四)	201	20
2005	上海特色建筑(一)	201	30
2005	老电影海报系列(二)——五六十年代	201	60
2005	美术馆馆藏油画(五、六)	201	20
2005	电影海报卡 35——做头	201	10
2005	电影海报卡 36——异度空间	201	10
2005	美术馆馆藏油画(七、八)	201	20
2005	纪念中国电影诞辰 100 周年	201	70
2005	上海橱窗艺术(一)	201	30
2005	美术馆馆藏油画(九、十)	201	20
2005	电影海报卡 37——三岔口	201	10
2005	电影海报卡 38——星球大战前传 3	201	10
2005	江南女子	201	40
2005	电影海报卡 39——蝙蝠侠	201	10
2005	电影海报卡 40——七剑	201	10
2005	七夕中国情人节	201	10
2005	神舟六号载人航天飞行纪念	201	50
2005	复旦百年	201	30
2005	电影海报卡 41——鲁迅	201	10
2005	上海橱窗艺术(二)	201	30
2005	电影海报卡 42——长恨歌	201	10
2005	上海城市雕塑(一)	201	30
2005	庆祝申博成功三周年	201	70
2005	新锐画家作品	201	40
2005	电影海报卡 43——佐罗传奇	201	10
2005	电影海报卡 44——无极	201	10
2005	迪士尼丛林历险记	201	40
2005	周、李二人演唱会	201	10
2005	陈慧琳演唱会	201	10
2005	2005 年周杰伦上海演唱会	201	10
2005	张学友雪狼湖音乐剧	201	10
2005	长征组歌	201	10
2005	韩红 2005 年上海演唱会	201	10

〔续表〕

年份	套卡名称	业务种类	面值(元)/套
2005	Twins 上海演唱会	201	10
2005	一个士兵的日记	201	10
2005	纪念抗日战争胜利 60 周年	201	10
2005	2005 成龙上海演唱会	201	10
2005	Beyond 2005 全国巡回上海演唱会	201	10
2005	蔡琴歌舞剧	201	10
2005	美国辛辛纳提通俗乐团演奏会	201	10
2005	燃烧地板舞夜狂	201	10
2005	F1 世界竞标赛纪念卡	201	50
2005	巫启贤 2005 上海演唱会	201	10
2005	SONY 之夜反盗版演唱会	201	10
2005	刘若英演唱会	201	10
2005	帕瓦罗蒂演唱会	201	10
2005	禽流感可防可控	201	10
2005	迈克尔波顿演唱会	201	10
2005	黄金 20 年秦歌齐唱	201	10
2005	费玉清演唱会	201	10
2006	开元十二生肖狗	201	30
2006	金箔生肖狗	201	50
2006	洋山深水港工程	201	20
2006	电影海报卡 45——金刚	201	10
2006	2006 情人节贺卡	201	20
2006	电影海报卡 46——双层公寓	201	10
2006	美术馆展览海报(一)	201	10
2006	老电影海报系列(三)——七八十年代	201	60
2006	电影海报卡 47——纳尼亚传奇	201	10
2006	电影海报卡 48——防火墙	201	10
2006	上海橱窗艺术(三)	201	30
2006	美术馆展览海报(二)	201	10
2006	电影海报卡 49——防火墙	201	10
2006	和 miffy 一起探索世界	201	30
2006	美术馆展览海报(三)	201	10
2006	电影海报卡 50——冰川时代	201	10

〔续表〕

年　份	套　卡　名　称	业 务 种 类	面值(元)/套
2006	上海特色建筑(二)	201	30
2006	电影海报卡 51——超人归来	201	10
2006	2006 七夕情人节	201	40
2006	电影海报卡 52——加菲猫 2	201	10
2006	美术馆展览海报(四)	201	10
2006	上海橱窗艺术(四)	201	30
2006	电影海报卡 53——夜宴	201	10
2006	上海城市雕塑(二)	201	30
2006	电影海报卡 54——喜马拉雅王子	201	10
2006	美术馆展览海报(五)	201	10
2006	第十五届世界精神卫生日	201	10
2006	纪念申博成功四周年	201	70
2006	周慧珺书法作品	201	10
2006	电影海报卡 55——世贸中心	201	10
2006	电影海报卡 56——满城尽带黄金甲	201	10
2006	美术馆展览海报(六)	201	10
2006	'06 年圣诞贺卡	201	40
2006	时尚娇点 1	201	10
2006	时尚娇点 2	201	10
2006	时尚娇点 3	201	10
2006	时尚娇点 4	201	10
2006	舞林大会	201	200
2006	舞林大会迷你卡	201	200
2006	杨惠珊琉璃作品	201	40
2006	时尚娇点 5	201	10
2007	开元十二生肖猪	201	30
2007	金箔生肖狗	201	50
2007	电影海报卡 57——007 大战皇家赌场	201	10
2007	《三毛流浪记》	201	10
2007	《三毛流浪记》	201	240
2007	电影海报卡 58——博物馆奇妙夜	201	10
2007	美术馆展览海报七	201	10
2007	上海新校区	201	30

〔续表〕

年　份	套　卡　名　称	业　务　种　类	面值(元)/套
2007	电影海报卡 59——时空线索	201	10
2007	电影海报卡 60——时空线索	201	10
2007	上海橱窗艺术(五)	201	30
2007	美术馆展览海报八	201	10
2007	电影海报卡 61——蜘蛛侠 3	201	10
2007	上海特色建筑	201	30
2007	电影海报卡 62——加勒比海盗	201	10
2007	美术馆展览海报九	201	10
2007	电影海报卡 63——变形金刚	201	10
2007	电影海报卡 64——哈利波特 5	201	10
2007	美术馆展览海报十	201	10
2007	上海橱窗艺术(六)	201	30
2007	电影海报卡 65——太阳照常升起	201	10
2007	上海城市雕塑(三)	201	30
2007	电影海报卡 66——美味情缘	201	10
2007	美术馆展览海报十一	201	10
2007	上海世博会申办陈功 5 周年纪念	201	70
2007	电影海报卡 67——色戒	201	10
2007	电影海报卡 68——投名状	201	10
2007	美术馆展览海报十二	201	10
2007	金山农民画	201	200
2007	华夏地理	201	10
2007	华夏地理	201	10
2007	华夏地理	201	10
2007	华夏地理	201	10
2007	华夏地理	201	10
2007	华夏地理	201	10
2007	华夏地理	201	10
2007	华夏地理	201	10
2007	华夏地理	201	10
2007	华夏地理	201	10
2007	华夏地理	201	10
2007	华夏地理	201	10

〔续表〕

年　份	套　卡　名　称	业务种类	面值(元)/套
2007	庆祝中国共产党十七大胜利召开	201	20
2008	开元十二生肖鼠	201	30
2008	金箔生肖狗	201	50
2008	电影海报卡 69——蝴蝶飞	201	10
2008	电影海报卡 70——大灌篮	201	10
2008	中国植树节	201	10
2008	电影海报卡 71——史前一万年	201	10
2008	电影海报卡 72——黄金罗盘	201	10
2008	第二十九届奥运会纪念	201	80
2008	纪念鲁迅	201	40
2008	电影海报卡 73——功夫之王	201	10
2008	电影海报卡 74——功夫熊猫	201	10
2008	电影海报卡 75——赤壁	201	10
2008	叶浅予作品选	201	80
2008	电影海报卡 76——无敌浩克	201	10
2008	电影海报卡 77——木乃伊 3	201	10
2008	电影海报卡 78——通缉令	201	10
2008	时尚品牌	201	40
2008	纪念申博成功六周年	201	70
2008	电影海报卡 79——007 大破量子危机	201	10
2008	电影海报卡 80——梅兰芳	201	10
2008	圣诞卡	201	10
2008	王小慧《我的前世今生》	201	160
2009	开元十二生肖牛	201	30
2009	金箔生肖牛	201	50
2009	电影海报卡 81——赤壁(下)	201	10
2009	电影海报卡 82——行动目标希特勒	201	10
2009	电影海报卡 83——七龙珠	201	10
2009	电影海报卡 84——贫民窟的百万富翁	201	10
2009	电影海报卡 85——金刚狼	201	10
2009	电影海报卡 86——马兰花	201	10
2009	电影海报卡 87——哈利・波特	201	10
2009	电影海报卡 88——飞屋环球记	201	10

〔续表〕

年份	套卡名称	业务种类	面值(元)/套
2009	电影海报卡 89——风声	201	10
2009	2009 校园文化	201	40
2009	电影海报卡 90——建国大业	201	10
2009	电影海报卡 91——迈克尔·杰克逊：就是这样	201	10
2009	庆祝澳门回归十周年纪念卡	201	10
2009	成功申博 7 周年纪念	201	70
2009	电影海报卡 92——风云 2	201	10
2009	世博城市卡	201	270
2009	201 心形海报纪念卡	201	1
2009	世博倒计时 1 周年	201	60
2009	建设世博	201	60
2009	世博倒计时 300 天纪念	201	10
2009	百年梦圆世博纯银卡	201	400
2010	电影海报卡 93——阿凡达	201	10
2010	开元十二生肖——虎	201	30
2010	金箔生肖虎	201	50
2010	电影海报卡 94——喜洋洋之虎虎生威	201	10
2010	电影海报卡 95——大侦探福尔摩斯	201	10
2010	电影海报卡 96——爱丽丝梦游仙境	201	10
2010	电影海报卡 97——钢铁侠 2	201	10
2010	电影海报卡 98——玩具总动员 3	201	10
2010	电影海报卡 99——危情谍战	201	10
2010	电影海报卡 100——盗梦空间	201	10
2010	电影海报卡 101——华尔街 2	201	10
2010	电影海报卡 102——芳心终结者	201	10
2010	电影海报卡 103——哈利·波特 7	201	10
2010	电影海报卡 104——赵氏孤儿	201	10
2010	世博倒计时 100 天	201	50
2010	上海世博会闭幕纪念	201	70
2010	虎娃贺新年	11888	280
2010	吉祥如意	11888	500
2010	上海明珠卡	11888	280
2010	2010 祝福世博	11888	200

〔续表〕

年　份	套　卡　名　称	业 务 种 类	面值(元)/套
2010	海宝贺新年	11888	150
2010	世博中国风	11888	500
2010	文房四宝	11888	280
2010	上海新八景	11888	400
2010	世博开幕卡	11888	20
2010	世博卡——共赴盛会	17900	1 680
2010	世博卡——中华一家	17900	580
2010	世博卡——示范家园	17900	600
2010	全球盛典——世博场馆大全套	17900	2 890

说明:“华夏地理”套卡是由不同地貌照片作为卡面形成的系列卡,并非重复。

四、百事通卡

2006 年 5 月 18 日,上海电信发布聚信卡业务信息,其以上海电信卡为基础,录有客户信息,具有身份认证功能,可以为不同层次客户提供电信业务支付服务、综合信息支付服务、业务订购服务和客户关怀服务,具有综合服务功能,是百事通卡的前身。11 月 22 日,上海电信向社会公开发行聚信卡,分为面向公众客户的普卡和面向公众 VIP 客户的精英卡、钻石卡。聚信卡除具有客户身份识别、客户积分、积分兑换、电子支付、通信等服务功能外,还可以提供网上预约专家门诊、网上订购演出门票等增值服务,是全面覆盖各类综合信息服务的实名制卡。截至 2007 年 12 月 13 日,聚信卡拥有持卡客户 17 万多户。

图 4－1－14　聚信卡样式

2007 年 12 月 16 日,根据集团公司统一品牌的要求,聚信卡更名为百事通卡。百事通卡是客户级身份识别卡,集客户直接回馈、积分联盟、等级服务、俱乐部会员、号百商旅服务等回馈方式于一体,既包含“聚信卡”支付、通信等增值服务功能,也可以通过 114 订餐,享受特约商户的折扣优惠。百事通卡发行后,聚信卡不再发行。原发行的聚信卡在有效期内可以继续使用,到期后统一更换为百事通卡。上海电信对“我的 e 家”品牌客户发行“百事通我的 e 家卡”,对非品牌客户发行“百事通商旅卡”。

2008 年 8 月 8 日,百事通卡客户开启通过百事通卡使用无线宽带业务,网络使用费在百事通卡内扣除。

2010 年 1 月 29 日,为了规范和加强“e 家俱乐部”的 VIP 客户管理,实施 VIP 客户等级服务,根据中国电信的相关要求,上海电信决定自 2 月 5 日停止受理和发放百事通卡。原持百事通卡客户在卡有效期内可继续使用。

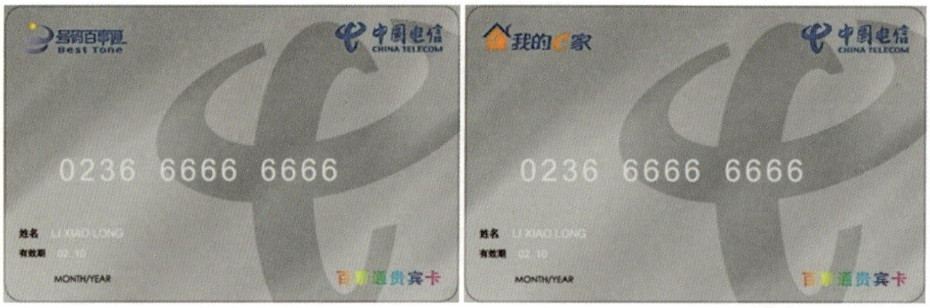

图 4-1-15　百事通商旅卡(左)和百事通“我的 e 家”卡(右)样式

五、东方电信卡

2003 年,上海电信与浦东发展银行合作,推出东方电信卡业务。该卡是浦发银行东方卡的衍生产品,印有上海电信的企业标识,既提供浦发银行东方借记卡业务功能,也可提供上海电信指定的电信业务及其他延伸服务。全年发行量约 18 000 张。2010 年 5 月,上海电信停止发行新的东方电信卡。

第二章　移动通信业务

第一节　CDMA 蜂窝移动通信业务

一、本地业务

1996 年，上海市邮电管理局和中国人民解放军南京军区合作组建上海长城移动通信有限公司，建设和经营 800 MHz CDMA 移动通信网；在北京、广东、陕西等省市分别组建地方长城移动通信有限公司。

1998 年 6 月 16 日，CDMA 长城移动电话网正式投入试运行，接入网号为 133，同时实现和北京的漫游，是中国电信长城网的组成部分。上海市长途电信局负责中国电信长城网的业务受理和上海地区的业务代理代办。

1999 年，CDMA 长城移动电话网（简称“长城网”）已在北京、上海、广东和陕西开通运营。8 月，信息产业部印发通知，决定撤销“中国电信长城网领导小组”及其相关机构，待新的 CDMA 网运营主体成立并统一领取运营许可证后，再依法注销北京、上海、广东和陕西四省市的电信长城移动通信公司。上海市邮电管理局根据要求，指导属下业务经营单位整理、核对 CDMA 公司租用电路资料，做好网络移交的准备。

1999 年 11 月，国务院办公厅转发国家计划委员会、信息产业部关于发展 CDMA 移动通信系统的若干意见，决定由中国联通牵头，组织国内有关移动通信产品生产企业等单位，统一进行 CDMA 有关对外谈判工作，尽快提出 CDMA 网络规划方案。2000 年，中国联通与美国高通公司签署 CDMA 知识产权框架协议，开始在中国铺设 CDMA 网络。2001 年 11 月 26 日，CDMA 长城网用户开始转网工作，陆续并入上海联通 CDMA 网络用户约 5 万户。2002 年 1 月 8 日，联通 CDMA 正式放号。

2008 年 5 月 24 日，工业和信息化部、国家发展和改革委员会、财政部联合发布《关于深化电信体制改革的通告》，以发展第三代移动通信（3G）为契机，鼓励中国电信收购中国联通 CDMA 网（包括资产和用户）。5 月 28 日，中国电信成立收购 C 网工作组。6 月 1 日，上海电信成立接收运营领导小组和工作小组。6 月 24 日，与上海联通成立联合工作组，选派 48 名骨干进驻联通公司，分业务、网络、IT 三组与联通人员开展联合办公，参与运营。7 月 27 日，中国电信与中国联通正式签订 CDMA 网络交易业务、资产详细协议。中国电信以 1 100 亿元总额收购中国联通的 CDMA 资产及业务。中国电信将此次收购行动命名为“天翼收购项目”。

2008 年 10 月 1 日，中国电信全面承接运营 CDMA 网络，4 200 万户在网用户转入中国电信客服体系。上海电信为本地 160 万 CDMA 用户提供服务，业务号码段为 133 和 153，沿用联通的资费。在交接中，上海电信接收上海联通的新时空财务资产（原值 45.12 亿元，净值 29.87 亿元）、联通上市公司经清查的总资产（原值 10.56 亿元，净值 6.76 亿元，总负债 2.29 亿元）、1086 个基站及 150 名划转人员，还承接了上海联通的业务相关协议（集团客户协议、渠道代理商协议、CP/SP 协议）和资产相关协议（代维、设备采购及工程协议）。

2008 年 12 月 1 日，上海电信面向选定用户启动 189 号段的预约放号工作。

图 4-2-1 2008 年 6 月,中国电信股份有限公司就收购 CDMA 业务等事项在中国香港进行路演

2008 年 12 月 18 日,上海电信在上海世纪大道 211 号信息大楼举行 189 移动业务首发仪式,首发用户 2 万户,推出互联网手机概念的天翼品牌,上海市政协主席冯国勤为天翼品牌在沪首发启动按钮。随 189 放号同步推出手机下载(Brew)、WAP、短信类(UTK/OTA、信息类、长短信)和彩信、总机服务、无线宽带、爱音乐、备份业务(PIM)、号码百事通(移动版)、统一充值付费和综合办公等重点产品。189 业务放号运营后,日均放号量一度达到 10.68 万户。年末,上海电信的移动电话用户数为 139.4 万户。

2009 年 1 月 7 日,工业和信息化部批准中国电信集团公司增加基于 CDMA2000 技术制式的

图 4-2-2 2008 年 12 月 18 日,上海市政协主席冯国勤启动天翼品牌首发

3G 业务经营许可。3 月 15 日，上海电信启动 3G 试商用服务。9 月，取消移动后付费业务用户被叫收费、其他资费不变。10 月 1 日，中国电信开始对“我的 e 家”“商务领航”及“天翼商旅”三款套餐的新签约客户，在全国 31 个省区市范围内实行接听免费。上海电信结合中国电信的要求，实行新老客户同时享受接听免费的优惠。是年，上海电信移动电话用户数达到 259.4 万户。

2010 年 5 月 17 日，中国电信正式宣布推出面向企业客户的天翼黑莓企业无线商务解决方案，上海是首期开通城市之一。10 月，中国电信向工业和信息化部申请 180 号段获批，开展启用准备工作。是年，上海电信的移动电话用户数达到 396.7 万户，其中，3G 用户数为 65 万户；移动业务收入达 25.1 亿元；移动收入市场份额达 11.1%，移动用户市场份额达到 16%；3G 用户达 66 万户，占移动出账用户比 16.6%，收入占比 30.4%。

表 4－2－1　2009 年 3 月本地移动语音通话资费标准情况表

项　　目		计费单位	资　费（元）	备　　注
后付费用户	月租费	号/月	50 元	后付费用户月租费开账按日计收，收费标准 1.64 元/日。该月为 31 天的按 50 元/月计收
	本地通话费	每分钟	主叫 0.4 元/分钟，被叫 0.4 元/分钟	主被叫均收取通话费
预付费用户	本地通话费	每分钟	主叫 0.54 元/分钟，被叫 0.54 元/分钟	免收基本月租费。主被叫均收取通话费

二、长途业务

【国内(不含中国港澳台地区)长途】

2008 年中国电信全面承接运营 CDMA 网络后，用户可正常拨打国内(不含中国港澳台地区)长途电话，沿用联通资费标准。

2008 年 12 月 31 日，上海电信为 CDMA 移动用户默认开放 17909 IP 国内(不含中国港澳台地区)长途功能。

2009 年 1 月 1 日，CDMA 移动电话的国内(不含中国港澳台地区)长途电话开始执行中国电信的相关资费标准，国内(不含中国港澳台地区)长话费为 0.07 元/6 秒＋本地主叫通话费；IP 国内(不含中国港澳台地区)长话费为 0.3 元/分钟＋本地主叫通话费，执行每日 0 时至 7 时的闲时优惠政策，按标准价的 60%收取国内(不含中国港澳台地区)长话部分，即 0.04 元/6 秒。

2009 年 1 月 23 日，上海电信 CDMA 用户开始可以使用 11808 分时计费长话业务，享受本地拨打国内(不含中国港澳台地区)长话的优惠资费。CDMA 的 133、153 智能网预付费用户自 2 月 20 日可使用 11808 长话业务。

2009 年 6 月 8 日，根据工业和信息化部推进移动电话拨打长话实行一费制的相关精神，中国电信印发《关于落实移动长话一费制及 3G 长话资费标准的通知》。9 月 1 日，上海电信对新发展的套餐用户开始执行长话一费制，本地拨打国内(不含中国港澳台地区)长途电话为 0.07 元/6 秒，不收取本地主叫通话费。

2010 年 1 月 1 日，上海电信所有在网用户均实行长话一费制。

表 4-2-2　2008—2010 年移动电话国内(不含中国港澳台地区)长途通话业务量情况表

年　份	通话次数(次)	国内(不含中国港澳台地区)漫游状态通话时长(分钟)
2008	13 995 175	51 377 579
2009	111 650 080	502 285 449
2010	—	555 450 856

【国际长途】

2008 年中国电信全面承接运营 CDMA 网络后，用户可正常拨打国际长途电话，沿用联通资费标准。

2008 年 12 月 31 日，上海电信为 CDMA 移动用户默认开放 17909IP 长途电话，其 IP 国际长途功能随 CDMA 国际长途功能对应开放。

2009 年 1 月 1 日，CDMA 移动电话拨打国际长途电话开始执行中国电信的相关资费标准：本地拨打国际长途为 0.8 元/6 秒＋本地主叫通话费；国内漫游拨打国际长途为 0.8 元/6 秒＋国内漫游通话费。同时，执行每日 0 时至 7 时的闲时优惠政策，按标准价的 60％收取国际长话部分，即 0.48 元/6 秒，包括日本、美国、新加坡、澳大利亚、新西兰、法国、英国、意大利、泰国、马来西亚、德国、加拿大、韩国、印度尼西亚、菲律宾。

2009 年 1 月 23 日，上海电信 CDMA 用户开始可以使用 11808 分时计费长话业务，享受本地拨打国际长话的优惠资费。CDMA 的 133、153 智能网预付费用户自 2 月 20 日起可使用 11808 长话业务。

2009 年 9 月 1 日，上海电信开始对新发展的套餐用户先执行长话一费制，本地拨打国际长途通话为 0.8 元/6 秒，不收取本地主叫通话费。2010 年 1 月 1 日，上海电信开始对所有在网用户实行一费制。

表 4-2-3　2008—2010 年移动电话国际长途通话业务量情况表

年　份	通话次数(次)	通话时长(分钟)
2008	127 342	330 580
2009	819 606	3 219 574
2010	—	3 869 860

【中国港澳台地区长途】

2008 年中国电信全面承接运营 CDMA 网络后，用户可正常拨打中国港澳台地区长途电话，沿用联通资费标准。

2008 年 12 月 31 日，上海电信为 CDMA 移动用户默认开放 17909IP 长途电话。

2009 年 1 月 1 日，CDMA 移动电话拨打中国港澳台地区长途电话开始执行中国电信的相关资费标准：本地拨打中国港澳台地区长途为 0.2 元/6 秒＋本地主叫通话费；国内漫游状态拨打中国港澳台地区长途为 0.2 元/6 秒＋国内漫游通话费。

2009 年 1 月 23 日，上海电信 CDMA 用户开始可以使用 11808 分时计费长话业务，享受本地拨打中国港澳台地区长话的优惠资费。CDMA 的 133、153 智能网预付费用户自 2 月 20 日起可使用 11808 长话业务。

2009 年 9 月 1 日，上海电信开始对新发展的套餐用户先执行长话一费制，本地拨打中国港澳台地区长途通话为 0.2 元/6 秒，不收取本地主叫通话费。2010 年 1 月 1 日，上海电信开始对所有在网用户实行一费制。

表 4-2-4　2008—2010 年移动电话中国港澳台地区长途通话业务量情况表

年　份	通话次数(次)	通话时长(分钟)
2008	40 858	105 087
2009	314 172	1 118 197
2010	—	1 165 378

三、漫游业务

【国内(不含中国港澳台地区)漫游】

2008 年中国电信全面承接运营 CDMA 网络后，用户可正常进行移动电话的国内(不含中国港澳台地区)漫游，沿用联通时期的漫游资费标准。

2009 年 1 月 1 日，CDMA 移动电话的国内(不含中国港澳台地区)漫游开始执行中国电信的相关资费标准，拨打电话为 0.60 元/分钟，接听电话为 0.40 元/分钟。

2009 年 1 月 23 日，CDMA 用户开始可以使用 11808 分时计费长话业务，国内(不含中国港澳台地区)漫游状态下通过 11808 拨打国内(不含中国港澳台地区)电话按 0.39 元/分钟计费；拨打中国港澳台地区电话按 11808 国内漫游费＋11808 中国港澳台地区资费标准计费；拨打国际电话按 11808 国内漫游费＋11808 国际资费标准计费。133、153 智能网预付费用户自 2 月 20 日也可使用 11808 长话业务。

2009 年 6 月 8 日，根据工业和信息化部推进移动电话拨打长话实行一费制的相关精神，中国电信印发《关于落实移动长话一费制及 3G 长话资费标准的通知》，明确用户在国内(不含中国港澳台地区)漫游状态拨打中国港澳台地区长话，以及国际长话只收取长话费，不收取基本通话费(即国内漫游费)，并制定分步实施计划表。9 月 1 日，上海电信开始对新发展的套餐用户执行长话一费制，国内(不含中国港澳台地区)漫游状态下拨打国际长途通话为 0.8 元/6 秒；拨打中国港澳台地区长途为 0.2 元/6 秒，与本地拨打资费相同。

2010 年 1 月 1 日，上海电信所有在网用户开始实行一费制。

表 4-2-5　2008—2010 年移动电话国内(不含中国港澳台地区)漫游业务量情况表

年份	国内(不含中国港澳台地区)漫游状态通话次数(次)	国内(不含中国港澳台地区)漫游状态通话时长(分钟)
2008	7 800 102	12 971 160
2009	117 919 878	266 690 957
2010	—	434 911 420

【国际漫游】

2008年中国电信全面承接运营CDMA网络后，用户可继续使用国际漫游业务，漫游资费沿用联通时期的资费标准，计费模式为结算成本基础上乘以115%。

2009年1月1日，开始执行中国电信的CDMA国际漫游资费标准：用户在境外漫游时，拨打当地电话，按主叫通话费×115%收费；拨打出访地以外的国际和中国港澳台长途电话，按(主叫通话费＋境外运营商收取的国际长途通话费)×115%；接听电话资费包括两部分，即中国至被访地的国际长途通话费，与国际地区漫游接听通话费×115%。

2009年1月23日，中国电信调整国际漫游资费，改变原有的计费模式，分别制定CDMA to CDMA(C-C)和CDMA to GSM(C-G)资费标准。根据C-G的资费标准，国际漫游分为11个资费区，语音漫游资费根据所在国家和地区从2.89—52.89元/分钟不等。根据C-C的资费标准，按所在国家收取漫游费，共14个国家，语音漫游资费从2.89—17.89元/分钟。189用户自2月1日起执行新资费标准，133、153用户自3月1日起执行。同时，在全球110个国家和地区开放国际短信漫游业务。

2009年4月1日，中国电信正式开通CDMA用户出访日本KDDI国际漫游业务。

2009年8月1日，中国电信正式向CDMA移动用户开通“**133国际回拨业务”，允许中国电信天翼国际卡用户在国际漫游状态下使用境外GSM网络(含WCDMA网络)时，通过国际漫游回拨业务平台与中国境内用户通话，可在美国、加拿大、澳大利亚、新西兰、意大利、英国、荷兰、瑞士、德国、法国、俄罗斯、日本、泰国、新加坡、马来西亚等126个国家和地区使用。通话费为5.99元/分钟，不足1分钟按1分钟计算。

2010年5月1日北京时间零时，中国电信正式开通CDMA用户出访越南运营商S-telecom的语音、短信，墨西哥运营商Iusacell的短信国际漫游出访业务。

2010年5月17日，中国电信开通国际漫游手机上网业务，允许用户在境外GSM网络覆盖的区域内，通过天翼国际卡访问GPRS网络，先期开放黑莓手机应用，首批可漫游的国家和地区为英国、法国、德国、意大利、奥地利、西班牙、俄罗斯、瑞士、美国、加拿大、阿根廷、巴西、墨西哥、日本、韩国、泰国、新加坡、马来西亚、菲律宾、越南、澳大利亚、新西兰等。漫游资费(C-G)从0.15元/KB-0.25元/KB不等。

2010年12月1日，中国电信与沃达丰公司合作推出新天翼国际卡，制定新的资费政策，将国际资费区调整为4个，C-G语音漫游资费从0.99—33.99元/分钟不等，短信漫游资费从0.49—3.59元/条不等；C-C语音漫游资费从1.99—29.99元/分钟不等，短信漫游资费从0.39—2.99元/条不等。旧卡用户资费不变。

【中国港澳台地区漫游】

2008年中国电信全面承接运营CDMA网络后，用户可继续使用中国港澳台漫游业务，漫游资费沿用联通时期的资费标准，计费模式为结算成本基础上乘以115%。

2009年1月1日，开始执行中国电信的CDMA中国港澳台地区漫游资费标准：用户在中国港澳台地区漫游时，拨打当地电话，按主叫通话费×115%收费；拨打出访地以外的国际和中国港澳台地区长途电话，按(主叫通话费＋相关运营商收取的国际长途通话费)×115%；接听电话资费包括两部分，即中国至被访地的中国港澳台地区长途通话费，与中国港澳台地区漫游接听通话费×115%。

2009年1月23日，中国电信调整中国港澳台地区漫游资费，改变原有的计费模式，分别制定CDMA to CDMA(C-C)和CDMA to GSM(C-G)资费标准。根据C-G的资费标准，中国港澳台地区漫游为 1 个资费区，语音漫游资费根据所在地区从 0.89—6.89 元/分钟不等。根据 C－C 的资费标准，语音漫游资费根据所在地区从 2.89—15.89 元/分钟不等。189 用户自 2 月 1 日起执行新资费标准，133、153 用户自 3 月 1 日起执行。同时，在中国港澳台地区开放短信漫游业务。

2009 年 11 月 1 日，中国电信调整出访中国台湾地区和中国澳门地区漫游服务资费(C－C)。

表 4－2－6　2009 年 11 月出访中国台湾地区和中国澳门地区漫游资费标准情况表(C－C)　单位：元

出访地区	拨打当地	接　听	拨中国内地（大陆）	拨打其他国家或地区	发短信至中国内地（大陆）	发短信至其他国家和地区	接收短信
中国澳门	0.50	1.00	1.00	按境外合作伙伴漫游资费标准收取	0.20	0.90	免费
中国台湾	0.50	1.00	1.00		1.89	2.59	免费

2010 年 5 月 17 日，中国电信开通中国港澳台地区漫游手机上网业务，允许用户在中国港澳台地区漫游时，通过天翼国际卡访问 GPRS 网络，先期开放黑莓手机应用。漫游资费(C－G)为 0.15 元/KB。

2010 年 12 月 1 日，中国电信与沃达丰公司合作推出新天翼国际卡，制定新的资费政策，中国港澳台地区 C－G 语音漫游资费从 0.99—3.99 元/分钟不等，短信漫游资费从 0.39—1.39 元/条不等；C－C 语音漫游资费从 0.99—6.29 元/分钟不等，短信漫游资费从 0.29—1.99 元/条不等。旧卡用户资费不变。

表 4－2－7　2008—2010 年移动电话国际、中国港澳台地区漫游业务量情况表

年　份	国际、中国港澳台地区漫游通话次数(次)	国际、中国港澳台地区漫游通话时长(分钟)
2008	77 305	125 262
2009	693 802	1 448 147
2010	—	2 210 839

四、短消息服务

2008 年中国电信全面承接运营 CDMA 网络后，移动短信业务转由电信运营，包括点对点短信、行业短信和部分短信相关的增值业务，资费沿用联通时期的资费标准。

2008 年 12 月 18 日，上海电信在全市范围启动 189 号段放号，随放号同步推出短信定制业务，用于移动用户和 SP 应用之间的信息传递，短信用户可以通过自服务的方式对 CP/SP 提供的服务进行点播和定制，如移动电子商务、交互式游戏、图片铃声下载、聊天室、移动广告等。业务资费包括通信费和信息费。其中，通信费由上行通信费和下行不均衡通信费组成，用户通过短信平台向 SP 发送信息服务请求而产生的上行通信费用，按照 0.1 元/条由用户向中国电信支付，用户下行接受短信不收费；SP 通过短信平台向用户发送短消息被用户成功接收而产生的下行通信费用，由提供该服务的 SP 向中国电信支付。信息费按短信 SP 确定标准收取。

表 4－2－8　2008 年短信定制业务下行不均衡通信费标准情况表

下行不均衡短信流量 X(万条)	费率(元/条)	下行不均衡流量通信费(万元)
0<X≤4	保底	0.2
4<X≤10	0.05	X×0.05
10<X≤50	0.04	(X－10)×0.04＋10×0.05
X>50	0.03	(X－50)×0.03＋50×0.04

2008 年 12 月 26 日晚 22 时，上海电信完成原联通 CDMA“短信礼炮”的业务割接。12 月 27 日零时，原“短信礼炮”短信接入号变更为 10659288。12 月 30 日晚，上海电信完成原联通 CDMA“短信签名”和“短信防火墙”(ASP 平台)的业务割接。是日 22 时，“一呼百应”业务 WEB 网址变更为“websms. sh. ct10000. com”；“企业短信通”WEB 网址变更为“esms. sh. ct10000. com”。12 月 31 日零时，“被叫回执”和“短信存储”业务停止向 CDMA 用户提供服务；原“短信签名”接入号变更为 10659260，原“短信防火墙”接入号变更为 10659261。

2009 年 1 月 1 日，短信业务开始执行中国电信相关资费标准。其中，短信回执、短信签名、短信转移等智能化短信业务功能费为每项业务每月 2 元/号，短信费同点对点短信。

表 4－2－9　2009 年短信业务标准资费情况表

项　目	资　费　(元)
国内点对点短信	发送短信(不分网内网外)0.1 元/条，接收短信免费
中国港澳台地区和国际短信	短信费：在中国内地(大陆)发往中国内地(大陆)以外的运营商客户 0.8 元/条，接收短信免费 漫游短信费：发送至中国内地(大陆)的运营商客户 1.89 元/条；发送至中国内地(大陆)以外的运营商客户 2.59 元/条；接收短信免费
中国澳门地区漫游短信	发送至中国内地(大陆)运营商客户 1.3 元/条；发送至中国内地(大陆)以外的运营商客户 2.0 元/条；接收短信免费

表 4－2－10　2009 年短信助手业务资费标准情况表

项　目	资　　费
业务功能费	包月业务功能费按每个业务 2 元/月；按次计费的每次业务功能费参照集团统一定制的短信资费标准
通信费	参照集团统一定制的短信资费执行，同时用户可继续享受原有的短信套餐资费优惠
信息费	暂不收取

2009 年 2 月 1 日，短信过滤业务开始不再收费。2 月 15 日，短信防火墙业务下线，以短信过滤业务承接；短信签名业务免费。

2009 年 2 月 25 日，根据 CDMA 业务转让协议的安排，中国电信启动行业短信客户迁移工作。客户范围包括从中国联通承接的所有行业短信客户、使用工信部核发的短信接入码的客户、使用中国联通短信接入码(10655 * 及 7 *)开展行业短信业务的客户。

表 4-2-11　2009 年全国行业短信业务资费标准情况表

套餐月租（元）	子账号数（个）	通信簿功能最多可包含的联系人数量（个）	套餐内所含网内短信数量（条）	超出资费所含短信后网内短信资费（元/条）	网间短信资费（元/条）
100	2	1 000	1 250	0.08	0.1
300	10	1 000	3 800	0.08	0.1
1 000	24	10 000	14 000	0.07	0.1
3 000	48	10 000	45 000	0.07	0.1
5 000	60	10 000	100 000	0.05	0.1

2009 年 5 月底，短信助手（原智能短信业务）正式上线，包括短信回执、短信签名、短信群发、定时短信、短信转移、短信自动回复、短信过滤、短信保管等业务。是年，用户数达 16 万户。

2009 年 8 月 1 日零时，上海电信停止原联通的"短信双收"业务，推荐"短信助手-短信保管"业务，供有短信备份需求的用户使用。

2010 年 4 月 27 日，上海电信正式对外公布随行通业务，通过信令监测系统获取用户位置数据继而获得用户位置信息，再结合用户所在位置及用户查询条件，为用户提供世博会综合信息服务该业务是世博会十八大产品之一。世博会期间，随行通供用户免费使用且无须申请开通，只要用户的终端具备短信功能，进入世博园区范围内后即可使用该业务，是中国电信在世博园区内为 C 网用户提供的普遍服务，共下发短信数超过 4 000 万条。9 月，因随行通业务在世博期间良好的运营表现，上海电信决定开始在大宁商圈和徐家汇商圈推送随行通短信，进行后世博的开发和应用。是年，上海电信移动短信发送量达 11.6 亿条；移动 SP 短信发送量达 1.2 亿条。

五、多媒体消息服务

2008 年中国电信全面承接 CDMA 网络运营后，多媒体邮件业务（彩 e）也转由电信公司运营，在开展移动业务初期上海电信提供手机多媒体信息服务，用户可以通过"彩 e"业务在手机上编辑多媒体信息发送给其他手机用户，也可以通过手机的电子邮件服务经互联网电子邮件传送信息。

2008 年 12 月底，彩信业务在全国范围内开通，能够传递各类内容和信息，包括文字、图像、声音、视频等各种多媒体格式数据，涉及业务种类主要包括手机与手机互发、手机与邮箱互发和各种彩信应用等，仅限 189 用户使用，133/153 用户只能使用"彩 e"业务。资费方面，通信费按发送条数收费，标准为 0.5 元/条，接收免费；信息费由服务提供商确定，每条收费最高不超过 5 元。

2009 年 6 月 26 日，彩信相册系统上线，实现彩信与"彩 e"业务的互通，133/153 用户自此也可以使用彩信，涉及业务范围包括点对点彩信收发、手机报等彩信业务。7 月，上海电信根据集团公司要求开通 SP 路由，保证彩信 SP 业务对 133/153 用户可用。

2010 年 8 月 15 日，中国电信正式关闭"彩 e"增值业务订购通道，仅对已订购用户继续提供该项服务。年末，上海电信点对点彩信发送量达 79 万条，SP 彩信发送量达 205.3 万条。

表 4-2-12　2010 年彩信业务资费标准情况表

项　目	资　费
通信费	发送按条收费，标准为 0.5 元/条，接收免费
信息费	资费标准由 SP 确定，每条收费最高不超过 5 元

六、功能类业务

2008 年 10 月 1 日，中国电信全面承接运营 CDMA 移动业务，用户可继续沿用联通时期的移动电话功能类业务。为顺利运营天翼 189 号段，上海电信根据中国电信的要求就移动业务的功能类业务和增值业务等进行业务测试。12 月 18 日，上海电信举行 189 移动业务首发仪式，推出天翼互联网手机。呼叫限制、无条件呼叫转移、遇忙呼叫转移、无应答呼叫转移、不可及呼叫转移、无机呼转、呼叫保持、呼叫等待、三方通话、来电显示、主叫号码隐藏、C 网亲情号码等移动电话功能业务同步推出。2009 年 1 月 1 日，上海电信根据中国电信要求，开始执行移动电话功能类业务资费标准。3 月 10 日，中国电信要求为在网 CDMA 用户同时开通呼叫等待和语音优先功能，以解决 C 网用户在 1X 上网时可能发生的语音电话无法呼入的现象，明确原则上不得单独收取呼叫等待功能费。

表 4-2-13　上海电信主要功能类业务资费情况表

	项　目	资　费
	来电显示	功能费：10 元/月
呼叫转移	呼叫等待/呼叫保持	功能费：5 元/月
	主叫号码隐藏	功能费：15 元/月
	呼叫限制	功能费：10 元/月
	遇忙回叫	功能费：5 元/月
	多方通话	功能费：5 元/月；通话费按相关业务的资费标准收取

七、增值业务

【手机七彩铃音】

CDMA 业务由中国联通运营期间，手机回铃音的相关业务为“炫铃”“商务炫铃”和“超级炫铃”。随着 CDMA 业务的经营主体由中国联通变更为中国电信，双方于 2008 年 12 月 1 日开始开展相关业务迁移和系统割接工作。

2008 年 12 月 1 日零时，炫铃业务开始由中国电信七彩铃音业务承接，中国联通的营销渠道、客服热线和炫铃门户等均停止对 133、153 用户提供炫铃业务受理服务；商务炫铃业务由商务七彩铃音承接；超级炫铃业务由超级七彩铃音承接，中国联通的客服热线、短信门户和超级炫铃门户等均停止向 133、153 用户提供超级炫铃业务受理服务；原联通业务“手写炫铃”“炫铃俱乐部”等 SP/CP

业务，暂停向C网用户提供服务。12月4日8时，上海电信开始对外提供CDMA七彩铃音服务，启用中国电信七彩铃音门户，域名为http://sh.118100.cn，为CDMA用户提供铃音订购、更换、管理等服务。中国电信营业厅、中国电信网上营业厅、中国电信客服热线受理七彩铃音业务。12月5日8时，上海电信开始对外提供超级七彩铃音业务，通过七彩铃音门户网站进行“超级七彩铃音”的受理、订购、变更和管理操作。12月6日，向用户开启通过10000号服务热线咨询、办理商务七彩铃音业务。12月12日，上海电信对移动业务彩铃平台进行扩容，新增143万C网彩铃用户的Licence容量。是年，共承接联通彩铃用户约20.9万户，超级七彩铃音用户逾12万户，商务彩铃企业用户500户。

2009年6月，根据中国电信的要求，上海电信开始开展音源集中管理工作，是年完成18万余首铃音资源的同步工作。8月13日，上海电信开始对固网彩铃平台和小灵通彩铃平台进行版本升级，奠定彩铃平台三网融合的软件版本基础。10月27日，CDMA彩铃平台首先开始与固网彩铃平台融合。12月8日23时，小灵通彩铃平台与CDMA+固网彩铃平台实现融合，彩铃平台三网融合的工作全部完成，实现固话、小灵通、移动七彩铃音用户的音源共享。是年，手机七彩铃音业务收入达5 540.5万元，手机七彩铃音用户总数累计突破100万户，手机七彩铃音用户渗透率达43.8%；手机七彩铃音用户活跃度达23.3%，手机七彩铃音一键复制功能上线。

2010年3月15日，上海电信对CDMA商务七彩铃音业务进行优化调整，在各营业厅和10000号商客热线上开放该业务的受理。5月，上海电信在黑莓系列套餐中赠送商务七彩铃音功能。12月20日，上海电信调整商务七彩铃音业务资费。是年，手机七彩铃音收入达6 616万元。

表4-2-14 移动彩铃业务资费情况表

项　目	资　费
功能使用费	5元/月/号
铃音信息费	按条计费，每条收费最高不超过5元，音乐盒包月费不高于10元/月
通信费	用户申请或取消业务等产生的通信费按相关业务标准资费收取

表4-2-15 商务七彩铃音业务资费情况表

项　目	资　费
商务彩铃功能费	每月5元/号
商务铃音制作费	每次300元/首

表4-2-16 2009—2010年手机七彩铃音用户数情况表 单位：户

年　份	用　户　数
2009	1 078 561
2010	2 410 031

【手机报】

随着移动通信技术的发展，手机以其独特的传播特性逐渐成为继报纸、广播、电视、互联网之后的“第五媒体”。截至2007年5月，共有30多家全国性报社推出了其报纸的手机版。中国电信运营CDMA移动业务后，为承接C网已有的个人客户产品，于10月24日印发《手机报业务规范（试行）》，明确中国电信手机报作为资讯类业务，通过手机为用户提供各类资讯信息的服务，包括新闻、体育、娱乐、文化、生活、财经等，以具体“报刊”产品体现相关内容。中国电信手机报业务根据承载方式，可分为彩信手机报、短信手机报、客户端手机报和WAP手机报。

2009年2月20日，中国电信印发《中国电信手机报业务指导意见（暂行）》，决定以自主办报与合作办报相结合的方式发展手机报业务，以天翼手机报为各级、各类手机报的统一品牌，重视并积极吸引优秀合作伙伴参与，促进业务的规模发展。4月13日，自营手机报产品完成在ISMP平台上的发布和上线前的测试工作。5月，《天翼快讯》《天翼财经》《天翼房产》《天翼教育》和《天翼育儿》五款天翼手机报业务作为第一批手机报业务上线运营，承载方式为短信手机报和彩信手机报，收费模式采用包月制，标准为3元/月。6月5日，手机报业务正式商用上线。7月，第二批上海电信自营手机报（简称“自营手机报”）和集团公司运营的手机报（简称“集团手机报”）业务正式上线运营。包括《天翼旅游》《第一财经》等8份自营手机报和《新闻早晚报》《天翼快讯》等2份集团手机报，均采用包月制收费模式，月信息费为2元或3元。是年，上海电信手机报业务的合作伙伴从初期的2家发展至20家，共推出手机报30份，发展用户20.3万户。

2010年1月2日，上海电信报手机报正式发布。4月，上海电信推出《天翼体育》《天翼互动》《天翼生活》等13份自营手机报，承载方式为短信手机报、彩信手机报和WAP手机报。除《天翼互动》采用点播收费方式外，均采用包月制收费模式，月信息费为3元、5元、8元；点播费为2元。5月，上海电信推出《乐活宝典》《旅游时报》等手机报，承载方式为短信手机报和彩信手机报。年末，上海电信手机报出账用户达551 324户。

【备份业务】

中国电信运营CDMA移动业务后，为承接C网已有的个人客户产品，降低用户转网或更换手机终端的门槛，帮助用户转移和备份个人通信录信息，推出通信录转移解决方案。12月18日，上海电信在上海全市范围启动189号段放号，随放号同步推出备份（PIM）业务，提供网络管理功能的业务服务，包括转网服务和网络备份及WEB管理功能，资费包括功能费和通信费，功能费为3元/月；通信费按标准资费收取。其中，189号段用户可体验备份（PIM）业务的全部功能，其他用户可体验转网服务等部分功能，用户可以通过10000号、上海电信网上营业厅、中国电信WAP门户（pim. vnet. mobi）等方式开通备份业务。是月，中国电信在备份（PIM）业务中增加超级号簿转存器子产品，实现了从GSM的SIM卡和小灵通的PIM卡向CDMA的UIM卡中单向拷贝通信录的功能。

2009年，上海电信承接中国电信备份（PIM）业务的落地工作。8月1日，备份业务小助手正式上线，网上营业厅实现该软件的加载。

【手机下载(BREW)】

中国电信运营CDMA移动业务后，为承接C网已有的个人客户产品，于2008年10月24日印发《手机下载（BREW）业务规范（试行）》。BREW是高通公司为无线设备设计的应用程序执行环境。中国电信的C网用户均默认开通移动下载业务（BREW），用户手机终端只要具备BREW功能，即可使用手机下载（BREW）业务。通过手机下载（BREW）业务，手机用户可以下载游戏，进行商务活动，阅读电子书籍，查询电子地图等。12月18日，上海电信在上海全市范围启动189号段放号，随放号同步推出手机下载(BREW)业务。

2009年9月，上海电信组织开展游戏乐园、手机炒股、地图导航、图片动画、音乐铃声及生活娱乐等六大类BREW精品业务营销推广。11月19日，上海电信与交通银行上海分行联合开发的“e动交行”手机端软件上线中国电信BREW平台，随后双方联合开展“手机银行”营销活动。12月，根据国家有关部委关于整治互联网和手机媒体淫秽色情及低俗信息专项行动的相关要求，中国电信开始深入开展手机下载BREW业务自查整改工作，阻断除手机炒股、地图导航、商务领航、号码百事通、天翼Live、PUSHMAIL、QQ手机版业务以外的手机下载BREW业务，在此期间，新老用户均不能使用被阻断的业务。上海电信根据中国电信的要求，开展自查整改工作。

2010年3月，中国电信决定将在信息安全检查中发现的1 039个违规及历史遗留业务进行下线处理。4月1日，中国电信全网BREW业务开始陆续恢复向用户提供服务。年末，上海电信手机下载出账用户数为18 314户，总下载量180 302MB。

第二节　数字集群通信业务(800 MHz集群通信)

数字集群系统是20世纪90年代后期研制出来的专业移动通信系统，除具有模拟集群通信系统的调度指挥功能外，还具有频谱利用率高、保密性强、通信质量好、功能更完善、便于建立共用网等优点。2001年，为强化应对突发事件的应急处理能力，上海市政府开始委托上海市信息委与上海市无线电管理局酝酿建设上海市数字集群政务共网。截至2005年，上海全市共有集群网络11个，包括模拟集群网络8个，TETRA数字集群网络2个，iDEN数字集群网络1个，由市政府办公厅、市公安局、中卫国脉、上海轨道交通等政府部门和企业独立运营。2005年12月，上海市800 MHz数字集群政务共网项目正式启动，是上海市政府2006年十大实事工程之一。

2006年1月24日，上海电信成功中标“上海市800 MHz数字集群政务共网”项目，随后，又在上海市人民政府组织的服务商招标中，成功中标上海市800 MHz数字集群政务共网的网络建设单位和服务供应商。3月，上海电信开始建设数字集群政务共网。3月16日，上海电信请示中国电信向信息产业部申请数字集群经营许可证。信息产业部随后同意中国电信在上海继续开展800 MHz数字集群商业试验。5月18日，上海电信向上海市无线电管理局申请频点92对，用于网络建设。6月23日，上海电信向上海市通信管理局申请“3525－3523”共5个八位万门局号，以满足网络建设和业务发展需求。12月，上海市通信管理局同意上海电信启用“3525”局号用于数字集群政务共网的开网演习和业务演示。9月，上海电信先期开通716台数字集群终端，用于洋山深水港开港。12月7日，上海电信向上海市通信管理局申请开展数字集群通信业务试商用。

2006年12月30日，上海电信承建的上海市800 MHz数字集群政务共网正式开通，覆盖全市行政区域和洋山深水港地区，开通基站114个，可容纳5万用户入网，具有数字通信信号质量好、保密性好等优点，能提供短信、定位、数据传送、因特网互联等增值功能，还具备与固话、移动电话互通的功能。上海市800 MHz数字集群政务共网主要用于突发事件应急调度通信、日常工作通信和管理、重要活动现场通信和管理、生产调度通信和管理、虚拟专网等，是一个全社会共用的数字集群通信网络，由上海市政府成立专门的用户管理委员会负责系统资源的管理、用户号码和编组资源的分配，上海电信负责网络的运行维护、优化，通信的质量、安全保障和售后服务，除满足政府用户的使

图 4-2-3　2006 年 12 月 30 日，上海电信承建的“上海市 800 兆数字集群政务共网”正式开通

用外，还有较大的余量为普通企业开放服务。

2007 年 1 月 24 日，上海市通信管理局同意上海电信进行数字集群通信业务专网的试验运行，在上海电信固话网内进行联通。7 月 16 日，上海市突发公共事件应急管理委员会办公室印发《关于 800 MHz 数字集群政务共网入网事项的通知》，要求关闭全市所有 800 MHz 模拟网，除已建和国家批准建设专网的部门外，其他部门和单位的 800 MHz 数字集群用户均纳入政务共网，由市政务共网用户管理委员会统一管理。特奥会期间，数字集群指挥调度系统首次大规模应用。全年共计发展 2 815 户/终端，其中，长期业务用户 1 188 户/终端，短期租赁业务用户 1 627 户/终端。

2008 年 7 月，上海电信与上海申通地铁签订《800 MHz 数字集群网络两网互联框架协议书》，800 MHz 数字集群政务共网与上海市轨道交通 800 MHz 数字集群无线通信系统实现互联，包括两网交换机间的互联，以及为对方指定的用户组与终端用户提供己方网内的漫游调度呼叫等服务。是年，上海市 120 急救中心、上海市交通执法总队等用户接入政务共网，共计入网终端近千台。政府应急条线 120 余家使用单位，实际入网 3 000 余台终端，平均年应急呼叫量达到 1 131 万次。

2009 年 2 月 19 日，上海电信承接中国卫通上海公司划转的数字集群通信业务。

2010 年 3 月 1 日起，数字集群业务为上海世博会提供 800 MHz 无线通信保障服务。4 月 30 日—5 月 4 日世博会期间，800 MHz 集群日呼叫次数平均在 16.6 万，平均呼叫时长 597 小时/天。4 月 24 日凌晨 1 时，上海市 800 MHz 数字集群政务共网与上海地铁申通网络实现互联互通。12 月 5 日，数字集群通信网络为上海国际马拉松赛提供通信指挥调度和安保通信任务。赛事期间共计使用数字集群终端 133 台，备机 5 台，在开幕式主场及各路段安保、应急指挥调度通信等领域得到广泛应用。

表 4－2－17　2007—2010 年数字集群业务收入和用户数情况表

	2007 年	2008 年	2009 年	2010 年
业务收入(万元)	244	544	1 100	1 150
用户/终端数(户/终端)	2 815	4 629	6 111	6 686

表 4－2－18　2010 年数字集群业务资费标准情况表

资费名称	项　目	计费单位	资费(元)	备　注
手续费	移动台开户费	每台每次	150	—
	调度台开户费	每台每次	200	—
	移动台/调度台编码变更费	每台每次	20	—
资源占用费	资源占用费	每台每月	30	—
集群网内调度业务月租费	1 对 1 半双工私密呼	每台每月	80	—
	1 对多组呼叫	每台每月	140	—
	半双工私密呼叫＋组呼叫	每台每月	160	—
补充业务功能费	直通模式	每台每月	10	—
	全双工私密呼叫	每台每月	50	—
	电话互联业务	每台每月	50	—
集群组资费	20 台以内	每组每月	20	3 组(含)内免费
	50 台以内	每组每月	20	8 组(含)内免费
	100 台以内	每组每月	20	18 组(含)内免费
	100 台以上	每组每月	按协议约定收费	—
通话费	群内通话费	每分钟	0.4	全双工私密呼叫，单向收费
	本地通话费	每分钟	0.4	电话互联，双向收费
	国内长途电话	每六秒钟	0.07	电话互联，双向收费
	中国港澳台及国际长途电话	根据中国电信中国港澳台及国际标准资费执行		电话互联，双向收费
短信费	点对点短消息	每条	0.1	集群网内短信
数据业务	分组数据传输	1 MB	20	—
	分组数据传输	20 MB	100	—
	分组数据传输	50 MB	200	—
租机业务	移动台押金	每台	6 000	移动台租用费仅指调度通信费，不含电话互联、全双工私密呼叫通话费；移动台租用费按天计算，不足一天按照一天计算
	移动台租用费	每台每天	60	—

第三章　数据业务

第一节　互联网接入

一、窄带接入

1995 年 5 月 17 日，中国公用计算机互联网（ChinaNet）上海节点开放国际互联网业务，上海市长途电信局推出拨号上网业务，用户可以通过公用电话网、分组交换网、数字数据网和帧中继网等进网，与国外计算机用户互通信息。是年，有注册用户 1 062 户。1999 年 8 月 1 日，长途电信局推出“CHINANET－163 储金卡”业务，采取密码记账、实时计费的方式。10 月 11 日，上海市邮电管理局开放 8163 主叫上网业务，用户可通过电话直接上网使用互联网业务，无须到营业窗口登记。11 月 28 日，长途电信局对上海市本地电话全面开放 8163 主叫上网业务。2000 年 5 月 21 日，上海市邮电管理局开放 169 上网业务，提供注册用户和主叫上网两种服务，支持因特网国内浏览。截至 2000 年公司化运行时，上海电信窄带上网的接入方式主要为注册上网、主叫上网、专线上网和储金卡上网，主要的接入码为 163、8163、8888 和 169。

2000 年，163 储金卡推出新版系列产品，面值分别为 20 元、50 元、100 元。3 月，推出 163 包月卡，是首张包月制的上网卡。8 月 24 日，中国电信印发《关于开放 CHINANET（163）主叫计费业务的通知》，决定在全国范围试开通 ChinaNet 主叫计费业务，接入码为 163。上海电信暂时仍保留使用 8163、8888 主叫上网接入。

图 4－3－1　上海市长途电信局推出的 163 上网储金卡

图 4-3-2 163 分时段上网卡

2001 年,上海电信推出分时段计费的 163 校园卡。

2002 年,上海电信在 201 平台上关闭 8888、169 接入号码的主叫上网功能,只开放 8163 主叫上网业务和注册上网功能。

2003 年 5 月 21 日,中国电信开展互联网窄带拨号接入码的调整工作,将拨号接入码 163 扩展为 163XX 五位号码,将“CHINANET163”确立为互联网窄带业务品牌。6 月 30 日,上海市通信管理局同意上海电信启用 16300 和 16388 作为 ChinaNet 互联网业务接入号码,其中,16300 是 ChinaNet 互联网全国业务接入号码,16388 是 ChinaNet 互联网省内业务接入号码。上海电信的互联网窄带接入码自此统一调整为 16300 和 16388,原拨号上网接入码 8888、8163、163 统一改号为 16300,原拨号上网接入码 169 改号为 16388,浏览范围、上网资费、业务类型与原接入码一致。全面启动国内漫游业务。7 月 4 日,上海电信面向 16300 的注册用户推出互联网国际漫游业务——寰球 e 行,支持 112 个国家和地区、7 500 多个城市。资费方面,漫游至美国、加拿大 0.5 元/分钟,漫游至欧洲及其他国家和地区 0.9 元/分钟。

2004 年 1 月,16300 主叫拨号上网新增 PHS 无线市话上网方式。

2006 年,上海电信推出 96550 主叫拨号上网业务,将上网信息费与通信费进行捆绑,仅 3 元/小时,较全价时段的 16300 和 16388 优惠。

截至 2010 年年末,上海电信窄带接入的注册上网用户数为 519 户,主叫上网用户数为 33 627 户。

表 4-3-1 2000—2010 年窄带接入用户数情况表 单位:户

年　份	注册上网用户数	主叫上网用户数
2000	801 012	666 318
2001	933 730	924 352
2002	1 022 450	1 726 632
2003	750 935	842 141
2004	769 230	607 545
2005	791 695	406 086
2006	798 868	274 696
2007	799 222	177 116

〔续表〕

年　份	注册上网用户数	主叫上网用户数
2008	1 170	94 080
2009	411	43 498
2010	519	33 627

二、宽带接入

【有线接入】

1999 年，上海市电话局在上海全市 18 个端局完成 1 000 线非对称数字用户线路(Asymmetric Digital Subscriber Line, ADSL)接入，利用双绞铜线(普通电话线)，以上、下行非对称的传输速率接入互联网，上行(从用户到网络)为低速的传输，可达 512 kbps；下行(从网络到用户)为高速传输，可达 4 Mbps，包括虚拟拨号接入和专线接入两种接入方式。10 月，市话局首次向公众推出 ADSL 宽带接入业务。10 月 2 日，在中国香港电信上海办事处工作的魏先生成为上海第一位家庭宽带用户。2000 年 2 月 4 日，上海第一家应用 FTTB+LAN 接入方式的住宅宽带用户在金山区产生。

2000 年 12 月 26 日，上海电信正式向社会推出 ADSL 宽带业务(业务品牌名为网络快车)。其后，又分别推出 FTTB+LAN(业务品牌名为宽带通)和 HomePNA(Home Phoneline Network Alliance，家庭电话线网络联盟)两种宽带接入方式。2001 年 1 月，上海电信推出 ADSL 宽带资费优惠价，上网安装设备费由 3 000 元降为 1 200 元。6 月，开通宽带停机保号业务。12 月，上海电信在复旦大学、同济大学、上海理工大学等 3 所院校推出宽带"201"上网业务。截至 2001 年年末，上海电信宽带用户总数达 9.78 万户，其中，市区用户 5.31 万户，郊区用户 4.48 万户；按接入方式分类，ADSL 用户 6.71 万户，FTTB 用户 3.06 万户，HomePNA 用户 137 户。

表 4－3－2　2000 年 ADSL 宽带业务资费情况表

费　用　项	资　　费	用　户　群
基本月租费	50 元/线	私人住宅用户
	100 元/线	单位用户
包月制信息费(512 K)	80 元/月	私人住宅用户
	1 400 元/月	单位用户
计次制信息费(512 K)	13.5 元/小时	单位用户
计次制信息费(1 M)	20 元/小时	单位用户

2002 年 7 月，上海电信正式开放市区与郊区(县)宽带互移业务。

2003 年 4 月 28 日，上海电信试行"宽带业务受理 37 小时安装"承诺，在具备网络资源条件下，自受理成功起，可提供 37 小时上门安装服务(仅限 ADSL 接入)。2004 年 3 月 10 日，全面实行"宽带受理 37 小时安装"承诺，提供"营业前台受理，先付后装"和"10000 号后台受理，先装后付"两种服务模式。面向不同客户群推出“校园 e 通”“商务 e 通”“酒店 e 通”“连锁 e 通”等专业化宽带组合产品以及基于宽带接入和内容捆绑的“宽带大改版”套餐，逐渐形成规模效益。

2004 年 1 月 1 日，上海电信首次推出 ADSL 不限速产品，最高速率可达 8 Mbps。4 月 25 日，上海师范大学通信工程专业一年级女生宣同学成为中国电信的第 1 000 万名宽带用户。5 月 17 日，上海电信宣布宽带用户突破 100 万户。

图 4-3-3　2004 年 5 月 17 日，中国电信向第 1 000 万名用户颁发奖牌

2005 年 10 月 18 日，上海首个光纤到户业务(Fiber To The Home，FTTH)在浦东联洋社区的第九城市小区开通，其为 4.5 Mbps 高速上网业务。光纤到户即光纤直接通到用户处，为用户提供高速上网等服务。是年，上海电信面向政企用户推出速率为 2 Mbps 和 4 Mbps 的 ADSL 宽带拨号业务。年末，上海电信宽带用户达 182.51 万户，上海成为中国“宽带第一城”。

2007 年 3 月，上海电信正式启动全网 HomePNA 用户割接至 ADSL 的工作。6 月，“上海电信测速网站”正式向公众发布。年末，上海电信宽带用户达到 300 万户。

2008 年 1 月，上海电信开放郊区(县)宽带产品用户同区跨产品移机(改装)功能。

2009 年年初，上海电信启动“企业宽带大提速行动”，企业宽带提速不提价。6 月 3 日，在中国电信建设上海“城市光网”行动计划发布会上，上海电信宣布全面实施“城市光网”建设，实现光纤进楼到户，用 3 年时间达到“百兆到户、千兆进楼、T 级出口”的网络覆盖能力。“城市光网”主要采用 3 种接入模式：对住宅小区、商务楼和产业园区优先选用 FTTH/FTTO 模式，即光纤直接入户；对建有入户五类线的住宅小区楼宇和部分商务楼采用 FTTB 模式；对农村地区和受到机房空间或电源等条件制约的商务楼采用 PON+DSL 模式。7 月 5 日，上海浦东新区德平路 1134 弄小区成功实现光纤到户接入覆盖，小区居民路女士一家成为上海第一户采用 FTTH 的光网用户。10 月 1 日，上海电信开始对无限包月制政企用户实行新版宽带资费标准，大幅调低政企用户宽带资费。是年，上海 18 万户企业的宽带普遍提速至 2 Mbps 以上。

图 4-3-4 上海第一家采用 FTTH 的光网用户

2010 年 4 月 8 日，上海电信召开“城市光网”业务发布会，推出“光速 e 家”套餐，与土豆网、PPTV(PPLive)、盛大、激动网等内容应用提供商发起成立“城市光网应用联盟”，共同推进和实现高品质的互联网应用。12 月，上海电信响应上海市委、市政府提出的公众宽带客户“提速灭 K”的要求，对全网 512 kbps 可提速家庭宽带用户批量提速至 1 Mbps，总计完成 17.8 万户。年末，“城市光网”覆盖能力达 200 万户，光网用户超过 45 万户，其中，光纤入户用户超过 24 万户，上海电信宽带用户的平均带宽翻两番至 4 Mbps。年末，上海电信宽带用户数超过 445 万户。

表 4-3-3 2000—2010 年宽带接入用户情况表

单位：户

年份	宽带接入用户
2000	4 199
2001	97 698
2002	283 544
2003	759 334
2004	1 336 029
2005	1 853 278
2006	2 425 759
2007	3 057 373
2008	3 550 143
2009	4 096 980
2010	4 452 467

【无线接入】

2001年，上海电信开始无线局域网的试验，采用IEEE802.11b技术，通过无线以太网(Wireless LAN，WLAN)的接入设备实现业务覆盖。7月20—28日，上海电信在上海国际体操中心和上海体育馆安装无线接入设备并提供现场服务，以满足记者们发稿的需求，各类纸质媒体和网络媒体均做相关报道，WLAN得到各方面的关注。

2002年5月，上海电信召开新闻发布会，代表中国电信正式推出以天翼通为品牌的无线宽带业务。该业务基于ADSL接入方式提供家庭无线AP和公共热点服务，是中国电信最早向公众提供的无线局域网业务。上海电信在复旦大学管理学院开通校园无线局域网，提供高速上网、视频会议、远程教育、视频点播等宽带信息增值服务。10月，上海电信在10余个APEC指定场所布设无线局域网，为中外宾客提供无线宽带上网业务。是年，在新国际博览中心、世贸商城、星巴克咖啡连锁店、波特曼酒店、建国宾馆、虹口足球场等公共场所提供天翼通服务。

表4-3-4　2002年4月上海电信天翼通业务资费标准情况表

<table>
<tr><th colspan="6">项　目</th><th>计费单位</th><th>资费(元)</th></tr>
<tr><td colspan="6">装移机手续费</td><td>每户每次</td><td>10</td></tr>
<tr><td colspan="6">账号注册费</td><td>每账号每次</td><td>100</td></tr>
<tr><td colspan="4" rowspan="3">终端设备费</td><td colspan="2">MODEM</td><td>个</td><td>590</td></tr>
<tr><td rowspan="2">无线网卡</td><td>PCMCIA</td><td>块</td><td>600</td></tr>
<tr><td>USB</td><td>块</td><td>800</td></tr>
<tr><td rowspan="12">天翼通</td><td rowspan="8">安装调测费</td><td colspan="2" rowspan="2">新装(1个AP)</td><td colspan="2">办公用户</td><td>每户每次</td><td>300</td></tr>
<tr><td colspan="2">住宅用户</td><td>每户每次</td><td>300</td></tr>
<tr><td colspan="2" rowspan="2">改装(1个AP)</td><td colspan="2">办公用户</td><td>每户每次</td><td>100</td></tr>
<tr><td colspan="2">住宅用户</td><td>每户每次</td><td>100</td></tr>
<tr><td colspan="2" rowspan="2">增装(1个AP)</td><td colspan="2">办公用户</td><td>每户每次</td><td>100</td></tr>
<tr><td colspan="2">住宅用户</td><td>每户每次</td><td>100</td></tr>
<tr><td colspan="2" rowspan="2">移机(1个AP)</td><td colspan="2">宅内</td><td>每户每次</td><td>100</td></tr>
<tr><td colspan="2">宅外</td><td>每户每次</td><td>300</td></tr>
<tr><td rowspan="4">网络使用费</td><td rowspan="3">有限包月制</td><td rowspan="2">住宅用户</td><td>512 kbps</td><td>限用60小时，超过部分按0.1元/分钟计收</td><td>每账号每月</td><td>100</td></tr>
<tr><td>1 Mbps</td><td>限用60小时，超过部分按0.15元/分钟计收</td><td>每账号每月</td><td>140</td></tr>
<tr><td colspan="2">公众区注册用户</td><td>限用60小时，超过部分按0.1元/分钟计收</td><td>每账号每月</td><td>100</td></tr>
<tr><td>无限包月制</td><td colspan="2">住宅用户</td><td>512 kbps</td><td>每账号每月(以安装一个AP计)</td><td>150</td></tr>
</table>

〔续表〕

项目		计费单位	资费(元)
办公用户	512 kbps	每户每月(以安装一个 AP 计)	1 600
	1 Mbps	每户每月(以安装一个 AP 计)	2 600
公众区注册用户		每账号每月	150
公众区预付费用户		每分钟	0.2
增加 AP 费用	住宅用户	每增加一个 AP,每月增加 20 元网络使用费	
	办公用户	每增加一个 AP,每月增加 100 元网络使用费	

2003 年,上海电信开放基于 FTTB+LAN 接入方式的天翼通业务。2 月,新增办公用户无线包月制和限时包月制产品,扩展中、小企业用户市场。6 月底,上海电信开通天翼通的国际漫游业务,可在境外 13 个国家和地区的 1 400 个热点实现 WLAN 无线宽带互联网服务。年末,上海电信根据中国电信的指导意见,调整天翼通业务资费,新增住宅用户在公众区使用天翼通业务的网络使用费标准和公众区注册用户有限包月制标准,停止办理公众区注册用户无限包月制的业务,调整住宅用户移机安装调测费标准。

2004 年 1 月,上海电信开通 PHS 无线市话拨号上网业务,采用 16300 主叫拨号方式。4 月 28 日,新增天翼通公众区注册用户 20 元有限包月制资费,以满足不同用户在公众区使用天翼通业务的需求。是年,天翼通的酒店实时计费系统在宾馆等场所开始使用并试商用本地化界面。全年发展公网运营点 500 个。

2006 年 12 月 11 日,上海电信开始试行天翼通与小灵通账号融合上网业务,在天翼通热点覆盖区域或在有小灵通覆盖区域,用户通过购买充值卡为融合上网账号充值后,能以统一的账号接入互联网。网络使用费为 0.20 元/分钟。

2007 年 5 月 1 日,上海电信正式推出灵翼通无线上网业务,具有数据卡和小灵猫两种接入方式,其中,数据卡方式是使用电脑通过 PCMCIA 接口或 USB 接口的数据卡实现上网功能,小灵猫方式是使用电脑通过 USB 数据线连接小灵通终端实现上网功能,全年共发展用户 7 612 户。8 月 1 日,上海电信推出通过小灵通短信获取天翼通账号业务,用户发送短信至 6688 可获取不同时长的天翼通账号。9 月 20 日,上海电信试开放长三角的无线宽带漫游业务,无线宽带家庭注册用户、ADSL/LAN 家庭宽带用户、16300 注册用户可在长三角区域内漫游使用无线宽带业务。2008 年 5 月 1 日,上海电信开放无线宽带全国漫游业务,漫游标准资费为 0.20 元/分钟。年末,上海电信根据中国电信要求,停止使用天翼通产品名称和品牌 LOGO,统一更名为"无线宽带(WLAN)"。

2008 年 5 月 17 日,小灵通短信获取无线宽带(WLAN)账号业务正式上线,用户通过小灵通终端发送代码到 10659227,可获得无线上网账号。

中国电信运营 CDMA 移动业务后,将 CDMA 上网产品与无线宽带(WLAN)上网产品进行技术和营销的融合,形成新产品,仍称为无线宽带,电脑用户可通过无线宽带客户端软件或认证门户,选择 WLAN 或 CDMA 等不同网络接入方式上网。12 月 1 日，无线宽带客户端软件具备商用条件。12 月 18 日，上海电信在全市范围启动 189 号段放号，同步推出无线宽带业务，标准资费为本地 0.10 元/分钟，漫游资费为 0.04 元—0.10 元/分钟。

2009 年，随着中国电信获发基于 CDMA2000 技术标准的 3G 业务牌照，中国电信在无线宽带产品的基础上，增加 3G 上网功能形成无线宽带(增强版)，产品名称仍沿用无线宽带。3 月 15 日，上海电信开始开展 3G 试商用，开展"天翼 3G 无线宽带上网体验"活动。4 月，上海电信正式推出融合 3G 上网的无线宽带产品。6 月 5 日，上海电信推出无线宽带一卡双芯产品，即两张 UIM 嵌入同一张卡基上提供给客户，其中，一芯为无线宽带 UIM 卡，另一芯为手机 UIM 卡。8 月 1 日，上海电信开始对无线宽带业务和手机上网业务的国内上网费(含本地、国内)进行月限额封顶，封顶限额为 1 000 元，月限额用户范围为家庭客户和个人客户。11 月 1 日，中国电信正式商用推广无线宽带统一认证功能，便于无线宽带用户接入 WLAN 网络和 3G 网络。

2010 年 4 月 28 日，中国电信印发无线上网流量收费标准，上海电信根据中国电信要求，将未选择上网套餐的标准资费用户的默认计费模式统一调整为按流量计费。5 月，无线宽带封顶断网功能上线。7 月 1 日，中国电信正式发布天翼宽带客户端 V1.0 版。8 月 1 日，无线宽带 Wi-Fi 中国港澳台地区漫游业务和国际漫游出境业务开始执行新资费标准。全年完成 AP 覆盖建设 3 807 个，其中，校园 AP 建设 1 405 个，覆盖校园 80 个；数字医院 AP 建设 280 个。

表 4-3-5　2002—2009 年 WLAN 用户情况表　　单位：户

年　份	用 户 数
2002	2 629
2003	27 310
2004	28 774
2005	23 971
2006	24 085
2007	43 757
2008	70 707
2009	120 261

表 4-3-6　2009—2010 年无线宽带用户情况表　　单位：户

年　份	用 户 数
2009	254 682
2010	419 388

【专线接入】

上海电信的互联网专线接入主要包括 ADSL 专线、LAN 专线、城域网高速上网和精品网上网等方式。

2000 年 12 月 26 日，上海电信正式向社会推出 ADSL 宽带业务，包括基于 ADSL 的专线接入业务。其后，又推出基于专线专网的 FTTB+LAN 宽带接入业务。

2001 年，上海电信印发《IP 城域网宽带业务资费标准(试行)》，明确 IP 城域网宽带业务包括局域网方式接入和局域网同城高速互联两类，端口速率分为 10 Mbps 和 100 Mbps。

2002 年，上海电信在推进区县信息化的过程中，拓展商务楼的 LAN 接入工程。9 月，上海电信印发《关于商务楼 LAN 接入业务的处理办法(试行)》，明确商务楼的 LAN 接入业务包括共享式 LAN 专线上网业务和独享式 LAN 专线上网业务，端口速率从 1 Mbps 至 10 Mbps。

2006 年 7 月，上海电信面向政企宽带拨号用户推出宽带精品网用户卡，改善互联网访问速率慢的问题。

2007 年 3 月，上海电信推出宽带精品网业务(国际出口优化通道服务)，可在政企 ADSL 专线、LAN 专线、ADSL 拨号产品上加载。11 月，受理范围扩大至 DDN、FR、ATM、光纤等专线方式接入互联网的市区政企客户。资费为用户原宽带月租费基础上加收 500 元(提供一个固定 IP 地址)、800 元(提供 5 个固定 IP 地址)。12 月，正式向国际精品网用户开放宽带测速网站。2008 年 1 月和 6 月，先后推出公客国际精品网和郊区政企宽带用户国际精品网产品。

截至 2010 年年末，上海电信共有互联网专线接入用户 31 852 户。

表 4-3-7 2001—2010 年上海电信互联网专线用户情况表

年 份	因特网专线(户)	xDSL 专线(户)	LAN 专线(个)	局域网同城高速互联用户端口(个)
2001	703	—	—	—
2002	672	249	—	—
2003	630	1 115	775	1 766
2004	788	2 329	80 651	3 870
2005	554	5 001	131 968	5 282
2006	420	8 031	163 836	19 390
2007	140	10 006	14 403	19 702
2008	—	12 272	20 326	19 702
2009	—	11 901	23 889	—
2010	—	11 365	20 487	—

三、接入应用

【16366 星动特区】

2003 年 6 月 30 日，上海市通信管理局同意上海电信启用“16366”作为互联网主叫增值业务接入号码。8 月，中国电信在上海、湖南、江苏、四川、广东、广西等地，面向互联网主叫拨号上网用户推出了互联网主叫增值业务——“星动特区”，与新浪、联众等 6 家 ICP 合作，开发“星动特区”的游戏、娱乐、教育等内容服务。星动特区是针对窄带用户的互联网增值服务，全国统一接入号码是

16366，业务资费采取“网络基本＋增值服务费”的结构模式。11 月 26 日，上海电信为上海市少先队“世博信息直通车——知识传播行动”暨“上海电信 16366 杯世博信息直通车网上竞技大赛”活动开设 16366 星动特区业务雏鹰网 e2e 专区，作为网上竞技比赛的专用上网渠道。

2004 年 2 月，上海电信正式向社会推出星动特区产品，设有“gamesh”“雏鹰网”“上图星空”“网邮通”“游戏直通车”等 5 个专区，采取开放式访问和封闭式访问两种业务方式，提供合作 ICP 的内容服务。用户使用统一的主叫接入号码 16366 接入互联网，根据用户输入的用户名和密码进入对应的合作专区。4 月，星动特区推出英语快车栏目，提供英语考试辅导内容，可供 500 人同时在线。

表 4-3-8　2007—2010 年星动特区收入规模及用户数情况表

年　份	用户数(户)	收入量(元)
2007	639	4 038
2008	194	583
2009	113	146
2010	130	17

【绿色动力】

2003 年 6 月，中国电信要求各省做好网吧连锁经营许可证的申请工作，将“绿色动力”作为中国电信网吧连锁经营的统一品牌，作为推广电信业务、培育互联网应用产品消费群体的重要基地与社会营销渠道，期望通过为加盟者提供特色服务与盈利产品，为上网者提供丰富多彩、健康有益的衍生文化产品和增值服务，形成电信运营商、特许加盟业主、用户组成的价值链。上海电信获得地方性连锁网吧经营牌照后，于是年 10 月 23 日正式经营“绿色动力”网吧业务，吸纳 30 余家社会网吧加盟，开展连锁经营。上海电信对加盟的网吧实行零加盟费用，统一标识，倡导绿色上网理念实行统一化管理。

2004 年 2 月，上海电信将 IP 话吧、面面通视讯、天翼通上网、易付卡支付终端等业务融入“绿色动力”网吧，继续推进网吧联盟的发展，对加盟网吧实行宽带接入优惠，提供宽带备份线路，免费安装管理软件，免收部分设备租赁费等。5 月 28 日，上海电信自营的“绿色动力”旗舰店在上海市延安东路 1200 号“电信世界”二楼开业，面积超过 1 000 平方米，拥有座席近百个，设有远程教育教师、球迷俱乐部、咖啡吧等，集上网、休闲、娱乐、教育功能于一体。

截至 2005 年，“绿色动力”网吧拥有 518 家加盟成员，占全市网吧总数的 40%，日均客流量超过 4 万。其后，随着经营策略的调整，上海电信逐步退出网吧业务的经营。

【绿色上网】

2004 年，中国电信在上海、江苏、浙江、广东、湖南、福建、重庆等七省市组织进行绿色上网试点工作。4 月 1 日，上海电信正式开放绿色上网业务，是面向家庭用户、青少年推出的 ADSL 上网增值服务，具有屏蔽全球绝大部分不良网站的功能，包括各类违反国家法律，涉及色情、暴力等网站站点上百万个，黑名单数据库每日自动更新，可容纳 1 万用户注册使用。绿色上网采用父子账号的形式，子账号带有@green 的后缀和对应的密码，月功能费为 10 元。是年，开通绿色上网的业务网站，域名为 http://greenet. online. sh. cn。

2006 年，绿色上网用户超过 9 000 户，接近业务平台容量上限，单纯的网站拦截业务已不适应市场需求。3 月，上海电信启动绿色上网业务平台的升级工作，在黑名单拦截的基础上，增加滤网用户时间控制、大型网络游戏拦截、即时通信工具拦截、绿网用户上网日志查询、绿网用户广告推送等新功能。

2007 年，中国电信要求全面推广绿色上网业务，支撑“我的 e 家”品牌建设，将绿色上网产品纳入“我的 e 家”套餐，重点向 35—45 岁的高端家庭客户进行业务推荐，满足未成年人家庭对绿色网络的需求。上海电信于是年暑假期间通过夏令便民服务活动，推广绿色上网业务。

2010 年，绿色上网的活跃用户为 43 989 户。

表 4-3-9　2006—2010 年“绿色上网”活跃用户数和业务收入情况表

年　份	用户活跃数(户)	收　入　(元)
2006	15 217	152 170
2007	24 856	248 560
2008	36 247	362 470
2009	38 757	387 570
2010	43 989	439 890

第二节　虚拟专用网络

一、互联网虚拟专用网

国内互联网虚拟专用网业务(IP-VPN)是指经营者利用自有或租用的互联网网络资源，采用 TCP/IP 协议，为国内用户定制互联网闭合用户群网络的服务。中国的 IP-VPN 市场起步于 1999 年吉通宣布提供 VPN 服务之际。是年，中国邮电电信总局决定建设 IP 网 VPN 工程。

2000 年，中国电信在骨干网上建设全国 VPDN 管理中心和计费结算中心，在各省建立省认证中心。10 月 10 日，上海电信开展 IP 网 VPN 工程上海局省级 VPDN 业务管理中心系统设备安装单项工程。2001 年 5 月 18 日，中国电信 IP 网工程进入 3 个月的试运行阶段。

2001 年 10 月，中国电信开始提供 IP VPN 业务。12 月 17 日，中国电信印发《中国宽带互联网虚拟专用网(多协议标记交换方式)(CHINANET MPLS VPN)业务规范(暂行)》，明确中国宽带互联网虚拟专用网业务(简称“CHINANET VPN”)主要有多协议标记交换(MPLS)方式和网络隧道技术(IPSEC)等方式，分为省级业务和省内业务，计费项目包括安装调测费、通信费和 VPN 网络使用费。

2002 年 1 月 16 日，中国电信印发 MPLS VPN 业务试行资费标准。1 月 21 日，上海电信根据中国电信的要求执行该资费标准。其中，安装调测费为 500 元/端口；接入电路通信费根据用户采用的 DDN、FR、ATM、数字电路等接入方式，按相应电路资费标准收取接入电路通信费；网络使用费根据端口方向和速率收取。年末，上海电信为首家 MPLS VPN 用户开通上海—香港的 1 M

线路。

2003 年，上海电信根据市场发展的实际需要，申请新建 IPSEC VPN 平台，配合整体 VPN 业务的开展。其后，经中国电信同意，开展 IPSEC VPN 试点工作。年末，上海电信的 MPLS VPN 用户达到 9 家，总带宽达到 64 kbps×64。

随着信息产业部同意中国电信开展国内因特网虚拟专用网业务试商用，2004 年 7 月 19 日，中国电信印发《国内 IP－VPN 业务商用试验阶段资费标准》，以确保因特网虚拟专用网业务试商用的顺利开展。10 月 8 日，上海电信开始执行国内试商用阶段资费标准。年末，包括校校通在内，上海电信的本地 MPLS－VPN 总带宽已达 9 497 Mbps。同时，还与国际运营商合作拓展了国际 VPN 业务。

2005 年 10 月，上海电信结合前期业务试验情况，在本地 MPLS VPN 产品中新增二层属性，丰富数据产品线。年末，本地 MPLS－VPN 总带宽达 3 197 Mbps，其中，国际以及中国港澳台地区总带宽达 314.4 Mbps。

2006 年，中国电信结合 CN2 网络的特点和大客户的业务需求，组织开发了路由型 MPLS VPN 业务——IP 虚拟专网产品，依托中国电信 CN2 承载网，为客户在多个节点间实现 IP 虚拟专网功能，业务开放范围为中国境内外 CN2 覆盖的节点所在地，以及通过合作伙伴网络延伸至的国家和地区，业务类型分为普通型业务和增值型业务，可为客户提供差异化 QoS 等级、站点可用率等网络性能指标保障服务。3 月，上海电信启动长途 MPLS VPN 平台优化工程，完善网络结构，新增与 CN2 网络互联出口以及提供业务接入控制及管理功能。年末，按照企业数量统计，上海电信占有 57%的本地市场份额。

随着 CN2 网络具备开放 MPLS VPN 业务的条件，2007 年 2 月 15 日，中国电信开始利用 CN2 网开放省级 MPLS VPN 业务，停止在 169 骨干网和既有的 VPN 省网增开省级业务。2009 年，中国电信在 IP 虚拟专网业务中新增 Multi－VRF 业务特性，以满足政企客户在同一条物理接入电路上开通多个 IP 虚拟专网端口的需求。

2009 年 7 月，中国电信印发通知，试行 IPSEC VPN 接入 IP 虚拟专网。

2010 年年末，上海电信 IP－VPN 用户端口数为 2 883 个，其中，国内 IP－VPN 用户端口数为 1 939 个，国际和中国港澳台地区端口数为 944 个。

二、虚拟专有拨号网

虚拟专有拨号网络（Virtual Private Dial Network，VPDN）业务是基于拨号方式的虚拟专用网络业务。

2001 年，中国电信在 163/169 业务承载网范围内试开放 VPDN 业务，根据用户使用业务的区域范围，分为全国性业务和省内业务；根据接入方式，VPDN 用户分为企业端用户和远端拨号用户，业务接入号码是 17979，品牌名为 V 信通。4 月，中国电信决定开放 VPDN 业务的长途接入功能，用户可以通过拨打 0＋长途区号＋17979 接入异地 VPDN 接入服务器，使用 VPDN 业务。

随着中国电信南北分拆带来的业务和网络的拆分，VPDN 业务调整为在 163 业务承载网上开放，品牌名仍为 V 信通。2003 年 12 月，中国电信将 VPDN 接入号调整为 16306。是年，上海电信为上海热线 UAP 增加 VPDN 功能。

2004 年，上海电信向社会推出基于宽带的 VPDN 网络接入业务，为有远程办公需求的用户，提供专门的账号和企业自定义的 IP 地址，通过 ADSL PPPoE 拨号联入企业内部网络，但不提供因特网功能，受理对象为企业用户，包括 A、B 两类业务账号模式，用于企业内部网络的安全互联。

2005 年，上海电信开始将 VPDN 业务重点逐步转为面向企业互连的虚拟专网，为有远程办公、分支点联网需求的用户提供服务。8 月，在 VPDN 业务中新增窄带拨号接入方式，用于满足 ADSL 资源不足情况下的组网，作为 VPDN 宽带接入方式的补充，解决 ADSL 宽带接入方式中存在的接入盲点问题。

2008 年 10 月，上海电信承接 CDMA 移动业务后，CDMA VPDN 的用户由上海电信承接，C 网 VPDN 的相关设备仍归属上海联通。上海电信在承接联通 VPDN 用户的同时，同步建设 CDMA VPDN 平台。12 月 29 日，上海电信完成本地 C 网 VPDN 接入用户的迁移。是年，上海电信实现新 CDMA VPDN 客户的开放。

2009 年 2 月，中国电信印发《“无线 VPDN”业务管理办法（试行）》，明确无线 VPDN 业务是基于 CDMA 1X 高速分组数据网络、利用 L2TP 隧道技术为客户构建的与公众互联网隔离的虚拟专用网络。用户可使用移动终端或 PC 通过无线 VPDN 网络安全地访问客户网络或应用系统。无线 VPDN 属于中国电信的全国性业务，面向政企客户及 133、153、189 用户开放，全国 CDMA 网络覆盖范围内均可通达，用户在全国范围内漫游仍能使用该业务。3 月，上海电信完成 VPDN 本地所有非漫游用户的迁移。是年，无线 VPDN 业务增加 EVDO 接入方式，新增跨省域名、IMSI 绑定多账号等内容。

截至 2010 年，上海电信可提供有线、无线两种接入方式的 VPDN 业务。

三、e 通 VPN

2005 年，中国电信组织开发并推出了“e 通 VPN”业务，利用中国电信统一建立的安全传输、信息加密平台，依托方便接入的互联网，为客户在全球范围内构建保证数据安全传送的虚拟专用网络（VPN），方便客户移动办公以及分支机构、合作伙伴数据网络互联的业务。该业务主要定位于满足政企客户内部分支机构之间、企业与合作伙伴之间低成本、安全可靠的信息共享和网络互联，以及企业、政府外出人员移动安全办公需求。

2007 年，上海电信开始 e 通 VPN 业务的市场推广工作，包含 SSL－VPN 和 IPSEC－VPN，主要用于城建服务热线、城市网格化管理、水利管理、交通信息中心等社会信息化项目，系统容量可支持 1 500 并发用户。

2008 年，随着业务的发展，上海电信于 3 月启动 e 通 VPN 的平台扩容工作。9 月，扩容后的 e 通 VPN 平台正式投入使用，远程并发用户接入能力增加至 1 万户，固定接入点能力达到 250 个点。年末，SSL－VPN 有签约用户 20 家，账号数达到 1 500 个；IPSEC－VPN 与多家连锁行业签约。

2009 年，e 通 VPN 开通手机版，支持 Windows Mobile 系统的手机，通过 CDMA、Wi-Fi 等方式建立 SSL 链接，随时随地从安全通道访问企业内部信息化系统。9 月，e 通 VPN 平台启动扩容建设，新增 2 000 个 IPSEC 用户接入能力，新增手机桌面功能，12 月下旬投入运行。

2010 年，e 通 VPN 手机版开始推向市场，通过电信 3G 网络接入 e 通 VPN 平台，方便客户移动应用以及分支机构、合作伙伴数据网络互联。

表 4-3-10 2008—2010 年 e 通 VPN 用户情况表 单位：户

年 份	用 户 数
2008	169
2009	969
2010	4 928

第三节 互联网数据中心(IDC)

互联网数据中心(Internet Data Center, IDC)业务是基于电信基础网络平台，为社会用户提供多种电信级服务的一种综合业务，包括主机托管、服务器租赁、虚拟主机、接入平台出租、带宽出租和增值业务等服务。

上海电信的 IDC 业务源自上海热线 ICP 站点下各个社会数据库的服务器托管。1998 年，上海市长途电信局开始提供 IDC 的主机托管业务。1999 年 11 月，上海信息产业有限公司正式将上海热线的服务器托管业务定位为电信主营业务，命名为上海热线数据中心，截至 2000 年公司化运行初期，已有 100 多家用户的 500 多台服务器入驻。

2001 年 1 月，上海电信印发《中国电信集团上海市电信公司互联网数据中心(IDC)业务管理办法(试行)》，明确长途通信事业部是 IDC 业务的主营单位。5 月 31 日，上海电信与国际商业机器(IBM)中国有限公司签约共建上海花木互联网数据中心，提供 IDC 服务。是月，上海电信建成上海电信环球网络 IDC，总面积超过 1 000 平方米，提供主机托管、数据备份、网络安全、网络管理等专业品质的服务。6 月 6 日，上海电信与世纪互联数据中心有限公司联手，在浦东外高桥保税区共建 e 港(eHub)数据中心，融 IDC 与企业 IT 数据中心于一体，向信息和网络服务新一代运营商提供充分开放的公共平台，为国际化的大型企业和机构提供高技术附加值的资源外包服务。年末，上海电信 IDC 机房投产总面积为 7 230 平方米，在上海 IDC 市场的占有率达到 70%。

2002 年，上海电信向 IDC 用户推出“上海电信服务品质保证书”(SLA 标准)，提升 IDC 的服务质量。在 IDC 的增值业务方面，推出实时流量监控、防火墙、CA 网管系列等增值服务项目，与联众、魔力宝贝、武魂等多家网络游戏进行合作项目的尝试。

2003 年，上海电信开始逐步改变内部各 IDC 经营单位无序竞争的局面，要求对外统一资费，大客户统一受理，资源统一管理，服务统一标准，提升公司 IDC 业务的综合竞争力。2003 年，IDC 业务收入首次突破亿元大关，达 1.18 亿元，列中国电信各省市 IDC 业务收入之首。

2004 年，上海电信将郊县 IDC 业务纳入公司统一管理的体系中。

2005 年，上海电信推出虚拟主机产品。虚拟主机是在网络服务器上划分出一定的磁盘空间供用户放置站点、应用组件等，提供必要的站点功能与数据存放、传输功能。年末，上海电信 IDC 业务中的整机租用用户数达到 210 户，托管主机数量达到 24 297 台，虚拟主机用户数为 1 011 户。

2006 年 3 月，上海电信根据网络信息安全面临的新形势，开始按照国际标准建立信息安全管理体系，在 TL9000 质量管理体系工作的基础上，成立 ISO27001 技术管理小组，对 IDC 业务进行 ISO27001 信息安全管理体系认证。7 月，上海电信通过国际信息安全管理体系 ISO27001(BS7799)的认证。年末，IDC 业务整机租用用户 228 户，托管主机 24 570 台，虚拟主机用户 774 户。

2007 年年初，上海电信推出超级主机业务，通过虚拟化技术将服务器分割成多个虚拟独享服务器（Virtual Private Server，VPS），每个 VPS 都可分配独立公网 IP 地址、独立操作系统 Windows/Linux、独立超大空间、独立内存、独立 CPU 资源、独立执行程序和独立系统配置等。4 月，上海电信开始逐步调整 IDC 业务的经营体制，先后将长途无线部和信息产业（集团）公司的 IDC 业务划归信息网络部，由信息网络部负责 IDC 业务的经营。11 月，上海电信开始试推广 DDoS 防护和安全管家等 IDC 增值业务。年末，上海电信数据中心有托管主机 28 748 台，主机租赁用户 283 户。

2008 年，上海电信推广 DDoS 业务防护平台，主要应用于金融行业。4 月，上海电信开始根据中国电信的要求，部署 IDC 高清承载业务能力平台，用于开展高清视频业务。年末，上海电信数据中心有托管主机 36 231 台。

2009 年，上海电信通过构建网游产业链和电子商务产业联盟，形成全新的 IDC 行业用户联盟方案。在信息园区机房和北艾机房开通双线接入试点，在真如、华京、美兰湖等机房打造针对金融、游戏、视频等行业的品牌专区。同时，上海电信试运营数据在线备份与恢复业务，为客户提供关键数据的“本地/异地备份和恢复”。年末，上海电信数据中心有托管主机 46 458 台。

2010 年，上海电信在互联网、游戏、金融等行业推广复制定制化的 IDC 机房；针对不同用户需求，开发限速互联网带宽、平均互联网带宽和本地互联网带宽等个性化产品。年末，上海电信 IDC 业务收入突破 7 亿元，数据中心有托管主机 63 303 台。

图 4-3-5　2010 年 3 月 25 日，上海电信与腾讯公司签订数据中心战略框架合作协议

第四节　数据通信业务

一、数字数据网

数字数据网（Digital Data Network，DDN），是利用光纤、数字微波、卫星等数字信道，以传输数

据信号为主的数字通信网络，可提供 2 Mbps 及 2 Mbps 以内的全透明的数据专线，承载语音、传真、视频等多种业务。

上海最早的公用数字数据网于 1992 年 3 月正式运行，分别开通至美国和日本的用户专线。截至 1993 年 4 月，先后建成两个本地 DDN 网。随着全国公用数字数据网的建设完成，上海于 1995 年年初正式向用户开放业务，与全国 21 个城市联网。是年，开通国际国内用户电路 91 条。截至 2000 年，上海本地 DDN 网络先后经过五期扩容，拥有节点近 600 个，是上海分布最为广泛的数据网。

2003 年 5 月，上海电信印发《本地 DDN 专线业务管理制度》，提高运营效率，加快客户反应速度，提升本地 DDN 专线业务服务质量。

2004 年，上海电信进一步探索差异化服务，与境外运营商合作推出 SLA。

2005 年，上海电信将 DDN 基础业务维护等级分为 AAA、AA、A 三级，维护范围分为国际、国内、本地专线等三类，明确 AAA 级客户单条数据专线电路故障修复时间为 3.5 小时，AA 级为 4 小时，A 级为 8 小时，强化差异化服务。

2008 年，随着市话区间通话费的取消，数字数据产品自 1 月 1 日开始统一按区内收费标准收费。

2010 年年末，上海电信数字数据网总用户端口为 11 779 个。

表 4-3-11 2000—2010 年数字数据网总用户端口情况表 单位：个

年　份	DDN 总用户端口
2000	18 849
2001	23 107
2002	24 656
2003	26 068
2004	25 408
2005	24 218
2006	17 893
2007	17 137
2008	15 474
2009	13 551
2010	11 779

二、帧中继

帧中继网络提供的业务分为承载业务和用户终端业务。承载业务是帧中继网的基本业务，为用户提供低层的信息传送/交换的能力，主要为 PVC 和 SVC，面向 n×64 kbps 的数据用户；用户终端业务是在帧中继网提供的通信能力的基础上通过用户终端所提供的业务，主要体现在对高速的数据传输通道和大容量的图像通信业务的支持方面，是帧中继基础网上的增值业务。

1997年2月，上海市长途电信局在DDN节点机上开设了国际和中国港澳地区帧中继业务，可通达的方向有中国香港地区，以及日本、美国、新加坡。1998年年底，又在ATM宽带网上开设了美国、日本两国，以及中国香港地区方向的帧中继业务。是年，中国帧中继网络一期工程完成测试工作，国内帧中继网覆盖北京、上海、广州等21个省市。1999年7月，国内帧中继业务正式向用户开放。年末，上海开放的国际帧中继方向有美国、日本、新加坡，开放的中国港澳地区帧中继方向有中国香港地区，出租帧中继电路146条；内地方向有20余个城市，帧中继电路4条。

2000年1月，中国电信正式在全国开放全球帧中继业务，通过国际帧中继网关和网络接口设备将中国电信的国际帧中继网与国外合作公司的全球帧中继网络相连，为用户提供可通达全球的帧中继业务，可在全世界70多个国家范围内实现"一站式服务"。业务种类包括永久式虚电路（PVC）和交换式虚电路（SVC）业务，客户可通过拨号、数据专线（如DDN、分组、帧中继、ATM等）或普通专线（数字专线、模拟专线）等方式接入帧中继业务网。2000年公司化运行后，上海电信继续发展帧中继业务，年末，共开通国际国内帧中继188条。

2001年1月1日，上海电信开始根据中国电信的要求执行帧中继业务新资费标准，不再向用户收取市内专线的月租费，根据公司实际情况做补充规定。2月，上海电信根据业务开展情况和网络条件，明确上海电信帧中继业务仅开放双向对称方式的PVC；允许用户在同一端口开通多条国内、国际PVC，但本地PVC不能与国内、国际PVC设在同一端口内；对端口速率、突发速率、接入方式、资费结算等做补充规定。此外，随着中国电信具备为国际和中国港澳台地区电信运营商提供转接至第三方的ATM、FR业务的能力，集团公司印发《国际及中国港澳台地区异步传递模式（ATM）及帧中继（FR）转接业务管理办法（试行）》，上海电信参照执行。年末，上海电信国内帧中继带宽达到64 kbps×1 617；国际帧中继用户为232户，带宽达到64 kbps×411。

2002年，上海电信开始不断优化帧中继业务流程，加快客户响应速度，提供更高水准的服务。2002年，全面推行国际专线单点服务。8月，与日本NTT公司合作开展国际帧中继业务SLA服务试运行工作。2003年年末，正式开展国际帧中继业务SLA服务项目。2004年年末，上海电信帧中继业务总带宽达1 228 Mbps。其中，国际总带宽为449×64 kbps，中国港澳台地区FR总带宽为779×64 kbps。

2005年，上海电信明确帧中继客户维护等级分为AAA、AA、A三级，维护范围分为国际、国内、本地专线等三类。其中，AAA级客户单条数据专线电路故障修复时间为3.5小时，AA级客户单条数据专线电路故障修复时间为4小时，A级客户单条数据专线电路故障修复时间为8小时。

2010年年末，上海电信有帧中继用户6 172户，占有端口32 113个128 kbps。

表4-3-12　2000—2010年帧中继业务占用端口数据情况表　　单位：个

年　份	帧中继业务PVC用户端口按128 kbps折算总数
2000	—
2001	—
2002	—
2003	20 122
2004	25 627

〔续表〕

年　　份	帧中继业务 PVC 用户端口按 128 kbps 折算总数
2005	21 783
2006	25 895
2007	31 630
2008	34 011
2009	34 800
2010	32 113

表 4-3-13　2000—2010 年帧中继业务用户数情况表　　单位：户

年　　份	帧中继用户数
2000	2 462
2001	4 131
2002	5 216
2003	5 291
2004	5 821
2005	—
2006	—
2007	—
2008	34 011
2009	6 365
2010	6 172

三、异步传输网(ATM)

ATM 是面向连接的快速分组交换技术，可提供高速数据传输通道，适用于传输速率要求高且具有包括数据、语音、图像需求在内的各种业务需求的客户。

1996 年年初，上海建成 ATM 宽带通信试验网，是上海信息港工程建设的重点示范项目。是年，邮电管理局向邮电部电信总局申请进行国际 ATM 技术业务试验。1998 年，邮电管理局决定在上海本地 ATM 网络试运行期间开放 ATM 业务，包括数据业务、综合业务和宽带接入业务。其中，数据业务包括端口业务、PVC 业务和 SVC 业务；综合业务包括 VOD 和远程医疗、远程教育；宽带接入提供 ADSL 接入方式。截至 1999 年年底，上海邮电的帧中继、ATM 交换机端口总数达 770 个。

2000 年 9 月，上海电信根据中国电信的要求，开展中国公众多媒体 ATM 宽带网上海节点的网络编号工作，以满足用户对 ATM SVC 业务的路由接续和用户呼叫的需要。上海区域代码为 220

和221，另有备用代码222至229。

2001年2月，中国电信印发《中国公众多媒体宽带网ATM业务管理办法（暂行）》，明确ATM网上可开放的业务包括ATM永久虚连接业务（ATM PVC业务）、ATM交换虚连接业务（ATM SVC业务）、帧中继承载业务（FRBS）、电路仿真业务。其中，ATM PVC业务包括点对点PVC业务、PVC接入业务、一点对多点的组播业务；帧中继承载业务是指在ATM网络上承载帧中继协议，实现帧中继用户通过ATM网络实现互通的业务，分为帧中继与ATM网络互连业务、帧中继与ATM业务互通业务；电路仿真业务（CES）是指在ATM网上仿真电路交换的业务。5月22日，中国电信印发《ATM（异步转移模式）业务资费标准（试行）》。上海电信根据要求，6月1日起执行新资费标准，明确仅向用户提供速率为2 Mbps、10 Mbps、100 Mbps和155 Mbps的端口。8月22日，中国电信印发《关于开放ATM网承载长途DDN业务有关事项的通知》，决定首先在北京、上海、广东、天津、湖北等五省（市）间开放ATM网承载长途DDN业务。是年，上海电信根据中国电信《关于印发国际及中国港澳台地区异步传递模式ATM业务管理办法》的要求，与中国香港恒通公司（REACH）、日本NTT公司、KDDI公司、JT公司，新加坡电信等电信公司开展ATM业务。

2004年，上海电信ATM/FR网络涉及金融行业的宽带专线已达到1.2 Gbps以上的接入能力、200 Mbps以上的专线用户带宽。按电路数统计，截至2005年4月底，长途ATM出口平台已开通的电路数量约47条，用户电路总带宽约74 Mbps，平均线路带宽约1 617 kbps。

2010年年末，上海电信ATM总用户数为493户，其中，PVC用户端口总数为2 740个。

表4-3-14　2000—2010年ATM用户数和业务量情况表

年　份	PVC用户端口（个）	ATM总用户（户）
2000	—	—
2001	—	1 809
2002	—	2 814
2003	5 410	4 561
2004	3 001	4 707
2005	791	314
2006	1 149	365
2007	1 597	412
2008	1 995	480
2009	2 473	495
2010	2 740	493

四、分组交换

分组交换是“存储转发”方式的一种。它将用户数据划分为一定长度的分组，在每个分组前面加一分组头，包括发信源、终端的地址和一些其他控制信息，分组先被暂存在交换机中，然后交换机根据每个分组头的地址信息，选择合适的中继线路转送，直至目的地。

1989年11月，中国引进的法国分组交换节点机，在上海正式开放公众数据通信业务，是上海数据通信业务的起始点。1993年，邮电部决定建设新的全国公用分组交换数据骨干网(简称“骨干网”)，由分组交换机、网络管理中心、远程集中器、分组装拆设备以及传输设备组成。9月15日，中国公用分组交换网新建骨干网在上海开通，全网共有5 000个端口，上海节点占有512个。截至1994年年末，中国公用分组交换数据网的用户达375户。1996年，受到DDN、帧中继、因特网、ATM等数据通信新业务的冲击，分组交换业务发展逐渐受到较明显的影响。截至1999年年末，分组交换用户为1 677户。是年，上海市邮电管理局调整分组交换业务的相关资费标准，增加包月制计费方式，继续对多用同时入网用户的开户费、大通信量用户的通信费予以优惠免收和优惠折扣。

2000年1月6日，中国邮电电信总局印发《数据通信业务中国公用分组交换网(CHINAPAC)业务处理规范(试行)》，明确分组交换的基本业务包括永久虚电路业务(PVC)和交换虚电路业务(SVC)。1月10日，中国邮电电信总局印发《关于资费调整后分组交换业务经营相关问题的通知》，明确不再对利用分组交换网进行POS联网业务作特殊规定，各局可按照POS联网具体接入分组网的方式和占用的端口资源收费；同时，鉴于分组网的技术特点不适合大数据量的信息发布和查询，原则上不再提供通过分组交换网接入ChinaNet或多媒体网的业务，不再新增网络接口及相关设备，不再向用户宣传此类接入服务。

进入21世纪，由于因特网的迅猛发展，分组交换业务逐渐萎缩。

2007年，中国电信印发《关于实施分组交换和用户电报业务收缩工作的通知》，采取集团统筹、各省自主相结合的方式，按照“先省内，后省外；先网内，后网间；先国内，后国际”的原则，自下而上，分阶段实现分组交换业务和网络的收缩及闲置设备的退出工作。2月，上海电信启动传统分组交换业务的退网工作，上海本地分组交换网络逐步收缩，在用分组交换业务的客户也按计划逐步转网。

截至2010年，上海电信尚有分组交换用户294户。

表4-3-15　2000—2010年分组交换用户数情况表　　单位：户

年　份	用户总数
2000	1 658
2001	1 650
2002	1 537
2003	1 499
2004	1 204
2005	559
2006	374
2007	344
2008	325
2009	298
2010	294

五、电子数据交换(EDI)

电子数据交换业务(Electric Data Interchange Service,简称"EDI 业务")是按国际标准格式和协议,通过电信网路,将贸易、运输、保险、银行和海关等部门的文件信息利用计算机系统进行自动交换和处理,完成以贸易为中心的全部业务处理过程的信息服务方式。因其用电子单证取代了纸面单证,也称"无纸贸易"。

1993 年 10 月,上海市邮电管理局与金桥出口加工区开发公司、杉达高科技公司联合投资,在浦东注册成立上海依地埃(EDI)实业有限公司,致力于 EDI 业务和网络的发展。1994 年,上海建成电子数据交换系统——上海电子商务增值网络(EDI Network),通过因特网、分组网、数字专线网或电话网与海关、外贸、运输、仓储、港口、报关、银行、保险等单位和政府有关部门联成一体。是年,符合 EDI 国际标准的全国工矿产品供销合同诞生,是中国商业界第一张电子单证。1995 年 5 月 2 日,EDI 业务向公众推出。截至 1999 年,EDI 业务的用户群主要集中在金融业和通信业,用户数为 167 户。在网络方面,与北京、湖南、湖北、江苏、深圳、浙江等 6 个省市中心实现了互联。

2000 年,EDI 业务用户群扩大到零售业、制造业和运输业,开始推广与 Web 结合的 WebAccess 应用。网络方面,上海 EDI 与北京、湖南、湖北、江苏、深圳、浙江、陕西、广东、天津、辽宁、河南、海南、青岛等 14 个国内 EDI 节点和国际 EDI 网络间实现互联互通。年末,用户数达到 366 户。

2001 年 3 月,上海依地埃实业有限公司改制为中国电信集团上海市电信公司电子数据交换分公司,年末,用户数达 600 户,与北京、湖南、湖北、江苏、深圳、浙江、陕西等 7 个国内 EDI 节点和国际 EDI 网络保持互联互通。

2002 年,EDI 业务用户数达到 1 058 户。

2007 年,EDI 业务纳入商务领航板块。同时,随着 EDI 平台技术老化,大客户陆续离网或改用其他方式进行数据传输。

表 4-3-16　2001—2010 年电子数据交换业务用户数情况表　　单位:户

年　度	用 户 数
2001	600
2002	1 058
2003	982
2004	645
2005	345
2006	191
2007	223
2008	43
2009	40
2010	38

六、多业务传送平台(MSTP)

多业务传送平台(Multi-Service Transport Platform，MSTP)技术是以SDH平台为基础，同时实现TDM、ATM、以太网等业务的接入、处理和传送的技术。MSTP将传统话音、专线、视频、数据、VOIP、IPTV等业务在接入层分类收敛，统一送到骨干层对应的业务网络中集中处理，构建统一的城域多业务传送网。

2005年，上海电信在嘉定电信局建设MSTP试商用网，开展和验证2M语音/数据专线业务、基于ATM的ADSL业务传输、作为第二条路由的MSTP对整个网络ADSL专线及宽带接入业务的保护作用、基于以太网(Ethernet)的宽带数据专线和接入。

2007年1月9日，中国电信印发《"MSTP专线"业务管理办法》，明确中国电信MSTP专线业务是指利用多业务传送节点技术，依托中国电信传送网，为客户提供以太网接入业务，接入速率在2 Mbps—1 000 Mbps。业务开放范围是中国电信境内外传送网络覆盖的节点所在地，以及通过合作运营商网络延伸到的国家和地区，分为点到点、点到多点两种业务类型，具有端到端带宽保证、灵活调整带宽、多业务承载、保护倒换等功能。12月，上海电信印发《中国电信上海公司MSTP专线业务配置技术规范(试行)》，以指导在MSTP网络上提供以太网专线业务的应用，规范不同厂商的MSTP设备互通时的参数设置，规定以MSTP专线业务采用吞吐量、丢包率、传输时延等3个指标来进行业务QoS质量的判定，适用于本地网范围内MSTP以太网专线业务的开展。

2009年1月，上海电信印发《中国电信上海公司MSTP专线业务配置技术规范V2.0》，较《试行》版补充了"业务带宽配置"中的VC－3颗粒的配置，增加了MSTP专线业务的测试方法，以及CN2时延和丢包指标要求。12月，上海电信印发以太网专线业务资费标准，由一次性费用和网络使用费组成。

第五节　网元出租业务

一、通信管线出租

2000年公司化运行时，上海电信可出租的网元主要为通信光纤、通信管道、数字电路端口等，客户对象主要为基础电信业务运营商。2000年11月，中国电信印发通知，在全国范围内开办交换机数字中继端口出租、同步时钟端口出租业务。

2001年8月6日，上海电信印发《关于印发光芯、管道出租业务资费标准(试行)的通知》。明确出租光芯、管道业务必须由公司电信市场部统一审批，将本地通信管道资费标准分为建设费及月使用费。建设费及月使用费根据不同地段类型制定不同收费标准，按每孔公里计算。

2001年10月24日，信息产业部发布《关于通信管道建设有关问题的意见》，明确通信管道的出租、出售属于基础电信业务，应纳入通信主管部门的行业管理。各通信公司现有的通信管道资产属于各通信公司所有。中央国有通信企业的资产列入中央财政，属中央所有，各地不宜以行政命令平调。通信管道资源的重组和调整，由各通信公司根据市场经济原则自愿进行。

2002年9月20日，上海电信印发《上海电信战略性网元(管孔、光纤等)出租业务管理办法》，明确面向非基础运营商用户，按电路(带宽)—波长—光纤—光缆—管孔的顺序开展网元出租业务，用户租用的光纤必须经局内光纤分配架跳接，原则上不采用点对点光纤直联的方式，资费方面严格执行中国电信的资费标准。

截至 2010 年，上海电信可出租的网元主要为通信光纤、波长、通信管道、同步时钟端口、七号信令链路、交换机数字中继端口、统一接入平台端口等。

二、亚太互联网交换中心(APIX)

2002 年 12 月，中国电信在上海成立亚太互联网交换中心（APIX），通过构建面向亚太地区互联网从业者的枢纽交换平台，方便各类网络的互联与信息的交换。12 月 10 日，中国电信亚太互联网交换中心（简称“APIX”）在沪开通。

2004 年 11 月 26 日，平台竣工验收。投入使用后，主要为国内外 ISP 提供带宽、端口租用业务、国内外 ISP 点到点互联等服务，同时依托上海电信的 IDC 资源为用户提供 Co-Location 等增值业务。在实际业务开展过程中，吸引了以东南亚为主的运营商接入 APIX，形成了一定的互联网转接业务规模。2005 年，开通互联电路 48 条，互联总带宽 9.5 Gbps，平均流量 5—6 Gbps，峰值流量 7—8 Gbps，设备托管 5 个机架（主要用于提供国际专线业务），主要用户为 MCI、NTT、香港和记、“中华电信”、越南电信等运营商。随着互联网直联电路价格的下降，电信级运营商在 APIX 中的电路逐年减少。

2004 年 12 月 21 日，中国互联网络信息中心（CNNIC）将域名体系中的支撑点根服务器落户上海，由信产公司（集团）运维管理。国家顶级域名.CN 解析节点在上海落户后，整个华东地区的网络访问更加快捷稳定。

第六节　卫 星 业 务

一、卫星电路

2000 年公司化运行后，上海电信的卫星业务主要分为国际电路和国内电路两种，分别通过莘庄国际卫星通信地球站和七宝国内卫星通信地球站运营开通。随着长途干线光缆大量投入使用，光纤通信逐步取代卫星，成为主要通信方式，卫星传送业务的发展呈下降趋势。2006 年，上海电信承担中国第 24 次南极科学考察工作的通信保障任务，为长城站和中山站各建设一座全天候双向收发的卫星地球站。上海电信通过位于大西洋上空的 IS－903(325.5°E)和印度洋上空的 IS－902(62°E)卫星，分别建立长城站和中山站与上海的链接。2009 年 1 月 1 日，长城站的卫星线路投入使用；1 月 20 日，中山站的卫星线路投入使用。

表 4－3－17　2001—2010 年卫星业务量情况表

年份	莘庄国际卫星通信地球站			七宝国内卫星通信地球站		
	电路（条）	国际电视信号传输（次）	国际电视转播量（分钟）	电路（条）	国内电视信号传输（次）	国内电视转播量（分钟）
2001	2 619	853	58 740	2 400	1 555	44 841
2002	2 875	647	52 327	2 160	1 061	43 850

〔续表〕

年　份	莘庄国际卫星通信地球站			七宝国内卫星通信地球站		
	电路（条）	国际电视信号传输（次）	国际电视转播量（分钟）	电路（条）	国内电视信号传输（次）	国内电视转播量（分钟）
2003	1 094	599	39 940	1 020	844	25 052
2004	967	602	2 121 115	960	1 485	214 732
2005	967	1 011	94 080	960	1 626	224 001
2006	472	462	54 792	960	—	125 108
2007	472	436	31 459	840	624	45 982
2008	472	265	37 746	840	—	35 240
2009	404	156	40 330	472	—	—
2010	—	—	—	—	—	—

二、甚小口径卫星地球站(VSAT)

甚小口径卫星地球站(VSAT)是一种具有甚小口径天线的智能卫星通信地面站，大量的卫星地面站(小站)与一个大型中枢地面站(主站)可以组成VSAT网，通过时分多路复用、载波调制、时分多址等技术实现广域的双向传输和信息业务，向用户提供出租专线等业务。

1994年，上海市邮电管理局向电信总局申请经营VAST业务。1月13日，邮电部同意由上海市邮电管理局所属上海长途电信局开办和经营VSAT业务。截至1999年，中国邮电电信总局的VSAT专线服务已包括国内专线和国际专线两大类，委托上海卫星通信公司负责VSAT国际专线业务的市场开拓和技术服务工作。年末，上海电信专用通信的运行网络上，有双向站34座，单向站235座，VSAT卫星地面小站269座，合计有电路326条。

2000年公司化运行后，由上海卫星通信公司负责运营国际VSAT专线、国内VSAT专线及与此相关的其他卫星业务，同时还经营全国VSAT国际专线业务。年末，共拥有VSAT小站342座，开通电路362条，客户遍及全国所有省市，同中国台湾地区、中国香港地区等地区，以及美国、德国、新加坡、日本、马来西亚等国家有业务往来。

2001年11月，上海电信印发VSAT专线业务资费标准，申请手续费为每次100元，安装测试费为每次1 000元，根据速率和范围支付月租费。年末，有VSAT小站330座，其中，国际专线20条，国内双向站14座，单收站296座。开通国际话音电路20条，国内话音电路20条。

2002年，上海电信与建平(集团)学校、戎诚科技、山东章丘教委等合作积极开发了卫星远程教育业务。年末，VSAT卫星小站数达331个。

2003年，上海电信继续拓展基于VSAT的远程教育业务。年末，VSAT卫星小站数达502个。

2007年，根据公司业务转型和城市应急通信机制的发展要求，上海电信将VSAT卫星业务划转至应急通信局，以满足政府和重要商业客户对于VSAT局域网的应急保障需要。

第七节 电报与传真业务

一、公众电报

2000年7月,上海电信开放邮政储汇局特快电汇业务,邮政电汇电报业务量迅速增长。是年,上海电信的国际、国内电报交换量为4 359 936份,受理鲜花电报15 871份,投送16 440份。

2001年8月1日,根据中国电信的要求,电报业务种类简化为天气、水情、公益、普通和公电等5种,取消汇款、政务、新闻电报;调整业务处理时限,除天气、水情、公益等三类重要电报昼夜24小时传(投)递外,取消其他各类电报的特急和加急业务和一般电报的夜间投递。普通电报的投递频次,由每天6个班次,调整为每天3个班次,即每日9时30分、14时30分、20时;普通电报的全程最大处理时限由6小时调整为12小时。是年,上海电信的国际、国内电报交换量为4 125 784份,受理鲜花电报9 246份,投送9 221份。

2002年4月1日,根据新加坡电信公司的电报通知,其停止提供公众电报业务和至其他国家的公众电报转接业务,上海电信各营业点停止受理中国到新加坡的公众电报业务。是年,上海电信的国际、国内电报交换量为481 398份,受理鲜花电报5 867份,投送鲜花电报5 180份。

2003年,上海电信的国际、国内电报交换量为335 427份,受理鲜花礼仪电报3 744份,投送鲜花礼仪电报4 356份。

2004年1月1日,根据中国香港恒通(REACH)公司通知,其正式停止发送和接收所有非香港的公众电报业务。上海电信各营业窗口停止受理发往中国香港地区的公众电报业务。是年,上海电信的国际、国内电报交换量为302 426份,受理鲜花礼仪电报2 851份,投送鲜花礼仪电报2 325份。

2005年1月1日,韩国电信停止收发海外公众电报业务。12月1日,中国电信与中国网通联合发文,在全国31个省(自治区、直辖市)取消公众礼仪和鲜花礼仪电报业务种类。12月7日,中国电信印发《关于继续深化国内公众电报业务改革的指导意见》,要求通过网络改造,降低运营成本;简化业务种类、调整传递处理等级,减少业务亏损;做好用户公众,引导业务转移;通过多种通信手段,最终取代国内公众电报业务。是年,上海电信的国际、中国港澳地区、内地电报交换量为256 090份,共受理鲜花礼仪电报1 689份,投送鲜花礼仪电报1 397份。

2006年1月1日,公众电报启动新的国内电报业务单式。4月21日,中国电信印发《关于国内公众电报改革下阶段工作安排的通知》,要求加快收缩普通公众电报发报受理营业网点,完成民航气象、水情和地震等行业电报的退网和军队航危电报的调整替代工作。7月1日,上海电信将公众电报业务的受理网点集中至南京东路营业厅,要求其他电信营业网点、代理网点(包括郊区)停止受理公众电报业务。9月27日,中国电信印发《国内公众电报业务规程》。明确国内公众电报根据服务对象和业务性质分为公益电报、普通电报和公电等3种。国内公众电报网络组织中全国联网中心采用自动转报系统,省会电报中心采用电报专用终端,省内电报网点采用传真或话传等形式传递电报。来报工作包括来报收录、译电、质量检查、缮封、投送或交邮政投送。各省会、地市中心区电报直投半径为5公里,超出范围的一律采用邮送。用户书写电报,应使用规定格式的发电纸,按特别业务、收报人住址、姓名和联系电话、收报地名、电文、发报人署名顺序填写,按正规的字体和公布使用的简化汉字书写,字迹必须清楚。是年,上海电信国际、国内电报交换量为335 427份。

2007年7月31日,因日本KDDI公司停止接收中文公众电报,上海电信停止受理发往日本的中文公众电报。此后由中国发往日本的电报，收报人姓名、地址和电文须以英文字母方式书写，不符合书写方式的电报，一律作退报处理。9 月，上海电信关闭 7 个郊县电信局代受理电报发报业务网点，南京东路营业厅成为上海地区唯一受理国内、国际公众电报发报业务的营业窗口。是年，上海电报中心报房与国内 28 个省会城市开通直达公众电报电路。全国各地发往上海的来报，属直投范围区域的电报，由上海电信委托上海市邮政局(市内投递公司)直接投送，超出直投范围区域的电报，按挂号信方式进行邮件电报业务处理，邮寄收报人。

2008 年 4 月 23 日和 4 月 29 日，上海电信关闭甘肃/兰州和青海/西宁的电报分组服务器电路，开通兰州和西宁的电报终端 DDN 电路，从此，中国电信南方 21 省仅在上海分公司和广东分公司设置两套电报服务器转报系统设备，中国电信电报业务进入“二点割接”时代。上海分公司承接新疆、甘肃、青海、山西、宁夏、江苏、浙江、安徽、江西、福建的来、去、转报任务。是年，上海电信长途无线部报话中心报房与国内 26 个省会开通 26 条电报分组服务器电路，与甘肃/兰州和青海/西宁开通 2 条电报终端 DDN 电路。

2009 年 1 月 20 日，南京东路营业厅关闭，停止受理公众电报。公众电报发报业务受理窗口迁至延安东路 1122 号电信大楼营业厅，是上海地区唯一受理国内、国际公众电报发报业务的营业窗口。

表 4-3-18　2000—2010 年国内公众电报交换量情况表　　单位：万份

年份	去报	来报	转报	合计
2000	82.2	65.7	284.8	432.7
2001	110.7	46.7	262.3	409.7
2002	4.7	16.0	27.4	48.1
2003	2.1	13.7	17.7	33.5
2004	1.5	13.0	15.7	30.2
2005	1.2	11.4	0.6	13.1
2006	0.5	7.3	0.2	8.0
2007	6.4	6.4	—	12.8
2008	8.6	8.6	—	17.2
2009	10.4	10.5	—	20.9
2010	7.4	7.4	—	14.8

二、用户电报

20 世纪 90 年代以后，用户电报业务总体呈下降趋势。1991 年，用户电报国内、国际交换量为 374.31 万次，用户数为 931 户。1995 年，总交换量为 263.53 万次，用户数为 798 户。截至 1999 年年末，交换总量为 87.1 万次，用户数降至 483 户，主要集中在金融、航运等行业。

2000 年公司化运行后，上海电信用户电报业务继续呈下降趋势。2000 年，用户总数为 490 户，2001 年为 440 户，2002 年为 401 户。

2007年，中国电信决定全面启动用户电报业务的收缩工作，要求各省清理核实用户电报业务客户资料，直接清退没有业务量并已停止缴费的欠费用户。对于用户电报中零次或业务量低的用户，建议其转移到DDN/FR、ADSL或SDH专线。3月，上海电信开始根据中国电信的要求着手用户电报业务收缩工作，是年，分别关闭轮船公司、外轮公司、远洋公司和上海海事局(海岸电台)4条用户专线电报电路，用户专线电报电路仅余民航电路1条。

2008年，上海电信为上海民航等单位开通2条用户专线电报电路。

表4-3-19　2000—2005年用户电报业务量情况表

单位：次

年　份	国内用户电报	国际和中国港澳台地区用户电报
2000	131 832	109 360
2001	59 615	79 906
2002	48 447	53 397
2003	30 568	34 305
2004	23 120	35 366
2005	24 337	23 814

三、传真电报

【真迹传真电报】

真迹传真业务是指将用户交发的文字、文件、合同、图表、稿件等资料按原样传送到收报地点投送给收报用户的公众传真业务，根据使用范围和对象主要分为公众真迹传真、公众用户传真和用户传真。

1997年4月1日，邮电部取消国际公众真迹传真电报业务。

2000年公司化运行时，上海电信真迹传真业务主要包括用户传真与公众用户传真。2003年，随着家庭三类传真机的普及，互联网的飞速发展和数码传真、IP传真、传真存储转发等传真方式的发展，公众用户三类传真电报业务量继续下降。2004年6月28日，延安东路营业厅和南京东路营业厅开始受理传真信箱业务，该业务与超级传真业务皆为基于传真存储业务发展而来，进一步分流公众客户和商业客户的传真电报业务量。2005年9月1日，延安东路营业厅开始受理超级传真业务。2006年3月13日，延安东路营业厅正式受理电信传真精灵业务，该业务是集电子邮件、传真收发功能于一体的多功能信箱系统。

表4-3-20　2000—2006年传真电报业务量情况表

年份	交换量(份)	来报(份)	去　报　(份)		备　注
			国际去报(份)	国内去报(份)	
2000	17 986	2 016	15 935		相片传真35张
2001	13 348	1 421	6 084	5 843	—

〔续表〕

年份	交换量(份)	来报(份)	去报（份）		备　注
			国际去报(份)	国内去报(份)	
2002	8 633	1 089	3 794	3 750	—
2003	8 208	1 089	3 794	3 750	—
2004	7 044	770	3 603	2 671	—
2005	5 237	495	2 968	1 774	—
2006	5 237	1 102	2 035	1 102	—

【传真存储转发】

传真存储转发业务是指在用户的传真机之间设立存储转发系统，用户间的传真经存储转发系统的控制，非实时地传送到对端的业务。1995 年 6 月 15 日和 7 月 28 日，上海分别开通上海—东京 KDD 公司和上海—香港电讯传真存储转发业务。是年，邮电部开始建设中国公用传真存储转发业务网(CHINAFAX)，在北京、上海、成都、西安、武汉设立 5 个主机系统，采用美国 ATLAS 系统。1996 年，上海市长途通信局开通运行美国 ATLAS 传真存储转发系统。1998 年 4 月 23 日，邮电部电信总局印发《关于内地至香港传真存储转发业务问题的通知》，决定关闭京—港和沪—港专用传真存储转发系统，网上用户转移至 ATLAS 传真存储转发系统中，经 ATLAS 沪—港直达电路传递。8 月，中国香港电讯公司开始负责转接部分内地的国际传真存储转发业务。

2000 年 12 月 1 日，随着中国香港电讯公司关闭其美国 ATLAS 传真存储转发系统设备，上海、北京、ATLAS 传真存储转发系统与中国香港电讯 ATLAS 系统互联的上海—香港、北京—香港 64 kbps 专线电路同时关闭，上海的国际传真存储转发出口业务由北京局经 IDD 电路转出。年末，上海电信传真存储转发用户共 609 户。其中，CHINAFAX 业务网 ATLAS 传真存储转发系统用户 579 户；日本 KDD 公司专用存储转发系统用户 30 户，合计业务收入 140.08 万元。

2001 年 10 月 22 日，上海电信关闭上海—日本 KDD 公司传真存储转发系统，该系统上 30 户用户也全部关闭。ATLAS 传真存储转发系统新增用户 5 户。年末，在网用户为 584 户，年收入 71.18 万元。

2002 年 6 月 30 日，上海电信正式关闭传真存储业务，系统上的上海地区用户转至 EDI 公司的广播灵平台，仅保留个别外省市电信系统租用的电路。

【相片传真】

相片传真业务是将用户交发的相片按原样传送到收报地点，投送给收报用户的一种公众传真业务。根据传送地点的不同分为国内相片传真和国际相片传真两种。1991 年，相片传真业务逐渐趋向萎缩，20 世纪 90 年代中后期，国内公众相片传真业务通常仅为各新闻单位及记者使用，业务使用量越来越少；1994 年，国际相片传真电报收发量开始降为零。1999 年 1 月 1 日，中国邮电电信总局停止属下各局的国内公众相片传真业务，仅在北京、上海、广州三市局保留相片传真设备，以便在国际、国内大型会议、体育赛事等重要通信时期供全网调配使用。

2000 年公司化运行后，上海电信的相片传真业务仅限于在各类重大会议、体育比赛、运动会期间提供临时通信服务用。2000 年，上海电信分别于第五届全国残疾人运动会、亚洲自行车锦标赛和亚洲手球锦标赛期间，执行临时相片传真业务通信3次，发送相片35张。2001年，上海电信分别于APEC MRT会议、五国首脑会议、APEC SME会议和APEC会议临时重点通信服务期间执行临时数码相片传真业务通信4次。2002年无业务受理。

2003年8月1日，上海电信停止对外办理相片传真业务。

四、超级传真

超级传真是多功能传真服务系统，可以通过传真机进行一到多点的发送，提供传真到传真、传真到电子邮件、群发传真、转发传真、电子邮件到传真、PC到传真等通信增值业务。服务网址为http://sh.hellovoice.com。

2001年，上海电信推出超级传真业务，作为“一声通”业务的系列服务。

2002年，超级传真正式推向市场，为咨询、证券、票务等行业提供高效快捷的群发传真功能的应用服务。4月22日，苏州工业园区新运货运有限公司上海分公司正式开通超级传真业务，是超级传真的第一个客户。

2004年，超级传真全年收入308万元，新增用户数306户。

2007年，EDI公司对超级传真平台进行优化。7月，“超级传真”开通分机群发功能。是年，超级传真业务纳入上海电信商务领航信息版套餐销售，超级传真商务领航板块收入达765万元。

表4-3-21　2002—2010年超级传真用户情况表　　单位：户

年份	新增用户数	用户总数
2002	48	46
2003	215	236
2004	306	426
2005	450	808
2006	5 657	6 042
2007	7 907	11 081
2008	5 814	11 314
2009	659	7 220
2010	602	5 802

第四章　互联网应用业务

第一节　网 站 业 务

一、上海热线(www. online. sh. cn)

1996 年 9 月 22 日,上海热线正式投入使用,支持电话拨号和 DDN 专线入网两种方式,拨号特服码为 8888,建有新闻库、黄页库、旅游库、经济信息库和国外库等 5 个信息库,1 个月后,即有信息库 11 个,可向社会公众提供 300 多大类的信息,信息栏目近万条。1997 年 6 月,上海热线用户上网人次突破 100 万。1998 年上海热线网络有限公司成立后,上海热线逐渐由单纯的导航平台向内容服务转型,走向全面应用。截至 1999 年,上海热线注册用户达到 23 万户,信息站点达 202 个,推出 8888 主叫上网业务和网络消费卡业务。

2000 年 5 月 17 日,上海热线推出访问国内网站的 169 业务。6 月,随着新浪网的服务器正式入驻上海热线,上海热线的 8888VIP 用户可访问新浪网的内容。7 月,上海热线推出数据中心业务,向企业用户提供 24 小时服务,入驻企业达上百家。12 月 20 日,上海热线启动第五次扩容,可支持 150 万用户上网。12 月 29 日,上海热线推出新世纪创新版,同时推出互联网个人号码、电话 E-mail 和上海热线游戏中心等 3 项新业务。是年,上海热线在上海 7 个郊区县实现“统一品牌”的经营,注册用户超过 40.7 万户,主页面浏览量突破 1 亿次,成为国内最大的城域信息网和业务平台。

2001 年 1 月,上海热线推出英文版。8 月 22 日,上海热线与中国移动通信集团的“移动梦网(MONTERNET)”合作,开通上海热线短信中心(SMS. ON-IRNE. SHCN),提供短信业务。9 月 22 日,上海热线推出企业版(business. online. sh. cn),入驻企业 2 736 家,提供国际或国内域名、网站空间、商务电子邮箱、专业网页制作、上海热线分类栏目文字链接等服务,年内注册用户突破 500 家。是年,上海热线形成公众版、英文版、企业版等三大板块,设有新闻、财经、教育、电脑、娱乐、体育、生活、游戏等 9 个专业频道,房产热线、投诉直通车等多项信息服务内容,热线社区、在线杀毒、财经外汇投资指南等各类应用服务项目逾 300 个、战略合作伙伴 167 家,每日用户访问量达 500 万次,是上海地区乃至国内最大的城域信息网。

2002 年 1 月 18 日,上海热线开通固网短信平台,成为上海首家提供固网短信服务的 ICP,也是国内最早推出固网短信服务的 ICP 之一。3 月,推出汽车频道,包括汽车动态、在线商城、汽车博览、时尚休闲、服务无限、汽车论坛 6 个板块。7 月 31 日,推出中文网络访问服务。12 月 5 日,正式推出“吸铁石”收费邮箱,容量为 10 MB,有邮箱频道 6 个,VIP 用户 5 000 个,普通用户 18 万个,服务项 3 项,同时保留既有的免费邮箱。

2003 年 1 月,上海热线与搜狐公司在搜索引擎服务方面开启合作,由搜狐为上海热线搜索引擎的网站搜索和类目查找提供后台数据库技术支持。是年,上海热线通过上海市网络安全测评,获 A 类资质证书;随同上海电信通过 ISO9001:2000 质量体系认证,成为上海第一家通过 ISO9000 质量认证的大型网站;荣获“上海最佳优秀门户网站”、首届上海“移动梦网杯”优秀网站荣誉称号;被中国质量协会评为“全国用户满意服务”单位。年末,上海热线总访问量达到 400 279 万人次,日均访问量突破 1 522 万人次。

2004 年 8 月，上海热线正式开通海外版。9 月，推出“侬好，上海”频道，设有上海风情、上海百搭、摩登攻略、帮侬搞定、上海一家人、上海人来疯等多个具有上海地域特色的信息服务栏目。11 月，与上海健康教育专业机构和卫生媒体联合推出全国首个网络宽频健康节目——《健康时空》。年末，上海热线Ⅱ的所有内容整体归并至上海热线。

2005 年，上海热线推出全新的市民频道，升级投诉直通车栏目；协助上海市政府新闻办开发网站信息安全内部检测系统。

2006 年，上海热线新增家政、婚庆等频道。年末，在“2006 中国商业互联网发展调查”活动中，上海热线荣获“2006 中国商业网站 100 强”荣誉称号，被上海市名牌评选委员会评为“上海市名牌服务产品”。

2007 年，上海热线根据打造本地化区域门户的战略方针，进一步推进衣食住行等垂直分类信息的商业价值挖掘，推出兼职、新房等商务频道，完善“生活信息查询体系”。8 月，推出奥运频道，域名为 2008. online. sh. cn。

2008 年，上海热线以电子商务为切入点，对商城进行改造，引进保险公司为商城上的交易双方提供交易安全保险，同银行尝试积分合作。是年，推出六大类 2 000 多种产品。

2009 年 4 月 6 日，上海热线世博频道和市民频道新设《啄木鸟》栏目，接受网民在线投诉或反映城市不文明现象。是年，上海热线获评上海市网络文化协会首届理事单位，取得《广播电视节目制作许可证》，获准进行互联网节目制作。

2010 年，上海热线在电子商务方面，推出阿拉购商城，入驻商户数十家，上线新版电影频道，提供电影资讯、网上定位购票等服务；在企业应用服务方面，推出云存储、3D 展示、视频招聘、舆情监控、云 OA、VPS 等增值业务；在游戏业务方面，推出体感游戏；在移动互联网业务方面，推出世博手机“云宝盒”业务，建设热线 WAP 社区，运营“热线生活”“生活小帮手”等热线短信、彩信订阅下载类业务。

表 4－4－1　2004—2010 年上海热线总日均访问量和用户数情况表

年　份	总日均访问量(万次)	网站用户数(万人)
2004	1 119	55.9
2005	1 191	58.3
2006	1 307	53.2
2007	1 088	32.4
2008	815	27.7
2009	451	29.7
2010	323	27.3

二、上海热线Ⅱ(www. online2. sh. cn)

上海热线Ⅱ是上海宽带信息网的统一品牌。上海宽带信息网由接入网、骨干网和宽带信息平台构成，宽带信息业务接入主要采用FTTB加多媒体引入线方式，商住楼主要采用FTTB加多业务节点方式。1999年10月，上海热线Ⅱ——宽带信息业务正式向社会推出，建有上海热线Ⅱ主页面，下设美亚在线影视点播、网上游戏、人才交流库、华彩幼儿教育库、中国古代美术、虚拟商场、教育电视台等节目库，向用户提供话音、数据、图像、交互视频等多媒体宽带业务服务，是集语音、数据、动态图像、多媒体信息于一体的宽带综合信息业务。

2000年5月，新锦江大酒店建成国内第一个采用ADSL接入技术的酒店多媒体信息服务系统，将酒店和客房与上海热线Ⅱ宽带信息网连接。

2001年12月28日，上海热线Ⅱ多媒体宽带网全面改版上线，以视频点播为基点，以教育、娱乐、证券等为重点信息内容，提供普遍的宽带接入和互联的网络业务以及各种多媒体信息业务。

2002年2月25日，上海热线Ⅱ在娱乐频道、教育频道和交互游戏频道推出一业一费的收费模式，采用包月制的形式提供信息服务，是年还推出手机付费和声讯电话付费方式。6月4日，上海热线Ⅱ宽带网直播室正式对外开播。9月1日，上海热线Ⅱ推出ADSL用户专用版，提供上证金融、网络游戏、在线教育、精品影院等4个收费内容频道。年末，上海热线Ⅱ频道数发展为18个，包括影视、游戏、教育、汽车、房产、烹饪等内容。注册用户增长至19万，日访问量达到43万人次。

2003年，上海热线Ⅱ新增和调整部分频道，包括“电视剧”“时尚音乐”“她时代”“纪实”“明日工作室”“游戏基地Gamespot”“青年频道”“幽默频道”“童益频道”“男孩女孩”“女士频道”等，通过加入ADSL捆绑升速活动进行宣传和推广。年末，上海热线Ⅱ首页的每日访问量达到5万多人次，每日平均播放时长达到15 000个小时。

随着中国电信互联星空正式商用，上海电信将上海热线Ⅱ转型为上海互联星空。2004年年末，上海热线Ⅱ的所有内容整体归并至上海热线。

三、互联星空

互联星空上海站的前身是上海热线Ⅱ。

2002年8月，中国电信在全国范围内推广互联网应用业务，将“互联星空计划”作为统一品牌，倡导“共享资源、优势互补、合作共赢”的理念。11月，中国电信互联网应用层业务的统一品牌确定为“互联星空”，英文名称为“ChinaVnet”。

2003年，上海电信配合中国电信“互联星空计划”的实施，推出上海VNET站(sh.chinavnet.com)，提供影视娱乐、教育、游戏、时尚、金融证券、宽带应用等六大类服务共30多个频道，是大型多媒体内容网站和平台。8月18日，上海互联星空产品正式上线。中国电信于9月15日正式商用互联星空后，上海电信将上海热线Ⅱ转型为上海互联星空。内容方面，上海站有影视节目1 000余部，MP3音乐近50万首和MTV节目数百首。年末，互联星空上海站的信息内容合作商近60家。

2004年，互联星空推出连环画、BT星空下载、星空健康等新频道；整合既有频道，形成星空音乐、星空影视、星空剧场等产品；新增心理健康、妈妈宝贝、科学育儿等流媒体内容供用户点播。同时，随着中央电视台网络电视节目于8月落户上海，上海成为继北京之后第二个开通中央电视台网络电视节目的城市，上海的互联星空注册用户可通过网络收看中央电视台的体育、影视、纪录、娱乐等16个主频道和每天几十小时的网络电视节目。年末，互联星空合作商家数达到139家，用户数达到204万。

2005年6月，互联星空针对企业用户推出商务服务，根据不同的ADSL上网速率，企业用户可以免费获得企业邮局、域名注册、虚拟主机、杀毒服务、防火墙、自助建站等网络增值服务。是年，先后推出“互联星空付费通”代收费、健康快车服务等业务，新增健康频道、老年频道、星空龙彩频道等信息内容，其中，健康频道、老年频道均是在国内首次推出。年末，互联星空注册用户达338万，内容类合作SP达220家，代收费类合作SP达103家，合作SP总数达323家。

2006年，上海互联星空推出“星空博客”“视频简历”等服务，在中国电信范围内首先推出用户积分制，根据在线时间和消费额赠送积分。12月，中国电信试运营互联星空网络广告业务，在上海站和其他省份的站点统一投放商业广告。年末，上海互联星空拥有注册用户450万户，付费用户超过100万户，内容类合作SP达274家。

2007年8月，中国电信启动互联星空门户改版工作，旨在加强互联星空业务的统一规范管理，实现全国互联星空品牌形象、网站风格和广告经营的统一。同时，上海电信全面整合互联星空的视频内容，形成以电影联盟、剧场风云、动漫地带、综艺纪实频道为代表的主流产品线。年末，上海互联星空有注册用户572万户，收费用户173万户。

2008年，上海互联星空先后开通财经、星空直播、新浪-互联星空博客、互联星空2008等频道，推出《娱乐地带》等栏目。同时，建立起普通包月、VIP包月、钻石包月、包时段和单点等分级用户体系，先后推出互联星空套餐动态专区、网厅增值产品超市、百事应电话营销平台、网信、娱乐地带等网络应用与服务。

2010年年末，上海互联星空有用户2 107 516户。

表4-4-2　2003—2010年互联星空年末用户数和访问量情况表

年　份	用户数(户)	访问量(次)
2003	803 942	62 642 668
2004	2 037 424	2 201 649 757
2005	1 059 311	680 899 443
2006	1 512 539	851 124 304
2007	1 737 821	1 834 708 131
2008	879 361	79 090 854
2009	1 880 992	78 303 336
2010	2 107 516	77 532 452

第二节　网络教育

1999年5月，上海市邮电管理局与上海市教育委员会签订框架协议，本着共同建设、利益共享、风险共担的原则成立远程教育联合体，充分发挥上海各类学校教育信息资源、上海市宽带ATM网络基础设施资源和公众多媒体信息网平台资源，推动上海市远程教育事业的发展。远程教育网的建设规模为1个网管控制中心、11个主教室和35个分教室。9月27日，上海远程教育网正式投入使用。一期开通上海交通大学、复旦大学、上海医科大学、上海邮电培训中心(主、分教室)、上海信息世界培训中心、电话局培训中心、长途电信局培训中心、金山局培训中心和上海电视大学的22个教学点,于是年开设MBA考前辅导课程、计算机网络专升本和广播电视大学课程等培训项目。截至2002年,上海公众远程教育网形成1个网管中心、13个远程主教室、18个远程分教室、2个外地教学点(北京和宁波)及25个电大教学点的办学能力。

2000年3月1日,上海电信远程教育中心成立,负责远程教学业务的开展,主要分为学历教育和非学历教育两方面,以及教务教学管理。4月29日,上海市邮电管理局和上海交通大学签订《上海电信——上海交大联合现代远程教育研究发展中心》合作协议,进行远程教育领域新技术的研究、设计和开发,是年举办科技交流活动20次。是年,远程教育中心启动北京邮电大学项目,为其开展上海地区的招生工作;进一步扩大与交大、复旦和电大的业务合作,承担其远程教育课程的招生工作;开发"INTERNET和上网工具""IP电话及其业务""网上冲浪"和"电子商务"等4项远程教育课件。

2002年,上海电信推出基于ISDN面面通业务的远程教育到家业务,以及基于VSAT卫星通信手段的卫星远程教育业务。

2003年4月,上海电信联手浙江大学开设求是网上学园,采用网上注册、网上选课、网上收费、网上点播的方式,为学生提供便捷的学习环境。12月24日,上海交通大学宣布,向上海电信宽带用户开放计算机、国际贸易、商务英语等8个专业近百门的宽带直播课程,用户通过上海热线教育频道,可与远程主教室的学生一起接受同步网上教学。同时,上海电信还与沪上二十余家教育机构开展合作,陆续向社会推出从中小学基础辅导教育到高等学历教育、专业培训教育、教育信息服务等各类内容及应用服务,如《网上家教》《网上英语角》《快乐英语城》等频道栏目和网络教育产品,实现线上线下的联动。全年共为近8万名学员提供网络教育的应用服务。

2005年,网络教育推出干部学习城、高考指南针等新产品,其中,干部学习城于2006年被中共中央组织部誉为全国干部学习的样板。

2006年,上海电信尝试"远程教育到家庭"项目,通过建设基于互联网的在线教育(E-learning)系统,成为教育行业的综合门户,其重点在于建立WEB教育门户,采用大超市的运作模式,吸引ICP/ASP参与共同经营业务。项目于7月正式开工。是年,上海电信还与同济大学网络教育学院签订新视通业务合作框架协议,通过新视通平台搭建远程教育网络,为学院的远程实时授课和师资培训提供通信手段;与清华大学继续教育学院合作,提供远程教育研究生核心课程进修班电子课件。

2007年12月28日,上海电信在金山区金山卫镇农建村开通基于IPTV的"上海市农村党员干部现代远程教育平台",成为上海市首个农村党员干部现代远程教育基层终端站点。教育站点于2009年超过6 000个,基本形成覆盖全市街道(乡镇)、居民区(村)的党员干部现代远程教育网络。是年,上海电信网络学历教育的学生数突破15万。

2008年,上海电信推出在线培训业务,依托宽带互联网,以专业级培训ASP平台为中心,整合软硬件技术、教材课件等资源为政府、企事业单位提供内外部培训服务,包括学习管理服务、虚拟教室服务、直播培训服务和培训咨询服务等内容。是年,上海电信在学历教育方面,与同济大学网络学院等建立合作。

2009年,上海电信通过资源共享和平台共营,初步实现提供横跨IPTV、互联星空和上海热线的专业化教育产品协同服务,打造融合电视、互联网和手机等三类终端的公共教育运营平台。

截至2010年，远程教育有教学点10个，远程教室57个，上海电视大学教学点55个。

表4-4-3 2001—2010年上海电信远程教育在校生情况表 单位：人

年份	学生数			
	上海交大	复旦大学	同济大学	小计
2001	1 387	—	500	1 887
2002	1 622	—	800	2 422
2003	4 097	—	354	4 451
2004	4 123	—	1 566	5 689
2005	6 899	—	1 875	8 774
2006	7 476	2 876	6 132	16 484
2007	8 979	7 872	9 923	26 774
2008	10 362	15 831	9 499	35 692
2009	12 301	12 914	7 899	33 114
2010	10 642	8 291	1 960	20 893

第三节 邮箱业务

一、企业邮局

企业邮局是上海电信基于互联网提供的增值业务，是以企业所申请的域名为后缀的专有企业邮箱，能够起到统一企业形象的效果。2001年9月22日，上海电信开通上海热线企业版，同时推出企业邮局业务。2004年，上海电信开展上海热线企业邮局扩容工程，系统支持用户升级到30万户，邮箱总容量达到1 811 GB，加强杀病毒能力和反垃圾邮件能力。2005—2007年，企业邮局用户信息量以每年20%的速度增长，企业邮局已成为企业信息化的标准配置。

二、189邮箱

2008年，中国电信启动189邮箱业务。12月22日，189邮箱开始商用，面向中国电信C网189号段手机用户开放，包括e家邮、天翼邮和星空邮等3个产品，分别为中国电信e家用户、宽带用户、C网手机用户和互联网用户提供电子邮箱服务，具有WEB邮箱功能、短信/WAP PUSH邮件通知、WAP MAIL、短信收发邮件、彩信读邮件等基础功能，能够提供G级容量的邮箱空间，具备防垃圾邮件、防病毒的能力。邮箱业务门户域名为www.189.cn，用户邮箱地址为手机号码+@189.cn。

2009年1月1日，中国电信统一建设的189邮箱系统正式上线，面向"我的e家"、C网手机、互联星空用户推出统一邮箱服务，除WEB邮箱功能外，另有手机邮箱功能，以及基于两种邮箱功能的增值服务。4月1日，上海电信正式上线189邮箱业务，为133、153用户提供189邮箱，承接原联通如意邮箱用户。5月14日，189邮箱面向中国电信宽带用户开放，邮箱名为“宽带账号用户名+.+省标识+@189.cn”。9月10日，189邮箱推出精品杂志业务，是年上线205个品牌，2 412本杂志。年末，上海电信189邮箱注册用户为68万户，用户活跃度在20%以上。

2010年，189邮箱可以提供短信群发、账单查询、电信业务查询等功能。年末，累计用户总数达到151万户，活跃度达到24.6%，活跃度在中国电信内排名第一。

表4-4-4　2009年189邮箱业务基础功能资费情况表

189邮箱分类	收费标准（元）	容　量	附件（M）	网络硬盘	邮件到达下行提醒短信	赠送WEB短信（条）
189“e家邮”	免费	2 GB	20	500 MB	无	50
	5	10 GB	30	1 GB	无	100
	10	20 GB	40	5 GB	无	300
	20	无限	50	10 GB	无	500
189“天翼邮”	免费	2 GB	20	500 MB	有	50
	5	10 GB	30	1 GB	有	100
	10	20 GB	40	5 GB	有	300
	20	无限	50	10 GB	有	500

第四节　即时通信业务

一、天翼Live

2009年5月26日，中国电信和微软MSN共同发布联合品牌即时通信软件天翼Live 1.0版本，天翼Live开始试商用。中国电信天翼Live产品是中国电信面向家庭和个人用户推出的集融合通信、互联网应用与内容服务于一体的综合信息服务产品，包括PC版客户端和手机版客户端两种呈现方式，是集IM、短信、网络拨号等互联网应用的客户端软件，在用户界面（UI）和体验方面保持MSN的部分风格。6月20日，上海电信根据中国电信的要求，开始进行天翼Live的公测。8月17日，中国电信正式发布并全面推广天翼Live 1.1版本，完善天气预报功能、对网络接入模块、用户体验进行优化，支持上海电信网上营业厅的接入，具备异网短信发送、离线消息转短信、地市分公司统计分析等新功能，手机版适配机型共64款。是年第四季度，中国电信推出天翼Live 1.15版，对拨号功能的显示和操作进行优化，增加ADSL拨号上网记录、优化短信发送功能等，天翼Live客户端在功能性、稳定性等方面得到显著提升。年末，上海电信有注册用户25万户，活跃度在50%以上。

2010年，上海电信结合热点事件和主题节假日，先后开展“如虎天翼之春节拍拍送”天翼Live春节网络营销活动、“抢种天翼Live树苗，享受快乐3G生活”、送“铃”惊喜等活动，与189邮箱、爱音乐等增值业务进行融合营销。是年，天翼Live PC客户端升级至1.16版。年末，上海电信天翼Live业务注册用户为1 037 733户。

表 4-4-5　2009 年天翼 Live 产品资费标准情况表

项　　目	资　　费
一、PC 版客户端	
(1) e 家通信费	
尊享用户的 e 家电话计费	采取与“我的 e 家”套餐同价的计费原则，即 e 家电话语音通信与套餐中的固定电话共享话费、通话时长，超出套餐额度的语音按套餐规定的固定电话资费收取
尊享用户的短信计费	暂不收费，但短信发送数量受到限制
非尊享用户的短信计费	暂不收费，但短信发送数量受到限制
(2) 网络接入费	按照用户申请的相关套餐资费或标准资费收取
二、手机版客户端	
(1) 功能费	中国电信为用户提供免费下载的手机版客户端，用户无须开通，直接启动客户端就可以登录，使用基本功能暂不收费
(2) 通信费	
短信通信费	中国电信天翼 Live 客户端手机版用户的手机可免费接收来自天翼 Live 客户端 PC 版的短信，回复短信按正常资费收取
数据流量费	下载和使用天翼 Live 客户端手机版产生的数据流量或上网时长按照普通数据流量或时长费用计算，计入各种套餐优惠中
国际漫游费	在国际漫游时使用天翼 Live 客户端业务（如使用客户端手机版登录、回复短信等），按漫游国当地的数据流量或时长资费和短信资费收取

二、天翼网信

2008 年 2 月 1 日，上海电信推出网信业务，用户申请获得网信号后，通过客户端软件可实现计算机与手机、小灵通、“家加 e”之间的文字、图片、文件等内容的即时信息交流，提供跨终端和跨网域的通信服务。资费方面，网信间互发短信免费；发往电信网的短信为 0.08 元/条；发往异网的短信为 0.10 元/条；发往境外的短信为 0.80 元/条，接收短信免费。

第五节　移动互联网应用

一、天翼阅读

天翼阅读业务是中国电信整合各类阅读内容、满足客户阅读需求的一项业务，为用户提供书籍、连载、杂志、漫画等各类电子书的订购、下载、浏览等核心阅读服务，以及投票、评论、推荐等互动功能，提供在线阅读和离线阅读两种阅读方式。

2010 年 6 月，天翼阅读产品上线。7 月，国家新闻出版总署与中国电信签署战略合作备忘录，双方共同促进数字出版产业的发展。9 月，天翼阅读基地在浙江建成。9 月 8 日，中国电信正式推出天翼阅读应用，提供热门小说、高清杂志、著名漫画和多媒体资讯等各种内容信息的产品，用户可通过 WAP 门户和手机客户端在线阅读，也可通过手机客户端进行下载阅读。11 月，上海电信开展“天翼大回馈、幸运百分百”天翼阅读、天翼空间和爱游戏的整合营销活动，在 WAP 互联星空上海站新增天翼阅读专区，按周更新推荐内容。年末，上海电信天翼阅读 WAP 端用户总数为 85 952 户，客户端用户总数为 3 236 户。

表 4－4－6　2010 年天翼阅读资费情况表

项　　目	资　　费
通信费	客户使用业务产生的通信费(如流量费等)按照相关业务的资费标准收取
信息费	具体标准由信息服务提供商确定
(1) 按章收费	每章收费一般不超过 0.1 元
(2) 按本收费	每本收费一般不超过 10 元
(3) 专区包月	每月每专区收费一般不超过 20 元

二、爱游戏

爱游戏是中国电信基于手机、电视、个人电脑(PC)、专用游戏机等多种终端，为用户提供的游戏业务，可以通过 WAP(wapgame. 189. cn)、WEB(game. 189. cn)、短信彩信等方式接入，短信彩信接入码为 10659811。

2010 年 8 月 28 日，“爱游戏”产品正式上线，主要面向天翼手机用户提供手机游戏业务，具备 WAP 门户、WEB 门户和游戏客户端，可提供单机游戏与联网游戏的下载、使用、计费与客服等全方位服务。12 月 20 日，中国电信开始开展“迎新纳福欢乐跨年”活动，以“爱游戏-开心乐园”WAP 页面游戏为核心，利用积分换奖、抢车位、EQ 问答等小游戏，向全国天翼手机用户推广“爱游戏”产品。

表 4－4－7　2010 年“爱游戏”资费标准情况表

项　　目	资　　费
通信费	客户使用业务产生的通信费(如流量费、短信费等)按照相关业务的资费标准收取
信息费	提供包月、按款和按个等收费方式。具体标准由信息服务提供商确定
(1) 包月	包含 1 款或多款游戏。每月收费一般不超过 20 元，最高不超过 30 元
(2) 按款	单次下载和试玩转为激活时收取费用。每款收费一般不超过 10 元，最高不超过 20 元
关卡及道具费等	每个收费一般不超过 5 元，最高不超过 10 元

三、爱音乐

中国电信的数字音乐业务是面向天翼手机、固定电话、小灵通及互联网等用户提供的音乐娱乐服务，中文品牌名称为“爱音乐”，英文品牌名称为“i music”。上海电信数字音乐门户域名为：

图4-4-1 爱音乐业务LOGO

sh.118100.cn；WAP门户域名为：wap.118100.cn；IVR门户接入号为：118100；短信全国接入号为：118100和10659100。

2007年8月，中国电信印发《关于集中运营中国电信数字音乐业务的通知》，定于是年10月开始全国数字音乐平台的试运营，支持七彩铃音、振铃铃声、互联网全曲的试听、下载搜索等功能。11月8日，中国电信与8家唱片公司联合发布数字音乐业务，首次进入在线数字音乐市场。

2008年1月，“爱音乐”业务正式上线，主要面向中国电信固话、小灵通和宽带用户提供正版音乐内容。上海电信配合中国电信的“i-music·我的快乐2008”营销活动，开展业务宣传。中国电信承接CDMA业务后，爱音乐业务推出手机七彩铃音承接原联通的炫铃业务。12月，中国电信决定在广东设立中国电信数字音乐运营中心，负责全国数字音乐中央平台的业务运营、音乐内容的合作谈判、音乐门户的运营和音乐业务的市场推广等。

2009年4月10日，爱音乐正式上线音乐下载业务，面向中国电信移动手机、互联网和其他具有互联网接入能力的终端用户，支持WEB、WAP、IVR、短信、客户端等渠道，资源内容主要为数字音乐、图片和音乐短片等，具有音乐试听、业务订购、赠送下载、IVR点送、下载提示等功能。5月18日，中国电信开展“天翼3G极速、音乐下载体验”营销活动。9月20日，上海电信根据中国电信的指导资费标准，印发数字音乐下载业务标准资费，由通信费和信息费组成。其中，信息费分为按次收费和包月收费，当月信息费30元封顶。12月30日，中国电信开始面向全国手机、固话和小灵通用户，在线上和线下开展“爱音乐、翼起来”营销活动，推广七彩铃音、音乐盒和音乐下载业务。

2010年11月25日，上海电信试点爱音乐卡拉OK业务，这是基于IPTV平台开发的家庭音乐娱乐产品，可提供随意听、音乐资讯等扩展功能。年末，上海电信爱音乐业务出账用户达1 517 020户，音乐下载次数达4 019 285次。

四、天翼导航

2010年6月，天翼导航产品正式上线，面向中国电信CDMA网络所有号段用户，主要通过手机客户端的方式，提供定位导航及相关的周边搜索、路线规划、公交换乘、实时路况查询、预订服务等功能。资费方面，收取用户月功能费和通信费，采用包月计费或按天计费，包月为8.8元/月，包天为1.8元/天。9月30日零时，天翼导航包月资费开始调整为5元/月，包天资费调整为1元/天。10月1日，中国电信开始开展“天翼导航—翼路随行”主题营销活动。年末，上海电信天翼导航用户为2 537户。

五、天翼空间

2010年3月17日，中国电信手机软件应用商场“天翼空间”正式上线，主要以客户端和互联网门户的形式为用户提供各类软件和应用的浏览、下载、购买和管理等服务，为应用开发者提供应用的测试、发布、销售和结算等服务，是中国电信为用户和应用开发者搭建的服务平台。8月15日，天翼空间业务正式上市。年末，天翼空间累计注册用户达245 939户。

表 4-4-8　2010 年天翼空间资费标准情况表

项　目	资　费
通信费	客户使用业务产生的通信费(如客户端/应用下载流量费、客户端/应用所产生的流量费、通话费、短信费等)按照相关业务的资费标准收取
信息费	提供单次下载、按款、包月、按收费点收费等收费方式,具体标准由信息服务提供商确定
单次下载	每次下载应用时所收取的信息费。其最低定价可以为免费,一般定价不超过 10 元/次,最高定价不超过 20 元/次
按款	首次下载应用时或先体验后转为收费时一次性收取应用信息费,在一次性付费之后,后继可多次免费下载。单款应用一般定价不超过 20 元,最高不超过 30 元
包月	以客户订购方式按月收取信息费用。每月收费一般不超过 20 元,最高不超过 30 元
按收费点收费	客户在应用使用过程中选择性购买带有收费点的功能时所收取的信息费。每个功能收费点每次收费一般不超过 5 元,最高不超过 20 元

六、天翼对讲 PTT

2008 年 9 月,中国电信开始在海南、云南开展手机对讲业务试点。手机对讲业务是基于中国电信的移动通信网络和电信级的业务管理平台,利用一键通(Push to Talk, PTT)技术,通过带有 PTT 功能的专业手机终端,为客户提供移动通信网络覆盖范围内的半双工集群通信业务。主要目标客户群为党政部门,以及公共事业、制造业、物管安保、旅游饭店娱乐、交通运输物流、工程建设等行业。

2009 年 5 月 17 日,上海电信推出"天翼对讲"产品,采用 QChat 模式,具有组呼、单呼、聊天室、提示性呼叫、成员优先级、业务优先级、呼叫限制、终端状态查询、遇忙来电提示、迟后加入、通话状态提示、在线提示、讲话方号码显示、群组地址显示、漫游等基本功能,以及集团/团体业务管理功能、用户自助管理等自助管理功能。6 月,中国电信在上海启动天翼对讲业务试点工作,上海电信开始建设移动对讲 QChat 试商用平台,10 月底通过了平台测试和流程穿越测试。11 月,天翼对讲正式进入试商用阶段。2010 年世博会期间,天翼对讲被广泛应用于世博会保障工作。

表 4-4-9　2010 年天翼对讲业务资费标准情况表

项　目	资　费
功能费	每月 25 元/号

说明:使用天翼对讲业务产生的上网流量费按照中国电信标准资费计收。

七、云宝盒

云宝盒是上海电信为 2010 年世博会定制的手机客户端产品。2010 年第二季度,上海电信推出云宝盒业务,以手机客户端的方式,提供移动互联网在线应用服务,包括新浪爱问、世博搜索、动漫世界、QQ 社区、休闲游戏、天翼湘财、e 云存储等应用服务,主要面向持有中低端手机,但想使用高端手机功能的C网用户，月功能费为每月10元/号，上网流量费参照标准资费计收。

八、天翼好友圈

2009年，中国电信在陕西公司试点开发天翼好友圈业务，允许用户建立或加入好友圈，享受圈内通话优惠，是集通信功能与互联网应用于一体的通信服务。门户域名为http://1889.189.cn。2010年9月1日，上海电信正式上线天翼好友圈业务，同时开展该业务的校园促销活动。

表4-4-10　2010年天翼好友圈业务资费标准情况表

项　目	资　费
月使用功能费	只对圈子创建者收取每月5元/圈的功能使用费，用户只加入圈子不收使用费
通话费	
(1) 本地通话费	0.03元/分钟
(2) 国内(不含中国港澳台地区)长途通话费	0.18元/分钟
(3) 国内(不含中国港澳台地区)漫游通话费	主被叫均为0.18元/分钟
短信费(仅限WEB方式，仅限群内)	每用户每月最多可向群内成员发送免费短信800条，超出后按标准资费0.10元/条收取。超出短信不能消耗T7套餐中赠送的短信

第五章　信息通信技术业务

第一节　视 讯 业 务

一、交互式网络电视(IPTV)

交互式网络电视(Internet Protocol Television，IPTV)是基于宽带互联网与宽带接入，以机顶盒或其他具有视频编解码能力的数字化设备作为终端，通过聚合 SP 的各种流媒体服务内容和增值应用，为用户提供多种互动多媒体服务的宽带增值业务。1999 年，英国 Video Networks 公司首先推出 IPTV 业务。上海电信于 2003 年开始着手开展 IPTV 技术的研究与测试。

2004 年，中国电信在上海和广东两地开展 IPTV 试点，上海电信在上海南汇区部分用户中开展 IPTV 试验。

2005 年，IPTV 在全球从试验阶段转入商用阶段，中国电信也加大了对这项战略业务的推进力度。4 月 27 日，上海文广新闻传媒集团(以下简称“上海文广”)获得广电总局颁发的国内首张“信息网络视听内容集成运营牌照”(IPTV 牌照)。其后，中国电信、上海电信分别与上海文广签订 IPTV 业务合作框架协议、IPTV 业务合作协议。7 月，上海电信和上海文广成立联合项目组，共同发展 IPTV 业务。上海电信负责系统测试、带宽改造、终端实施、系统运营、用户收费，旗下的上海信息产业(集团)有限公司成立产品运营部门；上海文广成立百视通公司(BesTV)，负责内容提供电子节目菜单(Electronic Program Guide，EPG)的管理与发布。10 月 31 日，上海电信在浦东和莘闵地区开展 IPTV 试商用，系统设计容量为支持 1 万户用户。11 月 28 日，上海电信和上海文广经国家广电总局许可，先期向闵行区和浦东部分区域的居民开放 IPTV 业务，提供直播频道 50 个，包括本地频道 7 个、个性化数字频道 19 个、CCTV 14 个和卫星节目 10 个；点播节目超过 1 000 小时；另有天气预报、交通、餐饮等信息。

2006 年 2 月，中共中央政治局常委李长春到上海莘闵电信局用户家庭观看 IPTV 演示，将上海电信与上海文广的合作模式称为“上海模式”。9 月 1 日，上海电信和上海文广开始联手在全市推广 IPTV 业务。是年，上海电信在 IPTV 上推出“阳光政府”“政务公报”“市民信箱”等政府为民服务项目，新增时事新闻、远程医疗、视频房产信息、餐饮讯息、天气预报、票务查询以及 IPTV 游戏等新应用。年末，上海电信的 IPTV 有电视节目 70 套，除视频点播、影视节目收看、视频内容点播、时移功能外，还有新浪、上海热线等与互联网同步的新闻信息、市民信箱、上海大黄页、上海导医网等专业服务频道，用户数达 6.96 万户。

2007 年，IPTV 引进国家动漫基地、证券之星等服务提供商，提供时事、健康、气象、黄页、生活、房产、餐饮等七大类信息查询服务，以及影像、娱乐、游戏、教育、财经、音乐等六大类增值应用服务。11 月，上海电信开始推出 IPTV 基本型产品，把资费与用户当月使用次数关联，降低资费门槛。年末，上海电信 IPTV 用户数突破 22 万户。

2008 年 5 月 17 日，上海电信正式宣布高清 IPTV 业务试商用，开通一路高清直播业务和超过 200 小时的高清点播节目，采用 H. 264 编码，视频编码速率 7 Mbps，音频编码 192 kbps，实际为用户开通的网络带宽为12 Mbps,其中,2 Mbps用于宽带上网,10 Mbps用于播放高清IPTV。6月,IPTV的游戏社区正式上线。是年年内,IPTV新增北京卫视、SITV生活时尚、市场调查、购物等频道。年末,上海电信的IPTV用户数达到74.6万户,用户规模居全国首位。

2009年10月,随着上海百视通与美国NBA联盟签订全面引进NBA赛事合作协议,IPTV上线NBA比赛转播产品,是年还支持高清转播,这是亚洲电视机构首获NBA全高清版权。12月16日,IPTV业务在上海的用户规模突破100万,上海成为全国乃至全球IPTV用户最多的城市,成为IPTV第一城。是年,通过和政府相关部门等的合作,IPTV为各类社会公益事业、党员远程教育、公共服务信息等方面提供服务,成为2010年上海世博会传播媒体。年末,IPTV用户数达101.8万户。

2010年3月18日,IPTV推出电视杂志业务——《视刊》栏目,用户可免费收看数百种杂志节目,内容包括时尚潮流、明星八卦、母婴育儿、投资理财、婚姻家庭、体育彩经、成长教育、汽车房产等八大类。4月27日,中国电信发布3D高清IPTV。10月,新版IPTV信息频道上线。11月26日,基于IPTV平台的在线商城TVMall正式上线,入驻品牌企业约40家,包括百联、家乐福超市、中粮、格力空调、三星电子等。年末,IPTV用户突破130万户,用户活跃度达到79%。

二、天翼视讯

【天翼视讯(手机版)】

2008年10月24日,中国电信印发《"手机影视"业务规范》,明确手机影视产品是结合中国电信CDMA 1X网络和移动流媒体技术,整合专业媒体内容资源,向中国电信移动终端提供丰富视频流媒体的服务,具有直播、点播和下载播放等3种基本应用形式,对所有CDMA用户开放。

2009年3月15日,上海电信启动3G业务试商用,"手机影视"业务试商用活动同步开展,提供频道直播、48小时电视回看、精彩点播等功能,支持三星、宇龙、中兴、多普达等品牌的7款机型。资费方面,主要由通信费和信息服务费两部分组成,提供包月、按次和按市场等3种计费方式。4月10日,上海电信开始开展手机影视免费体验活动。5月4日,上海电信核配10659212作为手机影视业务短信和彩信的自营短信代码。8月18日,新华通讯社上海分社与上海电信共同推出天翼"手机影视—新华专区"栏目。11月,手机影视正式更名为天翼视讯。11月12日,上海电信正式发布天翼视讯客户端。

2010年1月,天翼视讯业务实现正式商用,主要合作伙伴为中央电视台、上海文广集团、中国国际广播电台和中央人民广播电台等国内知名媒体,提供点播、直播、下载直播回看等功能。3月,中国电信正式推出天翼视讯(手机版)业务,提供WAP和客户端两种使用方式。其中,客户端的节目内容可免费体验。10月1日,通过天翼视讯(手机版)客户端点播、订购业务开始收费。资费标准与WAP方式相同。用户通过其中任何一种方式订购的收费节目内容,均可通过另一种方式使用,不重复计费。12月13日,中国电信印发文件,决定在上海设立天翼视讯传媒有限公司,独家经营视讯业务。年末,上海电信天翼视讯注册用户为526 979户,在线时长为15 380 739分钟。

表4-5-1 2010年天翼视讯业务资费情况表

项目	资费
信息费	
(1) 包月业务	原则上内容信息费为5—15元/月

〔续表〕

项　目	资　费
(2) 按次计费业务	原则上内容信息费为 0.2—2 元/次
通信费	参照中国电信的手机上网资费规定执行

【天翼视讯(PC 版)】

2009 年 4 月,天翼视讯(PC)产品在广东、湖北等两个省公司进行试点推广,以天翼 Live 高清频道的形式对用户开放试用,是中国电信基于宽带网络提供的 PC 终端网络电视产品,具有在线点播、在线直播、在线影评等功能,包括客户端和 WEB 门户,门户域名为 http://www.netitv.com。截至 2010 年 5 月,天翼视讯(PC)产品已拥有 3 万多个点播节目,节目时长达 1.3 万小时,提供 87 家电视台的点播直播。其中包括电影 717 部,电视剧 7 000 集,直播频道数量达到 80 个,重点合作电视台为 CCTV6、凤凰卫视、湖南卫视、中央新闻电影纪录制片厂、中数传媒、江苏靓妆等。5 月 18 日,中国电信印发通知,决定推广天翼视讯(PC)产品,用户可通过天翼视讯(PC)产品客户端、天翼宽带客户端中的天翼视讯应用和天翼 Live 客户端中的天翼视讯标签使用天翼视讯(PC)产品。12 月 1 日,天翼视讯(PC)的 WEB 域名变更为 www.tv189.com。

三、家庭信息机

2009 年,上海电信推出"家庭信息第四屏——魔屏"产品,集合手机、电视和电脑三屏合一的特点,除可作为普通电话机使用外,还具有可视电话、互联星空、数字音乐、电子书、有声读物、短信等多种功能。

2010 年 1 月 6 日,上海电信正式发布"魔屏 mTouch"产品,具备 8 英寸的触摸屏、无线宽带接入、多媒体处理、视频通信等功能,是上海电信在世博年推出的第一款产品。"魔屏 mTouch"的业务界面包括通信频道、世博频道、娱乐频道、资讯频道、生活频道等五大频道,涵盖可视电话、影视剧点播、号百订餐、网络电台、天气预报等 32 项应用。2 月 6 日,上海电信在国美徐汇 2 店举行"魔屏"首发仪式。2 月 10 日,上海电信开始开展用户体验活动,可免费体验魔屏业务 6 个月,适用于 ADSL 接入方式的私人住宅用户。5 月 1 日,魔屏正式商用。8 月 25 日,上海电信与上海吉祥航空有限公司签署信息化战略合作框架协议,吉祥航空飞机头等舱采用上海电信基于魔屏升级定制开发的"吉祥 VIP 手持终端"。10 月,魔屏业务向光网接入用户开放。年末,共发展正式用户 5 万户。

表 4-5-2　2010 年魔屏业务资费标准情况表

收费项目	资费标准	备　注
每月基本使用费(元/号)	48	1. 含 300 分钟国内通话时长 2. 含通信频道、世博频道、娱乐频道、资讯频道、生活频道等五大频道,内容涵盖可视电话、电影、电视剧、号百订餐、网络电台、天气预报等应用

〔续表〕

收费项目	资费标准	备注
短信(元/条)	内地：0.08；中国港澳台地区：0.80；国际：0.80	—
上网费	国内(不含中国港澳台地区)上网： 1. 按流量收费：0.000 5 元/KB，每次不足 1 KB 按 1 KB 计，不足 0.01 元按 0.01 元计 2. 按时长收费：0.10 元/分钟，每次不足 1 分钟按 1 分钟计 中国港澳台地区以及国际漫游上网：0.10 元/KB，每次不足 1 KB 按 1 KB 计费	—
国内通话超出后(元/分钟)	0.15	—
其他	一次性费用(开通调测费)：70 元	—

四、全球眼

“全球眼”是基于电信宽带网实现图像远程监控、传输、存储、管理的网络视频监控业务，可将分散、独立的图像采集点联网，实现跨区域的统一监控管理。2003 年，中国电信在四川省电信公司试点的基础上，推出全球眼网络视频监控业务。

2004 年，上海电信建成全球眼网络视频监控平台，能容纳 200 路视频信号的并发访问能力。是年，上海电信在幼教系统、商业连锁行业等开展全球眼业务免费试点工作，共有试点用户 4 户。年末，全球眼业务具备对外开放条件。

2005 年，上海电信的全球眼业务投入试商用。截至 2006 年，“全球眼”业务已支持包括 xDSL、LAN、PDH、SDH、MSTP 等在内的有线接入，以及包括 LMDS、WIMAX、WLAN 等在内的无线接入方式，可提供视频显示、实时视频浏览、视频分发、云镜控制、矩阵控制、视频录像、视频存储、视频回放等基本功能，还可提供报警与联动、电子地图、智能图像辨识、统计报表、移动终端浏览等特色功能。上海电信的全球眼业务主要应用于建筑业、银行业、网吧经营场所、体育健身场馆等。

2007 年，上海电信推出家庭版全球眼业务，具备实时监看、移动侦测、报警录像和小灵通短信/E－mail 报警通知等功能。年内，为家乐福建成跨地区远程视频监控系统，是上海电信首个跨地区全球眼应用案例。年末，业务收入为 1 000 万元。

2008 年 11 月 1 日，中国电信试商用无线视频监控业务(移动全球眼)，依托全球眼平台和中国电信移动网络，提供手机视频浏览和无线视频采集服务。是年，中国电信还组织开发了“全球眼”中小企业视频监控产品(中小客户全球眼应用)。年末，上海电信全球眼客户达 2 962 家，监控点达 5 707 个，在上海的社区、交通、金融、保险、连锁性企业、检验检疫、建筑等领域得到广泛应用。

2009 年，随着中国电信在全国启动 3G 业务，全球眼无线视频监控同步上市。9 月，中国电信在上海、江苏、安徽、福建、湖北等 5 个省(市)公司进行家庭全球眼业务试点，基于宽带互联网络与移动网络实现视频远程监控、传输、存储和管理，用户可通过 PC 电脑、天翼手机等，进行远程实时视频查看，控制网络摄像机云镜动作、拍照、录像，另外还可实现报警联动并以短信、多媒体短信、邮件等方式发送报警信息等。是年，上海电信还推出采用 VPN 接入方式的全球眼业务。年末，全球眼用户为 3 606 家，监控点为 9 227 个。

2010 年，上海电信全球眼用户达 4 781 家，监控点为 12 930 个。

五、电视电话会议

【新视通】

“新视通”是面向集团客户多媒体视讯通信产品，基于 ISDN、DDN、ADSL 等专线，以提供小型、交互式的可视会议为主。2001 年 1 月，中国电信发布《关于推出“一码通”、“新视通”业务及有关问题的通知》，在全国范围内推广“新视通”业务。

2002 年 8 月 15 日，上海电信首次利用新视通平台，承办 IBM 公司用户年会。8 月 28 日，上海电信正式推出新视通业务，业务资费包括开户费、安装调测费、月租费、视讯通信费、功能费和技术支持费。9 月 20 日，中美新视通业务正式开通，通达地点为上海和洛杉矶，由中国电信（美国）公司与上海市电信公司联合受理。9 月 21 日中午 11 时，首位新视通个人用户通过新视通与洛杉矶亲人进行可视通信。12 月 26 日，上海电信开通上海至新疆乌鲁木齐的新视通业务。是年，新视通已被广泛应用于政府行政会议、商业工作会议、紧急救援应急、远程教育、远程医疗、办公自动化系统等多个领域。

2003 年 1 月 3 日，上海电信试开通上海至日喀则的新视通业务。2 月 1 日，上海电信开通上海至新疆克拉玛依的新视通业务。2 月 18 日，中国电信开通上海至台湾地区的新视通业务。“非典”期间，新视通业务受到沪上企业的欢迎。8 月 29 日，上海电信的新视通业务应用于上海市政府“万名海外留学人员集聚工程”新闻发布会，为东京、伦敦、巴黎、华盛顿的中国留学生提供发布会实况，

图 4－5－1　电信“新视通”为防治“非典”的医务人员与家属两地面对面通话提供方便

开展实时政策咨询。是年，上海电信共承办新视通会议 49 场。

2005 年，“面面通”相关业务并入新视通。年末，新视通业务收入达 347.4 万元。

2006 年，新视通业务收入达 709 万元。

2007 年，新视通业务新增远端模块、高清视频设备、高清显示终端等演示功能，增加投币式新视通终端和广告播放终端。年末，收入为 142 万元。

2008 年，上海电信利用新视通全国平台直联，承办花旗中国高清培训项目，成为中国电信第一个全国视频高清项目。全年业务收入为 161 万元。

2009 年，由于软交换升级，主要以 ISDN 为承载方式的新视通业务无法正常开展，因设备限制，也无法实现客户对于高清视频会议的需求。年末，业务收入萎缩至 98 万元。

【全球会易通】

2004 年 12 月，上海电信在交互式会议电话系统上开发“全球会易通”业务，准备投入商用化试用，以满足用户使用国际电话会议业务的需要。

2005 年 5 月，上海电信推出“全球会易通”业务，具有国际呼入、语音广播和短信等功能，采用二次拨号的方式，用户通过拨打 969798 进入专用平台，然后再拨会议号，可以召开或参加电话会议。“全球会易通”业务资费包括基本月租费、会议接入费、会议通信费和功能费。是年年底，累计新申请用户达 141 家。2006 年 1 月 1 日，“全球会易通”执行新资费标准。

截至 2010 年年底，“全球会易通”的用户数达 2 266 户。

【面面通】

2003 年，上海电信推出“面面通”业务，以视频娱乐为主，服务于个人用户。7 月 1 日，上海电信开始向市区住宅宽带用户推出“面面通—可视电话”优惠礼包。面面通业务是基于宽带网的多媒体通信业务，提供可视聊天、可视娱乐、可视咨询、可视会议、远程家教、短信互动等业务。2004 年 10

图 4-5-2 “面面通”宽带多媒体可视电话业务演示

月，面面通业务开放拨打上海市内电话和长途电话的功能。2005 年，“面面通”品牌不再继续使用，相关业务并入“新视通”业务。

【交互式会议电话】

2000 年 1 月 6 日，上海市邮电管理局试开放交互式会议电话业务，其既具有传统电话会议系统的广播功能，又具有双向交流的功能。资费方面，该业务资费包括会议接入费、通话费和特殊功能费。1 月 14 日，上海邮电管理局修订交互式会议电话业务资费标准，呼入方式的本地通话费按区内通话的标准收取，同时区分私人和单位用户；呼出方式的本地通话费按单位电话区内通话费的标准收取。2002 年 10 月，上海电信在交互式会议电话的基础上推出主叫交互式会议电话。2003 年 9 月 10 日，上海电信开始对主叫交互式会议电话业务进行短期促销，促销期间免收接入费并对通话费进行优惠。促销活动至是年 11 月 10 日结束。截至 2009 年年底，交互式会议电话用户数为 128 户。

【会议一呼通】

会议一呼通业务是基于音频传送的电信业务，用户通过拨打“800”特服号，呼入会议系统进行多方交谈。业务适用范围为除西藏自治区以外的国内各大城市的双音频话机（不包括移动电话）。该业务附有 800 接入功能、双重密码功能、会议功能。资费方面，该业务资费包括接入费、基本月租费、功能费、通信费，其中，基本月租费为 20 元。2002 年 2 月 21 日，上海电信开放“会议一呼通”业务。年末，出账用户达 204 户。2003 年 4 月 28 日，上海电信开始开展会议一呼通的优惠促销活动。“非典”期间，“会议一呼通”业务成为热门业务。截至 2010 年年底，会议一呼通业务用户数为 1 634 户。

六、电视传输业务

国际、国内电视传输业务（简称“电视传输业务”）是通过卫星、光缆等为境内外媒体、广播公司等提供电视信号传输的服务，由上海节目预定中心（Shanghai Program Booking Center，简称“上海 PBC”）负责各国际、国内新闻机构的电视业务。上海 PBC 最早由上海市邮电管理局于 1993 年 9 月设立，1994 年 1 月起正式受理业务。1997 年，上海 PBC 受理业务种类开始由国际电视传送发展到国内电视业务，由模拟电视业务传送发展到数字电视业务的传送。2000 年公司化运行后，上海电信的上海 PBC 继续运营电视传输业务。

2002 年，上海 PBC 在“亚洲开发银行年会”、世界杯、“十一”国庆、“十六大”等重点通信期间参与电视传送工作。同时，上海 PBC 还负责“上海卫视”的节目保障，参与“2002—2003 赛季法国足球甲级联赛”的电视传送工作。年末，共收发电视 2 334 次，传送时长 116 182 分钟。

2003 年，在四国女足邀请赛期间，上海 PBC 和其他地方机动局一起为德国电视台转播比赛内容。12 月，因亚洲 2 号卫星发生燃料泄漏故障影响卫星姿态，国家广电总局要求亚洲卫星公司为十几套地方卫视做并播处理。12 月 31 日，上海 PBC 开始协助亚洲卫星公司承担传输任务。是年，上海 PBC 还与合作伙伴联合搭建覆盖全国十几个省市电视台的卫星电视传输网，承担固定的体育节目传输。全年共收发电视 2 250 次，传送时长 93 757 分钟。

2004 年，上海 PBC 获得“F1”上海站的电视传输权。9 月，上海 PBC 通过光缆、卫星等多种传输手段为CCTV和十几家国外媒体转播F1赛事和新闻。是年，上海PBC还利用两大卫星平台，为广电承担电视节目并播任务，转播重要赛事1项。

2005年，上海PBC完成“第48届世界乒乓球锦标赛”“2005年F1上海站”“第十届全国运动会”“ATP年终网球大师杯”等重大赛事的传送工作，卫星平台的卫星接收小站遍布于全国30个省、市电视台。

2006年，上海PBC着力于拓展海外业务。3月19日，上海电信召开“上海电信PBC国际一站式服务”推介会，向媒体用户推出“跨域媒体解决方案”，包括版权内容分发、国内媒体国内一站式服务、国内媒体国际一站式服务、国际媒体国际一站式服务，基本涵盖用户的所有传输需求。

2007年，上海PBC的工作主要围绕赛事转播开展。9月10日，开始承担“女足世界杯”在上海、武汉、杭州、成都4个赛区的电视传输任务。10月2日，开始为中央电视台提供世界夏季特殊奥运会的电视传输工作，通过国际卫星为海外媒体传输赛事新闻素材。是年，上海电信还与中国电信美国公司合作开通中美视频海光缆，为SMG传输NBA的新闻报道。

2008年2月，上海PBC为上海文广、中央电视台及其他海外媒体传输“2008年中国东亚足球锦标赛”，首次在正式比赛中使用高清设备传输。10月，开始为上海文广转播“2008—2009赛季亚洲冰球联赛”比赛实况提供本地光缆传输服务。11月2日，开始分别为上海和深圳实况转播“2008年汇丰高尔夫冠军赛”和“观澜湖高尔夫世界杯”赛事。

2009年，上海电信为合作电视机构传输11届全运会影像，为海外媒体传输美国总统奥巴马来沪访问、中德友谊赛等影像。为百视通公司开通155 Mbps中美视频专线1条，为IPTV传输NBA比赛信号。

第二节　号码信息服务

一、号码百事通

号码百事通是中国电信号码信息服务增值业务的业务品牌，是基于114查号业务的拓展和服务增值。1992年3月，邮电部印发《关于进一步开展电话信息服务业务的通知》，要求各地促进电话信息服务业务积极稳妥发展，将该项业务逐步纳入正常业务范围，争取更好的社会效益与经济效益。查号服务开始向信息服务延伸，提供如搬场、开锁、家政、家电维修等日常生活信息咨询服务。

2000年公司化运行后，上海电信的114查号中心继续拓展延伸服务。除核对各类电话数据外，还于2001年开发语音系统，在提供企业电话号码查询的同时，提供该企业的特征简介、产品简介，开始建设114网站。

2003年4月23日，中国电信印发通知，在上海、安徽、江西、广东、甘肃省电信公司开发并试点推广号码信息服务增值业务，依托中国电信114品牌的基础，充分利用互联网、智能网等网络资源，以语音识别作为主要沟通方式，借助于传真、短信、E-mail等通信手段，针对不同的客户需求，通过应用语音识别、声纹鉴别和语音合成等新技术，将仅面向公众的114号码查询服务扩展为面向公众、特定群体和个人用户的增值业务，主要包括行业首查、企业秘书、通信助理等3种产品。10月，该业务在中国电信内部全面推广。是年，上海电信开发多次循环查号、自动短信查号和电话小管家等新业务。

2004 年 5 月 17 日，上海电信向社会开放通信助理业务，提供名片管理、电话转接、短信发送等通信辅助功能。截至 2005 年，上海 114 已推出行业推荐、企业实名、品牌查询、语音信息发布、短信信息发布、查询转接、多条件查询、短信报号等多种号码信息服务增值业务。

2005 年 8 月，上海 114 查号台开始陆续推出短信查号、健康求助热线、指路等服务项目。10 月 9 日，中国电信印发《关于加快发展号码信息服务增值业务的通知》，统一使用号码百事通作为号码信息服务增值业务的产品名称，要求重点发展行业首查、多条件查询、查询信息分析、呼叫转接、短信报号、传真报号、地址及指路服务等增值服务，以及企业信息发布服务、基于被查号码的信息查询服务等信息服务，私有号码簿管理、企业总机、个人秘书、话务自动转接等通信助理业务。12 月，上海电信启用 118114，用作通信助理业务的接入短号码。

2006 年 3 月 14 日，上海 114 更名为号码百事通，提供美食导航、票务预订、旅游订房、交通指路等服务。截至 5 月 18 日，已推出企业名片、企业广告、查询转接、户名登记、常用名登记、个人通信助理、企业总机等 7 个业务。8 月 21 日，中国电信印发通知，启动网络百事通业务，业务名为“114 搜索”，其是以互联网用户为目标客户群的互联网搜索工具。12 月，中国电信开始整体推广号码百事通商旅服务。是年，上海电信还推出短信报告、实名查询等业务。

2007 年，上海号百推出“114 上海政务服务热线”、长三角三地联动信息查询业务、“上海中小企业 114 服务平台”、“114 号码百事通品牌直送”、4008105514 商品防伪查询、4008118114 政企商旅管理等服务。年末，上海号码百事通的功能性产品包括“企业总机”“家庭总机”“连锁总机”和“个人通信助理”；媒介型产品有“会展小秘书”和培训、结婚、家政、导医、外卖、旅游等特色服务；订房业务覆盖上海 90%的三星级以上宾馆；推出以订牛奶为代表的电话订购业务；与上海热线“共同购买”频道合作推出电话团购业务，收入达 1.26 亿元，在集团公司排名中位居第一。

图 4－5－3　号码百事通是提供衣、食、住、行、用、乐等咨询服务的综合信息服务平台

2008年4月1日，中国电信在上海、北京和广州推出号码百事通国际台服务，在上海设置集中台席，以提供英语服务为主，接入号码为118114。5月1日，上海电信推出号码百事通商旅积分服务。12月18日，推出号码百事通移动版。此外，还推出114名医导航、晚报114新闻热线、教育百事通、商企通、号百商城等服务和业务。年末，上海号百业务收入达4.56亿元。

2009年，上海号百推出短信信息推送、移动支付、CDMA改号通知、CDMA保号通知、来电宝、体育导航（场馆预订）、酒后代驾、“易会”会议电话、母婴类产品预订等业务，业务范围扩展至传媒业务、支付业务、平台型业务等多方面。3月下旬，启动世博会门票的销售工作，全年销售门票173万张。年末，业务收入6.88亿元，拥有座席近1 000个。

2010年4月27日，上海电信正式发布世博百事通，是18个世博产品之一。世博期间，先后推出随行通、信息亭、世博百事通、视频客服等多项实用的世博应用。年末，上海电信号码百事通收入达10.1亿元。

二、声讯业务

上海电信的声讯业务立足于向用户提供综合性、个性化、全方位的信息服务，主要包括160实用信息查询、168综合娱乐服务等业务。

上海的电话信息服务最早可上溯至1934年交通部上海电话局设立的询问台。1949年后，停办此项业务。1987年4月，市话局开办电话业务查询，专线电话号码“207979”；7月15日，上海电话信息服务台正式对外服务，专用查询号“200200”。1992年，电话信息服务台启用特种号码“160”。1993年6月18日，“168”信息台向社会开放。截至1999年，上海市邮电管理局运营的声讯台除160、168信息产业台外，还有5288颐东台、8128万国台、8168云晨台、8311金脉台、8411润声台、8611鸿讯台和8186国脉台等；在移动电话上开放声讯业务，暂不收信息服务费。

2000年5月1日，160、168声讯服务开始对移动电话用户收取声讯信息服务费，每分钟0.40元，不含移动电话通话费。5月26日，住宅电话用户使用168声讯服务的限额开始调整至80元/月，160人工信息咨询台新增综合信息服务热线，信息费统一为0.50元/分钟。6月15日，160信息台开通电话导航业务。2000年公司化运行后，上海电信成立全新的上海信息产业有限公司，由其运营声讯业务。是年，声讯业务还分别开通上海市妇联保障妇女权益声讯热线、221气象服务、168考试查分、中国商品声讯服务台等声讯热线。

2001年，上海电信着力推广81168证券类消费卡、外语听力卡、信鸽报到卡等声讯卡类业务。9月22日，推出81158包打听业务。

2002年2月，201平台开通拨打168声讯电话的功能。9月12日，上海电信与上海市红十字会、团市委联合开通16009999骨髓捐献报名热线。10月1日，上海电信开始对移动用户按固定电话资费标准收取160、168声讯信息服务费，限额80元/月。此外，声讯业务还大力发展教育热线，不仅提供分数查询、学校录取查询和第一志愿未被录取的原因查询，还可以通过热线填报志愿，新增电话报名和电话征求补填志愿等新方式。年末，声讯信息内容收入达2 880万元。

2003年，根据《中国电信集团公司与中国网络通信集团公司关于业务划分和衔接问题的框架协议》，中国电信于5月21日印发《关于168/160号码资源分配方案调整的通知》，明确由中国电信主业经营，利用中国电信的品牌经营电话信息服务业务，可使用160/168码号。其中，人工信息服务接入号为160，各专业分台的接入号码为“160ABCD”；自动信息服务接入码号为“168ABCDE”

(A、B、C、D、E为0—9数字)。是年,上海电信的声讯信息服务引入电话ICQ、17989电子证券、航班查询等新业务,并与"家加e"等音频视频业务结合发展,还实现了热门声讯服务的在线应用。

2004年,根据信息产业部电信网编号计划,中国电信原使用的168声讯业务接入码经扩位后分别由中国电信与中国网通共同使用。1月5日,上海市通信管理局批复同意上海电信启用1681、1682、1683、1684、1686、1688号段,分别用于全国和省内电话信息服务自动台,其分析位长改为4位;同意上海电信启用16890、16894、16895、16896、16899号段用于全国电话信息服务自动台,其分析位长改为5位,上述号码向平台传送位长均为8位。8月,开通全国大学英语四六级考试成绩查询16839946热线。11月20日,160声讯业务开始对PHS预付费用户提供服务。是年,为配合中央电视台各栏目的需求,上海电信还根据中国电信的要求开通动画城16895123互动参与热线、中国动画城精品版16895689互动参与热线、致富经16895928互动参与热线、电视周报娱乐大拼盘16895168互动参与热线等11档栏目互动参与热线,实现央视栏目与电视观众的互动;此外,还开通了传奇3电子点卡、注册中心充值卡申请热线、360度娱乐在线、世纪前线充值账号、天虎音乐网M2音乐充值卡、动感央视充值卡、基地城市游戏点卡等充值服务热线。

2005年,上海电信在保持168、160传统声讯业务稳中有升的情况下,探索电话商务、呼叫中心等新的业务模式和收入增长点,其中,电话商业业务呈现高速发展的趋势。是年,根据中国电信转型战略规划,对原号码增值业务进行整合与开发,于第四季度完成原160人工和自动业务的整合,归并原3位和8位混用的接入号,统一将"160"作为电话语音信息服务的接入号。

2005年9月,中国电信印发关于160人工信息服务业务发展的指导意见,将"160"定位于中国电信综合信息服务的人工门户,通过整合内、外部信息资源,构建以提供实用信息为主,以商务信息、娱乐信息为辅的信息内容架构,提供亲和力和人性化的人工服务界面、快捷方便的信息搜索服务。12月21日,上海电信向上海市通信管理局就调整160码号位长进行备案,由8位定长调整为3位定长。

2006年2月5日,上海电信本地电话卡平台开放160人工信息服务业务,200(C类)、201(C类)、17908(C类)、IC电话卡均可拨打使用。12月,160语音信息门户项目正式竣工并通过验收,整合160和118318资源,统一对外提供综合人工语音服务。

2007年10月29日,上海电信根据中国电信的要求成立中国电信上海公司号百信息服务分公司,声讯业务随号码百事通业务整体发展。

2008年,160业务推出停车场、加油站、驾车导航、实时路况等相关信息查询服务;168业务推出外挂SP信息合作业务,在规范服务及信息内容的基础上增加业务收入。

截至2010年年末,160业务有用户约6万人,拨打业务量约22万分钟;168业务有用户约5.8万人,2010年拨打量约217万分钟。

表4-5-3　2000—2010年上海电信声讯电话服务时长情况表　　单位：万分钟

年　份	160电话信息服务时长	168电话信息服务时长
2000	841	3 093
2001	768	3 783
2002	784	3 232
2003	698	2 780

〔续表〕

年　份	160 电话信息服务时长	168 电话信息服务时长
2004	711	3 852
2005	799	2 830
2006	518	2 387
2007	552	1 403
2008	81	1 128
2009	37	1 452
2010	22	217

第三节　支 付 业 务

一、固网支付

固网支付是中国电信与中国银联共同开发的针对个人、家庭、企业和中小商户的自助金融服务，是上海电信基于中国电信通信网络、中国银联清算平台以及相关 SP 内容平台开发的支付增值业务，可实现刷卡缴费、刷卡支付、自助金融服务和自助信息服务等增值业务。2006 年 12 月 1 日，上海电信固网支付建设项目正式立项。

2007 年 3 月 2 日，为配合整体项目的建设进度，加快业务的上线运行，按照集团固网支付统一接入码的规定，上海电信开放业务接入码“1189191”。4 月 11 日，中国电信上海公司与银联上海卡友签署合作协议，共同推进固网支付业务的发展。5 月 19 日，电信固网支付系统与银联银行卡系统正式连接，含银联标志的借记银行卡、部分信用卡和中国电信聚信卡均可在固网支付终端上使用，实现银行卡的查询转账、公用事业账单缴付、手机充值、订购机票和火车票、预订酒店、为聚信卡充值、信用卡还款等功能，以及聚信卡的电信账单支付、余额查询、转账等功能。7 月 16 日，上海电信印发《上海市电信有限公司固网支付业务管理办法》，明确固网支付包括开户费 10 元、月功能使用费 10 元/月，交易通信费按本地区内通话费标准收取，包月套餐可包含终端租用费。7 月 28 日，浦东局东方路营业厅和云莲路营业厅试点受理固网支付业务。10 月 20 日，上海电信正式推出固网支付业务。年末，上海电信的固网支付用户为 3 378 户。

图 4－5－4　上海电信推出的固网支付终端

2008 年 2 月底，固网支付用户突破 1 万户。4 月 7 日，上海电信网上客服中心、10000 号客服热线开始受理固网支付业务。5 月 15 日，为加快发展固网支付业务，丰富应用内容和合作资源，集团公司在“中国电信、中国银联固网支付”业务的基础上，决定引入中国建设银行作为第二家固网支付业务的合作方。

截至2010年12月31日，固网支付全年平均用户数66 963名，全年使用次数2 192 190次，累计收入4 147 522元。

二、移动支付

移动支付业务是中国电信基于移动通信网络推出的电子支付产品，在政企和公众市场上，分别以“翼机通”和“翼支付”两个产品进行推广。

2009年5月26日，上海电信举行移动支付产品发布会，与交通银行签订战略合作协议，正式上线商用移动支付业务——天翼3G移动支付，在国内首创使用手机进行各类账单推送式支付的服务方式。用户可通过手机短信、WAP、客户端等多种渠道，利用电信支付账户、银行卡、行业支付卡等多种支付账户，实现使用账单支付、手机充值、公用事业费缴费、订购商品、自助金融等服务。业务资费由功能费和通信费组成。是年，上海电信通过业务宣传推广及各类营销活动，逐步培养用户在公用事业缴费、手机银行、手机订购电子票等方面的使用习惯，加快推进手机刷卡、校园一卡通、手机门禁等行业应用产品的开发。

2010年2月5日，上海电信在南京路步行街推出“翼支付・手机刷卡”业务，在中国电信内部率先开始非接触式手机支付产品的服务，新世界、宝大祥、老凤祥、第一食品、茂昌眼镜、宏伊广场等知名商家和一茶一坐、全家连锁等50余家知名商户成为“翼支付”的首批特约商户。

2010年4月，上海电信上线翼机通产品，包括翼机通政企单位应用和翼机通校园应用，面向校园和企事业单位客户提供融入移动支付能力的信息化应用综合服务。4月27日，“e云手机支付”在世博园区内成功实现刷手机消费的产品功能。年末，上海电信完成融合支付平台改造、OTA平台建设、2.4 G RF UIM卡的研发、专用POS机改造等功能的开发和完善，打通营业厅受理、网上充

图4-5-5　用户使用手机通过近场支付方式体验“翼支付”手机刷卡

值、空中圈存等手机支付核心流程，完善“翼支付”的各项主要功能，改造 POS 机 14 000 台，在近 4 000 家商户内完成使用环境的改造，初步建成翼支付用户的使用环境。截至年末，共发展校园企业签约用户 570 余家，发展移动支付签约用户约 4 万线。

图 4-5-6　融合考勤、支付、门禁等功能的翼机通终端

三、电话 IVR 支付

2004 年下半年，上海电信电子支付服务平台具备上线试运行能力。上海电信基于电子支付平台，开通电话语音方式易付卡支付电信账单，接入码为 962111。

2008 年，上海号百信息服务分公司开通基于商旅服务的电话 IVR 支付业务。用户通过拨打 114/118114/4008118114，利用银行卡完成支付过程，可以支付机票、订房、保险、电信账单、代收公用事业费等，固定电话、小灵通、移动终端皆可接入。截至 2010 年年末，电话 IVR 支付用户数为 4.9 万户，当年支付次数 869 068 次。

第四节　呼叫中心

一、实体呼叫中心

20 世纪 90 年代中后期，呼叫中心概念被引入国内，电话呼叫中心业务在上海市悄然兴起，截至 1999 年年末，共有 2 家单位获得经营许可证。

2000 年公司化运行后，上海电信建立商用呼叫中心，引进服务器、路由器、排队机等设备，发展呼叫中心业务。8 月，上海信息产业有限公司、银证电信服务有限公司、美国依斯柯电信有限公司三方合资，成立上海电信呼叫中心服务公司。

2002 年，上海电话号簿公司推出 86000 呼叫中心业务，提供对企业信息的模糊查询，为企业提供外包服务。

2003 年，上海电信针对系统集成业务，提出外包式呼叫中心的业务构想。6 月，上海市通信管理局核配 96855(福山路平台)和 96856(共和路平台)作为呼叫中心业务的接入号码。

2004 年 2 月，为整合和发挥上海电信语音增值业务的网络资源、平台资源、信息资源、市场资源及管理资源的优势，成立上海电信百事应信息有限公司，以利用基础网络经营语音增值业务，统一实施信息的采集、加工、存储、传播和服务；推出全新的号码品牌——118318，将 160、168、88114、96958、118 等语音信息服务号码统一整合在该号码中，又称信息时空业务。

2005 年 1 月，百事应推出 118318 交通信息查询、118318 旅游、96860 电子商务电话代收费服务和 114 号码增值服务语音定制服务等四项呼叫中心服务业务。

2006 年 4 月，启用 96928 短号码作为呼叫中心业务接入码。9 月 16 日，由上海电信承建的上海世界特殊奥林匹克运动会热线——“962007”正式开通，这是特奥会首次采用专业呼叫中心提供统一的热线服务，可以由此全面了解上海的交通、住宿、餐饮和旅游景点等信息。11 月 2 日，号码百事通平台上线，是上海电信第一个基于软交换平台的呼叫中心平台。

2007 年 5 月，由上海电信承建的世博热线——“962010”正式开通。是年，呼叫中心业务在电信业内外均发展了众多重要客户。是年，面向中小企业推出系列产品 IDEAL CALL。

2008 年 8 月，中国电信印发《“外包呼叫中心服务”业务管理办法》。

截至 2010 年，百事应的呼叫中心业务主要涉及保险业、银行业、航空运输业、政府行业、离岸外包、大型工业企业等。2010 年年末，百事应拥有自建座席 1 003 个，合作话房座席 1 077 个。

表 4-5-4 2008 年 2 月上海电信呼叫中心业务标准资费情况表(主要收费项目)

<table>
<tr><th>主要收费项目</th><th colspan="2">服务方式</th><th>报价</th><th>备注</th></tr>
<tr><td rowspan="5">座席+人员</td><td rowspan="3">呼入服务</td><td>每月服务时间在200小时之内</td><td>每座席 45 元/小时</td><td>客户服务代表提供标准普通话、上海话的服务</td></tr>
<tr><td>每月服务时间超过200小时</td><td rowspan="2">每座席 25 元/小时</td><td>如用户对客户服务代表的语言技能有特殊要求(如精通英文、日文等语言)，视为特殊的语言要求，报价视具体技能增加</td></tr>
<tr><td>(超出部分时间)</td><td>—</td></tr>
<tr><td rowspan="2">呼出服务</td><td>每条处理数据</td><td>1 元/条</td><td>—</td></tr>
<tr><td>每条成功数据</td><td>10 元/条</td><td>—</td></tr>
<tr><td>裸座席</td><td>呼入、呼出服务</td><td>7×24 小时</td><td>每座席 3 500 元/月</td><td>包括系统支持，必要的技术设备、场地费、杂费</td></tr>
</table>

二、虚拟呼叫中心

2009 年 3 月 6 日，上海号百的虚拟呼叫中心业务正式上线。虚拟呼叫中心是上海电信为企业提供的一种创新型的呼叫中心平台资源托管类服务，企业以租用号百平台的网络资源和呼叫中心软排队接入资源，代替自行建设，实现开通呼叫中心业务。初期号码范围为55369000—55369999，之后可使用任意8位号码作为总机号码。8月3日，虚拟呼叫中心平台承接集团号百北方九省业务。

2010年1月18日，虚拟呼叫中心平台IVR容量扩容至500线。5月27日，上海电信印发《中国电信上海公司"虚拟呼叫中心"业务管理办法》，明确虚拟呼叫中心可以提供自动语音服务、人工座席服务、呼叫路由、屏幕弹出、话务功能、座席录音、统计报表和规模弹性扩展等功能。是年，虚拟呼叫中心平台形成基于IP和电路结合的多种接入手段、后台统一管理的虚拟呼叫中心模式。年末，虚拟呼叫中心业务开通座席1 397个。

第五节 物联网业务

一、无线数字医疗

2010年，上海电信联合医院信息系统(Hospital Information System, HIS)厂商，在全市多家医院推广无线数字医疗行业应用，通过整合通信网络、医疗行业应用软件以及医疗专业ICT服务资源，为医疗机构提供整体解决方案，将需协同的应用嵌入医院信息系统、社区卫生信息系统之中，实现与医院业务流程有机融合、协同工作的计划管理、危重病人管理、会诊管理、药品使用管理等九大功能。4月1日，上海电信与上海兰恒信息系统有限公司签署协议，合作开发、推广无线数字医疗行业应用，逐渐形成六大标准功能和一套标准接口。4月19日，上海电信与瑞金医院签订"数字医院信息化项目合作协议"，内容包括实现统一通信、搭建无线数字医疗服务平台、延伸科研教育平台、提供医疗信息发送、共同研发医疗定制终端等。5月26日，上海电信与岳阳医院签署"无线数字医疗"合作协议。是年，上海电信先后与60所医院签订"无线数字医院"合作协议，其中包括10所三级医院，推出数十款无线数字医疗终端。

二、车联网应用

2009年6月23日，上海电信与上海安吉星信息服务有限公司签订"无线服务协议"，运用无线通信技术和全球卫星定位系统，在上海通用汽车公司旗下的主力车型上率先推出行车安全、车辆安全、语音导航、道路交通预报等远程通信服务。双方共同拓展车载信息增值应用，探索开展拖车、急救、餐饮、休闲等一体化服务。截至2010年年底，有十余万辆上海通用汽车安装了车载信息终端。

第六节 云计算业务

云计算的概念最早由谷歌等国外厂商提出，是传统IT领域和通信领域技术进步、需求推动和商业模式变化共同促进的结果，通常被认为是并行处理、分布式计算、网格计算的发展，是由规模经济推动的一种大规模分布式计算模式。

2009年9月22日，上海电信与信息管理解决方案提供商EMC公司联合推出面向家庭和个人用户的运营商级云信息服务——"e云"，可按用户设定，自动利用电脑空闲时间将信息备份到上海电信的"e云"数据中心，当遇到电脑损坏、数据损毁、误删除、远程办公等情况时，用户可以上网获取数据，还能够恢复任一时间点的数据。"e云"是中国第一个云计算落地项目，把消费者和企业分布在不同终端上的信息整合在一起，以安全、稳定、可靠的方式存储起来，由上海电信提供机房、销售、带宽、第一线技术支持等产品运营环境，EMC 公司提供设备、软件、二级技术支持和技术开发。是年，“e 云”业务在上海、北京、广东等地发展用户 2 万余名。

2010 年 4 月 27 日，上海电信对外发布十八大世博产品，包括基于云计算的 e 云手机。

2010 年 10 月 26 日，“上海市云计算创新基地”正式启动，上海电信作为首批入驻的“云海产业联盟成员”，通过“凌云计划”构建上海电信云计算中心，提供基础设施服务、开放合作平台、综合信息服务、网络和终端接入等 4 项云计算服务。同时，推进云计算业务创新工程、云计算凝聚工程、云计算能力建设工程、云计算企业示范工程和云计算技术突破工程等五大“云工程”。

第七节　其他主要信息通信业务

一、网管专家服务

2005 年，上海电信推出网管专家服务(Netcare)，上海茉莉林纺织品有限公司是首家签约用户。是年，共有试用用户 6 家。其后，中国电信在全国推广该业务。

2006 年 5 月，中国电信印发《网管专家服务业务管理办法(试行)》，明确中国电信“网管专家服务”是利用中国电信统一建立的基于 SNMP 技术及专用探针技术的平台，对包括客户端网络设备在内的客户广域网络或互联网接入提供包括网络层、传输层及应用层在内的端到端监控和管理的业务，可对租用中国电信各种专线组建的客户广域网络以及互联网接入等实现监测与管理。12 月，中国电信印发网管专家服务资费标准，由开通调测费、网络监控管理服务费、接入电路月租费组成。是年，上海电信成功发展海外用户使用网管专家服务。

2007 年，上海电信的网管专家平台拥有国内外客户 40 余家，服务点数 1 000 多个，新增服务器

图 4－5－7　中国电信“网管专家服务”推介会

监控、流量监控等功能，服务范围扩展至中国香港、中国台湾等地区，以及法国、美国等国家和中亚等地，是重要的运维支撑型电信增值服务产品。

2008 年 4 月，网管专家服务正式纳入集团 CRM 体系，成为集团平台型业务。年末，客户数达 80 家，在线设备 1 800 余台，签约设备 2 000 点。

2009 年 4 月 1 日，网管专家服务新增“NetCareMobile”的扩展应用，是面向客户的手机终端产品应用，可通过 CDMA 手机查看 Netcare 系统的服务情况，包括设备监控情况、告警信息查看、性能报表统计、ITLL 事件通知等。6 月，网管专家服务的资费结构开始调整为由一次性安装调测费、基本月服务费、可选功能服务费等组成。是年，机房管家功能上线运营。年末，客户总数达到 120 家，在线设备数超过 4 400 台。

2010 年，网管专家服务企业用户数达 120 家，监控点达到 4 673 个。

二、攻击防护服务

2007 年，上海电信在指定的 IDC 机房设立具有防 DDoS 攻击的安全专区。2008 年，DDoS 在多个 IDC 机房进行大面积的推广工作。奥运前期，根据金融客户的安全防护需求，上海电信在金融大用户中推广 DDoS 攻击防护服务，发展诸多银行、金融机构。在奥运保障期间，防护平台为用户多次成功防护 DDoS 攻击，确保用户网络服务未受到影响。2010 年世博会期间，上海电信对 DDoS 防护系统进行升级，作为世博新业务之一向用户提供运营商级网络安全增值服务。

三、IT 外包服务

2005 年，上海电信推出 IT 外包服务业务，上海茉莉林纺织品有限公司成为首家签约用户，上海电信为其提供国内 4 个分公司的小交换机(PBX)与网络设备维护等服务。是年，发展了永达汽车整体外包、上海赛车场设备租赁及外包、上海烟草集团网络外包、青浦政务网网络外包、农委兽医站网络外包等项目。

2006 年 4 月，中国电信印发《网络及 IT 外包服务业务管理办法(V1.0)》，明确网络及 IT 外包服务(简称“外包服务”)是通过整合内外部专业资源，基于 ITIL 最佳实践，结合中国电信维护经验，为客户提供的包括网络及 IT 系统的设备租赁及维保、实时监控、日常运行维护、故障处理、定期运行分析报告等在内的整体服务，主要包括网络设备租赁、维护及管理外包服务，视讯系统租赁、维护及会议保障外包服务，PBX 系统租赁、维护及管理外包服务和呼叫中心系统租赁、维护及运营管理外包服务。服务方式分为现场派驻服务、远程监控及按需现场服务两类，每类服务又分为基本服务和可选服务两类。

2007 年，外包服务新增机房动力环境监控服务、应急发电机组租赁服务、网络设备应急顶替服务、集团级大客户重要通信保障差异化服务等服务项。

四、区县电子政务

2007 年，上海电信推动区县级电子政务的产品化进程，在上海市民政局、组织部等多个委办局以及广西、云南、湖北、江苏、四川等多个省(市)进行试点。

2008 年，上海电信的区县电子政务签约用户有 57 家，覆盖云南、广西、四川、湖北、湖南、江苏、江西和海南等 8 个省份。推出适合多层级政府互联共享的区县电子政务平台 V2.0 版和基于电子政务 V2.0 的移动版本。

2009 年，区县电子政务新增固网和移动融合的产品，在四川、内蒙古、山东、黑龙江、宁夏、海南和云南等省区推广。是年共推广电子政务应用项目 44 个，推广电子政务软件 123 套，推广移动电子政务产品 33 套。

2010 年，移动电子政务产品的适配手机机型增加至 40 款。

图 4-5-8　展会上的“电子政务”应用展示

五、协同通信

协同通信业务是以政企客户宽带网络为载体，以电话号码为依托，实现语音、视频、即时通信、数据等多种通信功能的融合通信产品。根据功能不同，分为自主版、网络版、定制版等 3 个版本。2009 年，中国电信在全国范围内分批试商用协同通信业务。2010 年 4 月，上海电信印发《协同通信(网络版)业务管理办法》，明确网络版协同通信包括通信录、点击拨号、电话会议、短信、即时通信、多媒体会议、网络传真等七项功能。年末，企业客户达 3 300 多家，软件账号超 2.5 万个。

第六章 互联互通

第一节 网间管理

互联互通是伴随邮电体制改革而生的新事物。1994年中国联合通信发展股份有限公司成立后，邮电部于1995年6月28日发布《联通GSM网与公用通信主网网间互通中继方式和接口局(GW)交换设备技术规范》，以便联通GSM网与公用通信主网能科学合理地实现互联互通，保证国家公用通信网的通信畅通和安全。联通公司上海分部成立后，上海市邮电管理局在国家计委还未正式确定两网互联工程建设投资方案的前提下，开展了临时接口局应急工程，于1995年7月21日实现了两网的互联互通。

1997年，邮电部电信总局印发《关于联通GSM网与公用通信主网互连互通有关问题的通知》，要求各局在互连互通领导(工作)小组的基础上，确定一名联络员，建立互连互通工作的日常联络制度。上海市邮电管理局与上海联通均设有互连互通小组，保持沟通联络。1998年，上海市邮电管理局与联通上海分公司根据上海市政府的要求，建立两网互连互通联席会议制度。

随着电信市场的逐步开放，经营电信业务的运营商逐渐增加。1999年9月7日，信息产业部下发《电信网间互联管理暂行规定》，以维护国家利益和用户合法权益，保护电信企业公平、有效竞争，保障电信网间公正、公开、迅速、合理的互联，要求电信企业及其分支机构应设立互联工作机构(或指定机构)负责网间互联工作。9月，上海市邮电管理局决定充实互连互通领导小组，成立互连互通办公室，挂靠市场部。10月，中国邮电电信总局印发《关于互联互通电话业务量指标解释的通知》。12月，中国邮电电信总局印发《关于互联互通工作中严格局数据管理的通知》，明确新的电信业务运营商必须得到信息产业部核发的经营许可证后，方可进行有关互联互通的谈判、签订协议及相关工作；对于已经进入通信市场的中国移动(筹)、联通、吉通、网通和长城等公司要求开放的业务，中国电信只允许为其开通经信息产业部批准经营的业务，规范业务种类、业务范围以及开放地区和号码段的启用范围，不得随意扩大范围；局数据和路由数据的设置和修改，以中国邮电电信总局发文为准，上海市邮电管理局遵照执行。

2000年，中国电信集团成立以后，就互联互通工作强调"两个转变"的观念，即由垄断经营观念转变为市场竞争观念；由排他性竞争观念转变为合作竞争、共同发展的观念。2000年公司化运行后，上海电信即在市场部设置互联互通办公室，负责互联互通的相关工作，在中国电信的要求下为各运营商开放相关业务。

2001年5月10日，信息产业部发布《公用电信网间互联管理规定》，明确电信业务经营者的互联义务、互联点的设置及互联费用的分摊与结算、互联协议与工程建设、互联时限与互联监管、互联后的网络管理、互联争议的协调与处理等方面的内容，制定相关罚则。根据互联互通的业务管理要求，上海电信已建立绿色通道制度、互联互通合作制度、运营商恳谈会制度、新技术新业务推广会制度、结算工作的分析制度、运营商信息保密制度。

2002年7月1日，中国电信集团公司为规范中国电信互联互通工作、提高工作水平，适应复杂的竞争环境，下发《网间互联及业务开放管理暂行办法》。该办法主要为满足广大用户日益增长的通信需求，适应多运营商环境下既竞争又合作的形式，使互联互通各级部门在网间互联和网间业务开放中能够明确责任，理顺流程，提高效率。7月7日，为掌握各地互联互通工作中出现的重大事项，对其快速反应及妥善处理，中国电信建立互联互通工作重大事项报告制度，将重大事项分为八类情况，要求各省(区、市)电信公司按要求上报情况。9月11日，为及时准确地掌握各地互联互通工作情况，保障互联互通工作顺利开展，促进互联互通工作的制度化、规范化和科学化，中国电信制定互联互通工作月报制度，要求各省(区、市)主管互联互通工作的部门每月按要求上报，包括公用电信网间通信质量报表、互联互通财务数据、互联互通统计数据和互联互通工作专题报告。上海电信均根据要求开展相关工作。

2003年，上海电信设置互联互通部，负责与互联互通相关的监管事物的管理，实现公司互联互通的发展目标。11月，信息产业部发布《公用电信网间互联互通质量监督管理办法(试行)》。2005年7月6日，正式发布《公用电信网间通信质量监督管理办法》。

2006年7月7日，中国电信印发互联互通运营基本分析模板，通过基于结算、网间话务、网间长途与IP、过网用户、短信等5个主要方面内容的基本分析，以及基于异常情况、市场竞争违规业务及热点问题进行深入研究的专题分析，提高本地网互联互通运营分析整体水平。8月21日，中国电信印发《互联互通突发事件处理办法(暂行)》，对互联互通突发事件实行分级管理，进一步提高应对互联互通突发事件的综合管理水平和应急处理能力，保证在互联互通突发事件出现时能迅速采取有效措施控制事态发展，妥善解决问题，杜绝恶性事件发生。上海电信均根据要求开展相关工作。

2007年，上海电信撤销互联互通部，在市场部内增设监管事务处，承接互联互通部的相关职责。

2010年，随着电信市场进入全业务的竞争，上海电信印发《互联互通突发事件危机处置管理办法》，以便在遇到重大互联互通突发事件时，能迅速采取有效应对措施、控制事态发展、应对媒体介入和新闻炒作，有理、有节、有效地处置突发事件，最大限度地保护公司利益。

第二节 网 间 互 联

一、网络互联

1994年9月15日，中国联通上海分公司成立。1995年1月，上海联通致函上海邮电管理局，要求与上海邮电通信网实现互联互通。上海市邮电管理局在国家计委还未正式确定两网互联工程建设投资方案的前提下，开展临时接口局应急工程，于7月21日实现了两网的互联互通。1998年6月16日，上海长城移动通信公司的上海地区800 MHz CDMA公众蜂窝移动网正式向社会公众开放，长城网与上海邮电本地电话网、长途网、长途电信局模拟移动网和数字移动网，以及联通的网络实现互联互通。1999年3月31日，移动通信业务从中国电信分离，固定网与移动网根据信息产业部的规定进行互联互通。截至1999年年末，上海邮电通信网已与移动通信网、联通通信网、长城通信网实现互联互通。

1999年9月7日，信息产业部下发《电信网间互联管理暂行规定》，要求主导的电信业务经营者不得拒绝其他电信业务经营者和专用网运营单位提出的互联互通要求，主导电信业务经营者应当按照非歧视和透明化的原则，制定包括网间互联的程序、时限、非捆绑网络元素目录等内容的互联规程。

2000 年 3 月，上海市邮电管理局根据信息产业部《电话网间互联管理暂行规定》和《电信网间通话结算办法》，与上海联通签订《移动通信网与固定电话网网间通话费结算协议》，与上海移动签订《网间互联及结算协议》《本地电路（含专线）租用协议》《同步时钟端口租用协议》。实行公司化运行后，上海电信作为区域主体运营商开展互联互通工作。是年，上海电信调用本网电路解决上海网通、上海联通、上海吉通在开通 IP、ISP 业务过程中遇到的通信能力不足问题；腾出 500 条 2 Mbps 电路满足上海移动因交换机扩容带来的急需 2 Mbps 电路问题，充分满足行业竞争对手的互联互通，兑现作为主体运营企业的责任。

2001 年 3 月 1 日，铁通公司正式投入运营，以电信运营商的身份进入电信市场。8 月 22 日，上海电信与上海铁通签订《铁通通信信息有限责任公司上海分公司国内长途电话网与上海市电信公司固定本地电话网网间互联及结算协议》《铁通通信信息有限责任公司上海分公司固定本地电话网与上海市电信公司固定本地电话网、国内长途电话网、国际电话网、IP 电话网网间互联及结算协议》，于 10 月 16 日正式开通网间互联电路。12 月 19 日，上海电信与上海联通签订互联互通网间结算协议，配合中国联通 CDMA 移动网络的按时开通。年末，上海电信合计为其他各运营商提供 2 Mbps 电路 3 721 条、2 Mbps 中继 1 609 条、光纤 1 234 芯公里、子孔管道 9 213 公里；根据中国电信通过互联互通带动网元出租业务发展的要求，出租光纤约 500 芯公里、155 Mbps 国际国内长途电路约 10 条、国际国内 2 Mbps 长途电路约 600 条、市内 2 Mbps 电路约 2 000 条（包括互联中继电路）和少量管道。

2002 年 5 月 15 日，上海电信与上海移动签订《上海移动通信有限责任公司与中国电信集团公司上海市电信公司电话网网间互联及结算协议》。中国电信南北分拆后，新的中国电信和中国网通于 9 月 6 日正式签署《网间互联及结算协议》。9 月 26 日，中国电信印发紧急通知，明确中国网络通信（控股）有限公司代表中国网通与中国电信上海公司落实总部协议在上海的实施工作。年末，上海电信与上海网通正式签订网间互通与结算协议。

图 4-6-1　上海电信与上海铁通签署互联互通协议

2003年2月26日,上海电信在中国电信各省市公司中率先实现与网通公司的互联互通。

2004年,中国电信与中国卫通签订网间互联及结算协议,中国卫通的全球性卫星移动通信网与中国电信的固定本地电话网、国内长途电话网、国际长途电话网、IP电话网实现互联。9月,上海电信又分别与上海联通签订《中国联通有限公司上海分公司与上海市电信有限公司网间互联及结算协议》,与上海铁通签订《铁道通信信息有限责任公司上海分公司与上海市电信有限公司网间互联及结算协议》。

2005年3月23日,中国电信集团公司与中国移动通信集团公司就通信资源、经营管理、互联互通、运行维护以及其他领域的合作事宜进行协商并达成一致,签署战略合作框架协议。9月16日,上海电信与上海移动签订战略合作框架协议,在资源合作、租用资源后的服务质量、租用管道代维等方面达成一致,促进网间互联互通。

2008年8月,中国电信要求集团公司各省级分公司、股份公司各省级分公司推进收购C网相关互联互通协议的变更工作,以确保自C网交割日起,C网与各运营商间互联互通关系顺利转移至中国电信,保证C网网间业务的正常运营。9月,中国电信、中国联通分别与中国网通签订《中国联合通信有限公司、中国网络通信集团公司、中国电信集团公司关于CDMA网络互联互通的补充协议》;和中国移动签订《中国电信集团公司、中国联合通信有限公司和中国移动通信集团公司关于CDMA网络与中国移动通信集团公司网络互联互通的补充协议》;和中国铁通签订《中国电信集团公司、中国联合通信有限公司和中国铁通集团有限公司关于CDMA网络与中国铁通集团有限公司网络互联互通的补充协议》。是年,上海电信与各运营商签订《C网过渡期网间互联及结算三方协议》。

2009年4月30日,上海电信与新上海联通签订《中国电信股份有限公司上海分公司与中国联合网络通信有限公司上海市分公司网间互联及结算协议》。4月24日,中国电信、中国移动、中国铁通和中国卫通等四方签订《中国电信集团公司、中国移动通信集团公司、中国铁通集团有限公司、中国卫星通信集团公司关于中国电信承接中国卫通电信业务的互联协议》,明确中国卫通将其在"原互联协议"项下享有的权利和承担的义务,自2009年2月19日起转移给中国电信,原协议约定的网间业务(全球星卫星移动通信业务、IP电话业务、数字集群通信业务、互联网电话拨号上网业务、全国统一客户服务业务等)调整为经中国电信相应互联互通关口局疏通。上海电信根据集团公司要求,完成上海铁通、上海电信、上海卫通《关于上海电信承接上海卫通电信业务的互联协议》的签订工作。

2000—2010年,上海电信根据《公用电信网间通信质量监督管理办法》的要求,与各运营商做好网间互联互通工作,按时完成与其他运营商之间的网间业务相互开放,保持与各运营商之间良好的网间通信质量。

二、业务互通

上海邮电通信网与上海联通移动电话网于1995年7月21日实现互联互通。在上海邮电通信网开放联通的移动通信业务后,双方又陆续开通国内长途、国际长途以及临时沟通特种服务。随着电信市场的逐步开放,经营电信业务的运营商逐渐增加,截至1999年年末,上海邮电通信网又分别与长城通信网和移动通信网互相开放网间业务。

2000年3月17日,上海市邮电管理局与上海移动通信公司签署《网间互联及结算协议》《本地电路(含专线)租用协议》《同步时钟端口租用协议》,明确双方通信网的互联包括移动的139、0139、

138、0138、137、0137、136、0136、135、0135的用户。是月，中国邮电电信总局在北京、上海等25个城市开放中国联通长途呼叫业务，联通过网号为“193”，电信过网号为“190”。5月，上海市邮电管理局根据中国邮电电信总局的要求，为中国移动设置17950IP电话和互联网接入数据，明确固定网用户不允许通过拨打0＋长途区号＋17950的方式异地接入中国移动IP电话网。

2000年公司化运行后，上海电信继续承担上海地区主体运营商的责任，为其他运营商开放网间业务。是年，分别为中国联通和中国网通开放一次拨号的IP电话主叫直拨业务。其中，中国联通的接入号为17911，中国网通的接入号为17931。同时，根据中国电信的要求，在本网内启用1258作为中国移动通信短消息中心人工台服务号码，1259作为中国移动通信短消息中心自动台服务号码。

2001年4月12日，中国电信与中国移动签订《中国电信与中国移动相互开放IP电话业务的备忘录》，在中国移动GSM移动通信网开放的中国电信IP电话卡业务，接入码为17900、17908，IP电话主叫直拨业务接入码为17909；在中国电信固定本地电话网开放的中国移动IP电话卡业务接入码为17950，IP电话主叫直拨业务接入码为17951。是年，上海电信与上海联通签订《中国联通有限公司上海分公司陆地蜂窝移动通信网与上海市电信公司固定本地电话网、国内长途电话网、国际电话网、IP电话网网间互联及结算协议》《关于开放客户服务系统的协议》《IP电话接入上海电信PSTN网的协议书》。

2002年3月15日，中国电信与中国铁通签订互联协议，在中国电信网内开放中国铁通的国际电话业务、197长途呼叫业务、197300记账卡呼叫业务和800被叫付费业务。5月15日，上海电信与上海移动签订《上海移动通信有限责任公司与中国电信集团公司上海市电信公司电话网网间互联及结算协议》。协议明确双方的互联业务范围包括双方所有电话通信业务；各种电信业务接入号码（含短号码）、特服业务号码（含电信业务经营者所用的业务号码、政府公务类业务号码、社会服务类业务号码）、智能业务号码等业务。是月，上海电信还与上海联通就“193－300”长途业务在电信IC卡公用电话终端上开放的相关事宜达成合作协议，同意在上海电信的IC卡公用电话终端上开放联通公司“193－300”长途业务，实现IC卡公用电话业务的互联互通。

2003年4月9日，中国电信与中国铁通签订《关于印发铁通公司业务开放补充协议》。协议要求双方省级机构应立即启动并及时完成省级相关互联协议的签订工作，保证铁通公司的国际电话业务、197长途呼叫业务、197300记账卡呼叫业务和800被叫付费业务于2003年5月1日前在全国电信网内开放。5月17日，上海电信率先实现“家加e”和上海联通的短信互通。5月25日，上海电信和上海网通实现了双方本地网的互联互通，上海电信与上海网通的本地电话用户可以相互拨打。实现了双方本地网与长途网、IP网的互联互通，上海电信的用户可以选择使用网通的196长途业务及196300、196200、19620智能网业务；上海网通的用户也可以使用电信的190长途业务及190300、190200、190201智能网业务，以及17900、17901、17908、17909IP业务。是年，上海电信的业务开放满足率大于99％，对外联通业务完成率为100％。

2004年9月27日，中国电信和中国网通实现全国小灵通短信互联互通，两家运营商的6 000万小灵通用户实现全国短信互发。9月，上海电信分别与上海联通签订《中国联通有限公司上海分公司与上海市电信有限公司网间互联及结算协议》，明确双方具体的互联业务是双方所有电话通信业务，以及长途业务、长途电话卡业务、拨号上网业务，部分短号码、业务台号码、智能业务号码等业务；与上海铁通签订《铁道通信信息有限责任公司上海分公司与上海市电信有限公司网间互联及结算协议》，明确双方实现网间互联后，上海电信的所有电话用户与上海铁通的所有电话用户能够相互通信。10月18日，小灵通短信、“家加e”短信和上海移动手机在上海、江苏、吉林、河北四省市实现互通；11 月 1 日，上海电信和上海联通实现短信互联互通。年末，中国卫通获准在上海固定本地网开展 800 MHz 数字集群通信业务商用试验，向中国电信申请开放网间业务。中国电信于 2005 年 1 月同意与中国卫通试验性开展网间 800 MHz 数字集群通信业务。是年，上海电信在其他运营商网内开放的全国性业务码号完成率，以及其他运营商要求在上海电信网内开放的业务码号完成率均为 100%。

2005 年 1 月 31 日，中国电信与中国卫通签订《中国电信集团公司与中国卫星通信集团公司关于开放中国卫通呼叫中心业务的协议》，在中国电信网内开放中国卫通呼叫中心业务，业务码号为 95106。2 月 1 日，中国电信与中国卫通签订《中国电信集团公司与中国卫星通信集团公司关于开放中国卫通国内多方通信服务业务的协议》，中国电信电话用户能够呼叫中国卫通的国内多方通信服务业务，业务接入码为 95061K(K=0－8)。是年，上海电信在其他运营商网内开放业务码号 124 个，按时开放其他运营商要求在上海电信网内办理的业务，妥善解决声讯业务的代收费和网间投诉问题，保证公司业务的发展需要。

2006 年，上海电信在其他运营商网内按时开放小灵通码号 99 个，普通局号 32 个，NGN 局号 20 个，各类业务台码号 37 个，全国性业务码 3 个，对网间违规和不正常通信行为开展监测工作。

2008 年，上海电信在承接联通 CDMA 网络过程中，与各运营商签订《C 网过渡期网间互联及结算三方协议》，保证 CDMA 网络的平稳过渡和网间业务正常运行。年末，在各运营商网内开放天翼 189 网号。

2009 年 4 月 30 日，上海电信与新上海联通签订《中国电信股份有限公司上海分公司与中国联合网络通信有限公司上海市分公司网间互联及结算协议》，明确双方的互联业务包括语音、短消息、多媒体消息、3G 可视电话等各类电信业务，以及各种电信业务接入号码(含短号码)、业务台号码、智能业务号码等。是年，上海电信根据集团公司要求，与上海铁通和上海卫通签订《关于上海电信承接上海卫通电信业务的互联协议》，完成中卫国脉 2511 集群电话网通过上海卫通关口局与上海电信和其他运营商网间互联结构的建设工作。

2000—2010 年，上海电信始终根据《公用电信网间通信质量监督管理办法》的要求，按时在网内开放其他运营商的业务码号和全国性网间业务拨测，保证各运营商正常业务的开展，网间互联质量始终处于全国较高水平。

第三节　网 间 结 算

网间话费结算是邮电体制改革的新事物。1995 年 9 月，国家计委印发《中国联通公司通信网与邮电公用网互联互通话费结算办法》，上海市邮电管理局据此与联通上海分公司签订《中国联通公司上海分公司与上海邮电电信网互联互通业务处理和相关费用结算协议书》，包括本地网范围内的通话费结算和长途电话费结算，明确网间话费的结算单位。

随着电信市场的逐步开放，经营电信业务的运营商逐渐增加。1999 年 8 月 19 日，信息产业部颁发《电信网间通话费结算办法(试行)》，适用于不同电信企业固定本地电话网、国内长途电话网、国际通信网及移动通信网之间通话费结算，维护各相关电信企业的利益。2000 年 3 月 13 日，上海市邮电管理局根据《电话网间互联管理暂行规定》和《电信网间通话结算办法》，与中国联合通信有限公司上海分公司签署《移动通信网与固定电话网网间通话费结算协议》。3 月 17 日，与上海移动通信公司签署《网间互联及结算协议》。是月，上海市邮电管理局印发《移动与本地网间话费结算内部处理流程(暂行)》,明确由电信帐务中心作为统一代表,与各运营公司进行网间话费的结算、收费工作。

2000年公司化运行后,上海电信又与上海铁通、上海网通等运营商分别签订结算协议,根据协议规定的要求开展网间结算工作。

2001年3月14日,信息产业部印发《电信网间通话费结算办法》,适用于不同电信业务经营者的固定本地电话网、国内长途电话网、国际电话网、IP电话网、陆地蜂窝移动通信网、卫星移动通信网之间的通话费结算,以及互联网骨干网与固定本地电话网、陆地蜂窝移动通信网之间的结算。12月19日,上海电信与上海联通签订互联互通网间结算协议。是年,上海电信的网间结算收入为5.2亿元。

2003年,上海电信开始建设上海网间结算及互联互通监测系统。

2004年9月22日,上海电信与上海移动签订《上海移动通信有限责任公司与上海市电信有限公司网间点对点短消息互联及结算协议》,双方于10月10日开始短信互联结算。10月28日,上海电信与上海联通签订《中国联通有限公司上海分公司与上海市电信有限公司点对点短消息互联及结算协议》,双方于11月1日开始短信互联结算。是年,上海电信还根据信息产业部颁发的《公用电信网间互联结算及中继费用分摊办法》中,关于共建互联传输时长途业务和IP业务的互联电路费用由业务经营者承担的规定,于8月、9月、12月分别与上海联通、网通、铁通、卫通签订备忘录,分摊相关电路费用。

2006年1月1日零时,中国电信开始将网间结算周期调整为从当月1日0时0分0秒(含)起至当月最后一天24时0分0秒(不含)止。2月5日,上海电信印发《网间结算管理办法(试行)》,用以规范上海电信与上海地区各电信运营商网间结算工作,确保网间数据在采集、传送、处理,以及上传集团公司等过程中相关数据准确、完整、及时,杜绝通信业务收入多计或少计现象。

2008年5月24日,工业和信息化部、国家发展和改革委员会、财政部联合发布《关于深化电信体制改革的通告》,以发展第三代移动通信(以下简称"3G")为契机,鼓励中国电信收购中国联通CDMA网(包括资产和用户)。10月7日,为确保C网交割工作的平稳过渡,上海电信与上海联通签订《过渡期C网网间结算管理办法》,明确自C网交割日起至C网网间路由调整完成前,完整、准确地与其他运营商之间进行网间结算工作。此外,上海电信还与各运营商签订《C网过渡期网间互联及结算三方协议》。年末,上海电信网间结算收入为5.18亿元。

2009年,工业和信息化部先后下发《关于调整固定本地电话网营业区间结算标准的通知》《关于TD-SCDMA网络网间互联结算问题的通知》和《关于公用电信网网间结算调整问题的通知》,规范运营商间的网间话费结算。1月,中国联合网络通信集团有限公司组建而成,上海电信在集团公司的统一部署下,重新签订《上海电信与上海联通网间互联及结算协议》总册、语音分册、点对点短信分册、点对点多媒体分册和《上海电信与上海联通网间互联及结算协议的补充协议》。4月24日,中国电信、中国移动、中国铁通和中国卫通等四方签订《中国电信集团公司、中国移动通信集团公司、中国铁通集团有限公司、中国卫星通信集团公司关于中国电信承接中国卫通电信业务的互联协议》,明确自2009年1月1日起至2009年2月19日期间产生的、中国卫通在"原互联协议"项下的网间结算有关权益和费用由中国电信享有及承担,其余权利和义务仍由中国卫通享有及承担。

2010年,上海电信在上海市通信管理局的统一领导下,与各运营商共同签订《上海电信、上海移动、上海铁通三方网间应急转接互联及结算协议》《上海电信、上海联通网间应急转接互联及结算协议》等多项网间应急协议,以确保2010年上海世博会召开期间网间通信的安全运行。年末,上海电信网间结算收入为5.13亿元。

第五篇
市场营销

概　　述

2000 年公司化运行后，上海电信根据中国电信战略转型的工作要求，结合上海区域市场实际特点，以客户为中心，以提升效益为目标，构建符合现代企业特征的营销服务体系。

公司化运行初期，通过划分三层业务，上海电信明确提出将业务发展重心转至“非话”业务，建立分层推进的业务体系，营销方式主要基于业务和产品的销售。2002 年，随着业务流程重组的开展，上海电信根据都市型市场的特点，建立起大客户经理制、商客经理制、社区经理制、1000 号客服中心制等四大主渠道，根据公众客户、商业客户、大客户的客户群分类推行差异化营销，对大客户群提供个性化服务营销，对商业客户提供专业化服务营销，对公众客户提供标准化服务营销。2005 年，中国电信将品牌体系确立为 3 个层次、4 种形式，在政企客户、家庭客户领域分别推出客户品牌，逐步确立由品牌统领营销工作。上海电信的营销重点逐步由传统的产品销售转变为内容服务提供。

2000—2010 年的 11 年间，上海电信从传统的固网运营商转型为全业务运营商，主要经营的业务范围由以固定电话为代表的传统业务，以互联网、数据业务为代表的成长性业务，以宽带、移动、信息服务为代表的新兴战略业务组成，非话业务的收入占比由 2000 年的 10.87%提高至 2010 年的 64.8%。在业务结构上已摆脱传统固网运营商的形态，率先在中国电信内取得“宽带第一城”“光网第一城”“IPTV 第一城”建设成功等关键成果。上海电信积极履行社会责任，不断提升业务和服务能力，提升城市信息化整体水平；贯彻政府和行业监管部门要求，落实资费管控工作，保持电信行业有序发展，逐年降低业务资费，提升用户服务感知，助力社会经济较快发展。

2000—2010 年，上海电信收入规模从 2000 年的 89.2 亿元增至 2010 年的 203.8 亿元，年收入复合增长率超过 8.5%，收入市场份额为 45.9%。收入规模在中国电信各省级分公司排名中处于前列，市场份额始终保持本地运营商领先地位，保持上海市信息化主力军的行业地位。

第一章 市场发展

第一节 市场策略

一、业务策略

2000年3月，上海市邮电管理局印发《加快上海电信新业务发展的若干意见》，要求重视新业务的发展，增加业务种类，完善业务体系，满足用户的需求，应对市场开放带来的激烈竞争。

2000年公司化运行初期，上海电信的产品结构体系由大电话业务、大数据业务、宽带多媒体业务构成的第一类业务(也称主业)和由信息增值业务与多种经营构成的第二类业务组成，划分为基本业务、重点业务(也称新兴业务)、未来业务等3个层面。其中，基本业务由以本地电话、长途电话为代表的传统电信业务组成；重点业务由上网业务、智能业务、卡类业务、信息港湾业务、网元业务组成；未来业务主要为宽带接入业务和宽带应用业务。三层业务战略首次明确将业务发展重心转至"非话"业务，建立分层推进的业务体系。

2002年年初，上海电信继续调整业务结构，明确语音、数据和互联网服务、宽带和多媒体的三层业务定位。是年下半年，确立基本业务、综合业务、无线业务的大三层结构，通过进一步优化产品结构，培育新的业务增长点，形成三层业务的联动机制。2003年，上海电信大力发展宽带、系统集成、智能网、互联网数据中心、终端体系、易付卡和无线市话等重点业务。2004年，培育系统集成市场和信息内容市场，重点推进行业应用、理想商务、游戏、教育等业务。

2005年，中国电信在通信行业内率先提出企业转型战略，要求由传统电信运营商向现代综合信息服务商转变，在业务方面突破传统客户市场的定位，根据客户的需求，通过业务、终端的融合创新，提供综合信息体验。

2006年，上海电信印发战略转型实施纲要，推进业务与服务转型，针对政企、家庭、个人三大客户群，提供融合的综合信息服务，以转型业务统领各项业务发展，实现由单一产品销售向综合产品销售的转变，建立以客户为中心的业务模式。2007年，上海电信开始以品牌战略统领经营工作，立足价值运营，推动家庭、个人和政企等3个客户群的规模发展。

2008年10月1日，中国电信正式运营CDMA移动业务，将其定位于中高端用户，通过差异化的运营，实现有效益规模发展。2009年，上海电信开始根据"差异化、精确化、规模化、集约化"的全业务发展原则，依托多年转型成果，发挥固移融合优势，大力推动移动、宽带、ICT、号百、IPTV等业务的发展。

二、渠道策略

2000年公司化运行初期，上海电信的营销渠道以传统自有渠道为主，包括营业厅和大客户经理队伍，以其他社会渠道为辅，构成整体渠道体系，对于细分的客户群和产品业务特点尚未形成完整的体系。销售占比方面，以营业厅为代表的被动渠道销售占比较大。

2002年9月，中国电信发布《关于建设以四个主渠道为核心的中国电信营销服务渠道体系的意见》，提出以大客户经理制、社区经理制、农村统包责任制和1000号客服中心制为4个主渠道，与其他社会渠道共同构成中国电信整体渠道体系。社会渠道主要采取代理、分销、合作等3种形式，面向商业客户和公众客户开展营销工作。上海电信根据中国电信的要求，结合都市型市场特点，将公司主渠道确定为大客户经理制、商客经理制、社区经理制、1000号客服中心制。截至2003年年末，共有大客户经理450余名，商业客户经理150余名，社区经理1 000余名，10000号客服代表445名。

2004年，中国电信在提升4个主渠道的基础上，要求扩展渠道模式，增强渠道综合竞争力，具体措施为拓展社会渠道，建设电子化的营销服务渠道。2005年，根据企业转型的战略方向，中国电信在4个主渠道和社会渠道基础上，将渠道体系调整为直销渠道、实体渠道、电子渠道和社会渠道。

2006年，上海电信根据中国电信新的渠道体系要求，制订未来三年销售渠道的发展规划和运作策略，形成《上海电信渠道总体规划》，将大客户经理、园区经理、楼宇经理、商客经理、社区经理归类为直销渠道，将网上营业厅、呼叫中心归类为电子渠道，将旗舰店、客户体验店、普通营业厅归类为实体渠道，将社会渠道划分为便利型(超市、便利店等)和资源型(代理商、服务提供商、内容提供商等)，明确各渠道的客户覆盖范围与功能定位。

2008年，中国电信对渠道体系和布局进行调整，以增强全业务经营下渠道的有效性和针对性。直销渠道方面，将政企营销队伍细分为市场经理、行业经理、客户经理和销售经理，以及一站服务业务经理、技术支持经理等，将具备营销能力的社区经理按照营销职能调整指导意见充实进政企营销队伍；电子渠道方面，增加针对个人高端客户的VIP客户经理、掌上(短信、WAP)营业厅；实体渠道方面，将合作营业厅(他建他营)归属到社会渠道。

2009年，随着全业务经营的开展，上海电信加强校园营销渠道、社会卖场、社会直供渠道的建设。同时，在政企、家庭客户群进行渠道合作销售，提升移动业务多渠道协同发展的能力。

2010年，上海电信根据中国电信的新渠道体系，将渠道分类由按“直销渠道、实体渠道、电子渠道、社会渠道”分类的线性架构，调整为按“渠道性质(自营、社会)、渠道形态(实体、直销、电子)”分类的矩阵架构，形成自营实体、社会实体、自营直销、社会直销、自营电子、社会电子渠道的渠道体系，进一步适应全业务经营环境，提高渠道运营能力。

三、客户细分策略

上海市邮电管理局于20世纪90年代中后期逐步加强大用户的服务工作。2000年公司化运行后，上海电信进一步扩大大客户的服务范围。除将业务使用量大的客户列入大客户的服务范围外，竞争对手争夺的大客户也被列入大客户的服务范围，但尚未建立针对细分客户群和产品业务特点的完整的营销服务体系。

2002年9月9日，中国电信发布营销服务工作指导意见，决定按公众客户、商业客户、大客户等三类客户群进行市场细分，推行差异化营销。其中，对大客户群提供个性化服务营销，对商业客户提供专业化服务营销，对公众客户提供标准化服务营销。

2003年11月17日，上海电信印发《上海市电信有限公司客户管理模式(试行)》，根据中国电信的总体划分原则，结合上海电信的客户特点，增加运营商客户分类，在客户群的基础上根据月均电信消费额进行再次细分，将大客户细分为金卡大客户和银卡大客户，将商业客户分为A、B、C、D四类，将公众客户分为三类。2004 年，没有归入大客户和商业客户的所有小灵通用户被归入公众客户群。2006 年，上海电信在公众客户群中增加公众 VIP 客户群。

2007 年 11 月 22 日，中国电信印发客户战略分群优化方案，将大客户、商业客户、公众客户战略分群调整为政企、家庭、个人等三大客户战略分群，将拥有中国电信产品的政府机关、企业及其他团体组织划分为政企客户，包括原有统计属性上的大客户和商业客户；将公众客户划分为家庭客户和个人客户。同时，根据综合信息服务需求特性，将政企客户分为行业客户和聚类客户，将家庭客户细分为以语音及其综合信息服务需求为主和以宽带接入及基于其上的综合信息服务需求为主的客户子群，个人客户子群细分标准视个人客户品牌推出后再确定。2008 年 5 月，将公众客户划分为家庭客户和其他客户，暂不定义个人客户群。

承接 CDMA 移动业务后，2008 年 11 月 4 日，中国电信印发全业务经营下客户战略分群试行办法，按照客户品牌统领、融合发展的经营思路，确立家庭客户和个人客户等两大客户群，除划归政企客户分群的客户外，均划归个人客户分群。

四、品牌策略

2000 年公司化运行后，上海电信注重以产品为核心开展品牌运作，将产品名称作为品牌进行市场推广。2000—2005 年，在各业务领域分别形成互联星空、理想商务、天翼通、小灵通等品牌。

2005 年，随着战略转型的实施，中国电信要求各地在集团公司统一确定的品牌战略、架构以及宣传规范等要求下开展品牌建设工作，维护中国电信品牌体系的整体形象，逐步积累和提升中国电信品牌体系的价值。4 月，中国电信印发《关于加强中国电信品牌建设工作的指导意见》，明确品牌架构包括 3 个层次、4 种形式。其中，企业形象品牌为第一层，统领整体品牌架构，支撑企业未来整体业务的发展；业务（产品）品牌和客户品牌为第二层次；产品名称为第三层次，包括产品、套餐、服务平台等。此外，将“双用”服务理念贯穿在企业品牌架构各层次的宣传内涵之中，营造亲和的服务形象。2006 年，中国电信建立品牌发布制度，加强品牌宣传的统一性。

2005 年，中国电信开始在政企客户、家庭客户、移动业务等领域先后推出商务领航、我的 e 家、天翼等品牌。上海电信根据中国电信在品牌工作上的要求，以品牌战略统领经营工作，立足价值运营，推动家庭、个人和政企等 3 个客户群的规模发展，加强客户品牌的推广。

中国电信进入全业务经营之后，逐步调整品牌的架构，将品牌体系调整为中国电信企业品牌、天翼商业主品牌、客户品牌和服务品牌，以及核心业务等四层架构，以天翼商业主品牌统领整个产品和业务形象。

第二节　市 场 规 模

一、经营收入

2000—2010 年，上海电信的年收入复合增长率超过 8.5%，收入市场份额始终保持本地运营商领先地位。

2000 年公司化运行后，上海电信结合区域市场的实际特点，以市场为导向，以客户为中心，以效益为目标，通过业务创新，调整业务结构，优化企业经营体系，保持收入和业务的可持续增长。

2000年，上海电信经营收入为89.2亿元，其中，本地电话收入达49.2亿元，数据收入为8.64亿元。通过对业务结构的不断调整，2002年，上海电信的经营收入首次突破百亿元，其中，非话音收入超19亿元，占总收入的16.5%。2005年，根据中国电信战略转型的要求，上海电信开始围绕信息通信和信息服务的战略目标，重点发展宽带业务、信息化业务、号码百事通等非话音业务。2007年，上海电信的非话音收入占比为50.7%，是中国电信首家非话收入超过50%的省级公司。2008年10月，上海电信开始运营CDMA移动业务，开启全业务经营时代。2010年，上海电信的用户总量中，增量用户份额为59%，存量用户份额为44%，经营收入达203.8亿元，其中，固网收入178.5亿元，移动业务收入25.3亿元，收入市场份额为45.9%。

表5-1-1　2000—2010年上海电信经营收入情况表　　单位：亿元

年　份	经 营 收 入
2000	89.2
2001	93.2
2002	115.9
2003	129.2
2004	137.3
2005	152.1
2006	157.7
2007	168.0
2008	182.0
2009	191.8
2010	203.8

二、业务发展

2000年公司化运行后，上海电信将产品结构体系划分为基本业务、重点业务（也称新兴业务）、未来业务三个层次，明确提出将业务发展的重心转至非话业务，率先在各层面重点推广智能业务、卡类业务、上网业务、港湾业务、网元业务等新业务。2000年年末，电话放号65万户，本地电话业务收入49亿元，较1999年增长18.29%；国内长途业务收入17.3亿元，较1999年增长4.3%；国际及中国港澳长途电话业务收入13.8亿元，较1999年下降7.9%；卡类业务收入达到6亿元，较1999年增加1倍，IP电话的市场占有率达到90%以上。其中，数据及信息业务收入接近10亿元，较1999年增长61.6%，在整个业务收入中的比重达到10.87%，接近发达国家电信企业的平均水平。

2001年，上海电信在稳步发展基本业务的前提下，从程控功能、上海热线、号簿黄页、特种电信卡、代开账等多个方面推出新产品，提供新服务。同时，重点拓展数据和信息业务，与虹口、卢湾、静安、南汇等8个区县和金山奉贤化工城、松江大学城、漕河泾开发区、南汇深水港、嘉定汽车城等市级开发区签订全面合作框架协议，推进区县信息化。

2002年，上海电信推广智能业务、主叫显示、系统集成、号簿广告、账务、IDC、电子支付/电子报关/EDI、信息内容服务等8项成长性新业务，将宽带推到业务发展的最前沿。年末，系统集成、号簿广告、账务收入、IDC、智能业务、区县信息化等重点新业务形成规模效应，非话音收入突破19亿元，占总收入的16.5%，公司业务结构的调整取得实质性进展。

2003年，上海电信着重发展固网增值业务和小灵通业务，建立付费卡体系，通过组建理想集团加快系统集成业务的产业布局。年末，电话增值业务收入同比增长61.96%，小灵通用户达到14万户，无线上网业务市场份额超过50%，宽带用户累计达73万户。

2004年，为推进公司向信息通信和信息服务运营商的转变，上海电信开始重点发展系统集成市场和信息内容市场。系统集成业务方面，以发展ASP业务为切入点，重点推进行业应用；信息内容服务方面，通过重组信产集团，确定百事应、互联星空、互联网应用、上海热线等四大业务板块，重点培育游戏、教育等两大内容业务。随着中国电信正式提出转型战略，上海电信围绕信息通信和信息服务的战略目标，于2005年推出IPTV、数字家庭等转型产品，推广Q-Box、固网同振等具备固移融合形态的业务发展模式。

2006年，上海电信开始以转型业务统领各项业务发展，重点发展号码百事通、商务领航和IPTV业务。2007年，在稳固长途电话、宽带业务、小灵通业务和增值业务等基础业务发展的基础上，重点发展针对细分客户群的商务领航、"我的e家"品牌客户，在信息服务市场重点发展号码百事通。年末，宽带用户突破300万户，"我的e家"用户累计发展91.3万户，推进信息化项目265项，宽带互联网、ICT、号码百事通和IPTV等战略及转型业务收入占比达到37%，成为集团公司内首个非话音收入占比突破50%的省公司，上海电信的业务结构调整取得标志性的成果。

2008年接收联通CDMA业务后，上海电信进入全业务运营时代。在保持基本业务稳定发展的同时，重点发展移动业务、转型业务，积极投身"无线城市""金融信息化"和"电子政府"的建设，创建政府、企业合作共赢模式，开拓新的综合信息服务发展空间。是年，上海电信的转型业务收入占比达13.93%，非话音收入占比达56.4%。

2009年，上海电信开始根据多年转型成果，将固定通信与移动通信融合发展，依托社会信息化和世博会的发展机遇，大力发展移动、宽带、ICT、号百、IPTV等业务，推出爱音乐、天翼Live、天翼视讯等移动互联网应用和移动增值业务。

2010年年末，上海电信有固定电话用户867万户(含小灵通用户67万户)，宽带接入用户400万户，IPTV用户130万户，移动电话用户397万户，经营收入达203.8亿元，其中，非话音收入占比达64.8%，在业务结构上已摆脱传统固网运营商的形态。

第二章　品　　牌

第一节　客 户 品 牌

2005 年，中国电信发布《关于加强中国电信品牌建设工作的指导意见》，客户品牌位于中国电信品牌架构的第二层次。中国电信针对特定客户群体或消费行为的市场需求分别包装客户品牌，通过跨业务的产品组合推广、客户忠诚计划的实施等来满足营销需要。

一、政企客户品牌

“商务领航”是中国电信首个客户品牌。

图 5－2－1　“商务领航”品牌标志

2005 年，中国电信集团公司与思科系统（中国）网络技术有限公司、神州数码控股有限公司、北京点击科技有限公司、中国惠普有限公司、联想集团、微软（中国）有限公司、用友软件股份有限公司、中兴通讯股份有限公司等国内外知名企业共同成立“中国中小企业信息化联盟”，打造中小企业信息化平台。8 月 8 日，中国电信在北京召开“中国中小企业信息化联盟新闻发布会”，推出面向企业客户的品牌“商务领航 BizNavigator”。上海电信在上海举办新闻发布会上海分会。9 月 19 日，上海电信举办“商务领航之中小企业信息化应用解决方案产品发布会”，推出商务领航之理想商务 ITMAN 套餐，将宽带接入产品与应用供应商、专业服务商的解决方案整合为“商务领航”中小企业信息化服务平台，开创全新的中小企业信息化建设模式。

2006 年 1 月 25 日，中国电信印发《关于规范商务领航客户品牌使用要求的通知》，明确商务领航是面向企业客户的客户品牌，为全部企业客户的营销提供整体形象支持，为企业形象品牌建设与价值提升提供重要的补充元素。品牌英文名称为“BizNavigator”，以“远见成就价值”为广告口号。针对大型集团企业客户，重点表现中国电信提供个性化解决方案及一站式服务的能力，塑造中国电信是辅助客户实现其行业领先的良好伙伴的形象，主要通过客户经理渠道进行推广宣传；针对一般企业客户，重点传递中国电信通过优质通信网络平台及完善通信整合服务，为企业提升管理、运营效率，最终实现企业客户价值提升的内涵，主要依靠专业媒体、行业杂志等媒体进行宣传推广。3 月，中国电信统一使用 www. bnet. cn 作为商务领航的门户域名，各省级商务领航网站仅保留导航域名。6 月 1 日，上海电信商务领航体验中心在信息大楼揭牌，微软成为首家入驻体验中心的企业。年末，上海电信启动“酒店完美联盟”行业解决方案的推广活动。该方案属于商务领航行业版应用中的酒店行业应用，作为产品和业务名称进行宣传。

2007 年，上海电信通过新闻、财经、经营类平面媒体宣传商务领航，结合户外、广播等媒体形成立体式广告投放，通过与重点事件及公关活动结合，加大品牌影响力。主要推广行业版套餐中的“酒店完美联盟”，重点宣传“通信版”和“信息版”的各个套餐，针对性推广国际精品网、企业专网、商务七彩铃音等重点产品，还与团市委合作举办“商务领航”杯 IT 青年创新创业大赛。年末，商务领航总体知名度达到 26%。

2008 年，上海电信以板块进行划分开展系列宣传，通过通信应用、信息应用、行业应用系列，塑造“企业信息化专家”的形象。面向行业客户重点传播网络安全、号百商旅服务等业务，面向高端聚类客户重点传播信息商厦、数字校园、信息会展等产品，面向中小企业和普通聚类客户推广以定制终端为重点的“旺铺加盟”和“网络无忧”计划方案。年末，商务领航总体知名度提升至 46%，客户内知名度达到 58.1%。

2009 年，上海电信将 CDMA 网络新元素融入商务领航系列中，为中小企业客户提供从通信应用、信息应用到行业应用的多层次、多样化、全方位的信息解决方案。商务领航品牌知名度和熟悉度稳步提升，品牌知名度提升至 78%。

图 5－2－2　商务领航通信应用品牌宣传广告组图

二、家庭客户品牌

2006 年 12 月 11 日，中国电信推出面向家庭客户的品牌——“我的 e 家”，以“综合信息应用服务，让客户尽情享受信息新生活”为品牌内涵与宗旨，以“爱没有距离，家就在身边”为宣传口号，主要面向宽带使用多、应用需求高的中高端家庭客户和无线语音需求较高的中端家庭客户，是中国电信的第二个客户品牌。上海电信把品牌建设重点放在中高端家庭用户的覆盖上，通过产品与服务广泛传播“我的 e 家”品牌，塑造市场形象。

2007 年，上海电信开始推广“我的 e 家”品牌。新春时节，推出“我的 e 家”新春见面礼的系列形象及促销活动，通过线上广告、线下营业厅布置相结合的方式，在品牌的导入期进行大力推广传播，迅速建立品牌知晓度，奠定品牌形象基础。其后，先后推出“我的 e 家·行万里路”“我的 e 家·乐翻天”“我的 e 家之 IPTV 携手 TVB”等活动，根据“突出客户感知”的原则，推进个性化服务，建立品牌客户维系体系。

图 5－2－3　“我的 e 家”品牌标志

2008 年，上海电信通过“e 家层层礼、惊喜节节高”“绿色奥运环保 e 家”“加入我的 e 家、联想奥运电脑抱回家”“加入我的 e 家、赢取 NIKE 至酷好礼”等活动，塑造“我的 e 家”品牌的家庭感、年轻感、运动感和时尚感，全年举办大型活动 9 个，中小型活动 21 个，在 13 个 A、B 类营业厅建设体验区，通过线上线下的配合宣传，提升“我的 e 家”品牌影响力。是年，品牌知名度达到70%。

2009年，"我的e家"品牌知名度达到83%。

第二节　业务品牌

2005年，中国电信集团公司发布《关于加强中国电信品牌建设工作的指导意见》，把具有战略意义的、能够满足同类需求的系列产品或能够有效提升企业品牌科技、创新、效率色彩的标签性产品树立为业务（产品）品牌。

一、固定通信业务品牌

2000年公司化运行时，上海电信在长途电话领域有国际直拨长途（IDD）、宜通电话等品牌。2003年，上海电信推出PHS无线市话业务后，将品牌名称定为小灵通，将广告语定为"心动只为小灵通"。截至2010年，固定通信业务的基础业务方面并未推出新的业务品牌。

图5-2-4　PHS无线市话业务标志（左为2003年上海版业务标志，右为2004年以后全国版业务标志）

二、移动通信业务品牌

2008年12月18日，上海电信推出互联网手机概念的天翼品牌。12月22日，中国电信正式发布移动业务品牌——"天翼"，以"互联网时代移动通信"为核心定位，强调全业务综合信息服务，提供无所不在的移动互联网应用和便捷话音沟通服务，让客户体验"科技创新、自信、时尚活力"的品牌个性。上海电信于12月18日率先公布该品牌。年末，上海电信启动"添翼迎春"主题活动。

图5-2-5　"天翼"品牌标志

图5-2-6　3G版天翼品牌标志

2009年3月15日，上海电信启动第三代移动通信（3G）试商用服务后，"天翼"品牌标志增添3G的元素。5月，上海电信开展"天翼绿色行动"体验活动，通过体验手机辐射测试，回收废弃手机电池等活动，为天翼品牌增添绿色、健康等内涵要素，推广绿色健康的通信概念。是年，举办“享受天翼　短信大赛”“缤纷3G手机，尽享天翼豪礼”，以及“天翼杯”2009上海IT青年创新创业行动、“天翼·爱音乐”纵贯线演唱会票务推广等活动。

2010年，上海电信配合“天翼世博之旅”“无限3G、尽在天翼”“激情3G翼起来、购机有礼欢乐送”等活动开展品牌宣传，推出“天翼、3G触手可及”网络篇广告和天翼视讯、天翼阅读、天翼空间、翼支付、爱游戏等一系列3G业务广告，打造天翼客户主题俱乐部，深化“3G互联网手机”的品牌内涵，打造网络领先、业务丰富的品牌形象。

通过全业务经营初期的品牌经营，中国电信决定将天翼确定为商业主品牌，代表中国电信旗下除党政军、行业客户和海外客户之外的所有产品和服务。

三、互联网业务品牌

2000年公司化运行时，上海电信在互联网领域有上海热线、上海热线Ⅱ、一线通(ISDN)等具备品牌价值的业务。2000年12月正式推出宽带业务后，ADSL、FTTB+LAN等接入方式逐渐发展为具有品牌价值的业务。

2001年5月，上海电信推出无线宽带业务，以天翼通作为业务品牌。8月，中国电信将中国公用计算机互联网的中文名称定为“中国宽带互联网”，英文名称定为“ChinaNet”，树立宽带互联网的品牌形象。

2002年9月，中国电信开展“宽带极速之旅”活动，将中国电信的宽带形象统一为“中国宽带互联网”，宽带接入业务品牌统一为“ADSL网络快车”“LAN宽带通”“WLAN天翼通”。11月，中国电信将互联网应用层业务的品牌统一为“互联星空”(ChinaVnet)。上海电信于2003年6月开通上海互联星空站，域名为sh. chinavnet. com，提供影视娱乐、教育、游戏、时尚、金融证券、宽带应用等六大类服务共30多个频道。9月15日，“上海热线Ⅱ”转型为“上海互联星空”。

2004年，中国电信根据品牌战略规划，由“捷入互联INet”“互联星空Vnet”与“中国宽带互联网ChinaNet”等3个品牌构成中国电信的互联网业务品牌体系。其中，“捷入互联INet”是整合所有宽带、窄带接入产品的互联网接入业务品牌，“互联星空Vnet”是整合各种内容服务的互联网应用业务品牌，“中国宽带互联网ChinaNet”是包含中国电信骨干互联网络、接入业务、应用业务等元素在内的互联网业务整体形象品牌，三者共同形成中国电信在互联网领域的完整形象。

2005年，上海电信和上海文广合作推出交互式网络电视业务，其后，逐渐形成IPTV业务品牌。

2007年年末，上海电信根据中国电信的要求，停止使用天翼通产品名称和品牌LOGO，统一更名为“无线宽带(WLAN)”。

2010年，中国电信推出天翼宽带业务品牌，以“无处不在的宽带网络，无所不能的网络应用”作为品牌诉求，统领所有宽带产品，包括有线(公众家庭宽带、政企接入公众互联网的宽带业务)、上网卡、3G手机上网和尊享产品，是中国电信在全业务运营格局下推出的第一个融合业务品牌。

图5-2-7　上海电信主要互联网业务品牌标志组图

四、信息通信服务业务品牌

2003年，上海电信在中小企业信息化业务中统一使用“理想商务”作为业务品牌。其后，随着商务领航的推出，理想商务并入商务领航的品牌体系中。

2006年，中国电信集团将“号码百事通”确立为号码信息服务增值业务的品牌名称，以“方便快捷、随时随地的语音搜索引擎形象”为核心诉求，支撑企业品牌“综合信息服务”的定位；以“知百事、通天下”为核心内涵，打造国内领先的消费类搜索和服务的综合门户。

图5-2-8 号码百事通业务品牌标志

第三章 渠 道

第一节 实体渠道

一、自有营业厅

2000年公司化运行初期，上海电信拥有各类营业网点（含营业窗口）总计166个，除114、112等电话服务窗口外，主要为原电话局、长途电信局、帐务中心等专业局的下属营业网点，以自营为主。12月，上海电信开始对各营业网点统一装潢布置，打造具有企业特征的连锁服务网点；积极发展新的营业网点。2001年5月，上海电信在浦东民生、云莲、北蔡和高桥新设4个电信营业网点。

图5-3-1 上海电信北蔡营业处外景图

2004年5月8日，天钥桥路商务营业处正式开张，是上海电信第一家商业客户营业厅（简称“商客营业厅”）。

2005年，上海电信制定颁布《上海电信营业厅规范标准》，将营业厅分为一级营业厅、二级营业厅、三级营业厅、四级营业厅，对各级营业厅的功能要求、组织管理、服务管理、业务管理等内容进行明确的规定。根据营业厅的分级要求，上海电信逐步将营业厅的建设规范化、标准化。2006年9月13日，首家A类营业厅——金山卫零路营业厅开张，建筑面积1 800平方米，内设咨询服务区、业务受理区、客户等待区、自助服务区、产品销售区、业务体验区、大客户VIP客户洽谈区、现场投诉处理等一系列功能区，可以为用户提供电信业务受理、电信账单缴费、业务咨询、客户建议受理及电信新业务的演示和电信产品的销售等服务。10 月 22 日，南区漕溪北路营业厅重新开业，是上海市区第一家 A 类营业厅。截至 2007 年年末，上海电信共有自有营业厅 178 家。

图 5-3-2　2006 年 9 月 13 日，上海电信首家 A 类营业厅——金山卫零路营业厅开张

2008 年，上海电信自有营业厅为 153 家。

2009 年，上海电信新建周家嘴路、金山恒顺路等 6 家营业厅，迁址浦东新川路营业厅和青浦城中东路营业厅，装修改建西藏北路营业厅等 8 家营业厅。

2010 年，新建天山西路营业厅、逸仙路营业厅、百花街营业厅、衡山路营业厅、泰兴路营业厅；改建、迁址九亭营业厅、江桥营业厅等 3 家营业厅；关闭延安西路营业厅、世博营业厅等 3 家营业厅。年末，自有营业厅为 195 家。

二、合作营业厅

2006 年 2 月 13 日，上海电信第一家合作制营业厅“电信世界”齐河路店开张，由上海电信和社会合作伙伴共同经营，统一标有“中国电信”和“电信世界”标识。7 月，“电信世界”营业厅进驻古北家乐福，这是第一家开进大卖场的上海电信合作营业厅，改变过往上海电信营业厅沿街设店的传统。是年，共建设合作营业厅 36 家。

2007 年 7 月 11 日，上海电信印发《上海市电信有限公司合作制营业厅管理办法》，从现场管理能力、服务亲和力、业务处理能力、主动营销能力等方面对合作制营业厅进行考核。该办法规定，未经授权，不得随便在合作营业厅以外的其他区域或场合使用“中国电信”标志；不得以中国电信/上海电信的名义经销代办协议以外的通信产品或其他电信运营商产品；合作营业厅不得转包；不得随便设立新的代理营业网点。该办法要求区局和合作营业厅加强营业工号和密码的管理，严禁借调他人工号进行业务受理和处理，严格遵守财务制度和资费标准；保证客户资料录入和归档的完整、

图 5－3－3　上海电信第一家合作营业厅“电信世界”齐河路店

准确、保密和安全；不允许私自保留客户开户资料、泄露客户开户资料，严禁利用客户资料从事社会活动。合作营业厅的酬金由业务量结算酬金和服务质量（专项任务）考核奖励两部分构成；合作营业厅的运营和服务质量评估由区局、客服质监部/其他上级单位/部门组织检查或抽查，按月度考核的方式进行。年末，上海电信有合作营业厅 64 家（包括共联营业厅）。

2008—2010 年，合作营业厅逐年减少。2008 年，有合作营业厅 90 家，2009 年为 68 家，2010 年年末为 57 家。

三、其他实体渠道

2002 年 4 月，“电信世界”兰溪路分部启动固定电话代营业务，截至 8 月底，共有代营点 6 个，上海电信通过发展电信代营业务，扩大营业连锁网络。9 月，中国电信印发《建设以四个主渠道为核心的中国电信营销服务渠道体系的意见》，要求利用社会力量开设合作营业厅和营业代办点，扩大覆盖面。上海电信于 2004 年 4 月，试行个体营业承包点，首批试点南汇电信局 26 个营业室。是年，在电信营业厅引入“电信世界”专柜，销售电话机、手机和相关配件。

2007 年，上海电信配合国家关于社会主义新农村建设的要求，根据中国电信农村渠道建设的精神和“信息家园”品牌的建设目标，启动金山区和南汇区的综合信息服务点建设，加大对农村地区渠道覆盖的力度。2008 年，在所有郊区局启动综合信息服务站的建设工作。

2008 年，上海电信经营移动业务后，共承接原联通公司的语音代理商 140 家，无线宽带代理商 56 家，在全市建立 100 家天翼移动业务销售门店，开展电信业务和移动终端的销售工作。

2009 年 4 月 15 日，上海电信启动天翼专营店建设，以销售移动预付费业务为主，主要发展中低端语音客户以及数据上网客户等，包括语音业务和无线宽带业务，以及相关充值卡等，部分资质较好的天翼小店可同时销售手机和网卡等终端设备。5 月 15 日，位于徐家汇美罗城三楼的上海第一

图 5－3－4 上海电信第一家天翼体验馆，位于徐家汇美罗城 3 楼

家天翼体验馆正式开业。是年，共发展 800 家天翼专营店的建设，基本覆盖全市各行政区域。

2010 年，上海电信通过天翼专区的形式，进驻国美、冠芝霖、百思买、盛南、苏宁等卖场渠道开展合作销售。是年，共建设专营店、专区 146 家。在社会渠道网点的管理方面，上海电信制定《中国电信上海公司社会渠道网点建设及运营管理办法》，社会渠道实体门店、实体网点采用“属地化管理”的原则，日常管理、支撑和服务流程参照合作营业厅的管理模式。

第二节 电子渠道

2000 年公司化运行时，上海电信设有 170、180、189、8666、81820、85160 等服务咨询台。2000 年 7 月 10 日上午 9 时，1000 号综合服务热线对外服务，郊区各电信局的 1000 号同时对外服务，各台间的业务联系按照“首问负责制”有关规定执行。

2001 年，中国电信开始进行网上电信营业厅试点，利用互联网架设电子化窗口，提供电信服务，包括网上业务受理、各种费用缴纳、业务咨询、业务查询、用户投诉受理、卡式业务销售等服务，各地也可根据用户需求和本地实际情况提供更多电信延伸服务。中国电信统一分配各省（市）公司域名地址，上海电信网上营业厅的域名为 www.sh.ct1000.com.cn。

2003 年 1 月 17 日，1000 号服务热线完成 170、180、8666 等服务热线的整合，实现业务受理、咨询、查询和投诉建议等四大功能。11 月 1 日，正式启用 10000 号。是年，增设大客户和商业客户专席，开展针对性服务和营销。

2004 年，根据中国电信建设电子化营销服务渠道的要求，上海电信于 3 月 15 日开通上海电信网上营业厅（简称“网厅”），域名为 www.sh10000.com.cn，初期采用后台人工处理的方式向用户提供网上受理、业务查询、账务查询、投诉等服务，开放直线/ISDN 新装、普通电话加载 ADSL/天翼通、免费程控业务变更、ISDN 补充功能变更、查号方式变更等业务的受理。用户在网上提交业务申请后，客户服务中心在4小时内以人工方式受理并告知用户受理结果。10月8日，开通商业客户服务热线。

2005年，上海电信在12个营业厅内放置25台自助服务终端，提供账单查询、自助付费等服务。截至2006年，电子化渠道已成为上海电信最主要的业务受理渠道之一。

2008年8月20日，中国电信印发《中国电信掌上营业厅业务规范(1.0)》，明确中国电信掌上营业厅(简称“掌厅”)包括短信营业厅和WAP营业厅，是电子渠道的重要组成部分。10月15日，上海电信开通短信营业厅统一接入码10001。11月30日，上海电信WAP营业厅正式上线对外提供服务。是年，上海电信还尝试拓展网络销售和电视直销渠道，通过京东商城、东方CJ等社会平台推广天翼产品，拓展IPTV电视营销模式。

2010年3月22日，中国电信印发《2010年电子渠道工作要求》，提出建立QQ客服运营管理体系，规范提升IM渠道能力，开展在线营销销售。网厅在线客服人员要逐步向QQ客服转移，QQ客服在业务咨询基础上，要以网厅、掌厅渠道为基础和核心，逐步承担在线销售/网上商城订单管理员的职责。是年，上海电信优化QQ客服座席人员的培训和管理模式，提高应答及时率，客户满意度得到提升。同时，通过10000号IVR加载、短信群发等方式推广QQ客服，实现QQ客服用户数的大幅增长，用户数达到25万户。

第三节　直 销 渠 道

一、政企客户经理

上海电信的大客户经理可上溯至邮电管理局时期。1998年6月23日，邮电管理局要求在电话局、长途电信局、信息公司和崇明局等7个郊县局的大客户服务部门全面实行“客户经理制”。2000年3月15日，上海电信大客户服务中心成立。

2000年公司化运行后，上海电信大客户服务中心与各经营单位的大客户服务机构形成二级营销服务体制，实行客户经理制，为大客户提供一站式的全业务服务，保持7×24小时无间隙的连接。客户经理配置原则为每8—10个大客户配置1名客户经理，对于金融、证券及业务量较大的大客户，可适当降低配置客户数。二级大客户服务机构的客户经理，根据各单位实际情况配置。2000年年末，上海电信共有238人从事大客户服务工作。其中，上海电信大客户服务中心有客户经理144名，为1 200家大客户提供服务；长途电信局有客户经理48名，为500家大客户提供服务；上海信息产业公司有客户经理8名，为65家大客户提供服务；郊县电信局有38人从事大客户服务工作，为300家大客户提供服务。

2001年7月18日，中国电信印发《大客户经营服务管理办法(试行)》，要求在各级大客户经营服务机构中设置客户经理、项目经理、业务经理等大客户营销服务岗位，要求实行客户经理主配角(A、B角)负责制，对特殊重要的大客户，实行一对一的客户经理服务。是年，上海电信的大客户服务模式主要为客户经理代理制，陆家嘴金融开发区、漕河泾开发区、石化地区等地区通过上门派驻制提供服务。

2002年，上海电信陆续推出区域客户经理、项目经理、产品经理和首席客户经理等服务模式。随着大客户营销服务渠道的建设和流程重组，建立了由客户经理、行业经理、区域经理、客户代表、产品经理、项目经理等组成的500多人的大客户营销服务团队。

2003年，上海电信将大客户以外的政企类客户均归类为商业客户，根据月均电信消费额分为A、B、C、D四类。9月15日，上海电信印发《社区经理、商客经理渠道建设指导意见（试行）》，试行商客经理制，通过商客经理建立面向商业客户的、提供专业化营销服务的营销服务体系和队伍。商客经理制以区局覆盖的客户范围为基础，面向企业客户，分层次进行营销和提供服务。上海电信在区局设立商客中心，内设商客经理（代表），承担商业客户，尤其是中高端商业客户的营销和服务工作。商客经理（代表）的营销区域主要根据行业内商业客户的数目（或者收入）来确定，以行业划分为基础，但不受限于单一行业。年末，有大客户经理450余名，商业客户经理150余名。

2004年，上海电信尝试在商业渠道的营销服务中，通过楼宇经理向楼宇内的商业客户进行业务营销。2005年7月，上海电信正式实施楼宇经理制，实行一楼一经理的原则，首批楼宇经理共10位。年末，楼宇经理制覆盖上海地区500余栋高档商务楼宇，以统一的形象面对物业和最终客户。

2006年，上海电信尝试通过"销售经理＋支撑经理"的模式建立转型业务销售队伍，从销售人员、售前支持、项目管理和账务处理等方面支撑转型业务发展。

2007年，上海电信启动职业化销售团队建设，选择商贸连锁行业进行职业化试点，以客户导向配置资源，与客户各层面建立关系，提高市场响应。由客户经理对应客户业务部门及上层领导，行业顾问专注于转型市场和促进深层次客户关系，技术支撑经理对应客户IT部门和技术方案销售，服务经理为客户提供业务开通和售后服务保障，行业经理则全面负责本行业销售、指导和激励团队开展工作。

2008年，上海电信继续推进职业化团队建设。4月，正式启动政企客户纵向一体化营销服务试点，以行业细分客户为中心，形成纵向销售组织单元，实现纵向统一营销目标、营销策略、营销策划，以及解决方案开发推广的上下协同营销，包括行业拓展经理、行业经理、首席客户经理、售前支持经

图5-3-5　政企客户纵向一体化营销服务团队建设试点启动会

理、客户工程师、项目经理等主要岗位。首批上岗16位首席客户经理，对口34家全国总部在上海的中外客户，涵盖银行、证券、保险、能源、制造业和商贸连锁行业。5月，启动嵌入式服务试点。9月，启动内部嵌入式支撑，为金融、党政军和跨国客户部提供现场支撑营运服务。

2009—2010年，上海电信重点加强首席客户经理、行业经理/ICT拓展经理、政企客户经理(含楼宇/园区、高端聚类客户)、销售助理(业务外包)等岗位的配置，打造具有核心竞争力的职业化销售团队，选拔58名优秀员工成为首席客户经理，覆盖公司和区局两级渠道，增配158人至各区(县)局担任网格经理。截至2010年年末，上海电信有白金卡客户400余家，由总部政企客户部服务；金卡客户近6 000家，由区(县)局的政企客户中心服务；为区(县)局中的月均电信消费较多的政企客户配置客户经理，提供销售服务。公司政企客户经理总数达800多人。

二、社区经理

2002年9月26日，中国电信印发《关于建设以四个主渠道为核心的中国电信营销服务渠道体系的意见》，提出社区经理制，即在城市、县或发达乡镇以上的城镇地区，以交接箱覆盖的客户范围为基础，划分为若干小区配备社区经理，分区包干，责任到人，负责区域内客户的直接营销服务。

2003年9月15日，上海电信印发《社区经理、商客经理渠道建设指导意见(试行)》，试行社区经理制，由社区经理、社区代表共同负责区域内客户的营销服务和通信设备终端的安装、维护工作。营维区域由各分局根据主干电缆走向为基础，结合区域和街道划分。上海电信在区局的市场拓展处设置公众客户管理岗位，在各分局设置社区经理、社区代表。社区经理的服务对象主要为公众客户群体，也为区内中高端商业客户提供维护支持服务，以及在商客经理(代表)的指导下，负责其他

图5-3-6　客户经理深入社区推广宣传电信新业务

商业客户营销服务工作。配属原则方面，对于管线比较规范、用户相对比较集中的区域，每名社区经理平均服务客户数量 7 000—8 000 户；对于用户相对分散的区域，每名社区经理平均服务客户数量 4 000—5 000 户。年末，有社区经理 1 000 余人。

2004 年 7 月 8 日，上海电信调整商客渠道营销服务模式，要求社区经理承担商业客户群的售中、售后服务工作，或与商客经理组成虚拟团队，收集市场信息，共同开展对区域内商业客户的营销服务工作。年末，有社区经理 1 209 人。

2007 年，上海电信在区局层面公客渠道开展营销管理团队的建设，形成面向高端客户的热线经理＋社区经理覆盖模式，兼顾面向竞争区域的低端公众客户和流动客户的渠道，提升基层营销服务团队能力。

第四章　营 销 推 广

第一节　公众客户营销

一、基础业务营销

【固网业务】

住宅电话　2000 年 8 月 28 日，上海电信面向家庭用户推出初装费分期付款活动。2001 年，开展动感 8 月活动促进固定电话业务发展。2004 年 3 月 23 日，上海电信开展“话匣子”市话资费套餐营销活动，设置不同档次的月基本费套餐，可享受不同金额的套餐额度。“话匣子”营销活动是上海电信首次推出的话务量营销活动。7 月，上海电信在全市范围推出“话匣子”市话积分奖励活动。

2005 年 8 月初，信息产业部和国家发改委联合下发《关于同意中国电信集团公司、中国网络通信集团公司推出多种固定电话资费套餐方案的通知》，批准中国电信和中国网通在现行计费方式和收费标准基础上，增加按日收取基本服务费的预付费方案及分级限时套餐，电信企业可提供不同限额档次、计费单元、资费标准的套餐组合供用户选择。12 月 13 日，上海电信推出灵通无绳组合(88)营销活动，通过固话与小灵通捆绑实现共同发展。2006 年 10 月，上海电信推出储值电话套餐和闲时优惠活动。套餐分为 3 个资费档次，包含对应的本地通话时长以及来电显示、彩铃、同振/顺呼增值业务。每日 23 时至次日 7:00 时，区内通话费按六折优惠收取。

随着中国电信推出“我的 e 家”客户品牌，固定电话作为基础业务，主要依托“我的 e 家”系列套餐开展营销工作。2007 年 1 月，上海电信对私人住宅用户推出来电显示、固话彩铃、同振/顺呼业务套餐，以及新增移机不改号功能使用费一次性收费的优惠资费。2008 年 11 月，上海电信推出“固话添翼”套餐，该套餐捆绑家庭固话和 CDMA 语音业务。2010 年 2 月，上海电信推出“固话天翼行”营销套餐，包括固话和手机，手机本地接听免费，固话本地互打免费，手机当月消费满 5 元还可免收 20 元的套餐基本费。

2000—2010 年，随着住宅电话市场基本饱和，上海电信通过基于固定通信业务的智能网业务、电话增值业务、程控业务促进固定电话的发展。

长途电话　2000 年公司化运行后，上海电信主要通过资费优惠的方式，鼓励用户使用中国电信的长途电话业务。2002 年 11 月 1 日，面向私人高端用户推出长途话费全天六折的促销活动，11 月 8 日，推出分时段优惠活动。面向其他运营商用户，开放 17909IP 主叫业务。2003 年，上海电信分别推出“新春长话长说有奖促销”“国内长途打 10 分钟付 1 分钟话费”“国内长途打 3 分钟送 10 分钟”等促销活动，向其他运营商用户推出 17909IP 主叫零次户国内直拨长途三折促销活动。2004 年，上海电信先后推出“长话大赠送”“五一”黄金周长话优惠等一系列促销活动，加快 17909IP 主叫的开放力度，开展配套营销活动。国庆前夕，推出“金秋佳月传佳音”系列活动，鼓励公众用户使用国际长途。2005 年，上海电信推出“亲情无限——长话长说”、小灵通后付费长话大赠送等活动。2006 年，上海电信以亲情、假日为内涵，推出“亲情长话”系列版，以及“假日长话煲”“悠悠畅话”“畅话三地”等营销活动。

2007年，上海电信的营销方式开始由产品营销转变为品牌营销，长途电话作为基础业务，与其他通信产品捆绑整合向客户推广。

公用电话 2006年1月20日，上海电信在公用电话超市和智能公用电话领域推出国内长途电话优惠营销活动，资费标准由0.30元/分钟调整为0.25元/分钟。3月1日，开展有人值守公用电话资费优惠营销活动，除计费器类公话以外的有人值守公用电话，国内长途资费优惠为0.25元/分钟。

2007年2月10日，上海电信开展IC公话业务营销优惠活动，活动期间本地通话费(不分区间/区内)和国内长途通话费(无优惠时段)均按七折优惠，实际按0.10元/分钟计收，国际和中国港澳台地区通话费按照IP资费标准执行。5月1日，上海电信开始开展智能B类公话业务营销活动，活动期间实行优惠资费标准，本地首次3分钟0.50元，其后每次0.20元；国内长途1分钟0.20元；国际长途参照IP电话标准。

PHS无线市话 2003年5月，上海电信试开放PHS无线市话业务，又名小灵通。12月12日，上海电信开展“小灵通之欢乐满堂”促销活动，通过住宅电话和小灵通的本地通话费捆绑有限包月的方式，给予用户套餐优惠。用户还可通过固话账单和身份证加现金的方式换取手机。

2004年春节，上海电信开展“金猴闹春、灵通献礼”营销活动，用户可通过预存话费或签订2年在网协议的方式换取手机或优惠购机，新装客户还可获得100分钟的17909IP国内长途电话费。7月27日，上海电信开展“夏日清宁”营销活动，包括后付费和预付费两种方式。9月4日，上海电信开展小灵通校园营销，由校园碰碰对和校园菁菁树两个活动组成。“校园碰碰对”活动给予学生用户优惠购买终端和当年免费发送网内短信的优惠，“校园菁菁树”活动则向全额购机用户一次性赠送话费500元。

2005年1月，上海电信开展“灵通合家欢”和“灵通网中网”活动。5月1日，上海电信开展“灵通伴侣(Q-Box)”试商用推广活动，礼包包括2部小灵通手机、1台“灵通伴侣”座机和2年功能费。5月18日，上海电信推出“灵通99旋风+灵通礼包”和“灵通99旋风之灵通伴侣+灵通礼包”营销

图5-4-1 “小灵通”业务推介

活动，用户可根据套餐资费档次获得对应价值的上海电信卡。12月13日，上海电信开展灵通无绳组合(88)营销活动，赠送灵通无绳电话座机1部和支持灵通无绳电话功能的小灵通手机1部。

2006年，上海电信继续加强小灵通与固网业务的融合营销，针对各细分用户群体推出一系列营销活动。面向家庭用户推出“合家欢”营销活动，面向老用户推出“灵通新旋风”营销活动，面向老年市场、中小学生群体、残障人士推出对应的营销套餐。同时，注重增值业务和新业务的推广。

2007年，上海电信开始围绕“我的e家”客户品牌开展各类小灵通营销活动，重点关注存量用户的维系。2008年1月，上海电信推出“灵通新旋风’08版长市同价”营销活动，套餐包含本地和国内长途直拨通话时长，超出部分的本地通话费和国内直拨长途同为0.1元/分钟，随套餐分档赠送对应价值的小灵通终端。2009年4月1日，为了维系小灵通后付费在网用户，上海电信推出天翼灵通套餐，小灵通和CDMA手机共享国内通话时长。4月6日，上海电信开展“我的e家”移动融合套餐PHS维系活动，在e9套餐的基础上，增加后付费小灵通的选项。

【移动业务】

2008年11月，上海电信开展“189抢号大行动”活动，进行靓号营销。12月22日，中国电信开展“添翼迎春”营销活动，面向公众客户推出天翼无线宽带套餐、天翼亲情套餐、天翼时尚套餐、天翼大众套餐。是年，上海电信就移动业务还开展“入网送大礼”和“购卡充值、好礼添彩”营销活动，利用电信固网资源，开展业务捆绑，推出“固话添翼”和“宽带添翼”融合类产品。

图5-4-2　上海电信推出移动业务，开展189抢号活动

2009年，上海电信以3G为核心，以3G上网为基础业务进行定价，降低2G语音资费。3月1日，上海电信开展量贩包“结伴大礼”促销活动和“体验大礼”促销活动。针对实体渠道，尤其是直营渠道的特点，推出天翼189预付费量贩包，包含天翼大众准预付费16元套餐、天翼时尚准预付费19元套餐，以及天翼畅聊自购准预付费系列39套餐。3月2日，上海电信开展“你用天翼，我送上网本”营销活动。年内，还推出包含3G上网的无线宽带产品，面向老用户市场和校园市场开展“携手计划”和“校园计划”活动，维系年轻用户群。

2010年1月，中国电信针对新发展用户，推出“乐享3G套餐”；针对老用户以及选择其他套餐的用户，在原有手机上网套餐中新增30元套餐分档。上海电信还同时开展元旦、春节双节和易通卡家庭包促销活动。9月，针对上海市大中专院校学生市场的移动通信及数据上网需求，上海电信推出“天翼校园行”套餐方案。10月26日，电信天翼品牌的高端3G手机三星i909机型在上海登场，其内容由中国电信定制，具有双网双待功能，可同时插入C网和G网的SIM卡，预置天翼视讯、天翼空间、爱音乐、天翼Live等各种电信增值业务。

【互联网业务】

有线接入 2000年公司化运行后，上海电信先后推出“缤纷生活网上行——上海电信163倾情奉献”促销、“让您全家轻松上网”、“网络、书、人生”主题促销、“迎接21世纪网络人生”等窄带上网促销活动。年末，上海电信全面开放ADSL宽带接入业务。

2001年，上海电信在窄带接入和宽带接入两方面分别开展营销活动。宽带业务方面，于是年年初推出ADSL优惠资费，开展“迎国庆、迎APEC”宽带接入营销月等活动。窄带业务方面，是年全年开展10余次主题促销活动。12月，上海电信实施“家庭上网工程”，推出家庭上网套餐“163家家乐套餐”，分为38元/69元/98元/168元的不同月基本费档次，包含15/36/65/140小时的使用时长。

2002年5月，上海电信开展缤纷红五月活动，推广宽带业务。6月25日，开展“TOP163、休闲上网行”营销活动，分两阶段推广窄带上网业务。9月16日，中国电信在全国开展为期2个月的促销活动——“宽带极速之旅”，宣传“将梦想接入现实”。上海电信同步开展“宽带极速之旅”活动，给予申请新装宽带接入的用户套餐优惠，包括ADSL、FTTB＋LAN、HomePNA、“天翼通”等接入方式。

2003年5月21日，上海电信开展“宽带极速之旅2003”上海站的营销活动，主推业务为ADSL、FTTB＋LAN和无线宽带业务，以套餐式营销为主，结合“非典”期间用户对非接触式沟通的需求，主推可视套餐、年付套餐等营销活动。将宽带接入与互联星空捆绑发展，以应用内容促进宽带接入发展。是年，还开展宽带金秋嘉年华等大型营销活动。

2004年1月1日，上海电信推出基于宽带接入和内容捆绑的“宽带大改版”套餐。同时，配合上海市人民政府的“百万家庭网上行”计划，开展“百万家庭网上行”宽带业务优惠安装活动，其后，陆续推出“付年费，送礼包”、“上海电信e通”新春抽奖、“电话宽带一线牵”、“快乐宽带体验”、“宽带、电脑1＋1”营销、“莘莘学子”套餐等营销活动。

2005年1月20日，上海电信推出捷入互联宽带“e通”套餐。1月21日，上海电信开展“金鸡降福、宽带有礼”活动。1月20日，上海电信推出捷入互联宽带“e通”套餐。是年，面向离休干部、老年人推出对应的营销活动，进一步推广针对学生群体的“莘莘学子”套餐。

2006年7月21日，上海电信开展“全家福之欢乐e家”套餐营销活动。用户申请新装宽带业务的同时新装或加装一部上海电信的固定电话，可享受宽带年付优惠。

随着中国电信推出“我的e家”客户品牌，互联网接入主要依托“我的e家”系列套餐开展营销工作。2007年7月15日，开展“e家宽带捷入”营销活动，允许e6套餐的用户申请新装宽带无限包月或包年，免除新装宽带的标准一次性费用。

2008年5月，上海电信推出预付费宽带“入网套餐”营销活动。接入速率分为1 Mbps和512 kbps两种选择，可按每月/6个月/12个月预付费用。其后，对接入速率进行了调整。

2009年，上海电信推出“宽带天翼行”“光速e家”等试点套餐，2010年正式推出。2010年1月1日，上海电信推出宽带天翼行营销套餐，用户宽带可免费升速，最高可升至3 Mbps。2月，为配合

3G 业务的发展，在“我的 e 家”基础套餐中增加 e6－106、e6－156、e9－249(市区)、e9－289(市区)、e9－219(郊区)、e9－259(郊区)、尊享 e9－299 及尊享 e9－339 档次。3 月 1 日，上海电信推出“光速 e 家”套餐。4 月 8 日，上海电信召开“中国电信上海公司城市光网业务发布会”，正式发布城市光网业务，推出 4 款城市光网套餐，根据带宽分别为“光速 e 家—10”“光速 e 家—30”“光速 e 家—50”“光速 e 家—100”。

无线宽带 2002 年 5 月 17 日，上海电信推出无线宽带上网业务，客户目标为家庭、企业及公众区域的热点地区。业务开展初期，不收取账号注册费，允许住宅用户的天翼通账号在公共区使用。9 月，中国电信开展“宽带极速之旅”活动，上海电信随之开展一系列优惠促销活动，全年发展家庭用户 3 397 户，企业用户 15 户。

2003 年 5 月 21 日，上海电信开展“宽带极速之旅 2003”上海站的营销活动，推广无线宽带业务。

2004 年 9 月 8 日，上海电信推出“天翼通金秋行”优惠促销活动。面向公众区注册用户，推出“天翼通”漫步上海活动；面向家庭新装用户，推出“宽带随身运动”活动；面向家庭改装用户，推出“宽带升级、秋日体验”活动。11 月 20 日，上海电信与联想(上海)有限公司开展联想笔记本电脑与“天翼通”业务捆绑促销优惠活动，用户可免费使用“合家欢乐型”天翼通套餐 C 款 3 年，郊县用户为 512 kbps“天翼通”包年服务。是年，上海电信还推出“无线空间天翼通”“年付费”等营销活动。

2005 年 6 月 1 日，上海电信开展“装‘天翼通’、送好礼”营销活动，用户可获赠 AP 1 台和无线网卡 1 张。

2007 年年初，上海电信开展“动感 ADSL”营销活动，用户可通过 ADSL 账号在公网区域使用天翼通业务。4 月，上海电信推出“我的 e 家- e8”套餐，内含无线宽带可选包。5 月，开展“无线宽带、无限畅游”营销活动。

2008 年，上海电信主要通过“我的 e 家 e8－2”套餐、e8 尊享套餐、“无线宽带、无限畅游”三款营销活动推广无线宽带。年末，推出包含 CDMA 移动业务的天翼无线宽带营销活动。

2010 年下半年，上海电信停售无线宽带预付费时长套餐，统一销售流量计费的产品。

IPTV 2006 年 1 月 26 日，上海电信在浦东、莘闵电信局范围内开展“IPTV 春晓行动计划”营销活动。用户安装 IPTV 可免除安装费用并可收看 50 套电视频道、1 500 小时点播内容，还可体验 IPTV 的时移功能，包括 30 分钟回放和 10 个频道的 48 小时回看。

2006 年 9 月 1 日，上海电信启动“IPTV 全市推广计划”活动，在全市范围内推广 IPTV 业务。于市区推出小康 IPTV、时尚 IPTV、全能 IPTV 三款套餐；于郊区推出时尚 IPTV、全能 IPTV 两款套餐。10 月 1 日，上海电信开展“IPTV 金秋推广计划”。

2007 年，为保持与中国电信品牌战略的一致性，上海电信开始采取和“我的 e 家”捆绑营销的模式推广 IPTV 业务。11 月，推出 IPTV 基本型产品，将资费与用户当月使用次数关联，降低资费门槛。是年，还先后推出“IPTV’07 迎新春”、双通道全能包等营销活动。

2008—2009 年，上海电信推出 IPTV“欢乐体验套餐”“宽带 IPTV 增值包”等营销活动。2010 年，通过与宽带天翼行协同营销，加快 IPTV 新增用户的发展。

【卡类业务】

2000 年公司化运行后，上海电信重点发展电信卡类业务，主要方式是通过卡市等批发市场渠道推广电信卡。

2001年5月8日，上海电信推出上海市第一张婚典卡，截至年末，逐步形成庆典卡、名片卡、生日卡、诞生卡、校园卡、作品卡、贺卡、台历卡、军营卡等10个系列特种卡产品。在销售渠道方面，建立电信卡之窗专业网站和8008208201免费服务热线，网站日均访问量在3 000人次左右，热线日均呼叫为150人次。

2002年5月18日，上海电信在江苏路500号3楼设立上海首家电信卡专卖店，与电信自营窗口、连锁超市、代理商自动售卡机及电话和网上直销等渠道形成立体的销售网络。7月1日，推出易付卡业务。

2003年，上海电信着力拓展易付卡的代理销售网点。

2004年7月，上海电信开始陆续开展纪特卡大礼包、夏日飓风、教育超市高校201卡促销、以"回归"为主题等针对性促销营销活动。同时，进一步优化电信卡的销售渠道，形成专卖店(亭、柜)、客户经理、营业场所、公客和商客经理等自有渠道，以及教育超市、联华快客、联华电商、特约经销部、一级代理商、批发市场等社会渠道。

图5-4-3 2004年，南京路步行街上的上海电信卡专卖亭

2005年，上海电信在易趣网上开设电信卡专卖店。年末，综合预付费卡的销售额突破10亿元，首次超越传统的通信卡。

2006年，上海电信开展IC卡电话资费夏日优惠、201"爱心长话"、红丝带电话卡促销、联名卡促销、"构建和谐社会、百分百真情回馈"等营销活动。

2007年，上海电信开通电话购卡热线4008201890，支持通信卡、上海电信卡、申付卡的订购，在全市31个网点启动零售和团购业务，将电话直销、网上订购和网点零售相结合，多渠道开展卡类营销。

2009 年，上海电信开展 17908 卡迎国庆促销、200 卡“金牌”促销、201 卡购卡送“粽子——食品券”等活动，并通过教育超市于 3 月、8 月在校园开展通信卡的促销活动，同时进一步拓展销售渠道。

2010 年，上海电信开展“迎世博促销”“迎中秋、迎国庆促销”等活动，代理商也根据各自渠道特点和优势开展形式多样的促销活动。

二、客户品牌营销

2006 年 12 月 11 日，中国电信全面启动“我的 e 家”的市场推广工作，以固话为核心，融合捆绑宽带、小灵通等终端，针对家庭客户话音、互联网、视频等综合信息应用需求，提供面向家庭的整体综合信息应用解决方案，其产品套餐分为“e8”和“e6”两个系列。“e8”系列以固话与宽带、宽带增值应用产品捆绑为核心，主要面向宽带使用多、宽带应用需求高的中高端家庭客户；“e6”系列以固话与小灵通等有线、无线、语音增值产品捆绑为核心，主要面向无线语音需求较高的中高端家庭客户。12 月 20 日，上海电信在全市范围开展“上海电信‘我的 e 家’家庭品牌客户 e8 套餐”和“上海电信‘我的 e 家’家庭品牌客户 e6 套餐”营销活动。其中，e8 套餐内含 A/B 两档套餐资费，e6 套餐内含 A/B/C 三档套餐资费。

2007 年 1 月 6 日，“我的 e 家”业务在上海全面启动，浦东汤臣高尔夫小区居民宋先生是上海电信首位“我的 e 家”用户。3 月 28 日，上海电信在“e6”和“e8”套餐的既有资费基础上，针对中低档消费的家庭用户推出新增套餐。其中，e6 套餐新增 D 款套餐；e8 套餐补充了 C/D 款套餐，其年付费版本是为 e8－E 和 e8－F。9 月 13 日，上海电信推出 e8－2C 套餐，宽带速率提升到 4 Mbps。初期在上海市区推广，11 月 8 日，e8－2C 套餐郊区版上线。

2008 年 5 月 1 日，中国电信全面启动“尊享 e8”品牌套餐的营销推广工作，针对有高速上网或无线上网（含漫游）需求，通话且长途通话需求较多，对理财、影视、娱乐等互联网应用需求较高的用

图 5－4－4　“我的 e 家”发布现场咨询受理业务

户。上海电信在 e8－2C 套餐的基础上，推出尊享 e8 套餐（2008/A 版），提供 3 Mbps 速率的 ADSL 宽带接入。6 月，上海电信正式推广“尊享 e8”品牌套餐，含 298 元/月（4 Mbps 宽带）、218 元/月（3 Mbps 宽带）2 款套餐，配套终端为家庭网关和 IPTV 机顶盒。承接移动业务后，上海电信于 12 月推出 e 家加装版、e6 手机版。是年，上海电信先后开展“e 家层层礼、惊喜节节高”“加入我的 e 家联想奥运电脑抱回家”等促销活动，还面向老人和学生群体推出专属营销活动。

图 5－4－5　上海电信深入社区推广“我的 e 家”E8(e8)套餐

2009 年，上海电信利用家庭客户固网基础，推进移动业务与固网业务的融合和平衡发展。对于非有线宽带用户，通过话费共享和互拨免费的方式，促成移动语音与固网语音的融合。3 月 6 日，上海电信推出“e9”年付套餐，套餐内包括固定电话、CDMA、ADSL/FTTB＋LAN 宽带、无线宽带和基于固话、宽带及 CDMA 的增值业务。6 月 30 日，上海电信推出 2009 版 e8 套餐，套餐内包括固定电话、ADSL/FTTB＋LAN 宽带和基于宽带的增值业务、无线宽带和后付费小灵通。

2010 年，上海电信进一步促进“我的 e 家”融合发展，针对有线宽带用户开展宽带提速工作，以城市光网的推进为契机，推出高宽带家庭宽带业务。4 月 22 日，上海电信推出光速 e 家－e8 套餐，套餐内包括固定电话、ADSL/FTTB＋LAN/FTTH 宽带、IPTV、无线宽带和基于固话、宽带的增值业务。

第二节　政企客户营销

一、营销管理

2000 年 3 月 15 日，上海电信成立大客户服务中心，实行客户经理制。

2001 年，上海电信首次承诺提供 SLA（服务水平协议）等级服务，以行业为标准，将客户群体划分为金融、证券、政府、教育卫生、交通运输、大型国企和外资企业、商业、房地产、宾馆、信息产业等行业。

2002 年 7 月，大客户综合服务管理系统正式投入运行，建立以客户关系管理为中心的全过程跟踪监控信息管理体系。

2003 年，上海电信在政企客户营销中全面推行主动营销六步法，制订营销方案，实现由“卖产品”“卖方案”向“卖价值”“卖影响”转变。

2005 年，上海电信引入商机管理，建设销售管控体系，为销售指标的完成和销售管控提供保障，逐步实现从服务型营销向顾问式营销的转变。

2008 年，上海电信以楼宇市场和专业市场为突破，完善网格化销售体系。截至 2010 年，楼宇市场以楼宇和客户为目标细分市场，以不同的策略和不同卖点的方案套餐进行针对性的销售，通过 10000 号外呼、直邮、现场巡展、邮件推送、网厅等渠道对重点客户开展营销服务。同时，对重点客户实行“一户一案”和清单级管控，实行高级首席客户经理和纵向一体化行业推广。

二、本地业务营销

2000 年，上海电信重点发展数据业务和上网业务，以及卡类业务、服务器托管等新业务，通过上门促销，宣传、演示、提供一揽子解决方案等措施，加大营销力度，抢占高端市场。同时，通过长途话务量批发、互联网接入与 ICP 业务捆绑、综合业务捆绑、资费杠杆作用、产品推介会等多样化营销手段，鼓励用户使用电信业务。

2001 年，上海电信设立大客户服务热线 8008208890，建立大客户服务网站。是年，重点拓展系统集成业务，与华为、思科(Cisco)、联想等厂商合作，制订各种类型的系统集成方案，开展区县信息化建设和商务楼宇宽带接入建设。

2002 年，上海电信重点发展校园网、校校通、商务楼、宾馆酒店宽带建设和 WAC 业务，推出商务 e 通、酒店 e 通等产品。在 SLA 等级服务方面，上海证券交易所成为上海电信首家 SLA 客户。

2003 年，上海电信以细分市场为基础，结合行业特点和区域差异形成十二大行业和五大开发区市场，对大客户实施个性化营销；对行业市场，采取产品差异竞争战略，积极推广校园、宾馆、商务楼、连锁等细分市场行业解决方案；对外高桥、金桥和张江等开发区市场，采取市场集聚战略。根据产品生命周期不同阶段的价格弹性和市场竞争程度采取不同价格策略。年末，首次面向商业客户、大客户开展宽带接入营销活动——“上海电信商务 e 通之宽带商务行动计划”，主要内容为商务楼宽带促销、宽带预付费业务推广、老客户锁定计划，主推产品为商用 ADSL、商务楼 LAN、无线接入。

2004 年，上海电信在长话业务方面，于 3 月 22 日开始开展“重返家园”营销活动，针对不同细分客户群采取差异化营销。在宽带业务方面，开展“轻松体验宽带”营销活动，通过促销、团购、替代、应用等策略开展针对性营销。为制造业量身制定“信息化解决方案”，提供网络搭建、终端采购、系统集成等各种服务。对线路安全和质量要求较高的客户，开展“备份电路”、数据业务“相约’04”及数据业务“免费升速”营销活动，对尚未使用 800 业务大客户，推出“800 轻松体验”营销活动。

2005 年，上海电信启动组合产品的营销工作。5 月上旬，针对高价值、高流失客户，开展以市话、长话、宽带以及小灵通为核心的组合产品套餐——“一网情深”活动，将市话、长话、宽带捆绑组合，采用“合账包月、增量折扣”方式开展营销。是年，在长话市场先后开展“重返家园”“飓风行动”

等营销活动；在宽带业务方面，开展新装宽带及宽带存量续约运筹营销活动。以行业解决方案为切入点，在重点行业拓展转型营销试点，在 800 用户群培育 4008 业务，作为 800 手机呼入的补充产品。

2006 年，上海电信开展“雷霆行动”营销活动。在高风险存量市场和低份额存量市场，开展“雷霆再击”营销活动；在高份额存量市场，锁定长话高份额未签约客户、长期使用数据和宽带电信业务的忠诚客户，开展“真情回馈”营销活动；在新增市场，锁定是年年底前本地、宽带、数据新增客户，开展“挑战极限”营销活动。

2007 年，上海电信开始以商务领航客户品牌统领政企客户的营销工作。2008 年，上海电信开展“2008 年楼宇/园区特别行动”，为商务楼宇提供综合信息化应用服务。根据聚类专业市场特点，举行“高端专业市场行业峰会”，推出“旺铺通”系列套餐，开展“旺铺掘金”实战销售大赛等多层次和递进式市场营销。

2009 年，上海电信以融合应用为切入点，定制融合行业应用解决方案。4 月 20 日，启动“政企宽带提速”行动。对楼宇、专业、酒店等细分市场，加强精确营销和销售支撑。在聚类型专业市场，通过固移捆绑和资费优惠来满足客户的差异化需求，推广“旺铺通”融合套餐。针对高流失楼宇和异网垄断楼宇，实施 360 度楼宇营销。在网厅开辟中小企业“政企套餐直通车”，受理各类政企业务需求。

2010 年，上海电信在制造行业树立安吉星车载信服务应用标杆，取得规模化市场效应；在医疗行业，推出数字医院和社区远程医疗等应用；在物流交通行业，推出基于 3G 手机的综合配货、车辆定位等应用；在政务执法领域，推出基于 3G 手机的应急指挥、数字巡防应用；在金融行业，推出手机炒股、移动 POS、翼支付、黑莓手机、保险现场查勘等应用。针对细分市场推出高性价比融合套餐，以固移捆绑和资费优惠满足客户差异化需求，以规模化销售提升具有刚性需求的宽带、移动等业务量。年内，先后开展“旺铺添翼”“千宇千寻”等营销活动。

图 5-4-6　上海电信开展楼宇巡展活动，将天翼组合套餐送到商务楼内

三、一站式营销服务

2000年11月8日，中国电信推出一站式服务，顺应客户"一站购齐"的需求，提供一站式业务受理、一站式故障受理、一站式账务结算和一站式技术支持，为政企客户提供数字电路出租、数据端口出租、账务处理等业务服务。

2001年，中国电信与中国香港新世界电话有限公司(NWT)签署中国大陆—香港地区专线出租业务一站式服务合作协议。10月1日，中国电信集团客户服务中心开始负责有关国际和中国港澳台地区带宽型业务(包括数字电路、DDN电路、ATM、帧中继、电路转接业务、因特网转接等)一站式服务试验工作，上海电信承担相关准备配合工作。

2002年年初，中国电信分别与中国台湾中华电信股份有限公司(CHT)、中国台湾新世纪资通股份有限公司(SPARQ)签署中国大陆与中国台湾地区专线出租业务一站式服务合作协议；与中国澳门电讯有限公司签署中国大陆与中国澳门地区专线出租业务一站式服务合作协议。上海电信自2月1日开始提供至上述公司的"一站式专线业务"合作。11月25日，中国电信与中国香港九仓新电讯有限公司签署中国大陆—中国香港数据业务(专线出租、帧中继、异步转移模式、IP-VPN)一站式服务合作协议，上海电信自2003年1月1日开始与香港九仓新电讯有限公司开展业务合作。12月20日，集团公司印发《关于统一中国电信"全球一站服务"名称品牌形象及宣传口径的通知》，对中国电信一站式服务进行全面的品牌包装，明确中国电信全球一站式服务品牌为"Focus One一站通"。

2003年1月10日，中国电信与德国电信(DT)签署中国—德国"国际专线业务"一站式服务业务合作协议，4月10日，上海电信开始提供至德国电信的"一站式专线业务"合作。4月16日，中国电信与美国AT&T公司签署国际专线出租业务一站式服务合作协议，4月28日，上海电信开始与

图5-4-7　2002年9月26日，中国电信在上海举行"全球一站服务"研讨会

美国 AT&T 公司开展业务合作。7 月 8 日，中国电信与中国台湾东森宽频电信股份有限公司签署中国大陆—中国台湾地区数据业务一站服务合作协议，7 月 15 日，上海电信开始与中国台湾东森宽频电信股份有限公司开展业务合作。11 月 13 日，上海电信根据集团公司要求，开展中国电信与新加坡电信一站式服务的网络及节点链接和其他相关配套工作。是年年底，中国电信一站式服务已与美国、日本、德国、英国、新加坡等国家的运营商，以及中国台湾、中国香港、中国澳门等地区的运营商实现国际一站服务合作。

2004 年 8 月 30 日，中国电信修订大客户一站式服务业务处理管理办法，根据数字电路、数据电路、MPLS-VPN、智能网络电话(95/4008、190300)、新视通等业务特点修订一站式服务业务处理流程。

2005 年 2 月 17 日，中国电信发布大客户宽带接入及语音业务一站式服务业务处理管理办法，根据宽带接入(ADSL、LAN 等)、IDC、普通电话等业务实施一站式服务的要求，修订一站式服务业务处理流程。4 月 28 日，上海电信推广区局大客户一站式服务，主要适用于带宽型业务(DDN、FR/ATM、数字电路、MPLS-VPN 等业务)的跨省市新开、移机、升速和转网电路。5 月 26 日，上海电信举办"中国(上海)电信国际一站式带宽型业务推介会"，三十余家大客户出席。是年，上海电信处理的跨区域一站式服务的电路开通时间为平均 16 个工作日，对标国际主要电信运营商，如英国 BT 和美国 AT&T 的服务标准，20 个工作日内电路开通及时率为 95%。

2006 年 4 月 3 日，中国电信发布大客户 ICT 业务一站式服务管理办法，将大客户 ICT 业务的售前项目营销、售中项目实施、售后服务工作纳入中国电信全球端到端全过程一站式服务体系。6 月 10 日，上海电信正式提出大客户一站式全程协同服务，为 VIP 客户提供集客户服务、运维保障、项目管理和账务支撑为一体的专业化服务。

2007 年 9 月 5 日，中国电信发布国际和中国港澳台地区带宽型 A 端业务一站式服务处理流程，以适应由大陆客户发起的国际和中国港澳台地区带宽型业务(A 端业务)的发展，提升一站式服务水平。11 月，上海电信全面推广区局政企客户服务中心一站式服务，适用于跨省市带宽型业务(DDN、FR/ATM、数字电路、MPLS-VPN、IP 虚拟专网等业务)的新开、移机、升速、关闭；宽带接入和语音一点收费业务(ADSL、LAN、普通电话等业务)的新开、关闭、转网电路；智能网电话类业务(95/4008、190300)、新视通等业务的处理。

2008 年 10 月，中国电信发布政企客户跨省移动业务一站式服务实施办法，将总机服务(含综合虚拟网、企业总机、号百信息服务、会易通等)，以及综合办公、加密通信、手机对讲、C+W 无线宽带等产品，物流 e 通、销售管家等跨省行业应用，跨省移动单机业务一点受理开通和收费服务纳入一站服务体系。

2009 年 3 月 31 日，中国电信在原有的国际和中国港澳台地区带宽型 A 端业务一站服务处理流程基础上，结合国际和中国港澳台地区带宽型 A 端业务一站服务的实际操作经验，完善国际和中国港澳台地区带宽型 A 端业务处理流程，制订新版国际和中国港澳台地区带宽型 A 端业务一站服务处理流程。

2010 年 6 月 23 日，中国电信再次修订国际和中国港澳台地区带宽型 A 端业务一站式服务处理流程，新增境外 IDC、互联网接入业务的处理。12 月 9 日，中国电信发布《关于进一步加强海外公司发起落地境内业务"一站服务"支撑》，加强面向海外公司的本地一站式支撑团队建设，提高面向海外公司一站式服务的业务处理优先级，落实海外公司发起落地境内业务一站服务问题升级协调机制，将海外公司发起落地境内业务持续纳入集团公司的统一分析和管控，加强一站服务培训，落实跨境沟通交流制度。年末,上海电信受理一站式服务需求单 6 461 张;转收入型订单 1 798 张(订单转化率为 27.82%)。其中,转订业务占比分别为:数字电路业务占比 35%;IP 虚拟专网业务占比 27%;MSTP 业务占比 13%;DDN 业务占比 10%;FR 业务占比 9%;ATM 业务占比 6%。

四、客户品牌营销

2005 年 8 月 8 日,中国电信集团公司推出面向企业客户的品牌“商务领航 BizNavigator”。9 月 15 日,上海电信推出“商务领航之办公宽带”营销活动,鼓励更多企业客户使用上海电信宽带业务,提高上海电信宽带业务在企业市场中的整体覆盖率。9 月 19 日,上海电信举办“商务领航之中小企业信息化应用解决方案产品发布会”,推出商务领航之理想商务 ITMAN 套餐,将宽带接入产品与应用供应商、专业服务商的解决方案整合为“商务领航”中小企业信息化服务平台(http://sh.bnet.cn)。11 月 28 日,上海电信推出“商务领航之 58 套餐”营销活动。

2006 年 4 月 4 日,上海电信成立“商务领航”推进项目组,梳理产品线。针对中小企业,以通信应用版和信息应用版产品为主,以套餐的形式重点推广企业总机和彩铃、短信、400/800 业务、会易通、全球眼等产品;针对大客户和特定行业用户如汽配、美容、物流等,以行业应用产品为主,提供系统集成整体解决方案。主流营销活动是结合宽带业务捆绑推出的企业信息化应用套餐。

2007 年,上海电信先后推出商务领航信息版套餐、商务领航通信版套餐、商务领航办公宽带套餐、“商务领航”旅行社行业套餐。面向上海地区范围内的中端酒店客户(三星、四星和连锁酒店)开展“酒店完美联盟 11808”春节促销。针对长途语音高流失且零宽带的中高价值客户推出“商务领航一往情深”。面向校园客户推出“商务领航校园总机”。针对上海地区连锁企业及有联网信息发布需求的客户推出“商务领航之连锁商户”等营销活动。年末,商务领航三版用户合计达 8.62 万户,品牌客户渗透率达 16%。

2008 年,“商务领航”主要以通信信息助理、视讯信息应用、协同办公通信、网络信息安全、网络及 IT 外包、呼叫中心外包等六项重点产品为依托,优化系列应用,丰富应用内涵,在电子政务、酒店完美联盟、信息商厦、全球眼、信息会展、定制终端等方面取得较好发展。主流营销活动是通信版、标准版、行业版等三版品牌套餐。

2009 年,上海电信将移动业务融入商务领航系列中,为中小企业客户提供从通信应用、信息应用到行业应用的信息解决方案,推出商务领航“旺铺通”、商务领航总机服务、商务领航全业务信息版套餐等营销活动。

2010 年,上海电信在优化信息版和行业版套餐的基础上,推出更多的营销活动以满足政企客户的需求。1 月,开始陆续推出 2010“商务领航”全业务信息版套餐、商务添翼数字中继接入 PBX 用户营销活动、2010 商务领航旺铺通 C 套餐营销活动、商务领航之网吧宽带营销活动、2010 商务领航通信版“旺铺通”营销活动、2010“商务领航行业版”之酒店式公寓套餐营销活动。

第三节　特定群体营销

一、中小学群体

2005 年 1 月,上海电信推出“莘莘学子”A、B 两款宽带套餐。A 套:1 Mbps 带宽,免接入费(送

modem)+899 元(一年中 1、2、7、8 月为无限时包月上网,其余月份为 30 小时/月有限包月,超过限时部分按照 0.05 元/分钟计收费用);B 套:512 kbps 带宽,免接入费(送 modem)+699 元(一年中 1、2、7、8 月为无限时包月上网,其余月份为 10 小时/月有限包月,超过限时部分按照 0.05 元/分钟计收费用)。2006 年 1 月,推出年付 1 500 元的 1 Mbps 无限包年 C 套餐。较同期宽带资费优惠幅度达 43%。

2006 年 10 月,上海电信面向中小学生用户推出“小灵童”活动,套餐费 29 元包含 50 分钟本地通话时长,赠送价值约 400 元的终端和定位业务。

2007 年,上海电信面向中小学生用户市场推出“IPTV—宽带精彩互动”、绿色宽带、信息家庭等营销活动。

2008 年,上海电信将纯宽带的“莘莘学子”套餐升级为宽带和固话融合的“莘莘学子”套餐,较同期固定电话和宽带的资费优惠幅度达 27%。

图 5-4-8 上海电信专为中小学生设计的“小灵童”终端

二、高等院校群体

2000 年 9 月,上海电信向复旦大学、上海交通大学、同济大学、华东师范大学四所高校近 2 万名外地新生赠送 201 电话卡,面值 20 元。

2002 年 5 月 21 日,上海电信在复旦大学管理学院开通校园无线局域网。是月,上海电信承建的同济大学宽带校园网建成投入使用,同时建成校园一卡通系统和“天翼通”无线局域网系统。11 月,上海电信在上海各大中专院校开展 201 电话卡设计校园征稿活动。活动设立一等奖 2 名,二等奖 5 名,三等奖 10 名,鼓励奖 20 名。奖金最高达 1 000 元人民币。

2003 年,上海电信推出面向学生用户群的租赁宽带服务,分为 80 元包月制和按小时收费两种方式。截至 11 月,有用户 600 多名。

2004 年 9 月 8 日，上海电信在全市所有小灵通放号范围内的校园内开展“校园碰碰对”和“校园菁菁树”活动。参加“校园对对碰”的用户可以在一次性预存话费 400 元后以优惠价购买指定 PHS 手机终端，参加“校园菁菁树”的用户可以在购机时一次性获赠话费 500 元。

2005 年 4 月 26 日，上海电信灵通校园行大型推广活动在上海师范大学奉贤校区拉开序幕。其后，上海电信陆续在全市 20 所高校进行小灵通宣传路演，包括主题为“小灵通，四十万元你做主！”，以及上海大学生策划人大赛、“超级携手，自有我新！——短信创意大赛”等。9 月 1 日，推出“灵通校园行”小灵通预付费分区业务，新装学生和教师用户，可享受校园区域内本地通话费五折、“17909IP 主叫”国内长途 0.2 元/分钟和短消息费 0.06 元/条的优惠。11 月，上海电信借助“创意世博网络作品设计大赛”拓展校园市场。

2006 年 9 月 1 日，上海电信开展灵通群星俱乐部(校园聚信卡)个性化营销活动。开展“201 特惠卡推广”活动，通过学生教育超市推出营销套餐，通过教育超市直营店进行旧卡换领 201 卡活动。10 月，上海电信在南汇大学城开展“灵通群星”营销活动，与学生会合作参与迎新晚会、社团活动，推进小灵通优惠套餐的宣传和受理。

2007 年 2 月 26 日，上海电信开放上海财经大学校园网充值预付费上网业务。8 月 30 日，上海电信开始在华东师范大学、上海财经大学、上海大学等高校开展校园营销活动，推出 2007 版的宽带校园行、灵通校园行营销方案，灵通校园行还推出无线上网套餐。9 月 15 日，上海电信开展“商务领航”校园总机促销活动。校园总机是针对学校用户的智能总机业务，申请后可以得到 8 位总机号码，学校老师的固定电话、小灵通、手机均可作为分机分时段灵活转接，学校的每位老师也可以管理自己的分机。

2008 年 9 月 1 日，上海电信联合上海联通开始在华东师范大学、上海大学、华东政法大学、华东理工大学等高校开展“校园 e 计划”营销活动，包括 3 个营销方案：C 网新势力产品套餐＋电信的 17908 手机分钟卡、无线网卡＋电信 WLAN 公网体验卡、校园宽带年付套餐。10 月，上海电信开展“无线校园大派送”促销活动，在全市 58 家学校和培训机构免费赠送 2 000 分钟无线宽带校园体验卡。

2009 年 2 月 5 日，上海电信推出“添翼迎春”校园营销活动，包括校园礼包计划和校园增值体验计划等两种营销方案。参加校园礼包计划的用户可获赠 384 元话费和增值业务大礼包 1 份；参加校园增值体验计划的用户可获赠超值免费体验大礼包 1 份。5 月 15 日，上海电信开展松江大学城个性化校园营销活动，通过有线宽带免费升速和 EVDO 抢先体验活动，推出校园融合套餐，包含 2 张 UIM 卡，分别用于无线宽带和移动语音。6 月 25 日，上海电信面向 2009 年参加大学入学考试且报考高校位于上海的学生用户，推出校园营销暑期套餐方案。参加活动的用户，可于规定期限内每月获赠话费 20 元。7 月 20 日，上海电信推出“我的 e 家”移动加装版 3G 套餐——天翼校园加装版营销活动，包括聊天版、音乐版、上网版等 3 种套餐。推出校园 T7 套餐营销方案。8 月 23 日，上海电信开始陆续进驻复旦大学、上海交通大学、同济大学、上海外国语大学等全市 60 多所大学校园，举办多种天翼 3G 体验活动。在 23 所重点高校的商业街、食堂、教育超市、球场等附近搭建 3G 翼站，开展业务演示、互动体验、活动参与、业务咨询和受理。上海电信赞助 CBA 发起“2009 大学生篮球十强赛”和“精英赛”，在部分高校 3G 翼站组织歌星签名演唱会。9 月，上海电信面向全市大专院校学生和教师群体，开展天翼 3G 校园套餐“预存话费送终端”营销活动，用户预存话费可获得终端 1 部和相应的预存话费返还。截至 10 月 31 日，共发展校园用户 52 492 户。11 月 10 日，上海电信推出天翼 3G 校园优化套餐，作为原有天翼 3G 校园套餐的延续。11 月 13 日，上海电信开展校园二次营销活动，向已参加校园 T7 促销系列套餐的所有用户推出增值业务和上网可选包优惠，开通手机游戏掌游包和短信彩信优惠券两项短信增值业务。是年年底，校园秋季促营销活动共发展校园用户 56 134 户，其中，活跃用户 37 195 户，活跃度 63.61%，有效用户 32 465 户，有效用户占比 55.53%，MOU 为 69 分钟。

2010 年 6 月 18 日，上海电信开展天翼校园行后付费套餐营销活动，采用“一号双卡”的销售形态，包含 1 张天翼手机语音卡(UIM 卡)和 1 张无线宽带上网数据卡(UIM 卡)。符合条件的用户可获得本地通话免费的优惠。6 月 20 日，上海电信推出“我的 e 家”融合套餐——校园可选包，须凭学生证/教师证/准考证办理。同时，开展宽带校园行营销活动，参加活动的用户，其在用宽带可免费升速至 2 Mbps。7 月 14 日，中国电信确定 22 款中档价位 3G 手机，作为校园营销活动的重点推广机型，以配合校园营销活动的开展。是月，上海电信和上海交通大学医学院签署无线数字校园网建设协议，对整个校园内 12 万平方米的 29 幢教学楼和办公楼宇进行全方位的光纤接入。8 月，上海电信启动“天翼校园行”促销活动，新招募 50 名学生作为直销队员，在上海财经大学、上海外国语大学和上海第二工业大学等三所高校组建校园直销团队。8 月 19 日，上海电信开始在校园内开展天翼校园行(一号双卡)营销活动。9 月 1 日，上海电信推出 3G 手机激活体验活动(校园版)，对已购买 3G 手机但未激活使用的校园套餐用户和新购买 3G 手机的校园套餐用户，每月赠送 500 MB 本地流量，为期 4 个月。在校园 T7 套餐用户群中，开展 2010 年校园“天翼好友圈”促销活动。用户除可获得圈内本地通话、长途通话、国内漫游优惠资费外，通过 WEB 门户每月可获免费短信 800 条。9 月 20 日，上海电信推出校园营销升级版 B 版营销方案，512 kbps、1 Mbps 在用用户可免费升速至 2 Mbps；2 Mbps、3 Mbps 在用用户可免费升速至 4 Mbps。是月，上海大学嘉定校区成为首个“城市光网校园”，采用 FTTH 光纤到学生宿舍的接入方式，保证每个房间光纤端口到位，每个学生可独享高速宽带。10 月 1 日，上海电信面向全市大专院校学生和教师开展天翼校园行——校园宽带免费升速活动，可免费升速至 2 Mbps。11 月 1 日，上海电信开展“天翼校园行——校园宽带免费升速活动”，活动期间新入网天翼校园行(一号双卡)套餐(升级版)且符合条件的用户，可将校园宽带免费从 512 kbps 和 1 Mbps 升速至 2 Mbps。是年年底，上海电信校园营销总计新发展用户 4.6 万户。

三、老年群体

2005 年 6 月，上海电信针对 55 周岁及以上人员推出无限包月“老小孩”宽带套餐。资费为：512 kbps 无限包月月付 130 元，年付 1 300 元；1 Mbps 无限包月月付 140 元，年付 1 400 元，较同期宽带月付标准资费有较大优惠。2008 年，推出固话与宽带融合的“老玩通”套餐，较同期固定电话和宽带的资费优惠幅度达 41%。

2006 年 10 月，上海电信面向 50 周岁及以上的上海市户籍老年人推出灵通“阳光敬老”活动，套餐费 20 元，包含 100 分钟本地通话时长，赠送价值约 400 元的终端、来电显示、阳光助老服务，以及灵通秘书、定位业务。

2009 年，上海电信根据与老年基金会的协议主要内容，为老人提供各类优惠通信服务和体验培训。是年，为杨浦区老年人提供“生活照料”“医疗救助”“文化娱乐”“法律咨询”等服务。

四、残障人士

2006 年 1 月 1 日。上海电信向本市残障人士推出“助残关爱”宽带，面向 18 周岁以上(含 18 周岁)、具有上海市户籍并持有本市颁发的中华人民共和国残疾人证或民政部颁发的中华人民共和国残疾军人证(以上海市残联及上海市民政局提供的名单为准)的住宅宽带用户。资费为：512 kbps无限包月月付130元,年付1 300元;1 Mbps无限包月月付140元,年付1 400元。较同期宽带标准资费优惠幅度达56%。是年下半年,下调“助残关爱”宽带资费,调整后,512 kbps无限包月月付68元,年付680元;1 Mbps无限包月月付88元,年付880元。较同期宽带标准资费优惠幅度达56%。

2006年4月,上海电信推出小灵通“聋人信息套餐”优惠资费方案,含每月30分钟本地话音业务通话费额度、每月50元本地短信费额度和每月21元定向的3个增值短信业务(新闻消息、天气预报、实用生活信息),话费和短信的超出部分按标准资费收取,月租费由市残联承担。

2008年5月,上海电信为本市户籍16周岁以上(含16周岁)视障人士推出“视障固话套餐”,套餐月租费为50元,含810次本地通话额度,超出部分按标准资费收取,较同期固定电话标准资费优惠幅度达52%。市残联承担月租费的一半费用。

2009年,上海电信就残障人士的信息沟通需求,推出天翼聋人卡及视障者优惠套餐。

2010年7月,上海电信推出“助残关爱”宽带,资费为月付108元,年付1 080元,宽带速率为2 Mbps,较同期宽带标准资费优惠幅度达40%。

第五章　资　　费

第一节　政 府 管 理

电信业作为国家的基础产业，其服务价格的方针、政策、定价原则和管理方法随着电信体制的变革、行业的发展而相应变化。

20 世纪 90 年代，随着经济发展、改革开放深入和新技术的涌现，电信业获得长足发展，业务领域逐步拓宽，国家计划委员会和邮电部于 1996 年 10 月联合印发《关于加强电信资费管理的通知》，明确电信服务价格的方针、政策、定价原则及管理办法由国家计委同邮电部制定。其中，全国性的、跨省区的电信服务价格，由国家计委会同邮电部制定和调整，重要的业务资费报国务院批准；地区性的电信资费标准及实施细则，由各省、自治区、直辖市物价部门会同邮电部门制定，报国家计委和邮电部备案。对于电信新业务，明确全国性电信新业务的收费标准，一年内由企业制定试行价格，一年后由国家计委会同邮电部制定正式价格。地方性电信新业务的收费标准，一年内由企业制定试行价格，一年后由省级物价部门会同邮电管理局制定正式价格，报国家计委和邮电部备案。对于竞争性的电信业务，由国家计委会同邮电部制定价格管理办法，由企业根据国家规定实行自主定价。

2000 年 9 月 25 日，国务院颁布《中华人民共和国电信条例》，明确电信资费标准实行以成本为基础的定价原则，分为市场调节价、政府指导价和政府定价。其中，基础电信业务实行政府定价、政府指导价或者市场调节价；增值电信业务实行市场调节价或者政府指导价；市场竞争充分的电信业务实行市场调节价。

一、备案管理

2002 年 8 月 29 日，国家计委和信息产业部印发《电信资费审批备案程序规定（试行）》，规范电信资费审批备案行为。11 月 19 日，上海市通信管理局印发《上海市电信资费备案程序规定（试行）》，将资费备案区分为执行前备案和抄送备案两种方式。其中，属于执行前备案的电信资费，应在资费执行前 15 个工作日进行备案；属于抄送备案的电信资费，应在印发资费文件的同时抄送政府主管部门备案。明确了实行政府指导价和市场调节价的业务备案明细。

表 5－5－1　2002 年上海市实行政府指导价资费备案情况表

业务大类	业　务　项	备案形式
固定本地电话	普通电话、市内用户中继线、窄带 ISDN，集中用户交换机的装机、移机工料费、手续费	执行前备案
	普通电话、窄带 ISDN 过户费、停机保号费、用户要求改号费，普通电话改窄带 ISDN、窄带 ISDN 改普通电话的收费	抄送备案

〔续表〕

业务大类	业务项	备案形式
固定本地电话	普通电话、市内用户中继线，窄带 ISDN 的临时、短期业务收费	抄送备案
	虚拟专用网(VPN)业务接入费、月租费	执行前备案
国内(不含中国港澳台地区)、中国港澳台地区、国际数据业务	300 波特低速数据业务收费	抄送备案
	分组交换业务收费(含安装调测费、工料费、端口基本费、永久虚电路使用费、虚拟专用网端口管理费、临时和短期租用收费)	执行前备案
出租业务	话音(音频)电路、数字电路和帧中继业务开户费(含工料费、调测费)	抄送备案
	话音(音频)电路、数字数据电路(DDN)、数字电路和帧中继业务调整费、临时和长期定时租用收费	执行前备案
	数字数据电路(DDN)广播功能、轮询业务、加装分路设备的收费	抄送备案
	市内用户中继线、话音(音频)电路、数字数据电路(DDN)、数字电路、帧中继业务保留费	抄送备案
	租用载波电路、电报电路业务收费	抄送备案
	租杆挂线、管孔、本地光芯月租费、本地光芯连接费	执行前备案

表 5-5-2　2002 年上海市实行市场调节价资费备案情况表

业务大类	收费项目	备案形式
固定本地电话	程控电话、窄带 ISDN 用户可选择服务项目功能使用费(呼叫限制、闹钟服务、多方通话、追查恶意呼叫、免打扰服务、主叫号码显示、用户要求改号通知费、移机不改号费)	抄送备案
	电话信息服务费	执行前备案
	语音信箱业务的开户费、月租费、改号改名费	抄送备案
	不含 IP 电话卡的记账式电话卡业务开户费	抄送备案
长途电话	电视、电话会议业务超时费	执行前备案
	交互式会议电话业务接入费、特殊功能费	抄送备案
智能网业务	国内(不含中国港澳台地区)、中国港澳台地区、国际智能网被叫集中付费业务开户费、基本服务费、功能使用费	执行前备案
	大众呼叫、电话投票、电话广告功能使用费	执行前备案
移动电话	SIM 卡费、过户费、用户要求改号费	抄送备案
	面向境外来访用户租卡业务费	抄送备案
	长途移动载体上的公用移动电话业务收费	抄送备案
	移动电话用户可选择服务项目(短消息及基于短信平台的业务、呼叫转移、多方通话、遇忙回叫、免打扰服务、追查恶意呼叫、语音信箱、主叫拒显、秘书服务、信息点播类业务、定位业务、主叫号码显示)	执行前备案

〔续表〕

业务大类	收费项目	备案形式
无线寻呼、无线电集群、无线数据业务	无线寻呼业务收费	抄送备案
	无线电集群电话业务开户费	抄送备案
	无线数据业务收费,包含三类传真业务、9600波特及以下数据业务、WAP业务、GPRS业务、蜂窝数字分组数据(CDPD)业务	执行前备案
国内(不含中国港澳台地区)、中国港澳台地区、国际数据业务	礼仪电报业务收费	执行前备案
	公众用户传真业务收费	执行前备案
	传真存储转发业务收费	执行前备案
	分组交换业务用户申请逻辑信道数的收费	执行前备案
	分组交换业务广播功能使用费	抄送备案
	电子信箱收费	抄送备案
	互联网业务开户费	抄送备案
	因特网业务网络使用费	执行前备案
	营业窗口提供用户使用因特网服务的收费	执行前备案
	因特网资源出租及服务业务收费	执行前备案
	公众电子数据交换(EDI)业务收费	执行前备案
	POS业务收费	抄送备案
出租业务	租用卫星电路、卫星转发器,租用甚小口径卫星终端站(VSAT)电路、电话地球站(TES)话音电路的收费	执行前备案

2004年6月25日,信息产业部和国家发改委联合印发《关于进一步加强电信资费监管工作有关事项的通知》,要求严格执行电信资费审批备案程序,未经审批或备案的电信资费,各级电信企业不得宣传和实施收取。其中,对于实行市场调节价的收费项目的涨价方案、增加电信业务收费项目的资费方案和部分属于短期促销、资费套餐、大客户优惠、用户积分、手机租赁等资费方案,在申请电信资费审批备案时,应提供集团公司的书面意见,未经集团公司同意,各通信管理局和同级价格主管部门不予受理。

2005年8月19日,国家发改委和信息产业部印发《关于调整部分电信业务资费管理方式的通知》,对国内(不含中国港澳台地区)长途电话通话费、中国港澳台地区电话通话费、国际长途电话通话费、移动电话国内漫游通话费和固定电话本地网营业区间通话费实行资费上限管理,明确相关业务的全国或跨省资费方案和省内资费方案的备案程序。

2007年4月1日,信息产业部调整资费备案的方式,信息产业部网站的"备案信息"专栏中对各电信企业集团公司报送的电信资费文件进行备案,不再向各省(区、市)通信管理局发资费备案通知,也不再向各地发改委、物价局和各电信企业集团公司抄送资费备案通知。

二、资费上限管理

2005年8月19日,信息产业部印发《关于调整部分电信业务资费管理方式的通知》,对国内(不含中国港澳台地区)长途电话通话费、中国港澳台地区电话通话费、国际长途电话通话费、移动电话国内漫游通话费和固定电话本地网营业区间通话费实行资费上限管理,鼓励市场竞争,促进电信资费由政府定价为主转变为以市场定价为主。

2009年11月16日,工业和信息化部和国家发改委印发《关于调整固定本地电话等业务资费管理方式的通知》,对固定本地电话业务的基本月租费和本地网营业区内通话费、本地网无线接入电话(俗称"无线市话"或"小灵通")业务基本月租费和本地网通话费、出租电路长期租用资费实行上限管理。

第二节　市场调节价

2000年9月25日,国务院颁布《中华人民共和国电信条例》,明确基础电信业务实行政府定价、政府指导价或市场调节价;增值电信业务实行市场调节价或政府指导价;市场竞争充分的电信业务实行市场调节价。12月25日,信息产业部、国家发展计划委员会、财政部印发《关于电信资费结构性调整的通知》,对已形成充分市场竞争的寻呼机服务费、IP电话业务资费、服务器托管业务资费、过户费、呼叫转移、来电显示、短消息等增值业务资费实行市场调节价,采取申报备案制,由经营者自行定价。

2002年7月,国家计委和信息产业部先后印发《关于部分电信业务实行市场调节价的通知》《关于印发省(区、市)通信管理局会同同级价格主管部门管理的电信业务收费项目的通知》,对已形成较充分竞争的九大类电信业务实行市场调节价,明确政府定价项目和政府指导价项目。

2003年,ADSL和FTTx+LAN等方式的宽带接入互联网服务实行市场调节价。

2005年,一号通类业务资费开始实行市场调节价。

2008年5月1日,普通固定电话、市内用户中继线、窄带ISDN、分组交换、话音(音频)电路、数字数据电路(DDN)、数字电路和帧中继资费由政府指导价改为市场调节价。

图5-5-1　上海电信与上海市电信用户委员会、上海邮电经济研究会就规范电信资费作专题研讨

第三节　企 业 管 理

2000 年公司化运行后，上海电信根据行业主管部门和中国电信的规定管理各类电信资费，履行资费的备案程序，配合开展资费的检查。

2002 年，国家计委和信息产业部颁布《电信服务明码标价规定》。上海电信在过往工作的基础上，逐步拓展资费公示的渠道和手段。截至 2010 年，通过公示栏、公示牌、公示墙、价目表、资费手册、公用电话计价器、互联网查询、多媒体终端查询、语音播报、话费清单等途径，进一步规范资费的明码标价。

2004 年，上海电信根据《中国电信集团资费审批管理办法》的要求，制定《上海市电信有限公司电信业务资费审批管理办法(试行)》，从审批模板和时限要求、审批程序、资费方案设计要求、监督和检查等方面规范企业的资费管理，严格规范各类电信资费的审批程序。

2005 年，上海电信印发《上海市电信有限公司部分产品个性化资费优惠实施办法》，从定价程序、时限要求、技术支持、评估检查等 4 个方面，规范市话、长话、数据、宽带等四类产品个性化资费的管理。

2007 年，信息产业部对电信资费套餐进行全面清理。2008 年，信息产业部就规范电信资费方案管理提出指导意见，要求资费方案简单清晰、通俗易懂，便于消费者分析、比较、选择和使用。

2009 年 7 月，上海电信根据国家有关电信资费监管政策和中国电信规范性文件，印发《中国电信上海公司电信资费管理办法》，将资费分为标准资费、套餐资费、促销资费和协议资费，明确各类资费的定价原则和实施程序，严格资费报批报备管理，对资费进行评估和检查。

第四节　基础业务资费调整

一、本地电话资费标准

【初装费】

市话初装费(也称市话初装基金)是为解决邮电通信落后的状况，缓解邮电通信建设资金不足的矛盾，由国家开征的专项用于邮电通信事业建设的政府性基金项目。1979 年，邮电部参照国际通行的做法，正式向国务院提出报告。1980 年 1 月，上海根据邮电部与国家物价总局的联合通知，开始对新装电话用户收取初装费。1996 年，上海市电话初装费价格达到历史最高点，住宅电话每号线达 4 000 元。1997 年，市话初装费开始逐年下调。1999 年 3 月 1 日，上海市邮电管理局调整固定电话及相关业务的初装费。其中，固定电话初装费由 2 000 元调整为 1 000 元，不分住宅电话或单位电话，住宅用户同址安装 2 部以上电话的，第 2 部起不再收取初装费；批量安装的给予初装费优惠；公用电话初装费调整为每号线 500 元；本地模拟专线初装费调整为每对 10 000 元；“2B+D”设备接入费调整为每端 1 000 元，住宅电话用户改装或增装“2B+D”的免收设备接入费；2 Mbps 数字中继线初装费、“30B+D”设备接入费调整为 15 000 元；使用期一个月以内的临时电话、模拟专线资费不变；1 个月以上 6 个月以内的临时电话、模拟专线初装费调整为每号(对)300 元。

2001 年 3 月 15 日，上海市通信管理局和上海市物价局公布本地网固定电话资费调整方案，3 月 21 日，将初装费标准由每号线 1 000 元调整为每号线 700 元，其中，住宅用户自 2001 年 1 月 1 日起执行。批量初装费标准仍按原办法计算。

2001 年 6 月 21 日，财政部与信息产业部联合印发《关于取消市话初装费和邮电附加费等政府性基金项目的通知》，自 7 月 1 日起，取消中央和地方制定的各类市话初装费、农村电话初装费、移动电话入网费及所有附加在电信基本资费上的附加费，装移机工料费和手续费不在取消之列。

【计费单元】

2000 年公司化运行时，营业区内通话按 3 分钟 1 次计费，区间通话按每分钟计费，根据住宅用户与单位用户执行不同的资费标准。住宅用户区内通话 0.16 元/次，区间通话 0.25 元/分钟；单位用户区内通话 0.22 元/次，区间通话 0.35 元/分钟。

2000 年 12 月 22 日，信息产业部、国家发改委、财政部联合发布《关于电信资费结构性调整的通知》，对本地网营业区内电话费进行结构性资费调整，计费单元由 3 分钟 1 次调整为前 3 分钟计费 1 次，以后每 1 分钟计费 1 次，通话费标准各地可根据实际情况制定。

2001 年 3 月 15 日，上海市通信管理局和上海市物价局公布本地网固定电话资费调整方案，3 月 21 日，营业区内住宅电话通话费调整为前 3 分钟 0.20 元，其后每 1 分钟 0.10 元；办公电话调整为前 3 分钟 0.22 元，其后每 1 分钟 0.11 元。IC 卡、有人值守公用电话由每 3 分钟 0.50 元调整为前 3 分钟 0.50 元，其后每 1 分钟 0.20 元。磁卡和投币公用电话计费方式和资费标准不变。

【月租费】

2000 年公司化运行时，上海电信住宅电话月租费为 24 元/月，含 50 次区内免费通话次数；办公电话月租费为 35 元/月。

2000 年 12 月 22 日，信息产业部、国家发改委、财政部联合发布《关于电信资费结构性调整的通知》，改革固定本地电话基本月租费的计费办法，不再按交换机容量划分级次，统一归并为省会城市、地市县、农村及办公电话等 4 个级次计费，月租费中不包含免费通话次数。市内用户中继线也不再按级次及区分经营性和非经营性中继线，基本月租费统一调整为 100 元/月。

2001 年 3 月 15 日，上海市通信管理局和上海市物价局公布本地网固定电话资费调整方案，3 月 21 日，住宅电话月租费调整为 25 元/月，崇明县住宅电话月租费调整为 18 元/月，办公电话月租费调整为 35 元/月。同时，采取每月通话超过 6 元抵扣 6 元、不足 6 元免收区内通话费的办法，用户相当于可每月免费通话 30 次。

【区间通话费】

2000 年公司化运行时，上海电信的本地电话共划分为全市营业区(包括市中心、闵行、宝山、浦东新区和嘉定)、南汇、奉贤、青浦、松江、崇明和金山营业区(包括金山行政区所辖范围)等 7 个电话营业区，各营业区之间通话收取区间通话费。2001 年 3 月 21 日，南汇、奉贤、青浦、松江和金山营业区(包括金山行政区所辖范围)皆划入市区营业区，上海本地网仅分为市区和崇明县 2 个营业区。调整后，松江、青浦、金山、南汇、奉贤按市区营业区内通话计费标准执行，取消区间通话计费方式；崇明县营业区内按区内通话计费标准执行；市区营业区与崇明县营业区之间实行区间通话，计费方式和标准不变。

2005 年，为配合政府做好“三岛联动”的调整工作，8 月 1 日，崇明、横沙、长兴三岛的用户(包括住宅电话、单位电话)之间通话，统一调整为按区内通话费标准收费，其他收费项目和计费标准、方式保持不变。

2007年1月1日零时,崇明岛私人住宅电话和公用电话拨打市区电话,开始取消区间通话计费方式,统一按现行区内通话费标准收费;全市小灵通取消区间通话计费方式,统一按现行区内通话费标准收费。7月1日零时,崇明岛办公电话拨打市区电话,开始取消区间通话计费方式,统一按现行区内通话费标准收费。12月31日零时起,全市住宅、办公电话、储值电话和公用电话,拨打崇明岛电话,均取消区间通话计费方式,统一按现行区内通话费标准收费。

二、长途电话资费标准

【国内长途资费】

2000年公司化运行时,上海电信的国内长途电话通话费的计费单元为“元/分钟”,在全国范围内,其资费标准是根据通话之间的距离分为4个等级,单价分别为0.50元/分钟、0.60元/分钟、0.80元/分钟和1元/分钟。2000年12月22日,信息产业部、国家发改委、财政部联合发布《关于电信资费结构性调整的通知》,将计费单元由1分钟调整为6秒钟,资费标准为每6秒钟0.07元,将四级计费调整为一级计费。2001年2月21日,国内长途电话资费统一调整为新资费标准。

【国际和中国港澳台地区长途资费】

2000年公司化运行时,上海电信根据通达的国家和地区有不同的资费标准,以“元/分钟”为计费单元。2000年12月22日,信息产业部、国家发改委、财政部联合发布《关于电信资费结构性调整的通知》,将计费单元由1分钟缩短为6秒钟,国际电话不再区分被叫地点,统一调整为0.80元/6秒,中国港澳台地区电话不再区分广东省和内地呼叫,上海呼出的中国港澳台地区电话由5元/分钟调整为0.20元/6秒。2001年2月21日,国际和中国港澳台地区长途资费开始统一调整为新资费标准。

三、因特网业务资费标准

2000年12月22日,信息产业部、国家发改委、财政部联合发布《关于电信资费结构性调整的通知》,要求将用于因特网业务的数字中继线月租费由4 500元调整到2 000元。为鼓励互联网用户的发展,拨号上网用户的通信费由按市话资费减半收取,统一调整为0.02元/分钟,鼓励运营企业试行包月制的通信费用。

第六章 账　　务

第一节 计 费 与 开 账

20世纪80年代，电信账务处理基本依靠人工处理，计费次数由人工抄表，费用由人工计算，账单打印由人工录入，销账环节由人工完成。20世纪80年代末，随着纵横制交换机更新为程控交换机，计数表也被程控交换机的集成模块所替代，引进小型的计算机服务器替代手工操作环节。

1996年8月，上海市邮电管理局启动"一张账单"系统工程，涉及市内电话、长途电话、移动电话、无线寻呼、上海热线、互联网等所有电信业务，采用数据库服务器、应用服务器、客户端的三层客户/服务器结构，拥有数据预处理、计费出账、账单打印、收费核销、账款催欠、受理查询、投诉处理、统计分析及员工管理功能。1997年3月，浦东地区率先实现长途电话、市内电话资费一张账单。1998年1月，上海市区开始实施长途与市话一张账单。1999年1月，开始每月向用户结算电信费用。

2000年公司化运行时，上海电信的计费出账呈账出多门的状况，电话费账单由帐务中心开具，DDN、帧中继业务的账单由数据通信事业部开具，会议电话业务的账单由长途通信事业部开具，客户每月会收到不同的电信账单。各项业务的计费周期并不完全一致，大部分不按自然月计收。2000年年末，中国电信着手规范计费账务处理流程，实现以本地网为中心的计费账务集中管理。根据中国电信的要求和上海市郊差别的实际情况，上海电信采取先市区、后郊区的原则，逐步实现各专业的客户账务数据集中处理，实现一张账单服务，统一账务格式，统一计费、开账等处理流程。2001年9月，上海电信开始在市区建立统一的客户数据库和客户业务管理系统，对客户信息及客户电信消费的业务数据实行集中管理，并着手建立账务报表管理系统，集中管理报表，由帐务中心实施统一管理。截至2002年年末，长途通信事业部的18项业务、数据通信事业部的8项业务以及无线通信事业部的1项业务全部归并到帐务中心，上海市区实现电信"一张账单"开账。随后，上海电信开始实行本地网计费账务系统集中管理，把帐务中心与7个郊县电信局的计费账务系统合而为一。2003年5月，各郊县局的营账系统开始逐步割接至本地网系统；11月27日，上海电信本地网账务系统整合工程通过验收，7个郊县局的账务处理系统整合到市区账务处理体系中，实现本地网账务集中管理和处理。2004年，随着电信新计费账务系统的建成，上海电信全面实行本地网全业务计费账务系统集中管理。

2003年，上海电信启动自然月开账准备工作。2005年2月1日，上海电信实行按自然月开账，是中国电信集团内第一家实现自然月开账的本地网运营商，上海全市近900万电信用户账单的各类业务费用结算周期统一调整为每月1日至当月底。

2004年8月，上海电信正式启动本地通话详单计费工程，通过在本地网交换机侧增设详单功能，实施联机采集，对企业网络基础平台（ENI）进行第三期扩容和实施详单预处理，进一步提高计费的准确性。2005年10月，本地通话详单计费工程竣工。2006年10月，上海电信正式启用本地通话详单计费，替代原交换机复式计次计费。

2007年7月1日，上海电信启用新计费账务系统，具备数据预处理、计费批价、开账、支付、调账、催欠、EAI集成接口、后台报表和数据提供等八大功能模块，为客户提供准确、及时的计费账务服务，可为客户提供个性化的计费方式。

2008年，上海电信通过账前稽核、账后数据稽核和对批价、开账话单稽核等手段，开展全方位的数据稽核工作，保证出账的准确率，建立定期财账核对制度，确保财务数据和账务数据的准确率。5月，随着中国电信收购C网业务，上海电信迅速实施了面向移动计费域的系统升级工作。10月，上海电信运营CDMA移动业务后，新增费用名称1 481项。年末，建成准实时计费系统(HotBilling)，支撑C网移动业务准实时话单采集，一批、二批、实时账务、准实时信用控制等计费功能。

2009年，上海电信启动全业务融合计费项目建设，以满足全业务竞争状态下，灵活、多样化、个性化的业务和应用所带来的计费需求。同时，加强基于全业务的开账稽核，提高开账准确率。

2010年11月，全业务错单分析系统上线，有助于减少无主无权数据。年末，上海电信的出账准确率为99.996 1%。

第二节　账　　单

一、账单介质

2000年公司化运行时，上海电信账单的介质为传统的纸质账单。

2005年，为配合上海市政府“十大”实事工程，上海“市民信箱中心”要求上海电信提供“电子化账单”服务。7月，中国电信同意上海电信开展“电子化账单”的试点工作，明确原则性要求。2007年12月，用户开始可以通过网上营业厅登记电子邮箱，按月接收电子账单邮件。2008年3月，上海电信试运行电子账单。3月28日，上海电信开始向客户的电子邮箱发送电子账单的网页链接，客户可登录网上客服中心查看账单，电子账单的展现风格和相关信息与纸质账单完全一致。5月17日，上海电信正式推出电子账单，将纯电子账单称为“e账单”。是年，服务用户4万余户。

二、账单格式

20世纪80年代，因为电话用户总数少，业务种类也比较简单，用户每月收到的市话账单并不套封信封，账单上预印固定月租费、市内通话费、县话费、装移费、欠费、贷项、上浮费、声讯费和其他等9个收费项目。除此之外，长途电话、郊县电话、电报等电信业务也有不同的账单(收据)格式。

1996年，长途电话和市内电话实现统一账单格式，分别打印后套封在一个信封内邮寄给用户，在实现用户同时收到长话、市话账单的同时，结束了裸寄账单的历史。同时，根据用户实际使用的业务种类打印收费项，不再预印。

1998年1月，长话与市话账单正式合并为一张账单。其后，其他电信业务也陆续纳入电信账单中。

1999年，应上海市政府相关部门要求，电信账单中部分费用名称调整为英文标注。

2000年公司化运行时，上海电信账单的属性为代收据，样式则为上下两联，上联为回执，下联为收据，由用户保存。账单背面印有服务指南、银行账号等信息。随着业务的发展，截至2002年，电信账单中费用项目累计已达 259 种。

2003 年 9 月，根据税务机关监管要求，电信账单纳入票据规范管理范围，由收据账单变更为账单发票。账单发票加印发票监制章、发票代码、地税号和营业执照信息。电信账单正式成为企业财务凭证和个人报销依据。

2004 年 5 月，上海电信启用全新格式的电信账单，包括现金账单、卡转付账单和预存款收据账单，新增超长账单，可显示费用明细超过 22 条。

自 2005 年 11 月起，上海电信开始根据市政府相关部委和市行风评议委员会的要求，调整账单中部分由字母组成的费用名称，尤对争议较多的“DDD 通话费”“IDD 通话费”，调整为“DDD 国内通话费”“IDD 国际通话费”，“PHS”统一调整为“小灵通”，“ADSL”“LAN”“HPNA”等产品品牌名称后加注“宽带”字样。

2006 年，上海电信开始实施客户化账单的建设。2008 年 5 月，上海电信针对“我的 e 家”品牌客户启用品牌客户账单——e 家账单。账单以销售品为单元分层列示消费费用，先列客户品牌类销售品，后列基础服务类销售品的费用，优惠项目单独且列示顺序按标准资费计算的费用、优惠费用、优惠后的费用。至此，上海电信的账单有 e 家账单和非 e 家账单等两大类，其中，非 e 家账单又包括普通账单、简打账单、中英文账单等。

2008 年 11 月，上海电信为 133、153 用户启动电信专用 C 网账单，以满足业务过渡期向用户提供账单的需要。

2009 年，随着全业务营销全面推广，产品营销的融合度日益增高，电信账单收费项目的复杂程度远远超过固网时代，账务咨询占到 10000 号客服热线总咨询量的 30%以上。上海电信于是年 7 月推出世博版新账单，完善产品和营销配置模板，增加账单打印内容的配置，优化账单格式模板，规范费用名称以及收敛规则，提高前台人员对账单选择的灵活性。

2010 年，上海电信根据中国电信统一全业务账单格式的要求，进一步优化账单的费用展现，强化相关区域的功能性，调整费用项目的归类，新增天翼和商务领航的品牌账单。11 月，新版账单正式上线启用，更清晰地为用户展现套餐优惠、账户及积分等信息。

第三节　资 金 回 收

一、缴费网点

2000 年公司化运行时，上海电信除自有营业网点收缴电信账款外，还通过委托代办的方式发展收费网点，包括工商银行、建设银行等商业银行，联华超市、罗森便利店等大型连锁超市，邮局和其他社会代办点等。2001 年，上海电信有各类收费网点 2 000 余家。2002 年，新增中信实业银行、民生银行、光大银行、福建兴业银行、可的便利店、美亚等收费网点，收费网点总数增加至 4 000 余家。2004 年，上海电信有各类收费网点 5 100 余家。2005 年，引入合格供方评定方式对代收单位进行管控。2007 年，通过加强预销账查证力度、银行未达账查证进度、代收网点的沟通和监控、代收信息的收集和分析等手段强化代收网点的管理，确保资金回收渠道的通畅和安全。2010 年，上海电信开发代收网点管理系统，通过网点管理平台，为代收网点的资金结算、业务量分析提供信息化支撑，提高工作效率和处理准确度。

二、缴费方式

2000年公司化运行时，上海电信的用户缴费方式以线下柜面交易为主，主要包括现金、银行卡转扣，企业用户委托银行付款、电汇、信汇、贷记凭证支付、支票等付费方式，也可通过网上传输代销账的方式实现用户付费。随着公司化运营的开展，上海电信通过丰富电子支付的方式，降低用户现金支付的比例。2000年，新增上海银行和中国银行开户用户的无纸托收业务，加快账款回收进度，重点发展银行卡转付业务。截至2001年，上海电信的收费方式主要为现金支付、银行卡转付、电话自助缴费、电话委托缴费和预存款支付等。2002年，上海电信新增易付卡缴费方式，支持电话缴费和网上自助缴费。2004年12月1日，上海电信在全市所有邮政储蓄网点开展无账单支付业务，是年，新增付费通缴费方式。2006年，上海电信开始逐步提高电子支付业务的手续费费率，推动银行卡自动转扣、自助支付等方式的发展，陆续推出聚信卡、固网支付、移动支付等电子支付方式，在各营业厅内普及银行卡POS机。同时，通过网上营业厅的建设强化在线支付功能，2009年，上海电信网上营业厅实现银联卡在线支付功能。2010年，上海电信网上营业厅接入支付宝，允许通过支付宝收银台提供互联网在线支付。

三、欠费催缴

上海邮电时期，已逐步建立起内部人员催讨、社会委托催讨和法律手段催讨的欠费催讨方式，尤其对久欠不还的单位和个人，通过执法部门采取法律手段追回欠费损失。2000年公司化运行后，上海电信在公司内部优化欠费催缴流程，加强欠费的监管；通过170自动语音提示、人工催欠、寄送催单等方式提醒欠费用户缴费，逐步建立起一支以专业人员为主，社会委代办为辅的催欠员队伍。

2001年，受电话初装费取消、缴费期限由15天延长至30天等外部政策的影响，账款回收压力开始日益增加。

2002年，上海电信进一步完善催欠流程，将欠费数据分段落实到催欠人员，减少中间环节，提高催欠效率；对于社会委托代办人员实行按行政区域邮编属地化管理，增加上门时间，加快回收速度，尝试与其他单位合作代催电信费的模式。在欠费催讨过程中建立信誉度机制，与新闻媒体合作加大信誉度意识的宣传。

2003年，上海电信实行分层次、分等级的欠费催缴，通过与第三方公司合作，丰富催欠渠道，保证用户欠费从首次自动语音提示到人工上门催缴的全过程管理，减少坏账损失，提高资金回收率。

2004年，上海电信针对大客户欠费主动推出“银行托收付费＋E－mail账单明细”和“账单个性化并账”服务，加快大额资金的回收，开展定期集中催欠。

2005年，上海电信推广“一站式资金回收、投诉处理”服务模式。

2008年2月，上海电信在用户账单上新增未付费账单提示信息。5月，欠费催缴工作由各区局和政企客户部承担。随着综合结算系统四期割接完成，网间结算的回收率达到99.91%。

2009年，上海电信和上海资信公司合作，将个人和企业的欠费诉讼信息资料纳入上海市个人及企业征信系统。同时，根据中国电信关于控制应收账款、防范欠费风险和规范不确认收入口径的要求，通过对不同区域、不同客户群和不同时间段的分析，开展欠费的分析和测算。

2010 年,上海电信针对移动业务增加高额信控监控,于 3 月启用 5 倍高额话费提醒短信服务。是年,在欠费回收诉讼中引入笔迹鉴定的方式,加强回收工作的效率。

表 5-6-1　2000—2010 年帐务中心计费开账、资金回收情况表

年　份	服务范围	开账次数	开账金额(亿元)	回收金额(亿元)
2000	市区局	—	58	—
2001	市区局	231	67	—
2002	市区局	367	78	74
2003	市区局、郊县局	403	85	87
2004	市区局、郊县局	388	109	109
2005	市区局、郊县局	390	113	112
2006	市区局、郊县局	361	117	—
2007	市区局、郊县局	12	137	133
2008	市区局、郊县局	12	145	138
2009	市区局、郊县局	12	154	147
2010	市区局、郊县局	12	176	152

第六篇

客户服务

概　　述

电信企业的服务贯穿于信息传递的发起与结束全过程，其生产过程与用户的消费过程紧密相连。服务水平的高低，透视了企业的管理水平，反映了从业人员的能力素质，事关企业的兴衰成败。

中国电信成立后，提出“用户至上、用心服务”的客户服务理念。2000年公司化运行伊始，上海电信公开向社会承诺实施“五大服务工程”，塑造全新的公司品牌。2002年，随着业务流程重组的开展，上海电信根据客户的实际需求，逐步推行差异化服务。2005年，推出上海电信“双用”服务体系。2007年，上海电信在全集团内率先成立客服质监部，赋予其对客户服务全过程的知情权、参与权、协调权和考评权，保证“用户至上、用心服务”的客户服务理念贯穿公司经营管理的全过程。2008年，随着公司战略转型的深入，上海电信提出“三个转移”的服务战略，即“向高价值客户转移、向高感知服务转移和向融合及数据业务转移”，以提供差异化服务为手段，以大力提升品牌客户的满意度作为突破点，最终实现以客户服务拉动业务发展和客户价值的“双”增长。2009年，上海电信以全业务经营和迎接世博会为契机，开始构建全业务融合服务体系，重点突出基础服务、前置服务和主动服务。

2000—2010年的11年间，上海电信几乎每年都推出新的服务举措，兑现服务承诺，推出装维预约服务、“免填单”服务、一台清服务、自然月开账、本地网详单查询等重大服务项目。在服务方式方面，变过往的被动服务为主动服务，通过自助服务机、网上营业厅、短信营业厅等方式实现用户自助服务；在服务渠道方面，于线上推出10000号综合服务热线、网上营业厅、掌上营业厅、全球客户服务热线、国际漫游服务热线，于线下建设自营营业厅、合作营业厅、专营店、大卖场等实体网点，形成立体的客服网络；在服务内容方面，由传统的通信产品提供商转变为信息内容的提供者，根据客户群体的不同提供差异化、个性化的服务；在服务监督方面，根据信息产业部、工信部和中国电信的要求落实服务标准，处理用户投诉，建立内外结合监督检查体系，确保服务质量。

2010年，在中国电信的用户满意度测评中，上海电信的总分为81.8分，其中，移动业务得分为80分，固话业务得分为82.8分，宽带业务得分为83.4分。在上海市文明办发起的社会公众满意度测评中，上海电信获得85.28分，在通信行业中处于领先地位。在上海世博城市文明指数8次测评中，上海电信6次获得生活服务类窗口行业服务文明满意度第一，7次获得通信行业服务文明满意度第一。上海电信的优质服务得到社会肯定。

第一章 服务管理

第一节 服务理念和体系

2000年12月20日，中国电信召开全国电信服务工作会议，要求不断更新观念，提高对服务工作的认识，提出要牢固树立用户至上、用心服务、全员服务和服务就是效益的观念，要从事关企业兴衰成败的高度去认识改善服务，采取切实有效措施，标本兼治解决服务问题，推动中国电信的服务工作迈上新台阶，达到新水平。其后，将“用户至上、用心服务”确立为中国电信的服务理念。

2001年，上海电信结合中国电信的要求，将“用户至上，用心服务”的服务理念，贯穿于市场、网络、客户服务等企业经营管理的全过程之中，在企业文化手册中，将其细化为主动服务、全员服务、差异化服务、高效服务和优质服务。

2003年，上海电信提出“建立海尔服务体系”的设想。2004年，上海电信开展“学习海尔精神，构建上海电信双用服务体系”主题活动，加快推进上海电信“双用”服务体系的建立，全面提升上海电信服务水平。

2005年，上海电信正式推出“双用”服务体系，将客户价值视作客户需求、客户权益、客户满意三者有机联系的整体，明确指出“用户至上”的3个方面，勾勒出实现“用心服务”的3个方向，全面阐述上海电信对中国电信服务战略、服务理念的理解和实践，要求将“双用”服务理念贯穿于企业经营管理的全过程之中。“双用”服务体系还提出“服务集成、服务标准、服务评估”三位一体的服务提供系统模式，以服务标准为唯一尺度，对售前、售中、售后等3个阶段的服务状况进行有效监控和评估。

2006年，中国电信印发新版企业文化手册，结合企业转型的目标，将“双用”服务理念由贯穿于企业经营管理全过程提升为贯穿于为客户提供综合信息服务的全过程。

2008年，随着公司战略转型的深入，上海电信提出“三个转移”的服务战略，即“向高价值客户转移、向高感知服务转移和向融合及数据业务转移”，以提供差异化服务为手段，以大力提升品牌客户的满意度作为突破点，最终实现以客户服务拉动业务发展和客户价值的“双”增长。

2009年，上海电信开始以全业务经营和迎接世博会为契机，构建全业务融合服务体系，重点突出基础服务、前置服务和主动服务。

第二节 服务规范和标准

一、部级服务规范和标准

2000年1月11日，信息产业部发布《电信服务标准(试行)》，内容包括直接反映电信服务质量和水平、与用户使用电信业务关系密切的服务质量(非技术性)指标和通信质量(非技术性)指标，具体涵盖固定电话、电话信息服务、数字蜂窝移动电话、无线电寻呼、数据通信和租用电路等业务。《电信服务标准(试行)》是电信企业提供电信业务时应当达到的服务质量标准，也是电信主管部门及用户对电信服务质量实行监督的基本依据。

2005年3月13日,信息产业部发布《电信服务规范》,调整电信服务规范涵盖的业务种类,分为固定网本地及国内长途电话业务、数字蜂窝移动通信业务、因特网及其他数据通信业务、国内IP电话业务、无线寻呼业务、信息服务业务、国内甚小口径终端地球站(VSAT)通信业务、国内通信设施服务业务。《电信服务规范》自4月20日起施行,同时废止2000年的《电信服务标准(试行)》。

二、集团级服务规范和标准

2000年8月14日,中国电信根据信息产业部《电信服务标准(试行)》的要求,编印《中国电信集团公司电信服务标准(试行)》(简称《企业服务标准》),规范企业内部管理,提高电信服务质量和服务水平。《企业服务标准》包括通用服务规则和服务质量指标,其中,服务质量指标明确了固定电话、数据通信服务和电话信息服务等三类业务的服务指标。10月1日,上海电信开始根据《企业服务标准》的要求提供电信服务。

2002年,新的中国电信集团成立后,对2000年的《企业服务标准》进行修订和完善,力求塑造中国电信新形象和优质服务品牌。7月2日,印发《中国电信企业服务规范和标准(试行)》(简称《企业服务规范和服务标准》),着重对通用服务、营业厅服务、入户服务、热线服务、大客户、商务客户和社区客户服务、公用电话服务、信息服务、IP电话业务服务、因特网及其他数据服务等方面进行补充和完善,从基本服务标准、提升服务标准和优质服务标准等3个方面提出具体的服务时限要求和服务质量要求。上海电信以此为依据开展服务工作。

2008年9月8日,中国电信印发《中国电信集团公司客户服务标准(试行)》,重新梳理并修订客户服务基础标准,统一整合和细化品牌客户差异化服务标准,从客户维度切入,明确主要业务/产品的基础服务标准、服务界面标准,以及品牌客户差异化服务标准和享有的服务内容,主要包括政企客户服务标准和家庭/个人客户服务标准,以适应企业转型和即将到来的全业务经营对客户服务工作的要求。9月27日,中国电信印发《中国电信C网过渡期客户服务标准》,在中国电信客户服务标准的基础上,借鉴中国联通的CDMA客户服务标准,从客服界面和服务内容等两个方面,对过渡期CDMA客户服务提出基本指标和要求,主要包括过渡期CDMA客户服务标准(基础服务标准+部分差异化服务)、过渡期CDMA客户服务标准(VIP会员服务)和过渡期CDMA客户服务标准(集团客户服务)等,以保证过渡时期服务质量和客户感知不降低,顺利承接CDMA客户服务平稳迁移。

2009年,为适应全业务运营的新形势,中国电信于3月4日印发《中国电信全业务客户服务标准》,由107条家庭/个人客户服务标准和89条政企客户服务标准组成。其中,家庭/个人客户服务标准包括快捷服务(时限类)、便捷服务(功能类)和关怀服务(回馈类)等三类;政企客户服务标准由行业、聚类客户服务和一站式服务时限构成。

2010年3月9日,中国电信印发《中国电信全业务客户服务标准(2010年版)》,对2009年的《中国电信全业务客户服务标准》进行全面修订,在结构上保留快捷服务(时限类)、便捷服务(功能类)和关怀服务(回馈类)三大分类;在内容上突出从企业服务能力向客户感知的转变,进一步体现基础服务的实时性和客户感知特性、信息公告与服务提醒等前置服务元素,以及级差服务和对客户的针对性;在具体条款上聚焦客户感知、服务短板、同业比较差距、市场竞争等需求,重点增加满足全业务运营和移动业务特性的标准,具体标准精简为90条。此外,根据全业务服务管理需要,又单设了政企客户跨省业务一站服务(产品维度)标准17条。

图 6-1-1　以规范标准的服务接待每一位顾客

第三节　服务监督

电信服务质量监督管理是指对电信经营者在向客户提供电信服务过程中，依法执行国家有关法律法规以及电信服务标准所进行的一系列监督管理活动。1995 年 10 月，邮电部颁发《电信服务质量监督检查管理办法》，这是邮电部关于电信服务质量管理工作的第一个法规性的文件，为电信服务质量监督检查工作的制度化、规范化和科学化奠定基础。2000 年 1 月 12 日，信息产业部印发《电信服务标准（试行）》，既是电信企业提供电信业务时应当达到的服务质量标准，也是电信主管部门及用户对电信服务质量实行监督的基本依据。2001 年 1 月 11 日，信息产业部颁发《电信服务质量监督管理暂行办法》，明确电信服务质量监督管理实行政府监管、企业自律、社会监督相结合的机制。

上海电信作为中国电信的分支经营机构，围绕建章立制、内部稽查、投诉处理等开展企业内部的服务质量管理，每年进行用户满意度测评，同时广泛接受来自社会各界的监督，确保服务质量。

一、建章立制

20 世纪 90 年代以来，上海市邮电管理局逐步建立了内外结合的服务质量监督体系，在接受外部监督的同时，在企业内部建立服务质量保证体系，确保服务标准的落实。

2000 年公司化运行后，由监督部承担上海电信服务质量的监督任务，负责对内部各类有关服务管理的制度、标准和业务流程执行情况进行监督检查，对企业内外用户投诉处理的质量和效率进行监督检查，督促相关部门落实质量改进措施，定期提交服务质量监督的综合报告，对各阶段重大服务质量问题组织专题调查并提交书面调查报告。2001 年，上海电信建立由各单位党政一把手和各单位服务工作专职人员组成的上海电信服务工作管理网络，与公司监督部形成二级服务管理体系，主要通过监督检查、抽查、通报、调研、测评、用户座谈会等形式开展服务质量监督工作，把服务质量的“普遍责任”落实到每个岗位和每个员工。

2002年，上海电信制定《营业服务规范》《入户服务规范》《客户回访制度》《投诉处理办法》等一系列服务管理办法和规章制度。同时，向全市用户推出具备服务监督功能的《服务指南手册》。随着ISO9000：2000质量管理体系认证工作的正式开展，上海电信围绕国际标准建立质量管理体系机制，在服务质量方面加强不合格品的控制管理，细化顾客满意度的测评程序。

2003年，上海电信提出“建立海尔服务体系”的设想，根据不同用户类型，提供最适合、最恰当、最到位的通信产品及服务，实行无断层、全覆盖、闭环管理，推行电信的海尔式服务。2004年，通过构建和完善“双用”体系，在客服界面推行整齐划一的规定动作，提供统一的“方便、优质、高效、透明”服务。

2005年5月起，上海电信陆续印发《上海市电信有限公司商业客户服务质量监控管理办法》《上海电信营业窗口首问责任制及劳动纪律规范标准(试行)》《上海电信营业窗口文明服务标准(试行)》《上海电信营业窗口现场管理标准(试行)》，加强商业客户和营业窗口等营销主渠道服务质量的管理。11月3日，上海电信印发《上海市电信有限公司营销服务质量不合格品控制管理办法》，对在提供营销服务过程中的不合格品进行识别和控制，防止不合格品的非预期使用或交付。

2006年3月31日，上海电信在2005年的《上海市电信有限公司内部服务赔偿/补偿处理办法(试行)》的基础上，正式颁发《上海市电信有限公司内部服务赔偿补偿处理办法》，明确上海电信各业务经营单位/部门只承担因违反电信监督管理有关规定或者在电信服务中有过错责任而造成用户的直接经济损失，明确赔付标准。其中，和用户以协议或其他方式有事先约定的从其约定，没有约定的可参照该办法处理。对于非上海电信原因导致用户有异议的，原则上不给予赔偿，但可进行适当补偿并明确补偿范围。

2007年，上海电信创新服务管理体制。4月，成立客服质监部，通过专业的服务质量监管部门提高跨前后端的服务质量管理水平，推进服务转型。是年，在实体渠道方面制定《上海市电信有限公司营业场所基础设施与工作环境管理程序》《营业厅自助终端设备维护管理办法》《营业信息发布变更管理办法》《实业公司所属营业厅服务质量考核管理办法》等管理办法；在电子渠道方面制定《网厅专席日常操作细则》《网厅人工干预规范》《网厅巡检内容》《网厅满意度调查内容》等管理办法。

2008年4月21日，上海电信印发《中国电信上海公司服务质量管理程序》，从产品服务提供过程和产品服务资源配置过程两方面对服务质量进行管理和控制。8月19日，上海电信印发《重大服务质量事件管理办法(试行)》，通过建立公司内部跨部门服务质量管控制度，对服务质量事件进行有效预控和处理，强调事前参与、事中协同和事后保障，建立全网针对产品营销、客户服务、IT系统支撑和通信平台的重大服务事件管控办法。是年，为承接CDMA移动业务，确保业务过渡期间的服务质量，制定《移动增值业务投诉快速处理流程》等20余个C网业务处理流程，编制《过渡期CDMA133/153客户服务小帮手》等手册。

2009年，随着全业务经营的开展，根据《中国电信全业务客户服务标准》的要求，结合集团基础服务提升攻坚行动，上海电信推进全业务客服标准的贯标工作，建立全业务融合服务体系。11月19日，中国电信印发《中国电信服务质量管控体系建设指导意见》，以客户感知点为基点，构建中国电信服务质量管控体系框架，将服务质量管控的着力点由事后结果管控转变为包含事前和事中的生产运营全过程的服务质量管控，即向前涵盖市场(客户)调研及有效识别客户需求、产品设计、服务宣传等，向后涵盖产品上市后的客户感知洞察、售后服务等，通过事前的“管控前置”、事中的“自纠机制”和事后的“服务补救”等全过程管控手段，推动实现客户服务无缝隙覆盖，形成以客户需求为始、以客户感知为终的闭环管控体系。

2010 年，上海电信以网络、IT、产品/资费、渠道、合作和终端等为六大服务管控区域，建立服务质量分析会制度和投诉数据分析制度，形成协同效应，提升服务品质。3 月 9 日，中国电信印发 2010 版《中国电信全业务客户服务标准》，重点突出基础服务、前置服务和主动服务。根据全业务服务质量管控的工作要求，上海电信建立、完善移动业务故障预处理知识库动态更新的长效机制和移动增值业务的故障处理流程与维护工作制度，根据产品、销售品服务前置管理的要求，在产品上线前、产品上市前、产品上市后等环节增加服务前置审核的管理流程和管理办法。

二、投诉处理

1996 年，邮电部要求在各省会电信局、各市地邮电局设立“180”投诉服务中心，负责投诉业务处理。1997 年 1 月，上海邮电服务质量投诉中心成立，设有“180”特服电话号码投诉台和投诉接待站，实行统一受理、分级处理和集中监控。市电话局、长信局等业务经营部门负责处理投诉中心转交的用户投诉。

2000 年公司化运行后，上海电信的投诉来源主要分为信息产业部、集团公司转来的投诉，政府机关、媒体消协等外部单位转来的投诉，上海电信信访办受理的投诉，180、170、8666 等热线和其他渠道受理的投诉。11 月 22 日，上海市电信公司服务质量投诉中心成立，代表公司受理客户对电信通信服务质量投诉申告及综合客户投诉信息管理，内设 180 投诉受理台和客户来访接待站。是年，上海电信共受理用户投诉 21 244 起，投诉量占前五位的问题是话费争议、公用电话问题、112 报障、装移机问题、新业务功能，并在投诉受理的台、站、网、点推广首问负责制。

2001 年 3 月 15 日，上海电信服务质量“总经理投诉热线电话”开通，号码为 63062105。

2001 年 4 月，中国电信印发《电信服务质量问题处理办法》，规范服务质量投诉处理流程，要求各级电信公司要严格执行“首问负责制”规定，建立健全服务质量管理体系，把好受理、处理、答复、回访环节，及时整改，妥善处理好各类服务质量问题。9 月，上海电信制定《上海电信投诉处理规定试行办法》，将投诉处理时限由信息产业部规定的 15 天提速到一般问题处理不超过 3 个工作日，话费争议处理不超过 5 个工作日，重大问题处理不超过 2 个工作日，对投诉处理开展 100%的回访和跟踪。

2003 年 1 月，180、170、8666 等热线整合入 1000 号服务热线。8 月 16 日，上海电信 1000 号服务热线与上海市消费者协会“12315”投诉热线正式联网。年末，上海电信共受理、处理用户投诉逾 26 000 起，投诉的问题主要集中在话费异议、装移机、电话维修和维护、业务处理和服务等问题。

2004 年，上海电信制定《投诉处理办法》，按照集中受理、统一管理、分级处理的原则，对客户投诉实行统一受理和动态管理，理顺客户投诉处理的渠道，提高客户投诉处理的及时率和满意率。随着小灵通业务的发展，有关小灵通的售后服务、内部管理等问题逐渐成为用户投诉的焦点。年末，上海电信共受理、处理用户投诉逾 42 231 起，投诉的问题主要集中在话费争议、电话装移机、电话维修和维护问题、服务问题和业务处理问题。

2005 年 4 月，上海电信印发《上海市电信有限公司投诉处理及考核管理办法》，明确投诉处理时限为 3 个工作日，话费争议投诉处理时限为 5 个工作日，重大及需特殊处理的问题不超过 2 个工作日。同时，根据投诉处理的来源，分别制定对应的处理流程。后于 2006 年印发新版管理办法。2005 年，上海电信共受理、处理用户投诉 38 870 起。2006 年，上海电信共受理、处理用户投诉 31 331 起。

2007 年 7 月，上海电信开始在投诉管理中新增客服日报和每周分析报告，加强投诉处理的分析工作。年末，共受理、处理投诉 21 102 起。

2008 年 5 月，上海电信印发《中国电信股份有限公司上海分公司客户咨询投诉处理及考核管理办法》，取消投诉系统内的撤诉环节和可以延长一次处理时限的规定，更正“服务提升”的属性，关注批量客户投诉问题，重视并强调品牌客户投诉处理的重点时效管理，逐步推行投诉处理效能管理，缩短系统内的步骤时限。废止 2006 年的管理办法，印发《品牌客户账单异议类咨询投诉处理操作细则》《客户咨询投诉处理实施细则》和《重大服务质量事件管理办法》等相关规范文件。10 月，根据《中国电信上海公司 C 网客户投诉处理及考核管理办法(暂行)》，开始开展移动业务的投诉受理和管控工作。

随着全业务运营的开展，中国电信于 2009 年印发《中国电信全业务客户投诉处理管理办法(试行)》，2010 年进行修订。上海电信根据中国电信的要求，先后制定《中国电信上海公司客户沟通与投诉管理程序》《中国电信股份有限公司上海分公司全业务客户投诉处理实施细则》，据此开展投诉受理和管控。

2010 年，上海电信继续加强全业务投诉服务管理。4 月 23 日，全业务投诉客服管理系统上线运行，涵盖所有业务在内的 1 442 个投诉场景脚本及模板、331 个常见问题处理指南、172 个投诉常用语模板，还具备投诉手册、知识库、信息栏等在线指导查询等多种功能。

图 6 - 1 - 2　上海电信消费者权益日集中受理用户信访

三、服务稽查

2001 年 3 月，上海电信组建服务质量稽查大队，隶属监督部，对服务质量进行监督检查。是年，根据《电信条例》和《电信服务标准》的要求，上海电信重点对营业窗口、公用电话、话务台实施监督检查。营业窗口方面，采取对照检查、暗访检查等方式，重点检查服务情况，包括环境布置、资费标准、首问责任制公约，营业员的仪表仪容、服务态度、业务熟悉程度，营业布局、窗口便民措施、环境卫生等情况；公用电话方面，重点检查街头公用电话的完好情况和维护保洁情况、火车站地区的收费情况等；话务台方面，对应答时限、服务用语和服务情况进行抽查。2002 年，上海电信将日常检查与重点检查相结合，将实际检查与征求用户意见相结合，完善检查制度，增加检查频次，加大检查的力度。

2003 年 5 月 27 日，中国电信印发《服务质量监督检查实施办法》，重点检查“中国电信企业服务规范”贯彻落实情况，新业务的售前、售中、售后服务情况，服务回访情况等。上海电信根据要求，重点检查用户关心的营业环境布置、明码标价、服务规范、设立咨询台或值班长、等候时长、营业时间、便民服务、服务质量等内容，对前期的整改情况进行跟踪复查。第三季度，上海电信开始加强对新装宽带用户的电话回访，采取随机抽样的方式回访用户，重点调查安装时限、安装质量和使用质量。

2004 年，随着“双用”服务体系的构建，上海电信根据服务体系的内容开展针对性检查，重点检查先装后付、免填单、10000 号电话受理业务等服务措施落实情况，加强合作电信业务受理窗口的检查力度和频次。

2006 年，上海电信根据中国电信在服务工作上的新要求，对营业窗口服务规范的落实和执行情况进行动态管理。

2007 年，上海电信调整服务管理体制，实施服务转型，取消服务稽查大队。2007—2010 年，上海电信在贯彻服务转型的同时，继续加强营业窗口、客服热线的检查工作，逐步建立网上营业厅等渠道的服务稽查体制。

表 6-1-1 2001—2006 年上海电信服务稽查情况表

年份	营业窗口			话务台拨测(人次)	公用电话(部)
	检查(个)	反馈信息(条)	整改建议(条)		
2001	103	—	—	—	581
2002	188	156	90	371	1 216
2003	198	258	83	456	1 445
2004	413	400	80	1 298	10 493
2005	761 次①	665	148	3 832	16 284
2006	821	758	173	4 099	14 280

说明：① 2005 年营业窗口检查的统计单位为“次”。

四、满意度测评

【集团公司测评】

2001 年，信息产业部开始将用户满意度作为衡量各电信运营商服务水平的一项重要指标，每年对各大电信运营商进行用户满意度评估,促进企业不断自查自纠,持续改进,提升企业管理水平。

中国电信于2001年开始逐年开展满意度测评。2001年的测评,采用MOT测评模型,根据用户的期望水平和现实感受情况确定满意程度,通过电话访问的方式,对使用固定电话、数据等业务的大客户、商务客户和住宅客户开展测评。2002年,中国电信开始采用电信服务质量用户满意指数(TCSI)测评模型开展测评工作,根据业务发展情况调整测评指标。截至2004年,调查对象扩展至公众电话用户、商业电话用户、大客户、宽带ADSL用户。在调查方式上,对大客户采取信函访问采集数据方式,公众客户和商业客户仍采用电话访问采集数据的方式。2005年,测评内容新增宽带和小灵通业务。2006年,增设短信、彩铃等重点业务用户满意度指数测评,将满意度结果与经营业绩进行关联分析。

表6-1-2 2001—2006年集团公司用户满意度测评上海电信结果情况表 单位:分

年 份	综合满意度	住宅(公众)客户	商务客户	大客户
2001	77.42	79.98	76.62	77.11
2002	80.49	82.30	83.40	—
2003	82.00	82.20	81.60	82.10
2004	82.49	81.10	79.10	87.30
2005	—	82.70	82.10	85.40
2006	—	79.10	80.70	84.20

说明1:2005年,住宅客户满意度开始调整为公众客户满意度。
说明2:2006年下半年未进行大客户满意度测评,引用数据为年中测评结果。

2007年,中国电信开始基于客户群分类开展满意度测评,分为集团及省级政企客户、普通政企客户和公众客户。在此基础上,增加商务领航、“我的e家”、号码百事通等品牌及转型业务的专项调查。

表6-1-3 2007—2008年集团公司用户满意度测评上海电信结果情况表 单位:分

年 份	集团及省级政企客户	普通政企客户	公众客户
2007	85.10	79.00	80.30
2008	86.60	82.60	80.30

2009年,中国电信开始从固话业务、移动业务、宽带业务等3个方面开展用户满意度测评。2010年,上海电信在中国电信的用户满意度测评中,获得81.8分的总分,其中,固话业务获评82.8分,移动业务获评80分,宽带业务获评83.4分。

【上海电信测评】

2001年,上海电信开始每年开展用户满意度测评,掌握用户对公司服务质量的满意度状况。

2002—2006 年，上海电信基于客户群分类开展满意度调查，分为大客户、商业客户、公众客户。

表 6-1-4　2001—2007 年上海电信满意度调查情况表　单位：分

年　份	总体满意度	大　客　户	商业客户	公众客户
2001	80.83	85.01	—	—
2002	—	—	—	—
2003	82.02	84.70	83.65	80.84
2004	83.00	85.74	82.45	82.18
2005	82.73	87.50	81.20	81.00
2006	—	87.50	85.60	85.30
2007	—	—	—	—

2008 年，上海电信满意度调查的客户群分类调整为公众客户和政企客户，增加各客户群中品牌用户的调查。其中，公众客户中的普通客户满意度为 80.5 分，品牌客户满意度为 81.5 分；政企客户中的金银卡客户满意度为 84.3 分，商务领航客户满意度为 82.8 分，普通客户的满意度为 81.7 分。

2009—2010 年，上海电信根据家庭用户、手机用户和政企用户开展常规满意测评。

表 6-1-5　2009—2010 年上海电信满意度调查情况表　单位：分

用户类型	2009 年年底	2010 年年底
家庭用户	79.5	79.8
手机后付费用户	80.0	82.9
手机预付费用户	76.5	—
无线宽带用户	80.4	—
政企用户	78.4	79.6

五、社会监督

2000 年公司化运行后，上海电信逐步健全社会监督机制，加大对各窗口服务质量监督检查力度，提高全公司的服务质量。9 月 7 日，上海电信召开社会监督员聘任大会，聘任社会监督员 38 名，主要来自全国人大代表、全国政协委员、市人大代表、市政协委员、全国劳模、新闻媒体和电信大用户代表，各下属通信单位也按照《社会监督员聘任管理办法》，各自建立社会监督员队伍，共聘任 368 名社会监督员，任期两年，到期换届。是年，还举办“上海电信与新闻界提高服务质量恳谈会”，主动接受新闻媒体的舆论监督。

图 6-1-3　2000 年 9 月 7 日，上海电信服务质量社会监督员聘任大会

2001 年 9 月，随着上海市通信行业行风建设指导小组成立，上海电信分管服务领导作为组员加入行风建设指导小组，根据要求开展行风评议活动，根据行风评议中提出的问题，从解决用户热点、难点问题入手，不断提高服务质量。

2006 年，上海电信开始接受上海市文明办对全市 37 家窗口企业开展的社会公众满意度调查，应用《上海窗口行业精神文明建设评估体系》，主要内容为行业的环境设施、举止仪表、办事告示、业务水平、服务态度、工作绩效、应急能力、受理处置、遵时守纪和文明创建活动等 10 项，2010 年增加至 40 家。2008 年，上海电信测试排名首次跻身前 20 名之列，此后排名逐年提高。2010 年，上海电

图 6-1-4　市纠风办的政风行风监督员来公司听取信访工作

信测评分数为 85.28 分，位列第 13 名。

2000—2010 年，上海电信逐步建立起包括政府监督、行业监督、媒体监督、社会监督员队伍等在内的社会监督体系，在接受检查的同时，也主动参与质量协会的活动、电台《政风行风热线》节目，就用户关心的热点问题进行对话交流。

表 6-1-6　2006—2010 年上海电信社会公众满意度测评结果情况表

年　份	测评分数	排　名
2006	73.21	37
2007	80.84	24
2008	83.22	17
2009	84.22	15
2010	85.28	13

第二章 服务渠道

第一节 实体服务渠道

一、基本服务

营业厅作为中国电信的服务窗口，是服务客户较多的重要渠道，也是展示中国电信企业形象的重要窗口。邮电管理局时期，电话局、长途电信局等专业局均设有营业窗口，负责各局本专业的业务受理和服务。1988 年，邮电管理局在上海成都北路设置了第一家电信业务受理处，打破上海市内电话、长途电话、无线通信、信息业务等专业界限，统一受理各类电信业务，1992 年改称电信业务综合受理处。截至 2000 年公司化运行初期，各类营业网点已通过计算机等信息化的方式开展业务受理。

2000 年公司化运行后，上海电信力求打破各专业局营业窗口的业务受理区隔，通过在各营业窗口推广首问负责制，要求必须受理任何客户的各项上海电信范围内的业务申请、业务咨询、业务查询和质量投诉、障碍报修等业务。9 月，上海电信开始在 23 个营业窗口综合处收取帐务中心、长信局、信息产业公司开具的 12 类账单的费用，实行营业厅窗口综合收费，明确窗口缴费即时收取，时限不超过 15 分钟。2001 年 12 月 28 日，上海电信在市区所有的电信营业窗口和区(县)的城厢营业窗口实施固定电话业务、上网业务和数据业务等全业务的综合受理，结束长期以来各营业窗口分散经营、分头管理的局面。

2000 年 12 月，上海电信开始根据《营业场所门面识别规范(暂行)》的要求，对各营业网点进行统一装潢布置，打造具有企业特征的连锁服务网点，统一企业外在形象。

2001 年 7 月，上海电信开展营业场所环境整治工作，优化营业服务环境。9 月 15 日，开始在所有窗口张贴公司服务理念、企业口号、服务标准、资费标准等，所有营业人员佩戴统一制作的带有职务的工号牌，主要窗口都安装多媒体查询终端，供用户自动查询业务和账务的有关信息。12 月底，在漕溪北路营业厅启用叫号系统，此后陆续在其他各营业厅启用排队叫号服务。截至年末，上海电信下属各营业厅都配备了必要的便民设施(如老花眼镜、针线、创可贴、常用药物等)，经营的业务范围、资费标准等宣传标识都能在显著部位公布张贴；营业员能统一着装、佩戴工号牌，接待用户和受理业务时态度和蔼，用语较为规范；大多数营业厅内配备了值班长和引导办业务的营业人员，中区局、西区局的部分营业厅还设有英语特色窗口。

2002 年 4 月，“电信世界”兰溪路分部启动固定电话代营业务，上海电信通过发展电信代营业务，扩大营业连锁网络。6 月 15 日，上海电信开始通过“创金牌营业厅”“优秀营业前台管理”“用户至上、用心服务”达标创新竞赛等活动，加强前台管理，提升营业窗口的服务水平，长途无线通信事业部南京东路营业厅在此期间还成立了以上海市劳模个人命名的“徐惠娣工作室”，通过劳模个人、劳模集体的明星效应，弘扬劳模精神，提升服务质量，延伸服务内涵，创立服务品牌。

2004 年，随着市场竞争的加剧，传统的业务受理方式已不能适应新的发展形势。3 月 10 日，上海电信向公众用户和商业用户试行免填单服务，于 3 月 15 日正式推出，固定电话、宽带和无线市话业务均可实现免填单的受理方式。代营点方面，随着业务代营网络基本建立，合作方共联公司制定

图 6-2-1 营业厅大堂引导销售服务

了《共联公司电信营业处营业服务标准》，内容包括营业场所布置规范、营业人员仪容仪表规范、营业人员服务语言规范、营业值班长日常管理规范。

2005 年，上海电信印发《上海电信营业厅规范标准》，将营业厅分为一级营业厅、二级营业厅、三级营业厅、四级营业厅，对各级营业厅的功能要求、组织管理、服务管理、业务管理等内容进行明确的规定。是年，在 12 个营业厅内，放置 25 台“自助服务终端”，提供账单查询、自助付费等服务。年末，有各级营业厅共 211 个。

2006 年，上海电信根据中国电信《营业服务规范标准》的要求，以提高客户感知为目的，对营业环境和硬件配置进行规范化与标准化改造。是年，改造营业厅 18 个，在 60 个营业厅内安装流媒体联网广告。

2007 年 11 月，根据中国电信推进业务外包工作的要求，上海电信逐步将自有营业厅的前台业务受理、客户引导、查询、咨询、演示、投诉处理、客户挽留、收款等传统业务或职能，外包给具有专业资质的服务提供商。上海电信在营业厅设立业务督导岗位，以公司对营业窗口服务要求和业务操作规定为依据，监督、指导合作营业厅外包方工作，确保电信服务工作正常运行，规范营业厅外包业务管理，防范外包用工风险，提升营业厅渠道服务质量。是年，上海电信陆续推出排队叫号系统、客户体验系统、自助服务系统、与银联联网的固网支付系统等信息化系统，提升营业厅的服务能力，印发《上海市电信有限公司合作制营业厅管理办法》，规范管理合作制营业厅的日常运作，加强考核。

2008 年 5 月 17 日，上海电信正式在营业厅推出一单清服务，客户在同一时间办理业务时，营业人员可一次受理客户多项业务需求，改变按单产品分别进行信息登记和协议签订的方式。9 月，根据中国电信对于营业厅须具备移动业务受理能力和终端销售功能的要求，上海电信在三级以上营业厅全部配置排队叫号机和客户评估机，在自动终端上增加 C 网业务查询内容、C 网详单查询打

图 6-2-2　电信营业厅为客户提供舒适的服务环境

印、C网预付费卡自助销售等功能。人员方面，安排30名上海联通督导员为上海电信15个一级、二级营业厅进行业务指导。9月30日，上海电信承接联通C网用户服务，10月1日，营业厅开始受理移动业务。11月1日，各营业厅全面开展中国电信移动业务的销售，提供服务。

2009年，根据中国电信的要求，针对全业务运营初期服务质量不稳定的情况，上海电信通过专项行动提升基础服务能力。分批在各级营业厅实行业务受理"2+3"，要求在3分钟内完成IT系统操作、2分钟内完成与客户沟通，实施服务顾问制度，对等候客户进行100%关怀覆盖，推介公司品牌和各项业务、功能及服务产品，实施业务预受理/预处理，配合值班经理对现场客户服务工作做相

图 6-2-3　设立残疾人专柜并提供手语服务

应的处理与协调,形成营业厅“服务顾问”营销服务模式。是年,以迎接世博会为契机,上海电信还在 20 个营业厅设置双语柜台,22 个营业厅设立手语专柜,86 个营业厅设立残疾人便捷通道。

2010 年,上海电信在世博园区内设立 2 个世博营业厅,4 个园区服务点;在 30 个营业厅设置手语专柜,92 个营业厅设立残疾人通道,245 个营业厅正式提供中英文双语服务,厅内指示牌全部更换为双语标识。第四季度,在 15 个一级/二级营业厅内设置 3G 体验区,提供 3G 真机手机体验展示。年末,上海电信有各级、各类营业厅 253 家,其中,漕溪北路营业厅和张杨路营业厅被中国质量协会认定为首批“五星级”营业厅。

图 6-2-4　宽敞明亮、设施周全的世博电信营业厅

二、品牌客户服务

2007 年,上海电信开始逐步加强营业厅的品牌客户服务能力。是年,在 A、B 类营业厅设置“我的 e 家”和“商务领航”品牌客户专柜(区),为品牌客户提供业务咨询、受理和业务体验。此外,还在 A、B 类营业厅设置业务演示体验区,提高服务感知。2008 年,上海电信在所有配备 3 个柜台以上的营业厅设立“我的 e 家”专柜,在所有营业厅设立“商务领航”专区/专柜,为品牌用户设置排队优先的功能,实现品牌客户到营业厅的“即来即办”。2009 年,上海电信在上海江苏路营业厅、张杨路营业厅设立 VIP 营业专柜,为钻石卡、金卡客户提供电信服务,在三级以上营业厅开设 VIP 客户绿色通道。

第二节　服 务 热 线

一、10000 号综合服务热线

2000 年 7 月 10 日上午 9 时,1000 号综合服务热线对外服务,郊区各电信局的 1000 号同时对外服务，各台间的业务联系均执行“首问负责制”。保留170账务咨询台、189业务受理台、180投诉台、8666本地电话业务咨询台、81828长途通信业务咨询台等电话服务台。

2001年，根据中国电信以一个号码统一对外服务的要求，上海电信加快1000客服体系的建设，决定取消180、189、170、8666等电信特服号，仅保留114和112两大特服号。截至2003年1月17日，1000号服务热线二期工程顺利割接至浦东平台，完成170、180、8666等服务热线的整合，实现业务受理、业务咨询、账务查询和投诉建议等四大功能。1月28日，1000客户服务热线浦东中心正式开通，拥有服务座席383个，在四大功能的基础上，开放中英文双语服务，在电话接入的基础上新增电子邮件、电子传真、网页等多种接入方式。

2003年5月，上海电信1000号向大用户推出全天候的24小时热线服务。8月，开设网上受理宽带客户的咨询和查询服务。8月16日，上海电信1000号服务热线与上海市消费者协会“12315”投诉热线正式联网。9月1日，1000号综合服务热线升位为10000号。11月1日，正式启用10000号接入号，取消1000号。12月5日零时，10000号商业客户服务热线正式开通。是年，10000号呼叫中心获得信息产业部中国信息化推进联盟颁发的“2003年度中国最佳呼叫中心”称号。

2004年年初，10000号增设商客热线的服务座席，新增大客户、网上营业厅的业务受理，逐步推行差异化服务。3月中旬，开始受理宽带先装后付业务。7月23日，10000号业务知识库系统通过公司专家组的验收，包括前台应用、后台管理、在线协作、电信业务等四大板块，保证为用户提供信息的快速准确性。9月28日，10000号热线和商客热线开放受理公司用户关于17901与17909主叫直拨IP电话业务的申请。是年，10000号呼入服务量为13 383 087次，平均接通率为82.6%，应答及时率为62.23%，共受理各类业务700 963起，占全公司业务量的22.49%。

2005年3月，10000号尝试转变受理方式，开始由综合受理转变为专席和综合相结合受理，分别开设宽带、小灵通、咨询投诉、互联星空、网厅支持和固定电话等专席受理服务。陆续开通10000+6社区经理热线、10000+8公客VIP热线、10000+9商客热线。年末，座席数达到557席，全年呼入数量为18 141 513次，人工和IVR自动服务16 447 583次，其中，人工呼入数量15 346 994次，人工服务数量13 653 064次，人工接通率89.0%，IVR自动服务数量2 794 519次。

2006年年初，上海电信开通10001客户自助服务，提供话费查询、积分查询、自助缴费、业务自助办理等服务。是年，10000号先后上线平台监控系统、在线满意度测评功能，在20家营业厅内设置“10000红色热线”，提供自助服务。年末，座席数达到600个，全年服务数量2 323.6万次，其中，人工服务数量1 485.1万次，IVR自动服务数量838.5万次，共受理各类业务132.74万件。

2007年年初，10000号开始推行专席运营模式，通过设立品牌服务专席，重点关注IPTV、聚信卡和“我的e家”等电信主推业务，满足用户的差异化需求。年末，座席达700个，全年呼入服务成功数为2 903.8万次、呼出服务成功数为29.2万次，其中，人工服务2 824.7万次，IVR自动服务79.1万次。同时，面向政企客户、公众客户开放大部分产品、业务的受理服务，全年共受理211.2万件，占公司总受理量的30%。

2008年4月，10000号正式割接至新呼叫中心平台，以全IP架构的组织方式实现10000号客服业务，内称梅南台，设有人工座席280个。5月17日，10000号综合服务热线开通英文台，为外籍人士提供7×24小时不间断的英语服务。上海电信承接CDMA业务后，10000号开设C网客服热线，为C网用户提供咨询、查询、业务处理、投诉处理等服务。12月31日，10000号客服热线话房搬迁至中国电信南汇信息园区，设有700个座席。是年，10000号客服热线开始对不同品牌客户提供不同的语音导航，设立“我的e家”和“商务领航”专席提供差异化服务。

图 6-2-5　2008 年 9 月 30 日 24 时，上海电信的 10000 号客服热线已经承接 CDMA 网的服务

2009 年 6 月，10000 号开设“公客 VIP 专席”。是年下半年，10000 号实现 24 小时全天候服务。是年，在 10000/10001 号自助语音服务中开设移动业务专用键，陆续增加移动账单费用、当前话费、当前余额、赠款余额、未付费、缴费、积分查询，以及手机积分查询、手机服务密码修改、手机归属地查询、e 家俱乐部卡积分查询、服务密码和支付密码修改、宽带初始密码查询及重置、189 准预付费套餐互转自助受理、手机七彩铃音和来电显示自助受理等服务内容，提升自助语音的服务能力。

2010 年 5 月 1 日，上海电信在 10000 号实现与 30 个省之间的自动和人工跨域服务，面向全国

图 6-2-6　位于电信信息园区的 10000 号话房

用户做到一键接人、便捷服务。

2000—2010年,10000客户服务热线8次荣获中国最佳呼叫中心的称号。

二、114号码查询服务

上海地区的查号服务可上溯至1929年,英商上海华洋德律风公司在旗下各交换所设查询台,提供查号等问询业务。其后,美商上海电话公司、交通部上海电话局相继开办查号服务。1949年后,于1953年设40020公用电话号码查号台。1957年,各电话问询台整合为04查号台,40020台改为05台。1975年5月5日,04台改为114查号台,05台改为115查号台。

查号服务方面,自1977年开始逐步由人工查号改为计算机查号,1989年5月15日,人工查号全部改为人工受理并由计算机自动查号和报号。

20世纪90年代,查号服务继续得以发展。1990年4月7日,114与115两台合并,仍称114查号台(简称“114”),提供上海市区的电话查号服务。1991年,查号台对常用电话号码建立专用代码检索键,将用户名称编成代码,输入数据库,使常用电话的查号速度从平均15秒缩短至2—3秒;1992年,114由基础查号服务向信息服务延伸,提供如搬场、开锁、家政、家电维修等日常生活信息咨询服务;设立特种电话档案,提供国内外机构、单位的驻沪办事处、联络处的电话查询。6月,长信局增设长途查号台,全国各地用户拨打021114可查询上海的电话号码。1993年,查号服务增设英语查号,开设疑难电话受理台,负责无法处理的查号业务。

1995年6月22日,114南泰查号台正式启用,拥有数字中继线510条,查号方式由单一的户名或地址码,发展为特征码、全拼码、简称码、老名码、产品码等10多种,查号话务量可通过系统的排队机自动平衡分流,提高了查号能力,日均查号量可达15万次,忙时接通率由原来的26%上升至81%,非忙时接通率达到98%。

1997年4月1日,上海114实现全市电话号码的查询。

图6-2-7　114查号台南泰台话房

1998年4月4日，114黄兴查号台投入运行，有中继510条，座席120席，可提供自动报声。是年，各郊县114中继路由分批割接至市话大网，7个县局的114远程终端和话房被陆续拆除，结束了市区与郊县数据库分离的局面。截至2000年公司化运行时，114查号服务有3个查号台，分别为南泰台、黄兴台和疑难处理台。

2000年，114扩大疑难电话受理台的信息查询范围，提供社会热点信息和动态信息。年末，114查号中心拥有中继线1 050条，查号座席264个，话务员420名；全年查号6 800万次，日查号最高达27万次，平均忙时应答时限小于15秒，服务差错率0.21%，服务合格率98%，共收到用户来信来电表扬150件，未发生用户有理由申告。

2001年，为了更好地提供服务，114向社会公开发放承诺卡，承诺应答时限为15秒，推出新旧名称对照查号、简称全称查号、品牌介绍、英语查号等服务。开设更正电话受理专线62157851，及时核对用户反映的数据问题并做修改；增设24小时投诉热线62554477，设立质监体系。12月25日，114查号中心取得ISO9001：2000质量管理体系认证证书。是年，114在上海市质量协会用户评估中心向社会的测评中，用户满意率达到80.87分。

2002年，114推出多次查号专线和国际代码查询服务。在数据核对方面，开发自动拨打语音核对系统，校对全市企业电话，提高电话号码准确率；号码查询方面，增设单位电话号码倒查功能。

2003年，114建立查号双语平台服务窗口，还推出分类查号、多次循环查号、自动短信查号和电话小管家等新服务。

2004年4月，114设立国立查号台，座席80个。终端方面，更换调整南泰台的电源网络布线，用电脑替换原有查号终端；数据校对方面，开发自动核对系统，通过30B+D线路实现大规模的数据校对，缩短核对周期，提高查号准确率；服务方面，开始提供网通、铁通等其他电信运营商电话号码的查询服务。

2006年11月2日，114万里台正式运行，设有座席133个，采用关键字搜索引擎，根据关键词与户名的相关度排序，精确度更高。

2006年，根据中国电信的要求，上海电信开始正式开展114号码百事通业务，在114电话查询平台的基础上打造综合信息服务平台，形成以号码百事通和外包业务为服务内容的呼叫中心，提供综合信息服务。原有的查号服务作为基础服务内容，继续向用户提供服务。

表6-2-1　2000—2010年114查号台服务情况表

年　份	查号次数(万次)	服务合格率
2000	6 800	98.00%
2001	7 300	97.93%
2002	7 800	99.79%
2003	9 083	99.82%
2004	10 005	99.82%
2005	—	—
2006	9 594	88.98%
2007	10 867	87.26%

〔续表〕

年　份	查号次数(万次)	服务合格率
2008	11 054	91.00%
2009	11 060	92.24%
2010	11 569	91.00%

三、障碍报修热线

上海电信的障碍保修热线主要包括面向公众客户的112热线和主要面向VIP高端客户的962112热线。

【112报障热线】

20世纪90年代初期,112报障热线(简称"112")处理按就近原则受理电话用户的故障申告,开展固定电话的维修工作。随着固定电话用户规模大发展,"修电话难"日益成为社会反映强烈的热点问题。

1994年,上海市市内电话局在浦东开展112集中受理测试项目。1995年8月,邮电部电信总局印发通知,要求加快建立112集中测量系统和申告受理服务中心,实现用户申告障碍的集中受理、测试、派修和管理,提高服务质量。

1996年3月,浦东112受理中心开工,1997年,112计算机集中管理系统入网试运行,设有20个受理席和20个复测席,通过120条112特服路由接受用户申告,实现集中受理、集中测试、集中派修、集中管理。1998年,上海市邮电管理局决定另设2个112受理中心,与浦东的管理系统联网,实现市电话局范围内的集中受理。截至1999年,浦西112受理中心开始建设,郊区(县)各电信局则已建成112集中受理中心。

2000年8月1日,浦西的逸仙112受理中心和新华112受理中心开始试运行。其中,逸仙112受理中心主要负责东区、北区、中区和宝山等电信局区域内用户电话报修的集中受理和派修,设有座席48个,可同时对300通用户申告进行语音受理及障碍报修;新华112受理中心负责西区、南区、莘闵等电信局区域内的用户电话报修的集中受理和派修,设有座席56个。试运行初期,浦西的受理中心仅在夜间实行集中受理,日间依然分散受理、分散派修。截至11月27日,浦西受理中心所负责的区局均实行24小时全天候集中受理和集中派修。至此,上海电信的112受理形成3个市区受理中心和7个郊区(县)受理中心的架构,全市112均实现集中受理。其后,浦东、新华、逸仙等3个受理中心还建成共享数据库,用户可以跨局申报故障。12月,开始受理涉及ADSL宽带接入平台和150万公共接入平台的故障。是年,上海电信在城镇地区48小时内112障碍修复及时率为99.71%,农村化地区72小时内修复及时率为99.97%。

2002年8月1日,112推出服务质量回访业务,是年进行电话回访76万余条。是年,浦东112受理中心设立英语受理台;新华112受理中心编写业务操作流程,制定规范受理用语,整理疑难问题处理记录,为用户提供优质的个性化服务。服务内容方面,除普通电话报修外,还可受理ISDN、ADSL、DDN专线等业务的故障报修。

2004年,112热线增设小灵通故障派修系统,制定小灵通故障维护流程,将112受理派修业务从有线扩展到无线,确保小灵通用户的故障申告和派修。

2005年,上海电信整合市郊"112"受理中心,保留市区3个受理中心,郊区(县)112受理中心不再受理故障申告。2006年,市郊112系统整合完成并正式上线。至此,全市只有一个112受理系统,位于新华受理中心,浦东、逸仙受理中心的远端座席通过网络接入新华受理中心,实现市郊故障报修的统一管理。

2006年,随着ADSL业务的不断发展和用户申告数量的快速增长,宽带服务水平面临着极大的压力,宽带服务质量成为用户关注的热点问题之一。10月,上海电信在浦东电信局112中心新建宽带112系统,具有宽带故障定位、辅助障碍申告预处理、网络质量分析和开通预评估功能,可实现宽窄带一体测试,2007年扩展至其他7个市区局。年内,112还实现小灵通预处理功能。

【962112报障热线】

2000年12月,上海电信开始组建上海电信数据用户障碍受理中心,受理数据专线用户的障碍申报,依据障碍类别转相关网管中心进行障碍判断与排障,实施数据专线障碍受理、分类、排障、修复回访及用户意见反馈等全过程监察及服务。2001年3月,上海电信指定数据用户障碍处理申告受理台专用接入码为85112,2003年变更为962112。

2004年2月,上海电信设立网络监控中心,作为网络/设备故障的一点受理部门,负责7×24小时故障受理,统一受理集团/本地大客户部门、各省市电信、互联互通、数字数据和网间互联互通的故障以及10000号疑难故障申告等。3月1日,启用962112报障热线(简称"962112")作为网络/设备故障一点受理电话。是年,962112共受理用户申告26 314个,故障处理完成率为100%,故障平均历时182.8分钟;受理集团一站式故障512个,全部处理完成。

2005—2007年,962112的故障修复及时率均达到97%以上,962112逐渐成为VIP高端客户服务品牌。

2008—2010年,962112的故障修复及时率分别为96.36%、96.21%和95.50%。

表6-2-2 2004—2010年962112故障处理数和故障处理平均用时情况表

年 份	本地故障受理(个)	平均处理用时(分钟)	集团一站式派单(个)	平均故障历时(分钟)
2004	26 314	183	512	—
2005	37 414	111	—	—
2006	43 991	106	2 950	110
2007	53 229	114	4 212	182
2008	64 990	122	5 412	79
2009	60 402	135	5 096	92
2010	57 587	162	5 060	98

四、全球客服热线

2003年5月18日,中国电信全球客户服务中心(China Telecom Global Services Center,简称

图 6-2-8　中国电信开通全球客户服务中心

“全球客服中心”)投入试运营,国内接入号码为:(021)50581000;全球 800 业务号码为:+80050581000;普通国际接入号码为:+862150581000。全球客服中心由中国电信股份有限公司筹集建设资金,上海市电信有限公司负责项目建设,作为中国电信针对海外客户的服务窗口,实行 7×24 小时多语种服务,以满足海外客户日益增长的服务及沟通需求。全球客服中心依据“边建设、边运营、边完善”的原则进行建设,项目建设未完成前,利用上海电信的设备平台为海外用户提供部分服务,主要为:国际来话查号;宜通卡客户服务;国际网络报障受理,主要受理国际交换机障碍申告、海缆障碍申告、国际传输电路障碍申告。

2003 年 11 月 15 日,全球客服中心在上海电信 10000 号平台的基础上构建临时平台并开通 7×24 小时中英文服务。12 月 2 日,全球客服中心正式开通,服务类型涵盖电信业务咨询和受理、客户投诉(或建议)、故障申告、中国电话号码查询等,可提供市场调查、服务回访、国际呼叫中心外包等业务。

2004 年 7 月 1 日,根据《中国电信全球客户服务中心业务规范》中有关“要求上海市电信有限公司设立相应机构,负责国际客户的服务”的精神,上海电信成立中国电信全球客户服务中心,作为 10000 号客户服务中心的延伸,主要服务海外客户和国内使用国际带宽型业务的客户。截至 10 月,全球客户服务中心的行政机构初步成立。

2004 年 12 月 8 日,中国电信全球客服中心的正式服务平台通过项目初验,投入使用,初期提供各类国际带宽型业务(包括国际专线 IPLC、帧中继、ATM、IP-VPN 等)的故障申告受理;各类国际带宽型业务的预申请受理;国际/全球 800 业务的故障申告及业务查询受理;宜通卡业务的故障申告及业务查询受理;国际互联网接入/转接业务的故障申告及业务申请受理;190300 卡国际业务的故障申告及业务查询受理;美中卡业务的故障申告及业务查询受理;上述国际业务的业务咨询受理、用户投诉或建议受理。客户还可以通过电子邮件(GCSC@chinatelecom.com.cn)、传真、VOIP 等方式与全球客服中心联系。截至 2005 年 7 月 31 日,全球客服平台支持座席 120 个,英语业务代表 21 名;平台共接入电话 5 731 次,接通率达到 90%,15 秒及时率达到 97%。

2006 年 9 月 28 日,中国电信全球客服热线正式开通,为境外人士入境提供集咨询、受理、通信为一体的一站式定制及信息服务。服务热线号码为400－888－2580，可提供英语服务。初期开通订车、订房、订餐、订票等四大定制服务。

2007年6月7日，全球客服中心正式受理中国电信美洲公司用户的电话转接申告。

2008年12月，全球客服中心迁址莲花南路1098号春申台。

截至2010年，全球客户服务热线可为国际电信运营商、境外大型跨国企业提供国际国内专线、MPLS－VPN、互联网接入转接，以及17900卡、190300卡等各类数据、语音产品的售后服务。全球客户服务热线当年呼入数为22 934次。

五、国际漫游服务热线

2008年，为承接移动客户国际漫游服务，满足Wi-Fi国际漫游服务的需求，中国电信委托上海电信建设国际漫游客户服务中心。10月1日，中国电信承接联通C网移动业务后，由全球客服中心承接联通国际漫游热线的电子邮件投诉接应工作。12月10日，国际漫游服务热线开通上线，热线号码为18918910000，初期座席为10个，开通短信接入号18918910000。12月22日，中国电信在全国推出189移动业务后，国际漫游客服热线正式对外客户提供服务，服务时间为7×24小时。用户可以拨打电话进行国际漫游的业务咨询、障碍申告和投诉，也可以通过手机编发短信获得服务。

2009年4月1日，联通国际漫游热线停止为C网用户提供服务，中国电信的国际漫游服务热线全面承接C网漫游服务。

第三节　电子服务渠道

一、网上营业厅

2001年，中国电信开始进行网上电信营业厅试点，利用互联网架设电子化窗口，实现提供电信服务。主要为用户提供包括网上业务受理、各种费用缴纳、业务咨询、业务查询、用户投诉受理、卡式业务销售等服务，各地也可根据用户需求和本地实际情况提供更多电信延伸服务，逐步完善服务功能。中国电信统一分配各省(市)公司域名地址，上海电信网上营业厅的域名为www.sh.ct1000.com.cn。

2004年3月15日，上海电信开通网上营业厅，网站地址为www.sh10000.com.cn，初期采用后台人工处理方式向用户提供网上受理、业务查询、账务查询、投诉等服务。初期开放的业务有“直线/ISDN新装”“普通电话加载ADSL/天翼通”“免费程控业务变更”“ISDN补充功能变更”“查号方式变更”业务。用户在网上提交业务申请后，客户服务中心在4小时内以人工方式受理，告知用户受理结果。10月31日，上海电信启用新的网上自助受理系统，即新网厅，原网上营业厅(www.sh10000.com.cn)与新网厅共存但不再更新。

2006年1月5日，中国电信印发《网上客服中心业务规范(1.0)》和《网上客服中心技术规范(1.0)》，明确网上客户服务中心(简称“网上客服中心”)是面向客户的自助服务平台，由集团公司门户系统、省级系统两部分组成，采用“二级平台、三级应用”模式，服务对象包括所有使用电信产品的客户和尚未使用电信产品的潜在客户。6月30日晚24时，上海电信网上客服中心正式上线运行，域名为sh.ct10000.com，支持客户编码/ID的登录模式，具备信息浏览、信息查询、账务服务、业务办理、建议咨询等功能，另设有“我的e家”品牌专区。

表 6-2-3　2006 年上海电信网上客服中心主要功能情况表

	信息浏览类	信息查询类	账务服务类	业务办理类
主要功能	产品介绍；优惠咨询；电信快讯；业务公告	营业厅(图文)查询；常见问题查询	账单查询；账单支付；码号查询；预存款查询；卡转付申请/取消；宽带计次清单；声讯清单；ISP 信息费	普通直线电话新装；宽带套餐新装；国内(不含中国港澳台地区)、中国港澳台地区长途、国际长途、17909IP、七彩铃音、来电显示等 20 多项业务和功能

图 6-2-9　建设中的上海电信网上客服中心首页(2006 年 5 月)

2007 年，中国电信印发《网上客服中心业务规范(V1.0)补充规范》，要求整合各类门户客户服务内容，强化域名体系统一，保证业务功能基本统一，加快网上客服中心的建设和服务能力的提升。上海电信在 2006 年的基础上，全面开放线上账单查询、长途详单查询、市话详单查询、网上支付、业务受理、网上调查等重点业务功能。是年，网上客服中心页面点击量达 2 476.3 万次，用户自助查询 251.8 万次，网上支付成功 239.6 万笔。

2008年1月,网上客服中心访问量为18万人次。5月,上海电信网上客服中心正式更名为网上营业厅。7月4日凌晨4时,网上营业厅完成改版。原有的公司网站、长途部网站、无线部网站、小灵通网站、无线宽带网站、信网部网站、宽带自服务网站和宽带测速网站整合并入网上营业厅。10月,网上营业厅二期改版上线。全年新增电子账单、业务体验专区、政企客户业务受理、CDMA业务服务专区、固话详单查询、在线支付、在线客户代表服务、网上选号、网上自选短信、积分查询和推送、积分兑换等新功能,还可为品牌客户提供不同的展示界面:“我的e家”用户采用橘色界面;“商务领航”用户采用蓝色界面。12月,网厅用户访问数达到654万人次,业务受理量达41 867笔。

图6-2-10 即将改版上线的中国电信网上营业厅上海站(2008年10月)

2009年5月,网上营业厅新增“手机专区”,供用户选择购买;同时实现移动业务的介绍和受理。11月5日,开通“申付卡”在线支付功能。是月,网上营业厅3.0新版正式上线运行。技术方面,引入WEB2.0、SEO搜索引擎优化、MASHUP等互联网新技术;功能方面,实现固话、宽带、手机等全业务实时受理;客户界面更为友善,操作流程更加便利和快捷。12月17日零时,旧版网上营业厅关闭运营操作。

2010年,中国电信将网上营业厅的定位从“企业服务窗口”拓展为“企业互联网营销平台”。6月,上海电信根据中国电信的要求优化网上营业厅的业务频道架构、页面布局和业务规则并上线运行。6月底,上线代理商专区。9月10日,接入支付宝,提供互联网在线支付功能,可用于网上营业厅充值话费、缴付账单、订购产品/服务。至此,网上营业厅支持的第三方支付工具除支付宝外,还包括Chinapay网上银行、Unionpay网上银行、付费通申付卡/付费宝等。11月1日,上海电信在中国电信范围内率先上线英文版网上营业厅。是月，根据中国电信的要求，网上营业厅“自助服务”界面中增加开通和关闭国际漫游服务的功能，实现网上购买无线宽带 Wi-Fi 账号的功能，可为包含其他运营商用户在内的全国用户提供服务。

二、掌上营业厅

2008 年 8 月 20 日，中国电信印发《中国电信掌上营业厅业务规范(1.0)》，明确中国电信掌上营业厅(简称“掌厅”)包括短信营业厅和 WAP 营业厅，是电子渠道的重要组成部分。

2009 年 3 月 30 日，中国电信印发《中国电信掌上营业厅业务规范(1.1)》(简称《规范 1.1》)。《规范 1.1》着重强化天翼用户费用查询、业务办理、重点增值业务订购/退订、套餐定制、积分服务及充值交费等功能，进一步明确各项功能的业务流程、操作界面、信息脚本和短信代码要求。同时要求在 2009 年 5 月 31 日前完成原有功能的优化、整改并上线，在 2009 年 8 月 31 日完成新增功能的建设并上线。

2009 年 3 月 6 日，中国电信印发《中国电信网厅、掌厅管理办法(试行)》。要求掌厅按“全网统筹、以省为主”原则运营，设置集团公司和省公司两级管理；明确掌厅业务处理包括业务受理、费用查询、网上支付、故障申告、在线客服等工作，服务邮箱统一为 service@xx.ct10000.com，其中，“xx”是省市公司代码。

2010 年，中国电信要求强化电子渠道在线销售和销售支撑，在掌厅内设代理商专区，实现对代理商、客户经理的销售支撑工作。试点及推行网上商城，实现易通卡等标准号卡入网、手机终端及后付费套餐在线销售，实现地市分公司以上城市的线下物流配送工作。实现宽带在线续约、提速功能，确保无线宽带、手机上网流量查询功能。

【短信营业厅】

短信营业厅是指电信公司通过短信方式向客户提供产品营销服务并为其他渠道提供回复、确认、提醒等渠道协同服务的渠道方式，统一接入码为 10001。

2008 年 9 月 21 日，中国电信印发《中国电信掌上营业厅短信代码和 WAP 界面规范(1.0)》。明确短信代码由数字代码和拼音代码组成。其中，数字代码分为一级、二级和三级代码，客户发送一级代码至短信营业厅后，将收到一级代码下的二级代码及对应的服务功能，三级数字代码为二级数字代码加一位数字构成，客户可直接通过三级代码查询、开通取消相关功能。业务类的拼音代码由两部分组成：操作+业务/套餐名称。业务/套餐名称的拼音代码由业务/套餐名称的拼音首字母组成。功能的拼音代码由该功能的拼音首字母组成。

2008 年 10 月 15 日，上海电信开通短信营业厅统一接入码 10001。

2009 年 2 月 9 日，中国电信印发《关于网厅、掌厅加载 ISMP 首批移动增值业务受理功能的通知》，要求短信营业厅在 3 月 31 日之前实现 189 邮箱、备份(PIM)、手机报和 Push Mail 等 4 项移动增值业务和合作类 SP 业务的自助服务功能。移动增值业务方面，掌上营业厅需实现订购、查询和退订的功能；合作 SP 业务方面，短信营业厅需实现批量查询和退订功能。

2009 年 3 月 25 日，10001 短信营业厅的短信发送能力从 20 条/秒调整为 200 条/秒。

2010 年 9 月 29 日，短信营业厅发送能力扩容至 400 条/秒。

【WAP 营业厅】

WAP 营业厅是指电信公司通过 WAP 技术向移动业务用户提供产品的服务和营销渠道，包括业务介绍、信息查询、业务办理等功能，是 10000 号和网上营业厅的有效补充，上海电信 WAP 营业厅域名为 wap. sh. ct10000. com。

2008 年 9 月 21 日，中国电信印发《中国电信掌上营业厅短信代码和 WAP 界面规范(1. 0)》。明确 WAP 营业厅以菜单方式为客户提供访问各项功能模块的入口。首页只显示一级菜单，用户点击一级菜单选项后打开对应的二级菜单。

2008 年 11 月 30 日，上海电信 WAP 营业厅正式上线，对外提供服务。

2009 年 2 月 9 日，中国电信印发《关于网厅、掌厅加载 ISMP 首批移动增值业务受理功能的通知》，要求 WAP 营业厅在 3 月 31 日之前实现与短信营业厅相同的功能。

2010 年，WAP 营业厅实现 WAP PUSH 功能，完成国际漫游入口的加载，增加银行卡支付，增加来访用户身份鉴别功能。

第三章 服务举措

第一节 诚信服务

一、服务承诺

上海市邮电管理局于1996年正式实行服务承诺制度，将邮电服务的主要项目、服务时限、服务标准和违诺责任向社会做出公开承诺。

2000年5月，上海市邮电管理局发布“上海电信大客户服务承诺”。2000年公司化运行伊始，上海电信向社会承诺实施五大服务工程，分别是优化服务工程、大客户服务承诺工程、“112”满意工程、账务放心工程和数据完善工程。截至2002年，又向大客户兑现3项服务承诺，分别是实施SLA等级服务、提供通信业务运行质量报告、优先享用电信新业务和新设备服务。

2002年6月，上海电信在中国电信各省市分公司中，率先推出新装电话即要即装服务。是年，向全市用户推出《服务指南手册》，具备服务查询、服务记录和服务监督等3项功能。

2003年，上海电信推出“37小时上门安装宽带服务”和“ADSL障碍修复时限8小时”的对外服务承诺。

2004年，上海电信推出八大服务承诺，包括：对市区的宽带有限包月用户（包括单位和私人用户），通过“在线查询—普通用户信息查询”，使用用户卡上的用户名及密码，即可查询实时上网时长；让用户在营业厅享受免填单式业务受理服务；对公众用户实行前台受理可凭账单付费服务；保证用户“足不出户、享受电信服务”，即通过10000号申请宽带、电话等业务；通过流程优化，保证用户信息安全；根据不同用户群需求，印制风格统一的个人版、企业版电信业务使用手册，方便用户了解电信业务；面向大客户推出“三个一点”服务，实现一点受理、一点开通、一点排障；挖掘和提升10000号、网上营业厅的服务功能，简化原有的语音提示，利用客户咨询机会和向客户主动呼出两种方式，与其他渠道密切配合，实施“上海电信客户关怀计划”。同时，在上门服务方面提出“五个一”服务要求，即一声问候、一张工号牌、一双鞋套、一块抹布、一张联系单，承诺对新装、移机、故障处理、投诉等环节实行100%的回访。

2006年11月22日，上海电信以“心系上海、诚信服务、真情回报”为主题，推出5项服务举措，包括开放上海本地通话详单查询功能、推出信息生活一卡通——聚信卡、扩大10000号客服热线服务范围、启动公众客户积分回馈计划、改版网上客服中心。

2007年3月15日，上海电信推出5项服务承诺。一是为新装固定电话、宽带客户提供更为精确的预约安装服务。二是为住宅客户提供更为便捷的本地通话详单查询服务。三是为住宅客户提供更为方便的业务办理服务。四是资费标准进一步透明、清晰，让客户明明白白消费。五是为政企宽带客户提供差异化优质服务。是年，各项服务承诺均予以兑现。

2008年，上海电信在装维服务方面推出“五个一”标准，即一双鞋套、一块垫布、一块抹布、一张服务卡、一张服务监督调查表。

2009年，上海电信以创建一流服务窗口为目标，从规范服务抓起，深化服务理念，公开12项迎世博服务承诺，包括6项世博服务承诺和6项基础服务承诺。其中，世博服务承诺为：触手可及，信息世博；通信保障，平安世博；全面宣传，精彩世博；节能环保，绿色世博；志愿服务，文明世博；三五行动，微笑世博。基础服务承诺为：套餐明晰，账单翔实；业务办理，热情迅捷；自主选择，透明安心；预约服务，准时守信；上门服务，主动规范；经理热线，民意畅通。

2010年，上海电信以客户为中心，在全业务服务的基础上，关注客户感知和使用习惯，推行"五个一"服务承诺，内容包括：一张账单，明白消费；一站服务，首问负责；一键接入，便捷沟通；一点查询，自主退订；一声提醒，温馨关怀。在装维方面推出宽带报障电话受理(人工)7×24小时服务、宽带故障修理时间延长至22:00、宽带修复及时率100%，以及预约上门维修履约率100%等服务承诺。

图6-3-1　规范化的营业厅设置，体现诚信服务理念

二、账务服务

【账单打印】

20世纪90年代，上海市邮电管理局逐步提高电信账务的服务能力。截至2000年公司化运行时，上海电信拥有世界一流的高效计算机账务处理系统和账单高速打印、套封设备。年末，有打印机4台，分别是Nipson 7000型3台和Siemens/OCE PS235型1台，日处理账务能力为45万用户，每月打印、套封账单800余万份。

2001年，上海电信升级扩容OCE打印机，将原有PS235型打印机升级为PS350型，另新增PS350型打印机一台。年末，日处理账务能力可达50万户，每月打印、套封账单810万余份。

2002—2004年，上海电信高速打印机增加至7台，日处理能力可达80万户。

2005年12月，上海电信为提高账务系统对主要业务的处理效率，决定新建一个独立的账务打印系统，对既有打印软件进行整合并升级。鉴于Nipson打印机使用年限已达10年之久，决定新增2台IBM 4100 HD3/HD4高速打印机替换老化的Nipson打印机，以满足公司主业的打印业务和重要用户的代打印业务需要。

2010 年，上海电信的月账单打印最高值为 3 000 万户，月平均值为 1 800 万户。

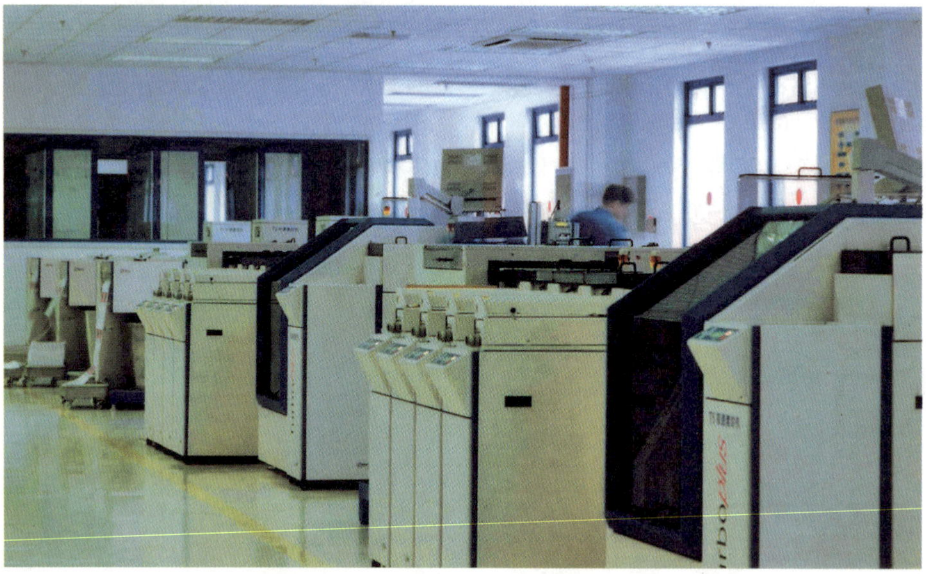

图 6-3-2 帐务中心的账单打印设备

【账务查询】

1997 年，上海市邮电管理局设立 170 话费查询台，受理用户对有关电信业务的资费查询、业务咨询、账单查询及缴费情况的查询。截至 2000 年公司化运行时，已形成电话查询台、营业厅查询、邮寄账单查询等多种方式的话费查询体系。

2000 年 7 月，1000 号综合服务热线开通，用户可通过综合服务热线查询账务信息。自 9 月起，开始免费为用户提供长途电话清单。

2003 年，170 台整合至 1000 号综合服务热线。

2004 年，上海电信开始推出电子在线账务查询服务，陆续推出上海电信账务查询网站（www.e-billing.com.cn），上海电信网上营业厅（www.sh10000.com.cn，后改为 www.shanghaitelecom.com.cn），提供账单信息查询服务。2006 年，在线账务查询服务统一由上海电信网上营业厅（www.shanghaitelecom.com.cn）提供。

2006 年 11 月 22 日，上海电信正式面向全市公众客户开放固定电话本地通话详单查询服务，12 月，机主开始可凭当期账单和有效身份证件，在上海电信各营业网点查询本地通话详单。2007 年 9 月，网上客服中心和自助终端提供市话详单查询服务。11 月，可满足 5 个月的市话详单查询服务需要。

【个性化服务】

2005 年，上海电信开始根据各客户群的特点，开展个性化分层次服务。大客户方面，提供账单集中打印、送达上门等个性化账务服务；商业客户方面，提供个性化电子邮件账单等定制服务；公众客户方面，提供标准化的普遍服务。同时，建立基于不同客户群的全闭环账务服务和催欠模式，形成受理、查证、处理、回复、回访跟踪直至资金到位的处理流程。

2006年，上海电信进一步推广分客户群服务模式，面向大客户推广个性化服务，形成“一站式大客户资金回收、投诉处理服务”新模式，实行客户经理负责制，开设服务热线，集中受理各类大客户工作联系单，提高客户响应速度。推出金卡客户账务服务直通车、政务信息维护等8项服务举措，试行个性化账单合并服务，将属于同一客户的不同账单设备号码并账，方便客户查阅和缴纳。

2008年，上海电信在提升金卡用户账务服务的基础上，在公众客户方面也推出差异化服务。5月17日，上海电信针对“我的e家”品牌客户推出品牌客户账单——“e家账单”，以销售品为单元分层列示消费费用，先列客户品牌类销售品，后列基础服务类销售品的费用，优惠项目单独且列示顺序按标准资费计算的费用、优惠费用、优惠后的费用。10月，开始为移动业务用户提供账务服务。11月，启动电信专用C网账单。2009年7月，推出全业务账单。

2010年，上海电信为世博提供个性化账务服务，主要为专业的计费与咨询、世博客户的差异化账务服务、大客户的个性化账单等措施。11月，新版账单正式上线启用。

第二节　差异化服务

一、客户积分

上海电信的客户积分包括客户价值评估和积分回馈服务两方面内容，客户获得的回馈积分可用于兑换或消费上海电信提供的电信产品与服务，以及上海电信指定合作伙伴的产品与服务。2000年公司化运行后，上海电信在小灵通、互联星空等部分业务中开始提供积分兑换服务。随着公司经营模式由产品导向转向客户导向，上海电信逐步建立基于客户群的积分回馈服务，包括直接回馈、等级服务、客户俱乐部和积分联盟等4种主要形式。

2006年11月22日，上海电信推出聚信卡业务，通过客户身份卡提供客户积分服务，用户自申请办理聚信卡之日起即开始获得积分。客户积分由消费积分和奖励积分组成，其中，消费积分又分为客户的电信积分和非电信积分(商户积分账户)。原则上，所有电信产品和聚信卡增值业务每消费1元积1分，配合重点产品的促销计划和营销活动，在特定时间段为特定产品配以不同积分。用户可通过营业厅、10000号热线和网上营业厅查询积分。

2007年6月1日，中国电信印发《客户积分计算及积分获得体系、客户回馈体系实施规范1.0》，要求建立适应品牌经营的客户积分、回馈体系，激励客户使用电信业务，实现资源从产品向客户的有效配置。根据中国电信的要求，上海电信重点围绕“我的e家”品牌客户，开展积分体系建设。12月10日，上海电信面向“我的e家”品牌客户和持有聚信卡/百事通卡的用户推出积分兑换活动，在网上营业厅实现客户积分查询与兑换。2008年5月，中国电信开始在全国范围内提供号码百事通商旅积分服务。

2008年5月，上海电信推出公众客户积分管理的暂行办法，明确积分对象为“我的e家”品牌客户和具有客户卡资产的上海电信付费客户，将客户的积分组成细分为消费积分、奖励积分、在网积分和信用积分。9月，为确保移动业务133、153客户的业务和服务的平稳过渡，上海电信修订客户积分细则，将移动业务后付费客户也列为积分对象。10月1日，上海电信各级营业厅、10000号客服热线、网上营业厅均开始提供133、153客户的积分查询业务，积分兑换初由张杨路营业厅和江苏路营业厅承接，后扩展至28家营业厅，133、153移动用户在联通的积分数据也逐步录入上海电信的积分体系。

2008年12月26日，中国电信印发通知，决定以全业务经营为契机，全面开展客户积分计划，积分计算对象包括政企客户、家庭客户、个人客户、号百前向客户，积分计算内容包括消费积分和奖励积分两部分，消费积分达到中国电信俱乐部会员相应级别标准，则自动获得会员资格，可享有积分回馈资格。2009年6月22日，上海电信开始执行新的积分兑换方法，明确积分兑换的对象为中国电信上海公司“e家俱乐部”会员，持有百事通卡或聚信卡的客户，在其客户卡到期后，须成为“e家俱乐部”会员，才能获得参加积分兑换活动的资格；非“e家俱乐部”会员的133、153移动业务后付费个人客户，自2010年1月1日起须成为“e家俱乐部”会员，才能获得参加积分兑换活动的资格。

2009年1月，上海电信根据中国电信的要求启动积分商家联盟(积分商城)的试点工作，发展全国性和本地性餐饮、购物、酒店、旅游、休闲、金融、医疗等联盟商家，向客户提供兑换、消费、折扣等优惠服务，是年联盟商家总数达到800家，通过网上营业厅、掌上积分商城等方式向客户提供自助、多样化的实物/电子类商品(含电信业务，如充值卡、话费等)的兑换服务。

2010年，中国电信先后印发通知，要求加强客户积分账户安全工作，进一步规范客户积分业务管理，提高企业面向客户的差异化服务水平。9月30日，上海电信开始调整客户认证方式，包括扩大贵宾卡发放对象，从品牌客户调整至所有实名登记的公众客户。11月29日，上海电信印发通知，要求进一步规范和加强客户积分业务管理，将客户积分的使用对象由付费客户调整为产权客户，重点增加积分预警、积分上限、可兑换客户的资格条件等管理条款，简化积分规则并强调移动和移动融合业务，明确公众客户、政企客户在渠道中的认证方法。

2006—2010年，上海电信每年都举行积分兑换活动，在推广新业务和新产品时赠送额外积分，鼓励用户体验上海电信的业务和服务。上海电信也为用户提供网上营业厅、账单等渠道查询账户积分的变动情况和账户积分的有效期等。

表6-3-1　2010年11月上海电信客户积分计算规则情况表

项　目	计　算　规　则
消费积分	每1元积1分，不足1元不积分
在网时长奖励	在网时长为0—12个月，奖励积分=0
	在网时长为13—24个月，奖励积分=当月对应客户使用业务的消费积分×10%
	在网时长为25—36个月，奖励积分=当月对应客户使用业务的消费积分×20%
	在网时长为37—48个月，奖励积分=当月对应客户使用业务的消费积分×30%
	在网时长为48个月以上，奖励积分=当月对应客户使用业务的消费积分×40%
业务奖励	移动单产品业务奖励积分=当月对应移动单产品的消费积分×100%
	含移动元素的融合套餐业务奖励积分=当月对应客户该融合套餐内设备使用业务的消费积分×100%
	“我的e家”品牌中“e6”“e8”“尊享e8”套餐的客户，当月品牌奖励积分=当月对应客户该套餐设备内使用业务的消费积分×20%
活动奖励	原则上，活动奖励积分在客户可用积分中的占比应控制在30%以内且必须明确有效期限

二、客户俱乐部

2000 年公司化运行后，上海电信在客户俱乐部建设方面，既有按业务分类运营的长话俱乐部、灵通俱乐部，也有按客户群运营的大客户俱乐部。2008 年，中国电信全面推进客户俱乐部建设工作，明确中国电信客户俱乐部是中国电信为品牌客户和中高端客户提供差异化积分回馈服务的平台和载体，原有各种俱乐部逐步统一并纳入中国电信客户俱乐部统一管理和运营，要求各地不允许再单独建设不同类型、不同名称的客户俱乐部。2010 年，中国电信客户俱乐部更名为天翼客户俱乐部。年末，天翼客户俱乐部回访用户 21 416 人，发送生日祝福短信 8 012 条，开展各类主题俱乐部活动 25 场次。VIP 客户方面，服务 VIP 客户 107.8 万人次，机场贵宾厅累计接待用户 7 707 人次。上海电信天翼客户俱乐部年度满意度测评达 84.6 分，满意率达 90.7%。

【大客户俱乐部】

2002 年 10 月 30 日，中国电信发起建立"中国电信信之缘"大客户俱乐部，以诚信、沟通、理解、共进为服务宗旨，以其英文释义首字母构成俱乐部的英文名称：Clus－Club。各级大客户俱乐部对外采用统一名称、标识和宗旨。11 月 12 日，上海电信成立"信之缘"大客户俱乐部，是为中国电信大客户俱乐部的分支机构，以俱乐部为桥梁和纽带，加强同电信大客户的沟通，为客户制订更有针对性和切实可行的个性化产品、服务与解决方案。上海电信大客户俱乐部首批客户会员 64 家，同时推出首席客户经理制。

2003 年 9 月，上海电信"信之缘"大客户俱乐部举办主题为"皓月共赏，明焰照心"的中秋晚会，与 65 家大客户会员代表共叙情谊。

2004 年 1 月 1 日，中国电信实施"中国电信'信之缘'俱乐部全国服务联盟"计划，发行中国电信

图 6－3－3　2002 年 11 月 12 日，上海电信大客户俱乐部成立

“信之缘”俱乐部VIP服务卡，持卡用户可在活动期间享受机场候机休息室联动服务、全国各省主要城市宾馆酒店的预订和优惠服务、国内和国际主要航线机票的信息查询及预订服务。

2006年1月，中国电信将大客户俱乐部更名为中国电信e家俱乐部。

【电信e家俱乐部】

2006年1月，中国电信大客户俱乐部更名为中国电信e家俱乐部，英文名称为“CT. VIP. CLUB”，以“共享、共创、共进、共赢”为服务宗旨。共享，即中国电信愿与大客户共享信息化带来的便捷；共享知识、健康与快乐；共享与世界同步的信息文明。共创，即中国电信愿与大客户共创和谐平安的信息社会；共创商机、创新业务、创造价值；共同开创美好的未来。共进，即中国电信愿与大客户加强沟通交流、携手同心、共同进步。共赢，即中国电信愿与大客户共同赢得市场、保持持续发展，在国际市场的竞争中赢得成功。

图6-3-4
电信e家俱乐部标志

2008年，中国电信接手中国联通的CDMA网络，正式经营移动业务。10月1日，上海电信运营CDMA移动业务后，原联通C网VIP客户俱乐部相关功能和职责转由上海电信承接，主要负责高端VIP客户维系工作。10月17日，上海电信根据中国电信的相关指导意见，以C网客户积分服务承接为契机，全面推进客户俱乐部建设工作。12月16日，中国电信印发《关于加快推进中国电信客户俱乐部建设及强化积分应用和运营工作的通知》，要求以全业务经营为契机，加快推进客户俱乐部建设工作。中国电信客户俱乐部对外名称为“电信e家俱乐部”，实行实名会员制管理，会员资格根据客户最近一年的消费积分累计值核定，达到规定标准者自动获得会员资格，得到相应级别的会员卡——“电信e家俱乐部会员卡”。俱乐部会员实行分级管理，分为钻石卡、金卡、银卡三级，统一面向政企、家庭、个人客户和号百客户。客户俱乐部按照会员级别提供紧急备卡(机)、延时停机、授信提升、免费补换UIM卡、固话和宽带免费装移机、机场贵宾厅、火车站绿色通道、商家联盟、积分活动等差异化的特色服务。

2009年1月，中国电信启动133、153会员客户换发电信e家俱乐部会员卡的活动。2月26日，中国电信印发《中国电信客户俱乐部机场/车站贵宾厅服务管理办法(试行)》，明确机场/车站贵宾厅的服务对象主要为中国电信客户俱乐部钻石卡、金卡会员。3月，上海电信开展个人和家庭客户换发电信e家俱乐部会员卡工作。是月底，上海电信已完成客户积分计算和客户评级工作，实现寄送账单/详单，延时停机，授信提升，亲情服务，UIM卡免费升级，免费补/换卡，固话、宽带免费二次装机，固话、宽带免费移机，备卡服务，免保证金开通国际漫游或国际长途、备机服务和其他本地特色服务等12个内部级差服务项目，在浦东机场2个航站楼和虹桥机场提供机场贵宾厅服务，为全国钻石卡和全国金卡会员提供贵宾休息、登机提醒、饮料、报纸杂志、免费上网、快速安检通道、代办登机牌及托运行李等服务。4月7日，中国电信印发《关于明确VIP客户服务经理工作要求的通知》，明确中国电信政企、家庭和个人客户群中的钻石、金、银级别的俱乐部会员客户为VIP客户。4月22日，上海电信10001号实现e家俱乐部会员卡自助修改密码的功能。5月21日，上海电信e家俱乐部会员卡全面上线。6月，上海电信启动e家俱乐部VIP客户专属会所的建设工作。8月，上海电信启动10000号VIP客户座席的建设工作，是年，10000号VIP客户座席达到131个。10月30日，上海电信印发《e家俱乐部会员管理办法(试行)》，明确中国电信e家俱乐部会员分为钻石卡会员、金卡会员、银卡会员和贵宾卡会员。其中，钻石卡、金卡、银卡的会员资格由市场部根据客户上一年度的消费金额核定，达到标准即可获得；贵宾卡会员主要面向公众客户，参加后付费品牌套餐即可获得会员资格。是年，上海电信还为本地 VIP 客户配备一对一的客户经理，提供 7×24 小时全天候服务。

2010 年 1 月 29 日，上海电信启动 e 家俱乐部 VIP 贵宾卡发放工作。2 月 5 日，上海电信正式开始提供营业厅受理 VIP 贵宾卡。7 月，中国电信将“电信 e 家俱乐部”更名为“天翼客户俱乐部”。

【天翼客户主题俱乐部】

2010 年 5 月 16 日，上海电信在世博园正式启动天翼客户主题俱乐部，俱乐部定位于传播 3G 文化、感受新生活、以通信会友、奉献创新，通过一对一的客户经理服务模式，以及营业厅绿色通道、VIP 专柜、VIP 专席、网上营业厅等渠道，提供优质、高效的服务。天翼俱乐部包括健康、运动、影迷、车友、旅友等五大主题俱乐部。其中，健康俱乐部提供专家预约挂号、专家咨询热线、特色陪诊服务、会员健康档案、健康短信等优惠服务；运动俱乐部提供线上体育资讯、场馆预订与线下体育赛事观摩，运动体验等服务；影迷俱乐部提供线上影视资讯与线下影迷活动等服务；车友俱乐部提供洗车、美容、快修、汽车资讯、酒后代驾、保险代理及车务代办等优惠服务；旅友俱乐部提供线上旅游资讯、旅游优惠资源以及线下旅友活动等服务。5 月 29 日，中国电信组织 VIP 客户参加中国电信“世博尊享之旅”活动。上海电信天翼客户俱乐部负责接待工作。6 月 18 日，上海电信天翼影迷俱乐部成立。是月，中国电信制定《“天翼客户俱乐部”管理办法》(2010 版)，明确天翼客户俱乐部是全业务运营环境下，面向中高价值政企、公众客户的服务管理平台，俱乐部会员分为钻石卡会员、金卡会员、银卡会员和主题俱乐部会员等四类。钻石卡、金卡、银卡会员统称 VIP 会员，会员资格为评级制；主题俱乐部会员资格为申请制，客户可通过填写入会信息登记表或通过定制指定无线数据业务标签产品的方式获取主题俱乐部会员身份，可同时成为 VIP 会员和主题俱乐部会员。9 月 12 日，天翼健康俱乐部组织会员活动，3 个多小时内有 260 位天翼会员得到体验免费体检资格。10 月 27 日，天翼影迷俱乐部与首家合作影院——大悦城新恒星影城正式签约。截至 2010 年年末，天翼客户主题俱乐部共有会员 14 869 名，开展各类主题俱乐部活动 25 场次。

第七篇

科技与工程

概　述

2000年公司化运行后，上海电信遵循“科技是第一生产力”的宗旨，坚持需求导向和产业化方向，发挥科技创新引领作用，重视科技投入、成果转化和知识产权保护。2002—2010年，上海电信在研发上的投入累计达16亿元人民币，尤其是2007年以后的4年，每年研发投入都在2亿元人民币以上。累计获得国家级科技进步奖1项、上海市科技进步奖17项、中国通信协会科技进步奖12项、中国电信科技进步奖39项；专利受理354项、专利授权81项。70%以上的成果都在现网得到应用。

2000—2010年的11年间，上海电信通过引进、消化、吸收和创新，在网络规划、工程建设、设备运营、业务开发和企业管理等方面制定一系列应用技术标准。2002年，宽带网络开始规模化建设，上海电信随即发布“宽带接入网设计要求”技术规范，规定不同场景下的DSLAM设备部署方式，以及设备端口容量配置标准等；2003年完成基于软交换核心网的NGN业务提供模式及标准制定；2004年对“MSTP技术”“RPR技术”进行研究，形成相应的技术规划与建设规范。2005年4月，上海电信承担国家级“863”课题3Tnet上海地区网络研究建设与试运行任务，建成电信FTTH示范区，进行互动网络电视业务试验等。编写软交换网络的接入网关、交换设备、综合接入设备、网关设备技术规范。进行适应CN2多业务承载的IP城域网综合优化方案研究与试验，制定新建上海本地IP城域网B平面方案及技术要求。2006年，上海电信对移动业务管理平台(ISMP)进行研发，开展上海等六省(市)现场试验，制定ISMP与业务引擎相关规范，为中国电信接管和建设CDMA网络提供技术参考。2009年3月，上海电信完成EPON技术建设城市光网的研究，制定相应规范，建立一套支撑EPON发展的IT支撑系统和售中、售后流程。

2000—2010年的11年间，上海电信利用科技成果整合、完善和拓展产业链，完成新型呼叫中心、全球眼、IPTV、多语言处理、“家加e”、Q-Box等一系列创新业务的研发及推广应用。

上海电信加强和规范通信工程招标和供应商管理。招标工作自2002年第一次试点起，逐步扩大招标范围，2007年向所有二级单位推广。工程建设招标比例逐年提高，2010年招标项目已达224个。上海电信强化通信工程准入制度，对通信工程合格服务供方管理办法先后进行4次修订。2010年对220家服务供方进行后评估。与此同时，工程管理的信息化辅助系统逐步建成，实现工程建设从分散运作向集中管理、从粗放型向精细化管理、从事务型向流程化管理转变。

2000—2010年，上海电信还承担了浦东机场二期、洋山深水港、虹桥枢纽、世博会通信配套工程等大型市政通信配套工程，以及环球金融中心通信配套工程等重要用户配套工程。

第一章 科学技术

第一节 科研管理

一、项目管理

2000年公司化运行后，上海电信为保障科研项目科学化管理，保证科研计划圆满完成，不断加强科研项目的全过程管理。

【立项审批及过程管控】

2001年4月30日，为保证公司产品策略的有效实施，对产品开发进行有效管理，上海电信印发《上海市电信公司产品开发体系》，对产品开发的界定、组织保证、流程、项目管理、资源保证、考评和激励机制等方面进行规范。是年10月24日，又印发《上海市电信公司新业务开发管理暂行办法》，对电信业务开发的定义、各部门的责任、申报流程等方面做出明确规定。

2003年年初，为适应企业战略转型，促进研发项目管理的规范化与科学化，提高研发项目管理效率和项目实施成效，上海电信印发《中国电信上海公司研发项目管理办法(试行)》，明确研发项目主要用来支持开展适应市场需求的业务与产品创新，支持以掌握关键技术、突破核心技术、催生新价值增长点为目标的技术创新，兼顾以提高企业效率和降低运营成本为目标的企业运营管理支撑工作；研发项目管理实行综合管理和分级管理：总工程师室(简称“总师室”)负责综合管理，项目承担单位分别按各自职责进行分级管理；研发项目分为重点项目和支撑项目管理；明确项目预算、立项、实施、结题与后评估流程。

2005年10月9日，针对信息化项目的特殊性，上海电信印发《信息化项目管理办法》，规定企业信息化项目的立项、实施、初验和终验等各阶段的程序及要求，保证企业信息化项目研究开发的质量和效率，避免重复投资。

2010年3月，上海电信根据中国电信下发的《中国电信集团公司研发项目管理办法》精神，对2003年的项目管理办法进行修订，印发《中国电信上海公司研发项目过程管理办法(试行)》。明确科研项目的过程管理是指从立项申请、组织实施，到验收结题和成果跟踪全过程中对课题组及相关承担单位进行的管理，分为公司、承担单位两级管理。公司管理由总师室负责各类纵向项目的组织和申报，签订有关科研合同或科研合作协议，监督项目按计划实施，组织项目结题验收；各承担单位负责组织本单位承担项目的过程管理，为项目的实施提供人力、物力、时间等条件，解决项目实施过程中出现的有关问题。明确科研项目分为纵向科研项目(国家相关部委、地方政府及集团下达的科研项目等)、横向科研项目(由公司专项科研经费资助的科研项目)。明确科研项目过程管理实行项目负责人负责制。项目负责人对项目的申报、实施、经费使用以及项目结题验收等具体环节与过程全面负责。项目任务书(合同书、责任书)一经下达，项目负责人及项目组成员须严格执行项目任务书中所规定的各项条款与要求，及时开展相关工作。

【项目后评估】

项目后评估是对已经完成的科研项目效益、作用和影响进行系统客观分析，确定项目预期的目标是否达到，项目的主要效益指标是否实现。

2003年年初，上海电信印发《中国电信上海公司研发项目管理办法——评估方法》。明确研发项目实行项目阶段评估、过程监督检查，明确总师室和项目承担单位的主要职责，明确项目验收申请、评审材料检查和项目评审的流程和规范。

2009年7月，中国电信印发《中国电信集团公司研发项目后评估管理办法》。上海电信据此对2003年的《中国电信上海公司研发项目管理办法——评估方法》进行修订，于2010年2月21日印发《中国电信上海公司研发项目后评估管理办法》，进一步细化研发项目后评估管理：对上一年度通过结题评审的研发项目，抽取5%进行后评估。对应用类项目，由总师室牵头组建后评估小组（后评估小组由公司相关专家或外聘专家组成，评委不少于7人，原则上项目主管单位人员、项目承担单位人员不得担任评委）进行评估，采用函审、现场调查、会议等方式，或委托具有相应资质的第三方评估机构评估；对支撑类项目，由项目主管单位为主组织后评估，向总师室提交经项目主管部门副经理以上领导签发的研发支撑项目综合评估表，公司认可后由总工程师室公布评估结果，作为下年度项目经费分配的参考。

二、科研投入

2000年公司化运行后，上海电信不断加大科研投入，2002—2010年，上海电信在研发项目上的直接投入达16亿元人民币；尤其是2007年及其后的4年，每年的直接投入科研项目经费均在2亿元人民币以上。

表7-1-1　2002—2010年上海电信研发资金投入情况表　　单位：元

年　份	研发资金额
2002	94 056 082.70
2003	80 470 519.72
2004	67 344 588.76
2005	141 645 904.11
2006	166 313 633.55
2007	216 345 700.49
2008	233 449 760.04
2009	227 875 347.80
2010	206 257 684.75

三、科研成果

2002—2010年，上海电信获得全国、中国电信、上海市各类科技进步奖项逾90项，获颁实用新型和发明类专利81项，相关科研成果70%以上都在现网得到应用，以“城市光网”“IPTV”为代表的一系列科研创新推广至全国范围，取得较好的经济和社会效益。其中，电信级数字媒体网络工程及业务开发获得2008年国家科技进步奖二等奖；上海信息港主体工程获得2001年上海市科学技术进步奖一等奖，大型IP城域网络关键技术与应用获得2007年上海市科学技术进步奖一等奖，电信级IPTV业务的技术研究及规模商用获得2009年上海市科学技术进步奖一等奖；灵通无绳业务——PHS家庭基站的研究及应用获得2006年中国电信集团科技进步奖一等奖，IPTV商用实施的网络和平台建设和号码百事通全国统一业务开发均获得2007年中国电信集团科技进步奖一等奖，构建新一代全业务运营的融合计费系统——OCS系统的实践与应用和中国电信光纤接入发展策略与实施试点工程均获得2008年中国电信集团科技进步奖一等奖，中国电信综合业务接入网关的开发与应用和基于WLAN与CDMA融合的无线宽带上网产品的开发与应用均获得2009年中国电信集团科技进步奖一等奖，面向三网融合的城市光网技术创新与规模应用和账号经营战略规划与产品开发均获得2010年中国电信集团科技进步奖一等奖。

表7-1-2　2002—2010年上海电信主要科技成果获奖情况表

年份	奖项类别	项目名称	奖项等级
2002	上海市科技进步奖	上海大容量INTERNET公共接入平台系统	二等奖
2003	上海市科技进步奖	信息电话及业务网络技术体制研究	三等奖
2004	上海市科技进步奖	上海电信管线调度管理系统	三等奖
2005	上海市科技进步奖	上海电信网络资源管理系统	三等奖
2006	中国通信协会科技进步奖	全球眼公用网络视频监控产品开发	三等奖
	中国通信协会科技进步奖	PHS机卡分离业务开发	三等奖
	中国通信协会科技进步奖	EPON互通性技术研究	三等奖
	上海市科技进步奖	中国电信固定网上综合短信的应用研究与开发	二等奖
	上海市科技进步奖	上海电信传输综合网络管理系统	三等奖
	中国电信集团科技进步奖	灵通无绳业务——PHS家庭基站的研究及应用	一等奖
	中国电信集团科技进步奖	中国电信“网管专家服务”	三等奖
2007	首届全国信息化研究成果奖	中国电信OSS系统的研究	提名奖
	中国通信协会科技进步奖	IPTV业务综合研发和商用试验	一等奖
	中国通信协会科技进步奖	中国电信“全球眼”网络视频监控行业应用开发	二等奖
	中国通信协会科技进步奖	光缆无跳纤配纤设备的设计	三等奖
	上海市科技进步奖	大型IP城域网络关键技术与应用	一等奖
	上海市科技进步奖	PHS与PSTN融合技术和终端开发与应用	二等奖
	上海市科技进步奖	基于互联网的移动、固话统一支付引擎	三等奖
	上海市科技进步奖	采用嵌入式探头实现端到端性能监测的数据网络综合监测系统	三等奖
	第二十一届上海市优秀发明选拔赛	中国电信区县电子政务应用服务平台	发明类三等奖

〔续表〕

年份	奖项类别	项目名称	奖项等级
2007	第二十一届上海市优秀发明选拔赛	上海电信号码百事通智能查询及关键词销售支撑系统的开发	发明类三等奖
	第二十一届上海市优秀发明选拔赛	基于软交换技术的新一代呼叫中心	职工技术创新奖
	第二十一届上海市优秀发明选拔赛	EPON 互通性技术解决方案与实现	职工技术创新奖
	第二十一届上海市优秀发明选拔赛	家庭网关产品及应用开发	职工技术创新奖
	第二十一届上海市优秀发明选拔赛	电话收音机产品开发	职工技术创新奖
	中国电信集团科技进步奖	IPTV 商用实施的网络和平台建设	一等奖
	中国电信集团科技进步奖	号码百事通全国统一业务开发	一等奖
	中国电信集团科技进步奖	上海电信 CRM 客户关系管理的应用与开发	二等奖
	中国电信集团科技进步奖	区县电子政务综合应用平台和产品开发	二等奖
	中国电信集团科技进步奖	中国电信财务数据汇总项目	二等奖
	中国电信集团科技进步奖	抓线机械手	三等奖
	中国电信集团科技进步奖	网络及 IT 外包服务	三等奖
	中国电信集团科技进步奖	灾难备份产品	三等奖
2008	国家科技进步奖	电信级数字媒体网络工程及业务开发	二等奖
	中国通信协会科技进步奖	“我的 e 家”业务及技术创新与商用试验工程	二等奖
	中国通信协会科技进步奖	基于 EPON 的光纤到户(FTTB/H)技术创新	二等奖
	中国通信协会科技进步奖	中国电信号码百事通信息服务系统的开发与应用	三等奖
	上海市科技进步奖	以语音信息服务为基础的号码百事通平台开发与应用	二等奖
	上海市科技进步奖	面向“三重播放”的以太网无源光网络(EPON)关键技术研究与应用	三等奖
	上海市科技进步奖	“全球眼”网络视频监控系统开发和应用	三等奖
	中国电信集团科技进步奖	构建新一代全业务运营的融合计费系统——OCS 系统的实践与应用	一等奖
	中国电信集团科技进步奖	中国电信光纤接入发展策略与实施试点工程	一等奖
	中国电信集团科技进步奖	新一代呼叫中心(NGCC)关键技术研究与号码百事通应用	二等奖
	中国电信集团科技进步奖	IPTV 终端标准化开放的研究和实施	二等奖
	中国电信集团科技进步奖	中国电信数字城管产品开发与应用	二等奖
	中国电信集团科技进步奖	基于 e 家定制终端的“我的 e 家”商用试验	二等奖
	中国电信集团科技进步奖	数码 e 房业务和增值应用平台的开发	二等奖
	中国电信集团科技进步奖	IPTV 高清技术研究及试商用	三等奖

〔续表〕

年份	奖项类别	项目名称	奖项等级
2008	中国电信集团科技进步奖	通信机房专用空调自动变设定节能技术研究与应用	三等奖
	中国电信集团科技进步奖	e家客户端产品开发	三等奖
2009	中国通信协会科技进步奖	IPTV高清技术研究及试商用	三等奖
	上海市科技进步奖	电信级IPTV业务的技术研究及规模商用	一等奖
	上海市科技进步奖	基于家庭网关的家庭综合信息化应用工程和商用试验	二等奖
	上海市科技进步奖	面向下一代网络的特大型本地网智能化关键技术与应用	三等奖
	中国电信集团科技进步奖	中国电信综合业务接入网关的开发与应用	一等奖
	中国电信集团科技进步奖	基于WLAN与CDMA融合的无线宽带上网产品的开发与应用	一等奖
	中国电信集团科技进步奖	绿色电信综合解决方案及其规模应用	二等奖
	中国电信集团科技进步奖	统一充值产品开发	二等奖
	中国电信集团科技进步奖	基于EVDO无线网络的全球眼视频监控产品开发及应用	二等奖
	中国电信集团科技进步奖	IPTV业务规模承载及质量保障相关技术的开发与应用	二等奖
	中国电信集团科技进步奖	基于统一支付核心平台的移动支付产品开发与应用	三等奖
	中国电信集团科技进步奖	基于仿真测试和网络控制等技术的IP全业务支撑系统	三等奖
	中国电信集团科技进步奖	基于软交换技术的融合通信产品——企业综合通信系统的应用与开发	三等奖
	中国电信集团科技进步奖	C网承接中异构系统间海量数据迁移方法的研究与应用	三等奖
	中国电信集团科技进步奖	全业务目标网络演进研究及2009—2011年全业务网络发展规划	三等奖
2010	中国通信协会科技进步奖	面向三网融合的城市光网技术创新与规模应用	二等奖
	中国通信协会科技进步奖	综合业务接入网关系统开发与应用	二等奖
	上海市科技进步奖	基于EVDO和WLAN协同上网的无线宽带产品应用及推广	二等奖
	上海市科技进步奖	基于结构化小文本搜索引擎技术的产品应用及推广	三等奖
	中国电信集团科技进步奖	面向三网融合的城市光网技术创新与规模应用	一等奖
	中国电信集团科技进步奖	账号经营战略规划与产品开发	一等奖
	中国电信集团科技进步奖	天翼视讯产品开发与应用	二等奖

〔续表〕

年份	奖 项 类 别	项 目 名 称	奖项等级
2010	中国电信集团科技进步奖	春风行动移动网电路域关键问题的解决	二等奖
	中国电信集团科技进步奖	“三区两层法”解决高层导频污染问题	三等奖
	中国电信集团科技进步奖	“天翼 Live”客户端、管理平台及应用技术研究与开发	三等奖
	中国电信集团科技进步奖	融合 Push Mail(邮件推送)功能的 189 邮箱产品开发及商用推广	三等奖
	中国电信集团科技进步奖	移动电子政务产品开发	三等奖

表 7-1-3　2000—2010 年上海电信专利情况表

序号	专利类型	专利名称	设计人或发明人	授权时间	专 利 号	上报单位
1	实用新型	ISDN 测试装置	王　群、祁庆中、沈世锦、朱长虹、华剑南	2000 年 6 月 10 日	ZL99239590.9	上海研究院
2	实用新型	一种具有插卡装置的台历	花锐强	2001 年 1 月	ZL01274410.7	上海市电信公司
3	实用新型	信息电话	肖　晴、陈运红、胡冰松、毛富金、卞卓立	2001 年 9 月	ZL01253893.0	上海市电信公司
4	实用新型	一种折叠式贺卡	花锐强	2001 年 12 月	ZL01255107.4	上海市电信公司
5	实用新型	一种附带有电信卡的请柬	花锐强	2001 年 12 月	ZL01274409.3	上海市电信公司
6	实用新型	移动通信多频段信号分合路器	李　琳	2002 年 1 月 16 日	ZL01238523.9	上海研究院
7	实用新型	数据专线测试用无源隔离器	杨黎成、金　浩、楚　芳	2002 年 8 月 28 日	ZL01253639.3	上海理想信息产业有限责任公司
8	实用新型	数据专线测试用无源隔离器	姚　良、杨黎成、金　浩、楚　芳	2002 年 8 月 28 日	ZL01253639.3	上海研究院
9	实用新型	信息电话	肖　晴、陈运红、胡冰松、毛富金、卞卓立	2002 年 10 月 9 日	ZL01253893.0	上海研究院
10	实用新型	一种门票	花锐强	2003 年 1 月	ZL03228334.2	上海市电信公司
11	发明	个人互联网号码通信系统及其使用方法	戎国强	2004 年 7 月 28 日	ZL01112798.8	上海信息产业有限公司
12	实用新型	可在线改号的压力变换器	唐佳彬、黄美凤、陈伟钧、葛　斌	2004 年 9 月 8 日	ZL03232622.X	上海理想信息产业有限责任公司

〔续表〕

序号	专利类型	专利名称	设计人或发明人	授权时间	专　利　号	上报单位
13	实用新型	线缆气压采集器	陈伟钧、葛　斌、严春华、沈瑞强、唐佳彬	2004 年 9 月 8 日	ZL03209904.5	上海理想信息产业有限责任公司
14	发明	固定电话网的信息提供系统	张继平、梁志平、丁　震、赵　凌、杨小丰、雍丽萍、纪玉升、梁笃国、王震生、蒋　力	2005 年 3 月 16 日	ZL01132808.8	上海研究院
15	发明	固定电话网的信息提供方法	张继平、梁志平、丁　震、赵　凌、杨小丰、雍丽萍、纪玉升、梁笃国、王震生、蒋　力	2005 年 3 月 16 日	ZL01132809.6	上海研究院
16	发明	用于固定电话网的信息终端	张继平、梁志平、丁　震、赵　凌、杨小丰、雍丽萍、纪玉升、梁笃国、王震生、蒋　力	2005 年 3 月 16 日	ZL01132810.X	上海研究院
17	发明	投币机构防盗装置	倪锦发、厉志伟、崔恒铜、曹征国	2006 年 1 月	ZL20060067549.8	上海市电信有限公司
18	发明	个人手持电话系统终端公网私网双待机的通信方法	程锡元、周　涛、庞　军、孔海泉、刘　源、朱　俊、金剑锋、朱建群	2006 年 1 月	ZL20060067553.4	上海市电信有限公司
19	发明	网络视频监控系统	范　军、蔡逆水、雍丽苹、冯　明、王志恒、梁笃国、郑泽民、刘　玮、曹　宁	2006 年 7 月 12 日	ZL200410016852.6	上海研究院
20	实用新型	数字无绳短信电话机	吴春燕、赵　欣	2006 年 10 月 18 日	ZL200520011823.0	上海研究院
21	实用新型	机械井盖探测装置	严春华、吴知明、唐佳彬、张　慷、傅　巍、毛轶嘉、王　峥、黄美凤、何　冰、燕　子	2007 年 1 月 31 日	ZL00620038742.4	上海理想信息产业(集团)有限公司
22	实用新型	无线井盖探测器	吴知明、唐佳彬、陆晋军、冯天兵、徐　敏、何智宇、赵兴波、黄美凤、顾剑锋	2007 年 1 月 31 日	ZL00620038743.9	上海理想信息产业(集团)有限公司
23	发明	可分离式的双模手机	郑奇宝、严海宁、夏　雷、李　真	2007 年 5 月 23 日	ZL200410084212.9	上海研究院
24	发明	基于固定电话网短消息的电子支付业务系统和实现方法	蒋　力、曹嘉骏、王　彬、刘军平、顾丽丽、施唯佳、施皓天	2007 年 6 月 13 日	ZL200410084675.5	上海研究院
25	发明	在因特协议音视频广播网络直播频道切换的方法及结构	严海宁、冯　明、罗斯青、孙　晶	2008 年 10 月 29 日	ZL200610026417.0	上海研究院

〔续表〕

序号	专利类型	专利名称	设计人或发明人	授权时间	专利号	上报单位
26	发明	运营级网络视频监控系统	冯明、雍丽苹、郑泽民、曹宁、李杰、梁笃国、熊静、冯传滨	2008年11月12日	ZL200510110364.6	上海研究院
27	发明	基于XML、VXML开放接口的智能网开放系统	吴彤、魏民、陈正文、雷俊智、陈勇、姜仲春	2008年12月31日	ZL200310108580.8	上海研究院
28	实用新型	软水供应系统及空调系统	张克勤、金和平、杜秋	2009年2月11日	ZL200720310035.0	上海信息产业（集团）有限公司
29	发明	在网络电视网络中实现消息类业务的方法及系统	严海宁、冯明、顾丽丽、蒋力、孟建庭、贾立鼎、包盛	2009年4月8日	ZL200610026415.1	上海研究院
30	发明	为遥控器提供鼠标功能的方法和装置	胡冰松	2009年6月10日	ZL200610156137.1	上海研究院
31	发明	以太网无源光网络中光网络单元的基于询问的注册方法	沈成彬、蒋铭、王作强、王波、王晓平	2009年6月11日	ZL200610088756.1	上海研究院
32	发明	保护射频识别标签及读取器数据安全的方法和系统	龚学峰、薛立宏、李峰	2009年6月24日	ZL200610170287.8	上海研究院
33	实用新型	手持式IPTV和ADSL信号测试仪	严春华、王峥、何智宇、包枫叶、陆晋军、傅巍	2009年8月19日	ZL200820154314.7	上海理想信息产业（集团）有限公司
34	发明	一种保障鉴权计费安全的方法	沈晶歆、韩彬斌、夏琦峰、周文君	2009年10月14日	ZL200610077850.7	上海研究院
35	发明	基于结构化小文本的号码百事通搜索系统和方法	杨震、陈晓勤、王晓平、夏艳、俞惠华	2009年10月14日	ZL200710084911.7	上海研究院
36	发明	利用H.323系统开展交互式多媒体服务的系统和方法	张家华、高武、钮钢、季鸿、林有宏、冯明、雷葆华、杨明川、广小明、杨战宏、支金龙、王琳、谭国权	2009年11月18日	ZL200510070709.X	上海研究院
37	发明	一种IPTV业务质量监测方法及其系统	罗斯青、冯明、严海宁、张明杰、段保通	2009年11月18日	ZL200710187920.9	上海研究院
38	发明	一种数据挖掘系统和方法	陈金波、黄晖、叶宇航、蔡鑫、潘宇曦、贾令宇	2010年1月20日	ZL200710194910.8	上海研究院
39	发明	用于以太网数据的三重搅动方法	沈成彬、余景文、王作强、王波	2010年1月27日	ZL200610088757.6	上海研究院

〔续表〕

序号	专利类型	专利名称	设计人或发明人	授权时间	专　利　号	上报单位
40	发明	在 ATM 网络基于最长地址匹配来完成电路切换的方法	陈　兵	2010 年 2 月 24 日	ZL200710046430.7	上海市信息网络有限公司
41	发明	异步传输模式局域网仿真业务的带宽测试方法与系统	张屈新、陶　冶	2010 年 3 月 20 日	ZL200710162479.9	上海研究院
42	发明	用于 IPTV 遥控器的信息显示方法与装置	刘惠清、贾立鼎、施唯佳	2010 年 3 月 24 日	ZL200810000054.2	上海研究院
43	发明	以太网无源光网络中的扩展操作管理维护能力的发现方法	蒋　铭、沈成彬、王作强、王　波	2010 年 4 月 4 日	ZL200610080755.2	上海研究院
44	发明	一种融合的计费系统和方法	董　斌、周　峰、李　洁	2010 年 5 月 19 日	ZL200610172787.5	上海研究院
45	发明	管理移动终端能力信息的系统	董　斌、周　峰、王　铮、唐绮薇	2010 年 6 月 2 日	ZL200610167635.6	上海研究院
46	发明	网关本地参数快速恢复的方法与系统	刘文超、常　影、张明杰、韩建亭	2010 年 6 月 23 日	ZL200710181654.9	上海研究院
47	发明	一种基于软排队的视频录像方法	陈　燕、凌玉萍	2010 年 6 月 23 日	ZL200710187917.7	上海研究院
48	发明	基于家庭网关中间件的媒体推送业务方法和系统	马智勇、胡冰松、张明杰、林美蓉、应闻达	2010 年 6 月 9 日	ZL200710162024.7	上海研究院
49	发明	一种访问家庭网关的方法和系统以及家庭网关	胡冰松、应闻达、林美蓉、马智勇	2010 年 6 月 9 日	ZL200710165433.2	上海研究院
50	发明	一种预估 DSL 最大建链速率的方法和系统	姚　良、陈　文、沈世锦、李浩琳	2010 年 6 月 9 日	ZL200710165432.8	上海研究院
51	发明	多媒体信息采集、管理和服务的系统、方法及装置	孟建庭、蒋　力、葛　敏、张明杰、肖冬娣、刘惠清	2010 年 6 月 16 日	ZL200710162022.8	上海研究院
52	发明	一种融合全网全业务的二维故障管理方法和系统	李　莉、郭　敏、马冬松、王　超	2010 年 6 月 16 日	ZL200710187401.2	上海研究院
53	发明	基于定时器的动态带宽分配能力发现和参数配置方法	沈成彬、左　建、王晓平、陆　钧	2010 年 8 月 4 日	ZL200610075354.8	上海研究院

〔续表〕

序号	专利类型	专利名称	设计人或发明人	授权时间	专　利　号	上报单位
54	发明	网络摄像机 SIP 扩展统一控制方法	文立新、张明杰、韩建亭、刘文超、丁　华	2010 年 8 月 4 日	ZL200710149795.2	上海研究院
55	发明	呼叫提示信息播送方法及系统	杨　武、梁朝霞、赵　飞	2010 年 8 月 4 日	ZL200710166192.3	上海研究院
56	发明	移动广告综合业务平台体系架构及其实现方法	顾　健、刘璋峰、秦　达	2010 年 8 月 11 日	ZL200810182843.2	上海研究院
57	发明	在固定电话网上实现多媒体消息业务的消息提供系统和消息提供方法	顾丽丽、蒋　力、葛　敏、李宗民、施唯佳、张　云、曹嘉骏	2010 年 9 月 1 日	ZL200410016247.9	上海研究院
58	发明	一种多媒体信息推送方法、软排队机和呼叫中心系统	凌玉萍、陈　燕	2010 年 9 月 8 日	ZL200710166196.1	上海研究院
59	发明	通过移动终端接入远程监控系统的方法及远程监控系统	雷俊智、沈　跷、顾　健、薛立宏	2010 年 9 月 29 日	ZL200610144616.1	上海研究院
60	发明	一种新一代呼叫中心系统及自动业务实现方法	郭凤延、邱　芸、李　青、王　懿	2010 年 9 月 29 日	ZL200710188138.9	上海研究院
61	发明	一种在网络电视环境中根据终端能力进行业务自动适配的方法	韦乐平、张明杰、孟建庭、施唯佳、张宇峰、贾立鼎	2010 年 9 月 29 日	ZL200810146345.2	上海研究院
62	发明	一种基于软排队的视频转接方法和系统	陈　燕、凌玉萍	2010 年 9 月 29 日	ZL200810006740.0	上海研究院
63	发明	通过电话网络进行音频内容定制推送的系统与方法	苗　伟、季　鸿、杨　衡、邓明波、李子涛、王　帧	2010 年 10 月 6 日	ZL200710193762.8	上海研究院
64	发明	电信计费时段投影与计算方法	李　莹、袁　渊、李　红、邬来军、项建峰、吴华东、华　伟、朱　亮、朱振武	2010 年 10 月 6 日	ZL200710046533.3	上海理想信息产业(集团)有限公司
65	发明	对终端设备中应用程序实施控制和管理的方法	王爱宝、陈　琰、肖　晴、刘志勇、杨可可、贾立鼎、冯望瑜、李　宁	2010 年 10 月 13 日	ZL200510068764.5	上海研究院
66	发明	一种以太网无源光网络中的可控组播机制	王作强、王　波、沈成彬、蒋　铭、曹　敏、陈　文、赵焕东、胡　卫	2010 年 10 月 13 日	ZL200710187919.6	上海研究院

〔续表〕

序号	专利类型	专利名称	设计人或发明人	授权时间	专　利　号	上报单位
67	发明	在宽带接入网络上区分不同业务流量的方法和系统	薛立宏、秦　达、杨　平、刘　镓、范君毅	2010年10月27日	ZL200710142424.1	上海研究院
68	发明	一种基于软排队的视频排队方法和系统	陈　燕、凌玉萍	2010年11月3日	ZL200810006687.4	上海研究院
69	发明	面向电视机显示的信息浏览业务提供系统和方法	胡永平、张明杰、蒋　力、孟建庭、贾立鼎、包　盛	2010年11月10日	ZL200610138372.6	上海研究院
70	发明	一种通过宽带无线接入实现移动业务的方式	秦　达、薛立宏、刘　镓、杨　平	2010年11月17日	ZL200610149383.4	上海研究院
71	发明	一种基于插件集成的客户端的单点登录技术	杨晓玲、蒋　力、罗斯青、于洪涌	2010年11月17日	ZL200710195129.2	上海研究院
72	发明	智能网信令中继装置、方法和系统	史敏锐、吴　琳、陈荆花	2010年12月1日	ZL200610167678.4	上海研究院
73	发明	一种有效的DHCP负载均衡服务的实现方法	马钰璐、唐哲红、傅志仁、廖　江	2010年12月1日	ZL200710187918.1	上海研究院
74	发明	一种具有IPTV和电视及互联网应用的一体化融合终端	贾立鼎、严海宁、张明杰、蒋　力、施唯佳	2010年12月8日	ZL200710187916.2	上海研究院
75	发明	一种基于业务的精细化PBT隧道保护机制	张届新、马钰璐、冯　明	2010年12月8日	ZL200810127035.6	上海研究院
76	发明	一种实时资料同步接口的实现	周　峰、刁艳蓉、董　斌	2010年12月8日	ZL200810182619.3	上海研究院
77	发明	CS域.IMS语音FMC业务方案	钮颖彬、史敏锐、赵　飞	2010年12月15日	ZL200610165753.3	上海研究院
78	发明	一种语音网关和实现语音网关远程管理的方法	周　骏、诸瑾文、赵文兵	2010年12月15日	ZL200810181266.5	上海研究院
79	发明	一种DSL接入速率预估系统的实现	潘毅明	2010年12月15日	ZL200810211717.5	上海研究院
80	发明	一种解决电信以太网中PE设备MAC地址爆炸的方法	李　实、张届新、翟梦雁、叶　佳、陈　文	2010年12月15日	ZL200810180849.6	上海研究院

四、科技大会

2006年12月27日，公司召开上海电信科学技术大会，这是公司化运行以后的首次科学技术大会。主要任务是：分析形势，统一思想，总结经验，明确任务，部署实施《上海市电信有限公司科技创新实施意见》，动员全公司、全体科技人员在转型战略指引下，走科技创新道路，进一步以科技创新推动上海电信在中国电信内率先实现由传统基础网络运营商向现代综合信息服务提供商转型。会议指出，上海电信的科技水平与领先的世界级电信企业仍有差距，同战略转型的要求还有许多不相适应的地方。主要是：自主创新和整合创新能力不强；传统业务的综合开发和价值挖掘水平还比较低；新业务在业务收入中所占的比例还不高；市场驱动的产品和业务策划体系尚未完全建立；业务和网络的一些关键领域存在着较大对外技术依赖；研究实力有待进一步提高，优秀拔尖人才比较匮乏；科技体制机制还存在不少弊端。必须下更大气力，做更大努力，大力推进科技进步和创新。会议指出，2006—2012年，是上海电信贯彻落实中国电信转型战略的重要时期，也是上海电信科技发展的重要机遇期。必须结合《上海电信战略转型实施纲要》的要求，把《上海市电信有限公司科技创新实施意见》落实到企业转型的具体工作中去，把企业战略创新、制度创新和科技创新有机结合起来，切实增强核心竞争力，力争到2012年建成拥有自主知识产权和持续创新能力的创新型综合信息服务提供商，在集团内率先建设成为“创新型、综合型、国际型”的“国家级科技创新企业”。

为实现这一目标，要突出抓好“三个聚焦”和“三个加快”：一是聚焦转型战略，着力抢占业务创新和网络创新的制高点；二是聚焦业务单元、技术部门，着力激发各单位、各部门创新的内生动力；三是聚焦创新试验基地，逐步建立完善新业务、新技术创新试验基地，为全网创造经验，减少业务转型的风险，逐步放大创新效用；四是加快科技创新体系建设，进一步完善公司创新的制度保障和环境营造；五是加快前后联动，产研结合，进一步提高在科技创新上的协同性，更好服务市场；六是加快科技人才队伍建设，进一步打造上海电信创新人才高地，真正突破自主创新的瓶颈和障碍。

会议对上海电信2007—2010年的科技创新工作进行部署。一是实施正确的指导方针，坚持走面向市场与客户的科技创新道路。拟订公司总体技术发展战略和新业务开发战略，不断加强公司技术发展战略的前瞻性、战略性和指导性。二是把业务创新和网络创新摆在科技创新的突出位置，大幅度提高企业竞争力。要把在NGN、3G、三重播放(Triple Play)等关键领域的技术创新作为头等大事，在这些重要领域要能够掌握若干自有专利权，造就具有竞争力的业务，提高企业竞争力。要重点开展宽带接入、互联网应用、ICT服务、移动通信、融合类业务等增值业务的研究与开发。把握网络发展的战略重点，着力解决制约业务发展的重大网络技术问题。三是深化科技管理体制与机制改革，加快推进公司创新体系建设。推进科技体制改革，充分发挥市场在科技资源配置中的基础性作用，充分发挥各单位各部门在技术创新中的主体作用，充分发挥科研机构的骨干和引领作用，进一步形成科技创新的整体合力，为建设创新型企业提供良好的制度保障。四是创造良好环境，培养造就富有创新精神的人才队伍。把科技人力资源视为战略资源和提升企业竞争力的核心因素，大力加强科技人力资源能力建设。不断培养造就大批具有蓬勃创新精神的高素质科技人才。五是发展创新文化，努力培育全公司创新精神。要努力给科技人员创造良好的、自由创意的工作环境、工作空间和工作条件。要坚持提倡百家争鸣，倡导学术平等和自由探索，形成“鼓励创新、宽容失败”的文化氛围，树立“创意就是财富、创新就是成就”的观念，支持科研人员不懈进取。

第二节 技术规范和标准

一、接入网领域

【固定接入网】

ADSL 1999年,上海市邮电管理局开始引入ADSL技术,进行业务试运行。ADSL是利用数字编码技术从铜质电话线上获取最大数据传输容量,同时又不干扰在同一条线上进行常规话音服务的一种技术,具有高速传输、上网与打电话互不干扰、独享带宽等特点。

2000年公司化运行后,上海电信加速推广ADSL。2002年8月2日,上海电信印发《宽带接入网设计要求V1.0》,对住宅用户宽带接入网进行技术规范,规定不同场景下的DSLAM设备部署方式,以及设备端口容量配置原则。

2006年5月,上海电信印发ADSL宽带接入设备验收测试细则,作为DSLAM工程验收方法的技术依据。印发DSLAM工程验收规范,对所涉设备安装、环境要求、设备检测进行规范,作为DSLAM工程验收的技术依据。

3Tnet(T比特的路由、T比特的交换和T比特的传输高性能宽带信息网) 2005年4月,上海电信根据国家科学技术部要求,开展3Tnet上海地区网络研究建设与试运行。

上海电信通过调研宽带接入网络的建设情况,调研已有EPON、FTTB+LAN两种方式小区的建设模式,分析用户使用过程中存在的问题,提出实现3Tnet的思路和方法。选择示范区开展各种组网试验与测试,研究FTTx与其他宽带接入方案的关系,确定FTTH小区的具体解决方案,建设汇聚业务机房;对原有的使用100 Mbps EPON技术接入的用户小区进行接入网络改造和扩容,以保证每个用户最低30 Mbps的接入带宽;选取新建的用户小区,使用G/EPON的技术来部署其宽带接入网;研究GPON应用到商务楼的可行性及其具体解决方案;根据研究确定的组网思路和规模成功经验,在网络结构、光纤布线、家庭网络等方面拟订FTTH的工程建设规范;通过对PON设备,尤其是EPON设备的评估及其开放性研究,对EPON设备性能和功能有较好把握,为EPON实现现网应用积累经验。

截至2006年6月,上海电信编制《上海公司EPON设备技术要求》《上海电信无源光网络工程建设规范》《上海电信EPON设备工程验收规范》,发表相关论文11篇。

POP点建设 2005年,上海电信开始引入POP点建设,通过缩短用户铜缆长度以实现网络接入提速。是年,上海电信印发一系列相关的技术规范:《上海市电信有限公司通信远端模块局建设技术规范》《上海电信AG局工程建设规范》《上海市电信有限公司网络业务提供点(数据POP点)机房建设技术规范(暂行)V1.0》等。

2006年,上海电信开始实施“光进铜退”策略,大规模推进POP点建设,将局端的ADSL设备下移至POP点内,以提高宽带接入的速率和质量。8月,公司印发《上海电信POP点发展建设指导意见》,对新建小区和老城区改造、高档住宅小区、别墅区或有特殊需求的高档商务楼的接入方案等提供指导意见,对POP点规划、选址和规模、建设和配套、建设方式等做出相应的指导。11月,上海电信印发《上海市电信有限公司室外有源通信机柜技术及建设规范》,推广体积小、环境要求低的室外有源通信机柜作为DSLAM下移的有效方式。通过该规范的制定,为有源机柜的采购、设计、施工、监理、验收提供技术依据。12月,上海电信印发《上海市电信有限公司POP点建设技术规范》,

以进一步规范POP点建设的技术标准，指导POP点新建、扩建、改建工程。

2007年7月，上海电信印发《上海市电信有限公司POP点验收规范》，规定各种POP点中供电系统、监控系统、宽带测试系统、门禁、空调、照明、接地等验收办法，还规定机架、机柜、子架、配线设备、保安单元等安装要求。

无源光网络(PON) 无源光网络(Passive Optical Network，PON)是一种点对多点的光纤传输和接入技术，下行采用广播方式、上行采用时分多址方式，可以灵活地组成树型、星型、总线型等拓扑结构，具有节省光缆资源、带宽资源共享、节省机房投资、建网速度快、综合建网成本低等优点。有EPON、GPON等多种类型。2006年，上海电信在松江佘山高尔夫别墅区开展试点，其后在现网上逐渐推广。

2006年11月，为规范基于PON的FTTx线路建设，提高网络运行质量，降低网络建设成本，上海电信印发《上海市电信有限公司无源光网络(PON)线路建设规范(试行)》，规定PON系统的架构、无源光器件的性能指标要求，对光网的拓扑结构、设计原则、网络施工等提出要求，作为PON线路建设工程设计、施工、验收依据。

2008年10月，上海电信印发《基于EPON的FTTB配套楼道机箱技术规范》，对安装于小区单元楼道或弱电井环境内的机箱，从生产、装配、采购、运输、工程设计、施工验收等方面制定技术规范。

2009年2月，上海电信印发《基于EPON的FTTx工程设计规范》，作为FTTx宽带接入工程在网络规划、建设方案和工程设计方面的规范。印发《基于EPON的FTTN配套户外机柜技术及建设规范》，作为FTTN宽带接入网配套户外机柜的生产、装配、采购、运输、工程设计、施工验收的规范。4月，上海电信开展"PON+DSL技术应用"科研项目，研究FTTx接入网的建设模式和发展策略。认定接入网建设和改造应主要采用EPON技术，区别不同的应用场景，结合DSL技术，灵活采用FTTB、FTTH等组网模式进行接入网建设和改造。对于新建小区、别墅区或高档小区，采用FTTH模式；对于普通小区，原则上优先采用FTTB(PON)+LAN模式，若不具备实施FTTB条件的，可建设综合POP点；对于老旧小区，逐步进行FTTB(PON)+LAN模式改造；对于农村地区，采用PON+DSL方式，控制新增铜缆规模和铜缆接入距离。

2010年4月，上海电信印发《中国电信上海公司城市光网家庭业务总体技术规范》，重点定义各业务在家庭内的技术实现要求，主要包括各种业务功能、应用场景、所需网络资源、技术实现方案、对设备的要求、关键技术等方面的内容。

【无线接入网】

个人手持式电话系统(PHS) 在PHS建设发展过程中，中国电信制定和颁发一系列的标准与规范。对上海电信PHS的建设和业务发展起到指导、规范和支撑作用。

2006年1月4日，上海电信在总结历年工程建设和性能、业务测试经验的基础上，结合实际情况，根据TL9000的流程要求，制定《上海电信PHS基站验收规范(暂行)》，作为基站建设的施工质量检查、随工检验和交工验收的技术依据。

2006年后，中国电信为推动PHS增值业务的发展，推进固定电话网与无线市话网业务融合，印发系列技术标准和规范。

无线局域网(WLAN) 2001年，上海电信开始无线局域网的试验，2002年开始全面推广无线局域网业务，业务品牌为"天翼通"。

2006年11月21日，上海电信下发《上海市电信有限公司天翼通公共网络AP设备技术规范》，为“天翼通”公共网络AP设备的引进、测试和管理提供技术依据。2007年6月对部分技术指标进行修订，增加AP设备的选型。

2007年，中国电信组织开展WLAN全国漫游功能开发试点，印发相应热点接入设备技术规范和中国电信WLAN V1.0标准。

2008年，中国电信组织WLAN认证门户、动态密码、银行卡支付、自由互联网卡等功能的开发工作，上海电信积极参与。其后，中国电信分别印发WLAN热点接入设备管理系统技术规范V1.0(暂行)、V2.0、V3.0，以及WLAN系统工程设计规范、工程施工及验收规范和室内无线综合分布系统施工验收相关规范，上海电信遵照执行。

蜂窝移动网络　2003年12月，上海电信根据信息产业部的统一安排，对阿尔卡特公司的WCDMA(宽带码分多址)系统、西门子公司的WCDMA系统、三星公司的CDMA2000(码分多址2000)系统、中兴公司的TD-SCDMA(时分同步码分多址)系统进行测试。测试工作在信息产业部3G专家组的统一安排进行。2003年12月—2004年3月为测试准备阶段，上海电信为试验提供核心机房和25个基站，完成上海地区各网络的互联互通工作。2004年4—9月为测试阶段，上海电信按照信息产业部统一的测试规范进行。通过这次测试，上海电信锻炼了一支3G技术人才队伍，为商用化建设积累经验，打下基础。在外场测试的同时，中国电信集团上海研究院于2004年4月开始建设“3G业务网络实验室”，该实验室包括3G承载网络和3G数据业务平台以及相应的开发环境和测试环境。实验室于2005年2月初步建成，4月1日正式投入试运行。

2007年5月，上海电信启动移动产品孵化基地项目，对3G实验室重点产品进行协调、开发、实施和验证。孵化产品有中国电信下达的3G/Wi-Fi产品和移动支付产品，以及上海电信创新开发的视频客服产品。3G/Wi-Fi产品通过双模终端利用宽带接入移动网络，在WLAN上提供3G基础语音业务及短信、彩铃、互联网接入等3G增值业务，进行内部放号测试；实现家庭、商务楼、热点场景的3G/Wi-Fi无缝切换；实现语音、短信、互联网接入和端到端服务。视频客服产品通过可视3G终端接受视频客服服务，如用户通过视频客服进行信用卡身份认证、保险取证、交通事故现场录像、可视维护指导等服务。

2008年5月，为验证移动网络(CDMA)的迁移割接方案，中国电信在上海、福建、江苏启动移动网络测试现场试验工程，搭建包括网络、业务、IT系统在内的端到端测试环境，在中国电信总部建设与各地互联的集团业务体验环境，在广州研究院进行承载网络设备的相关验证工作，在上海研究院进行业务网络设备的相关验证工作。上海研究院主要以集团、省两级业务网络和IT网络测试为主；验证服务流程；验证集团、省两级业务网络对CP/SP管理的支撑能力。

2008年7月，中国电信发布《中国电信移动通信工程(CDMA网)建设标准、规范及管理文件汇编(2008版试行稿)》，该文件分为两册，上册主要对国家、行业已有的CDMA网络工程相关的建设标准进行收集、归类及汇编，包含设备总技术规范、设备总测试规范、七号信令——ISUP技术规范等内容；下册对联通已有CDMA网的相关建设标准进行收集汇编与整理，包含移动通信网总技术体制、CDMA 1x移动台总体技术规范、CDMA 1x/HRPD终端技术规范等内容。

2008年8月1日，为满足承接C网后的网络演进和业务需求，中国电信制定CDMA2000 HRPD Rev. A的系列技术规范和CDMA2000广播多播业务(BCMCS)系统技术规范。中国电信CDMA2000 HRPD Rev. A的系列技术规范包括：总册、空中接口技术分册、A接口分册等内容。CDMA2000广播多播业务(BCMCS)系统技术规范包括：接入网设备分册(介绍网络结构参考模型、系统基本功能要求等内容)、核心网络设备分册(主要规定BCMCS控制器、BSN、AAA和BCMCS内容服务器的功能要求、接口要求、计费、网管、性能要求等方面的内容)、终端/卡分册等。

2008年8月25日,中国电信印发《中国电信CDMA网络相关系列技术规范》。2009年11月,根据网络建设和运营维护中遇到问题以及新的业务需求,中国电信将部分规范修订升级为V2.0版本。新的规范包括CDMA2000核心网络设备技术规范、CDMA2000核心网络接口协议技术规范、CDMA20001x设备总体技术规范等内容。

2008年10月,中国电信印发《中国电信CDMA2000移动网络技术体制》,该技术体制包括网络结构、互联互通、路由选择、国际互通与漫游、网络的业务与功能、频率配置、编号、服务质量、接口与协议要求、同步要求、IT支撑、网络管理等部分。

2009年2月,中国电信印发《中国电信2009年EVDO网络优化技术白皮书》,以专册的形式下发,针对EVDO网络相关优化要素侧重论述。其中,《基础优化专册》重点介绍EVDO网络建网初期的基础优化工作,提出DO与1x网络协同优化的优化思路、优化方法,介绍基础优化工作的内容、方法、流程,对主要涉及的关键技术给出指导与建议;《参数优化专册—第1批参数》从介绍影响EVDO网络性能的关键无线参数入手,重点论述参数的设置原则、优化手段,附有主流设备厂家的参数设置建议等。

2009年3月,为加强CDMA20001x网络基础无线参数的管理,提升CDMA20001x无线参数优化技能,集团无线网络优化中心组织编写《中国电信CDMA20001x基础无线参数设置规范(试行)》。其内容包括基础参数、登记参数、接入参数、切换参数、寻呼信道参数、功率控制参数、补充业务信道参数和业务配置相关参数等。

2009年9月,为满足中国电信移动网络运营与建设新需求,中国电信印发《CDMA2000 HRPD系列技术规范》。该技术规范包括:HRPD Rev. A系列技术规范(包括核心网、无线网及接口共8册)、HRPD Rev. A/1x系统设备相邻载波间干扰性能的技术要求和测试规范共2册、HRPD Rev. B技术规范(包括无线网设备和接口规范共6册)。

2010年5月28日,中国电信印发《中国电信移动网OMC北向接口规范V3.0》和《中国电信移动网管集团—省级接口规范V3.0》,作为CDMA移动网络设备OMC、省移动网管系统及集团移动网管系统入网测试和验收的主要依据。《中国电信移动网OMC北向接口规范V3.0》主要规定移动网OMC网管北向接口功能、接口设计与分析、网络资源模型、接口性能指标及通信协议等内容;《中国电信移动网管集团—省级接口规范V3.0》主要规定集团—省级移动网管系统间的接口功能、接口定义和分析、管理对象属性集及数据上报要求等内容。

2010年9月,中国电信印发《中国电信CDMA20001x增强技术应用指导意见及相关技术规范》,以指导CDMA20001x增强技术的应用,以最经济的方式进一步提高CDMA20001x的频谱利用率,在频率资源有限的前提下保证2G与3G的协调发展。技术规范包括EVRC-B、QLIC、MRD等增强技术的应用要求。

LTE技术预研 长期演进技术(Long Term Evolution, LTE)是通用移动通信系统的技术标准,能显著增加频谱效率和数据传输速率,主要存在TDD和FDD两种主流模式。2009年11月,上海电信启动世博LTE试验网无线网配套建设项目,共建设38个宏基站,7套室内覆盖系统及相应的传输配套建设和改造。

2010年4月,上海电信在世博园区建设基于LTE网络的高清全球眼,在沈家宅全球眼平台部署 2 台智能分析服务器，在世博园区 6 个监控点安装高清摄像机，通过 LTE 网络接入现网全球眼平台。

无线综合分布系统　在市区，随着移动用户的不断增加以及高层建筑的密度加大，对无线信号覆盖要求也不断提高。室内蜂窝系统已无法通过细分满足用户需求，室内分布系统应运而生。

2005 年 3 月，中国电信印发《中国电信室内无线综合分布系统技术要求》，作为网络规划、方案设计、设备选型、工程建设和竣工验收等的技术依据。该技术要求主要包含：系统要求（总体要求、系统结构和系统指标）、设备和器件指标要求（干放指标要求、合路器指标要求、其他无源器件指标要求、信号源要求）、综合室内分布系统布线与机房要求和环境电磁卫生要求，适用于中国电信进行 PHS、3G（核心频段）、WLAN（2.4 GHz）共用室内分布系统建设，同时兼容 GSM 900 MHz/1800 MHz、CDMA 800 MHz 等蜂窝移动网络的接入要求。11 月，中国电信制定《中国电信室内无线综合分布系统设计规范（暂行）》和《中国电信室内无线综合分布系统施工验收规范（暂行）》，主要包含室内分布系统设计、服务质量指标、中继和接口要求等内容。

2006 年 9 月，上海电信根据上述标准，制定《上海市电信有限公司室内无线综合分布系统工程实施技术要求（V1.0）》，明确上海电信室内无线综合分布系统的系统指标要求、设备和器件指标要求。主要包括室内无线综合分布系统结构、系统指标、有源设备、无源器件以及信号源的技术要求。适用于自 2006 年起实施的 PHS、3G、WLAN 共用室内无线综合分布系统建设，同时按需满足 TETRA、GSM 900 MHz/1800 MHz、CDMA 800 MHz 网络的室内接入要求。适用系统包括：PHS 无线市话系统、工作于核心频段的 3G 系统、工作于 2.4 GHz 频段的无线局域网（WLAN）系统、工作于 800 MHz 频段的 TETRA 系统，以及工作于 900 MHz/1 800 MHz 频段的 GSM 系统和工作于 800 MHz 频段的 CDMA 系统等。

2008 年 9 月，上海电信印发《中国电信上海公司室内分布系统技术要求（修订）》，对上海电信室内无线综合分布系统的系统指标要求、设备和器件指标要求进行修订。包括室内无线综合分布系统结构、系统指标、有源设备、无源器件以及信号源的技术要求。

二、承载网领域

【传输网】

时分复用（TDM）　2000 年公司化运行时，上海电信传输网的骨干网采用传输设备结合交叉连接机，构成连接不同区域的枢纽传输平台。在云南、武胜、漕溪、江苏、和田、控江、庆宁寺、东昌 8 个骨干节点上以 8 个 DXC4/1（等效容量为 64 个 STMI）和 8 个 622 Mb/s SDH 四纤双向环为核心，组成 2 Mb/s 传输网。另外，在上述 8 个骨干节点间还有 5 个 2.5 Gbps SDH 环，组成 155 Mbps 传输网，两者构成骨干层传输，接入层则以 PDH 为主。

2001 年，上海电信开展上海本地传输网发展研究软课题项目，在保持二层网络结构的同时，重新规划新的八大传输骨干节点，分别为浦东区：金扬、云莲；东北区：大华、控江（扩展机房）；中区：斜土、柳林；西南区：江苏 2（新辟机房）、康健，形成本地传输网的骨干层，能适应上海城市发展外延的需求，与规划中的中继光缆网的骨干节点完全融合。区域层由东北区、中区、西南区和浦东区 4 个区域组成，每个区域由若干环网组成，每个环网都与本区的 2 个骨干节点相连，以确保网络可靠性。

2004 年 10 月，上海电信与北京正有公司开展技术交流，针对该公司的 MSAP 产品和上海电信的业务特点和运营维护规范，提出相应的功能需求，包括网管功能、50 ms 保护切换实现、双 MCU

单纤通路保护、设备地气告警和切铃等功能的具体技术要求。同时，要求该公司提供采用 MSAP 传输同步时钟的具体技术方案。北京正有公司根据这些需求，改进和完善 ZY－MSAP 155 系列产品及其网管功能，于 2005 年 5 月由上海电信研究院和传输中心进行测试。2005 年 12 月，上海电信向该公司采购 150 套局端 ZY－MSAP 155 设备及 300 套远端设备。

2004 年 12 月，上海电信成立项目组，对“MSTP 技术”“RPR 技术”进行研究。研究过程中对多个厂家相关的 MSTP、RPR 设备进行测试，测试包括设备基本功能、性能、模拟组网等内容，形成研究报告。报告内容包括 MSTP 技术背景、技术原理与特点、现有 MSTP 技术现状、存在问题和测试体会以及 MSTP 应用分析等内容。

2005 年 3 月，上海电信在嘉定电信局开展 MSTP 商用试验网工程，采用 MSTP 技术进行组网改造，在嘉定电信局的城域核心层组建 1 个 2×2.5 Gbps 环网，在 5 个核心节点上各自配置 1 套 Metro Wave@ 8100＋设备，每套均配置 STM－16 接口单元，从而为进一步推进 MSTP 技术在上海电信的广泛应用打下基础。是年，上海电信基于 MSTP 技术的特点，推出基于传输网的以太透传专线业务——高速数字专线。

2005 年 8 月，上海电信在国家 863 项目——“3Tnet－ASON 设计”研究中，提出 3 种演进方案，即采用 SDH 环网方式演进、采用 ASON 设备组建环网的方式演进和采用 ASON 设备组建无线网格网络(MESH)的方式演进。经反复论证，最终选择采用 ASON 设备组建 MESH 的演进方式。2006 年 4 月，上海电信启动第一批中继传输网扩容工程，在本地传输网 8 个骨干节点上安装大容量 ASON 设备，建设 8 个 10 Gbps 二纤双向复用段倒换环；在本地传输网 37 个边缘节点上各安装 1 套 10 Gbps SDH 设备，与骨干节点之间组建 10 Gbps 二纤双向复用段倒换环；在 3G 网络的 4 个核心节点上各安装 2 套 2.5 Gbps 设备，与本地传输网骨干节点之间组建 2.5 Gbps 二纤双向复用段倒换环。

2006 年 5 月，上海电信在《综合传输接入设备建设工程》中，首次在接入层引入 MSAP 传输设备，有效地提升大客户需求响应时间，简化大客户接入复杂性，实现统一的网络管理，大幅提升业务竞争力。

2008 年 5 月，为满足 C 网核心网之间的中继电路需求和无线基站上联的电路需求，上海电信开展 C 网搬迁配套传输工程，继续采用 ASON 设备扩容，在本地传输网 8 个骨干节点、C 网 2 个核心节点以及 1 个长途传输骨干节点上安装大容量 ASON 设备，以网状方式建网；在本地网 24 个区域节点和联通 5 个 C 网节点上各安装 1 套 10 Gbps SDH 设备，以 MESH 或环状结构与本地传输网 8 个骨干节点之间连接。

2008 年上海电信承接联通公司 CDMA 网络后，为满足 CDMA 基站拓展的承载需求，持续加大对 SDH/ASON 传输网络的投入力度。2009 年，随着移动 3G 业务的开展，上海电信加大 ASON 智能光网络和 MSTP 的建设，为 CDMA/3G 移动通信、客户专线等业务的快速增长和提升用户体验提供支撑，为世博会期间的高并发、高密度、高流量的通信需求提供保障。

波分复用(DWDM)　上海电信是国内最先在城域网中引入密集波分复用(DWDM)技术的运营商。2000 年，开始进行城域波分网络的规划和建设测试工作，内容包括设备采购技术规范的制定，城域波分项目立项和建设，以及设备测试工作，采用环网建设方案。11 月 16 日，上海电信完成城域波分测试工作，主要包括设备单机性能、WDM 试验环网络测试以及网管系统功能的验证。2002 年，上海电信开始在城域网范围内引入 DWDM 波分技术。

2005 年，在进行大量相关研究后，上海电信决定将粗波分复用(CWDM)系统仅应用于光缆抢修、业务割接等应急场合。

2007年，随着宽带互联网业务的迅猛发展，上海市区—郊县间大容量长距业务出现了爆发式增长的态势，为解决光纤直连导致的传送距离受限、系统安全性低等问题，上海电信于是年5月对城域波分系统进行优化，采用已有波分系统＋新建波分骨干环的方式实现郊县环与目标业务节点的沟通，满足城域网通道和优化通道骨干节点间的业务需求。

2008年2月，为满足宽带和IPTV等数据用户的迅猛发展，上海电信制定城域波分系统优化解决方案。

分组传送网(PTN) 分组传送网(PTN)是以分组交换为核心，面向分组数据业务的传送网。2010年8月19日，上海电信对《分组传送网(PTN)建设工程》一阶段设计文件进行会审，确定采用华为PTN 3900和PTN 1900设备，在金杨等八大传输局各新建1套华为PTN 3900设备，在东区等八大区局的48个汇聚/接入节点各新建1套华为PTN 1900设备，组成分组传送网(PTN)，作为上海电信二层专线业务网络。

无跳接光交接设备创新 在上海本地网的光缆网络建设中，配纤设备一般使用光缆交接箱与光缆分纤箱。随着业务的不断扩展，光进铜退，光缆原有的网络结构越来越趋于复杂。在光缆接入网中为主干层和配缆层光缆提供光缆成端、跳接作用的光交接箱与光分纤箱，存在同一地址分纤箱过多的问题，人为造成光路由级数增多且在运行中光跳纤与适配器故障较多，影响网络安全；有的光交接箱或分纤箱内配光缆已布满，但使用率较低，使主干通局光纤闲置造成资源浪费；有的地区用户密度分布不均，设计时用户的需求无法获知。

2008年2月，为解决光缆网络的运营管理及维护中碰到的一系列问题，上海电信研究开发“室外型无跳接光交接设备及无跳接分纤设备产品”。该设备的箱体结构简化，只装置通局主干光缆的端子适配器，而用户配光缆则以预留的形式在配纤设备内盘储，当配光缆中需要使用某对光纤时，则直接将它与主干资源适配器连接，不再占用大量配光缆适配器资源与箱体内的面积，从而使光交接箱内最大限度容纳配光缆，最大限度提高光纤利用率，相应减少光路由衰耗。该设备既可作为光缆交接箱，也可作为分纤箱，具体由设计单位根据光缆网络结构和实际应用场景确定。

2008年10月底，上海电信在“室外型无跳接光交接设备及无跳接分纤设备的产品开发”研究项目成果的基础上，制定《无跳接光缆配纤设备产品技术规范》，作为产品采购、工程设计与安装、维护管理的依据。

通信管道 2004年12月，为合理地配置和利用管孔资源，更好地面向市场，支撑电信事业发展，上海电信制定《管孔资源调度原则》。

2006年12月，为规范通信人孔建设，搞好通信基础设施建设，上海电信印发《上海市电信有限公司通信人孔建设技术规范(试行)》，适用于新建管道(人孔)工程，要求改、扩建管道(人孔)工程参照执行。

2009年1月，上海电信发布《中国电信上海公司通信线路工程敷设纺织子管设计规范》，作为企业标准，适用于在地下通信管道内敷设光(电)缆线路的新建、扩建工程的设计，对于改建、大修及其他通信线路工程，也参照执行。

2009年10月，上海电信发布《本地网光缆、管道资源调度规范(讨论稿)》，规范适用于上海电信本地传输管道、光缆网络建设以及业务配置、网络优化和资源管理。光缆路调度的原则可细分为网络安全原则、较短路径原则、资源均衡原则、余量控制原则和末对纤使用原则。管道路由调度原则可细分为骨干层中继光缆路由选择原则、区域中继光缆路由选择原则、用户主干光缆管道路由选择原则和配光缆管道路由选择原则。

【IP 城域网】

2001 年，上海电信建设“CISCO 概念实验室”，为上海电信 IP 城域网网络设备测试提供测试平台，为 IP 城域网端到端质量保证提供实验平台。实验室建成后，先后进行“IP 城域网设备选型测试”“上海电信 VoIP 业务试验”“上海电信 IP 城域网 QoS 业务试验”等。

2002 年，上海电信启动“多种数据业务的定位和关系研究”，对 DDN/FR、ATM 综合业务网、IP 城域网等三大数据网所能提供的业务类型、物理接口类型、速率带宽范围、用户的接入设备和接入途径等进行精细划分，认定可在 IP 城域网上开展 MPLS VPN 业务，构建企业 VPN 专网，实现跨地域、安全、高速、可靠的数据、语音、图像多业务通信。是年，上海电信在 IP 城域网上开展此类业务。

2003 年，上海电信启动“上海电信城域网 QoS 业务实验室验证测试”，对 IP 城域网上开展 QoS 业务进行可行性验证，对上海电信实施 QoS 的可行性进行评估。项目最终对 QoS 队列机制、流量分类、QoS 各类带宽分配、QoS 整网实施等方面做出规范，为后续 IP 城域网现网 QoS 实施提供技术依据。

2004 年 7 月，上海电信开展“IP 城域网面向业务的优化实施方案”的研究，包括 ADSL 重要用户的组网、CDN 规范与技术方案、IDC 整合组网方案、IP 城域网 QoS 策略、郊区宽带 IP 网络整合等内容，提出相应的组网标准和方案。9 月，发布《上海电信 IDC 组网指导原则（试行）》，提出在原来的基础上新增花木核心平台，新核心平台的 4 台路由器采用四方形结构，相互之间通过 2.5 Gbps POS 链路（共 4 根）互联，流量较大的 IDC 原则上按地理位置就近接入核心平台的 2 个节点；IDC 机房内部网络采用“汇聚—接入”的两层逻辑结构；IDC 机房内部、IDC 核心平台内部均采用开放式最短路径优先（OSPF）协议，IDC 机房上联 IDC 核心平台采用 OSPF 协议或静态路由；IDC 机房的选址应以节约成本、提高利润、满足 IDC 未来业务发展的要求为目标。11 月，为保证宽带用户上网速率和质量，上海电信经测试研究，结合上海本地网宽带用户的使用习惯和实际情况，调整现网宽带接入服务器技术参数，规定：每台 BRAS 整机配置用户数不大于 32 000（PVC 或 VLAN），整机并发用户数不超过 16 000（PVC 或 VLAN），每接口卡并发用户数不超过 8 000（PVC 或 VLAN）。是年，启动“上海电信流媒体端到端质量提升”科研项目，查找影响 ADSL 和 LAN 用户流媒体/IPTV 端到端质量的原因，制定流媒体/IPTV 业务端到端的 5 个环节（片源、CDN、网络、线路和终端）的质量评估标准，提出上海电信端到端（信息源端、网络传输、用户端）质量保证指导意见，使流媒体/IPTV 点播质量合格率达到 95%。

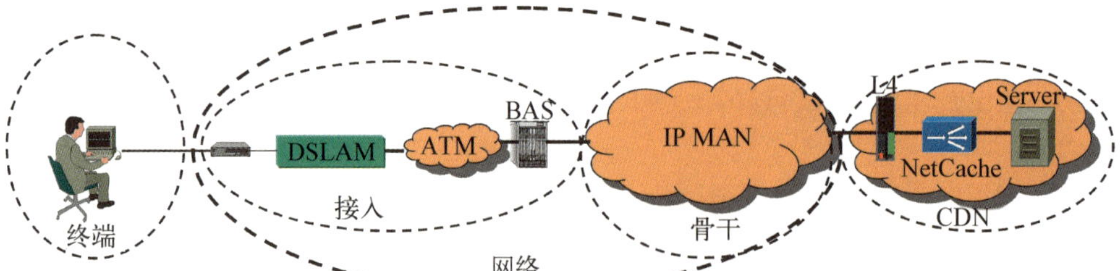

图 7-1-1　流媒体端到端网络示意图

2006 年，开展“上海电信适应 CN2 多业务承载的 IP 城域网综合优化方案研究与试验”科研项目，研究不同数据业务对 IP 城域网的承载要求，重点是 IPTV 业务和 IP 化无线接入网（IP RAN）业务。研究报告提出，为满足年底 10 万 IPTV 用户、30 万 NGN 用户、2 500 个 VPN 用户的接入需求，上海电信需新建 IP 城域网 B 平面，负责精品业务承载。整个 B 平面可分为 3 个层次：核心层业务终结层与接入层,通过合理分布来控制网络流量。整网按照 2+16+N 骨干网络拓扑构架,即 2 个核心节点+16 个业务终结层节点+N 个接入节点。其中,2 个核心节点分别通过 2 根 10 Gbps 上连至 Chinanet/CN2。同时,2 个核心节点之间通过 2×10 Gbps 链路进行互连,实现相互冗余保护。业务终结层将分为 2 个子网,即 IPTV 子网和重要业务子网,分别用于承载 IPTV 业务和 NGN、3G、VPN 业务。每个子网均包括 8 台 SR 路由器,用于汇聚/终结各区局接入层网络的业务流量。提出新增城域网核心设备应支持多机框模式和多级交换架构并支持集群功能的要求。

2007 年,上海电信启动城域网长市整合研究项目,研究 IP 城域网的两个 AS 号合并。根据研究结果,上海电信对长途通信部的 AS 4812 和信息网络部的 AS 64712 进行割接,合并出口层和核心层,形成新的核心出口层。合并后的 AS 号统一为 4812,采用统一的内部网关协议(Inter-Gateway Protocol, IGP)、边界网关协议(Border Gateway Protocol, BGP)策略和 QoS 策略,用户路由由 IGP 承载改为 BGP 协议承载,全网使用 IS-IS 作为 IGP,替代原先的 OSPF,便于后续网络建设和优化。总出口带宽由 310 G 升级至 520 G/480 G。同时,上海电信印发《上海市电信有限公司 IP 数据设备软件版本管理办法》,确定技术主管部门和运行维护部门、相关职能部门的管理职责,以及软件版本管理流程和应急流程,为 IP 数据网络运维提供规范和标准。

2009 年,上海电信启动 IP 城域网郊县网络优化研究项目,重点研究郊县网络核心功能定位以及后续网络规划、郊县接入网络结构和层次、郊县本地 IP VPN 业务统一承载方案等。根据研究成果,明确郊县网络核心的定位,优化郊县接入网架构,完成对郊县 VPN 业务实现模式的定义(包括 IP VPN 的组网模式、IP VPN 和郊县 ATM VPN 之间的关系等)。是年,上海电信还启动面向宽带提速的城域网优化策略研究项目,重点研究宽带提速后带来的 IP 城域网在应用和流量方面的变化,提出后续宽带提速网络优化策略。主要策略包括:逐步规模采用大容量设备和高带宽链路、部署 IP 承载控制系统、网络结构扁平化、P2P 流量的控制和限制、合理推进光进铜退等。

2010 年,上海电信启动 IP 网络向 IPv6 演进策略研究与试验项目。项目从接入网、承载网、IP 支撑系统等多层面分析 IPv6 演进过程中可能遇到的关键问题,提出相应的解决方案。项目对上海电信城域现网主流设备进行 IPv6 支持能力的评估测试,就宽带上网、VPN 等业务进行流程穿越测试,制定设备的 IPv6 技术规范。

三、交换网领域

电话交换技术经过百余年的发展,日趋成熟,但由于大量新的需求不断出现,促使交换机功能不断扩展。为适应市场,使交换机具备高可靠性、强大的信令处理能力、灵活准确的计费能力、业务鉴权能力以及支持新业务的能力,上海电信除对已有网络进行优化、改造外,还积极跟踪、学习、引进和使用交换网络的新技术。

【程控交换网】

2002 年,在中国电信统一安排下,上海电信基本完成网络智能化开放平台及开放接口的前期技术准备及相关技术研究工作。为进一步完善开放平台及开放接口,2003 年,上海电信根据中国电信要求,进行基于开放平台的智能网与互联网互通类业务的网上试验及相关市场策划、网络规划的研究工作,完成《上海本地智能网开放系统可行性研究报告》。

2004 年 10 月,为解决本地网的网络智能化需求,提高本地网络资源利用率,上海电信编写《个人业务寄存器(PSR)总体技术要求》。对上海本地网如何解决全网智能业务的触发、提供号码携带业务,以及如何提供跨网业务进行阐述,明确与PSR相关的技术要求。规定固定网络引入PSR后,PSR设备与交换机等相关系统之间的信令接口和查询逻辑等标准,规定PSR用户的计费方式。分析固网引入PSR后,对营业系统、计费系统、网管系统等带来的影响,拟定相应对策。为避免电信资费纠纷,完善电信计费信息,上海电信对传统交换网实行100%详细计费改造,分别编写F150及S1240的本地网交换设备详单技术规范书,作为上海电信向相关厂商提出的工程技术要求。

2005年,根据中国电信对网络智能化的相关要求,上海电信将彩铃、同振/顺呼、居间和号码携带等智能业务在实验室和现网进行调试;对新增智能网元设备进行功能测试,制定彩铃、同振/顺呼、居间和号码携带等业务规范。

【软交换网】

2003年11月,上海电信完成中国电信下达的基于软交换核心网的NGN业务提供模式及标准的研究。从中国电信的实际业务需求和业务发展趋势出发,通过对PARLAY、SIP servlet和OPSI等NGN业务生成的几种主流技术的体系架构、可生成的业务、业务生成方式等方面的比较,结合各种技术的厂家具体实现方案及相应的开发工具,提出中国电信业务生成平台的功能需求。在此基础上,制定中国电信下一代网络业务生成接口标准。

2004年8月,上海电信完成基于软交换核心网的IP电话超市技术方案,提出NGN网络中电话超市业务运营管理办法。

2005年,上海电信根据软交换核心网的入网要求,编写《上海电信接入网关设备技术规范》《上海电信软交换设备技术规范》《上海电信综合接入设备(IAD)技术规范》《上海电信信令网关设备(SG)技术规范》等,为软交换的引入打下基础。是年,上海电信进行软交换网络关键技术测试,进行软交换容灾测试、信令网关测试、IAD设备测试,分别提供相关的技术方案、测试方案、测试条款和测试报告共12个,为大规模的引进提供依据。

2006年3月,上海电信提出基于软交换核心网的网络智能化方案。对软交换的网络智能化业务触发方式、业务实现流程、业务嵌套处理原则等做出明确规定。

2007年上海电信经深入研究,提出上海本地电话交换网基于软交换核心的目标网规划方案,该方案在全网共配置6对NGN SS/TG核心交换机,覆盖已有的6个汇接区,每个汇接区的1对SS/TG,分别采用2家厂商的设备组成"双平面"的结构,同时,还配置2对NGN信令网关,也分别采用2家厂商的设备。目标网建成后,端局所有呼叫全部经由TG汇接至SS,由SS以全触发方式访问SHLR,查询用户业务属性及号码信息。

【移动交换网】

2008年6月,为承接C网,上海电信根据国内七号信令网信令转接点(STP)设备技术规范(修订稿)、七号信令与IP互通的技术要求、七号信令与IP互通适配层技术规范——消息传递部分(MTP)第三级用户适配(M3UA)等相关技术要求,完成移动交换的信令网关转接点设备技术规范编写。该规范要求在七号信令网侧必须支持中国的七号信令标准,在IP侧必须支持中国的七号信令与IP互通的系列标准。

2008年8月,上海电信提出基于C网的网络接收运营计划方案。该方案结合原上海联通CDMA网络以及上海本地网络特点,提出对LSTP以及GWC上线后,路由细则的调整,作为C网接收运营交换部分的指导文档。是月，上海电信根据C网核心网要求编写CDMA MSCE/HLR/PDSN工程验收测试规范要求，作为MSCE/HLR/PDSN设备验收及测试工作的具体内容依据。

2009年5月，为保证C网业务的发展，上海电信决定新建移动核心网，引入移动软交换7个MSCe/MGW、2个TMGW，替换原有的程控交换机。为此，上海电信制定MSCe路由规划及C网核心网建设技术方案，对路由细则做出描述。

2009年，上海电信还对移动核心网络运行技术进行大量的研究，形成许多具体成果。建设支撑方面为：C网核心网建设技术方案和C网软交换配置方案，C网核心网割接分析和建议，C网话务控制和实施建议，C网核心网网元风险评估。提升产品质量方面为：C网彩铃和短信业务质量分析；彩铃放音流程优化技术方案。核心网业务支撑方面为：OnStar汽车服务业务、C网酒店租机业务和优谷小灵通终端带机变号向C网迁移等3项技术方案和相关测试。现网支撑方面为：核心网软交换的版本补丁测试及相关技术支撑。其间，完成《上海电信2009年度C网核心网建设技术方案》《上海移动软交换系统配置方案》《OnStar业务技术方案》《OnStar免鉴权号码需求解决方案》等技术方案；完成《上海电信CDMA软交换割接分析》《上海电信C网话务控制功能和实施建议》《CDMA HLR部署评估》《C网核心网元风险评估》《CDMA彩铃流程完善技术要求》等分析，提出建议。

【多媒体子系统(IMS)】

2009年，在中国电信主导下，上海电信拟定IMS网络试点方案。该方案从新业务发展和网络融合的需求出发，借鉴国内外主流运营商的IMS应用模式，以业务驱动的方式引入IMS试验网。以服务世博为试验的主要实践载体，通过基于试验网的网络建设及业务部署，为上海电信尤其是世博会的通信服务构筑完善的多媒体业务架构，验证IMS技术的成熟度，探索IMS新业务及其商业模式，为现网向IMS平滑演进的路径提供解决方案，进行相应的技术储备。其中，解决方案具体规定建设内容、总体原则、IMS网络总体框架、核心网元设置原则、互联方案、核心设备及用户接入承载方案、路由组织、业务平台建设方案、IT系统需求等。

2010年1月，上海电信提出基于IMS网络的IP承载网方案。作为中国电信IMS试点单位，上海电信以多媒体应用、个人客户应用为主要切入点，选择华为和阿朗IMS系统开展IMS网络试验工作，验证IMS业务能力的可控、可管、可维护能力。上海电信成立专项支撑项目组，针对试点过程中的诸多技术问题，开展业务试验和技术支撑工作：制订IMS试点技术方案，完成IPTV可视电话业务规范、多媒体彩铃业务规范、视频分享业务规范等IMS增值业务规范7份；开展IMS试点网络互通性测试和IMS试点基础业务功能测试，形成计费测试方案、网管系统测试方案、视频号百测试方案等测试方案14份，测试报告24份；制订IMS试点业务IT需求说明书。

四、移动业务网领域

中国电信的移动业务网络采用横向架构，由综合业务管理平台(ISMP)对数据业务和语音增值业务进行统一管理，由综合业务接入网关(ISAG)提供面向CP/SP的统一业务接入。其中，ISMP是移动业务网络的核心网元，主要实现各种移动业务公共管理功能，如统一认证、统一计费、统一管理等，包括CP/SP管理、用户管理、业务管理、内容管理、终端管理、认证/授权、计费批价、统计分析等。ISAG是移动业务网络的关键网元，主要提供服务质量监控、业务能力适配和封装等功能。

移动业务网主要负责本地或全国 SP 业务接入，与 ISMP 交互完成鉴权计费，与 SE/核心网交互完成消息递送。

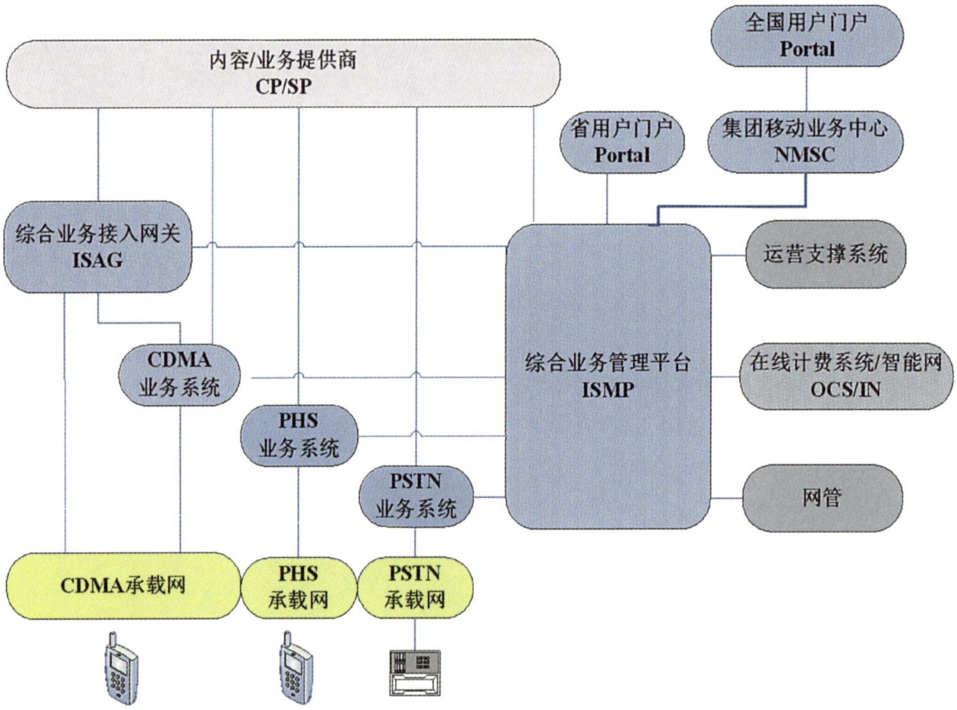

图 7－1－2 移动业务网络架构图

【3G 业务网络实验室】

中国电信 3G 业务网络实验室(简称“3G 实验室”)创建于 2005 年，是中国电信 3G 移动业务的研发与实验基地，承担着为中国电信开发新业务、创造新产品和开拓新领域等多项重要科研任务。3G 实验室位于上海浦东中国电信信息园区，由中国电信上海研究院提供技术支撑和日常维护。2007 年，3G 实验室已初具规模，基本建成移动业务网络的增值业务开发、测试和演示环境，实现与 SE、SAG、OCS、3G BOSS 的研究和功能开发。是年，根据中国电信对重点业务、重点新产品开发、实验的总体要求，上海电信完成“中国电信 3G 业务网络实验室 2007 年升级改造工程”，对实验装备加以升级和完善，新增机架式 PC 服务器、机架式小型机、以太网络交换机、防火墙、网络安全设备(入侵检测、安全评估)、网络存储和 WEB 安全防护软件等，进一步提高 3G 实验室的业务开发能力和系统评测水平。

【业务网络现场试验】

2006 年 1 月 11 日，中国电信根据试点省市移动业务管理平台(ISMP)的研发现状，对中国电信 ISMP 现场试验进行部署。决定在上海等六省(市)开展 ISMP 现场试验，将平台从实验室转移到生产现场。平台试验可以先考虑管理 PHS 增值业务，也可以在固网上进行测试，有 3G 试验网的省(市)可以在 3G 试验网上进行测试。上海电信在是年完成试验工作。

2007 年 4 月 20 日，中国电信全面启动南方未建 ISMP 平台省(市、区)的移动业务管理平台

ISMP和综合业务接入网关ISAG的建设工作。上海电信研究院承担技术支撑工作，在移动牌照发放前提前做好运营管理移动增值业务的准备。在现场试验基础上，中国电信发布22个ISMP与业务引擎相关规范，包括ISMP设备、接口、流程、数据规范、引擎相关规范（短信、彩信、流媒体等）、测试规范等。规范定义并参照国际标准，涵盖CDMA网络的MMSC、MMSIGW、SMSC、SMGW、DRM、DM、流媒体、下载业务系统、定位设备、Push Mail设备的功能、接口、业务流程及系统要求，为中国电信建设接管CDMA网络，规划和建设相关网元的技术选型提供技术参考。上海电信据此开展网络规划和设备选型。

【业务网络建设和调试】

2007年年底，中国电信发布ISMP、NMSC与IT支撑系统有关接口规范(2.1)，明确客户关系管理系统与ISMP系统间的目标界面，将CP/SP管理、客户管理、产品/销售品管理、定购关系管理都放在客户关系管理系统中。

2008年9月，为推动天翼计划的顺利实施，中国电信组织全国移动基础网与业务平台临时联调。上海电信在自身联调基础上，还积极配合28个省的远程连接。中国电信取得移动牌照后，上海电信开始进行业务网络的建设、联调及测试工作，测试业务包括短信、WAP、BREW、彩信、号码百事通（移动版）、备份、统一充值等七大重点业务。2008年2月6日，上海电信顺利完成移动网络2008年一期ISMP建设工程的初步验收工作。

2009年2月，为完善网上营业厅（简称"网厅"）和掌上营业厅（简称"掌厅"）的移动业务服务功能，向客户提供便捷的移动增值业务自助管理服务，中国电信要求各省公司网厅和掌厅加载ISMP首批移动增值业务受理功能。移动增值业务包括189邮箱、备份(PIM)、手机报和Push Mail等四项业务。对网厅和掌厅增值业务的受理功能加载方式、业务流程和输出脚本、移动增值业务受理功能建设的技术方案及时间要求均做出明确规定。4月，上海制订ISMP、ISAG、WAP网关、WAP门户、彩信中心MMSC的巡检手册，以支持业务平台巡检。12月，上海电信为全面掌握网络运行质量，及时发现和处理网络上存在的问题，提升网络运行质量，根据中国电信要求编制《中国电信上海公司CDMA移动网拨测制度》，覆盖语音、数据、短信等3个方面。

2010年2月，上海电信完成ISMP平台业务能力扩容和软件功能升级，平台处理能力从1 774条/秒扩容至2 243条/秒。通过软件功能调整，提高平台在数据同步、查询统计、SP权限管理等方面的能力，以满足业务发展需求。3月，为适应业务发展需求，上海电信完成ISMP捆绑套餐流程开发并上线使用。11月，为完善全网业务的应用结构，接入上海电信ISAG的全网性增值业务分两批向中国电信全国SP业务专用ISAG(NSAG)的迁移。

【业务网络主要规范】

2008年，为承接C网，上海电信研究院编制综合业务管理平台(ISMP)系列规范(RC1.0.1)、综合业务接入网关(ISAG)系列规范(RC V1.1.0)、业务引擎系列规范(V1.0.0)等，由中国电信向省级公司发布。

2010年，根据中国电信对业务网络规范进行完善的要求，上海电信研究院完善网络向多媒体业务子系统(IMS)的演进方案，包括综合业务管理平台(ISMP)设备技术规范系列(V1.2.1)、接口协议技术规范系列(V1.2.1)、集成方案规范系列(V1.2.1)，在综合业务接入网关(ISAG)增加IMS相关规范。

ISMP规范 中国电信CDMA业务网络综合业务管理平台(ISMP)系列规范主要包括设备技术规范、接口协议规范及集成方案规范等。

表7-1-4 CDMA业务网络综合业务管理平台系列规范情况表

分类	规范文件
ISMP设备规范	综合业务管理平台(ISMP)设备技术规范 总册(V1.2.1)
	综合业务管理平台(ISMP)设备技术规范 数据分册(V1.2.1)
	综合业务管理平台(ISMP)设备技术规范 集团管理分册(V1.2.1)
	综合业务管理平台(ISMP)设备技术规范 设备网管分册(V1.2.1)
	集团移动业务中心(NMSC)设备技术规范(V1.2.1)
ISMP接口规范	管理接口协议规范 ISMAP分册(V1.2.1)
	管理接口协议规范 统一配置分册(V1.2.1)
	管理接口协议规范 终端及内容管理分册(V1.2.1)
	管理接口协议规范 SP管理分册(V1.2.1)
	管理接口协议规范 支撑系统分册(V1.2.1)
	中国电信在线计费系统(OCS)OCP接口规范(V1.2.1)
	中国电信综合业务管理平台ISMP接口规范(V1.2.1)—ISAG
	中国电信综合业务管理平台ISMP接口规范(V1.2.1)—NMSC
	中国电信综合业务管理平台ISMP接口规范(V1.2.1)—SCP
	中国电信综合业务管理平台ISMP接口规范(V1.2.1)—漫游地业务
	中国电信综合业务管理平台ISMP接口规范(V1.2.1)—门户
ISMP集成方案	中国电信综合业务管理平台ISMP—DM集成方案(V1.2.1)
	中国电信综合业务管理平台ISMP—IM集成方案(V1.2.1)
	中国电信综合业务管理平台ISMP—MPSS集成方案(V1.2.1)
	中国电信综合业务管理平台ISMP—PIM集成方案(V1.2.1)
	中国电信综合业务管理平台ISMP—PoC集成方案(V1.2.1)
	中国电信综合业务管理平台ISMP—Push Email集成方案(V1.2.1)
	中国电信综合业务管理平台ISMP—定位系统集成方案(V1.2.1)
	中国电信综合业务管理平台ISMP规范—C网业务集成方案(V1.2.1)
	中国电信综合业务管理平台ISMP规范—OCS&CCG集成方案(V1.2.1)
	中国电信综合业务管理平台ISMP规范—PHS分册(V1.2.1)
	中国电信综合业务管理平台ISMP规范—彩铃集成方案(V1.2.1)
	中国电信综合业务管理平台ISMP规范—智能化短信集成方案(V1.2.1)

ISAG系列规范 中国电信根据业务网络规划,将综合业务接入网关(ISAG)定义为关键网元,

提出总体技术要求、设备规范、面向第三方增值业务北向接口、面向引擎设备的南向协议映射接口、测试规范，形成全网业务能力，形成一点接入全网使用的体系架构。

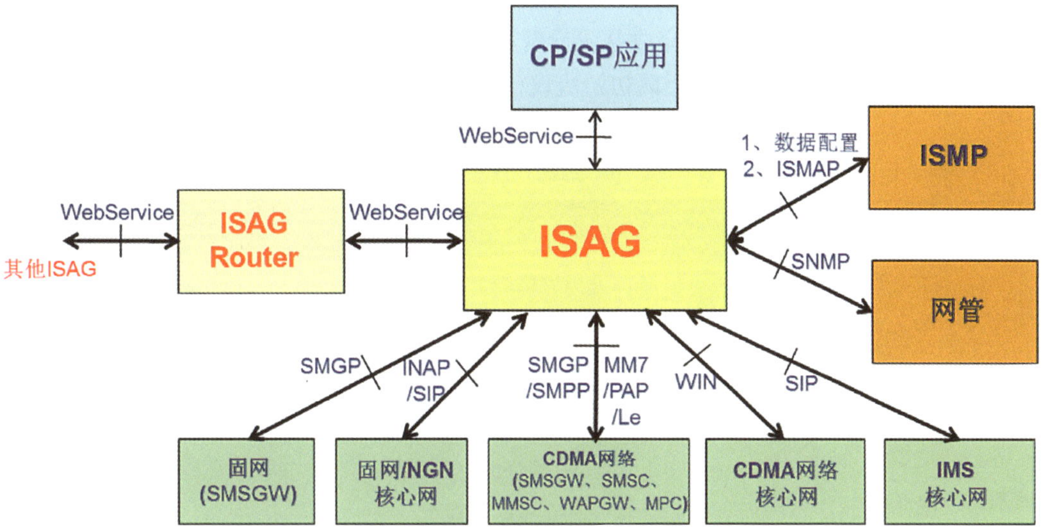

图 7－1－3　综合业务网关及业务引擎的接口关系图

表 7－1－5　ISAG 规范情况表

分　　类	规　　范　　文　　件
ISAG 总体架构规范	ISAG 的技术和设备规范，主要定义了以 ISAG 为核心的业务网关组网架构、功能和接口设计方案；设备规范主要定义了 ISAG 网关设备的功能要求、接口要求以及安全性、性能等指标要求
	ISAG Router 设备规范定义了作为 ISAG 总体架构中的路由转发设备的相关功能、接口要求等内容
ISAG 北向接口规范	综合网关面向 SP 的开放接口称为北向接口，该规范定义了该接口上的消息和相关参数要求；包括总册和不同业务能力(SMS/MMS/WAP Push/LCS/ECC)的分册
ISAG_North_WSDL 系列脚本	ISAG 开放接口采用 WebService 接口方式，规范定义了相应的 WSDL 脚本，供 SP 参考
南向映射规范	网关和网络中的业务能力引擎的对接接口称为南向接口，该规范定义了 ISAG 的北向接口和南向接口相关参数的映射关系和处理方式，根据对接的业务能力引擎和协议(SMPP/MM7/PAP/L1/WIN)分为不同的分册
流程规范	业务能力的开放功能实现需要网关、业务能力引擎、ISMP 的配合提供完整的功能，流程规范以 ISAG 为核心，定义了不同业务场景(管理/SMS/MMS/WAP Push/LCS 定位/ECC 语音)下业务交互过程和各个网元的分工
测试规范	定义了每个业务场景下与 ISAG 相关接口和功能对应的测试条目，主要作为 ISAG 的功能测试参考依据，其中包含各个业务能力的功能测试分册和性能测试分册
引擎规范	引擎设备的设备技术规范，定义了相关能力网元的功能、接口、流程和系统要求，为中国电信业务网络能力的部署和建设提供技术参考。包含了各个业务能力相应的设备引擎(DRM 设备/IVR 语音增值平台/多媒体消息业务系统/定位服务器/Push Email 系统/CRBT 平台/SPMC 平台/短信中心/短信网关/移动支付/WAP 网关/下载业务系统)规范分册

ISAG升级规范 2010年,中国电信ISAG系列规范升级后,增加面向全国SP业务专用接入的ISAG(NSAG)设备相关定义和接口修正,实现全国和本地业务两级接入的体系架构。其中,NSAG是全国SP业务专用接入的ISAG,ISAG Router是省间消息路由转发设备;ISAG负责本地或全国SP业务接入,与ISMP交互完成鉴权计费,与SE/核心网交互完成消息递送。增加IMS相关规范,实现面向IMS网络的基于会话初始协议(SIP协议)的映射。

表7-1-6 新增IMS相关规范情况表

分 类	规 范 文 件
开放接口协议	中国电信IMS业务网络综合接入网关开放接口协议_AudioCall
	中国电信IMS业务网络综合接入网关开放接口协议_ClickToDial
	中国电信IMS业务网络综合接入网关开放接口协议_EnhanceCall
	中国电信IMS业务网络综合接入网关开放接口协议_ClickToFax
	中国电信IMS业务网络综合接入网关开放接口协议_Conference
	中国电信IMS业务网络综合接入网关开放接口协议_Group
	中国电信IMS业务网络综合接入网关开放接口协议_IM
	中国电信IMS业务网络综合接入网关开放接口协议_Presence
	中国电信IMS业务网络综合接入网关开放接口协议_SIP PUSH
	中国电信IMS业务网络综合接入网关开放接口协议_TerminalStatus
业务流程规范	中国电信IMS业务网络综合接入网关业务流程规范_AudioCall
	中国电信IMS业务网络综合接入网关业务流程规范_ClickToDial
	中国电信IMS业务网络综合接入网关业务流程规范_EnhanceCall
	中国电信IMS业务网络综合接入网关业务流程规范_ClickToFax
	中国电信IMS业务网络综合接入网关业务流程规范_Conference
	中国电信IMS业务网络综合接入网关业务流程规范_Group
	中国电信IMS业务网络综合接入网关业务流程规范_IM
	中国电信IMS业务网络综合接入网关业务流程规范_Presence
	中国电信IMS业务网络综合接入网关业务流程规范_SIP PUSH
	中国电信IMS业务网络综合接入网关业务流程规范_TerminalStatus
协议映射规范	中国电信IMS业务网络综合接入网关协议映射规范_AudioCall
	中国电信IMS业务网络综合接入网关协议映射规范_ClickToDial
	中国电信IMS业务网络综合接入网关协议映射规范_EnhanceCall
	中国电信IMS业务网络综合接入网关协议映射规范_ClickToFax
	中国电信IMS业务网络综合接入网关协议映射规范_Conference
	中国电信IMS业务网络综合接入网关协议映射规范_Group
	中国电信IMS业务网络综合接入网关协议映射规范_IM

（续表）

分　类	规　范　文　件
协议映射规范	中国电信 IMS 业务网络综合接入网关协议映射规范_Presence
	中国电信 IMS 业务网络综合接入网关协议映射规范_SIP PUSH
	中国电信 IMS 业务网络综合接入网关协议映射规范_TerminalStatus

五、终端技术

【家庭网关】

家庭网关是用户家庭网络和电信宽带网络的接口单元。家庭网络内部各种终端通过家庭网关的用户侧接口与家庭网关进行通信，家庭网关对经过的数据和应用进行转发、控制和管理，通过网络侧接口与业务平台和管理系统进行交互，实现家庭网络和电信外部网络的通信，进行高速宽带上网、VoIP、IPTV 等多种用户业务数据的承载，提供各种可管理、可控制的应用。

2007 年，为支撑“我的 e 家”客户品牌推广，中国电信组织“我的 e 家”终端定制及产品开发工作，在上海、江苏、福建和广东进行试点。上海电信主要完成终端、平台、网络等相关试点工作，在集团公司内率先完成“零配置”，即指用户及电信维护人员只需要在家庭网关注册页面输入逻辑 ID 及密码，即可实现工单下发和业务自动开通，减少安装人员的工作量，降低难度。通过终端综合管理系统（Integrated Terminal Management System，ITMS），既可以实现对家庭网关上的数据、语音、视频、QoS 等功能的部署、管理和控制，也可以实现对家庭网关的远程状态查询、故障管理、设备配置和软件升级。11 月，上海电信启动“我的 e 家”技术方案与试验项目，对“我的 e 家”终端业务零配置

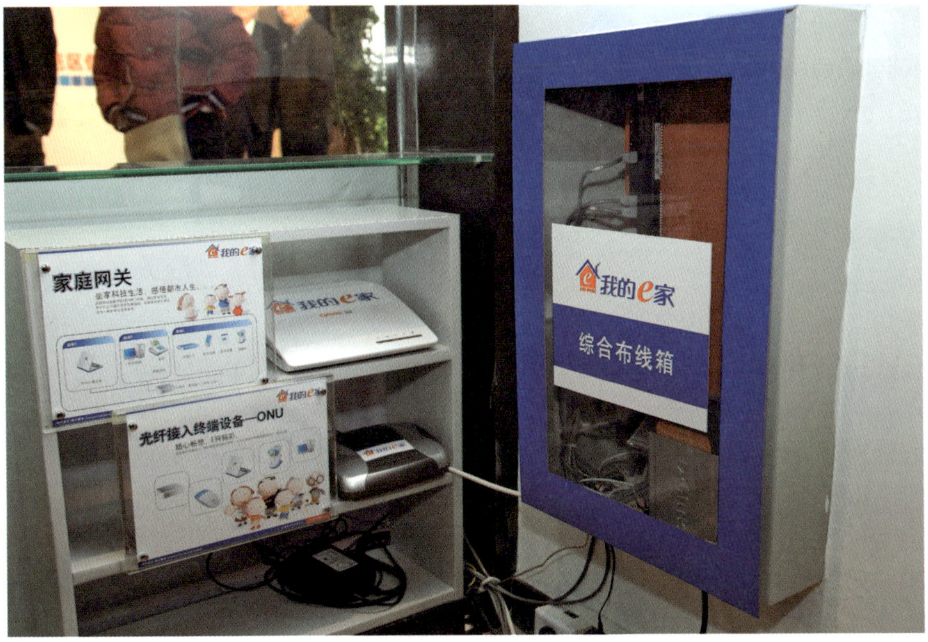

图 7-1-4　上海电信的家庭网关

进行研究，提出相应的方案。该方案被中国电信推广至各省电信公司。项目组还对基于ITMS的“我的e家”业务下发提出定制方案模板；对VoIP技术方案，提出基于ADSL和FTTH的VoIP组网方案，为“我的e家”在上海的大规模推广做好技术准备，为中国电信其他省市提供可规模化推广的方案。

2008年，上海电信开展“e8终端中间件应用开发”项目的研究，完成e8－B家庭网关的资源准备和e8－C家庭网关的选型。

2009年，上海电信分别开展Wi-Fi增强型“我的e家”终端研发、机卡分离型e家终端及相关系统技术方案制订和“‘我的e家’家庭业务综合管理系统”研发。其中，通过Wi-Fi增强型“我的e家”终端研发，采用802.11n无线新技术，以多进多出技术(MIMO)与正交频复用技术(OFDM)相结合的方式增强家庭无线覆盖，支持高清视频传输承载，可同时承载无线上网以及无线IPTV等多项业务，增加防雷功能。

2010年3月，上海电信制定《上海电信城市光网家庭业务技术实现规范》，基于上海电信城市光网家庭业务需求现状，对家庭网关多业务承载实现做出详细规定，采用多业务平面和多逻辑通道方式实现业务承载。其中，上网业务(含家庭全球眼、家庭安防、魔屏、信息家电管理)使用上网通道承载；IPTV业务使用IPTV通道承载；语音业务/管理流使用语音业务/管理流通道承载。

2010年，上海电信结合城市光网高带宽接入条件以及多业务填充的需求，开展上海电信城市光网家庭网关开发研究，在EPON上行家庭网关中集成2.4 GHz/5.8 GHz双频802.11n无线接入模块，针对5.8 GHz 802.11n无线现网大规模应用的可行性，提出包括频宽选择、频率避让、视频传输优化处理和质量保障、天线技术和指标、无线设备兼容性以及抗干扰和室内实际覆盖等多项关键技术要求；创新性提出2.4 GHz世界制式数字无绳电话(WDCT)模块集成，以及抗干扰关键技术要求；创新性提出基于宽带的安防模块集成，实现跨产业链合作，制定相应技术规范及测试规范。新型网关具有突出的技术特点和创新点，可在高带宽下提供多种业务应用，包括高速上网、多路无线IPTV、无绳VoIP语音、家庭监控、家庭安防、电源内置和备电以及魔屏、信息家电等业务承载。11月17日，该项目通过专家组评审鉴定。上海电信启动城市光网下Triple-Play业务零配置的研究，发布《中国电信上海公司FTTH家庭接入终端形态指导意见》，作为FTTH家庭接入终端形态选择、开发和采购的依据；启动《基于e8－C的IPv6网关规范制定和软件开发》研究，制定基于IPv4/6双栈协议的家庭网关IPv6技术实现方案及测试验证方案，以此为指导联合厂家进行家庭网关产品开发，推出多款支持IPv4/v6双栈应用的家庭网关试用机，以满足不同组网环境下的IPv4/v6双栈应用。

【IPTV机顶盒】

IPTV机顶盒是同时支持IPTV网络层和IPTV业务层接入的终端设备。IPTV机顶盒通过与应用功能交互，获取EPG、内容版权许可证、密钥等业务信息；与内容分发平台交互，接受IPTV业务，完成解密和解码功能；负责接收终端用户的控制指令。IPTV机顶盒可直接与电信网链接，或者通过家庭网关与电信网链接。IPTV机顶盒通过直接连接电视机和音响等播放设备，向用户提供页面信息浏览、视音频播放、媒体共享、游戏、本地媒体等交互式应用功能。

2004年，上海电信启动标清机顶盒的研究，在浦东和莘闵2个电信局范围内进行试用。

2006年，在中国电信主导下，上海电信制定《中国电信IPTV机顶盒设备技术规范V1.5》，规定IPTV标清机顶盒终端的应用功能、操作要求、终端管理和接口要求等方面的内容。9月，上海电信建成IPTV商用平台后，在全市范围内推出与之匹配的机顶盒。是年，上海电信还启动高清机顶盒的研究。

2007年，上海电信向中国电信提出建设IPTV标准化平台的建议，解决IPTV终端与平台间的开放性问题。在中国电信支持下，上海电信制定"IPTV 2.0标准"，从终端、业务管理、业务能力、业务门户、SP接入等方面实现接口标准化和开放性，实现多终端的统一接入、SP的统一接入、业务管理平台的统一、直播服务的统一，为IPTV的大发展打下基础。

2008年，上海电信在《IPTV系列技术规范V2.0》的基础上，根据上海IPTV运营的实际情况，调整修订上海电信《IPTV系列技术规范V2.2(部分规范)》。12月，"IPTV终端标准化开放的研究和实施"获得中国电信集团科技进步奖二等奖。

2009年，高清机顶盒正式商用，主要支持高清音视频的解码，支持高清页面解析，同时支持多种格式本地媒体播放等功能。同时，上海电信开始IPTV软终端技术研究，为PC用户提供使用IPTV的机会，也使IPTV内容得以在不同终端上承载。用户不仅可以在家里的某一个房间，而且可以在家里的任意宽带网络可到达的地方，甚至在家庭环境以外的更多场合浏览IPTV内容，使用户可更方便地参与IPTV的互动业务，扩大IPTV的受众群体。

第三节　科 技 应 用

一、新型呼叫中心

呼叫中心(计算机电话集成，Computer Telephony Integration，CTI)自1998年在北京建成后，作为企业面向客户的服务窗口受到广大客户的欢迎，逐步运用于金融、邮政、电力、媒体等各种服务性行业。

2007年，针对传统呼叫中心的不足，中国电信开展新一代呼叫中心(New Generation Call Center，NGCC)平台体系结构的研究。成果显示，NGCC系统架构具有许多优点。一是新平台架构具备层次化、开放性、标准化等特色，接口标准规范、组网灵活、接入统一，座席资源调度和部署方式灵活，支持宽窄带一体化接入。二是能提供宽带多媒体号百业务，不仅支持语音呼叫、三方通话、呼叫转接等基本功能，而且具备多媒体视频接入等能力；座席除提供基本语音业务外，也可支持呼入呈现、视频、数据等多媒体综合服务；新平台具备与IPTV、3G等业务平台融合的能力。三是新平台能实现共享资源的统一管理和调度，将座席资源、自动语音服务资源和传真服务资源等各种可利用资源纳入统一的路由排队策略以便集中管理，明确管理对象与被管理对象的隶属关系，而且能对排队功能进行等级分割。四是平台处理能力强、机房占地面积小，建设成本较低。

2009年8月，上海电信根据中国电信的研究成果，依托号百平台的网络资源和呼叫中心软排队接入资源，为企业提供创新型的呼叫中心平台资源托管类服务。企业通过向运营商申请虚拟呼叫中心资源，可以迅速建立自己的呼叫中心系统，用以租代建的方式实现呼叫中心业务，实现自动语音服务、人工座席服务、话务管理功能、座席录音、统计报表、规模弹性扩展，满足企业降低呼叫中心成本和获得商业利益的双重需求。

二、视频监控

视频监控系统的发展经历从模拟到数字的不同时期，大致可分为三代。第一代为传统模拟闭路视频监控系统(CCTV)，主要依赖摄像机、电缆、录像机和监视器等专用设备。第二代为"模拟—

数字"视频监控系统(DVR),是以数字硬盘录像机 DVR 为核心的半模拟—半数字方案,通过 DVR 同时支持录像和回放,支持有限 IP 网络访问。第三代为完全 IP 视频监控系统,其优势是摄像机内置 WEB 服务器并直接提供以太网端口。通过摄像机生成数据文件,可供任何经授权客户机从网络中任何位置访问、监视、记录并打印。

图 7-1-5 视频监控摄像头

2003 年,上海电信成立项目组,启动网络视频监控业务(全球眼)原型的设计和开发,研究制定网络视频监控业务技术规范。2004 年,上海电信完成《中国电信网络视频监控业务技术规范(暂行)》即 V1.0 版的定制和发布,在业内首次提出应用层、业务管理层、能力层、接入层和终端层的五层平台架构,实现主、分平台分布式部署机制,使视频监控平台首次达到运营能力,解决制约业务发展的技术问题。一期系统建成并投入试运行后,能容纳 500 路摄像机 CIF 格式视频信号接入。

2005 年年底,根据中国电信的要求,上海电信全面修订 2004 年的网络视频监控业务技术规范,重点按照正式的业务规范梳理原有业务能力、增补部分新的业务能力和完善平台联网的技术方案,最终形成《中国电信网络视频监控业务技术规范(V2.0)》。通过制定和完善平台、终端、接口等一系列企业标准,成功解决安防行业厂商标准不一、稳定性差的问题。V2.0 版本主要技术改进包括:制订并完善前端设备与平台的标准接口协议,制订可行的全国业务开展方案,实现平台间的互联互通协议;提出前端设备与平台通信接口协议,引导并督促厂家按协议进行开发,不断改进完善协议标准,促进标准化产品早日完成。在前端设备实现标准化后,继续推进平台互连互通工作:制订并完善全球眼 2.0 产品包相关文档,如产品说明书、业务规范等,对业务发展提供更全面的指导;开发全球眼技术规范 2.0 的协议测试软件。是年,上海电信"全球眼"二期系统建成并投入试运行。

2006 年,为规范"全球眼"业务开展,理顺客户营销、业务及应用受理开通、售后服务等流程,根据中国电信安排,上海电信代拟《"全球眼"业务管理办法(V1.0)》,由中国电信下发各省级公司。

2007 年,上海电信加强全球眼的技术支撑工作,对五大厂商的平台系统进行评估和测试,重点完成业务指标对平台能力要求的论证，形成全球眼应急扩容可研评审机制，以满足不断增长的市场需求。

2008年，上海电信编制《中国电信网络视频监控技术规范V3.0》，该规范在电信级全球眼要求的基础上，支持新的应用技术融入平台，调整对外二次开发接口，形成规范的平台对外能力接口；根据新的业务特点调整IT支撑系统对CRM、账务系统的相关要求。由中国电信予以发布。是年，上海电信在中国电信组织下，开展移动全球眼新产品即无线全球眼视频监控系统研发，完成无线全球眼（增强版）4个子产品（即手机浏览产品、手机视频采集产品、车载视频监控产品以及单兵无线采集产品）的开发、全流程穿越和客户体验测试。适配手机终端数达到20多款，完成21家厂商共计69款的无线采集产品的招投标测试评估。

2009年，为使"全球眼"网络视频监控业务能够更好地服务"平安城市"建设，在中国电信组织下，上海电信在对标平安城市建设相关技术标准的基础上，编制《中国电信网络视频监控业务平安城市联网技术指南（V1.0）》，由中国电信下发至各省公司，作为技术参考。是年，上海电信还开始进行智能全球眼产品需求、技术实现方面的研究。主要解决：目标识别，即针对监控视频中的主要目标，如行人、车辆等进行识别与跟踪的功能；事件识别与行为分析，即通过视频图像分析，首先完成有针对性的目标识别，在对目标行为设定规则后，实现特定行为识别与触发报警的目的；数据获取，即将视频图像作为内容源进行分析，通过视频分析、图像识别获取车牌、人/车流量、车流速度、人脸特征等数据信息；视频诊断与设备维护，即通过对视频图像源进行分析，应用数字图像算法，判断前端监控设备是否出现故障，出现何种故障。

三、交互式网络电视(IPTV)

1999年，英国Video Networks推出全球第一个交互式网络电视（IPTV）业务后，全球许多电信运营商先后进入IPTV市场。

2003年年底，上海电信根据技术发展趋势，开始进行IPTV的技术跟踪研究与测试工作。2004年，在南汇电信局部分用户和内部用户中进行采用微软VC1编码格式的IPTV试验。

2005年7月，在中国电信与上海文广签订的框架协议基础上，上海电信与上海文广签订合作协议，成立联合项目组，合作启动IPTV商用试验。10月，上海电信在浦东电信局和莘闵电信局范围内开放IPTV的试商用。浦东采用西门子的H.264平台，码率为1.6 Mbps，接入带宽2 Mbps；莘闵采用UT斯达康的MPEG4－ASP平台，码率为2.2 Mbps，需接入带宽3 Mbps。

2006年，为尽快地推出IPTV业务，在中国电信主导下，上海电信代为制定《中国电信IPTV业务管理平台技术规范V1.5》，规定IPTV业务管理平台的接口协议、平台结构、功能要求和业务流程等要求。制定《中国电信IPTV机顶盒设备技术规范V1.5》，规定IPTV标清机顶盒终端的应用功能、操作要求、终端管理和接口要求等方面的内容。是年，还制定《中国电信IPTV技术体制V1.5》《中国电信机顶盒与IPTV业务运营平台接口技术规范V1.5》《中国电信IPTV SIM－STB接口规范V1.5》《中国电信IPTV业务内容运营平台技术要求V1.5》《中国电信IPTV内容运营平台与业务运营平台接口技术规范V1.5》《中国电信IPTVEPG服务系统技术规范V1.5》《中国电信IPTV业务运营平台与营账系统接口规范V1.5》《中国电信IPTV业务视音频编解码规范V1.5》等一系列其他规范。

2006年9月，上海电信建成中兴和UT斯达康两家厂商的IPTV平台，统一采用H.264编码格式，码率为 1.6 Mbps，接入带宽为 2 Mbps 的技术方案，在全市范围内正式推出商用 IPTV 业务。是年，上海电信启动 IPTV 高清机顶盒的研究，主要解决支持高清音视频的解码、支持高清页面解析，同时支持多种格式本地媒体播放等功能。

2007 年，由于各厂商所提供的 IPTV 系统与终端间均采用封闭式接口，造成机顶盒互不兼容，运营成本高，增值业务提供不灵活等问题，上海电信提出建设 IPTV 标准化平台的建议，力图解决 IPTV 终端与平台的开放性问题。在中国电信主导下，上海电信制定首批 IPTV 技术规范（V2.0），内容包括《机顶盒与 IPTV 业务运营平台接口技术规范（V2.0）》《IPTV 内容运营平台与业务运营平台接口技术规范（V2.0）》和《IPTV 管理平台与业务系统接口规范（V2.0）》等。是年，上海电信完成高清 IPTV 的实验室研究测试及现网测试。IPTV 商用网络和平台建设项目获中国电信集团科技进步奖一等奖。

图 7－1－6　IPTV 实验室落户信息园区

2008 年，上海电信制定第二批 IPTV 技术规范（V2.0），内容包括《IPTV 机顶盒技术规范（V2.0）》《IPTV 业务管理平台技术规范（V2.0）》《IPTV 业务 SP 接入技术规范（V2.0）》和《IPTV 业务视音频编解码规范（V2.0）》等，以及《基于 H.264 的高清节目编解码参数技术要求》和《支持 H.264 的高清节目的 IPTV 终端技术要求》，规定现网高清视频的基本要求：视频编码速率为 7 Mbps，接入带宽为 10 Mbps 等。是年，为适应 IPTV 业务大规模发展的需求，推动 IPTV 平台的接口开放，尤其是机顶盒与 IPTV 平台间接口的开放，上海电信制定《中国电信集团上海市电信公司 IPTV 系列技术规范 V2.2（部分规范）》，为上海电信的 IPTV 平台与终端设备的选择、测试、验收和运维提供依据。上海电信的“IPTV 系列技术规范 V2.2”共有以下 7 个规范：《机顶盒与 IPTV 业务运营平台接口技术规范 V2.2》《IPTV 业务管理平台与业务系统接口技术规范 V2.2》《IPTV 内容运营平台与业务运营平台接口技术规范 V2.2》《IPTV 业务 SP 接入技术规范 V2.2》《IPTV 业务管理平台技术规范 V2.2》《IPTV 业务视音频编解码规范 V2.2》和《IPTV 机顶盒技术规范 V2.2》。是年，上海电信的“电信级数字媒体网络工程及业务开发”获国家科技进步奖二等奖，“电信 IPTV 系列行业标准”获得中国通信标准化协会科学技术一等奖，“IPTV 高清技术研究及试商用”获中国电信集团科技进步奖三等奖。

自IPTV在全市商用后，上海电信建立IPTV、高清电视的质量指标和管控体系，以及用户端的主观感受指标、节目源输出质量指标、平台输出质量指标和承载网络指标，作为IPTV质量评估的参考依据。在机顶盒内置质量监测工具，记录机顶盒视频播放过程中的(断流、丢包、丢帧)质量问题。

2009年，电信级IPTV业务的技术研究及规模商用获上海市科技进步奖一等奖、IPTV高清技术研究及试商用获中国通信学会科学技术奖。

图7-1-7 上海电信IPTV项目获上海市科学技术奖一等奖

四、多语言处理

多语言综合信息服务系统是利用多语言语音识别、语音合成和跨媒体搜索等关键技术，创新服务手段，提供人工和自助方式，通过自然语言对话的方式，提供全新的信息服务方式体验，同时降低人工服务成本和压力。上海电信承担的《多语言识别、合成及跨媒体搜索等关键技术研究与规模化应用》获得上海市科技进步奖一等奖。

2006年9月29日，国家高技术研究发展计划(863计划)信息技术领域“中文为核心的多语言处理技术”重点项目实施方案通过可行性论证。12月，科技部公布子项目“基于多语言识别、合成及跨媒体搜索等关键技术的综合信息服务应用示范”项目课题(简称“863多语言项目”)，由上海市电信有限公司作为承担单位，联合上海理想信息产业(集团)有限公司、复旦大学、上海市软件评测中心有限公司共同成立课题组，建设面向世博的应用示范系统。该项目课题目标是在2010年前搭建应用示范平台，以世博会以及国际化大都市多语言信息服务等为背景，形成面向百万人群规模的多语言信息服务，研究多语言综合信息服务系统的语音识别、语音合成、跨媒体搜索技术。通过技术突破，实现基于多终端接入、面向大规模人群并综合应用上述技术的规模化商用呼叫中心系统，推动从信息资源、核心技术、平台到应用产业化的创新生态链的形成。

2007年4月24日，项目组在上海电信各呼叫中心平台进行技术调研，论证在上海电信各呼叫中心平台上添加英文、法文、日文的信息内容，运用多语言识别、合成、跨媒体搜索、翻译等关键技术，形成面向城市信息服务和世博会信息服务的综合信息服务系统技术方案。7月31日，上海电信编制《863世博热线系统ASR、TTS设备技术接口规范》，规定自动语音识别/文本语音转换(Automatic Speech Recognition/Text to Speech，ASR/TTS)的主要功能、接口规程、可用性和能力要求、硬件要求，ASR/TTS的维护、管理、测量等要求，适用于ASR/TTS设备的研制、开发、引进和购买。

2008年2月，上海电信发布《中国电信NGCC架构下实现多语言综合信息服务应用示范接口规范》，用于规范和指导上海电信新一代呼叫中心系统平台在世博热线的中、英、法、日多语言环境下应用的设计、采购和建设。3月，发布《跨媒体搜索引擎接口规范》，规定号码百事通平台的搜索引擎的接口，包括基本搜索、多语言搜索、多媒体搜索、垂直搜索等多种搜索的接口。8月发布《机器翻译与搜索引擎集成方案》，引入机器翻译技术，与搜索引擎相互集成，形成一整套的能面向用户进行服务的跨语言信息处理及搜索系统，完成多语言信息服务的任务。

2009年8月，上海电信发布《世博热线服务规范和服务标准》，规定世博热线所应遵循的规范和应达到的标准，要求各综合信息服务运营单位根据本规范，建立完善的服务质量保障体系。10月，发布《服务于世博的中文为核心的多语言搜索引擎技术规范》，规范搜索引擎基本功能，规定除具备基本的信息抓取、信息分析、全文索引、智能检索等功能外，还应具备从互联网或其他信息资源上获取相关信息来充实世博信息库内容的能力。11月，上海电信面向世博信息服务开发的多语言综合信息服务应用示范系统上线试运行。

2010年1月30日，多语言综合信息服务应用示范系统正式对外提供服务。系统提供中文(普通话)、英语、法语、日语、韩语、西班牙语、德语、俄语、马来语、印尼语、泰语、阿拉伯语等十余种语言的人工服务，以及中英法日四国语言的自助语音服务。

2010年7月20日，国家验收专家组对上海电信承担的国家863计划课题"基于多语言识别、合成及跨媒体搜索等关键技术的综合信息服务应用示范项目"进行现场验收。专家组认为该课题开发的多语言综合信息服务应用示范系统，基于中国电信NGCC架构，在人机交互和后台信息处理方面集成多语言语音识别、合成和搜索引擎等关键技术，满足上海世博会对于多语言综合信息服务的需求，取得良好的经济和社会效益。该课题的研究成果具有先进性和实用性，具有良好的应用前景和推广价值。据统计，世博期间，话务量总数为210.4万，其中，自助服务数为19.4万，占总服务人数的9.23%。自助服务用户中，18%的用户多次拨打世博热线的自助语音服务来获取信息。平均每个用户在一次通话中获得1.5项自助语音的信息服务。系统提供的自助语音服务以智能人机对话方式使机器能自动识别用户语言内容，为用户提供世博会知识普及以及世博周边交通、场馆信息、世博门票、展馆排队、入园人数查询等方面的咨询服务，成功诠释2010年上海世博会"城市，让生活更美好"的主题。

2010年10月，上海电信提出"在后世博期间需要运用世博热线863课题新兴技术(语音识别)来提升10001号自助服务能力"的要求，在10001号自助服务某些特定应用分支流程中采用语音识别技术实现客户的交互式服务，引导客户迅速查询相关信息。

五、固网短消息

2002年，中国电信发布《基于固定电话网的信息终端及综合信息系统技术规范》，明确提供固网短信业务的信息终端和信息服务系统的业务、功能、操作维护、接口信令、业务流程、软件和硬件等方面的技术要求，解决制约业务发展的技术问题，促进固网短信业务的发展。将固网短信系统支撑的业务分为基础类业务：包括点对点短消息业务、信息点播业务、信息订阅业务和广播业务；增值服务类业务：包括信息服务类业务、信息下载类业务、在线服务类业务、在线理财类业务、在线游戏类业务等；补充服务类业务：包括语音短消息和WEB短信。2002年1月18日，上海电信正式启动固网短信“家加e”业务的试商用。

2003年，上海电信启动语音短信业务，通过爱因平台的TTS技术，将文字转换成语音转发给普通语音电话用户，使非定制终端用户也能接收固网短信，改善“家加e”端到端的到达率问题。

随着中国电信在全网范围内规模化推广PHS业务，PHS短信业务规模也日益扩大。PHS用户和固网短信用户互通需求，以及全国短信用户之间短信互通需求日渐突出。在中国电信统一安排下，上海电信扩容短信二级网关，实现“家加e”短信平台与PHS短信平台的互通。承建上海短消息一级网关，与广州的一级网关互为主备，实现与全国其他各省短消息的互联网互通。

2004年，上海电信创新“家加e”业务，通过“家加e”信息服务平台为用户提供更多综合信息服务。是年，在信息产业部组织下，进行电信、移动、联通三家运营商之间的网间短信互联网互通工作。上海电信作为中国电信的重点试点省，解决大量互联互通中的格式、协议转换、传送规则等问题，率先完成互联互通的任务。

2005年，随着宽带和互联网的发展，“家加e”受到冲击。面对竞争，“家加e”业务需要引入更多的内容和服务，上海电信提出SP管理及接入要求，优化和提升SP管理平台。引入17家增值业务SP。同时对SP开放短信群发功能，实现了具备点到多点的业务服务能力。

六、灵通无绳(Q-Box)

灵通无绳(Q-Box)类似一个小型基站，将PHS手机和PSTN固定电话绑定，兼具普通电话机的所有功能。与Q-Box绑定的PHS手机在室外使用公共的PHS信号，而进入室内Q-Box覆盖范围内时，PHS手机自动注册到Q-Box上，成为Q-Box的一部无绳话机，用户在室内通过Q-Box通话，所有呼出和呼入都将通过Q-Box路由到PSTN固网。通过将PHS网络和PSTN网络融合在一起，Q-Box业务不仅能够改善PHS无线网络的覆盖范围，提高PHS用户的接通率，提高服务质量，改进PHS网络的某些不足之处；同时，通过多业务的捆绑销售，能提高业务的竞争力。

2004年5月，上海电信开展Q-Box项目研究，涉及Q-Box、PHS手机、PSTN固定电话网、iPAS网络以及Q-Box应用服务器(AS)等。经无线侧测试、网络侧测试环境建立、网络侧测试、小范围试商用阶段和技术标准制定，12月初开始正式试商用。上海电信以国际电信联盟电信标准分局(ITU-T)、国际互联网工程任务组(IETF)、电气与电子工程师协会(IEEE)等相关标准为基础，结合国内网络的实际情况和相关国内标准制定上海电信无线综合接入网关设备技术要求，主要规定家庭型无线综合接入网关设备的各项技术要求和指标。整个标准包括功能要求、业务功能要求、接口协议要求、性能要求等。其中，空口协议选择、公私网切换、同步干扰、待机模式、业务流程等被列为重要标准。项目于2005年5月通过鉴定。

七、物联网

物联网(The Internet of Things)是指利用二维码、射频识别(RFID)、各类传感器/敏感器材等技术和设备,把物体和互联网等各类网络相连,实现物与物、物与人之间的信息交互,实现信息基础设施与物理基础设施的全面融合,最终形成智能基础设施,是架构在网络上的一种联网应用和通信的能力。其概念由美国 Auto - ID 于 1999 年首先提出;2005 年,国际电信联盟在信息社会世界峰会上正式提出“物联网”概念。

2008 年,上海电信技术研究院成立 M2M 项目组,正式开始物联网领域的产品研发和规范制定工作。2009 年 11 月 23 日,中国电信物联网技术重点实验室成立,在上海与无锡设立办公点,委托上海电信技术研究院负责实验室的日常运作管理。

2010 年上半年,上海电信在中国电信和上海市率先建成物联网公共统一接入管理平台,对物联网的信息、终端、应用等进行统一管理,实现对公交车、世博邮政车、世博机动通信车的无线视频监控。此外,还开发八大物联网应用:统一接入管理平台及终端,远程医疗监测、诊断与咨询,传感网汇聚网关,公交无线视频监控,井盖安全监控,客流统计,汽车前装信息服务,天翼眼无线位置管理。与此同时,上海电信还积极参与上海市政府建设物联网的十大工程,包括智能交通、智能医疗保健、智能电网、智能定位、智能楼宇节能、基础设施管理、环保应用、安防应用、智能社区、世博应用网示范,推动物联网产业化发展。

第四节 交流与合作

一、科技交流

【展会交流】

2001 年 4 月 25 日,上海电信代表中国电信参加 SUPERCOMM 展览,展示“上海光城”为主题的宽带业务。

2002 年 10 月,上海电信派出代表赴北京参加“中国国际通信设备技术展览会”。

2004 年 6 月 23—26 日,上海电信在第十二届国际信息通信展上成功展示宽带、小灵通、系统集成、面面通、新视通等通信信息业务和上海电信的部分通信终端产品。

2005 年,三次组团赴日考察爱知世博会,为保障上海世博会做准备。

2006 年 2 月 20—22 日,上海电信赴韩国光州参加由 IEEE 主办的第 8 届高级通信技术国际会议,作主题演讲。

2007 年,上海电信组织技术代表团参加年度国际通信展。

2008 年,上海电信代表中国电信参加 2008 年中国国际工业博览会(简称“工博会”),展示“天翼”品牌与中国电信的传统业务“我的 e 家”“商务领航”,展示移动业务与原有电信业务融合性的新服务为人们带去的便捷。

2009 年,上海电信代表中国电信参加 2009 年工博会,展示 LTE 4G 网络、基于物联网络的领先应用、采用 3G 技术的智能汽车等多个科技亮点。

2010 年 11 月 9 日,上海电信代表中国电信以“智慧城市、开启生活梦想”为主题,在 2010 年工

图 7-1-8　中国国际 SUPERCOMM 展览会暨全国通信产品展示交易会

博会上生动演绎电信世博八大科技亮点及 18 项世博新产品。

【技术交流】

城市光网　2002 年 1 月和 6 月，上海电信与日本 NEC 公司举行“光通信技术研讨会”；6 月，与美国思科公司举行“IP 核心技术交流会”。2004 年，与日本住友电工交流光纤到户技术；与美国英特尔公司交流 WLAN 技术；与美国“江森自控公司”交流楼宇无线覆盖技术。

IPTV　2002 年 2 月，上海电信与美国 NCR 举行“CDN 技术研讨会”；10 月，与美国微软公司举行“宽带 CDN 平台软件研讨会”。2003 年，与韩国 KT 公司进行宽带项目和系统集成项目交流；与美国微软公司进行流媒体技术和信息内容应用以及宽带终端产品的交流。2004 年，与美国“微软公司”交流宽带网络电视解决方案、数字媒体技术。2007 年，与中国香港电讯盈科 IPTV 高层交流相关技术。

下一代网络(NGN)　2004 年，上海电信参加日本富士通公司举办的 NGN 发展研讨会；与美国麦肯锡公司交流 NGN 技术。

第三代移动通信(3G)技术　2002 年，上海电信与美国高通公司交流第三代移动通信技术发展。2003 年与爱立信、摩托罗拉等公司等进行第三代移动通信技术交流。

增值业务　2003 年，上海电信与 NTT 东日本公司进行固网短信业务的交流；2004 年，与美国微软公司交流游戏终端产品情况；与美国 PCI 公司交流电子支付业务；与中国台湾地区“中华电信”交流 IDC 业务；与爱尔兰 VALISTA 公司交流无线支付系统技术和应用；与韩国 KT 公司进行彩铃业务、电信卡业务、IP 电话代理业务的技术交流；与以色列康维公司交流有线及无线网络的增值业务方案；与美国世界通讯国际公司交流 MPLS-VPN 项目；与法国电信交流 APIX 业务和技术。

无线市话(PHS)业务　2004 年，上海电信与日本 DDI-Pocket 公司交流 PHS 业务和 PHS 技术；与日本东芝通信公司交流 PHS 无线宽带数据接入技术。

网络维护　2004 年，上海电信与美国鹰图公司交流管线资源管理系统技术；与美国朗讯科技公司交流网络监控中心技术及管理经验；与日本 KDDI 公司交流海光缆维护和登陆站管理及网络运行支撑技术；与俄罗斯电信合作进行欧亚大陆光缆技术测试。

IT 技术　2002 年 2 月，上海电信与美国 NCR 公司举行数据仓库技术交流会；2003 年，与德国电信进行 F1 大奖赛上海站的相关信息系统项目合作的交流；2004 年，与法国 X－AND－MAIL 公司交流网上邮箱软件开发技术；与韩国软件振兴院、韩国 IT 企业交流 ASP 应用；与美国 IBM 公司交流 BSS、MBOSS 项目技术和市场战略业务咨询。

质量管理　2003 年，上海电信与日本雅马哈集团进行质量管理交流；2004 年，与中国香港盈科萃峰公司和中国香港品质保证局交流 TL9000 认证工作经验。

图 7－1－9　上海电信技术人员与国外同行交流通信技术

二、科技合作

随着上海城市建设的不断发展以及构建服务型经济结构战略的确定，上海电信着眼新一代信息化基础设施建设，积极开展产学研合作。

【概念实验室(Concept Lab)】

2001 年 5 月 23 日，为进一步推广先进互联网技术在国内电信领域的应用，上海电信与美国思科系统有限公司合作，在上海电信研究院建立概念实验室(Concept Lab)。该实验室可以搭建各种具有市场前景的应用模型和系统，获得各种参数与数据，支撑技术业务发展。

【3Tnet 研究】

2002 年年初至 2006 年年底，上海电信与上海市科委合作，承担科技部 863 项目——“高性能宽带信息示范网(3Tnet)网络规划和设计”“高性能宽带信息网(上海试验区)试验平台研究、设计及其组网试验”“自动交换传送网设备工程化及网络应用研究”等“3Tnet”系列 863 项目研究和试验。在前期科研过程中，上海电信为示范工程建设提供人员、技术和资源全方位支撑。2005 年年初，上海电信承担“3Tnet”上海地区网络研究、建设与试运行，提供光纤和机房等资源，同时承担 1 000 户 FTTH 的示范区的建设，初步建成一个与互联网联通、从电视节目源到用户高带宽接入(40 Mbps/户)的完整网络。2006 年 6 月，通过科技部组织的项目验收。

【重点实验室】

上海电信在服务城市信息化基础设施建设中，与上海交通大学共同开展光通信领域的合作。2003—2006 年，上海电信与上海交通大学共建重点实验室，共同承担国家 863 课题、上海市科委科技攻关项目，如“面向网络化制造的 ASP 平台研究与应用”“面向网络化制造的专业化 ASP 平台研究与应用”“制造业信息化公共技术服务平台研究与开发”等，开展一系列产学研合作。

2007 年 12 月 28 日，在上海市科委的领导下，上海电信与上海交通大学进行战略合作，共建上海市网络化制造与企业信息化重点实验室，探索产学研发展新模式。

2008 年 10 月 28 日，上海电信与上海交通大学合作，承担国家 863 计划重点项目：“业务关联的中小企业群信息化服务平台开发与应用”子课题“基于规模化运营商的多资源融合信息化平台开发与集成应用”。

第二章　通 信 工 程

第一节　工 程 管 理

一、招标管理

2000 年 8 月 6 日，信息产业部下发《通信建设项目招投标管理暂行规定》。

2002 年，上海电信为推进通信工程承发包工作，接应国家和行业关于工程招标法制建设和市场规范性管理的要求，对奉贤电信局目华路敷设管道工程开展施工招标，这是上海电信首个通过招标方式择优选定施工单位的工程项目。

2003 年 3 月 8 日，国家计委等七部委发布《工程建设项目施工招标投标办法》，统一和规范全国各行业工程施工招标的操作和管理规定。是年，上海电信开展 1 个通信工程招投标，人工基价比上年下降 37.5%，主、辅材同比下降 6.5%。2004 年开展 3 个通信工程招标，节约建筑安装工程（简称“建安工程”）造价 154 万元。

2005 年 2 月 17 日，上海电信印发《上海市电信有限公司工程项目招标管理办法》，对适用范围、各部门职责、招标范围、招标条件、招标方式、招标程序、评委组成进行规定。当年招标 17 个，节约投资 457.58 万元，建安造价比上年平均下降 9.18%。2006 年招标 22 个，建安工程造价比上年平均下降 9.95%。

2007 年 3 月 12 日，上海电信印发《上海市电信有限公司招标监督办法（试行）》，规定：公司相关部门在招标项目确定后，应向公司监察部门报送招标告知单；招标部门每年 1 月和 7 月向监察部门报送招标情况汇总表等。12 月 20 日，上海电信召开工程管理与招标工作研讨会，在二级建设单位部署落实通信工程招标。是年招标项目 30 个，建安工程造价比上年平均下降 7.97%。

2008 年，上海电信修订原工程项目招标管理办法，12 月 16 日，印发《中国电信上海公司工程项目招标管理办法》。明确上海电信通信工程项目均需招标，招标范围扩展至管道、线路、设备、传输、综合覆盖类等通信项目，200 万元人民币及以上的房屋大修、装饰、土建工程也纳入招标范围。评标委员会由招标代理机构负责组建，评标专家从经政府招标主管部门审批通过的专家库中按相关专业随机抽取。是年，共实施招标项目 150 个，节约投资 1 948.92 万元。

2009 年，随着全国通信行业工程招标的不断深化，工业和信息化部发布《通信建设项目施工招标文件范本》和《通信建设项目货物招标文件范本》。上海电信严格按照工业和信息化部的范本，对施工、设计、监理模板进行修改，于 2010 年 7 月使用新版本。全年完成招标 339 个，中标金额 90 631 万元，技工价格平均下浮 6.87%，普工价格平均下浮 6.65%，材料价格平均下浮 2.46%。

2010 年 4 月，上海电信根据国家、行业的规范要求，以及公司工程管理发展情况，对 2008 版《中国电信上海公司工程项目招标管理办法》进行修订，删除自行招标资格、自行组建评标专家库内容，将综合管理部定为非通信工程项目招标管理的职能主管部门。8 月 10 日，上海电信启用招标电子审批流程。是年完成招标项目 278 个，技工价格比上年平均下降 5.99%，普工价格比上年平均下降 5.89%，材料价格比上年平均下降 1.66%。

表 7-2-1　2002—2010 年通信工程招标情况表

年　份	招标数量(个)	招标项目投资(万元)
2002	1	158
2003	1	529
2004	3	4 150
2005	17	28 400
2006	22	83 600
2007	30	67 400
2008	150	140 181
2009	339	301 100
2010	224	157 000

二、供应商管理

2000 年公司化运行后，上海电信从建章立制着手，建立和健全工程管理的各项制度。根据主实业分营要求，与实业集团签订《通信建设工程设计、施工、监理及代理建设服务框架协议书》。

2003 年 8 月，上海电信印发《上海市电信有限公司通信工程合格服务供方管理办法》，办法对通信工程合格服务供方(设计、施工、监理)的管理和对通信工程服务供方的选择、评估和管理做出详细规定：明确公司工程建设部是通信工程合格服务供方管理的职能主管部门，网络发展部、计划财务部、网络运行部、审计部、监督部、企业策划部、人力资源部、工程建设部、保卫处以及相关部门负责对合格服务供方的最终评估，各产品部、区(县)电信局等建设单位是通信工程合格服务供方的直接管理部门；对合格服务供方必须开展一年一度的评审。2005 年 7 月，上海电信印发《通信工程合格服务供方质量考评管理办法(试行)》，加强通信工程建设中设计、施工、监理方的监管考核。办法明确：考评对象为公司当年通过的通信工程合格服务供方；考评周期为半年考评一次；考评由工程建设部组织牵头，会同网络发展部、网络运行部、市场业务部、实业集团公司等部门的相关管理人员组成考评小组进行考评，考评内容为服务供方的营业执照、资质证书的年检情况，以及上年度提供服务的质量、数量、安全、合同守信等。评审合格后，成为下一年度的合格服务供方。2007 年 2 月，上海电信对 2003 版的《上海市电信有限公司通信工程合格服务供方管理办法》进行修订，增加一次性合格服务供方的定义：对专项工程必须由该单位实施或者通过招投标中标且不属于公司合格服务供方范围的单位，由职能部门审核批准后，在有效期内可以直接向二级建设单位提供一次性通信工程服务。2009 年 6 月，上海电信再次修订合格服务供方管理办法，将合格服务供方改为常用服务供方，将一次性合格服务供方改为单独审批服务供方。

2007 年，上海电信开始执行供方淘汰制度。通过评审，淘汰 19 家通信工程供方，淘汰比例为 11.3%；淘汰无线覆盖供方 3 家，淘汰比例为 10.7%。同时，设计供方由 2 家增加至 5 家，监理供方由 1 家增加至 3 家；设计、监理、招标供方全部具有信息产业部甲级资质；施工供方中具有国家建设部一级、二级资质的 17 家，具有信息产业部甲级、乙级资质的 16 家，高资质队伍占施工供方的 24%。

2008 年，通过评审，淘汰 24 家供方，新引入 23 家供方，更新率为 15.5%。对无线覆盖服务供方进行评审，通过28家，未通过1家。通过评审共淘汰8家老供方，新引入8家新供方，更新率为28.6%。

2009年，通过评审，共淘汰29家供方，新引入28家供方，更新率为20%。对无线覆盖服务供方进行评审，通过39家，其中，无线覆盖27家（新供方3家），宏站12家，未通过评审的有5家。通过评审，共淘汰4家供方，新引入3家供方，更新率为11%。上海电信下发《关于公布2009年通信工程（包括无线建设）常用服务供方名单的通知》。

表7-2-2 2003—2009年评审结果情况表

单位：家

年　度	设计供方数量	施工供方数量	监理供方数量	招标代理供方数量	通过评审的供方总数量
2003	—	—	—	—	129
2004	6	93	2	—	101
2005	7	121	3	1	132
2006	4	118	2	1	125
2007	5	140	3	1	149
2008	6	137	4	1	148
2009	6	135	5	1	147

2010年，根据中国电信要求，上海电信代拟《中国电信集团工程服务供应商后评估实施细则》。上海电信按照该细则的要求和程序，对是年的220家服务供方进行后评估。

三、项目管理

【过程管理】

2001年2月，中国电信为贯彻国家对基本建设管理的有关规定，加强通信工程建设的管理，下发《加强当前通信工程建设管理若干意见》。7月4日，上海电信根据中国电信《加强当前通信工程建设管理若干意见》精神，就理顺工程管理渠道、加强通信工程建设管理，印发《通信工程建设管理办法》。办法明确工程管理部是全公司通信工程建设管理的主管部门，既负责公司通信工程建设职能管理，又承担建设单位和代建设单位工程建设组织实施职能；各事业部和区、县电信局在切块资金项目中承担建设单位管理职能，在涉及上海电信全程全网工程项目建设中，作为协同单位负责在建项目各项配合工作；上海电信实业集团公司所属设计、施工和物资供应单位，为上海电信通信工程建设的关联单位，接受工程管理部和项目建设单位的设计、施工和物资供应委托，履行受托方的各项职责。该办法也对上海电信工程设计、施工，切块资金管理，工程进度、质量、统计，工程物资的筹供、工程档案、验收和资产交付等做出明确规定。办法还对通信工程建设和管理工作中存在的问题，提出加强工程概预算审核管理、加强设计施工单位资质管理、重要工程要实行监理制、加强工程建设的招投标管理、加强设备技术标准管理等具体措施。

2001年7月5日，上海电信印发《上海市电信公司通信建设工程监理管理试行办法》。该办法明确，通信建设工程中的所有土建、管道、线路、微波铁塔工程项目必须实行工程监理；根据上海电信通信建设工程实际情况，先在交换、传输、数据和无线等工程进行监理试点，然后逐步推广。

2002年7月2日，上海电信印发《上海市电信公司通信工程施工承发包管理办法》，对发包管理职责、管理程序、承包合同、承包方法做出明确规定，规范和指导公司下属各建设单位工程承发包行为。

2007年2月，上海电信针对发包环节印发《上海市电信有限公司通信工程发包(试行)办法》，规定通信工程发包采用招投标方式、审核方式、集体评审方式，以加大发包行为的公开性和公平性，建立有效的制约与监督机制。

2009年1月，上海电信对发包办法进行修改，发包方式修改为：招投标方式；集体评审方式：建设单位办公会议集体评审确定发包对象或成立评审小组集体确定发包对象；公司内控权限审批方式仅适用于小金额及候选发包对象唯一性或应急工程。

2005—2010年，上海电信每年2次共组织开展12次通信工程条线检查。主要检查合格服务供方的使用和管理情况，以及工程招标、发包行为、工程建设等实施过程的规范情况。

【安全管理】

2000年5月，信息产业部印发《关于省级通信工程质量监督机构问题的通知》，要求各省邮电管理局在实施政企分开工作时，应保留各省级通信工程质量监督机构；在地方通信监管体制正式确定以前，通信工程质量监督机构暂且挂靠在电信企业下。8月，上海电信完成上海市通信工程质量监督站重组工作。

2001年10月25日，上海市通信管理局下发《上海市通信工程质量监督管理暂行规定》。上海电信根据规定，进行通信工程质量检查和工程安全生产整治。

2003年3月31日，上海电信印发《上海市电信有限公司通信工程建设安全保障管理办法》，明确公司安全生产委员会、网络部、工程管理部、建设单位、设计单位、施工单位在工程建设过程中安全管理职责；提出通信工程设计过程、施工过程、重大割接过程、安全故障处理过程中安全管理和操作要求。

2007年2月25日，根据信息产业部下发的《通信建设工程企业主要负责人、项目负责人和专职安全生产管理人员安全生产考核管理暂行规定》，上海电信要求工程供方的“三类人”参加安全生产培训，取得相应证书作为合格服务供方的档案必要材料。5月，上海电信提出窨井作业安全管理要求，防范有毒有害气体对作业人员的侵害。

2008年，为迎接奥运会、残奥会召开，上海电信加强通信工程安全管理。3月，实施高低压电工持证上岗，对持证人员范围、持证要求、培训要求、检查考核做出详细规定。4月，将登高作业、空调作业、窨井作业、无线基站安全、施工现场安全的告知内容印发相关下属单位，要求列表检查，杜绝违章指挥、违章作业、违标作业和违反劳动纪律。同时，对156家工程合格服务供方进行为期两周的安全大检查，共发现安全隐患71条。6月18日，依据TL9000质量管理体系文件管理要求，对《上海市电信有限公司通信工程建设安全保障管理办法》进行升版修订。6月20日，上海电信印发《中国电信上海公司重大突发事件应急预案(试行)》，对可能发生的重大通信阻断事故、人身伤亡事故、公共性突发事件、火灾事故、信息安全事故进行风险评估，拟定相应处理预案。7月，对施工作业人员进行“三防”(防触电、防中毒、防坠落)安全教育，累计达1 800余人次。8月1日，要求各建设单位在编制工程概预算时，提取建筑安装工程造价的1%作为安全生产费用。

2009年，为确保移动基站建设顺利进行，上海电信开展基站铁塔建设专项安全检查，重点检查施工单位资质、现场监理情况、材料供应商生产资质、安装资质、现场施工人员的持证情况、现场施工质量等。全年共检查34家二级单位和部门、27家常用供方、12个施工现场。同时,根据2009年上海市安全生产监管局《关于开展对登高架设作业(电力、通信高处安装维修)人员安全技术培训考核工作的通知》《关于开展对有毒有害危险场所有限空间作业人员安全技术培训考核工作的通知》文件规定,在施工现场检查中将作业人员的特种作业持证上岗纳入必须检查的内容之一。6—10月,结合专业条线和质量考评检查活动,对部分施工量较大的18家供方队伍进行施工质量、监理质量、安全生产检查。

2010年2月9日,上海电信要求各单位设置通信工程安全督导岗位。在网络发展部内设置通信工程安全管理岗位,在二级单位设置兼职通信工程安全督导岗位。上海电信于年内开展"整治隐患、安全办博"专项活动、"平安世博安全生产双百日"活动、"三防""三违"和"基站铁塔建设"专项整治、年度安全生产履职考核等活动。是年共检查34家二级建设单位和部门、40家常用供方、41个施工现场,发现安全隐患225个,开具61张整改单。

【辅助系统】

2003年1月,上海电信企业资源计划系统(ERP)项目启动,其工程项目功能模块包括项目投资计划管理、项目过程管理、项目统计分析。2003年3月ERP更名为管理支撑系统项目。

2004年4月,管理支撑系统项目上线。工程项目管理包括投资管理、项目管理、物资管理等3个SAP模块。其中,含工程流程设计19个,采购库存流程设计33个。共导入工程项目主数据2 500个,物料主数据3.22万个,供应商主数据988个。

2006年3月,上海电信建设工程外部协作系统(简称"外协系统")。总体目标是建成工程外部协作系统,对内连接管理支撑系统、TL9000工程验收管理系统、综合办公服务等系统;对外连接邮电设计院信息系统,为电话监理公司和电信工程公司提供施工及监理协作服务;在工程项目的管理、建设、使用和实施单位之间搭建起数据交换和协同工作的信息平台,延伸与拓展工程建设管理信息化的应用范围,实现通信工程建设过程的信息化管理。12月,完成系统主体模块建设,进行用户操作培训和用户试用。2007年1月1日在工程建设部及设计、监理、施工单位推广上线,2008年6月完成全公司的推广上线。

第二节 重大工程通信配套项目

一、浦东机场二期通信配套工程

1998年,上海市邮电管理局为配合浦东机场落成,在机场建有1处端局(机场局),在航站楼、站坪调度区、修缮动力区、航空基地、机务维修区建有远端交换模块局,交换机装机容量为2.4万门,在主要道路上敷设有3孔—24孔电信管道,共计282.33孔公里。建有5个622 Mb/s二纤单向通道倒换自愈环。其中,3个外部环,为机场局出局提供12个STM-1等效电路;2个机场内部环,为机场内部提供8个STM-1等效电路。提供DDN各类接入节点7个,中继端口总数量31个;建有DSLAM设备5套,可提供1 200线ADSL接入能力,ATM节点机一套;敷有24芯—96芯不等的中继光缆14根、96芯的用户光缆环网;敷有600对—2 400对不等的用户主干电缆31根,局间联线电缆9根,共计32 200对。提供固定电话、ISDN等业务。

【二期通信规划】

2004年6月9日，浦东机场委托上海电信编制二期通信规划。规划内容包括：上海浦东国际机场二期工程通信建设的必要性、拟开放的通信业务、用户需求、用户预测、业务发展、通信网络的基础设施、网络组织、通信管道、通信机房的设置、投资估算等。

2004年11月29日，上海电信完成机场二期通信规划。规划新增3处远端模块，其中，模块局A位于东工作区，模块局B位于T2航站楼，模块局C位于西货运区，对原航空基地模块局进行适当扩容，结合一期通信资源，共同完成机场二期建设范围语音通信覆盖。在模块局A、B、C内新增MUX接入设备、IP接入设备各1套，在模块局A内新增ATM接入设备1套，形成数据网。传输系统新增2个622 Mbps通道倒换自愈环，在3个模块局点与母局之间新建1个622 Mbps机场内部环，同时再新建1个622 Mbps外部环，以疏通机场二期范围内出局链路需求。新增4处移动通信室外宏基站，与一期已建6处室外宏基站共同为机场工作区域提供移动通信信号覆盖，在T2航站楼等重要楼宇内部署室内综合覆盖系统。在园区敷设管道共计382.3孔公里；敷设用户主干光缆1 310.40芯公里；敷设2 400线对用户电缆8条。

【局房及有线接入】

2004年11月18日，上海电信开始机场大道与启航路交叉口、海天五路和二期待建的远航东路交叉口两处管道的对接工作，为二期通信工程做准备。

2007年3月，上海电信启动浦东国际机场二期通信建设工程，新建3处独立远端模块局(东工作区、T2航站楼和西货运区)，设置JRSU设备，上联至机场母局，容量分别为1 000线、2 000线和2 000线；敷设96芯和48芯光缆1 468.56芯公里，组成96芯的用户环网，构成一个双向保护的光缆网，以保证随时可能出现的光缆需求，在机场局、T2航站楼局、东工作区局间新建1个155 Mbps的内部传输环网，在机场局和西货运区间新建1个155 Mbps的内部传输环网；宽带接入设备选用IP DSLAM设备，容量分别为192线、192线和96线；数据通信方面，在东工作区和航站楼两个模块局内各设置1套MUX接入设备，配置2块用户卡，以满足上述2局服务区域内对DDN数据业务的需求；新建通信管道365.78孔公里，租用管道为101.26孔公里，以及相关的动力、环境配套工程。

【移动接入】

2008年1月，上海电信启动浦东机场二期集约化无线覆盖工程，在浦东机场二期航站楼主楼、登机长廊和连廊建设一套集约化室内覆盖系统，工程新增TETRA系统，预留3G系统。

2009年8月，为配合世博会，上海电信对浦东机场CDMA室内覆盖系统进行升级，先期开通3G业务。

2010年6月，为提升EVDO网络的数据业务承载能力，为后续Rev. B网络升级打下良好的基础，上海电信开展浦东机场室内覆盖优化工程，工程新建室内基站1个，扩容室内基站3个，新建室内分布系统1套，新增1X载扇6个，新增DO载扇11个。

二、洋山深水港通信配套工程

洋山深水港工程是经国务院批准的“十五”期间国家重要建设项目，是建设和发展上海国际航运中心的重大工程项目。上海电信为此实施通信配套工程，工程包括城(临港新城)、桥(东海大桥)

和港(洋山港区)三部分。

【临港新城通信配套】

临港新城城市总体规划用地面积约29 660公顷,规划分为4个片区,分别为:主城区、主产业区、综合区、重装备产业区和物流新城。上海电信在该区域范围内设有新港、书院、泥城、万祥和芦潮港5个电信局房,总建筑面积为4 541平方米。

2001年,经上海国际航运中心上海地区领导小组办公室组织的专家评审后,上海电信启动上海国际航运中心洋山港区港外市政配套通信设施工程。

2002年6月,上海电信启动惠南—芦潮港、六灶—外环线的通信管道第二路由建设,以提高芦潮港地区的通信可靠性,为临港新城的开发做好基础保障。

2004年6月,在上海市信息化委员会的协调下,上海电信牵头,上海移动通信有限责任公司、中国联通有限公司上海分公司、中国网络通信有限公司上海分公司和上海市有线网络有限公司五家运营单位共同投资新建"临港新城通信中心局房工程"。局址位于临港新城中心区一期开发区主城区,占地约5 372平方米,建筑面积约7 470平方米。其中,上海电信的建筑面积约为3 167平方米。11月28日大楼开工,2005年10月15日竣工。该局房也是上海电信在临港地区信息及通信的保障基地和管理中心。

图7-2-1　中国通信史上首个由基础电信运营商共建共享的通信局房——临港新城通信中心局房

2005年,根据临港新城通信配套工程规划,上海电信在临港新城建设同盛、海港一局两个模块局,各安装1架RASM设备、配置相应的用户板和传输设备。在洋山深水港建设洋山港A局。6月,在芦潮港局扩容1 500门用户板、50套中继模块、20套30B+D模块、RIAM模块6对;利用芦潮港局扩容替换JA00设备开通泥城、万祥、新港等3个模块局。同时配置相应测量、动力、空调设备。在泥城、万祥、新港模块局与芦潮港局之间新增 200 Mbps 点对点传输；在同盛和海港一局与芦潮港之间新增 200 Mbps 传输设备；在海港一局安装 1 套 2.5 Gbps MSTP 传输设备，在同盛节点内配置 1 台 155 Mbps MSTP 传输设备；在芦潮港局至海港一局之间敷设 288 芯管道光缆 7.4 公里、芦潮港局至同盛局之间敷设 144 芯管道光缆 5.4 公里、同盛局至海港一局之间敷设 144 芯管道光缆 5.1 公里，组成中继环网。在海港一局至主城区服务中心之间敷设 216 芯用户光缆、同盛局至深水港商务广场之间敷设 48 芯用户光缆，扩建用户接入网。是月，启动临港新城主城区一期通信管道工程，新建 30 孔—48 孔出局管道 3.9 孔公里、C4 方向管道 4.32 孔公里、X1 方向管道 13.68 孔公里。购置 3 孔—12 孔管道 289.06 孔公里。启动临港重装备产业区通信管道(一期)工程，建设出局管道 1.2 孔公里、纬一路、万和路管道 15.6 孔公里，购置其他管道 94.06 孔公里。11 月，启动临港新城主城区二期通信管道工程，购置共 10 条部分路段管道，约 118.96 孔公里。12 月，启动临港新城主城区三期通信管道建设和南汇临港新城闵联园区通信管道工程，批准新建和购置管道，共计 35.95 沟公里(3 孔—12 孔)管道，合 184.192 孔公里。

2006—2007 年，为配合临港地区发展，上海电信先后在海事大学、区行政中心、洋山候工楼等地点和部分居民小区建设综合 POP 点，总交换容量达 7 066 线，支持 ADSL 宽带接入。

2007 年 12 月，上海电信启动南汇电信局临港新城通信管道项目，在临港新城 Y5 路、同汇路(经 7 路)等 30 条道路建设管道，约计 153 孔公里。是年，上海电信在南汇临港新城 PHS 网络中新增 1C7T 基站 100 个(其中，海事大学 25 个，水产大学 20 个，泥城社区 23 个，芦潮港社区 12 个，临港古棕社区 10 个和主干道路 10 个)。

2008 年，上海电信在洋山深水港三期侯工楼建设集约化室内覆盖系统，新增 AP 22 个，集约化合路平台(POI)2 套，接入中国移动 GSM 900 MHz、中国电信 PHS、中国电信 WLAN 系统，预留中国电信移动系统和 TETRA 系统、中国移动的移动系统接入端口。同时，为改善临港新城无线网络覆盖质量，在临港新城新增室外基站设备 98 套。

【东海大桥通信配套】

2005 年 3 月，上海电信参与东海大桥综合通信塔工程建设。通信塔高度达 100 米，设有 8 个天线平台和 8 间 30 平方米的基站机房，总建筑面积 1 770 平方米。其中，上海电信享有 2 个平台和 2 个机房。通信塔建成后，可以满足 GSM/CDMA 网络和 3G 网络需要。

2005 年 11 月，上海电信参与东海大桥相关通信管道建设，管道包含东海大桥路上段长度 3.76 公里、东海大桥长度 27.12 公里、东海大桥海堤段长度 1.96 公里，管道全程建设 9 孔，其中，上海电信享有 1 孔。东海大桥进港道路段 1.19 公里，敷设 16 孔通信管道，其中，上海电信享有 1 孔。沪芦高速公路(南段)长度为 10 公里，全程管道建设 16 孔，其中，上海电信享有 3 孔。其后，上海电信在临港新城重装备产业区的芦潮港目标局和洋山港模块局之间，经东海大桥敷设一条 144 芯带状中继光缆，总长度 41.7 公里。大桥段为非金属带状光缆 GYFDXTY，陆地段为有金属带状光缆 GYDXTW，后因在施工中发现大桥段光缆衰耗偏大及信号不稳定，改为层绞式束状单芯的 144 芯光缆。

【洋山港区通信配套】

洋山深水港区通信基础设施工程由上海市通信管理局和上海市深水港工程建设指挥部共同主持，上海电信、上海移动、上海联通、上海网通等运营商及有线网络公司共同投资参与建设，主要包括通信综合局房、通信综合塔和配套的南、北上山段管道的建设。其中，通信综合局房总面积为

4 352 平方米，通信综合塔建筑高度为 50 米。

2005 年 6 月，上海电信参建小洋山通信综合局房建设，参建面积为 1 149 平方米，机房使用面积为 552 平方米。同时，参建小洋山通信综合塔建设，参建 2 个平台，建筑面积为 252 平方米；另参建配套的南、北上山段管道建设。通信局房建成后，上海电信开展局内设备配套工程，工程包含电源设备、空调设备、测量设备、RASM 交换设备及相应的用户板和 622 Mbps MSTP 传输设备，新建洋山岛管理中心软交换接入点。在洋山港综合楼至洋山港一期综合服务中心之间敷设 144 芯用户光缆，至港区指挥部敷设管道电缆 5 460 对公里。

图 7-2-2　洋山深水港通信综合基站

2006 年 5 月，上海电信鉴于港区通信完全依靠东海大桥跨海光缆提供的单传输路由，存在较大的网络安全风险。遂利用微波设备，新建跨海微波备份传输路由，提高港区通信安全性。

2007 年 3 月，上海电信实施洋山港基站赎买及搬迁项目，以解决洋山港集群系统并入上海数字集群政务共网后，基站的话务量趋于饱和的问题，确保深水港港区的通信安全。

三、环球金融中心通信配套工程

上海环球金融中心位于上海浦东陆家嘴金融贸易中心区，为世界各国的银行、金融机构、信托公司、世界著名企业提供最尖端的商务空间。

2005 年 4 月，上海电信对环球金融中心现代化的通信设施需求编制配套规划。规划在环球金融中心内设置 1 个核心节点、8 个汇聚节点、74 个接入节点；建设 PHS、WLAN、3G 合路的无线室内综合分布系统，在地下层及中高层区各设置 1 处设备机房安装信号源；在地下层机房、中层机房与上海电信本地网传输节点之间新建一个 622 Mbps SDH 传输复用段保护环；建设共计 4.86 孔公里管道；敷设总线型 96 芯主干用户光缆 1 条，计 211.2 芯公里；配光缆 86.4 芯公里；敷设 2 400 线对用户电缆 4 条，计 2 160 对公里。

2006年6月，上海电信启动环球金融中心通信工程项目建设：交换系统方面，在楼内机房新建PSTN交换设备3 000门，设备与东昌母局相连；数据通信方面，在地下层和中层机房设置汇聚节点，每个汇聚节点安装IP接入交换机1台，其他楼层设置接入节点，共72个接入节点，在各接入节点安装IP楼道交换机1台，汇聚节点作为环球金融中心内数据通信业务的出口以双路由上联至上海IP城域网；传输系统方面，在环球金融中心地下层机房新建2.5 Gbps SDH传输设备1套和MSAP设备1套，以环网的形式纳入上海电信传输大网。

2008年9月，上海电信完成环球金融中心通信网络建设，工程新建3 000门JRASMS－1240交换接入设备，新建ADSL DSLAM设备384线，同时完成通信线路、出局管道、接入光缆和电源空调等配套项目建设。

2009年1月，上海电信采用"多网合一、收发分缆"的方案解决环球金融中心室内无线覆盖。此次无线信号覆盖为多网合一集约化分布式覆盖，可提供电信CDMA、联通GSM、移动GSM、3G等通信系统的接入。

四、虹桥枢纽通信配套工程

【固网通信配套】

2009年5月，上海电信在虹桥综合交通枢纽内安装公用电话，在西航站楼和磁浮虹桥站（规划用地名）安装62部多媒体公话终端，其他区域安装IC磁卡话机36部。8月，在新虹桥航站楼和北侧空管综合业务楼内各新建1处独立通信接入点机房，其中，在西航站楼接入机房安装1 500门软交换设备，安装384线宽带接入设备；在空管综合业务楼接入机房安装PON＋DSLAM设备（512线POTS和256线DSLAM），配置EPON OLT设备（24个PON口和8个GE口）。

2009年11月，上海电信启动虹桥交通枢纽东交通中心固网通信建设工程，在虹桥综合东交通枢纽新建1处独立的通信接入点机房。东交通中心机房交换设备采用AG接入设备，终期容量1 460门直线，满足枢纽内东、西交中心和磁浮的通信需求；安置一套IP DSLAM设备，先期满足128线的容量需求；新安置EPON OLT设备1套，提供48个PON口和12个GE口的接入能力，可满足对FTTB、FTTO等光纤业务的需求；敷设5根主干光缆，安置5架504芯的光纤配线架，合计光缆容量2 344.8芯公里；安置1套GW－MSAP－E6300传输设备，通过155 Mbps光纤链路分别上联至航华局和华漕局。

2009年12月，上海电信启动虹桥交通枢纽核心机房土建工程，命名为虹枢北局楼。虹枢北局楼为上海电信、上海移动和上海联通联建的通信局房（地上六层、地下一层），上海电信的通信机房位于地上4层，总建筑面积为340.8平方米。

在"大虹桥商务圈"的建设背景下，2009年12月，上海电信启动配合移动虹桥枢纽通信市政管道建设工程，共购买管道51.915公里计245.58孔公里。

【移动通信配套】

2009年8月，为更好地覆盖磁浮虹桥站室内区域，满足室内话音和数据业务需求，上海电信对磁浮上海站进行集约化室内覆盖系统的建设，新建集约化机房2个，布放天馈线约50公里，铺设光缆约11公里，铺设桥架管道约1 000米。8月25日，上海电信开始根据上海机场净空联席会议办公室有关紧急情况通报要求，对净空区域部分基站超高情况进行整改，拆除相关设备降低基站高度,共涉及各类基站6个。9月,上海电信启动西交通中心上海站集约化室内覆盖系统建设,新建集约化机房2个,天馈线布放约50公里,铺设光缆约11公里等,铺设桥架管道约1公里等。12月,上海电信启动配合移动虹桥交通枢纽800 MHz数字集群信源工程,在虹桥交通枢纽内新装集群两载频基站6台、利旧集群两载频基站1台,新增集群光纤直放站7套(其中,2套一拖一,4套一拖二,1套一拖三)。

2010年3月,上海电信启动虹桥交通枢纽高铁虹桥站WLAN室内覆盖工程,在高铁虹桥站室内进行WLAN无线信号覆盖,主要针对虹桥交通枢纽高铁虹桥站内候车厅、办公层、商业层、南北辅楼进行WLAN无线信号覆盖,项目共新增57台AP。6月11日,上海电信启动虹桥枢纽第一、第二批室外基站新建工程,2批共新建室外基站8个,新增1x载扇72个,新增DO载扇48个。启动虹桥枢纽室内覆盖建设工程,新建室内基站6个,扩容室内基站11个,新增1x载扇23个,新增DO载扇23个。

五、世博会通信配套工程

2005年,中国电信成为上海世博会合作伙伴。2006年,上海电信开始世博会通信配套建设。

【基础设施配套】

周家渡局房扩改建 周家渡电信分局位于上海浦东南路5020号,始建于20世纪80年代初,主要满足周家渡地区固网通信,其时机务楼已达装机极限。该局位于世博景观大道的上南路主入口边缘,是世博通信极为理想的汇聚点和关口局。上海电信决定对周家渡电信分局进行改扩建,作为世博通信的信息基础核心枢纽和通信保障指挥中心。

2008年12月31日,上海电信启动周家渡局房改扩建土建工程,按IDC机房标准新建局房楼一幢,地上4层,建筑面积为4 200平方米。其楼层数、各楼层层高与原机务楼保持一致,对原机务楼外立面统一改造,以适应景观协调性。2010年4月9日完成竣工验收。

管道配套工程 世博园区的信息管道配套工程建设,采取使用方提出需求,上海市信息管线有限公司出资统筹,上海电信代为施工的方案进行。上海电信需求的管道分为市政管道建设工程、永久性场馆管道工程和信息亭管道工程三类。其中,世博园区通信市政管道建设工程共实施44个单项工程,共计购买181.688 6孔公里,折合31.294 8沟公里管道;世博(浦西)永久性场馆管道工程共实施51个单项工程,购买14.420 8孔公里,折合4.890 2沟公里管道;世博(浦东)永久性场馆管道工程共实施23个单项工程,购买11.556 8孔公里;世博(浦西)信息亭管道工程共实施1个单项工程,敷设钢管0.543沟公里,共计1.086孔公里;世博(浦东)信息亭管道工程共实施1个单项工程,敷设钢管1.179沟公里,共计2.358孔公里。管道配套工程共计进行单项工程120个,购买管道210.567 2孔公里。

【固网通信配套】

世博会行政中心 2006年11月3日,上海电信启动上海世博会行政中心POP点建设工程(设备部分)项目,包含交换、测量、ADSL等主设备、传输设备、电源空调和用户光缆等。交换项目新建S-1240 RASM模块,配置普通用户1 280门,ISDN用户128门,上联临沂局交换母局。在临沂和世博会行政中心间建RIE-260传输设备;安装ADSL宽带接入设备384套;安装155 Mbps SDH

图 7-2-3 在世博会园区内敷设光缆固网

传输 1 套;敷设用户光缆 3 条,长度为 5.366 8 公里,折合 442.632 芯公里,该用户光缆采用双路由保障,从 POP 点向 2 个不同的方向各敷设 1 根光缆,分别上联至临沂局和周家渡局;为解决行政中心内各楼宇之间的沟通,从行政中心 C 楼一区、二区、三区、D 楼、E 楼、F 楼至世博行政中心 POP 点机房各敷设 1 根 24 芯光缆,光缆长度为 1.008 公里。12 月,工程通过竣工验收。

周家渡数据中心 2009 年 6 月,上海电信启动世博周家渡数据中心主设备建设工程,在周家渡新建数据机房,安装用户机架共 205 个,同时部署 2 台核心路由器、5 台接入层交换机、4 台出口路由器、4 台负载均衡设备,组成周家渡世博主数据中心的网络平台。9 月,上海电信启动世博周家渡数据中心电源、空调、监控和降噪等相关配套工程。

【移动通信配套】

LTE 试验网 2009 年 11 月,启动世博 LTE 试验网和无线网配套建设项目,满足 200—300 个用户的业务需求,使 VIP 客户在 80 KM/H 的移动环境下仍能流畅享受 LTE 新业务服务。2010 年 4 月底,工程完工,安装 PGW、SGW、MME、PCRF、IMS、OMC-R 设备各 1 套和相关网络设备,以及 LTE 核心网络与各业务平台沟通所需各项配套设备。建设 38 个宏基站,7 套室内覆盖系统及相应的传输配套设备。核心设备放置于周家渡局房内,所有的无线基站采用光纤直连回传方式与核心网设备相连。

室内覆盖 2009 年 3 月,上海电信启动世博园区世博轴、世博中心无线室内覆盖系统建设,两处各建一套无线覆盖综合系统并新增集群基站 1 套,同时接入中国电信 TETRA、WLAN 网络。5 月,上海电信启动世博村 A、B、D、E、I 地块地下室,以及演艺中心、中国馆、主题馆等处建设室内无线综合分布系统,安置新建 TETRA、WLAN、CDMA2000 室内分布系统、集群基站,接入中国电信 TETRA 系统,预留 CDMA2000 系统接口。10 月,启动主题馆人防地下室 800 MHz 集群覆盖,覆盖面积约为 3 公顷。

2010年1月，上海电信启动世博非洲联合馆800 MHz集群覆盖项目，覆盖面积约为2.6公顷。2月，启动世博公园地下室800 MHz集群覆盖项目，覆盖面积约为5 000平方米。3月，启动世博地铁13号线马当路站、西藏南路站、世博大道站3个站台覆盖，通过光纤直放站加分布系统方式进行800 MHz集群政务网覆盖。

【其他配套工程】

弱电项目　2007年7月，上海电信应世博会办公室要求，快速启动世博行政中心5号楼和7号楼弱电应急项目，主要为大楼进行弱电和大楼信息化配套建设，内容包括电源、电视、综合布线、技防、门禁系统、背景音响、多媒体会议系统、灯光控制系统的建设。8月，上海电信启动世博行政中心4号楼弱电项目，项目内容除与5号楼相同外，增加室内无线覆盖、固定电话的建设。上海电信启动世博行政中心弱电项目核心机房建设，建设内容包括机房设备、门禁系统、音响系统、图像监控系统器材以及相关网络设备的建设。

2009年3月，上海电信启动世博行政中心系统集成一期工程8号楼弱电工程，对园区内的8号楼及工程指挥部大楼进行整体的网络平台建设，建设内容包括数据终端、语音终端以及WLAN网络的部署，扬声器、有线电视点、监控设备和门禁设备的安装。

信息亭建设工程　2009年12月，上海电信建成世博信息亭核心平台和应用平台。应用平台为信息汇聚管理、多媒体发布、监控管理、号百业务、全球眼业务、视频客服平台，集成世博综合信息终端管理系统、公话管理系统平台。园区内共安装40个综合信息亭体、48个简易信息亭体。综合信息亭配置公用电话、公告显示屏、交互式触摸屏等终端设备，简易信息亭仅配置公用电话。

高清全球眼建设　上海电信开发的“全球眼”在世博工地建设、场馆监控方面发挥作用。2010

图7-2-4　电信员工正在世博园区安装调试全球眼

年 4 月，上海电信推出高清“全球眼”服务世博会。在世博园区 6 个监控点安装 1 080 P 高清网络摄像机，通过 LTE 网络接入全球眼平台；新增 2 台智能分析服务器；新增高清 PU 接入全球眼 CMS 软件模块，新增 LTE 网络到全球眼沈家宅机房的专线。6 月上线试运行。

网上呼叫中心工程　2008 年 6 月 24 日，上海电信为世博新建的网上呼叫中心工程开工。网上呼叫中心可以使传统的语音呼叫中心的服务范畴从电话网扩展到互联网，将语音呼叫中心提供的客户服务推广到互联网信息服务中，解决世博会多国多语言服务问题。工程于 9 月 8 日完工。2009 年 4 月，网上呼叫中心工程项目通过竣工验收。

CDN 扩容工程　2009 年 5 月，上海电信实施 CDN 扩容工程。工程分两阶段进行：第一阶段在信息大厦机房新增 1 台 EMM 服务器，1 台 SLB 服务器、1 台 LRCM 服务器、1 台流媒体及下载 CACHE 服务器，替换原设备；在原 CDN 交换机上扩容，增加 48 个千兆端口；新增 2 台刷新服务器。在高生机房新增 2 台四层交换机；新增 5 台 WebCache 服务器；新增 1 台 Director－510 设备。第二阶段扩容上海信息大楼机房 CDN 交换机 4506－1 和 4507R 之间 3 条 GE 链路；在高生节点 4 楼机房新增 7 台 WebCache 服务器。2010 年 3 月完工。

图 7－2－5　上海电信在世博园区建设世博信息亭

第八篇

综合管理

概　　述

综合管理涵盖企业战略、绩效管理、质量管理、法律事务、财务管理、审计、安全保卫、行政综合、对外投资、物资采购等企业管理职能。

上海电信的公司化运营是在邮电管理局基础上转制而来，初期在管理理念、管理方法等方面还留有政企合一时期的痕迹。2000年公司化运行后，上海电信根据中国电信的要求，围绕本篇所涉及的管理职能，改革、完善管理制度和管理方法，探索符合公司战略目标的运作体系。在战略管理方面，五年计划变为三年滚动规划，使战略举措更为精细。对财务实施预算管理和集中管理，从单纯的核算型向价值管理型转变。对通信设备和大宗办公用品实行集中采购，降低运营成本。在广泛开展群众性质量活动的基础上，对标国际先进电信企业，建立ISO9000和TL9000质量管理体系。加强企业领导人员任期经济责任、财务收支、工程决算结算、IT流程审计和重大经营活动的专项审计。根据资本市场对上市公司的要求，将企业内控制度覆盖范围扩展到控股子公司、专业公司和存续公司。坚持“以人为本”理念，建立全员、全过程、全方位安全管理机制，规避各类侵害行为。完善各类信息报送、工作调研制度和流程，提高决策效率。优化对外投资机制，缩短对外投资链条，确保国有资产保值增值。

经过多年探索，上海电信已形成适合公司发展，具有自身特点的管理制度和管理方法，为企业持续健康发展提供保证。

第一章　企 业 管 理

第一节　战 略 管 理

一、战略规划

2001 年，上海电信制定《上海市电信公司战略管理制度》。战略管理制度阐明公司战略与规划、计划的关系：公司战略主要关注公司未来的主要发展方向（公司愿景和使命）和 3—5 年的战略目标；规划主要负责适应产品发展需要增量的网络发展战略；计划是对业务战略、运作战略和职能战略的当年度细化和量化。明确上海电信的愿景是“追求完美沟通，奉献全新生活”，使命是“将致力于信息通信和信息服务领域，通过不断满足和创造客户需求，引领和促进上海市场的健康发展，在不断优化各利益群体价值分配的基础上，实现可持续的企业价值最大化”，战略目标是和“把上海市电信公司建成具有国际综合竞争力的信息通信和信息服务公司”。其中，战略目标又细分为远期目标和近期目标。远期目标是，到 2013 年左右，上海电信随同母体公司进入国际资本市场，能体现中国电信实力，具有与国内和国际同行竞争的能力。近期目标是，到 2005 年，主要效益指标（标营运收入、净资产收益率、劳动生产率等）达到发达国家和地区电信公司的平均水平，在集团公司内名列前茅；实现公司化的全面转轨；力争在上海市通信服务市场份额上处于领先，有最大的市场份额。战略管理制度还规定了战略层次、责权关系、管理流程、考核办法，为上海电信的可持续发展和战略目标的实现提供制度保障。

2004 年，为落实科学发展理念，上海电信发布《上海电信全面发展白皮书》，详细阐述全面发展的范畴和含义。

上海电信的全面发展，涵盖 4 个范畴，即通过对公司远景的深刻理解，确定战略目标，进而树立锁定发展方向的坚定信念；通过对股东价值、客户价值、员工发展的重视，获得公司发展动力，进而实现公司与利益相关者的共同价值追求；通过对业务品质、网络方向、管理升级的注重，构筑公司发展平台，进而提高价值转换效率；通过对竞争合作、生存环境、社会责任的关注，改善并夯实公司发展基础，进而实现公司与环境之间和谐的价值互动。

上海电信的全面发展，还蕴含六层含义，即长期发展、全面发展、高质量发展、具有竞争优势的领先发展、公司与生态圈之间的和谐发展、着眼世界级竞争力的可持续发展。

同时，白皮书也从总体目标、业务发展目标、效益提升目标和市场目标等维度具象化上海电信的发展战略目标。其中，总体目标是贯彻集团公司战略目标，在集团公司内率先把上海市电信有限公司建成具有世界级竞争力的信息通信和信息服务子公司。业务发展目标是不断优化业务结构，开发新业务，确立在信息通信和信息服务领域的领先优势；可持续增长率不低于上海市 GDP 增长率和对投资者承诺的目标。效益提升目标是主要效益指标达到世界先进电信企业水平。市场目标是在上海通信市场保持优势，巩固和保持主导运营商的市场地位。

图 8-1-1　2009 年 7 月 3 日，上海电信战略发展咨询委员会成立

二、战略实施

战略目标确定之后，上海电信从改革经营机制、调整经营策略入手，分步实施，层层推进。

【改革经营机制】

2000 年，上海电信抓住重组机会，在大力改革管理体制同时，以“干部能上能下，员工能进能出，收入能增能减”为主要目标，开展“劳动、人事、分配”等 3 项制度改革。改革围绕 7 个方面开展。一是根据市场竞争、通信生产和经营管理的要求，合理设置生产和管理机构。二是进行岗位评估，规范管理、专业和生产岗位的设置、职责、任职上岗条件、考核标准、考核办法。三是建立劳动力管理市场化的机制，打破干部与工人的身份界限；取消国家行政级别；通过公开招聘、公平竞争和考核择优上岗，形成人力资源合理流动，创造有利于人才脱颖而出的环境。四是建立基于培训和技能鉴定的持证上岗制度。五是深化职称改革，贯彻实施“评聘分开”。六是建立员工收入与企业、个人绩效紧密挂钩的考核分配机制。七是建立董事会法人治理结构，试行经营者竞争上岗。2000 年 6 月，上海电信选择浦东电信局、长途电信局经营服务部、南汇电信局和邮电发展总公司作为改革试点单位。2001 年 4 月 24 日，上海电信三项制度改革全面铺开。截至是年年底，三项制度改革基本完成，建立起以岗位管理为核心的人力资源管理与开发体系，实行岗位技能工资，全员实行劳动合同管理和绩效考核。

在完成三项制度改革后，2002 年 11 月，上海电信根据中国电信部署，作为特大型本地网公司开展流程重组，希冀通过流程重组，建立以市场为导向、客户为中心、效益为目标的新型企业运行机制。上海电信经过调研诊断，确立“以客户为中心实施流程重组”的指导思想、“以价值最大化为目标”的组织结构导向，完成管理架构、绩效考核流程、大客户管理流程、数据端到端开通流程、服务水平协议(SLA)的设计和实施，建立起符合特大型本地网经营服务特点的“两层结构、四维组合”(即职能管理层、操作执行层两层；运筹管理、客户管理、产品管理、区域管理 4 个维度)、“矩阵管理、流程为环”的管理模式。按照“四维管理”模式，上海电信调整 8 个职能部门、4 个产品部和 15 个区

(县)电信局的职责和内设机构。根据面向市场的不同职能和职责,总部部门分为前端部门和后端部门,区(县)电信局、产品部的内设机构也相应分为前端部门和后端部门,形成两级矩阵式的前后端架构,让各部门在充分授权的基础上按照流程运作,同时将关键客户、核心产品、重点区域设定为战略单元,形成对市场的快速反应能力。为配合“四维管理”模式,上海电信将管理流程重组为战略和企业规划流程、财务和资产管理流程、人力资源开发与管理流程、信息与学习管理流程、执行管理流程、外部关系管理流程、持续变革及提升流程七大类。2003 年 10 月,上海电信流程重组通过中国电信验收。2005 年 5 月,为充分发挥流程重组作为公司战略性综合平台的作用,进一步完善“以市场为导向,以客户为中心,以效益为目标”的企业运营模式,上海电信印发《上海市电信有限公司 BPR 长效机制管理制度》,明确每年第一季度确定年度流程重组深化重点,9 月开展“流程重组回头看”,提出改进建议,对企业流程重组进行持续优化。

图 8-1-2　2003 年 10 月 13 日,上海市电信有限公司 BPR 验收汇报会召开

【调整经营策略】

2000 年 12 月,上海电信根据战略目标和市场变化情况,开始调整经营策略。将所经营的业务划为 3 个层次:本地电话、长途电话为基本业务,以稳定增长为目标,强调增加收入;上网业务、智能业务、卡类业务、信息港湾业务、网元业务为重点业务,以细分市场为抓手,强调做大盘子;宽带接入和应用为未来业务,重在培养市场,抢占市场份额。按照业务分层,上海电信将投资向营收倾斜、向产品结构优化倾斜,加大重点业务、宽带业务的投入,形成新的业务增长点。

相关经营策略实施后即取得成效。2000 年,公司的业务收入达到 89 亿元,在全国名列第六,年增产长率为 12%;五项重点业务收入达到 13.25 亿元,占全年业务收入的 14.86%。

随着国内移动业务和互联网业务的快速发展,固网业务呈现衰减趋势。为摆脱困境,2006 年 1 月,上海电信根据中国电信实施战略转型要求,成立企业战略转型领导小组和转型推进办公室。8 月,印发《上海市电信有限公司战略转型实施纲要》,明确上海电信转型的总体目标:率先在集团内实现从传统基础网络运营商向现代综合信息服务提供商的转变,引领上海信息通信服务业发展。

上海电信的战略转型分为三个阶段：2006—2007 年为转型关键期，着力于优化结构，在体制机制的关键环节上取得突破，为转型提供保障；2008—2009 年为转型基本实现期，基本实现转型目标，为全面实现转型乃至更长期的持续发展奠定坚实基础；2010—2012 年为转型深化期，上海电信成为综合信息服务提供商，引领上海通信信息服务业发展。10 月，上海电信在浦东电信局、信息网络部、信息产业集团、理想信息产业集团进行转型试点。10 月 18 日，浦东电信局又被中国电信列为转型综合试点区。上海电信为浦东电信局制定转型综合试点总体目标和具体目标。总体目标是：浦东区域内关键价值指标率先达到转型要求，率先在综合信息服务上形成成功的商业模式。具体目标是：转型关键期内，业务实现稳定增长，收入规模保持第一，转型重点业务如商务领航、号码百事通、无线宽带等业务收入增幅高于市区电信局平均水平 5—10 个百分点；商业模式突破，浦东区域内非话音业务收入占主营业务收入比例突破 50%，占比高于市区电信局平均水平 5—10 个百分点；ICT 业务收入占比高于市区电信局平均水平 10%；形成以 IPTV 为核心的数字家庭商业模式，2007 年 IPTV 用户数达到 3 万户，数字家庭用户达到 2 000 户；转型难点取得突破，基本实现业务落地销售，具备业务融合能力，基本解决政企客户的售前、售中支撑问题，形成两级客户响应体系，实现网络资源集中调度，重点客户、重点业务的响应速度超过主要竞争对手，基本建成新业务与新技术试验基地，为公司网络和业务转型提供有力支撑，重点转型业务单位和重点客户销售单位内部初步建立与市场接轨的用工、激励、考核机制。浦东电信局在转型过程中，创造“全息视图营销管理法”，构建客户驱动的运营模式，按地域特征和网络资源划分责任单元，将客户、竞争、收入、资源等信息与责任单元匹配，以此促进内部流程优化。

2007 年，浦东电信局主营业务收入增长 8.03%，净增宽带用户 115 000 户、IPTV 用户 19 634 户、“我的 e 家”用户 155 482 户、固话用户 37 588 户，商务领航宽带用户渗透率 72.64%，商务领航电话用户渗透率 19.84%。浦东电信局的企业转型得到中国电信的好评，上海电信复制推广浦东电信局经验。是年，上海电信业务收入在集团公司内排名第一，非话音收入占比在中国电信内率先突破 50%，宽带用户、IPTV 用户等转型业务收入占比达到 37%，位居中国电信首位。

2008 年，上海电信继续实施企业转型。5 月，在全公司推行全息视图管理法。11 月，出台“三年转型实施方案及年度关键任务”，明确在全业务经营背景下，上海电信转型发展目标是：实现企业可持续发展、有效聚焦客户需求、完善系统创新体系、拓展信息化领域。截至 2010 年，上海电信企业转型取得成果，非语音收入占比达到 64.8%，比 2008 年提高 4.1 个百分点；移动收入市场份额达到 11.2%，比 2008 年提高 3.9 个百分点。

中国电信及上海电信实施企业转型战略，根本是要通过多业务、多网络、多终端的融合及价值链的延伸，为客户提供便捷、丰富、个性化、高性价比的综合信息服务。2008 年，中国电信顺势迎合国家电信体制改革、网络资源重组趋势，积极做好中国联通 CDMA 网络的收购。3 月，上海电信成立移动业务领导小组和移动通信办公室，确定收购工作方针和实施方案。6 月 24 日，与上海联通成立 CDMA 联合运营工作组。7 月，上海电信对负责运维的长途无线部职能和体制进行调整，新建上海电信无线网络优化中心。8 月，根据中国电信全业务经营体制调整的总体部署，上海电信成立面向后续 C 网建设的移动建设部和面向后续 C 网产品运营管理的个人客户部。12 月 20 日，上海电信在全市范围内正式启动 189 号段放号。截至 2010 年年底，共有出账用户 312.8 万户。

2009 年 2 月 1 日，上海电信对移动业务营销管理、全业务渠道管理、C 网业务考核、预付费业务管理和移动上网业务管理进行优化。2 月 3 日，又对 C 网产品管理体系进行优化，进一步整合内部产品开发力量。2010 年 7 月，上海电信优化工程建设管理体制，合并网络发展部与移动建设部组建新的网络发展部，以适应移动建设常态化管理。

第二节　绩 效 管 理

一、考核体系

2000 年公司化运行后，上海电信调整对下属单位的考核方式，从经营责任制和工效挂钩考核转为年度经营目标和经营者业绩考核。考核实行“百分制”，主要考核财务效益(75 分)、发展能力(3 分)、通信质量(6 分)、专项任务与措施(8 分)、服务质量和业务及综合管理(8 分)。对用户满意度、职工人数控制指标、安全保卫指标不配分，达到考核标准的不扣分，未达到标准的扣减得分。考核通过下达《年度经营目标责任书》，检查年度任务完成情况的形式进行。对于《年度经营目标责任书》以外的工作有创新或取得显著成效的，经考核领导小组批准后可酌情加分；因工作失误造成不良影响或给企业造成较大损失的，经考核领导小组审定后可酌情减分，加分或减分方面，每个单位最多 5 分。考核最终得分作为各单位新增工资分配和对主要经营者和领导班子副职奖罚挂钩依据。

2001 年，上海电信制定《上海市电信公司绩效考核管理暂行规定》，明确考核工作相关规定和程序。公司对主要经营单位收入指标的考核，设置 3 个台阶目标，分别对应不同的资源配置额度，由各单位自行认选。所有指标值经考核领导小组批准下达后，各考核实施部门及被考核对象必须严格执行，不得随意修改。绩效考核以“蓝皮书”的形式下发，在考核书中列出各单位的考核指标(正向激励、负向控制指标)、业务收入调整计划月度分解、财务预算表、主要通信能力项目实施进度计划目标和主要经营目标认选结果，突出考核导向性。同时，为进一步明确考核指标的统计口径、考核办法，又配套印发《操作手册》，突出考核操作性。

2003 年，上海电信结合 BPR 改革进程优化绩效考核体系，加大管理指标的考核权重，在 BPR 执行指标、质量管理及业务创新等三方面设立新的指标。新设对业务牵头单位的考核指标，体现“领导局”模式，使企业在某些业务对外营销中形成合力。分解内部服务协议(SLA)关键节点指标，落实 SLA 相关考核责任。

2004 年，上海电信引入平衡计分卡管理理念，对各单位和部门按财务业绩、客户价值业绩、内部运营效率、学习与成长四个维度进行评估。

2005 年，上海电信印发《上海市电信有限公司绩效管理办法》，对 2001 年的绩效管理暂行办法在管理职责、绩效指标设定、跟踪分析、调整考核等方面的规定做较大修正，使之更科学化。

2006 年，上海电信对各单位和部门分别设置“业务与服务转型执行率”“转型与精确管理执行率”指标，体现对上海电信转型任务的分解和落实。特别是在年中结合 ISO9000 内审工作，实施现场联合审查，跟踪转型专项重点任务的实施情况，及时反馈管理改进要求。另一特点是形成以引导收入增长为主体的激励导向及指标体系，对各经营单位不预先设置收入的绝对值台阶目标，而是提出收入增长率的区间范围，由各单位确定认选目标；事先向各单位明确当年收入考核计分方法和激励导向，由各单位据此修(制)订年度收入预算。第三个特点是强调相关部门对关联交易的管理职能，明确考核要求。

2007 年，中国电信印发《建立和完善中国电信全面绩效考核体系的指导意见》。根据集团公司的指导意见，上海电信落实战略转型阶段的要求，在绩效考核中开展基于经济附加值(Economic

Valued Added，EVA)的“公司价值树”分解，明确防范有害信息的考核要求，突出结果导向，压缩过程评估。是年，上海电信采用新的收入归集办法作为预算和考核口径。

2008年，首次对ICT业务采取区(县)局和理想集团“双计双考”模式，双向调动区(县)局和专业单位发展ICT业务的主观能动性。同时，通过绩效考核指标的设置，维持框架结构的基本稳定。对于管理过程中需要重点突破的领域，如代理商管理、新业务创新基地、装拆移修管理体系、用户终端采购、全息视图推广和支撑、财务核算体制、转型业务准备等纳入“专项任务执行率”或转型专项任务中考核。为体现中国电信接收移动业务，在第四季度将移动业务发展指标补充分解到相关单位和部门，纳入考核。

2009年，在全业务经营环境下，对与移动业务有关的单位，财务收入指标分为固网收入和移动业务收入两部分，设置认选台阶。对相关单位和部门新增“全业务发展”指标，从网络建设、用户发展情况和用户质量等方面引导全业务融合、聚焦移动中高端和有效益发展，提升移动网络能力和用户忠诚度。

2010年，绩效考核的特点是，对上海电信的战略业务，如世博保障、城市光网建设、高清IPTV发展、行业应用的推广、无线网络优化等予以重点考核；对EVA进行分解落实；主体经营单位收入指标加分不设上限；对区(县)局试行分类考核；重申诚信经营，将违规将纳入扣分指标进行考核，引导公司上下及前后端加强联动，形成合力，快速反应，应对竞争。

二、考核激励

2001年，上海电信开始每年对绩效考核综合情况领先的二级单位，分“优秀单位”和“优良单位”进行通报表扬(职能部门为表扬)。2004年，开始统一以“绩效考核成绩显著单位(部门)”进行表彰。

表8-1-1　2001—2010年上海电信年度绩效考核结果情况表

考核年份	二级单位	职能部门
2001	优秀单位：浦东电信局、长途通信事业部、奉贤电信局 优良单位：专用电信局、青浦电信局、莘闵电信局、松江电信、数据通信事业部	表扬：工程管理部、财务部、工会
2002	优秀单位：浦东电信局、数据通信事业部、松江电信局、南汇电信局 优良单位：长途事业部、西区电信局、青浦电信局、北区电信局、研究院、崇明电信局	—
2003	优秀单位：松江电信局、南汇电信局、浦东电信局 优良单位：西区电信局、长途通信部、电信技术研究院、东区电信局、电信帐务中心、互联互通部	—
2004	金山电信局、青浦电信局、浦东电信局、松江电信局、莘闵电信局、奉贤电信局、西区电信局、互联互通部、电信研究院、嘉定电信局	网络运行部、财务部、网络发展部、人力资源部、综合管理部
2005	嘉定电信局、信息产业(集团)公司、崇明电信局、长途通信部、奉贤电信局、浦东电信局、应急通信局、互联互通部、莘闵电信局、北区电信局	市场部、网络运行部、企业发展部

〔续表〕

考核年份	二级单位	职能部门
2006	信息产业(集团)公司、松江电信局、理想信息产业(集团)公司、南汇电信局、浦东电信局、大客户部、西区电信局、信息网络部、电信卡部、电信研究院	网络发展部、市场部、企业发展部
2007	浦东电信局、松江电信局、东区电信局、信息网络部、理想集团、嘉定电信局、政企客户部、宝山电信局、电信研究院、北区电信局、崇明电信局、机动通信局	市场部、网络发展部、企业发展部
2008	松江电信局、浦东电信局、信息网络部、应急通信局、上海 NOC、长途无线部、宝山电信局、理想集团、北区电信局、莘闵电信局	网络发展部、财务部、市场部、网络运行部、企业发展部、政企客户部
2009	松江电信局、信息网络部、莘闵电信局、南汇电信局、长途无线部、理想集团、互联网部/信息集团、崇明电信局、奉贤电信局、宝山电信局	客服质监部、政企客户部、财务部、家庭客户部、人力资源部、企业发展部
2010	松江电信局、嘉定电信局、奉贤电信局、长途无线部、信息网络部、应急通信局、浦东电信局、莘闵电信局、客户服务中心、崇明电信局	市场部、财务部、政企客户部、客服质监部、网络运行部、综合管理部

第三节 质量管理

一、体系建设

2000 年 4 月 29 日,中国邮电电信总局下发《关于规范企业开展贯标工作的通知》,要求通过 ISO9000 族标准的有关要素,建立企业内部质量管理保证体系,使服务质量管理规范化工作向各层次渗透和深化。

当时,上海电信企业内部质量管理保证体系建设处于自发状态,仅有电信帐务中心、电话号簿公司、数据通信事业部工程公司等少数下属单位通过 ISO9000 质量体系认证。2001 年 4 月 17 日,上海电信制定“2000—2002 年上海电信开展 ISO9000 贯标工作计划”,明确用三年时间实现主体通信单位整体通过 ISO9000 质量体系认证。在此框架下,下属单位的体系认证工作,由上海电信出面组织认证机构认证。截至是年年底,松江电信局、南汇电信局、青浦电信局、114 查号中心通过 ISO9001 质量体系认证。8 月 30 日,上海电信根据贯标工作要求,指定公司管理者代表,确定上下两级质量管理模式和“网络好、服务更好”的企业质量方针。

2002 年 5 月 15 日,上海电信贯标工作全面启动,共组织 6 期 1 017 人次的 ISO9000 族标准知识培训、5 期 431 人次内审员培训、2 期 146 人次质量体系文件编写培训、3 期 87 人次文件管理员培训。对公司使用的各类规章制度进行修改、补充和规范,共涉及近 30 类 750 个过程,整编完善 2 000 多项作业指导书、5 000 多个质量记录。其中,公司总部编制《质量手册》、23 个程序文件;完善和整理 238 个作业文件、82 个外来文件;整编 631 个记录表式。8 月 20 日,上海电信召开质量管理体系运行启动暨质量管理体系文件发布大会,宣布上海电信按照 ISO9001:2000 国际标准建立起文件化的质量管理体系,进入试运行阶段。在试运行过程中,上海电信不断优化质量管理体系,分批对 9 个部门、26 个下属单位进行 3 次内审,对不符合项及时制订纠正措施。8 月 26 日,上海电信质量管理体系进入正式运行。10月23日，上海电信举行第一次管理评审会议，公司管理层对体系提出重要改进要求，对技术管理、质量岗位配置、计量管理、数据分析等主要问题提出解决方案。11月20日，上海电信贯标工作接受第三方审核。11月27日，审核方认为，上海电信质量管理体系文件基本符合ISO9001：2000标准的要求。质量管理体系运行初步有效，质量管理体系的符合性、有效性和充分性得到体现。

2003年1月13日，上海电信获得上海市质量体系审核中心颁发的ISO9001：2000国际质量管理体系认证证书，成为中国电信集团首家整体通过质量认证的省级公司。

根据质量体系认证审核要求，须对获证后体系运行的符合性、适宜性和有效性，在每年内审的基础上由外部进行监督审核。2003年4月22日，上海电信印发《2003年度公司质量管理体系审核工作计划》，划定全年内审范围和时间。4月23日，印发《2003年度公司质量管理工作计划》，结合流程重组，对公司质量管理体系进行相应调整，质量管理体系文件由A版升为B版。开展内审、管理评审，确定持续改进活动制度化、合格供方管理法制化和顾客合同履约规范化为主要输出内容，顺利通过上海质量体系审核中心的年度监督审核。年末，上海电信经中国电信推荐，获2003年全国质量效益先进企业称号。

图8-1-3　2003年1月，上海电信获ISO9001：2000国际质量管理体系认证证书

上海市电信有限公司

建立和实施的质量管理体系符合标准：ISO 9001:2000

体系覆盖范围：国内国际各类固定电信网络与设施（含本地无线环路）服务，语音、数据、图像及多媒体通信与信息服务及同通信与信息业务相关的系统集成、技术开发、信息咨询业务服务及相关活动。

（审核地点：上海市四川北路61号及各营业网点）

证书有效期：2005年10月18日至2008年10月17日

CNAB证书注册编号:00305Q10738R1L

ANAB证书注册编号:B05Q10068R1L

上海质量体系审核中心

SHANGHAI AUDIT CENTRE OF QUALITY SYSTEM

图8-1-4　ISO9001：2000资格认证证书

2004年7月，中国电信在上海电信试点TL9000（电信业质量管理体系标准）认证。上海电信将试点分为两个阶段：2004年在网络运维条线实施TL9000认证；2005年在主业推广。经过努力，上海电信网络运维条线于2004年12月22日取得中国香港品质保证局颁发的TL9000认证证书。2005年3月29日，上海电信在全司范围内启动TL9000贯标工作，将TL9000体系认证范围从网络运维扩展到通信与信息服务（包括语音、数据、宽带、无线四大类产品和设计、安装、维护、客户支持四大类服务)，实现前端、后端和管理支撑的全覆盖。12 月 22 日，上海电信通过中国香港品质保证局 TL9000 质量管理体系国际认证。

2006 年 3 月 24 日，上海电信根据中国电信要求，在 IDC 业务范围内实施 ISO27001 信息安全管理体系贯标并逐步推广到其他相关业务领域。11 月 30 日，上海电信下属的上海信息产业集团和理想(集团)公司通过中国香港品质保证局的 TL9000 认证。至此，上海电信全面实现从 ISO9000 向 TL9000 质量管理体系升级。12 月 8 日，国际知名认证机构 BSI 通过上海电信下辖的长途通信部、信息网络部、信息产业集团共 12 个机房 IDC 业务的 ISO27001 信息安全体系认证。

2007 年 8 月 14 日，上海电信启动 TL9000 升版工作。各下属单位按照 ISO9001/TL9000(4.0 版)标准修订质量手册和程序文件，优化调整相关支撑文件和记录表式，细化 TL9000 测量数据采集规则，建立起“TL9000 质量分析系统”。截至 12 月，上海电信分别通过上海质量体系审核中心的 ISO9001 监督审核和中国香港品质保证局的 TL9000(4.0)换证审核。至此，上海电信 TL9000 产品认证范围覆盖工程安装、网络维护和网管专家、客户支持服务、语音、无线、数据、宽带和 IDC 八大类产品和服务，数据质量指标分类进一步细化。

2008 年 11 月 7 日，上海电信 TL9000/ISO9001 质量管理体系通过中国香港品质保证局、上海质量体系审核中心认证复评。此次审核共涉及 9 个职能部门和 12 个二级单位，覆盖除 C 网移动业务的所有产品和服务。

2010 年 5 月 25 日，基于战略转型、全业务经营等重大管理举措对质量管理体系提出越来越高的要求，上海电信启动 TL9000/ISO9001 升版工作。7 月，上海电信印发《中国电信上海公司质量手册(E 版)》，该手册所建立的质量管理体系满足 ISO9001：2008 质量管理体系、TL9000(5.0)质量管理体系和 TL9000 质量管理测量体系的各项要求。11 月 5 日，上海电信 TL9000/ISO9001 质量管理体系升版通过中国香港品质保证局、上海质量体系审核中心的联合审核。此次审核新增 C 网移动业务的产品/服务，增加外包服务识别、监控和管理、项目风险管理、顾客满意度统计与监控等内容。

二、质量管理小组

上海电信的质量管理(简称“QC”)小组的成立源于邮电管理局时期开展的全面质量管理活动。20 世纪 80 年代，上海市邮电管理局下属企业就已借鉴工业系统质量管理经验，培植质量管理小组。质量管理小组运用全面质量管理的基本方法对通信质量、设备质量、服务质量中的问题进行分析，开展戴明循环(即 PDCA 循环)。1999—2003 年，上海电信先后有 5 个质量管理小组获得上海市优秀质量管理小组称号。

2004 年，上海电信印发《上海市电信有限公司质量管理小组活动管理办法》，对质量管理小组课题分类、管理职责、活动流程、质量记录做出规定，引导和规范群众性质量管理活动。是年，上海电信共注册 QC 活动课题 217 个，取得成果 186 个。6 月，经中国通信企业协会评审，上海电信 2 个 QC 小组获全国通信行业优秀质量管理小组称号。9 月，经上海市群众性质量管理活动领导小组审定，上海电信 6 个 QC 小组获上海市优秀质量管理小组称号，其中，1 个 QC 小组获全国优秀质量管理小组奖称号。

2005 年，上海电信共注册 QC 活动课题 228 个，取得成果 201 个，6 个 QC 小组获上海市优秀质量管理小组称号，1 个 QC 小组获全国优秀质量管理小组称号。

2006 年，上海电信共注册 QC 活动课题 246 个，取得成果 228 个，5 个 QC 小组获上海市优秀质量管理小组称号。10月,经上海市质量协会推荐,2个小组获全国优秀质量管理小组称号。

2007年,8个QC小组获上海市优秀质量管理小组称号。7月,经全国通信企业协会推荐,5个QC小组获2007年全国通信行业优秀质量管理小组称号。年末,上海电信有国家级QC活动诊断师10名,全国通信行业诊断师考官1名,通信行业及上海市QC诊断师32名。

2008年,上海电信QC活动围绕促进业务转型发展、提升客户感受、优化产品质量、完善全息视图数据管理、改善财务工作效率、提高网络资产使用效率和节能减排展开,共注册QC活动课题229个,取得成果186个,10个QC小组获上海市优秀质量管理小组称号。9月,经中国通信企业协会和上海质量协会推荐,上海电信信息网络部、北区电信局、号百公司获得全国通信行业开展质量管理小组活动先进单位称号;4个QC小组同时获得全国优秀质量管理小组和全国通信行业优秀QC小组称号;6个QC小组获全国通信行业优秀质量管理小组称号。其中,"提高网格系统业务数据导入率"成果作为体现精确管理要求和基层承接全息视图管理创新战略的样板,在2008年中国通信企协召集的审定会上代表中国电信汇报;"降低基础数据网管判障超时次数"QC成果经上海市质量协会推荐,在全国第30次质量管理小组代表会议上作为上海市唯一成果发表。年末,上海电信有12名国家级QC诊断师、20余名通信行业和市QC诊断师。

2009年,上海电信QC小组活动坚持与公司的战略方针相一致,围绕针对性营销、资源使用效率、数据与信息管理等方面开展活动,注重课题可实现、措施可推广、成果可展示等3项原则,有效支撑公司业务转型。共注册QC活动课题236个,取得成果191个。4个QC小组获上海市优秀质量管理小组称号。经中国通信企业协会推荐,信息网络部、北区电信局、中区电信局等3家单位获全国通信行业开展质量管理小组活动先进单位称号,4个QC小获全国优秀质量管理小组称号,6个QC小组获全国通信行业优秀质量管理小组称号。

2010年,上海电信围绕全业务经营、提升客户感知、优化产品/服务质量、提高资产效率等主题广泛开展QC小组活动,共注册QC活动课题242个,取得成果196个,4个QC小组获上海市优秀质量管理小组称号。9月,经中国电信、全国通信企业协会和全国质量管理协会的评选,2个QC小组获全国优秀质量管理小组和全国通信行业优秀QC小组称号,长途无线部、信息网络部、北区电信局、号百分公司、帐务中心、浦东电信局获全国通信行业优秀质量管理小组先进单位称号,7个QC小组获全国通信行业优秀质量管理小组称号。

表8-1-2 2003—2010年上海电信质量管理小组活动成果情况表

年份	注册课题	取得成果	获全国优秀质量小组称号	获全国通信行业优秀小组称号	获上海市优秀小组称号
2003	—	—	—	—	2
2004	—	—	1	2	5
2005	228	201	1	—	6
2006	247	228	2	—	5
2007	—	—	3	5	8
2008	229	186	4	10	10
2009	236	191	4	6	4
2010	242	196	2	8	4

第四节　法 务 管 理

一、合同管理

2000年12月,中国电信印发《中国电信集团公司合同管理办法》,要求各省、自治区、直辖市电信公司结合实际情况,制定具体的合同管理办法和管理流程。

2001年5月18日,上海电信印发《中国电信集团上海市电信公司合同管理办法》,明确合同实行分级负责、归口管理,非公司授权单位和非法人资格的独立核算单位不得擅自以本部门名义对外签订合同;"办法"还对合同的订立、履行、变更、解除、纠纷处理、监督与检查做出详尽规定。东区电信局、电信帐务中心等23家直属经营单位被授权对外签订合同。8月21日,上海电信印发《合同管理考核办法》,重点考核被授权单位有无合同管理办法及细则;有无合同归口管理部门和专兼职管理人员;重大合同、格式合同是否报备。

2002年,上海电信开发合同电子管理系统,由合同起草、合同查询、合同统计、合同预警、帮助、其他等六大模块组成。2003年7月,该系统在总部和部分被授权单位运行。制作36份合同范本,内容涉及广告制作、设备购买、房屋租赁、技术服务等日常所需合同,附挂在合同电子管理系统上供借鉴。

2004年10月,上海电信印发《上海市电信有限公司电信业务格式合同制定和使用管理办法》,对电信业务格式合同及电信服务合同的制订和使用进行规范管理,保证合同双方的合法权益。

2006年2月24日,为加强对维护服务合格供方的管理力度,上海电信拟定《交接箱维护委托服务协议》《通信线路维护委托服务协议》《小灵通基站维护委托服务协议》合同示范文本,在全公司强制推广使用。6月14日,上海电信印发《上海市电信有限公司物资采购关联交易合同规范指引》,对签署物资采购关联交易合同时应遵循的事项做出规定,规范物资采购关联交易合同管理。

2007年2月15日,上海电信印发《上海市电信有限公司合同管理办法》,对以往的合同管理职责和流程作修订和完善,同时将管理办法的覆盖范围从上市公司扩大到存续企业。16日,上海电信印发《上海市电信有限公司法定代表人授权委托管理办法》,规范授权委托工作流程,收紧法人授权委托范围,不为公司以外的关联企业、经济组织、个人或公司的临时雇用人员办理授权委托。

2000—2010年,上海电信先后获得2002年度虹口区合同信用AAA级荣誉和2004—2005年度、2006—2007年度、2008—2009年度上海市合同信用AAA级荣誉。

二、法律诉讼

2004年6月30日,为进一步完善公司法律纠纷的处理流程,提高公司法律纠纷案件管理水平,上海电信印发《上海市电信有限公司法律纠纷管理制度》,对以公司为当事人的诉讼、仲裁案件归口处理流程、程序做出规定。

2000年7月1日—2010年12月31日,上海电信共发生诉讼案件329起,其中,被提起纠纷案件313起,主动提起诉讼纠纷16起。在被提起的313起纠纷中,电信服务合同纠纷116起,其他合同纠纷21起,劳动争议8起,电信设施损害赔偿10起,人身损害赔偿17起,知识产权纠纷107起,历史遗留问题纠纷10起，其他纠纷7起。在主动提起的16起纠纷中，合同纠纷7起，历史遗留问题纠纷7起，其他纠纷2起。共挽回企业经济损失7 000多万元。

第五节 风险管理

2006年8月7日，中国电信转发国资委《中央企业全面风险管理指引》，要求各省级公司建立健全全面风险管理体系；要求各级管理层提高风险管理意识，结合内控、内审和法律等工作积极开展全面风险管理，提高企业防范风险能力。

2007年7月2日，中国电信下发《关于推进中国电信全面风险管理工作的指导意见》，要求各省级公司（单位）对面临的主要风险分层分类，每年确定几个可能出现的重大风险，集中精力研究解决，每年上报年度风险管理报告，同时将此项工作列入年度相关工作考核。

2008年2月，上海电信向中国电信上报2008年度风险管理报告。报告显示，上海电信的重点风险分为战略风险、市场风险、财务风险、法律风险、运营风险等五类，按照重要程度又可分为关键风险和一般风险。战略风险包括区域经济环境风险、组织变革风险、价值链合作风险。市场风险包括竞争风险、移动漫游费取消风险、数字电视平移对IPTV发展的风险、VOIP业务发展的风险、月租费取消风险。财务风险包括预算管控及执行分析风险、应收账款回收风险、资金安全风险、税收政策风险、汇率波动风险、财务集中核算风险。法律风险包括行业政策变化风险、《物权法》实施后对通信配套及通信网络建设模式产生风险、互联网版权纠纷风险。运营风险包括通信网络瘫痪风险、网络维护管理风险、跨期确认风险、资产权证风险、劳动用工风险、信息系统安全风险（不含不可抗力风险）、信息系统机房环境遭不可抗力破坏风险。其中，关键风险为：组织变革风险、网通全力竞争的风险、数字电视平移对IPTV发展的风险、预算管控及执行分析风险、应收账款回收风险、行业政策变化风险、网络维护管理风险和劳动用工风险。12月24日，上海电信印发《中国电信上海公司全面风险管理办法》，明确全面风险管理是指企业围绕总体经营目标，通过在企业管理的各个环节和经营过程中执行风险管理的基本流程，实现对企业风险的全面和有效控制。管理办法明确：公司总经理办公会作为企业风险管理的决策机构，负责确定企业风险管理总体目标，做出有效控制风险的决策。由企业发展部牵头，会同市场部、财务部、人力资源部、网络发展部、企业信息化部、对外投资管理部、网络运行部、审计部、监督部、政企客户部、家庭客户部、个人客户部等部门组成风险管理工作协调小组。协调小组下设风险管理工作小组，由相关部门联系人组成。协调小组对总经理办公会负责，负责提出公司年度风险管理报告；提出公司风险管理制度、风险管理流程和风险评估办法；提出全公司的风险管理战略、重大风险评估报告、重大风险解决方案；负责协调、指导各单位/部门开展风险管理工作；负责对总经理办公会决策的重大风险管理方案组织实施，对公司重大风险进行日常监控。公司各职能部门负责本部门和纵向归口管理职责范围内的风险管理工作，执行公司风险管理制度和流程；提出本部门重大决策、重大风险、重大事项的判别标准；建立本部门和纵向归口管理工作的风险内部控制子系统；提出本部门和纵向归口管理工作的重大风险评估报告和解决方案。公司所属子公司对本公司各类风险负责，按照上海电信目标要求，制定子公司全面风险管理目标，建立全面风险管理相关制度，执行风险管理基本流程，通过信息沟通和协作建立更有效地贯穿于各个子系统之间的风险管理平台。

2009年2月，上海电信向中国电信上报2009年全面风险管理报告。报告揭示公司2009年风险图谱，包括：区域经济环境风险、组织变革风险、价值链合作风险、移动全力竞争风险、联通争夺政企市场风险、固网宽带高资费风险、非对称管制带来的不确定性风险、数字电视平移对IPTV发展的风险、预算管控及执行分析风险、应收账款回收风险、移动基础设施建设中的法律风险、C网承接后资产及合同义务等法律风险、移动业务经营中的法律风险、通信网络瘫痪风险、网络维护管理风险、内部监督制衡机制风险、IT信息系统审计风险、会计信息质量风险、网络安全风险、驻地网建设风险、发生员工重度工伤和死亡事故风险、劳动用工风险、薪酬管理风险、转型人员(组织)能力风险、服务流程执行风险、网络运行故障风险、IT系统支撑风险、产品营销质量风险、售后服务质量风险、业务外包风险、IPTV技术发展风险、接入技术风险等。

由于经营CDMA移动电话网,2009年的重大风险中,增加移动基础设施建设、C网承接后资产与合同义务、移动业务经营中的法律风险等3项内容,减少行业政策变化风险。关键风险方面,2009年新增区域经济环境风险、联通争夺政企市场风险、移动基础设施建设中的法律风险和IT信息系统审计风险等4项内容。

2010年1月,上海电信向中国电信上报2010风险管理报告。风险图谱与2009年相比,有明显变化,主要是:新增3Tnet高性能宽带信息网强势推广风险、固网月租资费调整风险、固定资产闲置风险、三网融合法律风险、移动视频版权风险、光网建设法律风险、投资效益风险、ICT类项目建设立项决策风险、世博专用项目设备后续利用风险、节能减排风险、网络运行故障带来的客户服务风险、IT系统稳定性带来的客户服务风险、10000号服务风险和人力资源风险。2010年重大风险中,新增上海联通大力发展3G业务的竞争风险、三网融合加剧电信全业务竞争导致不规范竞争风险、移动视频版权市场不成熟带来的知识产权风险、光网建设缺乏政策法律支持而可能带来的社会认知风险、ICT类项目建设立项决策风险、世博专用设备后续利用风险、全业务资源管理模式能否适应全业务发展风险。2010年关键风险中,增加上海移动继续推广TD固话、固网月租资费调整、节能减排等风险。

第六节　学术团体

一、上海邮电经济研究会

上海邮电经济研究会于1981年12月25日成立,是以研究和推进邮电通信建设和经营管理为宗旨的群众性学术团体,主管主办单位为上海市邮电管理局。1991年12月,经上海市社联批准,成为上海市社联领导下的一级学会。1992年7月,领取上海市社会团体法人登记证。2000年,邮电体制改革之后,研究会的主管主办单位改为上海市通信管理局,上海电信作为会长单位。截至2010年年底,研究会有团体会员30家,个人会员328人。

邮电经济研究会坚持“干实事,讲实效,发挥智力合成优势,为邮电企业服务”的“学术立会”方针。坚持一个宗旨:围绕中心,服务大局,繁荣学术,振兴邮电。依托两个优势:智力合成优势,学术中立优势。做好3个服务:为政府提供咨询,为企业当好参谋,为公众谋取福利。发挥4个作用:在党和政府联系理论工作者方面起桥梁纽带作用;在组织理论工作者研究当前建设中国特色社会主义方面起组织协调作用;在把研究成果转化为社会效益方面起咨询服务作用;在传播社会科学方面起普及宣传作用。实现5个结合:理论与实践结合;专家研究与群众建议结合;在职干部与离退休干部结合;领导机关与基层单位结合;业内专家与业外专家结合。

上海邮电经济研究会第六届(2000—2004年)会长程锡元;第七届(2005—2009年)会长张战

国;第八届(2010—)会长张林德。

【主要学术活动】

课题研究 对"入世"后电信业各项规章制度如何改革以适应国际规则问题,提出建议意见。在此基础上,发表《中国"入世"与电信业的开放》《评估电信业竞争力的一种新方法》等一批论文,刊发于《电信决策研究动态》《电信软科学研究》《邮电企业管理》《邮电商情》等全国性专业刊物上。2007年,有关通信资费问题成为社会关注话题。研究会走访三大电信运营商,邀请政府、企业、社团、院校、媒体和用户代表,就电信资费的现状和改革方向进行研讨。研究会首席顾问进行归纳和总结性发言,对若干资费热点进行分析并提出意见和建议,引导社会舆论客观公正地看待电信资费,对电信监管部门和运营商如何进一步搞好电信资费改革起到参谋作用。2008年,对宽带资费等6个收费项目先后进行3次研讨,提出处理用户对电信资费诉求时应遵循的以人为本原则、市场区分原则、成本核算原则和遵守法规原则,向有关部门和电信企业提出6个方面的意见和建议。2009年的研讨课题是移动通信质量与基站建设问题。2010年的研讨课题是手机资费套餐问题。

社科普及活动和业务讲座 研究会配合上海市科普周活动,每年5月前后举办一次学术报告和讲座。邮电经济研究会还以每年平均5次的频率举办各种业务专题讲座,内容包括现代企业管理、邮电体制改革、国外邮电经营管理、移动通信、三网融合、互联网应用、智慧城市、创新转型、物联网、大数据等。2007年,研究会邀请上海市社会科学院法学研究员就邮电部门如何根据《反垄断法》的要求依法经营、如何维护邮电市场竞争秩序等提出意见和建议。2009年,研究会在科普周期间举办专题报告会,邀请三大电信运营商介绍服务2010年上海世博会的总体规划、工程项目、服务举措、各类业务等,让公众对运营商的世博服务有更新、更全的认识和了解。2010年,研究会组织会员和社会用户参观上海电信博物馆,了解上海电信业发展的过程,以及电信业对国民经济发展以及社会生活进步的推进作用。

专题调研和学术交流活动 研究会重视对社会关注的热点问题开展专题学术交流活动。2009年,针对社会用户对移动通信质量以及对通信基站建设、维护的投诉不断上升问题,研究会对上海市移动通信质量和移动基站的建设进行专题调研,与相关运营商及用户代表进行座谈听取意见,举行专家研讨会,形成《关于规范移动通信基站建设和管理中若干问题的意见》供相关部门参考。2010年,国家公布第一批"三网融合"试点城市后,研究会举办"沪宁杭三网融合试点工作"研讨会,就监管体制、政策法律、资源共享、政府引导等提出建议。

【学术刊物】

1987年9月,为适应邮电经济学术研究需要,经上海市新闻出版局批准,研究会编辑出版《邮电经济》杂志,全国人大常委会副委员长朱学范为杂志题写刊名。杂志为季刊,面向全国邮电单位内部发行。

《邮电经济》杂志内容紧贴时代和行业发展脉搏,对社会关注的热点、企业发展的焦点进行跟踪报道、深刻剖析,对行业发展趋势进行前瞻性分析和预测,在业内外具有一定的知名度。如先后刊发的《论"入世"后电信业的市场风险和制度风险》《化数字鸿沟为数字机遇》《电信立法应当关注的十大问题》《手机实名制的实施情况与建议》《电信资费要贯彻平等保护、普遍服务原则》《"三网融合"的高度与难度》等文章,为有关部门与企业领导的决策起到参谋作用。2007年,随着互联网的发展,研究会开始编辑出版每月一期的电子版《邮电经济信息》发送给所有会员,为会员提供社会关注、影响行业的热点信息。2008 年，为纪念改革开放 30 周年，《邮电经济》出版增刊《纪念邮电通信业改革开放 30 周年》，选登 10 多位邮电通信业老领导和有关专家的征文，为后人留下了宝贵的档案资史料。2009 年，在中华人民共和国成立 60 周年之际，《邮电经济》出版增刊《发展与启示：新中国邮电 60 年》，记述邮电通信业 60 年发展变化，具有较高的史料价值。

2000—2005 年，《邮电经济》每期发行 12 000 册。2006—2010 年，每期 8 800 册。2000—2010 年，《邮电经济》共出版 44 期，总期数达到 92 期。

二、上海市通信行业协会

上海市通信行业协会（Shanghai Communication Industry Association）成立于 2002 年 5 月 8 日，是由上海市范围内从事通信运营服务的企业和其他经营电信业务的单位自愿组成的行业性、非营利性的社团组织。协会宗旨：团结、服务、公正。协会职能：服务、自律、代表、协调。

上海市通信行业协会在中国通信企业协会、上海市通信管理局、上海市社会团体管理局指导下开展工作。

截至 2010 年年底，协会有 315 家会员单位，覆盖通信运营、通信设备制造、通信产品流通、网络优化、通信工程设计、维护、招投标、监理以及教育培训等多个相关领域。该协会自成立起，一直由上海电信担任协会会长单位，历任会长为程锡元（2002—2003 年）、王玮（2003—2004 年）、张维华（2006—2010 年）。

【协助开展行业管理】

2003—2010 年，协助上海市通信管理局电信办证受理中心办理 ICP（2003 年 3 月底移交互联网协会受理）、ISP、短号码、SP、呼叫中心、年检、终端办证等各类业务共计 11 065 件；受理电信用户来访、来信、传真等各类申诉共计 10 213 件。2005 年，就电信业格式合同问题，在与相关部门沟通同时协助通信管理局编辑《实用电信合同导引》，分发各电信企业参考。2008 年，根据工业和信息化部推进电信基础设施共建共享的紧急通知精神，行业协会协助上海市通信管理局拟定《共建共享合作框架协议征求意见稿》，协调电信运营企业取得共识。2009 年，募集 360 万元专项资金建立共建共享数据库，代为拟定《共建共享考核办法》《共建共享技术标准和规范》《基站共建共享规范及置换合同》。2010 年，根据共建共享的新问题，代拟《上海市住宅小区和住宅建筑内通信配套设施共建共享方案》《上海市电信基础设施资源共建共享租用价格标准》等七项合作规范标准文本。

【通信服务质量测评】

2002 年 9 月 13—15 日，与中国通信企业协会共同举办“用户满意度与企业业绩”培训班，学习美国著名咨询公司讲授的用户满意度测评方法。2003—2009 年，行业协会每年组织千余名用户、专业人士对通信服务质量按季进行测评，撰写测评分析报告，向相关运营企业反馈。行业协会还根据电信市场业务的变化，及时修订测评问卷，以确保消费者和企业关心的热点问题均能得到有效反映。

【通信工程审价业务】

2003 年，行业协会受会员单位委托，开始对通信工程项目进行审价。截至 2010 年年底，审价项目总数达到 6 174 个，送审金额达到 114 549 万元，核减金额 6 649 万元，核增金额 633 万元。

【质量管理培训、评审】

2002 年，行业协会首次委派技术专家参与会员单位 ISO9000 质量体系认证。截至 2009 年，行业协会每年派出专家参与质量管理机构对市域内部分电信运营、制造企业的质量管理体系认证。2006—2009 年共对 370 余个/次通信工程企业进行资质评审。

【行业信息沟通】

2003 年，开始每半月编辑一期《通信聚焦》，重点刊载行业科技发展、企业管理信息等，免费发送会员企业。2003 年 1 月 21 日，开通协会网站 www. shcia. org. cn，设有《业界瞭望》《技术天地》《电信政策》等 6 个专栏。点击量从 2004 年的 7 万余次上升至 2009 年的 292 万次。2009 年，行业协会负责人多次接受媒体采访，分别就世博园区通信建设，地铁机场通信建设权、经营权争议，手机电池、二手机的处置，手机实名制，手机号码跨网携带，“三网合一”，《上海市公用移动通信基站设置管理办法实施细则》，通信设施共建共享进展问题等发表看法并与社会沟通。

【行业人才培训】

2003—2010 年，为提升会员单位通信工程人员的技能素质，行业协会每年举办各类业务培训班。

表 8-1-3　2004—2010 年培训人次情况表　　单位：人次

年　份	概预算	安全生产	招投标管理	项目工程师	其　他
2004	—	—	—	—	165
2005	—	—	—	—	—
2006	614	181	172	210	—
2007	1 008	342	—	633	—
2008	540	505	183	—	—
2009	—	—	—	—	—
2010	210	1 631	159	—	—

【法律咨询服务】

2002 年行业协会组建法律专业委员会，积极配合各会员单位开展各类咨询普及工作。2004 年，邀请 7 名法律专家研讨充值卡余额处理问题，从法律、技术、情理三方面给出意见，帮助会员单位解决实际问题。2006 年，行业协会面对市政建设中众多通信管线搬迁赔补问题，统一制订“管线迁移工程合同”“设计任务委托书”，确保电信服务格式合同条款的责权对等，既支持市政建设，又确保会员单位利益诉求。2007 年，《物权法》颁布后，行业协会对《物权法》中涉及依法行政、电信服务、建筑物配套电信设施所有权、公用电信设施建设、移动基站依法进入居民小区等问题进行专题研讨，配合会员单位妥善处理法律纠纷。12 月 28 日，行业协会牵头，邀请市人大常委会法工委、市信息委法规处、复旦大学法学院等部门的法律专业人士，就“增值电信业务代收费行为”的法律问题展开研讨，形成共识，递交市高院作为法律判决的参考依据。2008 年 5 月 25 日，行业协会向市高院、市仲裁委递交《互联网增值电信代收费业务操作指南》，供判决参考。2009 年，根据“上海市通信行业诚信体系建设纲要”的精神，行业协会在上海市通信管理局的指导支持下，制定《上海市增值电信业务经营企业信用等级管理办法(试行)》《上海市电信用户信用等级管理办法(试用)》。

第二章 财务管理

第一节 管理模式

一、财务集中管理

2002年12月，为提高企业管理效益，增强综合竞争力，中国电信要求推进财务集中管理。2003年4月，上海电信印发《上海市电信有限公司资金集中管理试行办法》，从资金管理入手推行集中管理。5月，上海电信规划三年财务集中管理工作目标，形成"推行财务集中管理，建立符合现代企业制度要求的财务管理体制"实施意见草案。6月10日，上海电信召开财务管理体制学习讨论会，对草案进行修正，形成最终上报方案。方案明确：上海电信实施财务集中管理工作，全面实施公司对直属单位的财务集中管理，围绕收支两条线管理模式，以资金集中为主线，以财务信息系统为基础，以各项资源集中运作和各项制度的统一规范为根本，对银行账户、资金、融资、债务与担保进行集中管理，在统一资产管理、统一核算与结算方式、统一对外投资及产权管理等方面推进实施。

2005年9月，上海电信印发《委派制人员管理办法》。11月，正式实行财务集中管理，按照财务垂直管理模式，实行财务一级核算。撤销各单位财务机构，核算职能划转财务部，仅保留计划、预算、合同管理和出纳职能；撤销工程部财务决算处，财务部内增设工程财务处；财务部负责全公司范围内财务管理和核算工作，确保公司财务统一核算、资源统筹；推行报账会计委派制，建立新型会计人员管理机制；发挥会计监督作用。

2006年1月1日，上海电信下属单位被取消公司代码和独立核算，纳入公司总部公司代码，与公司财务部并成一本账，由公司财务部统一出具对外财务会计报表，提供下属单位各类经营、投资数据。

2007年6月，上海电信在浦东电信局、松江电信局和长途无线部实施财务集中方案的优化试点。试点单位重新设立财务机构，在财务集中一本账和财务处处长委派制的前提下，财务从业人员编制落地，以远程登录方式从事核算等财务工作。对影响市场响应速度的财务业务流程优先优化，减少内部周转环节。成本费用等支出方面，在内控权限内对试点单位进行放权，扩大试点单位的直接支付权。

2008年2月，上海电信对各区电信局、各产品部、研究院和机动局的计财处实行财务责任制管理。各单位负责人对本单位(利润中心范围内)会计工作和会计资料的真实性及完整性负领导责任；各单位计划财务处对本单位(利润中心范围内)会计工作和会计资料的真实性及完整性负直接责任，计划财务处处长对履行计财处职责全面负责。5月，上海电信又对各单位财务负责人实行委派。

2009年，中国电信要求各省(市)公司设立省(市)公司财务共享服务中心(SSC)，统一开设和集中管理省公司本部及所属地市公司资金账户，集中处理全省会计核算工作。在财务组织架构及职能合理调整与财务信息化系统建设的支撑下，通过将地市公司的会计核算工作向省公司层面集中，实现信息收集、信息处理与会计核算的标准规范，促使财务工作在统一规范、信息准确、风险控制、资源配置、高效运作、管理提升等方面获得实质改进，为财务转型奠定基础。

图 8-2-1　上海电信财务一级核算中心

2010 年 8 月，上海电信启动财务共享服务中心(SSC)建设，由其承担起全公司会计核算、资金结算、会计报告编制等职责。

二、财务转型

2007 年，在规范 ICT 及“全球眼”财务处理问题时，上海电信首次提及财务转型，提出“规范 ICT 业务财务核算办法，支撑公司转型业务”的要求。明确通过增加对转型业务资源的增配和专项业务资源的单独配置，引导资源配置向高效益单位/产品和转型业务倾斜。

2008 年，中国电信要求，在企业转型的新阶段，各级财务部门要进一步突出决策支撑，强化参与、分析，做好财务管控，保障转型目标和任务的实现。

2009 年，中国电信提出，在全业务经营初期，要深化财务管理创新，坚持价值管理，强化财务管控，深入开展财务集中管理，实现财务管理体制创新。

2010 年，中国电信发布《关于深入推进企业财务转型的指导意见》，明确企业财务要适应企业发展需要，以战略为导向，在加强原有财务管理工作的基础上，通过财务管理活动前置，全面参与企业战略管理、市场营销、客户管理、产品管理、投资及资产管理等经营活动，强化对企业经营全过程的决策支撑和价值管控，实现从核算型向价值管理型转变，引导和协助相关部门对经营活动进行全员、全过程的价值管理，促进企业经济增加值的提升。2010 年，中国电信开始把财务转型工作的进展情况纳入对省级公司财务部年度财务管理工作综合考评。

为接应中国电信要求，确保财务转型有序推进，上海电信于 2010 年 8 月，对公司总会计师、财务部正副经理、财务部各处室处长、基层财务处长/主任进行培训，要求抓住理念转型、体制转型、职能转型、管理手段转型、人员转型等 5 个环节，实现财务工作从核算型向价值管理型转变。同时，制订财务转型的三阶段计划。第一阶段(探索期，2009 年以前)：根据业务需求进行探索，根据自身的能力和业务发展需求,自发参与到经营活动中,进行业财结合的专题分析;第二阶段(攻坚突破期,2010—2012年):出台转型指导意见,进行财务架构调整,财务管理与会计适当分离,财务嵌入业务流程,主动深度参与业务;财务转型体系化、规范化,引领价值管理;第三阶段(持续提升期,2012年以后):财务成为企业价值的整合者,持续为公司价值提升服务。

第二节 预算管理

一、管理制度

2000年11月,上海电信印发《上海电信公司财务预算管理制度》,规定上海电信的财务预算实行公司、分公司(事业部)、分支机构三级管理,通过这三个层次对预算的执行和控制,确保全公司财务预算的实现。公司预算内容主要为:市场销售业务量测算;财务收支预算;资本性支出预算;现金流量预算;资产负债预算;主要业绩指标预算。公司设预算管理委员会,负责审核公司年度预算方案;研究分析实际执行与预算的差异原因,提出相应的对策措施;审核公司、分公司(事业部)年度预算及预算变更、调整方案;对各预算责任单位的预算执行情况提出考核意见。公司总经理、分公司(事业部)、分支机构的第一负责人分别为本级预算的第一责任人。

在两年预算管理的基础上,2002年12月,上海电信印发《全面预算管理办法》,规定上海电信实行统一预算、三级管理(公司级、各二级单位、各二级单位分支、机构),由上一级规定下一级预算管理、控制范围及内容,赋予相应权限,通过层层预算的执行和控制,确保公司全面预算管理的实现。公司成立预算管理办公室,由市场、计划、财务等部门的经理及相关人员组成。公司财务部是公司预算管理的综合归口部门。各专业部门负责专业预算的具体管理。企业所有的经营管理活动都纳入全面预算管理,具体为,经营预算、资本性支出预算、财务预算、现金流预算、人力资源预算、房屋面积、车辆设备、能源消耗等。

2005年12月,上海电信印发《上海市电信有限公司全面预算管理制度》,规定公司所有的经营管理活动都纳入全面预算管理。全面预算管理以公司战略作为宏观指导、以年度经营计划作为指引。公司董事会是全面预算管理的最高决策机构,授权预算委员会负责公司的全面预算管理工作。预算管理委员会下设预算管理办公室,主要负责预算管理的组织协调和日常管理工作,内设经营业务、资本性支出、财务、实业等4个预算工作小组。全面预算管理实行分层级管理、分维度预算,年度预算指标的完成情况纳入经营者、员工绩效考核体系。公司审计部门依据国家有关法律及公司内部各项管理规定,对公司及各预算责任单位的预算执行情况进行审计与监督。

2006年3月,为进一步适应企业转型及资本市场的要求,上海电信对全面预算实行责任管理,印发《上海市电信有限公司责任预算管理制度》,要求建立"责、权、利"清晰的责任预算管理体系,进一步加强以责任中心为单元的预算编制、审批、执行、控制和考核等方面管理。实现发展战略、经营计划和年度预算三者的有机统一,提高责任单位预算编制的质量。

二、预算管控

【实行责任管理】

为确保预算落实,上海电信对预算实行领导责任管理。规定总经理是执行公司预算的第一责任人、各下属单位实行主管领导人预算负责制，分别对公司和主管单位的预算编制、下达、控制、执行结果负全部责任。各专业部门负责专业预算的归口管理。2001 年 4 月，推出与之配套的预算考核办法，设置收支系数（可控成本）、总资产报酬率（收支差额）、应收账款周转率（资金缴拨款及时率）等考核指标，将指标完成好坏与员工收入分配、主要经营者年薪收入挂钩，调动各单位增收、创收的积极性。2004 年，落实专人对预算的日常执行情况进行监控和预警。2005 年，上海电信开始把公司所有经营活动纳入预算管理，划分为预算牵头管理、归口协调、预算需求编制等 3 个维度，各司其职。公司审计部门依据国家有关法律及公司各项管理规定对预算执行情况进行审计及监督。

【建立预算模型】

2001 年，上海电信对预算过程的首要环节预算编制进行整合，建立起预算编制模型。将市场、业务、收入、投资、成本费用放在同一个模型内优化处理，自动生成预算管理所需的各项预算数据，使各项预算得到综合平衡。预算模型经专家评审后在中国电信内得到推广。2003 年，上海电信对预算模型进行优化，使各单位各部门可以同时在同一平台上进行预算的编制，实现信息的共享，方便多维度（分区域、产品、客户）编制、分析、控制预算。2008 年，上海电信对预算模型进行较大改革，形成标准财务预算（经营收入预算、合并产品收入预算、客户群收入预算）、作业成本预算（直接追溯成本、网元成本、作业成本、企业支撑成本、其他业务支出）和关联交易预算（工程服务、房屋租赁、IT 服务、物资采购、后勤服务）等三大模块，具有预算编制（含滚动预算）、审核汇总、分解下达、查询分析等功能。是年，上海电信全面预算的编报、汇总、审核及分解下达均在该平台上实现。

【加强分析评估】

为确保预算执行到位，2001 年，上海电信推行预算分析。分别设置两个层面的财务预算分析指标体系，采用同型分析（结构分析）、比率分析、比较分析等方法对收支差额总额、总资产报酬率、净资产收益率、业务收入增长率、总资产周转率、固定资产百元收入率、EBITDA 收入率、可控成本费用、收支系数、资产负债率、应收账款周转率、资本金权益比、资金缴款及时率、现金到期债务比、营业活动收益质量，进行月度跟踪分析，协调解决预算执行中的偏差问题，确保预算的完成。2008 年，上海电信在做好预算基础分析的基础上，加强专题分析。针对全业务经营后可能存在的风险，进行预存款、用户欠费的动态跟踪分析。设计营销活动标准化评估模板，进行营销活动财务可行性分析，加强营销成本的管控。2009 年，上海电信定期对各专业部门、归口部门和各单位预算完成情况进行分析通报，揭示风险，提出预警，提高预算执行的可控性。2010 年，上海电信以预算办公室会议形式，对归口责任部门的预算目标进行季度分析，形成部门联动机制，确保预算执行的均衡性。

三、关联交易

【管理】

2003 年 4 月，为规范上市以后的关联交易行为，上海电信印发《上海市电信有限公司关联交易管理暂行办法》。该办法规定关联方为上海电信实业集团公司（含其所属子公司）、存续公司（含其所属子公司）、上海市图像数据通信有限公司（含其所属子公司）和中国电信集团公司（含其所属子公司）。明确关联交易范围为物业租赁、工程设计（施工及监理服务）、物资采购、IT 服务协议、后勤服务、特殊通信服务、末梢电信服务、国内话音结算和一级干线租赁等九大项目。关联交易纳入全面预算管理，实行统一预算，分级管理，层层控制。公司主要负责制定、颁发关联交易预算管理的有关办法（制度）及政策，下达关联交易额度，监督执行情况。各专业部门负责关联交易项目的归口管理。各基层单位根据公司各专业部门的要求，负责本单位关联交易管理的日常工作。

上海电信每年制定年度预算时一并制定关联交易预算。关联交易预算一经下达，原则上不作调整。若在实际操作中确因特殊原因，需要调整关联交易预算的，应提出书面调整报告。关联交易预算的完成情况纳入公司的绩效考核体系。

2005 年 7 月，上海电信对 2003 年制定的关联交易办法进行修改、补充。主要是根据中国香港联交所新规定，对于非全资子公司，若关联方拥有 10%以上（含 10%）的表决权，即该单位也视同关联方。因此将理想子公司及信产集团（含其子公司）纳入关联方；进一步明确分包工程金额、运输仓储费、劳务服务关联交易金额等项目的统计口径。

2006 年，上海电信将责任预算引入关联交易管理，印发《上海市电信有限公司关联交易责任预算管理办法》，以统一预算、分级管理方式对关联交易进行管理、控制、分析、监督及考核。8 月，上海电信还印发《上海市电信有限公司主实业关联交易管理实施细则》。该细则适用于上海市电信有限公司总部、各直属单位及各全资（控股）子公司，涉及的关联方是指与主业发生提供（接受）或销售（购买）服务、产品行为的公司。

2009 年 12 月，上海电信根据中国电信实行总、分体制后的实际情况，对关联交易管理实施细则做进一步修订补充，适用范围扩大至中国电信股份有限公司委托上海电信所管理的全资/控股子公司，明确关联交易核算口径和核对管理流程，包含核对要求和各业务类型核对规则，使关联双方交易行为、会计核算更为规范。

【核对】

上海电信与关联方发生的关联业务分别在“收入”“成本”和“在建工程”等相应的科目中列账。各单位与关联方的结算，必须按月核算、及时入账，均衡收支完成进度。

2004 年 12 月，上海电信按中国电信要求，每半年与关联方进行一次对账。对账内容包括关联交易的业务种类、发生额、期末余额等内容。对账均采用书面方式进行。对出现的差异，及时协调查找原因并进行调整。

2005 年 6 月，上海电信进行关联交易审计调查。关联交易台账管理从手工统计改由系统进行管理，使关联交易统计金额逐步规范、准确。但还存在关联交易统计口径不一致、不规范现象。7 月，上海电信对原有关联交易管理暂行办法进行修订，印发《上海市电信有限公司关联交易管理办法》，扩大关联方范围，要求严格按照系统中关联交易的取数逻辑进行账务处理，按日登记关联交易台账，每月采用电话方式对账，季末时采用书面方式。

2006 年 8 月，上海电信为规范主实业双方的会计核算，切实解决关联交易核对差异问题，制定《上海市电信有限公司主实业关联交易管理实施细则》。规范关联交易核对流程，要求账实核对一致、账表核对一致、账账核对一致、表表核对一致。

2006 年下半年，上海电信针对关联交易中存在的问题，成立以公司总经理为组长的关联交易整改项目组，建立关联交易对账例会制度，制订《上海电信关联交易整改工作方案》。财务部牵头会同企业信息化部和相关职能部门对 SAP 系统关联交易取数逻辑进行改造（包括取数逻辑、供应商清理和报表结构调整等）。对不符合中国电信要求的关联交易项目进行初步整顿、清理。截至 2007 年 12 月，上海电信与关联方发生交易的核对差异为 177.56 万元，均为无法核销的跨年度差异和永久性差异；上海电信关联方往来的差异为 4.7 万元，均为永久性差异和跨年度差异。上海电信 2008 年度关联交易差异绝对值 122.72 万元，差异业务类型为后勤服务服装费摊销；关联往来无差异。

2007—2010 年，上海电信关联交易差异均在中国电信考核范围内。

第三节　资 产 管 理

一、流动资产

为适应中国电信深化体制改革的需要和解决原资金管理办法中存在的不足，保证企业资金的顺畅流动，2001 年 7 月 27 日，上海电信印发《上海市电信公司资金管理暂行办法》，对各直属单位债权债务实行集中管理，同时对各直属单位的财务实行资金预算管理，在银行账务、债权债务、收支差额预算、会计核算方面做出具体规定。12 月 13 日，上海电信印发《上海市电信公司对外担保内部控制制度》，明确担保业务一律由上海电信统一办理，各直属单位及全资子公司一律不得对外提供担保。

2002 年 5 月，为提高资金使用效率，减少资金在途时间，上海电信建立资金管理信息系统，加强对资金的监控，通过工商银行网上银行系统，实现资金实时划拨及账户查询功能。

2003 年 4 月 28 日，为保证资金的高效运作，上海电信印发《上海市电信有限公司资金集中管理试行办法》，全面推行收支两条线管理，试行资金集中管理，清撤营收账户 148 户。下属单位根据要求分别开立收入、成本费用、工程支出等 3 个专户，通过网上银行进行资金的即时拨付。

2004 年，上海电信继续加强资金集中管理力度，清撤营收账户 15 户。各营业网点的收款全部采用通存通兑的方式直接解入区局的“收入户”，缩短资金管理链条。

2006 年 9 月，为规范和进一步推进现金流量管理工作，上海电信构建资金管控系统，通过系统对各单位预算执行进行情况分析，建立资金月度通报制度。根据现金流量的预算情况，做好资金的调度、上缴、借款归还和安排使用。

2007 年 9 月，为进一步加强应收账款管理，中国电信下发相关通知要求完善流程制度，落实部门责任，通过信用评估控制、严格计费稽核、日常催缴执行、及时分析预警等各环节密切配合，形成有效闭环管理模式。

2008 年 3 月 21 日，上海电信根据中国电信要求，实现应收账款落地管理并建立应收账款分析制度，明确财务部、市场部、帐务中心、对外投资部、政企客户部以及相关产品部、区（县）局、理想集团、信产集团在应收账款管理中的职责；重点分析应收账款现状和管理中存在的问题，提出解决问题的措施建议。

2008 年 11 月，上海电信印发《中国电信上海公司营业厅收入资金稽核规范》，指导和规范营业员、营账员、下属单位及公司业务、财务部门人员的操作管理。是月，营业厅资金稽核系统投入试运行，实现对所有营业厅收费资金的实时监控。

2010 年 6 月，上海电信印发《中国电信上海公司资金管理办法》，对原资金管理办法中有关部门职责、银行账户、资金收支、营收资金、网上银行系统、融资、委托贷款及担保、资金安全等方面的管理要求进行修订，以适应全业务经营模式下的资金管理要求。

2010 年 12 月，上海电信在营收资金稽核系统原有功能基础上，开发自动接口凭证、银行自动对账等延伸功能，借助稽核成果提高财务信息的准确性和下属单位财务部门的工作效率。

表 8-2-1　2001—2010 年上海电信资金流量情况表　　单位：万元

年　份	经营活动现金流量		投资活动现金流量	
	流　　入	流　　出	流　　入	流　　出
2001	1 062 667	630 426	10 014	460 255
2002	1 083 369	498 876	3 347	410 845
2003	1 249 001	672 472	7 940	456 375
2004	1 345 769	697 161	15 438	419 080
2005	1 420 600	773 467	20 044	345 389
2006	1 544 510	1 025 470	16 377	404 158
2007	1 699 493	934 353	22 992	402 935
2008	1 819 986	1 028 202	21 115	407 455
2009	1 940 037	1 046 624	2 102	309 346
2010	2 057 668	1 121 264	24 209	328 645

二、固定资产

2001 年 10 月前，上海电信根据 1994 年印发的《上海市邮电管理局邮电企业固定资产管理办法》进行固定资产的管理。为加强和规范公司化后的固定资产管理，2001 年 10 月，上海电信印发《上海市电信公司固定资产管理办法(暂行)》，办法要求加强和规范固定资产管理，切实做到领导重视，专人负责；推进资产管理计算机化和网络化，实现固定资产动态管理。

2004 年 3 月，按中国电信要求，上海电信开展固定资产管理流程优化工作。通过管理流程优化改进，明确固定资产管理组织架构和管理岗位，建立固定资产财务管理、实物管理和实物使用管理的三维管理架构；梳理固定资产管理过程中涉及的 18 项工作流程；补充完善固定资产管理的相关配套办法；确定固定资产财务管理过渡系统推广使用方案。根据中国电信统一部署，对上市后剥离的存续公司和对外投资控股公司开展清产核资工作。5 月底，上海电信结束清查工作并将清查结果上报中国电信。2005 年 1 月 4 日，中国电信根据国务院国有资产管理委员会(简称“国资委”)《关于中国电信集团公司清产核资结果的批复》，确认上海电信资产净损失 7 882.90 万元，具体损失为流动资产损失 815.90 万元，固定资产损失 6 145.10 万元，长期投资损失 589.70 万元，其他资金损失 232.20 万元。

2005 年 8 月，中国电信制定固定资产建卡标准，对固定资产卡片建立的标准、操作程序及变动管理进行规范，重点对设备资产和管线资产的建卡标准进行明确。上海电信全面执行集团建卡标准，保障建卡统一性和规范性。

2006 年 1 月 1 日，上海电信开始执行中国电信修订的固定资产新目录。将固定资产归集为四大部分，共 13 类；新增“企业信息系统设备”类和“移动通信设备”类；重新调整“数据通信设备”资产架构；将原“通用设备”拆分为“通用设备”和“其他设备”；将“房屋”和“建筑物、构筑物”合并为“房屋、建筑物和构筑物”；对新技术的网络设备进行补充；调整个别固定资产折旧年限。4 月，上海电信根据《中国电信资产核销管理办法》，进一步加强资产核销工作：确定资产核销原则；界定资产核销内容和范围;明确资产核销工作职责和分工;规范资产核销证据要求和工作程序;严格资产核销报告制度,随年度决算向中国电信上报“资产核销专项报告”和“资产核销备案表”。11月,为加强和规范固定资产管理,明确固定资产管理分工、职责和流程,上海电信对《上海市电信公司固定资产管理办法(暂行)》进行修订,修订内容主要包括,明确公司实物管理部门分工与固定资产目录的对应关系;明确公司及下属单位实物管理部门应设立固定资产管理员;要求各单位进一步推进资产实物系统数据的整理及与资产卡片的对应工作。12月,中国电信将生命周期理念引入固定资产管理,对固定资产管理办法进行修订。上海电信落实中国电信要求,全面贯彻全生命周期固定资产管理理念。一是丰富固定资产管理内涵,引入固定资产全生命周期管理理念,确定固定资产使用、实物及价值管理的三维管理架构;二是规范转固、盘点、调拨、报废等18项资产管理事项的操作流程及相应表单;三是按照新准则要求,对固定资产的确认、计价、计提折旧等相关内容进行修订;四是对固定资产信息填写进行规范,统一固定资产数据管理。

2008年9月30日,上海电信收购中国联通上海公司全部CDMA网络固定资产。固定资产原值462 759.61万元,净值305 336.41万元。10—12月,上海电信对收购的CDMA网络资产进行清产核资,10月1日,开始执行中国电信新的固定资产管理目录。2009年5月14日,中国电信根据国资委《关于中国电信集团公司CDMA资产清产核资结果的批复》的有关要求,确认上海电信CDMA网络固定资产事实损失2 872.03万元,固定资产预计损失84 040.30万元,合计86 912.33万元。

2010年1月,上海电信印发全业务运营后的《中国电信股份有限公司上海分公司固定资产管理办法》。确定上海电信固定资产管理采用三维组织架构,财务部、资产管理部门、使用部门共同承担固定资产管理职责;确定贯彻和执行国家和中国电信有关固定资产管理的制度和规定,优化资源配置和资产结构,盘活存量资产;确定依靠信息化手段,不断发展和扩大固定资产管理内涵,有效提升固定资产管理水平,确保国有资产保值增值。

2010年1月,上海电信启动固定资产运营盘活工作。以客户端小光端机为抓手,从资源使用现状发现闲置资产,对可用机型进行调拨和翻新利旧,释放光缆资源;成立上海电信闲置土地、房屋资产盘活工作团队,提高上海电信房屋资源利用率;开展资产非正常损失调研,探索线路资产等高风险资产保险试点,逐步加强上海电信资产保险管理体系,防范盗损及其他意外风险。

表8-2-2　2000—2010年固定资产规模情况表　　单位:亿元

年　份	年末固定资产原值	年末固定资产净值
2000	321.36	158.42
2001	373.77	186.77
2002	384.14	240.90
2003	420.26	243.06
2004	459.69	247.74
2005	488.62	249.45
2006	515.50	251.70

〔续表〕

年　份	年末固定资产原值	年末固定资产净值
2007	537.32	240.64
2008	614.92	249.17
2009	641.76	251.43
2010	687.16	271.58

第四节　财 税 管 理

一、核算管理

2002年12月，为统一和规范中国电信基本业务会计核算，中国电信根据《企业会计制度》和国家有关法律、法规，结合中国电信的具体情况，制定《中国电信集团会计核算办法(暂行)》。上海电信以此作为企业会计核算政策。

根据中国电信的规定，上海电信应于2003年执行新的企业会计制度，但从企业具体情况出发，上海电信采用2月12日印发的《上海市电信有限公司执行新企业会计制度账务衔接办法》中的规定和新会计科目的方式来过渡。

2004年，随着中国电信在海外整体上市和集团内外环境的变化，中国电信的会计核算内容也发生很大变化。为统一和规范中国电信基本业务会计核算，中国电信根据《企业会计制度》和国家有关法律、法规，结合中国电信的具体情况，对2002年的会计核算办法进行修订，印发《中国电信集团会计核算办法》。上海电信据此沿用到2007年年初。

2007年1月，中国电信根据财政部“凡海外上市企业应实施新会计准则”的要求，对原《中国电信集团会计核算办法》进行修订，启用新的核算办法。上海电信的会计政策再次按集团的改变而改变。

为确保上海电信内部会计核算的统一，及时有效支撑全业务经营，上海电信于2008年10月1日开始对固网和C网执行统一的会计政策。具体涉及固网C网的网间结算、预付工程款、工程物资款的处理等16个会计科目。11月，上海电信开设上海网络资产分公司(简称“网分公司”)账号，在原会计科目表基础上增加C网相关的科目，固网相关会计科目基本维持原状。上海电信还分别对C网终端和SIM卡、UIM卡、CDMA无线上网卡的会计核算做出规定。

2008年12月，为统一和规范中国电信的会计核算，及时有效支撑全业务经营，中国电信根据国家有关法律、法规以及企业会计准则和国际财务报告准则，第三次修改下发《中国电信集团会计核算办法》。上海电信于2009年1月1日起执行。

二、税务管理

2000年公司化运行后，上海电信继续按国家规定的邮电通信业税目缴纳3%的营业税。同时缴纳企业所得税，2000—2007年企业所得税率为33%，2008年起调整为25%。

【税收征管】

2000年,按上海市税务局行业征管原则,上海电信下辖市区独立纳税单位隶属上海市税务局第四税务分局,郊区(县)各纳税单位为各属地税务局。2001年4月,因市税务机构变动,上海电信下辖市区独立纳税单位征管关系调整至上海市税务局第六税务分局,郊区各经营单位维持不变。2005年,上海市财税体制调整,上海电信下辖市区独立纳税单位征管关系调整至上海市税务局第七税务分局,郊区(县)各经营单位维持不变。2010年,上海市财税体制再度调整,上海市税务局第七税务分局更名为上海市税务局第二税务分局。因此,上海电信下辖市区独立纳税单位征管关系调整至上海市税务局第二税务分局,郊区(县)各经营单位维持不变。

【企业所得税缴纳】

2000年,经国家税务总局批准,实行汇总缴纳企业所得税。2001—2002年,上海电信暂不就地预交企业所得税,由中国电信集团公司在北京汇总缴纳。2002年企业改制上市后至2007年,上海电信按应纳税额的60%就地预交企业所得税,其余由母公司中国电信股份有限公司合并缴纳。2008年,根据国家税务总局下发的《跨地区经营汇总纳税企业所得税征收管理暂行办法》规定,上海电信执行总分机构企业所得税汇总纳税办法,就地预交企业所得税,比例计算如下:

某分支机构分摊比例=0.35×(该分支机构营业收入/各分支机构营业收入之和)+
0.35×(该分支机构工资总额/各分支机构工资总额之和)+
0.30×(该分支机构资产总额/各分支机构资产总额之和)

【营业税缴纳】

2000年公司化运行后,上海电信下属各经营单位独立申报缴纳,接受属地税务机关监管。2006年,因上海电信实施财务一级核算,市区经营单位开始改为汇总缴纳,郊(县)经营单位纳税方式维持不变。

【税收监管】

2005年,接受税务稽查一局对全公司个人所得税的专项检查。

2007年5月,根据北京市国家税务局的要求,在京汇总纳税的电信企业开展税务自查工作。中国电信集团公司对纳税自查工作进行部署,自查范围包括存续公司和上市公司主业直属单位。上海电信按部署,重点检查企业所得税、营业税纳税申报及缴纳情况。

2009年5月,中国电信根据《国家税务总局关于定点联系企业2009年税收检查工作有关事项的通知》的要求,开展中国电信2006—2008年度税务自查工作,上海电信按要求完成自查并上报自查结果。

2009年7月,财政部驻沪专员办检查组一行赴上海电信开展税收征管质量延伸检查。

三、会计检查

2000年5月,上海市邮电管理局对长途电信局、上海市电话局等10家下属企业的业务收入管理及核算情况进行检查。为弥补自身检查力量的不足,6月,首次委托中惠会计师事务所和大华会计师事务所对青浦、崇明电信局的财务收支进行检查，延伸至所属的关联三产。7月实行公司化运行后，上海电信即按照国家《会计法》和财政部关于会计监督办法的要求，对公司财务部和核算中心以及基层财务机构的会计信息质量、财务会计政策实施检查，共提出整改建议79条。

2001年共开展29项内部和外部会计检查，较大的有：北京中兴会计师事务所对上海电信2000年会计决算检查；中惠会计师事务所和大华会计师事务所对上海电信部分下属单位的会计年报信息质量检查；在全公司开展《会计法》执行情况的自查和抽查；对嘉定电信局、浦东电信局、金山电信局、西区电信局、数据事业部等单位的业务收入及发票管理进行专项检查，共提出整改意见157条，涉及单位25个。截至是年年底，涉事单位都完成整改。

2002年，采取内部检查和外部审计相结合的方法，组织成本费用、收入管理及会计信息质量专项检查和外部事务所对年报审计等，提出调整和整改意见239条。12月，在全公司开展"小金库"清理检查。设立举报电话，对举报属实的给予奖励。

2003年2—3月，在各单位自查"小金库"的基础上，上海电信对莘闵电信局、奉贤电信局等13个单位进行重点检查，发整改通知13份，提出整改意见120条。是年各项会计检查共涉及单位37家，发整改通知26份，提出整改意见176条。

2004年6—9月，对信息网络部、长途通信部、工程建设部、网络运行部、市场部等10家单位进行收入及发票管理、财务授权制度执行情况专项检查，发整改通知13份，提出整改意见63条。

2005年8月，上海电信发布《关于进一步加强财务管理、规范财务行为的通知》，重申和规范相关财务纪律。

2008年4月，上海电信印发《中国电信上海公司会计检查管理办法》，主要检查被查单位会计机构设置及会计人员从业资格，会计账簿的设置，会计报告内容，会计核算，资产、负债、权益、收入、利润等统计信息，会计政策执行情况，会计档案等方面规范与否。

2008年年初，上海电信从财务部会计核算中心抽调3名业务能力强、管理经验丰富人员组成专职会计检查组，将会计检查内容向业务营销、"三重一大"事项等管理领域延伸。

2009年12月，上海电信根据中国电信颁发的《中国电信集团财务监督检查管理办法(暂行)》，印发《中国电信上海公司财务监督检查实施细则》，进一步明确财务部门在会计检查中的管理职责，增加内控审批权限、预算执行、资产管理、资金管理、产权管理、关联交易信息质量、税法执行等方面的内容。

2000—2010年，上海电信通过每年开展的会计监督检查，以及2002年、2005年、2010年在全公司范围内开展的3次"小金库"清查和治理工作，共向被查部门和下属企业提出整改建议1 262条。

此外，上海电信于2000年7月接受财政部驻上海市财政监察专员办事处委托中科华会计师事务所对其1999年度会计报表的会计信息质量抽查；2007年2月、2010年3月，接受国有企业监事会派驻中国电信集团监事会对上海电信的实地监督检查。

第五节 内控建设

2003年8月，为响应国际资本市场对上市公司的监管要求，中国电信下发《关于部署中国电信内部控制项目有关工作的通知》，选择上海电信为内部控制项目试点单位。为配合中国电信内部控制项目，2003年9月，上海电信印发《上海市电信有限公司内部控制项目工作方案》，成立以公司总经理为组长的内控项目领导小组，下设内部控制工作团队，组织开展上海电信内部控制框架建设工作，在中区电信局、松江电信局、工程管理部、帐务中心开展内控建设试点。

2004 年 4 月，上海电信在中国电信及毕马威会计师事务所指导下，开展调研及内控手册实施细则编写。2005 年 1 月，经中国电信审核通过，上海电信印发《中国电信股份有限公司内部控制手册——上海市电信有限公司实施细则》(2004 版)，对与财务报告相关的业务流程进行系统梳理和规范，对已发现的内控缺陷制订修补计划并落实整改，具体包括：规范招投标管理制度；完善固定资产三维管理职责和相关岗位设置；制订和完善固定资产清查、盘点程序；汇编公司及二级单位权限列表，积极推行授权审批制度；增加借款合同的法律审核，完善产品自行优惠报价、预算外借款和对外投资出资的审批程序。

2005 年，上海电信对 2004 版实施细则进行修订，共涉及 23 个流程、158 个条目。此后，凡有业务流程变化及新的管理要求，上海电信都要对内控实施细则进行修订、完善。2006 年 3 月，上海电信根据中国电信内部控制管理暂行办法要求，印发《上海市电信有限公司与财务报告相关的内部控制管理暂行规定》，明确内部控制的内涵、目标、基本原则、范围和内容、管理的组织及职责、设计、执行、评估、持续改进、对外披露、外部审计、考核等管理内容。2006 年 3—6 月，上海电信对内控实施细则及权限列表进行修改完善。8 月，上海电信印发修订后的内控实施细则及权限列表(2006 版)，增加中册“一般性信息技术控制流程”，在下册“业务流程”中增加和修改应用系统控制的内容，规范与信息系统内部控制有关的业务流程。10 月，再次对实施细则进行修订。全年共修订细则条目 500 余条，调整权限列表 10 余项。梳理 1 179 个控制点，提炼出 394 个关键控制点，明确内控岗位 212 个。

2007 年 4 月，上海电信印发《上海市电信有限公司与财务报告相关的内部控制责任管理办法》，明确内部控制责任管理的内容、内控责任体系的构建原则和组成、内控体系中的责任划分、违反内控的责任界定、责任追究及工作程序、考核惩处等管理内容，形成内控工作闭环管理，为建立长效机制提供保障。6 月，上海电信在综合办公服务系统中开发的内控支撑模块上线运行。

2008 年 3 月，上海电信被中国电信确定为内控支撑系统开发试点单位。根据中国电信要求，上海电信对内控支撑系统功能做进一步完善，4 月通过中国电信验收，向其他省公司推广。

2009 年 7 月，上海电信发布 2009 版内控实施细则及权限列表。此次修订，主要针对中国电信对省级公司法人体制调整、上海电信前端管理体制调整而展开，增加 C 网业务流程。经过该次修订后，中册信息技术一般性控制流程细分为 17 个系统，下册业务流程在原来 34 个业务流程的基础上，增加预付费、移动终端销售等 6 个业务流程，共 40 个。

2009 年 11 月，根据中国电信建立和完善内控体系建设工作精神，上海电信印发《中国电信上海公司与财务报告相关的内部控制管理规定(2010 版)》，在原有内控体系基础上，针对法人体制、组织架构、全业务经营等变化，补充、修订内控管理规定。2010 年 9 月印发《中国电信股份有限公司内部控制手册——上海分公司实施细则及权限列表(2010 版)》，对涉及公司组织架构调整和财务转型方面的流程进行修订，优化整合采购管理和电信传媒业务流程，增加产品开发、房屋出租和业务外包等流程。

第六节　统计与管理会计

一、统计信息管理

2001 年 10 月，上海电信印发《上海市电信公司统计管理暂行办法》，明确规定统计工作的基本任务是：完成信息产业部和中国电信等上级部门下达的各项统计任务；完成公司业务发展、网络状况、通信能力、财务、人员、固定资产等方面基本数据和基本信息的统计和收集；对公司的生产经营活动进行统计调查和统计分析，为公司的经营决策提供准确科学的数据依据。上海电信对统计工作实行统一领导，分级负责，实行公司总部、事业部、各专业公司及区（县）局二级统计管理和按业务部门归口负责的管理体制。计划发展部是上海电信统计业务的归口管理部门。

2002年11月，上海电信根据中国电信要求，对统计年报和定期报表的上报时间、固定资产投资体系、业务总量等指标进行调整，对报表、表内指标进行增删，进一步规范统计指标体系。

2006年5月，上海电信根据体制变化情况，将公司统计职能划转财务部，由财务部统筹会计、统计数据管理，实施数据质量问责制。6月，中国电信对网络版统计系统升级提出要求，上海电信完成网络版统计系统的更新，进行数据网络模块的更新。12月，中国电信印发《中国电信集团公司统计数据管理办法》，上海电信贯彻执行，实行统计数据三层管控机制，具体为：数据源部门负责按规定时间、数据标准和格式提供原始数据；业务部门负责检查数据标准的落实并对数据源部门提供的数据质量审核确认；财务部负责落实数据统计口径，正确整合、汇总数据，对所披露和提供的数据负责。

2008年7月，中国电信要求报送客户品牌统计报表，包括“商务领航”与“我的e家”两部分，分别统计品牌业务收入与业务量。9月，为及时收集移动业务发展和通信能力建设情况，满足内部经营分析和外部信息披露要求，中国电信要求增加移动业务和能力统计报表。12月，根据全业务经营需要，中国电信编制2009年中国电信统计指标体系，形成定期报表制度。

2009年12月，中国电信印发《中国电信集团公司统计数据管理办法（修订稿）》，进一步加强统计数据管理，明确数据质量责任。作为中国电信的下级数据源，上海电信均贯彻执行。

二、管理会计

2001年6月，中国电信要求加强财务分析工作，为企业的经营决策提供保障。7月，上海电信印发《上海市电信公司财务预算分析制度》，要求各单位要加强财务分析工作，更好地利用财务基础数据为生产经营服务，实现财务工作从单纯的核算型向管理型和应用型转变。8月，中国电信通报2001年上半年各省公司财务分析工作情况，上海电信的分析材料在分析的深度和格式的规范化方面受到表扬。

2003年7月，中国电信建立预算执行异常情况报告制度，要求将预算执行情况和当月或当季财务分析报告合并上报，规定了月报、季报、年报上报时限。上海电信按此要求上报月度、季度和年度财务分析报告。

2006年11月，中国电信要求以作业成本法（ABC）作为成本核算基本方法，对能够直接归集到产品或客户的成本费用，要直接归集，对需要分摊的成本费用通过设置作业成本核算对象进行归集和分摊。12月，中国电信印发《中国电信管理会计报告制度（试行）》，上海电信根据集团公司要求进行试编并上报试编报告。

2006年12月，上海电信为确保作业成本核算工作的正常开展，制定《上海市电信有限公司ABC作业成本核算模型维护管理办法》，对适用范围、相关部门职责、工作程序、数据调整流程做出详尽规定。2007年，上海电信开始将作业成本核算成果应用于日常经营管理。应用ABC数据完成《网吧业务效益分析》《“我的e家”定价分析》《IDC成本效益分析》《营销费用使用效益分析》《作业流程优化分析》《号码百事通效益分析》等专题，在业务发展、套餐产品定价、营销费投向等方面提出建议。其中，《“我的e家”定价分析》用于指导业务部门优化“我的e家”用户结构，提升e8用户比例。《营销费用使用效益分析》得到集团好评，在集团交流信息平台上发表；上海电信还应用EVA价值管理的理念，分析提升企业价值的主要途径和方法，完成《上海电信价值提升点》专题分析报告，在集团交流信息平台上发表。

2008年，上海电信对ABC模型和平台系统进行更新维护，对记账规则、动因、作业和网元作进一步的梳理和校验，从而完善ABC模型，提高ABC作业成本核算数据的准确性。完成《五省ABC对标分析》《作业流程优化分析》《管理会计季报》等专题分析，在电信战略及转型业务的发展、新产品及组合套餐的合理定价等方面提出建议。

2009年2月，中国电信要求加强财务专题分析，有重点地分析移动业务、融合业务、客户群、营销策略、成本投入效益、风险预警等问题，突出对经营决策的支撑。8月，上海电信组织各单位财务处长和预算管理员进行财务分析培训，要求各单位加强常规分析和专项分析的力度和深度。是年，上海电信在做好全面基础分析的同时，加强对用户、话务量、收入、营销成本的配比分析，完成《营销费用使用效率》《资源出租业务效益》《保增长、调结构、促发展》《降本增效》和《聚焦中高端，有规模发展移动业务》等10多篇专题分析报告。

2010年9月，中国电信选择上海电信作为作业成本核算标准版v2.0试点单位。上海电信以试点为契机，组建三位一体（公司、基层和咨询公司）的分析团队，不定期组织分析团队研讨会，确定专题分析的内容，完成《提升号百盈利能力》《ICT经营效益专题分析》《业务外包专题研究报告》《翼机通效益评估及商机管控》和《IDC经营效益分析》等专题分析报告15篇。

第三章　物 资 采 购

第一节　采 购 模 式

2000 年公司化运行前，物资筹供由上海市邮电管理局实业开发部主管，邮电管理局各直属单位执行具体物资采购。

公司化运行后，上海电信调整物资筹供职能。2000 年 12 月，原电话局供应处的机关管理职能划归工程管理部的内设机构物资筹供处。

2001 年 8 月 16 日，上海电信下达《上海市电信公司通信物资采购供应集中管理实施办法》，成立物资采购供应管理委员会，负责审定重大的物资管理政策、采购供应管理方案和业务流程，负责审定选厂定点实施方案和评定标准，负责审定重要物资的定价和调价方案。物资采购供应管理委员会由公司领导、总工程师及计划、财务、工程、网络、市场、监督等部门组成，物资采购供应管理委员会的办事机构为工程管理部物资筹供处。

2004 年，上海电信调整物资采购管理模式，建立新的集中采购管理体系。工程建设部和综合管理部的物资采购职能划转网络发展部，负责通信设备类物资和非通信类物资的采购管理工作。12 月，成立物资采购中心，由物资筹供处和商务管理处组成工作机构，实行采购供应的统一管理、统一采购、统一存储、统一配送和统一内部结算。

2005 年 10 月 13 日，上海电信印发《上海市电信有限公司物资采购集中管理办法(暂行)》，办法规定三种物资采购方式："采购方式一"由物资采购中心统谈统签；"采购方式二"由物资采购中心签订框架协议，物资使用部门(单位)进行采购；"采购方式三"由物资采购中心确定合格供方，物资使用部门(单位)在合格供方范围内采购。同时，调整物资采购管理委员会，由公司领导和总工程师室、网络发展部、财务部、工程建设部、网络运行部、市场部、监督部的部门领导共同组成。物资采购管理委员会负责审定重大的物资采购管理政策、采购供应管理方案和业务流程，负责审定一般合格供方评审方案。办法还规定，上海电信以"立项先于采购"为原则进行物资采购。经营性物资应在完成采购资金审批手续后进行采购。

2007 年，上海电信在整合网络发展部(采购中心)及工程建设部的基础上，成立新的网络发展部(采购中心)，其中，商务管理处、物资筹供处两个处承担采购中心具体工作。商务管理处工作内容为归口管理通信主设备的采购管理工作；负责通信主设备招标及采购；负责办理进口设备免税、进口许可证及商务出访申报手续；负责采购设备到货及库存管理工作。物资筹供处工作内容为归口通信配套物资的采购管理工作；制定和修改物资管理的相关流程和办法；负责通信物资招标及采购管理；负责通信物资采购服务供方、供货厂商的日常管理、考核和评审工作；负责对通信物资的价格管理、质量管理及库存管理；负责废旧物资的管理。是年，由于内控管理及物资采购管理工作需要，要求各单位、各部门设立专职或兼职的物资管理员、材料员、料账员各一名。

2009 年，上海电信发布《中国电信上海公司物资招标及其他采购形式实施细则》，对各级采购决策机构和部门的管理职责做出规定：公司最高决策机构为总经理办公会议，负责 5 000 万元以上物资采购合同和采购金额 5 000 万元以上批量采购的审批；第二级决策机构为物资采购管理委员会，负责 3 000 万元至 5 000 万元物资采购合同和 3 000 万元至 5 000 万元的批量采购的审批、3 000 万元以上的物资采购审批方式，负责将物资采购工作中发生的重大事项，向总经理办公会议汇报；第三级决策和管理机构为物资采购中心，根据公司投资计划和物资采购需求，对于集中采购的物资，提出具体的物资采购实施方案，负责物资招标采购实施工作；第四级决策和管理部门为各部门(单位)，负责采购方式三的物资采购工作。

2010 年 7 月，为适应移动建设常态化管理、采购集中管理的需要，上海电信成立采购管理部实现管理集中，除工程采购外，实行对维保、行政等物资采购的统一管理；维持两级采购模式，网络运行部、综合管理部、基层单位保留二级采购职责。9 月，上海电信发布《中国电信上海公司物资招标及其他采购形式实施细则》，明确采购管理部作为物资采购的归口管理部门，根据集团公司物资集中采购目录，定期修订上海电信物资集中采购目录，明确各类物资采购方式；根据公司物资采购需求，对于集中采购的物资，制订集中采购计划，提出具体的物资采购实施方案；负责物资招标采购实施工作；组织相关部门和人员编制、审核招标文件；负责承接集团合同和省公司合同签订，分权限等级对物资采购方案和合同进行审批；负责入公司仓库的物料订单货款支付申请工作；协调和管理物资采购的各项工作，向公司领导、物资采购管理委员会汇报重大物资采购工作情况。

2010 年，上海电信开展“2011—2013 年采购与物流滚动规划”，提出将采购归口管理范围逐步扩大，归口管理金额逐步增加。明确上海电信通信、办公等有形物资和软件采购基本由采购管理部直接实施采购；积分兑换礼品、营销用品纳入采购管理部归口管理范围，采购管理部开始探索工程服务、维保的归口管理。该规划对各职能部门的采购职能进行了划分。

表 8-3-1 2010 年上海电信采购职能分工情况表

部　门	职　能
采购管理部	工程主设备、固网终端、移动终端、配套设备及材料、备品备件、办公用品、物流服务、营销用品、积分兑换礼品
市场部	营销服务、内容版权
综合管理部	劳保用品、行政服务
网络运行部	维护服务
网络发展部	工程服务
企业信息化部	软件开发服务
企业发展部、总师室等	咨询、研发等其他服务

第二节 设 备 采 购

一、通信物资采购

2000 年公司化运行前，上海市邮电管理局实业开发部主管通信物资筹供管理和规范筹供，筹供范围为十九大类主要物资。主要物资选型经评审确定了 157 家定点供货厂商。

公司化运行后，原上海市邮电管理局实业开发部的通信物资采购职能由公司计划发展部和工程管理部共同承接。计划发展部组织进行通信设备的选型和供应商的选择，工程管理部组织进行通信设备外的通信配套物资的定点供货厂商的选择。为维护全网的“完整性、统一性、先进性”，上海电信要求各区（县）局不得任意采购或使用规定以外的通信设备。选定的设备包括 ATM 骨干网、IP 城域网、ADSL、LAN、HOMEPNA、BAS、SDH 传输设备、SDH 10Gbps 设备、DWDM 波分复用设备、关口局、交换机扩容、DDN 等 12 类设备。区（县）局确实需要采购或使用公司总部规定以外的通信设备时，必须事先征得公司总部的书面同意。

2002 年，上海电信对主要通信物资定点供货厂商进行复审、评审工作。经过对厂商的资料汇总、生产经营资质审查、评委投票表决，上海电信物资管理委员会第三次会议审议并确定了是年度主要通信物资定点供货厂商：通信电缆 18 家、通信光缆 13 家、通信开关电源 7 家、蓄电池 6 家、配线架交接箱 15 家、计算机 5 家、不间断电源（UPS）9 家、机房专用空调 5 家、柴油发电机组 5 家、水泥电杆 4 家、通信用铜包钢线 9 家、线路铁件 8 家、线路工具 2 家、镀锌钢绞线 3 家。上海电信要求各单位对实行定点供应的物资采用定点供货厂商的产品，由指定的物资筹供部门实行代理制度，双方签订有关产品的代理协议，各定点厂商产品的供货经指定的物资筹供单位集中筹供和统一结算。各用户单位对实行定点供应物资的筹供需申报需求计划，明确有关供货要求。上海电信按有关规定及流程，采用货比三家、竞价采购、招标采购等规范操作，在全公司范围内对各类产品实行统一指导价格，发挥整体优势和规模效益。

2003 年，上海电信首次印发上海电信通信物资单价目录，单价目录主要用于上海电信通信工程概预算编制，明确各单位通信物资采购单价不得高于单价目录所列的各项单价。通信物资分类包括计算机产品、局内设备及公用电话设备、ISDN 及 ADSL 终端设备、动力、电源设备及高低压电器设备、通信电缆、光缆、电力电缆、仪器仪表、线路安装器材、轴承、工具、紧固件、绝缘线、黑色金属、有色金属、水泥制品、燃化原材料及制品、轻工制品、绝缘、焊接材料及电碳制品、废旧料等 26 类。

2004 年，为促进小灵通业务的发展，上海电信印发《PHS 手机终端筹供管理暂行办法》，明确 PHS 手机终端采取统一谈判、统一签约的办法，约定市场部、工程管理部、财务部、总工程师室、无线通信部、区（县）局的相关职责。同时，根据宽带业务发展需要，增加 ADSL 用户端设备和室内覆盖的供应厂商，选用南京斯威特新技术创业有限公司、上海贝尔阿尔卡特股份有限公司、中兴通讯股份有限公司等 3 家供应商，综合覆盖设备厂商名单，包括电缆、接头、软跳线 6 家，功分器、耦合器、电桥、合路器等无源器件 10 家，干放等有源器件 9 家，天线 7 家。此外，还规范采购流程，明确在执行采用定点供应中，对工程、维护项目中需使用新产品或需新增供应方的，需由二级单位提出书面推荐意见，经总工程师室及网络部书面技术确认，工程建设部对新产品资料和供应商提供的企业资料进行汇总，报公司主管领导审核后投入使用。

2007 年，上海电信下发《上海市电信有限公司采购与供方评估管理程序》，明确主要通信设备和一般物资的范围，其中主要通信设备包括交换设备、传输设备、数据网络设备、其他主要通信设备；一般物资包括主要通信设备的配套物资、主要通信设备外的通信物资，以及经营服务、工程建设、运行维护过程中使用的材料。明确程控交换设备按采购中心与有关设备供应商签订的框架协议精神或谈定的价格水平，进行统一集中采购。要求定期对厂商提供的设备的性能、价格，以及设备交货、现场督导、技术培训、售后服务等各项指标进行信誉度测评，对信誉度差、影响公司业务发展的，取消供方定点资格和投标资格。同时，根据《中国电信集团通信设备集中采购目录（2007 年）》印发上海电信的《2007 年度物资采购方式目录》并逐年更新。2010 年，应中国电信集团公司要求将目录名更名为《中国电信上海公司采购总支出集中采购目录》，集中采购目录范围从通信设备扩展到采购总支出，除明确物资各类采购方式外，增加工程服务、维护服务、营销服务、行政服务、咨询研发服务等各类服务的采购方式。

2009年，上海电信结合物资招标采购的工作，在原《上海市电信有限公司物资招标及其他采购形式实施细则》的基础上，编制了《中国电信上海公司物资招标及其他采购形式实施细则》。明确通信主设备是指交换、传输、数据、无线、IT支撑系统（含软件产品）及其他设备。一般物资是与通信主设备配套的通信物资，经营服务、工程建设、运行维护过程中使用的材料，办公设备、办公用品等其他物资。同时，约定了5种物资采购方式和6种物资采购形式。

表8-3-2　2009年上海电信物资采购方式情况表

采购方式	主　要　内　容
集团公司方式一	集团公司统一组织采购，由集团公司签订采购合同
集团公司方式二	在集团公司的框架协议下，由省公司采购并签订采购合同；或集团公司组织省公司集中采购并由省公司签订采购合同
省公司采购方式一	根据公司固定资产投资计划和各部门（单位）的物资需求，由公司物资采购中心以统谈统签方式，统一确定合格供方，统一选型，统一价格，统一签约
省公司采购方式二	在公司物资采购中心签订的框架协议下，委托物资使用部门（单位）进行采购。按照统谈分签的方式，统一确定合格供方，统一选型，统一价格，各部门（单位）在公司确定的合格供方范围内，根据工程进度要求和生产经营需要签订采购合同、制作订单、收发料、结算
省公司采购方式三	物资采购中心确定合格供方，由物资使用部门（单位）在合格供方范围内采购

表8-3-3　2009年上海电信物资采购形式情况表

采购形式	主　要　内　容
公开招标	以招标公告的方式邀请供应商投标，包含国际公开招标和国内公开招标
邀请招标	以投标邀请书的方式邀请至少3个特定供应商投标
竞争性谈判	谈判小组从年度供应商名单中确定至少3家供应商参加谈判
询价采购	询价小组根据采购需求，从符合相应资格条件的供应商名单中确定不少于3家的供应商，向其发出询价单让其报价，由供应商一次报出不得更改的报价，然后询价小组在报价的基础上进行比较，经审批后确定最优供应商的一种采购方式
定向采购	只能向唯一供应商进行采购时，依据市场价格（近期中国电信上海公司、中国电信集团公司、兄弟省电信公司同类产品的采购价），与供应商协商采购价格
集体评审	由公司技术部门、设计单位、用户单位、建设单位、采购部门等5人以上（含）单数组成评审小组（需要时亦可由外请专家参加评审），对批量采购应答文件进行评审，根据商务和技术等综合排名确定入围名单。集体评审可委托招标代理机构操作

二、非通信物资采购

2000年公司化运行后的较长一段时期内，上海电信的非通信物资主要由各单位自行采购。2006年10月，上海电信印发《关于部分非通信物资实行集中采购的通知》，对市场部、网络运行部、工程建设部、无线通信部、信息网络部等5个部门/单位的复印纸、硒鼓、墨盒等部分非通信物资实行集中采购。

2007年,上海电信根据《2007年物资采购方式目录》确定办公用品中的复印纸、墨盒等产品的采购框架,要求全公司各单位、各部门按照方式二物资采购的操作流程实施相关产品的采购工作。

2010年,为加强非通信用品(含积分兑换礼品、营销用品、办公用品和劳保用品等)采购管理,降低采购成本,提升资源效率,提高产品质量和统一企业形象,集团公司制定了《中国电信集团非通信用品采购管理实施细则》,陆续下发了积分兑换礼品、办公用品、四小用品、食用油、啤酒、红酒和橄榄油等非通信用品的集采价格,上海电信转发《中国电信集团非通信用品采购管理实施细则》到各单位。

第三节 物资配送

一、正向物流

2000年,根据《关于加强上海邮电仓库管理的若干意见》,上海市邮电管理局开展标准化仓库创建达标工作,经组织验收,有13家单位的15个仓库达到标准化仓库的要求,分别是:上海市电话局甘泉仓库、真大仓库、新沪仓库、上海市长途电信局真如仓库、上海信息产业有限公司仓库、上海卫星通信公司仓库、上海电信技术研究所仓库、上海市邮电器材工业公司七宝仓库、郊县南汇电信局仓库、金山电信局仓库、松江电信局仓库、青浦电信局仓库、奉贤电信局仓库、崇明电信局仓库、嘉定电信局仓库。

2002年,上海电信为加强库存物资的管理,制定了库存物资管理办法,要求对于所有通信材料,物资筹供必须做到进货有依据,特别是工程设备专用材料,应该严格按照工程设计和工程编号,按时、定量采购进货。

2005年,上海电信下达《上海市电信有限公司物资采购集中管理办法(暂行)》,提出"统一存储、统一配送"的物资由物资采购中心统一协调存储和配送。对采购物资的库存管理有了新要求,提出降低库存的原则,要求专用物资按项目采购,常用物资按历年使用情况分批采购。

2006年,进一步细化库存物资领料配送操作流程及明确物资采购周期,就采购配送领料流程制定了《上海市电信有限公司物资采购配送调拨管理办法(试行)》。物资采购中心向各个物资需求单位发放物资采购周期清单、采购中心人员业务分工信息;定期向各个区局、用户单位、工程建设单位发放各仓库备料清单,根据末次月领料情况调整仓库备货量。是年,根据内控制度要求,制定新的终端入库及出库流程,规定了全额买断、铺货销售的终端入库和出库流程。

2007年,中国电信下达《关于下发〈2007年中国电信集团集中采购管理指标体系〉的通知》,上海电信据此制定绩效指标的定义和统计上报要求,包含各单位、各部门物资库房设置情况、库存物资总额(分为季度指标和年度指标)、库存物资总额年下降率、库存率(分为季度指标和年度指标)等,综合反映库存结构的合理性。将物资配送过程中产生的库存成本、运输成本、管理成本等物资配送成本分为物流运营成本总额和物流成本率等2个指标。

2008年1月,为确保工程项目转固及时性、准确性,上海电信制定手续费、运杂费、采购及保管费、运输保险费等费率(简称"四项费率")的结算原则和结算方法,"四项费率"不经审价不得支付,区分通信物流公司提供运输和施工单位自行运输两种结算。甲方提供材料设备和乙方提供材料设备也做了结算方式约定。2月，上海电信印发《上海市电信有限公司库存物资管理办法》，规范库存物资管理、优化库存物资结构。该办法提出新的分级归口管理、分级操作的原则，在确保物流、信息流畅通的基础上，提高库存物资管理的信息化，实行仓库分级管理的体制，新设定采购准时配送(OTD)指标。库存物资的管理考核按仓储管理和库存量控制两方面进行。公司物资管理部门按账实相符率、物资完好率和库存限额、库存周转率(存货天数)等指标对库存管理工作进行考核。

2008年3月，在集团公司统一安排下，上海电信开展库存物资库龄统计工作并上报库存呆滞物资的库龄。库存物资被分为终端和“其他”两类。终端类的库存物资库龄按3个月以下、3—6个月、6个月以上统计；其他类的库存物资库龄按6个月以下、6—12个月、1年以上统计。是年，为提升采购综合服务能力，上海电信新设定采购准时配送(OTD)指标，制订采购服务实施、控制环节的操作要求和相关服务举措，规定收到二级单位物资申请需求后2个工作小时内响应，8个工作小时内反馈二级单位。公司还开展库存物资的效能监察工作，要求已上线使用工程外协管理系统的单位，应减少系统外领料，逐步通过系统委托采购、领料，确保仓库物资账实相符。

2009年8月，根据中国电信进一步降低光电缆库存的要求，上海电信开始采用供应商寄存光缆电缆物资，集中配送光电缆实物的方式。是年，中国电信股份有限公司库存总额为1.44亿元，较上年下降28.7%(集团考核指标5%)。网分公司库存为5 122万元，较上年下降88.56%。统一配送的物资金额达到18.21亿元。在配送时效方面，物流服务明显提升，常规物资配送从原来的72小时提升到48小时，应急料的配送从原来的6小时提升到4小时。

二、逆向物流

2001年，为了加强国有资产管理，确保国有资产的安全完整、利旧节约，降低企业运行成本，上海电信对工程工余料、拆旧料、报废设备、废旧料、包装材料(以下简称“废旧物资”)的回收和处理做出规定。各单位不得私自处理废旧物资，造成浪费和国有资产流失。由工程管理部物资筹供处负责废旧物资的管理工作。废旧物资回收的目录包括报废的各类设备及与此相关的附属设备和材料、工程工余料(工程中产生的零头余料或无法使用的边角料)、拆旧料(按工程设计本拆除的设备和材料，如：电缆、光缆等)、包装材料(电缆木盘、包装箱、包装板)、工业废料(生产维护过程中产生的各类废弃物资和各种报废的低值易耗品)。

废旧物资的回收方面，上海电信委托上海电信实业集团所属上海邮电器材工业公司统一负责，上海电信下属各电信局、各运维部门、业务部门、事业部、施工等部门负责废旧物资的回收工作。废旧物资的分拣、储存和集中回收的废旧物资，统一由上海邮电器材工业公司所属仓库操作。集中回收的废旧物资所有权属上海电信。对于经过分拣处理的废旧物资，委托上海电信实业集团下属长青通信器材经营部进行处理、变卖。

2008年，为进一步推进“光进铜退”工作的实施，有效盘活闲置铜缆资产、规范各单位处置拆旧铜缆等工作，理顺账务处理流程，发挥和提升存量资源价值，减轻企业资金压力，上海电信根据《中国电信铜缆处置管理办法(暂行)》的工作要求，制定《中国电信上海公司旧铜缆处置流程指导意见(暂行)》，明确了旧铜缆处置的业务操作流程，要求拆旧铜缆应编制清单备案。制定《关于实施“光进铜退”财务核算指导意见》对于各单位应保证拆旧铜缆账务账面与实物资产一致并及时对拆旧铜缆进行财务处理做出规定。是年，为了确保光电缆分割配送服务工作，上海电信明确光电缆空木盘利用和回收管理工作要求，将可重复利用的光电缆空木盘进行回收，以再利用。11月，为规范和加强返修终端的管理，上海电信下发《利旧终端管理实施细则》《利旧终端财务核算指导意见》和《终端整修工作操作细则以及流程图》。明确公司内部各部门的管理和监督责任，督促和促进返修终端的妥善保管和合理使用，防止企业财产流失，先行在浦东电信局、东区电信局进行试点，2009 年在全公司推广。

2009 年，为规范客户终端设备价值管理，防范资产流失，上海电信下发《终端利旧管理实施细则(试行)》和《有关营销终端回收的财务处理指导意见》，要求各单位业务部门保证客户退回的终端设备及时入库，整修后优先使用，财务部门同时做好财务处理。11 月，上海电信和供应商沟通终端翻新价格，使配件价格能按各集采终端采购价同比例下降，确保终端利旧持续发展。如机顶盒 2008 年的采购价是 550 元/台，2009 年降至 350 元/台，采购价格下降了 36%。

2010 年 7 月，为进一步贯彻落实精确化管理工作要求，全面推进物流体系管理建设，优化库存物资结构，降低库存资金，实现库存物资管理的精确化、规范化，上海电信根据集团公司库存物资管理办法并结合库存物资管理的实际情况，对原《上海市电信有限公司库存物资管理办法》进行修订，形成新的《中国电信上海公司库存管理办法》。

第四章　审　　计

第一节　业 务 审 计

一、经济责任审计

2000 年由于改革重组，上海电信共对 21 名职务变动的局（厂）长进行离任审计评议，重点是任期内重大经营决策效果、效率；固定资产、流动资产的真实性、效果性；债权债务形成合理性、清理及时性；各类经济指标完成情况及执行财经纪律情况等。

2001 年 6 月 13 日，上海电信印发《上海市电信公司所属企业领导人员任期经济责任审计实施办法（暂行）》。明确上海市电信公司所属企业领导人员是指：上海市电信公司直属单位的负责人；上海市电信公司所投资并控股的其他企业的法定代表人或主要负责人；与上海市电信公司虽没有投资关系，但列入上海市电信公司行政管理范围内的企业法定代表人或主要负责人。明确任期经济责任是指：企业领导人员任职期间对所在企业的资产、负债、损益的真实性、合法性和效益性应负的责任；国有资产保值增值，以及实现企业经营目标和经济效益指标等有关经济活动应负的责任，包括主管责任和直接责任。对审计程序、审计内容、审计范围、审计评估内容、审计成果的运用等进行明确规定。是年，共完成经济责任审计项目 18 项。

2002 年，共完成 12 项经济责任审计，对结果进行复核，将审计结果交计划发展部、财务部、人力资源部、监督部等相关部室会签，经总经理批准后正式下达审计意见书。审计程序规范化，审计结论客观公正。

2003 年，上海电信对《上海市电信公司所属企业领导人员任期经济责任审计实施办法（暂行）》进行修改，将企业领导人员范围扩展至上海市电信有限公司对参股公司委派的董事长或总经理，对审计程序和审计内容做进一步的细化。

2004 年，经济责任审计在上海电信得到广泛认同，全年完成 22 项经济责任审计。通过审计，实事求是分析领导干部任职期间取得的成绩和存在问题，客观公正地对领导干部的经济责任进行评估，增强领导干部的廉政意识和经济责任意识。

2005 年，上海电信对经济责任审计模式进一步完善。审计进点前，审计组先与人力资源部、纪委、监督部等相关部门进行沟通，了解被审计人员在群众中的反映、廉洁自律情况等，为审计评议打基础；在审计过程中，审计人员还参与被审计单位员工对被审计人员的民主测评，提高审计工作的客观性和公正性。

2006 年，根据国务院国有资产监督管理委员会《中央企业经济责任审计管理暂行办法》和《中央企业经济责任审计实施细则》的精神，上海电信再度修改任期经济责任审计实施办法，要求企业负责人在任职期间对其所在企业的资产、负债、权益、损益的真实性、合法性、效益性和内控合规性负责；承担执行国家有关法律法规、集团以及公司规章制度的责任。是年，因中层管理者交流力度的加大，共完成 21 项经济责任审计。

2007 年，上海电信对经济责任审计的流程和方法进行完善和创新。通过开展审前调查、张贴审计公告、召开职工民主评议会议、个别访谈等方式，进一步规范审计程序。是年，完成7项经济责任审计。

2008年，上海电信完成7项经济责任审计。审计重点转向公司转型战略的落实情况、重大决策事项的程序与效果、重大资产处置和资金运作的合规性等内容，促进领导干部在任期内及时全面地解决问题、化解风险。

2009年，上海电信结合公司转型要求，积极探索审计工作新方法，将审计重点从财务向业务延伸，从非IT向IT延伸，从抽查向抽样延伸；从个案问题向制度缺陷延伸，更多关注新业务、新系统、新流程。审计过程中加强对不同单位之间的横向数据比较，揭示全业务发展过程中存在的共性问题和主要风险。是年，完成9项经济责任审计。

2010年，完成5项经济责任审计，探索开展1项任中经济责任审计。

二、专项审计调查

依据上海电信专项审计调查办法，公司可以运用内部审计手段，对企业经营活动特定事项和有关单位与部门进行专项审计调查。2000—2010年，上海电信共完成专项审计调查69项。

2000年，上海电信对崇明电信局用户欠费、原长途电信局资产管理状况开展专项审计调查。通过调查，查明用户欠费的主要原因和造成欠费总额加大、回收率降低等问题的缘由，以及移动分营中产权划分存在的问题和资产管理中存在的薄弱环节。

2001年，根据中国电信的要求，上海电信对20个下属单位进行有价卡管理专项审计调查，了解有价卡市场和管理现状及存在问题。对部分下属单位的用户欠费、资本金及投资分配情况、审计意见整改情况进行专项审计调查，提交5份综合性的审计调查报告。

2002年，开展历次体制改革遗留经济问题、工程物资管理、装移机收支、用户欠费、2001年度审计意见整改情况等5项专项审计调查，涉及审计调查单位33个。针对发现的问题，对涉及单位提出加强管理要求和具体整改举措。

2003年，对实业公司2002年度主营业务收入分类鉴证、电信呼叫公司经济案件、系统集成坏账及潜亏情况、股权处置情况等进行8项专项调查。

2004年，共完成小灵通和其他业务收支调查、收入分摊情况调查、代办手续费调查、物资筹供调查、2003年度审计意见整改情况调查、帐务中心用户欠费调查、子公司再投资情况调查、北区电信局财务授权调查等8项专项审计调查。

2005年，开展小灵通终端成本费用、关联交易、固定资产报废3项审计调查，提出《关于与关联方大额资金往来规范问题》等16项专项情况汇报和管理建议。

2006年，对电信卡管理、线路资产、2005年度审计意见整改情况进行专项审计调查，共涉及51家单位，覆盖面达到100%。通过调查摸清情况，提出改善管理建议。

2007年，针对公司发展中的难点、热点问题和薄弱环节，选取工程转固情况、修理费使用情况以及2006年度审计意见整改情况3个专题，开展专项审计调查，共涉及48个单位/部门。通过专项审计调查，提出加强管理的9条建议。

2008年，围绕影响企业价值提升和风险管控的关键环节，对营销成本管理、关联交易管理、存货管理、闲置资产管理以及2007年审计意见整改情况等5个问题进行专项审计调查，揭示管理方面的主要风险。

2009年，专项审计调查主要对移动业务发展策略的执行情况、对移动业务发展初期需要关注的主要经营管理问题进行调查分析，避免不计效益、不顾长远的发展风险。是年，对无主户管理情况、ICT项目管理情况以及测试卡管理情况开展专项审计调查。

2010年，上海电信对1—5月移动业务发展质量进行专项审计调查。对移动用户离网率、出账率、活跃率、收入变动、用户价值贡献、量收配比、移动欠费、成本使用效益等业务数据进行分析，查找揭示移动业务发展质量上存在的问题。

三、财务收支审计

2000年，根据中国电信审计工作座谈会精神，上海电信把财务收支作为审计重点来抓，对37个单位进行财务收支审计。对审计中发现的重发展、轻管理的现象提出整改意见。

2001年，根据国家审计署《国有企业财务审计准则（试行稿）》《中国电信集团内部审计工作暂行规定》《中国电信集团财务审计暂行办法》，上海电信印发《上海市电信公司财务审计实施办法（暂行）》。该办法明确：内部审计机构实施财务审计是对被审单位及所属单位的资产、负债、损益的真实性、合法性和效益性进行审计监督；有权检查被审计单位的会计凭证、会计账簿、会计报表及与经营活动有关的文件、资料和实物资产，对财务会计报告、会计账簿、会计凭证、资产、负债、所有者权益、损益类项目等的具体审计内容进行规范。是年，围绕企业资产、负债、损益的真实性、合法性、效益性及收入、成本核算与管理、关联交易等问题，共开展71项财务收支审计。

2002年，结合公司化运作过程中资产重组、资本运营、产权变动等项工作实际，对所属51个企业进行重点项目、重点资金的审计。

2003年，采取财务收支审计与专项审计调查相结合的方式，在对被审单位财务收支真实性、合法性进行审计的同时，结合中国电信重组以及公司化运作等各项改革举措开展专项审计，完成财务收支审计2项。

2004年，上海电信修订《上海市电信公司财务审计实施办法（暂行）》，印发《上海市电信公司财务审计实施办法》。是年，共完成财务审计项目54个。在财务审计过程中，注重与内控审计结合，在发现财务方面违规问题的同时，还发掘内部控制方面的缺陷和薄弱环节，以提高企业管理水平。

2005年，财务收支审计仍是公司审计工作的重中之重。结合迎接国家审计的自查，开展财务收支审计32项。对在审计中发现的部分单位经营管理和财务管理等方面的不规范之处，边审边改。

2006年，对国家审计没有抽查到的45家单位，采取自审和联合审计相结合的方式进行全面财务收支审计。通过审计，对一些单位在会计信息的真实性、工程管理、固定资产管理等方面存在的问题提出整改意见，促进公司财务管理和会计核算的规范。

2007年，为迎接国家审计署对中国电信的专项审计调查，根据中国电信要求，部署所属单位进行全面的财务收支自查自纠工作。在各单位自查自纠的基础上，对公司总部及所属39家单位进行财务收支审计。根据中国电信“边审边改”的要求，对审计整改情况进行抽查，对难点、疑点问题提示整改方向，落实责任单位。

2008年，以迎接中国电信收入审计为契机，结合预算执行真实性专项检查，开展财务收支审计。在公司总部及所属单位开展收入真实性、完整性自查自纠的基础上，对21家单位/部门进行抽查，对发现的问题，逐单位逐条予以整改，对信产集团、理想集团等转型重点单位的整改情况进行跟踪检查。

2009年，对电信研究院开展财务收支审计。主要对内控制度建立与执行情况、预算考核与完成情况、财务收支的真实性和合规性等内容进行审计。

2010年，围绕重点转型业务加大审计力度，对信产(集团)公司本部及所属5家控股子公司开展财务收支审计。发现在业务外包、收入管理、预算管控、财务管理等方面存在的一些风险，引起被审计单位的重视。

四、信息系统审计

2008年，根据中国电信加强对信息系统审计(简称“IT审计”)检查的要求，上海电信引进IT审计人才，与审计事务所联手探索IT审计。是年，对市场部、企业信息化部、长途无线部、信产集团、帐务中心、上海电信网络操作维护中心、号百信息服务分公司进行IT系统及相关IT内部控制执行情况审计，共发现IT内部控制缺陷14个。

2009年，随着全业务的运营，IT系统数据的真实性、可靠性和准确性以及系统的安全性越来越引起关注。上海电信以信息系统风险防范管控为出发点，从两个方面切入。一是把IT审计渗透到各类审计项目。通过数据挖掘、程序复核、系统取数等方法，全面地查找问题，揭示管理风险。二是结合专项审计项目，剖析系统自身风险。通过“移动业务专项调查”“无主户管理情况调查”等专项审计项目，提出IT系统完善和整改的建议。

2010年，上海电信针对在特定审计项目中发现的有代表性的局部问题，通过风险建模、数据挖掘等非现场审计的技术方法实现对问题的持续跟踪；同时对信息系统的业务逻辑、数据结构和程序架构进行分析，发现系统风险和业务风险。是年还通过IT审计，协调帐务中心、市场部、网运部、政企客户部等部门持续关注无主户的情况，解决由于网络侧和IT侧信息不一致，造成部分30B+D和号码携带业务产生无主话单的问题。

五、外部审计

外部审计是国家、上级审计机关对上海电信就某一专题开展的审计。

2005年，国家审计署对中国电信集团公司2004年度财务收支及原法定代表人周德强任期经济责任进行审计，抽查上海电信。由审计署武汉特派办对上海市电信公司和上海市电信有限公司实施审计。上海电信按中国电信要求，成立各级领导小组和以审计部为主的迎审办公室，迎审办公室根据历年内部审计查处的问题和企业存在的薄弱环节，编制下发《整改指南》和《深化自查指南》，采取内外审计相结合的方法，组织审计队伍对主、实业153个单位进行自查自纠，对查出的违规问题立即实施整改。其间还出简报34期，指导下属单位的迎审工作。

审计署武汉特派办审计组5月8日进点以后，上海电信调动全部审计力量，做好审计署武汉特派办审计组与公司相关部门、单位的协调、沟通工作，认真做好“审计工作底稿”的确认、取证资料的汇总、交换意见资料的准备等工作，其间共出简报81期。9月28日，审计署武汉特派办审计组结束上海电信现场审计。2006年3月30日，中国电信转发国家审计署对周德强离任审计的7条审计决定。上海电信根据现场审计征求意见稿和7条审计决定，将相关问题分解到相关部门进行整改。4

月 15 日和 10 月 12 日两次向中国电信汇报整改情况。

2006 年 9 月 7 日，中国电信开始派出审计调查组对上海市电信有限公司及上海市电信公司关联交易及关联往来进行专项审计调查。

2007 年 3 月，根据中国电信关于开展财务收支自查自纠工作的要求，上海电信结合历年内外部审计以及专业部门日常监督检查中发现的关键风险点和薄弱环节，有针对性地对会计信息尤其是损益不实的问题，决策程序不规范、决策失误和管理不善造成投资效益差、损失浪费甚至国有资产流失的问题，资金体外循环等问题开展自查自纠。

2008 年 6 月，中国电信对上海电信开展收入管理专项审计调查。通过审计调查，了解各级企业收入管理的基本情况，查找影响收入真实性与完整性的问题和风险，深入剖析问题和风险产生的原因，提出规范运营、加强管理的建议。

2009 年 2 月，中国电信审计部选择上海电信调研，制订 ICT 项目专项审计方案。调研内容主要是近三年来 ICT 产品线及结构、ICT 项目管理规章制度及总体情况、ICT 业务发展现状及趋势，对系统集成业务的管理情况展开调研。上海电信积极协调、配合，帮助调研组收集相关资料，协助形成 ICT 项目专项审计调查工作方案。

第二节　内 控 审 计

一、内部评估

2005 年 10 月，为了促进内控制度的有效执行，进一步完善内控体系，满足包括美国《萨班斯法案》在内的国际资本市场监管要求和公司自身加强管理的需要，中国电信决定在全公司范围内组织开展 2005 年度内部控制自我评估工作。11 月 14 日，上海电信启动 2005 年度上海市电信有限公司内部控制自我评估工作。

作为首次内控自我评估，上海电信确定 2005 年度内控自我评估的目标：一是完善上海市电信有限公司与财务报告相关的内部控制；二是对《中国电信股份有限公司内部控制手册上海市电信有限公司实施细则》（以下简称“上海电信内控实施细则”）的设计和执行情况进行全面的自我审视和检查，促进内部控制的有效落实和持续改进；三是进一步完善上海电信内控实施细则以及相关的管理制度，建立上海电信内控自我评估的长效机制，防范企业风险。内控自我评估范围是：上海市电信有限公司总部、各直属单位及信息产业公司、理想集团公司。

2006 年，是中国在美上市公司执行《萨班斯法案》404 条款的第一年。中国电信集团股份公司就内控有效性做出正式声明并首次接受外部内控审计。中国电信于 2006 年 3 月 8 日下发《中国电信股份有限公司 2006 年度内部控制评估工作要点》，6 月 16 日下发《关于开展 2006 年度内部控制自我评估工作的通知》，6 月 26 日下发《2006 年度内部控制自我评估操作指南》。上海电信据此组织开展与财务报告相关的各项内部控制评估工作。2006 年 6 月中旬，上海电信成立内控评估工作团队和工作组，公司主要领导担任内控领导小组组长，相关专业部门、各相关流程配合人员组成内控评估团队，下设综合组、资本支出组、市场组和 IT 组等 4 个工作组，各直属单位相应成立内控领导小组和内控评估工作团队，建立二级内控评估工作体系。6 月 19 日—7 月 30 日，公司总部、各直属单位及信产集团、理想集团等 44 家单位和部门对公司内控实施细则上册内控 5 要素、中册 12 个 IT 内控细则 417 个控制点，以及下册 34 个业务流程 1 596 个控制点进行评估。共发现内部控制缺陷 168 项,其中,设计缺陷 35 项(IT 缺陷 6 项),执行缺陷 133 项(IT 缺陷 40 项,其中,IT 一般性控制缺陷 27 项)。上海电信对 12 家直属单位进行内控独立评估,共出具内控独立评估工作底稿 851 张,共发现各类缺陷 58 个,涉及 19 个流程。7 月底,上海电信完成内控自我评估报告并启动缺陷整改,9 月底完成缺陷阶段性整改。

为推进内控评估工作,上海电信于 2007 年 5 月 11 日印发《上海市电信有限公司与财务报告相关的内部控制重大缺陷的管理办法》。明确内控重大缺陷的定义,确定具体的判断标准,对各部门的职责进行划分。7 月 24 日印发《上海市电信有限公司内控评估考核管理办法》,明确内控评估考核工作的原则、依据、标准、周期。是年,上海电信的内控自评共涉及公司总部、各直属单位和信产集团及理想集团等 39 家单位和部门,自评的内容主要包括公司内控实施细则上册 4 要素、中册 12 个 IT 内控细则 417 个控制点,以及下册 34 个业务流程 1 229 个控制点。通过分析汇总,上报股份公司内控缺陷 20 条,涉及筹资业务流程、一般工程资本性支出和采购及合同管理业务流程等 10 个流程、15 个控制环节、20 个控制点。针对内控预审发现的主要问题,组织开展针对存货管理业务流程、固定资产维修业务流程以及上海电信卡和“17908”IP 卡业务的内控专项独立评估工作,3 个内控专项评估项目共涉及市场部、网发部、网运部,以及长途无线部、信网部、电信卡部等 6 个主要部门和 5 个重点二级单位。

2008 年 8 月 5 日,为规范内控评估工作,提高内控评估工作的质量和效率,上海电信印发《中国电信上海公司与财务报告相关的内部控制评估办法》。对内控、内控评估、内控缺陷进行定义,确定内控评估的原则、组织机构、内容、计划和实施等规范。对各级管理层及各部门的职责进行明确。是年,上海电信共对公司总部、各直属单位等 40 余家单位和部门进行内控自我评估,共确认内控缺陷 10 个,涉及 7 个业务流程,10 个控制环节,10 个控制点。对理想集团的 ICT 业务、内部往来交易对账和成本费用支出等业务流程,对信产集团的经营收入、资本性支出和成本费用支出等 5 个业务流程进行独立评估。

2009 年,上海电信根据“风险导向、突出重点、统筹安排”的原则,对公司总部、各直属单位、天翼公司及理想集团等共计 44 家单位和部门,以及公司层面控制、IT 一般控制(31 个信息系统)及业务流程控制(40 个业务流程)三部分内容,全覆盖地进行梳理。

2010 年,上海电信内控评估的重点是转型业务和新业务流程,对电信传媒业务、商旅业务及积分回馈业务等 3 项业务流程开展梳理,查找业务运营中的漏洞和风险,评估影响,进一步规范新业务的管控。

二、外部评估

2006 年,中国电信股份有限公司正式接受外部审计师进行内部控制审计。8 月 21 日—9 月 15 日,毕马威会计师事务所对上海电信层面内部控制、信息技术一般控制和流程层面内部控制进行全面审计,共提出 28 个内控缺陷。其中,非 IT 流程缺陷 13 个,IT 应用控制缺陷 13 个,IT 一般性控制缺陷 2 个。上海电信根据外评估发现的缺陷,分解整改责任,确保整改到位。截至 11 月 14 日,发现的非 IT 流程缺陷 13 项已基本整改完毕。

2006 年 11 月 15—24 日,中国电信派出内部控制评估工作组,对上海电信相关内部控制执行情况进行评估。评估认为,上海电信管理层高度重视内部控制日常管理、自我评估和缺陷整改工作,内部控制重点问题整改基本到位。在评估中也发现部分内部控制存在缺陷,其中,在欠交用户的收入计算方面存在一定的风险。上海电信根据中国电信要求进行整改，于2007年3月4日上报整改报告。

2007年，毕马威会计师事务所于8月6—27日对上海电信进行为期三周的内控预审。重点关注基于风险方面的内容，关注体制和机制上的变化对公司内部控制所带来的影响。此次内控预审涉及财务部、市场部、工程部、企业信息化部以及东区电信局、西区电信局和帐务中心等11个部门16家二级单位，共发现35个内控缺陷。其中，属于非IT流程执行方面的缺陷有21个，IT流程执行方面的缺陷有14个。

2008年11月，毕马威会计师事务所对上海电信进行为期两周的内控评估，检查公司15个部门、几乎所有下属单位的内控设计及执行的有效性。此次内控外部审计发现的缺陷较往年有所减少，未发现对财务报表产生重大影响的内控缺陷。

2009年10月，毕马威会计师事务所分成三组（IT内控审计组、非IT内控审计组、理想集团内控审计组）进驻上海电信，开展内控审计工作。此次内控审计未发现重大内控缺陷。

2010年9月，毕马威会计师事务所进驻上海电信，上海电信围绕非IT和IT审计两条主线，关注毕马威关注的重点问题，协调毕马威的评估需求，与毕马威达成内控缺陷共识。此次内控审计未发现重大内控缺陷。

第三节　工 程 审 计

工程建设项目审计，是上海电信对工程建设项目在建设期间经济活动的真实性、合法性、效益性进行的审计。2000—2010年共完成工程审计项目（包含工程决算审计和工程结算审计）128 696项，审减工程费用11.55亿元。

一、工程决算审计

2000年，上海电信加大工程审计力度，扩大工程审计范围，对工程项目实施全过程审计监督和跟踪审计，是年对393个工程项目进行审计。其中，土建工程52个，通信工程36个，零星工程305个，全年审计金额达5.78亿元。审计中发现的主要问题是：施工单位高套、误套定额，挤占工程成本143万元，高估冒算6 275万元。

2001年8月，上海电信印发《上海市电信公司工程建设项目审计实施办法（暂行）》，对工程审计的主要内容、审计方法、审计程序、审计报告等进行规范。该办法明确，工程建设项目是指上海电信所辖范围内的工程建设项目，即基本建设、技术改造及单纯购置等项目。各直属单位负责管理的工程项目（包括以自筹为主的项目），建筑安装工程费在50万元以上（含50万元）由公司审计处或由审计处组织相关部门审计。建筑安装工程费在50万元以下的项目由各直属单位工程管理部门负责审核，公司审计处保留抽审权；工程建设项目审计（审核）实行主审负责制，主审人员对工程项目审计质量负责。是年，工程审计“以集团公司授权的通信工程竣工决算审计为中心，以基建重大（大楼）工程竣工决算审计为重点”，全面开展对基本建设工程决算的审计。是年共完成工程审计项目97个，其中，建安工程审计26个，通信工程审计22个，零星工程审计49个，工程审计送审金额84 911.22万元，工程审减金额6 046.79万元，审减率为7.12%。对已竣工的松江信息大楼等5个建设项目和17项集团公司授权的通信工程项目实施竣工决算审计。

2002年,共完成工程审计项目85个,其中,基建工程审计21个,通信工程审计39个,零星工程审计25个。送审金额达57 318.93万元,审减工程费用3 255.92万元,审减率为5.68%。

2003年3月,上海电信印发《上海市电信有限公司工程建设项目审计实施细则(试行)》。该细则规定,工程结算审减率超过5%的,对超出规定部分的审减金额审计费由施工单位负担,对高估冒算情节严重的施工单位,公司审计部可会同工程管理部将该施工单位列入不合格准入名录。是月还印发《上海市电信有限公司工程建设项目委托审计管理暂行办法》。由审计部统一归口管理工程建设项目委托审计,公司各部门及各下属单位不得擅自对外委托工程建设项目的审计,规范委托审计程序和方式。是年,完成南汇信息大楼、崇明信息大楼和嘉定信息大楼竣工决算审计。对金山通信大楼工程实施全过程跟踪审计,以每季度例会形式到现场办公,变事后被动审计为事前积极参与。完成6个中国电信授权工程审计项目。

2004年2月18日,上海电信印发《上海市电信有限公司对委托社会审计(审价)机构的管理办法》。8月27日,印发《上海市电信有限公司工程建设项目审计管理办法》,适用于公司所辖范围内的工程建设项目,即基本建设、技术改造及单纯购置等项目。是年,上海电信对重大投资项目实行重点审计、全程跟踪,完成电话通信大楼的竣工决算审计,对在建的信息园区等重大工程建设项目进行全过程跟踪审计。年末,完成工程竣工决算审计14个,送审金额60 565万元,核减不实投资2 398万元,审减率3.95%;完成中国电信委托工程审计项目7个,配合中国电信完成工程项目审计2个,审计完成率100%。

2005年,完成工程审计14 472个,其中,建安工程13 074个,通信工程1 398个。审计金额为291 639万元,净审减额为9 723万元,其中,审减额为11 314万元,审增额为1 591万元,平均审减率4%,共提出审计意见及建议501条。继续对金山信息大楼、莘闵信息大楼及信息园区等重大工程开展全过程跟踪审计,通过例会制度、现场检查、简报,阶段评估等方法,从内控制度上予以改进和完善,及时发现和纠正工程建设中出现的问题,充分发挥审计即时监督作用。同时,对"张江IDC机房工程"和"2004年东区ADSL工程"两个项目进行投资效益评估。针对小灵通工程投资大、项目多、涉及面广的特点,上海电信组织专人用4个月的时间,对小灵通一至四期等工程进行竣工决算审计,最终核减高估冒算投资6 544万元,审减率为4.09%,纠正不实投资4 480万元,纠错率为2.8%。

2006年,对"紫金山大酒店交换机工程"和"上海电信2003年新视讯平台工程"进行项目效益审计,在项目效益、可持续性发展方面获得经验教训。对中国电信授权的"北京—上海—广州ITMC间SDH传输系统工程""中国电信WDM网络管理系统二期工程"等18项通信工程及时介入,完成竣工决算审计。对一些工期较长无法转固的工程项目集中力量清理,共审结、转固、关闭项目354个。

2007年,上海电信根据转型业务的需要,选取公司IDC项目、嘉定POP点项目、电话亭联网广告(一期)项目和小交换机项目等4个不同层面、不同专业的项目开展固定资产投资效益审计,探索投资项目闭环管理机制。继续对金山信息大楼、莘闵信息大楼、信息园区工程开展跟踪审计,召开定期跟踪审计列会7次,及时纠正建设单位管理费、监理费、开办费等方面存在的不规范操作。是年,共完成工程竣工决算项目194个,送审金额22.8亿元,审减金额1 000.26万元,提出审计建议582条。

2008年,上海电信加强工程审计项目质量管理,制定工程审计质量控制体系的基本管理规范,按季度对建设单位的工程管理流程、送审质量等进行检查,在公司层面发布质量检查和分析评估报告。是年，还通过对 ICT、全球眼和 IDC 业务的投资效益后评估，建立评估模型，全面评估业务的投资效益，推动项目后评估内容由项目管理向业务决策和风险管理领域延伸，实践审计工作转型。

2009 年，上海电信通过“上海号百平台”和“室内无线覆盖项目”的投资效益审计，完善投资项目效益的评估方法和分析体系，形成可操作的评估模板，围绕效益情况、核心价值、潜在风险和管控要点等内容提供管理建议。继续对电信信息园区和崇明信息园区重点工程项目实施全过程跟踪审计，提出信息园区建设项目中可能存在的审计风险。开展对建设单位管理费使用情况的专题调查，并根据调查结果印发关于建设单位管理费操作指导意见，规范建设单位管理费的使用。同时，针对工程竣工决算审计中发现 C 网传输建设中的规范化问题、光缆清包和双包价差问题、废旧物资管理等问题，提出相应改进建议和措施，促进工程管理规范。

2010 年，继续跟踪审计崇明信息园区、莘闵局平安闵行项目、南汇信息园区建设项目，对工程预付款不合理、工程进度款未按实际进度计提等问题提出整改意见。

二、工程结算审计

2003 年 3 月，上海电信印发《上海市电信有限公司小型工程建设项目委托审计暂行规定》，明确未经审价的工程不得办理工程结算；各直属单位承建的小型新建、改建、装修、大修及通信等工程建设项目(建安工程费在 50 万元以内)，而本单位确无审价人员的，可委托由公司审计部指定的社会中介机构进行工程审价。是年，组织 24 个下属单位分别与实业集团电信办事处、图像数据所属富迪办事处两家审价单位签订框架协议，解决长期以来 50 万元以下的小型工程造价不审计、管理不规范的状况。通过简化工程结算审计操作流程，使公司审价工作更加完善规范。截至 2003 年年底，共完成小型工程项目审计 3 201 个，送审金额 24 628 万元，从中核减施工单位高估冒算多计取工程款 998 万元。

2004 年，完成工程结算审计项目 8 157 个，审核金额 75 367 万元，审减 5 420 万元，审减率 7.19%。

2005 年，上海电信成立工程建设审价中心，建立由建设单位工程审价人员自行审价、审价中心对口审价、委托授权社会审价机构审价等多种形式的审价模式。

2006 年，完成工程结算审计项目 12 773 个，审核金额 12.05 亿元，审减 1.03 亿元，审减率 8.55%。

随着宽带市场的持续发展，ADSL 得到大范围的商用推广。上海电信于 2006 年对 ADSL 现场测试人工数据进行抽样，进行类比、分析，提出用户连通测试人工应从 0.2 工日/线降低到 0.1 工日/线的结论。按此结算，每年可节约工程投资 400 万元。

2007 年，为提高中小配线、用户光缆工程的结算时效，提高在建工程转固率，上海电信规定，凡单项工程建安费在 50 万元以下的，建设单位可由本单位审价人员自行审价，或直接委托公司确认的社会中介机构审价。为提高审价精确度，审价中心选择 3G 机房装修工程，成立 QC 小组，对项目实施过程进行全面质量管理，改进项目实施环节的质量偏差，提高审价精度和效率。是年，完成工程结算审计项目 21 528 个，审核金额 13.43 亿元，核减金额 1.92 亿元，审减率 14.29%。

2008 年，上海电信组织对外部审价事务所的审价质量抽查，统一审价方面的标准。通过参与设计会审等相关会议，提前介入工程建设前期，降低事后核减率。是年，组织 27 家下属单位/部门开展工程审价自查，检查重点包括工程项目是否全部审价、自审及送审项目的审价质量。年末，完成工程结算审计项目 23 674 个，审核金额 16.95 亿元，核减金额 1.08 亿元，审减率 6.37%。

2009 年是上海电信全业务运营的第一年，为接应移动大发展时期的建设规模和速度要求，上海电信进一步梳理工程审价流程，简化操作步骤，是年，完成工程结算审计项目 23 922 项，审核金额 153 411.31 万元，核减金额 12 391.81 万元，审减率 8.08%。继续加强对外审事务所的审价质量控制，每季度对 4 家外审机构审价质量进行抽查、督导审价质量，提高外审机构的审价水准。

2010 年 5 月，上海电信印发加强工程送审质量管理的若干要求，工程结算由单纯结算向工程审价管理转变。对外审事务所进行 4 次现场质量抽查，对不同性质、规模、类型以及属性特殊的项目抽取样本，查看资料完整性、程序合规性及审核准确率，促进外审事务所提高审核质量。通过对工程项目的早期介入，如“浦建路话房搬迁项目”“天山西路话房建设及搬迁工程”“电源工程审价管理”等，提出加强管理完善制度的建议；针对平安城市项目，审核制订全球眼立杆结算标准。继续完善工程外协平台审价模块，推进审价信息系统上线建设。是年，完成工程结算审计 19 541 项，审核金额 20.23 亿元，核减金额 1.56 亿元，审减率 7.72%。

第五章　安 全 保 卫

第一节　责 任 管 理

一、安全生产制度和机制

2000年10月，上海电信印发《上海电信营业网点安全管理规定(试行)》和《上海电信营业网点安全防范设施规定(试行)》，加强上海电信营业网点安全的管理，保障公司和营业人员的财产和人身安全。

2001年6月17日，印发《上海市电信公司安全生产管理规定》，进一步加强各单位安全生产管理。对安全职责、技措投入、教育和培训、安全检查、工程建设、作业场所、设备安全、职业危害的预防和治疗、事故处理等做具体要求和规定。6月28日，印发《上海市电信公司领导和职能部室安全生产责任制》，全面推行和落实安全生产责任制，使上海电信安全工作逐步制度化和规范化，进一步明确各级领导的安全责任。

2002年年初，上海电信召开安全专业会议，以蓝皮书的形式下达全年各项考核指标，在蓝皮书中明确各单位的安全生产责任，与经济效率直接挂钩，把安全生产与干部、职工的全年绩效挂钩，与奖金分配和评比先进挂钩。做到安全工作与经济指标同时下达、同时检查、同时考核，把上海电信的安全责任真正落到实处。

2003年，根据中国电信《安全生产责任管理办法》，上海电信及时修订安全生产责任书，编入绩效考核蓝皮书；安全生产专业部门根据电信生产作业特点，对不同工种、不同区域分别组成6个安全生产承诺工作研讨小组，起草安全承诺书。公司139个工种的员工全部实施安全生产承诺。

2004年2月18日，上海电信印发《上海市电信有限公司安全生产责任管理办法实施细则》，明确总经理(局长、经理、厂长)和员工的安全生产职责。

2005年，推行安全保卫责任制，公司总经理与分管副总经理、分管副总经理与各部门/二级单位主要负责人均签订安全生产责任书；推行全员安全承诺制，将安全生产责任落实到班组，分解到岗位。

2008年，上海电信全面落实安全责任制，与上海市信息化工作系统社会治安综合治理领导小组签订《领导小组成员单位目标责任书》，与市公安局治安总队签订《治安责任目标协议书》。

2009年2月16日，上海电信印发《关于开展中国电信上海公司安全生产履职考核工作的通知》，明确考核内容分为生产安全事故考核指标情况和安全生产管理工作情况，确定考核标准。

2010年，根据上海市反恐防范部门和市经信委有关要求，为加强世博安保工作，成立中国电信上海电信世博安保领导小组和工作小组，以指导、督促本单位世博安保工作。世博会期间，上海电信在17个单位组建成立安保处(与综合办合署办公)。各单位按照公司的要求，分别成立世博安保和反恐防范领导小组和工作小组。将各单位安保机构建设和日常工作开展情况，作为相关领导履职和绩效考核的内容。印发《关于下发上海世博会园区证件管理规定的通知》，加强世博园区建设和运营期间证件的管理。

图 8－5－1　上海电信召开 2010 年安全生产工作会议暨 2009 年度“安康杯”竞赛总结大会

2000—2010 年，上海电信履行企业安全生产主体责任，通过签订安全责任书和承诺书，实行与经济效益挂钩的安全责任考核制度，落实岗位安全责任制；建立健全各级安全生产管理网络，成立各级安全生产委员会、安全生产办公室，配备专兼职安全干部；不断完善安全管理规章制度，使安全管理工作有法可依、有章可循。

二、监督检查

2001 年 2 月 26 日，上海电信印发《上海市电信公司安全生产监督检查实施细则》，加强公司安全生产监督检查，消除企业生产中的不安全因素，及时处理各类安全生产事故，减少企业损失，确保电信员工的安全与健康，保障通信事业的发展。要求建立监督检查网络，公司安全生产监督检查工作由人力资源部安全生产室统一归口，根据“行业管理、分级负责、辖区为主、统一运作”的管理原则，在公司统一领导下，组成公司、下属单位两级安全生产监督检查网。聘任公司级安全生产监督检查员，组成公司安全生产监督检查组，监督检查组对全公司安全生产实施监督检查；下属单位安全生产监督检查网负责所属基层单位安全生产实施监督检查。在迎 APEC 期间，全公司上下总动员，开展专项安全检查和夜间检查。对公司内外通信设备、消防器材、易燃易爆物品、安全通道、出入制度、用电安全、电缆孔洞封堵、施工现场、警卫人员等进行全面检查，消除隐患，圆满完成 APEC 期间的通信保障工作。是年，安全干部参加检查总人数达到 13 600 余人次。

2002 年，上海电信监督检查的重点是抓检查、抓防范、堵漏洞，着重检查机房安全、三线交叉、违章作业、施工现场等，全公司参与检查的人员达到 15 000 人次，对查出的问题，除进行现场纠正外，还对隐患存在的单位发出整改通知书，是年，共发出整改通知单 8 份。

2003 年，上海电信组织相关人员分别于春节、“五一”“十一”及夏令期间，到各单位的营业场所、车间、食堂、工地等，进行安全生产和防汛防台等方面的检查。对发现问题和存在的隐患及时提出，立即改正；将群防群治有机结合，组织约 12 000 人次参加检查，及时纠正职工违章作业行为，保证员工作业环境安全，为公司 34 名安全监督检查员核发安全检查证。

2004 年，上海电信组织开展安全检查，主要检查作业现场的生产情况，包括设备防护是否安全可靠，电器装置和照明用具是否完好，施工现场作业是否规范，以及从业人员的安全生产教育和劳动保护用品的发放佩戴。通过自查、互查和抽查，纠正员工违章作业行为 320 余人次，有 1 500 余处隐患得到有效、及时整改。发出整改通知书 7 份，消除部分隐患，保证通信作业场所的安全。

2005 年 10 月 16 日—11 月 2 日，中国电信组织 5 个检查组对除北京、北方公司以外的 21 个省(区、市)电信公司安保工作进行大检查。重点检查通信机房火灾隐患整治、安全技术防范措施落实、消防设施运行维护、通信要害部位安全管理、资金安全管理，以及打击盗窃通信线缆和破坏通信设施情况。上海电信总体情况良好。是年，在公司内部开展 3 次较大规模的自查，13 500 余人次参加检查，检查机房 6 700 余次，车辆 8 100 辆次，发现重大隐患 1 次。

2006 年，上海电信组织 5 次大规模、全覆盖的安全检查，480 人次参加，有效防止事故发生。对各单位的 1 022 个部位进行专项检查，检查孔洞 4 722 只，地下空间 50 处，共发出 3 次安全检查情况通报、安全检查书 138 份、整改通知书 4 份。对检查中发现的问题，相关单位落实整改率为 100%。

2007 年，为贯彻落实上海市通信管理局《深化通信建设工程安全生产专项整治工作的通知》的精神，上海电信安全生产整治小组于 10 月，分两组分别对主业 16 个施工单位和上海通服 8 个施工单位进行检查。

2008 年，为迎接北京奥运会，上海电信开展保安全“三防”专项整治检查工作，成立专项安全检查小组，对涉奥单位进行专项检查，对发现的问题和隐患，责成相关单位立即整改，落实安全措施。

2009 年，组织以治安安全为主要内容的安全检查，对发现的问题落实整改，整改率 100%。

2010 年，上海电信围绕反恐防控、消防技防整改、用电防火安全、车辆安全管理、内部治安等工作，开展形式多样的安全大检查，包括公司组织的检查、各单位自查和交叉检查。全年组织各类大检查 6 次，参加检查人员达到 170 人次。对查出的隐患，督促相关单位落实整改。

第二节　安 全 生 产

一、消防安全

【消防安全制度】

2001 年 4 月 4 日，上海电信印发《上海市电信公司消防安全管理实施细则(试行)》，预防和减少火灾事故，确保企业的安全防火和通信畅通。

2002 年 6 月 14 日，上海电信印发《上海市电信公司通信机房建设防火安全管理规定》，加强通信机房防火安全管理，统一机房建设规范，对通信机房建筑、设计、施工以及通信楼供电线路、电气设备的安装使用提出具体要求，进一步规范消防设施的安装、配置、维护和消防管理工作。

2003 年 5 月 21 日，上海电信印发《上海市电信有限公司通信机房防火设计技术规定(暂行)》，进一步明确通信机房的建筑防火设计规范要求，确保通信机房的消防安全。

2006 年 5 月，上海电信印发《上海市电信有限公司通信机房防火封堵管理办法》，规范通信机房防火封堵技术和工艺标准，保证防火封堵的质量和建筑防火分隔的有效性和完整性，保障员工和公司的人身和财产安全，确保通信机房安全和通信安全。

【消防设施改造】

2000年，投资2 000余万元，着重抓好通信大楼和机房的消防安全，基本完成机房电缆孔洞封堵任务。解决奉贤信息大楼消防工程验收问题；落实南泰大楼消防烟雾告警系统整治改造工作；参与建成莘闵电信局下属22个机房消防、防盗、防爆、门禁、图像为一体的机房环境安全系统，及浦东电信局下属33个机房的火灾早期自动报警系统；更新1 400余只灭火器等消防器材。

2001年，抓好市区6个区局机房环境监测系统的施工安装工作；检查测试早期安装的机房环境监测系统，及时整治失效设备。

2002年，开始开展机房三线(交流线、直流线、信号线)交叉隐患整治工作。制订通信机房三线交叉整治的方案，将电源线与信号线彻底分离，消除火源。投资1 500万元，完成16个试点样板局的三线分开敷设改造工程。

2003年，投资2 500万元，完成东区、南区、西区、北区、中区、宝山电信局环境监控项目的建设，包括烟雾警告、可燃气体探测，图像、门禁和自动灭火等子系统；更新灭火器2 000余只。

2004年，消防设施投资1.04亿元，安装火灾报警系统829套，气体灭火系统21套，水喷淋灭火系统15套，防排烟系统15套，消火栓系统2 147套；提高少人、无人值守机房的安全防范能力，对602个局站机房进行改造，将带有声光报警功能的火灾自动报警系统楼层显示器接入当地有人值守的警卫室，缩短报警处置时间；在各单位试点配备防毒面具；完成53个局站的三线分开敷设改造。

2005年，投资1 700万元用于机房三线交叉隐患整治，完成41个局站的专项整治任务，达到交流和直流电源线走专用行架、分开敷设、符合阻燃防火安全的要求。

2006年，完成封堵机房1 231个，封堵孔洞17 178个。在通信要害部位安装火灾自动报警探头17 281只，气体灭火系统22套。

2007年，投资800万元，完成10个局站的三线交叉专项整治任务。为确保信息大楼内公司总部办公场所的安全，配备灭火器300余只，灭火器箱75个；为公司总部和各单位安装无管网气体灭火系统3套、烟雾告警系统2套。

2008年，投资1 050万元，用于漕溪大楼、和田大楼、崇明信息大楼、嘉定信息大楼、青浦信息大楼等烟雾告警系统和气体自动灭火系统的改造和建设；投资300万元，用于集群电话政务网35个郊外独立基站建设，安装周界报警、火灾报警、自动灭火等消防设施；在通信要害部位安装火灾自动报警主机337台，火灾自动报警探头17 281只，气体灭火系统22套。

2009年，在71个局站警卫室，安装消防报警楼层显示器，在16个局站进行消防泵、消防供水系统、消防水管的改造更新，在93个局站安装图像监控系统，在34个局站安装电子围栏系统等；投资430万元用于控江大楼和电信大楼气体灭火系统建设；投资400万元用于消防整治的装修配套。共有44个局站完成图像监控平台整治改造，51个局站完成消防楼层显示器整改。

2010年，集中进行安全隐患的整治、改造和建设，涉及20个单位262个项目，包括消防报警、气体灭火、电子围栏、图像监控等基础设施，增强通信要害部位的防范能力。

【消防安全检查】

2000—2010年，上海电信对要害部位、局房、重点部位防火安全，组织上千次多种形式的检查，包括各单位自查和互查、公司相关部门抽查、专业条线重点检查、重大节日和敏感时期普遍检查。对发现的隐患，如：消防通道堵塞、电缆孔洞封堵、机房随意堆放易燃物品和消防器材配备不符要求等问题，及时整改。2008年6月30日—7月10日，为了进一步督促各级单位落实各项安全措

图 8-5-2　上海电信举行消防安全规范演示

施，确保奥运会期间通信枢纽、通信要害、重点部位安全和通信网络安全畅通，中国电信 9 个检查组对各省（区、市）公司进行通信要害防火和安全防范工作检查，对上海电信工作给予充分肯定。

二、特种设备安全

2001 年，上海电信拥有 28 种品牌的电梯共 178 台，在用 173 台，分布在全市 56 幢通信大楼内，各种电加热（煤气）淋浴设备 120 台（登记在册）；在用锅炉 51 台，分布在全市 48 幢通信大楼，其他压力容器 432 台。安全生产工作的重点之一，是确保特种设备的安全运行。上海电信于 1 月 5 日和 11 日印发《电梯安全运行管理规定》《电梯司机安全操作规程》《锅炉、压力容器安全运行管理规定》。建立设备使用责任人员和设备管理人员的二级管理网络，组织各单位对电梯、电器，以及锅炉、压力容器进行普查登记，举办特种设备日常管理培训班，保证在用锅炉检验合格、操作人员持证上岗率 100%、锅炉水质抽查合格率 100%、锅炉烟气排放达到市环保局的标准。此外，其他压力容器运行率达到 100%。

2003 年 9 月 11 日，为加强对特种作业人员的安全管理，规范特种作业人员的证件，上海电信转发市安全生产监察局《关于使用特种作业人员 IC 卡操作证的通知》，明确特种作业人员统一使用由市安全生产监察局颁发的 IC 卡操作证。

2005 年，上海电信分别于 5 月 30 日和 6 月 3 日印发《上海市电信有限公司电梯、电器设备安全使用管理办法》《上海市电信有限公司锅炉、压力容器安全使用管理办法》，加强公司在用设备安全使用管理，防止和减少事故的发生，保障通信生产及员工人身安全。8 月 31 日，上海电信印发《上海市电信有限公司非通信设备使用管理办法》，明确非通信设备包括：电梯、机械停车库、锅炉、空调、制冷、给排水、消防、安全监控及其他机电类通用设备，以及这些设备的日常安全管理要求，加强非通信设备管理，保证设备安全正常运行，使设备处于安全和技术性能良好的状态。

2008 年 4 月 22 日，上海电信印发《淋浴设备安全使用管理办法》，确保淋浴设备安全使用。

2010 年 3 月 5 日—4 月 20 日，上海电信组织开展“迎世博”特种设备安全专项检查活动，强化特种设备安全使用意识，落实责任制，规范安全管理和安全使用行为，消除安全隐患，确保特种设备安全处于受控状态，检查内容包括特种设备安全管理和特种设备安全状况。

第三节　内 保 管 理

一、技防措施

2000 年，为预防盗窃通信线路的案件发生，上海电信在 7 个郊区电信局和北区、浦东电信局等案件高发地区安装线路防盗报警器。

2001 年 3 月 30 日，上海电信印发《关于印发上海市电信公司出入规定的通知》。4 月 2 日，印发《上海市电信公司通信要害部位出入规定》，2002 年 7 月 16 日进行修订，规定各通信单位的通信机房、传输站室、电力室、测量室、蓄电池室、电缆进线室，集中受理中心、网络管理中心、计费中心、数据网管中心等为通信要害部位，对要害部位的门禁系统、人员出入管理等提出具体要求。4 月 5 日，印发《上海市电信公司内部治安管理规定》，明确内部治安管理的主要任务是预防治安案件、意外事故的发生，维护企业内部治安秩序，创建稳定的治安环境，保障通信畅通和生产发展。

2003 年 5 月 22 日，上海电信印发《出入证件制作和管理办法》，加强公司的出入管理，规范和统一各类出入证件。全公司 217 处营业网点全部安全达标，提高营业网点防抢防盗能力。

2004 年 3 月 5 日，上海电信印发《应急抢修出入证管理规定》，大幅缩短电信网络维护、抢修时间。完成中区、北区、浦东、专用电信局环境监控建设工程，在 8 个市区局建成集中监控报警平台，实现实时监控。在营业网点开始推广使用身份证鉴别仪。

2005 年 11 月 4 日，上海电信印发《上海市电信有限公司消防、治安环境技防监控室(平台)管理规定》，明确值守人员岗位职责，规范值守行为，保证监控系统正常运行，及时发现处置安全隐患和事故，确保企业安全。

2006 年 3 月 27 日，上海电信印发《上海市电信有限公司社会治安综合治理工作实施办法》。5 月，为切实加强社会治安综合治理工作，上海电信成立社会治安综合治理领导小组，下设综合治理办公室，日常办事机构在综合管理部安保处。公司各单位也建立社会治安综合治理领导小组和综治办。

2007 年 6 月 13 日，上海电信印发《上海市电信有限公司营业厅安全防范系统规定的通知》，切实加强营业厅的安全防范，保障财产和人身安全。完善线路防盗报警平台，与 13 个区的公安分局实现联网，可监控 8 000 余条重要的通信电缆。

2008 年，加强营业网点技防建设，全公司 213 个营业网点全部达到安全标准。

2009 年 9 月 22 日，为加强世博安保防范重点目标——信息园区的安全防范，上海电信印发《中国电信上海信息园区安全保卫工作意见》。

2010 年，全面落实世博会的通信保障工作，在一般局站安装电子围栏或周界报警，出入口安装图像监控，通信机楼出入口和通信机房安装门禁系统；在重点部位安装红外双监防入侵探测设备。为 10 个市反恐重点目标加装防冲撞设施、道闸和访客系统，中控室与公安 110 联网。为周家渡局站配置 X 光安检仪，对出入的物品进行安检。是年，公司投资 1 690 余万元用于技防安全隐患的整治、改造和建设，涉及 20 家单位 262 个项目。

图 8-5-3 上海信息大楼的安保总监控室

二、案件查处

自 2000 年起，社会上不法分子针对电信业务和电信设施的各类侵害及盗窃案件呈上升趋势，严厉打击侵害企业利益的不法行为，保护企业及个人财产安全，成为安全保卫工作的重中之重。

2001 年 2 月，上海电信配合公安部门破获全国 5 个省的非法经营国际电信业务案件，此案金额和涉及省市为中华人民共和国成立以来之最。5 月 16—18 日，中国电信召开"打击防范针对电信智能犯罪经验交流研讨会"，上海电信受到中国电信通报嘉奖。上海电视台《案件聚焦》对此案进行专题报道。7 月，上海电信配合公安部门破获盗用电话号码，逃避支付 232 万元高额长途通话费案件，经多方努力，话费如数追回。上海电台《法庭内外》《案件聚焦》对此案进行专题报道。

2002 年 3 月，上海电信配合公安部门破获利用软件对上海热线游戏中心和主网站进行连续攻击案。5 月，破获犯罪嫌疑人非法经营 IP 国际来话业务案，其非法经营的来话业务时长高达 1 046 万分钟。

2003 年 5 月，破获盗窃电缆案，现场缴获 2 400 对通信电缆 300 余米，价值 2.6 万余元，同时从废品回收站仓库收缴各类电缆 12 吨，总价值约 10 万元。11 月，破获网上盗窃虚拟金币、换购游戏卡的新型案件，追回经济损失 13 万余元。

2004 年，破获三起伪造身份证私自开设公用电话，骗取钱款后逃逸的"黑公话"诈骗案件。

2005 年 6 月，破获上海热线游戏中心近百起账号积分被盗案，累计被盗积分 3 000 万分，约合人民币 15 万元。《东方 110》对此案进行专题报道。

2006 年 10 月，破获一起利用电话交接箱盗打声讯电话案。

2009 年 11 月 11 日，配合公安部门将利用 27 张身份证在上海电信 23 家营业点申请电信个人、家庭套餐，领取手机 39 个的 6 名犯罪嫌疑人抓捕归案。12 月 1 日，将以上海某公司名义先后办理 C 网套餐业务，领取手机 269 个的犯罪嫌疑人抓捕归案。

2010 年，破获某团伙利用伪造身份证登记 189 手机套餐案。

第四节 信息安全

一、保密管理

2000年6月30日,上海市邮电管理局保密委印发《关于在电信改革重组中做好保密工作的通知》,要求所属各单位落实保密工作领导责任制,涉及撤并的单位、部门、机关处室要认真做好各类文件的清理、登记、归档工作。涉及秘密文件、资料、计算机软盘等及时收回,专人保管,防止散失;对需要移交的秘密文件、资料等秘密载体,进行登记造册、分类封存。9月5日,上海电信党委印发通知,要求各单位在2000年国庆节期间对干部职工特别是重点涉密人员进行一次保密教育,组织一次保密检查。12月25日,上海电信印发通知,要求做好2001年元旦、春节期间的保密教育,依据《上海公司计算机安全管理实施细则》进行检查。是年,上海电信启动涉密人员管理的试点工作。

自2000年国庆节起,上海电信保密委在元旦、春节、"五一"节、国庆等重要节假日期间均印发通知,要求各单位有针对性地开展保密宣传教育,组织保密知识竞赛、参观活动,做好保密检查等。

2001年6月12日,上海电信保密委印发通知,要求各通信单位在执行五国元首会晤和APEC领导人会议的通信保障中,加强员工的保密教育,严格遵守通信规章制度和保密纪律。9月11日起,组织"迎国庆、迎APEC"保密法规知识竞赛,内容包含《保密法》《保密法实施办法》《邮电部门保守国家秘密实施细则》和APEC会议相关知识。

2002年元旦、春节期间,上海电信组织力量对各单位计算机OA系统、通信生产计算机系统进行一次保密安全检查,严禁通信生产计算机与互联网连接,OA系统终端机与互联网连接做到物理上隔离。7月29日,上海电信印发《涉密计算机信息系统集成保密管理规定(暂行)》,涉及涉密人员管理、秘密载体管理、资质管理等方面。12月23日,上海电信印发《上海公司保密工作规定(修订)》《上海公司商业秘密保护暂行规定》《上海公司涉密人员管理办法》等3个文件。《上海公司保密工作规定(修订)》涉及科技、通信管理、涉密会议及计算机信息系统等方面的保密工作。《上海公司商业秘密保护暂行规定》将商业秘密分为"商密Ⅰ""商密Ⅱ""商密Ⅲ"三级。《上海公司涉密人员管理办法》将公司涉密人员分为核心涉密人员、重要涉密人员、一般涉密人员三类。

2003年5月6日,上海电信印发《上海市电信公司公文、资料密件处理规定》,明确涉密资料(包括磁介质)的范围,员工起草公文、资料时的保密规定,处置涉及国家秘密和公司商业秘密的文件、资料时应履行的手续及流程。9月1日,根据中国电信加强涉密计算机管理、做好涉密计算机信息安全的要求进行自查。

2004年,上海电信保密检查的重点是:国家秘密文件和公司商业秘密文件的保管情况,计算机网络(包括PC机)与互联网连接的管理、安全措施情况,商业秘密文件的标密、收发登记情况等。检查情况纳入各单位、各部门的考核。

2005年,上海电信对涉密人员变动进行动态管理。3月23日,上海电信印发使用笔记本电脑保密管理规定,明确笔记本电脑的使用范围、系统安装、文件资料存储、与互联网连接、维修,以及发生丢失事件的应急处理、责任追究以及考核办法。

2006年,上海电信首次与劳务工中的涉密人员签订《保密协议》。

2007年3月,上海电信总部搬迁浦东信息大楼。为此,公司制订《关于加强总部机关搬迁期间保密工作的具体措施》,从保密宣传教育、保密设备搬迁、涉密资料管控、计算机安全管控等方面提出要求。9月8—10日，中国电信对上海电信要害涉密部位、重要涉密岗位和涉密计算机进行检查。

2008年2月27日，上海电信印发《进一步规范机要文件管理工作的通知》。4月21日，制定《上海公司企业商业秘密保密期限的规定》《上海公司对外提供文件资料管理办法》和《上海公司涉密计算机及涉密移动存储介质保密管理办法》三项保密管理制度，修订《上海公司国家秘密事项一览表(2008版)》和《上海公司企业商业秘密事项一览表(2008版)》。9月28日，制定《上海公司涉密人员管理办法》，明确涉密人员范围、分类、管理职责。

2009年5月26日，中国电信对上海电信保密工作进行检查，抽查涉密计算机和非涉密计算机若干台。11月30日，上海电信印发《关于加强手机移动办公保密管理的通知》，要求各单位严格按照《关于规范企业内部网VPN接入和加强VPN账号管理的规定》《上海公司移动办公VPN账号申请及报障处理管理办法》以及计算机信息安全保密管理有关规定，加强对手机移动办公的保密管理。12月9日，上海电信转发中国电信《转发〈关于加强3G移动终端使用保密管理的通知〉》，规范使用3G手机等移动终端。是年，上海电信首次将保密管理纳入《直属单位主要负责人安全生产履职考核》。

2010年，上海电信根据世博会通信保障的要求，对世博通信保障人员进行保密安全教育，先后举办“世博网络安全与保密工作”报告会，编发《走近保密法》《“迎世博”保密知识测验》等学习材料。强化涉密计算机及涉密移动存储介质的保密管理，推进涉密文件资料的定密和标密工作，提高保密制度执行率。先后组织5次保密检查活动，提出整改意见和建议近100条，整改率达95%。

二、信息安全防范

2001年4月3日，上海电信印发《上海市电信公司查询电话资料的通知》，明确电信用户的资料和使用电信的情况是电信用户的通信秘密和电信企业的商业秘密。

2004年7月27日，上海电信印发《上海市电信公司信息安全应急处理预案》，规范互联网信息安全管理，大力净化网络环境和社会环境，防止有害信息的传播。印发《上海市电信公司信息安全工作管理办法》，于2008年12月17日进行修订，进一步加强互联网信息安全管理，促进互联网信息服务业健康有序发展，明确信息安全工作相关定义，界定各部门管理责任；调整优化信息安全事件处置程序，参照公司通用公文模板，进一步规范公文格式。

2007年3月15日—6月15日，上海电信开展集中打击网络赌博违法犯罪活动：设立专岗专职，抽调部分人员组成专项工作组负责自查自纠工作；对专线用户、主机托管用户、虚拟主机用户、自营网站和互联网、声讯、短信等合作单位进行核查。共核实66 000余家用户网站备案信息，保证备案信息的真实、准确。配合公安机关、市通信管理局等单位对涉及赌博等不良信息的网站进行查处关闭，共处理103个网站。对部分用户网站未备案或备案信息不全的情况，要求用户补办备案手续。5月23日—7月13日，上海电信开展打击网络淫秽色情专项行动：完成3批共计14万余条互联网用户信息备案核查，逐条进行核实更新，保证备案信息的完整和准确；自查发现用户未备案/许可网站2 975个，涉及网络淫秽网站85个，均作关闭处理；协助公安机关清除51批共7 410条网站有害信息，协助通管局查处关闭100多个不良网站。

2008年奥运期间，上海电信梳理更新电信自营网站并完成安全评估和演练；制订并下发奥运信息安全保障应急处理预案，各单位参照制定内部应急处理预案并演练；检查重点单位的奥运信息安全保障工作，查漏补缺，及时整改；编写信息安全日报和周报，通报相关单位和人员，做到早发现、早报告、早处置，确保上海电信无重大信息安全事件。

2009年2月1日，根据工业和信息化部、中国电信有关要求，上海电信转发中国电信《深入开展整治互联网低俗之风专项行动的紧急通知》，陆续下发《关于清理未备案网站的通知》《关于再次清查工信部通报违法违规网站的通知》《关于清理电信自营网站的紧急通知》等公务邮件，逐一落实专项行动整改工作。对信网部、互联网部的IDC业务经营情况进行检查，根据发现的问题，要求业务单位对所接入用户网站进行全面清理，整理上报所有IDC用户信息，对无证经营ISP及未备案网站用户进行清理。4月，根据上海市通信管理局、中国电信有关要求，开展垃圾短信息专项治理，对短消息业务清理核查，进一步规范企业和SP短信管理、举报受理流程等，将短信过滤业务免费开放给所有C网手机用户。通过短消息群发、189邮件群发、网厅和营业厅业务资料发放、主流媒体宣传等，推广短信过滤业务，帮助用户有效防范垃圾短信。5—10月，落实工业和信息化部专项工作要求，进一步加强互联网站备案管理，未备案网站数量从年初3 963个下降到10月底的192个，清理完成率达到95%；IP报备错误信息从年初的132段下降到10月底的3段，清理完成率达到98%；截至10月底，30万条备案信息中的18余万条名义接入网站信息全部完成清理；上海电信网站备案率达到99%，每月新入库网站备案信息准确率为80%，存量已入库网站备案信息准确率为65%。

2010年1月25日，上海电信印发《中国电信上海公司关于深入整治互联网和手机媒体淫秽色情及低俗信息专项行动的工作方案》，制订全面清理、落实整改、健全机制三个阶段的重点工作方案，从业务推广渠道、网站接入责任、接入资源转租、手机上网代收费、网站备案信息核查等方面细化工作要求、目标和完成时限。4月16日，上海电信制订《中国电信上海公司世博信息安全保障实施方案》，要求各单位强化信息安全管理，建立完善世博信息安全保障应急工作机制。4月22日—10月31日世博保障期间，编制世博信息安全日报193期、周报26期、月报6期；有效处理违规网站3.17万个、不良信息7.38万条，协查用户信息1 000余条，圆满完成世博信息安全保障任务。

第六章　行政综合

第一节　办公事务

一、信息管理

信息工作是管理和决策支持系统的重要组成部分，是促进公司上情下达、下情上报的重要途径。上海电信的行政信息工作围绕公司通信生产、市场经营、工程建设、改革发展等中心工作展开。综合管理部归口管理行政信息工作，进行信息的收集、整理及上报和下发。

2000年，行政信息刊物主要有《上海电信信息》《上海电信要讯》《情况反映》和《局情日报》（2001年更名为《每日动态》）。

2003年，建立重要信息通报制度，新增《重要信息快报》，反映并汇总各单位/部门的问题或提出的建议。

2004年，《上海电信要讯》和《情况反映》停发。

2005年，信息的报送、采集、评分、查阅等全部在OA网上实现。向中国电信报送信息383条。

2008年，向中国电信上报信息188条，被采纳112条。《每日动态》停发。

2009年，畅通信息传播渠道，扩大信息影响，将信息置于OA首页。6条信息得到公司领导批示。向中国电信报送信息178条，被采纳71条。

2010年，3条信息得到公司领导批示。上报中国电信信息257条，被采纳98条，在中国电信各分公司中排名第七。行政信息刊物主要有《上海电信信息》《重要信息快报》。

表8-6-1　2000—2010年上海电信行政主要信息刊物情况表

信息刊物	年份
《上海电信信息》	2000—2010年
《情况反映》	2000—2003年
《上海电信要讯》	2000—2003年
《重要信息快报》	2004—2010年
《每日动态》	2000—2007年

表8-6-2　2000—2010年上海电信行政信息编发情况表

年份	上海电信信息	每日动态	重要信息快报
2000	102(期)	252(期)	—
2001	94(期)	252(期)	—

〔续表〕

年　份	上海电信信息	每日动态	重要信息快报
2002	75(期)	249(期)	—
2003	66(期)	252(期)	—
2004	88(期)	255(期)	42(期)
2005	500(条)	252(期)	33(期)
2006	530(条)	254(期)	29(期)
2007	510(条)	255(期)	15(期)
2008	667(条)	—	18(期)
2009	703(条)	—	26(期)
2010	889(条)	—	27(期)

二、督办工作

督办工作是保证上级和本单位各项决策贯彻落实的重要手段。2000 年,电信体制改革,督办任务更加艰巨。综合管理部对重要督办事项,敦促所属单位从速办理,报告结果;对会议决定重要事项,发督办单和当面督办,直至办结;对疑难问题,在协商的基础上,报公司领导决策。是年,248 件督办事项均如期完成。

2001—2003 年,共发督办单 59 件,任务单 189 件,均按时完成。2003 年,首次编发《督办通报》,进一步提高督办工作的效率,督办工作基本步入规范化和制度化轨道。

2004 年,认真落实督办事项,办复率 100%。

2005 年 11 月 8 日,印发《关于转变公司工作作风、提高执行力和工作效率的通知》,明确在绩效考核中,公司主要领导对各单位、各部门交办的任务,通过督办任务单下发,领导有 10 分的直接考核权。是年,行政督办 22 件,主要事项为:推进电子化账单、大客户新装及锁定老用户营销方案、小灵通营销成本预算进度、加快研发费预算执行进度、固网本地话务量市场状况研究、前端营销人员 PDA(个人数字助手)配置、公司非主营业务收入成本运筹等,全部按照督办要求完成。

2006 年 8 月 29 日,上海电信印发《上海市电信有限公司行政督察制度》,加强督察力度,提高工作效率,推动公司重大决策和重要工作落实。明确督查工作的对象主要分为两部分:针对年度重点工作布置和执行情况的行政督查,针对各类重要文件和重要会议的行政督查。全年行政督办 29 件,主要事项为:号码百事通项目、IPTV 维护模式、实物资产管理、浦东专项试点数据收集、商务领航、综合服务平台建设、实业上市、技术创新、人力资源改革、审计整改等,全部完成。

2007 年,完成行政督办 15 件。

2008 年,发督办单 16 件,完成总经理办公会议相关事项反馈 48 件。

2009 年,发督办单 21 件。

2010 年,发督办单 10 件,完成总经理办公会议相关事项反馈 45 件。

三、调查研究

调查研究是发现问题、解决问题的工作方法和手段，贯穿于上海电信构建现代企业制度、筹备海外上市、推进战略转型、开展全业务经营等各个发展阶段。

2000 年下半年，上海电信在体制改革方面，围绕机关部分挂靠机构的体制改革、组建上海电信事业部和号簿公司改制等 3 项工作开展调研，撰写调研报告和改革方案；在考核体系方面，针对不适应企业化运作的状况进行调研，修订下半年目标责任书考核办法，初步形成公司化的绩效考核体系。其间，还明确部门职责，由企业策划部制订上海电信总体发展战略并推动实施。

2001 年，上海电信以召开调研会的方式，推行全面预算管理，对全面预算管理的组织机构与职责，主要问题与困难，对策及建议等进行调研，提出“切实转变思想，完成从计划到预算观念的彻底转变”等 9 点建议。此外还开展业务流程优化工作的调查研究，围绕区（县）局操作模式、整体运营框架、电信客户划分、大客户服务模式、相关部门职责、业务流程设计等，进行全方位的调研分析，为公司启动业务流程优化试点奠定基础。12 月，上海电信将公司化运行以来，由公司领导带队，在管理、业务、网络、技术等多个领域的 25 项调研成果编印成《上海市电信公司领导调研报告汇编》，作为全公司开展工作的参考和指南。其收录的调研报告包括：《关于公司企业文化建设的调查与思考》《关于“联系基层、加强上下沟通”的调研报告》《提升上海国际海缆安全调研报告》《数据专线质量提升调研报告》《关于上海电信实业集团管理模式的调研报告》《关于推进上海市电信公司全面预算管理工作的调研报告》《三层产品投入产出体系调研报告》《绩效考核创新初步方案》《上海电信开展无线通信业务的策略研究》《上海电信网现状和电信界对三网融合的看法》《关于对公司重大决策推进情况的调查与分析》等。

2002 年，围绕公司中心工作，与咨询公司合作开展宽带战略调研并提出建议。

2004 年是上海电信的市场创新年，开展的调研工作主要包括：商务楼电信业务市场调查、电信业务校园市场调研、窄带业务市场调研、小灵通市场调研、数据业务市场占有率调研、互联星空市场调研、电信卡业务发展及市场行情调查、用户满意度调查、上海信息化水平调查等，为公司完成经营指标提供信息支持。

2005 年，围绕中国电信提出的转型战略，上海电信开展视讯业务发展状况及市场机会、智能网国际业务市场、部分区局本地话务市场、行政区域信息化水平、商务楼宇通信状况等多项调研。

2006 年，上海电信正式启动战略转型。为推动业务与服务转型，上海研究院联手调研公司，开展号码百事通针对后向企业客户的产品策划调研。调研从后向客户的特征和需求入手，对号码百事通业务的产品组合、定价原则和宣传方式提出一系列建议。6 月，制定《上海市电信有限公司综合管理部工作执行规范（试行）》，将综合调研划分为三类，即：公司领导带队的调研、全局性综合性调研和部门自行组织的调研，明确相应的责任处室及工作职责，并建立这三类调研工作的执行流程。

2007 年，上海电信开展 3 项法律事务调研。一是《物权法》《反垄断法》对公司影响的调研，形成初步意见。二是对 IPTV 业务存在的法律风险进行调研，形成调研报告。三是对业务外包状况进行调研，下发《外包工作指导意见》。此外还针对基于多业务传送平台（MSTP）以太网专线的客户需求、固网支付业务市场、语音号簿业务推广、用户满意度、电信市场潜力、IPTV 用户行为及满意度、网上渠道等开展一系列调查研究。9 月，企业发展部增设调研室，负责公司重大决策的前期调研等工作。

2009 年 3—6 月，上海电信按照“企业转型、全业务经营、社会信息化”和“应对金融危机、改善服务民生、推进科学发展”的要求，确定调研课题，在公司内部建立295个领导干部联系点，领导干部深入通信机房、营业场所等基层一线开展调研，形成38份调研报告。11月，上海电信印发《关于进一步完善调查研究制度的通知》，明确由综合管理部牵头，每季度或每半年制订和发布公司领导到基层调研的计划，根据公司经营生产管理中的问题、单位和部门集中反映的问题，以及需要决策的问题确定调研主题；主要责任部门负责对存在的问题进行分析、改进，综合管理部负责督促主要责任部门落实改进，评估执行结果。12月，上海电信将企业发展部的调研职能划转至综合管理部。

2010年，上海电信围绕城市光网建设、公众客户部成立、浦东局光纤到户建设、区(县)局业务发展等重点工作开展调查研究，提出建议；对《上海公司宽带战略和2010年发展计划》咨询项目，开展内外部调研，形成面向政企客户和公众客户的宽带发展战略及2010年发展计划的咨询报告；对“宽带精确营销渠道”模式可能涉及的法律风险进行调研，提出规避风险的建议。

四、信访工作

信访是指社会各界、上海电信客户和员工采用书信、电话、走访等形式，向上海电信反映情况，提出意见、建议和要求，由上海电信及各级单位处理的活动。上海电信的信访工作由综合管理部负责归口管理。

2001年，上海电信首次将用户表扬电信服务的情况，包括信件数量，每季度一次刊登于《上海电信》报。3月27日，上海电信参照《中国电信集团处理来信来访暂行办法》，印发《上海市电信公司处理来信来访暂行办法》，规范信访行为和信访工作，发挥信访工作在维护稳定、提供信息、完善政策、服务决策等方面的作用，妥善处理来信来访。

2002年，在办理“两会”代表“关于规范公用事业收费程序，增强用户信用意识”的建议时，主动邀请代表们参观首次对外公开的电话机房和帐务中心，让代表了解出账情况，增加工作透明度。

2005年3月28日，上海电信印发《上海市电信公司处理来信来访实施细则》，2006年6月13日进行修订，明确信访工作职责、管理内容、工作程序、处理原则、工作要求和工作纪律。

2009年4月7日，上海电信获中国电信信访工作先进集体称号。根据中国电信5月26日印发的《关于开展信访积案化解年活动的通知》精神，于6月30日前完成对影响稳定的历史积案、疑难问题和重大隐患的全面清理和排查工作。

2010年年初，印发《上海公司2010年暨世博会期间信访工作要点》，明确2010年，特别是世博会期间信访工作的总体目标、措施和要求；4月1日—11月1日，实行每周信访维稳情况报告制度，5月1日—11月1日，实行世博期间维稳信访动态零报告制度，确保公司信访秩序平稳有序，没有发生影响社会稳定的重大事件。

表8-6-3 2000—2010年上海电信信访情况表

年份	信访总量(件/次)	来信(件)	来电(次)	来访(次)	编写《信访情况反馈》(期)
2000	1 373	942	365	66	35
2001	1 360	938	353	69	16
2002	1 236	776	392	68	15

〔续表〕

年　份	信访总量（件/次）	来信（件）	来电（次）	来访（次）	编写《信访情况反馈》（期）
2003	1 071	855	173	43	18
2004	1 471	1 225	210	36	28
2005	1 523	1 282	183	58	17
2006	1 177	1 043	105	29	20
2007	964	950		14	18
2008	718	634	62	22	18
2009	900	753	111	36	15
2010	663	593	40	30	7

五、档案与年鉴

【年鉴编纂】

《上海电信年鉴》源于《上海邮电年鉴》，后者首部于 1997 年公开出版发行。2000 年 6 月，第一部《上海电信年鉴》发行，全书设 21 个栏目、34 个分目、343 个条目，约 50 万字，刊载照片 72 幅。年鉴为公司内部年度资料性文献，每年编纂一版，记录上海电信的年度基本情况和重大事项；由公司各部室、直属单位指定专人撰写，经各部室、直属单位领导审定，由综合管理部史志办公室编纂而成；在卷首特载、专题、大事记、概貌之后，采用栏目—分目—条目三级结构层次，以字体、字号和版式区分，卷后有领导干部名录、先进集体与先进个人名单和附录。

2004 年，为贯彻落实上海电信保护商业秘密有关精神，为每本年鉴编号，加印“商密Ⅱ5 年”字样，发送时签收。

2005 年，在 OA 系统中上挂公司年鉴电子版，对有查阅权限的员工开放。

2006 年，首次制订年鉴编纂大纲，对栏目、分目的选题范围、供稿单位和预计篇幅均作详细规定，提高组稿针对性；首次制订年鉴编纂规范，对反映的内容、语言文体、条目撰写、照片等均提出具体要求，提高稿件质量。

2007 年，《上海电信年鉴》更名为《中国电信上海公司年鉴》。同时，在“概貌”中增加“经营业绩表”和“主要业务发展情况表”，包括：经营收入、利润总额、总资产、资本性支出、劳动生产率，固话、宽带用户数等关键业绩指标，用数据集中、直接反映公司经营和业务发展状况。

2008 年，上海电信年鉴开始不再包括上海电信实业部分。

2010 年，上海电信年鉴密级由“商密Ⅱ5 年”改为“企业秘密 5 年”，编号和签收不变。全书约 38 万字，刊载照片 37 幅，印数 400 册。

除编纂发行公司年鉴外，上海电信应相关单位和部门的要求，为《中国通信年鉴》《中国电信年鉴》《中国交通年鉴》《上海年鉴》《上海信息化年鉴》《上海经济年鉴》《上海科技年鉴》《虹口年鉴》《杨浦年鉴》《杨浦区志》《卢湾区志》《长宁年鉴》等提供稿件，累计供稿 50 余万字、照片百余幅。全面、翔实地反映了上海电信在信息通信和信息服务领域的发展，以及在两个文明建设中取得的成果。

年鉴对外供稿工作受到有关单位和部门的肯定。

【档案业务】

2000年7月1日，上海电信档案馆由原上海市邮电管理局与上海市电话局档案馆合并而成。是年，档案馆馆藏14万卷/件。

2006年，位于彭江路500号的公司档案馆建成，控江和大柏树库房迁至新址，集中办公并配备温湿度控制系统、门禁系统。

2008年，建成陈列室，以档案方式展现上海电信100余年的发展历程，共展陈档案馆所藏的晚清、民国、1949年后等3个时期200余件档案，包括老照片、公司铭牌、电话号簿、印章印模、电话卡、领导人题词、荣誉证书等。

截至2010年年底，档案库房建筑面积2 329平方米。档案馆馆藏33个全宗、19.6万卷、16.3万件，资料7 500余册，包括文书、会计、工程项目档案、历史档案（1949年前档案）、特殊载体档案（照片、录像带、荣誉实物、电信卡、题词、字画）、权证（组织代码证、营业执照、税务登记证、房产证）、已故员工档案，以及公司各部门参与编印的图书、报刊等。随着档案信息化工程工作的推进，档案馆加强OA电子文件的收集和存量档案数字化工作。是年，电子数据容量达300 GB，可供网络查询的电子档案容量241 GB，案卷、文件目录91万条，原文158万件。2000—2010年，共提供档案利用3.3万人次6.1万卷(件)次。鉴定各类档案资料2.67万卷。

2000—2010年，档案馆逐步理顺档案管理体制，坚持“统一领导、分级管理”的原则，建立与企业组织架构相适应的两级档案管理体制，开展管理制度、信息化、信息资源、基础业务和档案干部队伍建设。开展档案编研，提供档案信息利用服务，档案工作由传统管理为主，逐步向现代化管理为主转变。2004年，上海电信获“上海市档案系统先进集体”称号；2008年，获“中国电信档案工作先进集体”称号。原上海市电话局也于2000年获“上海市档案系统先进集体”称号。

【制度建设】

2000年8月，印发《中国电信集团上海市电信公司档案管理暂行条例》，对公司档案管理组织机构、人员、职责、管理原则、保管利用、奖励处罚等做出明确规定；9月，制订《上海市电信公司档案工作三年规划》。2001年3月，印发《上海市电信公司档案分类试行细则》《上海市电信公司声像、荣誉档案管理办法》《上海市电信公司文书档案管理办法》《上海市电信公司通信工程档案管理办法》，4月印发《上海市电信公司建筑工程项目档案资料管理办法》《上海市电信公司会计档案管理办法》，9月印发《上海市电信公司科学技术研究项目档案管理办法》。2003年9月，印发《上海市电信有限公司合同（协议）档案管理暂行办法》。2004年9月，印发《上海市电信有限公司信用档案管理暂行办法》，以适应企业信用制度建设需要，规范信用档案管理。2005年5月，印发《电信局通信工程资料归档范围》《电信局通信工程档案整理操作规范》。2001年、2005年分别编印《档案管理手册》《档案管理手册续册》，收录2000年以来中国电信、上海电信所发的档案管理制度文本，以及国家档案局、上海市档案局等单位所颁发的部分规章制度及标准，供全公司档案人员学习和利用。2006年10月，印发《上海市电信有限公司质量管理体系档案管理办法》，以适应公司质量管理体系的全面升级工作。2007年5月，印发《关于试行科技项目档案按“件”管理的通知》，规范科技项目档案按“件”管理模式。2009年1月，印发《中国电信股份有限公司上海分公司电子文件归档与管理暂行办法》，规范电子文件归档与管理工作。

【档案管理系统】

2001 年 9 月，上海市电信公司档案管理系统立项建设，2002 年 12 月通过鉴定，实现档案信息的存储数字化和利用网络化，在公司总部及南汇、松江、宝山、东区等电信局开通使用。2004 年 6 月，上海电信档案管理系统升级推广项目立项，2005 年 6 月通过验收，实现对公司总部及 24 个单位的覆盖。2009 年，中国电信上海公司档案信息系统立项建设，2010 年 10 月通过验收，该系统的建成全面提升了上海电信的档案信息化水平，获得“2014 年度上海市档案科技研究成果奖二等奖”。

第二节　品 牌 形 象

一、品牌标识

1991 年 3 月 28 日，上海市邮电管理局各单位使用上海邮电标识，该标志由英文字母 SPT（Shanghai Posts and Telecommunications）缩写组合而成。

图 8－6－1　上海邮电标志

1997 年 5 月 26 日，邮电部电信总局发文，于 7 月 1 日，下属电信企业开始统一使用“中国电信”企业标识，以树立中国电信作为公用电信网的整体形象，更好开拓电信业务市场，发挥全网优势，确保中国电信企业形象的规范性和统一性。地方企业标识停止使用。

2002 年 5 月 16 日，中国电信宣布启用新的企业标识，取代原用的“中”字标识。新标识以代表高科技、创新、进步的蓝色为主色调，由两个 C（China 和 Company）的趋势线成 90 度变化组合而成，整体上形成一个变体的 T（Telecom），表示 China Telecom Company（中国电信）。

图 8－6－2　2002 年 5 月，中国电信集团公司启用新标识（右）取代原标识（左）

按照中国电信的要求，上海电信成立换标工作领导小组和工作小组，先后策划组织一系列宣传推广活动，在活动中，全部使用符合企业视觉识别系统（Ⅵ）规范的宣传和礼仪用品，办公用品同时换上新标识。是年，完成 70 块户外广告牌、10 个通信楼宇、157 个营业门面和营业标牌、市区全部公用电话亭、500 辆电信车辆的标识更新。

2004 年，上海电信首次在浦江游轮上使用中国电信标识，扩大中国电信企业品牌的影响。

2005 年 5 月 17 日，中国电信委托上海电信与上海世博局签署 2005 年度合作伙伴协议书。根据该协议，中国电信成为上海世博会固定通信服务领域唯一的合作伙伴，提供通信服务等合作资源，与上海世博局合作，宣传和提升 2010 年上海世博会和

图 8－6－3　中国电信世博合作伙伴标识

中国电信的品牌形象,深化"信息世博、触手可及"的品牌内涵。双方约定在营销推广、宣传活动中,中国电信可使用世博合作伙伴标识。

2006年年初,在中国电信授权和指导下,上海电信全力做好中国电信成为上海世博会通信合作伙伴的各项工作。9月27日,中国电信副总经理孙康敏和上海世博会执委会专职副主任钟燕群分别代表中国电信和上海世博局签约,中国电信正式成为中国2010年上海世博会通信合作伙伴。

2008年,上海电信在大连路隧道浦西出入口、浦东机场收费口、A20高速路口等4处新增企业标识;对青浦电信大楼外立面、南汇电信大楼楼顶、肇嘉浜路博士楼门头、东昌营业厅外立面广告灯箱进行改造重建;对张扬路、漕溪北路和江苏路等3个营业厅的世博联合标识门头进行改造重建,宣传企业品牌。

图8-6-4 世博电信联合标志(心形)

2009年5月31日,中国电信作为2010年上海世博会合作伙伴,与上海世博会事务协调局约定,自2009年5月至世博会闭幕,可在营销推广和宣传活动中安排使用心形世博联合标识。6月,上海电信又对心形世博联合标识的应用时间和范围进行补充。

此外,在新渔东路局房、虹桥路局房、汶水路局房的外立面、淮海路华狮广场上,新增企业标识;改造漕溪大楼外立面、浦江游览龙船舱顶、横浜营业厅裙楼外立面企业标识的灯箱,提高灯光亮度与发布效果。

2010年,上海电信在周家渡机房楼顶、浦西隧道风塔、电信员工班车、世博园区等地,发布中国电信形象广告。新增雁荡路异型花坛形象广告、虹桥机场T2航站楼的巨幅灯箱广告。

二、形象宣传

2000年,上海电信共组织新闻通气会和记者采访43次,接待记者600余人次。据不完全统计,中央和上海新闻媒体刊登和播发上海电信新闻约500余篇(次),主要内容有:上海电信战胜"千年虫"计算机病毒、上海电信宽带和信息网络建设情况、上海电信启动家庭上网工程、上海电信建成世界最大ATM宽带骨干网等。

2001年,上海电信共组织新闻通气会和重要采访活动41次,接待记者约600余人次。据不完全统计,中央和上海新闻媒体刊登和播发上海电信新闻约700余篇(次),主要内容有:上海电信全面推出ADSL业务、上海市信息港工程竣工、上海电信构建APEC通信保障体系、电话初装费取消、上海信息大楼建成等。

2002年,上海电信共组织新闻通气会和重要采访活动27次,接待记者约500余人次。据不完全统计,中央和上海新闻媒体刊登和播发上海电信新闻约500余篇(次),主要内容有:固定电话可发短消息、上海电信推出景视通和新视通业务、上海电信推出易付卡业务等。

2003年,上海电信共组织新闻通气会和重要采访活动14次,接待记者约230余人次。据不完全统计,中央和上海新闻媒体刊登和播发上海电信新闻约200余篇(次),主要内容有:上海电信向卫生局捐赠用于防治非典的通信器材和服务、上海电信推出电话QQ和互联星空业务、中国电信信息园区建设项目启动等。

2004年12月20日,上海电信印发《上海市电信有限公司广告宣传和各服务供方管理暂行办法》,加强广告宣传管理工作,确保对合格服务供方的有效控制。是年,上海电信共组织新闻通气会和重要采访活动 13 次,接待记者约 200 余人次。据不完全统计,中央和上海新闻媒体刊登和播发上海电信新闻约 200 余篇(次),主要内容有:央视网络电视落户"互联星空—上海"、中国电信与中国网通小灵通实现短信互通、上海电信在市区推出小灵通业务等。

2005 年 5 月 17 日,上海电信印发《上海市电信有限公司广告、宣传项目招标管理办法》,加强对广告、宣传项目的管理和监督,提高广告和宣传工作的质量。是年,上海电信共组织新闻通气会和重要采访活动 17 次,接待记者 300 余人次。据不完全统计,中央和上海新闻媒体刊登和播发上海电信新闻 250 余篇(次),主要内容有:中国电信中小企业信息化联盟成立、上海电信转型及城市信息化建设情况、上海电信推出小灵通和商务领航套餐、上海电信向市残联赠送价值 510 万元小灵通手机等。上海电信还组织拍摄上海电信 5 周年回顾宣传片。

2006 年,共组织新闻通气会和重要采访活动 19 次,接待记者约 320 余人次。据不完全统计,中央和上海新闻媒体刊登和播发上海电信新闻近 300 篇(次)。主要内容有:中国电信成为 2010 年上海世博会全球合作伙伴、上海电信与上海市信息委签订信息化建设协议、IPTV 和 114 号码百事通系列宣传、老人儿童定制小灵通终端上市、上海电信五大服务举措等。

2007 年,共组织新闻通气会和重要采访活动 15 次,接待记者 300 余人次。据不完全统计,中央和上海新闻媒体刊登和播发上海电信新闻近 330 篇(次)。主要内容有:上海电信在信息化建设、服务提升、携手特奥、世博等方面的工作和成效;新业务上市、体验馆开张、合作模式创新等标志性事件。上海电信还接待中宣部徐倩雯专题报道组、长三角世博会 16 城市联合采访团、中宣部打击"三电"专项斗争联合采访团等专题采访任务。

2008 年,组织新闻发布会 29 次,各级媒体刊登公司相关内容报道 1 469 篇(次),主要内容有:上海电信在抗震救灾、服务提升、携手奥运世博等方面的工作和成效;CDMA 移动业务运营、无线城市建设等标志性事件。

2009 年,组织新闻发布会 37 次,各级媒体刊登上海电信相关内容报道 2 172 篇(次),主要内容有:上海电信在携手世博、助力中小企业、促进就业、服务提升等方面的工作和成效;CDMA 3G 业务商用、城市光网建设、IPTV 用户超过 100 万、世博倒计时活动等标志性事件。

2010 年,各级媒体头版刊载电信报道 15 篇,篇数较多的分别是《人民邮电报》90 篇,《解放日报》14 篇,《文汇报》10 篇;CCTV1《新闻联播》栏目播出 6 次。主要内容有:上海电信发布三位一体终端魔屏、上海成为中国 IPTV 第一城、上海电信推出"翼支付 · 手机刷卡"服务、上海电信推出 18 项世博新业务、上海电信世博服务保障系列报道等。创建中国电信世博宣传专网,整合中国电信关于世博主题宣传的核心内容。与新浪、搜狐等国内门户网站建立长效联络机制,同 C114 等通信行业专业网站建立专题合作关系。

2000—2010 年,上海电信每年印发一本《上海电信年册》,以图文并茂的方式,宣传公司形象,介绍公司概况、主要工作、重大活动和事件、目标任务完成情况;在《文汇报》上,每周 1 次 1 版《通信新干线》,由公司为主编辑,展示企业形象、促进业务发展。

三、信息生活体验馆和体验舱

【信息生活体验馆】

2006 年 12 月,上海电信业务展示馆立项,作为公司向社会展示电信新形象的场馆。

2007年6月，上海电信业务展示馆正式命名为上海电信信息生活体验馆。7月2日，体验馆落成，设有接待、视讯、乐活家庭、移动生活、数字世博、仿真会议、信息沙龙、休闲、企业服务、商务领地10个展区(其中，最后2个展区于12月25日建成)150多个展项，包含近100个电信业务应用。体验馆设在上海信息大楼2楼—6楼，由方体和球体组成，蕴含天圆地方的设计理念，总面积为3 288平方米。体验馆采用的先进技术有：在IMS系统上的移动和固定的融合、基于IP的多业务传送和多媒体视频通信、利用电信网提供的IPTV技术以及全球微波互联接入(WiMAX)、无线城域网技术和射频识别(RFID)技术，展示电信产品和信息技术应用。该馆以3“I”(创新性INNOVATION、互动性INTERACTION、智能化INTELLIGENCE)为特色，结合独特的“讲故事”演示方式，让参观者感受和体验未来信息生活，在轻松的氛围中感受电信服务并理解电信业务。体验馆是一个创意的空间、交流的窗口、合作的平台。是年，英国商会、英国电信代表团和韩国电信首尔大学干部培训团，参观信息生活体验馆，进行业务交流。

2008年，体验馆打造“体验式营销活动”和“电信新产品体验”2个基地，组织无线城市、电信奥运、数字家庭、世博600天倒计时等4个主题展。开设网上展厅。对主题视频投影、家庭场景营造、RFID(射频识别)超市、视频彩铃DIY、报纸排版及迎世博主题互动多媒体内容、体验馆多媒体屏保等展项进行更新。每月举办一期讲座，内容包括配合电信营销的专题推介、爱心助残公益活动、电信客服明星的聘任仪式和培训活动等。

2009年，体验馆与电信学院开展“e旅阳光”活动，共同打造“e旅阳光”品牌。联合美国高通公司，举办“中国电信3G之旅”启动仪式。举行5期讲座，主要内容包括固移融合和3G新业务等。重点改造家庭区和个人区，新增固移融合业务展项。

2010年，根据不少来宾将参观世博会和体验馆一并考虑的特点，体验馆重新设计参观预约表和预约流程，调整团队作息时间，制定加班及应急保障制度，保证全天候接待。是年，分两个阶段更新展项。第一阶段，展示电信城市光网业务，包括高速上网、多路高清IPTV和魔屏等。第二阶段，着重调整企业区和行业区，展示ECP协同通信、PTT、商务领航产品及各行业解决方案。

2007—2010年，各级领导多次参观和视察信息生活体验馆。2007年，信息产业部部长王旭东、中国电信总经理王晓初等参观体验馆。2008年，上海市副市长胡延照、上海市政协主席冯国勤、国际电信联盟副秘书长赵厚霖、中国电信党组书记尚冰等参观体验馆。2009年，中共中央政治局委员、上海市委书记俞正声等参观体验馆。2010年，中共上海市委常委、宣传部部长杨振武，上海市人大常委会副主任周禹鹏，上海警备区司令员彭水根，中共山东省委常委、副省长王军民，工信部副部长奚国华，中国电信总经理王晓初，中国电信党组书记尚冰，原邮电部、信息产业部部长吴基传，原邮电部副部长宋直元，中国电信老领导周德强等参观体验馆。体验馆获多项荣誉。2007年，被上海市旅游事业管理委员会和上海市科学技术委员会命名为科普旅游示范基地，被共青团上海市委员会命名为上海市大学生社会实践基地。2008年，被中共上海市浦东新区委员会宣传部评为纪念浦东开发开放18周年“我与浦东共奋进”市民看浦东主题教育活动优秀单位。被上海市科普教育基地联合会评为2008年度上海市科普教育基地联合会先进集体。2009年，被上海市科学技术委员会命名为“上海市科普教育基地”。被全国科技活动周(上海)组委会办公室、上海科技节组委会办公室评为2009科技活动周暨上海科技节贡献奖。被中国科学技术协会授予2010年“全国科普教育基地”称号。

表 8-6-4　2007—2010 年信息生活体验馆参观批次和人数情况表

年　份	批　次	人　次
2007	—	2 462
2008	498	8 028
2009	570	9 478
2010	466	7 409
共计	1 534	27 377

图 8-6-5　观众参观上海电信信息生活体验馆

【信息生活体验舱】

2007 年 9 月，上海电信信息生活体验舱项目组成立。2008 年 3 月 5 日，信息生活体验舱开启，体验舱全长 16 米，宽 2.5 米，高 4 米，装有海事卫星设备和微波中继设备。其是以车辆为载体的流动展示平台，展示的业务主要有：全球眼、IPTV、宽带接入、无线覆盖、800 MHz 集群系统、视频会议、固网支付、新视通、智能管家等。体验舱根据不同区县特点，进行业务展示，在南汇区主要展示宽带村村通工程，在普陀区重点介绍上海电信为天地软件园各家高科技企业提供通信业务的情况。体验舱还驶入浦东、奉贤等地区，进行业务展示。9 月 9 日，“世博号”信息生活体验舱启动仪式在上海世博局举行，在世博会倒计时 600 天时，上海电信专门建设“世博号”信息生活体验舱。体验舱分概述区和体验区两大部分。在概述区，主要通过展板和屏幕，介绍上海世博会概况、世博园区建设情况、筹建中的国家和地区展馆风貌、中国电信参与世博会的概况等。在体验区，向用户提供各类信息化应用。

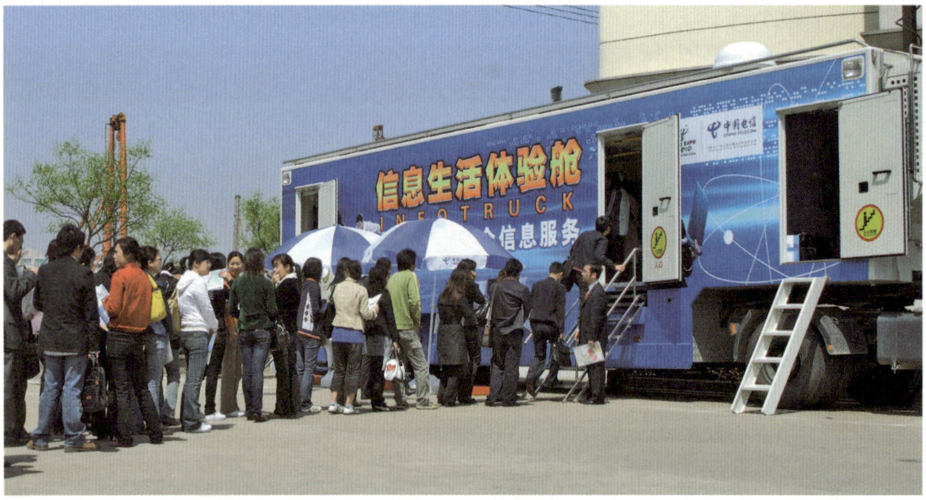

图 8 - 6 - 6 信息生活体验舱驶入奉贤区展示电信业务

四、上海电信博物馆

上海电信博物馆坐落于上海延安东路 34 号，系 1921 年丹麦大北电报公司在外滩建造的电报大厦，为上海市优秀历史建筑。

2000 年 10 月，为弘扬企业文化，展示上海电信的发展历程，上海电信编制《上海电信博物馆筹建规划意见》，对建馆的指导思想、总体目标、主要工作内容和时间做了阐述。

2001 年，初步摸清公司文物和史料的数量和分布状况，登记在册的各类文物和史料共 833 件，其中，实物 430 件，史料 403 件。编制电信设备征集目录，在《上海电信》报刊登征集启示。是年，收集各类电信文物和史料 70 余件。

2004 年，完成《上海电信博物馆总体陈列方案》编制工作，方案将博物馆展区分为电报通信、市内电话、长途电话、无线通信等 5 个部分，系统而有重点地展示上海电信的历史。

2005 年 10 月，上海市文物管理委员会同意公司筹建以电信业为主题的专题博物馆，馆名定为“上海电信博物馆”，主要业务范围包括：展示、收藏、研究与电信发展历史相关的实物及史料。

2006—2007 年，博物馆完成基础设施工程并通过验收，进入布展阶段。多媒体各项目的展片制作工作全部完成，相关硬件设备装置竣工；完成中英文的文字说明和解说词编写，对解说员进行培训。

2008 年 4 月 17 日，上海电信博物馆内部试开放，一期展陈面积约 1 300 平方米，展示从 1871 年第一条电报线进入中国后，上海电信 100 多年的历程。

2010 年 6 月 23 日，上海电信博物馆开馆，中共中央政治局常委、全国人大常委会委员长吴邦国为博物馆题字。上海电信博物馆展陈面积为 1 850 平方米。馆内陈列主要分 5 个部分，由 3 楼的电报通信、市内电话通信、长途电话通信、无线通信，以及 4 楼的综合荟萃组成。陈列品以史料和实物为主，还有绘画、模型、多媒体和一个 16 座的微型影视厅。中共上海市委常委、宣传部部长杨振武，市人大常委会副主任胡炜，市政协副主席钱景林，中国电信总经理王晓初、党组书记尚冰，原邮电

图 8-6-7　上海电信博物馆展厅组图

部、信息产业部部长吴基传，中国电信老领导周德强等出席开馆仪式。截至是年年底，博物馆藏品总数为 4 328 件，其中，实物 1 661 件，史料 2 667 件。共接待 57 批次近千人次参观。

五、上海电信网站

2001 年 1 月 1 日，上海电信网站（www.shanghaitelecom.com.cn）改版。改版后的上海电信网站由四大板块组成：一是上海电信概况；二是电信新闻和热点业务；三是电信资费和企业可公开的数据资料；四是应用服务，包括业务咨询、电话查号及长途电话账单查询等。

2002 年 7 月，上海电信网站“党员之家”频道正式开通。“党员之家”频道设《主题活动》《党员风采》《党员手册》等十余个栏目。

2003 年 12 月，上海电信网站“员工天地”频道试运行，2004 年 2 月正式开通，网址：www.shanghaitelecom.com.cn/webcontent，员工注册后，可了解公司最新的动态，参与互动。

2005 年 10 月，上海电信明确网站板块及建设和维护职责，公司各单位、部门需要新建外部网站的，需获相关部门批准后方可建设。是年，公司网站有“新闻中心”“关于我们”“业务介绍”“招贤纳士”“网上营业厅”等板块。

2008 年 2 月 4 日，上海电信开始对网站进行整理和归并，将上海电信网站（www.shanghaitelecom.com.cn）和网上营业厅（sh.ct10000.com）合并，以网上营业厅的模式（集团统一）为主，形成统一的公司门户网站。7 月，公司网站和长途通信事业部、无线通信事业部等其他单位网站整合并入网上营业厅。

六、报纸

【《上海电信》报】

《上海电信》的前身是《上海邮电报》(内部版)。

1989年1月,经国家新闻出版署批准、上海新闻出版局报刊登记,由上海市邮电管理局主办的《上海邮电报》向全国公开发行,4开4版,每周一期。1993年10月9日《上海邮电报》(内部版)创刊,办报宗旨为“立足邮电,面向基层,围绕中心,贴近职工”。1998年2月7日,根据中共中央、国务院办公厅和新闻出版署以及上海市关于报业治理工作的相关通知要求,《上海邮电报》(内部版)更名为《上海邮电》。

2000年7月1日,《上海邮电》更名为《上海电信》,由上海电信主办,4开4版,每周一期,第1版、第2版为重要和综合新闻,第3版为企业纵横,第4版为文化生活等专版。2005年8月6日第615期,《上海电信》扩至4开8版。扩版后的《上海电信》报分为A和B两个板块。A板块4个版面为新闻板块,主要报道上海电信的重大和热点新闻,以及基层单位的综合新闻;B板块4个版面为专刊版,包括“职场·员工”“业务·服务”“资讯·视角”和“闲情·生活”版。2010年12月25日出版《上海电信》第895期,当期发行量为26 192份。

【《IT时报》】

《IT时报》的前身是《上海邮电报》(社会版)。

1989年1月,经国家新闻出版署批准、上海新闻出版局报刊登记,《上海邮电报》向全国公开发行,4开4版,每周一期。《上海邮电报》以“立足邮电、面向社会”为办报方针,探索邮电新闻社会化的路子,刊登社会读者和邮电职工共同感兴趣的邮电新闻和业务。截至1990年年底,发行量达1.8万份。1992年,邮电管理局决定,办一张完全面向社会、面向市场、面向用户的邮电经济报——《上海邮电报》(社会版),第一期于1993年10月6日出版发行。

2000年11月10日,根据新闻出版署有关批复,《上海邮电报》的主管主办单位变更为上海电信。2003年12月31日,《上海邮电报》(社会版)与读者告别,共出版890期。2004年3月11日,《上海邮电报》(社会版)更名为《IT时报》。《IT时报》立足电子和通信行业,面向信息产业,反映城市信息化建设进程,为促进信息产业的发展提供服务。每周一期,对开16版,期发行量56 845份。2004年5月13日,上海邮电报社更名为IT时报社。2005年6月23日第63期《IT时报》改版为4开48版。2006年3月23日第100期起,《IT时报》报头由原来的方形两行排列调整为横排一行排列。2007年1月5日第139期改版为4开32版,2009年1月2日第237期改版为4开16版。2010年1月1日,设置版面调整为:第1版为“头版要闻”,第2版为“IT快评”,第3、4、5、6版为“新闻搜索”,第7版为“电信生活”,第8、9版为“时报独家”,第10版为“广告”,第11版为“热辣网事”,第12版为“数码先锋”,第13版为“网址导航”,第14、15版为“玩转PC”,第16版为“IPTV”。截至2010年年底,当期发行量达71 933份。

七、会展

【参加上海国际信息通信展】

2000—2006年,上海电信分别参加第9—14届上海国际信息通信展,搭建展台,展示理想商务、互联星空、小灵通等电信业务和终端产品。其间，上海电信还组织专题技术讲座。展会受到各级领导和社会的广泛关注，在2000年6月的通信展期间，信息产业部和上海市领导均先后参观上海电信展台。

【参加中国国际工业博览会】

2000—2001年、2008—2010年，上海电信分别参加中国国际工业博览会，搭建展台，展示科技亮点、新业务和新产品。2008年11月4日，工博会在上海开幕，中共中央政治局委员、上海市委书记俞正声，全国政协副主席、科技部部长万钢，中共上海市委副书记、市长韩正，工业和信息化部副部长奚国华等领导参观了设在工博会上的电信展台。电信展台共有信息服务生活、商务和个人等3个体验区。信息服务生活区展示了移动号码百事通、视频通信、即拍即传、电话支付、高清IPTV、绿色手机等业务与原有电信业务融合的新服务为人们的衣食住行、信息沟通带来的变化。信息服务商务区展示了商务领航、移动办公、总机服务、C+W等业务。信息服务个人区全方位展示电信的移动业务服务能力。"世博号"信息生活体验舱驻扎在展馆外，是上海电信专门打造的"流动"的世博宣传平台，通过现代信息通信技术，向参观者介绍上海世博会概况、世博园区建设情况、筹建中的各个国家和地区的展馆情况、中国电信参与世博会的概况等；提供面向世博组织者、参展者、媒体和游客的各类信息化应用体验。

2009年11月3日，工博会在上海开幕，中共上海市委副书记、市长韩正，工业和信息化部副部长苗圩等领导参观了设在工博会上的电信展台。电信展台展示九大业务亮点。一是LTE 4G，二是采用3G技术的智能汽车，三是物联网应用，四是城市光网，五是信息世博技术，六是IPTV，七是个人信息生活，八是企业商务领航，九是应急通信。工博会上，包括微波、短波通信车；各类车载、便捷式、海事卫星通信车以及油机发电车在内的9辆应急通信车集体亮相，是国内应急通信系统首次在工博会上的集中展示。

2010年11月9日，中共中央政治局委员、上海市委书记俞正声等领导参观电信展台，观看"城市光网"的演示和e云手机、天翼阅读、天翼全球眼等3G应用。此次工博会，电信专辟世博展区，对e云手机等八大科技亮点和小e机器人等18个世博电信新产品做了全方位展示。作为工博会的系列活动，"全球物联网产业发展(上海)论坛"和"移动互联网产业发展国际论坛"于11月8日和10日分别在沪举行，上海电信向与会者阐述和展示了电信在物联网、移动互联网领域的发展战略和高端业务。

【参加其他展览】

2000年8月1—4日，上海电信组团参加上海智能建筑展；12月6日，参加上海信息化建设成果展。2001年，参加首届中国企业文化展，质量管理卓越企业国际展示会。2002年，参加电子政务应用成果展示会、大阪经贸展和互联网应用成果展。2003年12月14—18日，参加沙特阿拉伯展会。2004年12月初，参加墨西哥经贸展。2005年10月1—7日，参加第七届上海动画漫画展览会。2006年，参加电信卡展、国际动漫展、亚太论坛配套电子政务解决方案展。2008年，参加上海教育博览会。2010年，参加高新技术展、浦东新区改革开放20周年纪念展、服务世博工作专项陈列展、中国电信世博纪念展。

第三节　行政事务管理

一、车辆管理

2000 年 12 月，上海电信印发《上海市电信公司关于车辆、驾驶员管理暂行规定的通知》，规范车辆配置和维修、驾驶员管理等，预防交通事故发生，确保公司通信生产用车的正常运行。

2001 年 4 月，上海电信印发《上海市电信公司机动车准驾证实施办法》，明确准驾证指持有有效的中华人民共和国机动车驾驶证的人员，准于驾驶上海市电信公司车辆的证明证件。对准驾证的核发和使用进行明确规定。落实交通安全责任制，控制交通事故发生率，确保机动车道路交通安全。是年，上海电信严格执行对当月保养车辆进行全面检查的验车制度，及时解决问题，确保车辆安全。截至是年年底，上海电信共有机动车 3 082 辆。

2002 年，组织检查全公司车辆 9 次，还对公司 3 124 辆机动车的车容车况、安全性能进行互查和抽查，及时清除机械故障和隐患，配备警告标识和灭火器。

2003 年，组织驾驶员培训 12 期 850 人次，准驾证培训 6 期 610 人次，车管员业务培训 3 期 95 人次。

2004 年，上海电信车辆管理逐步向一级管理模式推进，基本实现车辆的统购统租。9 月，上海电信印发《上海市电信有限公司车辆改革实施方案》《上海市电信有限公司车辆改革实施细则》，根据方案实施改革，完成公转私车辆 260 辆，公司公务接待用车从原来的 875 辆减少至 96 辆，清退租赁车辆 415 辆，节约成本 14%。12 月，为适应公司车辆改革的需要，完善车辆管理和车辆服务的运行模式，成立上海市电信有限公司汽车俱乐部(筹)，主要职责是：组织调度公司领导用车、接待用车和应急用车；负责实施公司范围内生产车辆的更新和报废等工作；为私车公用车主提供日常和应急服务。

2005 年 6 月，上海电信印发《上海市电信有限公司汽车俱乐部(筹)车辆服务办法》，明确汽车俱乐部(筹)的工作职责和流程等。印发《上海市电信有限公司生产车辆管理办法》，加强公司生产车辆的管理，规范生产车辆配置和使用的执行标准，实现对全公司生产车辆配置的结构优化。是年，建立上海电信车辆管理数据库，第一阶段输入车辆数据 1 757 条；开展公司车辆户名的变更工作，截至是年年底，完成 864 辆车的户名变更工作。

2006 年 6 月，上海电信印发《关于实施上海市电信有限公司车辆改革方案的补充通知》，对公司车辆在补贴范围、补贴内容、补贴标准、增加虚拟额度，以及集中管理、核定使用等方面进行补充。8 月，正式成立上海市电信有限公司汽车俱乐部。坚持推行交通安全责任制，严格贯彻公司交通安全考核办法；定期召开车辆管理员安全工作例会，汇总、交流车辆安全信息，每月组织对车辆的安全性能、安全运行和定点停放进行检查。

2009 年 5 月，上海电信印发《中国电信上海公司机动车辆报废处置实施细则》，进一步加强公司机动车辆管理，规范车辆报废处置流程和方式，最大限度地收回报废车辆资金，完成公司首批报废车辆的处置。

2010 年 6 月，上海电信印发《关于中国电信上海公司车辆改革方案的补充通知》，规范交通费用的使用，优化公司成本结构，降低企业成本支出。截至是年年底，公司有各类机动车辆 1 700 余辆。上海电信荣获 2010 年度上海市道路交通安全管理工作先进单位称号。

二、物业管理

2001 年 3 月 29 日，上海电信印发《上海市电信公司局房物业管理办法》，明确管理部门和受委托物业公司的职责，工作规范和服务标准。是年，各单位与实业集团签订的物业管理合同总标的为 1.2 亿元，总体执行情况良好。

2002 年，上海电信委托实业集团进行物业管理的面积约 120 万平方米，费用约 1.3 亿元。

2004 年，上海电信与邮电物业公司、飞鸽物业公司、德律风物业公司签订物业管理合同 13.26 万平方米，物业管理费 1 900 万元。7 月 19 日，上海电信印发《上海市电信有限公司集体宿舍管理暂行办法》，加强集体宿舍管理，更好地发挥集体宿舍的功能。7 月 26 日，印发《上海市电信有限公司局房管理暂行办法》，使局房管理规范化、科学化、合理化和制度化。12 月 3 日，印发《上海市电信有限公司局房租赁管理暂行办法》，加强局房资源管理，盘活存量房产。12 月 20 日，印发《上海市电信有限公司在用局房建筑工程管理办法》。

2005 年，开展局房资产调查摸底工作，对东区电信局等 15 家单位 1 022 幢房屋近 110 万平方米面积进行实地勘测。

2006 年 12 月 22 日，上海电信印发《房屋租赁管理办法》，加强房屋资源管理，盘活存量房产，更好地开发利用公司房屋资源，分阶段实现各类用房从无偿使用向有偿使用转变，规范房屋租赁的管理与流程。会同邮电物业公司、德律风物业公司、飞鸽物业公司签订公司总部机关物业管理合同，涉及管理面积 65.17 万平方米，物业管理费约 2 600 万元。完成产证办理 35 张，完成 409 处无资料及违章建筑房屋的实物复审和账实核对。

2007 年 3 月，上海电信总部搬迁至上海信息大楼办公；完成公司总部出租房屋租金发票的调换、租金催缴回收工作，是年共收缴上市公司、存续公司房屋租金 1 873 万元；为实现公共资源数据共享，完成 2 566 条房产数据的录入工作。

2008 年，做好公司体制调整后的房地产权证的变更工作，涉及房地产权证 499 张，合计建筑面积 139.27 万平方米。截至是年年底，完成房产证变更 488 张。做好闲置房屋土地资产的盘活和清理工作，构建一套比较完善的适合生产发展需要的房地产资源管理体系。经与市政府机关事务管理局和市红十字会多次谈判，市红十字会在是年搬出延安东路 34 号。落实信息网络部、客服质监部、IT 时报社、家庭客户部和上海号百等的房屋置换和搬迁工作，盘活存量用房，共节约房屋租赁费 1 286.41 万元，物业费 105.21 万元。

2009 年 9 月，历时 4 年，完成四平路 621 弄邮电新村综合成套改造项目。

2010 年，完成与上海移动公司互租房屋的清点和核对工作，涉及房屋建筑面积 32 394.79 平方米，土地面积 5 793 平方米。完成对公司所属各部门房屋租入及出租情况的数据汇总和统计。

第四节　对 外 交 流

一、制度和机构

2000 年 9 月 4 日，上海电信印发《上海市电信公司部门职责管理规定》《上海市电信公司部门职责》，明确企业策划部内设外事办公室，主要职责：负责做好外事接待工作，统一管理有关出国（境）及其他涉外工作。

2001 年 2 月 13 日，上海电信印发《上海市电信公司因公出国（境）管理办法》《上海市电信公司外事邀请和外事接待管理办法》《上海市电信公司外事工作人员配置及职责》，加强上海电信的外事工作，规范外事管理制度。

2002 年 3 月，上海电信印发《上海市电信公司和上海电信实业（集团）有限公司因公出国（境）管理工作关系的办法》，明确公司对上海电信实业因公出国（境）管理工作具有业务指导的职能。

2007 年 1 月 23 日，上海电信印发《上海市电信有限公司外事管理办法》，明确企业发展部内设的外事办公室，是公司外事工作的归口管理部门，负责制定外事管理制度及有关规定，组织处理对外关系和日常涉外事务。负责外事邀请、外事接待以及公司领导班子成员的其他涉外活动、因公出国（境）活动，参与重大外事活动的组织实施和协调工作。印发《上海市电信有限公司因公出国（境）管理办法》，规范因公出国（境）管理工作。9 月 26 日，上海电信印发《关于综合管理部与企业发展部机构调整的通知》，企业发展部原内设机构公共关系处/外事办公室成建制划转综合管理部，公共关系处与外事办公室划转综合管理部后分别设置，外事办公室负责公司外事接待、出国境管理和外事日常工作。11 月 16 日，印发《中国电信上海公司兼职翻译人员管理实施细则（试行）》，进一步规范公司兼职翻译人员选拔、使用、培养及日常管理。对正式兼职翻译人员发放上岗培训聘任书，对后备兼职翻译人员进行登记备案。

2008 年 6 月 27 日，上海电信印发《关于综合管理部、人力资源部、党委工作部（企业文化部）机构设置和岗位编制调整的通知》，综合管理部的公共关系处、外事办公室、企业形象工作室（管理职能部分）合并，成立新的公共关系处，明确综合管理部是外事工作的归口部门。

2010 年 12 月 20 日，上海电信印发《中国电信股份有限公司上海分公司外事工作管理办法》，明确综合管理部为公司外事接待的归口管理部门，负责公司外事接待的审核、组织与管控。负责指导和检查各部门/单位在涉外活动中执行外事管理制度的情况。

二、接待

2000—2010 年，上海电信共接待境外来访 1 163 批 7 418 人次，来宾主要有政府及国际组织、电信运营商、合作厂商、其他公司和团体相关人员。来访目的主要有：技术业务交流、商务合作洽谈、考察电信市场、参观电信场所等。技术业务交流和商务合作洽谈的主要内容有：宽带和系统集成项目，流媒体技术和信息内容应用，第三代移动通信技术及数字集群通信技术，固网短信业务，嘉定 F1 锦标赛信息系统项目，楼宇无线覆盖技术，宽带网络电视解决方案、数字媒体技术和游戏终端产品，电子支付业务，小灵通业务和 PHS 技术，绿色数据中心等。

配合政府部门和民间团体的对外交流。2003 年，受上海市信息委委托，举行与以色列政府代表团、以色列驻沪总领事馆以及以色列 17 家 IT 企业的交流会。2004 年，应信息产业部、商务部、上海市政府外事办、外经贸委、科学技术委员会和各国驻沪总领事馆的要求，接待东盟电信技术培训和 APT 技术培训代表团、日本软银集团大型企业家考察团、日本总领事馆和日本财团法人多媒体振兴中心代表团、安哥拉邮电部部长代表团等。2010 年，为联合国合唱团世博系列活动做好接待等。

表 8-6-5　2000—2010 年上海电信外事接待人数情况表

年份	2000	2001	2002	2003	2004	2005	2006	2007	2008	2009	2010
批次	77	133	194	112	160	129	108	70	68	51	61
人数	353	823	1 438	630	1 142	857	747	490	352	276	310

表 8-6-6　2000—2010 年上海电信主要境外来宾情况表

年份	主要境外来宾				批次	人数
	政府及国际组织	电信运营商	合作厂商	其他公司、团体		
2000	加蓬通讯国务部部长、印度信息技术部部长	日本 KDD 公司	韩国 DACO 公司	—	77	353
2001	国际电信联盟无线通信局、英国贸易工业部大臣代表团、朝鲜邮电部部长、新加坡资讯通信管理局局长、亚洲信息通信委员会秘书长	中国香港电讯盈科、韩国电信、日本 NTT	思科公司、微软、惠普、爱立信、NEC	美国波士顿咨询公司	133	823
2002	俄罗斯联邦通信信息化部部长、以色列驻沪总领事馆总领事、越南邮电总局副局长、罗马尼亚通信部部长、文莱通信部电信局	美国电话电报公司(AT&T)、新加坡电信、越南电信	美国 IBM 公司、加拿大北电网络、西门子	以色列企业代表团	194	1 438
2003	以色列政府代表团、以色列驻沪总领事馆	德国电信、韩国电信、泰国正大亚洲电讯、南非电信	爱立信、西门子、法国阿尔卡特、诺基亚、摩托罗拉、美国微软和斯普林特公司	美国毕博咨询公司、日本雅马哈公司	112	630
2004	英国驻沪总领事馆总领事、法国驻沪总领事馆总领事	韩国电信、日本 KDDI、美国 AT&T	微软公司、东芝通信公司、美国 IBM 公司	美国江森自控公司	160	1 142
2005	以色列驻沪总领事馆总领事	新加坡电信、英国电信、安哥拉电信	西门子、IBM、思科公司、美国杜邦公司	—	129	857
2006	日本众议院议员、QUEST 论坛首席运营官	NTT、AT&T、电信盈科、新西兰电信	IBM、三星公司、摩托罗拉公司、英特尔公司	以色列技术代表团	108	747
2007	—	新加坡电信、伊朗德黑兰电信、日本 NEC、威瑞森电信(Verizon)	美国埃森哲、IBM、思科公司、惠普、诺基亚公司、甲骨文公司	—	70	490
2008	—	英国电信、AT&T、德国电信、南非电信	爱立信、摩托罗拉公司、康宁	—	68	352
2009	刚果(金)邮政电话与通信部副部长、以色列驻沪总领事馆副总领事	日本 NTT Com 公司、韩国 SK 电讯公司	美国易安信公司(EMC)、UT 斯达康公司、埃森哲公司、阿尔卡特朗讯	—	51	276
2010	—	法国电信、英国电信、卢森堡邮电、澳大利亚电信公司	微软公司、奔迈公司、思科公司	—	61	310

三、出访

2004 年,由公司领导带队,出访中国台湾地区“中华电信”,探讨沪台两地电信业务特别是增值业务的合作。

2005 年,为参与 2010 年上海世博会的筹备工作,由公司领导率队的代表团分 3 批赴日本参观考察爱知世博会。与爱知世博协会、NTT 西日本公司名古屋支店、德国汉诺威世博办公室、德国电信汉诺威会展项目组等进行专题交流。

2007 年,上海电信技术代表团分别赴南欧和北美考察网络技术;赴日本考察世博会通信保障及信息系统应用。IPTV 项目组参加亚太年会并与新加坡电信和中国香港电信盈科交流。质量管理代表团赴印度出席 QUEST 论坛年会。

2009 年,C 网运维考察培训团赴日本 KDDI 公司考察。

2010 年,围绕公司服务世博及战略转型,加强与境外电信运营商、设备制造商等的合作交流,参与国际会议与论坛,展示电信优势,提升品牌认知度。

表 8-6-7 2000—2010 年上海电信因公出国(境)情况表

年　份	批　次	人　数
2000	81	384
2001	187	849
2002	95	509
2003	135	506
2004	168	530
2005	147	416
2006	134	400
2007	98	308
2008	73	207
2009	77	178
2010	85	211
累计	1 280	4 498

第七章 对外投资管理

第一节 制度办法

2002年3月7日，上海电信参照有关法律法规及中国电信文件，印发公司《对外投资管理办法》，2004年3月和2005年3月进行修订并印发。该办法规范公司的对外投资行为，加强对外投资管理，控制投资风险，提高投资效益。

2003年9月4日，上海电信印发《上海市电信有限公司外派董事、监事及高级管理人员管理办法》，2006年12月26日进行修订并印发，规范公司向对外合资合作企业委派和推荐董事、监事及高级管理人员的行为，规范委派和推荐人员的劳动关系和薪酬管理，加强对委派和推荐人员的考核与培训管理，确保企业和委派、推荐人员双方权益。

2005年3月1日，上海电信印发《上海市电信有限公司、中国电信集团上海市电信公司下属集团公司对外投资实施细则》，主要适用公司对实业集团、信产集团和理想集团的对外投资行为的管理。8月5日，印发《合资企业信息管理办法》，2008年5月23日进行修订并印发。规范公司所属合资企业及专职委派人员的信息报送行为，明确信息报送的范围、原则与职责分工等。10月27日，印发《上海市电信有限公司兼并管理办法》，加强投资管理，规范兼并行为，防范投资风险。11月11日，印发《上海市电信有限公司下属控股子公司全面预算管理办法》，加强控股子公司全面预算管理，规范预算管理流程，建立科学、高效、有序的预算管理体系。

2006年2月5日，上海电信印发《上海市电信有限公司国有产权转让管理办法》，规范公司及所属各级子公司的国有产权转让行为，防止企业国有资产流失。

2010年12月，上海电信将国家、相关部委、中国电信颁布的有关法律、文件及公司对外投资制度、办法汇总，编印《对外投资管理常用法律法规文件汇编》，发至全体委派干部，方便委派干部更好地运用法律和有关文件，依法治企，提高防范风险水平。

第二节 项目管理

一、权限管理和分工

【审批权限】

2000年公司化运行初期，上海电信依据1995年4月20日印发的《上海市邮电管理局对外投资管理办法(试行)》，规定对外投资活动只限于公司及其各直属单位。由各直属单位投资设立的各类经济实体，原则上不再层层开展对外投资活动，特殊情况需报公司审批。投资额在50万元及以上的项目须报公司审批；50万元以下的项目，由各单位审批，报公司备案；中外合资、合作项目，不论投资额大小，均须公司审批。2000年12月，中国电信对各省(市)公司对外投资做出规定，上海电信可审批1 000万元及以下股权性投资项目，超出限额的股权性和所有债权性投资，须经中国电信审批后方可实施。2004年3月，根据中国电信进一步强化对外投资管理的规定，上海电信所有对外投资行为须报经中国电信审批后方可实施。

【职责分工】

2001年4月5日,上海电信成立对外投资董事局办公室,代表公司管理对外投资公司。2002年3月,上海电信对公司相关部门在对外投资方面的职能进行界定,细化对外投资董事局办公室和财务部的职责,明确对外投资的专业管理部门为对外投资董事局办公室,主要职责是:制定对外投资管理办法和研究对外投资政策,提供投资决策参考意见;组织投资项目的立项、可研报告的编制评审和投资合同管理;财务部主要负责新项目和已有对外投资公司的收益管理。2003年9月,上海电信在原对外投资董事局办公室的基础上,成立对外投资管理部,作为职能管理机构,集中管理公司对外投资资产,和相关委派人员一起,代表公司对控股、参股企业依法行使出资人权利,承担相应保值增值责任。2006年2月,上海电信印发《上海市电信有限公司国有产权转让管理办法》,对国有产权转让管理的职责和分工做出规定。对外投资管理部归口管理公司及各级子公司的所有国有产权转让项目,负责产权交易全过程的管控。

二、决策审批流程

上海电信建立健全对外投资决策审批流程,制定完善对外投资内控流程和实施细则。2002年3月,对权益性投资项目,改由主管部门(单位)提出立项申请,对外投资管理部门会商相关部门做出是否同意立项的决定;立项申请通过后,申请部门编制可研报告,由对外投资部组织评审;可研报告通过后,对外投资部牵头相关部门会同投资各方进行商务谈判,形成合作意向,报公司决策。2004年3月,根据中国电信规定,所有对外投资项目开始须报中国电信审批。

三、项目实施

上海电信加强股权投资的投融管退的全生命周期管理,通过新设投资(包括新设公司、增加注册资本和收购股权项目)、吸收合并、股权转让、减资、清算关闭和资产核销6种项目的实施,发挥协同效应,防范风险,确保国有资产保值增值。2000—2004年,上海电信积极开展对外合作,通过成立合资公司,整合合资各方资源,优势互补,抢占市场,延伸公司主营业务价值链。2005年,根据中国电信缩短投资链条、优化投资结构的要求,上海电信开始将重点转移到清理整合不良对外投资上,通过关、停、并、转等处置方式,对部分合资公司进行清理整合,大大缩短对外投资链条,优化对外投资结构。截至2010年,25家合资公司基本实现盈利,整体运行质量良好。

表8-7-1 2000—2010年上海电信对外投资项目及实施情况表 单位:个

年份	新设投资			吸收合并	股权转让	减资	清算关闭	资产核销
	新设公司	增资	收购股权			股权减持		
2000	3	—	—	—	—	—	—	—
2001	5	—	—	—	—	—	—	—
2002	2	—	—	—	—	—	—	—

〔续表〕

年份	新设投资			吸收合并	股权转让	减　资	清算关闭	资产核销
	新设公司	增　资	收购股权			股权减持		
2003	7	1	—	—	—	—	—	—
2004	2	2	—	—	2	—	1	—
2005	2	—	—	1	9	—	1	—
2006	1	1	—	—	1	—	3	—
2007	—	1	1	—	1	2	1	—
2008	—	3	—	—	3	—	2	—
2009	—	—	—	—	6	2	1	1
2010	—	—	—	1	1	1	1	—
总计	22	8	1	2	23	5	10	1

表 8-7-2　2000—2010 年上海电信新设投资项目情况表

	年　份	项　　目
新设公司	2000	上海全通计算机信息技术有限公司成立
	2000	上海上证网络有限公司成立
	2000	上海东方经理人网络信息有限公司成立
	2001	上海信天通信有限公司成立
	2001	上海电信数码通宽带网络有限公司成立
	2001	上海新华电信网络信息有限公司成立
	2001	上海亿通国际股份有限公司成立
	2001	上海育兴信息网络有限公司成立
	2002	上海通创信息技术有限公司成立
	2002	中英海底系统有限公司成立
	2003	上海金栎通通信技术有限公司成立
	2003	上海育才网络教育有限公司成立
	2003	上海国信文化传播有限公司成立
	2003	上海信普尔网络有限公司成立
	2003	上海艾天科技有限公司成立
	2003	上海博三鼎海洋信息工程建设有限公司成立
	2003	上海电信龙讯通信有限公司成立
	2004	上海新视线互动多媒体有限公司成立
	2004	上海市民信箱信息服务有限公司成立

〔续表〕

	年份	项目
新设公司	2005	上海电信百事应信息有限公司成立
	2005	上海电信创世纪建设有限公司成立
	2006	上海付费通信息服务有限公司成立
增加注册资本	2003	上海理想信息产业有限公司增资
	2004	上海电信恒联网络有限公司增资
	2004	上海艾天科技有限公司股权受让增资
	2006	上海热线信息网络有限公司增资
	2007	上海理想信息产业有限公司增资
	2008	上海上外网络教育发展有限公司增资
	2008	上海理想信息产业有限公司增资
	2008	上海国信文化传播有限公司增资
	2007	收购上海阿尔卡特网络支援系统有限公司股权

表 8-7-3　2000—2010 年上海电信吸收合并项目情况表

序号	年份	项目
1	2005	上海电信百事应信息有限公司吸收合并上海电信呼叫信息服务有限公司
2	2010	上海电信住宅宽频网络有限公司吸收合并上海电信数码通宽带网络有限公司

表 8-7-4　2000—2010 年上海电信股权转让项目情况表

序号	年份	项目
1	2004	星通信息技术有限公司股权转让
2	2004	上海上证网络有限公司股权转让
3	2005	上海维赛特网络系统有限公司股权转让
4	2005	上海邮电系统集成有限公司股权转让
5	2005	上海上外网络教育发展有限公司股权转让
6	2005	上海新华电信网络电视有限公司股权转让
7	2005	上海东方经理人网络信息有限公司股权转让
8	2005	上海付费通信息服务有限公司股权转让
9	2005	上海育兴信息网络有限公司股权转让
10	2005	中英海底系统有限公司股权转让
11	2005	上海电信呼叫信息服务有限公司股权转让
12	2006	上海美宁计算机软件有限公司股权转让

〔续表〕

序号	年份	项目
13	2007	上海维赛特网络系统有限公司股权转让
14	2008	上海国信文化传播有限公司股权转让
15	2008	上海新视线互动多媒体有限公司股权转让
16	2008	上海电信实业(集团)有限公司股权转让
17	2009	上海通创信息技术有限公司股权转让
18	2009	国信朗讯科技网络技术有限公司股权转让
19	2009	上海电信百事应信息有限公司股权转让
20	2009	上海理想信息产业(集团)有限公司股权转让
21	2009	上海信息广告有限公司股权转让
22	2009	上海热线信息网络有限公司股权转让
23	2010	上海恩梯梯通信工程有限公司股权转让

表 8-7-5 2000—2010 年上海电信减资项目情况表

序号	年份	项目
1	2007	上海电信实业(集团)有限公司减资
2	2007	上海通创信息技术有限公司减资
3	2009	上海电信恒联网络有限公司减资
4	2009	上海理想信息产业有限公司减资
5	2010	上海市信息网络有限公司股权减资

表 8-7-6 2000—2010 年上海电信清算关闭和资产核销项目情况表

	年份	项目
清算关闭	2004	上海全通计算机信息技术有限公司
	2005	上海育才网络教育有限公司
	2006	上海博三鼎海洋信息工程建设有限公司
	2006	上海育兴信息网络有限公司
	2006	上海邮电系统集成有限公司
	2007	上海信普尔网络有限公司
	2008	上海电信龙讯通信发展有限公司
	2008	上海金栎通通信技术有限公司
	2009	上海在线电子商务有限公司
	2010	上海东方经理人网络信息有限公司
资产核销	2009	上海美亚在线宽频网络有限公司

第三节　合资公司管理

一、合资公司监管

【公司治理】

上海电信按照有关法律、法规和办法,督促控股公司建立规范的企业法人治理结构,按章程定期召开股东会、董事会等,对股东会、董事会议程、会议资料进行审核。在董事会或股东会召开前,组织相关部门对会议议案进行内部研究和论证,形成初步表决意见。经公司领导同意后,下发委派董事作为表决依据。董事会闭会期间,跟踪会议表决结果和后续执行情况。收集并归档合资公司有关财务报告、董事会决议、重大经济合同等。2008 年,中国电信法人体制调整后,原上海电信持有的 20 家子公司股权、所享有的股东权益与利益、所承担的责任与义务均由股份公司无偿承继。上海电信按要求完成法人体制调整的工商变更工作;按照《公司法》要求,修订信网公司等 4 家中资控股公司的章程,进一步明确股东会、董事会、监事会的职责,完善控股公司的法人治理结构。2009 年,根据合资公司的股权变动较为频繁,委派的董事、监事及高管变动较多的情况,投资部启动定期梳理合资公司股权状况和董事、监事的工商备案工作,及时开放新任董事、监事及高管在对外投资管理信息系统中的查阅权限。

【预算管理】

2004 年,上海电信对纳入合并报表的 18 家控股公司推行全面预算管理,包括经营业务预算、资本性支出预算和财务预算等,要求这些控股公司上报年度预算和每月的预算执行情况,建立预算监控流程,按月跟踪预算执行情况,适时调整年度预算,基本实现预算管控。2005 年,上海电信印发《上海市电信有限公司下属控股子公司全面预算管理办法》,强化管理。此后,上海电信加强从预算编制、审核、下达、执行、控制、调整、考核与监督各过程的管理,建立控股公司经营分析会议制度、综合评估体系和预算管理体系,管控控股公司年度预算;通过对控股公司业务类型、发展状况、管理水平等综合分析,合理分解预算及配置资源。定期跟踪预算执行情况,每月编制控股公司月度滚动预算表、月度预算执行偏差跟踪表、基础数据统计表等,分析相关数据,查找问题,采取措施,确保实现年度目标。

【利润分配管理】

上海电信就合资企业的利润分配管理做出相关规定。合资企业实现的税后利润,除经董事会决定用于追加投资外,其余部分应按有关法律和财务制度的规定,按股东出资比例或持有股份比例进行分配。2002—2010 年,上海电信获上市部分合资公司分红 5.46 亿元。

【信息管理】

根据上海电信规定,合资公司上报的信息分为四大类:会计报表及年度审计报告;各类分析报告;其他信息资料;重特大事项。其中,重特大事项包括:贷款、担保或负债;利润分配预案;增、减注册资金;股东方变更或出资比例变更;公司重组、合并、分立、清算意向;经营者持股的激励方案等。2005年8月，上海电信印发《合资企业信息管理办法》，并于2008年5月修订。办法对信息管理原则和职责分工，管理内容，报送时间等均做出规定。同时，上海电信按季通报合资公司执行情况，按年评比，并将结果作为对合资公司及专职委派人员考核的依据。

2005年10月，对外投资管理信息系统试运行，2006年2月，系统正式上线。系统包括：对外投资审批管理；公文和合同管理；内控支撑；各类信息发布等。通过电子平台，实现信息共享，提高工作效率。

二、委派人员管理

2003年9月4日，上海电信印发《上海市电信有限公司外派董事、监事及高级管理人员管理办法（暂行）》，人力资源部是委派和推荐人员（以下简称"委派人员"）管理的牵头部门，负责办理委派人员的选拔、考察、委派或推荐、撤回等事宜；对外投资部负责向人力资源部提出委派或推荐的职位、任职条件；提出委派或推荐的人选建议，制定委派和推荐、调整和撤回流程等。

2004年，上海电信按照有关规定，向合资公司委派和推荐董事、监事和高管，外派及时率保持在95%以上。在选派过程中，严格按照领导人员任职的条件和干部任免程序推荐、确定委派人员，确保委派人员的综合素质和能力水平和任职岗位相符。上海电信成立专项小组，建立健全与委派人员相关的制度，包括：依据《上海市电信有限公司对外投资考核管理办法》、委派人员重大事项报告制度等，进一步明确人力资源部负责管理委派人员的选拔任用工作，对外投资管理部负责委派人员的日常管理工作；按照市场运作方式，进一步规范委派人员的劳动人事关系；规范委派人员的任期制度，强化任期考核力度；与委派人员签订《业绩合同》，完善委派人员年度绩效考核制度；优化委派人员的岗位配置，加大委派人员岗位交流力度；加大薪酬管理力度，保障委派人员的合法权利，增强委派人员的企业归属感。

2006年，通过合资公司董事会，加强对合资公司经营层的目标考核，在住宅宽频、电信恒联等3家控股公司董事会中，试行高级经营管理人员薪酬管理办法，改善其薪酬与经营结果结合较弱，奖惩不明的状况，效果较好。

2007年，建立完善委派人员的绩效考核机制，结合对外投资管理部的年度经营目标，实施对委派人员的年度绩效考核，沟通反馈考核结果。

2008年，对控股公司的考核和委派人员考评开始一并进行，通过听取委派人员述职、实地检查、中层干部访谈、民意测评、征求董事长意见等方式，对委派人员及控股公司做出较为客观的评估。基本实现对控股公司的考核与委派人员考核的统一。

上海电信将委派和推荐人员的学习培训列入计划，帮助委派人员运用相应的原理和方法，提高管理能力和水平。

表 8-7-7　2003—2010 年上海电信委派干部培训内容情况表

时　间	培　训　内　容
2003年1月24日	公司投资方案和融资方案评估
2004年3月1日	公司资本经营与风险防范
2005年5月19日	上海国有企业改革宏观形势和政策
2005年5月26日	国有资产保值增值与财务若干热点问题

〔续表〕

时　间	培　训　内　容
2005年6月2日	合资公司财务会计报表析评
2005年6月9日	企业战略思维
2005年6月16日	上海电信新技术、新业务的应用及发展趋势
2005年10月20日	国家税法制度改革趋势与税收政策
2005年10月27日	董事会建设和运作(理论和实务)
2005年11月3日	上海电信市场竞争趋势与策略
2005年11月10日	电信行业的法律和政策
2006年6月8日	公司战略转型和精确化管理
2006年6月22日	新“公司法”介绍
2006年6月29日	企业风险的控制和防范
2006年11月9日	IPTV技术和业务(上午);创新思维拓展(下午)
2006年11月10日	萨班斯—奥克斯莱法案
2007年第2季度	高校的时间管理
2007年第3季度	企业经营与风险管理
2008年11月6日	3G业务培训
2008年11月7日	劳动合同争议案例分析;经济学基本原理
2009年3月24日	中国经济形势分析
2009年3月25日	上海世博会筹备情况及商机(上午);安全生产警示片(下午)
2009年11月8日	东西方哲学和文化差异在思维方式及文化背景方面的比较
2009年11月9日	社会心理学
2010年第2季度	后全球金融危机时代世界经济形势和中国经济形势的发展趋势及展望
2010年第3季度	针对合资企业面对市场竞争带来的转型压力,采用走出去考察交流方式,探索企业转型的有效途径和方式
2010年第4季度	全业务经营时代,三大运营商的竞争格局对新技术和新业务应用和发展的影响,对合资企业的发展有什么积极意义
2010年第4季度	尊重生命,关爱健康,营养与健康保健常见的热点问题
2010年第4季度	合资企业法人治理结构的运营特点、运作模式和权力制衡;经营班子在合资企业中的地位和作用

三、风险管理及评估

【风险管理】

2004年3月,上海电信对被投资企业营运风险的监测及管理做出相关规定。

2005年,为贯彻落实国资委《关于开展中央企业高风险投资业务摸底调查工作有关事项的通知》精神，上海电信对纳入合并报表的18家控股公司进行高风险投资业务调查，结果表明：上海电信无从事高风险投资业务的情况。

2006年3月，上海电信印发《上海市电信有限公司与财务报告相关的内部控制管理暂行规定》，对控股子公司实行内部控制管理提出要求，4月，上海电信启动控股子公司内控工作，信网、信天等控股公司，比照上海电信《内控实施细则》，全方位梳理管理制度，对合理性和有效性进行检查、修订和整改。建立内控流程，包括：一般工程资本性支出、固定资产管理、存货管理、产品定价及业务受理、货币资金管理、一般成本费用支出、会计报表编制、预算管理和财务分析等业务流程。

2007年，为降低投资风险，规范控股子公司内控管理。上海电信对控股子公司进行内控管理现场指导，完善内控流程。

2008年，根据中国电信有关控制投资风险的要求，上海电信印发《中国电信上海公司高风险投资管理办法》，明确高风险投资定义，即：会计核算中计入"交易性金融资产""可供出售金融资产""持有至到期投资"的投资，包括但不限于对股票、基金、央行贴现票据等金融理财产品的投资。规定全资子公司无高风险投资权限，控股子公司原则上无高风险投资权限。若因特殊原因需进行高风险投资的，需逐级上报上海电信审批后进行。

【后评估及综合评估】

上海电信在《对外投资管理办法》中，对对外投资项目的后评估及综合评估管理做出相关规定。按照办法规定，对新实施投资项目进行跟踪分析，评估项目运营情况；收集、分析、整理被投资企业有关会计报告并对被投资企业的获利能力、资产使用效益、偿债能力进行评估和考核；分析合资公司未来盈利情况，预测投资收益；提供投资收益处理意见；定期对公司对外投资项目进行分析、总结、评估投资效益，包括业务收入、净利润、净资产收益率和总资产报酬率等，对合资公司年度的营运情况做出综合评估。

2005年，在对合资公司的成本、收入、盈利模式、业务发展前景分析的基础上，上海电信建立合资公司综合评估体系，2006年在住宅宽频等5家合资公司进行试点，通过尽职调查、行业前景、内部资源、经营状况的历史数据分析，形成诊断报告，在下一年控股公司预算模型中，采用评估成果，将控股公司分成发展、维持、观察及转型等4个类别，并配置不同的资源，使控股公司的预算更为合理。2010年，在原有基础上，增加对上海电信合并报表的财务业绩、投资收益、隐性收入、隐性净利润贡献等分析。通过综合评估，用数据反映合资公司的贡献，引导合资公司为上海电信创造更大价值。

截至2010年年底，公司上市部分原始投资8.94亿元，股东权益与累计分红28.73亿元，增值19.79亿元。2002—2010年投资回报复合平均增长率为13.85%。

第四节　主要控股公司

一、上海市信息网络有限公司

上海市信息网络有限公司（简称"信网公司"）由电信（2008年前，指管理局或上海电信；2008年后，指中国电信）与上海市信息投资股份有限公司于1999年2月2日合资成立。注册资本6 000万元人民币，双方出资比例为70%和30%。经营范围：建设、运营上海市宽带信息网络平台；向社会提供宽带网络承载业务;开发宽带消息源;销售网络设备及其他信息技术产品。主营业务是数据通信。2002年、2003年信网公司股东先后两次完成同比例增资,注册资本为2亿元人民币。2010年上海市信息投资股份有限公司单方面减资282万元,注册资本为19 718万元人民币。

信网公司成立初期即向社会推出异步传输网(ATM)和帧中继(FR)业务。2000年,网络覆盖上海市区约60%和郊县主要乡镇地区。2002年,实现盈利,推出仿真局域网(ELAN)专线业务,通过ISO9001质量管理体系的认证。2004年,融入上海电信公司的业务受理、故障处理、账务处理的三统一平台,全面提升服务质量。2006年,利用专线网络的优势及客户资源,向品质较高的企业客户,推出专线上网业务。2007年,推出互联网数据中心(IDC)业务,与电信以合作机房模式运行。2009年,为满足客户发展的需求和提升网络的服务质量,信网公司对电信级以太网(CE)进行优化升级。2010年,信网公司宽带网络覆盖全市,为社会、企业和个人提供优质高效的宽带信息承载业务,为上海信息港工程建好平台。ATM网络规模达8个核心节点,143个边缘节点。CE网络规模达4个核心节点,14个边缘节点,362个接入节点。为工行、农行、建行、农商行等大客户提供高质量的数据专线应用服务。信网公司用户涉及金融行业、大型企业和政府机关。用户电路数达9 911条,其中,ATM 1 016条、FR 2 782条、ELAN 6 113条。业务收入3.25亿元。信网公司分别于2009年、2010年被虹口区人民政府授予"纳税重大贡献奖"。

二、上海信天通信有限公司

上海信天通信有限公司(简称"信天公司")由电信、上海市信息投资股份有限公司与美国电话电报公司(以AT&T名义在浦东成立的子公司)于2001年2月26日合资成立。注册资本2 000万美元,三方出资比例为:60%、15%、25%,成为国内首家外资直接参与网络运营的公司。经营范围:在上海浦东地区提供IP增值服务(IP电话除外)及与上述业务相关的技术服务(不含承接相关

图8-7-1 上海电信与上海信天通信有限公司签字仪式

工程和设计业务，涉及许可经营的凭许可证经营）。

2002年7月，随着美国电话电报公司国际站点建成，信天公司开始为客户提供美国电话电报公司的虚拟专用网服务。2003年，基于多协议标签交换技术的虚拟专用网服务上线。2004年，客户达到100家，多为跨国企业，涵盖金融、物流、零售等行业。2006年，本地虚拟专用网服务上线。2010年，信天公司业务覆盖中国大陆及中国港、台地区93个城市，在3 297个客户点上提供终端设备的安装和维护工作，经营收入4.38亿元。

三、上海电信住宅宽频网络有限公司

上海电信住宅宽频网络有限公司（简称“宽频公司”）由电信与上海瀚洋住宅科技发展有限公司（后更名为上海永高建设有限公司）于2000年10月24日合资成立。注册资本3 000万元人民币，双方出资比例为60%和40%。经营范围：宽带网络的开发、工程建设、接入与服务，宽带网络的多媒体信息服务，楼宇智能化建设、系统集成、技术开发、技术服务、设计施工，计算机软硬件的开发、销售，网络及电子信息技术咨询服务，安全技术防范工程的设计、施工、维护和综合通信工程，普通住宅的开发与建设。主要业务：LAN接入、系统集成、住宅配套和代办工程。

2001年，为拓展宽带市场，股东双方同比例增资，注册资本为5 000万元人民币。2009年，获市科委、市财政局、市国家税务局和地方税务局颁发的高新技术企业证书。2010年7月，宽频公司吸收合并上海电信数码通宽带网络有限公司，由电信、上海永高建设有限公司和上海数码通宽带网络有限公司三方合资组建，注册资本1亿元人民币，三方出资比例为60%、20%、20%。是年，上海电信为加快城市光网的建设，避免用户流失，收购宽频公司的公客网络资产，统一管理。年末，宽频公司宽带网络覆盖小区用户58.14万户，在用小区宽带用户8.74万户，业务收入1.71亿元。

四、上海电信恒联网络有限公司

上海电信恒联网络有限公司（简称“恒联公司”）由电信、上海市漕河泾新兴技术开发区发展总公司和上海英特耐特网络信息技术有限公司于1997年4月30日合资成立。注册资本1 880万元人民币，三方出资比例为51%、25%、24%。主要经营计算机、网络项目集成专业领域内的技术服务、技术开发、技术咨询、技术转让；计算机信息服务及计算机软件研制，通信工程设计施工，电子计算机及配件、电子产品及通信设备、文化办公机械、普通机械、百货的销售（涉及许可经营的凭许可证经营）。在漕河泾开发区内，主营电信基础业务、智能网、增值业务等，为开发区的客户服务，着眼于漕河泾数字化园区的建设。2004年1—2月，上海英特耐特网络信息技术有限公司将其股权全部转让给上海市漕河泾新兴技术开发区发展总公司，恒联公司又将注册资本增至4 225万元人民币。增资后，电信占51%；上海市漕河泾新兴技术开发区发展总公司占49%。2008年6月，电信收购恒联公司所有网络资产，恒联公司注册资本减为1 000万元。股东双方股权比例不变。

2001—2007年，恒联公司完成“驻地网”建设任务，在漕河泾开发区布设基础网络，实施电信业务的区域代理销售工作。2008年，恒联公司完成业务转型，成为上海电信全业务代理公司，业务收入稳步增长。12月2日，通过ISO9001：2000标准国际质量管理体系认证。12月25日，获市科委、市财政局、市国家税务局和地方税务局颁发的高新技术企业证书。2010年，恒联公司用户1 996户，业务收入2 334.42万元。

五、上海凯讯通信工程有限公司

上海凯讯通信工程有限公司(简称"凯讯公司")由电信和日本国KDD株式会社于2000年5月9日合资成立。注册资本70万美元,双方出资比例为51%和49%。经营范围:通信网络和用户专用通信网络的系统集成的设计、安装、调试、保养(限于用户专用通信网络的保养)、咨询;有关通信系统的计算机软件的开发、销售自产产品;电信新技术和新业务的开发、咨询、工程承包。经营业务为:系统集成设备销售、工程、维护;IDC托管业务;其他电信和互联网增值业务。主要为在华日资企业提供从网络的规划、设计到结合设备采购、网络构筑、工程管理、数据中心运维等的全方位ICT服务。2010年,凯讯公司用户400余户,业务收入5 506万元。

六、上海艾天科技有限公司

上海艾天科技有限公司(简称"艾天公司")由电信和上海普恒信息通讯技术有限公司于2003年5月20日合资成立。注册资本300万元人民币,电信参股。2004年,双方出资比例调整,电信控股,占51%,注册资本不变。经营范围:计算机软硬件、网络、系统集成、通信工程、数码信息技术专业领域内的"四技"服务、商务咨询、投资咨询、会务服务、销售通信设备(不含卫星地面接收装置)、计算机配件、电子产品(涉及许可经营的凭许可证经营)。主营业务:社区信息化平台业务、计算机系统服务等。

艾天公司成立初期仅经营IP超市业务,2004年,艾天公司锁定目标市场为流动人口和中低收入的非本地用户,大力发展公用电话服务站业务,建立业务品牌,将新增的营业网点取名为"上海电信公用电话服务站",调整营销策略,通过发展二级代理、降低加盟门槛等方式,扩大市场份额。2005年,配合上海电信发展小灵通业务,组成负责营销、物流管理和接洽代理的团队,开通网上营业厅,营销小灵通近16 000部。2008年,增加业务品种,为新上海人提供就职、租房、交通换车等信息类服务;完成公话欠费平台的建设工作,由原来的人工催欠模式,优化为平台自动催欠与人工催欠相结合的模式,及时回收欠费;积极承揽郊区公话超市业务。2010年,艾天公司重点抓好客户维系和存量保有工作。业务收入758万元。

附:2010年年末中国电信委托上海电信管理全资、控股、参股公司情况表

表8-7-8　2010年年末上市公司投资的公司情况表

序号	名称	股权情况
1	中国海底电缆建设有限公司	中国电信股份有限公司全资
2	上海理想信息产业(集团)有限公司	中国电信股份有限公司全资
3	上海信息产业(集团)有限公司	中国电信股份有限公司全资
4	上海热线信息网络有限公司	上海信息产业(集团)有限公司全资
5	上海信息广告有限公司	上海信息产业(集团)有限公司全资

〔续表〕

序号	名　　称	股权情况
6	上海电信百事应信息有限公司	上海信息产业(集团)有限公司全资
7	上海国信文化传播有限公司	上海信息产业(集团)有限公司全资
8	上海市信息网络有限公司	中国电信股份有限公司控股
9	上海信天通信有限公司	中国电信股份有限公司控股
10	上海电信住宅宽频网络有限公司	中国电信股份有限公司控股
11	上海新华电信网络信息有限公司	上海信息产业(集团)有限公司控股
12	上海电信恒联网络有限公司	中国电信股份有限公司控股
13	上海凯讯通信工程有限公司	中国电信股份有限公司控股
14	上海艾天科技有限公司	中国电信股份有限公司控股
15	上海上外网络教育发展有限公司	上海信息产业(集团)有限公司参股
16	上海阿尔卡特网络支援系统有限公司	中国电信股份有限公司参股
17	上海电信创世纪建设有限公司	中国电信股份有限公司参股
18	上海市民信箱信息服务有限公司	上海信息产业(集团)有限公司参股
19	上海市信息投资股份有限公司	中国电信股份有限公司参股
20	上海付费通信息服务有限公司	上海信息产业(集团)有限公司参股

表 8－7－9　2010 年年末存续公司投资的公司情况表

序号	名　　称	股权情况
1	上海电信实业(集团)有限公司	中国电信集团上海市电信公司全资
2	上海恩梯梯通信工程有限公司	中国电信集团上海市电信公司参股
3	上海复旦光华信息科技股份有限公司	中国电信集团上海市电信公司参股
4	上海电信创世纪建设有限公司	中国电信集团上海市电信公司参股
5	上海亿通国际股份有限公司	中国电信集团上海市电信公司参股

第九篇

企业信息化

概　述

1996 年，上海市邮电管理局根据邮电部统一下达的“九七”工程规范白皮书，开始围绕生产运营和职能管理，先后建设“九七”营业系统、本地计费账务系统、客户服务系统、112 故障处理系统、综合办公服务系统、财务管理系统、经营分析系统、营销主渠道管理支撑系统等，改变传统的手工操作模式。

2000 年，上海电信公司化运行后，整合已有的营业条线、财务条线、数据条线的信息系统，启动统一的企业信息系统建设。2002 年，上海电信通过建立信息化建设领导小组、成立企业信息化部等组织保障措施，对原有的条块化信息系统进行整合改造，加快企业信息化建设。2003 年 7 月，上海电信完成《中国电信 ITSP 上海信息系统整合规划项目》的三阶段报告，着力建设新一代 MBOSS 系统。系统结构分为面向人力、财务、工程等企业管理的管理支撑系统、面向市场营销和客户服务的业务支撑系统、面向资源配置和网络运营的运营支撑系统、面向经营分析决策和信息数据管理的企业数据架构。MBOSS 系统通过企业应用集成平台进行集成并承载在一个统一的企业信息化网络基础平台上，由专业化和集约化的系统运营环境企业数据中心进行管理和维护。随后，上海电信开展一系列信息化系统和平台建设。2005 年 8 月，上海电信 MBOSS 信息系统整合项目工程通过验收。是月，上海电信被国家信息化测评中心评为“企业信息化标杆企业”。

2007 年，中国电信加强企业信息化建设的统一规划和部署并逐渐向一级部署、二级运营的目标发展。上海电信在企业信息化建设方面也加大投入，确保中国电信的要求落地。

2008 年 10 月，上海电信为实现 CDMA 业务的平滑过渡，对以客户关系管理、综合业务处理为代表的生产系统和管理支撑系统进行全面适配移动业务的改造和功能扩建。2009 年，上海电信开始对 IT 系统进行完善改造，打造支撑全业务运营的企业信息化系统。

截至 2010 年，MBOSS 架构下的企业信息化网络基础平台和企业数据中心初具规模，以客户关系管理系统、新计费财务系统、运营数据仓库、企业资源计划等为代表的核心生产系统和管理支撑系统日趋完善，上海电信企业信息化走向规范化和专业化。

第一章　企业信息化总体规划

第一节　IT 战略规划

2003 年,中国电信制订企业 IT 战略与计划(ITS&P),指导未来 3—5 年中国电信 IT 建设。7 月,上海电信完成《中国电信 ITS&P 上海信息系统整合规划项目》第一、第二、第三阶段报告。报告谋求使上海电信 IT 发展战略规划与集团公司的规划方向与规范相符合,保证上海电信未来的 IT 开发和集团公司的发展方向及政策相一致。

报告显示,上海电信 IT 规划第一步是要实施数据整合,建立运营数据仓库,完成上海市区营业系统和郊区营业系统的合并,然后归并数据营账系统和长途营账系统,组成一个完整的市域营业系统,联合计费系统,组成数据仓库。第二步是将该数据仓库扩展,进行商客分析和关键指标分析等。同时建成逻辑数据模型(Logic Data Model, LDM),在客户和产品主题的基础上涵盖另外两个主题计费和资源。第三步是在 LDM 的基础上构建相应的操作型数据存储(Oprational Data Store, ODS)物理模型和实现 ODS 物理数据库,将客户关系管理系统、服务开通系统、综合资源管理系统、综合计费系统等源系统的数据导入 ODS 物理数据库,新建企业数据仓库(Enterprise Data Warehouse, EDW)。最终 EDW 所需要的数据将直接来自 ODS,而不是直接来自各个业务运营系统。

第二节　IT 滚动规划

2004 年 11 月,上海电信制订《上海市电信有限公司企业信息化发展滚动规划(2005—2007 年)》。总体目标是:在现有企业信息化网络基础平台(Enterprise Network Infrastructure, ENI)和企业数据中心(Enterprise Data Center, EDC)基础上,通过对 ENI 和 EDC 的不断扩容、升级和完善,真正建成一个覆盖全公司范围的企业级基础网络平台和承载不同层面的业务应用系统的运行平台,最终成为上海电信企业信息化的核心基础平台,为公司内部管理应用提供一个统一的运行环境和网络平台,实现各业务系统之间的资源充分共享。

该规划根据中国电信信息化战略规划和上海电信信息系统整合规划,制定信息系统目标架构。架构分为面向人力、财务、工程等企业管理的管理支撑系统(Management Support System, MSS)、面向市场营销和客户服务的业务支撑系统(Business Support System, BSS)、面向资源配置和网络运营的运营支撑系统(Operation Support System, OSS)、面向经营分析决策和信息数据管理的企业数据架构(Enterprise Data Architecture, EDA),统称 MBOSS。

MBOSS 目标架构的建设分阶段实施。在统一规划、分步实施、数据共享、应用导向、平稳过渡、业务驱动、投资保护、团队培养八大基本原则的指导下,通过两年的时间,部署完成 MSS/BSS/OSS 的主要关键应用,通过不断的优化完善,逐步实现上海电信的企业信息化目标。

2006 年 2 月,上海电信以中国电信 MBOSS 规范为指导,结合上海电信实际情况,制订《中国电信集团公司上海电信 MBOSS 滚动规划(2006—2008 年)》。规划期目标是:在现有的建设成果和

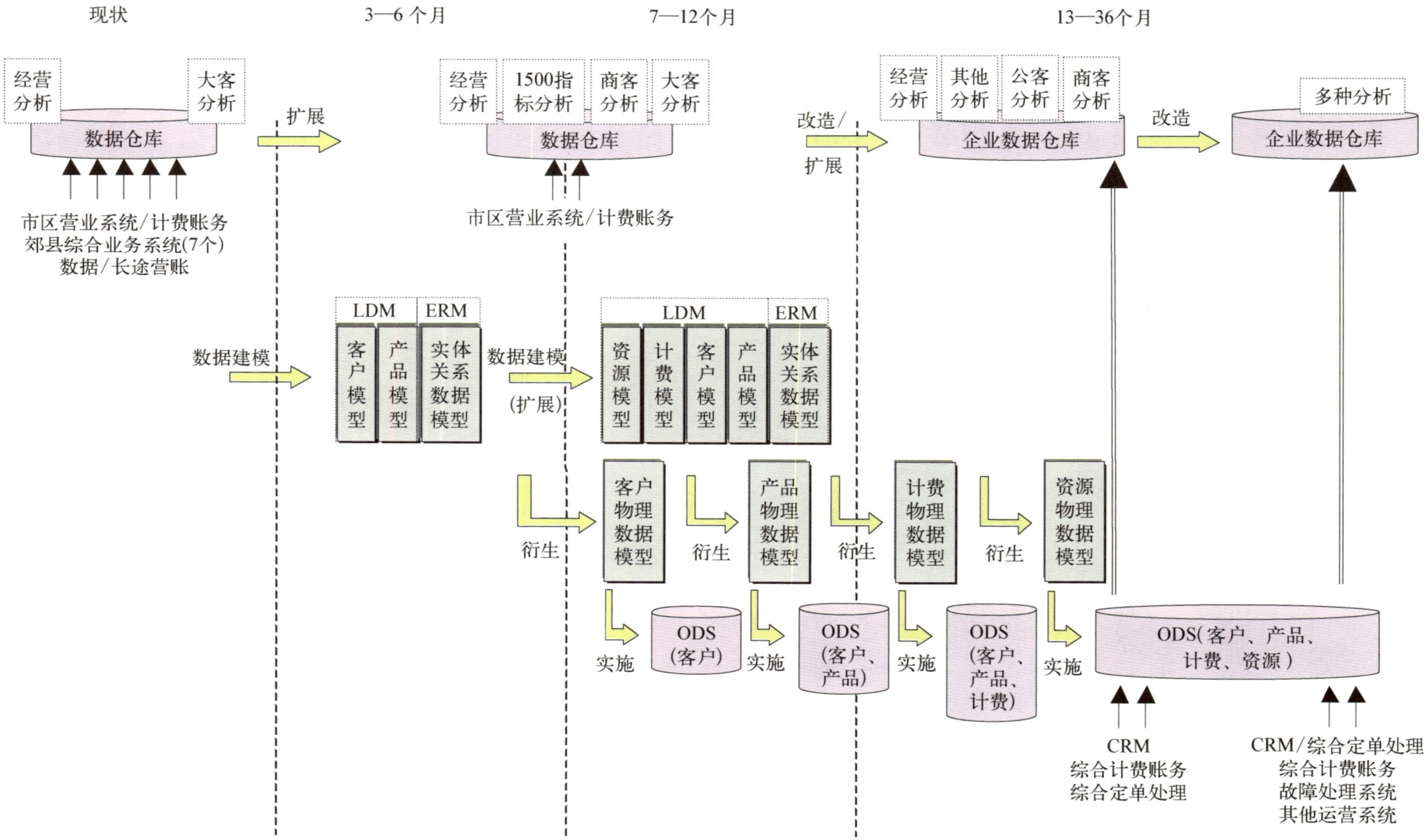

图 9-1-1　上海电信数据整合实施规划

说明：1. ERM：企业资源管理，Enterprise Resource Management。
2. CRM：客户关系管理，Customer Relationship Management。

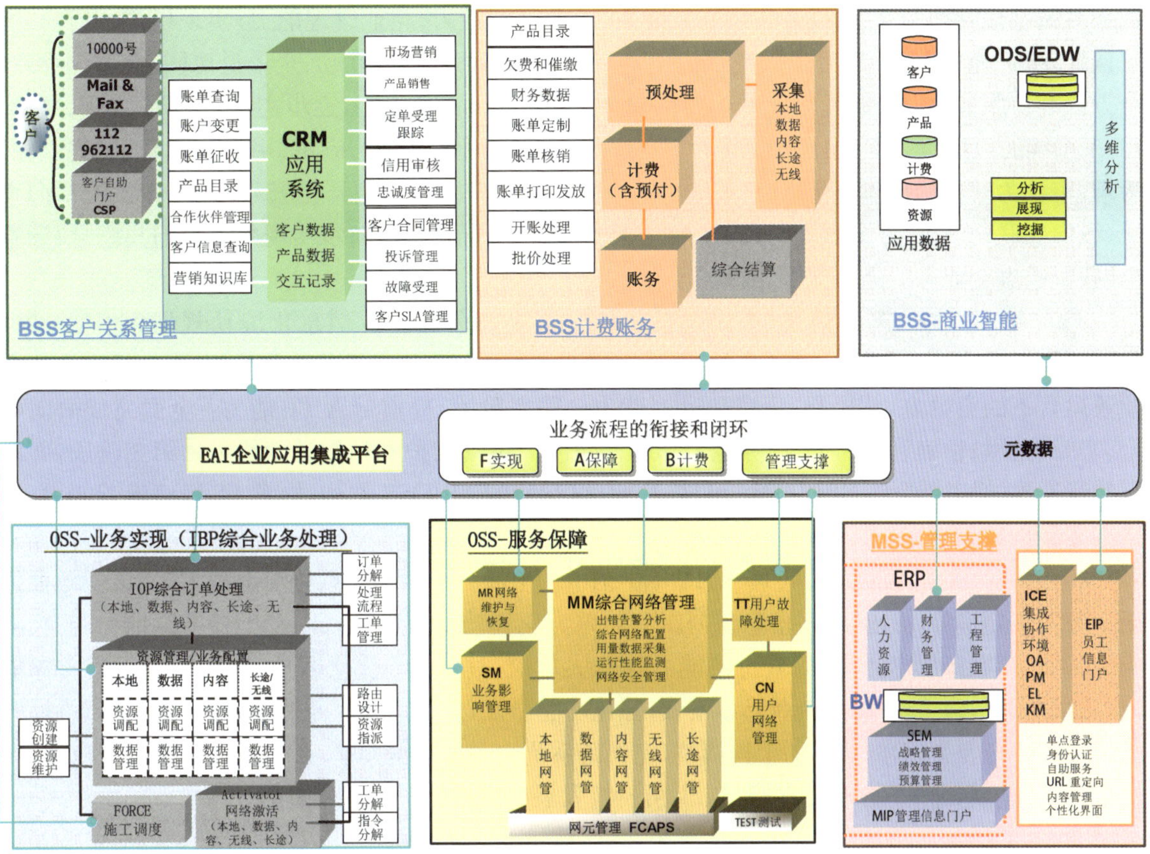

图 9－1－2　上海电信 MBOSS 架构图

IT 资源基础上，重点改造和升级运营支撑系统，建成并扩充业务支撑系统，建成并不断优化企业数据架构，补充和优化管理支撑系统，进一步扩充 ENI 和 EDC 平台的建设，通过企业应用集成(Enterprise Application Integration，EAI)平台进行系统集成、应用整合，在 2—3 年时间内完成 MSS/BSS/OSS/EDA 系统域中主要关键应用部署和系统集成，进一步提升客户管理、市场营销、业务开通、服务保障、服务计费和企业管理的支撑能力；整合信息数据资源，建立先进的信息数据管理体系，保证数据的完整性、有效性、及时性和安全性，在整个企业内实现信息的完整统一和有序共享；伴随系统的建设，强化专业化的信息化组织、有效的支撑体系和规范的管控流程，保障各类系统的正常运行；随着业务和网络的发展，不断优化完善 MBOSS，最终建成与上海电信企业转型和精确化管理相适应的新一代 MBOSS 企业信息化综合平台以及与之相适应的专业化 IT 管控体系。

2006 年 11 月，上海电信制订《中国电信集团公司上海电信企业信息化滚动规划(2007—2009 年)》。规划期目标是：优化 EDA 企业数据应用平台；优化和完善 CRM 客户关系管理系统；逐步建成融合的计费账务系统；加快网络资源系统整合；完善 ERP 企业资源规划系统；不断完善和增加 ICE 集成协作环境应用功能；开展面向 3G 的 BSS/OSS/EDA 系统支撑功能建设；梳理并完善 IT 管控流程，健全内部客户服务体系。

2007 年 11 月，上海电信制订《中国电信有限公司上海公司信息化滚动规划(2008—2010 年)》。规划提出信息系统演进思路：以品牌支撑为切入点实现差异化服务和主动营销；围绕企业转型和精确管理两条主线，以转型产品支撑为重点，促进企业转型；以针对性营销、资源优化配置为抓手，加强对精确化管理的支撑;提升客户服务能力、企业运营能力、企业管理能力;实现以统一门户、统一认证、统一充值、统一支付为代表的四统一,以全业务运营、全网联动、全渠道协同、全过程管理、全方位客户服务为代表的五全。重点进行两项工作:建设灾备中心,逐步实现对BSS、OSS、MSS、EDA系统的应用级灾备;建设安全平台,形成涉及终端、网络、主机、应用、用户权限管理,集监控、管理、审计为一体的整体安全体系。2008年支撑客户品牌引领的差异化服务;2009年进行横向贯通、纵向互联,支撑业务全程全网;2010年全面支撑企业价值提升,初步实现内外部门户整合、计费全网联动、融合业务的全面支撑、服务保障的全过程管理。

2009年11月,上海电信在《中国电信集团公司上海公司企业信息化滚动规划(2010—2012年)》中提出3个阶段目标。第一阶段,有效支撑业务需求:加强数据整合与应用,有效提升企业全业务运营下的竞争力,提升IT管控和运维能力。第二阶段,提前部署IT能力:全面完成面向融合、实时、全网、精确管理的IT服务能力部署;提升IT主动维护和精细运营能力。第三阶段,面向可持续发展的架构调优:建成灵活、可靠、高效、可运营的MBOSS架构;提升IT敏捷运营能力,打造服务型信息化组织。

2010年,上海电信制订《2011—2013年中国电信上海公司企业信息化滚动规划》。该规划根据全业务发展新形势,提出“客户信息化创新”和“差异化移动发展”思路,以及提升基础维护能力、响应市场能力、服务用户能力,提升价值能力等八大举措,具体为:优化客户感知,提升渠道支撑能力;持续推进精确管理,促进企业降本增效;强化功能建设,全面提升业务能力;优化技术体系,提升全网实时融合能力;面向服务的架构调整,完善跨系统协同和数据共享;云计算技术探索与应用,打造集约高效可靠的IT基础设施;落实IT可持续发展机制;推进IT精细运营。

第二章　基础设施建设

第一节　机 房 建 设

上海电信企业内部信息化经过多年建设，已形成一定规模，开始进入新的阶段。2003 年 1 月，上海电信将北泰通信大楼第 5 层作为信息中心通信机房，建设面积 1 000 平方米，可容纳 300 个标准机柜，不间断电源(UPS)负载 200 千伏安(kVA)。12 月，上海电信营账系统迁入。2005 年 7 月，竣工验收。2007 年 2 月，在北泰 5 楼机房扩容 UPS 设备，负载扩至 400 kVA，增加相应的空调设备，成为上海电信企业信息化的第一个 EDC 平台主数据中心，承担管理支撑系统、计费账务支撑系统、客户关系管理系统项目等核心平台的运行。

随着应用系统的不断割接与整合，北泰 EDC 节点机房容量已趋饱和，无法满足公司企业信息化进一步建设的需求。2005 年 9 月，上海电信择址云莲机房 5 楼，启动 EDC 机房二期建设，建设面积 270 平方米，可容纳 69 个标准机柜，有一套 1+1 容量 200 kVA 的 UPS 系统，以及相应配套基础设施，2007 年 10 月竣工验收。建成后不仅承担北泰 EDC 机房容量扩展功能，而且形成数据中心整体的数据级容灾能力。投产使用后，陆续安装综合业务处理系统、网厅、外部客户信息查询系统、企业数据仓库、客户关系管理系统扩容平台等多个系统设备。2008 年 8 月，随着移动业务的上线，上海电信开始云莲 EDC 南机房建设。2009 年 6 月，云莲 EDC 南机房通过竣工验收。该机房可容纳 78 个标准机柜，扩容增加 1 台 200 kVA 的 UPS，使云莲机房 UPS 设备增至 3 台，形成 2+1 容量 400 kVA 的系统。根据云莲 5 楼南机房具备的业务承载能力，陆续迁入综合办公服务系统、MSS 域、OSS 域的平台设备。

2007 年 6 月，上海电信在中国电信信息园区进行 EDC 机房三期建设，该机房定位为核心应用数据的远程容灾节点。11 月，工程竣工验收。信息园区 EDC 机房建设面积 450 平方米，可容纳标准机柜 127 个，配置一套 1+1 容量 400 kVA 的 UPS。安装 OCS、固网支付、市场营销知识库等系统。2008 年对信息园区 EDC 机房进行扩容，新增面积 650 平方米，承载 BSS 域统一充值、准实时计费、综合预处理等核心业务系统。

至此，上海电信完成北泰、云莲、信息园区等 3 个数据中心机房建设，形成以这三个物理点为基础的核心数据层，实现各平台的互相备份。

第二节　网 络 建 设

上海电信的“九七工程”和综合办公服务系统网络始建于 1997 年，限于当时的网络技术和业务发展水平，主要采用 DDN/帧中继/2 Mbps 数字电路等低速网络接入技术。

2003 年，为适应业务发展，上海电信陆续开展 MBOSS 域内的各项 IT 系统建设，各业务系统之间的信息交互和业务整合对 IT 承载网络提出新的要求。3 月，上海电信启动企业网络基础平台(ENI 网络)一期建设，目标是采用 IP 宽带网络技术，建设一个能够承载综合业务，可扩展的网络系统。一期建设目标是：建立 ENI 的骨干层和汇接层的基本框架；建立数据中心接入网络系统和主要二级单位接入网络系统，将ENI平台覆盖到主要业务单位；建立ENI平台的网络管理系统。年末，一个基于“千兆以太网互联、百兆至桌面”的网络亦初步建成，覆盖上海电信的市区电信局及其下属分局。

2004年9月，上海电信针对ENI一期项目的不足，启动ENI二期项目建设，目标是：覆盖郊区局及其下属分支机构；完善市区EDI网络的覆盖；为联机采集项目、MSS项目和网络进班组等其他项目顺利开展提供网络承载服务。

2005年3月，对照当时业务要求，ENI网络还存在着部分重要节点单路由接入、100%详单联机采集项目的部分节点尚未覆盖、部分二级单位的网络系统有待整合，以及安管平台有待进一步的升级和整合扩充等方面的不足，上海电信启动ENI网络三期扩容项目建设，目标是：对EDI网络平台进行升级和完善，更好适应企业信息化应用的需求。

随着上海电信企业IT战略转型的不断深入，承载于ENI/EDC平台之上的应用系统数量不断增加，并且随着IT项目应用整合、数据整合的推进，对于网络平台设备和端口的扩容需求也日益增长，必须加强对ENI网络平台的完善与优化。上海电信于2007年1月启动ENI网络四期项目建设，目标是：对端口使用率超过2/3的交换机进行扩容，完成新增节点的选择和安装。

EDI网络二期项目、三期项目分别于2007年3月、8月通过验收，四期项目于2008年4月通过验收。

2008年下半年，上海电信开始准备经营移动业务。为适应业务发展需要，上海电信于8月20日启动面向移动业务ENI配套工程项目建设。2009年6月，项目竣工验收。项目建成后，扩展了北泰、云莲和信息园区三地的EDC内网，满足客户关系管理域、EDA域、电子渠道域、计费域中对移动业务上线的相关业务需求；实现ENI与上海联通相关节点的互联，满足移动计费采集、业务开通和营业厅连通等方面的业务需求。

2010年9月，上海电信对ENI接入能力和负载均衡基础服务能力进行扩容。

第三章　企业信息化平台

第一节　“九七”营业系统

1995 年 5 月，邮电部电信总局提出开发和建设“市内电话业务计算机综合管理系统”，7 月，下发一系列的技术和业务规范，要求全国县以上的邮电局在 1997 年底前实施该工程，即“九七”工程。1995 年上海市邮电管理局成立“九七”工程领导小组，着手建设“九七”工程。1996 年 3 月，上海“九七”营业系统（简称“‘九七’系统”）方案通过审定。工程建设先期主要目标是建设营业受理系统、配线配号系统、客户订单管理系统、机线资源管理系统、综合管理及查询系统，为其他 4 个后接子系统（计费处理系统、112 系统、114 查号系统和号簿系统）预留接口。

1997 年 12 月，上海邮电“九七”系统建成投产，实现市区电信营业系统、电信账务系统网络平台统一的计算机管理，网点数达 35 个，拨号用户 140 个，与 112 系统、114 系统、170/189 系统、IC 卡中心、长途电信账务系统、邮电管理局综合办公服务系统相连，实现数据的集中共享。1998 年，“九七”系统网络平台扩容。上海邮电以“九七”系统为基础，对郊区 7 个电信局使用的电信业务综合管理系统（俗称“小龙”）进行整合。截至 2003 年年底，上海电信 16 个电信区局及部分产品部、事业部、公司总部统一使用“九七”系统，实现固话、宽带和无线业务的订单受理、调度、竣工管理，号线资源管理、调度的计算机系统统一管理。

2004 年 3 月，根据中国电信的要求，上海电信开展数据业务营账系统整合，以进一步改善“九七”系统功能。4 月，实现上海电信全区域全业务的数据业务的营账融合，为后续 BSS 项目的实施打下基础。

图 9-3-1　1998 年年底，上海电信业务窗口全部实行计算机系统综合受理

此后，随着MBOSS战略规划稳步推进，各种营业、业务、服务、计费支撑平台的建成，“九七”系统功能逐渐衰退，按模块逐渐退服。“九七”系统中的订单处理功能由综合业务处理系统中的业务开通功能替代；业务资源管理功能通过整合，在OSS域中新建网络资源管理系统；订单受理、费用管理、客户管理、营销/合同管理功能由客户关系管理系统完成；统计分析功能拆分到ODS中。

第二节 销售和服务平台

一、客户关系管理系统

上海电信在经营管理中，建设不少信息系统，如“九七”系统、本地网计费账务系统、网络资源管理系统等，但随着通信技术的发展、新业务的不断推出与通信市场竞争的加剧，上海电信已有的按功能划分的企业信息化系统已经不能满足公司业务发展的需要。为实现全业务运营、捆绑式经营、业务交叉优惠、一个界面对用户等运营需求，按照中国电信MBOSS系统架构规范，上海电信于2003年开始建设客户关系管理(Customer Relationship Management，CRM)系统，融汇客户信息、产品目录、产品销售、客户服务、市场营销管理功能，覆盖营业厅、客户经理、代理商、呼叫中心、网上营业厅等渠道。6月，CRM系统一期项目立项建设，重新构建业务受理功能。2004年12月底，一期项目竣工验收，实现代理商通过CRM系统受理固话新装功能。

2004年4月，CRM系统二期立项建设，应用范围扩展到营业厅。2005年年底完成建设，实现固话和宽带业务及政企产品在CRM系统中的受理功能。2007年1月，CRM系统二期项目竣工验收。

2005年9月，CRM系统三期立项建设，建设目标是：根据IT内控和审计要求，加强对销售、业务、服务渠道的整合实施情况的把控；实现10000号的日常业务管理；完成各渠道组合的营销、销售与服务的统一。2006年5月，完成销售渠道的系统集成测试和用户接受测试；2007年1月，完成运营管理的系统集成测试和用户接受测试。10月，通过项目初验，12月，通过终验。是年年底，上线运行，实现呼叫中心功能与CRM系统业务功能的全面融合。

为满足上海电信各个业务、部门、产品的进销存流程的系统化要求，2006年9月，上海电信启动CRM系统四期项目建设，增强营销管理、渠道管理、发票管理等配套功能。四期工程还对部分硬件设备进行扩容，使系统达到每天受理8万个订单、2 900个用户并发的处理能力。

2008年7月，上海电信对CRM系统进行移动业务的支撑验证，为C网系统的复制或迁移以及未来固网和移动业务融合提供保证。12月8日通过验收入网运行，将C网数据割接进入CRM系统并承接C网的整体业务受理。

2010年年初，中国电信发布CRM 2.0规范。根据中国电信的要求，7月，上海电信启动CRM销售品体系改造及配套升级工程，全面支撑捆绑销售品的业务受理。

二、10000号门户系统

为解决10000号客服代表在处理用户投诉中，需同时登录并频繁切换多个系统的问题，提升投诉处理速度，减少相关错误，中国电信决定建设10000号门户系统。

2010年5月11日，中国电信要求各省公司建设10000号门户系统，集成各业务系统的部分流程、功能和数据，把分立系统的不同功能有效组织，减少信息孤岛，提高客服服务的可视性和相应关键服务活动的速度，同时能够支持数据和应用的个性化设置，给客服人员一个统一的信息服务功能入口。

2010 年 12 月 22 日，上海电信 10000 号门户系统正式立项，增加 CRM 配套改造内容。项目建设主要内容为：实现 10000 号客户视图展现、客户信息接触展现；账务信息查询；常用简单业务的一键办理；支撑远程写卡；在 CRM 系统中增加主题俱乐部管理模块；完善 CRM 线下物流功能。项目投产后，分立系统的不同功能可有效集合，减少窗口页面切换及点击次数，大为简便业务操作步骤，系统操作时间平均节省 25.2%。通过项目建设，还实现主题俱乐部、远程写卡、线下物流等其他服务能力提升。

三、电子渠道系统

上海电信电子渠道系统，由网上营业厅、短信营业厅和 WAP 营业厅组成。初期为 2004 年 3 月 15 日开通的网上客服中心（网上营业厅），域名为 www.sh10000.com.cn，采用后台人工方式处理用户需求。2009 年 4 月开拓短信营业厅和 WAP 营业厅。

2006 年 3 月，根据中国电信网上客服中心业务、技术规范标准和推进渠道建设的指导意见，上海电信启动网上客服中心（电子渠道）一期建设，6 月 30 日上线运行。作为 CRM 系统的子系统，通过互联网，以客户编码/ID 登录方式，为客户提供业务查询、办理、咨询等服务。月均访问量约 190 万人次。该系统在年末中国电信评估中获得 1.3 分（满分 1.5 分），但还存在自动订单完工率低、业务受理范围窄的问题，不能成为家庭和个人客户使用的主渠道。2007 年 5 月，上海电信对网上客服中心的个人与家庭客户、政企客户（包括前期的商业客户）业务受理功能及后台管理功能进行优化。11 月 20 日，对优化后的功能进行测试，各项功能均达到要求。2008 年 5 月，网上客服中心更名为网上营业厅。

为实现 C 网业务的平滑过渡，2008 年 7 月，上海电信启动电子渠道新增移动业务项目改造工程。目标是：通过现网 IT 系统改造，支撑新用户发展；割入老客户数据，实现对融合业务发展的全面支撑。2009 年 2 月，项目完成终验，上线运行。

2008 年 8 月，上海电信开始对网上营业厅功能进行优化。目标是：优化电子账单、在线客服、客户资料自助管理；增加“我的 e 家”社区、小灵通和固话七彩铃音平台、积分实物兑换平台等接口。12 月 12 日，为抵御网上发生的 DDoS 攻击和应用层攻击，开展网上营业厅的防火墙建设。2009 年 6 月 1 日，优化工程竣工验收。

经过 2008 年增加面向移动业务域功能，上海电信的电子渠道系统完成域内几大核心系统的基础功能建设和架构调整。

根据中国电信电子渠道规范以及本地业务要求，上海电信还需对网上营业厅、短信营业厅、WAP 营业厅的功能进行增加和完善。2009 年 4 月 2 日，上海电信实施电子渠道二期建设。建设目标是：网上营业厅新增实时受理、营销馈赠查询、消费分析、套餐推荐、终端专区、套餐导购、新业务展示与体验、线下物流、合同协议管理、网上商城等功能，优化网上支付、增值业务查询与退订、自写短信等功能；短信营业厅完善短信群发管理和监控功能，完善短信营业厅管理平台的数据管理；WAP 营业厅完善后台管理系统，提供报表支撑，实现 ISMP 接口的统一接入，实现其他接入渠道的统一管理。11 月 19 日，电子渠道二期项目竣工验收。

2009年12月14日,上海电信启动电子渠道三期建设。在网厅、短信营业厅、WAP营业厅的统一接口上新增功能,包括:网页新增与优化,应用新增与优化,针对电子渠道的BSS架构优化,客户自助能力提升,系统监控与安全提升,套餐直通车。2010年4月20日,项目试运行。8月30日,项目通过终验。

四、卡类业务综合接口系统

2004年,为支撑“17908”“201”“200”电信卡以及智能公话等业务平台与其他行业的合作,上海电信决定建设卡类业务综合接口系统。

2004年9月,卡类业务综合接口系统正式立项。该项目主要是在已有的智能平台上,建设同步响应接口和异步响应接口。其中,同步响应接口包括SOCKET接口、数据库应用接口。该标准接口可统一传输方式、信息结构、业务模式,提供简洁的用户模块加载方式,方便新的局外系统加入本系统。异步响应接口为非实时接口,主要以文件接口为主。接口系统提供FTP功能采集文件到本地,文件采用统一标准格式,辅之以核对文件来确保文件信息的完整准确。12月,项目基本完成,经系统测试、用户集成测试,满足试运行的各项条件,上线试运行。该系统为前台部门提供平台数据分析接口,具有数据的统计分析功能和业务分析功能,可实现复杂深入的数据分析。内部用户方面,可提供系统监控、业务加载、数据管理等模块。其中,系统监控模块方便维护人员对接口进行实时维护,业务加载模块使新业务上线更快速简便,数据管理模块便于维护人员进行数据整理与分析。

2005年3月1日,项目通过验收。

五、外部客户信息查询系统

在建设外部客户信息查询系统前,上海电信的账单和计费详单信息都存储在计费账务系统中,主要用作计费开账、销账和账务管理。2005年,客户查询话费详单的数量开始增加,而且查询渠道比较分散。为保证计费财务系统的处理效率和处理性能,避免因支持过多外部客户账单和详单的实时在线查询,以及保留过多历史详单数据而带来的影响,上海电信决定建设一套外部客户查询系统,包含汇总账单、明细账单、电话详单等数据,使客户、客户服务中心人员、营业厅业务人员、计费账务人员共享同一数据,提升公司的服务效率。

2005年12月23日,外部客户信息查询系统(Customer Query Detail, CQD)正式立项,建设目标是建立统一的客户账单详单数据查询平台,为客户提供统一规范的账单和详单展现格式,提供3个月的历史账单详单查询与下载,保证客户通过营业厅、个人终端、10000号客服等渠道查询到的账单详单内容与格式完全一致。

2007年7月31日,项目需求功能达成,上线试运行。经4个月系统试运行期观察,解决存储空间不足、程序运行缓慢等问题,项目功能、性能指标进一步提升,实现预期的建设目标。11月30日,项目通过终验。

六、统一充值平台系统

邮电管理局时期建有“8111”银行卡付电话费的小平台,交易用户不到1万户。2001年下半年,上海电信对该平台进行改造，使其能识别电信的卡号和密码，实现用电信卡缴付帐务中心出具的账单。2002年，上海电信对该平台进行扩容，卡号容量从30万扩到100万。并结合短号码的清理，在2003年将接入号由“8111”改为“96088”，卡号容量从100万扩到300万，实现账单支付、账单预付、储值电话充值等九大功能。

2007年5月，中国电信要求规范充值付费卡业务。7月，又要求开展统一充值平台（Unified Voucher Center，UVC）建设和改造工作。根据中国电信规划，统一充值平台属于中国电信CTG-MBOSS的BSS-计费域，是中国电信融合计费解决方案的重要组成部分。统一充值平台由省级充值平台和全国路由中心两部分组成。省级充值平台负责语音接入、充值卡鉴权、充值业务处理，采用省集中方式部署。11月，上海电信统一充值平台建设项目立项。建设目标是建设具有统一客户感知、支持全业务充值、支持全网充值、支持多种接入方式、支持多种余额账本类型的充值平台。与集团的中心平台的互联接口，留待集团的中心平台建设时再行考虑。2008年11月，系统上线试运行。2009年4月，系统通过验收，用户可以使用多种接入方式（IVR、WEB、WAP、短信等）为上海电信的全业务产品（手机、固话、小灵通、宽带、无线宽带）进行充值和查询。

2008年12月，随着业务量的快速增长和业务范围的拓展以及系统高可用性要求，迫切需要在原有的统一充值平台一期基础上进行整体的升级改造，开展移动统一充值平台二期建设项目，满足为未来两年内上海电信用户预期增长量下的全网全业务充值、查询要求，提升客户满意度和黏着度。2009年3月，移动统一充值平台二期建设项目正式立项。11月，完成系统的硬件架构和软件架构的调整，完成业务平台充值、查询接口、电子渠道接口、电信充值卡接口、C网支付接口、交易核心应用、全业务充值支撑功能、系统管理、营业厅POS系统等相关功能改造。该系统能够支持C网用户各类充值需求，增加对账结算、数据清分、用户属性维护等功能。经过4个月试运行，各项功能运行稳定，日充值交易量突破6万笔，本省充值成功率超过99.99%。2010年3月，项目通过终验。

2010年6月，为顺应统一充值业务的发展，增加统一支付平台的支付方式，上海电信启动统一充值新增功能（三期建设）项目。主要目的是满足资金源合作类需求、商户合作类充值需求、充值优惠活动需求、上海本地化需求以及中国电信规范更新的需求。是月，项目立项。10月，项目竣工通过初验。

七、支付网关系统

2002年，上海电信已在市区实现各业务的集中开账，但从客户的角度来看，已有的8111电话确认付费功能和网上小额支付功能只能针对个别业务或个别银行，缺乏既方便客户又有利资金回收的主流付费手段。9月，上海电信启动电子支付网关服务平台建设项目，目标是建设一个通用的电子支付平台，能够为参与支付的支付卡管理平台、业务管理平台、接入终端管理平台提供统一的技术接口和业务接口，接入支付平台的任何一种支付卡都可以为所有的业务提供支付服务，并且能共享所有的接入终端。2004年6月，项目竣工验收。10月，投入试运行。

电子支付网关服务平台运用上海电信完善的网络基础设施，为用户、商家和金融机构等三方提供一个方便灵活、安全可靠、与具体业务无关的中间服务平台，解决制约电子商务发展的瓶颈，实现电子支付，完成完整的电子商务交易。该平台提高了上海电信在电子商务增值服务地位，增强了企业的核心竞争力。

第三节　业务支撑系统

一、企业应用集成

为优化上海电信整体信息化环境，建设一个统一的客户管理体系，使其具有支持世界级电信运营商的能力，2003 年 7 月，上海电信遵循"统一规划、分步实施、数据共享、应用导向"的 IT 转型原则，启动信息系统整合项目建设。第一阶段，建立企业应用集成平台，连接数据业务处理系统、网络资源管理系统、"九七"系统，同时还要接入 CRM 系统、10000 号客服系统、112/962112 系统、计费账务系统、长途营账系统。居于各系统之间、用以整合各系统的信息流程及其有关数据交换的通用企业应用集成（EAI）平台便成为整个 MBOSS 系统能否实施成功的技术关键。

2003 年 12 月，以直线电话初装业务为试点，通过 EAI 平台实现 CRM 系统中订单受理流程与"九七"系统中订单处理流程的数据整合，显示 EAI 平台能够实现上海电信新老系统融合协同功能。2005 年 9 月 19 日，EAI 一期项目通过竣工验收。

为巩固上海电信企业信息化平台各系统间的有效集成，2005 年 9 月，EAI 二期立项建设，主要实现 EAI 平台对 CRM 系统二期产品支持，完成 CRM、"九七"系统与新计费账户系统、老账务系统、IBP 系统、ERP－SAP 系统、ODS 系统的应用集成，以及集成项目管理。2007 年 5 月，二期项目通过竣工验收，每天各类接口订单的处理量平均在 20 万以上，承担起 MBOSS 各系统之间流程和数据整合的作用。

二、统一接口平台

2008 年 6 月，上海电信根据中国电信关于进一步加快全业务运营 IT 支撑能力建设的要求，提出 IT 侧系统融合的演进方案，对前端电子渠道系统（网上营业厅、自助营业终端、WAP 平台、短信平台）和后端 IT 系统（CRM、NBL、CQD、积分平台）采取新建或扩充交互接口的方式，同时建设统一接口平台，实现门户、IT 系统的接口数据交互，在原有语音、数据、增值、无线宽带、小灵通等固网业务基础上，支持 C 网移动语音、数据和增值业务，实现 C 网平滑过渡。6 月 19 日，项目通过外审。

2008 年 7 月 18 日，该项目立项。9 月 8 日，开工建设，目标是对网上客服中心和自助终端进行改造，新建 WAP 客服中心和短信客服中心。统一接口平台共分 5 个模块，分别为基础平台模块、业务应用模块、管理维护模块、系统监控模块及系统管理模块。其中，基础平台模块采用企业服务总线（Enterprise Service Bus，ESB）技术，用于和各系统连接，支持不同类型的传输协议，包括 SOAP、HTTP、FTP、SOCKET、TCP/IP 等，可提供消息处理、格式转换和消息路由等功能，用于实现系统的扩展性和高可靠性。2009 年 1 月，项目竣工验收，实现网上客服中心、短信客服中心、WAP 客服中心、自助终端与 CRM 系统、计费系统、CQD 系统、积分平台等支撑系统间的数据交互，对各业务系统提供的接口逻辑进行统一管理、统一监控。

三、集团 CRM 数据枢纽

2008 年，中国电信获准经营移动业务。面临产品转型、服务转型及客户群需求变化的巨大挑战，而集团级 IT 系统与省级 IT 系统交互接口非常少，导致系统间信息断连，无法充分发挥最大效率。为尽快实现全集团范围的流程畅通、信息共享，满足客户需求，中国电信决定建设集团 CRM 数据枢纽配套系统。

2008 年 10 月，集团 CRM 数据枢纽项目一期正式启动，通过统一数据标准体系和数据接口技术，实现集团 CRM 系统与集团相关平台的横向连接，与各省 CRM 系统及相关系统的纵向连接，对数据进行充分整合和有效利用，实现全程全网、联合作业，全面提升服务水平和客户感知度。上海电信同步对 MBOSS 系统进行本地配套改造，目标是：通过集团数据交换枢纽建设，在全集团内同步共享客户信息、产品信息、CP/SP/号码等核心资源，提供客户统一视图；实现移动业务的异地客服支撑；实现增值业务、异地漫游鉴权的支持；支撑集团 CRM 系统与各省级 CRM 系统的协同，实现多维度、多层次商机管控。2008 年 12 月，项目通过集团集成测试并试运行。2009 年 3 月，项目通过验收，正式上线运行，实现上海电信 MBOSS 系统与集团 CRM 数据交换枢纽在业务功能、业务流程、业务数据上的顺利对接。

四、服务开通系统

为实现面向客户的全业务流程订单开通处理，2005 年下半年，上海电信根据集团 MBOSS 建设的战略目标和计划，以及自身 ITSP 规划，启动综合业务处理系统（Integrated Business Process，IBP）的建设，其后根据中国电信规划，系统改名为服务开通系统。建设目标是在业务开通系统方面，整合优化“九七”系统中的业务开通流程和系统外的数据业务、传输业务、长途业务流程，逐步实现业务开通的自动网络激活。在网络资源管理系统方面，形成各专业业务开通资源的统一视图，实现快速响应；在施工调度系统方面，通过对人机管理，达到工单合理调度，提高运行维护效率。

2005 年 9 月 23 日，上海电信综合业务处理系统（IBP）项目一期开建，分硬件采购和软件开发 2 个项目实施。硬件采购部分于 2006 年 7 月完成，入网试运行。软件开发部分根据当时的业务发展情况，在实际建设中做适当调整，在 IBP 中支撑新的转型业务的端到端开通流程。系统支持的主要业务开通流程包括：PHS、本地电话、长途电话、互联网接入及应用、商务领航、号百业务。在资源管理领域，支撑 PHS 资源管理，将非 PHS 逻辑资源管理暂时交由“九七”系统支撑，未来由综合资源管理系统替代，形成统一的逻辑和物理资源管理系统。2008 年 4 月，IBP 系统正式上线运行。

在 IBP 的一期架构中，订单拆分部分功能不尽完善。以修改单为例，系统将等到修改单执行完毕后，才重新开始执行所有剩余步骤，造成有些流程过久地处在等待状态，延长了订单处理时间。2007 年 10 月 10 日，IBP 二期项目开工建设，主要目标是在系统上新增订单拆分与合并模块，以支撑日益增加的业务量。11 月 16 日，完成竣工验收。2008 年 4 月，IBP 系统 PHS 部分正式上线运行。2008 年 10 月，CDMA 部分上线运行。2010 年 3 月 17 日，所有区局服务开通功能全部从“九七”系统迁至综合服务开通系统。

2008 年，中国电信承接 CDMA 业务的运营。为支撑移动业务的发展，上海电信启动 IBP 系统三期建设，建设内容包含对移动用户新装、拆机、修改（含业务变更、改号、补换卡、预后互转等）、停机、复机，iVPN 开/关群，iVPN 分机出/入群的处理，以实现移动业务订单的端到端自动开通。7 月 28 日，面向移动域的 IBP 项目三期开工建设。11 月上线运行。2009 年 4 月，项目通过验收。

在服务开通系统全局推广过程中，陆续发现服务开通系统需要进一步优化，如需要从订单拆分系统建立重发机制，以完善异常流程的管理。同时使用单位也陆续给出很多建议，如希望提供自服务管理、集中维护等功能。2010年7月，上海电信启动IBP系统的四期建设，主要是对IBP系统进行性能和应用优化改造，承接“九七”系统中剩余78个产品的开通流程。

服务开通系统开通后，各类订单的日均处理量在8万张以上。实现电信业务开通流程的集中管控，实现各个业务开通过程的精细化管理。

五、自动激活系统

随着2005年9月上海电信综合业务处理系统项目的启动，对自动激活的工作实时性要求越来越高。是时，小灵通(PHS)的激活，是以数据库插表的方式实现，没有办法达到实时接口的目的。特别是对于未来的3G服务，原有的业务激活能力已无法满足市场和业务发展的需要，为此，上海电信启动自动激活系统(Automatic Active System，AAS)的建设。

2006年11月，PHS网络激活项目正式立项，以期实现在中兴、UT网元设备上的自动激活，范围涵盖HLR、SCP、OCS、CRBT等PHS网元。2007年6月11日，项目竣工验收，上线运行，PHS业务的激活效率大幅提升。2008年，中国电信承接CDMA业务的运营，上海电信激活系统也同步进行面向移动域的改造。2009年1月，项目竣工上线，支撑CDMA业务网元的激活。

随着增值业务的发展，不同业务应用平台支持的接口命令集以及激活流程都会有不同程度的差异，例如ISMP平台提供的CRM-ISMP接口命令达到几十条之多，可以支持实时WEB SERVICE和非实时的FTP网络协议。为满足增值业务的发展需求，2007年3月，上海电信启动自动激活系统-PAI平台的建设。2007年7月，通过验收，完成上线，有力支撑各种增值业务的自动激活。

在电信市场竞争激烈的大环境下，上海电信推出多元化、个性化的差异性服务，提升语音网络智能化，使业务开展具有灵活性、开放性等特性而进行NGN网络改造。为配合业务的发展，上海电信在2007年2月启动软交换的自动激活功能的建设，2008年8月完成上线。

2009年10月，基于PON业务的飞速发展，上海电信启动PON业务的自动激活建设，主要是在原自动激活系统基础上，新增各种类型的OLT、ONU网元设备的激活插件，实现对采用EPON接入方式的业务的相关网元设备的自动激活。项目于2010年4月投产运行。

自动激活系统开通后，每天网元激活各类工单的处理量平均在10万张以上，增值业务激活各类工单的处理量平均在15万张以上。

六、综合资源管理系统

上海电信资源管理系统经过多年建设，形成以业务开通为导向的“九七”系统和以专业为特征的传输、数据和交换等多个专业资源系统。随着网络和业务融合的需求越来越强烈，特别是EPON网络的大规模建设，原有的面向网络、分专业建设的资源系统体系架构已经不能满足网络发展的需求。2010年3月9日，上海电信对资源管理体系进行改造，启动建设符合全业务运营的综合资源管理系统。项目建设主要内容是：初步完成综合资源系统核心架构和数据建模；搭建面向全网的存量管理架构，实现局资源、接入网和传送网的初步融合；建设企业级标准地址库；完成与IBP流程系统和IT网管的实时对接；完成“九七”系统、管线系统等向综合资源系统的数据迁移，满足3 000个客户端在线操作，以及1 000个客户端并发操作。工程于2010年5月6日开工。

在一期项目建设同时，上海电信又于2010年12月15日启动综合资源系统二期工程，进行外围接口改造，主要涉及IBP、EAI、网络资源平台、综合网管(NG)平台和公众客保等系统的接口改造和流程优化。

第四节　数据支撑系统

一、积分平台

2007年6月1日，中国电信制定《中国电信客户积分计算及积分获得体系、客户回馈体系实施规范1.0》《中国电信客户卡实施规范1.0》，要求开展积分体系建设，逐步覆盖所有客户，最终建立面向所有客户的积分计算及积分获得体系。12月5日，上海电信拟定客户积分系统需求，把积分系统从网厅中分离出来，形成独立系统，负责积分的管理、处理积分调整和积分统计报表，为各个渠道提供查询和兑换的接口。新系统强化积分维护，新增积分有效期处理和到期提醒功能。

2008年9月1日，上海电信积分奖励品管理系统项目启动建设。积分奖励品管理系统作为营销实物管理系统的子系统，具有入库、出库、调拨、盘点、报表管理等功能，覆盖上海电信及营销实物代理商，将营销实物的库存从定时更新升级为实时更新，以便业务部门实时掌握积分奖励品的兑换情况与库存情况。

2009年3月13日，面向移动积分奖励品管理系统项目完成用户集成测试。7月1日，通过初验，上线试运行。10月23日，项目通过终验评审。

随着中国电信积分商城试点和客户俱乐部工作的开展，中国电信选择上海电信进行积分系统改造试点。2009年11月4日，上海电信积分平台2009年功能改进项目启动。改进目标是：依据上海电信2009年新颁客户积分细则，支撑新的积分计算规则和客户重新评级；根据上海电信积分平台2009年需求进行功能优化；新建与中国电信积分商城的接口；对集团号百商旅积分进行归并。2009年11月，项目投入试运行。2010年1月18日，项目通过评审，正式投入运行。

2010年3月2日，上海电信对积分平台启动三期建设，在库存管理、订单管理、联盟商户对账、报表分析、投诉管理等方面进一步优化流程。

二、运营数据仓库

为提高企业在数据整合和挖掘方面的能力，根据上海电信信息系统转型规划要求，2004年6月16日，上海电信开始建设数据整合和数据挖掘系统(Operation Data Store/Enterprise Data Warehouse, ODS/EDW)。建设目标是建设ODS系统，提供运营数据，包含客户、产品、计费和业务资源主题域的统一视图，在此基础上建设EDW系统。2005年2月，项目开工。3月，项目完工。2007年1月，项目竣工验收。建成后，ODS/EDW系统主要包括数据建模、ODS运营数据存储、企业数据仓库和商业智能实施等模块，整合来自计费账务、业务开通、网管、资源、CRM、ERP等营运系统的企业级营运数据，达成数据整合，以此为基础开发应用系统，提供商业智能、决策支持、分析和挖掘功能。

2008年，上海电信准备经营移动业务，需要在ODS系统中增加移动业务的专题经营分析功能，以满足业务部门营销数据挖掘需求。7月，面向移动业务EDA域新增功能项目立项，新增功能是：代理商酬金管理、信用度管理、积分计算管理、生产统计报表、CQD系统。9月8日，开工建设。11月12日，项目竣工。2009年1月19日，项目通过验收。

ODS/EDW系统建成完善后，整合计费账务、业务开通、网管、资源、CRM、ERP等营运系统的企业级营运数据，并且有外部客户查询系统可以查询商客长途派单、楼宇经理、代理商等信息，替代原有经营分析系统和营销主渠道系统中的基于联机分析处理（Online Analytical Processing，OLAP）的查询分析功能，更好地支持业务部门的分析决策。

三、智能取数平台

2009年，上海电信开始经营移动业务，推出各种优惠套餐，数据库中的套餐和销售品数量一度近3万种，一定程度上满足市场的不同需求，但由于套餐和销售品名目繁多，且由不同部门归口管理，又多为线下执行，造成套餐和销售品的设计、推荐、分析难以把控，建设一套支持套餐和销售品的科学设计、智能推荐和精准分析的智能取数系统迫在眉睫。

2009年7月3日，上海电信启动智能取数平台（Intelligent Data Acquire Platform，IDAP）建设。该平台具有电信销售品及套餐的视图配置与管控、视图展现、IDAP智能取数、套餐设计与资费预演、套餐推荐及有关数据字典管理等功能。8月25日，项目通过集成测试。9月15日，通过用户集成测试。10月22日，通过初验。10月31日，试运行。11月，对IDAP数据库服务器扩容，使其在高峰时有30%的冗余。

智能取数系统的建成，实现电信销售品及套餐的目录管理、产品管理、销售品管理、套餐管理等日常经营分析的自主数据提取，满足使用单位对数据的及时性要求。在实际使用中，上海电信市场部、政企部、各区电信局主要获取根资产、子资产当前信息和根资产历史信息，每日取数总次数在50—100次，取数文件从几千字节到几百兆不等。

四、收入摊分系统

2005年以来，上海电信业务种类不断增加，收入分摊结算规则不断变化，对收入分摊系统（Income Concentration System，ICS）提出越来越高的要求。为了整合各类电信业务收入处理流程，统一财务报表生成规则，需要建立上海电信收入摊分系统，实现收入数据的统一获取和统一处理，一点提交财务收入报表和清单级收入明细数据。10月，上海电信收入摊分系统立项，建设目标是逐步实现公司收入的统一入口，统一处理和统一出口，同口径进行收入的客户级细分，最终支撑业财统一。

2008年11月，收入摊分系统竣工，通过用户验收，上线试运行。该系统拥有收入摊分模块、报表展现模块、多维统计模块。系统上线后，承担每月按时生成财务收入报表数据、用户级收入清单，集团收入明细上传等功能，在数据上保证公司收入口径的统一，实现预期建设目标。2009年1月，项目通过终验。

2009年1月，中国电信规定涉及2项及2项以上产品或业务组合的营销套餐，需将套餐使用费按照套餐中各单项电信服务的公允价值进行分摊，分别确认各单项业务的收入。在此之前，上海电信已制定地方特色的营销套餐拆分规则，生成分产品收入数据。为既能符合中国电信要求的公允价值拆分规则，又不影响原有上海电信的拆分规则，满足公司经营分析需求，上海电信着手对ICS平台、数据字典、BW等系统进行功能扩容改造，以实现收入摊分框架下的双线运行，同时满足中国电信数据采集和上海电信经营分析需求。

2010年3月，集团公允价值套餐拆分项目经过内审、外审，正式立项建设。6月，通过数据全量测试和比对，满足双线运行的各项条件，正式上线运行。

第五节　管理支撑系统

一、企业资源计划

随着流程重组，各层级各专业部门之间的数据沟通呈现出集成化的趋势，对企业内部管理系统提出更高要求。上海电信开始建设企业资源计划系统(Enterprise Resource Planning, ERP)，主要构建财务管理、人力资源管理、采购、库存、工程项目管理、信息数据管理和企业门户。

2003年3月13日，上海电信企业资源计划系统项目正式立项，建设目标是：业务数据电子化可追溯，对项目进行全方位管理控制；实现业务的事前、事中、事后控制；数据单口录入，避免重复差错；优化统计指标流程，及时提供决策支持信息，财务报表满足不同证券市场的要求。

2004年10月25日，项目开建。2005年5月，项目需求的功能全部实现，上线试运行。经过一年试运行期观察，设备运行稳定可靠，设计功能基本实现，达到项目预期要求。2006年5月9日，企业资源计划系统通过验收。

为了满足财务集中管理需求，变二级核算为一级核算，2005年12月，ERP系统财务集中改造项目立项。2006年4月，项目试运行。8月，项目竣工。该项目建成后，统一财务核算的口径和方法，减少财务核算工作量。

为满足3年后的业务需求，2006年10月，ERP系统扩容项目立项，扩容内容是：升级MSS ERP生产系统的服务器，扩容统一存储设备，新建ERP数据库备份恢复测试系统。2007年11月，项目竣工，有效减少ERP在线交易时间，缓解月结、年结工作对系统日常作业的冲击；留出空间以加载ODS/EDW系统数据，更好地支撑面向经营的数据统计分析。

2008年，上海电信开始经营移动业务，需要建设相应的管理支撑系统，为移动业务项目管理、采购管理、库存管理、人事管理、财务管理等提供支撑。2008年8—9月，面向移动ERP及其外围系统新增功能项目通过内审和外审。9月19日，开工建设。11月1日，上线试运行。2009年5月，项目通过终验，在原ERP系统中新增相关功能，为移动网络资产新增账套，实现项目管理模块、库存和采购管理模块、财务会计和管理会计模块、实物管理模块等功能模块。

为满足中国电信“一本账”的管理要求，2010年8月，上海电信实施ERP系统许可证扩容及新增功能项目，内容为：为存续公司建设相应的ERP系统；增加财务自动记账、清账功能；增加人力资源一级服务系统。该项目将中国电信上海公司、上海电信网络资产分公司、上海市电信公司的管理支撑系统统一纳入ERP管理，实现企业管理资源的优化和共享。

二、OA 协同办公系统

1996 年，上海市邮电管理局开始建设综合办公服务系统（Office Automation，OA），建成后的 OA 系统仅在局总部使用。2000 年公司化运行后，上海电信继续沿用该系统。但随着各区（县）局管理职能的扩大，需要实现与公司总部的公文往来，以及与其他单位的信息交流，并且各区（县）局也要实现内部公文的电子化管理。2004 年 2 月，上海电信着手 OA 一期和 OA 二期项目建设。通过一期建设将 OA 功能拓展到公文管理、公共信息、事务管理、个人事务、系统管理、公务邮件、会议通知、合同管理等方面。通过二期建设将 OA 系统各类功能覆盖整个上海电信，实现下属单位与公司总部之间公文、邮件的互相发送，使下属单位实现内部公文的流转、邮件互发、信息共享、公共服务、档案管理等诸多功能。同时，上海电信申请 shtel. com. cn 域名的 E－mail 地址，建立起内部邮件系统到因特网的出口，为公司员工之间以及与外部沟通提供方便。

2004 年，中国电信进行 MSS 系统建设，选择浏览器端/服务器端（B/S 结构）的办公自动化系统。上海电信作为试点单位，于年内完成已有的客户端/服务器端（C/S）架构的办公自动化系统升级改造，同时研发 OA 系统移动办公功能。2005 年，实现 PDA 设备通过 GPRS、CDMA、小灵通等无线接入方式与公司内部网的连接。

2004 年 7 月，上海电信完成 OA 系统所有功能开发。系统功能拓展到公文管理、公共信息、事务管理、个人事务、系统管理、公务邮件、会议通知、合同管理、ISO 管理等，开放全部下属单位使用。2005 年 6 月 30 日，项目通过初验，共有注册用户 13 000 余人。

2005 年 7 月，上海电信利用 OA 系统的引擎功能，将业务流程的控制点固化，以满足萨班斯法案对企业管理业务的管控要求，在 OA 平台上实现对资本性支出、物资采购、资金资产管理、关联方交易、成本费用管理。是年，启动上海电信员工门户建设，实现门户管理、导航管理、个性化管理、内容聚集、单点登录。

2006 年，上海电信开通 OA 系统审核功能，审核流程覆盖财务、网发、网运、市场等主要业务部门，将功能拓展到会议系统管理、事务管理、界面定制。

2007 年，上海电信开通 OA 系统内控评估功能，与中国电信内控支撑系统互联。

2009 年，随着智能手机的普及，上海电信适时开发 OA 的手机办公功能，除信息浏览、邮件收发外，还实现了文件的阅批，方便管理人员及时处理各类公文。

三、知识库系统

为解决客户服务中心在业务信息检索查询、知识分类处理、在线业务协助等方面存在的缺陷，以及 10000 号平台自身业务知识库管理上的问题，上海电信决定建设市场营销知识库系统。

2003 年 9 月，市场营销知识库一期项目立项建设。系统采用 Windows Advanced Server 2000 操作系统和 MS SQL Server 2000 数据库，由前台应用、后台管理和在线协作等 3 个部分组成，具有事务处理、数据统计、分析查询等功能。业务知识库除营销信息外，还收录基本信息、业务信息、公共信息、历史信息以及问题库和专业术语等信息内容。2004 年 1 月，项目竣工，正式上线运行。7 月，项目通过验收。

2007 年 8 月 22 日，上海电信根据中国电信对知识库管理的考核要求，启动市场营销知识库二期建设，主要目标是升级系统服务器，增加全文检索引擎。2008 年 1 月，项目竣工。11 月，项目终验。通过二期扩容，提升市场营销知识库的咨询、营销处理速度，降低市场营销知识库应用中断和数据丢失的风险，满足市场营销知识库对应用不断扩充和扩展的要求，满足中国电信对知识库管理考核的要求。

2010 年 5 月，为满足业务部门建立知识点编辑、审核、发布机制需求，上海电信启动市场营销知识库三期项目。经过内审和外审后，5 月 20 日立项建设。

通过 3 次扩容建设，上海电信市场营销知识库系统功能较齐全，实用性强，操作界面友好，访问和查询速度较快。知识库系统收集上海电信各类对外公开信息资料，分类处理形成共享，方便业务代表对外服务时灵活、准确、快速的信息定位。其中，系统提供的在线升级功能，对提高客户服务的连续性和服务质量起到保障作用。

四、内部 IT 统一认证中心

上海电信的信息系统经过多年建设，规模逐步扩大，应用日益增多。CRM、计费等大量的业务支撑系统，除了内部员工使用外，还有大量的业务外包商和代理商频繁使用。每个系统分别对应的账号权限管理及用户身份认证，大多只采用传统的“用户名＋口令”单因素认证方式，存在信息系统的安全管理隐患，需要通过建设企业内部 IT 统一认证中心，以实现所有内部 IT 系统账号、权限、登录认证及审计的统一管理，为企业内部各 IT 系统提供一个集中安全认证入口，提高信息系统登录的安全性。

2010 年 1 月，企业内部 IT 统一认证中心系统项目正式立项。建设目标是新增 RA 中心分认证服务器、TAM 认证服务器、代理服务器、附件存储服务器以及 WebSeal 反向代理服务器，安装分认证中心安全身份认证及访问控制软件，完成用户管理改造、认证改造、日志审计功能改造。4 月，工程竣工，实现 CRM、计费、门户、OA 等系统的用户登录身份认证，以及单点登录在原有的“用户名＋口令”认证方式的基础上，新增 USBKey 数字证书和短信动态密码认证方式。

2010 年 10 月，企业内部 IT 统一认证中心项目竣工验收，实现所有内部 IT 系统的统一账号管理、权限管理、登录认证管理及审计管理，对重要、敏感系统提供安全的双因素认证方式，很大程度上消除信息系统账号管理及登录认证的安全隐患，有效提升 IT 系统安全性。

五、审计系统

随着外部监督的进一步加强以及企业内部监督机制的进一步完善，传统审计手段已成为制约审计工作质量和效率的主要瓶颈。为提高审计部门的管理水平和工作效率，上海电信决定开发与公司整体管理水平相适应的内部审计信息系统。

2009 年 4 月，上海电信审计系统项目分别通过外审和内审。5 月 6 日，立项开建。主要建设内容是新增 3 台高性能 PC Server 服务器，新增 1 套工作流软件，新建 1 套审计信息系统应用软件。系统建成后将支持审计部门日常管理；支持财务审计、工程审计的项目管理与分析应用；支持集团公司与上海电信的计划、报表的对接。主要功能模块包括计划管理、项目管理、工程审计项目管理、报表管理、综合查询、外包管理等。12 月 15 日，系统通过集成测试。25 日，通过用户接受测试。30

日，上线试运行。2010 年 4 月 21 日，通过终验。

通过审计系统项目的实施，支持上海电信对审计项目和专项审计调查的预先统一规划、年度审计计划上报、集团指令性审计计划的落实；实现审计项目的标准化流程管理；审计人员可以通过报表管理和综合查询模块，全面查询各审计项目的工作进度及各类工作文档、各业务处室工作进度，通过一定的查询功能组合，得出一定时期一定数量的统计资料，多维度掌握全局生产经营情况；能通过外包管理模块对各审计外部机构实行管理，建立起外包中介机构及人员、外聘人员的信息库，便于维护和查询；规范财务类审计、工程类审计审签项目从立项到办结归档以及集团授权项目的处理上报，成为规范内部审计行为，提高审计质量的可靠工具。

六、财务管理系统

为实现全公司有效的财务管理，上海电信运用信息化手段，建成财务管理系统，包括资金管控系统、营收稽核系统、预算编制系统等。此外，还有新业务管理系统、税务管理系统、绿皮书考核管理系统、ABC 作业成本管理系统等小系统等。

【资金管控系统】

2004 年，中国电信颁布资金管控系统技术规范，上海电信在资金监控 V1.0 系统基础上启动资金管控系统建设。2006 年 8 月底完成开发和测试，上线运行。12 月，通过系统初验。2007 年 7 月，通过系统试运行期观察，项目功能、性能指标均达到要求，通过终验。

上海电信资金管控系统主要是按照中国电信资金管控建设目标并结合公司财务实际业务需求进行设计研发。该系统采取 B/S 结构、oracle 数据库。主要提供资金预算管理、资金监控、资金额度管理、资金结算、统计分析等功能，能够通过信息化手段实现资金预算的编制、审批，通过与 MSS 系统的接口来管控资金流出情况，利用额度管理来控制支付；通过与银行系统的接口，能较实时监控资金流向，支持对资金流动、存量等的统计分析。

【营收稽核系统】

随着上海电信业务的迅速发展，公司拥有的自营营业厅、合作营业厅的数量也不断增加。在营收稽核系统建成前，上海电信营业厅收入资金稽核工作主要依靠人工方式完成从营业厅、区局财务到公司财务部的三级稽核管理，导致人工成本较高。同时也存在对营业厅收入资金上缴的及时性、完整性缺乏有效的实时监控手段的弊端。

2008 年 10 月 7 日，营业厅收入资金稽核系统通过外审。15 日，正式立项实施。项目按照上海电信营业厅实际业务需求进行设计研发，主要实现营业员录入缴款打印、营账员人工稽核、收入会计报表分析等功能。10 月底，先后通过集成测试、用户接受测试。11 月 5 日，上线试运行。2009 年 3 月 25 日，通过初验在全公司推广。7 月，系统通过验收。

该系统建成后，实现公司各类营业厅收入资金收款渠道（现金、支票、POS 机）的营收数据与银行的实收数据之间自动稽核；使上海电信及时掌握各营业厅每日是否及时、准确、足额解缴收入资金，银行是否及时、准确对解缴资金入账；实现各类营业厅收入资金收款渠道稽核人员的分工设置，在系统中实现稽核流程，留下审计和检查线索；实现稽核差异结果、稽核要求和预警信息按照设定的稽核线路和分工产生相应报表，逐步提高系统自动稽核率。建立与收入来源系统、资金管控等系统间的数据接口，实现信息快速准确传递，降低劳动强度，提高财务工作效率。

【预算编制系统】

2000 年公司化运行之初，上海电信即推行预算管理，截至 2006 年，经营、投资、财务、人力、综合、关联交易等预算归口部门已通过电子邮件形式进行上下级预算方案的传递和汇总，但缺乏过程的规范统一和系统的固化，亟须建立体系完善、以计算机网络和数据库为基础、与新的要求相适应、高效易用、安全的优化资源配置系统。

2007 年 11 月，预算编制系统立项建设。2008 年 5 月，项目既定的预算编制、预算调整、预算滚动、预算分解、预算查询统计等功能基本实现，上线试运行。11 月，通过系统试运行期观察，项目功能、性能指标均达到要求，通过验收。该项目实现上海电信标准预算、关联交易预算、ABC 作业成本预算等 3 种预算类型的编制和管理，通过提供不同类型预算的编报、上报、分解、下达等功能，起到协调各项预算管理流程和固化预算管理规范化和管理流程的作用。

第六节　计 费 系 统

一、全业务融合计费系统

根据中国电信计费规范要求，2009 年，上海电信启动全业务融合计费项目（Amalgamated Billing Platform, ABP）（第一阶段）建设，主要进行综合预处理平台改造。11 月 23 日，项目通过外审。

2010 年 3 月 22 日，全业务融合计费系统软件系统项目正式立项。建设内容是：实现全业务准实时计费，在网元满足准实时话单输出能力的前提下建立移动、固网统一的计费引擎，提升全业务准实时计费能力与信控能力；同步建设计费网管；建立统一定价计划；实现统一的独立的余额管理平台。3 月 29 日，上海电信下达项目硬件建设和计费软件系统实施计划书。8 月 18 日，上海电信又提出外围设备改造，要求在 2010 年全业务融合计费软件系统项目建设的前提下，对 CRM 系统、计费系统和 EDA 域的相关系统进行相应的改造，不仅要保证业务的运行稳定，还要考虑能力的提升并兼顾接口的优化。

2010 年 11 月 25 日，全业务融合计费系统硬件通过集成测试；28 日，通过用户接收测试。

二、准实时计费系统

准实时计费（Hot Billing, HB）是一种接近于实时的离线计费方式，即计费系统采用定时模式，去网元侧取所有的话单进行批价计费，通过本账号的余额处理，产生相对实时的余额，控制用户欠费风险，并且可根据用户余额进行停复机的控制，有利于先充值后使用的预付费业务方式。

2008 年，中国电信收购中国联通 CDMA 网络资产，增加 CDMA 网络移动语音、数据和增值业务。由于中国联通 CDMA 部分用户使用预付费方式，为保证 CDMA 网络业务的平滑过渡，需尽快对现网 IT 支撑系统进行功能扩容、优化，将移动业务所需的 IT 支持系统与固网的 IT 支撑系统融合，以支撑未来移动业务开展。6 月 11 日，上海电信面向移动业务计费域的准实时计费系统项目立项，主要建设账务处理、准时时计费、采集预处理、综合结算、统一充值等 5 个子模块，分为硬件建设和软件开发两部分实施。11 月 20 日，上海电信对准实时计费系统进行技术测试后上线试运行。

2009 年 3 月，项目完成终验。通过准实时计费的方式，对预付费、后付费用户进行相应的预处理和批价处理，可以在现有 MBOSS 架构内，前向实现计费和 CRM 系统间的订单、账户资料的同步，后向实现批价后的清单和实时累账结果交 CQD 系统和账务系统做相关处理；对移动漫游话单按集团要求在时限内生成上传文件，对集团下发的漫出话单进行计费处理；通过灵活配置，实现移动业务相关的各种产品定价、费率、优惠规则和用户准实时信用的管理。

三、在线计费系统

在线计费系统（Online Charging System，OCS）的主要功能是为上海电信 C 网预付费用户、宽带预付费用户及融合套餐进行实时批价计费，涵盖语音、短信、数据、增值、宽带等各项业务。

2007 年，中国电信在直接信用控制（Diameter CC）协议的基础上进行扩展，制定开发核心协议（OCP 协议），建立在线计费系统。是年，中国电信组织全国六省市进行第一批 OCS 试点，上海电信作为第一批参与试点的省份，参与试点工程的需求分析、软硬件平台搭建、功能性能测试等工作，建设 OCS 试商用平台。

2008 年，上海电信建设移动业务 IT 支撑项目，对现网 IT 系统进行改造，实现对 C 网主流业务的端到端支撑。OCS 作为预备承接 C 网预付费业务的计费系统，也列入该项目的建设之中。由于上海电信曾参与 2007 年中国电信组织的 OCS 试点工程，有现存的软硬件环境，因此决定沿用该试点系统。经过现状调研、需求分析、功能性测试，2009 年 7 月 5 日，完成现场割接版本升级，8 月 2 日，完成原联通 C 网用户割接，正式上线运营。2010 年 5 月 29 日，完成校园网宽带用户割接。

2010 年 12 月，在线计费系统一期项目终验。项目建成后，上海电信具备 C 网、固话、宽带预付费用户的在线计费能力，有效降低运营过程中的欠费风险。

随着用户数的发展及宽带用户割接到 OCS 系统，OCS 一期的配置容量已经无法满足业务支撑的要求。同时 OCS 系统作为后台实时计费系统，对稳定性要求极高。在 OCS 系统扩容同时，开发配套的在线计费管理模块，可以有效地解决运营维护需求。2010 年 6 月，在线计费系统二期项目先后通过内审和外审。7 月 26 日，项目立项。通过项目建设，扩容相应的网络设备，重新调整和优化原有各网元的部署，新增在线计费管理模块，登录用户可查询 OCS 用户的计费相关信息，提供维护信息的查询、调账、延期等操作功能；通过定制开发，满足日常维护性需求、业务类需求、营销类配置需求、非营销类配置需求、数据类修改需求。

2010 年 12 月，项目完成集成测试，割接上线后开始试运行。通过在线计费系统一期、二期项目的实施，上海电信 OCS 系统的总容量扩充至 300 万，软件用户数容量达到 200 万，为全业务运营提供实时预付费计费能力和实时预付费信控能力，在 IT 支撑侧支持和 CIM、HB、融合计费、EAI 的无缝集成。

四、新计费账务系统

为适应电信业务更为灵活的资费政策，进行更为快速的市场支持，上海电信在 BOSS 整体规则的建设要求下，于 2004 年 5 月开始新计费账务系统建设。目标是建设全程全业务的集中账务数据处理系统和管理系统，满足 2005 年 1 000 万客户的账务处理能力，在扩容能力上可支撑到 2009 年。

工程分两阶段实施，第一阶段进行数据业务的营账整合，第二阶段整合其他业务，最终建成全业务的计费账务系统。

2007 年 3 月底，新计费账务系统项目完成开发和测试工作，建成数据预处理、计费批价、开账、支付、调账、催欠、EAI 集成接口、后台报表数据提供八大功能模块。2007 年 7 月 1 日，通过初验并投入试运行，可为客户提供准确、及时的计费账务服务，满足各种灵活的付费需求。通过 EAI 企业应用集成平台，可实现业务流程的衔接和数据在计费系统和其他信息系统之间的实时流转，为全市域统一计费打好基础，是上海电信 MBOSS 建设中的一个重要节点。

图 9－3－2　公司新计费系统第一阶段割接现场指挥部

新计费账务系统上线后，历经 2008 年移动业务承接、融合计费系统建设，最终由融合计费系统承接其所有功能。

五、国际账务摊分话单预处理系统

1999 年，中国电信在出入口局国际账务分摊系统上建设一期话单预处理系统。上海电信使用的国际账务分摊话单预处理系统，涉及国内国际各种电信业务话单预处理，即对原始话单文件进行格式转换，将话单按照业务类别进行分拣。话单预处理系统处理后的话单进入全国计费中心，进行国际账务分摊处理。

随着移动业务运营牌照的发放，中国电信各种移动业务迅速展开，出现“增值、增量”等特点，需要计费结算系统给予相应支撑保障。上海电信使用的国际账务分摊话单预处理系统原有的硬件及功能无法满足每天 350 万条话单处理要求，有必要对国际账务分摊话单预处理系统进行升级改造，提高系统的处理能力以满足未来业务量增长。

2008 年 12 月，上海电信国际账务分摊话单预处理系统升级改造工程通过内审。2009 年 1 月，通过外审。2 月，正式立项建设。12 月，通过初验。2010 年 9 月，项目竣工验收。改造后的国际账务分摊话单预处理系统，增加用户配置界面、后台稽核主机及数据库监控、错单查看、报表显示、记录比对、高话务量预警、在线话单备份等功能，提升处理性能，满足准实时处理的要求，实现双机机制。在功能上实现 B/S 模式，保证接入的便捷性。

六、综合结算系统

2002 年 10 月，中国电信决定建设综合结算系统。综合结算系统是将各种电信业务的网间结算、网间摊分（含专业间摊分）、漫游结算、漫游摊分等综合到统一的平台上，进行统一结算处理的系统。

2003 年 7 月，上海电信综合结算系统立项，目标是建立一套符合中国电信综合结算系统规范的结算系统，替代已有的上海电信关口局采集结算系统和长途事业部联机采集计费预处理系统中对应的结算模块，考虑新增业务的结算功能，实现统一的综合结算处理与分析。功能上具备数据采集、接口管理、预处理、批价、结算、数据分发与结算分析功能。2004 年 12 月，综合结算系统竣工验收。

随着 3G 移动牌照的发放，中国电信的各种移动业务迅速开展，对各省原有结算系统提出新的业务需求，如省内网间漫游结算、省际网内漫游结算、省际网间漫游结算等。针对 3G 移动业务对结算系统的新需求，中国电信决定在 16 个省的综合结算系统统一版本软件上进行大幅度功能升级，进行相应的硬件、系统软件、中间件的扩容。

2007 年 3 月，上海电信根据中国电信安排，启动综合结算系统四期（上海节点）工程（中国电信升级综合结算二期、三期系统由集团统一安排建设，未在上海落地）。该工程系对中国电信统建版本省级综合结算支撑系统（上海节点）进行软硬件扩容。软件方面，根据中国电信综合结算系统规范 2.0 要求，对原有中国电信统建版本省级综合结算系统应用软件进行升级改造，提升应用软件功能，实现省内网间漫游结算、省际网内漫游结算、省际网间漫游结算等功能。硬件方面，提升原有结算系统的硬件处理能力与存储能力，提高系统安全性和可靠性。9 月，项目通过初验进入试运行，2008 年 7 月，完成竣工验收。

2009 年 11 月，工业和信息化部为支持 TD－SCDMA 发展，要求各大运营商调整公用电信网间结算规则、调整与 TD 的网间结算规则。中国电信要求调整上市公司、非上市公司结算以及网间结算等结算支出的层级，上海电信急需对综合结算系统在四期基础上进行改造，以满足业务及管理需求的变化。

2010 年 9 月，上海电信综合结算系统五期项目启动，进行软件功能升级和硬件能力扩容，根据工信部结算规则调整公司内部结算流程。项目于 2010 年 12 月完成开发和测试工作，其后通过初验进入试运行。

七、卡清分清算系统

2005 年，中国电信业务呈现出多元化趋势，引起结算业务种类不断增加以及结算规则不断变化，对结算系统提出新的要求。为整合各电信卡业务平台的清分、结算的业务流程，统一各业务系统对账和数据清算接口，需要建立上海电信卡清分清算系统。12 月，上海电信卡清分清算系统正式立项。项目主要规范电信卡部所属的记名易付卡、非记名易付卡平台与各业务平台的自动对账、调账、清分清算的接口和业务流程。对原有的卡平台进行范围和功能的扩展，通过记名易付卡、非记名易付卡平台每日凌晨进行对账，自动或手工调账处理，最后生成相关的清算数据报表。

2006 年 9 月，项目需求功能全部实现，上线试运行。2007 年 6 月，项目通过最终验收。

该项目整合各业务平台的清分、结算的业务流程，统一各业务系统对账和数据清算接口。通过建立上海电信卡清算系统，各类业务平台通过该系统就可以与电信卡部进行自动对账、调账和清分清算，为电信卡拓展新业务提供统一规范的标准和快捷的接入。

第十篇

人力资源

概　　述

2000年公司化运行之初，上海电信员工队伍在年龄结构、知识结构、用工机制、薪酬分配等方面存在诸多不适合市场化运作的情况。上海电信抓住重组之机，大力开展劳动、人事、分配制度改革。

在用工上减员增效。2000年，上海电信实行内部退养，分流辅业用工，当年减员近50%。在其后的发展中，上海电信不断提高用工质量。每年采用各种方式，对员工进行业务、技能等方面的培训；按通信通用工种标准实施技能鉴定，合格后持证上岗。在提高员工业务、技能基础上，上海电信根据企业经营机制由“坐商”变为“行商”的需要，改革岗位配置比例，优化运维等后端用工，加大前端营销用工投入。2005年，开始在重点楼宇、大型社区设置楼宇经理、社区经理岗位；尝试引进成熟人才任商业客户经理。2009年，开始加强产品经理、产品开发等岗位配置。2010年，强化直销人员配置，培养具有行业解决方案能力的中高级政企客户经理。上海电信改革专业技术人才评聘办法，注重优秀人才队伍建设，充分享用人才发展红利。

在分配上搞活。2000年，上海电信将工资分为岗位、年工、效益三类，实施岗位技能工资，按业绩、能力、态度进行考核。2002年，改革岗位技能工资制，在岗位劳动评估基础上，确定岗位分配关系，不断优化岗位薪酬结构，建立绩效考核管理信息化平台，使考核系统化、标准化、网络化。

在用人上“赛马”。上海电信按照中央精神和中国电信要求，在做好干部的考察选拔和任用的同时，引入竞争机制，变“相马”为“赛马”。总部部门副职及以下管理岗位率先全部实施竞聘上岗，区(县)局主要领导逐步由任命改为竞聘，后备干部也可通过竞聘走上领导岗位。

第一章　用　工　管　理

第一节　岗　位　管　理

一、用工制度改革

在邮电分营和移动剥离后，上海市邮电管理局于2000年3月15日下发通知，要求开展劳动、人事、分配制度综合配套改革。涉及用工制度改革的具体目标是：明确岗位编制，规范岗位职责、上岗条件，进行岗位评估，实施岗位考核；建立员工岗位管理体系，规范劳动合同和建立岗位协议管理制度；通过公开招聘、公平竞争和考核择优上岗；实行内部待岗退养；实行先培训后鉴定的持证上岗制度。8月24日，上海电信印发岗位考核指导意见，要求每年定期对员工当期工作表现进行定量分析，实施年度考核和日常考核。

2001年5月11日，上海电信根据用工改革步骤，在公司总部实行竞聘上岗。竞聘岗位包括：公司总部管理岗位系列中，自部门副经理（副主任）以下（含副经理、副主任）的领导管理岗位和一般管理岗位，以及部管单位（部门）的正职领导岗位。截至2002年3月，共有250人通过岗位竞聘走上各级管理岗位。

2003年3月6日，上海电信印发《关于开展经常性竞聘上岗工作的通知》，明确竞聘上岗是人员配置的主要形式。要求因机构变动、业务发展和人员流动所发生的岗位空缺，必须以公开竞聘的方式重新确定上岗人员。实行公开竞聘的岗位比例根据本单位的岗位设置情况和业务发展的需要确定，不低于本单位岗位总数的5%，形成员工上岗、转岗、待岗和下岗相衔接的动态机制。

2005年2月3日，根据中国电信“加强岗位评估”的要求，上海电信制订完善岗位与工资体系实施方案，重新梳理岗位体系，形成符合中国电信要求和公司实际情况的新岗位体系。新岗位体系的岗位等级分为十三等，根据上海电信实际，增设二副、四副的岗位等级。管理岗位的设置方面，按管理、管控分类，使纯管理岗位和具有业务操作特性的岗位有明显的区分。新的岗位体系实施后，员工上岗以岗位协议书（聘任书）为依据，以岗定级，以岗定薪，享受该岗位的相关待遇。4月14日，上海电信进一步强化竞聘考核的程序，明确竞聘评估考核至少应包括适任评估、书面竞聘报告评估和面试答辩评估等三方面的内容。明确员工参与竞聘时，只能应聘上一等级的岗位；竞聘上岗满2年，年度考核在良好及以上的方能参与新的岗位竞聘。

2006年8月15日，上海电信印发《上海市电信有限公司员工待聘、转岗管理办法》，明确待聘是指因员工个人能力无法胜任原岗位工作或者因企业生产组织调整等各种原因，致员工未被聘任任何具体工作岗位所处的状态。转岗是指对因不能胜任原岗位工作或企业生产组织调整等各种原因丧失原岗位的员工，经培训、竞聘等程序，由员工与用人单位双向选择，协商一致后重新上岗工作的过程；明确纳入待聘范围的条件、待聘的程序、待聘员工的安置与分流、待聘期间的人员管理、待聘期间的待遇等。

2007年12月29日，上海电信印发《上海市电信有限公司员工岗位聘任管理办法》，明确公司实行岗位聘任制，岗位聘任是指根据法律法规、公司制度规定或者劳动合同约定，用人单位签发岗位聘任书,发出岗位聘任要约,经员工签订确认后到岗工作的岗位变更流程。员工从事具体的岗位工作,履行岗位职责,承担岗位业绩指标,均应经岗位聘任,持有合法有效的岗位聘任书。员工不接受岗位聘任的,应按相关法律法规、公司规章制度或双方劳动合同约定继续劳动关系的履行或者解除劳动关系。

图 10-1-1　上海市电信公司总部机关竞聘副经理职岗位答辩面试

【内部退养】

2000 年 7 月 14 日,上海电信印发职工内部退养暂行办法,尝试职工内部退养。职工距离退休年龄不足 5 年的,经本人申请,公司批准,可以退出工作岗位休养;职工距离退休年龄满 5 年不足 10 年,不能胜任本岗位工作又无法进行转岗培训的,经本人申请,公司批准,也可以退出工作岗位休养。退养职工在编不在岗,内部退养期间企业发给生活费,企业和职工按规定缴纳基本养老保险等社会保险费,到法定退休年龄时办理退休手续。

2006 年 8 月 15 日,上海电信再次实施内部退养。对与企业签订无固定期限劳动合同、距法定退休年龄在 60 个月及以内的员工,因企业转型而调整或归并岗位、因岗位职责调整、组织转岗或转岗培训困难的、因员工本人技能或健康等原因不能胜任岗位的,经本人申请,公司批准,可以办理内部退养。

【协议解除】

2006 年 8 月 16 日,为畅通员工退出渠道,上海电信印发《关于办理协商解除劳动合同相关工作的实施意见》,明确原则上与公司签订无固定期限劳动合同并且距法定退休年龄 60 个月(不含)以上的员工,上年度绩效考核成绩为待改进及以下的;或按规定应当在一定期限内取得国家或公司规定的岗位任职资格证书而未能取得的;或者在岗期间因各种原因丧失该任职资格的;或因公司组织架构或业务等发生变化,致使原岗位撤销或调整,经协调无法就调整工作岗位达成一致的;或因各种原因丧失原岗位聘任,处于待聘期间的,可按规定协商解除劳动合同。

二、用工形式

上海电信劳动用工形式有合同制、派遣制两种。

【合同制】

2001 年 4 月 27 日，为将员工劳动关系的管理纳入法制轨道，推进劳动关系和谐稳定发展，上海电信依据国家与地方劳动法律法规的规定，结合公司实际情况，印发《上海市电信公司劳动合同管理实施办法》，明确劳动合同的内容、必须服务期限、期满续订劳动合同期限、无固定期限劳动合同签订、试用期、劳动合同变更、单位解除劳动合同条件、流程等相关规定。

2002 年，上海电信根据企业运作实际，对原劳动合同管理办法进行修订，11 月 3 日印发《上海市电信有限公司劳动合同管理办法》，明确订立和变更劳动合同，应当遵循平等自愿、协商一致的原则，不得违反法律、行政法规；劳动合同到期必须进行考核。为使考核规范，2003 年 6 月 7 日，上海电信印发《上海市电信有限公司劳动合同到期考核管理办法（试行）》，明确考核原则、考核方法、内容、考核结果应用。

2007 年，上海电信再度修订劳动合同管理办法。12 月 29 日印发新版《上海市电信有限公司劳动合同管理办法》，进一步规范劳动合同的订立、劳动合同的履行和变更、劳动合同的解除和终止等。

图 10－1－2　上海电信与员工签订劳动合同

【派遣制】

在上海市邮电管理局时期，曾在一些技术含量较低的岗位上使用过劳务用工方式。2002 年 3 月 22 日，上海电信为进一步规范公司劳务用工，印发《上海市电信公司规范劳务用工实施办法》，明确营业员、营销员、综合账务处理员、话务员、测量员、112 业务受理员等以操作为主的岗位适用劳务用工；明确劳务用工的管理部门和职责、劳务中介机构的确定、招聘程序、劳务费用及保险福利支付标准。是年，公司共有劳务用工 3 560 人。

2003 年 6 月 10 日，上海电信印发《上海市电信有限公司派遣制用工办法(暂行)》，决定在原有用工机制基础上试行派遣制用工，以进一步搞活企业用工制度。该《办法》明确派遣制是企业根据自身需要，将企业生产经营所需人才委托政府人事部门批准或授权的派遣中介机构进行招募和管理的制度，派遣制员工待遇与合同制员工基本相同。11 月 21 日，为进一步做好派遣制员工的招聘和日常管理，上海电信印发《上海市电信有限公司派遣制用工办法实施细则》，细化、明确派遣制员工计划、招聘与录用内容；细化、明确劳动合同、附加协议签订与违约赔偿具体内容；细化、明确工资、保险与福利的具体内容。

2005 年 8 月，上海电信依据中国电信的劳动用工分类管理办法，将公司用工统一规范为合同制用工和派遣制用工，冠以 A、B、C 分类管理。A 类用工是指 2005 年 12 月 31 日(含 12 月 31 日)前与公司签订无固定期限劳动合同的合同制员工。B 类用工是指 2005 年 12 月 31 日(含 12 月 31 日)前与公司签订有固定期限劳动合同的合同制员工和 2006 年 1 月 1 日(含 1 月 1 日)以后进入公司的合同制员工。C 类用工是指派遣制用工，原则上新进人员一般实行派遣制管理。对 C 类用工明确用工岗位，积极推进同工同酬。在企业有空缺岗位的情况下，每年可以按照 1%—2%的比例将其招聘为合同制员工，纳入 B 类用工管理。

2005 年 11 月 17 日，上海电信在长途通信部等单位，开展推选优秀派遣制员工转换为合同制员工试点，当年有 10 人转换劳动关系。截至 2010 年年末，公司共有 818 名优秀派遣制员工变换劳动关系。

三、岗位配置

岗位配置是指岗位设置与人员配置。岗位设置是根据业务发展需要，通过战略任务解读和流程职责分解，确定完成任务所需岗位；人员配置是通过员工胜任能力评估等方式，将合适的员工配置到合适岗位的过程。上海电信在通信生产、服务过程中，力求将面向用户的前端和维护支撑的后端以及综合支撑岗位用工数量的配置最优化。

【前端岗位优化】

2005 年，上海电信印发楼宇经理制推进工作指导意见，调整部分重点楼宇的客户服务模式，设置楼宇经理岗位。

2006 年，上海电信强化营销队伍建设，推进运维人员“前”移，进一步合理配比前后端岗位。要求区局通过社会招聘、内部人员转岗、竞聘等方式大量补充客户经理、客户支撑等岗位人员，使前端人员占比逐步达到 55%。

2007 年，在部分规模较大的分局试点设置销售支撑岗位，负责区域市场分析、经营数据分析、营销方案推广与支撑、公客支撑、合作管理和信息收集，进一步加强区域市场分析和客户掌控能力。是年，共配置销售支撑岗位 298 人。

2009 年，上海电信加强产品经理、产品开发、产品部署实施等岗位的人员配备，共配置 365 名产品开发、销售、运营人员。

2010 年，上海电信强化政企渠道的直销人员配置，共配置政企客户经理 738 人。同时，根据分局营销模式的要求，在市区电信各分局配置一名熟悉业务的分局长，专司政企渠道的销售管控。此外，还加强对销售支撑中心“社会网点巡视督导”岗位的配置，是年共配置 40 人。

【后端岗位优化】

2005 年，上海电信在区（县）局增设技术支撑岗位，负责技术方案制定和后端协调等工作，增设业务支撑岗位，负责经营分析、数据监控、收入服务考核、CSS 系统、合同管理等工作，以加强大客户和商业客户的销售能力。

2006 年，根据企业转型需要，在专业技术岗位设置上向数据、无线等转型、新兴业务倾斜，在数据、NGN、无线等专业提高高端技术岗位数量。

2007 年，上海电信建立二级客户响应体系，重点强化客户响应岗位和人员队伍的建设工作。截至年底，共配置 65 名客户响应人员。

【综合支撑岗位优化】

上海电信重视综合行政、人力资源、党群和财务等综合支撑类岗位人员的总量控制，对一线管控岗位加大输送，2008 年输送 1 211 人，2009 年输送 1 910 人。

2000 年公司化运行初期，上海电信前后端及管理岗位的比例为 5%∶58%∶37%，经一系列改革后，2010 年为 35%∶46%∶19%。

第二节 奖 惩 管 理

一、管理制度

2000 年 6 月 13 日，上海电信印发《上海市电信公司员工奖惩管理办法（暂行）》，明确员工奖惩的主要分类和标准。奖励的种类分为：记功、通令嘉奖、单项标兵、优秀员工等荣誉称号，同时给予一次性奖金。处分的种类分为：警告、记过、记大过、辞退。凡因违法违纪行为造成公司、他人经济损失的，除依该办法给予惩处外，还视具体情况，要求赔偿经济损失。

2002 年 10 月 25 日，上海电信对奖惩管理办法进行修改，增加第四章第二十五条“违反员工行为规范和企业规章制度，组织、策划、挑唆和诱使不明真相的员工擅离岗位，影响正常的生产、经营、和工作秩序或造成恶劣影响的，情节严重的给予辞退处分，情节较轻的给予记大过处分”，将第四章第二十七条修改为“违反企业规章制度和操作规程，造成设备或人身、通信重大故障或事故的，给予警告或记过处分；因玩忽职守、严重失职造成重大设备或人身、通信事故，使企业遭受重大损失或造成恶劣影响的，给予辞退处分”。

2003 年 10 月 23 日，上海电信印发《上海市电信有限公司员工奖惩管理暂行办法》，对奖惩的主要分类和标准进行修订。奖励种类修改为：单项能手、单项标兵、优秀员工（管理者）、通令嘉奖、记功、明星员工等荣誉称号，同时给予一次性奖金，惩处修改为：警告、记过、记大过。

2007 年 4 月 23 日，上海电信印发经第二届职工代表大会第二次会议修改后的《上海市电信有限公司员工奖惩管理暂行办法》，规定受到奖励的员工，其业绩将在公司内外媒体广泛宣传表扬；对故意违纪和过失违纪做出界定；对造成公司财产损失的，分别做出损失、很大损失、巨大损失的定量界定；对适用警告、记过、记大过、解除劳动合同的违纪处罚行为分别做出具象描述。

2008 年 3 月 26 日，上海电信印发经第二届职工代表大会第三次会议通过的奖惩办法，将原先仅关注对企业造成损失的行为转向加强对客户损失的关注和防范；增加对泄露客户信息行为的惩处规定；增加客户积分管理、与代理商关系等行为规范；新增企业领导人员廉洁从业、党风廉政责任制的管理责任追究范围和员工职业操守相关要求。

二、奖励与惩处

上海电信依据员工奖惩管理办法，2001—2010 年，给予记功 3 人，通令嘉奖 10 人，表彰优秀员工 648 人次、优秀管理者 37 人次。惩处 38 人，其中，警告 1 人，记过 15 人，记大过 15 人，解除劳动合同 7 人。

第三节　退 休 管 理

一、退管组织

2000 年 7 月 23 日，上海电信在人力资源部内设退休人员管理处。其后，相继成立上海电信老龄工作委员会和上海电信退休人员管理委员会，由一套班子管理，负责全公司离退休工作，主任由公司总经理兼任。10 月，重组上海电信退休人员管理委员会和各基层退管组织。2001 年 3 月 3 日，成立上海市电信公司退休人员管理中心，作为退管会的办事机构，挂靠公司人力资源部。2002 年 4 月 3 日，上海市电信公司退休人员管理中心更名为上海市电信公司退休退养人员管理中心，将退养人员纳入管理。

上海电信一般按居住区域划分建立退休(养)职工联络块(组)。退休(养)职工每满 100 人组成块，设置块长；每块下设若干联络小组，由 15—30 人组成。2002 年，上海电信有基层退管组织 44 个，其中，主业 28 个，实业 16 个，配备专兼职退管干部 90 人。2010 年，有基层退管组织 46 个，其中，主业 29 个，实业 17 个，配备专兼职退管干部 75 人。

二、管理服务

2000 年 7 月公司化运行后，上海电信按照“二级管理、三级网络”的管理服务模式，建立并完善由公司退管处、基层单位退管组织、退休人员块(组)组成的退休管理网络。公司实施退养政策后，各单位的退养职工原则由原基层单位退管组织负责管理，与退休职工实行统一管理、分开活动，或根据需要开展有分有合的活动。

2002 年 4 月，上海电信退休退养人员管理中心开始统一负责退休退养职工的管理和服务，对各基层单位的退休退养工作进行指导、检查。同时，建立完善上海电信公司退休退养人员基本情况、基层退管组织基本情况、特殊群体人员情况及高龄、特困人员情况等数据库。2008 年，上海电信退休退养人员管理信息系统正式上线，为公司及各直属单位(含实业集团)的退管退养工作提供信息统计和查询服务。上海电信还制定退休退养职工块(组)长岗位职责，对退管退养工作每两年开展一次检查评估，以提升各基层单位为老服务质量和管理水平。两级退管组织每年开展“冬送温暖”“夏送清凉”活动，同时做好“雪中送炭”帮困救助工作，把党和政府及企业的关爱传递给老同志。

2000 年，上海电信有退休人员 5 248 人，退养人员 2 734 人。2002 年，有退休人员 5 877 人，退养人员 2 509 人。其中，主业退休人员 3 791 人，实业 2 086 人；主业退养人员 1 147 人，实业 1 362 人。退休退养人员由主、实业各自负责管理。2010 年，有退休人员 7 862 人，退养人员 431 人。其中，主业退休人员 4 756 人，实业 3 106 人；主业退养人员 177 人，实业 254 人。

图 10－1－3　上海电信退管会举办的 2007 年迎春团拜会

第二章 员 工 管 理

第一节 人 员 概 况

一、人员规模

2000年,上海电信新增员工428人,减少8 863人,年末员工数10 765人。2010年,上海电信新增员工1 061人,减少552人,年末员工数10 779人。

表10-2-1 2000—2010年上海电信员工流动情况表

年 份	上年年末	新增和调入	减少和调出	是年年末
2000	19 200	428	8 863	10 765
2001	10 765	678	3 296	8 147
2002	8 147	3 353	404	11 096
2003	11 096	381	553	10 924
2004	10 924	188	467	10 645
2005	10 645	94	369	10 370
2006	10 370	396	718	10 048
2007	10 048	427	554	9 921
2008	9 921	626	422	10 125
2009	10 125	581	436	10 270
2010	10 270	1 061	552	10 779

说明:1. 新增含校招和社招,减少含辞职、退休和病亡。
2. 2000—2003年人员减少和新增波动较大,原因是随机构调整,主、实业之间人员划转。

二、人员结构

2001年,上海电信有员工8 147人,其中,女性3 475人,男性4 672人。大学本科及以上学历1 899人。35岁以下5 145人。2010年,上海电信有员工10 779人,其中,女性3 706人,男性7 073人。大学本科及以上学历4 947人。35岁以下3 140人。

表 10-2-2　2001—2010 年上海电信人员结构情况表　单位：人

年份	合同制员工	女性	男性	学历					年龄			
				硕士及以上	大学本科	大、中专	高中、技校	初中及以下	24 岁及以下	25—34 岁	35—54 岁	55 岁及以上
2001	8 147	3 475	4 672	213	1 686	3 959	1 750	539	1 113	4 032	2 797	205
2002	11 096	3 785	7 311	268	2 070	4 977	2 692	1 089	1 286	5 528	4 044	238
2003	10 924	3 755	7 169	335	2 109	5 017	2 578	885	848	5 495	4 337	244
2004	10 645	3 654	6 991	341	2 709	4 583	2 271	741	449	5 286	4 615	295
2005	10 370	3 574	6 796	332	2 978	4 423	1 932	705	222	4 845	4 956	347
2006	10 048	3 456	6 592	302	2 800	4 446	1 847	653	145	4 195	5 293	415
2007	9 921	3 438	6 483	328	3 152	4 158	1 663	620	71	3 885	5 556	409
2008	10 125	3 506	6 619	424	3 518	4 022	1 569	592	15	3 571	6 087	452
2009	10 270	3 568	6 702	509	3 840	3 839	1 513	569	11	3 236	6 485	538
2010	10 779	3 706	7 073	573	4 374	3 807	1 485	540	15	3 125	7 004	635

第二节　经营管理人员

一、管理制度

2001 年 12 月 31 日，为规范领导人员管理，建立与现代企业制度相适应的领导人员管理机制，上海电信印发《上海市电信公司领导人员管理暂行办法》，适用范围是上海电信任免（委派、推荐）管理的领导人员以及后备领导人员队伍。办法共 13 条，重点是规定岗位设置原则和总部部门、直属单位班子职数；资深经理的设置和职责；领导人员的委任、聘任、选任规定和程序；薪酬与考核监督等。

2005 年 12 月 29 日，上海电信印发《上海电信开展创建“四好”领导班子活动的实施意见》，提出创建“四好”（政治素质好、经营业绩好、团结协作好、作风形象好）领导班子的目的、意义和要求；创建“四好”领导班子的各项措施。

2006 年 3 月 2 日，上海电信印发《中高层领导人员管理暂行办法》，对领导人员管理权限、岗位设置、选拔任用、考核分配、高端紧缺人才的社会化运作方式、领导人员的交流与回避、工会直选等做出具体规定。

2008 年 8 月 25 日，上海电信印发《中国电信股份有限公司上海分公司领导人员管理办法》，对转型期领导人员提出管理与发展目标；建立以企业家精神为核心要求的领导力素质模型和领导人员选拔任用标准，对合资企业高级经管人员的管理、后备人员队伍建设提出具体要求。

2009 年，为加强后备领导人员队伍建设，建立科学系统的后备领导人员选拔评估、培养使用、跟踪辅导的管理机制，9 月 7 日，上海电信印发《中国电信上海公司后备领导人员培养与发展管理办法（暂行）》，对后备领导人员培养与发展总体目标、管理职责、选拔标准、评估流程、分层分类、培养使用、跟踪指导等方面做出规定。

2010年，为适应全业务经营对领导人员提出的新要求，打造一支具有企业家精神、具备转型关键能力的领导人员队伍，上海电信对2008年制定的领导人员管理办法作修订，9月16日，重新印发《中国电信股份有限公司上海分公司领导人员管理办法》，新办法将适用人员以表格形式呈现，对每个管理岗位进行详细的列举；明确规定各类单位领导班子配置职数；新增领导人员任职试用规定；拓展考核维度，按领导班子、领导人员两个层次进行考核评估；新增领导人员责任追究制度，明确11种需要追责的情形；对领导人员退出现职的3种情形做出具体描述。

二、领导力发展

【领导班子建设】

2001年，上海电信有在岗处职以上领导人员239名，平均年龄45.82岁。大学专科以上学历211名，占88.28%。为满足市区电信局经营业务的需求，为各市区局领导班子配备1—2名熟悉信息技术和业务的全日制大学毕业的优秀年轻人才。是年，有8名直属单位党政“一把手”横向交流；有10名优秀中青年管理人才提拔到直属单位担任党政“一把手”；充实市场部、长途事业部、数据事业部等21家单位的领导班子。年末，全公司领导班子平均年龄降至45.38岁，直属单位领导班子平均年龄在44岁以下，大专及以上学历达到87%。2002年，对领导人员实行岗位交流和任前公示，是年共对11个直属单位29名领导人员进行调整充实，其中，提任16人，岗位交流10人。是年共推出88个副处职以上岗位竞聘，83人通过竞聘走上领导岗位。

2004年，上海电信印发《领导人员竞聘上岗管理办法》，建立有关技术、业务、管理等方面的面试题库，共进行16个领导职位的竞聘。是年，新提任领导人员33人，新提任的33名人中，35岁以下有4人，本科及以上有23人，占69.7%。岗位交流55人，交流率达25.11%。经绩效考核、日常考察，降职使用3人。引进3名专家型人才，充实研究院、信息园区、杂志社领导班子。

2006年，上海电信在下属单位之间、公司本部与下属单位之间、班子党政之间开展管理者轮岗交流。是年，岗位交流39人次，交流率达到34.5%。此外，根据业务整合、重组上市要求，对因出资方及股权调整的控股、参股公司进行董事、监事的重新委派，共委派董事、监事291人次。对中高层管理人员实行最高任职年龄制度，女性53周岁、男性58周岁改任相应非领导职务。是年，有29人提任/改任为高级经理，初步形成领导人员“能上能下”“良性退出”的管理机制。

2007年，领导人员岗位交流(不含提任交流)87人，交流率达31.64%。其中，班子成员交流57人，交流率达27.54%；8人从总部职能部门交流到下属单位，15人从下属单位交流到总部职能部门。

2008年，上海电信建立以企业家精神为核心的领导力素质7+1模型，模型较为全面地诠释战略转型对二级经理领导力共性与个性要求，为领导人员发现自身优势和不足、针对性提升领导力并获得最佳绩效，以及实现领导班子最佳配置与后备人才的重点培养提供依据和方法。是年，选派16人充实移动业务条线；8人从总部职能部门交流到下属单位，6人从下属单位交流到总部职能部门。

2010年，根据中国电信要求，上海电信修订领导人员管理办法，9月16日印发《中国电信股份有限公司上海分公司领导人员管理办法》，首次明确各类单位班子配置职数、多层次培养发展机制、考核维度、监督回避机制和责任追究的11种情形。在长途无线部、宝山局、嘉定局试点开展干部选拔任用的“一报告两评议”工作。试点单位员工对本单位管理人员选拔任用整体情况及新提拔中层干部满意率均超过95%。年末，全公司领导班子平均年龄为45.8岁，低于自然年龄增长速度，本科及以上学历达到89%。

【后备干部队伍建设】

2001 年，按照“优化结构”的要求，经考核、推荐，建立起 142 人的后备领导人才队伍，平均年龄 32.8 岁，其中，全日制大学毕业生 109 人。

2002 年，对重点任务尝试项目经理制，选拔近 30 名优秀中青年后备干部到项目经理或负责人岗位上锻炼。组织 37 名优秀中青年干部到井冈山和延安进行学习考察，接受革命传统教育。

2003 年 11 月，上海电信印发《员工挂职锻炼实施意见》，明确挂职人员的选拔程序、挂职形式与时限、挂职期间管理，指导各单位开展跨部门、跨岗位的较高层次岗位挂职锻炼。通过竞聘方式组建公司第一支海外后备人才队伍。是年，推出总部部门副职、直属单位副职岗位 41 个，由挂职人员进行竞聘，2 人直接任职，6 人经试用后任职。

2008 年，制定后备人员“关键能力、关键特质、关键经验和持续高绩效”四维度选拔评估标准，确定“综合管理、市场营销、技术创新、技术支撑、党群管理、综合支撑”等 6 个重点选拔培养方向。对各部门和各单位选拔推荐的 228 名后备人员按培养方向和成熟度进行筛选和分类，建立起分层分类的后备人才库。是年，共有 33 名后备人员被提拔使用。

2009 年 9 月 7 日，上海电信印发《中国电信上海公司后备领导人员培养与发展管理办法（暂行）》，明确后备领导队伍发展总体目标、管理原则、选拔标准和流程。是年，举办 30 名优秀青年参加的领导力研修班。通过公司后备人员的重新推荐选拔，建立 185 名分层分类的后备人员队伍。

第三节　专业技术人员

一、管理制度

2001 年 8 月 13 日，上海电信印发《关于做好调整充实拔尖人才队伍的通知》，要求建立一支以中青年拔尖专业人才为主体，优秀专业技术人才为基础的专业人才队伍。人才类型分别为技术、经济、业务、经营、管理。第一层次是由各基层单位管理的，数量掌握在本单位专业技术人员总数 10% 左右，组成全公司总数为 500 人的人才队伍。第二层次是公司和基层单位共同管理的，总数为 50 人的拔尖人才队伍。

2004 年 5 月 11 日，上海电信印发《关于选拔建立上海电信维护骨干队伍的通知》，要求选拔建立维护骨干队伍，队伍分为核心骨干队伍和专业骨干队伍两个层面。核心骨干由公司统一管理；专业骨干由各二级单位在公司统一要求下自主管理。是年，上海电信还印发《上海市电信有限公司核心员工队伍建设的实施办法》，明确核心员工是指符合核心员工基本条件的关键岗位现任职者和高素质、高技能，有发展潜质的潜在任职者，其规模控制在员工总数的 20%左右。根据系统管理、动态调整、逐步到位的原则，首次建立时规模控制在员工总数的 10%左右。

2006 年 7 月 7 日，上海电信印发《关于进一步落实优秀人才管理责任的实施意见（暂行）》，要求公司领导班子成员和公司各部门、各单位领导人员，按照优秀人才的管理范围和一级管理一级的原则，对所负责的优秀人才逐一落实联系对象、明确管理职责。公司人力资源部负责对优秀人才管理的执行情况进行监督、指导和检查。

2007 年 12 月 29 日，上海电信印发《上海市电信有限公司优秀人才管理办法》，明确优秀人才是企业的核心人才，在公司的经营、技术、管理等各个工作领域和改革、发展、服务等各项工作中做出积极贡献，具有较高的市场替代成本、较高的业绩表现、较高的专业素质能力和较强的示范带头作用，是企业应对激烈市场竞争、满足业务发展和战略转型需要的人才。上海电信的优秀人才分为 3 个层次，即集团公司级、上海公司级以及直属单位级；按专业领域分为 4 个不同的类型，即企业经营管理人才、技术业务人才、销售维护人才以及综合管理人才，总量约占上海电信员工总数的 10%—15%。4 支人才队伍的结构比例大体为 5%、35%、45%、15%。

二、人才队伍

2000 年，上海电信根据中国电信评选“21 世纪优秀人才”的要求，经过层层推荐、广泛听取意见，确定 44 名员工为上海公司级“21 世纪优秀人才”并向中国电信推荐“集团级 21 世纪优秀人才”候选人选。经中国电信评选，上海电信 9 名员工入选。

2002 年，上海电信开展第二次“21 世纪优秀人才”评选推荐，评选了 72 名上海电信“21 世纪优秀人才”并上报中国电信 13 名“集团级 21 世纪优秀人才”。对第一第二批“21 世纪优秀人才”进行跟踪考核，要求各单位将推荐评选优秀人才与建立公司“四支人才队伍”（后备领导人才队伍，掌握先进信息技术手段的拔尖人才队伍，熟悉资本运作、财务管理、商贸谈判的国际化专业人才队伍，掌握先进生产技能的一线技术业务能手队伍）相结合，对原已建立的拔尖人才和骨干人才做一次全面分析和充实调整，按“四支队伍”的要求相应做好分类，进一步加强和改进对各类人才的管理。

2005 年，通过宣传、基层申报、公司评审和公示等 4 个阶段的工作，共评出各级优秀人才 888 名，其中，集团级 14 名，公司级 347 名，直属单位级 527 名。

图 10－2－1　上海电信注重培养转型方面的人才

2007 年，上海电信优秀人才评选范围扩大到派遣制人员，加大对专业岗位员工的选拔力度，规定各单位领导班子成员以及总部各部门副职以上人员不参与申报。是年，评选出公司级优秀人才 375 人，直属单位级 538 人。

2009 年，上海电信推进移动通信和 31 人才队伍建设，关注移动业务技术专家、IT、IP 行业应用专家和信息经营专家、全业务销售专家型人才队伍的构建，要求各单位优秀综合管理人才在两级人才队伍中的占比均不超过 15%，中层管理人员在两级人才队伍中的占比均不超过 45%。最终评选出公司级优秀人才 357 人(其中，全业务专家 49 人)，直属单位级 592 人。

2010 年，上海电信将公司级优秀人才第一阶段的获评人选定为“高层次专业技术人才、高技能人才”，人才专业分成 IP 人才、IT 人才、市场营销人才、移动互联网运营人才、销售型技能人才、服务型技能人才、维护型技能人才、世博保障人才和综合管理人才等九类，要求中层管理人员在两级人才队伍中的占比均不超过 40%；2005 年及以后入职的全日制大学生在两级人才队伍中的占比至少为 5%—10%。最终评选出公司级优秀人才 360 人(其中双高人才 50 人)，直属单位级 597 人。

表 10-2-3　2000 年、2002—2010 年上海电信优秀人才情况表

年　份	集团级优秀人才	公司级优秀人才	直属单位级优秀人才
2000	9	44	—
2002	13	72	—
2005	14	347	527
2006	14	347	528
2007	14	375	538
2008	14	368	563
2009	14	357	592
2010	14	360	597

表 10-2-4　2005—2010 年上海电信公司级和直属单位级技术业务、销售维护、综合管理优秀人才情况表

年　份	公司级优秀人才			直属单位级优秀人才		
	技术业务	销售维护	综合管理	技术业务	销售维护	综合管理
2005	132	145	67	—	—	—
2006	143	110	94	—	—	—
2007	162	152	61	232	213	93
2008	158	159	51	243	230	90
2009	82	—	47	—	—	—
2010	—	—	48	—	—	103

三、职称评审

2000 年 6 月 19 日，上海市邮电管理局改革沿袭 10 多年的专业技术职务聘任制，实施“评聘分开”，将专业技术职务任职资格的评审与专业技术岗位的聘任分开。专业技术职务任职资格（职称）的评审仍按国家规定的条件及组织程序实施，由专业技术人员个人申报，归口参加国家的“以考代评”、上海市的“社会化评审”及属本系统可组织的行业性专业系列相应层次职称的评审和审定；对所评定的职称只作为专业技术水平的反映，不再与岗位职务及待遇挂钩，同时废止“双重晋升”，在管理岗位任职的不再兼任专业技术岗位。2002 年，上海电信健全相应评审组织，实施职权范围内的相关专业的职称评审。共调整组建 3 个专业高级评委会，3 个专业中级评委会，11 个专业初级评委会。各下属单位对全日制院校毕业生（含博士、硕士研究生，大、中专应届毕业生），在见习期满后实施初级、中级专业技术职务的认定。

【工程系列】

2000—2005 年，初级职称由公司评审/评定，中级职称由公司评审。2006 年，初级职称、中级职称都须参加全国统一组织的“通信专业技术人员初级、中级职业水平考试”。2007—2008 年，初级职称、中级职称评审暂停，2010 年委托上海市职业能力考试院评审。2000—2010 年，工程系列高级职称由公司评审。

【政工系列】

2000—2010 年，政工系列初级职称由公司评审/评定，中级职称、高级职称由公司评审。

【经济系列】

2000—2010 年，经济系列初级职称由公司认定或以考代评，中级职称以考代评，高级职称由公司评审。

【审计、统计、会计系列】

初级职称、中级职称由公司认定或以考代评，高级职称由社会评审。

表 10－2－5　2010 年上海电信各级职称情况表　　单位：人

按专业技术职务等级分类	管理序列	专业序列	总计人数
正高级	5	3	8
副高级	342	317	659
中级	336	1 328	1 664
助理级	198	2 281	2 479
员级	19	813	832
合计	900	4 742	5 642

第四节　教育培训

一、管理制度

2000 年 4 月 5 日，上海市邮电管理局印发《上海电信行业特有工种职业技能鉴定实施办法》和

《上海电信行业特有工种职业技能鉴定实施细则》，明确职业技能鉴定申报条件，明确职业技能等级鉴定分为初级、中级、高级，技师资格考评分为技师和高级技师。

2001 年，为使员工培训规范化，上海电信印发《上海电信员工培训管理办法及流程（草案）》。2002 年，对该办法进行修订，5 月 24 日印发《上海市电信公司员工培训管理办法》，明确培训形式、培训经费使用、年度培训计划制订和执行流程等规范要求。9 月 18 日，印发《关于加强岗位培训实行持证上岗的实施意见》，确定 2002 年 6 月—2004 年 6 月，对从事管理岗位的员工按中国电信要求开展相应培训认证，对技术业务人员开展国家职业资格认证，实现上海电信全员持证上岗。是年，上海电信还印发职业技能鉴定管理办法。

2006 年 3 月 3 日，上海电信印发《上海市电信有限公司专业类岗位认证体系实施办法（试行）》，明确岗位资格认证体系由社会通用职业资格认证、行业特有职业资格认证、中国电信集团岗位资格认证组成。31 日，上海电信印发《上海市电信有限公司培训经费管理实施细则》，明确员工培训经费可列支的项目；明确培训经费使用权限；对总金额超过 2 万元的培训项目必须签订合同，主办单位在每期培训结束后将培训成本分摊计入每位参训员工的个人人工成本；对单项培训成本超过规定的员工须签订培训服务期协议。6 月 6 日，上海电信印发《上海市电信有限公司内聘培训师管理办法（暂行）》，明确内聘培训师的职责、级别、聘任管理、考核方式及课酬标准，规定专业部门作为内聘培训师队伍的职能管理部门。

2007 年 12 月 29 日，上海电信印发《上海市电信有限公司员工培训管理办法》，进一步明确服务期计算规则和培训档案管理、兼职教师队伍建设、培训工作的考核评估等基础管理要求。是年，上海电信还印发《上海市电信有限公司教练带教实施细则（试行）》，明确初级带教、中级带教及专项带教的相关要求，以及在带教过程中用人单位、教练、带教对象的计划、执行、跟踪及评估等要求。

2008 年 3 月 3 日，上海电信印发《中国电信集团股份有限公司上海分公司专业类岗位资格认证体系实施办法（试行）》，完善公司岗位资格认证体系，解决“高低压电管理”“电梯管理”等特殊岗位无认证问题。

2010 年，在上海电信印发的《中国电信上海公司人力资源管理程序》中，将年度培训计划实施率、培训满意度列为质量指标，要求员工培训应包含质量概念、质量改进相关内容，确定内部课程开发程序及培训实施过程中规范管理的相关要求。

二、领导人员培训

2001 年 12 月 31 日，上海电信印发《上海市电信公司领导人员管理暂行办法》，规定公司总部副处职以上管理人员、直属单位领导班子成员每年应保证 56 课时以上的培训；对重点对象要安排各类系统培训和有计划地选派出国进修、培训。2006 年 3 月 2 日，上海电信印发《中高层领导人员管理暂行办法》，规定对公司中高层管理人员要建立培训制度，制订培训计划，采取必要的措施加以保障。2008 年 8 月 28 日，上海电信印发《中国电信上海公司领导人员管理办法》，规定要制订并组织实施领导人员培训计划，不断加强领导人员政治理论学习，与强化企业战略引领执行、培育和弘扬企业家精神、提升领导力相结合，二级经理每年接受不少于 40 课时的集中培训，其他干部由各单位、各部门根据公司对领导人员的总体要求组织培训。根据这一系列要求，上海电信在 2000—2010 年，对领导人员采取选送到上级党校、老区考察学习、开办短期培训班、任前训练、网上教育等形式进行政治素养、技术业务、管理能力培训。

表 10-2-6　2000—2010 年上海电信领导人员培训情况表

年　份	外送 (人次)	短训班 (期)	任前培训 (人次)	考察 (人次)	全年培训 (人次)	后备队伍培训 (人次)
2000	66	189	—	—	225	—
2001	—	10	—	—	500 余	—
2002	96	—	29	38	—	37
2003	—	—	22	—	—	—
2004	7	31	—	—	1 727	—
2005	—	8	—	—	—	—
2006	—	4	—	—	—	—
2007	—	—	—	—	65	—
2008	90	24	—	—	—	—
2009	—	13	—	30	—	—
2010	—	4	—	—	40	—

三、员工培训

上海电信秉承“培训是人力资本增值的源泉”理念，每年投入资金制订计划，开展员工管理知识、技术业务、操作技能、政治理论、企业文化、职业道德、行为规范等方面的培训。主要类别有学历

图 10-2-2　客户管理系统应用技能大赛考场

提升、素质提高、技能鉴定培训、资格培训、转岗培训、入职培训等。培训方式分为脱产、半脱产、业余三种方式，形式上有短训班、研讨会、讲座、学历教育、网上大学等。

2000—2010年，上海电信组织编写的教材有：《市话营业基础》《通信话务基础》《通信电力机务员》《电信营业员》《线务员》《数字终端线务员》《电信业务营销员》《综合通信机务员》《光通信机务员》《交换机务员》《数据通信机务员》《通信网络管理员》《卫星通信机务员》《应急通信机务员》《通信生产辅助》《综合通信机务员》《应急通信机务员》《通信生产辅助》《上海市电信有限公司员工岗位培训课程体系(2005版)》等。

上海电信自2006年起组织相关职业员工参加工业和信息化部电子通信行业职业技能鉴定指导中心(原信息产业部职业技能鉴定指导中心)组织的通信行业技师(业务师)、高级技师(高级业务师)国家职业资格认证；线务员、通信电力机务员、通信网络管理员可认证技师、高级技师资格认证；市话测量员、话务员可认证技师资格认证；电信业务员可认证业务员、高级业务员资格认证；认证方式分为理论考试、实操考试、专业面试及业绩评估，高级技师、高级业务师还须通过论文答辩。

2006年，晋升技师24人。2009年，晋升技师9人、业务师8人，晋升高级技师2人。2010年，晋升技师13人、业务师3人，晋升高级技师2人、高级业务师5人。截至2010年年末，上海电信共有高级技师7人，高级业务师5人，技师70人，业务师13人。

表10-2-7　2000—2010年上海电信员工培训情况表

年　份	全年组织各类培训班(课时)	内训师(人)	网上教育(万课时)
2000	791班次	—	—
2001	640 000	—	—
2002	750 000	102	—
2003	892 297	102	—
2004	643 000	102	—
2005	540 018	102	11.82
2006	666 500	102	116.69
2007	408 600	102	141.18
2008	316 912	102	93.79
2009	558 000	125	90.03
2010	445 000	134	58.70

第三章　薪酬与绩效管理

第一节　薪 酬 体 系

2000 年公司化运行时，上海电信的工资制度是原邮电部 1993 年制定的“岗位技能工资制”。2000 年 8 月 16 日，上海电信改革分配制度，将原有工资收入进行单元归并，分为岗位等级工资、年工工资和效益工资等三大单元管理。岗位等级工资为原电信企业的岗位工资、技能工资、等级工资；年工工资为员工在企业的积累贡献；效益工资为与企业效益、职工本人贡献直接挂钩的各类奖励性工资，不低于员工全部工资收入的 40%。

2002 年 1 月，经中国电信批准，上海电信实施薪酬制度改革。通过对各岗位工作的全面分析，以“管理”和“技术业务”分类，重新建立和规范上海电信岗位（职位）体系。管理岗位以综合管理能级，技术业务岗位以岗位责任、技能、贡献、工作强度作综合评估要素。管理类岗位设定 20 等级，技术业务类岗位设定 25 等级。在综合岗位（职位）劳动评估基础上，确定岗位（职位）分配关系；归并简化分配单元结构，设置标准工资、辅助工资、绩效工资；建立员工收入与企业经济效益及个人工作业绩紧密关联的考核发放制度，实行以岗定薪、易岗易薪。

2005 年 2 月，上海电信进一步完善岗位与工资体系。在与中国电信岗位结构保持一致的基础上，根据上海电信实际，对岗位结构作适当调整，形成具有上海电信特色的十三等 54 级岗位工资等级。原岗位等级统一对应至新岗位等级后，取消原管理、技术两类岗位工资等级；取消原辅助工资单元，改为综合补贴工资单元，新设工龄补贴；改变简单按固定数或系数发放绩效工资的方式，凡能计件计量的岗位，实行计件计量的薪酬分配方式；前端销售类岗位实行底薪加绩效计件的分配方式。

第二节　绩 效 考 核

一、领导人员绩效考核

2000—2001 年，上海电信对领导人员的考核，主要依据《年度经营目标责任书》。2000 年 12 月 10 日，上海电信印发《上海市电信公司员工绩效考核实施办法（暂行）》，明确对公司总部部门副经理职以上的党政工团领导和直属单位领导班子成员实行 360 度考核，即自我评估、直接主管评估、公司分管领导评估与职工代表民主评议相结合的方法。12 月 31 日，上海电信印发《上海市电信公司领导人员管理暂行办法》，明确对公司总部部门副经理职以上的领导人员、公司下属单位领导班子成员（包括实业集团公司）实行考核，形式主要是日常考核和半年度、年度考核。半年度考核工作业绩，年度考核工作业绩、工作能力、工作态度。年度考核由个人述职、民主评议和民主测评组成，考核结果分为优秀（A）、优良（B）、良好（C）、尚可（D）、较差（E）五个等级。2002 年，依据上述办法与各级领导人员签订《绩效目标协议》，实施年度考核。是年，参加绩效考核 207 人，考核结果“A”19 人，“B”52 人，“C”134 人，“D”2 人，分别占 9.18%，25.12%，64.73%和 0.97%。纳入述职与民主测评(公司领导除外)的对象共 122 人,4 741 人次参与民主评议。被测对象总体评估平均分为优良。2004 年,在年度绩效考核和班子考察中有三位表现不佳的领导人员被降职使用。

2006 年,上海电信对领导人员的考核形式由日常考核和半年度、年度考核调整为日常考核、年度考核和任期考核,考核范围扩大到委派(或推荐)的高级管理人员,考核结果分为优秀(A)、优良(B)、良好(C)、待改进(D)、不适岗(E)等 5 个等级。

2008 年 8 月 28 日,上海电信印发《中国电信股份有限公司上海分公司领导人员管理办法》,要求建立和培育共担转型发展责任的高绩效文化,确保绩效管理的全过程是始终与上级经理达成承诺和共识的过程。进一步明确绩效考核结果分布比例为 A(10%)、B(25%)、C(60%)、D 和 E(0%—5%)。绩效管理对象根据公司的目标、角色要求和公司的绩效期望、本人优势和发展方向提出个人年度绩效目标、行动实施计划,制订个人能力提升计划,对本人年度绩效表现进行自我评估。年度考核结果与绩效工资、岗位任用、培训发展挂钩,达不到要求的或调整岗位,或降免职。

2009 年,选择信息网络部、上海 NOC、研究院、中区局、宝山局、莘闵局、松江局 7 个单位领导班子进行考核指标与全年绩效工资挂钩的考核分配模式。制定《总经理嘉奖实施办法》,根据被考对象岗位责任和价值贡献的不同,合理拉开领导人员绩效分配水平。是年,共 220 人次参加年度述职(含在合资企业任职的高级管理人员),民主测评成绩的总分与综合评估分别为 91.97 分和 92.16 分,达到优良以上。

2010 年,上海电信在对原领导人员管理办法修订的基础上重新印发《中国电信股份有限公司上海分公司领导人员管理办法》,增加领导班子年度考核评估,评估等次分为优秀、良好、一般、较差,考核结果作为班子主要领导考核评估的重要依据。同时,还制定《专业条线领导人员绩效考核试行办法》,强化专业条线领导人员考核力度。

二、员工绩效考核

2001 年 12 月起,上海电信开始组织员工绩效考核。日常考核由各部门、各单位自行组织实施,半年度和全年度考核由公司统一组织。考核采用自我评估、直接主管评估、上级主管评估、部门(单位)领导层(考核工作小组)核定的方法。年度考核内容分为工作业绩、工作能力、工作态度三个部分,考核总分 100 分。依据考核结果可评定为优秀(A)、优良(B)、良好(C)、尚可(D)、较差(E)等 5 个等级。考核结果是核发绩效奖金、评先奖励、晋升、降职、降级、调整岗位和针对性培训的重要依据。

2003 年 10 月,上海电信印发《上海市电信有限公司员工绩效管理实施办法》,规定员工绩效实行季度考核和年度考核,季度考核内容为工作业绩完成情况,年度考核内容分为工作业绩、素质两个部分。考核结果调整为优秀(A)、优良(B)、良好(C)、待改进(D)、较差(E)等 5 个等级。

2005 年,上海电信在员工岗位属性分类的基础上,将员工业绩考核按不同岗位族群进行分类管理,分为"单位/部门领导系列""支撑系列""前端系列""后端系列"和"研发系列"等 5 个系列。员工业绩指标改由两部分组成:年度考核指标(即 KPI 关键绩效指标)和化解为月(季)考核的支撑指标;员工绩效指标考核采用 100 分制的配分办法:由 KPI 指标,专项任务指标,内部管理指标,素质指标四部分组成。11 月,上海电信印发《上海市电信有限公司员工绩效考核管理办法》,对绩效管理实施办法中的管理职责、绩效指标的制定与调整、绩效辅导、绩效考核、考核结果(其中,较差 E 调整为不适岗 E)及比例控制、反馈与申诉、考核结果的应用、考核管理的实现形式等做出进一步明确。上海电信还配套印发考核实施细则，进一步规范业绩指标签订、考核评比、奖惩实施流程。

其间，上海电信建立员工绩效考核管理信息化平台，选择总部机关、浦东电信局、信网公司等单位进行试点；2006年在全公司推广应用，逐步实现员工绩效考核网络化操作。

2008年，上海电信在政企客户部、浦东电信局开展员工绩效管理改革试点：将员工被动式考核向主动发展式考核转化；建立分专业的差异化绩效考核指导模版。在非试点单位，推进业绩考核合同标准化，为差异化薪酬分配建立依据；加大核心人才的日常考核，强化日常考核与年度考核的关联度。

2010年，上海电信进一步加大绩效管理力度。对关键人才，在年度业绩合同中设置1—2项专项任务指标；对销售人员，实施收入服务责任制考核；对营销策划人员，实行营销策划"后评估"考核；根据企业发展和重点工作，增加与全业务经营及世博通信保障服务相关的考核指标；转变绩效管理方式，推行"常规工作基准分、卓越工作给加分"的模式。

第三节 绩效分配

2000年11月，上海电信对原"在邮电通信各项工作中起骨干作用的高学历邮电职工实行企业特殊补贴"政策进行改革，对企业中经营、技术、科研关键岗位上业绩显著的人才，以及有志为电信事业发展做贡献的社会高级经营与专业技术优秀人才，实行"契约薪酬"的分配办法。企业依据该员工对企业的业绩与贡献、实际工作年限和社会人力资源价格，以事先约定薪酬的方式进行分配。"契约薪酬"划分1—6个等级，不实行平均分配。2001年，经各单位申报，公司统一审定，对475名员工实行"契约薪酬"。

2003年，上海电信实行按绩效分配，将分配与员工KPI关键绩效指标挂钩，发布《上海市电信有限公司绩效分配指导意见》，做到劳动报酬与工作业绩挂钩，收入能增能减；提高浮动薪酬的比例，发挥激励与约束机制的调节作用；向高级管理、高级技术、高级营销岗位倾斜，进一步拉开分配差距。2005年，上海电信修订绩效分配指导意见，重在建立分配与考核紧密挂钩的二级管理、三级分配的模式，淡化绩效分配的岗级观念，提高考核与激励挂钩的有效性，关注绩效考核过程，提高绩效奖励时效性。实施前端、后端、支撑人员分类考核，以正向激励为主、负向鞭策为辅。绩效总量向前端倾斜，首次明确前端客户经理以计件分配为主，考核计件兑现到个人，倡导收入靠业绩、多劳多得。

2006年，上海电信在绩效分配中，提出向转型业务部门和岗位给予一定增量倾斜，以推动转型业务发展，在浦东电信局试点政企客户经理销售提成分配试点。2007年，根据浦东试点，上海电信推广实施政企客户经理销售提成制，将销售提成、积分奖金纳入日常绩效薪资分配，在前端客户经理中推广销售提成制。按岗位族群细分劳动力价格指导线，将原分等指导线，细分为企发、财务、人力、综合、党群、市场、销售与客户服务、网络、IT、研发十大专业的价格指导。对市场稀缺的关键人才试行协议工资分配模式，提高薪酬竞争力。

2008年，上海电信发布聚焦客户的产品创新激励实施办法，明确新产品开发"专业创新"与"群众创新"激励机制。2009年，建立跨区域、跨渠道的协同销售考核激励机制。

第十一篇

企业文化与精神文明

概　　述

2000年公司化运行后，上海电信把培育先进的企业文化作为实现公司发展战略目标的重要途径，通过开展企业精神的征集活动，形成企业文化理念体系。根据中国电信企业文化纲要，上海电信先后两次进行对接，既承接集团公司的文化纲要内容，也保留具有上海电信特色的文化。在企业文化建设中，上海电信确立价值观塑造、形象塑造和氛围营造的工作思路，集中宣传先进典型，统一CI、VI标识，集中力量做好企业文化的宣贯、渗透和引领工作，全员文化宣贯覆盖率达99.5%。坚持"虚实结合，以实为主、重在建设"的方针，每年制订企业文化实事项目，使企业文化理念落地、生根、开花。先后建立起一报(企业报)、一站(企业网站)、一台(广播台)、一论坛(员工论坛)等文化传播载体。文化建设特色鲜明，《企业文化案例集》等文化读物、《员工全面发展白皮书》、"双用"服务体系、文化审核制度等构成丰富的系列文化产品。文化建设的群众基础牢固，公司开展的全员"文化日、读书日、健身日"以及员工艺术节、运动会等，极大地丰富员工的文化生活。注重发挥邮电俱乐部、绿波艺术团等文化团体的作用，企业文化真正做到全员覆盖，深度渗透，广泛认同，积极实践，为企业转型、发展营造良好的文化、舆论环境。上海电信先后获全国企业文化先进单位、上海市首批企业文化建设示范基地称号。

在精神文明建设方面，上海电信建立健全精神文明建设管理机构，制定完善文明单位建设管理办法等，不断加强对精神文明建设工作的领导，形成各级党政工团齐抓共管的局面。牢固确立领导班子建设和党的基层组织建设两个坚强基础，构筑企业文化、客户服务、社会责任和思想道德建设"四位一体"的文明创建体系。每年制定创建工作目标和重点，积极开展各级文明单位和文明窗口的创建活动。建立履行社会责任的工作机制，使拥军优属等工作常态化；积极参与社会服务和社区建设，大力弘扬志愿者精神；加强社会主义核心价值体系建设，始终坚持开展弘扬先进典型、精神文明好事的评选活动，着力提高公司整体文明程度和广大干部、党员和员工的文明素质。崇明电信局于2005年和2009年、金山电信局于2009年获全国精神文明建设工作先进单位，公司总部于2005年和2009年、长途通信事业部于2005年获全国文明单位荣誉称号。

第一章　企业文化

第一节　文化建设

一、文化理念

2000年公司化运行初期，公司党委即开展企业精神征集活动，全公司有80%以上的员工参与。从768条中选出1条企业精神。完成核心价值观、共同愿景、公司口号等重要理念和员工行为规范的制订。

2001年3月6日，上海电信企业文化基本理念经一届一次职代会通过，主要内容包括：企业精神——团结拼搏、共创价值、和谐创新、共享繁荣；核心价值观——全面创新、求真务实、以人为本、共创价值；经营理念——不断满足和创造客户需求，引领、促进市场健康发展，优化各利益群体的价值分配，实现可持续的企业价值最大化；管理理念——客户就是价值，员工就是财富，创新就是未来；共同愿景——追求完美沟通，奉献全新生活；企业口号——网络好，服务更好！先后提出企业文化"三个交汇""三个层次"观点，"环路理论""双向忠于"原则，"双赢"理念等。4月2日，上海电信制定《企业文化建设三年规划(2001—2003年)》，设定企业文化建设的总体目标：在努力培育企业精神的基础上，逐步形成以人为本的管理氛围、以绩取人的务实氛围、和谐宽松的创新氛围。

2002年2月27日，公司党委在一届二次职代会上作《以文化力推进生产力》的报告，提出"文化建设由文化规划向文化战略推进、由理念层和形象层向制度层渗透、赋予文化实事以人性化的内涵、由文化认知向文化认同推进"的工作思路。3月16日，召开企业文化咨询会，与会企业文化专家、学者提出，要把企业家文化(精英文化)变成员工文化(大众文化)，使企业的理念转变为员工岗位的自觉行动。9月11日，召开企业文化研讨会形成共识，建设有上海电信特色的企业文化，关键在于网络文化和服务文化。9月，中国电信启动企业文化专项工作。在诊断企业文化现状、吸取各省市公司企业文化建设经验、分析先进文化发展方向的基础上，总结提炼出中国电信企业文化核心理念及相应的行为准则。

2004年9月13日，中国电信印发《企业文化手册(2004年版)》。按照集团公司的统一部署，上海电信在《中国电信企业文化手册(2004年版)》基础上，结合企业文化4年来形成的主要理念，于11月3日印发《上海市电信有限公司企业文化手册(2004年版)》。既承接集团公司企业使命、战略目标、核心价值观、服务理念、企业行为准则、员工行为准则等内容，也保留上海电信已经形成的共同愿景、管理理念、企业精神等内容。企业文化纲要如下。企业使命：共享与世界同步的信息文明。共同愿景：追求完美沟通，奉献全新生活。战略目标：把中国电信建设成为世界级现代电信企业集团。核心价值观：全面创新、求真务实、以人为本、共创价值。管理理念：客户就是价值，员工就是财富，创新就是未来。企业精神：团结拼搏、同创价值，和谐创新、共享繁荣。服务理念：用户至上，用心服务。企业行为准则：恪守承诺，为客户提供卓越服务；关爱员工，让每块金子发光；诚信合作，在共创中寻求共赢；稳健经营，持续提升企业价值；回报社会，做有责任心的企业公民。员工行为准则：持续学习，高效工作；爱岗敬业，遵章守纪；尊重他人，坦诚沟通；服从大局，忠于企业。

图 11-1-1　2001 年 6 月 9 日，上海市电信公司成立一周年暨首届职工文化艺术节开幕剪彩

为落实构建社会主义和谐社会，深入贯彻社会主义荣辱观，使企业文化更好地适应战略转型的需要，经修订后的《中国电信企业文化纲要（2006 年版）》于 2006 年 7 月 13 日正式印发。11 月 16 日，集团公司印发《中国电信企业文化手册（2006 年版）》，主要修改并完善企业使命、战略目标、核心价值观、服务理念的解释说明，新增经营理念、企业行为准则、员工行为准则以及企业形象口号的解释说明，重点突出客户价值、精确管理、创新、企业转型和综合信息服务等内容。

2007 年 8 月，按照集团公司的统一部署，在《中国电信企业文化手册（2006 年版）》基础上，上海电信汇编《企业文化手册（2007 年版）》，作为转型期企业文化宣贯的主要教材。新调整的企业文化理念包括如下。企业使命：让客户尽情享受信息新生活；战略目标：做世界级综合信息服务提供商；经营理念：追求企业价值与客户价值共同成长；企业形象口号：世界触手可及。上海电信增加廉洁理念，即廉洁从业，诚信守法，行为规范，勤勉务实；继续保留共同愿景、核心价值观、企业精神、管理理念、行为准则等内容。11 月，中国电信提出各级领导团队要具备企业家精神，要有激情、创造性，要务实进取、诚实守信。是月 24 日，《上海电信》报发表《论企业家精神》署名文章，阐明企业家精神应包括激情、创新、合作、诚信等 4 个方面，在干部员工中引起强烈反响。12 月，上海电信各单位分别召开学习会、座谈会等，用企业家精神引领各项工作。

2009 年 9 月，上海电信总结出具有松江电信局特点的"松江精神"，即："争创一流、永争第一"的争创精神；"守土有责、寸土不让"的拼搏精神；"学习马列、学习传统"的求知精神；"关爱员工、以人为本"的仁爱精神；"创建文明、追求和谐"的理性精神。

2010 年 4 月，上海电信启动"锻造世博精神，引领全业务发展"主题活动。12 月 25 日，举行电信世博精神发布会，将上海电信世博精神正式表述为：攻坚克难、奋力争先的拼搏精神；众志成城、协同奋进的团队精神；勇攀高峰、锐意进取的创新精神；勇担重任、无私忘我的奉献精神。

二、文化宣贯

2000 年 7 月，上海电信提出“企业文化建设要在表层识别系统、中间层管理制度和核心层文化理念三个层面齐头并进，第一年力争在第一层面有明显成效”。

2001 年 2 月 13 日，上海电信要求各单位“围绕形势任务教育，重点突出企业精神的宣传，使企业精神深入人心。进一步弘扬先进，引导员工对企业精神的认同感”。4 月 27 日，上海电信印发《2001 年企业文化建设计划》，以弘扬企业精神为重点，以八项实事内容为抓手，塑造良好企业形象，构筑积极向上的文化氛围。7 月 10 日，公司党委在司务会议上作《以文化力促进生产力》的报告，对为什么建设企业文化、建设什么样的企业文化、企业文化从培育入手重在建设进行全面阐述。10 月 12—16 日，上海电信参加首届中国企业文化论坛与展示活动，以“蓝色电信”“数字电信”“您的电信”等 3 个板块进行展示，获得本次展示活动的唯一金奖和活动组织奖。是年，公司员工对企业精神的知晓率达 91.7%。

2002 年 1 月 14 日—2 月 1 日，上海电信在邮电俱乐部展示参加首届中国企业文化论坛与展示活动时的展板并组织员工参观，提高员工对企业文化的认知和认同。4 月，组成 12 人党委讲师团，全年为基层授课 81 次，听众达 4 000 余人次。是年，公司在《上海电信》报开设《企业文化大观》专栏，以“八面来风”“你说我说”“他山之石”“品味经典”“实例点评”等专题，从多角度介绍专家的观点、先进企业文化建设的经验、管理理论和思想评析，发表文章约 80 篇，举办企业文化讲座 38 场。

2003 年 4 月 28 日，上海电信制订 2003 年企业文化建设计划，分 3 个层次推进企业文化。公司层：完善企业文化理念，加大传播渗透力度。客户层：强化“用户至上、用心服务”理念，推进“双用”服务理念进班组、到员工。员工层：深化对公司企业文化认同，营造员工关心企业、支持改革、努力工作的企业氛围。2003 年 7 月 4 日，《人民邮电报》以一个版面介绍上海电信企业文化的做法与经验。7 月 17 日，上海电信提出实现“三个先进”（先进生产力、先进文化和先进小康生活）的目标。是年，公司制作企业文化宣传作品《蓝色旋律》（音像制品）、《陈德明刊头画集》，开展员工“小康”计划、健康工程、帮困工程等。

2004 年 1 月 16 日，上海电信司歌《连接心灵世界》经党政联席会议审议通过，在第一届职工代表大会第五次会议上，由公司合唱团对司歌进行演唱。

2004 年 3 月，上海电信提出要系统地学习海尔经验，消化吸收，为我所用，促进企业文化建设。3 月 27 日，《上海电信》报开始每周一期连续刊登学习海尔的文章，有《海尔，让创新到永远》《企业文化：企业的灵魂》等文章。8 月，上海电信开始开展为期两个月的“学习海尔精神、构建上海电信双用服务体系”主题活动，强化“用户至上、用心服务”体系的建设，把口号变成行动、变成制度、变成信息化的手段，要求做到原原本本学海尔、实实在在找差距、认认真真定措施。8 月 21 日、9 月 11 日，《上海电信》报分别刊登评论员文章，先后两期刊登“海尔故事”，为各单位学海尔提供第一手资料。9 月 10 日，海尔集团副总裁武克松应邀来上海电信作海尔服务体系的报告。

2004 年 11 月 18 日，上海电信转发《中国电信企业文化宣贯推进工作实施意见》，要求各单位多渠道宣传企业文化理念。是年，编辑《上海电信客户服务体系（第一版）》，即“双用”服务体系，与《企业文化手册（2004 年版）》一起，成为公司文化创新重点宣贯的两份基础读本。上海电信获“全国企业文化实践创新奖”称号。

2005 年 1 月 29 日，上海电信党委提出，要理解、消化、认同中国电信的文化理念，深化文化理念

图 11-1-2　2004 年 9 月 10 日，上海电信举行学习海尔精神构建“双用”服务体系报告会

的宣贯，抓住“创新谋发展、协同促管理、服务创品牌”3 个环节，力求在文化创新上有所建树。4 月 29 日，上海电信召开文化创新专题会议，对文化创新的定位、意义、内涵进行详细的阐述，要求融会贯通文化创新的内涵，系统推进文化创新活动。6 月 30 日，上海电信召开纪念中国共产党成立 84 周年、公司成立 5 周年暨十大激情人物颁奖大会。7 月 12 日，上海电信成立文化创新项目组。项目任务是：文化梳理、文化传播、文化指导、文化审核和文化服务等方面。8 月 6 日，上海电信对中高层管理人员进行先进性教育暨企业文化培训，要求各级管理者构建共同的理想追求，通过柔性的文化锻造过程体现精确管理的内核，培育充满战斗力的执行文化。10 月 19 日，上海电信党委印发《企业文化宣贯推进工作实施意见》，以《企业文化手册》和《客户服务体系》为主要读本，组建 22 人企业文化培训师队伍，对全体员工集中进行企业文化宣贯，至 2006 年 4 月底，培训结束，共培训 11 993 人，全员宣贯覆盖率达 99.5%。10 月 28 日，公司党委召开会议，就培育更好的服务文化提出要求，市场部、信产公司和“双用”创新项目组分别作文化创新交流。11 月，上海电信获“2005 年度全国企业文化建设先进单位”称号。

2006 年 12 月，编辑出版内容包括《徐倩雯语音受理法》《徐珺宽带操作法》《吴文巍工作法》《晓彬七步法》《英子受理法》等在内的“双用”服务指导书。

2007 年，上海电信以客户为中心，开展企业文化的宣贯。制订适应转型的企业文化实施方案，编纂《企业文化手册(2007 年版)》，作为转型期员工企业文化宣贯的主要教材。编辑《企业文化案例集》，共 30 个案例，分 6 个篇章。该案例集既有案例描述，也有案例点评，为每个案例配有漫画。此外，还摄制《商客经济的 48 小时》《开会这点事》等“企业文化透视镜”系列电视片，组织干部员工收看，引发对企业文化的深层次思考；在总部机关全面启动全员服务承诺，有效传播“以客户为中心”的中国电信企业文化精髓。

2008 年 1 月 5 日，《上海电信》报刊登 30 个企业文化案例和员工一句话点评。6 月 16 日，上海电信印发《关于开展企业文化“落地”专项工作的通知》，将“推动企业文化落地，为转型突破期提供思想保障”列为年度十项重点工作之一，明确文化“落地”中的制度建设、文化审核、企业文化日等 10 项任务。

随着中国电信收购联通C网工作进入关键时间，9月25日，中国电信印发《关于做好重组收购企业文化融合工作的通知》，指出“收购C网不仅是网络、设备、资产、人员的整合与优化的过程，也是企业文化融合的过程。文化融合是成功实现重组收购的重要环节，只有实现深层次意义上的文化融合，企业的重组收购才算真正完成”。11月7日，上海电信党委召开会议，要求把文化融合作为一项重点工作来抓，以文化融合确保员工思想、队伍稳定。

2010年5月18日，上海电信获上海市“首批企业文化建设示范基地”称号。

三、文化实事

上海电信坚持“虚实结合、以实为主、重在建设”的企业文化建设思路，以文化实事为载体，推动企业文化建设。

2000年，上海电信制订10个企业文化实事项目，主要有先进典型宣传、企业精神征集、统一车辆标识、营业窗口改造、组建文体团体和协会等。年底，完成企业精神的征集，员工参与率达80%；在公司OA上开办“员工论坛”，开设“沟通与互动”“民意调查”等栏目；统一1 600余辆车辆的标识；拟订员工行为规范等。

2001年，上海电信制订8件实事项目，主要为集中对14位“信息化排头兵”和114查号中心进行宣传，“绿波艺术团”进社区义演250多场，企业文化VCD形成系列产品。6月，《网络先锋》一书公开出版。该书是公司企业文化系列丛书的第一本，集中介绍14个信息化排头兵和1个先进集体的事迹。其后，陆续出版《企业文化案例评析》《阿拉电信人》《蓝海拾贝》《市场前沿》等企业文化系列丛书。7月，上海电信广播台开通。至此，上海电信已经形成一报（企业报）、一站（企业网站）、一台（广播台）、一论坛（员工论坛），对传播企业文化起到积极的作用。

2002年，上海电信围绕强化员工培训、拓宽沟通渠道、搭建员工发展舞台、开展“让每个终端体现上海电信亲和力”活动等5个目标，制订20件文化实事项目。4月25日，上海电信为员工陈松国承办个人演出专场，对形成“双向忠诚”的企业文化氛围具有重要意义。6月，上海电信总经理E-mail开通（zjl@shtel.com.cn）。此外，公司开始每年拨款30万元，设立员工自学成才奖。是年，绿波艺术团为市民无偿演出100余场。

2003年，上海电信制订12个企业文化实事项目。4—6月，开展“电信员工读书计划‘荐书行动’”，形成100本阅读书目在《上海电信》报作介绍。6月，机关党委试行“诚信办公”，要求做到“承诺要兑现，说到要做到；基层有所呼，机关有所应”，在企业发展部进行试点，9月起在总部机关全面推广。11月10日，经整合后的公司门户网站对社会开放。

2004年，上海电信制订10个企业文化实事项目，内容包括企业文化宣贯、编写《文化读本》、落实2004年度《白皮书》行动计划、办好“员工天地”网站、举办“喜欢上海电信的N个理由”DV大赛、建立“双用”服务体系、总结推广《徐珺操作法》、采编《上海电信营销案例》、建立“文化审计”制度等。

2000—2004年，上海电信共完成企业文化实事项目60个。2005年，企业文化实事开始纳入《上海电信员工全面发展白皮书》行动计划之中，不再另行制订。

第二节　员工全面发展白皮书

2003年9月，上海电信第一届职工代表大会第四次会议通过《上海电信员工全面发展白皮书

（2003 版）》（简称《员工白皮书》）。员工全面发展主要涵盖 5 个方面，即体现自我价值实现的职业生涯空间和成长发展机会，注重专业精神的职业素质和素养，健康安全舒心的从业环境，讲求公平且富有竞争力的贡献回报，高质量的生活品位和品质。11 月 18 日，公司党委印发《上海电信员工全面发展白皮书（2003 版）》的通知。指出：公司每年制订落实“员工白皮书”行动计划，予以监督检查。各单位、各部门要把《员工白皮书》的理念、愿景作为员工全面发展工作的指南，各级管理者要把《员工白皮书》的有关要求落实到管理实践中去。全体员工要充分发挥自己的聪明才智和主观能动性，与公司同舟共济、同创价值，同甘共苦、荣辱与共，共同实现“共享与世界同步的信息文明”的宏愿和使命。

2004 年“员工白皮书”行动计划以全面、可行以及不折不扣、原汁原味执行“员工白皮书”为原则，从改善员工的工作条件、提升员工的生活品位、重视员工的信息化生活等方面制订 26 个实事项目，做到事事有监督，件件有落实。2005 年行动计划以“全面发展、量力而行、权责统一”为原则，制订 14 件实事项目，涉及员工职业能力培养、改善员工的工作环境、关心员工的身心健康、体验信息化带来的工作与生活便利等方面。2006 年行动计划有 16 个实事项目，突出企业战略转型，对中高层管理者和全体员工进行转型宣贯培训、推行员工创业扶助计划等。行动计划列入公司年度重点工作，通过党委督办进行推进。2007 年，“员工白皮书”行动计划突出“员工与企业共享改革发展成果”的理念，制订 16 个实事项目。推行多样化的薪酬激励制度，重点奖励对企业做出更多贡献的员工；提供必要的体育运动设施和服务。

2008 年，上海电信从以人为本、关注民生的角度，对员工的全面发展重新进行审视和定位，决定对《上海电信员工全面发展白皮书（2003 版）》进行修订。6 月 24 日，上海电信第一届党代会第二次会议上审议通过《中国电信上海公司员工全面发展白皮书（2008 版）》。新版《员工白皮书》以科学发展、和谐发展、全面发展、率先发展为憧憬，注重反映当前，面向未来。愿景与路径相互对应，从而更加清晰，绘就一幅公司和员工共同发展的新蓝图。其原有框架不变，保留成长空间、职业素养、从业环境、贡献回报、生活品质等 5 个方面，但在内容方面进行修订。

2008 年 7 月 15 日，上海电信党委印发通知，决定从 2008 年起不再制订年度“员工白皮书”行动计划，而是把落实《员工白皮书》的具体措施放进集体合同中，以集体协商的形式予以确定，从法律的高度保障员工的全面发展。

表 11－1－1 《上海电信员工全面发展白皮书》框架内容

	2003 版	2008 版
成长空间	在“尊重劳动、尊重知识、尊重人才、尊重创造”的原则下，公司和员工共同搭建和谐协调、流程畅通、权责明晰、双向忠诚、实现自我价值、不断走向成熟的舞台，使员工和公司一起成长	遵循“尊重劳动、尊重知识、尊重人才、尊重创造”的原则，将员工个人成长空间与企业转型结合起来，使员工的职业能力、市场竞争能力得到提升，伴随着公司的发展一起成长
职业素养	从事本行业工作应具备的专业技能和职业涵养，是员工世界观、价值观、方法论以及专业素质和技能等方面的合成	员工在从业过程中的规范和要求，以及应该具备的综合素质，一般包含专业知识、岗位技能、职业道德和心理素质等方面
从业环境	安全、优雅、高效、和谐的工作场所，充满着浓厚的互爱、互补、互赖的团队氛围，并展现出人才个体与企业团队资源共享和良性互动的精神风貌	建立规范有序、公正合理、互利共赢、和谐稳定的社会主义新型劳动关系，有安全、和谐、愉悦、高效的工作场所，充满互爱、互助、互补、互赖的和谐氛围

〔续表〕

	2003 版	2008 版
贡献回报	员工因价值贡献和劳动付出而得到公司在物质上、精神上及其他形式的相应的肯定和报答	公司建立企业职工工资正常增长机制和支付保障机制
生活品质	高质量、内涵丰富的生活理念和生活品格，是对生活乐观、健康、向上的感悟和态度	包括经济生活、文化生活、政治生活、社会生活、环境生活五大生活品质

第三节　文化团体

一、文化体育协会

2001 年 4 月 13 日，上海电信文化体育协会（简称“文体协会”）第一届理事会成立，设理事会主席 1 人，副主席 3 名，理事 20 名。同时，召开第一届理事会第一次会议，讨论组队参加第六届中国合唱节、邮电俱乐部改建为员工文体活动中心、乒乓球俱乐部的运作等内容，并决定于 6—9 月举办首届员工艺术节。

2002 年，文体协会召开第一届理事会第二次会议，决定成立社会活动组、群体活动组、管理者文体活动组、司歌组、沙龙和高雅文化活动组等 7 个小组，分工实施公司的群众文化体育活动。是年，上海电信获 2001 年度上海市职工文化活动优秀奖。

2003 年，文体协会召开第一届理事会第三次会议，决定构建群众文体活动网络，成立基层文体协会。11 月 17 日，上海电信印发《关于成立基层文化体育协会的通知》，各单位据此普遍成立文体协会，组建健身操队、乒乓球队、羽毛球队、网球队、游泳队、小足球队、文学社、青年剧社等各种活动团队和兴趣小组，促进员工文体活动的开展。

2005 年 4 月 29 日，文体协会召开第一届理事会第五次会议，决定于 6—10 月举行第二届员工艺术节。

2007 年 6 月 2 日，上海电信调整第二届文化体育协会理事会成员，设理事会主席 1 人，副主席 3 人，理事 19 人，并召开文体协会二届二次理事会。2008 年 5 月 22 日，文体协会召开第二届理事会第三次会议，确定 2008 年公司文化体育活动的重点，继续开展“一季一赛”特色活动、发挥群众文化体育活动网络作用等。

【群众文艺活动】

2001 年 2 月 6 日，上海电信业余艺术团成立。艺术团设有合唱团、舞蹈队、铜管乐队、戏曲爱好者沙龙等艺术团队。

2002 年 5 月 13 日，合唱团在“中国合唱节”大合唱比赛中获得银奖。

2004 年 3 月，“上海电信杯”2003—2004 年上海首届职工合唱节在邮电俱乐部举行，有 50 多个单位的歌队唱响以“海纳百川、追求卓越”为主题的上海城市精神的颂歌，公司合唱团取得“十佳合唱团”奖杯。

2005 年 5 月 7 日，上海电信合唱团参加“上海市纪念抗战胜利 60 周年广场音乐会”。9 月 1 日，参加虹口区“千人黄河大合唱”。11 月 20 日，宝山电信局小品《辐射》代表上海市总工会参加上

图 11－1－3　上海电信合唱团参加上海市“阳光　大地”全市党团员优秀歌曲展演活动

海市“与文明同行，做可爱的上海人”小品大赛决赛获三等奖。是年，合唱团还参加市总工会“五一晚会”、上海市纪念邓小平 100 周年诞辰音乐会、上海市国际艺术节闭幕演出等重大演艺活动。

2010 年 6 月 30 日—7 月 2 日，上海电信在世博会公众参与馆“秀·空间”展项进行为期 3 天的表演，为游客演绎 166 年间人类的通信发展史，以及对未来通信发展的无限梦想，获世博会公众参与馆“秀·空间”优秀展演团队。是年，公司还先后参加“电信杯”聚焦浦东聚焦世博摄影大赛、“上海电信杯”世博风采摄影展、“上海职工看世博摄影大赛”“感受世博摄影比赛”、上海“五一文化奖”职工摄影大赛、中国电信“天翼景象”摄影赛和手机主题摄影赛等。上海电信自身还举办“世博一日”摄影大赛，160 位员工选送作品 550 幅，编辑发行《与世博同行》大型画册。

【群众体育活动】

乒乓球赛事　2001 年 12 月 26 日，上海电信与华东理工大学联合组建乒乓球俱乐部。2002 年，上海电信华东理工乒乓球俱乐部第一次加盟中国女子超级联赛，获联赛第六名。其间，还分别举办“嘉定电信杯”“实业杯”“金山电信杯”主场比赛。2007 年 4 月，上海电信与华东理工乒乓球俱乐部再度联手，组建上海电信华东理工乒乓球俱乐部，加盟中国女子乒乓球超级联赛。6 月 13 日，由上海信息产业(集团)有限公司承办，上海电信华东理工女子乒乓球队在闸北体育中心主场迎战北京首创队，中央电视台体育频道进行直播，上海《新民晚报》等媒体进行报道。

组队参加市运会　2002 年，上海电信组队参加上海市第十二届运动会，48 名运动员参加围棋、象棋、桥牌、广播操、乒乓、游泳和赛艇 7 个项目比赛，名列企业组第 3 名。2006 年 9—11 月，组队参加上海市第十三届运动会 9 个项目比赛，获企业组第 3 名。其中，龙舟队获 500 米混合组金牌，扑克牌队获 80 分比赛女子组金牌，游泳队获女子 100 米自由泳银牌、女子 100 米蝶泳铜牌、女子 200 米自由泳铜牌；跳长绳队获混合组铜牌。2010 年 10—11 月，组队参加上海市第十四届运动会，108 名运动员分别参与龙舟、长绳、健美操、扑克牌 80 分、桌球、健美、桥牌、乒乓球和羽毛球、保龄球等

10 个项目的比赛，龙舟、长绳、保龄球项目获得金牌。

组队参加全国通信系统运动会　2004 年 9 月 6—12 日，上海电信乒乓球队获全国通信系统职工乒乓球比赛男女团体和男子单打 3 枚金牌。2005 年 9 月 5 日，上海电信篮球队参加中国电信篮球赛江苏赛区的比赛，获第四名，并获精神文明奖。2008 年 4 月 24 日，中国电信举行“迎奥运”体育健身系列活动总结表彰大会暨羽毛球比赛，上海电信羽毛球队获男子团体第七名、女子团体第八名、女子单打第六名；上海电信获群众性体育健身活动优秀组织奖。2010 年 11 月 17 日，中国电信举办“天翼活力”员工普及健美操决赛，上海电信健美操队获集体健美操三等奖，双人健美操第五名。

其他体育赛事　2004 年 10 月 30 日—11 月 7 日，上海电信 61 名员工参加首届世界著名在华企业健身系列大赛 5 个项目的比赛。2005 年 12 月 2 日，举办“大客户”杯网球邀请赛，12 支金牌客户队参加。2006 年 5 月 28 日，上海电信龙舟队获“2006 上海苏州河城市龙舟赛”第八名。

2006 年 1 月 24 日，上海电信获“全国职工体育示范单位”。

图 11-1-4　开展群众体育活动

二、邮电俱乐部

【体制变化】

上海邮电俱乐部成立于 1958 年，是原上海市邮电工会所属的社团所有制并实行定额补贴的文化事业单位，面向上海邮电职工和市民公众，提供学习、文体娱乐、休息等服务的场所。1997 年，邮电俱乐部改制为“独立核算，自主经营，自负盈亏”的企业法人。1998 年，邮电分营期间，根据上海市邮电管理局的规定，“邮电俱乐部实行邮、电联办，挂靠电信。股权比例电信为 51%，邮政为 49%”。2000 年 7 月，邮电俱乐部划入上海市电信公司实业集团。2002 年 8 月，邮电俱乐部回归主业。2003 年 7 月 28 日，上海电信工会分别批复，同意邮电俱乐部向工商管理机关申请注销企业法人登记。同时，申请进行分支机构注册登记。把邮电俱乐部定位为公司工会下属的职工文化活动

图 11-1-5　上海邮电俱乐部外景

中心，以对内服务为主，兼顾为社会公众服务的非营利性的工会社团法人单位。主要服务内容有职工文化娱乐活动、电影放映，各类歌舞、器乐、声乐、书画培训及集邮、摄影、桥牌、戏剧爱好者沙龙等活动。其中，影剧院兼顾为社会公众服务。2004 年 11 月 30 日，上海电信对邮电俱乐部的业务范围进行重新界定。邮电俱乐部承担上海电信文化体育协会和电信工会群众文化体育活动的相关工作，以对内服务为主，适当对外经营。邮电俱乐部服务于职工的餐饮业务划至上海电信实业（集团）有限公司（简称“实业集团”）。邮电俱乐部的安保、物业、场馆服务等业务由实业集团承担。2006 年 5 月，为顺应公司战略转型的要求，理顺投资关系，规范日常运作，经中国电信批准，上海电信与上海邮政签订协议，将上海邮政对邮电俱乐部占有 49%的股份进行转让。12 月 1 日，上海电信取消邮电俱乐部社团法人资格。邮电俱乐部原业务合同关系由上海电信承接，剩余资产由存续公司收回。邮电俱乐部取消法人资格后，对外名称沿用上海邮电俱乐部，对内名称为“上海电信员工文体活动中心”。该中心是公司工会的挂靠部门，承担上海电信文化体育协会和群众文体活动等相关工作；利用俱乐部的文化体育设施，组织开展文化体育活动；开辟和管理活动场所，负责管理“劳模之家”、职工议事厅和广播台；辅导基层单位开展文体活动；利用邮电俱乐部的剧场，进行场地租赁等相关工作。2008 年 10 月，上海电信投资 2 300 万元对邮电俱乐部进行改建，2009 年 4 月 20 日竣工。改建后的邮电俱乐部，保持原有的影剧院、乒乓房、斯诺克、健身房、迪斯科舞厅等设施，增设职工议事厅、劳模之家、卡拉 OK、职工书屋、棋牌活动室、影视厅等场馆。2009 年 4 月 30 日，在邮电俱乐部成立 50 周年之际，上海市总工会向邮电俱乐部颁发“上海职工五星级文体活动基地”铜牌。

【文体活动】

2000 年，邮电俱乐部承办东方歌舞团、北京军区战友歌舞团、南京军区前线歌舞团、新疆军区文工团、沈阳歌舞团以及印度舞蹈团、俄罗斯柴可夫斯基模范芭蕾舞团等国内外著名演艺团体演出 45 场，观众达 38 608 人。

2001年，邮电俱乐部承办“上海电信2001美好祝愿新年音乐会”，特邀上海市著名劳模杨富珍、徐虎等先进代表观看。春节期间，组织两场“中国著名歌唱家演唱会”。4月，绿波艺术团连续10天在“龙华庙会”进行30场业务宣传演出。“五一”节期间，组织两场“国际哑剧精品展演”，邀请上海青年聋哑技术学校百名师生免费观看演出；承办四场俄罗斯军队“前线”歌舞团、上海人民滑稽剧团“滑稽新作演唱会”。6月，大庆话剧团演出两场校园青春剧《特殊故事》，放映少儿题材电影《冰上小虎队》专场。7月，承办中国人民解放军总政歌剧团演出歌剧《党的女儿》，庆祝建党八十周年、公司成立一周年暨首届职工艺术节开幕式大型文艺演出、“胜利与辉煌——中华百年经典歌曲演唱会”等。10月，承办“金曲回放”中国著名歌唱家音乐会。

2002年，邮电俱乐部承办“上海电信美好祝愿2002新年音乐会”，组织“欢天喜地迎新春”系列节目。5月，推出“欢庆五一”节目。7月，组织“综艺晚会”，邀请著名歌唱家关牧村、才旦卓玛、拉苏荣以及上海马戏学校、苏州歌舞团同台演出。暑假期间，推出“开心暑期特别行动”系列活动，有“暑期电影观摩卡”“海派杂技专场”“电影放映进邮电社区”。8月，推出“一元起售，多捐不限”的“爱心慈善音乐会”，著名指挥家曹鹏率上海爱乐室内乐团到邮电俱乐部演出，全部票款收入及俱乐部员工募捐款共5 000元捐赠给上海慈善基金会。11月24日，俱乐部与上海魔术师俱乐部联手，再度“爱心慈善义演”，募捐所得1万余元捐赠给上海慈善基金会。

2003年，邮电俱乐部影剧院承办演出32场，其中有俄罗斯国家舞蹈艺术团“世界舞蹈精粹之夜”、新加坡敦煌剧场粤剧新编历史剧《清宫遗恨》、上海市工人文化宫话剧团演出《我为歌狂》《牡丹之夜》，以及沪剧明星刘建新演唱会、“上海市电信公司市场部之夜——《刘老根大舞台》”、上海市金孔雀舞蹈比赛专场等。

2004年1月2日，邮电俱乐部承办“市场之春”2004年新年音乐会，邀请上海广播交响乐团出演。春节期间，承办上海人民滑稽剧团“老树新花——传统滑稽节目荟萃”专场演出。3月19—26日，承办“上海电信杯”2003—2004年上海职工合唱大赛。是年，先后承接俄罗斯国防部“红旗”远东军区歌舞团等中外演艺团体演出41场，组织合唱团参加市总工会“五一晚会”、上海市纪念邓小平100周年诞辰音乐会、上海市国际艺术节闭幕演出等重大活动。

2005年3月25日，邮电俱乐部健身中心正式启用，全年设各类操班17期，参加人数2 187人次；其他健身活动达2 838人次。

2007年，邮电俱乐部全年共承接各类大型会务60余场；放映电影600余场，其中，为员工及家属免费放映电影近300场；承办各类演出40余场，观众总人数达12万余人次；承接公司团体活动150余场，各类文体业余团队活动100余场；为员工提供“双休日”免费活动90余天，活动人数5 000余人次；健身中心开设各类操班55期，有1万余人次参加。接受社会、外单位包场活动49场，活动人数4 000余人次。

2008年，邮电俱乐部剧场先后承办上海市“华夏杯”职工乒乓球比赛、第三届综合党委电信杯乒乓球邀请赛、上海市职工双绳大赛、世界500强在华企业健身大赛等体育赛事。

2009年，邮电俱乐部完成上海电信第三届员工艺术节的重大活动承办。影剧场共承接各类大型会务共50余场，为艺术节排练提供场地共70余场，为员工免费放映电影200余场，各类演出、活动20余场，参与活动及观众总人数达12万余人次。5月，职工议事厅正式启用，全年共承接各类会议、活动50余场次。此外，浦东健身房为机关员工提供晨练活动，开办哈达瑜伽、动感单车、性感热舞、形体塑身、太极等各类操班，有近万人次参加。浦西健身房，开办普拉提、太极拳、街舞、有氧操、形体塑身等各类操班，参与各类活动和健身会员共计6 000余人次。乒乓馆承办各类乒乓球比赛

11场,参加比赛、训练及活动人员近3 700人次。

2010年,邮电俱乐部承办各类大型会务、演出活动共63场,近4万人次。其中,影响较大的活动有:"情系世博"2010春节慰问农民工专场演出,上海市总工会机关纪念国际劳动妇女节100周年大会,"天下一家"志愿世博——上海世博会志愿者专场演出,中国电信保障2010年"上海世博会"誓师大会暨第二届中国电信"十大感动人物"颁奖仪式,上海电信第一届党代会第四次会议暨纪念中国共产党成立89周年大会和第二届职代会第五次会议等。全年开办打击乐、电子钢琴、瑜伽等训练班18期,新增电子钢琴8架、图书近千册。

表11-1-2　2000—2010年邮电俱乐部影剧院活动情况表

年份	电影		演出		会场	
	场次(次)	人数(人)	场次(次)	人数(人)	场次(次)	人数(人)
2000	641	46 993	53	45 496	120	56 160
2001	496	27 279	81	69 741	35	18 410
2002	692	31 948	42	36 162	38	19 960
2003	485	10 633	16	13 420	52	31 200
2004	443	18 652	42	35 941	38	20 064
2005	573	12 971	23	19 803	62	31 062
2006	630	7 874	35	30 511	60	44 275
2007	600	129 600	3	2 583	60	37 080
2008	0	0	0	0	0	0
2009	200	70 000	20	13 160	50	284 000
2010	221	49 823	60	40 800	63	37 560

说明:2008年,邮电俱乐部影剧院改建。

三、绿波艺术团

绿波艺术团的前身是成立于1959年6月的上海邮电工人业余艺术团。1988年7月,绿波艺术团成立,主要任务是深入企业基层单位慰问演出,对基层文艺活动进行指导。1989年,经上海市文化局审批取得营业演出许可证,成为上海首批民间艺术团体之一,下设声乐队、小乐队、舞蹈队、车技魔术队,人员25人左右,演出形式为音乐、舞蹈、车技、魔术等。

2000年9月,绿波艺术团与市场部签订合同,下社区举办50场次的演出,宣传企业形象和普及电信新业务。截至年底,到社区、学校、海岛、军营等场所巡回演出57场,平均每场观众超过1 500人。绿波艺术团进社区巡回演出,被评为2000年上海市精神文明十佳好事。

2001年1月16日,绿波艺术团举办上海电信进社区文艺演出50场汇报演出,社会各界150余人应邀出席。4月,绿波艺术团连续10天在"龙华庙会"进行30场业务宣传演出。6月,绿波艺术团合唱队在上海市"阳光·大地"优秀歌曲演唱赛上获二等奖。8月底,赴浙江舟山进行保护电缆宣传演出。9月14日,上海电信将邮电俱乐部绿波艺术团从专职文艺团队改制为业余文艺团队,组建业务宣传服务中心,挂靠公司市场部。是年,进社区巡回演出共170余场,观众达16万人次。

2002年7月25日，业务宣传服务中心（绿波艺术团）参加“丰收杯”上海职工文艺展演，共选送7个节目，其中舞蹈《马背上的长裙》、小品《理解》获二等奖，男声独唱获三等奖。

2003年，绿波艺术团先后为访沪的印度总理、意大利总理、韩国总统等11个国家的领导人进行演出。同时，也为各区（县）电信局的宽带、小灵通及其他业务进行宣传演出，完成各类演出103场。市场部业务宣传服务中心（绿波艺术团）被评为上海市群众文化先进集体。

2004年10月11日，绿波艺术团在上海国际会议中心为法国总统进行伴宴演出。

2005年5月7日，绿波艺术团合唱队参加上海市纪念抗战胜利60周年广场音乐会；9月1日，参加虹口区“千人黄河大合唱”；12月9日，参加上海市无伴奏合唱比赛。

2006年5月23日，绿波艺术团乐队在兴国宾馆为德国总理安格拉·默克尔一行伴宴演出。8月8日，艺术团参加慰问洋山深水港建设者文艺晚会。

图11-1-6　2008年12月28日，上海电信绿波艺术团成立20周年汇报演出

2007年1月20日，绿波艺术团整体划归员工活动中心（邮电俱乐部）。是年，完成各类演出87场次并开办钢琴、打击乐、二胡、萨克斯、葫芦丝、成人芭蕾等培训班42期次，学员2 000余人次。舞蹈队先后参加市综合党委庆“七一”演出、公司“百人瑜伽”表演。11月4日，绿波艺术团参加第九届上海国际艺术节演出。

2008年11月4日，绿波艺术团参加第十届中国上海国际艺术节“心系上海”专场演出，演出的主题是“构建和谐电信，服务和谐社会”。其中，器乐合奏《西南风情》获2008年上海市职工器乐演奏大赛第一名。

2009年，绿波艺术团共参加各类演出活动69场次，主要有上海市“五一歌会”、纪念《黄河大合唱》诞生70周年万人唱《黄河大合唱》演出等。还参加各种文艺比赛，在“颂祖国唱世博”大合唱比赛中获一等奖，在全国总工会“歌唱祖国”文艺展演中荣获金奖。此外，艺术团声乐、器乐等部分节目在中国电信“员工才艺”（网上）评选活动中获得“优秀组织奖”“最佳表演奖”“最佳人气奖”等奖项。

2010年，绿波艺术团共完成60场演出任务。绿波艺术团在世博公众馆内举行的“秀空间”演艺活动中，连续3天进行18场电信专场演出；在上海世博志愿者暨联合国合唱团专场、全球电信运营商高端论坛开幕式、2010 上海市中秋联欢晚会、世博广场周周演、3G 时代数字医疗应用研讨会、国际电联会议等进行专场演出。年底,举办上海世博会志愿者专场演出。

第四节　文化活动

一、企业文化日

2006 年,上海电信开始将每年的 12 月 28 日定为公司“企业文化日”,其主要目的是:对内树立与展示团队精神,弘扬企业团结协同,和谐创新的企业文化;对外树立与展示企业与社会、客户同创共赢的理念。2006 年 12 月 28 日,上海电信在首届企业文化日举行“2007 新年音乐会”,主题是“心系上海、回馈客户”,由德国柏林国家交响乐团演出,以此答谢客户,激励团队,展示企业文化。

2007 年,上海电信推出第二届企业文化日系列活动,包括“客户欢乐日”“客户服务日”“客户活动日”和“客户体验日”等 4 个主题活动。12 月 25 日是“客户欢乐日”,上海电信与虹口区乍浦街道联合为居民奉献精彩节目。12 月 26 日是“客户服务日”,邀请上海师范大学心理学教授张志刚作《让服务成为一种享受——心理健康与人际沟通》讲座,近 400 名客户代表和营业一线员工聆听讲座。12 月 27 日是“客户活动日”,在国际体操中心举行“政企客户杯”羽毛球比赛,有 16 支政企客户队伍参赛。12 月 28 日是“客户体验日”,120 名“我的 e 家”客户分别参观网络操作维护中心、百事应公司、信息生活体验馆、IPTV 中心,“零距离”感受电信服务。

2008 年 12 月 28 日,上海电信召开第三届企业文化日暨改革开放 30 周年纪念大会,采用视频、人物访谈,相互穿插着播出。通过 30 年服装秀,配乐诗朗诵《电信放歌》和大合唱等表演,回顾电信跨越式发展的非凡历程,畅想未来信息世界的无限精彩。

2009 年 12 月 29 日,上海电信第四届企业文化日系列活动启动仪式暨世博志愿者团队拓展活

图 11-1-7　2009 年 12 月 27 日,第四届企业文化日启动仪式上的赠书活动

动在邮电俱乐部举行，公司党政领导与嘉宾共同为“信息世博、触手可及”立体画揭幕，向“中国电信十佳世博志愿者”颁发奖杯，揭晓“绿色网络、低碳生活”环保标志，对讲述世博志愿者徐珺故事的《高擎圣火》一书进行首发。以“信息世博、触手可及”为主题的系列活动全面开展，包含公司领导与员工网上沟通、中国电信世博工程建设者联欢晚会、世博志愿者团队拓展活动、“世博之美”天翼大讲堂等。

2010 年 12 月 25 日，上海电信举行电信世博精神发布会暨第五届企业文化日启动仪式，公司总经理用天翼手机将电信世博精神的正式表述发送给每一位员工。在为期 1 个月的“弘扬电信世博精神，打赢‘十二五’第一战”活动中，组织员工参观上海电信世博纪念展和“十二五”信息化规划展，观看电信世博精神系列电视片等，传递企业文化、传播世博精神。

二、全员读书日

2007 年 5 月 16 日，第九届上海读书节暨上海电信首届全员读书日开幕式在邮电俱乐部举行，上海市委副书记、市读书指导委员会主任殷一璀致开幕词。本届读书节的主题是：“人生，因读书而精彩”。中共上海市委、上海市总工会领导为上海电信全员读书日揭幕，为上海电信荣获全国学习型组织先进集体和个人代表颁奖。全国五一劳动奖章获得者徐倩雯、上海市首届十大工人发明家王思伟，以及全国优秀学习型班组西区局徐珺班、长途无线部网上读书会开展读书活动、争做知识型员工的体会分享。

2008 年，上海电信举办第二届全员读书日活动。4 月，开展“员工最喜爱的 10 本好书”评选，来自上海市读书指导委员会办公室、上海图书馆、《解放日报》等的专家对员工评选名列前 30 本图书进行评审，产生《服务人员的五项修炼》等 10 本“员工最喜爱的好书”。5 月 16 日，上海电信在读书日活动仪式上，启动“迎世博、学双语”活动，3 年达到 100％的培训率，90％的取证率。在全员读书

图 11－1－8　2007 年 5 月 16 日，中共上海市委副书记殷一璀出席“第九届上海读书节暨上海电信全员读书日”

日期间，总部机关举办“书琴画意”图书暨藏书票展，东区电信局举办“今天我们为什么读书”论辩会，崇明电信局举办“学习型家庭”创建成果展示，中区电信局举办“书香人生”读书心得发布会，信息网络部举行“漂流书”启航暨“我书我荐”员工网站启用仪式，北区电信局成立“悦读悦写”读书兴趣沙龙，青浦电信局举行“读书让人生更精彩”笔谈会，金山电信局举办“阅读、进步、和谐”主题读书活动，南汇电信局成立“海之韵”书社，其他各单位也纷纷开展读书活动。同时，上海电信还根据全国总工会和上海市总工会的要求，开始逐步推进职工书屋建设。2008 年 9 月 25 日，东区电信局“职工书屋”率先挂牌。随后，莘闵、宝山、南区、浦东电信局，上海 NOC 等单位“职工书屋”相继挂牌。至 2009 年 5 月，所有基层单位已全部建成职工书屋。

2009 年 5 月 16 日，上海电信举行第三届全员读书日，开展中华全国总工会“职工书屋”授牌及向一线客服代表赠书活动。随后，各单位围绕“共享知识、共建和谐”主题，组织开展与读书有关的多种活动，如“好读书、读书好”图书展、学习型班组创建经验交流会、“影响你一生的座右铭”征稿评选、“同享知识共促发展”活动暨员工周末学校启动、“读书益书做活力东区人”主题读书活动、销售文化主题读书沙龙、“百名客服迎世博”读书知识竞赛、“读书创造未来”员工佳言佳句评选、“世博文化”名人讲座、天翼手机阅读体验等活动。

2010 年，上海电信以“阅读世博，阅读上海；共享知识，共建和谐”为主题举行第四届全员读书日活动。5 月 13 日，浦东电信局举行“阅世博，伴成长——探讨城市生活与电信发展、奉献世博和员工成长”主题活动。5 月 14 日，公司总部举办“识博、办博、读博、思博”形势任务报告会，市场联合工会举行《走进我们的书屋》视频短片首映仪式，政企客户部举行阅读世博知识有奖竞猜活动，信网部举办“大声把书读出来”主题沙龙活动，莘闵电信局举行《中国人的智慧》一书授书仪式、举办“职业道德与职业诚信”讲座。5 月 15 日，上海电信举办“学习与学习力”的讲座，400 余人出席。5 月 16 日，互联网部 962010 世博热线成立世博小图书馆，上海热线开展“假如我是总经理”演讲比赛。其间，各单位还组织形式多样的读书活动。理想公司员工讲坛在读书日正式启动，每季度举办一期。宝山电信局开展“读书让生活更美好，知识让人生更亮丽”系列品书活动。崇明电信局举办“读书与世博同行”专题知识竞赛，青浦电信局举办“我与世博”读书演讲比赛等。

三、全员健身日

上海电信倡导“以锻炼促建康，以健康防疾病”的理念，努力提高广大员工的身体素质和健康水平。2003 年 5 月 23 日，上海电信印发通知，决定将每年 6 月 6 日定为“上海电信全员健身日”，要求各单位组织和发动每位员工都能参加一项健身活动。6 月 6 日，上海电信迎来首个“全员健身日”，实业集团、西区电信局等 6 个单位组织健身分会场活动。各单位组织开展小型多样的员工体育健身活动，其间共有 1.3 万余人次参加健身活动。

2004 年 6 月 6 日，第二届“上海电信全员健身日”活动在国际保龄球馆举行，健身日活动有自行车、拔河、小足球及个人运动技能表演等多个项目。其间，各单位也相继组织登楼、游泳和自行车等比赛。据统计，约有万余人次参加健身日活动。

2005 年 6 月 6 日，上海电信第三届“全员健身日”在浦东信息大楼开幕，公司领导与 30 个基层单位的 150 名员工进行登楼活动。各基层单位面向班组、面向员工，组织开展小型多样体育健身活动。总部机关太极拳班的学员进行太极拳表演，无线通信部举办夏日健康讲座，其余各单位也分别组织长跑、自行车、乒乓球、广播操、跳绳、游泳等体育健身活动。

2006 年 6 月 6 日，上海电信第四届“全员健身日”在闵行区体育馆举行，主题是“健康生活每一天”。本次活动采取公司主会场和各单位分会场的形式。主会场设置的活动项目有 800 米慢跑、百人瑜伽、拔河联赛和趣味乒乓等。基层单位健身日活动主要有信息集团设置拔河比赛、乒乓球团体接力赛、自行车慢骑赛三个项目的比赛。莘闵、南区电信局联合举行“我健康、我欢乐”联谊活动，有网球、小足球、羽毛球、乒乓球等比赛项目，以及游泳、跳绳、踢毽子、呼啦圈、投篮等健身项目。电信研究院的健身日活动有六支队伍参加拔河比赛，有 80%以上的员工参与。无线通信部以拔河、跳长绳为主，辅以康乐球、棋牌的休闲娱乐活动。总部机关举行拔河比赛。

2007 年 6 月 6 日，上海电信第五届“全员健身日”在华东理工大学体育场举行。本次健身日的主题是“全员健身，共享和谐”。当日有 450 余名员工参加健身日活动，开展 8×50 米障碍接力、小足球射门比赛、金环串珠趣味赛等运动项目。健身日活动的另一个亮点是“安康杯”宣传日百人现场签名活动，所有参赛队员把签名组成电信牛头形状，象征着电信员工牢记“以人为本、安全发展、提高素质、促进和谐”的“安康杯”竞赛主题。其间，各单位组织开展各类小型体育健身活动。

2008 年 6 月 6 日，上海电信举行第六届“全员健身日”活动，主题是“健康迎奥运，和谐展风采”。各单位围绕健身日主题，组织开展各类体育健身活动。金山、莘闵电信局分别组织桌球、小足球赛，东区、中区电信局分别开展牵手套圈和趣味套圈游戏。崇明电信局的自行车拉力赛、北区电信局的滚铁圈接力赛、信息网络部的乒乓赛、网络操作维护中心的自行车慢车赛等也吸引广大员工的积极参与。

2009 年 6 月 6 日，上海电信举行第七届“全员健身日”活动，主题是“健康迎世博”。主会场设在静安体育场，公司领导班子成员与近 200 名员工组成的自行车队绕场一周，成为本次健身日的亮点。作为健身日首个比赛项目的“齐心协力拔河赛”吸引最多人气；“十人九足”和“世博拼图”等竞技项目融入世博主题。各单位在 6 月 3—6 日间，组织开展各类小型体育活动。

2010 年 6 月 6 日，上海电信举行第八届“全员健身日”，以“走进世博、走近健康”为主题，开展丰富多彩的文体健身活动。是日，在闸北体育馆举行的开幕式上，30 个单位组成的 29 支健身操方队，千余名职工展示第八套广播体操、瑜伽、肩颈操、跳长绳、恰恰体育舞蹈、呼啦圈、腰鼓舞、滚灯操、街舞、啦啦操、太极拳、拳操等项目。除公司主场活动之外，市场联合工会组织“走出办公室，锻炼 1、2、

图 11－1－9　2009 年，上海电信第七届全员健身日活动

3”为主题的全员健身活动；信息园区举办第三届园区运动会；南区电信局协同徐家汇商圈和漕河泾园区的大客户单位，在青浦水上运动中心组织主题为“精彩世博有你有我，信息生活携手共建”的全员健身日暨大客户联谊活动；嘉定电信局举办小型全员健身趣味运动会；崇明电信局举办“自行车拉力赛”等。

四、员工艺术节

2001 年 4 月，上海电信首届文化协会理事会议提出，要通过开展丰富多彩的文化体育活动，使员工得到精神上的享受和体魄上的锻炼，提高文化素质，适应企业发展的需要。5 月 18 日，上海电信印发通知，决定于 6—9 月举办首届职工文化艺术节，列入上海市第六届职工艺术节的分会场项目中。为加强对首届职工文化艺术节的组织领导，公司成立艺术节组委会，下设办公室，艺术节每 4 年举办一次。本次艺术节分为艺术作品展评、文艺表演和高雅艺术讲座三大类。6 月 29 日，上海电信在邮电俱乐部举行庆祝建党 80 周年暨公司成立 1 周年庆典及首届艺术节开幕式。同时，金山、南汇电信局两个分会场的画面通过视频传送到主会场。7 月 27—28 日，举行文化艺术节声乐、戏曲卡拉 OK 比赛，共有 103 人参加，实业集团公司选手囊括戏曲、民族、美声、通俗唱法四项冠军。7—8 月，举办各类艺术讲座；8 月 29 日—9 月 16 日，举办书法、美术、摄影、插花作品展，员工创作的 236 幅作品中，有 63 幅作品分获一至三等奖。9 月 27 日，举行艺术节闭幕式暨交谊舞比赛。本届员工文化艺术节历时 3 个月，有 29 支歌队、1 000 多名员工参加大合唱比赛；118 名员工参加卡拉 OK 比赛；100 多名员工送交 356 幅书法、美术、摄影、插花作品，1 300 余名员工参观书法、美术、摄影、插花作品；112 对选手参加交谊舞比赛，近百名员工参加艺术讲座和插花比赛等，共有 3 800 多名员工参加艺术节各项活动。

2005 年 5 月，上海电信文体协会一届五次理事会议决定，于 6—10 月举行第二届员工艺术节。艺术节项目设置为三大类共 11 项。比赛类：设有合唱、卡拉 OK 歌曲（通俗唱法）比赛（员工组/管理组）、员工家庭才艺大赛、第二届“道德之光”创作小品比赛及上海电信员工形象大使评选大赛共 5 项。展示类：设有书法、美术、摄影、收藏、手工和网络作品展示。鉴赏类：举办通俗歌曲演唱技巧讲座、小品表演艺术讲座、摄影（抓拍）技巧讲座。6 月 30 日，上海电信第二届员工文化艺术节开幕。市总工会、有关委办局和电信运营商的领导应邀出席。7 月 28 日，“长途通信杯”合唱比赛开赛，29 支参赛队分 A、B 两组展开角逐，长途通信部和实业集团并列 A 组一等奖，市场部夺得 B 组一等奖。8 月 6 日，“南区电信杯”家庭才艺大赛在百乐门开赛，由各单位选送的 27 个才艺家庭参赛。家庭才艺赛共设 3 个比赛环节：个人赛，家庭组合赛和即兴表演赛，才艺涉及歌舞、乐器、杂技、小品、诗朗诵、瑜伽功等多种类别。9 月 14 日，举行“大客户”杯员工形象大使决赛，有 21 名选手参赛，8 名选手成为上海电信员工形象大使。9 月 29 日—10 月 3 日，“西区电信”杯书法、美术、摄影、手工、收藏和网络作品展在上海市工人文化宫展出，共展出 31 个基层单位 286 名员工创作、收藏、制作的 700 余件作品。展出期间，公司员工及社会艺术爱好者 2 000 余人光临展厅。经评审，有 15 件作品分获软笔书法、硬笔书法、国画、西画摄影、手工、收藏、网络作品一等奖，32 件作品获二等奖，61 件作品获三等奖。10 月 25 日，小品决赛在邮电俱乐部进行。11 月 6 日，历时 4 个多月的第二届员工艺术节闭幕，其间，有近 4 500 名员工参加艺术节的各项活动。

2009 年 5 月，上海电信举办第三届员工文化艺术节，艺术节期间共举办比赛类、展示类、鉴赏类三大类项目 7 项赛事。7 月 5 日，上海电信第三届员工文化艺术节在邮电俱乐部影剧院举行开幕式，徐珺、徐倩雯、殷伟、朱晔等四位劳模、能手共同点燃“艺术之花”。是日，恰逢上海世博会倒计时300天，开幕式上进行浦东电信杯“和谐之声”小合唱比赛。8月1日，在上海文艺活动中心举行“松江电信杯”“幸福之家”家庭才艺比赛，本次比赛共有29个家庭参加，由“个人自选项目”“家庭组合项目”和“命题即兴表演”3个比赛环节组成，评选出一等奖2个、二等奖4个、三等奖6个。“莘闵电信杯”“青春之韵”世博青年形象大使初赛、决赛分别于8月15日和9月5日在莘闵电信局举行，有56人参加初赛，27人进入决赛，12人获“世博青年形象大使”称号。10月17日，举行“市场联合杯”“活力之魅”领导人员服饰风采比赛，27个单位的领导人员参加。11月7日，上海电信举行第三届员工文化艺术节闭幕式暨“宝山电信杯”“道德之光”创作小品比赛决赛，长无部、宝山局获一等奖，另有二等奖4个、三等奖6个。本届文化艺术节从5月至10月，历时6个月，共有31个单位6 700名员工参加各项活动。在上海市“五一”文化奖评选中，上海电信“员工家庭才艺大赛”获上海市“十佳”职工特色文化活动奖。

五、员工运动会

上海电信贯彻落实《上海市市民体育健身条例》，进一步推动群众体育活动的开展，满足广大员工的精神文化需求。2003年4月25日，公司印发通知，决定举办以“健康伴我行”为主题的首届员工运动会。本次运动会从5月中旬开始至10月下旬结束，设置乒乓球、保龄球、台球、广播操、健身操、羽毛球、游泳、牌类（桥牌和大怪路子）、网上竞技大赛、汽车障碍赛、龙舟赛、跳长绳比赛和体育摄影等13个项目。公司成立运动会组委会，下设办公室，运动会每4年举办一次。9月6日下午，上海电信首届员工运动会在国际体操中心举行，开幕式有长绳决赛、入场仪式和文体表演等3个部分。公司领导班子全体成员、老领导、各基层单位约1 800余名员工代表到场观看入场式和进行团体广播操表演。上海市总工会、中国通信体育协会、中国电信集团工会、上海市文明办等领导出席。11月27日下午，上海电信首届员工运动会闭幕式暨“信息网络杯”健身操决赛在邮电俱乐部举行，实业队获健身操比赛冠军。至此，为期5个月的员工运动会结束。全公司30个基层单位全部组团参赛，有20个单位参加运动会所有项目的比赛，有4 600多人次参加各项目的比赛。

2007年6月18日，为贯彻落实《上海市全民健身计划纲要》，迎接2008北京奥运盛会，上海电信决定举办第二届员工运动会。运动会主题是“全员健身、共享和谐”，设网上竞技、双绳（跳长绳与拔河）、三对三篮球、扑克牌（斗地主）、汽车障碍、羽毛球、龙舟、乒乓球、健身操、家庭趣味体育健身以及体育摄影比赛11个项目。比赛从6月中旬开始，至10月下旬结束，9月上旬举行开幕式。6月30日上午，“信息集团”杯网上电子竞技（CS）大赛开赛。7月14日，“宝山电信杯”双绳比赛在晋元体育中心举行，有32支队伍参赛。7月28日，“东区电信杯”三对三男子篮球赛在华东理工大学举行，有29支球队参加比赛。8月18日，“电信研究院杯”家庭趣味健身赛在闸北体育馆进行，29个单位选送36个员工家庭通过才艺展示、滚铁环、踩气球等3个环节进行比拼。9月8日下午，上海电信第二届员工运动会开幕式在国际体操中心举行，中国电信集团工会、上海市总工会、市文明办等领导出席。16日，“信息网络杯”羽毛球比赛团体赛在闸北体育馆进行。22日，“南区电信杯”龙舟比赛在青浦水上运动中心进行，22个基层单位组队参加。10月13日，“崇明电信杯”乒乓球赛在虹口体育馆举行。19日下午，“北区电信杯”汽车场地计时、障碍赛在上海军事体育俱乐部举行。27日，“长途无线杯”健身操比赛初赛在闸北体育馆举行。11月3日，“市场部杯”体育摄影比赛优秀作品展示活动在北泰大楼举行，从近400幅作品中遴选出200多幅优秀作品进行展示和评选，两幅摄影作品获得金奖。24 日下午,上海电信第二届员工运动会闭幕,公司领导为获奖集体和个人颁奖。据统计,本届运动会共有 2 150 名员工、37 个员工家庭参加 11 个项目的比赛。

图 11－1－10 2007 年上海电信第二届员工运动会开幕式

第二章 精神文明

第一节 文明建设

一、文明单位

2000年,上海电信精神文明创建工作的方针是“内抓管理强素质,外塑形象拓市场;深化改革促发展,优化服务上水平”。目标是“有2/3以上的所属单位被上级命名为文明单位,郊区(县)局力争全部跨入当地文明单位行列”。8月1日,上海电信成立精神文明建设委员会,对文明创建工作负有领导、协调、组织、检查职责。9月30日,印发《上海市电信公司文明单位建设管理办法(试行)》,共有6章45条,分别为总则、文明单位标准、文明单位建设、文明单位的评选与奖励、文明单位的管理、附则。

2001年,上海电信把优化服务作为创建工作的重中之重,开展优化服务工程、大客户服务承诺工程、112满意工程、账务放心工程、数据完善工程“五大服务工程”,目标是:用户满意度达到80分以上,大客户满意度达到85分以上。4月11日,上海电信印发2001年创建文明单位工作要点,提出31项创建工作任务。同时,还召开1999—2000年度精神文明建设总结表彰大会,公司所属单位被授予各级文明单位35个,其中,市级10个,比上届增加一倍,公司级25个。此外,还评选命名5个品牌服务、10个规范服务示范窗口,10位精神文明建设组织者,16位服务明星,35位优秀服务员。

2002年3月13日,上海电信印发《2002年创建文明单位工作要点》,把提高服务质量作为创建文明工作的切入点,明确6个方面29项创建任务。4月5日,召开服务工作会议,推出八大服务新举措。4月23日,上海电信邀请市人大代表、政协委员20余人,对电信的收费手段、付费程序等进行视察并进行亲身“体验”。10月,长途通信事业部营销服务部被评为“上海市职工职业道德十佳单位”,114查号中心徐倩雯被评为“上海市职工职业道德先进个人”。是年,经中国电信测评,上海电信用户综合满意度达85.2分,列集团公司所属21省市公司首位。

2003年上海电信贯彻落实《公民道德实施纲要》,深入进行党的基本理论、基本路线、基本纲领教育,引导员工树立正确的世界观、人生观和价值观。4月,在抗击“非典”中,上海电信员工奉献爱心,共捐款捐物计人民币357万元。8月6日,在上海市2003年精神文明建设工作会议上,上海电信有12个单位被授予为2001—2002年度上海市文明单位称号。8月21日,公司召开班组职业道德推进会,一批2001—2002年上海市文明班组、上海市红旗文明岗位受到表彰。

2004年,上海电信贯彻上海市《关于加强本市社会诚信体系建设的意见》精神,把讲诚信及建立诚信体系作为创文明单位的重要内容。3月18日,公司总部机关开展诚信办公活动,倡导“诚信办公、服务基层、创造价值”的理念,提高办事效率,争创文明机关。12月29日,上海电信授予2003—2004年度文明班组90个并进行表彰。

2005年,上海电信以文化创新为引领,紧紧围绕市场、业务、产品、管理、服务等内容,加强文明创建工作。3月,上海电信有26个单位获上海市第十二届(2003—2004年度)文明单位称号,2个单位获上海市综合系统文明单位称号,3个单位获上海市信息化工作系统文明单位称号。7月13日,有19个单位被授予上海公司级文明单位。10月26日，上海电信本部、长途通信部获“全国文明单位”称号。崇明电信局获“全国精神文明建设工作先进单位”称号。

2006年，依据上海市新版《文明建设纲要》规定，上海电信开展新一轮文明创建活动。2月，在中国电信2005年度用户满意度调查中，上海电信综合满意度为83.4分，排名第一。4月30日，上海电信党委发出通知，要求各级党组织积极营造树立社会主义荣辱观的良好氛围，努力取得荣辱观教育的实效，形成长效机制。5月，上海电信文明办发出通知，要求广大员工“遵守交通规则，争做文明市民”。公司千名女职工开展签名活动，自觉践行社会主义荣辱观，走文明路，做文明人。5月30日，公司召开文明创建暨行风建设工作会议，制订2006年文明创建工作措施。10月31日，市综合工作党委召开文明单位创建工作交流会，上海电信介绍创建学习型企业的做法和体会。

2007年2月7日，上海电信召开二届二次职工代表大会，通报2006年精神文明建设情况，明确2007年公司精神文明建设的重点工作。4月25日，上海市召开2007年度精神文明建设工作会议，公司本部等27个单位被授予2005—2006年度上海市文明单位称号。公司机关党委被授予上海市军民共建社会主义精神文明先进集体称号。是年，公司所属单位被授予文明单位称号的还有市综合系统2个，市信息化系统6个，公司级17个。

2008年6月5日，市综合系统召开精神文明建设工作会议，上海电信作创建工作经验交流。6月24日，上海电信召开一届二次党代会，专题部署精神文明创建工作。明确精神文明建设的目标和任务，着力构筑企业文化、客户服务、社会责任和思想道德建设“四位一体”的文明创建体系，形成党委统一领导、党政工团齐抓共管、各部门分工负责、员工广泛参与的争创氛围。8月23日，上海电信开始在《上海电信》报上，连续11期刊登有关文明创建和文明礼仪的知识，让广大员工有进一步了解。

2009年1月，中央文明委公布第二批全国文明单位和第四批全国精神文明建设工作先进单位名单，上海电信本部蝉联“全国文明单位”称号，崇明电信局、金山电信局荣获“全国精神文明建设工作先进单位”称号。3月27日，上海电信28个单位获2007—2008年度上海市文明单位称号，受到表彰。9月11日，上海电信召开党组织书记例会暨精神文明创建大会和思研会年会，提出2009年文明创建工作的总体要求是以“迎世博、讲文明、树新风”为主线，扎实推进群众性精神文明创建活动向纵深发展。22个公司级文明单位、10名精神文明建设优秀组织者受到表彰。

2010年2月25日，在市委九届十一次全会上，公司服务明星、全国五一劳动奖章获得者徐倩雯代表全市160多万名党员志愿者在会上发出倡议，号召全市党员通过岗位行动、家园行动、志愿行动为世博做贡献。3月25日前，公司所属47个党组织主动到所在社区街道和乡镇党组织报到，将世博期间的党建联建工作向社区拓展。3月26日，由全国总工会主办的全国职工世博知识网上竞赛开幕式暨上海职工“文明服务、文明观博、文明出行”主题实践展示活动在南京东路世纪广场举行，徐倩雯作为行业代表作“文明服务、文明观博、文明出行”承诺。3月27日，《上海电信》报开始开辟《文明观博常识》专栏，连续11期刊登文明观博的有关知识，对广大员工参观世博需要注意的礼仪礼节进行提示。5月，徐倩雯获全国职业道德标兵称号，是中国电信集团系统内唯一获此殊荣的员工。2011年3月，上海电信有32个单位获2009—2010年度上海市文明单位称号。

二、文明窗口

窗口服务行业是城市文明程度和城市精神的重要体现，与广大人民群众工作、生活等关系最为密切。

1999—2000年，上海电信组织“创文明窗口、树服务品牌、当服务明星”竞赛活动。

2001年4月11日，上海电信对5个品牌服务集体、10个规范服务示范窗口及16位服务明星、35位优秀服务员进行表彰。继续开展2001—2002年度“创文明窗口、树服务品牌、当服务明星”活动，树立“用户至上、用心服务”的理念，提高窗口服务水平。竞赛活动的评选标准是：营业环境好、服务态度好、现场管理好、投诉处理好、完成任务好。评选实行“优胜劣汰、好中取优”的竞争机制。5月14日，上海电信开展“迎接APEC会议，擦亮上海电信窗口”活动，认真做好6月“上海五国”元首会晤和10月的APEC会议通信服务保障工作。活动期间，编印“文明礼貌100题”和中英文日常会话100句，供窗口人员学习；组织营业员参加APEC志愿服务活动，展示上海电信员工新形象、企业新面貌。

2002年年初，上海电信持续开展“创文明窗口，树服务品牌，当服务明星”竞赛活动，制定《营业服务规范》《入户服务规范》《客户回访制度》《投诉处理办法》等一系列管理办法、规章制度。4月，漕溪北路营业厅推出叫号服务，设立60个座位的等候区；武宁南路营业厅实现业务受理“一台清”。根据中国电信《关于开展2002年度“用户至上、用心服务”达标创新竞赛活动的通知》精神，6—12月，上海电信在营业窗口、装移修机服务、人工特服台、大客户服务中心、社区客户服务中心，账务处理中心等单位及员工中开展此项竞赛活动，共评选出5个“优胜单位”、21个“示范集体”、63名“服务明星”。是年，在中国电信2002年度客户满意度测评中，上海电信获80.34分，名列榜首。

2003年3月31日，中国电信印发通知，在2003年度开展“十佳营业窗口”“优秀客户经理”和“大客户营销服务优秀团队”的满意服务竞赛活动。2003年4月1日—2004年12月31日，上海电信继续开展2003—2004年度“创文明窗口、树服务品牌、当服务明星”竞赛活动。9月29日，上海电信对2001—2002年度“创文明窗口、树服务品牌、当服务明星”竞赛活动进行表彰，5个集体获“品牌服务”单位，10个营业窗口获“规范服务示范窗口”，23人获“服务明星”称号。2003年度上海电信总体客户满意度达82.02分，比上年同期上升1.41分。

2004年2月24日，中国电信印发2003年度满意服务竞赛先进集体和优秀个人表彰决定，上海电信南区电信局漕溪北路综合营业厅获“十佳营业服务窗口”，大客户部获“大客户营销服务优秀团队”，10名大客户经理获“优秀大客户经理”。6月22日，上海市通信管理局启动“2004年上海电信行风评议”工作。在历时半年的电信行业行风评议阶段，上海电信从服务理念、服务流程、服务管理、服务制度等方面推出一系列服务措施，制定《电信业务服务与使用规则》、统一账期、实时查询上网时长、营业厅开设“免填单”服务，向大客户推出一点受理、一点开通、一点排障等服务。10月，上海电信账务服务荣获“全国用户满意服务”称号。

2005年5月，上海市文明办公布2004年本市34个主要“窗口”行业社会公众满意度评估调查结果，上海电信总体满意度为77.36分。是年5月至2006年1月，中国电信继续开展满意服务竞赛活动。在此次竞赛中，上海电信获“满意服务标杆单位”“10000号服务优秀团队”“前后端最佳配合服务团队”称号，有“满意服务明星”1人，“优秀客户经理”10人、“优秀大客户经理”8人。7月13日，上海电信印发通知，继续开展“创文明窗口、树服务品牌、当服务明星”竞赛活动。对获得2003—2004年度“品牌服务”“规范服务示范窗口”等称号的集体进行表彰，共有5个品牌服务单位、10个规范服务示范窗口、23个服务明星、46个优秀服务员。

2006年2月，10000号荣获2005年同城综合排名第一。在中国电信揭晓的2005年年末用户满意度调查结果中，上海电信综合满意度为83.4分，在中国电信排名第一。其中，大客户、商业客户、公众客户、宽带业务、小灵通业务等用户满意度均高于集团公司平均水平。4月，2005年度上海市36个“窗口”行业服务状况社会公众满意度揭晓，上海电信总体满意度为78.43分。2006年5月—2007年1月，中国电信继续开展2006年度满意服务竞赛活动，使企业在稳定、和谐的环境中完成转型。10月，上海电信帐务中心再次获“上海市用户满意服务”称号。

2007年2月26日，中国电信印发《关于表彰2006年度“满意服务竞赛”优秀团队和优秀个人的决定》，上海电信获“满意服务标杆单位”称号，获评“客户服务优秀团队”2个，有20人获“优秀客户经理”、1人荣获“优秀服务管理者”称号。3月，市通信管理局召开上海电信行业服务监管与行风建设工作会议暨窗口服务“文明示范点”表彰大会，上海电信有14个窗口服务单位被评为“文明示范点”。2007年7月—2008年3月，中国电信继续开展2007年满意服务竞赛活动。7月27日，上海电信对2005—2006年度“创文明窗口、树服务品牌、当服务明星”竞赛中的优胜单位和个人进行表彰。授予114查号中心“徐倩雯语音受理法”、长途通信部“徐惠娣劳模工作室”、西区电信局静安分局“徐珺班”、浦东电信局112受理中心“英子受理台”、南区电信局“吴文巍营业操作法”、大客户部“晓彬工作室”为品牌服务单位。授予10个规范服务示范窗口、20名服务明星、37名优秀服务员相应称号。9月26日，2007“瑞安杯”上海窗口行业文明礼仪大赛启动。大赛以“办特奥、迎奥运、迎世博”为主题，以职业礼仪和社会礼仪为主要内容，充分展示窗口行业从业人员的服务规范和礼仪风采，上海电信获“风采展示优胜奖”和“十佳礼仪小品奖”。

2008年4月1日，中国电信对2007年度“满意服务竞赛”优秀团队和优秀个人进行表彰，上海电信获“满意服务标杆单位”称号，获评客户服务优秀团队2个，有获满意服务明星2名、优秀客户经理15名、优秀服务管理者1名、前后端拓展转型最佳协同服务团队1个。7—11月，上海市文明办对本市37个“窗口”行业开展每年一次的社会公众满意评估调查。调查内容在环境设施、举止仪表、办事公开、行业诚信、服务态度、业务水平、反应能力、工作绩效、遵时守纪和便民服务基础上新增“社会责任”类，上海电信总体满意度为83.21分，综合排名上升7位，增幅列37个行业之首，成为通信行业内的第一名。营业厅“免填单”服务被评为最受公众欢迎的十大举措之一。

2009年，上海电信以“迎世博”为契机，以志愿者活动为载体，开展服务窗口“世博标识规范检查”活动。3月，开始每月开展窗口服务日主题活动，开展“清洁城市家具——公话亭”“用e账单做环保人，你我共建绿色世博”主题活动，共建和谐世博、绿色世博。4月，开展世博志愿者啄木鸟“世博元素”专项大检查，对全市244个各等级营业厅实施“世博标识规范检查”。7月5日，第三次上海市迎世博600天城市文明指数测评揭晓，上海电信在生活服务类窗口行业服务文明满意度调查中获得第一名，取得三连冠佳绩。8月5日，上海电信在全市19个主要营业厅开展“世博版新账单，给您服务‘心’”体验的“窗口服务日”主题活动，为用户解读电信新版账单。12月30日，上海市百名迎世博“微笑大使”诞生，崇明电信局邱莉娜等2人入选。同时，上海电信评选出服务窗口十大“微笑大使”。

2010年2月5日，上海电信在全市245个营业厅和近9 000个公用电话亭开展“擦亮窗口”集中行动，以“洁、齐、美”的形象迎接世博会和新春佳节。在上海全市15家电信营业厅开展“微笑服务大使就在您身边”主题活动。6月22日，在市文明办召开的2010年窗口行业社会公众满意度测评会上，上海电信开展“构建‘四位一体’文明创建体系，提升电信服务世博综合能力”经验交流。7—8月，国家统计局上海调查总队对41个窗口行业开展第七次上海世博城市服务文明指数调查，上海电信再次获得“生活服务类窗口行业服务文明满意度”第一名。11月10日，上海世博会窗口服务组召开总结表彰大会，上海电信有7个集体获世博窗口服务“先进集体”称号，3人获优秀组织者，3人获先进个人称号。12月，上海世博城市文明指数第八次测评揭晓，上海电信再次获得第一。至此，在世博城市文明指数8次测评中，上海电信6次获得生活服务类窗口行业服务文明满意度第一，7次获得通信行业服务文明满意度第一。

三、拥军优属

拥军优属工作是维护国家长治久安、稳定社会、促进经济发展的重要工作之一，是党的优良传统和特有的政治优势。

2000年7月21日，上海电信印发通知，要求各单位按照《上海市优抚对象优待办法》的规定，组织民兵预备役人员为优抚对象做好事、办实事。上海电信27个军民共建点，召开15次军民联谊会，656人次受教育；各级领导180人次走访部队，慰问优抚对象89户，组织9个拥军服务队，参加服务91人次。是年，上海电信被授予“上海市拥军优属模范单位”称号。以后，在每年的春节、“八一”节期间，上海电信及各单位党政领导走访慰问驻沪海军、空军、武警、预备役部队官兵；组织召开复转军人座谈会、军民联谊会等，走访慰问转业、复员退伍军人，烈军属，革命伤残军人。在每年的清明节期间，组织民兵预备役人员和团员青年，前往龙华革命烈士陵园，对李白、秦鸿钧、张困斋等三位烈士墓进行祭扫活动。

2001年1月4日，上海电信开展“故乡指导员”活动，要求各单位与入伍职工保持密切联系，鼓励他们安心服役，争当优秀士兵，为国防尽好义务。7月28日，公司领导慰问驻沪部队，赠送20台电脑及为电脑教室添置空调、桌椅等；绿波艺术团进行慰问演出。是年，全公司召开军民联谊会15次，慰问优抚对象115户；组织8个拥军服务队，106人次参加服务。还为驻沪部队安装投币电话亭等通信设施。

2002年，上海电信在春节期间，对在部队服役的职工开展“写一封慰问信”“寄一张上海电信报”活动，鼓励他们安心服役，争取立功受奖，为国防建设多做贡献。是年，公司各单位开展形式多样的拥军优属活动，信产公司去部队探望服役员工，南汇电信局为部队营房安装电话，解决官兵日常的通信需求。

2003年7月14日，上海电信印发通知，要求各单位加强拥军优属工作的领导，对有驻军或与部队建立共建关系的单位，单位党政领导要主动走访慰问，开展实事拥军、科技拥军活动，为部队通信和军地两用人才培训提供支持。公司各营业窗口要认真落实“现役军人优先”的规定，为现役军人提供优质服务。26日，组织领导干部“军营一日”活动，体验部队生活。各单位也纷纷开展拥军优属、军民共建活动，如签订“国防教育基地”协议书、在部队营区开设“话吧”、制作“好八连”成立40周年和上海预备役师成立10周年纪念电话卡等。是年，公司各级领导走访慰问驻沪部队300余人次，召开军民联谊会、座谈会30多次，150余人次参加各种形式的拥军慰问服务。上海电信荣获“上海市拥军优属模范单位”称号。同获此殊荣的还有长途通信事业部、松江电信局、奉贤电信局和嘉定电信局。

2004年1月，上海电信荣获全国爱国拥军模范单位称号。“八一”节前夕，绿波艺术团赴某部队慰问演出。是年，公司各级领导走访慰问优抚对象112户、召开座谈会16次。

2005年春节期间，上海电信各级领导走访慰问驻沪部队300余人次，召开军民联谊会、座谈会30多次，参加各种形式的拥军慰问活动150余人次。走访慰问优抚对象115户，召开优抚对象座谈会15次。7月15日，绿波艺术团为演练部队官兵进行慰问演出。

2006年1月20日和23日，上海电信党政领导分两次慰问驻沪部队。8月2日，公司党政领导率中高层管理人员开展“军营一日”活动。是年，各单位分别于春节、“八一”节期间对驻地共建部队官兵进行慰问,组织复退军人、民兵等开展“军营一日”活动,开展军民共建活动等。

2007 年 2 月 2 日和 5 日,上海电信党政领导分别对驻沪部队官兵进行春节慰问;7 月 26 日和 30 日,分别对驻沪部队官兵进行“八一”节慰问。7 月 27 日,公司召开转业、复员军人代表座谈。8 月和 9 月,绿波艺术团分别对驻沪部队及预备役官兵进行慰问演出。

2008 年 5 月 13 日,上海电信获上海市拥军优属模范单位称号,同时获此称号的还有长途无线部、松江电信局、崇明电信局和奉贤电信局。

2009 年 7 月 31 日,上海电信召开纪念建军节 82 周年座谈会。“八一”节前夕,对驻信息园区武警部队进行慰问。公司所属各单位也通过走访部队、召开军民联谊会、座谈会等形式开展慰问活动,积极做好复退、转业、伤残军人的慰问和优抚工作。

2010 年 7 月 28 日,上海警备区司令员等部队首长赴上海电信进行慰问。世博期间,上海电信与世博安保某部开展军民共建,协助建成“军人文化活动中心”,安装电话、宽带、IPTV 等设备。

四、志愿者活动

上海电信的志愿者活动可上溯至邮电管理局时期。2000 年,上海市邮电管理局团员青年和民兵预备役人员积极开展志愿者活动,逐步在社会形成一定的影响力。3 月 5 日,市话局团委、邮电实业团委等组织团员青年开展学雷锋活动,突出科技服务、业务宣传。团员青年进社区,以便民服务、业务咨询、慰问孤老、捐助希望工程等开展形式多样的青年志愿者服务。3 月,长途电信局团委发起“大手牵小手、助学献爱心”活动,该项活动是在长信局动力中心职工——上海赴滇青年志愿者钟志鲲的倡议下发起的,全局团员青年向云南墨江县团田中学 115 名贫困学生捐资 35 920 元,帮助他们完成初中阶段的学业。

2001 年 5 月 18 日,上海 APEC 会议 82001 服务热线正式开通。该热线共有 385 名志愿者,上海电信有 185 名志愿者参与服务。

2002 年 4 月 20 日,管家红被“上海市希望工程办公室授予上海市希望工程优秀志愿者”称号,成为全市获得此项殊荣的第一人。管家红是嘉定电信局一名内退员工,她七年如一日爱心助学的事迹,受到社会各界广泛赞誉。是日,嘉定区委举行管家红先进事迹报告会。5 月,由市场部、大客户中心、长途通信事业部、浦东电信局和帐务中心组成一支 20 人志愿者队伍,为第 35 届亚洲开发银行年会提供志愿服务。

2003 年 3 月 5 日,上海电信团员青年开展学雷锋公益服务活动,由各区电信局团组织组成的“市区联盟”在浦东陆家嘴地区,各事业部等单位团组织组成的“连成一片”联盟在电信实业大楼广场,各郊区电信局团组织组成“蓝色郊片”联盟在各郊区人流集中的区域,分别举行电信业务咨询、便民服务等。

2004 年 3 月 17 日,上海电信实业团委和上海大剧院团委共同组织的“青年志愿者爱心之夜——联谊活动”,义卖款项 2 292 元捐赠给上海市红领巾助困基金。

2005 年 3 月 4—5 日,上海电信团委组织团员青年开展“学雷锋”活动,现场受理电信业务、维修通信设备等。3 月 5 日,上海热线开辟“小灵通”“宽带上网”“家用电脑”“电信业务”等“网上学雷锋”服务板块,为市民在线解答电信业务方面的疑问。

2006 年 7 月 1 日,上海市文明办、市交警总队和上海电信联合举行“文明在我脚下——上海电信党员志愿者行动日启动仪式”,公司组织 700 名党员进行志愿者服务,为 500 个路口送上 1 500 顶大型遮阳伞。9 月 20 日，上海电信成立党团员 IPTV 志愿者服务队，共有 371 名员工报名参加。

2007 年 7 月，上海电信党团员志愿者为城建热线(12319)、新民热线(962288)等“夏令热线”提供投诉信息处理，参与志愿者达 87 人次。12 月，推出党团员志愿者管理系统，是年，党团员志愿者服务时长突破 3 000 小时。

2008 年 7 月，中国电信作为上海世博会的全球合作伙伴，上海电信作为承办单位，开展中国电信世博志愿者招募活动。7 月 21 日—8 月 10 日，首批招募 900 余人并选送 1 名志愿者赴西班牙萨拉戈萨世博会实习，成为上海世博会骨干志愿者。7 月，党团员志愿者承担“夏令热线”投诉信息处理工作，83 名志愿者参加，递送信息 2 000 余条。

2009 年 2 月，上海电信在员工中招募“享受信息新生活，感受电信新服务”客户体验志愿者队伍。3 月 3 日，“双新”志愿者团队成立，公司领导向志愿者授队旗。有 96 位员工参与多项新业务、新服务的体验，提供体验报告 331 篇、建议 700 余条，达 12 万余字。4 月 13 日是上海电信“志愿者啄木鸟”行动日，有 120 位世博志愿者对 244 个营业网点进行“世博标识规范检查”。5 月 1 日，中国 2010 年上海世博会志愿者招募在东方明珠广场启动，中国电信世博志愿者工作组率先递交千名世博志愿者报名书，逐步建立起 2 000 名员工组成的“中国电信世博志愿者”队伍。6 月 23—26 日，上海电信组织“基础服务流程穿越”志愿者体验行动，进一步优化服务体系和业务流程。7—8 月，上海电信 54 名志愿者承担“夏令热线”每个双休日的投诉信息处理工作，共举办活动 7 次，为城建热线(12319)发布和递送交通、电力、房产、消费、水务、环卫、市政等各类投诉信息近 4 000 条。11 月 17 日，上海电信印发《志愿者管理办法(试行)》，从服务领域、组织管理、评估激励等方面规范志愿服务活动。

2010 年 3 月 31 日，中国电信保障 2010 年上海世博誓师大会暨第二届中国电信十大感动人物颁奖仪式在上海举行。新当选的中国电信十大感动人物在仪式结束后，深入保障世博一线开展志愿者服务。是年，上海电信世博志愿者团队达到 2 000 余人，共承接公司内部 40 余项志愿服务需求，7 000 余人次投入“迎世博、讲文明、树新风”活动、“三五”集中行动、平安世博建设、世博新服务体验、“爱世博心感动”中国电信世博志愿者行动等大型活动中。上海电信志愿者工作获上海市世

图 11－2－1　上海电信世博志愿者服务世博

博贡献奖和上海世博会志愿者工作杰出贡献奖，世博保障志愿者队伍和心理咨询师志愿者队伍获上海职工世博文明优秀志愿者服务队称号。

五、结对帮扶

2007年3月，根据市委组织部《关于中心城区和市委各大口工作党委与远郊区县及经济薄弱村开展结对帮扶的实施意见》精神，以及市经济和信息化工作党委的统一安排，上海电信党委指定南汇电信局与大团镇赵桥村、奉贤电信局与庄行镇芦泾村、崇明电信局和长途无线部党委联合与港沿镇建中村党组织开展为期三年的结对帮扶活动。结对帮扶的主要内容是：发挥自身优势、筹措资金、帮助发展经济；提供信息基础建设和服务，加强基层党建工作，以达到信息支农、科技助农、结对帮农的目的。7月10日，上海电信募集34台电脑捐赠给赵桥村，使其成为南汇区拥有电化教室的第一村。9月13日，总部机关党委向赵桥村捐赠1万元，用于帮扶9位贫困家庭的学生。

2008年是上海电信与经济薄弱村结对帮扶的第二年。公司党委落实结对帮扶专项资金，通过上海市红十字会，每年为结对经济薄弱村提供3万元。另从公司帮困基金等渠道筹措资金6万元，平均资助给结对帮扶的三个经济薄弱村。7月2日，崇明电信局和长途无线部帮助崇明县港沿镇建中村建成首个新农村信息化示范点，提供20台电脑、安装宽带上网、开通IPTV党员远程教育网。

2007—2009年，上海电信对三个经济薄弱村投入信息化基础建设经费658 580元，协助销售特色农副产品累计2万多箱，折合人民币99.77万元；累计慰问困难村民427人次，发放慰问金16.2万元，慰问物品折价1.8万元。

2010年3月，根据上海市委对第二轮结对帮扶工作的要求，以及市经济和信息化工作党委开展第二轮结对帮扶的部署，上海电信继续与大团镇赵桥村、港沿镇建中村、庄行镇芦泾村开展结对帮扶工作。第二轮结对帮扶工作，上海电信采用2结1的模式，即两个单位与一个经济薄弱村结对帮扶，提倡1+N的方式，动员各单位党组织共同参与帮扶工作。3月23日，奉贤电信局、中国通服上海公司与庄行镇芦泾村签订结对帮扶协议。6月10日，浦东电信局、上海研究院与大团镇赵桥村签订结对帮扶协议。6月23日，崇明电信局、理想公司与港沿镇建中村签订结对帮扶协议。在新一轮为期三年的结对帮扶中，上海电信注重在科技帮扶、文化提升和共建共育方面开展帮扶工作，达到相互促进、合作共赢的目的。上海电信党委继续通过上海市红十字会，保持第一轮帮扶的经济资助力度。同时，参与帮扶的单位，都在力所能及的情况下，积极开展各种形式的帮扶工作。崇明电信局和理想公司分别为建中村捐款1万元。奉贤电信局积极响应芦泾村政务网接入、村委会搬迁等通信信息工程。上海研究院为赵桥村建成“赵桥新鲜源”网站，有力促进村民农产品的销售。赵桥村委会特为上海研究院送来“结对帮扶见真情，构建和谐谋发展”的锦旗和感谢信。崇明电信局与理想公司组织“牵手信息化，快乐过暑假”活动，邀请建中村15位学生到崇明信息大楼参观，演示电信的各种新业务，例如魔屏、3G无线上网卡、IPTV、天翼Live等。

第二节　弘扬先进

一、先进典型宣传

开展先进典型宣传是上海电信精神文明建设的重要内容。2000年8月，中国电信开展“21世纪优秀人才”评选并给予精神和物质奖励。10月13日，中国电信首次表彰200名优秀人才，上海电信有9名职工获此殊荣。10月21日，《上海电信》报开始每期介绍一名优秀人才的事迹。12月23日，《上海电信》报开始推出《信息化排头兵》栏目，集中对14位个人、114查号中心集体进行宣传，制作“信息化排头兵”图片宣传栏到基层单位巡展。

2002年5月30日，上海电信党委授予嘉定电信局退养员工管家红为优秀共产党员称号，号召公司全体党员以管家红为榜样，充分发挥共产党员的先锋模范作用。

2005年4月29日，全国劳模——西区电信局静安分局社区代表徐珺，受邀登上天安门城楼参观。

2005年5月27日，上海电信开展推选“十大激情人物”活动。推选的对象是：上海电信及实业（集团）全体管理者和员工，包括派遣制员工、劳务工、内退员工和离退休人员。6月25日，30名“激情人物”候选人简介在《上海电信》报刊登供员工评选。30日，召开纪念中国共产党成立84周年、公司成立5周年大会，大会的主题是“创新・未来”，对评选出的“十大激情人物”进行表彰。7月8日，中国电信召开优秀人才表彰电视电话会议，上海电信有14名员工荣获中国电信集团优秀人才称号。7月23日，《上海电信》报设专版介绍14名优秀人才事迹。11月6日，上海电信召开党员先进性教育总结大会，公司党委印发《关于开展向优秀共产党员徐珺、傅志仁、季兰英同志学习活动的决定》，要求广大党员把远大理想与做好本职工作结合起来，把实现个人价值与促进企业改革发展建功立业结合起来，永葆共产党员先进性。

图11－2－2　2007年徐倩雯在“上海电信徐倩雯同志先进事迹报告会”上作主题演讲

2007年2月，中宣部要求中央电视台、《人民日报》、新华社等媒体及网络进行“劳动者之歌”系列宣传报道，上海电信徐倩雯是本次宣传报道中唯一来自中国电信的员工。2月25日，中国电信向各省级电信公司发出通知，要求组织员工收看中央电视台《新闻联播》节目。28日晚，中央电视台《新闻联播》、3月1日《人民日报》等中央媒体以“把微笑融进声音”为题，报道上海电信114号码百事通服务明星徐倩雯的先进事迹。《解放日报》等上海媒体同时刊发徐倩雯的事迹。3月6日，上海电信党委发出《关于开展向徐倩雯同志学习活动的决定》，号召全体员工学习徐倩雯的服务热情、敬业态度和创新精神。3月27日，上海电信举行徐倩雯先进事迹报告会。

2010年3月31日，中国电信第二届主题为"感动客户、感动企业、感动社会"的十大感动人物评选结果正式揭晓，上海电信费峰获此殊荣。他用手语表达："我的无声世界很精彩，我默默的付出就是为了中国电信的更加精彩。"

二、精神文明十佳好事

上海市邮电管理局自1984年起开展精神文明建设十佳好事评选活动，成为宣传思想工作中的一项特色，成为提升员工素质的一个重要载体。2000年公司化运行后，上海电信继续开展精神文明建设十佳好事评选活动。

2000年，上海电信从各单位报送的94件候选材料中评选出精神文明十佳好事。其中，1件好事获上海职工精神文明十佳好事提名奖，1件好事被评为上海职工精神文明百件好事。

2001年，共收到26个单位的162件好事候选材料，分别评选出十佳好事和20件好事。其中，徐珺"为聋哑人开办网站"的好事被评为上海市职工精神文明十佳好事，2件好事获上海市精神文明百件好事。

2002年，上海电信分别评选出十佳好事和20件好事。其中，市场部"绿波艺术进社区"被评为2002年度上海市职工精神文明十佳好事。

2003年，上海电信分别评选出十佳好事和20件好事。其中，长途通信部电报维护中心"为民服务二十载"(集体)获评上海市职工精神文明十佳好事；有1件好事获上海市职工精神文明十佳好事提名奖，1件好事获评上海市职工精神文明百件好事。上海电信举行度精神文明十佳好事表彰暨"上海电信林"捐赠植树活动，受表彰的十佳好事个人获奖者捐款"上海电信林"。

2004年，上海电信共有26个单位申报155件精神文明好事，分别评选出十佳好事和20件好事。其中，市场部"小单子破了大案子"被评为上海市精神文明十佳好事，有1件好事获上海市精神文明十佳好事提名奖，有3件好事入围上海市精神文明百件好事。

上海电信2005年度精神文明十佳好事评选，有28个单位报送174件好事，评选出十佳好事和20件好事。2006年4月7日，上海电信召开树立社会主义荣辱观大型座谈会暨2005年度精神文明"十佳"好事表彰会，《上海电信》报用2个版面刊登员工座谈体会。

上海电信2006年度精神文明十佳好事评选活动，共征集到157件好事，从中择优遴选30件好事在《上海电信》报予以刊登，分别评选出十佳好事和20件好事。

上海电信以社会主义核心价值体系为指导，开展2007年度精神文明十佳好事评选活动，共征集到精神文明好事143件，评选出精神文明十佳好事和20件好事。是年，上海电信有3件好事被评为上海市信息委"双文明"双十佳好事，南汇电信局张天浩《义工网站》获评上海市职工精神文明十佳好事。

2008—2010年，上海电信继续开展精神文明十佳好事评选活动，分别征集到103件、116件、169件好事，每年分别评选出十佳好事和20件好事。2010年，中国通服上海公司"大火无情人有情"(集体)被评为2010年度上海市精神文明十佳好事。

第十二篇

党群工作

概　　述

2000 年 5 月，中国电信上海公司党委、纪委成立，从思想、组织、作风和制度上全面加强党的建设。公司党委坚持中心组学习、“三重一大”民主决策、领导班子民主生活会等制度，促进各级领导班子建设。在公司体制改革、机构调整中，各级党组织机构做到同步设置。在企业改革、发展、服务、稳定工作中，坚持对广大党员进行增强党性观念、实践党的宗旨、坚定理想信念教育。深入开展“党员要做党的人”、党员“四个领先”“让人民高兴、让党放心”和“双争”主题教育活动。全面推进“三讲”学习教育、党员先进性教育、学习实践科学发展观、党员创先争优等主题教育活动，发挥“党员示范岗”及先进典型的引路作用，使党员的先进性得到充分体现。在企业转型发展的历史条件下，积极拓展党建工作领域，制定《思想政治工作责任制》，广泛开展主题教育和形势任务教育，加强思想政治工作研究、创新和考核，确保企业体制、机制改革的顺利进行。同时，坚持落实统战、保密、武装等工作，坚持落实老干部政治、生活“两项”待遇，根据老干部特点认真做好各项服务工作。2007 年，上海电信召开首次党代会，建立健全党务公开、党代表常任制等制度，形成公司党委、直属党组织、基层党支部三级联动的党内民主工作机制。

上海电信党委、纪委以“从严治党”要求为重点，以《党风廉政建设责任制》为抓手，积极推进教育、制度、监督并重的惩治和预防腐败体系建设。公司成立以来，坚持采用多样的教育形式，大力倡导“清廉、务实、诚信、守法”的廉洁文化。健全和完善党风廉政制度建设，推动各项制度的有效执行。实施全方位的监督和效能监察，抓好“小金库”清理及治理商业贿赂等工作，严肃查处各类违法违纪行为，党风廉政建设和反腐败斗争取得成效。

在公司党委的领导下，工会和共青团组织依照各自的章程，独立自主地开展工作。2000 年 7 月，上海电信工会和共青团组织相继成立。公司各级工会组织认真履行维护员工合法权益的基本职责，建立和完善工代会、职代会、平等协商、“厂务公开”等企业民主管理制度。围绕企业发展中的热点、难点问题，组织员工开展形式多样的劳动竞赛、合理化建议、技术创新等活动，并在维护员工权益、关心生活、提高素质、调动积极性等方面发挥重要作用。建立和完善党建带团建的工作机制，积极发挥青年群体在企业改革发展中的生力军作用。各级共青团组织通过开展团员主题教育、青年推优、志愿者服务、岗位创效创优等活动，以争创共青团号、青年突击队、青年岗位能手等为载体，服务企业中心工作，服务青年岗位成才。

第一章　中国共产党组织

第一节　组 织 机 构

一、公司党委

2000 年 5 月 31 日，中共中国电信集团公司党组决定，成立中共中国电信集团上海市电信公司委员会，程锡元任党委书记，刘文祥任党委副书记。

2002 年 9 月 28 日，中共中国电信集团公司党组决定，成立中共上海市电信有限公司委员会，程锡元任党委书记，陈鸿生任党委副书记。

2008 年 4 月 25 日，鉴于法人体制调整，中共中国电信集团公司党组决定，中共中国电信集团上海市电信公司委员会更名为中共中国电信股份有限公司上海分公司委员会，张维华任党委书记，陈鸿生任党委副书记。

表 12-1-1　2000—2010 年上海电信历任党委书记、党委副书记情况表

机构名称	职　务	姓　名	任　　期
中共中国电信集团上海市电信公司委员会	党委书记	程锡元	2000 年 5 月—2005 年 12 月
		张维华	2005 年 12 月—
	党委副书记	刘文祥	2000 年 5 月—2002 年 7 月
		陈鸿生	2002 年 7 月—
		王　玮	2004 年 10 月—2007 年 11 月
中共上海市电信有限公司委员会	党委书记	程锡元	2002 年 9 月—2005 年 12 月
		张维华	2005 年 12 月—2008 年 3 月
	党委副书记	陈鸿生	2002 年 9 月—2008 年 3 月
		王　玮	2004 年 10 月—2007 年 11 月
中共中国电信股份有限公司上海分公司委员会	党委书记	张维华	2008 年 3 月—
	党委副书记	陈鸿生	2008 年 3 月—

二、公司纪委

2000 年 7 月 13 日，中共中国电信集团上海市电信公司纪律检查委员会成立，刘文祥任纪委书记。

2002 年，中共上海市电信有限公司纪律检查委员会成立，陈鸿生任纪委书记。

2008年4月25日，鉴于法人体制调整，中共中国电信集团公司党组决定：成立中共中国电信股份有限公司上海分公司纪委，陈鸿生任纪委书记。

表12-1-2　2000—2010年上海电信历任纪委书记情况表

机构名称	职务	姓名	任期
中共中国电信集团上海市电信公司纪律检查委员会	纪委书记	刘文祥	2000年5月—2002年7月
		陈鸿生	2002年7月—
中共上海市电信有限公司纪律检查委员会	纪委书记	陈鸿生	2002年9月—2008年3月
中共中国电信股份有限公司上海分公司纪律检查委员会	纪委书记	陈鸿生	2008年3月—

三、直属党组织

2000年7月4日，根据上海市电信公司体制改革组建方案，公司党委对所辖各直属党组织的名称、隶属关系等进行调整。经调整后，上海电信直属党组织有松江、奉贤、金山、南汇、嘉定、青浦、崇明、浦东、宝山电信局党委；长途电信局、信息产业有限公司、邮电器材工业公司、邮电实业有限公司、邮电设计院、电信技术研究所党委及公司机关党委；组建中共上海市电信公司电信市场部、运行维护部党委；东区、南区、西区、北区、中区、莘闵、专用电信局党总支；中国海底电缆建设公司、机动通信局、邮电发展总公司、东方通信产业贸易有限公司、邮电职工大学、中英海底系统有限公司党总支；信息网络公司、卫星通信公司、信息世界有限公司党支部。上海贝尔有限公司、上海邮电通信设备股份有限公司、上海电话设备厂、中国邮电器材华东公司、信息产业部电信科学技术第一研究所党委由上海电信党委代管。8月24日，上海通贸大酒店有限公司党支部隶属上海电信党委。10月31日，成立中共上海电信实业(集团)有限公司委员会，隶属上海电信党委。11月1日，组建中共上海电信公司培训中心委员会。

截至2000年年底，上海市电信公司共有各级基层党组织528个。其中党委27个，党总支37个，党支部464个。

2001年1月15日，上海电信党委对部分划入实业(集团)的单位党组织隶属关系进行变更，将邮电实业有限公司、邮电设计院、邮电器材工业公司、培训中心党委，邮电发展总公司、东方通信产业贸易有限公司党总支，通贸大酒店党支部变更为隶属中共上海电信实业(集团)有限公司委员会。至此，直属上海电信党委的基层党组织有31个，其中，党委21个，党总支10个。

2001年3月22日，上海电信运行维护部党委更名为网络部党委。4月4日，成立电信卡事业部党支部，隶属上海电信党委。4月17日，上海电信帐务中心党支部升格为党总支，隶属上海电信党委。5月18日，成立无线通信事业部党总支，隶属上海电信党委。6月14日，上海卫星通信公司党支部变更为隶属无线通信事业部党总支。9月3日，电信科学技术第一研究所、中国邮电器材华东公司、上海电话设备厂和上海邮电通信股份有限公司4家单位党组织关系挂靠中共上海市信息化办公室委员会。

2002年7月29日，上海电信技术研究所党委更名为上海电信技术研究院党委。11月25日，

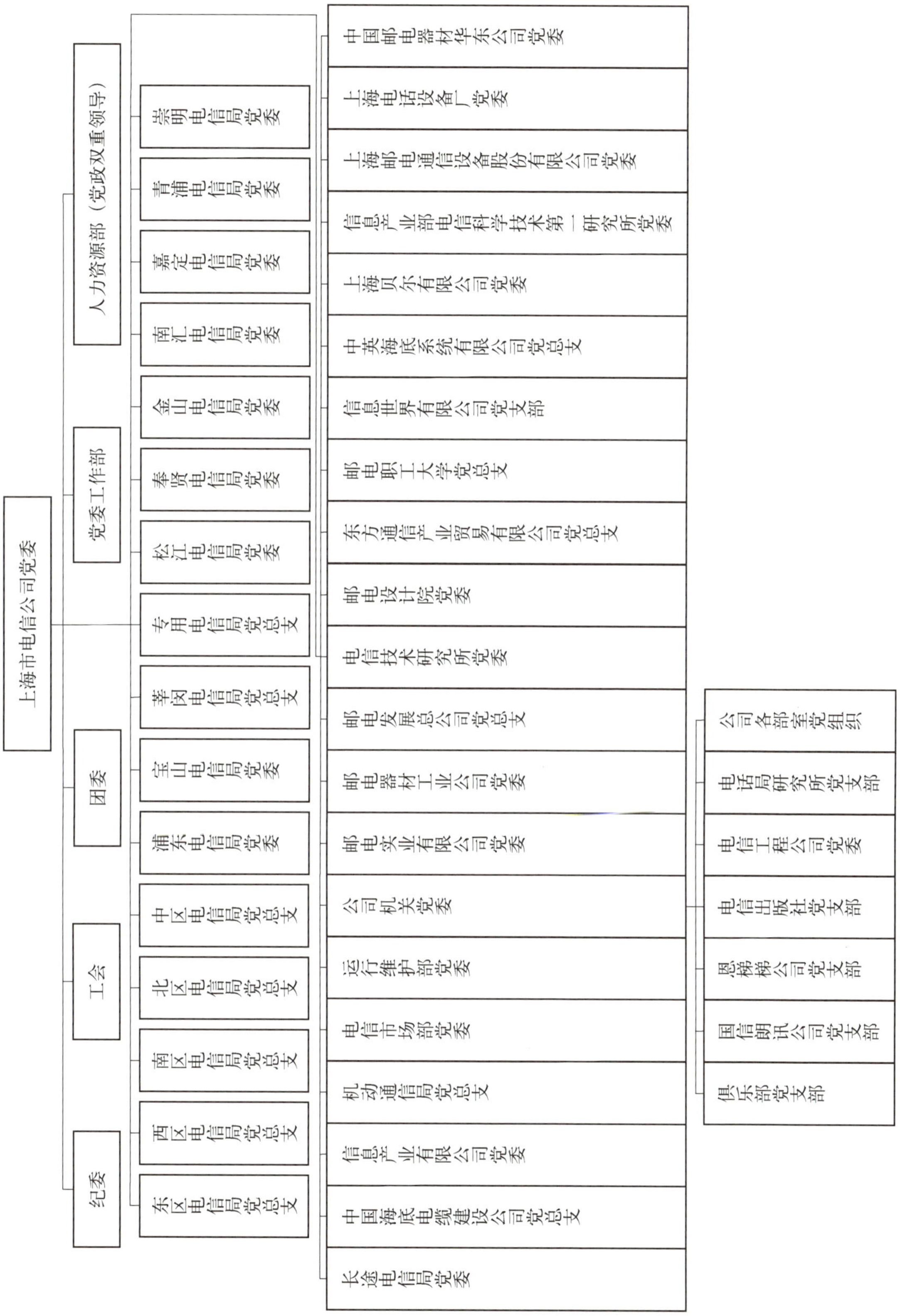

图 12－1－1　2000 年上海市电信公司党组织机构图

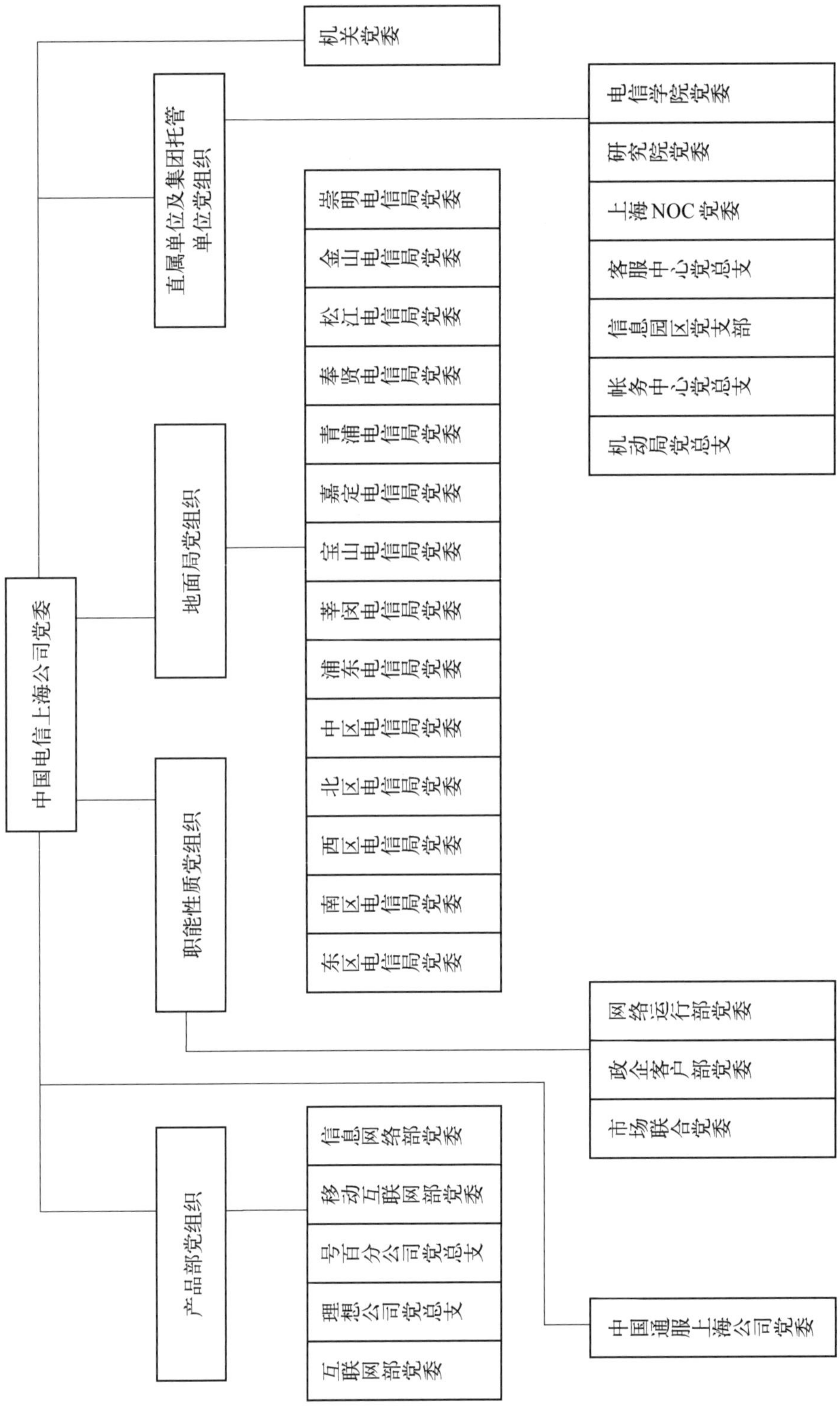

图 12-1-2 2010 年中国电信上海公司党组织机构图

上海信息产业公司党总支升格为上海信息产业公司党委。

2003年2月28日，北区、莘闵、西区电信局党总支升格为党委。3月14日，成立中国电信集团黄页信息有限公司党委，挂靠上海电信党委。2004年1月16日，成立中国电信集团公司产品策划部党支部，挂靠上海电信党委。3月3日，大客户部党总支变更为直属上海电信党委；12月30日，东区电信局党总支部升格为党委。

2005年1月5日，南区、中区电信局党总支部升格为党委。根据《关于专用电信局剥离的通知》的文件精神，专用电信局党总支的组织关系自2005年4月1日起划归中共上海市通信管理局党组。原专用电信局党总支古北电信局党员的组织关系划归西区电信局党委。7月25日，根据中国电信集团《关于调整集团公司总部部门设置和职责的通知》精神，撤销原挂靠上海电信党委的中国电信集团公司产品策划部党支部。

2007年3月19—20日，分别成立中国电信上海公司网络操作维护中心党委、长途无线部党委。7月23日，原大客户部党总支更名为政企客户部党总支。8月14日，成立中共上海市信产通信服务有限公司党委，与上海电信实业(集团)有限公司党委"一套班子，两块牌子"。2008年4月21日，中国电信集团公司党组决定：设立中国电信学院党委，党组织关系隶属上海电信党委。5月23日，成立中国电信上海号百信息服务分公司党总支，隶属上海电信党委。6月12日，根据《关于调整市场部职能和机构设置的通知》精神，在市场部、家庭客户部、互联网与增值业务部成立市场联合党委，党组织关系隶属于上海电信党委。7月17日，政企客户部党总支升格为党委。10月9日，撤销上海电信卡部党支部。10月27日，成立中国电信上海互联网部党委，与上海信息产业(集团)公司党委"一套班子，两块牌子"，党组织关系隶属上海电信党委。2009年7月6日，成立上海客户服务中心党总支，隶属上海电信党委。

2010年2月24日，根据《关于浦东南汇两局合并的通知》精神，成立新的浦东电信局党委，隶属上海电信党委。3月25日，上海电信党委印发《关于成立世博保障临时党委的通知》，在上海电信世博保障服务团队中成立临时党委。6月2日，中英海底公司党总支隶属关系调整至中国通服上海公司党委。截至2010年年底，上海电信各级党组织总数519个(不含公司党委)。其中直属党委25个，基层党委10个；直属党总支5个，基层党总支28个；直属党支部1个，基层党支部450个。

第二节　党员代表大会

一、中共上海市电信有限公司第一次代表大会

2007年4月11日，上海电信党委印发《关于召开中共上海市电信有限公司第一次代表大会的通知》。公司各级党组织分别召开党员大会或党员代表大会，选举产生出席本次党代会的324名正式代表。其中，在电信技术研究院、浦东、北区和崇明电信局有32名党员通过竞选当选为公司第一次党代表大会的代表。6月26—27日，中共上海市电信有限公司委员会举行第一次代表大会，公司党委、纪委分别做工作报告，会议还对2000年7月—2006年12月党费收缴和使用情况进行报告。党委工作报告总结公司成立7年来所取得的工作成果和宝贵经验，并提出今后5年的奋斗目标。即实现从传统基础网络运营商向现代综合信息服务提供商转变的历史性跨越，在中国电信集团范围内率先实现转型；建成与上海"四个中心"和国际大都市地位相适应的亚太信息通信枢纽；服务和谐社会，构建和衷共济、激情创造的和谐企业。会议对市信息委及上海电信先进基层党组织、优秀

共产党员、优秀党务工作者进行表彰。选举产生新一届党委委员、纪委委员，选举张维华为党委书记，选举陈鸿生为纪委书记。大会通过《上海市电信有限公司党代表大会常任制实施办法（试行）》和《上海市电信有限公司党务公开实施办法（试行）》两项制度。在第一次党代会闭会期间，共收到145项代表提案，网上提案占83.56%，回复率为100%。

二、中共中国电信上海公司一届二次代表大会

2008年6月24日，召开中共中国电信上海公司一届二次代表大会，大会的主题是精神文明建设。本次会议正式代表321名，特邀代表23名。公司党委、纪委分别做工作报告。党委工作报告全面总结近年来公司精神文明建设工作，提出今后几年推进精神文明建设的方向。即牢固确立“领导班子建设”和“党的基层组织建设”两个坚强基础，构筑企业文化、客户服务、社会责任和思想道德建设“四位一体”的文明创建体系。会议还就党代表巡视情况、2007年度党费收缴和党组织活动经费使用情况进行报告。会议审议通过《加强基层党支部书记队伍建设的若干实施意见》和《员工全面发展白皮书》(2008年版)。浦东、北区电信局作“四好”领导班子创建经验、党内民主建设经验交流。在一届二次党代会闭会期间，共收到各类提案146件，网上提案率达84.7%；立案处理145件，落实15个职能部门负责处理，提案回复率为100%，满意率为97%。

三、中共中国电信上海公司一届三次代表大会

2009年6月30日，召开中共中国电信上海公司一届三次代表大会暨学习实践科学发展观活动总结大会。本次会议正式代表327名，特邀代表28名。公司党委、纪委分别做工作报告，以及学习实践活动整改工作报告、一届二次党代表大会提案处理情况报告、2008年度党费收缴和党组织活

图12-1-3　2009年6月30日，中共中国电信上海公司一届三次代表大会

动经费使用情况报告。公司党委对45个先进基层党组织、47名优秀共产党员、47名优秀党务工作者、10名"十佳"党支部书记以及10名优秀党员示范岗进行表彰;还向6名从事思想政治工作30年的党务工作者和53名入党50周年的老同志代表颁发荣誉证书。一届三次党代会共收到各类提案76件,网上提案达到99%;立案处理75件,涉及10个承办部门,提案回复率为100%,满意率为97.3%。

四、中共中国电信上海公司一届四次代表大会

2010年6月30日,召开中共中国电信上海公司一届四次代表大会暨建党89周年纪念大会。本次会议正式代表325名,特邀代表20名。公司党委做《坚持科学发展、深化"创先争优",争取世博通信保障和全业务发展任务胜利完成》的工作报告,公司纪委作《以廉洁办博精神为指导,推进反腐倡廉建设上新台阶》的专项工作报告。还分别作一届三次党代会提案处理情况报告、2009年度党费收缴和党组织活动经费使用情况报告。会议审议通过《党代表联系基层工作实施办法(试行)》《新任领导人员集体廉政谈话实施办法》两个文件,转知国有资产监督管理委员会、中国电信集团公司、上海市经济和信息化工作委员会党委、上海世博局对上海电信先进基层党组织、优秀共产党员、优秀党务工作者等各类先进的表彰。一届四次党代会共收到各类提案95件,涉及13个承办部门,网上提案达到99%;立案处理75件,涉及10个承办部门,提案回复率为100%,满意率为96%。

第二章　党务工作

第一节　党员队伍建设

一、党员发展工作

上海电信党委坚持发展党员工作“十六字”方针，把保证质量放在第一位，严格标准，规范程序，做到成熟一个，发展一个。

2001 年 3 月，上海电信党委制定《关于进一步做好发展党员工作若干意见的实施意见》，要求改善积极分子队伍结构，激发“一线、一流、青年”的入党愿望。意见规定，35 岁以下的优秀青年、团员入党均列入“推优”范围。企业骨干、优秀人才经听取群众意见和党支部讨论后可列入“干推优”范围。

2002 年 1 月 29 日，公司党委印发《上海市电信公司发展党员公示制工作制度》。自 2002 年起，在上海电信发展的新党员(包括预备党员转正)都要实行公示制，严格把好发展党员“入口关”。随着上海电信劳动用工形式呈现多元趋势，8 月 23 日，根据《中国共产党章程》和《中国共产党发展党员工作细则(试行)》的规定，以及市委组织部有关组织关系和人事关系可以分离的精神，印发《关于在上海市电信公司劳务工中发展党员的实施办法(试行)》，进一步做好劳务工中入党积极分子的培养、教育和考察，规范在劳务工中发展党员工作的程序。10 月，嘉定电信局娄塘分局营业班长诸建锋成为上海电信在劳务工中发展的第一名共产党员，在劳务工中引起强烈反响，是年，上海电信共有 40 名劳务工递交入党申请书。

2005 年 3 月 18 日，上海电信党委转发市委组织部、团市委《关于新形势下进一步加强“推优”，切实做好在团员青年中发展党员工作的若干意见》的通知，切实做好在团员青年中发展党员的工作。

2006 年 8 月 23 日，上海电信党委制定《上海市电信有限公司党委发展党员公示和预备党员转正公示并答辩的工作制度》。规定：除发展党员和预备党员转正进行公示外，预备党员在公示期间，由所在党支部组织安排转正答辩会。是日，还制定《上海市电信有限公司党委发展劳务工党员实施办法》，明确在劳务工中发展的党员及其转正的支部党员大会，由其所在部门的党支部负责召开。劳务工中的入党积极分子被吸收为中共预备党员或按期转为中共正式党员后，其用工关系不变。

2010 年 1 月 19 日，上海电信党委制定《关于在部分业务外包员工队伍中发展党员、加强党员管理工作的若干意见》，对外包员工中的党员教育管理、发展党员工作及党费缴纳等做出明确规定。是年，党员组织关系隶属上海电信党委的外包员工有 69 名。

表 12-2-1　2000—2010 年上海电信党员情况表　　(单位：人)

年　份	党员数	发展数	预备党员	发展对象	积极分子	新申请人
2000	7 208	220	349	205	2 649	321
2001	5 350	200	205	209	2 307	328
2002	5 601	227	282	213	2 511	374

〔续表〕

年　份	党员数	发展数	预备党员	发展对象	积极分子	新申请人
2003	5 939	270	309	240	2 552	288
2004	6 156	235	322	260	2 570	197
2005	6 311	257	308	180	2 549	289
2006	6 543	245	280	195	2 612	171
2007	6 648	220	268	192	2 479	87
2008	6 808	204	253	155	2 241	63
2009	7 066	202	234	156	2 231	154
2010	7 291	209	232	179	2 332	110

说明：上述数据包含中国通服上海公司、研究院、电信学院、外包党员。

二、党员主题教育

2001 年是上海电信继体制改革后实行机制创新、提升企业核心竞争力的关键一年。上海电信党委开展“发奋创新业，世纪立新功”主题活动，围绕全年的工作目标，明确发展、改革、服务的具体任务。11 月 6 日，上海电信举行学习十五届六中全会专题学习班，原邮电部纪检组组长常延廷、市委宣传部副部长郝铁川作十五届六中全会《决定》和“三个代表”重要思想的辅导报告。

2002 年 4 月 30 日，上海电信党委转发市信息委开展“迎党的十六大，迎市第八次党代会，争当优秀党群工作者，争创党群工作新业绩”（简称“双迎双争”）主题活动的实施意见，在公司范围内广泛开展“双迎双争”主题活动。5 月 22 日，按照市信息委党组的部署，在全体党员中开展“党员要做党的人”主题教育活动，组织“未进党的门、先做党的人”演讲比赛。6 月 29 日，在陈云纪念馆举行先进楷模事迹演讲会，宣讲 5 位优秀共产党员和入党积极分子的先进事迹，让广大党团员接受一次精神洗礼。是年，开展《新世纪上海电信共产党员格言》征集活动，提高党员的思想政治素质。

2004 年 5 月 9 日，根据市综合工作党委的部署，上海电信党委印发关于《深入开展“让人民高兴、让党放心”“争当科教兴市的先锋，争当关心群众的模范”主题活动的意见》，抓好宣传发动、理论学习、专题讨论、演讲活动、员工测评、评比表彰等环节。6 月，公司党委学习中心组开展“高兴、放心”“双争”活动专题研讨，就“高兴、放心”好班子、好干部标准及“双争”模范标准进行讨论。开展“领导人员格言”征集活动，205 名中高层管理者参加格言征集，征集格言 301 条，汇编《上海电信领导人员“高兴、放心”“双争”活动格言集》。7 月 20 日，开展“学习海尔精神，构建上海电信双用服务体系”主题活动，分 3 个阶段。即学习宣传阶段，重点是讲海尔的故事，学习海尔的理念。对照检查阶段，重点是讲自己的故事，找出自己的差距。制订措施阶段，重点是规范服务行为，推出服务体系。

2006 年 4 月 30 日，上海电信党委印发《关于认真学习贯彻胡锦涛同志重要论述，广泛深入开展社会主义荣辱观教育的通知》，要求各级党组织充分利用主题教育、实践活动和大讨论等形式，开展丰富多彩、生动活泼的社会主义荣辱观教育，积极营造树立社会主义荣辱观的良好氛围。6 月，上海电信以“共产党员带头践行‘八荣八耻’，树立社会主义荣辱观”为主题组织一次党组织生活。

2008 年 4 月 7 日，根据上海市委、市综合工作党委的部署，上海电信党委以理想信念、党风党纪、廉洁从业、艰苦奋斗教育为重点，在全体党员和干部中开展“讲党性、重品行、作表率”主题教育活动。各级党组织通过中心组学习、党组织书记上党课等形式开展教育活动。召开党政领导班子民主生活会，按照“七不准”要求，逐条对照、逐点检查、逐一明示，开展批评与自我批评。

2009 年 1 月 24 日，上海电信党委印发《关于在全体党员中开展“发挥先锋模范作用、确保一季度开门红”主题教育活动的通知》，各级党组织广泛开展“发挥特殊精神、做出特殊努力”大讨论，组织志愿者队伍进行新业务体验，全体党员积极投身“奋战 60 天、拿下天翼 32 万”劳动竞赛，打好全业务经营第一仗、实现一季度开门红。

2010 年 8 月 5 日，上海电信党委开展“锻造世博精神，引领全业务发展”主题活动，让电信世博精神成为激励全业务发展的动力。

三、党员“四个领先”活动

1999 年 3 月 1 日，上海市邮电管理局党委印发《关于在全局党员中深化“双学双争”，开展“争创新业绩，迎接新世纪”主题活动的通知》，要求广大党员努力做到“四个领先”，即党员的思想政治觉悟特别是思想观念的转变要领先于群众，党员所取得的工作实绩要领先于群众，党员努力学习、掌握本职工作的知识和本领要领先于群众，党员在危急困难的时刻挺身而出要领先于群众。

2000 年公司化运行后，上海电信继续开展党员“四个领先”活动。2003 年 3 月 18 日，上海电信细化党员“四个领先”考核测评工作，以党支部为单位，结合民主评议党员组织测评。被测评党员所在党支部的群众，一般占非党员员工的 30%。“四个领先”每一项均分为 3 个方面。观念转变领先群众，包括带头学习、党性修养、联系群众；工作业绩领先群众，包括完成任务、工作质量、服务意识；业务技能领先群众，包括业务能力、处事能力、创新能力；辨别是非能力领先群众，包括理想信念、思想觉悟、民主意识。

2004 年 3 月 3 日，上海电信印发《关于认真做好党员“四个领先”考核测评工作的补充通知》，把测评时间定在每年 4—5 月，结合民主评议党员组织一次测评。测评分包括党员互评、群众测评和党支部评分等 3 项，其中，党员互评占 20%、群众测评占 40%、支部评分占 40%。“评好率”指平均分在 70 分及以上的党员人数占被测评党员总数的百分比，包括综合测评评好率和群众测评评好率，考核指标为 85%及以上。

在先进性教育活动中，上海电信将党员“四个领先”表述为，思想觉悟领先群众，包括理想信念、党性修养、转变观念；工作业绩领先群众，包括完成任务、服务意识、执行效率；业务技能领先群众，包括学习能力、业务能力、创新能力；品德修养领先群众，包括遵纪守法、助人奉献、谦逊宽容。2006 年 2 月 27 日，上海电信印发《关于做好上海电信党员“四个领先”测评工作的通知》，明确“评好率”是指党员互评、群众测评、支部总评，平均分在 80 分及以上的党员人数占被测评党员总数的百分比（“评好率”的测评指标为 85%及以上），并将测评时间改为每年的“七一”前夕。

2008 年，上海电信党委完善“四个领先”测评办法，群众测评的比重由 40%提升至 50%，增强测评的群众公信度。

2000—2002 年，经群众对党员进行无记名测评，上海电信党员“四个领先”评好率分别达到 80%、85%、95%以上。2003—2006 年，经过党员互评、群众测评、党支部总评等方式进行综合鉴定，党员“四个领先”评好率保持在 99%以上。2007—2010 年，党员“四个领先”评好率保持在 100%。

四、“两优一先”评选

2000年“七一”是中国共产党诞生79周年纪念日。上海电信党委在各级基层党组织民主评议党员和“双争”评选推荐的基础上，对一批先进党支部、优秀共产党员和优秀党务工作者进行表彰。

2001年，上海电信党委开展“两优一先”评选活动。“两优一先”即先进基层党组织、优秀共产党员、优秀党务工作者，评选活动每两年进行一次。是年，在庆祝建党80周年前夕，对先进党支部、优秀共产党员和优秀党务工作者进行表彰。推荐上海市先进基层党组织1个，市信息化系统先进基层党组织10个、优秀共产党员19名、优秀党务工作者10名。

2003年，上海电信党委在开展民主评议党员的基础上，评选表彰在企业改革、通信发展、市场拓展、管理创新和企业党建中做出显著成绩的“两优一先”先进集体和个人。共评出市信息化工作系统优秀共产党员20名、优秀党务工作者10名、先进基层党组织10个。

2005年，上海电信党委在评选和表彰“两优一先”的基础上，评选推荐市信息化系统“科教兴市的先锋、关心群众的模范”各2名，优秀共产党员24名、优秀党务工作者12名、先进基层党组织10个。

2006年，市综合工作党委在纪念中国共产党诞生85周年之际，开展评选、表彰系统先进党组织、优秀共产党员、优秀党务工作者活动。上海电信有1个基层党委被评为上海市先进基层党组织，有15个基层党组织被评为综合工作党委系统先进党组织，12名党员、10名党务工作者分别被评为综合工作党委系统优秀共产党员和优秀党务工作者。有2名基层管理者被评为信息化工作系统第二届“关心群众模范”，1人被评为“科教兴市先锋”。

2007年，上海电信党委在开展党员“四个领先”测评及民主评议党员的基础上，继续开展上海电信及市信息化系统党内先进的评选推荐工作，有24名优秀共产党员、10名优秀党务工作者、12

图12-2-1　党代会上先进党组织受到表彰

个先进基层党组织被评为市信息化工作系统先进个人和集体，2 人被评为市信息化系统“科学发展的先锋”，1 人被评为“关心群众的模范”。

2008 年，四川汶川大地震发生后，中国电信全集团充分发扬“一方有难、八方支援”的协作精神，投入大量人力、物力支援灾区，积极协助开展抗震救灾和灾后重建工作。为表彰先进，集团公司党组印发《关于表彰抗震救灾先进集体、先进个人、先进基层党组织和优秀共产党员的决定》，上海电信 2 个单位（集体）被授予“中国电信抗震救灾先进集体”荣誉称号，2 名员工被授予“中国电信抗震救灾先进个人”荣誉称号，1 个党支部和 1 名党员分别被授予先进基层党组织和优秀共产党员称号。

2010 年 7 月 21 日，上海电信党委印发《关于转知国资委、集团公司党组等党组织表彰党内各类先进名单的通知》，就上海电信的各类表彰名单进行转知。国资委表彰优秀党务工作者 1 名，中国电信集团公司党组表彰先进基层党组织 2 个、优秀共产党员 4 名、优秀党务工作者 3 名。上海世博园区运行期党建联建联席会议表彰优胜党组织 1 个、优秀组织者 1 名、优秀共产党员 15 名；市经济和信息化工作党委表彰世博先锋队 3 个、世博先锋 8 名；上海世博局信息化部临时党委表彰优胜党组织 2 个、优秀组织者 5 名、优秀共产党员 16 名。

表 12-2-2　2000—2009 年上海电信“两优一先”评选情况表

年　份	优秀共产党员（人）	优秀党务工作者（人）	先进党支部（个）
2000	53	19	33
2001	50	10	10
2003	43	15	25
2005	41	18	25
2007	38	19	27
2009	47	47	45

第二节　思想宣传教育

一、理论教育

2000 年公司化运行后，上海电信党委坚持以邓小平理论为指导，围绕企业改革、发展、服务、管理和稳定，积极开展党员干部的思想理论教育；坚持两周一次的党委中心组学习制度，采取集中学习、开展研讨、举办报告会等形式，促进各级领导干部学深学透，指导工作。

2000 年 6 月、10 月，以公司党委中心组名义，在《上海电信》报刊登《学习“三个代表”重要思想、大力推进改革重组》《贯彻“三个代表”重要思想，推进实业改制重组》的理论文章，为上海电信改革重组奠定思想基础。是年，上海电信还组织《WTO 与中国》《新会计法》等报告会，前往梅林正广和集团学习取经。

2001 年，上海电信党委注重学理论与指导企业改革发展相结合，自主学习与组织辅导讲座相结合，致力于提高中高层管理者的政治理论素养。是年，理论学习的重点是“三个代表”重要思想及中共中央总书记江泽民在中国共产党成立80周年大会上的重要讲话。

2002年，上海电信理论学习的重点是《十六大精神传达提纲》《中国共产党章程（修正案）》《江泽民在十五届七中全会召集人会议上的讲话》等。4月，党委组成12人讲师团，主要任务是为基层干部和党员提供政治理论教育的辅导，使理论教育更贴近企业实际。是年，公司讲师团为基层党员、群众授课81次，约4 000人次听讲。

2003年4月，根据市委、市政府开展"世博会与上海新一轮发展"大讨论的要求，上海电信开始围绕"如何适应城市信息化推进及上海新一轮发展""如何迎接数字世博""如何建成亚太地区通信枢纽及国际性电信企业"等展开讨论，形成上海电信三年行动纲领。7月，学习中共中央总书记胡锦涛"七一"重要讲话。是年，党委讲师团每季一次进行集体备课，内容涉及"三个代表"重要思想、形势与任务、企业文化、企业党建和精神文明建设等。

2004年，公司政治理论教育以继承传统和适度创新相结合的方针，注重实效，不断创新。全年分9批、选送45位党群干部参加市委党校培训班，主要内容有"三个代表"重要思想理论研修、思想政治工作研修、党建热点问题研讨、干部创新素质研修等。同时，积极探索理论教育新形式，对上海电信网络党校可行性方案进行研究。此外，通过抓集体备课制度、抓集中调配管理、抓素质提高、抓试讲互评、抓基层反馈，不断提升党委讲师团成员的理论素养和讲课能力。

2005年，公司党委以"三个代表"重要思想和科学发展观统领中高层管理人员的理论教育。7月29日，公司党委中心组学习《保持共产党员先进性教育读本》，就学好、学深、学透党章，发挥党员先锋模范作用畅谈学习体会。8月12日，公司3位副总经理做先进性教育的辅导报告，各单位领导干部通过视频参加学习。是年，分4期组织16名中高层管理人员参加市委党校培训，内容有保持共产党员先进性教育、思想政治工作研修、加强党的执政能力建设和干部必备综合能力等。党委讲师团根据企业转型和业务发展形势，宣讲内容包括形势任务、党建、廉政建设、先进性教育等。

2006年3月11日，印发《关于加强和改进公司两级党委中心组理论学习的通知》，原则上每两周组织1次学习，全年不少于22次。以学理论、学知识为主，与研究党建、发展、管理等工作相结合。8月18日，公司党委中心组学习中共中央总书记胡锦涛在庆祝中国共产党成立85周年暨总结保持共产党员先进性教育活动大会上的讲话。10月13日，召开学习贯彻六中全会精神学习会。是年，组织29名中高级管理人员参加专题研修班学习。其中，加强党的执政能力建设理论与实践研修班2期、干部必备综合能力研修班2期、思想政治工作研修班2期和法治工作（"五五"普法）专题研修班1期。

2007年，上海电信党委全面贯彻落实科学发展观、围绕企业战略转型目标开展政治理论教育。3月2日，党委中心组集体学习中国电信《"四好"领导班子创建活动三年规划》和上海电信《实施纲要》，努力创建"四好"领导班子。6月29日，学习胡锦涛总书记"6·25"重要讲话。11月7日，举行"党的十七大精神报告会"，中央宣讲团成员谢鲁江来上海电信宣讲党的十七大精神。11月14日，上海市社会科学院教授童世骏为公司两级中心组成员宣讲党的十七大精神，上海电信成为上海市宣讲团最早莅临宣讲的企业。是年，组织8名基层党组织书记参加市委党校"作风建设专题研修班"，举办党政"一把手"学习十七大精神研修班并进行干部讲评。党委讲师团重点开展党的十七大精神、上海电信首次党代会精神两个专题的宣讲活动。

2008年3月28日，上海电信党委中心组学习中共中央总书记胡锦涛《继续把改革开放伟大事业推向前进》的重要文章，部分党代表共同参加学习。5月30日，党委学习中心组召开专题学习会，结合企业家精神、电信战略转型，以及当前领导人员现状分析畅谈学习体会。8月1日，公司党委中心组学习中共中央印发的《建立健全惩治和预防腐败体系2008—2012年工作规划》，加强对该规划的理解，落实长效机制。12月27日，公司党委学习中心组刊发文章，隆重举行纪念改革开放30周年。文章以上海电信30年的成功发展经验，鼓励广大干部员工再接再厉，努力实现企业战略转型，在全业务经营时代再创辉煌。

2009年2月6日，上海电信党委中心组举行学习贯彻中纪委三次全会精神专题学习会。3月28日，举办学习实践科学发展观活动中心组联组学习交流会，公司两级党委中心组成员、总部机关副经理以上人员约190人参加，采取集中学习，分组讨论、大组交流的方式进行。4月11日，举行深入学习实践科学发展观活动党委中心组第二次联组学习，党委书记、总经理张维华作“战略转型上水平，服务信息化创一流——聚焦客户发挥全业务优势、勇当社会信息化建设的主力军”的报告。上海电信各级领导人员及特邀代表130多人在主会场出席会议，近500多名党员干部通过视频参加学习。

2010年8月13日，上海电信党委学习中心组举行专题会议，学习《党政领导干部选拔任用工作责任追究办法》《党政领导干部选拔任用工作有关事项报告办法(试行)》《地方党委常委会向全委会报告干部选拔任用工作并接受民主评议办法(试行)》《市县党委书记履行干部选拔任用工作职责离任检查办法(试行)》等4个中央文件，研究进一步完善党管干部的制度建设，继续探索与全业务发展相适应的干部选拔任用等管理问题。9月6—28日，公司两级党委中心组成员117人分7批次赴上海世博会考察，有98位领导干部撰写参观感悟和未来畅想，汇编“博观博思”——两级中心组学习考察上海世博会《探索与交流》专辑。

2002—2008年，党委讲师团授课496场次，听课总人数达29 495人次。

图12-2-2 2007年，上海电信党委学习党的十七大精神中心组学习(扩大)会

二、形势教育

中国电信集团公司成立，标志着通信业在政企分开、邮电分营的基础上实现战略重组，改革取得新的突破。2000 年 3 月 15 日，上海市邮电管理局召开局务扩大会议，号召全局干部职工认清通信生产的严峻形势，团结拼搏扭转被动局面。4 月 30 日，邮电管理局党委印发《关于在全局范围内广泛开展改革教育的通知》，从 5 月至 12 月在全员中进行深化改革教育，以确保上海电信改革重组的顺利进行和全年 91 亿元业务收入的完成。5 月 10 日，管理局党委召开会议，专题研讨如何围绕通信生产，加强宣传教育和思想发动工作。截至 6 月底，先后编辑《形势与任务》3 期，汇编中国电信有关改革重组的重要文件和领导的重要讲话，为改革、发展、服务、管理和稳定奠定思想基础。7 月 1 日，根据中国电信加快体制、机制改革的要求，公司党委围绕改革的热点问题开展形势教育。8 月 26 日，在《上海电信》报刊登企业职工内部退养政策；8 月 31 日，公司管理层就体制机制改革以及三年发展目标接受记者专访。是年，制作《热点聚焦》系列录像片 9 集，内容涉及主实业分离、内部退养等。

2001 年 5 月 10 日，公司党委学习中心组在企业内部报刊上就三项制度改革、总部开展全员竞聘上岗、工资改革方案等事宜发表文章，把改革的意义、目标、任务明确地传递给每一位员工，以平稳的心态对待改革带来的利益调整。是年，编辑《形势与任务》5 期、"热点聚焦"录像片等，组织基层干部员工收看。以后，配合上海电信改革、发展、稳定的宣传工作，每季编辑"形势任务教育"材料，设有公司领导言论、高层信息、企业改革、经济参考等栏目。

2002 年 1 月 5 日，上海电信在市场部、网络部和工程管理部等 3 个准事业部开展劳动、人事和分配三项制度改革，《上海电信》报设专刊进行改革宣传。

2003 年 4 月 4 日，中国电信批复同意上海电信流程重组实施方案。23 日，公司召开 BPR 实施启动会议，拉开业务流程重组的帷幕。4 月，上海电信党委组织开展"世博会与上海新一轮发展"大讨论。通过讨论，进一步集中员工的智慧，振奋精神迎接"数字世博"，在上海新一轮发展中建功立业。5 月 19 日，公司党委印发《实施业务流程重组工作宣传提纲》，供各级党组织对员工进行宣传教育。5 月 22 日，公司召开"经营发展攻坚战"动员大会；6 月 4 日，印发《动员起来振奋精神群策群力迎难而上打赢经营发展攻坚战》宣传提纲。7 月 15 日，公司党委印发《关于兴起学习贯彻"三个代表"重要思想新高潮的通知》，提出贯彻"三个代表"重要思想，实现上海电信"三个先进"（先进生产力、先进文化和先进小康）的宏伟目标。

2004 年 3 月 27 日起，上海电信开展"看海尔、学海尔"教育活动，提升服务水平和创新能力。通过组织赴海尔学习考察，在《上海电信》报上开设专栏，刊登学习海尔的文章，此次活动至 5 月底结束。3 月 31 日，公司党委印发《团结拼搏、群策群力，夺取市区"小灵通"基站攻坚战全面胜利宣传提纲》，阐述为什么要发展"小灵通"，如何确保 5 月 17 日市区"小灵通"全面放号。8—9 月，开展"学习海尔精神，构建上海电信双用服务体系"主题活动。

2005 年 2 月 23 日，上海电信一届六次职代会提出：实施文化创新，推进战略转型，坚定不移地实践中国电信的整体战略。8 月 15—16 日，召开干部大会，围绕形势、转型、速度，提出振奋精神完成全年任务的要求。10 月 28 日，公司党委开展《学习贯彻十六届五中全会精神，推进企业文化创新》的教育活动。

2006 年 1 月，中国电信提出从传统基础网络运营商向现代综合信息服务提供商转变。2 月 14 日，上海电信召开司务会，要求各级领导干部带领广大员工稳步扎实地推进企业战略转型。8 月 31 日，公司印发《关于实施企业战略转型宣贯工作的通知》，9—10 月，对全体干部员工进行企业战略转型的宣贯，中高层管理者宣贯率达到 100%，员工宣贯率达到 95%以上。9 月 7 日，公司举办领导人员企业转型与精确化管理培训班，正式启动转型宣贯工作。是年，编制《转型宣贯手册》《上海电信转型30问》《上海电信精确管理30问》等转型宣贯资料。编辑《形势任务教育》材料6期,《转型宣贯专辑》2期。

2007年1月22日,上海电信印发《实施体制调整,推进企业转型》宣传提纲,配合产品部和前后端部分体制调整的思想宣传。4月25日,印发《中共上海市电信有限公司第一次代表大会宣传提纲》。7月31日,印发《上海电信2007年员工浮动工资晋升宣传提纲》。11月19日,印发《继续实施体制调整,加快企业转型步伐》宣传提纲,进一步优化、巩固体制改革取得的成果,加快企业转型步伐。是年,《形势与任务》专辑改为电子版。

2008年7月,根据中国电信全业务经营体制的要求,上海电信再次对内部的组织架构进行调整,印发《中国电信上海公司全业务经营体制调整宣传提纲》;9月,印发《中国电信上海公司增值业务运营体制调整宣传提纲》,以促进增值业务高效、快速发展。

2009年8月,印发2009年员工浮动工资晋升宣传提纲,在完成半年度任务的基础上,公司为员工浮动一级工资。12月29日,印发后端体制优化宣传提纲,形成更有利于全业务经营的维护组织体系,全力保障企业战略转型和全业务运营。

2010年2月24日,浦东、南汇电信局合并成立新浦东电信局。3月3日,印发《浦东、南汇两局组织机构合并宣传提纲》,一方面呼应南汇、浦东行政区划的调整;另一方面,通过两局的合并,也为公司全业务经营提供发展空间。

三、国防教育

2000年,上海电信党委以提高政治素质、增强国防观念、培养合格民兵为目标,落实基干民兵、预备役人员及全体员工的国防教育。

2001年4月28日,《中华人民共和国国防教育法》(简称《国防教育法》)正式颁布施行。6月22日,上海市国教办印发《关于学习宣传贯彻〈中华人民共和国国防教育法〉的通知》,要求各级人民武装部组织发动民兵、预备役人员和兵员征集对象,带头贯彻《国防教育法》,在国防教育日、建军节、国庆节等重大纪念日及节日,加大以爱国主义为核心内容的国防教育宣传力度。7月17日,公司党委印发通知,要求把开展拥军优属活动同学习、宣传、贯彻《国防教育法》结合起来,增强贯彻执行《国防教育法》的自觉性。是月,在全公司开展《国防教育法》的学习、宣传活动。

2002年4月,上海电信以"国家安全是全社会的共同责任"为主题,广泛开展"全民国防教育日"的宣传教育活动。7月17日,上海电信印发通知,要求各单位大力开展国防教育,进一步增强广大员工的国防观念。各单位通过组织"军营一日"活动、形势报告会、座谈会等形式,营造关心国防,支持国防建设的氛围。是年,公司对新进的300多名大中专毕业生进行军训和国防教育。年内,公司有1人被评为"上海市国防教育优秀组织者",3人被评为"基层组织国防教育先进个人"。

2003年7月14日,上海电信印发通知,要求结合"八一"期间拥军优属活动,开展国防教育,增强广大员工的国防观念。7月26日,组织公司领导班子成员和部分单位负责人开展"军营一日"活动,体验部队生活。9月20日是"全民国防教育日",各单位通过报告会、"军营一日"活动以及媒体宣传,对员工进行国防意识教育,弘扬爱国主义精神。10月19日,公司党政领导和各部门、各单位领导100余人,观摩为纪念载人飞行100周年而举行的飞行表演。是年,在新进公司近200名大学生员工和1 000余名社区客户经理的培训中,分别安排军训和国防教育的内容。

2004年8月13日—9月18日,上海电信举办"爱中华、奔小康、强国防"有奖知识竞赛,组织国防教育征文，选送 4 篇参加全市评选，多个单位获得最佳组织奖、个人获得竞赛奖。

2005 年是中国人民抗日战争暨世界反法西斯战争胜利 60 周年。上海电信召开“纪念抗日战争胜利 60 周年座谈会”，近百名抗战老战士、民兵和团员青年出席。9 月 18 日是全国第五个“全民国防教育日”，上海电信广泛开展国防宣传教育活动，通过授课、“军营一日”、国防教育报告会、参观爱国主义教育基地和革命烈士纪念馆等活动，对民兵预备役人员和广大青年员工进行国防意识教育，对新进公司的近 160 名大学生员工进行军训和国防教育。

2006 年 8 月 2 日，上海电信党政领导率中高层管理人员开展“军营一日”活动，增强领导干部的国防意识。是月，上海电信获上海市“十五”期间国防动员工作先进单位。9 月 18 日是“全民国防教育日”，上海电信以“纪念红军长征胜利 70 周年”为题材，组织国防教育报告会、参观爱国主义教育基地和革命烈士纪念馆等，对民兵预备役人员和广大青年员工进行国防意识教育，对近 200 名新进公司大学生进行国防教育。

2007 年 7 月 27 日，上海电信举行《关于台湾问题的战略思考——兼论中美、中日关系》的报告会。

四、法制教育

上海市邮电管理局在“三五”普法教育中，被邮电部确定为“三五”普法教育试点单位，被上海市列为普法先行示范单位，全员普法教育培训率达 98.79%，合格率达 98.14%。

根据中国电信集团和上海市信息化工作系统的部署，上海电信于 2001—2005 年组织开展“四五”普法教育工作。

2001 年 12 月 17 日，印发《上海市电信公司开展法制宣传教育第四个五年规划》的通知，确定“四五”普法的对象是公司全体员工，重点对象是中层以上经营管理人员。

2002 年 4 月 1 日，上海电信法制宣传员培训班开班，有 30 余个单位 51 名学员接受《合同法》《公司法》《WTO 基本法规》等 10 部法律法规的学习。经过培训、考核，有 38 人取得普法小教员资格。7 月 16 日，召开“四五”普法动员大会，举办《加入 WTO 后面临的法律问题》专题讲座。9 月，上海电信党校加挂“法制教育基地”牌子；10 月，建立“普法网站”，设立动态新闻、培训信息、法制讲座等九大栏目。12 月 2—8 日，上海电信与市法制宣传办公室联合举办“上海电信杯”宪法知识网络竞赛。比赛试题发布于上海热线网站(http//www.on-line.sh.cn)，东方法制网、环球网络和上海电信网进行链接，以供广大网民参赛。是年，上海电信将普法工作纳入年度考核蓝皮书；编印《法律汇编》《普法讲义》和《“四五”普法相关文件汇编》三本书；建立“四五”普法考试题库，开创网络普法新模式。全年举办法制培训班 60 余期，5 200 余人接受普法培训，员工普法率达到 32.5%。上海电信被评为市信息化工作系统 2002 年度“四五”普法工作先进单位。

2003 年 12 月 7 日，华东六省一市“上海电信杯”百万网民法律知识月月赛正式开始。本次比赛由上海电信与“东方法治网”联合举办，为期一年，每月举办一次。是年，上海电信在互联网开设视频普法教育课程，开发“网络考试软件”，完成员工普法培训 7 919 人，累计总数为 13 123 人，员工普法率达 81%。上海电信被授予 2003 年度上海市法制宣传教育工作优胜单位。

2004 年 4 月，华东六省一市“上海电信杯”百万网民法律知识月月赛举办《宪法(修正案)》《行政许可法》知识竞赛。是年，累计员工普法培训总数为 16 167 人，占全员总数的 99.8%，顺利完成公司“四五”普法的任务。另有 4 000 多名劳务工也接受普法培训。上海电信先后获得 2004 年度上海市“普法先进单位”、2004年度上海市法制宣传教育工作优胜单位、上海市信息化工作系统2004年度法制宣传教育工作先进单位称号。

2005年5月13日，印发《上海市电信有限公司“四五”普法总结验收工作的指导意见》和《上海市电信有限公司“四五”普法总结验收标准》，各单位从组织领导、保障机制、制度建设、普法教育、依法治企和普法成效等6个方面进行全面、全程、全员的总结验收。9月19日，上海电信接受由市人大、政协组成的“四五”普法检查组的检查，认为上海电信普法工作富有特色和成效。

上海电信荣获2001—2005年全国法制宣传教育先进集体，荣获国资委中央企业“四五”普法先进单位。

2006年7月14日，上海电信召开“四五”普法总结表彰会，对“四五”普法工作进行总结，对8个先进集体、12名优秀组织者和26名先进个人、20名优秀小教员进行表彰。此次会议，还对“五五”普法工作进行动员。12月11日，印发《上海市电信有限公司“五五”法制宣传教育实施纲要》，明确“五五”普法的指导思想、目标、对象、步骤、管理分工、组织领导、保障措施等。“五五”普法的对象是公司的广大员工，重点是各部门中层以上经营管理人员、法律事务人员和重点岗位人员。是年，上海电信获“2006年度市法制宣传教育优胜单位”。

2007年1月19日，上海电信召开党委中心组学习扩大会，以“企业法制化建设”为主题开展学习，作为上海电信开展“五五”普法教育的第一课。3月30日，党委中心组再次举行学习会，学习《物权法》和《企业所得税法》。9月6日—11月29日，公司分批组织各级管理人员共912人参加《劳动合同法》培训，有43名工会干部取得“劳动法律监督员、劳动争议调解员”资格证书。9月20日，中国电信集团召开“五五”普法工作交流电视电话会议，上海电信进行普法工作交流。是年，上海电信为中国电信网上大学提供《物权法》《劳动合同法》等12个课件，学习课时10小时。上海电信被评为2007年度上海市信息化工作系统法制宣传教育工作先进单位。

2008年5月下旬，上海电信组织员工参加中央企业“五五”普法知识竞赛（暨普法考试），中高层管理人员参加考试232人，参考率94%，平均成绩94分；员工参加考试10 692人，参考率98%。是年，组织以《宪法》《劳动合同法》等为主的全员网上普法考试，共有10 924名参加，参考率达98%，平均成绩超过95分。

2008年，在“全国法制宣传日”和“上海市宪法宣传周”期间，上海电信开始制作多媒体宣传图片，在全市252个营业厅的502个联网广告显示屏上滚动播放，向全市电信手机用户发送法制教育公益短信。

上海电信荣获“2006—2010年全国法制宣传教育先进集体”。

五、思想政治工作

2000年7月13日，上海电信党委召开公司成立后的首次党组织书记会议，要求公司各级党组织继承发扬思想政治工作的优良传统，使思想政治工作成为公司实现三年发展目标的重要保障。9月19日，上海电信党委印发通知，要求进一步加强和改进思想政治工作，不断探索企业在公司化、市场化条件下思想政治工作的新机制、新方法。

2001年4月27日，上海电信根据中国电信《关于加强和改进思想政治工作的指导意见》（简称《指导意见》）精神，印发《上海市电信公司思想政治工作责任制（试行）》（简称《责任制》）。该责任制是公司党政工团各级组织、工作部门和领导干部在加强党的思想政治工作、落实《指导意见》提出的工作任务中必须履行的基本工作制度。该责任制分级管理的基本内容是:"公司党委负责制定和落实全公司加强和改进思想政治工作的实施意见,指导、督查和考核基层思想政治工作。各单位党组织负责制定本单位加强和改进思想政治工作的实施细则,并组织实施、检查、考核和奖惩。形成一级抓一级、一级对一级负责的工作机制。"

2002 年 1 月 22 日,上海电信党委召开直属单位党组织书记会议,要求思想政治工作与经营发展紧密结合,调动积极因素,化解消极因素,提高员工队伍整体素质,保证企业改革顺利进行。7 月 16 日,上海电信党委召开会议,认真学习贯彻江泽民总书记"5・31"讲话,要求做好企业改革发展中的思想政治工作。9 月 9 日,中国电信印发《中国电信集团思想政治工作责任制(试行)》的通知,明确各级党群组织及企业领导班子、领导人员思想政治工作责任,逐步形成党委统一领导,党政工团齐抓共管的思想政治工作领导体制和工作机制。坚持行政领导"一岗双责",把党的建设和思想政治工作纳入企业经营管理目标,一同落实,一同检查,一同考核。

2003 年 3 月 19 日,上海电信党委召开会议,就"思想政治工作要坚持创新、多出产品"主题,围绕思想政治工作的"产品"含义、思想政治工作如何出"产品"、思想政治工作应该出什么样的"产品"等问题进行探讨,形成思想政治工作必须紧贴企业实际,服务大局,讲求实效才有生命力的共识。

2004 年 3 月 2 日,上海电信一届五次职代会报告中强调,思想政治工作要与公司的先进生产力、先进文化、先进小康生活相结合,把员工的呼吸作为第一信息,把员工的需要作为第一选择,把员工的满意作为第一标准。

为使广大政工干部更加热爱、专心于思想政治工作,开拓企业思想政治工作新局面,上海电信在公司化运行后,每两年一次,继续向从事思想政治工作 30 年以上的政工干部颁发荣誉证书,以推动公司党的建设和思想政治工作的开展。2000—2009 年,上海电信党委先后 6 次、向 29 名政工干部颁发此项荣誉证书。

【思想政治工作研究】

政研会　中国电信上海公司思想政治工作研究会(简称"政研会")是在公司党委领导下从事企业思想政治工作研究、交流和总结、推广思想政治工作和两个文明建设实践经验的群众性学术团体,是上海职工思想政治工作研究会和中国电信集团思想政治工作研究会的团体会员,对外亦称"上海电信企业文化建设研究会"。

2001 年 3 月 28 日,上海电信召开政研会第一届年会,组成政研会理事会,会长程锡元、常务副会长刘文祥,另设副会长 7 名。4 月 12 日,印发政研会章程、工作制度和会刊发行制度,对政研会的年会制度、理事会责任、活动方式等予以规范。确定每年在 3—4 月间召开年会,报告上届政研会工作情况,表彰政研会工作的各类先进,提出下届政研会工作要求。每年度评比政研会工作先进,包括政研会工作奖、优秀组织奖、优秀论文(成果)奖。办好《探索与交流》会刊,所属各单位成立政研分会。

2003 年 4 月,由于受到"非典"的影响,公司政研会第三届年会不再集中召开,而是以网络会议和印发文件、发放材料的形式替代。会议调整第二届理事会成员,陈鸿生任常务副会长,另设副会长 5 名。

2004 年 4 月 7 日,公司政研会在原成果评审小组的基础上,成立优秀成果评审委员会。

2005 年 3 月 17 日,政研会召开第五届年会,调整理事会成员,不再设常务副会长,只设副会长 3 名。重新修订印发政研会章程。

图 12-2-3　上海电信思想政治工作研究会第六届年会暨第二季度党组织书记例会

2006 年 4 月 4 日，政研会召开第六届年会，调整理事会成员名单，张维华任会长，设副会长 2 名。

主要活动　2000 年，在上海电信体制重组、机制转换的改革攻坚中，公司政研会不断加强和改进思想政治工作研究，增强思想政治工作的针对性和有效性。围绕体制改革和机制创新两大主题，先后开展“再创新业绩，迈向新世纪”“学徐州经验，提供优质服务”专题征文活动，分 2 期将应征文章在《探索与交流》会刊中刊登。

2001 年，政研会开展员工思想状况的调研，汇编《学“七一”讲话专题论文集》，编发《探索与交流》会刊 4 期，公司政研会获上海市政研会工作奖。

2002 年，政研会积极为上级政研会及有关刊物推荐研究成果和优秀论文。其中，“企业文化建设，企业管理的深层课题”获中国职工思想政治工作研究会优秀成果一等奖；“上海电信稳定工作的实践与思考”“坚持以人为本推进企业文化认同”分别获全国邮电通信行业思想政治工作优秀研究成果二等奖、中国电信集团公司一等奖。公司政研会获上海市政研会工作奖。

2003 年，政研会围绕学习贯彻十六大精神、“三个代表”重要思想，坚持思想政治工作创新、多出产品和精品，在公司 8+1 业务创新中发挥思想政治工作作用，锻造具有特色的企业文化等中心工作，积极开展课题研究，取得 39 项成果。其中，“做好绩效管理中思想政治工作的几点思考”“上海电信促进员工全面发展的思考与实践”获集团公司思想政治工作优秀研究成果一等奖。是年，编辑《探索与交流》会刊 5 期，会刊与本市 11 家企业及全国 17 个省市思研会进行交流。获上海市政研会工作奖。

2004 年年初，根据中国电信集团“关于加强思想政治工作课题立项研究管理”和“实行重点课题申报制度”的要求，上海电信政研会向集团公司申报“企业文化考核指标体系”“电信青年员工发展状况”等 4 项研究课题。8—10 月，根据集团公司以学组活动形式推进政研会工作的要求，承担中国电信企业文化研究学组的组长单位，分别在上海、江苏电信公司召开两次学组会议，有 12 个省公司参与，形成 3 项研究成果。

2005 年 5 月 19 日，中国电信政研会第一届“华东年会”在上海举行，由上海电信担任第一届年会轮值会长。本次会议围绕企业战略转型，积极探索思想政治工作的新方法。上海、江苏、浙江、福建、安徽、江西五省一市电信公司代表进行交流，集团公司副总经理黄文林出席并讲话。会议还邀请广东、重庆和广东电信公司代表参加。

2006 年 9 月 22—24 日，上海电信受集团公司政研会的委托，对国资委立项课题“深化电信企业战略转型中的思想政治工作的研究与思考”进行理论研究，广西、宁夏、福建、新疆和上海五个省级电信公司参加会议。是年，按集团研究课题要求，上海电信承担“转型期企业如何以文化引领的实践”“党的先进性建设长效机制”等课题研究。

2007 年，政研会先后组织文化转型、党务公开、以客户为中心等 6 个专题研讨，获中国电信政研会优秀成果一等奖 1 篇、二等奖 1 篇、三等奖 3 篇，2 项非论文形式成果获成果奖。

2008 年，政研会开展发挥党员主体作用、打造一支符合转型新要求的基层党支部书记队伍等 6 个主题的研讨，获中国电信优秀论文一等奖 1 篇、二等奖 3 篇、三等奖 1 篇；优秀创新产品 2 项。

2009 年，政研会以“全业务经营新形势下的政工考核新导向和建设全业务时代的企业文化”“全业务场景下的服务新视角”等主题召开 5 次理论研讨会，将“员工心理发展”作为年度研究课题。是年，上海电信获集团公司论文一等奖 3 篇，二等奖、三等奖各 1 篇；获创新产品奖 3 项。

2010 年，政研会将“员工心理资本增值”作为研究课题，围绕“锻造世博精神，服务信息世博”和“全业务经营背景下，落实员工全面发展，关注和维护好员工的心理发展”两个专题开展理论研讨，5 篇论文成果和 2 项创新产品全部获集团公司奖项。

2000—2010 年，政研会共编辑《探索与交流》会刊 34 期。

表 12-2-3　2000—2010 年上海电信优秀思研论文获奖情况表　　单位：篇

年　份	公　司		
	优秀成果奖	一　等　奖	二　等　奖
1999—2000	44	5	10
2001	42	10	10
2002	28	3	8
2003	39	7	11
2004	37	5	10
2005	28	5	8
2006	32	4	10
2007	31	5	10
2008	33	1	3
2009—2010	29	5	10

【思想政治工作信息】

上海电信党委思想政治工作信息（简称“思政信息”）工作围绕企业中心，编发《电信政工》《内情参考》、舆情信息、专题简报等，集中反映公司及各单位各类动态类、问题类、经验类等信息，加强对企业党建、思想政治工作和企业文化的报道。

2001年，根据中国电信"思想政治工作网"管理办法和思政信息管理细则的要求，建立以党群部门与各单位相结合的思政信息员队伍，提高向集团公司报送思政信息的数量与质量。是年，重点围绕企业"三项制度"改革、通信发展、经营服务及职工队伍稳定等方面进行信息报送，获上海市信息委政工信息工作先进集体。

2002年，制定思政信息工作管理办法，将思政信息工作纳入规范化管理之中。以迎接、宣传、学习、贯彻党的十六大精神为主线，及时传递公司党群工作思路与要求，反映基层工作动态、建议和呼声，在中国电信思政网信息采用名列第三，市信息委信息采用名列第一，党委工作部被评为2002年度上海市信息化工作系统通讯联络工作先进单位。

2003年，围绕"世博会与上海新一轮发展"大讨论、抗击"非典"、业务创新年与经营发展攻坚战等重点工作，加大重要时期、重要节点的信息采编和报送力度。《上海电信政工》简报从单纯文字版面改为图文并茂的信息简报。是年，上海电信思政信息工作在市信息委、中国电信思政信息考核中取得"双第一"，党委工作部继续被评为2003年度上海市信息化工作系统通讯联络工作先进集体。

2004年，结合市场创新、小灵通基站建设、学海尔构建"双用"服务体系等重点工作，编发小灵通劳动竞赛、学海尔等专题简报，集中反映各单位开展小灵通基站建设中的动态类、经验类和问题类信息。是年向集团公司、市信息委等上级党组织报送重要信息百余篇，党委工作部被评为2004年度上海市信息化工作系统通讯联络工作先进集体。

2005年，围绕文化创新、先进性教育、小灵通发展、"双用"服务体系、公司5周年庆典等主题，为公司领导科学决策、上级机关掌握情况、基层单位借鉴经验提供全方位服务。在先进性教育活动期间，编辑党员先进性教育活动专题简报，集中反映先进性教育活动中的动态类、经验类信息。

2006年5月，制定思政信息管理办法和思政信息考核办法，将思政信息工作纳入直属党组织的年度考核。是年，围绕企业转型、文化创新、社会主义荣辱观教育、IPTV发展、"双用"服务体系、纪念建党85周年等重点工作进行信息报道。

2007年5月，制定思政信息考核奖励办法。是年，在思政信息报送中，注重深入基层开展调查研究，关心员工思想动态，突出舆情信息的报送，编发内情参考、体制调整等专题简报，获市综合党委系统2007年度信息工作先进单位。

2008年，上海电信思政信息工作围绕突发事件，编辑"敬业爱岗"、抗雪灾、抗震救灾等专题简报，突出报道机动通信局等单位在抗震救灾中的先进事迹。围绕企业转型和体制调整，撰写《电信卡部扎实稳妥推进业务体制调整》《联通转职员工逐渐融入新环境》等内情参考与舆情信息。

2009年，围绕学习实践科学发展观活动，及时采编学习实践活动中的经验与成效、落实整改工作等信息。围绕企业与员工关注的热点难点问题，加强舆情信息收集、分析和研判，撰写《帐务中心收集新版电信账单用户反馈情况》《落实世博安保责任做好世博稳定工作》等内情信息，充分发挥信息工作服务决策、反映民意的作用。是年，上海电信有5条信息被市委办公厅采用，在市经信委、集团公司的信息采纳率中也是名列前茅，党委工作部获2009年市经信工作党委系统信息工作表扬单位。

2010年，上海电信思政信息工作紧紧抓住世博通信保障热点，采编重要信息90余篇，有8篇思政信息被市委办公厅采用。党委工作部获2010年上海市经信工作党委系统信息工作先进集体称号。

表 12－2－4　2000—2010 年政工信息简报编纂情况表

年　份	政工动态（期）	内情参考（期）	报送重要信息（篇）	专题简报（期）
2000	72	32	41	—
2001	62	15	40	—
2002	55	15	108	—
2003	51	27	107	—
2004	55	15	100	学海尔简报 17
				小灵通简报 22
2005	48	11	31	先进性教育简报 77
2006	56	8	61	文明在我脚下简报 5
2007	44	13	93	体制调整简报 5
2008	57	14	83	敬业爱岗简报 2
				抗雪灾、抗震救灾简报 11
2009	50	13	62	学习实践活动简报 62
2010	50	17	90	学习弗雷德简报 3

【思想政治工作创新】

开展思想政治工作创新成果评选活动，是上海邮电长期坚持的一项优良传统，十余年间从未间断。2000 年公司化运行后，上海电信党委继续开展思想政治工作创新成果的申报及表彰工作，通过创新申报、成果发布、综合评审等环节，每年评选出 10 个创新成果奖，若干个创新成果入围奖。

2002 年，上海电信党委提出：创新成果要能够体现“具有创新意义、创新实践和效果明显”的特点。是年，汇编《思想政治工作创新成果》，收录 45 篇创新成果。

2003 年，思想政治工作创新成果申报评审突出“自主申报、公开评议、公平投票”的特点，申报材料在公司内部网络发布供大家投票，设评审“伯乐奖”。同时，评选奖项调整为“政治工作创新成果奖、政治工作创新成果入围奖”两项。是年，编印《思想政治工作创新成果汇编》，收录 11 大类 52 篇创新成果并进行点评。

2004 年，思想政治工作创新成果评选分为直属单位、总部党群条线（部门）两类。

2006 年，上海电信根据“年初立项、年中完善、年底总结”和“自主申报、公开评议、公开评选”的原则开展思想政治工作创新成果申报，从项目背景、项目内容及项目成果等 3 个方面对撰写创新材料进行规定。是年，编印《政治工作创新成果精选》，从 2000—2006 年度获奖的创新成果中遴选，共收集 5 个类别 83 项创新成果，为每一篇入编成果撰写提要和点评，并为部分创新成果配上插图。

2001—2010 年，上海电信共评选出思想政治工作创新成果奖 99 篇、入围奖 177 篇。

【心理关怀】

从 2006 年开始，上海电信实施“转型期员工心理援助计划”，聘请心理咨询师为员工普及心理健康知识。3 月 25 日，首次在《上海电信报》（内部版）上开设心理关怀专栏——《政科谈“心”》。以后，在每周一期的报刊上，都刊有介绍心理健康的知识、案例等文章，员工有关心理方面的问题亦可通过E-mail方式与特聘老师交互沟通。该专栏至2010年年底，刊登160余篇有关心理疏导方面的文章。2006年12月2—9日，公司组织“心灵之旅”网上心理互动活动。其间，特聘老师每天17:00—22:00在网上为公司员工提供即时的心理咨询服务。2007年下半年，公司推荐党群、人力资源条线的48名员工参加心理咨询师培训；年底，举办为期10天的员工“心灵之旅”网上咨询活动，举办服务心理学讲座等。

2008年，上海电信党委在工作务虚会上提出，把心理学知识引入企业思想政治工作，把人文关怀与心理疏导纳入党委工作之中。2009年2月26日，上海电信员工心理发展协会成立，旨在通过咨询、交流、谈心、互动等形式，传播心理健康知识。在上海电信“心灵之友”服务总站的框架下，先后有31个所属单位申请成立“心灵之友”服务分站，做到全覆盖，形成“志愿者服务总站＋基层分站”的网络化服务模式。4月30日，上海电信心理咨询热线63632222开通，由公司心理咨询师为员工免费提供心理咨询电话服务。6月5日，上海电信员工心理发展协会安排16位心理咨询师，在本市15个电信营业厅内为电信客户提供心理咨询服务。12月，上海电信员工心理发展协会再次推出网上心理咨询。每周星期一至星期五中午12:00—13:00，公司咨询师志愿者团队在网上和员工沟通。

2010年6月1日，上海电信员工心理发展协会开通“世博保障心理服务热线”，为参加世博通信保障的员工提供服务。上海“11·15”特大火灾发生后，公司心理发展协会及时安排心理咨询师志愿者介入，对涉事职工家庭予以心理援助和危机干预。上海电信心理咨询师志愿者服务队获“2010年上海职工世博文明优秀志愿者服务队”。

第三节　重大主题活动

一、“三讲”学习教育活动

根据中国电信关于开展“三讲”学习教育活动的通知要求并经中国电信“三讲”学习教育活动办公室同意，2001年9月10日，上海电信召开“三讲”学习教育活动动员大会，全面部署“三讲”学习教育工作。9月11—14日，以“对照国内外先进企业，寻找公司改革发展中的突出问题”为主题，分别征求各单位党政领导、机关部室等领导的意见；分别召开部分基层单位的工会主席、劳动模范以及一线职工代表座谈会，共计征求80余人的意见，将各方面意见和建议归纳为改革、发展及其他3个方面共计18条。9月20日，公司领导班子召开座谈会，机关各部室、部分基层单位党政领导、劳模代表、职工代表等共计30人参加，共同查摆影响公司改革和发展的突出问题，初步研究解决问题的途径与方法。9月25日，上海电信领导班子召开民主生活会，对照18条意见和座谈会上查摆的问题，开展批评与自我批评。9月28日，公司领导班子针对“三讲”中查摆出来的问题，专题研究如何整改的措施。12月12日，公司印发领导班子“三讲”整改措施，将存在的问题归纳为三个方面，即严格管理和创新管理、增强企业核心竞争力、公司化运作机制中思想政治工作创新共计16条问题，制定38条整改措施。

二、先进性教育活动

2005年7月，根据市综合工作党委、市信息委党组的统一部署和要求，上海电信参加第二批保持共产党员先进性教育活动，分学习动员、分析评议和整改提高等3个阶段。7月12日，成立先进性教育活动领导小组，下设办公室。公司下属各单位也相应成立领导机构和工作机构。之后，还建立公司领导班子成员联系基层制度，党委主要负责人为第一责任人。

2005年7月13日，上海电信召开先进性教育动员大会，并进行党课教育。7月15日，上海电信党委印发《保持共产党员先进性教育活动的实施方案》和《关于落实保持共产党员先进性教育活动岗位责任制的规定》。从7月23日起，上海电信举办"党在我心中"系列党课，分别由公司领导班子成员、市委党校教授、党委讲师团等为党员上党课。开展"党在我心中，我为党旗增辉"主题征文活动，收到征文412篇，汇编成《心声》一书。组成优秀共产党员先进事迹巡回报告团，以述说自己成长经历诠释党员的先进性。8月9—18日，上海电信开展党员先进性具体要求大讨论，提炼出党员管理者"四个表率"、普通党员"四个领先"、离退休党员"四个要"的党员先进性要求。上海电信党委通过专题辅导和上党课等多种形式，广大党员利用业余时间采取个人自学、网上学习等多种途径，认真学习《保持共产党员先进性教育读本》《建立健全教育、制度、监督并重的惩治和预防腐败体系实施纲要》《国有企业领导人员廉洁从业若干规定》等材料，重点研读《党章》，7名公司领导班子成员的学习时间平均62个小时，各单位157名班子成员学习时间平均超过40小时，党员平均学习时间超过30小时。公司党委还按照上级党组织的要求，组织开展"双结对"活动。377个在职党支部全部开展"双结对"活动，结对困难群众510人，党员个人捐款47万，走访慰问1 270人次。8月18日，上海电信先进性教育活动学习动员阶段工作通过市综合工作党委、市信息委党组的验收。

2005年8月20日，上海电信召开先进性教育转段动员大会，对分析评议阶段工作提出要求。8月26日，印发《上海电信保持共产党员先进性教育活动分析评议阶段实施计划》，确保分析评议不走过场。上海电信按照第二阶段"七个环节"的要求，既做好"规定动作"，又结合实际做好"自选动作"。广大党员认真撰写党性分析材料，形成书面材料5 777份，离退休高龄老同志作口头党性分析。公司党委班子成员先后召开8个座谈会，从9个渠道征集到各类意见和建议314条。经归纳整理，形成5个方面、73条意见和建议。在岗党员征求意见、谈心超过3.1万次，其中，与群众谈心超过1.5万次；各级领导人员征求意见、谈心人均超过13次；公司领导班子7名成员下基层在联系点上指导工作超过20次，谈心、征求意见超过90人次，参加党支部学习28次；公司下属各单位有联系点277个，班子成员到联系点指导、调研工作超过700人次，征求意见1 727条，梳理归纳为766条。9月15日，中共上海市委常委、副市长周禹鹏到上海电信检查指导党员先进性教育活动情况并做出四点指示。9月19日，公司党委领导班子召开民主生活会，从存在问题、原因分析、今后努力方向入手，进一步查找在科学执企、统揽全局、驾驭市场、内部管理、关心群众等方面的薄弱环节，提出整改措施。班子成员还以普通党员身份到各支部组织生活会上，作个人党性分析，查找问题和原因。9月20日，中国电信第四巡回检查组来上海电信了解领导班子工作情况和先进性教育活动开展情况。9月30日，上海电信先进性教育活动分析评议阶段工作通过市综合工作党委、市信息委党组验收。

2005年10月9日，上海电信召开党员先进性教育整改提高阶段动员大会。10月13日，印发党员先进性教育活动整改提高阶段实施计划。公司党委把"群众得实惠"的重点聚焦在营业厅改造、电信账单通俗化及固定电话详单查询等问题上，完成账务采集系统的升级改造。同时，想方设法解决员工提出的岗位定级、绩效考核、职业发展及教育培训、生活福利等问题，用实实在在的效果取信于用户、取信于员工。11月2日，召开党员先进性教育活动情况通报会暨群众满意度测评，有139人参加测评，测得群众满意度为99.3%。11月3日，上海电信先进性教育活动通过市委先进性教育活动第二巡查组、市综合党委、市信息委党组的验收。11月6日,上海电信召开先进性教育活动总结大会。据统计,32个下属党组织,447个基层党支部,6 100名党员中,除44名无法联系上、88名患重病外,5 968名党员全部参加先进性教育活动,做到"全覆盖"。

2006年2月13日,市信息化系统召开第二批先进性教育活动"回头看"工作交流会,上海电信党委作经验交流。3月8日,市委先进性教育活动督导组,市综合党委、市信息委党组先进性教育活动办公室对帐务中心"回头看"工作进行检查。为建立先进性建设的长效机制,上海电信党委先后印发《上海电信开展创建"四好"领导班子活动的实施意见》《上海电信加强和改进基层党支部建设的实施意见》《上海电信关于加强党员经常性教育的实施意见》等制度文件,探索和推进党的先进性长效机制。

三、学习实践科学发展观活动

2009年3月,根据《中共中央关于在全党开展深入学习实践科学发展观活动的意见》《中国电信集团公司开展深入学习实践科学发展观活动实施方案》要求,上海电信参加第二批深入学习实践科学发展观活动(简称"学习实践活动")。3月12日,上海电信成立"学习实践活动"领导小组和办公室;16日,召开"学习实践活动"动员大会;17日,印发《中国电信上海公司开展深入学习实践科学发展观活动实施方案》,明确"学习实践活动"从3月开始,到6月底基本结束,为期4个月,分学习调研、分析检查、整改落实3个阶段、6个环节。参加"学习实践活动"的对象是全体党员,重点是公司和各单位领导班子成员,紧紧围绕中国电信提出的"战略转型上水平、服务信息化创一流"这一主题进行。

2009年3月23日—4月10日,公司领导班子分赴各联系点进行指导检查、调查研究,覆盖全部31个所属单位。3月28日,召开"学习实践活动"学习交流会,党委中心组及各单位领导班子成员,总部部门副职以上领导人员共190人参加。3月31日,中国电信总经理王晓初率指导检查组到上海电信联系点调研,听取上海电信学习实践科学发展观的工作汇报,并到世博园区通信保障一线和浦东电信局调研,指导"学习实践活动"的开展。4月11日,公司再次召开"学习实践活动"学习交流会,公司主要领导作"战略转型上水平,服务信息化创一流——聚焦客户发挥全业务优势,勇当社会信息建设的主力军"的报告。总部各部门、各单位领导班子及特邀代表130人出席,另有30多个单位近500名党员干部通过视频参加学习。截至4月20日,上海电信各级领导建立联系点295个,形成调研报告38份。

2009年4月下旬,上海电信党委分别向中共上海市委,上海市政府、市经信委、市通信管理局、各大合作伙伴、相关媒体发放征求意见函,向54家政企大客户发放调研问卷,共有2 125名用户通过网上营业厅、5 765名用户通过IPTV、8 121名用户通过10000客服热线参与意见调查。同时,有7 367名员工参与集团公司、4 183名员工参与上海电信的调查问卷。先后召开优秀党员、劳动模范、民主党派、团员青年、离退休、退养同志座谈会及顾问委员会座谈会,征求各类意见389条。4月27日,召开深入学习实践科学发展观活动领导班子专题民主生活会,开展批评与自我批评,中国电信总经理、党组副书记王晓初出席并提出要求。6月4日,召开分析检查报告群众评议会,群众代表对分析检查报告的满意度为97.69%。

上海电信按照"四明确一承诺"要求,确定公司层面整改项目30项、重点整改项目12项,部门层面整改项目56项。公司制订学习实践科学发展观整改工作指导意见,明确整改工作机构,建立健全责任制,落实整改分工等。在整改中,突出"提升科学发展能力"和"关注群众利益"两个重点,全面启动宽带提速提质工程、无线城市覆盖工程和服务满意工程。6月23日下午，中共中央政治局委员、上海市委书记俞正声视察中国电信信息园区、上海电信NOC(世博通信保障指挥中心)、电信信息生活体验馆。俞正声充分肯定上海电信积极实践科学发展观活动取得的成效，希望上海电信继续以高品质的信息业务服务百姓生活，服务世博。年底，上海电信30项整改项目全面完成，员工满意度达到100%。

2010年1月22日，根据中国电信《关于做好第二批学习实践活动整改落实后续工作的通知》精神，上海电信开展"回头看"，明确自查内容、自查方式、自查报告。各单位党组织按照公司党委统一部署，严格对照整改方案要求，认真开展自查、总结工作，并向党员、群众代表通报整改方案落实情况。上海电信累计参加学习实践科学发展观活动的党员有6 755人，其中党员领导干部近290人，基本实现党员干部受教育、科学发展上水平、人民群众得实惠的总体要求。

图12-2-4　上海电信深入学习实践科学发展观活动领导班子专题民主生活会

四、创先争优活动

2010年6月，根据《中国电信集团公司深入开展创先争优活动实施意见》和市经信工作党委《关于在系统党组织和党员中深入开展创先争优活动的通知》精神，上海电信启动为期两年的创先争优主题活动。活动的主题是"创先推动转型上水平、争优实现发展新突破"，目标是紧紧围绕"推动科学发展、构建和谐企业、服务人民群众、加强基层组织"。活动分为两个阶段，第一阶段从2010年7月至2011年6月，第二阶段从2011年7月至2012年6月。

2010年8月2日，公司党委印发开展创先争优活动的实施意见，成立创先争优活动领导小组和办公室。25日，公司党委印发《关于开展党组织和党员公开承诺活动的通知》，全体党员根据岗位属性提出承诺内容，主动接受党内和群众的监督。共有387个党组织、4 980名党员郑重做出承诺。党组织承诺事项1 627个，党员承诺事项11 767个。9月9日，中国电信副总经理吴安迪出席上海电信领导班子民主生活会，并到浦东电信局调研创先争优开展情况。26—27日，公司党委举办创先争优党群领导人员专题研修班，对开展创先争优活动、新时期思想政治工作方法、人文关怀和心理疏导等展开培训。12 月 31 日，公司党委印发《关于在创先争优活动中认真做好领导点评工作的指导意见》，要求在 2011 年元旦、春节期间普遍开展一次领导点评工作，扎实推进创先争优活动。

第四节 统战工作

上海市邮电管理局党委分别于 1989 年、1990 年相继设立统战工作办公室和对台工作办公室，负责统战工作，对台工作的组织、管理、指导和协调。

2000 年公司化运行后，统战办公室挂靠党委秘书处，合署办公。6 月 20 日，上海电信党委制定《上海市电信公司统战工作实施细则》，明确公司统战工作的重点，充分发挥党外知识分子、民主党派职工、侨台和少数民族职工的作用，为通信大发展做出贡献。大力发展同中国台湾电信界的联络交往，促进双向交流。同时，还制定《上海市电信公司涉台事务归口管理暂行规定》，对涉台通信、经贸、交流交往、赴台管理等事宜做出具体规定。

2001 年，公司统战工作由公司、基层各单位两级管理改为公司统战办一级管理。是年，公司开始组织统战人员开展迎元宵、中秋联谊活动，安排部分统战人员列席公司职代会、党代会等，积极开展对台经济联络和交流。

2004 年 8 月，根据中央统战部和国务院国资委联合下发《关于进一步加强和改进国有企业统战工作的意见》精神，上海电信建立一支 52 人的重点统战人员队伍，有重点地组织开展活动。包括民主党派 8 人，少数民族 10 人，非党高级知识分子 27 人，侨台属 7 人。

从 2005 年至 2008 年，上海电信每年组织重点统战人员开展“我为上海电信发展做贡献”活动，引导统战人员围绕企业转型发展，开展岗位练兵，钻研岗位技能，投身创新实践，积极建言献策，提出合理化建议等，解决业务发展和转型中的难点问题。统战人员每年申报的攻关课题在 30—40 个，公司每年评选出一、二、三等奖若干个。

2009 年 4 月，按照市经济和信息化工作党委的要求，上海电信对统战人员进行梳理、统计，共有统战人员 354 人。其中，民主党派 46 人，少数民族 84 人，侨台属 29 人，非党高工 195 人。8 月，按照集团公司的统计口径，上海电信确定统战人员为 216 人，包括民主党派 51 人，少数民族 102 人，侨眷总数 30 人，归国留学人员 16 人，中国港澳籍(眷属)2 人，中国台湾籍(眷属)15 人。

2010 年，上海电信选送统战人员参加民主党派中青年干部培训班、上海市归侨侨眷代表大会、经信系统党外人士座谈会等。

第五节 老干部工作

一、人员管理

2000 年公司化运行时，上海电信共有离休干部 281 人。上海电信党委设置老干部处，专职负责原邮电管理局机关、原上海市电话局和原长途电信局的离休人员的管理工作，落实离休干部的政治、生活待遇。其后，将邮电器材工业公司、邮电设计院、邮电职工大学、住宅办和物业公司的离休干部一并纳入公司老干部处统一管理。2007 年，将郊区局离休干部的“人事关系”同“组织关系”分离。郊区局离休干部的人事关系归公司总部机关，生活待遇统一由老干部处负责，而离休干部党的组织关系不变，管理、服务仍由各郊区局负责。至此，离休干部全部纳入上海电信统一管理。截至

2010 年年底，公司共有离休干部 179 人，平均年龄 82.02 岁。其中，89 周岁以上 11 人、84—88 周岁 46 人、73—83 周岁 122 人。

二、离休干部党总支

2000 年 10 月 25 日，成立离休干部党总支，隶属总部机关党委。遵照《上海市离休干部党支部工作条例》要求，本着“就近为主、系统不变、相对平衡、兼顾老干部个人意愿”划分支部的原则，离休干部党支部调整为 9 个。2001 年 3 月，以离休干部党支部为单位开展“五讲五好”活动，即讲信念，学习好；讲政治，形象好；讲党性，遵纪好；讲大局，表率好；讲科学，身体好。6 月，举办“五讲五好”读书班，通过个人汇报、小组评比、表扬好人好事等，达到自我学习、自我教育、自我提高的目的。以后，每年都根据形势需要和离休干部的实际情况，组织开展不同主题的“五讲五好”活动。2002—2003 年，离休干部党总支先后组织党支部骨干培训班、学习党的十六大精神座谈会等。围绕“如何提高老干部的自身素质”和“如何保持老干部的荣誉”展开讨论和交流。以“做一个可敬、健康的老人”为主题，开展“离休干部有奖知识竞赛”和“精神文明好事有奖征文”活动，寻找离休干部晚年生活中的闪光点，将“老有所学”“老有所教”贯穿离休干部的活动中。2004 年，根据离休干部处在“双高期”（高龄、高发病）的实际，将原先由单位划分党支部改为按居住地区域划分，组成 10 个离休干部党支部，为老同志就近参加党组织生活提供方便。2005 年 7 月，在党员离休干部中开展“保持共产党员先进性教育活动”，采取自学和集中学相结合的方式，对 54 位不能参加集体学习的离休干部党员“送学上门”。2008 年 6 月 17 日，离休干部党总支进行换届选举，隶属总部机关党委。是年，离休干部捐献爱心，支援汶川灾区，参加募捐的离休干部有 138 人，募捐金额为 40 500 元，其中有 4 位老同志捐献“特殊党费”4 300 元。2009 年，有 130 名离休干部为井冈山“上海电信希望小学”捐款，金额达 18 960 元。离休干部林益民向党组织递交 2 万元特殊党费。是年，离休干部党总支被市委组织部、老干部局评为“先进党支部”。

2010 年，在离休干部中开展创“学习活动好、教育后代好、家庭关系好”的“三好老干部”活动，使创先争优活动有实际的效果，使“老有所教”和“老有所学”落在实处。

三、落实政治待遇

2000 年公司化运行后，上海电信根据中央《关于建立老干部退休制度的决定》精神，认真落实离休干部政治、生活两项待遇，注意发挥他们的作用。

2000 年 8 月和 10 月，分别为离休干部作《我国进入 WTO 的机遇和挑战》《学习江泽民同志“三个代表”论述》的辅导报告。11 月 8 日，公司党委专题研究落实离休干部“两项待遇”事宜。

2001 年，上海电信党委开始每年召开老龄工作会议，专题研究落实离休干部政治、生活待遇和做好老干部的管理、服务工作。每年 1 至 2 次向部分离休干部通报企业改革发展的情况，听取老同志的意见和建议；每年邀请离休干部代表参加公司职代会、党代会等。是年“七一”前夕，在全体离休干部中开展纪念建党 80 周年系列活动，将老同志的英雄模范事迹制作成《军功章的故事》VCD，作为革命传统教育的教材。

2002 年，上海电信根据形势和任务为老同志定制报告会及专题党课，全年共举办六场报告会，有“2002 年经济形势走势及思考”“2002 年的热点及展望”“十六大热点”等。党的十六大召开后，组织广大离休干部，尤其是党员干部以收看(听)十六大开幕式实况、座谈讨论、报告导读等形式开展学习。

2003年，上海电信先后举办改革经营情况报告、“三个代表”重要思想辅导报告及学习“三个代表”重要思想交流会等。是年，召开7次老同志沟通座谈会，基本做到人均一次。

2004年，上海电信组织离休干部学习党的十六届四中全会精神，参加市委党校读书班、市委老干部局举办的报告会等。在纪念邓小平同志诞辰100周年之际，为老同志购买《小平与上海》VCD，方便老同志在家收看。

2005年，上海电信召开纪念中国人民抗日战争暨世界反法西斯战争胜利60周年座谈会，向老同志转授纪念章。举办《关于当前国际若干热点问题》的辅导报告会，组织老同志参观陈云故居、周恩来故居、淞沪抗战纪念馆等。是年，召开6次老干部沟通会，有293人次参加。

2006年，先后组织离休干部参观“上海、江苏、浙江老干部书画摄影联展”，收看《〈党章〉是党的根本大法》和《党在我心中》录像报告和录像片，参观“开拓创新、再铸辉煌”图片展，举办老干部迎“七一”座谈会等。组织召开“老干部纪念红军长征胜利70周年座谈会”，有119位老同志参加，并组织部分老同志重上井冈山。10月19日，中共上海市委副书记王安顺代表市委探望上海电信离休干部、老红军何永忠。

2008年，组织30名离休干部参加党的十七大精神学习班，举行上海邮电改革开放30周年成果报告会等。是年，公司建立顾问领导小组每月一次集中阅文制度，在指定场所供老同志阅读文件。

2009年，先后组织19位离休干部参加“上海市老干部纪念上海解放60周年歌会”，50名离休干部参观“城市魂、群英谱——纪念上海解放60周年主题展”。召开离休干部、团员青年纪念上海解放60周年座谈会，组织离休干部开展“我参加革命的一个故事”和“我的离休生活”征文活动和摄影展。

图12-2-5　2006年10月19日，中共上海市委副书记王安顺慰问原上海市邮电管理局党委书记、老红军何永忠

2010 年，召开纪念建党 89 周年、建军 83 周年、抗战胜利 65 周年座谈会。先后组织国际、国内和上海经济形势报告会，以及市委老干部局组织的各类时事政治报告会。

四、落实生活待遇

2000 年公司化运行时，上海电信党委根据中央关于老干部离休退休以后“基本政治待遇不变，生活待遇还要略为从优”的精神，执行国家对离休干部的各类生活补贴标准；在重大节假日和高温期间，公司党政领导和老干部工作者及时走访慰问老同志，发放慰问金和补助款；组织离休干部每年一次的健康体检；在欧阳路、新华路设置两个活动室，根据老同志的爱好和要求，开展各类寓教于乐活动。

2001 年 1 月 22 日，举办离休干部迎春团拜会，公司领导班子成员向老同志拜年，向 10 位“尊老敬老好子女”颁发荣誉证书和纪念品。其后，每年举办离休干部迎春团拜会。4 月和 10 月，公司党政领导分别为 19 位中国共产党的同龄人、80 岁的离退休干部祝寿。是年，按上海市有关规定，公司提取 246 名离休干部社区高龄养老专项工作经费，按每人 200 元/年的标准划拨相关区县老干部局，共计 49 200 元。高温期间，走访慰问达 405 人次。

2002 年 3 月，根据中国电信有关规定，调整离退休干部职工共享生活补贴费标准。是年，公司各单位、部门走访慰问离休干部及已故离休干部遗属 1 100 余人次。

2003 年 4 月 16 日，上海电信为 59 对结婚满 50 年的离休干部及其配偶举行“金婚庆典”活动。9 月，根据中国电信有关文件精神，印发《关于归并和调整离退休人员统筹外生活补贴的通知》《关于实行离退休人员生活补贴的通知》，改善离退休人员的生活水平。10 月，根据市委文件精神，对 74 位老同志进行住房解困，合计缺额建筑面积 1 338. 11 平方米，发放补贴款 4 001 809. 15 元。是年，公司走访、慰问和到医院探视离休干部及已故离休干部遗属 1 000 余人次。

2004 年 10 月 28 日，上海电信为 21 位 80 岁老同志举行“寿诞庆典”活动。是年，走访慰问和到医院探视离休干部及已故离休干部的遗属 1 600 余人次。

2005 年 1 月，依据上海市委调整离休干部护工费用补贴标准的通知精神，制定护工费发放的有关规定。3 月，按市委《关于调整离休干部公用经费的通知》规定，及时调整离休干部公用经费的标准；根据《关于对本市离休干部发放“共享费”一次性补费的通知》，对 31 位老同志发放补贴款 31 000 元。是年，为 23 位老同志办理参照单项副局级医疗待遇的医疗证；对离休干部大病帮困 87 人次，帮困金额达 130 339. 50 元。

2006 年，针对老同志处在“双高期”的特点，加大家访慰问和医院探望的力度，是年共慰问、探望 1 795 余人次，经济补助 100 余人次，补助金额 12 万元；大病帮困 88 人次，金额 117 068 元。

2007 年，根据《本市规范离休人员补贴费实施办法》，完成 200 多位离休人员的测算工作，补发金额 170 万元。

2008 年春节期间，公司领导及老干部工作者走访、慰问离休干部逾 350 人次，走访、慰问离休干部遗属 68 名。6 月 30 日—7 月 17 日，开展高温期间的慰问。是年共开展家访、慰问等 1 815 人次。是年，还举办离休干部“80 寿诞”庆典，为 31 位老同志安装“阳光呼叫机”，对 80 人次进行帮困，金额达 144 347 元。

2009 年，上海电信家访慰问离休老干部 880 人次，上医院探望 450 人次，慰问离休干部遗属 95 人次，电话联系 1 500 余人次。对离休干部大病帮困 90 人次，金额 146 192 元；困难补助 35 人次，金额46 000元;对72位离休干部遗属进行慰问和帮困,金额22 000元。

2010年,上海电信修订离休干部帮困救助会实施细则,使帮困工作更加高效。是年,家访慰问离休干部854人次,医院探望住院离休干部550人次,慰问离休干部遗属74人次。离休干部大病帮困66人次,金额101 562.30元;困难补助70人次,金额97 000元。

第六节 政治工作考核

2000年是上海电信实行政企分开、机构重组和主实业分离的特殊时期。随着公司内部体制变化、隶属关系变更,原来的管理体系已有较大的调整,但是政治工作考核仍然保持着工作的延续性。11月27日,公司党委印发《关于实施2000年度政治工作考核的通知》。通知明确,对7月后组建的市场部、运维部不列入当年度考核。通贸、实业公司因体制发生较大变化,年度政治工作实行工作检查。2000年度政治工作考核与党风先进单位和文明单位考核一并进行。是年,公司党群条线组成综合考核组,由公司党委领导带队到各单位进行实地检查考核,评出政治工作成绩突出单位7个。

2001年度政治工作考核依据《上海市电信公司绩效考核管理暂行规定》的基本原则和公司党委年度工作目标任务而提出。考核周期为半年度、全年度各一次;考核重点为整体工作的综合绩效,适当兼顾条线工作的基本任务和要求;考核结果与党政主要领导奖励挂钩。

2002年,上海电信对政治工作评估与考核模式进行新的探索,政治工作从"考核"向"评估"转化。评估标准体现"评估过程与评估结果相结合,以评估结果为主;定性评估与定量评估相结合,以定量评估为主"的原则和"政治工作综合评估并与绩效考核适度结合"的原则,评估结果用于对公司整体及各单位政治工作状况的评估。评估周期为半年度、全年度各一次,评估结果与各单位绩效考核挂钩。是年,政治工作评估产生优秀单位3个、优良单位7个。

2003年,上海电信政治工作评估本着"减轻基层负担、简化评估过程"原则,调整政治工作评估方法。公司成立由党委领导和党群部门负责人组成的评估小组,不再组织人员到各单位检查评估。各单位根据蓝皮书(考核书)评估要求,实事求是地交流本单位政治工作情况,达到互相交流、分享经验的目的。是年,评选出政治工作优秀、优良单位各5个。

2004年,上海电信政治工作考评标准与上年度基本保持不变,采用年终评估一次,部分考评指标一年测评两次。对出色完成重点任务、工作有特色有创新、获上级荣誉和嘉奖等给予加分。12月,公司党委对直属的33个单位党组织分批进行工作交流,还首次启动总部党群条线(部门)绩效考核工作,涉及党委工作部、工会、团委、监督部、人力资源部、机关党委6个部门。是年,按全部考评单位(部门)的1/3比例,有11个单位和总部2个党群部门获"2004年度政治工作考评成绩显著单位(部门)"称号。

2005年,上海电信政治工作考核由考核评估改为绩效考核,考核周期为一年一次,年中作考核跟踪联系;增加员工满意度调查,一年测评两次。考核、测评结果纳入各单位党组织负责人和总部党群条线负责人年终奖励之中。是年,经公司党群考核小组考核评分,11个单位和总部2个党群部门获"2005年度政治工作考核成绩显著单位(部门)"称号。

2006年,上海电信在政治工作考核中坚持考核前规则透明,考核中公正实施,考核结果确定前预先反馈,考核结果确定后强化提升与改进。增加员工敬业度测评,保持员工满意度测评,均为一年测评一次。经公司党群考核小组考核评分,有10个所属单位和总部2个党群部门(组织)获

“2006 年度政治工作考核成绩显著单位(部门)”称号。

2007 年、2008 年,上海电信分别有 12 个单位和 2 个党群部门(组织)获“政治工作考核成绩显著单位(部门)”称号。

2009 年、2010 年,上海电信分别有 10 个单位和 2 个党群部门(组织)获“政治工作考核成绩显著单位(部门)”称号。

表 12-2-5　2000—2010 年政治工作考核结果情况表

年　份	单　　位	部　门	获奖名称
2000	长途通信事业部、南汇电信局、数据通信事业部、电信技术研究所、浦东新区电信局、邮电设计院、北区电信局	—	成绩突出单位
2001	—	—	—
2002	浦东电信局、数据通信事业部、长途通信事业部	—	优秀单位
	南汇电信局、松江电信局、电信技术研究院、崇明电信局、西区电信局、莘闵电信局、奉贤电信局	—	优良单位
2003	南汇电信局、松江电信局、浦东电信局、崇明电信局、长途通信部	—	优秀单位
	西区电信局、电信技术研究院、奉贤电信局、信息网络部、网络运行部	—	优良单位
2004	南汇电信局、西区电信局、长途通信部、帐务中心、奉贤电信局、松江电信局、崇明电信局、信息网络部、嘉定电信局、南区电信局、浦东电信局	工会、党委工作部	成绩显著单位/部门
2005	长途通信部、西区电信局、浦东电信局、崇明电信局、嘉定电信局、电信技术研究院、网络运行部、中区电信局、大客户部、北区电信局、宝山电信局	党委工作部、工会	成绩显著单位/部门
2006	松江电信局、浦东电信局、西区电信局、崇明电信局、南汇电信局、电信研究院、大客户部、长途通信部、北区电信局、信息(集团)公司	工会、党委工作部	成绩显著单位/部门
2007	浦东局、松江局、宝山局、北区局、东区局、西区局、嘉定局、信息网络部、崇明局、市场部、政企客户部、研究院	工会、党委工作部(企业文化部)	成绩显著单位/部门
2008	浦东电信局、信息网络部、松江电信局、市场联合党委、政企客户部、应急/机动通信局、长途无线部、宝山电信局、电信研究院、网络运行部、崇明电信局、北区电信局	公司工会、人力资源部	成绩显著单位/部门
2009	松江电信局、信息网络部、长途无线部、崇明电信局、宝山电信局、莘闵电信局、理想(集团)公司、奉贤电信局、互联网部/信产集团、市场联合党委	公司工会、党委工作部(企业文化部)	成绩显著单位/部门
2010	松江电信局、浦东电信局、市场联合党委、长途无线部、信息网络部、奉贤电信局、崇明电信局、上海 NOC、应急通信局、电信研究院	公司党委工作部(企业文化部)、工会	成绩显著单位/部门

第三章 纪检监察

第一节 教育宣贯

一、党风廉政教育

【专题教育】

2000年公司化运行后，公司党委、纪委以落实《中国电信集团上海市电信公司党风廉政建设责任制实施办法》为抓手，以党风廉政建设大会、党风廉政专题教育会议等，对广大党员干部进行廉政教育。2000年，开始先后召开干部上岗廉政教育会，举办专题学习班与学习会，从源头上构筑拒腐防变的防线。每年召开党风廉政建设干部大会，总结和部署党风廉政建设和反腐倡廉工作，开展争创党风廉政建设先进单位活动，两年一次进行评选并表彰。

2001年11月6日，举办贯彻落实十五届六中全会精神专题学习班，学习《中共中央关于加强和改进党的作风建设的决定》精神。

2002年，以作风建设为主线，以班子建设为重点，扎实开展“作风建设年”活动。

2003年，以树立正确的权力观、地位观、利益观为主要内容，认真抓好党性党风党纪教育、警示教育和经常性的谈话提醒教育，做到教育常抓，警钟长鸣。

2004年3月23日—4月上旬，组织开展《中国共产党党内监督条例(试行)》与《中国共产党纪律处分条例》的学习，有5 723名党员参加这两个条例知识的测试，平均成绩为93.7分。

2005年1月，根据中国电信的统一部署，上海电信组织学习《“三个代表”重要思想反腐倡廉理

图12-3-1 上海市电信公司加强党风廉政建设干部大会

论学习纲要》。

2006年，开展“学习党章、遵守党章、贯彻党章、维护党章”主题教育。

2007年，上海电信党风廉政建设大会与厂务公开民主管理大会开始合并召开，总结上一年度开展党风廉政建设和厂务公开民主管理工作，部署当年开展党风廉政建设及企业民主管理的主要任务，着力抓好深化反腐倡廉教育、提升制度的执行力、加强监督检查、严肃对违法违纪行为的惩处及推进源头防腐重点工作。

2008年，上海电信在全体干部员工中开展“敬业爱岗、忠于职守”专项教育整治活动，提升员工诚实守信、诚信经营、敬业爱岗、忠于职守的职业素养。在领导人员中开展自律“七不准”主题教育，增强党员领导人员廉洁自律和员工从业道德意识，规范从业行为。

2009年4月，在员工中开展为期3个月的“诚实守信、遵纪守法”专项教育活动。8月，以党委中心组学习、举行党课主题报告、召开党员民主生活会等形式，学习贯彻中共中央、国务院颁发的《关于实行党政领导干部问责的暂行规定》等四个文件精神。

2010年3—6月，根据中国电信“执行制度、从我做起”的反腐倡廉教育要求，上海电信党委在全体员工中开展“严格管理、强化执行”主题教育活动，从诚信经营、职业操守、法规制度、服务承诺和廉洁从业等方面进行教育和整治。

【警示教育】

上海电信党委以举办警示教育培训班、组建党风廉政教育宣讲团，运用听报告、看录像、典型案件剖析等形式，对广大党员干部进行党风廉政教育。

2000年9月15日，举办警示教育培训班，公司各级领导干部共235人参加学习。是年，共举办党风廉政教育49场，组织观看反腐倡廉录像片141场，观看人数达9 400余人次。

2001年，对以往发生的19起案例进行剖析并编辑《警示录》，各级领导人员撰写的党风廉政教育心得体会编辑成《经受新世纪的考验》，作为党风廉政教育的学习教材。公司党风党纪教育宣讲团全年授课26次，10 255人次接受教育。

2002年10月18日，举行党风廉政警示报告会，有92名领导人员撰写树立正确的权力观心得体会。是年，有11 023人次接受党风廉政教育。上海电信被评为2002年度市信息化工作系统“党风廉政建设先进单位”。

2003年，以上海电信内部发生的违法违纪案例为教育题材，对各级领导人员、管理人员，关键部门、重要岗位人员进行警示教育，共有10 223人次受到教育。

2004年，以反面典型、以案说法等在党员领导人员中开展警示教育，组织《中国共产党党内监督条例》《中国共产党纪律处分条例》的测试，有5 723名党员参加。

2005年，将审计中暴露的问题和公司内部历年发生的违法行为作为警示教育案例；将党风廉政建设先进单位的事迹在《上海电信》报进行宣传，以身边事教育身边人。是年开展警示教育65次，受众2 500人次。

2006年，上海电信学习贯彻《中国共产党党章》和《廉洁从业规定》，结合治理商业贿赂专项工作，开展依法治企法律知识教育。对审计中暴露的问题、近年来发生的违法违纪案例进行警示教育。是年，举办反腐倡廉讲座65场，约5 000人次参加。

2007年8月9日，根据市综合党委组织党员干部开展警示教育的部署，上海电信召开党风廉政建设警示教育大会，对中高层管理人员进行警示教育。8月15日，印发《开展党员干部警示教育活动工作方案》,警示教育活动分学习、观看警示教育片和讨论等 3 个环节。是年,围绕领导人员作风建设和全体党员干部集中警示教育活动,共举办各类廉政教育讲座 72 场次,近 1.8 万人次受到教育。

二、廉洁文化建设

廉洁文化是企业文化的重要组成部分。2002 年,市纪委组织"笔谈廉政之路"和"树立正确的权力观"征文,上海电信共完成 93 份征文稿件。是年,上海电信获"加强国企党风廉政建设有奖征文活动"组织奖,《关于建立健全企业长效责任监管机制的调查与思考》一文被市纪委全文刊发。

2003 年 7 月,根据市信息委的要求,上海电信开展以"三个代表"重要思想指导反腐倡廉工作征文活动,共收到征文 28 篇,报信息委 6 篇。是年,选送 4 篇论文参加中国监察学会信息产业分会组织的征文,1 篇获二等奖,2 篇获三等奖。

2005 年 7 月,上海电信开展"企业新风"征文活动,大力倡导诚信、廉洁的文化,营造以廉为荣、以贪为耻的企业氛围和良好风尚。10 月,共收到征文 58 篇,廉政警句 266 句。评选出优秀作品奖 5 篇、优秀作品入围奖 10 篇、优秀廉政警句 21 句。

2006 年 3 月 15 日,上海电信创作的廉政歌曲《万紫千红》《誓言与承诺》在公司党风廉政建设大会上亮相。《万紫千红》被市纪委评为二等奖,《誓言与承诺》上报中纪委。是年,上海电信通过编纂《清风扬帆》书刊、唱响廉政歌曲活动等,营造"以廉为荣,以贪为耻"的氛围。

2007 年 4 月 17 日,中国电信印发《关于加强中国电信廉洁文化建设的指导意见》,目标是到 2010 年初步形成与现代企业制度相适应、与惩防腐败体系和文化相融合、符合企业发展战略、具有中国电信特色的廉洁文化体系。9 月 6 日,印发《中国电信上海公司廉洁文化建设实施方案》,系统提出廉洁文化建设的目标、任务、方法、形式和要求。是年,通过创建反腐倡廉网页、编辑警示教育读本、汇编工程建设制度集等,促进廉洁文化进班子、进基层、进岗位、进家庭。

2008 年,上海电信以"建廉政网页,送廉政快递,设廉政屏保,发廉政短信,荐廉政好书"等形式打造廉洁文化网上行品牌。在全体党员干部中开展廉洁格言、警句征集活动,共有 12 条格言警句被收录进"讲党性、重品行、作表率"警句格言汇编中。开展廉洁文化作品征集活动,有 10 条廉洁短信、7 套廉洁贺卡、2 套廉洁屏保和 25 份公益广告作品送集团公司参评。其中,《拒腐长城》《小乖的选择》《体检》等被市纪委评为优秀作品。

2009 年,上海电信继续优化廉洁网页、廉洁短信、廉洁快递、廉洁屏保等系列产品,使廉洁文化网上行活动趋于常态。《拒腐长城》《领导体检》等在中国电信举办的廉政公益广告创作中获奖。

2010 年,上海电信编写《筑起新的长城》《执行,从我做起》《突出重点、抓住关键、强化管控》等系列丛书,发挥廉洁文化网上行作用,鞭策领导人员筑牢廉洁自律的思想防线。

第二节 制度建设

一、党风廉政建设责任制

上海市邮电管理局党委于 1992 年和 1996 年先后制定《上海邮电系统党风工作责任制暂行规定》《上海邮电系统党风廉政工作责任制》。

2000 年公司化运行后,上海电信党委于 2000 年 8 月 25 日制定《中国电信集团上海市电信公司党风廉政建设责任制实施办法》，对责任范围、责任内容、责任考核和责任追究方面作出规定。该实施办法是上海电信所属各单位在党风廉政建设和反腐败斗争中的基本工作制度，各单位履行《党风廉政责任制》的情况被纳入公司统一组织的年度考核，并作为“党风廉政建设先进单位”评比的一项基本条件。是年，上海电信构建纵向到底、横向到边的责任网络图，形成“四位一体”的工作格局。其后，每年根据领导人员岗位变化，重新制订责任网络图并组织签约，签约率达到100%。

2001年2月20日，上海电信印发通知，继续开展争创党风廉政建设先进单位活动。明确评选先进单位的8个标准，即政治坚定、作风深入、廉洁自律、恪尽职守、组织严密、查处有力、实绩显著、勇于创新，同时也有8项否决内容。“争创”活动设“党风廉政建设先进单位”“党风廉政建设表扬单位”两种荣誉，每两年开展一次评选活动，推动党风廉政建设和反腐倡廉工作向纵深发展。

2005年4月15日，中国电信印发《中国电信集团党风廉政建设责任制实施办法》，规定企业各级领导班子、领导人员在党风廉政建设和反腐败工作中必须履行的责任。5月10日，上海电信进行转发，要求贯彻执行。是年，上海电信对72名领导人员进行该责任制执行情况自查，签约率、自查率、年终述职和民主测评均达到100%。

2006年7月4日，上海电信制定《党风廉政建设责任制实施细则》，明确公司各级党政领导班子对职责范围内的党风廉政建设负全面领导责任，对不履行或不认真履行《党风廉政建设责任制》而发生问题的领导班子和领导人员，要实施责任追究。是年，上海电信有463名领导人员做出廉洁承诺并签订党风廉政建设责任书，183人进行述职述廉。

2007年，上海电信有1 257名各级领导人员进行廉洁承诺，参加述职述廉819人，签订党风廉政建设责任书1 879份。

2009年，上海电信落实《党风廉政建设责任制实施细则》《领导人员管理办法》《关于规范领导人员职务消费的实施意见》等廉洁从业制度，促进各级领导人员履行“一岗双责”。全年廉洁谈话230人，述廉议廉636人。

2000—2010年，上海电信各级领导人员上交礼品、礼金折合人民币359.48万元。

表12-3-1　2001—2011年上海电信党风廉政建设先进、表扬单位情况表

年　份	奖　　项	
	先　进　单　位	表　扬　单　位
2001—2002	浦东电信局、松江电信局、数据通信事业部、西区电信局、实业(集团)有限公司、奉贤电信局、南区电信局、莘闵电信局、嘉定电信局、专用电信局、电信研究院、长途通信事业部、宝山电信局、东区电信局、帐务中心、青浦电信局、信息产业公司	南汇电信局、金山电信局、崇明电信局
2003—2005	长途通信部、中区电信局、西区电信局、宝山电信局、金山电信局、崇明电信局、电信研究院、理想公司	—
2006—2007	西区电信局、宝山电信局、崇明电信局、金山电信局、理想集团、北区电信局、浦东电信局、松江电信局、应急通信局、网络运行部	中国通服上海公司、政企客户部
2008—2009	松江电信局、宝山电信局、崇明电信局、浦东电信局、理想公司、莘闵电信局、市场联合党委、政企客户部、奉贤电信局	上海通服公司、帐务中心
2010—2011	浦东电信局、崇明电信局、市场联合党委、奉贤电信局、松江电信局、长途无线部、信息网络部、莘闵电信局、宝山电信局、电信研究院	上海NOC、应急通信局

二、主要廉政制度

2000年5月，中国电信集团公司成立。6月2日，上海市邮电管理局印发通知，要求在改革和重组中严肃纪律，防止发生违法违纪问题，确保改革重组的顺利进行。7月，上海电信开始陆续建立和完善一系列党风廉政制度。8月9日，印发《关于加强物资采购中廉政建设的若干规定》《关于加强多种经营管理工作的若干规定》《关于加强工程建设中廉政工作的若干规定》。8月25日，完善制定《中国电信集团上海市电信公司党风廉政建设责任制实施办法》，这是公司所属各单位在党风廉政建设和反腐败斗争中的基本工作制度。

2001年7月5日，上海电信印发《关于建立企业领导人员廉政档案实施意见》的通知，要求按照对领导人员的管理权限，根据党风廉政建设责任制"一级管一级"的原则，实施分级负责、分级管理。7月31日，制定《关于在"集中分配基金，整顿和规范企业工资分配秩序"中发生违纪违规问题的处理方法》，实行集中分配基金统筹管理模式。10月24日，制定《关于采用谈话提醒制度实施信访监督的若干意见》，就使用范围、方法、权限、条件、程序及注意事项、反馈处理七方面提出意见。

2002年3月13日，印发《上海市电信公司礼品、礼金登记处理办法》，对涉及与公务有关的礼品馈赠(含礼金、有价证券)做出处理规定。6月3日，根据市纪委有关文件精神，制定《对违法违纪党员立案及党纪处分批准权限的若干规定》，进一步规范党员违纪处分工作。8月，先后制定《上海市电信公司领导人员廉政档案实施办法(试行)》《上海市电信公司领导人员廉洁自律若干规定(试行)》。9月，制定《上海公司领导人员廉政考核实施办法(试行)》《关于建立党风廉政建设领导格局和工作机制实施办法(试行)》。10月23日，制定《上海公司各部门、各直属单位领导人员公务用车配备标准的暂行规定》，对领导人员公务用车的购车价格、车内装修标准作出规定。

2003年6月10日，制定《上海市电信公司勤政廉政谈话制度》。12月3日，制定《关于进一步加强领导人员上交礼品礼金的管理办法》。是年，为切实加强纪检监察工作及案件审理工作，上海电信在未设立纪委的所属单位中设立纪检监察小组，在设纪委的所属单位中设立案件审理小组，明确主要任务和工作职责。

2004年，上海电信以制权、管钱和规范行政行为为核心，重点建立和完善人事、财务、审计等制度。8月，先后制定《上海市电信有限公司所属企业领导人员任期经济责任审计实施办法》《上海市电信有限公司重要情况通报和报告制度实施办法(试行)》《上海市电信有限公司领导人员述职述廉制度实施细则》《上海市电信有限公司党内谈话和诫勉制度实施办法(试行)》《上海市电信有限公司有价票证管理办法》《上海市电信有限公司工程建设项目审计管理办法》。是年，还制定《上海公司通信工程施工承发包管理办法》《上海公司通信工程合格服务供方管理办法》等制度。

2005年7月18日，制定《上海公司中高层管理人员收入统管办法》，进一步扩大统管人员范围，明确统管收入的内容、执行规定和违纪处理条款。

2006年1月5日，上海电信制定《在工程建设中进一步加强廉政建设的规定》。5月29日，制定《上海市电信有限公司领导人员廉洁从业承诺规定》，公司各级领导人员应公开做出廉洁从业承诺。7月11日，制定关于贯彻落实《国有企业领导人员廉洁从业若干规定(试行)》的实施细则，规范企业领导人员用权行为，促进企业领导人员廉洁从业，防范腐败行为发生。

为进一步贯彻落实中纪委关于国企领导人员"七个不准"的要求，根据集团公司《关于规范中国电信集团领导人员职务消费的意见》精神，2008年11月6日，上海电信制定《关于规范领导人员职务消费的实施意见》。职务消费主要包括公务用车配备及使用维护、通信、业务招待(含礼品)、差旅、国(境)外考察培训等与企业领导人员履行职责相关的消费项目。

2009 年 4 月 20 日,制定《中国电信上海公司参与招投标活动工作人员纪律规定》,对组织实施招标活动作出规定。

第三节　监 督 预 防

一、建立惩防体系

根据《中国电信集团公司建立健全教育、制度、监督并重的惩治和预防腐败体系实施计划》精神,2006 年 12 月 29 日,上海电信制定《建立健全教育、制度、监督并重的惩治和预防腐败体系实施意见》,规划上海电信惩治和预防腐败体系建设的近期、中期、远期目标,力争在 2010 年建成廉洁从业的思想道德教育长效机制、科学系统的反腐倡廉制度体系、制约有效的权力运行监控机制,形成符合企业实际、较为完善的惩防体系。

2007 年 6 月 5 日,上海电信印发《上海电信 2007 年惩防体系建设工作要点》,提出加强领导和组织协调、加强反腐倡廉宣传教育、加强制度建设、加强监督和发挥惩处作用等五方面工作任务,共有 19 个分类项目。为加强对公司惩防体系建设的领导,公司成立领导小组,下设办公室,负责领导和协调解决公司惩防体系建设中的重要问题。

2008 年 5 月 20 日,上海电信印发《2008 年惩防体系工作要点》,把确定的教育、制度、监督、惩处等 12 项重点任务细化到责任部门,加强组织协调和整体推进。根据中国电信关于学习贯彻《建立健全惩治和预防腐败体系 2008—2012 年工作规划》(简称《工作规划》)的通知精神,8 月 7 日,上海电信党委印发通知,对学习贯彻《工作规划》进行部署。要求公司各级党组织全面贯彻落实《工作

图 12-3-2　2009 年 3 月 25 日,惩防腐败体系建设领导小组会议

规划》,担负全面领导惩防体系建设的政治责任。公司把贯彻落实《工作规划》纳入领导班子和领导人员的考核评估范围,作为“四好”领导班子达标的重要内容。

2009 年 2 月 12 日,集团公司印发《中国电信贯彻落实〈建立健全惩治和预防腐败体系 2008—2012 年工作规划〉实施办法》,目标是经过 5 年的努力,建成具有中国电信特点的惩治和预防腐败体系基本框架。4 月 29 日,上海电信党委制定《贯彻落实〈建立健全惩治和预防腐败体系 2008—2012 年工作规划〉的任务分工表》。

2010 年 5 月 17 日,上海电信印发《2010 年度惩防体系建设重点工作》,健全完善重点领域关键环节的制度建设,探索推进“制度加科技”工作,进一步健全制度、严密流程、强化内控、防患于未然。12 月 20 日,印发《关于开展 2010 年党风廉政建设责任制和惩防体系建设检查的通知》,按照惩防体系建设目标,从教育预防、制度执行、权力监督、惩治腐败、纠风落实、创新特色等 6 个方面,对 5 年来惩防体系建设工作进行总结,为进一步落实反腐倡廉建设奠定基础。

二、清理“小金库”

2001 年 7 月 11 日,根据上海市纪委《关于开展清理“小金库”和银行账户工作实施意见》的精神,上海电信开展“小金库”、银行账号清理工作,重点是清理银行账户。清理范围涉及公司主业各单位、各部门,以及各级工会和各类团体的技协、科协等;采用自查和抽查的方法,对“小金库”和银行账户进行清理检查。

2005 年 10 月 14 日,根据中国电信《关于开展对账外账和“小金库”清理整改工作的通知》精神,上海电信开始开展对账外账和“小金库”的清理整改工作。清查的重点是:违反国家和集团公司财经法规及其他有关规定,侵占、截留企业收入的账外账和“小金库”;以个人名义在银行存放和以个人名义保管单位公款的账外账和“小金库”;由少数人控制和支配的账外账和“小金库”。是年,在国家审计署经济审计中,查处电信工程公司部分领导和浦东开发部的管理人员私自集资非法获利、电信工程公司浦东开发部违规使用业务费和“小金库”“账外账”经济违法违纪问题。有 6 人移送司法机关处理,7 人受到党纪政纪处分。

2009 年 12 月 29 日,中国电信转发中纪委、监察部、财政部、审计署四部委《关于深入开展“小金库”治理工作的意见》和《关于在党政机关和实业单位开展“小金库”专项治理工作的实施办法》。上海电信通过组织学习、自查自纠等贯彻执行。同时,严肃查处个别管理人员私设“小金库”、违反廉洁从业规定等问题。

2010 年 8 月 1 日,根据中国电信的统一部署,上海电信制定《中国电信上海公司“小金库”专项治理实施方案》,坚决取缔私设、私用“小金库”等违法违纪活动。

三、治理商业贿赂

2006 年 6 月 20 日,根据中国电信《关于开展治理商业贿赂专项工作实施方案》通知及动员部署会议精神,上海电信印发《开展治理商业贿赂专项工作实施方案》的通知。6 月 26 日,成立治理商业贿赂领导小组及办公室,设市场营销、工程建设、物资采购、产权交易和案件查处等 5 个专题联络组,分两个阶段推进治理商业贿赂工作。

2006 年 6 月初,开始针对国有产权交易(包括国有产权转让和收购行为)进行重点检查,包括 4

个方面，即国有产权交易的进场交易情况、国有产权交易过程的规范情况、国有产权转让过程中管理层受让情况的合规性、在产权转让过程中维护企业职工合法权益的情况。从6月初到7月6日，共对主业所属各级公司57家、实业所属各级子公司109家，自2005年1月以来企业国有产权交易情况进行全面检查。其间，主实业范围内产权交易共发生87起，其中，主业11起、实业76起，未发现不正当交易行为。

根据中国电信"关于上报《治理产权交易中商业贿赂自查表》的通知"精神，2006年7月底，上海电信开始组织第二轮自查。对转让项目名称、转让标的企业情况、内部决策情况、标的情况、信息披露情况、交易方式和价款支付情况等进行更为详细的检查，76起产权转让过程中未发现不正当交易行为。

2006年10月9日，上海电信召开治理商业贿赂专项工作会议，各部门、各单位对治理商业贿赂专项工作落实情况进行"回头看"，根据法律法规、通信市场交易规则和市场竞争现状制定合法、合规、合理的解决方案或操作办法。市场部、财务部等针对IP话费打折、小灵通基站补偿费、物业返利、电信产品捆绑销售、签订排他性协议、工程转发包以及小工程设计管理等进行分析。工程部、网发部、市场部和财务部负责开展4个重点领域的自查自纠工作，查找出采购、工程、市场营销、产权交易领域中可能引发不正当交易行为的11个问题，建立和完善13项财务、采购、工程和市场营销领域的管理制度，形成防治商业贿赂的长效机制。

2006年，上海电信共查办8起商业贿赂案件，涉案单位8个，涉案人数11人。其中，工程建设类3个，经营领域5个。

四、信访与处置

2000年，上海电信严肃查处违纪案件。其中，党纪立案6件，结案4件；经党纪处理，开除党籍4人。政纪立案4件，结案3件，留用察看1人、撤职2人。被司法机关立案处理4件。

2001年，上海电信收到信访(含来访、来电)举报141件，比2000年上升24%。查办处理各类案件10起，其中，5起案件移交司法机关处理，追回违规出借资金和违纪款累计909万元。

2002年，上海电信收到来电、来信、来访举报95件，比2001年下降33%。其中，经济类的信访55件，占信访总数的58%，比2001年上升14%。查处违法违纪案件4起，涉及4人。其中，2起为违反社会道德案，分别受到党政纪双重处分。2起受贿案，涉及2人，均受到刑事处理。是年追回违法违纪款88.7万元，为企业挽回经济损失31.4万元。

2003年，上海电信收到来信、来电、来访举报共90件(次)，比2002年下降5.26%。其中，经济类的信访45件，占信访总数的50%。有5人分别受到刑事处理和党政纪处理，追回违纪违法款项122万余元，追缴各种违规有价证券折合人民币41.8万余元。

2004年，上海电信收到来信、来电、来访举报共61件(次)，比2003年下降32.2%。其中，经济类31件，占信访数的50.8%。2人因经济犯罪受到刑事处理，同时受到党政纪的处罚；2人因嫖娼和赌博问题，分别被开除党籍、解除劳动合同和撤销党内职务。

2005年，上海电信收到各类信访举报件117件，比2004年上升92%。是年，上海电信组织信访办案业务培训，学习《关于纪检监察机关严格依纪依法办案的意见》，分析查处的违法违纪违规问题，编发典型案例，开展警示教育。

2006年，上海电信与司法部门建立定期磋商、信息共享、案情分析的机制，对信访中反映的倾向性问题,严格执行“一案两报告”制度,深入剖析暴露出来的问题,加强管理,完善制度。是年,收到各类信访件85件,比2005年下降37.6%。有14人受到党纪政纪处理,其中,5名领导和管理人员因违法犯罪受到法律制裁,追收违纪违法款共计270万余元。

2007年,上海电信收到各类信访68件,比2006年下降20%。主要查处个别党员干部违反廉洁从业规定,开办与电信业务相关的私人公司、违反公司财务管理规定、在业务往来中收受有价证券等违纪违规行为。调查核实个别领导干部滥用职权,内外勾结,违规操作,严重损害公司利益,收受贿赂的重大违纪违法问题,移交司法机关处理。是年,追收涉案人员的违纪违法款共计665万余元。

2008年,上海电信收到各类信访60件,比2007年下降11.7%。对虚构业务收入的违规问题,对违反经营决策、造成公司利益受损的违规问题进行严肃查处。查处3名领导干部和管理人员贪污受贿的违法案件,3人均分别受到刑事处理,受到党纪政纪的严肃处分。挽回经济损失311.6万元。

2009年,上海电信收到各类信访53件,比2008年下降11.6%。其中,涉及处职以上领导人员和管理人员的18件。查处私设“小金库”、违反廉洁从业规定等问题,1人受到刑事处理。

2010年,上海电信收到各类信访68件,较2009年上升28.3%。是年,司法执行2人,纪律处分2人,取消代理商资质2家,对有关责任人进行责任追究。

2001—2010年,上海电信收到信访(含来访、来电)总计838件。

第四节 效能监察

2004年4月29日,中国电信印发《关于在清产核资中开展效能监察的通知》,要求各级企业监察部门对清产核资工作开展效能监察。上海电信清产核资工作范围,涉及主业存续公司及其控股公司22家,实业(集团)公司及其控股子公司113家,共计135家。报损单位52家,占总户数的38.5%;年末资产额总计750 007.94万元,报损资产7 882.87万元,占总资产的1.05%。是年,上海电信还对物资设备采购、通信工程建设、广告宣传和办公用品等领域招投标工作开展效能监察,提出加强和改进建议17项。另外,公司所属14个单位共开展16个效能监察项目。

2005年4月,由上海电信自行立项,开展服务管理效能监察,完善用户投诉管理和规范窗口服务管理。找出投诉管理中存在的6方面问题,提出4条改进建议。督促制定《上海电信营业窗口文明服务标准》《上海电信营业窗口现场管理标准》《上海电信首问责任制及劳动纪律规范标准》等,形成服务规范。对15个区(县)局、17个营业窗口进行检查,反馈并通报检查结果。5月19日,根据国家有关法律法规,以及《中国电信集团效能监察实施办法(试行)》,制定《上海市电信有限公司效能监察实施细则(试行)》,规范效能监察的标准、工作步骤和操作程序等,促进效能监察工作制度化、规范化。5月下旬—9月底,由中国电信统一立项开展《合同管理效能监察》。上海电信对12个单位5 068份合同进行现场检查,发放《效能监察建议书》9份,促进合同管理的制度化、标准化和规范化。是年,上海电信还开展物资采购集中管理效能监察,制定物资采购员工廉洁自律“八不准”规定,组织签订物资采购廉政共建协议书,推动物资采购建章立制、规范操作。

2006年,上海电信对积压通信工程、不良资产管理、物资采购管理开展效能监察。3月,开展积压工程项目清理效能监察,清理关闭2004年及以前437个积压工程项目,涉及金额29.53亿元,完善和健全资产、采购、工程管理12项制度和流程。6月,开展不良资产管理效能监察。本次效能监察由集团公司统一立项，历时5个月，监察范围涉及主业上市公司、存续公司、控股公司和实业公司共计32个单位，抽查13个单位，抽查率为40%。抽查固定资产、存货、在建工程、应收账款、其他应收款、长期投资等各类核销和销案资产共计130项，资产总额达4 678.62万元，发放《效能监察建议书》14份。6—10月，根据集团公司的统一部署，上海电信开展物资采购效能监察。有21个单位自查合同1 395份，自查金额17.98亿元，自查率为40%。9月，对8个单位93项采购项目进行抽查，涉及金额1.69亿元。发放《效能监察建议书》6份，提出监察建议21条。11月，中国电信对不良资产管理与物资采购两个效能监察项目进行专项检查，肯定上海电信的做法与经验。是年，上海电信所属各单位还围绕业务发展、工程建设、外协队伍管理、合同管理、服务管理开展22个效能监察项目。

2007年5月15日，根据集团公司统一部署，上海电信开展小灵通营销费用管理效能监察，建立营销费用管理制度、小灵通代办手续费和终端补贴费管理等制度。该项目效能监察历时2个多月，共涉及17个单位，对3个单位进行现场检查，发放《效能监察建议书》3份。6月，根据集团公司统一部署，上海电信制订《闲置网络资产利用效能监察具体实施方案》。截至10月10日，发现闲置资产净值近2 400万元。对小灵通基站、交换设备、电源空调等设备的调配利用节约资金近2 500万元。6月27日，上海电信制订《库存物资管理效能监察实施方案》。以摸清家底，促进库存物资"规范和精确"管理为目标，对库存物资的出入库、保管、退库、调拨、处置等各环节业务流程进行监察，处理、消化和盘活部分物资，促进库存量由2.4亿元下降至1.9亿元，库存量下降率为20%。发现账实不符物资568项，呆滞物资2 600万元，需解决的共性和个性问题26个。

2008年5月，上海电信印发《关于开展企业效能建设的指导意见》，明确开展效能建设的重要意义、目标任务、工作原则、主要内容、方法和要求等。同时，根据集团公司统一部署，上海电信围绕通信工程发包和设备物资采购、咨询项目服务采购、广告宣传项目服务采购、设备维护维修服务采购的招标管理开展效能监察。在自查的基础上，对涉及7个部门、74个项目进行抽查，涉及金额2.56亿元，提出5个方面的整改意见。7月23日，上海电信开展"三重一大"决策管理的效能监察，进一步规范各单位的决策和用权行为。是年，公司所属的27个单位，立项29个，围绕节能减排、维护外包、应收账款、IDC业务经营等方面开展效能监察。

2009年4月30日，根据集团统一立项，上海电信开展业务代理管理效能监察。该项目涉及前端业务管理部门及所有经营单位共25个，主要聚焦代理商管理的规范化、代理佣金管理的合规性和代理业务管理的有效性三个方面，主要对代理商准入及退出、代理业务协议签订、代理佣金标准制定、代理佣金结算支付和代理商考核评估五个环节进行检查。抽查代理商59个，检查代理佣金总额3 944.3万元，发放《效能监察建议书》5份，提出14条改进建议。

2010年4月29日，根据集团统一立项，制定《上海公司开展SP/CP管理、手机终端购销管理等效能监察实施方案》。围绕SP/CP管理、社会渠道代理商管理、手机终端购销和手机终端补贴管理、广告采购和配套设备、辅助设备、低值易耗品、办公用品、积分换礼品采购等方面统一立项开展效能监察。其中，SP/CP管理领域有7个部门和单位参加自查，检查项目170个；社会渠道代理商管理领域有2个部门自查，抽查代理商93个；手机终端购销和补贴管理领域有7个部门和单位自查，项目有18个；配套设备、辅助设备、低值易耗品、办公用品、积分换礼品采购管理领域有7个部门和单位自查，项目有62个；广告采购管理领域有7个部门和单位自查，项目20个。通过监督检查，抓好34项风险点及问题的整改落实。5月5日，根据集团的统一部署，就工程项目信息公开、透明及诚信体系建设，开展效能监察并制订实施方案。充分运用"制度＋科技"的信息化源头防范新机制和监督新渠道，通过搭建信息公开平台，提供数据统计、分析、筛选、提醒和制约等功能，减少人为干预。

第四章　工　　会

第一节　组织机构及工代会

一、公司工会

上海市邮电管理局时期，工会组织的全称为：中国邮电工会上海市委员会。2000 年 5 月 31 日，中共中国电信集团公司党组决定，易楚芬任中国电信集团上海市电信公司工会代主席。7 月 2 日，上海电信党委决定，成立中国电信集团上海市电信公司工会筹备组，易楚芬任组长。7 月 11 日，根据全国邮电工会《关于组建省(区、市)电信工会的通知》精神，按照《关于组建上海市电信公司总部机构和管理体制的决定》的有关内容，中国邮电工会上海市电信委员会(筹)印发通知，明确中国邮电工会上海市电信委员会作为公司工会工作领导机构，内设“三部一室”：工会办公室、组织宣传部、经济工作部、权益维护部。对上海电信所属基层单位工会组织进行更名并隶属中国邮电工会上海市电信委员会。12 月 12 日，中国电信党组印发《关于组建中国电信集团工会组织有关问题的通知》，要求建立并规范各省级电信公司工会组织。通知明确，省级电信公司工会的名称，分别冠以“中国电信集团工会××省(区、市)委员会”和“中国邮电工会××省(区、市)电信委员会”的名称，兼有企业工会和产业工会的双重职能。省级电信公司工会根据需要可简称为：××省(区、市)电信工会。通知还明确，经批准，中国电信集团所属工会组织实行以系统领导为主，同时接受地方工会领导的体制。12 月 18 日，中国电信党组决定，陈鸿生任工会代主席。

2001 年 1 月 12 日，上海电信党委向上海市总工会致函，拟成立上海市电信工会筹备委员会，陈鸿生任主任。1 月 16 日，上海市总工会复函同意，成立中国电信集团工会上海市委员会，撤销中国邮电工会上海市委员会。

表 12－4－1　2000—2010 年上海电信历任工会主席情况表

机构名称	职务	姓名	任期
中国电信集团工会上海市委员会	工会代主席	易楚芬	2000 年 5 月—2000 年 12 月
		陈鸿生	2000 年 12 月—2001 年 2 月
	工会主席	陈鸿生	2001 年 2 月—

二、工代会

2001 年 1 月 20 日，中国电信集团工会上海市第一次代表大会召开，大会应到代表 308 名，实到代表 294 名。大会审议通过上海市电信工会筹备工作报告，选举产生第一届工会委员 35 名、工会经审委员 7 名。在随后举行的第一次工会委员会议上，差额选举产生 13 名常委，陈鸿生当选主席。

21 日，召开第一届经费审查委员会第一次会议，选举产生经审委主任、副主任。

2006 年 2 月 10 日，中国电信集团工会上海市第二次代表大会召开，大会应到正式代表 302 名，实到正式代表 294 名。大会审议通过《中国电信集团工会上海市第一届委员会工作报告》，以书面报告形式审议通过《中国电信集团工会上海市第一届经费审查委员会工作报告》和《中国电信集团工会上海市第一届委员会财务工作报告》。选举产生第二届工会委员 35 名、工会经审委员 9 名。2 月 10 日、13 日，分别召开上海市电信工会第二届委员会和经费审查委员会第一次全体会议，选举陈鸿生为主席，选出经费审查委员会主任、副主任。

图 12－4－1　2001 年 1 月 20 日，中国电信集团工会上海市第一次代表大会

三、组织机构

2000 年 7 月，上海电信开始筹建中国邮电工会上海市电信委员会。该委员会是公司工会工作的领导机构，内设工会办公室、组织宣传部、经济工作部和权益维护部。同时，将原中国邮电工会上海市电话局东区局、西区局、南区局、北区局、中区局、专用局、浦东新区局、宝山区局、莘闵区局委员会，原中国邮电工会上海市松江电信局、奉贤电信局、金山电信局、南汇电信局、嘉定电信局、青浦电信局、崇明电信局委员会等 16 家基层工会组织更名并划归隶属于中国邮电工会上海市电信委员会；将中国邮电工会上海市长途电信局、中国海底电缆建设公司、上海信息产业有限公司、上海市信息网络公司、上海机动通信局、上海卫星通信公司、上海市邮电器材工业公司、上海邮电实业有限公司、上海邮电发展总公司、上海市电信技术研究所、上海市邮电设计院、上海东方通贸产业贸易有限公司、上海市邮电职工大学、上海信息世界有限公司、中英海底系统有限公司委员会，原上海市电信工程公司工会、原上海市电话局培训中心工会等 17 家基层工会划归隶属于中国邮电工会上海市电信委员会；筹建中国邮电工会上海市电信公司市场部、运行维护部、总部机关委员会，划归隶属于中国邮电工会上海市电信委员会。此外，根据全国邮电工会有关精神，上海贝尔有限公司、上海邮电通信设备有限公司、上海电话设备厂、中国邮电器材华东公司、信息产业部电信科学技术第一研究所、上海国脉通信股份有限公司工会组织由中国邮电工会上海市电信委员会代管。截至年末，中国邮电工会上海市电信委员会直属工会组织有36家。

2001年1月18日，中国邮电工会上海市电信委员会印发《关于变更部分单位工会组织隶属关系的通知》，对因体制调整划入上海电信实业(集团)的各单位工会组织进行调整，隶属上海电信实业(集团)有限公司工会委员会(筹)。通知也明确，因实业体制改革所发生的基层组织变动，其工会的隶属关系随党组织关系变动做相应的变动。原中国邮电工会上海邮电实业有限公司委员会随体制重组自然撤销。

2007年，上海电信调整外商投资企业工会的隶属关系，上海阿尔卡特网络支援系统有限公司

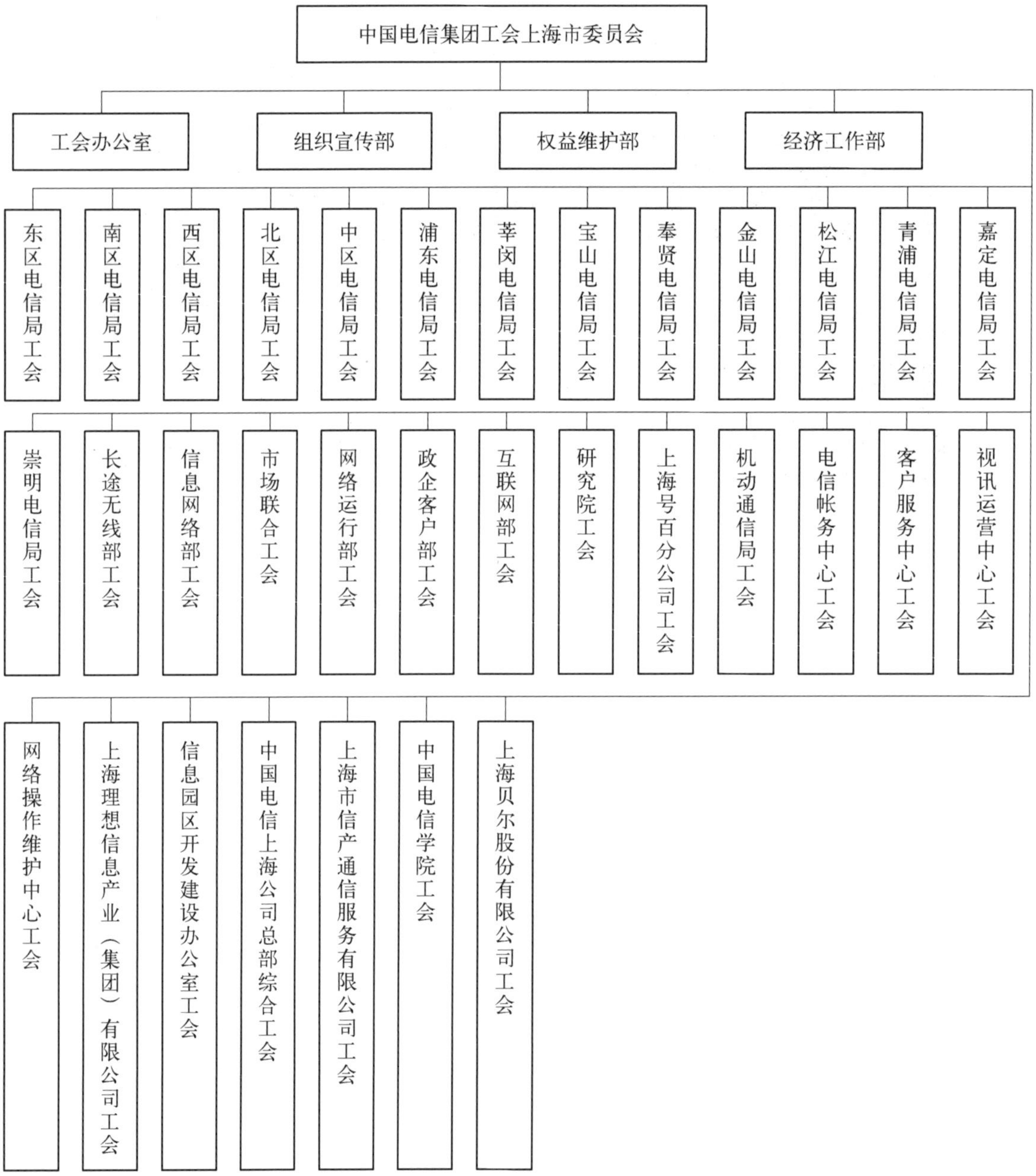

图12-4-2　2010年7月中国电信集团工会上海市委员会组织机构图

工会变更为隶属上海电信技术研究院工会，上海信天通信有限公司、上海恩梯梯通信工程有限公司、上海凯讯通信工程有限公司、国信朗讯科技网络技术有限公司工会由上海市电信有限公司机关工会负责管理。

第二节　企业民主管理

一、职代会

职工代表大会制度是企业民主管理的基本制度，是实施厂务公开最基本、最主要的形式。2000年8月8日，印发《上海市电信公司重大问题民主决策程序》，明确总经理办公会议、党委会、党政联席会议、职代会等作为企业重大问题讨论决策的机构及程序。

2001年3月6日，上海电信公司化运行后召开首次职代会，主要内容有：审议公司行政工作报告，审议并表决通过公司管理办法、制度；公司行政方首席代表与工会方首席代表签订集体合同、表彰先进等。上海电信职代会每年召开一次，特殊情况召开两次。在职代会闭会期间，遇到需要职工代表表决通过的重要议题，则召开职工代表组长会议进行表决。5月15日，召开职工代表组长会议，表决通过《上海市电信公司岗位(职位)绩效工资政策改革案》等两项议案。

2002年2月27—28日，上海电信召开第一届职工代表大会第二次会议，公司做行政工作报告，党委做企业文化建设的报告。本次会议新增公司领导班子成员在职代会上述职的内容，接受职工代表的民主评议；增设领导人员任用和廉政情况通报、业务招待费使用专题报告和增设旁听代表、职代会提案处理情况的报告等内容，接受职工代表的监督。为开好此次职代会，公司还举办咨情议政报告会，让职工代表了解公司的通信生产、投资发展、财务预算、企业改革等情况。10月21日，上海电信党、政、工联合印发《上海市电信公司职工代表大会实施细则》，恢复以基层二级职代会为主体的多级民主管理制度，形成各有侧重、相辅相成、互补互为的职代会体系。该细则规定：职工代表大会一般每届5年，每年召开1次。每次大会必须有2/3以上代表出席，方可召开。职工代表大会闭会期间，需要临时解决的重大问题，由公司工会召集职工代表组长和专门工作委员会负责人联席会议，协商处理。

2003年2月27—28日，上海电信召开第一届职工代表大会第三次会议。大会的主要报告有：公司行政工作报告；除领导人员任用、廉政、招待费使用情况报告外，还增设教育培训经费使用情况报告，以后每次职代会都进行报告。会议还表决通过《休养费使用办法》《提高员工医疗保险待遇的意见》。

2003年9月29—30日，上海电信召开第一届职工代表大会第四次会议，大会做精神文明创建工作报告，宣布文明单位表彰决定，对抗击“非典”、收入攻坚战劳动竞赛和宽带操作比赛成果进行通报和表彰。以举手表决的方式通过《上海电信员工全面发展白皮书》；大会审议《员工奖惩管理暂行办法》等4个规定和办法，以无记名投票表决方式获得通过。12月，上海电信印发通知，推出职工代表竞选制、述职制、培训制、奖励制和撤换制，认真履行职工代表职责。

2004年3月2—3日，上海电信召开第一届职工代表大会第五次会议，公司行政做工作报告，党委作推进企业文化建设的讲话；大会对2003年度公司先进集体和个人进行表彰，首次对2003年度员工创新奖和贡献奖进行表彰，首次对《员工白皮书》落实情况进行说明，首次试行职工代表竞选制度。3月，上海电信对此次职代会优秀职工代表进行表彰。全公司有379名代表分别向所在选区员工进行述职，占职工代表总数的92.2%，优良率达90%。9月和10月，国防邮电工会和中国电信集团相继在上海召开职代会制度交流研讨会，对上海电信坚持以职代会为基本形式的民主管理给予充分肯定并推广。

2005年2月23—24日，上海电信召开第一届职工代表大会第六次会议，公司行政做工作报告，听取、审议并同意《〈2004年度集体合同〉履行情况和〈2005年度集体合同〉（草案）文本修改的说明》，以及《员工白皮书》2004年落实情况和2005年行动计划的说明。

2006年3月10—11日，上海电信召开第二届职工代表大会第一次会议。大会听取、审议公司行政工作报告，听取党委关于加强精神文明建设的情况通报。

图12-4-3　2006年3月10日，上海市电信有限公司第二届职工代表大会第一次会议

2007年2月7—8日，上海市电信有限公司召开第二届职工代表大会第二次会议，公司做行政工作报告，党委做2006年度精神文明建设的情况通报。会议以无记名投票表决方式通过《上海市电信有限公司2007年度集体合同》和《上海市电信有限公司员工奖惩管理暂行办法（修订稿）》。8月，上海电信对此次职代会优秀职工代表进行表彰，有386名职工代表进行述职，占代表总数的95.5%，有51名职工代表被评为公司优秀职工代表，分别受到800元、500元和300元的奖励。

2008年2月26—27日，上海电信召开第二届职工代表大会第三次会议。会议以无记名投票表决方式通过《上海市电信有限公司2008年度集体合同（草案）》《上海市电信有限公司员工奖惩管理办法（修订案）》《上海市电信有限公司员工加班管理和加班工资支付实施意见（草案）》《上海市电信有限公司员工考勤与假期管理办法（草案）》。是年，开始增设公司安全生产工作情况报告。

2009年1月18—19日，上海电信召开第二届职工代表大会第四次会议，公司做行政工作报告。

2010年1月22—23日，上海电信召开第二届职工代表大会第五次会议，大会以无记名投票表决方式通过《公司2010年度集体合同》。

表 12-4-2　2000—2010 年职代会情况表

届次	时间	出席代表			提案		通过重大事项
		正式代表	特邀代表	旁听代表	提案数	立案数	
一届一次	2001 年 3 月 6—7 日	400	13	—	118	82	《上海市电信公司员工奖惩管理办法》《上海市电信公司劳动合同管理实施办法》《上海市电信公司员工下岗有关待遇的若干规定》《上海市电信公司员工大病互助医疗保障办法》《上海市电信公司集体合同》《上海市电信公司岗位(职位)绩效工资政策改革案》
一届二次	2002 年 2 月 27—28 日	415	32	66	317	228	《上海市电信公司员工大病互助医疗保障实施办法(修改稿)》《上海市电信公司集体合同》
一届三次	2003 年 2 月 27—28 日	414	34	66	340	324	《上海市电信有限公司集体合同》《休养费使用办法》《提高员工医疗保险待遇的意见》
一届四次	2003 年 9 月 29—30 日	409	30	64	—	—	《员工奖惩管理暂行办法》《员工绩效管理实施办法》《员工住房费用补贴暂行办法》《公司商业秘密保护暂行规定》《上海电信员工全面发展白皮书》
一届五次	2004 年 3 月 2—3 日	411	34	80	325	325	《2004 年集体合同补充协议》
一届六次	2005 年 2 月 23—24 日	417	32	65	344	330	《2005 年度上海市电信有限公司集体合同》
二届一次	2006 年 3 月 10—11 日	404	27	75	356	356	《上海市电信有限公司 2006 年度集体合同》
二届二次	2007 年 2 月 7—8 日	404	28	70	318	318	《上海市电信有限公司 2007 年度集体合同》《上海市电信有限公司员工奖惩管理暂行办法(修订稿)》
二届三次	2008 年 2 月 26—27 日	400	26	60	308	308	《上海市电信有限公司 2008 年度集体合同(草案)》《上海市电信有限公司员工奖惩管理办法(修订案)》《上海市电信有限公司员工加班管理和加班工资支付实施意见(草案)》《上海市电信有限公司员工考勤与假期管理办法(草案)》
二届四次	2009 年 1 月 18—19 日	407	26	60	279	279	《中国电信股份有限公司上海分公司 2009 年度集体合同》
二届五次	2010 年 1 月 22—23 日	395	38	60	258	251	《公司 2010 年度集体合同》

二、平等协商

建立集体协商、集体合同制度，是《劳动法》赋予工会组织的重要权利。1999 年 2 月 9 日，中国邮电工会全国委员会印发通知，要求邮电分营后，在完成基层工会组建和职代会建制工作的基础上，抓紧建立集体协商、集体合同制度工作。

2001年，中央企业工委印发《关于在中央企业全面推行厂务公开意见的通知》。通知指出："工会代表职工与企业通过平等协商、签订集体合同，职代会闭会期间的职工代表巡视制度以及职代会选举的职工董事、监事定期向职代会报告工作，也是实行厂务公开的有效形式，应在实践中积极探索，不断完善。"3月1日，上海电信工会与行政举行第一次平等协商会议，就职工的劳动关系、劳动报酬、工作时间和休息休假、劳动保险和福利、劳动安全和卫生等问题进行平等协商，为公司第一届职工代表大会与一次会议签订集体合同打下基础。

2002年8月20日，上海电信印发《上海市电信公司集体协商办法（试行）》的通知。规定集体协商的范围是：集体合同订立、变更、续订、解除；员工签订劳动合同有关条款的具体化；员工参与民主管理和民主监督制度的建立和修订；双方一致认为需要协商的其他事项。集体协商分为定期协商和不定期协商。定期协商每年不少于一次。集体合同是双方代表协商的结果。公司所属各单位行政和工会应结合各自实际，拟定二级集体协商细则，以利保持和发展本单位和谐的劳动关系。

2005年4月，上海市劳动和社会保障局、上海市总工会、上海市企业联合会/上海市企业家协会联合授予上海电信"上海市平等协商、集体合同工作示范单位"称号。

2001—2010年，上海电信行政与工会每年在职代会召开之前进行平等协商，在职代会上签订集体合同。公司所属各单位行政和工会每年也相应进行平等协商。

三、厂务公开

实行厂务公开，是国有企业深化改革、推进民主管理的重要途径和有效形式。2001年10月24日，中国电信印发通知，就进一步推进厂务公开工作的有关问题做出规定，明确厂务公开工作要在企业党委（党组）统一领导下进行，各级党组（党委）主要领导对厂务公开工作负总责。根据集团公司的文件精神，11月21日，上海电信印发《上海市电信公司推行厂务公开、加强民主管理意见（试行）》的通知，明确厂务公开的内容主要包括：企业经营管理和改革发展、涉及职工切身利益、领导人员党风廉政建设、企业发生的重大事件、重大通信事故及其调查处理情况及企业职工群众普遍认为应当公开的其他方面的重要内容，以职代会为基本形式行使"厂务公开"职责。同时，成立厂务公开领导小组及办公室。

为进一步推进上海电信的民主管理工作，2002年9月19日，上海电信建立职工代表参加总经理办公会议制度，人数为每次2人，其中，1人为基层职工代表组长（工会主席），另1人为职工代表，原则上每季轮换一次。是年，上海电信党委将厂务公开纳入所属各单位的政治工作考核之中，要求厂务公开内容公开率达到80%、各单位组建厂务公开工作机构达到80%。

2003年，上海电信建立二级职代会制度，所属各单位先后制定厂务公开实施办法，利用职代会形式进行厂务公开，员工对厂务公开的满意率达91.5%。

2004年7月23日，上海电信获2003年上海市"职工最满意企业十佳"称号，总经理程锡元获2003年上海市"员工信赖的好经理"称号。

2005年12月12日，上海电信印发厂务公开监督检查及责任追究规定（试行），明确监督检查的内容、方法及责任追究等。是年，上海电信还先后建立起厂务公开工作的目标责任制、监督检查制、责任追究制、工作评估制和评先激励制。上海电信厂务公开的经验在全国维权机制经验交流会上交流。

2006 年 3 月 10 日，上海电信评选出 4 名中层管理者为“员工信赖的好领导”，4 个单位为“员工最满意单位”并进行表彰。

2007 年 6 月 18 日，公司印发《上海市电信有限公司职工代表巡视制度》，分为综合巡视和专题巡视两种。综合巡视的内容覆盖面较广，每年组织一次；专题巡视的针对性较强，主要对职代会决议落实、劳动保护、职工合法权益维护等专题进行巡视。

2008 年 7 月 11 日，为进一步明确和落实厂务公开工作职责，上海电信制定《中国电信上海公司厂务公开工作责任制（试行）》，明确党委、行政、纪委和监督部门、工会的职责。其中，党委是第一责任人，行政是第一执行人，纪检监察是第一监督人，工会是第一实施人。同时明确厂务公开的主要载体是职工代表大会。

图 12－4－4　上海市第六次厂务公开民主管理工作调研检查汇报会

2009 年 10 月 12 日，上海电信根据《上海市电信有限公司职工代表大会实施细则》《中国电信上海公司厂务公开工作责任制（试行）》等文件精神，制定《关于深化中国电信上海公司基层单位厂务公开民主管理工作的实施意见》，明确党委、行政、纪检、工会组织在厂务公开民主管理中的职责和要求，加强对厂务公开民主管理工作的组织与领导。通过完善厂务公开民主管理制度建设，将职代会、厂务公开、平等协商和集体合同等各项制度有机结合，形成厂务公开民主管理制度体系。

2010 年 9 月 9 日，上海电信根据《企业法》中“工人直接参加班组的民主管理”的要求，制定《中国电信上海公司加强基层班组厂务公开民主管理工作指导意见》，班组厂务公开的主要内容，包括涉及班组员工的制度、计划、信息、绩效、奖惩、岗位、休假等各项事务。是年，上海电信 4 名中层管理者、4 个基层单位分别被评为 2008—2009 年度“员工信赖的好领导”和“员工最满意单位”。

表 12-4-3 2002—2010 年上海电信职工代表巡视情况表

年 份	巡视人数	巡 视 内 容
2002	17	北泰大楼的施工情况;听取《2002 年上半年员工生活实事工程总结》的汇报
2003	18	听取中国电信信息园区筹建工作情况的汇报;巡视浦东电信局北蔡分局员工工作环境和生活设施;通报上半年员工实事工程完成情况
2004	20	巡视西区电信局普陀分局员工工作环境和生活设施;听取集体合同履行情况的汇报
2005	20	参观信息园区;听取集体合同和实事项目履行情况的汇报
2006	20	参观邮电饮用水厂和光明乳业乳品八厂;听取 2006 年集体合同和实事项目履行情况的汇报
2007	20	参观嘉定电信局和信息大楼两处员工文体活动中心;听取有关 2007 年集体合同履行情况通报
2008	20	参观光明乳业位于金山廊下的牧场;听取 2008 年集体合同履行情况通报
2009	20	听取有关 2009 年集体合同履行情况通报
2010	20	听取有关 2010 年集体合同履行情况通报

四、公推直选

2002 年 9 月 28 日,经过工会全体会员直接选举,上海电信帐务中心第一届工会委员会主席经全体会员直接选举产生,这是上海电信基层工会首次开展工会主席直选。

2003 年 12 月,崇明、嘉定、北区电信局工会相继召开工会会员代表大会,以直选形式选举产生

图 12-4-5 2002 年 9 月 28 日,帐务中心工会会员直接选举工会主席

工会主席。

2005 年 10 月 17 日，上海电信根据上海市总工会《关于基层工会主席直接选举工作的若干规定》，制定《上海电信基层工会主席直接选举办法(试行)》。该办法规定，基层工会主席直选在同级党组织和公司工会的领导下进行。候选人通过会员自荐、工会小组和部门工会推荐、组织推荐等 3 种形式产生，由会员(代表)通过无记名投票差额(等额)直接选举产生工会主席。直选产生的工会主席按有关文件规定享受相应的待遇。12 月，无线通信部、电信研究院、帐务中心和西区电信局等 4 个单位进行工会主席直选，至此上海电信 1/3 的基层单位实现工会主席直选。上海电信基层工会主席直选的做法，得到上海市总工会的肯定，《工人日报》也载文予以介绍。

2006 年，南区、南汇、青浦、奉贤、嘉定、崇明电信局及帐务中心和机动通信局等 8 个基层工会相继召开会员代表大会，以直选形式选举产生新一届工会主席。

2007—2009 年，上海电信南区、北区电信局，信产集团、大客户部、信息园区、信网部、帐务中心、电信研究院和机动通信局工会相继召开会员代表大会，以直选形式选举产生新一届工会主席。

2010 年，松江电信局、青浦电信局、奉贤电信局、金山电信局、嘉定电信局、崇明电信局、互联网部、网络操作维护中心、政企客户部、长途无线部等 10 家工会到期换届。是年，新组建客服中心工会，南汇和浦东合并后成立浦东电信局工会，除客服中心工会外，其余 11 家工会均以会员代表大会直接选举产生工会主席。至此，上海电信以直选方式产生基层工会主席的达到 24 家，占直属工会的 75%。

五、双月沟通

上海电信以“追求完美沟通，奉献全新生活”的文化愿景，于 2002 年 6 月 1 日建立“双月沟通制度”，每逢双月举行公司领导与员工的沟通活动，形式有专题讨论、座谈会、交流会、娱乐沙龙等。8 月 2 日晚，公司举行第 1 次双月沟通活动，公司领导与市区 9 个电信局 30 名职工代表就经营发展、业务流程、市场营销、职工培训、绩效考核、职工福利等问题进行交流。10 月 15 日，公司首次采用视频形式举行第 2 次双月沟通活动，公司领导与 7 个郊区电信局 14 名职工代表就公司上市后的影响、郊区在通信发展中的特点和难点以及员工关心的热点问题进行交流。12 月 12 日，公司举行第 3 次双月沟通活动，围绕员工普遍关注的公司上市和 BPR 流程再造等问题进行沟通。

2003 年 2 月 15 日，上海电信举行第 4 次双月沟通活动，主题是企业发展和员工生活保障。至此，双月沟通活动已覆盖上海电信所有基层单位。4 月 15 日，举行第 5 次双月沟通，内容是 BPR 项目实施和用工制度创新。5 月 28 日，因受“非典”的影响，公司将第 6 次双月沟通提前在单月进行。沟通采用视频互动方式，共设 10 个分会场，围绕“世博与上海电信新一轮发展”大讨论和业务创新情况进行交流，还分别就亚太地区信息化、城市信息化建设内容进行沟通。8 月 22 日，公司举行第 7 次双月沟通活动，就《上海电信员工全面发展白皮书》有关内容展开讨论和沟通。10 月 23 日，公司举行第 8 次双月沟通活动，此次沟通活动的主题是员工教育培训问题。

2004 年 2 月 17 日，公司举行第 10 次双月沟通活动，有 69 名职工代表出席，就公司车改方案进行沟通。12 月 11 日，公司举行第 15 次双月沟通。此次沟通采用视频方式，设 1 个主会场、3 个分会场；主题宽泛，围绕员工收入、公司车改、员工培训等问题。共有 244 名员工登录“上海电信员工天地网站”，发帖 1 280 条。

2005 年 10 月 13 日，公司举行第 20 次双月沟通活动，共有 110 名职工代表出席，此次沟通的主题是“中国电信企业转型”。

2006 年 10 月 28 日，公司举行第 26 次双月沟通活动，采用演播现场面对面沟通和网上视频沟通相结合形式，有近 500 名员工参加网上互动，就企业转型中员工热点问题进行交流。

2007 年 6 月 29 日，公司举行第 30 次双月沟通活动，就二届二次职代会提案处理情况进行沟通。8 月 28 日，举行双月沟通活动五周年纪念暨第 31 次双月沟通活动。据统计，5 年中公司领导共有 98 人次出席沟通活动，职工代表和一线员工出席数累计达到 2 800 人次。

2008 年 10 月 22 日，公司第 38 次双月沟通活动的主题是“上海电信纪念改革开放 30 周年”。

2009 年 2 月 28 日，公司举行第 40 次双月沟通活动，就“天翼放号实现第一季度开门红”举措进行交流沟通。12 月 27 日，举行第 45 次双月沟通活动，有 50 名员工在主场与领导面对面沟通，网上在线员工达 150 人，围绕企业发展方向、具体业务问题、员工发展通道、员工实事项目进行对话。

图 12－4－6　上海电信第 45 次双月沟通活动

2010 年 10 月 20 日，公司召开第 50 次双月沟通会，围绕员工培训情况进行沟通。12 月 25 日，举行“第 51 次双月沟通活动暨公司领导与员工网上沟通会”，围绕“十二五”规划、后世博服务举措、三网融合、微博心得、员工收入和发展等员工关心的热点问题，通过“员工天地”网络平台直接与广大员工实时交流。

表 12－4－4　上海电信双月沟通活动情况表

日　期	次　数	出席人数	主　　题
2002 年 8 月 2 日	1	30	公司发展、业务流程、市场营销、职工培训、绩效考核、职工福利等问题
2002 年 10 月 15 日	2	80	上市后、郊区在通信发展中的特点和难点和职工关心的热点问题

〔续表〕

日　期	次　数	出席人数	主　题
2002年12月12日	3	70	基层各综合支撑部门员工关注的两大热点——上市问题和BPR流程再造工作
2003年2月15日	4	52	企业发展和员工生活保障
2003年4月15日	5	40	BPR项目实施和用工制度创新
2003年5月28日	6	125	“世博与上海电信新一轮发展”大讨论和业务创新情况
2003年8月22日	7	72	《上海电信员工全面发展白皮书》有关内容进一步展开讨论和沟通
2003年10月23日	8	70	员工教育培训等问题进行沟通交流
2003年12月29日	9	40	对进一步搞好公司层面的沟通活动征求意见
2004年2月17日	10	69	就上海电信车改方案制订情况作交流沟通
2004年4月20日	11	100	就公司“小灵通”发展主题进行沟通
2004年6月3日	12	48	《上海电信员工全面发展白皮书》草案讨论
2004年8月10日	13	46	讨论上海电信车辆改革方案
2004年10月10日	14	79	通报完善岗位与工资体系工作情况；员工薪酬福利与员工住房补贴系数调整情况；行风评议检查情况
2004年12月11日	15	331	员工收入、公司车改、员工培训等近期热点问题
2005年2月6日	16	75	审议一届六次职代会工作报告
2005年4月22日	17	71	开展“协作奋战60天，为全年小灵通净增100万做贡献”劳动竞赛
2005年6月16日	18	90	就小灵通发展面临决战事宜进行沟通
2005年8月17日	19	96	就上海电信党员领导干部和普通党员先进性具体要求提出修改意见和建议
2005年10月13日	20	110	中国电信企业转型
2005年12月17日	21	76	“十一五”发展规划
2006年2月28日	22	46	审议讨论二届一次职代会工作报告
2006年4月7日	23	24	人力资源转型目标和实施思路沟通
2006年6月21日	24	83	转型业务、服务质量、CRM操作系统问题
2006年9月6日	25	76	上海电信战略转型实施纲要(试行)解读
2006年10月28日	26	43	企业转型中员工热点问题
2006年12月21日	27	90	实现业务整合、完善渠道管理、做好全业务营销
2007年2月28日	28	28	涉及体制调整的6个基层单位员工关注的热点问题
2007年4月11日	29	120	围绕浦东转型试点进行探讨和沟通
2007年6月29日	30	68	二届二次职代会提案处理情况
2007年8月28日	31	56	双月沟通活动5周年纪念

〔续表〕

日　期	次　数	出席人数	主　　题
2007 年 10 月 25 日	32	90	提升公司服务质量、服务水平
2007 年 12 月 26 日	33	90	公司市场经营与业务发展
2008 年 2 月 14 日	34	57	审议公司二届三次职代会行政工作报告、2008 版集体合同以及修订职工奖惩条例、员工加班工资支付实施意见、员工考勤、休假管理办法等文件讨论情况进行反馈与沟通
2008 年 4 月 23 日	35	78	优化营销方案提升服务质量和 IPTV 业务发展
2008 年 6 月 11 日	36	75	《上海电信员工全面发展白皮书》修订情况
2008 年 8 月 26 日	37	76	号百业务运营工作情况
2008 年 10 月 22 日	38	76	上海电信纪念改革开放 30 周年
2008 年 12 月 27 日	39	311	全业务经营环境下员工关注的热点问题
2009 年 2 月 28 日	40	75	就“天翼放号实现第一季度开门红”举措进行交流沟通
2009 年 4 月 20 日	41	76	电信业务套餐问题
2009 年 6 月 23 日	42	75	员工结构调整、能力提升、职业发展问题
2009 年 8 月 19 日	43	75	学习实践科学发展观活动，人力资源相关整改工作
2009 年 10 月 26 日	44	75	二届四次职代会提案处理情况
2009 年 12 月 27 日	45	216	2010 年企业发展方向、具体业务问题、员工发展通道、员工实事项目
2010 年 2 月 24 日	46	90	业务外包单位从业人员关怀计划
2010 年 4 月 15 日	47	75	世博通信保障工作
2010 年 6 月 29 日	48	76	上半年业务发展情况、员工新业务体验套餐情况
2010 年 8 月 25 日	49	76	二届五次职代会提案处理情况
2010 年 10 月 20 日	50	75	员工培训问题与对策
2010 年 12 月 25 日	51	160	公司“十二五”规划、后世博服务举措、三网融合、员工收入和发展等

第三节　职工权益维护

一、帮困救助

【帮困基金】

1996 年 1 月，上海邮电工会建立职工帮困基金会，筹措资金解决职工的生活困难。2000 年 8 月 20 日，上海电信制定《上海市电信公司帮困基金会章程》，明确基金会资金来源主要由上海电信拨款、各直属单位及其职工捐赠及增值组成。

2001 年 9 月 4 日，上海市电信公司帮困基金会成立。各基层单位也成立帮困基金会，形成二级帮困网络。

2006年6月26日，上海市电信公司帮困基金会更名为上海市电信有限公司帮困救助会。10月11日，《公司帮困救助会章程》和《帮困救助会实施细则》经修订后重新印发。帮困救助金在公司工会账户单设专用科目，实行专款专用，由理事会办公室实行日常管理。帮困救助金在安全可靠的前提下，实现资金的保值增值，每年的帮困费用一般控制在资金自有增值部分之内，需动用资金本金由理事会决定。帮困救助金的申请、审批、使用实行"自愿申请、逐级审批、群众监督"制度。帮困救助金使用情况定期向职工群众公开，接受上海电信和公司工会的监督和审计。

表12-4-5　2001—2010年上海电信帮困救助情况表

年　份	帮困金额(万元)	帮困人次
2001	18.90	326
2002	20.55	418
2003	19.61	540
2004	52.97	926
2005	40.32	764
2006	29.46	625
2007	31.60	625
2008	32.14	537
2009	38.33	644
2010	45.34	666

【帮困活动】

2000年公司化运行后，上海电信党政工各级组织在每年的元旦、春节、"五一"节、"六一"节、国庆节等重大节日期间，坚持开展"送温暖、献爱心"活动，对员工患病、生活困难、单亲家庭等进行慰问和经济补助。坚持组织开展爱心捐款活动，将每年的1月5日定为"献爱心、一日捐"活动日，2003年，开始开展"捐一日工资，献一份爱心"活动。

2001年4月，上海电信根据上海市人民政府《关于促进本市发展多层次医疗保障的指导意见》精神，配合上海市城镇职工基本医疗保险办法的实施，制定员工大病互助医疗保障办法(试行)，由企业和员工共同出资建立员工互助医疗保障基金，员工参加率达98%。

2002年，为转达对云南、安徽和江西灾区人民的一份爱心，上海电信帮困基金会向虹口区民政局捐款10万元。上海电信员工发起捐款活动，参与人数17 368人，募集款项59万元。

2003年，上海电信开始在每年的"六一"儿童节前夕，对单亲困难职工家庭开展专题帮困活动。是年，有53个单亲困难职工家庭得到帮困。

2004年，上海电信对员工实行菜单式体检、个性化疗休养措施，受到员工欢迎。把员工重大疾病医疗保险由2万元提高至5万元。

2005年，上海电信开展对重病、重灾、医疗、助学、生活帮困和送温暖的"五帮一送"活动。是年，共帮困764人次，帮困金额40.32万元。

2006年，根据帮困工作"扶贫济难"和"真心关爱"的宗旨，上海电信还将帮困工作扩大到劳务工群体。

2008年汶川地震后，上海电信发动员工筹集捐款，募集款项达293万元。

2010年，上海电信提高困难员工定期补助标准，在原有基础上增加100元。公司为满80周岁的退休劳模每月发放300元生活补助，向4名外包员工发放帮困金计1.1万元。是年，发动员工为胶州路特大火灾的受灾人员筹集捐款，参与人数为20 219人，募集款项142万元。

表12-4-6　2000—2010年一日捐情况表

年　份	捐款人数(人)	捐款金额(万元)
2000	14 893	52
2001	14 568	57
2002	10 262	50
2003	11 496	87
2004	11 709	104
2005	18 231	124
2006	12 954	102
2007	11 495	101
2008	11 166	97
2009	11 454	102
2010	11 559	107

二、法律援助

上海电信根据《中华人民共和国企业劳动争议调解处理条例》《上海市企业劳动争议调解委员会工作规则》，2001年8月23日，制定《上海市电信公司劳动争议调解委员会实施细则》，成立劳动争议调解委员会，办事机构设在公司工会。26个基层单位也相应建立劳动争议调解委员会。

2002年5月15日，针对一名职工岗位工资申请调解一案，召开公司劳动争议调解委员会会议，对这一案件进行分析讨论，向有关单位提出解决问题的办法，该职工接受调解。是年，公司工会接待处理员工劳动争议来电、来信、来访30起。5月，开设法律援助信箱，为员工提供法律咨询和援助。

2003年，公司工会共接待、处理员工来电、来访、法律咨询32人次。其间，处理实业集团2名员工的专业与岗位安排问题；无线通信部1名员工的竞聘上岗问题。

2004年4月26日，公司工会设立"工会法律接待日"，开通"法律咨询热线"，是年共接待、处理来电、来访、来信54件。

2005年，公司工会共接待、处理来电、来信、来访20件。2006年，公司工会共接受法律咨询33人次。2007年，公司工会共收到员工来电、来信、来访21件，都得到有效处理。

第四节　工会经济工作

一、劳动竞赛

2000年上半年，上海电信开展“奋战五十天，力争双过半”劳动竞赛，实现时间过半、任务过半的目标，对竞赛先进集体和个人进行表彰奖励。各基层单位围绕“五大服务工程”，组织岗位练兵、技术培训、技术练兵和短程劳动竞赛等。青浦电信局开展“争当电信小博士”竞赛活动，帐务中心开展“力争托收用户50万户、卡转付用户30万”劳动竞赛，电信工程公司开展“战高温、保安全、促服务”百日竞赛等。

2001年，上海电信在16个区(县)电信局开展“奋战50天争当ADSL促销状元、能手”劳动竞赛，竞赛于11月12日始至12月底止，促销宽带16 273户，产生促销状元10名，促销能手30名；北区、嘉定、金山电信局获优秀组织奖。

2002年4月3日，上海电信开展“促销宽带18万，争当状元、能手”劳动竞赛，有16个基层单位、6 913名员工参与宽带促销劳动竞赛，促销宽带总计142 601户。10名“宽带促销状元”、30名“宽带促销能手”受到表彰，5个单位获劳动竞赛优秀组织奖。5月26日，在女员工中开展“确保业务收入，争当岗位明星”的劳动竞赛，评选出一批“营业之星”“话务之星”“营销之星”“维护之星”“管理之星”等岗位女明星。此次竞赛活动评选范围扩大至劳务工。

2003年6月1日—7月31日，上海电信开展“抗非典、促发展、奋战60天，打赢收入保卫战”劳动竞赛。16个区(县)电信局、产品部等单位为参赛的重点单位，其他单位为参赛的一般单位。9月29日，上海电信对17个劳动竞赛优胜奖单位、8个劳动竞赛业务销售单项奖单位、74名劳动竞赛先进个人进行表彰。

2004年4月1日，上海电信组织为期2个月的“我为‘小灵通’天线建设做贡献”劳动竞赛。6月1日，公司决定再次发动为期1个月的“我为‘小灵通’天线建设做贡献”劳动竞赛。截至6月30日，员工揭榜完工小灵通天线963个，超额完成竞赛考核指标的114.78%。7月19日，公司分别对市区小灵通天线建设先进集体和个人、郊区小灵通营销先进集体和个人进行表彰。

2005年5月1日，上海电信围绕年内小灵通净增100万目标，组织开展“协作奋战60天，为全年小灵通净增100万做贡献”劳动竞赛。8月8日，公司对劳动竞赛先进集体和先进个人进行表彰。

2006年9月1日，上海电信IPTV业务正式放号。10月1日—12月31日，开展“奋战三个月，为完成IPTV目标任务而拼搏”劳动竞赛。4个月内IPTV用户净增6.3万户，用户达到6.96万户，成为全国IPTV发展最快的城市。

2007年2月8日—3月15日，上海电信组织“固网七彩铃音1+1”员工体验和推广活动。每一位员工免费体验七彩铃音业务，同时发展一位社会用户。是年，员工体验固网七彩铃音业务9 973个，推广8 309个。4月6日，制定《中国电信上海公司劳动竞赛管理办法(试行)》，当年拨款250万元作为劳动竞赛奖励，实现资金保障、组织保障和制度保障“三到位”。网络运行部开展“软交换目标网建设”“小灵通网络效能提升”专项劳动竞赛；人力资源部、市场部、政企客户部开展2007年销售渠道专项劳动竞赛；长途无线部开展无线宽带专项劳动竞赛。

2008年4—12月，上海电信组织“满意服务诚信服务”劳动竞赛，6个先进集体、30名先进个人受到表彰。其间，各营业厅每月开展窗口服务明星评选活动，48位获得“每月一星”称号的营业员

图 12-4-7　上海电信表彰移动基站寻址攻坚战劳动竞赛优胜者

参加公司举办的窗口服务明星大赛，产生“十大服务明星”。

2009 年 1 月 23 日—3 月 31 日，上海电信组织“奋战 60 天，拿下天翼 32 万户，实现第一季度开门红”劳动竞赛，发展“天翼”用户 57.89 万户。为落实国资委信息化发展“登高计划”和集团公司聚焦客户的信息化创新战略，10 月 15 日，中国电信开展“IT 服务能力提升”劳动竞赛，上海电信获得集体一等奖，1 人获个人一等奖、4 人获个人三等奖。是年，上海电信还开展移动基站寻址攻坚战劳动竞赛。

2010 年，上海电信工会围绕中心工作，先后组织开展 9 项劳动竞赛。1 月 1 日—10 月 31 日，开展“天翼腾飞——世博服务保障攻坚战”劳动竞赛，包括工程、业务、网络、服务、宣传、综合、支撑、志愿者保障等，有效确保世博期间通信网络的安全与畅通。上海电信对在世博服务表彰中做出贡献的先进集体和个人进行表彰。集体：10 家优秀组织奖、7 家立功集体、4 家先进集体；个人：优秀组织者 10 人、保障功臣 49 人、保障先锋 37 人、保障能手 66 人、保障明星 105 人、保障先进 287 人。4 月 1 日—6 月 30 日，开展“天翼腾飞——移动增值业务”劳动竞赛，各单位精心组织，广大员工踊跃参与，发展移动增值业务和“天翼”套餐用户 120 376 户，业务收入贡献值达 6 123.64 万元。上海电信对劳动竞赛先进集体和个人进行表彰。6—11 月，上海电信开展无线网络优化技能竞赛，夯实理论基础，规范服务标准，全面提升无线网络优化维护水平。是年，上海电信还先后开展万名员工“安康杯”劳动保护知识竞赛、“天翼腾飞”政企全业务营销竞赛等。

二、合理化建议

2000 年 9 月 28 日，上海电信印发《上海市电信公司合理化建议和技术改进奖励条例实施办法》，明确合理化建议和技术改进工作实行分级管理，公司及所属单位设立评审委员会和工作小组，组织领导，督促检查，指导协调和实施鉴定评审奖励工作。

2001 年 8 月 14 日，上海电信调整合理化建议评审委员会及工作小组成员。

2002 年 1 月 16 日，上海电信印发通知，组织 2001 年度合理化建议和技术改进成果奖的申报工作，要求各单位根据通知精神，申报上海电信合理化建设、技术改进成果奖。三等奖及三等以下奖由各单位、各部门评审委员会自行审定，其中，三等奖报上海电信备案。奖励方法按照上海电信合理化建议和技术改进奖励条例实施办法执行。5 月 22 日，上海电信开展为期 40 天的"我为企业安全生产提一条合理化建议"活动，考核各单位员工提出合理化建议数量、质量及采纳率。共评选出 2 个金点子奖、3 个银点子奖、10 个鼓励奖。7—9 月，根据中国电信"用户至上，用心服务创新达标"竞赛要求，组织员工开展合理化建议活动。8 787 名员工提出 5 250 条建议，基层采纳 862 条，报送公司 448 条，公司评比产生 4 个金点子奖、7 个银点子奖、9 个鼓励奖。

2003 年 3 月 26 日，上海电信开展"我为'家加 e'短消息服务内容创新献一计"活动，共征集建议 2 879 条。7 月 23 日，上海电信召开业务发展合理化建议发布会，16 位员工就"家加 e"业务发展中有关平台建设、营销策略、功能开发等建议进行发布。

2004 年，上海电信开展"我为'小灵通'天线建设献一计"合理化建议活动，共征集合理化建议 2 940 条，其中，"利用高架路灯安装定向天线"的建议在小灵通建设中获得成功。

2005 年 4 月 28 日—5 月底，上海电信开展"凝智慧、展才华、我为小灵通发展做贡献"合理化建议活动，共征集到员工合理化建议 2 945 条，各单位采纳 604 条，实施 312 条。8 月 2 日，根据中国电信的部署，上海电信开展征集和评选互联星空、灵通短信、七彩铃音业务优秀营销心得(案例、营销方案)、合理化建议活动。共征集到合理化建议 2 945 条，各单位采纳 604 条，实施 312 条。

2006 年，上海电信开展"齐心协力促转型、我为 IPTV 发展献一计"员工合理化建议征集、评选工作，共征集合理化建议 385 条，召开合理化建议成果发布会，促进 IPTV 业务的发展。

2007 年 8 月 15 日—9 月 14 日，根据市总工会《关于在本市大力开展节能降耗竞赛活动深入推进百万职工节约行动的通知》精神，上海电信开展"节约促发展，勤俭助转型"合理化建议活动，征集合理化建议 2 286 条，采纳 619 条；征集员工劳防技改合理化建议 884 条，采纳 280 条。10 月 29 日，公司对 10 个优秀建议奖、30 个优胜建议奖、3 个优秀组织奖进行表彰。

2008 年 6 月 15 日—7 月 31 日，上海电信开展"我为节能减排献一计"合理化建议活动，共征集合理化建议 2 697 条。对 4 名金点子奖、6 名优秀建议奖、10 名鼓励奖进行表彰。是年，上海电信结合号码百事通信息采集竞赛、产品创意竞赛、转型维护服务支撑技能竞赛，开展"想金招、献妙计、出实力"合理化建议活动。

2009 年 8 月 13 日，中国电信开展"我为全业务发展献一计"合理化建议活动，上海电信获得合理化建议二等奖 2 项、三等奖 1 项。

2010 年，上海电信开展"节能减排，翼路同行"合理化建议活动，共征集合理化建议 2 727 条。11 月 18 日，评选出金点子奖 10 名、优秀建议奖 20 名。

三、创新奖、贡献奖评审

2004 年 1 月 19 日，上海电信印发通知，首次开展员工创新奖、贡献奖的申报评选。员工创新奖，即奖励在推进企业生产、经营、管理中取得较大经济效益和社会效益创新成果的员工。员工创新成果要求原创性，有量化的经济效益和社会效益。员工贡献奖，即奖励在确保企业生产、经营发展、完成业务收入方面(非业务创新专项)和推进科学管理方面有突出贡献的员工。员工创新奖、贡献奖评选名额及奖励标准为：特等奖各1名，奖金10万元；一等奖各1名，奖金8万元；二等奖各2名，奖金5万元；三等奖各3名，奖金2万元；四等奖各5名，奖金1万元；鼓励奖各10名，奖金5 000元；对以上各类奖项颁发荣誉证书。3月2日，上海电信表彰2003年度员工创新奖、贡献奖。有17位员工获得员工创新奖，含二等奖3名、三等奖3名、四等奖6名、鼓励奖5名；有18位员工获得员工贡献奖，含二等奖2名、三等奖3名、四等奖4名、鼓励奖9名。本次创新奖、贡献奖评审中，特等奖、一等奖均为空缺。9月21日，印发《上海市电信有限公司员工创新奖、贡献奖申报评选活动实施细则》。明确公司员工创新奖、贡献奖授予在各领域内为上海电信取得较大经济效益或社会效益的创新成果的员工。公司员工创新奖和贡献奖各设22个奖励名额。其中，特等奖各1名、一等奖各1名、二等奖各2名、三等奖各3名、四等奖各5名、鼓励奖各10名。同等条件下，可适当增加奖励名额；条件不满足时，奖项可空缺。申报者的基本条件是上海电信在岗员工（不含总部部门正、副经理职及以上领导、直属单位领导班子成员）。

2005年2月28日，上海电信对2004年度员工创新奖、贡献奖进行表彰，21位员工获得创新奖，含一等奖1名、二等奖2名、三等奖3名、四等奖5名、鼓励奖10名。21位员工获得贡献奖，含二等奖1名、三等奖3名、四等奖5名、鼓励奖12名。

2006年3月8日，上海电信对荣获2005年度员工创新奖、贡献奖予以表彰，首次设“最佳组织奖”。员工创新奖21名，含一等奖1名、二等奖2名、三等奖3名、四等奖5名、鼓励奖10名。员工贡献奖21名，含一等奖1名、二等奖2名、三等奖3名、四等奖5名、鼓励奖10名。长途通信部、网络运行部和西区电信局为“最佳组织奖”。

2007年，上海电信继续开展员工创新奖、贡献奖的评选，是年的评选增加员工网上投票环节。1月26日，上海电信评选出2006年度员工创新奖21名、贡献奖21名。创新奖，含一等奖1名、二等奖2名、三等奖3名、四等奖5名、鼓励奖10名。贡献奖21名，含一等奖1名、二等奖2名、三等奖3名、四等奖5名、鼓励奖10名。网络运行部和浦东电信局被评为“最佳组织奖”。

2008年2月28日，公司印发《关于表彰荣获2007年度上海市电信有限公司员工创新奖、贡献奖员工的决定》，设员工创新奖22名，含一等奖1名、二等奖2名、三等奖3名、四等奖5名、鼓励奖11名。员工贡献奖22名，含特等奖1名、一等奖1名、二等奖2名、三等奖3名、四等奖5名、鼓励奖10名。浦东电信局为“最佳组织奖”。

2009年2月1日，上海电信印发《关于表彰荣获2008年度员工创新奖、贡献奖的决定》，新增入围奖各10名。因此，是年度有32名员工（团队）获创新奖，含一等奖2名、二等奖2名、三等奖3名、四等奖5名、鼓励奖10名、入围奖10名；有32名员工获贡献奖，含特等奖1名、一等奖1名、二等奖2名、三等奖3名、四等奖5名、鼓励奖10名、入围奖10名。政企客户部和浦东电信局获“最佳组织奖”。

2010年1月26日，上海电信对2009年度员工创新奖、贡献奖进行表彰。是年度员工创新奖32名，含一等奖1名、二等奖2名、三等奖3名、四等奖5名、鼓励奖10名、入围奖11名。员工贡献奖32名，含一等奖1名、二等奖2名、三等奖3名、四等奖5名、鼓励奖10名、入围奖11名。长途无线部、政企客户部、网络操作维护中心三个单位获“最佳组织奖”。

2011年3月9日，授予38名员工（团队）2010年度员工创新奖，含特等奖1名、一等奖1名、二等奖1名、三等奖3名、四等奖4名、鼓励奖9名、入围奖19名。25名员工（团队）获2010年度员工贡献奖，含一等奖1名、二等奖1名、三等奖3名、四等奖5名、鼓励奖11名、入围奖4名。公众客户部、网络运行部、长途无线部、莘闵电信局获“最佳组织奖”。

表 12-4-7　2003—2010 年获创新奖、贡献奖特等奖及一等奖情况表

年份	奖　项	创　新　奖	贡　献　奖
2003	一等奖	西区电信局徐珺社区营销手册(原创)	—
2004	一等奖	大客户部任永刚商机销售管控体系	网络运行部李钧客户端一体化综合业务提供平台(DID+)
2005	一等奖	网运部交换中心杨晓峰 S12-JRSU 模块用户摘机无声解决方案	市场部陆阳“楼宇攻坚战”专项行动显著成果
2006	特等奖	—	松江局张钧(团队)领跑 IPTV 发展,助力企业转型
	一等奖	浦东局陆红萍(团队)多纬度的绩效考核与激励机制新模式	西区局徐珺(团队)《用户终端维护》操作手册
2007	特等奖	—	研究院、号百分公司李青(团队)四川震后 114 号百话务分流实施应急支撑
2007	一等奖	政企客户部秦继伟(团队)IPTV 上海党员干部现代远程教育平台	家庭客户部张晖(团队)促 e 家发展,创家庭综合通信新里程
2008	一等奖	家庭客户部薛炜(团队)基于互联网模式下的精确营销,持续提升全业务核心竞争优势	浦东局马忠孝(团队)浦东新区政府公共数据中心项目整体推进
2009	特等奖	莘闵局余琛林(团队)无线数字医疗引领卫生行业系统应用	—
	一等奖	网络运行部汪国荣(团队)采用光功率检测定位 ODN 故障的 PON 网络综合测试系统开发与应用	西区局徐珺(团队)FTTH 现场安装与维护实用教程
2010	特等奖	西区局徐珺(团队)攻坚克难创新,暗线入户破冰	—
	一等奖	莘闵局来克伟(团队)创新营业厅卖场化合作改造模式,拉动移动终端和业务销售	总师室朱俊(团队)彻底解决 EPON 互通难题,助力城市光网规模发展

四、技能提升

2000 年 5 月,上海市总工会和上海市邮电管理局联合举办“上海热线杯”计算机网页制作大赛,全市有 365 名选手参加初赛,上海电信 25 名选手进入决赛,获团体第一名,个人第一、第四、第五、第八名。9 月 12 日,上海电信组织“班组绝技绝活”演示活动,有 60 位职工参加 20 个项目的演示。12 月 19—22 日,由上海电信 10 名选手代表上海市参加全国计算机知识普及应用大赛,获团体一等奖;3 人获个人二等奖。

2001 年 7 月至 9 月 20 日,上海电信举办“迎 APEC 宽带(ADSL)业务、技能竞赛”,26 个基层单位、184 位选手参赛。浦东电信局、电信工程公司分别获业务知识决赛和技能竞赛团体一等奖,宝山、西区电信局职工分别获个人一等奖。11 月 11 日,组队参加上海市职工计算机网络知识普及大赛,获得团体冠军并囊括个人前五名。是年,上海电信有 4 名职工参加上海市第四届十大工人发明家评选,1 人获上海市十佳科技创新能手称号,3 人获创新能手称号。

2002 年 5 月，上海电信创办“工会会员周末学校”，对职工进行企业文化、职业道德等方面的教育，全年共举办 7 期，有 648 人参加。10 月 24—25 日，组织“人人学技术、个个是能手”机房综合值守人员技能操作比赛，16 个区(县)电信局 48 名选手参赛，对个人成绩前十名、团体成绩前六名、3 个优秀组织奖给予表彰。

2003 年 5—7 月，上海电信举办“ADSL 安装、维修、营销一体化技能操作比赛”。9 月 29 日，授予 10 名员工为“上海电信 ADSL 技术标兵”称号、10 名员工为“上海电信 ADSL 技术能手”称号，颁发奖金、荣誉证书、技术业务岗位资格证书等。对授予“上海电信 ADSL 技术标兵”称号的员工，上浮一级绩效工资。12 月 26 日，上海电信有 6 名员工获“上海市职工技术创新能手”称号。

2004 年，上海电信编写《互联星空业务知识学习材料》，实施集中培训 95 次，培训员工 5 931 人，组织员工网上体验 5 943 人次；有 13 214 名员工参与知识问卷答题，征集合理化建议 1 900 条、业务营销心得 182 篇。

2005 年 11 月，上海电信举行系统集成营销技能大赛，有各区(县)电信局 15 支队伍参赛。经过 7 日的初赛、9 日的复赛，于 29 日进行决赛，南区、莘闵电信局分获冠亚军，浦东、北区、中区、西区电信局获第三名。

2006 年 3 月 22 日，上海电信举行《徐珺营销手册》交流会，全国劳模徐珺介绍营销方法和技巧。4 月 12 日，上海电信组织客户关系管理(CRM)系统应用技能操作练兵比赛，有 19 名个人奖、11 个团体奖、6 个组织奖受到表彰。是年，举办“上海电信客户经理 CRM/ODS 岗位练兵与技能竞赛”，激励员工岗位练兵提高技能水平。组队参加 2006 年中央企业职工技能大赛计算机程序设计员大赛，理想公司员工获得银奖，被授予“中央企业技术能手”称号。

2007 年 8 月 13 日，上海电信举行 2007 年度宽带业务服务技能竞赛，此次竞赛分员工组和外协组。9 月 28 日，上海电信对获团体奖和个人奖进行表彰。是年，上海电信举办“上海电信客户经理 ODS 岗位练兵与技能竞赛”，近千名客户经理参加岗位练兵与技能竞赛，有 37 名客户经理获奖。在女员工群体中举办“上海电信客户代表岗位练兵技术比武大赛”，2 000 余名客户代表参加，15 名客户代表获奖。组队参加中国电信“2007 年宽带业务服务技能竞赛”，获团队三等奖 1 个，优秀成果奖 2 个；获个人二等奖 1 个、三等奖 2 个。

2009 年 7 月 14 日，中国电信集团公司启动 2009 年“移动互联网业务维护技能竞赛”。12 月 22 日，上海电信对 2009 年度移动互联网业务维护技能竞赛获奖集体和个人进行表彰。团体奖设一等奖 1 个、二等奖 2 个、三等奖 3 个、优胜奖 4 个。个人奖分业务平台、分组域、无线侧三个专业，每个专业设一至三等奖及鼓励奖若干个。

2010 年 6 月 13 日，上海电信开展 2010 年度无线网络优化技能竞赛，表彰分设团体奖、个人奖和支撑奖。团体奖设一等奖 1 个、二等奖 2 个、三等奖 3 个；个人奖分区局、长途无线部两个赛区，每个赛区设一至三等奖若干个。8 月 2 日，中国电信印发《关于举办第六届中国电信创优杯营销技能大赛的通知》，通过大赛实现以赛代训，培养、锻炼专业营销服务团队。经过晋级赛、优胜赛和总决赛的考验，上海电信政企客户部 1 人获个人奖中的银奖，同时被授予“中国电信集团技术能手”称号。8 月 24 日，根据集团公司《关于举办营业员“玩转 3G”营销技能竞赛的通知》要求，上海电信在电信窗口营业员中开展“玩转 3G”销售技能竞赛，评选出一等奖 4 名、二等奖 3 名、三等奖 5 名、鼓励奖 15 名；28 名营业员参加中国电信竞赛，获团体三等奖。

第五章　共 青 团

第一节　共 青 团 组 织

一、公司团委

2000 年 7 月 14 日，共青团上海市委函复，同意由原上海市邮电管理局团委班子组成共青团中国电信集团上海市电信公司委员会，隶属于共青团上海市委员会。年底，上海电信团委所辖直属单位团组织 32 个。其中，团委 19 个、团总支 10 个、团支部 3 个，团员 5 902 名。

2004 年 2 月 2 日，共青团中国电信集团上海市电信公司委员会更名为共青团上海市电信有限公司委员会。

2008 年 3 月 10 日，共青团上海市电信有限公司委员会更名为共青团中国电信股份有限公司上海分公司委员会。

截至 2010 年年底，上海电信团委所辖直属单位团组织 33 个，其中，团委 25 个、团总支 5 个、团支部 3 个，团员 1 863 名。

2000—2010 年，上海电信团委先后获“全国企业青年创新创效”活动先进单位、“中央企业五四红旗团委创建单位”“上海市五四红旗团组织”等荣誉称号。

表 12－5－1　2000—2010 年上海电信直属团组织及团员情况表

年　份	直属团组织（个）	直属团委（个）	直属团总支（个）	直属团支部（个）	35 周岁以下青年（人）	团员（人）
2000 上半年	26	19	2	5	11 046	5 745
2000 下半年	32	19	10	3	11 967	5 902
2001	34	25	6	3	9 857	4 938
2002	31	22	6	3	13 023	5 616
2003	32	22	7	3	10 754	4 482
2004	32	22	7	3	11 254	4 937
2005	32	24	5	3	9 814	3 917
2006	32	24	5	3	8 607	3 377
2007	31	23	5	3	7 167	2 349
2008	30	23	5	2	—	2 163
2009	32	23	5	4	6 899	2 337
2010	33	25	5	3	7 078	1 863

二、团代会

2003年12月17日，共青团上海市电信公司第一次代表大会召开，有136名正式代表出席。会议听取和审议团委工作报告，选举产生新一届团委会。12月31日，经共青团上海市委员会批复，共青团上海市电信有限公司第一届委员会委员由9人组成，徐伟任书记。

2006年12月26日，共青团上海市电信有限公司第二次代表大会召开，会议听取和审议团委工作报告，选举产生新一届团委会。2007年1月26日，经共青团上海市委员会批复，共青团上海市电信有限公司第二届委员会委员由9人组成，涂靖睿任书记。

2009年11月26日，共青团中国电信股份有限公司上海分公司第三次团员代表大会召开，大会听取团委工作报告，选举产生共青团中国电信股份有限公司上海分公司第三届委员会。本届团委会由9人组成，涂靖睿任书记。

第二节　团员教育

一、党建带团建

根据市委组织部、团市委《关于加强"推优"、进一步做好在青年中发展党员工作的意见》精神，2002年11月14日，上海电信印发《关于推荐优秀团员作为党的发展对象工作的实施意见》，明确"推优"对象和基本条件、"推优"工作的程序、对入党积极分子的培养教育等。是年，全公司建立192个青年党章学习小组，35岁以下青年提交入党申请报告1 286人，经团组织"推优"入党295人。

2003年，上海电信明确各级团组织书记列席同级党委会、党政联席会，参与党委中心组学习，将执行情况纳入各单位思想政治工作考核。进一步做好外聘青年员工的教育、培养工作。8月28日，公司团委制定《在外聘员工中发展团员的实施办法(试行)》，建立和完善在外聘员工中发展团员的工作机制。是年，开展"党旗辉映团旗红""党团同行一程路"等主题活动，形成党建带团建的良好氛围。

2004年10月15日，公司团委举办"党团同行一程路暨敬老节爱心义拍义卖"活动。在"党团同行一程路"活动中，32个党、团组织书记分3条线路，对上海9个爱国主义教育基地进行考察，将考察内容做成演示文稿进行综合展示。"敬老节献爱心义卖、义拍活动"所得，全数捐给公司生活困难的退休员工。

2005年，上海电信坚持"党建带团建"，落实"五带一优化"工作要求，即：带思想、带组织、带班子、带队伍、带工作发展，优化工作条件。12月10日，公司团委组织"党团同行一程路"活动暨增强团员意识主题教育活动总结大会，采用"党团联手、越野定向"的互动形式，加强党团组织的沟通与联系。

2006年，上海电信继续加大党建带团建的工作力度，激发基层团组织的活力，实现对团员青年的有效覆盖。10月25日，举办"2006年度上海公司党团同行一程路"活动，包括"团员青年百事通创新创意系列活动"之"金点子"创意大赛决赛、"青春的节日——上海电信青年经典影片创意配音大赛"决赛和"党团组织与企业转型"专题互动配音现场展示。

2007年，上海电信在"党团同行一程路"品牌创立5周年之际，以"认知改变力量"为主题，组织团队心理咨询活动。课程包括：超越自我·创新工作、凝聚团队·共铸愿景、操作认知发展技术应用等3个模块，增强党、团组织书记之间的了解和沟通。

2008 年 10 月 29 日，上海电信以纪念改革开放 30 年为主题，举行“党团同行一程路”主题活动。将改革开放 30 年的岁月分成 3 个段落，即“梦想照进现实，我们的 1978”“春天的故事 1978—1998”“走进新时代 1998—2008”。通过细数 30 年上海电信的变化，激励年轻人承担重任、继往开来，以全新的姿态和斗志投入通信发展中。

2009 年 9 月 16 日，上海电信团委以中华人民共和国成立 60 周年为主题，开展“党团同行一程路”——“共画未来，与国同庆”鉴赏活动。活动有聆听油画大师讲述油画的鉴赏技巧；围绕 60 周年巨变、2010 上海世博会及上海电信发展成就主题，亲身体验油画彩绘的乐趣。

2010 年 12 月，上海电信“党团同行一程路”以学习“邮差弗雷德”的精神为目标，开展“使命必达”拓展活动，党、团组织书记通过融合、协作、激励等共同完成“弗雷德使命”。

图 12-5-1　公司团委组织团员参观中共一大会址

二、主题教育活动

2000 年，上海电信共青团组织深入开展“再创新业绩、迈向新世纪”主题活动，引导广大团员青年为企业改革、发展建功立业。4 月 25 日，以“青年要成为开拓市场的突击队”为主题，启动青年“阳光行动”。建立学习创新专家咨询指导委员会、成立电信青年讲师团、实施“2 小时学习计划”等，开展一系列学习创新、实践创效活动。

2001 年，上海电信团委响应团市委“百万青工科技、技能‘双登高’”和公司党委“奋发创业绩、世纪立新功”主题活动，组织团员青年开展创新创效系列活动。4 月 25 日，公司团委召开纪念“五四”大会，一批荣获 1999—2000 年度全国企业青年创新创效活动先进单位、全国青年岗位能手、市新长征突击队、上海电信杰出青年岗位能手等受到表彰。向“上海电信 APEC 青年志愿者服务队”

授旗，宣告电信青年 APEC 志愿服务活动正式启动。

2002 年 4 月 26 日，上海电信团委组织百余名团员青年与公司党政领导进行沟通，深化“追求完美沟通，奉献全新生活”的共同愿景。5 月，根据团市委“上海青年成才实践月”活动要求，公司团委以举办论坛、交流、寻访、表彰和事迹宣传等形式，推进“实践月”活动的开展。是年，公司各级团组织积极推进“共青团号”信用建设示范行动，开展信用承诺、公示信用条款等，将职业道德规范细化到岗位。

2003 年 3 月 27 日，上海电信团委在团员青年中开展“世博会与上海电信新一轮发展”大讨论，各单位团组织利用团组织生活会、演讲比赛、上团课等形式开展讨论活动。组织开展“为精彩世博奉献金点子”“青春与世博同行”创意征集主题活动。7 月，围绕公司“业务创新年”主题，举办“上海电信青年新业务创意大赛”。截至 9 月共收到创意作品 90 余篇，12 篇作品进入决赛。

2004 年 4 月 22 日，上海电信团委印发《关于开展 2004 年“青春与上海电信同行”主题活动的通知》，活动内容为：开展“我为小灵通发展做贡献”系列活动；围绕宽带业务的推广，开展创新创效活动；推进“职业化形象模板”设计，构建“双用”服务体系。28 日，举行“五四”表彰大会暨“青春与上海电信同行”启动仪式。是年，公司各级团组织在主题活动中，围绕企业急、难、险、重、新任务，以“建队育人、工程育人、科技育人”为目标，深入开展青年突击队、青年工程立功竞赛活动，共承建 53 项青年工程，组织 82 支青年突击队，队员总数达 1 090 人。

2005 年 9—11 月，根据团市委的统一部署，上海电信团委在全体团员中开展以学习实践“三个代表”重要思想为主要内容的增强共青团员意识主题教育活动。9 月 7 日，召开动员大会并上团课。9 月 9 日，成立主题教育活动推进小组，教育活动覆盖到 230 个基层团支部。印发增强共青团员意识主题教育活动的指导性意见。12 月 10 日，公司团委召开团员意识教育活动总结大会。通过宣传动员、学习教育、总结提高等 3 个阶段的教育工作，基本达到“增强意识、健全组织、活跃工作”的目标。

2006 年 4 月 29 日，上海电信团委召开纪念五四运动 87 周年暨先进表彰大会，启动“团员青年百事通创新创意”系列活动。活动分“走近号码百事通”业务宣传、“畅想号码百事通”金点子征集、“牵手号码百事通”个人通信助理测试活动等 3 个部分，历时半年，参与人数达 4 000 余人次。6 月 3 日，公司团委开展“上海电信转型之我见”征文比赛；7 月 17 日，组织开展“青春的节日——上海电信团员青年经典影片创意配音大赛”，收到 56 件作品。

2007 年 2 月 28 日，根据中宣部的统一安排，全国主要媒体集中宣传上海电信 114 号码百事通服务明星徐倩雯的先进事迹。3 月，上海电信团委向广大团员青年发出“关于开展向徐倩雯同志学习的倡议”并以“今天我们怎样成长”为主题，组织开展形式多样、内容丰富的学习徐倩雯先进事迹活动。11 月 12 日，印发《关于组织团员青年认真学习贯彻党的十七大精神的通知》，要求各级团组织把学习活动与谋划下年度工作思路相结合、与本职奉献相结合。

2008 年 4 月 29 日，上海电信团委召开纪念五四运动 89 周年暨先进表彰大会，公司党政领导要求广大团员青年，要勇于承担企业转型的重任，保持活力、善于创新、勇于实践，到前端去、到基层去、到转型最需要的地方去。

2009 年 4 月 28 日，上海电信团委召开纪念五四运动 90 周年暨先进表彰大会。5 月 25 日，召开离休干部和团员青年纪念上海解放 60 周年座谈会，青年员工和离休老干部共聚一堂，缅怀先烈、牢记历史。是年，公司各级团组织以“五四青年节”“5·17 世界电信日”、迎接世博等契机，在团员青年中广泛开展主题教育活动。

2010年4月29日，上海电信团委召开纪念五四运动91周年暨先进表彰大会，内容有表彰先进、成立世博保障临时团委暨青年建功突击队宣誓、第四届电信“青年风尚季”启动、第三届“创e赢家”杯员工创意大赛启动等4个主题。

三、团干部教育

2000年，上海电信团委举办三期团干部培训班，共106人参加；组织优秀青年知识分子、工技人员和团干部的研讨活动4次，共194人次参加。

2001年，上海电信团委利用团组织工作例会、学习交流和考察等形式对团干部进行培训，是年交流研讨4次，共122人参加。

2002年，上海电信团委实行“团委书记上课制度”，规定各级团干部要为一线团员青年授课，促进团干部自身素质的提高。是年，公司共组织团干部培训班4期，160余人参加。

2003年，上海电信团委建立团干部培训制度，每年举行“新上岗团干部培训班”，推行“个性化培训项目”，把团干部培训纳入团组织考核内容。

2004年8月，上海电信团委开展团干部素质拓展培训。是年，“新上岗团干部培训班”开设“团务知识”“团务实战演练”“演讲与口才”“成功心理学”“关键时刻——以服务促发展”等课程。

2005年6月，团委举办新上岗团干部培训班，内容涉及团务知识、关键时刻、沟通技巧、企业文化等经典课程。

2006年，上海电信团委通过54hope网站、举办新上岗团干部培训班等途径，组织团员青年学习号码百事通业务，有3 600人次参加网上知识竞赛。

2007年6月，上海电信团委举办新上岗团干部培训班。培训内容围绕团务知识、以服务促发展等展开。通过培训，使新上任的团干部感受到团工作的氛围。

2008年7月，上海电信团委以培养一支具有“靠得住、有本事、形象好”特质的团干部队伍为目标，开展新上岗团干部培训班。培训内容包括团务基础知识、解决问题的技巧及团组织重点工作介绍，安排团干部上岗资格考核。

2009年，上海电信团委通过内部“网格化团建”，新老团干部开展结对活动，实现传、帮、带。举办“新上岗团干部培训班”，25名基层团干部参加封闭式培训，新团干持证上岗。

2010年7月，上海电信团委组织开展“新上岗团干部培训班”，共35名团干部参与，新增“团组织的沟通技巧”培训课程。

第三节　青　年　工　作

一、青年建功行动

上海电信团委积极推进“阳光行动”，进一步深化青年突击队、争创“共青团号”、争创青年岗位能手、青年工程立功竞赛等活动，努力构建企业共青团工作的新格局。

【全国青年文明号】

1999年12月24日，根据信息产业部和共青团中央有关评选、复核全国青年文明号工作要求，中国邮电电信总局印发通知，在中国电信窗口单位进行1999年度全国青年文明号申报评选和对1996年度全国青年文明号复核认定工作。2001年6月7日，中国电信集团印发通知，上海电信数据通信事业部数据网络中心被新授予2000年度全国“青年文明号”称号；上海市电话局查号台、上海市长途电信局营业二室南京东路营业厅2个全国“青年文明号”经复核得到继续认定。114查号中心获“全国青年文明号集体信用建设示范单位”称号。其后，上海电信团委深入开展创建青年文明号的活动，努力提高通信服务水平。

截至2010年年底，上海电信共有全国“青年文明号”17个。

【上海市青年文明号(共青团号)】

上海市共青团号创建活动是以提高青年整体素质、培养优秀青年人才为导向的岗位实践活动，是共青团组织“示范群体建设”标志性项目之一。

2000年公司化运行后，上海电信团委根据团市委的部署，积极开展共青团号的创建活动，涌现出一大批体现高度职业文明并有一流工作业绩的青年群体。其中，有3个青年集体(工程)被团市委授予上海市“共青团号”称号，荣获“共青团号”称号的青年集体同时被授予“上海市新长征突击队”荣誉称号。

2004年2月18日，上海市团市委对2002—2003年度上海市“共青团号”进行颁授，上海电信有3个青年集体获此荣誉并被授予“上海市新长征突击队”荣誉称号。

2008年，信息网络部、百事应公司2个青年集体被评为“办特奥、迎世博”上海市青年文明号(共青团号)优质服务示范集体。

2010年，上海电信有上海市青年文明号(共青团号)31个。

【青年突击队】

2000年公司化运行后，上海电信团委积极响应公司的总体战略目标，将青年立功竞赛活动向市场营销、用户服务、科技攻关、创新创效等方面拓展。团结带领广大团员青年，大力弘扬顽强拼搏、无私奉献、团结奋斗、勇攀高峰、力争第一的竞赛精神，组建“阳光青年突击队”等青年集体，开展“优秀青年突击队”和“优秀青年突击队员”的评选，涌现出一大批上海市新长征突击队、优秀青年突击队及优秀青年突击队员，充分展现青年生力军和突击队的作用。2006年，西区电信局“徐珺班”青年突击队获上海市标杆青年突击队称号。2010年，上海电信有4个青年突击队获世博园区青年突击队称号，6个获世博局信息化部优秀青年突击队称号。

表12-5-2　2000—2010年获上海市优秀青年突击队(员)称号情况表

年　份	新长征突击队(个)	优秀青年突击队(个)	优秀青年突击队员(人)	标杆青年突击队员(人)
2000	3	—	—	—
2001	3	2	2	1
2002	—	—	2	1
2003	3	3	5	1
2004	5	1	2	—

〔续表〕

年　份	新长征突击队(个)	优秀青年突击队(个)	优秀青年突击队员(人)	标杆青年突击队员(人)
2005	4	2	4	1
2006	—	2	3	—
2007	1	2	3	—
2008	—	2	2	—
2009	—	2	2	—
2010	—	—	—	—

【青年岗位能手】

上海电信团委以"造就一批优秀青年人才，提高一代青年整体素质"为目标，广泛开展"争当青年岗位能手"活动。2000—2010 年，上海电信在经营、管理、服务、科研等方面，涌现出一批全国青年岗位能手、上海市新长征突击手、中央企业青年岗位能手、上海市杰出青年岗位能手、上海市青年"五四"奖章等青年岗位能手。2007 年，徐倩雯分别获得 2007 年度中国青年"五四"奖章和上海市新长征突击手标兵称号。2010 年，上海电信有 14 人获世博园区各类青年岗位能手称号。

表 12－5－3　2000—2010 年获上海市级及以上级别青年岗位能手称号情况表

年份	全国青年岗位能手(人)	上海市新长征突击手(人)	上海市杰出青年岗位能手(人)	上海市青年岗位能手(人)	中央企业青年岗位能手(人)	上海市青年"五四"奖章(人)
2000	1	—	—	—	—	—
2001	—	2	—	—	—	—
2002	—	—	—	—	—	—
2003	—	—	—	—	—	—
2004	—	—	—	—	1	—
2005	—	3	—	—	—	—
2006	—	—	1	1	—	—
2007	—	1	—	3	—	—
2008	—	3	1	—	—	—
2009	—	2	1	—	—	—
2010	2	—	—	3	1	1

说明：2009 年起，上海市新长征突击手改为上海市青年"五四"奖章评选。

二、创 e 赢家

2007 年 6 月 21 日，上海电信团委印发《关于开展"创 e 赢家"主题活动的通知》。活动围绕我的

e家、商务领航、IPTV、号码百事通、传统语音等5个业务展开，进行平面广告和彩铃广告的设计，以“畅想我的e生活”为主题，对未来信息生活进行展望。7—11月，经过“创意训练”“创意征集”和“创意呈现”等3个阶段，共收到22个彩铃广告、33个单片广告、35份“e生活畅想”作品。

2008年4—11月，上海电信工会、团委、互联网与增值业务部、研究院联合举办首届“创e赢家杯”员工创意大赛，围绕公司重点转型产品，如“我的e家”、商务领航、IPTV、无线宽带、固网支付等，分为创意培育、创意选拔、产品孵化和年度总评四大阶段。截至6月30日，共收到员工创新创意作品552件。经大赛评审小组评审，产生25件“金点子”作品，其中，最佳“金点子”奖4个，作品进入后期孵化；“金点子”鼓励奖22个。

2009年2月16日，上海电信第二届“创e赢家杯”员工创意大赛启动。本次创意大赛聚焦以天翼品牌为统领的移动互联网产品创新，分行动筹备、创意行动、创意孵化等3个部分。截至4月10日，“创新梦工厂”网络平台共收到“五小建议”1 087条，“创意方案”643个。经大赛评审小组评审，评出优秀“五小建议”奖10个、入围奖30个。评出最佳“金点子”奖4个，即最终进入孵化的创意方案；“金点子”鼓励奖15个。

2010年4月27日，由公司工会、团委、人力资源部、市场部、总师室、网发部、客服质监部、研究院联合举办第三届“创e赢家杯”员工创意行动。本次创意大赛课题分为创意类和“五小建议”两大系列，聚焦于业务产品创新、3G套餐营销策划建议、网络建设建议、节能减排建议等4个方面。本次大赛分直属单位和公司两级评审，截至6月30日，共计收到“五小建议”750条和“创意方案”444个。经过专家两轮评选，评出8个最佳“金点子”奖、15个“金点子”入围奖，10条优秀“五小建议”奖、34条“五小建议”入围奖。

表12-5-4　2008—2010年最佳“金点子”奖情况表

序号	年份	单位	金点子名称	备注
1	2008	研究院	综合VPN业务之短号码一号双机	—
2	2008	研究院	将移动元素注入“号百商城”—“移动商城”产品创新	—
3	2008	研究院、东区电信局、莘闵电信局	无线城市定向广告媒体计划	—
4	2008	研究院	家庭客户“e家无忧试客圈”	—
5	2009	研究院	手机节目表和个性录制	合并方案
		研究院	IPTV与3G手机之间的精彩推荐	
6	2009	家庭客户部	场景式七彩铃音服务	—
7	2009	研究院	健康伴我行	合并方案
		研究院	用药提醒及产品安全应急通知系统	
8	2009	市场部	校园手机报	—
9	2010	研究院	天翼飞话：基于天翼手机的多方全能聊	—
10	2010	公客部	预付费移动广告产品创意	—
11	2010	研究院	具备Wi-Fi功能的SD存储卡	—
12	2010	研究院	天翼K歌秀	—

〔续表〕

序号	年　份	单　　位	金点子名称	备　注
13	2010	长途无线部	扫描+PTT 在物流企业的应用	—
14	2010	研究院	设备定位管理	—
15	2010	互联网部	小 e 机器人后世博期间使用建议	—
16	2010	市场部、互联网部、研究院	IPTV 电视社区	—

三、青年风尚季

2007 年，上海电信团委举办首届“青年风尚季”主题活动。公司团委所属团组织通过党团同行、文化创新、奉献爱心等主题活动，展现电信青年品牌形象。3 月，启动“今天我们怎样成长——学习徐倩雯同志先进事迹”活动；5 月，启动青年风尚季之“蓝色引擎、爱心放送”活动。在第 17 次全国“助残日”，组织团员青年与市儿童福利院 20 名智障儿童组成临时家庭，在东方绿洲开展包括汽车拉力、T 恤彩绘、放飞风筝等活动。

2008 年 5—7 月，上海电信团委围绕“健康生活、快乐工作”开展第二届“青年风尚季”主题系列活动。9 月 7 日，公司团委组织 18 对新人在金山枫泾举办“幸福左岸”集体婚礼，让事业与爱情在同一起跑线上展翅高飞。各单位团组织自行组织或联合举办形式多样的活动。

2009 年 5 月 22 日，上海电信团委组织第三届以“关爱身边青年”为主题的“青年风尚季”主题活动。活动分“五四”纪念大会现场拍卖和“爱心货品交易”活动两部分，将交易额的 10%注入“青年风尚・爱基金”。本次义卖共售出货品 437 件，计提款项 7 390 元，援助公司内部需要帮助的青年群体。

2010 年 4 月，上海电信第四届“青年风尚季”——青春世博绿色行动启动。该行动倡导“我的低碳世博，我的乐活青春”。5 月 15 日—7 月 15 日，以“我的低碳世博，我的乐活青春”为主线，组织青春世博绿色行动暨“天翼星空杯”低碳短信原创大赛。7 月 8 日、15 日，组织“青春世博爱心物品义卖”活动，计提 9 560.7 元用于帮助困难青年。7 月 16 日，举办“玩转黑莓——TOP 联盟商务达人训练营”主题活动，近 40 名团青年参加这次活动。其他各单位团组织分别开展 PPT 设计制作大赛、账单创意设计大赛、“你我 e 家”卡拉 OK 大赛等活动。

第十三篇

人物

概　述

2000 年公司化运行后，广大干部和员工以极大的热情投入公司改革发展、转型等各项工作，在各自岗位上通过技术创新、机制创新、管理创新，将上海电信逐步建设成适应市场经济的现代企业。

本篇通过人物传略、人物简介和人物表，分类记录为上海电信做出突出贡献的人和集体。其中，人物传略为 2 人，是本志期内逝世的长征老红军、老革命，并且担任过邮电管理局副局级以上职务。人物简介为 9 人，其中，3 人是本志期内在世的老红军、老革命，且担任过邮电管理局副局级以上职务，或有重要社会影响；3 人是本志期内担任过上海电信党政正职的公司领导；2 人为本志期内获得全国劳动模范称号的上海电信从事通信服务工作的员工。人物表分为全国人民代表大会代表、中共上海市代表大会代表、上海市人民代表大会代表、上海市政治协商会议委员，享受国务院颁发的政府特殊津贴人员，个人荣誉，集体荣誉四部分。其中，个人荣誉包括全国与部、市劳动模范，五一劳动奖章、党建工作重要荣誉、三八红旗手、新长征突击手、青年五四奖章和其他重要荣誉获得者；集体荣誉包括全国与上海市文明单位、五一劳动奖状、精神文明建设工作先进单位，全国与部、市劳动模范集体，工人先锋号、五四红旗团组织、青年文明号、共青团号和其他重要荣誉获得集体。

第一章　人物传略

何永忠(1916—2008)　曾用名何濂溪，四川平昌人。1932年10月加入红军赤卫队，1933年2月参加中国工农红军第四方面军，是年春参加共青团，6月由共青团员转为中国共产党党员。其先后在红33团(后改为红30军90师268团)、269团、红90师师部当战士、通讯员、文书。1933—1934年，何永忠先后参加反击四川军阀的六路围攻战役、空山坝战役、营渠战役、绥定战役，在战斗中作战英勇。在万源保卫战中，作为敢死队员冲锋，身负重伤，被抬下战场，是参加敢死队的280名战士中幸存的80人之一。

1935年年初，带伤过嘉陵江开始长征，是年5月在四川懋功与中央红军会合，之后数次翻越雪山，三次走过草地。是年11月，到红四方面军通讯学校学习无线电报务，从此与通信事业结下不解之缘。

1936年10月，三大主力红军在陕北会宁会师。其后，随部队渡过黄河，远征西北，经历宁夏战役等一系列战斗。过黄河的2万余人，改称西路军。在战斗异常残酷的西征路上，既要学习报务，又必须直接参加作战。1937年5月1日，西路军余部进入新疆，成为全军官兵仅剩的420人之一。

1938年，自新疆经兰州八路军办事处到延安，在通信局53分队工作，此后由武汉八路军办事处派遣到鄂东地委郑位三处任电台队长、新四军立煌办事处电台队长等职。1942年，到新四军四师通信科工作，任电台副中队长。1943年，任新四军军部电讯大队副大队长。1945年，任新四军七师通讯科长。1948年，任第三野战军第八兵团通信科副科长。

1949年后，任浙江省邮电管理局局长。1954年任浙江省交通厅党组书记、第一副厅长。1956年任邮电部工程局局长。1958年调上海工作，先后任上海市邮电管理局局长、党委书记。“文化大革命”中，遭受迫害，被隔离审查停止工作。十年动乱结束后，于1978年恢复工作，任上海市邮电管理局党委书记兼局长。1983年当选上海市第八届人大常委。1988年4月离休。2008年10月18日，因病在上海逝世。

在其76年的革命生涯中，在长期艰苦的军旅生涯中，在残酷激烈的对敌斗争中得到磨炼，为党的伟大革命事业和中国的解放事业贡献青春年华。1949年后，在邮电部门工作30多年，重视调查研究，重视企业管理，工作深入细致，善于总结经验，为上海的邮电发展打下坚实基础。提出和倡导的“业务为用户、机务为业务、线务为机务、管理为生产、后方为前方”的“五为精神”，成为企业管理和文化的重要组成部分，深刻地影响了一代又一代电信人。

杨文圻(1918—2008) 曾用名薛维民，江苏无锡人。1938年12月参加革命工作，是月加入中国共产党。1936年6月—1948年8月先后在上海、武汉、南京、成都等地电信局工作，在残酷的白色恐怖下以工作为掩护从事党的地下工作。通过创办伙食团，开展篮排球、歌咏、话剧、墙报、读书会和时事讨论会等活动，组织职工开展抗日救亡活动。他曾组织建立成都电信职工会，参与领导1946年成都电信职工怠工斗争。解放战争时期，在上海电信局进行上层工作，之后撤退至解放区。

上海解放后，参加军管上海电信工作。1960年10月—1963年10月，任上海市邮电管理局党委副书记兼上海市市内电话局党委书记。1960年10月—1961年10月，兼任上海市市内电话局局长。1963年10月—1967年1月，任上海市人民委员会外事处副处长。1968年10月—1972年7月，遭受迫害，被非法隔离在上海市"五七干校"。1973年12月，任1416研究所党委副书记。1976年5月，调任上海市计算技术研究所任党委书记。1981年2月，任上海市邮电管理局党委副书记、顾问，兼任邮电部1240工程建设局党委书记。1985年12月离休。2008年12月26日，因病逝世。

长期担任邮电领导工作，熟识邮电通信生产管理和党的工作，为上海邮电事业的发展打下了坚实的基础。

第二章 人物简介

周行及(1916—) 曾用名周梦杰,上海市人。1936年,在上海美华印书馆加入中国共产党。1937年在上海南市保卫团、康悌难民收容所参加工运和救亡工作。1938年在陕西安吴堡青训班、延安抗大、军委三局通信学校学习。1940年在延安24分队、杨家岭、保司等电台任报务员。1942年在定边警三旅、独一旅、一军二师电台任报务主任、队长。1949年任青海无线电总台、电信局无线电台台长。1950年任青海省电信局局长。1953年任青海省邮电管理局副局长。1982年10月调上海市邮电管理局。1983年初离休。

刘雪清(1922—) 安徽萧县人。1939年参加革命工作,任游击队通信员、新兵连学员、抗大四分校学员,新四军四师电台报务员、分队长。1940年加入中国共产党。1944年任苏浙军区电台、华中军区电台报务主任、队长,华中雪枫大学班长、排长。1946年任三野司令部电台队长、华东军区通信局队长、参谋。在八路军游击小组时期参加与日寇作战、破坏敌方铁路多次。上海解放后,1949年任上海电信局人事科长、电报处处长。1957年任上海电报局局长。1961年任上海电信研究所党委书记、所长。1964年任上海市邮电管理局副局长、党委常委。"文化大革命"中遭受审查。1967年任上海市邮电管理局革委会工作人员、负责人。1970年任上海市电信局党领导小组成员、党委常委。1973年任上海市邮电管理局党委副书记、副局长。1981年任上海市邮电管理局顾问。1982年离休。

宋振西(1932—) 女,江苏邳县人。革命烈士宋绮云、徐林侠女儿,长篇革命纪实小说《红岩》中"小萝卜头"的姐姐。出生于西安,4岁被送回祖父母居住处邳县老家。从小参加儿童团、针线会、读书识字班等活动,配合妇救会帮助抗属,1944年被淮北民主政府评为二等模范社教工作者,1946年参加淮北抗日救亡干部培训班,半年后成为一名新四军战士,1947年参加华东军政大学学习报务,1949年参加渡江战役,1950年参加解放苏浙沿海岛屿战役,是年加入中国共产党,在部队期间先后十次立功。

顾泉生(1940—) 上海市人。中共党员。初中学历,经济师。1956年起先后任嘉定县南翔镇永乐村支部书记、工业主任,经济发展公司总经理、支部书记兼经理。1989年因征地行政关系划入上海邮电器材公司,任上海电信设备一厂经理,1990年任上海通信电缆厂党支部书记、经理。1987年获上海市劳动模范荣誉称号,1994年任上海市优秀村民委员会主任,1995年任全国优秀村民委员会主任,2000年获全国劳动模范荣誉称号。

程锡元(1944—) 江苏常熟人。中共党员。重庆通信兵工程学院无线电工程系毕业,大学学历。教授级高级工程师,享受国务院特殊津贴。1961年入伍参加工作,1969年任上海市长途电话局技术员、七·二一工人大学教师、长途局修机室工程师。1982年任上海市邮电管理局规划室主任助理。1983年任上海市长途电话局局长。1984年任上海市邮电管理局副局长、常务副局长、常务副局长兼总工程师。1995年任上海市邮电管理局局长、党委副书记。2000年任上海市邮电管理局党委书记、局长。2000年任中国电信集团上海市电信公司党委书记、总经理。2002年任上海市电信有限公司党委书记、董事长、总经理。上海市第十届、第十一届人大代表,上海市第十届政协常委。1998年获上海市劳动模范。

张维华(1960—　)　上海市人。中共党员。复旦大学管理学院管理科学专业管理学博士,教授级高级工程师。1983年参加工作,任上海电信设备二厂技术开发组组长。1988年任上海郊县邮电局科技科工程师、生产实验室副主任。1992年任上海浦东新区通信建设工程公司筹建负责人、总工程师。1994年任上海电信技术研究所交换室负责人、上海市邮电管理局总工程师助理。1995年任上海市邮电管理局副局长、副局长兼总工程师。2000年任上海市电信公司副总经理。2002年任中国电信(美国)公司总经理。2005年任上海市电信有限公司党委书记、董事长。2007年任上海市电信有限公司党委书记、董事长、总经理。2008年任中国电信上海公司党委书记、总经理。2009年中央企业劳动模范、2010年上海世博会先进个人。其提出的"电信级数字媒体网络工程及业务开发"项目获国家科学技术进步奖二等奖、中国通信学会科学技术奖一等奖、中国电信集团科技进步奖一等奖。2008年上海市领军人才。2008年任上海市政协第十一届委员会常务委员、第十二届全国人大代表、上海市第七届科技协会副主席。

王　玮(1965—　)　浙江余姚人。中共党员。上海大学电子技术系电信专业本科毕业,香港理工大学管理学博士,教授级高级工程师。1986年起在上海市长途电信局长机室、引进办、国际站工作。1993年任上海市邮电管理局浦东电信运行部副总工程师兼维护中心副主任。1994年任上海市邮电管理局电信处运行维护科副科长、处长助理、主任工程师、副主任。2000年任上海市电信公司运行维护部副经理兼长途通信处处长。2003年任上海市电信公司总经理助理兼上海理想信息产业有限公司党总支书记、总经理。2004年任上海市电信公司副总经理,上海市电信有限公司董事、副总经理兼上海理想信息产业有限公司总经理,上海市电信有限公司党委委员,上海市电信公司总经理、党委副书记,上海市电信有限公司董事、总经理、党委副书记。2007年任中国电信集团号百信息服务有限公司党委书记、总经理。2000年被评为"信息产业部Y2K改造工作上海片先进个人",2001年、2002年、2003年上海市重点工程"建设功臣",2008年国务院国资委劳动模范,2009年中央企业劳动模范。

徐倩雯(1974—　)　女,江苏盐城人。中共党员。大学本科学历,话务技师。1995年参加114查号台工作,先后担任话务员、班长、值班长、客服经理等职务。2003年全国信息产业系统劳动模范,2004年全国用户满意电信服务明星,2007年获全国五四青年奖章、全国五一劳动奖章、上海市新长征突击手标兵称号,1996年、2008年上海市三八红旗手,2009年全国三八红旗手,2010年全国劳动模范。

徐　珺(1979—　)　上海市人。中共党员。大专学历。1997年参加工作,先后担任上海市电话局西区局泰兴分局设备线务员,上海市电话局武宁分局、镇坪分局数字终端线务员,上海电信公司西区电信局静安分局社区客户经理、综合维护、上海公司西区局营维渠道运营中心客户服务支撑等职务。通信线务高级技师,通信线务技术专家。第43届、第44届中国世界技能大赛信息网络布线比赛选拔赛裁判。上海市青年联合会委员。2004年全国电信行业用户服务满意服务明星,2004年上海市劳动模范,2005年全国劳动模范,2004—2005年度上海市工人技术能手创新能手,2006年上海市杰出青年岗位能手,2007—2009年上海市杰出技术能手,2008—2010年度上海市十大工人发明家。

第三章　人物表

第一节　全国人民代表大会代表、中国共产党上海市代表大会代表、上海市人民代表大会代表和上海市政治协商会议委员

表 13－3－1　全国人民代表大会代表、中国共产党上海市代表大会代表、上海市人民代表大会代表和上海市政治协商会议委员情况表

组织/机构	届　次	代表/委员	姓　名
全国人民代表大会	第九届	代表	郭建华
中国共产党上海市代表大会	第八次	代表	程锡元
	第九次	代表	张维华
		代表	徐倩雯
上海市人民代表大会	第十一届	代表	程锡元
		代表	居伟英
上海市政治协商会议	第十届	常务委员	程锡元
		委员	郭建华
	第十一届	常务委员	张维华

第二节　享受国务院颁发的政府特殊津贴人员

表 13－3－2　享受国务院颁发的政府特殊津贴人员情况表

序号	授予年份	姓　名	专业职务	津贴发放
1	2001	钱名海	教授级高工	一次性津贴
2	2002	郭黎达(女)	教授级高工	一次性津贴
3	2002	严海宁	高工	一次性津贴
4	2002	张　健	教授级高工	一次性津贴
5	2006	宋玲玲(女)	高工	一次性津贴
6	2006	夏　雷	高工	一次性津贴
7	2008	傅志仁	高工	一次性津贴
8	2008	梁笃国	高工	一次性津贴

第三节　个人荣誉

一、劳动模范

表 13-3-3　劳动模范情况表

荣誉名称	获奖年份	获奖个人
全国劳动模范	2000	顾泉生
	2005	徐　珺
	2010	徐倩雯
中央企业劳动模范	2004	赵永康
	2009	张维华
全国信息产业系统劳动模范	2003	殷　雄
	2003	梁笃国
	2003	徐倩雯
	2003	杨海燕
上海市劳动模范	2001	秦永虎
	2001	张之霞
	2001	陈公超
	2001	夏　雷
	2001	徐　栋
	2001	王　斌
	2004	夏伯余
	2004	傅志仁
	2004	徐　栋
	2004	徐　珺
	2004	徐震宇
	2004	郑安康
	2004	蒋　力
	2004	施　恩
	2004	李　兵
	2007	马毓敏
	2007	李　蕾
	2007	吴文巍
	2007	张慧英

〔续表〕

荣誉名称	获奖年份	获奖个人
上海市劳动模范	2007	周纪东
	2007	杜　秋
	2007	钱　屹
	2010	殷　雄
	2010	何剑鸣
	2010	王　伟
	2010	陈兆波
	2010	张明杰
	2010	周学明
	2010	陆　巍

二、五一劳动奖章

表 13-3-4　五一劳动奖章获奖情况表

荣誉名称	获奖年份	获奖个人
全国五一劳动奖章	2000	居伟英
	2002	夏　雷
	2003	陈永心
	2004	秦永虎
	2006	蔡耀良
	2007	徐倩雯
	2008	蒋　力
	2009	吴文巍
	2010	花锐强
上海市五一劳动奖章	2006	吴文巍
	2006	方灵敏
	2008	钱晓文
	2009	张之霞
	2009	薛黎冰
	2009	陆　巍
	2010	花锐强
	2010	忻　烨

三、党建工作重要荣誉

表 13-3-5　党建工作重要荣誉情况表

荣誉名称	获奖年份	获奖个人
中央企业优秀思想政治工作者	2009	陈鸿生
中央国资委优秀党务工作者	2010	沙光明

四、三八红旗手

表 13-3-6　三八红旗手情况表

荣誉名称	获奖年份	获奖个人
全国三八红旗手	2009	徐倩雯
上海市三八红旗手	2000	郭黎达
	2000	王莘华
	2002	蒋　力
	2002	李　蕾
	2004	王　群
	2004	肖素华
	2004	罗仙英
	2006	张慧英
	2006	田禾茵
	2006	俞朱瑾
	2008	夏　艳
	2008	陆爱娣
	2010	童丽琴
	2010	孔莹莹
	2010	瞿悦雯

五、青年五四奖章和新长征突击手

表 13-3-7　青年五四奖章和新长征突击手情况表

荣誉名称	获奖年份	获奖个人
中国青年五四奖章	2007	徐倩雯
上海市新长征突击手	2001	王丽敏
	2001	周　健

〔续表〕

荣誉名称	获奖年份	获奖个人
上海市新长征突击手	2005	徐　珺
	2005	方　胤
	2005	封　霞
上海市青年五四奖章	2010	张　钧

六、其他重要荣誉

表 13-3-8　其他重要荣誉情况表

荣誉名称	获奖年份	获奖个人
中央企业先进职工	2010	曹逸文
中央企业先进职工	2010	吴　洁
中国 2010 年上海世博会先进个人	2010	赵行明
中国 2010 年上海世博会先进个人	2010	张之霞

第四节　集体荣誉

一、文明单位

表 13-4-1　文明单位情况表

荣誉名称	获奖年份	获奖单位
全国文明单位	2005	上海市电信有限公司(本部)
	2005	长途通信部
	2009	中国电信股份有限公司上海分公司(总部)
上海市文明单位	2001	长途通信事业部、数据通信事业部、北区电信局、南汇电信局、松江电信局、邮电设计院、技术研究院、114 查号中心、专用电信局、邮电器材工业公司
	2003	长途通信事业部、数据通信事业部、南汇电信局、松江电信局、浦东电信局、奉贤电信局、莘闵电信局、邮电设计院、技术研究院、市场部 114 查号中心、专用电信局、邮电器材工业公司
	2005	长途通信部、信息网络部、南汇电信局、松江电信局、浦东电信局、奉贤电信局、莘闵电信局、金山电信局、青浦电信局、崇明电信局、西区电信局、嘉定电信局、上海公司(本部)、114 查号中心、专用电信局、邮电设计院、技术研究院、邮电器材工业公司、电信实业(集团)公司、通茂大酒店、科技发展公司、世纪新元信息产业公司、德律风物业公司、华新电线电缆公司、邮电物业管理公司
	2007	长途通信部、信息网络部、南汇电信局、松江电信局、浦东电信局、奉贤电信局、莘闵电信局、金山电信局、青浦电信局、崇明电信局、西区电信局、嘉定电信局、上海公司(本部)、信息集团 114 查号中心、邮电设计院、电信研究院、帐务中心、大客户部、邮电器材工业公司、电信实业(集团)公司、通茂大酒店、科技发展公司、世纪新元信息产业公司、德律风物业公司、华新电线电缆公司、共联通信信息发展公司

〔续表〕

荣誉名称	获奖年份	获奖单位
上海市文明单位	2009	通茂大酒店、信产通信服务公司、德律风物业公司、东区电信局、科技发展公司、工程公司、信电通通信建设服务公司、嘉定电信局、金山电信局、申新电气公司、青浦电信局、怡沁园度假村、崇明电信局、上海公司(本部)、长途无线部、西区电信局、共联通信信息发展公司、普天邮通科技公司、松江电信局、莘闵电信局、南汇电信局、物流分公司、邮电设计院、电信研究院、信息网络部、帐务中心、号百公司呼叫中心、政企客户部
	2011	通茂大酒店、南区电信局、信产通信服务公司、客户服务中心、东区电信局、科技发展公司、工程公司、宝山电信局、信电通通信建设服务公司、金山电信局、松江电信局、青浦电信局、奉贤电信局、怡沁园度假村、上海公司(本部)、长途无线部、电信研究院、松江电信局、崇明电信局、西区电信局、信息网络部、莘闵电信局、号百公司呼叫中心、政企客户部、帐务中心、共联通信信息发展公司、邮电设计咨询研究院、通贸进出口公司、浦东电信局、北区电信局、应急通信局

二、五一劳动奖状

表 13-4-2　五一劳动奖状情况表

荣誉名称	获奖年份	获奖单位
全国五一劳动奖状	2001	中国电信集团上海市电信公司
上海市五一劳动奖状	2007	上海市电信有限公司
	2008	上海机动通信局
	2009	中区电信局
	2009	长途无线部
	2010	长途无线部
	2010	网络运行部

三、劳模(模范)集体和先进集体

表 13-4-3　劳模(模范)集体和先进集体情况表

荣誉名称	获奖年份	获奖单位
中央企业先进集体	2009	机动通信局三分局
全国信息产业系统先进集体	2003	浦东电信局
全国信息产业系统先进集体	2003	长途通信部漕溪维护分中心传输班
1998—2000 年度上海市模范集体	—	市场部 114 查号中心、运行维护部线路中心市北工区工程二班、长途通信事业部营销服务部
2001—2003 年度上海市劳模集体	—	长途通信部长途电信线务局、上海邮电设计院有限公司设计五部、上海理想信息产业(集团)有限公司系统集成事业部

〔续表〕

荣誉名称	获奖年份	获奖单位
2004—2006 年度上海市劳模集体	—	西区电信局徐珺班、松江电信局市场拓展处、大客户部金融客户关系部
2007—2009 年度上海市模范集体	—	南区电信局营业室、中国电信上海号百分公司呼叫中心运行二部、上海机动通信局三分局

四、党建工作重要荣誉

表 13-4-4　党建工作重要荣誉情况表

荣誉名称	获奖年份	获奖单位
中央企业先进基层党组织	2004	上海市电信有限公司党委
上海市先进基层党组织	2001	数据通信事业部党委
	2006	长途通信部党委

五、精神文明建设工作重要荣誉

表 13-4-5　精神文明建设工作重要荣誉情况表

荣誉名称	获奖年份	获奖单位
全国精神文明建设工作先进单位	2005	崇明电信局
	2009	崇明电信局
	2009	金山电信局

六、工人先锋号

表 13-4-6　工人先锋号情况表

荣誉名称	获奖年份	获奖单位
全国工人先锋号	2008	西区局徐珺班组
	2009	松江局政企中心营销班
	2010	浦东局三林世博分局
国防邮电系统“工人先锋号”	2008	上海邮电设计院有限公司无线 3G 勘察设计院
上海市工人先锋号	2008	南区局漕溪北路营业厅、松江局政企中心营销班、上海世纪新元信息产业有限公司 10000 号呼叫中心投诉组、理想集团商务领航运营服务组
	2009	北区电信局、帐务中心、东区局打虎山路营业厅、西区局综合营业室、宝山局牡丹江路营业厅、松江局乐都路营业厅、金山局卫零路营业厅、崇明局政企客户服务中心营销班、长途无线部视讯中心 PBC 班组、号百分公司客服运行一部、德律风物业有限公司钱屹热线班组

〔续表〕

荣誉名称	获奖年份	获 奖 单 位
上海市工人先锋号	2010	机动通信服务保障团队、中区局客户响应建设中心、理想集团 ICT 集成业务部、网络发展部工程建设中心、客服质监部、政企客户部 ICT 部、中国电信上海网络操作维护中心、上海电信工程有限公司网信分公司、理想信息产业(集团)有限公司、上海世博会信息通信馆场馆团队、中国电信上海公司 962010 世博热线、崇明电信局

七、妇女工作重要荣誉

表 13-4-7 妇女工作重要荣誉情况表

荣 誉 名 称	获奖年份	获 奖 单 位
全国先进女职工集体	2002	上海电信工会女职工委员会
上海市三八红旗集体	2000	114 查号中心黄兴台
	2002	数据通信事业部多媒体网络中心网管室、电信市场部查号中心、上海邮电设计院交换机设计部
	2004	上海信息产业(集团)有限公司"118318 百事应"客服中心
	2006	南区电信局漕溪北路综合营业厅、网络运行部传输中心监控室
	2008	浦东电信局政企客户服务中心三林世博区域、上海德律风物业有限公司邮电幼儿园
	2010	上海共联通信信息发展有限公司斜土路营业厅

八、青年工作重要荣誉

表 13-4-8 青年工作重要荣誉情况表

荣 誉 名 称	获奖年份	获 奖 单 位
全国青年文明号	2001	长途通信事业部营业二室南京东路营业大厅、长途通信事业部崇明国际海缆登陆局、数据通信事业部数据网络中心
	2004	上海市电信有限公司大客户部
	2005	网络运行部传输中心"223"监控室
	2007	信息网络部多媒体网络中心田禾茵网管室
	2008	西区局维护中心、上海邮电设计院有限公司无线勘察设计院、网络操作维护中心交换中心业务平台室
	2010	百事应信息有限公司、网络运行部传输线路维护中心浦东维护班组、中区局维护中心
中央企业五四红旗团组织	2009	浦东局团委

〔续表〕

荣誉名称	获奖年份	获奖单位
上海市五四红旗团组织	2004	上海市电信有限公司团委
	2008	西区局团委
	2009	长途无线部团委
	2010	上海市信产通信服务有限公司团委
上海市共青团号	2001	浦东电信局东昌分局
	2004	信息网络部田禾茵网管室、网络运行部网管中心业务平台室、上海电信百事应信息有限公司
	2005	西区电信局112受理中心、浦东电信局东方路营业室、帐务中心经营服务部、上海国际保龄球度假中心前厅部、上海邮电器材工业有限公司工程配套部
	2006	东区电信局逸仙112受理中心受理班、北区电信局维护中心、上海世纪新元信息产业有限公司10000号呼叫中心
上海市青年文明号	2007	上海通茂大酒店有限公司前厅部、浦东局112受理中心
	2008	长途无线部信息中心项目开发班、信息产业(集团)有限公司IPTV运营中心、共联通信信息发展有限公司东三里桥营业厅
	2009	浦东局112受理中心宽带预处理班组、信息网络部信息园区IDC机房、上海热线信息网络有限公司
	2010	中国电信上海公司962010世博热线、浦东电信局政企客户服务中心三林世博区域班、机动通信局视讯班组

九、其他重要荣誉

表13-4-9　其他重要荣誉情况表

荣誉名称	获奖年份	获奖单位
全国用户满意企业	2001	中国电信集团上海市电信公司
	2005	上海市电信有限公司
全国质量管理先进企业	2002	中国电信集团上海市电信公司
全国“用户满意服务”称号	2002	市场部查号中心
全国“爱国拥军模范单位”	2003	上海市电信有限公司
全国用户满意服务企业	2004	上海电信帐务中心
全国质量管理小组活动优秀企业	2005	上海市电信有限公司
全国通信行业用户满意企业	2009	中国电信上海公司
中国2010年上海世博会先进集体	2010	中国电信上海公司、中国电信上海世博会项目管理部
中央企业红旗班组	2010	中国电信上海公司宝山局长江分局营销组

〔续表〕

荣誉名称	获奖年份	获奖单位
上海市拥军优属模范单位	2000	上海市电信公司
	2003	上海市电信有限公司
	2008	中国电信股份有限公司上海分公司
上海市质量金奖	2001	上海市电信公司
上海市满意服务	2001	长途通信事业部“全无忧”售后服务、市场部查号中心“信息导航”服务
上海市用户满意服务	2002	市场部查号中心
上海市用户满意服务单位	2004	上海电信帐务中心
上海市用户满意企业	2005	上海市电信有限公司
上海世博工作优秀集体	2010	中国电信上海世博会项目管理部、长途无线部、网络运行部、浦东电信局、浦东局三林世博分局、中国电信上海公司962010世博热线

专 记

一、大力推进社会信息化建设

1997年，上海市邮电管理局为积极参与城市信息化建设，设立“212”工程（即面向21世纪的企业信息化工程和社会信息化工程）推进办公室。2000年公司化运行后，上海电信明确企业使命是“致力于信息通信和信息服务领域”。企业发展目标是“建成具有世界级竞争力的信息通信和信息服务子公司”。为此，2000—2010年，上海电信致力于社会信息化建设。2001年11月，上海电信印发《关于深化区县信息化推进工作的管理流程（试行）》。2002年3月，成立公司区县信息化推进办公室。4月，印发《上海公司区县信息化推进工作指导意见》，明确要在社会信息化浪潮中承担主力军作用，在上海市各区县推进信息化工作，为政府机构、各行各业的信息化提供各类优质服务，提高整个社会的信息应用水平，提升整个地区的综合竞争力。2006年8月，上海电信提出企业战略转型的总体目标是实现从传统基础网络运营商向现代综合信息服务提供商的转变，转型的关键是服务上海经济建设，做强综合信息服务。9月，上海电信印发加快上海新郊区、新农村信息化建设的相关指导意见，着力推进上海农村信息化。

2000—2010年，上海电信抓好政务、行业、民生、农业等四大领域信息化，努力提升城市信息化水平。累计实施项目超过600个，在助力上海市政务提升、经济发展、社会治理和公共服务完善方面，发挥应有的作用。

【政府信息化】

上海各级政府既是政务信息化的直接需求者，也是区域社会信息化的有力规划和推动者。上海电信始终与上海各级政府保持良好的互动合作关系，积极发挥信息技术优势，运用异步传输模式（ATM）、虚拟专网（VPN）、数字数据专网（DDN）、信息安全等新技术手段助力政务网建设，降低行政管理成本。截至2007年4月，全市19个区县均与上海电信签订信息化建设合作协议。

基础网络服务　2000年年初，上海电信嘉定电信局承建交付朱家桥镇政府政务信息网，其后又在戬浜、马陆、封浜、安亭等镇实施政务网工程，掀起嘉定区政务信息网建设高潮。

2002年，上海电信松江电信局承建松江区方松街道电子政务网络平台，项目包括内部实施综合布线，外部通过10 Mbps的FTTB接入松江IP宽带网络，网络覆盖方松街道管辖的松江新城区内所有单位，包括办事处、居委会、直属企业和居民小区共11个点。

2006年，上海市政府将数字集群政务共网作为应急联动指挥调度通信网的建设实施方案。12月30日，上海电信承建并运营的全市800 MHz数字集群政务共网正式开通，覆盖全市行政区域和洋山深水港地区，用于突发事件应急调度通信、日常工作通信和管理、重要活动现场通信和管理等领域，是上海市政府十大实事之一。

在教育方面，2002年，上海市政府启动“校校通”，建设统一的教育信息网，上海电信承建其中的大部分学校工程。“校校通”工程于是年年底全面建成，形成一张覆盖全市3 000多所中小学的教育广域网。“校校通”工程的实施，使得各区县教育信息中心、高校能够互联在统一的教育信息网中，形成统一平台，融合多媒体技术运用，使教学“工具”现代化，教学过程变得更加直观，知识接受效率大为提高。

门户网站服务 2003年1月，由南汇区政府和南汇电信局共同建设的“上海南汇”政府门户网站(http://www.nanhui.gov.cn)正式开通。“上海南汇”政府门户网站集对外宣传、政务公开和为民服务等三大功能，是南汇区各委办局、各镇政府机关、群团等31个网站的交汇点和网络枢纽。依托该平台，区内各委办局的443项办事项目在网上公开，70多种各类办事表格能够网上下载；通过链接市公共服务信息平台，可实现网上报税、网上年检、网上验证、网上人才引进等在线服务功能。

2003年3月，由上海电信提供包括软、硬件在内的一站式系统集成技术服务的青浦区政府门户网站正式开通。青浦区政府及下属90个委办局使用统一的信息平台，在同一门户网站内实现远程信息发布、异地远程办公。上海电信采用一系列安全手段为区政府网络提供从网络、系统到应用的三重安全体系保障。

2006年4月，上海电信采用网络门户结合统一认证技术，为上海市民政局度身定制电子政务平台。为市民政局建立综合办公门户，整合市民政局OA系统、业务系统，完善原有OA功能，实现政务信息发布系统、统一认证系统、用户身份管理一体化。

政府服务热线 2001年10月20—21日，亚太经合组织峰会(APEC)在上海召开，这是中华人民共和国成立以来，规模最大、层次最高、影响最大的国际峰会。根据会议组织方的要求，上海电信开通“82001”服务热线，作为APEC专用呼叫中心。服务热线设有100个座席，每小时可处理1 300余个电话。5月18日，APEC服务热线正式开通。向APEC与会代表、中外记者、社会各界人士提供中英文两种语言的自动或人工交互式信息咨询服务。截至10月31日，共受理咨询3万多人次。服务热线被用于APEC会议，既是APEC会议史上第一次，也是在中国举办的大型国际、国内会议中的第一次。

2006年12月，上海电信利用“114”号码易于记忆、市民认知度高的优势，在“114”号码百事通开通受理信访、投诉及咨询事项等政务公开电话及咨询热线的查询功能，将“114”打造成市民与政府

图专-1-1 上海电信承建并运营的世博热线962010的话房

政务公开电话之间的沟通桥梁。一方面为市民提供统一的咨询窗口，另一方面使政府各相关部门通过“114”网络平台，能够准确、及时了解社情民意，帮助群众排忧解难。在此基础上，2007 年 8 月 16 日，“上海政务服务热线——114”正式开通，市民可以拨打“114”查询全市各级政府的信访、投诉、咨询等政务公开电话，有效扩大政府信息公开渠道（2013 年，“114”上海政务服务热线并入“12345”市民服务热线）。

2007 年 5 月 16 日，上海电信根据 2005 年 5 月中国电信与上海世博局达成的“2010 上海世博会全球合作伙伴”协议，开通“962010 世博服务热线”，为来自全球的组织者、参展者、游客、媒体等提供综合语音信息服务。在世博会期间，上海电信提供高效、专业的热线服务，展示国际大都市的良好风貌和“城市让生活更美好”的世博主题。

2007 年 11 月 28 日，根据市政府“上海市中小企业百千万成长工程”要求，上海电信与上海市促进小企业发展协调办公室合作建设的“上海中小企业 114 服务热线”正式启用。该热线向广大中小企业用户提供电话号码查询服务、常规问题咨询服务、专业咨询转接服务、专题答疑导航服务。服务和咨询内容涵盖工商管理、税务管理、劳动保障、融资服务、技术创新、市场拓展、人力资源等各方面，形成面向本市中小企业的较为完善的电话咨询体系，为本市中小企业的发展提供有力的支持。

智慧政务、平安城市　2007 年 4 月 25 日，上海市信息化委员会与上海电信共同召开信息化助力上海区县发展经验交流会，拉开上海电信推进社会信息化、服务区县发展的新一轮合作序幕，上海电信也借此与各个区县政府建立起进一步的合作关系，合作内容也逐步深入到信息化应用层面。是年，帮助嘉定实施外岗镇、江桥镇、菊园新区、叶城工业区 212 个平安社区项目建设；为南汇区 187 个自然村安装宽带，实现电子办公。2008 年，实现长风生态园区、梅川路步行街、华师大园区、中山公园商圈、虹桥开发区、仙霞社区等 140 余个街区无线覆盖。

2008 年 12 月，浦东新区公共数据中心总包项目实行公开招标，上海电信凭借先进成熟的方案得以中标，为浦东新区政府及各委办局提供数据应用、交换、安监等服务，实现各委办局间的流程再

图专-1-2　运用全球眼进行监控指挥

造以及基础数据与政务信息的整合、交换、共享和备份。浦东新区公共数据中心实现行政管理数据集中后，直接服务于行政区合并后的大浦东公共服务建设，成为全国的电子政务标杆，为新区后续“智慧政务”建设奠定扎实基础。

2009 年，闵行区政府推进“平安城市”建设，上海电信采用类政府和社会资本合作（Public-Private Partnership，PPP）模式，提供解决方案，即由电信投资建设、运行维护，政府租用、购买。7 月 17 日，上海电信与闵行公安分局签署《闵行区城市管理及应急联动中心视频图像系统租用合同》，闵行公安分局作为使用方免除一次性投资，上海电信作为建设运营方提供专业的建设和维护服务，实现客户价值和电信价值的统一，在全市树立示范效应。其后，许多区县以“平安闵行”为样板，由上海电信承建平安城市项目。截至 2010 年年底，上海电信参与闵行区、嘉定区、闸北区、虹口区、青浦区、浦东新区等 8 个区的平安城市建设，总体投入规模超过 5 亿元，增设监控点 1.39 万个。

【行业信息化】

服务大型企业 2003 年 12 月，上海电信在国内率先为大型企业提供国际标准的 SLA 服务，让客户获得优质优价的网络和保障服务。上海电信首批提供 SLA 服务的企业有：上海证券交易、工商银行南方数据中心、伟创力、太平洋安泰保险公司等。是年 12 月 2 日，中国电信在上海正式成立全球客户服务中心，成为国内首家面向大型客户设立统一服务界面，受理故障申告，提供全方位技术支持和全天候、多语种国际客户服务的电信运营商。

2006 年 8 月 9 日，上海电信为上海巴士集团提供“全球眼”视频监控服务，覆盖巴士集团运行的 306 个公交车站。通过远程视频监控方式，实现车辆远程集中调度并监控站点客流情况，对上海城市交通信息化具有标志性意义。

2009 年，上海通用汽车、上汽销售公司和美国通用 OnStar 公司合资成立上海安吉星信息服务公司，在中国布局车载信息服务（Telematics）。4 月，上海电信根据美国 OnStar 业务模式，协调改造 CDMA 网络和计费方式，定制语音和数据业务套餐，为上海通用汽车提供 Telematics 综合解决方案，助力客户提升市场竞争能力。通过与世界汽车信息服务商 OnStar 的战略合作，上海电信树立 CDMA 网络车载信息服务应用标杆。10 月，由上海电信承担实施的 OnStar 汽车信息化服务项目，获得第八届中国信息港论坛金奖。

除此之外，上海电信还与地产、制造、商业、能源等行业大型标杆企业联手，在多个领域开展中长期的信息化合作。

2009 年 11 月 25 日，上海电信与上海绿地集团合作，双方共同推进住宅、商务办公楼、酒店类等三大形态楼宇的信息技术应用和信息资源开发，将绿地集团开发的楼盘率先建设成为中国电信“城市光网”覆盖区域，实现光纤全覆盖，让入驻业主享受到高速率上网、高清晰电视、高保真通话的三网合一新生活；通过与房产企业在信息化方面展开紧密合作，推进房产开发行业的信息化应用；双方利用最热门的“物联网”技术，打破传统楼宇管理信息孤岛局面，实现智能管理，推进物业绿色低碳化运行。上海电信在此基础上为绿地集团多个建设工地提供综合性信息服务方案，提升房地产企业的信息化应用水平。

2010 年 2 月 22 日，为响应党的十七大提出的“大力推进信息化与工业化融合”战略，中国电信与宝钢集团合作，双方约定共同全力打造央企“两化融合”合作典范。上海电信与宝钢集团积极探索利用无线通信（3G PTT、800 MHz、Wi-Fi）和新兴物联网技术（RFID、二维码等）改造生产工厂，实现精确化、实时化的生产现场管控。共同打造面向全球的钢铁交易电子商务系统，依托 3G 网络建设全国钢铁物流管理系统，提供覆盖全国的高速互联网络和呼叫中心平台项目。同时，推动宝钢集团厂区内通信、信息网络的升级改造。

2010 年 2 月 24 日，上海电信为徐家汇商城集团旗下开发管理的商厦、酒店和商务楼宇实现统一的基础通信服务、增值信息服务及基于行业应用的商务信息化应用，打造“智慧商圈”。上海电信先后实施商圈 Wi-Fi、无线办公、短信推送、酒店 IPTV 等项目，助力徐家汇商圈管理及商业服务能级提升。

2010 年 6 月 24 日，中国电信集团与中国商用飞机公司（简称“商飞”）签署战略合作协议，由中国电信为商飞提供涵盖数据网、语音网、3G 加密通信、ICT 集成等在内的各类服务。是年，上海电信先后为商飞公司实施全国 MSTP 组网、门户网站、网上大学等项目建设，通过中国电信集团纵向一体化平台，帮助商飞公司在上海、北京等地的 7 个工地建成全球眼监控系统。满足中国商飞各类信息通信和服务需求，助力中国大飞机早日腾飞。

图专-1-3　2010 年 6 月 24 日，中国电信与中国商飞签署战略合作协议

服务中小企业　2002 年 11 月，上海电信与微软公司合作，利用各自在宽带网络和企业 IT 应用方面的优势，推广面向中小企业的宽带＋软件的解决方案，为中小企业提供“企业一站式 ICT 服务”。开始尝试用“以租代建”的方式为中小企业提供整合式 ICT 服务。

2003 年，上海电信根据市信息委“在工业系统大力推广信息技术应用”的要求，针对一些对 IT 建设有需求但资金比较困难的企业，联手艾旺计算机信息网络系统公司推出基于互联网技术、ASP 模式的企业信息化解决方案。以优惠的价格、全面的服务、多样化的选择，为中小企业提供 ASP 模式的公共应用服务平台，帮助中小企业在进、销、存，财务、分销、零售和第三方物流等方面实现信息化管理。是年即有超过 100 家中小企业使用平台提供的服务。

2005 年 8 月 8 日，中国电信组建中国中小企业信息化联盟。在中国电信的倡议下，9 家 IT 公司成为中国中小企业信息化联盟首批成员。中国电信通过产品组合、渠道共享、合作分成、服务外包的方式与产业链其他伙伴形成紧密型合作，在全国范围内推出面向中小企业信息化的“商务领航”服务。9 月，上海电信率先推出商务领航套餐，提供基于宽带＋信息化的解决方案，由 4 种资费组成，每月消费600元至2 500元。2009年2月，上海电信免费为全市1万家特色中小企业提供为期1年的"自助建站"服务。按照中国电信"自助建站"月资费40元来计算，上海电信在新年伊始为广大中小企业派发的"新年大礼包"达到480万元。

2007年，上海电信支撑青浦区"万户企业网上行"，为青浦的中小企业提供企业域名、企业网站、企业邮局3个信息化应用包，帮助企业制作和发布网页，旨在改变青浦中小企业的信息化观念，提升信息化管理水平。

2000—2010年，上海电信共布局25个IDC物理点，建设IDC机房面积40 000余平方米，业务机柜8 998个，实际使用6 200个，为企业提供服务器托管服务，帮助企业降低运营成本。

服务园区信息化 2009年4月28日，上海市人民政府与中国电信集团公司商定，建设"光网城市"，实现"宽带大提速"，启动"数字园区"建设。

2009年5月初，上海电信向张江园区客户推出宽带提速、开通"国际直通车"等优惠服务措施。6月3日，与张江集团正式签约建设"数字园区"，利用现代信息技术，构建以信息化为主要手段的新型商务模式、生产生活模式，实现管理者对园区整体的数字化管理、智能化监控、人性化服务，帮助园区内企业开展虚拟化运营、协同化办公、一体化物流，降低园区中小企业的通信成本。6月18日，与上海市商委签订合作备忘录，推进全市电子商务的应用发展，加快上海国际贸易中心建设。根据协议，上海电信对全市电子商务类园区内的企业、市商委认证的100家电子商务企业，开展"宽带大提速"，电子商务类企业普遍获得2 Mbps以上宽带速率，上海电信为其提供号百信息服务、定制终端服务等增值服务。7月1日，为贯彻落实国家信息化与工业化融合发展的战略目标，进一步提升临港产业区信息化建设的整体水平，上海电信利用先进的信息通信技术和产品，助力园区在社会民生、政务管理、园区建设和产业提升等方面的信息化应用，增强临港产业区的公共信息服务能力，优化区域投资环境。2010年5月16日，上海电信与漕河泾新兴技术开发区发展总公司签署《数字园区信息化项目合作协议》，共同推进开发区的信息化建设，上海电信先后在园区实施无线Wi-Fi、呼叫中心等项目建设，增强开发区的公共信息服务能力。

随着"云"技术的兴起，2010年8月，上海电信与市北高新园区合作，在市北高新技术服务园区打造上海市云计算产业基地。利用云计算基础设施服务平台为国内40家上市互联网公司打造"数据总部"，为特大型互联网公司定制运营数据中心。腾讯作为首批客户正式入驻上海市云计算产业基地。

【民生信息化】

家庭上网 2000年8月8日，上海电信继推进政府、企业上网之后，正式启动市民家庭电脑接入信息高速公路的"家庭上网"工程。上海市民购买指定机型电脑，即可获赠一年免费上国内互联网和500元电信IC付费卡，免费注册上海热线超值会员账号、免费获得上网培训和安装家庭电脑软件。

2003年4月29日，上海电信配合上海市人民政府实施"百万家庭网上行"工程，对参加"百万家庭网上行"培训并获得结业证书的市区范围内的居民，提供免费上网卡或IP卡，以此推动和普及家庭宽带上网。

2007年，上海电信为奉贤区建设70多个POP点，解决偏远地区用户上网难问题。2008年继续投资800多万元，建设54个POP点，受益面进一步扩大。

教育信息化 2003年12月，上海电信与上海交通大学共建"上海开放式知识体系"，上海的宽带用户通过上海电信的宽带教育平台(http://sjtu.online.sh.cn)可远程登录学习。依托上海交大的师资优势，建设可辐射全市的主授课中心和教学服务中心，在各个区县建设远程学习中心，利用上海电信宽带网络教育平台进行实时课堂直播和即时课程点播，为ADSL用户提供多种、方便的学习选择，从而推进上海学习型社会和终身学习体系的构建。

2004年2月，上海电信启动幼教系统“全球眼”服务试点，为上海世纪昂立幼儿园安装“全球眼”，提供免费使用服务。

2009年6月，中国电信与复旦大学、上海交通大学、同济大学签署战略合作协议，发挥各自资源优势，在人才培养、科研开发、信息化应用等领域建立中长期战略合作关系。上海电信于2010年5月与同济大学签署《进一步推进校园信息化战略合作框架协议》，校企合作，致力于将同济打造成“新型数字化校园”。上海电信为同济大学提供包括光纤、移动3G和无线热点在内的多种宽带接入方式，以及“三屏互动”、校园手机一卡通、校园数据中心等业务服务。通过与各大高校的合作，实现校园IPv6设备及网络升级，Wi-Fi覆盖超300个点位，宿舍光网改造端口总量超过万个，开展校园翼机通等新兴应用的试点。

党员远程教育　上海电信依托IPTV平台，积极参与全市党员干部现代远程教育项目，承担党建专门频道的建设。2007年12月28日，上海电信建设的首个上海市党员干部现代远程教育基层终端站示范点，在金山区金山卫镇农建村开通。截至2008年年底，上海电信先后以IPTV方式开通5 500个农村党员干部现代远程教育站点，占全市已建成站点的90%。由于IPTV采用全光缆网络，不仅能够保证高质量的播放，而且收看方式灵活简便，非常适合农村地区党员开展学习活动，受到广大农村党员的欢迎。

服务老年、病患、残疾等弱势群体　2004年12月，为推进“扶老上网”工程的开展，便于老年人就近参加电脑培训，由上海市“扶老上网”工程组委会办公室牵头，组建“扶老上网”工程基地，上海电信为部分基地节点提供宽带年付资费优惠。

2005年6月25日，为进一步推动宽带发展、丰富老年人精神文化生活，上海电信推出“老小孩”套餐。对市区55周岁以上宽带住宅用户，实行资费优惠，赠送互联星空基础服务（包括网络硬盘、在线杀毒服务、网络电视、星空聊吧及邮箱）及“星空老年频道”服务。

2005年9月，上海电信推出“助残关爱”宽带优惠活动，对全市有宽带上网需求的残疾人提供宽带接入业务一次性费用减半、自安装开通之日起至年末宽带接入免费试用的优惠。12月，为让现代通信服务为残疾人带来更多的生活便利，上海电信向市残疾人联合会、市残疾人福利基金会捐赠价值510万元的1万部小灵通手机。2006年4月30日，根据上海市人民政府实事工程中提出的“对本市持证聋哑人的手机短信费给予适当补贴，以保障其基本的工作、生活交流”的要求，上海电信经与上海市残联研究，推出小灵通“聋人信息套餐”业务。

为推进社区医疗信息化，解决老百姓看病难问题，闵行区启动医疗下社区工作。上海电信积极支持，在前期参与基础网络建设的基础上，全面参与医院信息系统网点建设，2007年完成110个医疗点的覆盖，后续又完成160个。

2008年2月，上海电信为上海市癌症康复学校（上海市癌症康复俱乐部）提供互联网解决方案和技术支撑，为其电脑教育捐赠相关设备和通信费用优惠，价值约38万元。5月17日世界电信日，上海市癌症康复俱乐部“网络教室”正式启用。是年还为枫林街道智障儿童活动中心安装视频监控系统，实现中心范围内所有区域的7×24小时监控。

2009年10月25日，上海电信与上海市老年基金会举行《依托现代信息技术，服务上海老龄群体合作协议》签约仪式。根据协议，上海电信协助在上海地区建设数字化养老院，提升老龄人群的信息应用水平；合作开展针对老龄人群的信息化使用知识普及培训，提供优惠的宽带、手机资费服务，帮助老年人享用现代信息通信的便利。截至2010年年底，上海电信在全市完成50家数字养老院建设。

2010年9月6日，上海电信推出专门为老年人定制的手机终端套餐，通过这些定制终端，可实现对老年人的起居提醒、用药提醒、紧急呼叫等多种服务功能。

图专-1-4 上海电信协助建设的数字化养老院

【农村信息化】

上海电信一直致力于推进农村信息化的发展。2002年，为顺应金山区政府提出"以网络建设带动经济发展"的要求，金山电信局为杨家村信息化建设提供技术服务和一定幅度的宽带接入资费优惠，免费提供"金山网景"虚拟空间，提供网上信息发布服务。杨家村首批签订宽带安装协议的用户超过70户，达到总户数的20%，标志上海远郊第一个信息化村建成。

2006年9月，上海电信为贯彻落实市委关于推进新郊区新农村建设精神，按照中国电信实施"信息化新农村"建设暨"千乡万村"示范工程要求，出台《上海市电信有限公司贯彻落实市委八届九次全会精神，加快上海新郊区、新农村信息化建设的指导意见》，在两个月内，与各郊县政府签订有关加快新郊区新农村信息化建设协议，年内完成"金山电子书包""浦东解放村ADSL内部组网""松江出口加工区视频监控""南汇IPTV第一村建设"等项目。

村通工程 2006年下半年，上海电信确定以浦东新区宽带"村村通"为目标，启动上海郊区信息化基础设施的全面提升。截至2007年年底，除崇明岛外，全市所有行政村都实现宽带覆盖，完成"村村通"工程。2008年，上海电信通过投资倾斜、网络升级改造等举措，使崇明的宽带"盲区"也被消灭。至此，全市所有涉农区县均实现宽带"村村通"。

千村万户信息化培训 2008年6月13日，"千村万户"农村信息化培训普及工程启动大会在青浦区华新镇召开。上海电信协助市信息委共同推进"千村万户"农村信息化培训普及工程。该培训面向各级村干部、专业农民、普通农民、村信息员，培训内容包括打字、上网、搜索信息、收发邮件等基础信息化应用培训，在入门级基础培训上，还进一步讲授文字处理、表格处理、电子讲稿制作、电脑外部设备使用等方面内容。截至2008年年底，上海电信完成10.2万人次的培训；截至2010年，累计完成73万人次的信息化普及培训，帮助农村地区市民掌握电脑、互联网、无线宽带等现代信息通信工具，助力消除数字鸿沟。培训活动得到政府方面、受训学员的一致好评。

助力村务公开 2007年6月6日，上海电信在金山廊下镇光明村开通第一个农村信息化示范村的“一村一站”网站。帮助该村委会快速开辟网站、实现“村务公开”。截至2010年，上海电信助力150多个行政村建设农家乐或村务公开网站，覆盖全市约10%的行政村。

农产品信息服务 2007年6月20日，由上海电信、上海商情信息中心、上海农产品中心批发市场经营管理有限公司、上海凯传信息技术有限公司合作建设开发的上海农产品交易信息发布平台项目——“上农通”举行签约仪式。上海电信以优质的网络服务，为上海农产品流通交易信息提供可靠保障。8月，上海电信为全市“为农综合信息服务网站”和“为农信息服务终端”提供ADSL宽带上网资费优惠。2008年4月，帮助金山建成农产品网上交易平台。

图专-1-5 2007年8月8日，上海农产品交易信息发布平台“上农通”开通

参与家电下乡 2009年年初，全国“家电下乡”工作启动。由中央和地方财政以直补方式对农民购买试点产品给予销售价格13%的补贴，以激活农民购买能力。上海电信在全市郊区近100家营业厅提供家电下乡服务，上海郊区的农民在购买手机、电脑时，可凭身份证享受政府给予的13%的补贴。另外，上海电信还为农民提供具有地方特色的“下乡补贴”，对于购买家电下乡产品的农民，在申办电信业务时给予资费上的优惠，通过话费补贴的形式提供固话、宽带、移动业务的组合优惠补贴，优惠额度在10%左右。

二、海光缆建设维护工作纪实

【海缆公司成立及其沿革】

中国海底电缆建设公司(简称“海缆公司”)是从事海底电缆、过江水线设计、施工和维修的专业公司,其前身是上海市邮电管理局海缆办公室。

1973 年,为了加强中日两国间的通信联系及发展,经两国通信主管部门商谈,决定建设中日海底电缆。邮电部电信总局确定上海市电信局为中方海缆的承建单位,成立海底电缆办公室,负责中日海缆工程建设。

1976 年 10 月 25 日,中日海底电缆正式开通。中日海底电缆工程竣工后,由中日双方共同负责维护。

1977 年 1 月 5 日,上海市邮电管理局印发《关于成立中国海底电缆建设公司》的通知,明确海缆公司是隶属于上海市邮电管理局的独立通信业务单位。其主要任务是:负责中日海底电缆的施工、维护;承担中国北沿海海缆的设计和施工。除上述任务外,如必要时,可适当承担援外海缆的设计和施工任务。

1995 年 3 月,邮电部电信总局决定,从海缆公司抽调部分人员和固定资产,与英国大东公司合资组成中英海底光缆系统有限公司。4 月 15 日,中英海底光缆系统有限公司在北京举行签字仪式,该公司以海缆公司为基础,隶属邮电部电信总局。其与大东公司共同购进一艘现代化的深海电缆敷设及维修船,从而大大提高中国敷设和维护国际海底光缆的能力。海缆公司仍隶属上海市邮电管理局,继续承担国际海光缆维护和长江过江光缆维护任务,承担海底电缆(光缆)系统的工程设计、施工、维护以及长(市)话线路工程。

2000 年 9 月,按照上海市电信公司的重组方案,海缆公司、海光缆建设处整建制划入长途通信事业部。

2001 年 1 月,长途通信事业部对海缆公司的体制及功能和职责进行调整,海缆公司主要承担海光缆的安全和维护工作。调整后的海缆公司为上海市电信公司所属全资子公司,具有独立法人资格、二级施工资质。

2002 年 5 月 27 日,为更好地承接业务和拓展市场,海缆公司以海缆维修中心为基础,成立中国海底电缆建设公司工程分公司,对内仍为海缆维修中心,实行“一套班子,两块牌子”。

2003 年 4 月,根据中国电信与中国网通的有关协议,海缆登陆局及海缆公司所属南汇海缆维护中心整建制划入中国网通。

2008 年 6 月,海缆公司改制为中国电信股份有限公司全资子公司,更名为中国海底电缆建设有限公司。

【海(光)缆建设】

中日海底电缆系统 1973 年,中国第一套国际海底同轴电缆通信系统——中日海底电缆建设工作启动。5 月 4 日,中国电信总局局长钟夫翔与日本邮政大臣久野忠治分别代表中国和日本两国政府在建设中日海底电缆的协议上签字。中日海底电缆中方登陆局定在上海市南汇县南汇嘴(即果园公社)，日方登陆局定在熊本县苓北町，全长873公里。海缆工程分为共建与自建两部分。共建部分投资由中日双方平均分摊，总投资额为人民币3 500万元。自建部分包括南汇登陆站机房，以及南汇登陆站至市区泰兴大楼间的传输通道。南汇登陆站占地3 066平方米，房屋建筑面积为2 877平方米。

图专-2-1　1976年，中日海底电缆开通仪式在北京饭店举行

建设海底电缆，首先要有施工船舶。1974年12月，经国家计委批准，邮电部决定建造1 300吨和4 000吨级海缆施工船各一艘，上述两艘海缆船建成后，交由上海市邮电管理局管理、使用。

1976年3月25日上午10时，由上海708所设计、中华造船厂建设的“邮电1号”船驶离外虹桥码头，开始海缆敷设工程的首航。5月7日，顺利完成中方承担的海底电缆敷埋任务。5月10日，邮电部发来贺电：“向全体参战的工人、干部、技术人员表示热烈的祝贺和慰问”。6月8日，中日海缆上海端的泰兴大楼终端站、南汇登陆局及其间960路中同轴载波、960路微波，方窑中继站等基建工程设施基本建成。10月25日，中日海缆开通仪式分别在北京和东京举行。中国邮电部部长钟夫翔和日本邮政大臣福田笃泰分别在北京和东京通过中日海底电缆致辞。

中日海底光缆系统　中日海底光缆系统是中国参加投资建设的第一条国际海底光缆，连接中日两国间通信，从中国上海南汇至日本九州宫崎，全长1 252公里。通信总容量达7 560条通话电路，采用波长1.55微米的石英光纤，传输速率达每秒560 Mbps，为中日海底电缆通信能力的15倍以上；总投资7 000余万美元。1990年8月，邮电部电信总局、日本KDD公司和美国AT&T公司三方签约，共同建设中日海底光缆。根据承包协议，海缆公司负责承担中国侧90公里的海底光缆、南汇登陆局的设备安装和陆上82.9公里中继光缆的施工任务。

1991年，中日海底光缆南汇登陆局至上海电信大楼中继光缆工程正式开工。

1993年1月，“邮电1号”和“海缆3号”船驶入南汇施工现场，承担中国侧海光缆施工。11月1

图专-2-2　1993年12月15日，中日海底光缆系统开通仪式

日，工程通过验收，各项技术指标均符合总技术规范标准和国际电联的有关建议，工程质量优良。12月15日，中日海底光缆胜利建成，邮电部副部长朱高峰、上海市副市长夏克强、白井太事务次官等分别在上海和东京同时举行的开通仪式上致辞，共祝第一条中日海底光缆开通。

环球海底光缆系统　环球海底光缆系统(Fiber-Optic Link Around the Globe，FLAG)由12个国家和地区共同承建，全长约27 000公里，由AT&T总承包。1996年1月，环球光缆系统中国上海段海上路由方案审定。11月7日开始敷设，12月12日在南汇芦潮港登陆，成为中国对外通信的一条极为重要的通道。

2003年，根据中国电信与中国网通的有关协议，南汇海缆登陆局与南汇雷达观测站划归中国网通，由网通浙江分公司代管。4月15日，中国电信上海公司与中国网通浙江分公司进行管理移交。

中美海底光缆系统　中美海底光缆系统(China-U. S. Cable Network，CUCN)是横跨太平洋从中国直通美国的第一条海底光缆，其N1段(东海)、W段(东海部分称W1段，南海部分称W3段)和S1段(南海)，分别在上海和广东登陆。中美海底光缆于1997年12月开工建设，由中国电信、日本KDD和NTT、美国AT&T和MCI等来自9个国家和地区的40家运营商共同投资建设，总投资11亿美元，2000年1月19日投入使用。中美海底光缆系统共连接9个登陆站，中国大陆的登陆站分别位于上海崇明和广东汕头，总长约30 000公里。该光缆系统采用当时最先进的2.5 Gbps波分复用传输技术，提供80 Gbps容量(相当于967 680路电话)，是中国第一条直达美国的国际海底光缆，也是当时中美间、东亚间最大最先进的海光缆。采用跨洋四纤复用段共享保护环技术，对单段故障有自愈功能，极大降低了业务中断时间。崇明海缆登陆局设在东旺沙海区，始建于1997年，占地6 000平方米，通信机房面积约4 000平方米。一期工程于1998年5月竣工并部分投入使用，二期工程于2001年投入使用。受中国电信集团公司委托，上海电信承担上海境内的工程建设和后期维护工作。

亚欧三号海底光缆系统　亚欧海底光缆(SEA-ME-WE3，SMW3)始建于1997年，由中国电信和法国电信主导，联合 90 家运营商共同参与投资建设，2000 年投入使用。

亚欧三号海底光缆系统共连接 39 个登陆站，中国大陆登陆站分别位于上海崇明和广东汕头，总长约 39 000 公里；采用 2.5 Gbps 波分复用技术，1999 年初始设计容量为 20 Gbps，2007 年系统扩容至 0.96 Tbps，2009 年系统再次扩容至 1.28 Tbps。系统在上海崇明国际海缆登陆局出口截面容量达到 27.5 Gbps，可支持 48 万线用户同时通话。

亚太二号海底光缆系统 亚太二号海底光缆系统（Asia Pacific Cable Network 2，APCN2）始建于 2000 年，由中国电信联合亚洲 44 家运营商共同建设，总投资 11 亿美元，2001 年 12 月投入使用。

亚太二号海底光缆系统是中国连接东南亚的主要通信通道之一，连接中国大陆崇明和汕头、韩国釜山、日本千仓和北茨城、中国台湾淡水、中国香港大屿山、菲律宾八打雁、马来西亚关丹和新加坡共 10 个登陆站，全长约 1.9 万公里，亚太二号海底光缆系统采用先进的密集波分复用（DWDM）技术，截面容量最终可达到 12.8 Tbps。

亚太二号海底光缆系统采用先进的跨洋四纤复用段共享保护环技术，当发生单段故障时，SDH 业务能自愈，大大降低业务的中断时间。

跨太平洋直达海底光缆系统 跨太平洋直达海底光缆系统（Trans Pacific Express Cable Network，TPE）由中国电信、美国 Verizon Business、中国联通、中国网通、韩国电信、中国台湾"中华电信"共 6 家投资方在 2006 年发起建设，2008 年 AT&T 和 NTT 加入，总投资约 5 亿美元。系统于 2008 年 9 月 1 日完工并投入商业运行。

跨太平洋直达海底光缆系统直连东亚和美国西海岸共 6 个登陆点：中国上海崇明、美国俄勒冈州的 Nedonna、中国山东青岛、韩国巨济、中国台湾淡水及 2008 年加入的日本新丸山。系统光缆总长约 180 000 公里，最长段约为 11 000 公里，系统采用超长距离 10 Gbps 波分复用技术，初始装机容量为 1.28 Tbps，设计容量达 5.12 Tbps，具有可升级的传输能力，跨太平洋直达海底光缆系统的 SDH 网络采用环状拓扑结构，具备一定自愈能力。

跨太平洋直达海底光缆系统建成后显著提高了跨太平洋传输带宽，满足从亚洲地区到美国的互联网、数据和语音等通信业务增长的需要，减少亚洲内部以及从美国到亚洲热点地区的网络时延。

截至 2010 年年底，总共有 4 套海光缆系统，共计 7 条海光缆登陆崇明国际海缆登陆局。

【海光缆维护与抢修】

1977 年 1 月，中国海底电缆建设有限公司成立，其主要任务是，负责中日海底电缆的施工、维护等。日常维护主要有：派出已有的巡逻船或租用船只进行巡航，利用雷达设备进行监视，组织鱼汛期间的联合执法行动，及时驱赶在海光缆路由上的违规船只，确保海光缆的安全畅通。积极依靠当地政府、渔政，主动做好广泛、细致的宣传教育工作，提醒渔民注意保护国际海光缆的安全。

中日海底电缆途经东海舟山渔场，繁忙的渔业捕捞活动导致中日海底电缆屡屡中断，1980 年 9 月—1986 年 10 月被迫停止使用。其间，中日双方商定修改中日海缆的路由，避开渔业捕捞区和改进海底电缆的埋设技术。1986 年 4 月，中国海缆建设公司"邮电 1 号"海缆船首航日本横滨港。此次出航的主要任务是将 10.55 公里海缆运抵日本，交给日方工厂加工铠装，同时将 38.2 公里新铠装海缆和 3 台增音机运回中国，以在修复工程中使用。1986 年 5 月，中日双方开始海底电缆的修复工作，对原路由进行部分改造，海缆长度从 873 公里增至 1 036 公里，海缆增音机从 66 台增至 78

台。10月,修复后的中日海底电缆恢复使用,开通电路60条。1990年,中日海缆的上海终端局由泰兴大楼搬迁到电信大楼,是年底,实开电路308条。

1997年3月,海缆公司在浙江省嵊泗县设立办事处,作为舟山海域海光缆安全调度指挥中心,为加强与嵊泗地区渔政部门的联系、全面掌握海光缆路由区内动态提供方便。4月,邮电部用于通信维护的第一座雷达监视站在南汇芦潮港投入运行,监视距离达60公里,自动跟踪报警距离25公里,覆盖中日光缆、FLAG环球光缆部分路由。另外,在罗泾、南门、堡镇、八滧过江光缆登陆滩建造4个监视站,安排人员昼夜监视。

图专-2-3 “邮电1号”海缆施工船

由于上海特殊的地理位置及拥有国际出口局的重要地位,2000年已有海(光)缆7条,过江光缆4条,保证国际海底光缆和过江光缆的安全已成为海缆维护工作的重中之重。2000年10月,嵊山和佘山两个雷达观测站建成开通,其与芦潮港雷达观测站构成的观测网基本覆盖海底光缆所通过的海区。

2001年2月9日,中美海底光缆N1段突然发生中断事故,导致中国电信北美方向930M因特网互联点路中段,严重影响北美方向的互联网业务。上海电信迅速做出反应、实行紧急抢修,根据集团公司要求,在6小时之内将原海光缆的电路调整到卫星电路上。3月9日,汕头方向W1再次发生中断,海光缆的安全问题引起政府、社会,以及新闻媒体的普遍关注。上海电信加大海光缆的维护力量,仅是年上半年就驱赶违规船只9 500条,其中,危及海光缆安全最大的帆张网船700多条。9月,“国际海光缆路由信息系统”电子海图投入使用,增强了对危及海光缆安全的渔船锚泊定位的准确性。该电子海图还在雷达网控制系统中使用,提高对海上动态目标的监视和控制能力。

2001年10月,亚太经合组织峰会(APEC)在上海召开。其间正逢渔业生产的繁忙期,又遇3次大潮汛及3个台风,使得海光缆的维护任务变得十分艰巨。为确保APEC会议期间的通信安全,海缆公司把中美海底光缆N1段的维护作为重中之重,制订严密的维护措施。在上级单位的全力支持下,海缆公司出动“邮电1号”海缆船,又租用36条渔政船投入海光缆和过江光缆的巡航中,做到“严防死守”。

2003 年 4 月，根据中国电信南北拆分方案，南汇雷达站和嵊山雷达站划归中国网络通信集团公司，佘山雷达站仍属中国电信管辖。为加大海光缆路由的监视力度，上海电信结合东旺沙雷达监视站建设项目，新建一套雷达网系统。雷达网监视海缆路由范围分布包括：佘山雷达站监视半径为 70 公里，覆盖 CUCN、SMWS、APCN2 距崇明登陆站 100 公里范围；东旺沙雷达站监视半径为 30 公里，覆盖 CUCN、SMWS、APCN2 距崇明登陆站 30 公里范围；罗泾雷达站监视范围为罗泾至南门的 1 号过江光缆路由；堡镇雷达站监视范围为堡镇至宝钢的 2 号过江光缆路由。4 月 28 日，“海缆 2 号”顺利通过航行试验。该船融合了国内外先进的海缆施工技术，在功能上定位于沿海、江河短距离的海缆施工、维修，以及海光缆、过江光缆的维护巡航。该船舶的建成，提高了海缆公司过江光缆的维护能力，缩短了故障的修复时间。12 月 18 日，中国通信史上第一艘海底电缆施工维护船——“邮电 1 号”轮光荣退役。

图专-2-4 中国电信“海缆 2”施工船

2006 年 12 月 26 日 20 点 25 分，中国台湾南部海域发生 7.2 级强烈地震，中美海缆、亚太 1 号、亚太 2 号、亚欧 3 号、FLAG 环球光缆等多条国际海底通信光缆中断。据统计，这次中断共涉及 8 个海光缆系统，20 个断点，中国电信至中国台湾地区，以及至美国、欧洲等方向的通信线路大量中断，国际和中国港澳台地区互联网严重拥塞，话音和专线业务也受到一定影响，情况非常紧急。故障发生后，上海电信立即启动恢复计划，调动资源，抢通电路。截至 27 日上午 10 点 30 分左右，话音已经基本稳定，中国台湾地区的接通率基本恢复。截至 12 月 31 日上午，受影响的中国港澳台地区和国际话音业务和专线业务已全部恢复正常，互联网的使用已恢复到正常水平的 70%。2007 年 4 月，共有 85 个成员国的国际海底光缆保护委员会在马尼拉召开大会，认为中国电信在中国台湾地震引发的网络危机中的一系列应对举措与调度指挥，提供了一个非常成功的专业化范例。

2008 年 6 月，海缆公司接到北京奥运通信保障任务后，立即组建奥运重点通信保障领导小组，与国家海洋局、上海海事局、各地渔政部门携手，建立海光缆保护协作机制，协同做好通信保障工作。与国家海洋局东海分局共同组织巡逻船只、巡逻飞机开展联合执法行动；与上海海事局先后 4

次出动巡逻船，协助处理大船只在过江光缆锚泊的危急情况；先后2次对海缆保护的重点区域东旺沙海区进行联合执法行动；浙江舟山渔政在《舟山日报》上刊登呼吁渔民保障海光缆安全告知书等，为海缆公司圆满完成奥运会重点通信保障夯实基础。8月1—25日，海缆公司共投入海光缆、过江光缆巡逻船24艘，连续25天在海上巡航，先后遭遇台风、雷暴等恶劣天气，万吨级货船在光缆路由抛锚，东旺沙海域近百条渔船云集光缆路由等危急情况。据统计，累计海上巡逻日达到1 140天，累计巡逻达到26 882公里；驱赶在海光缆、过江光缆路由作业或锚泊的违规船只609艘次，驱赶船只的总吨位数超过15万吨；陆上巡逻累计11 084公里，确保上海所有国际海光缆在奥运会期间的安全畅通。

2010年4月15日，上海电信自主研发的船舶动态监控系统和扩容后的雷达监控系统，在东旺沙海光缆监视站投入运行，为海光缆维护装上“千里眼”。东旺沙雷达监视站是一个集海光缆巡逻船通信联络系统、雷达监控系统、SDMS系统、电子海图信息系统于一体的国际海光缆维护监控指挥中心。该监控系统的投入使用，极大提高维护工作的精准度。4月15日—10月31日的200天的世博保障中，海缆公司运用东旺沙、佘山两处雷达站和船舶动态监控系统对海上目标实施24小时全天候监控，发现并监控的目标船只达1万艘次，引导巡逻船实施驱赶的达到总处理船只数量的近30%。同时，海缆公司与江浙两地渔政部门紧密合作，随时掌握渔船的大致捕捞作业范围，成功应对休渔期东旺沙区域鳗苗汛捕捞突发情况、开捕后帆张网船提前出航捕捞情况、TPE光缆近岸段大型商船抛锚的危险情况、台风和冷空气等恶劣天气下的特殊情况等，做到监控手段到位、应急预案到位、保障措施到位。尤其是对于特别重要的时间节点，如世博会开幕式、中国国家馆日、闭幕日等重要保障时段增强维护力量，提前安排巡逻船出航、加强船舶监控等，确保海光缆的安全与畅通。

三、应急通信保障纪实

机动通信是通信网的重要组成部分，上海电信的机动通信队伍始建于20世纪60年代，1993年11月18日，上海机动通信局（简称“机动局”）揭牌成立，作为华东大区应急通信的龙头局，以“平时服务，急时应急，战时应战”为发展方针。1996年，邮电全国VSAT应急通信卫星网主控站在机动局建成，该局成为全国卫星应急通信保障中心；2002年12月，机动局加挂应急通信局牌子。2007年，刘行卫星站划归机动局管理。2009年，机动局在卫星系统设备、长途资源建设与调度、各类应急设备与装备等方面进行较大规模的投资建设，成为中国电信应急综合保障枢纽基地，刘行卫星地面站成为中国电信应急通信天地一体（卫星地球站至全国各地长途电路转接）枢纽基地，承担工信部全国公用应急宽带VSAT网主控站和中国电信全国CDMA应急通信基站车卫星落地站转接枢纽任务。经过多年努力，机动局形成卫星、微波、800 MHz数字集群、CDAM移动基站、小灵通移动基站、程控交换、电源、工程维修等全业务通信系列，能够满足从语言、传真、数据到图像、会议电视、多媒体等各种通信保障的需要，既能依托公网组成无线与有线相结合、固定与移动相结合、专网与公网相结合的多手段、多通路、多功能的应急通信保障系统，又能在任何地点和复杂条件下，迅速独立组网，建立单一通信手段构成的小型通信网和多种通信手段联合组成的综合通信网。机动局的战备应急通信、重要通信保障和服务支撑大网三项职能协调发展，为重大国事活动、重点建设项目、重要社会活动、知名赛事、抢险救灾提供通信保障，也为大网解决通信“末端一公里”接入难题。在此基础上，开创了应急通信跨出国门提供通信保障的历史，首创了体育比赛异地卫星直播的先河。

【为抢险救灾提供通信保障】

江西抗冰雪救灾　2008年1月底—2月初，江西省遭遇特大冰冻雨雪灾害，通信设施损坏，部分地区供电中断。1月31日上午，中国电信紧急通知，要求火速支援因雨雪冰冻灾害而导致供电中断威胁的江西电信，机动局接到通知后，马上行动，是日13时派出6名工技人员、1辆装有200千瓦发电机的应急油机车和1辆指挥车；是日18时，又增援2名工技人员，驾驶装载7台小型发电机的货运车冒着严寒和雨雪赶往江西，2月1日凌晨4点到达南昌长途枢纽大楼。根据南昌的情况，及时编写教材组织培训，包括电源设备操作规范和安全用电知识等，传授维护操作经验，直到江西电信相关人员学会操作。经两地员工努力，利用油机恢复供电，最终完成支援江西电信的通信保障任务。机动局被中国电信评为“中国电信抗冰雪保通信先进集体”。

汶川抗震救灾　2008年5月12日，四川汶川发生8级强烈地震，灾区通信设施严重毁坏，公众通信陷于瘫痪。机动局立即成立抗震救灾指挥领导小组和保障组，全力投入应急通信保障工作。截至6月10日，机动局先后派出5批12名工技人员、27套通信设备直接参与抗震救灾，10余次穿越生死线，深入映秀、黑水、青川、卧龙、平武、汶川等重灾区，开通天地星、VSAT等移动卫星站，为灾区人民架起信息生命通道，圆满完成应急通信保障任务；同时，根据上海市应急办等部门的要求，机动局在第一时间支援市公安局、消防局、卫生局及电力公司赴灾区抢险，提供海事卫星8套。机动局的先进事迹被《人民邮电》《文汇报》《新民晚报》等媒体报道。机动局分别被中华全国总工会和上海市总工会授予“抗震救灾　重建家园工人先锋号”，被上海市总工会授予“上海市五一劳动奖

图专-3-1　上海机动通信局先后运送了27套通信设备用于汶川灾区恢复通信

状”，被中国电信评为“抗震救灾先进集体”。

玉树抗震救灾　2010年4月14日，青海玉树突发7.1级强烈地震，作为中国电信全国CDMA应急系统卫星落地主站，机动通信局立即启动应急预案，在地震当天开通了第一批应急电路，此后，中国电信又紧急命令：将调集大批卫星车载基站赶赴灾区，通过卫星中继到上海主站落地后迂回青海，要求上海主站立即做好各项准备。接到命令时，机动局正在执行世博会、F1通信保障任务，立即从全局统筹车载卫星地球站，紧急调试刘行地面站到青海的长途电路，并在当天半夜开通。抗震救灾期间，机动局紧急开通上海到西宁的10+2条地面迂回链路，为玉树各救灾点CDMA基站车提供6条卫星中继电路，共计安全运行9.4万分钟，为抗震救灾架起一条震不垮的信息通信桥梁。

【为重大活动和重要会议提供通信保障】

上海APEC会议通信保障　2001年10月，亚太经合组织峰会(APEC)在上海召开，在执行APEC通信保障任务中，机动局担负电视光端机传输、卫星传送、应急通信和公司企业形象宣传展示等四大任务。全局出动卫星、微波、一点多址、电源、工程抢修等通信车22辆，架设开通光端设备10套，91名工技人员分布在浦东机场、世纪广场、金茂大厦、滨江大道、莘庄地球站等15个作业点执行任务，先后有10辆特种通信车在东方明珠、世纪广场和科技城进行公司形象宣传，接受上海市委书记和信息产业部部长等领导的检阅。APEC会议期间，机动局共完成应急卫星转播66场次1 718分钟，光端传输共97场次5 136分钟，受到中央电视台等媒体的好评。

特奥会通信保障　2007年10月，特奥会在上海召开，上海电信为特奥会的信息通信合作伙伴。为完成特奥会应急通信保障任务，机动局成立“特奥应急通信保障突击队”，从9月23日第一个特奥代表团飞抵上海开始，至10月11日特奥会结束，共出动通信保障车4辆、通信设备5套，首次派出800 MHz数字集群基站车，配以综合业务卫星车，以宽带微波系统作为中继，在八万人体育

图专-3-2 上海机动通信局派出多辆应急通信车驻守 APEC 主会场保障重要通信畅通

图专-3-3 上海电信特奥会重点通信指挥中心

场、江湾体育场、浦东国际机场和虹桥机场等地，全力保障特奥会期间通信畅通。其中，较为关键的举措有：在开幕式现场进行 300 分钟的全球电视转播；首次大规模启用 800 MHz 数字集群调度系统、1 400 部集群电话供组委会和各国代表团使用，忙时有近 800 台集群电话同时通话。机动局的通信保障工作满足特奥会通信需求，圆满完成通信保障任务。

北京奥运会通信保障 2008 年 7 月 20 日—8 月 25 日为北京奥运会通信保障时间，作为中国电信参与北京奥运转播的唯一代表，机动局派出卫星车、便携卫星设备，赴北京转播奥运赛事，连续转战浙江、江苏等省，承担男子排球、男女篮球、跳水等备战奥运热身赛的实况转播任务。其间，美国总统布什访华观赛，引起国际社会广泛关注，美国广播公司(ABC)、美国全国广播公司(NBC)、哥伦比亚广播公司(CBS)、美国有线电视新闻网(CNN)、福克斯广播公司(FOX)等 5 家媒体组成报道团，租用机动局的卫星车全天候报道其访华行程。在全力做好奥运转播工作的同时，根据中国电信安排，机动局在转播间隙，每天将双频段和Ku波段卫星车开至鸟巢附近进行展示，宣传中国电信形象。机动局还根据要求出动800 MHz数字集群应急基站车、卫星车、油机车承担上海赛区的应急通信保障任务；对800 MHz数字集群政务网和上海八万人体育场奥运赛事现场进行保障，值守23天；参加上海预备役师奥运安保综合保障工作，现场值守20天。根据有关协议，承担中国民航信息集团在上海的第三路由保障。奥运期间，机动局共为国内外媒体提供卫星转播累计时长14 335分钟，圆满完成各项保障工作，被中国电信评为“奥运通信保障突出贡献先进集体”，被上海市通信管理局评为“北京奥运会残奥会上海地区通信保障先进集体”。

上海世博会通信保障　2010年5—10月，世博会在沪举行。机动局全力投入通信保障，全局共调集各类保障人员71名，占全局人力资源的57%，投入C网应急和800 MHz数字集群基站车卫星车，应急指挥车等18辆，微波、视频光端机、海事卫星等应急通信设备40套，占全局设备资源的33%。上海刘行和莘庄两处卫星地面站分别作为重要链路汇接点，提供应急迂回链路和世博园区视频光纤延伸的服务和保障。在长达184天的通信保障过程中，世博园区内CDMA应急车共吸收话务量45万Erl；为各类媒体传送世博视讯业务2 271档次，共计传送时间28.8万分钟；吸收800 MHz集群调度通话数101万余次；7次出动应急指挥车，为上海世博会通信保障指挥中心提供重要时段的现场通信保障。特别在世博会期间，先后完成开幕前夕6场压力测试、开幕式、中国国家馆日、高峰论坛、闭幕式的通信保障任务。机动局因此获多项荣誉，被上海世博会事务协调局评为“上海市世博园区劳动关系和谐服务团队”，应急通信临时党支部被上海市委评为“上海市世博先锋一线行动‘五好’基层党组织”，机动通信服务保障团队被市总工会评为“上海市工人先锋号”，机动局三分局被市政府评为“上海市劳模集体”。

涉中国港、澳、台地区活动通信保障　1997年，为确保香港回归期间的电视转播，机动局派出3辆卫星车到北京，完成为驻京外国通讯社传送电视转播任务，历时65天。2007年，为转播香港回归10周年庆典活动，机动局派出便携式卫星地球站赴中国香港，于6月26日—7月2日期间，为各国媒体提供现场视频转播，共计420分钟。

2003年1月26日，大陆与中国台湾地区开通首航，中国台湾地区民航客机50多年来，首次循正常途径降落浦东机场，境内外新闻记者现场采访的情况经机动局移动卫星车送上泛美卫星、亚太卫星，第一时间传送到世界各地。机动局还通过多套通信设备为多家媒体提供现场直播服务。2005年1月29日，大陆民航班机56年来首次直航飞抵中国台湾地区，机动局出动一辆C频段卫星车，到浦东机场做现场电视直播。4—5月，连战、宋楚瑜率团访沪，机动局配合中央电视台等媒体为传媒实地采访新闻进行卫星转播。共出动卫星车5辆/次，柴油发电机车4辆/次，工技人员27人，卫星转播历时14天次共计39小时。

其他活动/事件通信保障　2004年5月17日世界电信日，机动局首辆小灵通移动基站通信车建成。2006—2007年，为浦东国际展览中心各类展览提供68次支撑服务。2005—2006年，参加上海电信PHS网络优化工作，累计测试点近3000个。2005—2009年，维修小灵通高架基站100余个。

洋山深水港是国家重点建设项目，鉴于岛上的实际情况，2006年，机动局共提供1 000门程控交换设备和16个2 Mbps专线，确保11月23日反恐保安演练及12月10日开港仪式的应急通信正常运行。

虹桥地区临时电路支撑。自虹桥交通枢纽建设以来，电缆被偷盗情况严重，给该地区用户通信造成很大的影响。2007—2010 年,机动局以无线微波方式,为该地区部队和企业提供上百条数据和语音电路,有效解决该地区的通信问题。

机动局还为各类赛事进行现场转播,包括 2002 年在韩国举行的韩日世界杯足球赛和亚洲运动会,2007 年在沪举行的中国女足世界杯赛,2008 年斯诺克上海大师赛,2004—2010 年每年在沪举行的 F1 大赛,2010 年在广州举行的亚洲运动会等。

2008 年,机动局开始承担 C 网通信车的运营,每年为春运、各类展会、重大活动等大客流活动疏忙,为动迁或新建小区补盲,车辆驶及全市各区县。2008—2010 年,应急通信车保障项目 30 个,共计 680 天。

图专-3-4　上海电信举行世界游泳锦标赛应急通信保障演练

【专题演练】

为增强机动通信的快速反应和综合保障能力,机动局参加各级应急通信演练,包括全国应急通信演练、中国电信及华东大区应急通信演练等。2004 年 4 月,中国电信组织全国应急通信演练,有 21 个省市公司参加,这是中国电信上市后的第一次演练。受集团公司委托,机动局拟定演练的总体方案,出动各类通信车 8 辆,30 余人参加演练。2006 年 4 月,机动局参加跨区域应急通信演练,出动通信设备 11 套,通信车 10 辆,人员 30 名。是年,参加中国电信"VIP 客户网络应急通信保障体验之旅"无限时空应急通信演练,出动人员 32 名,通信车 8 辆,设备 7 套,行程 1 500 公里。此外,参与政府各级部门应急演练。2009 年 11 月 10 日,国家某部委在江苏连云港组织"神盾—2009"核事故应急演习,机动局根据要求,紧急出动 2 辆 Ku 卫星转播车,代表中国电信参加演练。2010 年 11 月 9 日,根据上海市通信管理局要求,上海电信作为唯一电信运营商,代表全市通信行业参与"2010 上海市大型应急救援综合演练",派出应急通信指挥车,赴浦东参与地震灾害事故处置演练。

为做好世博会应急通信保障,2007 年 3 月 3 日,机动局组织世博综合信息服务演练。在 2010 年 4 月世博会开幕前,机动局代表上海电信参加由工业和信息化部组织、上海市通信管理局承办的世博应急通信保障综合演练,出动应急指挥车、CDMA 应急车、油机车、800 MHz 数字集群应急车等装备,展现上海电信应急通信的能力和手段。

四、上海世博会通信保障

2006年9月27日，中国电信集团公司正式签约成为上海世博会全球合作伙伴，作为中国电信世博通信保障的执行单位，上海电信始终将服务保障世博与促进上海区域信息化基础设施建设联系在一起，将服务保障世博与改善城市信息化应用和服务水平联系在一起，将服务保障世博与企业长远发展联系在一起。全面履行世博会全球合作伙伴的责任，生动展现世博会信息化建设主力军的形象，完整诠释2010年上海世博会“城市，让生活更美好”的主题。

在上海世博会通信服务保障中，上海电信为世博局、424家展馆和商户、32家重要涉博单位提供业务服务，累计安装电话13 444门、宽带1 600线，开通裸光纤689对，提供800 MHz数字集群终端5 927台，保障类型全、范围广、难度高。为32家中外媒体提供高质量的视频传送服务，共传送2 174档节目，总时长达278 750分钟。所负责的16个大项、34项分类业务运行总体正常。

5月1日—10月31日，上海电信涉博固定电话网络总呼叫次数为1 940万次；CDMA移动网络为近千万世博用户提供1.48亿次通话呼叫，时长超过160万小时，平均呼叫成功率达99.68%；EVDO 3G网络为园区内7 700万人次传输流量近3万GB，收发短信总量达16.5亿条；800 MHz数字集群网络累计呼叫480万次，单日忙时高峰达9 000次/小时，平均接通率达到99.9%以上；世博业务专网、视频专网、世博官网、网上世博会、商铺专网全程高效畅通无故障。为确保海光缆安全，上海电信还派出23艘船在海面上昼夜巡逻，共计出动3 378船次，行驶航程达42 039海里，劝离违规船只1 304艘。

【中国电信成为上海世博会通信合作伙伴】

2002年12月3日晚，当蒙特卡洛(Monte Carlo)传来上海申博成功的消息后，中国电信立即在南京路世纪广场举行的上海各界庆祝会现场发行纪念申博成功电信卡，表达了参与世博、服务世博的强烈愿望。2004年，上海电信正式接洽上海世博会事务协调局(简称“上海世博局”)，商讨合作事宜。

2005年5月17日，中国电信委托上海电信与上海世博局签署2005年度合作伙伴协议书。根据该协议，中国电信成为上海世博会固定通信服务领域唯一的合作伙伴，提供通信服务等合作资源，以上海世博局合作伙伴的名义开展相关的营销推广活动。中国电信以“连接世博，沟通未来——电信让生活更美好”为宣传口号，围绕世博主题开展一系列服务。

2006年9月27日，中国电信与上海世博局签约，中国电信正式成为中国2010年上海世博会通信合作伙伴。根据双方签订的协议，中国电信独家为世博会提供基于固定通信网络的语音、数据、视频、音频及多媒体通信，以及因特网接入、卫星通信、黄页、呼叫中心、互联网数据中心(IDC)等综合信息服务。中国电信承诺，努力为上海世博会提供高水平、高质量的综合信息服务，助力打造“信息世博”“和谐世博”“长青世博”。

上海世博局对世博会通信服务保障提出“三为”要求：为参观者提供丰富的通信服务，为参展者提供优质的通信传输，为组织者提供可靠的全方位通信手段。上海市通信管理局也要求各电信运营企业加强综合服务能力，创建放心通信环境，全面提升电信业的服务质量、服务水平、服务效

图专-4-1　2006年9月27日,中国电信集团公司和上海世博会事务协调局签署“中国2010年上海世博会通信合作伙伴”协议

率、服务标准、服务环境、服务功能,体现“城市,让生活更美好”的主题。

根据国家和相关各方对办好上海世博会的要求,中国电信成立通信保障领导小组,指挥协调全集团资源服务世博;设立上海世博会通信保障办公室(通信保障指挥部),下设网络保障组、应急支撑组、网络安全组、信息安全组、综合工作组,落实相应工作。江苏、浙江、广东等地的电信公司均成立专门的世博会通信保障组织机构。确定以“信息世博、触手可及”为世博通信支撑服务主题,要求集团公司总部和各省公司以高度的社会责任感,发扬“特别能战斗、特别能吃苦、特别能奉献、特别能创新”的精神,全力保障世博期间上海和展区通信的畅通,做到“六个确保”——确保基础电信网络的安全畅通,确保涉博业务网络的可靠运行,确保涉博场馆、重要客户和重要活动的高质保障,确保网络信息安全管控要求的有效落实,确保应急处置的及时高效,确保业务提供及客户支撑服务的优质快捷。

【打造先进可靠的信息通信网络】

上海世博会规模空前盛大,浩繁的组织、运营、管理工作离不开信息通信网络的有力支撑。2005年,上海电信开始加快城市基础网络建设,先后投资245亿元,主要用于国际海光缆、城市光网、无线城市建设和宽带提速等方面。IP城域网率先实现双平面架构,互联网国际出口带宽从2006年30 Gbps增加至280 Gbps,国内出口首超1 000 Gbps;3G信号率先实现全覆盖;IDC机房总面积达到2.5万平方米,带宽达620 Gbps,;Wi-Fi热点上万个,100%覆盖上海的重大商圈。

作为上海世博会信息化建设的主力军,中国电信为世博网络投资35亿多元,实施500多个涉博项目,其中,世博园区专项投资项目有119个,投资额达6.16亿元。在5.28平方千米的世博园区共铺设1.85万芯公里光缆和178.7孔公里主干通信管道,建设12个POP机房、83个信息化机房、222个业务专网汇聚点、241个视频专网汇聚点,以及13个宏基站。20个永久场馆、102个临时场馆实现C网无线室内覆盖。其中,世博园区的通信光缆连起来可以绕地球半圈。

这是一张上天入地、先进可靠的信息通信网络，架起世博会组织方、参展方、媒体、游客、社会公众之间的沟通桥梁。该网络应用EPON、WLAN等有线、无线接入技术，采用光纤、EVDO、卫星等传输方式，实现NGN软交换，融合IPv6、CDN、DDoS等前沿信息科技，与公用交换电话网(PSTN)、IP网、CDMA网络共同提供电话、宽带、移动、卫星、集群、应急等信息通信服务，和全球1 000多家运营商的通信网络实现了无缝连接。为了应对超大人流带来的话务量冲击，上海机动通信局派出8辆应急通信车进驻园区。

这张无形无迹却无处不在的信息通信网络，承载着世博会46个重要的信息化应用系统，构成世博园的“神经中枢”。协同办公系统使世博局近3 000名员工能够高效、同步地开展工作；800 MHz指挥调度系统确保指令畅达；视频传输系统让3 500多个视频探头的图像实时传送，全天候守护世博安全；数据传输网络保障7 300多万次票检信息及时、准确传递；另有要客访问系统、志愿者培训系统、财务管理系统等，都在世博会的组织运营中发挥关键作用。

图专-4-2 上海电信网络维护中心通过监控大屏幕为世博园区提供通信服务保障

【建立世博会通信服务保障体系】

要确保上海世博会通信服务万无一失，必须从方案、体制、机制等各方面系统谋划，建立完备的保障体系。为此，上海电信确立“全业务、全方位、全天候”的“三全”服务保障思路和“无缝连接的宽带网络、无与伦比的信息内容、无微不至的贴心服务、无所不在的中国电信”的“四无”服务保障目标，全力以赴为国家增光，为上海增色，为企业增辉。

2005年6月3日，上海电信成立世博(港城机场)办公室，重点谋划世博通信服务保障工作。

2006年，上海电信积极配合上海世博局、市信息委、科委、建委制订世博信息化规划，完成《上海世博会运行管理与服务信息系统总体框架》《2010年上海世博会决策指挥平台》等规划编制，参与编写《决策指挥平台》《通信服务》等专项运营计划。

2007年，上海电信建立大型展会活动的数据流量模型和话务模型，形成分时分区分级和“人防加技防”的保障构想。

2008 年 5 月，根据《关于成立中国电信参与重大国际性活动协调领导小组及办事机构的通知》精神，上海电信撤销世博会办公室，成立中国电信上海世博会项目办公室，接受中国电信上海世博会领导小组的领导，作为非常设性机构协调组织相关工作，以更好地参与和服务世博。是年，上海电信编制《中国电信迎世博 600 天行动计划》，从网络规划、业务发展、网络运营与保障、品牌宣传、客户服务等 7 个领域 21 个大类，明确信息通信服务保障的 400 多项具体任务及其部署。

2009 年，上海电信完成 2 000 多页的《世博重要通信保障方案》（简称《方案》）编制，涵盖 322 项应急场景处置预案和 72 项应急演练方案。根据《方案》组织开展 50 余次大型演练、200 余次分类演练，全面排查机场、隧道、大桥、地铁等七大涉博区域的网络安全隐患，还开发了网络质量、海缆安全等监控系统和融合全球定位的客保系统，提高了网络安全系数。

2010 年，上海电信将世博服务保障列为“一号工程”。1 月 21 日，上海电信成立世博保障领导小组，进一步加强通信保障工作的统筹指挥力度。1 月 29 日，电信世博通信保障指挥人员进驻距离中国馆仅 400 米的周家渡办公点，坐镇一线指挥。

3 月 25 日，按照市委有关党建联建的工作要求，上海电信组建世博保障临时党委，临时党委同时接受上海电信党委和世博局相应运营条线、片馆临时党委的领导，形成条块结合、以条为主的党组织运营保障机制。实施“组织建设全覆盖、品牌服务全天候、关爱员工全方位、激励鼓舞全过程”的“四全式”党建工作，深入开展“三比三看”“我为世博献一计”“创先争优活动”“世博先锋一线行动”等。

3 月 31 日，中国电信保障上海世博誓师大会在上海举行，中国电信发出《决战世博动员令》，要求集团全体员工为世博会提供“高标准、高质量、高效率”的通信服务与保障。上海电信立下《决战世博军令状》，承诺“服务世博、奉献世博、建功世博，在世博盛会上留下电信人的足迹和光辉篇章”。

图专-4-3　2010 年 3 月 31 日，中国电信保障 2010 年上海世博会誓师大会

4 月 9 日,来自浙江、广东、安徽、福建、湖北等五省电信公司的援博应急通信团队和 10 辆卫星通信车抵达世博园区,这是中国电信调集的第一支应急通信先锋队。与此同时,四川、内蒙古等省区 11 辆 C 网应急车也已备勤,随时听候调配。

图专-4-4 2010 年 4 月 9 日,来自五省电信公司的 10 辆应急通信卫星车抵达世博园区,承担世博通信网络保障任务

在保障上海世博会运营的整个过程中,中国电信各条块通力协作,形成合力。集团公司各职能部门对口上海电信,给予专业支撑;集团网运部还派员驻扎上海,协调解决全网保障问题;八省(浙江、江苏、安徽、广东、福建、湖北、湖南、四川)电信公司抽调 47 名技术专家和应急通信车驰援上海;江苏、浙江电信公司组建世博保障预备团队,就近驻扎待命;承担海光缆出口的几家电信公司也建立了全国联动机制,进行一点接应;中国电信在欧洲、美洲,以及中国香港地区等地的公司也大力配合,齐心构建安全、畅通的电信大网。

【八大科技亮点服务保障世博会】

中国电信在上海世博会这个舞台上,为了生动诠释"信息世博,触手可及"的主题,不仅展示信息通信的创新技术,而且将其作为服务保障盛会的主要手段。2007 年 9 月 26 日,由中国电信上海研究院和上海世博局信息化部共同组建的"中国 2010 年上海世博会信息化通信技术与综合应用联合实验室"揭牌成立,该实验室致力于将多媒体号码百事通、射频识别(RFID)技术应用、"全球眼"技术研究与应用等服务于上海世博会。其后,上海电信联合业界技术业务专家组成科研攻关团队,深入研究物联网、云计算、LTE、三屏融合、IPv6 等前沿科技如何与世博应用实现有机融合,攻克大量技术难题。在此基础上,上海电信立足于客户的需求及感知体验,组建由前后端部门、产品部构成的世博新品开发团队,对产品的主要功能、上线时间、呈现方式、设备平台情况、维护单位等进行周密部署,确保新产品如期上线。

2010 年 4 月 27 日,以"卓越科技,精彩世博"为主题的中国电信世博科技亮点发布会在上海科技馆举行,“城市光网”等八大世博科技亮点和18项世博新业务集中亮相。

中国电信推出的八大世博科技亮点为:城市光网、移动极速宽带网、下一代互联网、物联网、3D高清IPTV、云计算、天翼数字对讲、多语言智能识别技术等。依托这八大科技的18项世博新业务包括:天翼对讲、DDoS攻击防护系统、800 MHz数字集群、世博电信卡、高星级酒店IPTV、酒店租机、爱冲印、世博信息亭、世博百事通、多语言服务热线、商旅租机、魔屏、e云手机、翼支付·手机钱包、汽车前装信息服务、随行通、小e机器人、世博信息专刊。

八大科技亮点代表当时信息通信前沿技术,引领应用发展趋势。依托云计算技术打造的e云手机受到客户广泛欢迎,DDoS攻击防护系统成为拦截网络攻击的安全卫士,CDN内容分发系统使网上世博会、世博官网的图片、视频等信息内容传播速度成倍提高,使用物联网技术的车载监控系统和井盖监控系统已在世博园区成功应用。此外,通过整合“城市光网、下一代互联网、高清IPTV”等多项科技建设的新闻中心,为中外记者实时了解世博全景信息、收发稿件、传送视频提供强有力的支撑;多语言自助翻译系统(863项目)用于962010世博热线,为世博游客提供4种外语服务,提供自助服务超10万次。

图专-4-5 2010年4月27日,中国电信发布八大世博科技亮点

18个世博新产品受到用户的普遍欢迎。综合信息亭累计为游客提供服务200多万次,小e机器人添加用户数达到138.9万、世博百事通客户端用户点击数达16.5万,e云手机用户数超过2.1万。网上世博会点击超过8.73亿次,共有8 234万人次用户进行访问,使得这届世博会真正成为一届全世界共赏共庆的全球盛典。

在上海世博会这一全球盛会上,中国电信既是服务者、保障者,又是参展者。

2008年年初,国务院国有资产监督管理委员会指定上海世博会两大全球合作伙伴——中国电信集团公司和中国移动集团公司联合建设上海世博会企业馆,以充分展现改革开放30年中国通信行业所取得的辉煌成就。

图专-4-6　2010 年 5 月 1 日，信息通信馆开馆

以“信息通信，尽情城市梦想”为主题的信息通信馆，在建筑设计上采用柔和转角、多变的色块和光带，形成流畅动感的外观，传递信息时代“无限沟通”的特征，6 000 块六边形板材覆盖了展馆外立面，表达信息通信“无差别、全覆盖”的理念；在展演设计上，信息通信馆以富有创意的构思和高科技多媒体手段提供令参观者惊喜的互动体验。

除精彩的互动体验和对未来信息生活的演绎之外，信息通信馆的设计建造处处体现低碳环保的理念，如使用清洁能源、废旧光盘材料、可回收的钢管桩基，装置能耗监测与智能电气管理系统等，倡导科学、理性的生活方式。

上海世博会举办期间，信息通信馆受到众多中外游客的喜爱，共组织展演 7 287 场次，接待游客 312.68 万人次，每日客流量保持在 1.7 万—1.9 万人次。据第三方调查显示，信息通信馆的客户满意度达到 97%。中共中央政治局常委李长春，中共中央政治局委员、国务院副总理张德江、王岐山，中共中央政治局委员、天津市委书记张高丽，中共中央政治局原常委罗干，工业和信息化部部长李毅中，国资委主任李荣融等党和国家、省部级领导也参观了信息通信馆。李长春在参观信息通信馆后给予高度评估，称其“寓教于乐、有大量互动，非常适合青少年的科普教育”。

2010 年 9 月，信息通信馆荣获全球展览界最权威的杂志《展览者》评选的上海世博会“最佳演绎奖”和“最佳科学技术应用奖”，成为世博园区唯一获得双奖的展馆；在 2010 年全球会展设计大奖评选中，信息通信馆获得“最佳互动元素”和“最佳多媒体应用”两个金奖；在上海世博会唯一专业网站腾讯网的大众推荐评选中，信息通信馆名列企业馆第二，央企馆第一。

【贴心服务让客户感受世博难忘】

上海电信对世博服务确立的目标是：“便捷服务零距离、贴心服务无忧愁”，让客户从内心感受到世博的精彩。

2005 年 9 月 28 日，上海电信为世博集团提供 Centrex（虚拟小交换机）和 10Mbps IPMAN 上网业务。11月5日，上海电信启用新局号“2206”，作为上海世博局及相关单位的专用号码。该局号打破传统局号的区域限制，首次实现局号覆盖范围内的单位搬迁不改号。为凸显“2010年”这一时间概念，上海电信将上海世博局总机号码设定为“22062010”。所有电话都开通了呼叫等待、来电显示、转移呼叫、来话转接和代接等新功能，大大提高上海世博局的工作效率。

2007年5月16日，由上海电信建设运营的“962010世博服务热线”在中国电信信息园区正式开通，这是2010年上海世博会唯一的官方服务热线。“962010”热线提供世博场馆规划建设、市场开发、参展事务等十大类信息咨询，实现实时和非实时的专家咨询服务，服务语种包括中、英、法等多国语言，还受理世博音乐作品征集、世博志愿者信息登记、世博有奖知识竞赛等。

2009年11月12日，网上世博会(www.expo.cn)正式上线。网上世博会是实体世博会的补充与延伸，是集推介、导引、展示、教育四大功能于一体的综合性、国际性的网上平台，全世界任何地区的网民都能够顺畅访问上海网上世博会网站，获取第一手信息。在网上世博会的背后，是中国电信全程全网的技术支撑。

2010年4月20日是上海世博会试运行的启动日。是日，上海电信举行世博服务誓师大会暨世博满意服务竞赛启动会，庄重承诺：通信设施完好率、全业务安装维修履约率、客户服务满意率达到“三个百分百”。上海电信按照世博园区服务“三个百分百”承诺，组建一支以全国劳模为带头人，技术能手、业务骨干为主体的园区现场服务团队，制定29项工作机制和工作流程，推出12项便民服务措施，使园区内的业务受理更快捷、客户响应更及时、服务流程更规范。4月30日，600多名电信保障人员进驻世博园区值守。

在上海世博会期间，上海电信还针对漫游客户的需求，制订《跨域服务备卡调拨与补充流程》，在尚无IT系统支撑的情况下，从全国336个地市调集7 900多张备卡，全部用手工粘贴检索标识，累计提供异地补卡、热线转接等跨域服务36.3万次，解决外地游客的燃眉之急，客户对跨域服务的满意率达到100%。同时，世博园区4个电信服务点共接待游客73 210人次，受理业务9 679次，受理电信业务咨询19 914次，受理世博信息咨询7 683次，和园区外的电信服务人员一起，以零距离

图专-4-7　礼花盛放、绚丽多彩的世博之夜

的贴心服务树立电信的良好形象。在世博局组织的窗口服务水平调查评比中，上海电信名列第二，仅次于世博志愿者团队。

1 312 天的精心准备，184 天的全力保障，在这 1 496 个日日夜夜里，上海电信共有 93.8%的干部和 91%的员工参与世博服务保障工作，涌现出许多工作亮点和感人事迹，熔铸了上海电信"攻坚克难、奋力争先的拼搏精神，众志成城、协同奋进的团队精神，勇攀高峰、锐意进取的创新精神，勇担重任、无私忘我的奉献"的世博精神。

上海电信有 79 个团队、265 名员工分别被上海市委、市政府、市总工会、市妇联、团市委、世博局等授予"上海世博工作先进集体""上海市工人先锋号""上海世博工作优秀个人""上海市三八红旗手""上海市青年岗位能手"等荣誉称号。

2010 年 12 月，中共中央、国务院授予上海电信"上海世博会先进集体"称号。

特记

2011—2018 年上海电信发展概况

2011 年，中国电信上海公司根据集团公司转型 2.0 提出的“新三者”思路，牢牢把握上海智慧城市建设机遇，全业务运营量质并举，收入同比增长 6.5%。是年，实施光网领先工程和 3G 跨越工程，助力上海成为国内“光网第一城”。2012 年，上海电信持续提升对业务、服务与渠道的 IT 支撑能力，深化推进战略业务单元(Strategic Business Unit，SBU)管理模式，积极开展财务嵌入式服务。2013 年，上海电信着力构建责任圈，实践锥形竞争力，积极推进生产管理体系优化工作，以运营管理双有效，有力支撑规模效益双提升。2013 年 10 月，中国电信上海自由贸易试验区信贸营业厅正式挂牌，这是通信运营商在自贸区内开设的首家营业厅。12 月，中国电信成立上海自贸试验区分公司，同时加挂“上海公司政企客户部自贸区销售服务中心”牌子。2014 年，坚持“面向客户、面向市场、面向竞争、面向一线经营主体”，不断激发业务活力、组织活力、人员活力。为配合集团全面深化改革工作，建立约 700 个承包体，前端承包经营格局初步形成，“倒三角”支撑满意率达到 98.7%。2015 年，上海电信通过全面深化改革和互联网化转型双轮驱动，持续提升结构效率和运营效率。

2016 年，上海电信开始在集团转型 3.0 的战略框架指引下，以成为领先的综合智能信息服务运营商为战略定位，聚焦客户信息化创新，加快推进网络智能化、业务生态化和运营智慧化。积极推进企业转型升级，通过网络、业务、运营、管理等 4 个重构，聚焦 5 个生态圈(智能连接、智慧家庭、互联网金融、物联网、新型 ICT)，助力网络强国，服务社会民生。年末，上海电信的净利润率和 EVA 率都居集团首位，保持区域收入市场份额领先。2017 年，上海电信以“市场和技术”双驱动，不断激发活力、提升能力、强化执行力，超额完成集团下达的预算目标。2018 年，上海电信率先开启第 5 代移动通信(5G)应用，建成国内首个“5G 示范商务区”；刷新互联网接入速率，千兆光网覆盖 1 000 万户家庭，全面实现端到端“万兆到楼、千兆到户”，使上海成为全球第一个实现千兆全覆盖的城市。年末，上海电信移动过网份额增幅同城第一，政企重点业务收入增量份额行业居首，在激烈的市场竞争中奠定持续发展的能力和动力基础，在集团党建考核和业绩考核中获得双第一。

2011—2018 年，上海电信坚持党建统领，践行集团转型战略，加快改革创新，激发组织和人员活力，不断提升客户与员工的获得感、幸福感，实现集团转型及区域发展领先，打造与上海现代化国际大都市地位相适应的基础信息设施和卓越服务体系，成为构建和谐企业与履行社会责任的表率。公司本部先后荣获第三届、第四届全国文明单位称号，连续三次获得“全国模范劳动关系和谐企业”称号。2012 年，被评为中央企业思想政治工作先进单位。2013 年，上海电信首次荣获“2011—2012 年度上海市文明行业”称号。2017 年，上海电信连续第六年获得上海市“五星级诚信创建企业”称号。

一、公司体制

2016 年，根据国务院国有资产监督管理委员会《关于中国电信集团公司吸收合并 20 户省级电信公司有关事项的复函》及中国电信集团公司《关于调整省级电信公司法人体制的通知》《关于中国电信集团公司吸收合并中国电信集团上海市电信公司相关事项的通知》《关于明确省级分公司授权管理有关事项的通知》等文件要求，中国电信集团公司于 11 月对上海市电信公司实施吸收合并，将上海市电信公司的资产、债权债务、业务、人员整体纳入新设的中国电信集团公司上海分公司中，上海市电信公司的对外投资权益整体转移到中国电信集团公司并由上海分公司负责日常管理。2017年1月20日，中国电信集团公司上海分公司注册成立。5月24日，上海市电信公司完成工商注销。

同时，根据国资委关于各级国有企业全面开展从全民所有制企业向有限责任公司转型改制，建立更加符合现代企业管理制度的企业治理结构的要求，中国电信集团公司对企业进行改制，于12月15日完成工商变更，企业名称变更为中国电信集团有限公司，企业类型变更为“有限责任公司(国有独资)”。12月27日，中国电信集团公司上海分公司更名为“中国电信集团有限公司上海分公司”，中国电信集团公司上海网络资产分公司更名为“中国电信集团有限公司上海网络资产分公司”，企业类型由“全民所有制分支机构(非法人)”变更为“有限责任公司分公司(国有独资)”。

二、城市光网建设

2011年1月27日，中共上海市委副书记、市长韩正等领导到上海电信调研上海城市光网建设情况。1月、10月，上海电信进行两次宽带免费提速。是年，上海城市光网用户突破100万，光网覆盖用户逾450万，10 Mbps及以上用户达150万，成为国内光网第一城。

2012年4月、9月，上海电信先后进行第三次、第四次宽带大提速，光网用户突破270万，平均接入带宽达到16 Mbps。在浦东城市化地区，光网新装用户实现48小时即装即要，城市光网成为“上海城市新印象(2007—2012)”的十大重要进展之一。

2013年3月、9月，上海电信开展第五次、第六次宽带大提速，实施百兆到户宽带卓越计划，全年宽带净增实现由负转正。宽带安装履约率从95%提升到99.9%，宽带下载速率保持国内第一，在中国电信集团光接入网“质量双提升”现场检查中名列第一。

2014年，上海电信实施宽带总经理项目，优化前后端一体化宽带业务经营体系。5月，宽带用户达到500万。11月，上海电信最后一台TMD长途交换机退网。

2015年3月，上海电信开展“百万用户享百兆、高清电视再升级、网龄计划真回馈”第七次宽带大提速。5月，建成全国首个基于对称型10 Gbps-PON技术的光网千兆宽带示范点，成为首家提供千兆宽带接入的基础运营商。11月2日，“中国电信上海公司未来网络开放实验室”成立。是年，上海电信宽带用户平均上网带宽超过35 Mbps，百兆宽带用户突破190万户，国内首个千兆示范小区在浦东陆家嘴诞生。

2016年，上海电信将推进宽带发展列为家庭客户总经理项目，巩固电信宽带差异化优势。4月，启动10G-EPON规模化建设，让用户用上千兆宽带。10月，上海电信正式启动千兆宽带规模化发展，目标是在三年内实现宽带产品“百兆起步、千兆主流”。11月，青浦电信局成为上海第一个全部实现光电话的电信区局。12月，亚太直达海底光缆系统正式上线，运行17年的中美间第一条海底光缆系统退役。

2017年，上海电信在宽带业务上坚持差异化品质策略，保持本地宽带运营商份额与价值领先。8月，举行宽带20周年庆典活动，响应国家“提速降费”号召，推出全家享“十全十美”套餐。12月，中国电信浦东沈家宅TDM程控交换端局下电退网，中国电信成为全球最大的全光网络、全IP组网的运营商。是年，上海电信国际出口带宽累计达到1 290 G，占本地三大运营商的56%，占中国电信国际出口三大节点的41%。

2018年，上海电信加快网络演进和通信能力建设，运用领先的10 Gbps-EPON技术，将千兆

图特-1-1 2018年，上海建成“千兆第1城”

光网接入2万个小区，覆盖1 000万户家庭，全面实现端到端“万兆到楼、千兆到户”，使上海成为全球第一个实现千兆全覆盖的城市。

三、移动业务发展

2011年6月10日，上海电信正式启用180号段，作为3G专属号段。年末，累计发展3G用户38万，用户总量达到176万；净增市场份额达到39%，实现同城第一。是年，Wi-Fi建设取得重大成效，运营热点突破7 000个。

2012年3月，上海电信与上海联通签署2012年共建共享合作协议，共同建设30座新基站，共享200座已有基站。4月，上海电信开始逐步取消CDMA预付费产品话费余额有效期。7月，上海电信承担上海市公共场所Wi-Fi系统的建设和运营，该服务统一品牌为i-Shanghai。是年，上海电信移动用户市场份额提升到19.1%，市场收入份额达到18.9%、过网用户份额提升到15.9%。

2013年2月，上海电信推出在一张UIM卡上开通中国与美洲两个数字移动电话号码的业务。11月，上海电信移动互联网学院正式成立。年底，移动出账用户突破700万户。是年，上海电信CDMA网络语音业务全程测试保持“零掉话”，网络接通率达99.44%，移动网络质量保持同城领先。

2014年1月，中国电信在南极科考中山站开通天翼3G网络，上海电信参与此次开通。2月，上海电信推出第4代移动通信技术(4G)业务，成为中国电信首批提供4G服务的城市。7月，天翼4G套餐线下首发，全市450家电信营业厅正式放号。是年，上海电信已建设开通宏基站超过5 000个，外环内覆盖达到94.33%，4G网络覆盖水平总体与其他运营商可比。

2015年，上海电信开始致力于4G规模发展。2月，推出4G翼支付手机交通卡业务。7月，开展4G网络“能力大提速、质量大提升”会战，显著提升覆盖效果，荣获集团一等奖。8月，在全国率先推出“天翼4G+”业务，成为中国电信“天翼4G+”首批试点城市。4G用户占比从2014年年底

图特-1-2　2014年，上海电信派出应急通信局员工(右1)赴南极科考中山站参与该站的天翼3G网络开通工作

的2.6%提高到20.9%。

2016年，上海电信推行“优维建”一体化发展模式，不断提升移动端到端感知。4G全市覆盖率97.34%，实现同城领先，移动网络总体优良率跃居集团排名第三，故障历时缩短近60%。

2017年5月，上海电信和上海联通联合举办“落实提速降费，推广六模全网通终端行动发布会暨全网通终端‘众筹’会”，共同发布提速降费举措及推广六模全网通终端联合行动计划。11月，上

图特-1-3　新业务探索——5G VR

海电信首个 5G 试验站点在虹桥地区开通。是年，上海电信移动过网份额提升 3.4 个百分点，达到 22.1%。

2018 年，上海电信开展“移动网质量提升专项行动”，在“五高一地”重点区域打造具有竞争优势的移动网络。世界电信日期间，在虹桥商务区启动建设国内首个“5G 示范商务区”，在首届中国国际进口博览会期间以 5G 网络支持新闻直播率先开启 5G 应用。

四、信息化与行业应用

2011 年 1 月，上海电信在本市长宁区启动城市光网进社区实事项目。3 月，上海电信客服中心首批 100 个云计算座席上线试运行。是年，上海电信先后与黄浦区等 10 个区县政府签署有关信息化合作协议。全年完成 15 个“智慧城市”专项规划，实现信息化新增收入 2.27 亿元，拉动移动终端 49 万线。以物联网和云计算产品为代表的新兴行业应用得到规模化推进，其中，云计算应用已形成业务收入 200 万元，发展客户 200 家，物联网应用突破 3 000 线。

2012 年 1 月，上海电信牵头成立上海城市交通信息服务产业技术创新战略联盟。8 月，中国电信与上海市政府签署《共同建设上海“智慧城市”2012—2013 年战略合作协议》。中国电信两年内投资 140 亿元，围绕智慧政府、智慧民生、智慧产业等 3 个领域，建设上海智慧城市。同月，中国电信车联网服务上海基地成立。是年，上海电信与上海 14 个政府部门及 21 个企事业单位开展战略合作，完成项目 177 个，行业应用累计净增约 43.5 万线，完成新增社会信息化收入 3.52 亿元。

2013 年，上海电信建成“智慧社区综合信息开放平台”，用户承载能力达 400 万户；完成 3 675 个智慧社区共建，占全市所有社区的 66%；完成 127 个街镇签约，占上海所有街镇的 60%。与教

图特-1-4 2013 年 8 月 26 日，上海电信与上海数字产业(集团)签署战略合作协议，建设智慧上海

育、连锁、律师、物流与车联网等行业开展合作,推进虹桥、迪士尼、后世博、临港等重大项目,政企业务收入同比增长 12.2%。流量经营、ICT(含 IDC)、移动互联网基地业务、IPTV 等新兴业务的总收入达到 56.8 亿元,同比增长 20%,占公司收入增量的 60%,成为新的增长引擎。

2014 年,上海电信积极融入地方经济发展,拓展嘉定智慧城市、青浦物流、莘闵/中区电子书包等信息化大单,宝山区庙行镇"老人宜居社区"信息化项目成为市经信委、民政局养老服务的创新样板。大数据应用在教育、房产、金融等行业进行探索,形成成功案例。IDC 业务保持高速增长,同比增长 30.5%,收入增量占集团 18.64%,排名集团第一;DDoS 攻击防护、IT 运维服务成为集团标杆。新兴业务中,8 个列为划小承包范围产品的增量收入有所提升,其中,会易通和 Wi-Fi 客户端产品年收入超过千万元。

2015 年,上海电信以集约化运营方式做强重点产品。年初,组建新兴业务运营管理部。年中,积极配合市政府一号课题,成立科创中心总经理项目组,打造 ICT2.0 运作体系。是年,上海电信在机制、能力、项目等三方面取得突破。

2016 年,上海电信以行业客户总经理项目以及 IDC 能力保障,持续深耕拓展政企市场,为企业整体发展奠定坚实基础。超额完成集团政企"教育、医疗、政务三朵云"大单,ICT2.0 新增商机 367 个;天翼高清、翼支付、互联网+、云和大数据、物联网等五大新兴业务均超过年初预定目标。

图特-1-5 2016 年 10 月 20 日,上海市市长杨雄(左)、中国电信董事长杨杰(右)共同为"中国电信制造行业信息化应用(上海)基地"揭牌

2017 年,上海电信的新兴业务发展迅猛,形成"天翼云+CLSN+专有云"的云网产品体系,完成集团天翼云发展目标。大数据在为上海电信搭建智慧运营平台的同时,积极拓展政府精确治理等外部市场,外部大数据年收入超过 5 000 万元。天翼高清在高清电视市场的份额跃居同城第一,IPTV 内容运营占收比排名集团首位。物联网商用能力和应用领域取得突破,基于物联网应用的无人机飞控网项目成果在 2017 年国家双创周和乌镇世界互联网大会亮相。翼支付覆盖全市主要

的连锁便利店，活跃用户超过100万。

2018年，上海电信积极参与市信息化建设，重大项目中标率超过90%。通过整合物联网等前沿技术服务民生，建成国内第一个智慧小区虹口中虹花苑，为“美丽家园”树立样板；智慧小区青浦二联馨苑在进博会开幕期间登上CCTV1，被誉为“进博会的一道风景线”。12月7日，中共中央政治局委员、上海市委书记李强专题调研上海信息基础设施建设情况，考察理想公司的中国电信天翼云工业互联网平台。

图特-1-6 2017年6月，中国电信物联网开放实验室落户上海

五、企业党建与思想政治工作

中国电信上海公司党委以习近平新时代中国特色社会主义思想和党的十八大、十九大精神为指导，坚持以党建为统领，铸就上海电信持续健康发展的强大政治优势，取得优异的发展业绩。

2011年，上海电信党委围绕“创先推动转型上水平，争优实现发展新突破”活动，持续推进岗位行动、志愿行动、家园行动，开展党员公开承诺、党代表巡查暗访营业窗口等特色活动。扎实推进“制度+科技”的反腐倡廉建设，形成党务公开和厂务公开联动机制。推出员工个人职业发展“双积分”和“三通道”制度，多维度促进员工全面发展。是年，南区电信局漕溪北路营业厅获国资委“文明服务央企先行·文明服务示范窗口”荣誉称号，成为中国电信唯一获得此项荣誉的服务窗口。

2012年，上海电信党委强化思想政治保障体系，凸显党组织的政治核心作用、战斗堡垒作用和党员的先锋模范作用，激发一线党支部工作活力。6月20日，上海电信召开公司第二次党员代表大会，深入贯彻落实科学发展观，实践中国电信集团转型战略，提出今后五年的奋斗目标，即：深化转型战略，确保集团转型及区域发展领先；建设智慧城市，打造具有国际竞争力的基础信息设施和卓越服务体系；贯彻科学发展观，成为构建和谐企业与履行社会责任的表率。

2013年，上海电信党委深入开展群众路线教育实践活动，通过全面查摆问题，推出两轮整改方案，落实303条意见的整改。聚焦九大类29个“四风”突出问题，制订六大类33项整改举措。重点开展治理垃圾短信、文山会海，压缩业务招待费，建立员工沟通平台“论道”等10个专项整治，制定和修订公务用车、差旅费、培训经费管理办法等11项制度。以“传递正能量、贡献新力量”为主题，打造员工幸福家园、“论道”平台，开展“企业文化大讨论”“寻找最美电信人”“千名党员讲十八大”微型党课活动等，凝聚企业发展正能量。全国劳模徐珺获评中国电信第三届十大感动人物。

2014年5月，为深入贯彻中国电信“新三者”战略和“一去两化”要求，上海电信成立全面深化改革领导小组，明确深化改革的机制与重点任务，由党委书记、总经理马益民任组长。领导小组下设全面深化改革办公室。上海电信党委积极培育“变革担当”的企业文化，举办“深化改革、你我同行”辩论赛，上海电信辩论队在集团辩论赛中荣获季军。落实人才培养责任制，开展远航计划和T100高端专业人才培训，重点提升人才的综合素质和专业能力。制定《中国电信上海公司员工荣誉体系建设管理办法（试行稿）》，首次开展上海电信劳模评选，有效激发员工内生动力。

2015年，上海电信党委根据中央、集团公司党组和市经济和信息化党委的部署，组织开展“三严三实”专题教育活动。上海电信各级领导干部围绕“严以修身、严以律己、严以用权”主题开展学习、研讨和查摆出问题，列出问题清单。公司党委召开专题民主生活会，落实整改措施51项；各级党组织边学边查边改，抓好整改落实和立规执纪。9月1日，上海电信成立党建工作领导小组。是日，印发《中国电信上海公司党委会制度》。先后制定《中国电信上海公司党员领导干部民主生活会制度》《中国电信上海公司落实全面从严治党，加强和改进党建工作的实施办法》等。

2016年，上海电信党委制订《关于在“两学一做”学习教育中推进党员作用显性化的实施意见》。聚焦年度重点工作，建立62个党员攻坚项目；聚焦“倒三角”支撑，总部和各单位本部党支部开展109个项目式结对共建，推动党组织和党员的作用显性化。落实从严治党要求，“三重一大”重要事项纳入党委会议事决策范围。探索内部巡查工作机制，三轮内部巡察覆盖20个单位；对集团巡视发现的问题制订54项整改措施，按“一岗双责”要求落实整改。巡视后，建立健全相关制度34项。聚焦党委主体责任，制定《直属党组织党建工作责任制实施办法》和《2016年党建工作责任制考核实施细则》，与各单位党组织签订党建工作责任书。是年，以“锻造品质精神”为主题，举办“品质精神我诠释”大讨论、第三届“最美电信人·最美工匠”评选活动。

2017年，上海电信党委设立党委书记重点项目，推动各级党组织及党员作用显性化。各单位围绕经营发展，确立342个党员攻坚项目。实现内部巡察全覆盖，营造风清气正环境。修订《直属党组织党建工作责任制实施办法》和《公司“三重一大”决策实施细则》，制定《直属党组织书记党建述职评议实施办法》。重点抓好领导干部这个“关键少数”，强调各级管理者要“在状态”。围绕党的十九大召开，先后开展“喜迎十九大·四百支部大巡礼”“学习党的十九大精神报告会暨四百支部大巡礼中途推进会”等活动；崇明电信局员工邱莉娜作为上海电信第一位全国党代表参加十九大并于会后在上海电信、上海市经济和信息化系统等范围内宣讲十九大精神，产生很好的示范、激励效应。此外，嘉定电信局南翔分局党支部还被命名为“中央企业第一批基层示范党支部”。

图特-1-7　2017年11月21日，上海电信召开学习党的十九大精神报告会

2018年，上海电信坚持党建统领，把制度建设贯穿其中，深入推进反腐败斗争，把党建工作与生产经营等中心工作紧密融合。公司党委严格落实党建工作责任制，先后制定《党委理论中心组学习规则》、党委研究决策"三重一大"事项清单和修订党建工作责任制考核实施细则等，不断完善党组织议事规则和"三重一大"决策制度执行。实施"党组织和党员价值再提升"和"党风廉政建设五项机制落地落实"两大党委书记重点项目，开展"岗位建新功、党员建行动""党建翼联"和"党员攻坚项目"主题活动，组织"千名(党团)书记大巡礼"活动，全力做好"倒三角"支撑服务，实现"党组织和党员价值再提升"。全面落实中央决策部署，深化电话用户实名制认证、打击信息通信诈骗、开展精准扶贫、架空线入地等工作，履行好央企政治责任与社会责任。6月19日，上海电信召开第三次党代会，明确今后5年的奋斗目标是：坚持以政治建设为统领，党的建设全面加强；企业改革持续深化，市场份额保持领先；社会责任全面履行，幸福企业充满活力。

六、进博会保障

随着国家主席习近平在2017年"一带一路"国际合作论坛上宣布从2018年起举办中国国际进口博览会，中国电信围绕进博会的通信保障工作，在集团总部层面，成立集团副总经理牵头的进博会专项领导小组，协调全集团资源、抽调全集团专家队伍，统筹推进各项保障工作。

上海电信于2017年主动对接进博会组委会，度身定制通信保障和服务方案，针对组委会、国外参展商、国内采购商、中外媒体的不同需求，制订相对应的通信保障及服务方案。同时，根据上海市政府相关部门、中国国际进口博览局指示部署，结合工信部、集团公司和上海市通信管理局的要求，全面承接进博会展馆核心区和周边区域的有线无线网络保障任务、各类突发临时通信需求，承建多个重要的进博会信息化系统。

2018年年初，上海电信设立需求响应团队和网络建设团队，建立起分层级的各类内部工作例会制度，定期协调推动内部各项工作。与进博会组委会、各政府专业条线以及国展中心、虹桥枢纽等方面，逐一建立工作接口，协同工作。其中，需求响应团队负责快速响应与进博会有关的通信保障需求，组建在国展中心现场的7人小组以快速响应突发需求，通过绿色通道在第一时间予以满足；网络建设团队从项目立资、投资保障、建设人员、技术创新等多方面开展工程建设。团队成立后立即启动国展中心及周边重点场所、重点区域通信网络优化规划工作，通过现网资源排摸、用户需求调研、新技术新设备测试等，最终制订整体规划方案。1—9月，上海电信开展工程项目建设共五大类30余个，主要采用千兆、4G等成熟技术，超前引入5G、窄带物联网(NB-IoT)、IPv6等新技术。

2018年1月16日，上海电信与国家会展中心(上海)公司签署“智慧国展”战略合作协议，宣布“中国国际进口博览会”968888呼叫中心正式上线运营。968888服务热线由上海电信承建并运营，配置有7个座席共22人，采用“弹性座席”模式，可根据呼叫量进行座席动态调整适配。话务人员具备中英文双语技能，面向全球，使用中、英、俄、法、西班牙语等6种语言，为用户提供7×24小时电话、在线客服、E-mail、短信、App等一体化综合信息服务。

2018年4月，随着上海市迎进博会倒计时200天行动计划的开展，上海电信着手组建专家服务团队，以可感知的产品、网络和服务品质为中心，确立“热情参与、真情付出、用心服务”的服务方针，全力以赴开展进博会的窗口服务保障工作。

2018年5月，上海电信正式组建进博会保障工作项目组，党委书记、总经理马益民任保障工作领导小组组长，下设客户响应和需求挖掘、网络和产品保障、综合保障和品牌宣传、窗口和志愿者服务等四个工作组，由各相关部门主要负责人参加，分别负责接应各级政府部门和重要企事业的通信保障需求、网络建设和运营保障、综合后勤保障、现场客服和志愿者工作。

2018年6月8日，上海电信受邀参加“青春上海”志愿服务专项行动启动仪式，上海电信团队入选全市首批十支志愿者服务队伍，漕溪北路营业厅被选为城市文明志愿服务站点之一。6月25日，上海电信启动进博会志愿者招募活动，包括网络运维志愿者团队、业务运营志愿者团队、窗口服务志愿团队、综合保障志愿团队和专家支撑志愿者团队，共招募来自各单位的志愿者213名，有4名志愿者于进博会期间在国展中心参与志愿服务工作。

2018年9月12日，中国电信在上海举行通信保障临战大型演练，上海电信出动38台各类应急通信专业装备，15辆应急通信及救援车辆，1架“中国电信应急通信飞行队”保障直升机，4台专业侦察无人机，以及数百名应急通信队员。

2018年9月底，上海电信完成主体工程建设，国展中心4G网络容量提升67%，可满足30万人同时上网；平均下载速率70 Mbps，提升250%，在主会场、新闻中心、智能装备等主要会场、展馆进行5G信号覆盖；完成中国电信骨干网络、城域网、接入网、无线网络等设备的IPv6改造，开通与移动、联通等运营商的新增网间IPv6互联互通链路的双栈功能。

2018年10月29日，上海电信印发《进博会重要通信保障总体方案》，明确“1+1+6+8”的现场保障体系，即1个进博会通信保障指挥中心、1个国展现场保障中心和6个现场保障组，配套8个专业组，以确保国展现场及周边虹桥核心商务区、内外宾酒店的电信业务和网络的畅通，涉及进博会的业务快速及安全可靠开通，通信大网含国际海光缆、党政军以及关系国计民生的重要行业(如金融、交通、医疗等行业)用户网络的通信安全和线路畅通，以及涉及进博会及大网各业务系统平台的网络与信息安全工作安全可靠。专门建设进博会重要通信保障网管指挥调度系统，通过“指挥中心的大屏+保障人员的小屏”的方式，提高指挥中心对于现场的指挥效率和准确性。

2018年11月1日，进博会保障工作全面展开。上海电信严格实施封网，加大监控、巡视和值班力度，集团和江浙皖网络安全专家集结上海，加强对网络质量和安全事件的监测预警，全面启动进博会重要通信保障网管指挥调度系统。全体保障人员严格执行7×24小时值守和每日“零报告”制度，及时发现、通报、处置重大突发情况，严格落实每天电话会议，落实各项应急事件处置并采取应急联络机制。11月2日，中共上海市委副书记、市长应勇一行来到位于进博会现场的通信保障指挥部，察看进博会通信保障系统的各类实时统计数据。

图特-1-8　2018年11月2日，中共上海市委副书记、市长应勇(前排中)到通信保障组现场指挥部，视察进博会通信保障工作

2018年11月5日，进博会开幕，上海电信为中央电视台的40余个直播点提供视频专线、卫星转播等通信服务，计有197路光缆以及数量卫星通信车；在展会内，提供5G+720°VR直播、5G+8K高清点播、5G+AI人脸识别等业务。在服务现场，上海电信在国展中心设置5个服务点，分别位于新闻中心、北厅、登录厅内，由青浦局和崇明局邱莉娜工作室共同组建的“进博会现场服务班组”，承担进博会各类通信咨询和服务保障服务，通过成立进博会服务保障临时党支部加强窗口服务保障工作的政治领导。

至进博会闭幕，上海电信共出动保障车辆累计578台次；国际通信、国际海光缆、过江光缆、陆上延伸段、一级干线和二级干线、全网均运行正常且未发生网络安全事件；国展现场新闻中心、公安和警卫制证网及展馆等重要点位的各类电信业务均畅通安全且平稳受控。位于浦东的滨江会议中心、浦江灯光秀、城运中心、洋山港四期码头、张江科学城和28家内外宾酒店的重要通信保障也顺利圆满，实现全网“零中断”。进博会服务热线接通总量达6.8万余通，总接通率达到86%，在线咨询总量达2.8万余件，实现运营期间“零差错”“零投诉”的既定目标。

上海电信为首届进博会的保障工作累计投入超过5亿元，新建光缆1万芯公里，新建室内、室外基站1 800个，参与保障人数超过3 000人。进博会闭幕后，公司的通信保障工作得到各级政府和参展客商的好评，也得到集团公司的肯定，累计有6家单位、5名个人，分别获得市“五一劳动奖状”“工人先锋号”“五一劳动奖章”“进博会先进个人”等荣誉称号，200 人次获得中国电信集团级表彰。11 月 12 日，中国国际进口博览局和国家会展中心联名向上海电信致感谢信，感谢上海电信对首届进博会的支持和帮助。

首届进博会结束后，上海电信启动 2019 年进博会各项保障工作的策划筹备。以首届进博会保障为模板，归纳总结各项经验和不足，制订针对各类重大活动的分级的保障预案动作表并开展定期演练，形成上海电信独特的重大活动分级运行的体系化特色保障。

图特-1-9　上海电信首届进博会保障团队

表特-1-1　2011—2018 年上海电信历任党委书记、党委副书记情况表

机构名称	职务	姓名	任期
中共中国电信集团上海市电信公司委员会	党委书记	张维华	2011 年 1 月—2013 年
	党委副书记	陈鸿生	2011 年 1 月—2011 年 11 月
		顾国忠	2011 年 11 月—2013 年
中共中国电信股份有限公司上海分公司委员会	党委书记	张维华	2011 年 1 月—2014 年 3 月
		马益民	2014 年 3 月—
中共中国电信股份有限公司上海分公司委员会	党委副书记	陈鸿生	2011 年 1 月—2011 年 11 月
		顾国忠	2011 年 11 月—2013 年 4 月
		常朝晖	2013 年 5 月—2014 年 11 月
		雷　宇	2017 年 11 月—

表特-1-2　2011—2016 年上海市电信公司总经理、副总经理、总会计师情况表

职务	姓名	任期
总经理	张维华	2011 年 1 月—2013 年 5 月
	马益民	2013 年 5 月—2016 年 11 月

〔续表〕

职　　务	姓　　名	任　　期
副总经理	马　明	2011 年 1 月—2016 年 11 月
	吴冬立	2011 年 1 月—2015 年 11 月
	何剑鸣	2011 年 11 月—2016 年 11 月
	雷　宇	2013 年 5 月—2016 年 11 月
	常朝晖	2014 年 11 月—2016 年 11 月
总会计师	唐　珂	2011 年 1 月—2013 年 4 月

表特-1-3　2011—2018 年中国电信股份有限公司上海分公司总经理、资深总裁、副总经理、财务总监、资深副总裁、资深经理情况表

职　　务	姓　　名	任　　期
总经理	张维华	2011 年 1 月—2013 年 5 月
	马益民	2013 年 5 月—
资深总裁	郑奇宝	2017 年 2 月—2018 年 4 月
副总经理	马　明	2011 年 1 月—2017 年 11 月
	吴冬立	2011 年 1 月—2015 年 11 月
	何剑鸣	2011 年 11 月—2017 年 12 月
	雷　宇	2013 年 5 月—
	常朝晖	2014 年 11 月—
	陈志宏	2018 年 7 月—
	周益平	2018 年 9 月—
财务总监	唐　珂	2011 年 1 月—2013 年 3 月
	王海建	2018 年 7 月—
资深副总裁	顾国忠	2013 年 5 月—2016 年 4 月
	吴冬立	2017 年 11 月—
资深经理	顾国忠	2011 年 1 月—2011 年 12 月
	王思伟	2011 年 1 月—2015 年 6 月
	花锐强	2011 年 1 月—2015 年 12 月
	杨中涛	2011 年 1 月—2016 年 6 月
	郭　刚	2011 年 1 月—
	张之霞	2011 年 12 月—2013 年 2 月
	柯蝶娟	2011 年 12 月—2013 年 8 月
	赵永康	2013 年 2 月—2014 年 9 月
	赵申祥	2013 年 8 月—

〔续表〕

职　　务	姓　　名	任　　期
资深经理	纪卫国	2014 年 8 月—2016 年 3 月
	傅志仁	2017 年 3 月—
	施　恩	2017 年 3 月—

表特-1-4　2016—2018 年中国电信集团有限公司上海分公司总经理、副总经理、总会计师情况表

职　　务	姓　　名	任　　期
总经理	马益民	2016 年 11 月—
副总经理	马　明	2016 年 11 月—2017 年 11 月
	雷　宇	2016 年 11 月—
	常朝晖	2016 年 11 月—
	陈志宏	2018 年 7 月—
	周益平	2018 年 9 月—
总会计师	王海建	2018 年 7 月—

表特-1-5　2011—2018 年上海电信历任纪委书记情况表

机构名称	职　务	姓　名	任　　期
中共中国电信集团上海市电信公司纪律检查委员会	纪委书记	陈鸿生	2011 年 1 月—2011 年 11 月
		顾国忠	2011 年 11 月—2013 年
中共中国电信股份有限公司上海分公司纪律检查委员会	纪委书记	陈鸿生	2011 年 1 月—2011 年 11 月
		顾国忠	2011 年 11 月—2013 年 4 月
		常朝晖	2013 年 5 月—2014 年 12 月
		吴冬立	2014 年 12 月—2017 年 11 月
		马　明	2017 年 11 月—

表特-1-6　2011—2018 年上海电信历任工会主席情况表

机构名称	职　务	姓　名	任　　期
中国电信集团工会上海市委员会	工会代主席	顾国忠	2011 年 11 月—2012 年 3 月
		常朝晖	2014 年 2 月—2014 年 3 月
	工会主席	陈鸿生	2011 年 1 月—2011 年 11 月
		顾国忠	2012 年 3 月—2014 年 2 月
		常朝晖	2014 年 3 月—

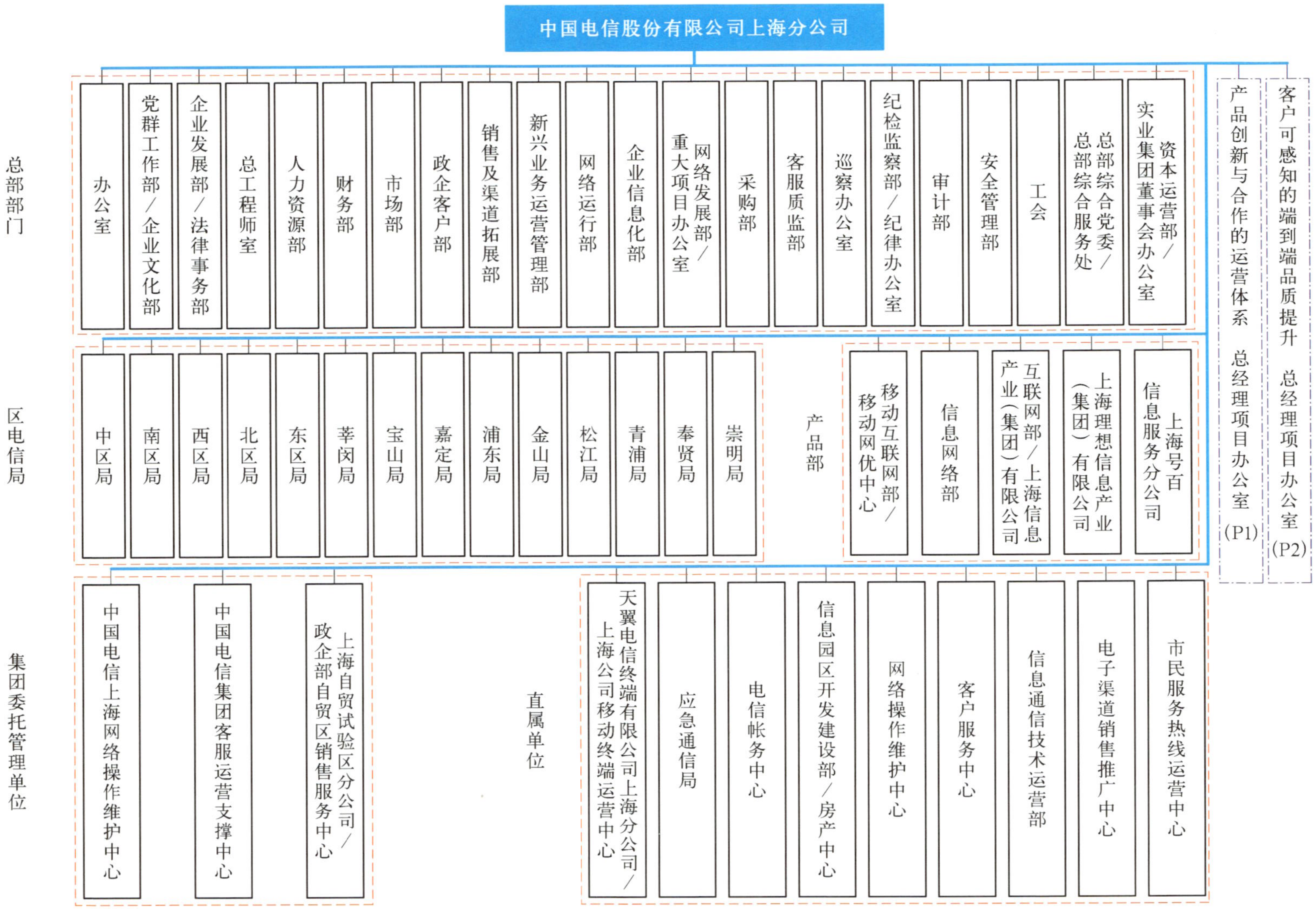

说明：2018年年末，上海研究院更名为中国电信股份有限公司网络与信息安全研究院，划归新设的中国电信股份有限公司研究院管理。

图特-1-10　中国电信股份有限公司上海分公司2018年组织机构图

表特-1-7　2011—2018 年上海电信主要业务发展情况表

项　　目	2011	2012	2013	2014	2015	2016	2017	2018
经营收入(亿元)	221.9	241.7	258.7	247.9	240.1	248.6	258.6	265.4
固定电话(万户)	866	822	781	743	701	654	616	579.1
固定电话中的小灵通(万户)	62	36	16	2	—	—	—	—
普通电话区内通话量(亿分钟)	229	160	145	125	108	96	76	62.6
国内长途通话量(亿分钟)	31	29	28	27	23	21	17	14.4
国际长途通话量(亿分钟)	3	1	1	1	0.8	0.6	0.5	0.42
固网宽带接入(万户)	426	445	462	481	498	510	518	533.6
固网七彩铃音用户(万户)	263	243	562	398	338	303	242	255.2
IPTV 用户(万户)	154	178	198	195	177	232	343	398
全球眼用户(户)	1 108	994	1 162	1 254	970	832	763	708
全球眼监控点(个)	18 518	26 712	26 367	30 304	30 892	32 790	38 261	39 956
移动电话用户(万户)	511	608	684	643	675	683	746	963
3G 用户(万户)	177	266	319	375	319	118	142	53.6
4G 用户(万户)	—	—	—	—	271	442	491	752.5
移动通话时长(亿分钟)	108	138	163	182	188	187	185	190

说明：1. 经营收入的数据取自公司财务年报。
　　　2. 2014 年 6 月 1 日起，电信业纳入营业税改增值税试点。

表特-1-8　2011—2018 年上海电信全国与上海市党代会代表、人大代表和政协委员情况表

组织/机构	届　　次	代表/委员	姓　　名
中国共产党全国代表大会	第十九次	代表	邱丽娜
全国人民代表大会	第十二届	代表	张维华
中国共产党上海市代表大会	第十一次	代表	马益民
		代表	金小铭
上海市人民代表大会	第十四届	代表	潘晞晨
上海市人民代表大会	第十五届	代表	潘晞晨
上海市政治协商会议	第十二届	委员	马益民
		委员	顾国忠
	第十三届	常务委员	马益民
		委员	常朝晖

表特-1-9　2011—2018年上海电信获全国与上海市主要个人荣誉人员情况表

荣誉名称	获奖年份	获奖个人
全国劳动模范	2015	傅志仁
全国五一劳动奖章	2011	殷　雄
	2012	周纪东
	2016	邱莉娜
	2018	周学明
全国三八红旗手	2011	张之霞
中央企业劳动模范	2013	吴明明
	2013	凤　毅
信息通信行业工匠	2018	徐　珺
上海市劳动模范	2015	邱莉娜、杨建林、肖　荣、刘　敏、徐　勇、徐耀忠、朱凌云、严森垒、夏方芳
上海市五一劳动奖章	2011	徐　珺
	2012	吴明明
	2013	凤　毅
	2014	杨建林、邱莉娜
	2015	朱　俊
	2016	陆铭育、虞　琦、曹逸文、刘晓蓬、蔡静华
	2017	曹俊华、化树明、吴晓峰、潘澄浒、钱名海、沈斌杰、杨长勇、王　艺、陈晓芳、韩　俊、周学明、周纪东
	2018	张　嵘、茅一磊、陈国润、成江伟、马忠良、胡晓宇、傅伊浩、徐　敏
上海市三八红旗手	2011	孔莹莹、瞿悦雯
	2013	顾雪文、李　娜、吴　娟
	2017	张　茵、瞿燕萍、孟洪娟
	2018	杨海燕、孙晓君
上海市青年五四奖章	2012	康　剑、杨　莉、周玮珺
	2013	茅唯斌
	2014	谭英姿
	2015	李晟昀
	2016	张旗斌
	2017	顾宝忠
上海工匠	2016	徐　珺
	2017	周学明、周纪东
	2018	吴文巍、华　静

表特-1-10 2011—2018年上海电信获全国与上海市主要集体荣誉单位情况表

荣誉名称	获奖年份	获奖集体
全国文明单位	2011	中国电信上海公司本部
	2011	中国电信上海公司崇明局
全国工人先锋号	2013	中国电信上海公司西区局静安分局徐珺攻坚班
	2014	信息网络部IDC营销中心
	2017	信息生活体验馆、客服中心10000号客服热线
中央企业先进集体	2013	中国电信上海公司信息网络部
中央企业先进基层党组织	2014	西区电信局党委
中央企业五四红旗团委	2011	上海邮电设计咨询研究院有限公司团委
中央企业青年文明号	2013	中国电信上海公司移动互联网部网络优化中心
上海市文明行业	2013	中国电信股份有限公司上海分公司
	2015	中国电信股份有限公司上海分公司
	2017	中国电信股份有限公司上海分公司
上海市文明单位	2013	上海电信本部、松江电信局、长途无线部、莘闵电信局、上海研究院、政企客户部、信息网络部、西区电信局、帐务中心、上海号百信息服务分公司、浦东电信局、北区电信局、应急通信局、网络操作维护中心、中区电信局、互联网部、奉贤电信局、金山电信局、崇明电信局、青浦电信局、东区电信局、宝山电信局、客户服务中心、南区电信局、嘉定电信局、上海理想信息产业(集团)有限公司、上海共联通信信息发展有限公司、上海邮电设计咨询研究院有限公司、上海通贸国际供应链管理有限公司、上海市信产通信服务有限公司、上海电信科技发展有限公司、上海电信工程有限公司、上海德律风物业有限公司、上海信电通通信建设服务有限公司、上海电信实业(集团)有限公司怡沁苑度假村
	2015	上海电信本部、松江电信局、移动互联网部、莘闵电信局、上海研究院、政企客户部、信息网络部、西区电信局、帐务中心、上海号百信息服务分公司、浦东电信局、北区电信局、应急通信局、网络操作维护中心、中区电信局、互联网部、奉贤电信局、金山电信局、崇明电信局、青浦电信局、东区电信局、宝山电信局、客户服务中心、南区电信局、嘉定电信局、信息园区、天翼视讯、上海理想信息产业(集团)有限公司
上海市文明单位	2017	上海电信本部、中区电信局、南区电信局、西区电信局、北区电信局、东区电信局、莘闵电信局、宝山电信局、嘉定电信局、浦东电信局、金山电信局、松江电信局、青浦电信局、奉贤电信局、崇明电信局、移动互联网部、信息网络部、互联网部、上海理想信息产业(集团)有限公司、上海号百信息服务分公司、应急通信局、帐务中心、信息园区、网络操作维护中心、客户服务中心、上海研究院、集团客服、市民服务热线运营中心、政企客户部
上海市先进基层党组织	2011	松江电信局党委
上海市模范集体	2015	政企客户部金融客户销售中心、网络运行部传输线路维护中心北姚弯维护分中心、客户服务中心10000号客服热线

〔续表〕

荣誉名称	获奖年份	获奖集体
上海市五一劳动奖状	2011	中国电信上海公司松江局
	2013	信息网络部
	2016	市民服务热线运营中心、上海研究院
	2017	政企部、网运部、信息产业公司、宝山局、浦东局
	2018	理想公司、嘉定局、移互部、青浦局、南区局
上海市三八红旗集体	2013	中国电信上海公司莘闵局莘东路营业厅
	2014	上海电信信息网络部 IDC 浦东运营中心信息园区运维室
	2017	渠道部全业务处理中心营业处理室
	2018	网运部客户服务调度中心
上海市工人先锋号	2011	中国电信上海公司莘闵局行业应用项目组、中国电信上海公司信息网络部数据营销中心、中国电信上海公司奉贤局政企客户服务中心
	2012	浦东电信局客户响应支撑中心工程二室、长途无线部增值业务中心产品营销班组、莘闵电信局莘东路营业厅
	2013	中国电信上海公司网络运行部传输线路维护中心北姚湾维护分中心、中国电信上海公司金山局石化分局业务组、上海市电信科技发展有限公司威迪分公司新业务部
	2014	上海邮电设计咨询研究院有限公司数据勘察设计班组、移动互联网部移动建设中心工程一室、浦东电信局周康分局政企班组
	2016	上海通贸供应链管理有限公司、西区局维护中心技术支撑室、北区局销售支撑中心
上海市工人先锋号	2017	企业信息化部规划应用与需求室联合团队、帐务中心市场服务处、青浦局维护中心接入网班、浦东局客服保障中心投诉处理班、客服中心互联网客服班、信息网络部云产品销售拓展中心
	2018	互联网部百事应 968888 进博热线运营班组、应急通信局三分局、浦东局张杨路营业厅、财务部、电渠中心数据与新业务班组、网运部传输线路维护中心、浦东局客户响应支撑中心/政企支撑中心政支二室、总工程师室
上海市五四红旗团委	2014	北区电信局团委
	2015	移动互联网部团委
	2016	松江电信局团委
	2018	南区电信局团委
上海市青年五四奖章集体	2012	网络运行部光网 48 小时管控青年突击队、莘闵电信局销售支撑中心行业应用项目组青年团队
	2013	中国电信上海公司网络运行部客户服务调度中心售中管控室、中国电信上海公司莘闵局销售支撑中心行业应用班组
	2014	天翼视讯内容编辑青年团队、中国电信上海公司北区电信局葫芦娃顾问式青年突击队

〔续表〕

荣誉名称	获奖年份	获奖集体
上海市青年五四奖章集体	2015	互联网部青年团队、信息网络部 IDC 浦西运营中心青年团队
	2016	市民服务热线运营中心青年团队
	2017	东区局社区博士帽青年志愿团队
	2018	互联网部智慧家庭运营中心播播 TV 青年团队
上海市青年文明号	2013	中国电信上海公司机动局视讯转播班组、中国电信上海公司移动互联网部网络优化中心网络优化室、上海通茂国际供应链管理有限公司市场部、上海邮电设计咨询研究院有限公司无线综合勘察设计院、中国电信上海公司信息网络部信息园区 IDC 机房、中国电信上海公司北区局维护中心、中国电信上海公司网络操作维护中心崇明国际海缆登陆局、中国电信上海公司浦东局东方路营业厅、中国电信上海公司互联网部上海热线信息网络有限公司、中国电信上海公司松江局乐都路营业厅、中国电信上海公司号百信息服务分公司呼叫中心、中国电信上海公司客服中心 10000 号呼叫中心、中国电信上海公司西区局维护中心、中国电信上海公司帐务中心技术支撑部、中国电信上海公司研究院智能管道专业室、中国电信上海公司网络运行部客户服务调度中心
	2014	中国电信上海研究院数据营销专业室、中国电信上海公司信息网络部云平台运营中心云系统支撑室、中国电信上海公司崇明电信局长兴分局长兴营业厅、中国电信上海号百信息服务分公司呼叫中心、中国电信上海公司南区电信局漕溪北路营业厅、中国电信上海公司机动局视讯转播班组、中国电信上海公司移动互联网部无线网络优化中心网络优化室、中国电信上海公司政企客户部、中国电信上海公司浦东电信局张杨路营业厅、上海电信工程有限公司工程施工中心、上海邮电设计咨询研究院有限公司数据勘察设计分院、上海电信科技发展有限公司德律康维护部、上海电信科技发展有限公司威迪分公司添翼工程部
	2016	上海邮电设计咨询研究院有限公司上海电信轨道交通 4G 建设青年团队、中国电信上海公司西区局江苏路营业厅、中国电信上海公司总部企业信息化部数据应用室、中国电信上海公司浦东局张杨路营业厅、中国电信上海公司应急通信局劈波斩浪青年团队、中国电信上海公司浦东局云平台青年团队、中国电信上海公司宝山局罗店分局 SEVEN+青年团队、中国电信上海公司 NOC 风火轮青年团队、中国电信上海公司政企客服部交付与服务支撑中心、中国电信上海公司南区局漕溪北路营业厅、中国电信集团客服运营支撑中心手机客服运营部、中国电信上海研究院数据营销专业部、中国电信上海公司信息网络部国际客户拓展中心
	2017	应急通信局劈波斩浪青年团队、浦东局云平台青年团队、宝山局罗店分局 SEVEN+青年团队、上海 NOC 风火轮青年团队、政企部交付与服务支撑中心、南区局漕溪北路营业厅、集团客服运营支撑中心手机客服运营部、上海研究院数据营销专业室、信息网络部国际客服拓展中心、上海邮电设计咨询研究院有限公司上海电信轨道交通 4G 建设青年团队、西区局江苏路营业厅、企业信息化部数据应用室、浦东局张杨路营业厅

附录

一、政 策 法 规

信息产业部关于邮电分营工作的指导意见

（信部〔1998〕96 号，1998 年 4 月 30 日）

为了促进邮政、电信事业的发展，并适应国家行政管理体制改革的形势要求，部决定在全国组织实施邮电分营工作。为确保邮电分营工作顺利进行，提出以下指导意见：

一、邮电分营的意义与指导原则

邮电分营是通信技术进步的要求和邮政、电信两大专业自身发展的需要；是邮电通信业适应社会主义市场经济的要求进一步加强企业经营管理，实现两个根本性转变的需要；也是当前国家行政管理体制改革，实现政企职责分开对邮电改革提出的一项紧迫任务。邮电分营的目的是进一步解放生产力，促进邮政、电信事业的更大发展。

邮电分营的指导原则是：

1. 邮电分营要有利于邮政、电信企业适应社会主义市场经济的要求，实现两个根本性转变，建立现代企业制度。

2. 邮电分营要有利于保持国家邮政网、国家电信主干网及其运营系统的统一性和完整性，保障国家通信与信息安全。

3. 邮电分营要有利于邮政、电信事业的长远发展，并保持邮政、电信服务工作的延续性。

4. 邮电分营要有利于邮政、电信两大专业继续团结合作，相互配合，协调发展。

5. 邮电分营要与深化邮电企业改革相结合。邮电分营后，各级邮政、电信局都要按照企业运行的需要和精简、高效的原则设置机构，转变经营机制，切实把管理工作转到企业运行的轨道上来。

二、邮电分营方案要点

1. 在组建国家邮政局的同时，组建中国电信集团，使邮政、电信各自成为面向市场、自主经营的经济实体。

国家邮政局既是负责国家邮政工作的行政管理机关，同时也是公共服务部门，负责全国邮政通信网络建设与经营服务，实行企业化管理。

中国电信作为国家公用电信企业，负责国家电信主干网（含本地、长途与国际）的建设、运行管理与经营服务工作，并在国家规定的范围内经营其它各种电信与信息服务，开展平等市场竞争。

2. 各省（区、市）分别设立省（区、市）邮政局、电信局，作为国家邮政局和中国电信集团的地区经营机构，负责该辖区内邮政网、电信网的建设、运行管理与经营服务工作。

3. 地（市）、县邮电局原则上都要实行邮电分营，根据开展经营工作的需要分别设置邮政局、电信局，纳入国家邮政局和中国电信系统，实行垂直管理。西藏、青海、内蒙古等个别省（区）少数规模过小的县邮电局，经管理局批准，可以暂不进行邮电分营，并整建制划归上级电信局或邮政局管理。

4. 城区有条件分设的营业厅和根据本地网规划设立电信端局的农村邮电支局（所），实行邮电分营，人财物按专业划分。不便于分设的城区邮电营业厅和不设立电信端局的农村邮电支局（所），划归邮政局管理,代办电信业务,并继续使用"邮电"的称谓,其电信机线设施和电信专业人员划归电信局,其余资产和人员划归邮政局,电信模块设备等生产经营设施占用房屋的面积可以长期使用,支付物业管理费。

由邮政局管理的邮电支局(所)、营业厅代办电信的业务种类和服务水平不得降低。邮政代办电信业务的管理办法与代办费标准在部确定的原则范围内,由管理局根据服务社会、方便用户、公平合理和自愿互利的原则制定,并监督执行。

5. 各省(区、市)的邮电分营工作在邮电管理局领导下进行。各管理局根据本指导意见,结合本地区实际情况,制定实施方案,报部批准后实行。

各管理局在制定实施方案的同时,组织开展财产清查工作,并在实施分营前完成。

6. 省(区、市)邮电分营工作自下而上逐级组织实施。县局的邮电分营工作由地市局在管理局的具体指导下组织实施,地市局的邮电分营工作由管理局组织实施。

7. 分营后邮政、电信局的机构设立要适应邮区中心局和电信本地网管理体制的要求,县局的职责应逐步转向营销和服务。各级邮政、电信局都要精简与撤并中层管理机构,减少管理层次,压缩非生产人员。分营后邮电两局中层管理机构和管理人员总数不得增加。

8. 资产、负债按属性能直接划归邮政、电信专业的,按专业属性划分;专业属性不明确的,区别不同情况按相关比例划分;所有者权益不分属性全部按相关比例划分;总体控制资产负债率水平,分离后的邮政、电信资产负债率要与分营前大体水平相当,但邮政资产负债率可以相对略低一点。

资产、负债及所有者权益的具体划分原则另行发文。

9. 职工工资基金按分营后的邮政、电信在职职工人数比例划分,各类养老保险基金按分营后职工人数(含离退休)比例划分。

10. 人员划分要坚持服从工作需要和人随事走的原则,并按先生产人员,后管理人员,最后宣布班子成员的顺序进行。

邮政、电信专业生产人员和专业管理人员,按 1998 年 3 月 31 日所在岗位划分;综合人员原则上按邮政、电信专业人员的比例划分,适当考虑个人专业背景和直系亲属分开等因素。

离退休人员按离退休前所在工作岗位划分,离退休综合人员原则上按邮政、电信在职人员比例划分。

11. 邮电附属非通信企事业单位,原则上都要推向市场,并逐步改组、改制、改造;少数与邮政、电信运营密切相关的可根据实际需要分别划归邮政局、电信局;有些公共企事业单位可由邮、电两局继续联合兴办;后勤服务要逐步实行社会化。

12. 各级邮电企业兴办的多种经营企业都要与通信主业脱钩,依法建立规范的资产纽带关系。邮政、电信终端服务,或延伸服务类多种经营企业,分别划归邮政、电信局,并合理照顾邮政、电信职工的合法利益。其它专业属性不明显的多种经营企业,可由两局以资本为纽带,实行联合经营。

13. 省(区、市)邮电管理局今年暂不进行机构改革,但要在现行机构框架内按邮政、电信两大专业分别建立计划、财务和业务管理渠道。下一步邮电管理局的分营工作,部将另行部署。

14. 邮电分营后,电信对邮政的交叉补贴问题,将在信息产业部的领导下,根据报请中央批准的方案,在两大企业总部之间进行明补。各地区在实施邮电分营时,应按本指导意见规定的划分原则进行操作。

三、进度安排

1. 1998 年 4 月份部下发邮电分营指导意见。

2. 1998年6月底前，各管理局制定邮电分营实施方案，并报部审批。同时组织开展财产清查工作，并在实施邮电分营工作前完成。

3. 1998年底前，全国基本完成现业局邮电分营。

4. 省(区、市)邮电管理局的邮电分营工作将结合中央对地方行政管理机构改革的统一部署，在信息产业部领导下进行。

四、对开展邮电分营工作的要求

1. 各地邮电管理局对本省(区、市)邮电分营工作负全面责任。要由主要领导挂帅，组织专门班子，按本指导意见，认真制定实施方案，精心组织实施，确保邮电分营工作顺利完成。

2. 广大干部职工要统一认识、统一步调、严守纪律、齐心协力，共同搞好邮电分营工作。对在分营工作期间出现的违法乱纪行为要追究责任，严肃查处。

3. 要正确处理好改革、发展和稳定的关系。在分营的同时，各级邮电通信企业都要妥善安排好生产和服务工作，确保通信建设和经营服务任务全面良好地完成，严守通信纪律，确保通信安全与畅通。

4. 邮电分营工作要确保国有资产不流失，禁止以任何形式损害国家和全网利益。

5. 在人、财、物的分配上，全体干部职工都要讲团结、讲风格、识大体、顾大局，着眼于长远发展。

6. 分营工作中要充分发挥党组织的战斗堡垒作用和共产党员的先锋模范作用。各级工会和职代会要积极参与和配合。各级党政领导干部都要做好思想政治工作，确保职工队伍稳定，做到邮电分营改革与通信生产服务工作两不误。

国务院关于组建中国电信集团公司有关问题的批复

(国函〔2000〕6号，2000年1月13日)

信息产业部、国家经贸委：

你们《关于报请批准中国电信集团公司组建方案和公司章程的请示》(信部联政正〔1999〕1191号)收悉，现就组建中国电信集团公司有关问题批复如下：

一、原则同意《中国电信集团公司组建方案》和《中国电信集团公司章程》。

二、中国电信集团公司(以下简称“集团公司”)是以原邮电系统移动通信与固定通信业务分营后的全国固定网络及相关资产为基础组建的特大型国有通信企业。

集团公司主要经营国内、国际各类固定电信网络与设施(含本地无线环路)；基于固定电信网络的话音、数据、图像及多媒体通信与信息服务；与通信及信息业务相关的系统集成、技术开发等业务；以及国家批准经营的其他电信业务。集团公司注册资本为2 220亿元。

三、集团公司由中央管理。根据《中共中央办公厅、国务院办公厅关于印发〈中央党政机关金融类企业脱钩的总体处理意见和具体实施方案〉和〈中央党政机关非金融类企业脱钩的总体处理意见和具体实施方案〉的通知》(中办发〔1999〕1号)及《中共中央关于成立中共中央企业工作委员会及有关问题的通知》(中发〔1999〕18号)等有关文件精神，集团公司组建后与信息产业部脱钩，其领导人员职务管理、党的关系、资产管理和财务关系等项工作，按有关文件规定办理。集团公司实行总经理负责制，国务院向集团公司派出稽察特派员，按照《国务院稽察特派员条例》的规定，对其实施监督。

四、同意集团公司进行国家授权投资的机构和国家控股公司的试点。集团公司对所属的全资企业、控股企业、参股企业(以下简称“有关企业”)的有关国有资产行使出资人权利，对有关企业中国家投资形成的国有资产依法进行经营、管理和监督,并相应承担保值增值责任。在国家宏观调控和监督管理下,集团公司依法自主进行各项经营活动。

五、集团公司对有关企业享有资产受益权。在国家未对国有企业统一征收国有资产收益前,对集团公司暂不征收国有资产收益,这部分资产收益由集团公司集中用于国有资产的再投入和结构调整,国家可通过法定程序对集团公司的资产收益予以调用。集团公司享有投资决策权,按照国家规定的项目审批权限管理集团内部的固定资产投资。赋予集团公司外贸经营权和外事审批权。

六、集团公司及其成员企业要依照《中华人民共和国公司法》的要求,逐步进行改制和规范,加快建立现代企业制度。集团公司要以市场为导向,在国家宏观调控与行业监管下,与其他通信企业加强合作、公平竞争,共同促进中国通信事业的发展。

七、集团公司发展所需资源、物资和生产经营条件,凡属国家计划统一配置范围内的,均在国家相应计划中实行单列,并由集团公司统一组织实施。集团公司的财务关系在国家财政中单列。根据全网统一核算、协调发展、提供普遍服务的要求,集团公司对全资企业集中汇总缴纳所得税。集团公司根据国家规定,承担普遍服务、党政专用通信、应急通信及相应的补贴邮政亏损等任务。

八、集团公司要根据国家产业政策,围绕集团公司的发展战略,在国家宏观调控下,防止重复建设和盲目生产,推动技术创新,增强市场竞争力。集团公司要深化企业改革,转变经营机制和经济增长方式,强化内部管理,加速结构调整,最大限度地提高投资效益和经济效益。同时,要按照精简、统一、效能的原则,建立精干高效、职责明确的内部管理机构。

中国电信集团作为一个整体列入国务院确定的试点企业集团名单,享受《国务院批转国家计委、国家经贸委、国家体改委关于深化大型企业集团试点工作意见的通知》(国发〔1997〕15号)规定的各项政策;同时,享受国务院确定的国有大中型重点联系企业的有关政策。集团公司要抓紧制订中国电信集团章程,并在2000年6月底前完成制定企业集团试点方案工作。集团公司组建后,国务院及有关部对电信企业实行的原有扶持政策保持不变;地方人民政府对电信企业的有关优惠政策,在规范的基础上继续执行。

九、为适应通信技术进步的要求,理顺本地电话管理方式,加速建设城乡一体化的本地电话网,由你们根据中国电信重组后的实际情况,会同国家计委、财政部等有关部门,提出调整农村电话管理体制的意见,报国务院批准后实施。

组建中国电信集团公司是深化电信体制改革、进一步促进我国电信产业发展的重大举措。集团公司进行国家授权投资的机构和国家控股公司的试点工作政策性强、涉及面广,国务院有关部门和单位以及各省、自治区、直辖市要积极支持。你们要对集团公司的组建和企业集团的试点工作加强指导,及时总结经验,逐步对试点进行规范。对集团公司组建、试点工作中涉及的有关政策问题,由你们会同有关方面进行协调,必要时报国务院决定。

《中国电信集团公司组建方案》和《中国电信集团公司章程》由你们根据本批复精神,作必要修改后印发。

信息产业部关于邮电管理局实施政企分开问题的通知

(信部政〔2000〕243号,2000年3月23日)

各省、自治区、直辖市邮电(电信)管理局:

根据国家电信体制改革的总体部署和国务院最近批准的“中国电信集团公司组建方案”,部决

定对各省(自治区、直辖市)邮电管理局(含北京、重庆电信管理局,下同)实施政企分开,现将有关问题通知如下:

一、保留省(自治区、直辖市)邮电管理局

(一) 将省(自治区、直辖市)邮电管理局承担的经营固定电信网络与业务的企业职能分离出去,保留邮电管理局的名称,继续行使地区通信行业监管职能。

邮电管理局仍为正局级建制,继续实行以中央为主的部省双重领导体制。领导职数原则上一正一副。实行党组制,党的关系在地方。

(二) 邮电管理局在有关通信法规和信息产业部授权范围内,负责:

1. 贯彻执行通信行业的方针政策和有关法律、法规、规章。

2. 对本地区公用电信网、专用电信网和广播电视传输网实行统筹规划与行业管理。

3. 监管电信市场,受理、发放地区性电信业务经营许可证,进行电信设备进网管理,负责地方通信服务资费与服务质量监管。

4. 保证公用通信网的公平接入和互联互通,协调各通信企业之间的经济与业务关系。

5. 组织协调信息安全、党政专用通信、救灾应急通信等工作。

6. 负责通信资源管理,根据已有的授权,承担地区无线电管理等工作。

7. 信息产业部和地方人民政府交办的其它工作。

(三) 邮电管理局原则上设置办公室、综合管理处、市场监管处。政府法制工作放在办公室。

省(自治区、直辖市)无委办在邮电管理局内单设的,增设无线电管理处,对外暂保留无线电管理办公室的名称。

通信行业监管任务较重的非省会计划单列市,可设立派出机构。

(四) 邮电管理局行政编制一般为20—30人(不含无线电管理人员和后勤服务人员)。

人员划分要根据完成上述职能的需要和人随事走的原则,并结合电信重组时的文件精神统筹安排。要配备具有较高政治、业务素质的管理干部,从事通信行业监管工作,保证监管工作水平。

现确定在邮电管理局的人员,由于地方机构调整编制所限等因素,需要调离行政管理机构的,可以由中国电信安排工作。

邮电管理局不分担离退休人员。

(五) 政企资产划分时,邮电管理局及其派出机构要保留相对独立的办公场所,并具有必要的办公设备、车辆等。

在地方通信行业监管体制和经费渠道正式确定以前,邮电管理局的行政经费、工资待遇、养老保险、有关后勤服务等暂按原渠道办理。有关资产暂在省(自治区、直辖市)固定电信企业列帐。邮电管理局不承担债务。

邮电管理局原则上不挂靠企事业单位和社团组织。现挂靠在邮电管理局的通信行业中介机构,也要与政府分开,经费自理,在业务上暂由邮电管理局归口管理。

二、关于省(自治区、直辖市)电信公司

将原已经办理工商登记注册的省(自治区、直辖市)邮政电信局,更名为“中国电信××省(自治区、直辖市)电信公司”(例如“中国电信河北省电信公司”),作为中国电信集团公司的全资子公司,进行工商变更登记。

省(自治区、直辖市)电信公司比照正局级单位管理,设立党组,党的关系在地方。

三、领导班子考核任免

新的省(自治区、直辖市)邮电管理局和电信公司的领导干部,由部在原邮电管理局领导班子成员中统筹安排与任免。

这次调整工作中,领导干部原则上不提升行政级别,待工作一段时间后,根据工作业绩再予以考核确认。

四、工作进度和要求

(一) 各省(自治区、直辖市)邮电管理局根据本通知要求,制定具体实施方案并于4月15日前报部审批。全部政企分开工作于4月底以前完成。

(二) 邮电管理局现任领导班子要精心组织,做好深入细致的思想政治工作。涉及资金及资产问题,要严格执行财务纪律,不得造成国有资产流失。全体干部职工都要讲政治、顾大局,服从工作需要,保证政企分开后通信行业监管工作和生产经营工作的正常开展。

国务院关于电信体制改革方案的通知

(国发〔2001〕36号,2001年11月17日)

改革开放以来,我国电信业持续高速增长,取得了举世瞩目的成就,已由制约国民经济发展的瓶颈成长为带动国民经济增长的支柱,实现了历史性跨越。目前,我国电信网络规模、用户数已跃居世界第二位,电信业已成为发展最快、综合效益最好的行业之一,走出了一条“在发展中改革,在改革中发展”的道路,奠定了进一步深化电信体制改革、发挥市场机制作用的基础。尽管电信体制改革取得了一定进展,但固定电信领域有效竞争的局面还未形成,电信监管体系尚不健全,还不能满足国民经济与信息化发展的需要,我国电信业与发达国家和地区相比还有较大的差距。为适应我国加入世界贸易组织后的形势要求,进一步深化电信体制改革,打破垄断,形成公平竞争的市场环境,已成为促进我国电信业健康发展的必然要求和完善社会主义市场经济体制的一项紧迫任务。

一、深化电信体制改革的必要性

(一) 深化电信体制改革是打破垄断、营造公平竞争环境的需要。随着我国电信业的发展、市场供求关系的变化,尽管移动通信的市场竞争主体增加了,但由于现行体制的弊端,固定电信领域里垄断与发展的矛盾越来越突出,阻碍了电信业的进一步发展。主要表现在:垄断阻碍了电信资源的优化配置,导致严重的重复建设和资源浪费;垄断阻碍了互联互通,使本地电话网成为电信业实现公平竞争的壁垒;垄断影响了电信公共资源的公平分配,使新兴电信企业业务发展受到很大制约,难以实现平等竞争;垄断使电信企业缺乏技术进步动力,管理水平、服务质量、运行效益得不到提高,全行业竞争力不强。

(二) 深化电信体制改革是培育新兴电信企业的需要。目前,我国新兴电信企业与主体电信企业之间的经济实力相差悬殊,新兴电信企业尚不具备竞争实力,融资和发展能力有限,抗风险能力不强。同时,新兴电信企业业务范围不完整,竞争方式和发展空间受到体制限制。

(三) 深化电信体制改革是加强监管的需要。当前,我国电信业重建设、轻监管的问题十分突出,电信立法滞后,市场监管体系不健全,影响了电信业的进一步开放和发展,也难以保障新形势下的国家信息安全。因此,进一步深化改革,形成和完善公平、有序的市场竞争架构,建立和强化有中国特色的电信监管体系已势在必行。

二、电信体制改革的指导方针、原则和目标

当前和今后一段时期,电信体制改革要按照中央关于建立和完善社会主义市场经济体制的总体部署,贯彻党的十五大及十五届四中、五中全会精神,立足于电信业发展和改革的现状,着眼于加快国民经济和社会信息化进程,确立正确的指导方针、原则和目标,促进电信业持续快速健康发展。

电信体制改革的指导方针是:打破垄断,公平竞争,优化配置,加强监管。

根据这一指导方针,在电信体制改革过程中,应把握以下原则:

(一)行业重组与加强监管相结合。按照优势互补原则,在电信企业重组的基础上,实现资源、业务的优化组合,推动电信业的结构调整。同时,加快政府职能转变,尽快建立与国际接轨的政府监管体系,创造公平竞争的良好环境,为有序开放电信市场做好准备。

(二)调整电信企业组织结构与建立现代企业制度相结合。在电信企业组织结构调整过程中,按照社会主义市场经济体制的要求,加快建立现代企业制度,健全法人治理结构,促进电信企业上市融资和规范管理,转换经营机制,提高运营效率。

(三)打破垄断与提高国际竞争力相结合。以打破固定电信领域的垄断为重点,推进配套改革,形成竞争局面,系统构筑电信体制的基本框架,不断增强国际竞争力。同时,保持电信企业的适度规模和发展实力,保证干部职工队伍的稳定,实现改革与生产相互促进。

(四)社会效益与企业利益相结合。电信体制改革要以服务全社会、维护广大人民群众利益为目的。要有利于改善电信资费结构,降低资费水平,促进电信网络建设,保证电信普遍服务,提高国家信息化水平。在鼓励企业提高自身竞争能力的基础上,充分兼顾社会公共利益。

电信体制改革的目标是:实现中国电信集团公司(以下简称"中国电信")和其他电信企业的重组整合,优化资源配置,打破固定电信领域的垄断局面,确立比较竞争的基本架构,发挥比较优势,保证平等接入和互联互通,建立电信行业现代企业制度,推动和支持中国电信及其他有条件的电信企业上市融资,促进电信业健康发展;加强电信监管职能,建立有中国特色的电信监管体系,形成政府监管下有序竞争和健康发展的电信市场,推进国民经济与社会信息化。

三、固定电信企业重组整合方案

(一)打破固定电信领域的垄断,合理划分中国电信网络资源。将中国电信现有资源划分为南、北两个部分,中、东部地区大致以长江为界。中国电信所属的华北地区(北京、天津、河北、山西、内蒙古)、东北地区(辽宁、吉林、黑龙江)和河南、山东共10个省(自治区、直辖市)的电信公司归属中国电信北方部分,其余归属中国电信南方部分。南北两部分按光纤数和信道容量分别拥有中国电信全国干线传输网70%和30%的产权,以及所属辖区内的全部本地电话网。

(二)对现有电信企业进行重组。中国电信北方部分和中国网络通信有限公司、吉通通信有限责任公司(以下简称"吉通公司")重组为中国网络通信集团公司(以下简称"中国网通集团")。保留中国网络通信有限公司吉通公司业已形成的品牌和无形资产,实现国有资产保值增值;中国电信南方部分保留"中国电信集团公司"名称(以下简称"中国电信集团"),继续拥有"中国电信"的商誉和无形资产。现挂靠中国电信及其分公司的党政专用通信网仍按属地原则分别挂靠重组后的两大集团公司。

重组后的两大集团公司仍拥有中国电信已有的业务经营范围,允许两大集团公司各自在对方区域内建设本地电话网和经营本地固定电话等业务,双方应相互提供平等接入等互惠服务。

(三)重组后的中国电信集团和中国网通集团分别改制为股份有限公司。按照现代企业制度的要求,重组后的中国电信集团和中国网通集团应依据产权清晰、责权明确、政企分开、管理科学的原则,建立健全法人治理结构,加快上市步伐。同时,在改制过程中,清理各自的资产。对同行业企业在原中国电信、中国网络通信有限公司、吉通公司等参股的股份,应依照《中华人民共和国公司法》有关规定进行规范,或协商退出,或待新组建的公司上市后转配股票;违规参股的股份,一律予以清退。

(四)重组后的中国电信集团和中国网通集团由中央管理。新组建的中国电信集团、中国网通集团属于国家特大型企业,在国家计划单列、人事任免、干部管理、进出口和融资等方面按中央管理的国有重要骨干企业的有关规定办理。

(五)放开接入网服务市场。为消除信息化发展的瓶颈制约,鼓励有关企业依据《中华人民共和国电信条例》(以下简称《电信条例》)投资建设和经营电信接入网。本地电话网应为其提供平等接入。

(六)国际关口局资源共享。授予中国电信集团、中国网通集团、中国移动通信集团公司、中国联合通信有限公司、铁道通信信息有限责任公司享有国际电信业务经营权。现有国际关口局负责向上述电信运营企业按同等价格提供平等接入服务。为保障国家信息安全,有关部门应加强对国际关口局的监管。

中国电信和中国网络通信有限公司、吉通公司的重组整合完成后,将形成新的中国电信集团和新的中国网通集团两家实力相当的固定电信主体运营企业,双方在全国均拥有完整的长途干线传输网和所属地区完整的本地电话网,具备平等接入、比较竞争的基础条件,并具有本地电话、长途电话、国际电话和国际互联网业务经营权。这样,固定电信领域将形成中国电信集团与中国网通集团两强互相竞争、新兴电信企业积极参与的基本格局。

从未来我国电信业和信息化发展的需要看,应按照积极稳妥、分步推进的原则,进一步深化电信体制改革,在条件成熟的时候,逐步扩大各电信企业经营范围,推动通信、计算机、有线电视三网融合。

四、进一步加强电信业的政府管理监督职能

(一)转变政府职能,依法监管市场。要强化政府监管,保障市场秩序,促进公平竞争,确保电信体制改革取得成功。要搞好电信业发展规划,加大宏观调控力度,促进电信业健康发展。当前必须认真贯彻执行《电信条例》和《互联网信息服务管理办法》(国务院令第292号),信息产业部应据此制定相应的实施细则及配套规定,依法监管市场,规范市场行为,维护消费者权益,实现公平有序竞争。

(二)公平配置号码、频率等电信资源。号码、频率等电信资源为国家所有,应按公平的原则,确保合理有效地分配频率资源和各电信运营企业等位号码的接入。

(三)保障互联互通。按照《电信条例》的要求,政府应监督所有电信企业履行互联互通义务,任何电信企业间达成的互联互通协议条款,按最惠原则适用于其他电信企业。

(四)运用价格政策扶持新兴电信企业发展。对目前政府管理价格的电信服务项目,给予新兴电信运营公司更大的向下浮动范围;电信企业要实行会计分离制度,禁止交叉补贴;防止违规降价,阻碍新兴电信企业进入市场。

(五)强化电信监管体系。为维护国家信息安全和电信市场秩序,防止重复建设,信息产业部应尽快完善和强化以中央为主的监管机构,加大监管力度,形成有中国特色的电信监管体系。加强培训,建设一支业务素质过硬、政策法律水平高的电信监管队伍。

五、电信体制改革的配套措施

(一)加强法制化建设。加快制定《中华人民共和国电信法》,将电信业建设、发展、市场竞争和政府监管纳入法制化轨道,保障改革措施顺利实施。

（二）放宽国内投资限制。为适应加入世界贸易组织的需要，在国家控股的前提下，允许国内社会资金进入基础电信领域。

（三）扩大企业自主定价权。在基本完成固定电信国有资产重组、初步形成固定电信领域的有效竞争局面之后，应逐步改革基础电信资费管理办法，给予电信企业更多的自主定价权。

（四）建立普遍服务基金。尽快建立普遍服务基金，各电信运营企业均应承担普遍服务，促进电信普遍服务机制的转变，保障市场经济条件下的电信普遍服务。

（五）加强改革的组织领导。在国务院领导下，由信息产业部负责组织实施电信体制改革。各部门要统一思想，齐心协力，按照积极稳妥、加快推进的原则，精心组织实施。有关国有电信资产的分割、移交，必须严格执行国家规定，防止国有资产流失。切实做好思想政治工作，尽快配好领导班子，保持职工队伍稳定。各电信企业要明确职责，坚守岗位，确保改革期间的电信安全和服务质量。

关于深化电信体制改革的通告

工业和信息化部　国家发展和改革委员会　财政部

二〇〇八年五月二十四日

电信业是国民经济战略性产业，电信网是信息化最重要的信息基础设施。电信业的健康发展对深入贯彻落实科学发展观，着力提高自主创新能力，加快转变发展方式，大力推进信息化与工业化融合，积极发展现代信息服务业，具有十分重要的意义。根据新形势、新要求，为形成更为合理、有效的市场竞争格局，促进电信行业健康、协调发展，应进一步深化电信体制改革，以改革促发展，增强创新能力，优化资源配置，完善竞争架构，提升服务水平。

一、深化电信体制改革的必要性

我国电信业从完全垄断到引入竞争，从政企合一到政企分开，从两个竞争主体到多个竞争主体，走过了一条“在发展中改革，在改革中发展”的道路。1994 年以中国联通的成立为标志，电信业打破垄断，引入竞争。1998 年后，进一步加大改革力度，实现了政企分开、邮电分设，重组了中国电信和中国联通，正式成立了中国移动。2001 年，以打破固定电信领域的垄断为重点，实施企业、资源、业务和市场重组，成立了新的中国电信和中国网通，形成了中国电信、中国网通、中国移动、中国联通、中国卫通、中国铁通六家基础电信企业竞争格局。

2001 年到 2007 年，全国电信业务收入从 3 719 亿元增至 7 280 亿元，年均增长超过 11%，用户数从 3.26 亿户增至 9.13 亿户（其中，移动电话 5.47 亿户），年均增长约 1 亿户。固定、移动电话用户总数双双跃居世界第一，市场竞争更加充分，资费大幅降低，服务水平显著提高，改革发展进入新阶段。

近年来，全球范围内移动通信发展迅速，电信市场竞争日益加剧，行业发展面临着新的机遇和挑战。我国电信业在竞争架构、资源配置和发展趋势等方面出现了一些新情况、新问题，特别是移动业务快速增长，固话业务用户增长慢、经济效益低的矛盾日益突出，企业发展差距逐步扩大，竞争架构严重失衡。为形成相对均衡的电信竞争格局，增强自主创新能力，提升电信企业的竞争能力，促进行业协调健康发展，应充分利用现有三张覆盖全国的第二代移动通信网络和固网资产，深化电信体制改革。

二、深化电信体制改革的指导思想、主要原则和目标

深化电信体制改革的指导思想是：以发展第三代移动通信（以下简称“3G”）为契机，合理配置现有电信网络资源，实现全业务经营，形成适度、健康的市场竞争格局，既防止垄断，又避免过度竞争和重复建设。

深化电信体制改革的主要原则是：把握一条主线，适应电信技术发展趋势和全业务经营的需要，通过深化改革，促进电信业持续健康发展。抓住两个中心环节，一是科学合理设计电信竞争架构；二是坚持自主创新。做好三项[①]工作，一是促进资源优化配置，避免重复建设，实现国有资产保值增值；二是着力培育具有核心竞争力的世界一流电信企业；三是维护行业稳定，确保国家信息安全和特殊通信保障。[②] 四是兼顾各方面利益，既要保障国家利益和企业利益，又要维护消费者和境内外投资者的合法利益。

深化电信体制改革的目标是：发放三张 3G 牌照，支持形成三家拥有全国性网络资源、实力与规模相对接近、具有全业务经营能力和较强竞争力的市场竞争主体，电信资源配置进一步优化，竞争架构得到完善；自主创新结果规模应用，后续技术不断发展，自主创新能力显著提升；电信行业服务能力和水平进一步提高，监管体系继续加强，广大人民群众充分分享电信行业发展改革的成果。

基于电信行业现状，为实现上述改革目标，鼓励中国电信收购中国联通 CDMA 网（包括资产和用户），中国联通与中国网通合并，中国卫通的基础电信业务并入中国电信，中国铁通并入中国移动。

三、配套政策措施

（一）大力支持自主创新。一是结合新一代宽带无线通信重大科技专项实施，积极参与国际第四代移动通信技术标准制定。二是鼓励有部门、企事业单位优先使用自主创新产品。三是引导金融机构加大对自主创新的支持，优先支持重点研发、制造企业在资本市场融资。四是政府有关部门利用对外优惠贷款、无偿援助及其他外贸出口政策推动自主创新产品的国际化发展。五是国有资产管理部门将自主创新作为考核电信运营企业的重要指标，科学、合理确定相关电信运营企业的网络建设和经营指标。

（二）加强电信行业监管。针对重组后新的市场架构，将在一定时期内采取必要的非对称管制措施，促使行业格局向均衡发展，建立和完善与之相适应的监管体制。通信行业管理部门将制定更加严格的行业监管政策，对变相阻碍、破坏互联互通、网间漫游的，给予企业经济处罚，对责任人给予行政处罚。鼓励移动通信运营商相互开放网间漫游业务，漫游结算等价格由政府制定。逐步扩大企业的自主定价权。

（三）促进行业协调发展。进一步推进电信运营企业建立和完善现代企业制度。以业务融合为切入点，积极推进三网融合，鼓励业务交叉竞争。积极支持应用软件开发、内容提供等信息服务行业发展。引导中外电信运营企业发挥各自优势，扩大和加强在研发和国内外市场开拓的合作，实现互利共赢，共同发展。

四、组织实施要求

（一）请中国电信、中国网通、中国移动、中国联通、中国卫通、中国铁通六家基础电信运营企业根据本通告精神，认真研究本单位参与深化电信体制改革的建议和意见，并尽快形成正式方案报相关部门。

（二）如改革方案涉及公司重组、网络资产转让、上市公司合并等问题，实施中应遵循国际惯例，遵守境内外资本市场运作规则。

（三）改革重组与发放 3G 牌照相结合，重组完成后发放 3G 牌照。

---

① 原文如此，照录。
② 原文如此，照录。

二、公司章程

中国电信集团上海市电信公司章程(2000年)

第一章 总 则

第一条 为确定中国电信集团上海市电信公司(以下简称"公司")的法律地位和行为准则，明确公司与中国电信集团公司(以下简称"集团公司")的关系，保障公司合法权益，根据国家有关法律、法规制定本章程。

第二条 公司中文全称：中国电信集团上海市电信公司。公司中文简称：上海市电信公司。公司英文全称 China Telecom Group Shanghai Corporation。

第三条 公司法定住所：上海市四川北路61号。

第四条 公司为集团公司出资设立的独资子公司，是以集团公司界定的固定网络及相关资产为基础建立的国有通信企业。按照国家工商行政管理的有关规定，在公司所在地的上海市工商行政管理局登记注册，具有企业法人资格。其合法权益和经营活动受国家法律保护。

第五条 公司按照国家的法律、法规、规章和集团公司授权，依法经营，自主开展各项经营活动。

第六条 公司按照国家有关法律、法规接受有关机构的监督，接受国家电信主管部门的行业监管。

第七条 公司党组织、纪委机构的设置，按照《中国共产党章程》及有关规定办理。公司按照国家有关法律、法规设立工会和共青团组织。

第二章 注册资金和经营范围

第八条 公司注册资金为人民币陆拾叁亿捌仟伍佰陆拾捌万元整。

第九条 公司的经营宗旨是：遵守国家的法律、法规，以市场为导向，积极采用先进的通信技术，发展电信及信息业务；加强管理，提高服务质量；为社会提供快捷、方便、准确的通信服务；在满足社会需要的前提下，提高企业效益，增强竞争实力。

第十条 公司的经营范围：

一、集团公司投资形成的国有资产和国有股权。

二、根据集团公司授权，在集团公司界定的经营区域内经营以下电信业务：

1. 国内、国际各类固定电信网络与设施(含本地无线环路)服务。

2. 话音、数据、图像及多媒体通信与信息服务。

3. 同通信与信息业务相关的系统集成、技术开发、技术服务、信息咨询、广告、通信设备销售、设计施工等业务。

4. 集团公司授权经营的其他业务。

三、根据市场发展需要，经集团公司同意后，公司向通信行业监管部门申请并批准的区域性业务。

第十一条　未经集团公司批准，公司不向所投资的独资、控股、参股子公司转授上条第二款第1、2项规定的业务经营权。

第三章　公司权限与职责

第十二条　公司对集团公司投资的全部资产承担保值增值责任。公司遵守集团章程，认真落实集团公司有关发展战略和全网业务的重大决定。

公司依法享有生产经营自主权，具体负责上海经营区域内的网络建设、运行维护；在集团公司授权范围内经营电信与信息业务，自主开发新业务；经集团公司同意，可以在国家规定范围内，在服务价格、服务质量和服务水平等方面同其他地区有所差别。

第十三条　公司主要权限：

一、人事任免权。任免和管理公司所属分公司、子公司的领导成员和公司各部门的负责人；对控股公司和参股公司按出资比例委派股东代表，推荐董事会、监事会成员和总经理。

二、机构设置权。根据集团公司指导原则和实际需要，决定内部管理体制和机构设置。

三、劳动用工权。根据集团公司的有关规定和生产经营需要自主用工，并按照国家有关规定与员工签订劳动合同。

四、工资奖励分配权。依据国家有关政策和集团公司有关规定，决定本公司工资发放和奖励办法。

五、自有资金使用权。按照集团公司有关规定，决定公司留用资金的使用。

六、投资决策权。按照集团公司的有关规定，审批和管理权限内的固定资产投资；根据电信行业特点，审批和监督所属分公司、子公司的重点固定资产投资项目；审批分公司、子公司的财务预决算；审批子公司对外的重大投资、借债、担保。

七、资产运作权。根据集团公司的授权和批准，具体组织实施所属子公司国有资产的重组、转让、租赁及外部资产的收购、兼并等事宜；对控股或参股企业的上述相同事宜，可通过法定程序决定或参与决定；检查、考核所属分公司、子公司运营服务和国有资产保值增值状况。

八、地方政府和集团公司授予的其他权限。

第十四条　公司的主要职责：

一、依法经营、管理和监督集团公司投资形成的国有资产，并对集团公司承担保值增值责任。

二、执行国家有关法律法规，依法开展经营活动；加强企业管理，提高服务质量。

三、实施集团公司制定或批准的发展战略、措施计划、内部改革方案及重大决策。

四、按照集团公司在技术标准、技术体制和业务规范方面的有关规定，管理经营区域内设备的选型工作；对经营区域内的网络进行指挥调度，确保网络与通信安全。

五、组织实施经营区域内的通信网络设施与支撑系统建设；负责业务开发、运营和新技术的推广、应用；指导与协调所属单位的网络建设、运行、维护和经营服务工作。

六、根据集团公司有关规定，贯彻执行财务会计制度；组织实施所属分公司、子公司的财务管理、会计核算和业务清算，并按规定向集团公司报送财务、会计报告。

七、按规定为其他电信与信息服务经营企业提供平等接入；负责经营区域内与其他电信企业之间的网间互联与结算；建立健全集团内部会计监督和审计监督制度。

八、在集团公司统一组织、指挥调度下，具体承担电信普遍服务、党政专用通信和应急通信等任务。

九、搞好公司的社会主义精神文明建设和企业文化建设。

十、组织承担地方政府和集团公司委托的其他工作。

第四章　组 织 机 构

第十五条　公司实行总经理负责制。总经理为公司法定代表人。公司可设副总经理若干名，副总经理根据总经理授权履行相应职责，并对总经理负责。公司的总经理、副总经理由集团公司任免和管理。

第十六条　总经理的职责与权限：

一、贯彻执行党和国家的方针、政策，组织落实集团公司的发展战略和经营方针，向集团公司请示、报告工作。

二、主持公司生产经营和管理工作，在经营区域内行使网络指挥调度权。

三、组织制定公司经营方针、发展措施及投融资和资本运营项目方案。

四、组织制定公司年度经营计划、固定资产投资计划、财务预、决算方案、内部的净收入分配方案和弥补亏损方案。

五、提出分公司、子公司领导成员与公司各部门的人选方案；组织制定人员编制的方案、工资制度和工资奖金分配方案。

六、召集并主持总经理办公会议。

七、行使集团授予和公司章程规定的其他职权。

第十七条　公司建立总经理办公会议制度，对重大问题进行决策。公司总经理办公会由总经理、副总经理和有关负责人参加。总经理、副总经理对职权范围内决定的重大决策，承担相应的责任。

第十八条　总经理办公会研究决定公司以下事项：

一、公司的经营方针、发展措施；公司年度经营计划、固定资产投资计划，集团公司限额内的投融资项目。

二、分公司管理制度、子公司章程、公司的业务规章和财务核算、技术开发以及内部管理体制、机构设置等重大决策。

三、决定公司人员编制、工资制度和工资奖金的分配。

四、分公司、子公司领导成员及公司各部门负责人的任免；按法定程序和出资比例，委派或更换控股公司、参股公司的股东代表，推荐董事会成员，派出监事会成员。

五、按照集团公司确定的限额，审定子公司的投资、借贷、对外担保等事项，其中，对控股、参股子公司应依法通过其董事会组织实施。

六、子公司注册的增、减方案。

七、其他重大决策事项。

第十九条　公司的下列重大决策事项，经总经理办公室会议研究，应报集团公司审定后方可实施。

一、涉及全网性和国际性的重大投资，由集团公司规定的限额以上的融资及资本运营项目。

二、公司财务预、决算方案、内部的净收入分配方案和弥补亏损方案。

三、公司增、减注册资金的方案，公司合并、分立、变更组织形式的方案，公司章程修正案。

第二十条　公司本着精简、统一、效能和权责一致的原则设置相应的职能机构，在总经理领导下开展工作。公司原则上设立的职能部为：综合管理部(对外称总经理办公室)、企业策划部、人力资源部、计划发展部、财务部、工程管理部、监督部、电信市场部、运行维护部；设立的事业部为：长途通信事业部、数据通信事业部、无线通信事业部；同时按规定设立党委、纪委、工会和团委的工作机构；纪委工作机构与监察部门合设于监督部，按规定受党政双重领导。

第五章　公司的内部关系

第二十一条　公司根据集团公司发展战略和公司业务发展需要，可在经营区域内设立子公司、分公司等机构。

公司投资设立独资、控股子公司，须根据集团公司有关规定报经集团公司批准。公司以出资额为限对其子公司承担有限责任。

第二十二条　上海市各区、县电信运营机构继续保留“电信局”的称谓，在其所在地依法办理营业登记。

第二十三条　自办的电信支局、所及营业室等经营分支机构可暂保留原称谓，并经公司授权由相关区、县电信运营机构列表办理营业登记。

第二十四条　公司及所属各级电信运营机构已设立的非通信单位（含多种经营企业），在理顺产权关系基础上，建立资本联结纽带，实现规范化管理，逐步调整、重组为公司制企业，实现自主经营、自负盈亏。

第六章　财务会计和审计

第二十五条　公司按照国家法律、法规以及财政部有关规定和集团公司管理制度，贯彻执行公司的财务、会计制度。

第二十六条　公司的会计年度自公历1月1日起至12月31日止。在每一会计年度终了时，编制财务报告，并经集团公司委托的有资格的会计机构审查验证。

第二十七条　公司编制的财务报表和财务报告，经有资格的会计机构审查验证后，报集团公司审批。

第二十八条　公司根据生产经营需要，经批准可分别开设人民币账户和外币账户。公司以人民币为记账本位币。

第二十九条　公司建立内部审计机构，制定相应制度。内部审计机构在总经理领导下，对公司及分支机构的经营管理活动进行审计监督，并定期提交内部审计报告。公司接受集团公司审计机构的内部审计监督。

第七章　劳动人事制度

第三十条　公司按照国家有关劳动人事的法律、法规、政策和集团公司的管理制度，进行劳动工资和人事管理。

第三十一条　公司遵守国家有关劳动保护的法律、法规，执行国家颁布的社会保险制度，切实保障劳动者的合法权益。

第八章　附　　则

第三十二条　本章程经集团公司批准并经工商登记后生效。公司根据实际情况可提出本章程的修改意见，修改后的章程经集团公司批准后生效。

第三十三条　本章程未尽事宜，按照国家有关法律、法规和政策执行。

第三十四条　本章程由公司进行解释。

上海市电信有限公司章程（2002年）

第一章　总　　则

第一条　根据《中华人民共和国公司法》（以下简称《公司法》）及其他有关法律法规的规定，为确立上海市电信有限公司(以下简称“公司”)的法律地位,规范公司的组织和行为,保障公司、股东、债权人的合法权益,制定本章程(以下称“本章程”)。

第二条 公司中文名称:上海市电信有限公司。

公司英文名称:Shanghai Telecom Company Limited。

第三条 公司法定住所:中国上海市四川北路61号。

第四条 公司法定代表人是公司董事长。

公司的董事长、董事、经理未经中国电信股份有限公司的同意,不得兼任其他有限责任公司、股份有限公司或者其他经营组织的负责人。

第五条 公司的组织形式有限责任公司,具有独立的法人资格。公司以其全部资产对公司的债务承担责任;股东以其所认缴的出资额为限对公司承担责任。

第六条 公司享有由固定投资形成的全部法人财产权、依法享有民事权利,承担民事责任。

第七条 公司以其全部法人财产,依法自主经营、自主开展各项经营活动。公司的一切活动必须遵守国家法律法规,接受国家电信主管部门的行业监管及其他国家有关部门的监督。

第八条 公司的经营期限为永久存续。

第九条 公司可以设立子公司、分公司,但不得成为其他营利性组织的无线责任股东或合伙人。

第二章 经营宗旨和经营范围

第十条 公司的经营宗旨:遵守国家的法律、法规,以市场为导向,积极采用先进的通信技术,发展电信及信息业务;加强管理,提高服务质量;为社会提供快捷、方便、准确的通信服务,满足社会需要;提高企业效益,增强竞争实力,为股东创造利润。

第十一条 公司经营范围:经营上海市内的固定电信网络与设施(含本地无线环路)业务;基于固定电信网络的话音、数据、图像及多媒体通信与信息服务;按国家规定进行国际电信业务的对外结算;经营与通信及信息业务相关的系统集成、技术开发、技术服务、信息咨询、设备生产、销售和设计与施工;设计、制作、发布、代理国内外各类广告;按国家规定进行国际电信业务对外结算,开拓国际通信市场。

公司的经营范围以公司登记机关核准的项目为准。公司可根据自身发展能力和业务需要,经政府有权机关批准,适时调整其经营范围和经营方式。

未经国务院信息产业主管部门及中国电信股份有限公司批准,公司不得向其所投资的控股、参股公司转授公司经营范围内的业务经营权。

第三章 注册资本和出资

第十二条 公司注册资本为人民币1 598 354.76万元。

第十三条 中国电信股份有限公司以其合法拥有的经北京中企华资产评估有限责任公司评估的原中国电信集团上海市电信公司之电信业务资产作为对公司的出资,该等资产经评估后的净资产值为1 598 354.76万元人民币,作为公司的注册资本。

第四章 股 东

第十四条 公司股东:

中国电信股份有限公司

法定地址:中国北京市金融大街31号

法定代表人:周德强

第十五条　公司经依法验资并登记成立之后，依照公司法规定，向中国电信股份有限公司签发出资证明书。

出资证明书由董事长签署并加盖公司公章。出资证明书应载明以下内容：

（一）公司名称。

（二）公司成立日期。

（三）公司注册资本。

（四）股东名称、住所、出资额和出资日期。

（五）出资证明书的核发日期。

第十六条　中国电信股份有限公司依法享有股东的资产收益、重大决策和选择管理者等权利。

第十七条　中国电信股份有限公司依法享有下列权利：

（一）依照法律、法规及本章程的规定获取利润、转让出资。

（二）公司解散时，依法按其实际缴纳的出资额在注册资本中所占的比例分取公司清算后的剩余财产。

（三）董事会的决议违反法律、行政法规、侵犯股东合法权益时，有权向人名法院提起要求停止该违法行为和侵害行为的诉讼。

（四）查阅公司董事会会议记录和财务会计报告。

（五）有关法律，法规和本章程授予的其他权利。

（六）修改公司章程。

股东应由其法定代表人或者其授权人代表其行使权利。

第十八条　中国电信股份有限公司承担以下义务：

（一）遵守本章程。

（二）缴纳所认缴的出资。

（三）依其所认缴的出资额，对公司的债务承担责任。

（四）在公司成立后，不得抽回出资。

（五）积极支持公司经营，维护公司权益。

（六）法律、法规和本章程规定的其他义务。

第十九条　公司不设股东会，由中国电信股份有限公司依法行使以下职权：

（一）批准本章程及对本章程的修订。

（二）批准公司的经营方针和公司投资计划。

（三）按照本章程的规定委派或者更换董事，决定有关董事的报酬事项。

（四）按照本章程的规定委派或者更换监事，决定有关监事的报酬事项。

（五）批准董事会、监事会的报告。

（六）批准公司的年度财务预算方案、决算方案。

（七）批准公司增加或者减少注册资本和发行公司债券。

（八）批准公司合并、分立、变更公司形式、结算和清算等事项。

（九）批准公司资产的出租、转让、抵押。

（十）决定公司出资的转让。

（十一）决定公司的其他重大事项。

（十二）法律、行政法规及本章程赋予的其他职权。

中国电信股份有限公司可以授权董事会行使上述部分职权，但是以下事项必须由中国电信股份有限公司决定：

（一）委派公司董事、监事。

（二）公司的合并、分立、变更公司形式、结算和清算事项。

（三）增减注册资本和发行公司债券。

（四）公司的资产转让。

（五）公司出资的转让。

（六）其他对公司经营和发展有重大影响的事项。

第五章　董 事 会

第二十条　公司设立董事会。董事会是公司的决策机构，对中国电信股份有限公司负责并报告工作。

第二十一条　董事会由五名董事组成。中国电信股份有限公司委派五名公司董事，组成董事会。公司董事任期三年，每届任期届满可连任，但在公司董事任期届满前，不得无故更换。

董事会设董事长一名，由中国电信股份有限公司委派。

第二十二条　董事会行使下列职权：

（一）向中国电信股份有限公司报告工作。

（二）执行中国电信股份有限公司根据本章程做出的决议。

（三）决定公司的经营计划和投资方案。

（四）制定公司的年度财务预算、决算方案。

（五）制定公司的利润分配方案和弥补亏损方案。

（六）制定公司增加或者减少注册资本的方案以及发行公司债券的方案。

（七）决定公司内部管理机构的设置。

（八）拟订公司合并、分立、变更公司形式、解散的方案。

（九）聘任或者解聘公司总经理，根据总经理的提名，聘任或者解聘公司副总经理、财务负责人，决定其报酬事项。

（十）制定公司的基本管理制度。

除《公司法》及本章程规定由中国电信股份有限公司决定事项外，董事会有权：

（一）任免和管理公司所属分公司的经理和各部门的负责人。

（二）对控股公司、参股公司按出资委派股东代表、推荐董事会、监事会成员和总经理。

（三）决定内部管理体制和机构设置。

（四）根据生产经营的需要决定劳动用工计划。

（五）根据国家有关规定，决定公司工资发放和奖励办法。

（六）按中国电信股份有限公司的有关规定，管理审批权限范围内的固定资产投资；根据电信行业的特点，审批和监督所属分公司、子公司的重点固定资产投资；审批分公司、子公司的财务预决算；审批子公司对外的重大投资、借贷和担保。

（七）根据中国电信股份有限公司的决定，决定公司所属分公司的资产重组、转让、租赁及收购、兼并事宜的具体实施方案（对控股或参股公司的上述事宜通过法定程序参与决定）。

（八）根据中国电信股份有限公司的决定，决定经营区域内网络建设、运行维护的具体组织实施方案。

（九）制定开发新业务的方案。

（十）经中国电信股份有限公司同意，在国家法律法规规定的范围内，决定公司服务价格、服务质量和服务水平的标准。

（十一）按照有关技术标准、技术体制和业务规范的规定，决定经营区域内设备的选型。

（十二）决定公司的其他重大事务和行政事项。

第二十三条　董事会研究决定公司的重大问题，以及制定职工福利方面的重要规章制度时，应听取公司工会或职工的意见和建议。

第二十四条　董事会必须依照国家法律、行政法规和本章程规定行使职权。

第二十五条　董事会会议应由二分之一或以上的董事出席方可举行。董事因故不能出席，可以书面委托其他董事代为出席董事会会议。委托书应载明授权范围。

在董事会会议表决时，每名董事有一票表决权。董事会会议决议经全体董事的二分之一以上同意，即为有效。

第二十六条　董事会会议应至少每半年召开一次。董事会会议应在公司注册地召开。董事会召开会议，应于会议召开的十日以前书面通知全体董事。

第二十七条　董事会应对所议事项的决定作成会议记录，出席会议的董事和记录员应当在会议记录上签名。会议记录应在会后十天之内送达给各董事。董事应当对董事会的决议承担责任。

第二十八条　董事会会议由董事长召集和主持。董事长因特殊原因不能履行职务时，由董事长指定其他董事召集和主持。三分之一或以上的董事可以提议召开董事会会议。

第二十九条　董事长根据本章程行使下列职权：

（一）召集、主持董事会会议。

（二）检查董事会会议决议实施情况并向股东汇报。

（三）审查总经理提出的各项生产经营管理计划及执行结果并提请董事会讨论批准。

（四）根据董事会授权签署公司债券和公司向其他企业投资参股等重要文件，授权总经理签署重要的合同及其他协议。

（五）本章程规定的及董事会授权的其他职权。

第三十条　董事应当遵守本章程，忠实履行职务，维护公司利益，不得利用其在公司的地位和职权为自己谋取私利。董事不得从事与公司竞争或损害公司利益的活动。

第六章　总 经 理

第三十一条　公司设总经理一名，由董事会聘任并对董事会负责。

第三十二条　公司董事会成员可兼任总经理。副总经理、财务负责人由总经理提名，董事会决定聘任和解聘。副总经理、财务和其他主要负责人协助总经理工作。

第三十三条　总经理行使下列职权：

（一）主持公司的经营管理工作，组织实施董事会决议。

（二）组织实施公司年度经营计划和投资方案。

（三）拟订公司内部管理机构设置方案。

（四）拟订公司的基本管理制度和制定公司的具体规章守则。

（五）提请董事会聘任或者解聘公司副总经理、财务和其他主要负责人。

（六）聘任或者解聘除应由董事会聘任或者解聘以外的管理人员。

（七）拟订公司财务预算、决算和利润分配、弥补亏损方案。

（八）根据董事会授权代表公司对外处理业务。

（九）董事会授予的其他职权。

总经理列席董事会会议。

第三十四条　总经理办公会议由总经理召集和主持，副总经理和其他高级管理人员参加。

总经理办公会研究公司有关职工工资、福利、劳动保护及劳动保险等涉及职工切身利益的问题，应当事先听取公司工会和职工代表的意见，或邀请工会或职工代表列席有关会议。

第三十五条　总经理对公司负有诚信勤勉的义务，不得从事与公司竞争或者损害公司利益的活动。

第七章　监 事 会

第三十六条　公司设立监事会。监事会成员 3 名，任期三年，每届任期届满可连任。但监事在任期届满前，不得无故更换。

第三十七条　中国电信股份有限公司委派 2 名监事；公司职工民主选举 1 名公司职工代表，担任公司监事。监事会主席经全体监事过半数以上选举产生。

第三十八条　监事会行使下列职权：

（一）检查公司的财务。

（二）对董事、经理执行公司职务时违反法律法规或者本章程的行为进行监督。

（三）当董事、经理的行为损害公司利益时，要求董事和经理予以纠正。

（四）本章程规定的其他职权。

监事列席董事会会议。

第三十九条　监事会会议每年召开一至二次。经监事会主席或者三分之一以上的监事提议可以召开监事会会议。监事会会议由监事会主席召集和主持。

第四十条　监事会对中国电信股份有限公司负责，并定期向其报告工作。

第四十一条　公司董事、总经理、副总经理及财务负责人不得兼任监事。

第八章　财务会计与利润分配

第四十二条　公司应依照法律、行政法规和国家有关主管部门的规定，建立公司的财务、会计制度和内部审计制度。

第四十三条　公司会计年度采用公历年制，自每年一月一日起，至同年十二月三十一日结束。公司采用人民币为记账本位币。

第四十四条　公司在每一会计年度终了时应制作财务会计报告，并依法经注册会计师审查验证，财务会计报告应当包括下列财务会计报表及附属明细表：资产负债表、损益表、现金流量表、财务情况说明书、利润分配表。

第四十五条　公司应根据相关规定及时报送财务会计报告及其他有关文件。

第四十六条　中国电信股份有限公司有权指派代表或审计师，审查或对公司的账目及记录进行审计。

第四十七条　公司除法定的会计账册外，不得另立会计账册。对公司财产，不得以任何个人名义开立账户存储或者以个人名义持有。

第四十八条　公司实行内部审计制度，在总经理领导下对公司的财务收支和经济活动进行内部审计监督。

第四十九条　公司税后利润按下列顺序使用：弥补亏损；提取法定公积金；提取法定公益金；

提取任意公积金;支付股利。董事会依照法律法规和本章程的规定确定上述各项的比例,并报中国电信股份有限公司批准。

第五十条　公司分配当年税后利润时,应当提取利润的百分之十列入公司法定公积金,并提取利润的百分之五至百分之十列入公司法定公益金。公司法定公积金累计额为公司注册资本的百分之五十以上的,可不再提取。

第五十一条　公司的法定公积金不足以弥补上一年度公司亏损的,在依照本章程第五十条的规定提取法定公积金和法定公益金之前,应当先用当年利润弥补亏损。

第五十二条　公司在未弥补亏损和提取法定公积金、法定公益金之前,不得分配股利或者以其他形式分配利润。

第五十三条　公司的公积金用于下列用途:弥补亏损;扩大生产经营;增加公司资本。

第五十四条　法定公益金用于本公司职工的集体福利。

第九章　劳动人事制度

第五十五条　公司按照国家有关劳动人事的法律、法规和政策,进行劳动工资和人事管理。

第五十六条　公司应实行劳动合同制度,并对公司职工的聘任、录用、辞退、奖惩、工资、福利、劳动纪律、劳动保护等,在公司与职工个人签订的劳动合同中予以规定。

第五十七条　公司应执行中国法律和法规关于退休和被辞退职工的保护和保险的规定。

第五十八条　公司应根据中国法律和法规,允许组织工会并为该等工会拨取费用,公司的职工有权根据中国法律和法规参加工会活动。

第十章　合并与分立　解散与清算

第五十九条　公司合并,分立事项,按《公司法》有关规定办理。

第六十条　公司有下列情形之一时应予解散进行清算:

(一) 中国电信股份有限公司决定解散。

(二) 因分立或合并的需要解散。

(三) 法律、法规规定的其他情形。

第六十一条　公司依照前条规定解散的,应当在十五日内依照国家有关法律法规组成清算组,进行清算。清算组按《公司法》规定工作。

第六十二条　清算组在清算期间行使下列职权:

(一) 制定清算方案,清理公司财产,编制资产负债表和财产清单。

(二) 通知或者公告债权人。

(三) 处理清算有关的公司未了结的业务。

(四) 清缴所欠税款。

(五) 清理债权、债务。

(六) 处理公司清偿债务后的剩余财产。

(七) 代表公司参与民事诉讼活动。

第六十三条　清算组在非破产清算中发现公司财产不足清偿债务的,应向人民法院申请宣告破产。

第六十四条　清算期间,公司不得开展新的经营活动,未经清算组同意,任何人不得以任何方式处分公司财产。

第六十五条　公司优先支付清算费用后,清算资产应按下列顺序清偿:

（一）职工工资和劳动保险费用。

（二）所欠税款。

（三）公司债务。

（四）中国电信股份有限公司按出资比例分配剩余资产。

第六十六条　清算结束后，清算组应当制作清算报告，并编制清算期内收支报表和各种财务账册，经注册会计师验证，报中国电信股份有限公司批准后，向工商行政管理机关和税务机关办理注销登记，并公告公司终止。

第十一章　本章程修改

第六十七条　公司可修改本章程。修改本章程必须遵守国家法律法规和本章程规定。

第六十八条　本章程修改，如变更名称、住所、经营范围、公司类别和注册资本等登记事项，应向工商行政管理机关申请办理变更登记。

第十二章　附　　则

第六十九条　本章程未尽事宜，或遇有与日后颁布的国家法律法规不相符合的条款时，应依照有关法律、行政法规进行修改。

第七十条　本章程由中国电信股份有限公司批准，自公司注册登记之日起生效。

索　引

说明：

一、本索引采用关键词分析索引法，按关键词首字的汉语拼音字母顺序排列(同音字按声调)；首字母相同，按第二字音序排列，以此类推。

二、索引关键词后面的数字表示词条所在页码。

三、表格索引按正文出现顺序排列并置于本索引末尾。

关键词索引

表格索引

编 后 记

根据2010年上海市人民政府印发《上海市第二轮新编地方志书编纂规划》及上海市地方志编纂委员会下达的编纂实施方案，《上海市级专志·中国电信上海公司志》（简称《上海电信志》）被列入上海市级专志的编纂目录中，由中国电信上海公司承担编写。上海市第二轮地方志编纂时间上下限为1978—2010年，鉴于《上海邮电志》已经编纂到1990年，《上海邮电志稿》已经编纂到1998年，而中国电信上海公司成立于2000年7月，经与市方志办协商确定，《上海电信志》的编纂年限为2000—2010年。

2013年5月，上海电信制订编纂实施方案，对修志工作进行全面部署。从筹备起步到出版，编纂工作先后经历团队组建、业务培训；规划制订，篇目拟订；资料搜集，资料汇编；分篇编写，合拢总纂；全面评审，修改定稿和外评、外审等环节，历时7年正式出版。

本志的资料主要来源于5个方面。一是公司档案馆馆藏资料和文件；二是《上海电信史》《上海年鉴》《上海信息化年鉴》《上海电信年鉴》《中国电信年鉴》等文史资料；三是市档案馆、市图书馆的馆藏资料；四是行业内的相关资料；五是报纸、网站等媒体的报道。共形成资料卡片2万余张，字数2 000余万字，图片千余幅，在此基础上，又形成数百万字的资料长编，为志书的撰写奠定了扎实基础。

本志采取“众手成志”的方式。上海电信成立史志编纂委员会和编纂办公室，聘请有经验的退休老同志参与编纂工作，各部门各单位组织人员开展资料收集和撰写初稿工作，形成新老结合、专兼结合的编写团队，先后有300余人参与相关工作。在志书的编纂过程中，编纂办按篇、章、节、目落实到人，实行分级负责制。编纂工作的具体分工如下：范伯圉负责机构篇、综合管理篇（第一、第二、第三、第四章）、企业信息化篇、人力资源篇、大力推进社会信息化建设专记；朱其骏负责网络发展篇、运行维护篇和科技与工程篇；王淳负责电信业务篇、市场营销篇、客户服务篇和人物篇；李家玻负责大事记、综合管理篇（第五、第六、第七章）、应急通信保障纪实专记；李建平负责企业文化与精神文明篇、党群工作篇，海光缆建设维护工作纪实专记、上海世博会通信保障专记和2011—2018年上海电信发展概况特记，撰写凡例、总述等；胡宝平负责图片整理提供。全书由李建平统稿，由王淳负责图片和文字的编辑、文稿的校对并根据市方志办的意见修订稿件。

2018年6月，志书各篇初稿形成，10月起进行全书统稿。2019年7月，志书在编纂委员会成员范围内进行评审，同步听取上海电信退休老领导和上海市通信管理局等外部专家意见，总计发放征求意见稿90余套，共收到200余条修改意见并由编纂办根据意见和建议完善稿件。11月21日，经编委会内部审定，同意将《上海电信志》提交上海市地方志办公室进行评审。2019年12月23日，志稿通过上海市地方志办公室的评议；2020年7月16日，志稿通过上海市地方志办公室的审定；2021年1月22日，志稿通过上海市地方志办公室的验收。验收意见认为：验收稿全面、客观、系统地记述2000—2010年中国电信上海公司的发展历程，符合宪法和保密、档案等相关法律、法规的规定，观点正确，篇目合理，体例较为严谨，资料翔实，记述准确，行文规范，达到中国地方志指导小组《地方志书质量规定》要求。2021年3月，志书交付出版。

《上海电信志》的编纂工作始终在上海电信党委的领导下有序开展，根据“一纳入、八到位”的要求，从领导机制、运作体系、人员配置、资源投入等方面给予充分的保障。公司党委书记、总经理马益民始终关心志书的编纂工作，多次对编纂工作提出指示和工作要求。公司党委副书记、副总经理雷宇先后出席评议会和审定会，全程关注志书的编纂和修改情况。公司副总经理、编纂办主任常朝晖全程指导并推动志书的编纂工作。上海电信所有部门和单位以及上海通服和研究院，都参与志书的大纲拟订、资料收集、资料整理和志稿编写，以实际行动诠释“众手成志”的编纂理念。《上海电信志》的编纂工作，得到中国电信集团的关心，得到上海市地方志办公室的悉心指导和大力帮助，得到上海市通信管理局与上海市经济和信息化委员的大力支持，以及上海移动、上海联通等行业同仁的协作，在此一并表示衷心的感谢。

《上海电信志》的编纂出版，凝结着全体修志人员的辛勤劳动与默默奉献，尤其是编纂办公室特聘的老同志们，展现了可贵的敬业精神和奉献精神。已去世的上海电信原资深经理、编纂办原主任花锐强为本志的编纂倾注了大量的心血，从组建队伍到形成大纲再到初稿审核，都亲力亲为，退休后还一直关心编纂进展情况，即使在病危期间还在关心志稿的内评内审。沈继达、凌志强等退休老同志也为公司志的编纂做了许多有益的工作。全体修志人员同心同德，怀着对企业的热爱，边学习、边探索、边实践，努力以翔实的资料、丰富的内容，对上海电信的改革发展作全面系统的记述，践行“人民邮电为人民”的事业初心，发挥志书的“存史、资治、教化”的作用。

《上海电信志》作为市级专志，不仅梳理了改革开放以来上海通信行业的发展脉络、基本走向，而且展现了上海电信的企业形象、发展特点和价值理念，还总结了上海电信积极服务城市信息化建设，为客户创造价值的同时，实现企业价值和员工价值共同提升的经验做法。由于编者也是初次尝试，经验不足，水平有限，书中难免有疏漏和不妥之处，敬希读者指正。

上海电信史志编纂办公室

2021 年 7 月

图书在版编目(CIP)数据

上海市级专志. 中国电信上海公司志 / 上海市地方志编纂委员会编 .— 上海 ：上海社会科学院出版社，2021

ISBN 978-7-5520-3616-9

Ⅰ.①上… Ⅱ.①上… Ⅲ.①上海—地方志②电信企业—概况—上海 Ⅳ.①K295.1②F632.1

中国版本图书馆CIP数据核字(2021)第134080号

上海市级专志·中国电信上海公司志

编　　者：上海市地方志编纂委员会
责任编辑：曹艾达
封面设计：严克勤
美术设计：周清华
出版发行：上海社会科学院出版社
上海顺昌路622号　邮编200025
电话总机021-63315947　销售热线021-53063735
http://www.sassp.cn　E-mail:sassp@sassp.cn
排　　版：南京展望文化发展有限公司
印　　刷：上海中华商务联合印刷有限公司
开　　本：889毫米×1194毫米　1/16
印　　张：59.5
插　　页：27
字　　数：1676千
版　　次：2021年9月第1版　　2021年9月第1次印刷

ISBN 978-7-5520-3616-9/K·613　　定价：890.00元